域外漢籍珍本文庫編纂出版委員會

域外漢籍珍本文庫

第一輯
集部

西南師範大學出版社
人民出版社

文選集注

提要

《文選集注》殘十四卷，羅振玉嘉草軒叢書影摹日本金澤文庫本。羅氏本《文選集注》殘卷實收十六卷，分別為卷四十八、卷五十九、卷六十二、卷六十三、卷六十六、卷六十八、卷七十一、卷七十三、卷七十九、卷八十五、卷八十六、卷九十一、卷九十三、卷九十四、卷一百零二、卷一百一十六。一九一八年，羅氏將所能收集到的殘卷，去其重出，加上原先自己所藏的兩卷，共計十六卷，總題為《唐寫文選集注殘本》，收入《嘉草軒叢書》。第四十九、第五十九兩卷為原卷影印，其餘則全用摹寫的本子，還有一卷更是原卷的小字謄鈔本。又據羅氏自序，當時海鹽張氏亦藏有二卷、楚中楊氏藏有一卷，以故未能編入。

日本金澤文庫藏古寫本文選集注殘卷無
撰人姓名亦不能得其綜卷數卷中所引于李
善及五臣注外有陸善經注有音決有鈔皆今
日我國所無者也於唐諸帝諱或缺筆或否
其寫自海東抑出唐人手不能知也往在京師得
一卷於杼如歷宣統元年游扶桑欲往披覽而
未果乃遣知好往復移寫得殘卷十有五其本
歸武進董氏予勸以授之梓董君謀為予以
與善注本詳校異同甚多且知其析善注本一
卷為二蓋昭明原本為三十卷善注析為六十
卷此又析為百二十卷卷第固可知矣而作者則
不可知也此書久已星散予先後得二卷東友小川
簡齋君得二卷海鹽張氏得二卷楚中楊氏得
一卷今在文庫者多殘缺而已其海東藏書
家尚存幾許則不可備知也予所藏二卷影寫本
並之楊氏藏本今不知在何許小川君及張氏本
則皆影寫在十五卷中予所見此殘卷者雖所存
不及什二然不謀所行異日或此且不可得而刊行之事
予嘗任之乃假而付之影印予所藏二卷即就原本印
之不復傳寫以存其真張氏藏本聞將自印于上海
乃合此二卷仍得十有六卷乃稍稍可流傳矣然張影寫
時別已十年其本漫漶所存亦寡也諸卷中其第百
十六前半據東友所藏膳寫小字本鈔補小字本至
褚淵碑文我昭所存疑未解注止而原本則自在
疑未井二句起此二句以注兩本詳略互異不知他
注何如惜從此勘但此書原本外為有騰寫別
本且與此本有異同而東鄰學者亦及之附
記于此俟他日詳為寫定　戊午六月上虞永
豐鄉人羅振玉序于海東寓居之雪堂

文選集注殘卷目錄

四年爲尚書郎令使野音才尚音
常也
曹公贈詩一篇作此詩荅之
去尔伊昔有皇肇濟黎蒸
李善曰尔雅曰伊惟也郭璞曰發
語辭也毛詩曰有皇上帝已
皇帝之封禪書曰豈倍黎蒸民乃
粒也音白也有皇即謂
小也言伏羲之后又李
周翰曰有皇謂三皇也
先天創
李善曰周易曰先
有違周礼
年景命
曰戒茂是
先天言早創
曰先天而天弗違後
謂鳥數也景大也音決
李周翰曰先猶尊也創始
又言奉天時始化万物
大命是當乃爲人主也
物景命是
日智者創
有漢也炎
曆也長曰摩
人高物也
降及群后
迭毀迭興
李善曰史記太史公曰遷
興廢非者用事小雅曰適

跌更也鈔曰羣后即謂三王已下之帝
或有毀廢功業亦有能致毀滅者也音
下群衆后君也云乞矣
迭大結又下同李周翰曰
邈矣終
古崇替有徵
李善曰其詞曰
一奇蘭大秋蒴長
絕手終古同鍾子而
曰吾聞君子作
崇替於是乎
替廢也左氏傳
有徵鈔曰徵謂符瑞之屬自此已
上漢已前事終古遠古也音
決翰曰邈遠也崇
又李周翰曰
陸經曰
當大命後王不能然
皆有徵也
也
在漢之李皇
經李有其一也矣
也奇祭五宋陰書
紭恤裂
李善曰李昭國語注
曰李末也奇賓戲曰
廓帝紘隳皇綱絕忠曰
今天下分崩九州恤裂鈔曰
文云恤而帛之底也在漢
之李謂後漢未董卓遷帝於

西京靈帝之亂如帛幅裂
即謂董卓作亂天下兵雲
起各〃割裂州郡之事如物
方伏又呂延濟曰皇家綱紀
如帛幅之裂爲群雄各其土
地也陸善經曰幅裂言如布
帛之幅有度
量而破裂也

大辰匿耀金虎
遷

習質

李善曰漢書曰東方蒼龍房
〃〃心〃〃堂大星天王尔雅
大〃〃〃心尾〃〃星經曰昴者西
方白虎之宿心大白者金之精太白
入昴金虎相薄有亂也銑曰匿隱
也大辰心星也此星明天下太平暗
即天下亂心有三星故曰蒼天下大
平則中星明天下亂則中星暗金
太白星也明即天下有兵之事金虎
在西方天文志曰〃〃明堂王者布
政之所也故心〃光月刑天下治暗
則天下亂音決匿女力反呂延濟曰
暉音式
匿藏也大辰藏〃以諭諸漢亂也陸善經
曰匿輝不明〃〃盛也〃矣矣

雄臣馳騖義夫赴節

李善曰顧
明日世亂
則聖栖馳騖而不息鈔曰〃臣即謂
董卓廢少帝立獻帝遷西京義夫即
謂董卓廢少帝立獻帝遷西京義夫
興謀誅董卓孫堅曹操等起義兵以赴三難
〃延濟曰夫雄之臣馳走天下義勇
〃〃〃卷算〃〃救王室之矣也
其李善
二曰左

釋位揮戈言謀王室

氏傳王子朝告〃于諸侯曰昔王子
登諸侯釋位以間王政〃人曰命于
此謀王室也鈔曰釋位揮戈即謂
擒討舉義兵〃助討董卓釋位之
公卿傳云天子有難釋位以謀王
室左傳曰諸侯釋位以間王政杜
預曰間猶與也失其位與治王之
政事也張銑曰天子有難則諸侯
釋去其守位動用干戈以誅逆救
王室也釋動令紊亟家陸善經本有
其李善曰
二七詩曰

王室之亂靡邦不泯

〃化小〃靡國不泯毛萇曰泯滅也
鈔〃泯盡也泯音民泯韻耳音泯泯
贊曰四日靡無泯子也
令策陸〃仕本〃〃論

如彼墜景

曾不可振
李善曰丁儀妃婦眞婦
賦曰日昃之以西隆說
之曰振舉也鈔，墜景落日也說文
振起也又古也，人自決曾在金反振
協曰〔?〕貞曾則也呂向曰墜落首則
也言漢室衰微如夫日之將則不可
振而起之也陸善，言天下皆亂也
如日西落不可復振起也矣也矣

乃眷三哲俾乂斯民
李善曰
三哲劉
備孫權曹操也尚書曰下人其咨
有能俾人孔安國曰乂治也鈔曰俾
使也言天令使三人以治吳魏蜀也
孔子於斯民三代直道以行也呂向
曰呈天乃眷曹操劉備孫權三哲
使理天下之人也之理也矣

啓

五緯難從物表天
綫
其合曰
三尚書曰
尚書曰建邦啓土國語王謂晉侯
．晉之君象也無以物以創大
下〔?〕記明堂陰陽錄曰王者承天
統物以日啓開也即謂分開天統
謂也說易謂說漢世度承天猶奉
天之命也奇決難那且反劉良曰

三哲開上宇無恩說漢物制表奉
天〔?〕也陸吾經曰物謂服色之天
表順天心也令素五
家陸善經李有其三

爰茲有魏
李善曰禮記孔於斯
銘曰即宮于宗周尚

即宮天邑
書周公曰肆予敢求爾于天邑商
鈔曰天邑者謂洛邑天子所居之
邑當天之中也魏都洛陽故去此
耳呂向曰爰於即就宮居也言於
此有魏既居於天中之邑也
吾經曰魏用漢都故曰宮天邑也

吳寶龍飛劉亦岳立
李善曰
東京賦
〔?〕龍飛白水鈔曰楊脩許〔?〕宮
賦曰華殿炳而岳立劉良曰吳〔?〕
權也龍飛九五位也劉〔?〕備之出
立言如四岳之尊也立之立也言
龍飛者位於天人故有
尊吳之意不忘本也矣

千戈載
李善曰毛詩
載戢干戈也其

楊俎豆載戢
〔?〕曰戢飛也論語孔子曰俎豆之事則
嘗聞之鈔曰戢則也揚舉也戢藏也

姐王礼器言亂虐祭祀吾欲翅伯
又歳所及又料良曰歳歳也翅王礼
言天下咸拳戈不眠尚礼也陰
經曰之下三孔則戈用而宜三
蔵也

民勞師興國玩凱入 其李曰 四善曰

也詩曰民亦勞止說文曰觀嚴也玩
與說古字通周礼曰師有切則推樂
鈞曰言民勞於師興玩於凱入也嚴
小言所玩習但為凱歌之樂而人
於周譚但尚武勝也讀春經曰玩好
也今業五家陸善經本有其四也

天厰霸德黃旐告豐 李善

鄭伯曰天命昂既厰周德矣于寶撰
神記曰魏推五德之運以土承漢奈
保乳圖曰滇以魏德受精符期天
師鄉為貴室川語注曰黃化之言
旐有兆也鈔於魏土德土也言此
於豐又作丕故又書此亦呈許前

又張銑曰霸謂魂也言天命魏主興
德乃告其西豐將有年也陸善經曰
不能魏堂天下
皆為霸也矣

獄訟違魏謳歌

適晉 李善曰孟子萬章曰堯
下與賢有堯子曰不然天
天与之舜相堯二十八年，堯崩，三年之喪畢，舜避堯之子
於南河之南，天下朝覲者不
之堯之子而之舜，訟獄者不之
謳歌者不謳歌堯之子而謳歌舜，故曰天也。夫然後之中國踐
天子之位焉。李周翰曰言決獄之訟
謳訟歌道德皆去魏而之於晉
也因
之也

陳留歸蕃我皇登禪

李善曰魏志曰陳留王諱奐字景明
武帝孫燕王宇子也甘露三年封安次縣
禪位于晉嗣主魏世詩曰封常道鄉
留王鈔曰魏志云陳留王奐字景明
武帝孫燕王宇子也甘露三年常道
鄉公卒迎立即皇帝位五月十二日詔
說授于司郎使之皆奉皇帝璽綬
位于晉嗣王封留王年五十八太安
元年崩謚元皇帝上武不諱晉書曰
武帝諱炎晉大幕之孫文王之長子
魏帝禪位於晉封魏帝為陳留王
公歸蕃也陸善經曰
王即位七年
于晉嗣主矣

庸蜀稽顙三江

改獻其李善曰廟峨蜀地也廟反羽又九名岷山也禮記孔子曰拜而後稽顙二江吳境也尚書二江既入鈔曰甫依即謂西曾裨司為文王討破之故言稽顙三江者即謂松江浙江江是也音決贊音啟底銑曰甫峨禹也三江吳之贊賴改獻謂即晉侯之子也陰晉經曰贊新改獻謂封伴孫以作令安五家陰晉紅李有人五合

赫矣降晉奄宅率土李府名陳晉孫于師矢陳之也時日宅綏左且之又日晷之日赫崇明盛左也作大乙居之中左天下之

對揚天人有祐斯祜李善曰對揚也見贈潘文擬漂序紅合詩司馬相如封禪文曰人之降已定之詩曰宅之列祖有秩尚祐之社曰祐福也彰日尚上公對揚天子之休命命也以古祈合也今受天命而稱揚之乙時以祐而言有此入下之常福也又祐在慕眾又福為尸呂何曰言對答揚舉人之事有其次於此福矣祐以斯此陰喜經曰言皆祿次祭之與之周福

惟公太宰光翼二祖也李善曰威榮終昔晉曰晉太尉為文將軍以賈充為司馬石長史及世祖受禪以太宰左氏傳楚東王論晉范會日月夫子之持輔五君鈔曰太宰左氏傳楚康助於太宰而謂諡文貴充光祖不宰二明昭大祖世祖也李周翰曰充翼謂也為輔然之陵晉經曰晉書云賈充為之帝右長史武帝受傳封晉公應出書令也

誕育洪胄纂戎于魯其六李善曰成纂緒晉書日諡父韓壽河南尹母賈午充少女也充平生不識立後死後妻郭槐輒以外孫韓謐為黎民子襲封槐自表陳是充遺意之也帝許之以謐為魯公毛詩曰誕彌厥月孔晨日誕大也鄭玄

曰大夫伯被之在其毋終人道
十月而生毛詩曰猶我祖考鄭
玄曰我汝也毛詩曰俾使于囊
鞠曰毛萇曰育生也洪大也島
亂也蓋繼戒戰也又云曾周在
東濩也曾長即謂謚是死長子
也我大也即翻能繼大諡也音
迷誕音但書音宙蔡松之反劍
良曰洪書謂長子即誼也武帝
封謚為魯公於玄法大於魯也
鞭業五家揆
晉經有其六
李善曰謂愍懷太子也毛詩

東朝既逮淋問

我之
曰際問如單個鈔曰東朝則
謂太子宮之曹謚為常上輔太子即
德者彬立之我八高大之音決朝
直送文下同開音問劉良曰大子
郎既立及問甚高也逮及疑見聞
見令素鈔音

我求明德濟同

決問為開也
李善曰我求懿德贈已見贈

以和

酒文羅覽序左今詩左氏
傳蔡使曰唯據與我和晏子曰
據亦同也焉得為和之如先焉

事夫和之濟其不足以洩其過
君子食之以平其心君臣亦然
杜預曰梁丘據也鈔曰我背欠
帝也論語曰君子同而不和小
人而不同左氏傳曰齊良也
于沛蔡使至自田晏子侍于遄
臺子猶馳而造焉公曰唯據與
我和夫晏子（公曰和与同異乎對曰異和）對曰據亦同也焉
滌為和如羹焉水火鹽梅以烹
魚肉燀之以薪宰夫和之濟其
不及以洩其過君子食之以平
其心君臣亦然君所謂可而有
否焉臣獻其否以成其可君
所謂否而有可焉臣獻其可以去
其否今據不然君所謂可據亦曰可
日可君所謂否據亦曰否若以
水濟水誰能食之杜預注曰燀
炊蔡蒸渫燼否不可也呂向曰
我謂太子也言太子求明德之
人以濟云事同心而和穆之矣

魯公戾止袞服委蛇

李善
曰毛詩曰魯侯戾止小雅曰慶
至也周禮曰三公自袞冕而下

也詩曰退食自公委蛇委蛇鈔曰也即詔為之子常侍時遷地友只音決是台本久秀於見之於大何九凡說曰言貫拔至上衣冠安地褒脈之冠也陸善經曰從夫止之也卜紫宮台維卜慶為從也

思媚皇儲高步承華

且李善曰上隱皆吉曰誼以貫七后之殊子數八宮與懸懷遊褒毛詩曰思媚周姜又曰媚子天子漢書曰黃曰太子謝諸闕借說華已見贈馮文羆遷斥丘令尹鈔曰媚好也皇即謂太子也親華太子宮門也李周翰曰媚也愛也言謐（思）愛太子高步於貞華門也今案五家陸善經本有其七

昔我逮茲時惟下僚

李善曰下僚謂洗馬也李周翰曰逮及也

及子棲遲同林異條

李善曰俱在東宮故曰同林而貴賤殊隔故曰異條毛詩曰或棲遲偃仰鈔曰毛公云棲遲猶息也謂乾晉圃也樣又為吳郎中非也案及與也異條即諸常侍洗馬也音決棲音西張洗曰棲遲遊息也陸善經曰棲遲遊集也集也矣

年殊志比服阡義稠

李善曰服章服也尊卑殊制故曰服阡也稠密也鈔曰阡質注淮南子云阡相背也廣雅云稠稅也年即殊謂長枕少以相親也所即謂常侍洗馬不同也相序樂也音決音卑殊阡當也文稠直曰交曰從春曰謐少曰樣老故年殊調相為為交故志比齊族各異曰服阡志相善故義稠也

遊跨春三情固二秋

鈔曰跨歷八真也三春者三春謂言為洗馬同聚三年故言三春出為吳王郎中今情仍堅固不改苟操故言情固二秋也二言首尾三年歷過二年音決跨苦化反劍良曰跨經也二同遊維越三春情之堅固亦也二秋也陸善經曰三

春二秋在官所作今案
五家陸善經本有其八秘象星
命出納無違李善曰尚書曰
出納秘象广帝
又曰朕命惟允鈔曰秘欲也象
奉也皇命君命出納者出言天
子納之無違者先達下
命者也音比秘音之也往踐藩
朝來步紫微李善曰藩朝賀吳
也紫微至尊所居
謂為尚書郎音决藩分表之呂向
曰出為天下守中命故云往踐藩
朝也入為尚書郎
故云來步紫微也外降秘閣
我朕載暉李善曰謝承漢
後書曰謝沈文
覲為尚書侍郎每讀高祖及
光武之後將相名臣策文通
訓條在南宮秘於省閣唯
臺郎升複道取急因得開覽
序云入為尚書郎作此詩然
秘閣即尚書省也鈔曰秘閣
即謂為秘書郎時也音比秘
布絹反李周翰曰秘閣尚書

郎所司也載
明也暉光也孰云匪懼仰肅
李善曰尚書曰我有
周祐命將天明威鈔
明威其九
曰孰誰也肅敬也雖云不戒懼
乎實於仰君之明威之情善經
曰言仰敬天之威而懼也今
案五家陸善經本有其九分
索則易攜手實難李善曰
鄭玄禮記注曰索散也鈔曰攜提也此
言別易會難而古人未嘗不各文勢
以智
念昔良遊茲焉永歎
文
李善曰劉楨黎陽山賦曰良游
未獻白日滑煙毛詩曰韓之永
歎鈔曰退善也嗟也此言之人
言我懷念昔日與君為良遊之
謂今日乃使居歎息也音決歲
攝顏他丹反浴洵曰此實懷水
為郎中令在公之云感貽此
是時相思也李善曰季彩漢書注曰
音翰鈔曰笑也鈔曰言公感歎

此事貽遺之方遺與我詩也旨
汝翰協韻音塞呂延濟曰魯公
感此久別之事遺我此
詩也音翰謂詩箋也矣

蔚彼高藻如玉之闌

其十　李善曰蔚文貌也周易曰君
子豹變其文蔚楚詞曰文采耀
於玉石王逸曰言發文舒詞爛然
成章如玉石之有文采也闌力旦
反之或為如闌或為蘭鈔曰如玉
言文章溫潤故詩云君子溫其如
玉如蘭言馨香也所言同義也
許夫蔚於翰及李周翰曰蔚然
之也藻文也言晉公高文如玉之
美如蘭之芳也陸善經曰謂論盛
稱之述集而貽詩言其之文之美
業鈔五家陸善經本之為如
如又五家陸善經本有其十

惟漢有木曾不踰境惟南有金万邦作詠

李善曰木謂檢之曾謚贈詩云
在南稱甘度北則橙故各以此言
之木茂淮而變質故不可以踰境

金百鍊而不銷故万邦作詠潘沈
之人而陸自比以金說保傳曰婦
人既嫁不踰境先亦日大婦南金
鈔曰漢有木者彼江漢杞
梓生焉不踰境左京師也
不越地境在本鄉用若言
荊楊貢金三品又詩云本歸南金
者尚書云元龜象齒大賂南金言
當立所出為寶殊家我之當如南
方之金為万邦所之詠不學木之
不踰境也言境所銷敬之向
曰漢有木為也此言物之變
質之亦有變節金則不踰百鍊不
銷故万物作詠盛自如如金之對
不可變易也謚贈詩言七衛無為
變志故也陸善經以木踰境
而變質故自此於今
万邦所詠貴也矣

民之胥好

李善曰相尚也
也相式而好尚也
諭詩子曰不得中行而與之也

猶狂厲聖

狂猶乎狂者進取猶者有所不為
尚書曰惟聖罔念作狂惟狂克念
作聖說文曰厲磨石也言人之自

勖君金之受厲也鈔曰狂猶說文
云戾恣也言百姓從在所好言我
得諸詩哉納以來雅忌狂自勉厲
以成聖人見論語文尚書并公成
義取音決好音耗俏音綃張銑曰
狂之以厲以作聖不念人也言諂
之相好贈我以言相哉使我猶狂
之以厲以作聖人之道也陸善經
曰言民之好德者雅狂
猶亦主於聖賢月符也

儀形在 李善曰已

其十一

肯予聞子命

詩曰儀刑
文王万邦作孚大民傳曾見
曰臣聞命矣鈔曰形見也言我
旨曰焉況為時以也聞丁數我以
德也又云言我儀形於今旨之人
猶我聞汝勸誠之命故也李周翰
曰儀形在背謂以古道相戒喻我
聞子之命矣陸善經曰儀刑在旨
不變其初也今案不宗陸善經本有
其十
一

和伏武□ 梁蕭□城一首 五言
和王著作八公山詩一首 五言
和徐都曹詩一首 五言
和王主簿怨情詩一首 五言
沈休文和謝宣城一首 五言
應王中丞思遠詠 五言
冬節後□丞□□□太□□
中五韻一首 五言
五言 音次興慶應又□用
時興一首
翰曰時興感時物而
詠情也亦雜詩之類也陸
善經曰觀時物而興屬
盧子諒 名諶范陽方城
清獻善屬文

劉昭※……
州刺史……才……
微元帝累徵中書侍郎散騎常
徐淑不廷後於
胡中惡岩耸
治没北枝
隨遁碑自幽
磾敢枝岐

亹亹圜象運，悠悠方儀廓
李善曰楚詞曰歲亹亹而過中兮……
沉隨日月代遷方注天戩……
象天地曰兩儀故曰方儀也……
亻天下之亹亹者莫近於易
又曰向然亹亹行進也悠悠遠也
鄭玄注禮記曰亹亹勉進貌也

忽忽歲云暮，遊原采蕭藿
李善曰楚詞曰歲忽忽而遒盡兮時曰
鹿……蒿采蕭萩蒿也……蒿
也……云采采蕭萩……
蒿也……曰……音……
……野也蕭香蒿也藿
……苗也……
北踰芒與河，南臨伊與洛
李善曰芒山……名也河……

洛皆……為也鈔曰……芒山
也河……河也劉良曰……
蔓草悲風，櫬林藹 李善曰……與……之 瀫露沾
……曰……之馬……
有蔓草悲風々可悲振驚動也咽沈
蔓帶
櫬々芳葉零，蒙々芬
蕣落 李善曰徐爰射雉賦注曰槭槭
柯貌也字書曰蒙莖也鈔曰槭
々葉落貌也落然落也蒙々萎黏貌也
魏都神蒙散鉛音決槭兩草又蒙而
累……近……貌槭々葉落聲也
落下々落也蒙々貌落之貌 下泉
激洌清，曠野增遼索 李善曰毛詩曰
洌彼下泉又曰率彼曠野也蒼曰曠空
之鈔曰洌水清貌也見說文詩……洌
突貌也名向曰下泉流泉一激急也激
寒曠寬增益也言流泉至於深秋則急
流而清澈也寬坼之中 登高眺遐
登以遠遠眺索……也
荒極望無崖崿 李善曰文字集
……曰崿崖……音

次雎音雎咢漁各反李周翰曰邈遠也
岌謂野中多草也雎咢遺忘也今案音
次雎 跪次
形變隨時化神感因物
作 李善曰莊子曰形變而有生又曰一
龍一蛇與時俱化又曰萬物化作感
衣之致滋體曰萬物形象隨時而化神
思感之因此而亦也陳善銘曰言形體
變改亦隨時而化也
神感心神感會也
潛乎至人心
恬然存玄漠 李善曰莊子曰至 於真館真人之
生人之用心若鏡又曰潛而靜乎漠
消乎淮南子曰恬然則縱之廣雅
靜也鶴華勵志詩曰大猷玄漠
玄道也人曰漠怕也說文曰怕無
鈔曰潛靜也言人得道之人棄於外物
無可感應也玄漠道體也音次潛大暫
又恬徒兼又漠音莫呂延濟曰至人真
性潛于然無所營為唯存玄默寂漠而照

雜詩二首 五言

陶淵明 音次潛 宋徵士

結廬在人境而無車馬喧
李善曰結猶構也鈔曰結廬謂為小廬
今也翰曰小人封廬於中而有廬在
人境者言與人周周有不[illegible]
無車馬之喧也音次廬力於反[illegible]
又劉良曰
廬室也
問君何能爾心遠地自偏
李善曰琴賦曰體清心遠邈難極鈔
曰偏謂地隱僻也言心與俗跡遠非
在人間自然偏僻不同也音次偏匹綿
又張銑曰問君何能此者自以幽門將
開下文也心遠謂心自絕於[illegible]地
如偏僻也陸善經曰言心為絕遠故為
俗陶
采菊東籬下悠然望南山
鈔曰淵明家東籬下有菊南山下有桂
豆處音次菊居六反籬音離呂向曰菊
香草黃華可以泛酒悠然
然遠貌此得快自然逸
山氣日夕
李善曰[illegible] 之飛 山
佳飛鳥相與還
鈔曰以鳥為喻也曰夕[illegible]
晚山氣清夜故言佳相與[illegible]

音次還協韻音全下如字李周翰[illegible]
山氣蒙菲所謂佳也飛鳥者遊而夕相
与歸于山林此得
天性自任者也　此還有真意
欲辯已忘言　李善曰楚辭曰狐死
必首丘夫人孰能反
其真情王逸曰真情本也莊子曰言
者所以在意也得意而忘言[illegible]曰真謂
道之全也鳥日既還山遂歸栖集息其
勞於故言有真意也我今欲辯此得理
之意以辯之故忘言李周翰曰我欲
言此真意亦不入其意也故遺忘真
[illegible]
其意所与理會故忘言也　秋菊有
佳色裛露掇其英　李善曰文字集[illegible]
裛香衣香也然以露裛花之謂之裛
也一裛詩傳曰掇拾也[illegible]已裛也
裛溼也言露溼攝掇取其花也
[illegible]
又曰近浮曰攝　汎此忘憂物遠我
采其花也
李善曰毛詩曰微我無酒以敖以遊
遠世情　[illegible]曰非我無酒可以忘

憂也[illegible]秋菊[illegible]曰汎流[illegible]於情[illegible]
浮許之隨波經子董无心曰无心鄙人
也不識世情鈔曰魏武帝詩云何以
憂惟有杜康達世情者謂達於世上有
為憂[illegible]之事合亂忘憂與世情漸遠
故云遠我遠世情故其詩云林園無世
情是也[illegible]
有任也[illegible]
飲天性故是達代上之情
不尤我也忘憂物謂酒也　一觴雖獨
進杯盡壺自傾　劉[illegible]曰獨進謂下
與[illegible]人同傾盡
也謂其道今[illegible]康以酒謂道也君次
[illegible]音胡劉良曰獨酌獨進杯之又自傾
[illegible]
日入群動息歸鳥趍林
鳴　李善曰莊子[illegible]日出而作
日入而息尸子曰晝動而夜息天
之道也杜育詩曰[illegible]下覽群物[illegible]子遺
[illegible]白雨王詩曰歸鳥趍林鈔曰日入
[illegible]山也群動息衆類皆栖息也
趍林者且去夕歸合符其也張銑曰衆
物之息動者日入皆息故歸鳥趍飛於
林而鳴鳥也其自合其性故言之也陸

李曰日李奇曰群動
謂群動衆物也

嘯傲東軒下

李善曰郭璞遊仙詩曰
嘯傲遺俗羅得此生謂

聊復得此生

自得於此一生也劉孫易注曰自免出
有日長鈔曰軒廊也聊復得此一生也
陸也謂下失本分也言入仕五斗之召
向曰嘯傲遊遺軒嬉也言自適遊於

悟之下聊復得
此生之樂也

詠貧士一首

五言　鈔曰五明曰
貧道遠回上

陶淵明

萬族各有託孤雲獨無依

李善曰陶潛代貧士曰起人意向垂臨攜一族
子一也楚辭曰怜浮雲之相佯兮遙日
相佯無依之貌也鈔曰此自喻也李
周翰曰萬類各有所見用而孤雲迴出
獨無所依也
喻以喻貧士

曖曖空中滅何時見餘暉

李善曰王逸楚辭注曰曖曖昏昧
貌也陸機擬古詩曰照之有餘暉

鈔曰曖曖光稍微也何時見餘暉者
即於空中滅盡何處更有餘光照也言
貧士曖昧劉良曰曖曖暗貌言暗昧遊
於世中以消滅何時復見有光耀也
謂貧士無榮名也
陸善曰明微賤也

朝霞開宿霧衆鳥相與飛

鈔曰言朝霞開霧
而宿霧開也衆
散開天氣有羽翠鳥得去故相與飛出
於餘曰早別氣已開衆鳥皆飛各展
人各有所營為也向曰謂早時宿各謂
及人各路曰朝霞開宿霧興衆

遠衆鳥相與飛與
興佐命之人

遲遲出林翮未夕復來歸

鈔曰遲遲不進之貌
也未夕曰未晚也言出
閑在後遲則有所適有晉迷不及衆也
諭貧士也言次翮胡草之西河入曰此
隣鳥也緩翮具羽未夕來歸謂不及
鄉鳥之次貧士亦不及衆人也陸善曰
也遲遲翮自矜饑為
衆儔來去遲歸

量力守故轍

豈不寒與飢

李善曰左氏傳晉荀
吳曰量力而行鈔曰

之我自覺氣力而字故轍墨不仰也
有以老也所以不敢去者為力弱也
次第吾良轍直到又呂延濟曰翁
其啟力守其故跡不為營求常苦飢寒
轍跡也今李陸
以往今故為之其

知音茍不存已

矣何所悲

李善曰古詩曰不惜歌
者苦但傷知音稀楚詞
曰已矣國無人莫我知曰知音謂
知己者也言知己乎故轍之人皆不在
曰[illegible]曰心何所悲乎心之濟曰知我者
曰[illegible]矣則為欲何而悲矣苟且也已矣
歎之也陸善經曰
亦恨時無知己

讀山海經一首

五言
劉曰山海經序
去禹治水巡行
天下遂令伯益主名山川李周翰曰山海
經者所記衆山百川草木禽獸之書
讀之因而發詠也陸善經曰集有
十首此第一篇其讀之意也

陶淵明

孟夏草木長繞屋樹扶疏

孟夏曰上林賦曰垂條扶疏劉曰扶疏
賦[illegible]也字言四月之時草木並皆茂盛
也[illegible]夏下條又長了大叉二如字繞
[illegible]也時又也扶疏
枝葉也
而也

衆鳥欣有託吾亦愛

吾廬

劉曰衆鳥託於茂木我亦愛吾
廬周履谷皆其性也劉良曰衆鳥
皆依此茂林之扶疏而託我亦愛
亦愛我廬居者各得其所也

既耕

亦已種且還讀我書

劉曰言耕
畢閑[illegible]
歸讀之也前所讀山海經
也[illegible]水神古行文杜之用之

窮巷

隔深轍頗迴故人車

李善曰漢
广雅弘僻
通深乎其宋人乃負郭窮巷以席為
門然門外多長者車轍劉曰與陳平事
同意也言窮巷隔陽也深轍頗迴似頗
迴故人車也言是明杜莽以相隔也言
而世人路車馬行多故轍深[illegible]迴故人
乃言窮巷之地隔此大路車能迴故人
之車以過我也
謂而善無解

歡言酌春酒摘

我園中蔬 長孺曰非協歸舊賦 古詳既援歡言乃用毛
詩曰為此春酒以酌曰與故人共酌消日
梅[illegible]栽同陰也音次植竹李之蔬也
又呂延濟曰[illegible]
曰蔬菜也
微雨從東來好風與之俱 李善曰閑居賦曰微雨新晴
日微雨細雨長潤萬物也東來春
諸從生叢方毛也好風好之風也春
周翰曰見之者喫風雨俱來蕭清煩氣
故曰

汎覽周王傳流觀山海圖
好風
李善曰周王傳穆天子傳也山海圖山
海經鈔曰山海圖書山川及異[illegible]
之言又[illegible]文選力敵文[illegible]
總古九友銑曰[illegible]音也周穆王車轍
馬有意於天下故允寄覽之迹
稽流周在山海經之國家也

俛仰終宇宙不樂復何如 李善曰[illegible]子曰壽
日夜之俛仰也開非極四海之外文
其卷曰今三於宇宙之中也詩曰宛見
右子云何不樂銑曰張衡[illegible]子傳去持從
撤馬迹遍作天下之山海經收天下

山川故言俛仰之間終覽宇宙也如此
不樂復何求也東音吏俛仰[illegible]
向曰讀此書俛仰之間終
見天下之事可謂樂矣

七月七日夜詠牛女一首 五言 李善曰

續齊諧記曰桂陽成武丁有仙道常在人間
忽謂其弟曰七月七日織女當渡河諸仙
悉還宮吾向已被召不得停與爾別矣
弟問曰織女何事渡河兄何當還答曰
織女暫詣牽牛吾去後三千年當還
明日失武丁所在世人至今猶云七月
七日織女嫁牽牛[illegible]曰牛女北方宿也
漢書天文志曰此星揚州分野風土記曰
七月七日俗重是日其夜灑掃於庭
施几筵設酒脯及時果散香粉於筵上
祈請於河鼓織女二星神當會守
夜者咸懷私願見天漢中有奕奕白
氣滂然有五色以此為徵應見者便拜而
願富壽子孫貴但得乞一不得兼求
見者三年乃得之頗
云願有文具作者也

謝惠連 [illegible]

落日隱櫩楹升月照簾櫳 李善曰毛詩曰如月之升說文曰櫳房室之疏也鈔曰櫳窓也音決櫩以廉反楹音盈簾音廉櫳力東反李周翰曰楹柱也 團團滿葉露析析振條風 李善曰毛詩曰野有蔓草零露團兮楚辭曰秋風兮蕭蕭舒芳兮振條音決團徒丸反析心狄反劉良曰團團露貌析析風聲也 蹀足循廣除瞬目曬曾穹 李善曰呂氏春秋曰惠盎見宋康王康王蹀足謦欬疾言曰蹀躡也今樓蹀曰循循除而下除說文曰除殿陛也又曰瞬開闔目也蒼頡篇曰曬索視之貌也穹天也鈔曰說文云瞬目動之貌又云曬視也音決蹀音牒瞬音舜或為瞚者[illegible]反穹丘弓反向曰蹀足躡步也除庭也曾高也循行進動目以視高天也 雲漢有靈匹彌年闕相從 李善曰毛詩曰倬彼雲漢曹植九詠注曰牽牛為夫織女為婦七月七日得一會同也長詩注倬曰彌終也鈔曰言彌終一年也彼貌曰雲漢天河也靈匹謂牛女相匹偶也會合也 遐川阻昵愛脩渚曠清容 李善曰曹植九詠注曰織女牽牛之星各處河之旁爾雅曰昵近也孫炎曰親之近也蒼頡篇曰曠疏曠也鈔曰昵謂隔河也渚岸也清容美顏音決昵女乙反李周翰曰遐長昵親脩遠曠隔也謂長川阻其親愛遠隔於清容之儀也長川遠渚皆天河也陸善經曰織女牽牛隔河故云遐川脩渚 弄杼不成藻聳轡騖前蹤 李善曰古詩曰纖纖擢素手札札弄機杼終日不成章泣涕零如雨楚辭曰驟余駕兮入冥鈔曰詩云終日七襄不成報章聳轡猶縱轡疾行說牛星也俗語云七月七日夜鵲為橋織女輦捎歸夫家皆次杼直呂反藻音早聳息勇反呂延濟曰弄杼謂織也藻文彩也言憂此久曠故織不成文聳轡驅馳赴前蹤陸善經曰前蹤往會時也 昔離秋已兩今聚夕無

雙 李善曰雜佛二年故云已兩會暁
一夕故曰無雙抄曰音秋与合秋
故言兩也劉良曰今夕一 傾河易迴
晨明復離故無雙也
斡欵顏難久悰 李善曰傾河天漢
也陸機擬古詩曰
天漢東南傾逍張華芊臺賦曰天河
迴注樂未終加淳淡言化曰斡轉也字
林曰欵誠也意有所欵也廣雅曰悰樂
也音次易以智文韓鳥治文數若鏡文
悰樂也音次易以智文韓鳥治文欵寄
暁文悰在冬文于向曰傾邪故變也天
河將邪易爲迴轉謂向晚也故 汝若
足情難爲久樂即見分離
靈鴛旋寂寥雲幄空 李善曰
也詩曰
李善曰我馬維騑六連汝言陵撰雲帷
曰泰常鳥舒長帷紅純鈔曰雲帷仙人
所居之處也音次汝鳥不文純縣文
寥力彫反楃於角反李周翰曰我言龍
行良嘉鳥旋謂牛女龍駕各還歸也乖
寥空虛良雲幄帳也此會今於天而言
雲者故其宜也言別離之後雲幄已空
也陸善經曰汝若光澤冥也

眷情顧華寢遙心逐奔龍
李善曰龍仙者所駕故遙心以逐[illegible]
曰車以龍爲駕故言心逐奔龍李周翰
曰謂牛星眷情顧戀華寢之處遙心逐
織女之龍車陸善經曰顧華寢牛之
情逐奔龍織女之思
皆謂相後相思也 沉吟爲尒感
情深意彌重 李善曰古詩曰馳情
整中帶沉吟聊躑躅
鈔曰沉吟深思之意尒汝也牽牛也
情想既深別念重疊也言其為于[illegible]
重逐龍之吕向曰此惠連沉吟為[illegible]感
生故情深而意彌多也陸善經[illegible]
經曰為尒感
詩人之意

擣衣詩一首 五言 音[illegible]擣丁老反劉
良曰婦人擣衣
衣將以
寄遠也

謝惠連

衡紀無淹度晷運倏如催

李善曰漢書曰用昏建者杓夜半建者衡
杓音灼曰衡斗之中央也漢書曰斗爲
帝車以之諸紀爾雅曰星紀斗牽牛也
漢書音義曰廿八舍列在四方日月行
焉起於星紀也說文曰晷日景也周易
曰日月運行鈞曰衡璣玉衡也晷日
也運四時也日月五星天之經紀論運
由也度數也詔三百六十五度四分度
之一常行不住也音況累音朓臨日本
作七回文依銳曰衡紀曰衡星度數遲
時然後說偉日行隙忽之疾有如飛依
者也陸善注曰言時運之速也漢書云
日月初躔星之紀也

白露滋園菊秋風落庭槐

劉曰滋茂也音次槐協韻迴同音之俗言也呂延濟曰滋潤

肅〻莎雞羽烈〻寒螿啼

李善曰毛詩曰六月莎雞振羽崔豹古
今注曰莎雞一名促織一名絡緯論衡
曰夏末寒螿啼盛陰氣也許慎淮南子
注曰寒螿蟬屬也鈔曰詩傳云莎雞振羽
成而振羽之貌寒螿近列也音次螿音
將李周翰曰肅〻羽動聲也烈〻聲多
貝也寒螿鳴也

夕陰結空幙宵月皓

鈔曰皓白色也幙謂從軍也音次

中閨

慎音莫皓胡老反劉良曰夜陰之
氣結集空帷月照於閨房之
中也幕帷也夕宵夜也皓照

美人戒裳服端飾相招攜

銑曰楚詞曰美人皓爲
緯以姊左氏傳曰招攜以禮何休公羊
傳注曰攜提持也鈔曰此謂相招持人
也音次攜户圭反呂向曰戒備也端
也謂美人之德相與齊整衣服裳飾以
相招攜也

簪玉出北房鳴金步南階

李善曰槐臺訪議曰玉笄以爲笄
古曰笄今曰簪盤欽定禮謚曰何以
欽拳〻綰解便金環飾曰北房南階當
侍之語也鳴金劍也音次簪側今反呂
延濟曰簪玉首飾也鳴金佩飾也步南
進於搗衣陸善注曰簪玉鳴金即端飾
也

欄高砧響發楹長杵聲哀

李善曰文字集略曰砧杵之質也鈔曰
楹柱也屋欄高響上發也音次砧張林

又欄以居之猿鵝曰室之高深曲階繚
繞之楹柱也長故欄高也今案諸本欄
爲
欄
微芳起兩袖輕汗染雙題 李善
曰說文曰題頟也鈔曰額兩人俱有袨
汗沾額也音次汗下只反題之兮反李
周翰曰芳香也運梓用力故有
微汗也言慶有兩人對之也
紈素 李善曰
旣已成君子行未歸 君子謂
夫也已詩曰未見君子鈔曰已
成く文章也呂向曰紈素帛也
裁用
笥中刀縫爲万里衣 音次笥音
四劉良曰
笥箱也夫在遠方
故云万里衣也
盈篋自余手
李善曰說文曰篋笥
幽緘候君開
也又曰緘束篋也鈔
曰緘閉於笥中也音次篋苦協反緘古
咸反候音士呂延濟曰篋亦箱也盈滿
也自猶出也幽密緘封也候待郎也言
衣之滿箱出於余手今密封待君開
腰帶準疇昔不知今是非

李善曰左氏傳羊斟曰疇昔之事子爲
政鈔曰与君別遠不知今之大小是與
非也音次要一遥反疇直留反李周翰
曰衣帶与帶又寛長短准舊所截不知
今是与非也疇謂舊也陸善經曰不
知今是非言久別故體成瘦也
南樓中望所遲客一首 五言 李善
曰謝
靈運遊名山志曰始寧又背轉一汀七
里直指舍下園南門樓自南樓百許步對橫山
鈔曰遲思望也南樓謝之南樓也于時
在永嘉音次遲音遲值李周翰曰靈運
望樓所待客未至
故作是詩遲待也
謝靈運 音次宋侍中
臨川內史
杳く西頽日湯く長路迫
登樓爲誰思臨江遲來容
李善曰楚詞曰日杳く以西頽路長遠
而窘迫王逸曰言道路長遠不得復還
憂心迫窘凡所歸忘又曰次容者兮誰
思遲猶思也鈔曰杳く日晚貌頽下貌

也迫暑也言一路傍傍長而窮迫於我也
登ゝ城南樓也遲待也音次杳於了反
類大回之滑矣又迫音伯為于偽反
逕音直張銑曰杳ゝ遠皃滑ゝ長皃迫
近也翁衰老而長遠之路近也故云聲
樓為樂但臨江待客以為憂也
與我別所期ゝ在三五夕
李善曰陸機贈馮文羆詩曰閈子別所
期攜雲緣扶木三五謂十五日也礼記
云月三五而盈吕向曰客与我期於時
期十五日也今已至朝猶復未至也
圓景早已滿佳人猶未適
李善曰李子卿贈蘇武詩曰圓景光未
滿衆星粲已繁魏文帝秋胡行曰朝与
佳人期日夕殊不來杜預左氏傳注曰
適歸也鈔曰佳人所思人也呂向曰圓
景已滿謂至朝也佳人謂君子也
適謂適所念也陸善經曰適至也
即事怨睽携感物方悽戚
李善曰即事即此離別之事也列子曰
周之尹氏有老役夫晝則呻吟即事夜
則昏憊而熟寐周易曰睽乖也賈逵國
語注曰携離也古詩曰感物懷所思音
次睽苦攜反悽音妻劉良曰感物謂上
類曰長路也悽感憂也今案鈔五家陸
善經本
戚為感
孟夏非長夜晦明如
歲陽
李善曰楚詞曰望孟夏之短夜
何晦明其若歲鈔曰孟夏之
夜寂短我思此人旦夕之間如歲之隔
劉良曰心有所待時為久故曰夜
千明已若隔
於一歲矣
瑤華未堪折蘭苦
李善曰楚詞曰折疏麻兮瑤
華將以遺兮離居又曰擷芳
已屢擿
蘭兮帶杜衡折芳馨兮遺所思鈔曰蘭
者取芳香之意以贈人也音次琉音
析之言之字甫擿竹亍反李周翰曰
瑤華麻華也其色白故比於瓊比見參
服食可以長壽故以為延疾以贈遠人
想折芳謂孟夏時未花也前言求季比
居比故屢擿以相思故贈遠若英
也陸善經曰瑤華猶言瓊華也
路
阻莫贈問云何慰離析檢

首訪行人引領冀良覿 李善
曰楚辭曰媒絶路阻言不可結而詒
蔡詩傳曰冀遠也又曰覿見也杜預曰
今詩曰既而慨然感此離析毛詩曰愛
而不見搔首踟躕左氏傳褚師曰引領
西望介雅曰覿見也良覿謂見良人也
音次析四狄反搔素刀反覿大歷反
延濟曰雖園居獨處而道路遙阻莫能
睹而問之何以慰分離之情也故登樓
望遠請於行路之人引領
之間冀良史之可見者也

田南樹園激流植援一首 五臣 鈔 在田南

樹園謂激流水而種植樹木以援枝也
張銑曰田南宅近所居之南何處也
植援也援如籬院也援衛也今案鈔音
次五家今以此詩次廢中篇之後

謝靈運

樵隱俱在山由來事不同
李善曰臧榮緒晉書何琦曰明
言隱者在山樵者亦在山在山則同

李善曰臧榮緒晉書何琦曰明
言隱者在山樵者亦在山在山則同
以在山則異意不同乎音次樵在
字向曰樵長隱遠之人俱在山而
不同

不同非一事養痾亦園中
李善曰說文曰痾病也鈔曰之者樵
與隱也音次痾音阿呂向曰亦有養痾
園中者也今案五家
陸善經本為丘

園中屏氛雜
李善曰范曄後漢書仲長統曰欲卜居清
曠以樂其志廣雅曰曠遠也鈔曰氛雜
亂氣也清曠空靜也音次氛芳云反
延濟曰屏去氛氣雜招來遠之風
也今案鈔陸善經本園中為中園也

清曠招遠風

卜室倚北阜啓扉面南江
李善曰西都賦曰嶢路而啓扉鈔曰
卜室倚卜居倚背也面向也音次倚
綺反扉音非劉良曰
卜度其山路開扉門也

激澗代汲井插槿當列墉

猶樹也書楨榦歌篇木槧南屼頭汲水
北閒湢音次汲音急樧初洽反樸音護
當丁浪反牖以龍反李周翰曰激澗㵒
水上高處用之以代汲水於中戟極樸
木以爲周墉也
列周墉牖也

群木既羅戶衆
鈔曰羣木衆大林也羅
列當於戶前衆山諸衆

山亦對窓
峯也山蘇窓中音次衆之仰反呂而日
羣木羅列於門衆山當窓而見也陟否
經曰皆目
所見事也

靡迤趍下田迢遰

瞰高峯
李善曰西京賦曰澶漫靡
迤鈔曰靡迤斜行也岉山
窮也迢遰也遠後於山因下瞰山峯
也音次迤以尔反岉音將呼音第瞰苦
遰又張銑曰靡迤細也迢遰高
趍之瞰視今案鈔曰爲岉音次迢遰
岧
帶

寡欲不期勞即事罕人功
李善曰老子曰少私寡欲即事即此善
宣之事也即事已見南樓中望所遲客
詩鈔曰言寡少事故無是勞之閑即
就嚴穴之居故希用人功也呂延濟曰
思之少欲不期爲勞就此山事希用人
力即就事希功力注善經曰言寡欲者
不期於煩勞而以即事希
用人功皆因自然之勢

唯開蔣生逕永懷求羊蹤
李善曰三輔
次録曰蔣詡
元卿舍中三逕唯羊仲求仲從之遊二
仲皆挫廉逃名音次蔣子兩反劉良曰
蔣詡隱於杜陵唯開三徑唯故人求仲
羊仲從之遊故将開此徑長懷此蹤

賞心不可忘妙善兾能同
李善曰莊子顔成子遊謂東郭子綦曰
自吾聞子之言也一年而不知死不知
生九年大妙郭象曰妙善同故死生而
不窮也鈔曰言妙善兾同於古賢也賞
心謂求羊也李周翰曰賞心之樂不可
忘者則妙善之道所兾同於古人者陷
善經曰新論云賢聖之材
不世妙善之枝不傳也

齋中讀書一首
五言　李善曰永嘉郡齋
張銑曰齋郡室

謝靈運

昔余遊京華未嘗廢丘壑
李善曰郭璞遊仙詩曰京華遊俠窟漢
書班嗣書曰夫嚴子者漁釣於一壑万
物不干其志栖遲於一丘天下不易其
樂翰曰遊京華謂在丹陽未嘗廢者言
心常存也音次壑字谷反子向曰京華
帝都也言昔遊帝都丘壑之情不忘也
丘山
壑水
矧迺歸山川心跡雙寂
漠
李善曰尒雅曰矧況也楚詞曰野寂
漠漠兮无人銑曰歸来居山中心與跡
俱寂寞
莫劉良曰縱事也寂漠閑靜也
虛館絕諍訟空庭來鳥雀
李善曰張衡四愁詩序曰尹江息當子
曰尚治天下朝廷之間可以罷省音次
諍争之去聲李周翰曰無俗理諍訟
言之事但見鳥雀来遊也
臥疾豐暇豫翰墨時間作
李善曰國語優施曰我敎暇豫之事君
韋昭曰暇閑也豫樂也歸田賦曰揮翰
墨以奮藻兩都賦序曰時時間作劉
暇閑暇也音次間后見反呂延濟曰
卧一疾善疾也豐
多也翰墨文章
懷抱觀古今寢
食展戲謔
李善曰文賦曰觀古今
於須臾毛詩曰善戲謔兮
兮不為虐兮音次謔虐約反劉良曰觀
古今謂讀書也戲謔樂也
既笑沮溺苦又哂子雲閣
李善曰論語曰長沮桀溺耦而耕漢書
曰王莽既以符命自立即位之後欲絕
其源以神前事而甄豐子尋劉歆子棻
復獻之莽誅豐父子投棻四裔辭所連
及便收不請時楊雄校書天祿閣上理
獄使者来欲收雄雄恐不能自免乃從
閣上自投下幾死京師爲之語曰惟寂惟
漠自投閣音次沮七余反溺乃的反
哂尸忍反呂向曰讀書見長沮桀溺之
耕笑其苦也見楊子雲校書天祿閣又
哂其勞也
哂亦笑也
執戟亦以疲耕稼豈
云樂
李善曰潘安仁夏侯湛誄曰執
戟疲楊銑曰楊子雲為郎執戟

此二句言上但謝子雲也音決戭
居亦反痾音彼稼音嫁樂音洛
万
事難並歡達生幸可託李善
曰莊
子曰達生之情者傀司馬彪曰傀大也
情不免故曰大傀音瑰鈔曰達知生理
幸可依託也李周翰曰万事有分不可
並得歡樂且達之理自守貞栉乃可託
於時也陸善經曰言隱而仕俱
未得中唯達生之理幸可託寄

石門新營所住四面高山迴溪

石瀨脩竹茂林一首 五言 鈔曰靈運遊名山志
云石門在永嘉汩向曰新營
所住則前篇激流植援之處

謝靈運

躋險築幽居披雲臥石門李善
曰論衡曰幽居靜處恬淡自守莊子曰
雲者風起北方一西一東執居無事而
披拂是鈔曰躋升也言升山險而築靈
幽居也音子兮反築音竹張銑曰

築謂築大
為室也
苔滑誰能步葛蒻李善曰遊天台山賦曰踐莓
苔之滑石又曰援葛藟之飛
豈可捫莖毛萇詩傳曰捫持也音次苔音臺滑
胡八反捫音門呂延濟曰苔石上青苔
石上青苔難以象水故滑也誰能步者
言不可行於上也葛之條葛蒻細弱上高
下深恐有顛墜之門攀也
陸善經曰言登陟之難也
嫋嫋秋楚詞曰嫋嫋兮秋風

風過萋萋春草繁
王逸曰嫋嫋秋風搖木貌也楚詞曰春
草生兮萋萋音次嫋奴了反過音戈萋
音妻劉良曰萋萋草盛貌葉
鈔草為繁五家本為有
美人
遊不還佳期何由敦李善曰楚詞曰
望美人兮未來又曰與佳期兮夕張銑
曰敦叙也言無因可得叙懷音次敦多
昆反李周翰曰友人也敦厚也言交
人遠遊不還而佳期何時復得敦厚而
相叙也覽此山
物故因思友人
芳塵凝瑶席清

酳滿金樽 李善曰庚闡揚都賦曰結芳蘑於綺疏楚辭曰瑤席兮玉瑱毛詩曰飲此湑矣曹子建樂府詩曰合樽於林不能使薄酒更厚鈔曰楚詞云瑤席兮玉瑱盡將把兮瓊芳爲友人不來故言此也音決瑤音遙酳思召反樽音尊呂向曰芳蘑鼓塵也謂人不在瑤塵施席如鼓瑤者美言之也酳酒也陸善經曰良友今既在遠何由歡其宿好所以瑤席生塵金樽不酌

洞庭空波瀾桂枝徒攀翻 李善曰楚詞曰洞庭波兮木葉下又曰攀桂枝子聊淹留音決瀾音蘭張銑曰洞庭空波瀾謂秋時空也洞庭湖名也桂樹貞芳可以翫遊今丈人不還故徒爲攀援。陸善經曰言遊洞庭者空波瀾留桂枝者徒然攀翻不知誰與以相賞 翻爲皆之翻猶援

結念屬霄漢孤景莫與慰

諼 李善曰蔡琰詩曰煢煢對孤景怛咤糜肝肺毛萇詩傳曰諼忘也鈔曰言我孤然獨景無人與我以忘憂音決諼之欲反景音敬諼火爰反呂延濟曰結念近於高遠故云屬霄漢矣也屬近也我之孤獨無友人可與之言也景影莫無諼

俯濯石下潭仰看條上

猨 鈔曰當時所瞻望也音決濯直角反潭大南反猨音袁五家潭普紺反劉良曰俯即洗心神於石水仰則看猨條濯木條也濯洗也潭水深處聲也今案五家本潭爲潭也

早聞夕飇急晚見朝日曒 李善曰楚詞曰曒將出兮東方鈔曰言與夕莫知早晚謂言時早翻曒飇將謂景沉更逢朝日夭迷淺楚詞謂曰始出東方其容曒曒而颺大也音決飇必遙反曒古皂反奈同翰曰山林深晴故雖早風如夜也雖晚見曰如朝時物出光也曒曰物出皂也浩經曰早聞晚見謂日薮於高山陸善經遂感

崖傾光難留林深響易奔 鈔曰奔疾也言林幽其響疾也音決易以智反呂向曰山崖欹傾蔽日光難久留也林木深遠聽動風響易奔急也陸善經曰傾斜也故

日光難留也言此之美勝於洞庭杞梓

感往慮有復

理來情無存 李善曰言悲感若往而哀壽盼錯旋慮有迴復妙理若來而物我皆喪故情無所存往謂適彼可悲之境也鈔曰言感往日所行之過之事思慮有復於常及至理來則情無存也言次復存伏李周翰曰感往昔之事而思慮有所又復思物理之中也…於身理來今則得喜同也故情無存…諸曰言感念往彼者思慮則有迴復至理若來此情亦無所存

庶持乘日用得以慰營魂 李善曰莊子牧馬童子謂黃帝曰予少者教予曰若乘日之車而遊於襄城之野郭象曰日出而遊日入而息也楚辭曰載營魂而登霞兮向曰庶近也日出而遊日入而息恬淡無為不知所以用於心謂之日用此道可以近持於身業而行之以慰心府魂神者也今案五家本持為侍

匪為眾人說冀與智者論 李善曰司馬遷書曰可為智者道難為俗人言鈔曰言此理至妙不足與眾多之人說之所冀智者始可述耳音決論為于偽反眾之仲反

雜詩一首 五言

王景玄 李善曰沈約宋書曰王微字景玄少好學無不通覽年十六舉秀才除南平王鑠右軍諮議微素無宦情稱疾不就江湛舉為吏部郎中鈔曰沈約宋書云微琅琊臨沂人好學博覽能屬文善尺書解音律舉秀才衛陽王義季右軍行參軍並不就起家司徒祭酒累遷始與王尤又為平南官服闋累除不就因絕客門庭弟僧綽遇禍微以書告靈言悲哀至後四句而卒宋孝武即位贈秘書監也

思婦臨高臺長想憑華軒 李善曰陸機為顧彥先贈婦詩曰東南有思婦歸賦曰遠思長想登樓賦曰憑

拙樓以遲望滿岳為曾論賦陰詩曰殊
業筆軒車照漢書注曰軒檻上板也斜
日側下檻板多軒音次思先自反泣近
濟曰臨高臺思華軒長想其夫也軒樓
上鉤闌也華者
有華飾文歟

弄絃不成曲哀

李善曰左太沖詠史詩曰
哀歌和漸離張平子書曰酸

歌送苦言

者不能不苦於言銑曰不見其夫心不
和故不成曲但有怨酷之詞也李周翰
曰相思之
苦言也

箕箒留江介良人

李善曰箕箒婦人所執也國
語曰吴王夫差代越〻

處鴈門

句踐乃命諸稽郢行成於吳曰句踐請
以一个適女執箕帚於王宮說文所箕
歟也箒糞也楚辭曰哀江介之悲風孟
子曰齊有一妻一妾而處室者其良人
出必厭酒宍劉熙曰婦人稱夫曰良人
漢書有鴈門郡音次箕后妃文箒之受
又介音界處昌呂反李周翰曰箕所以
斂揚物者也箒掃除地者也此婦人所
執以事夫也今言執此物留居江
閫夫在北塞鴈門遠也分門也

詎

憶無衣苦但知狐白溫

李善曰曹
植贈丁儀詩曰狐白足禦冬焉念無衣
客音次狐户狐反呂向曰夫不憶無衣
之苦但知自服狐白之裘而為溫亦喻
君之自溫而不知下人之寒苦也狐白
謂狐腋之白毛
以為裘者

日闇牛羊下野雀

李善曰毛詩曰日之夕矣牛
羊下來古猿帶行曰暮不獲
時栖棲銑曰暗牧羊牛之人皆下而
歸野鳥皆滿於空園歲有凡偶者木枊

滿空園

息而我且孤也陸善綫
曰言觀物增悲也矣

孟冬寒風

李善曰孔記曰仲
冬之月昏東壁中

起東壁正中昏

銑曰東壁北方宿也劉良曰東壁星名
也十月則日昏時見於南故云中昏傷
歲暮也

朱火獨照人抱景自愁

李善曰古詩曰朱火然其中楚詞曰
惌鄭抱景而獨倚劉曰朱大謂燈也大
色赤故曰朱也音次惌於元反呂延濟
曰景影也言燈燭照人抱影多愁也

誰知心曲亂所思不可論 李善曰毛詩曰亂我心曲古詩曰所思在遠道鈔曰言我憶此所思之不可論說也李周翰曰所思不見復何論也

數詩一首 五言

翰曰數者從一至十故云數詩其數具在篇中頭之音次數丈次之李周翰曰數從一為首畢至十以為文撰述其所情也

鮑明遠 音次昭 宋參軍

一身仕關西家族滿山東 李善曰家語孔子曰恭敬忠信四者可以正國豈特一身漢書王嘉曰蕭何守關中徐之則關西非陛下有又亡萬齊閈群臣群臣皆山東人鈔曰關西謂長安也山東謂崤山之東洛陽地也言家本居洛已仕宦長安也陸善經曰太行成華乙東焉山泉

二年從車駕齋祭甘泉宮 李善曰漢書曰元延二年行幸甘泉泉泉賦曰正月從上甘泉祭雍獨斷曰不敢指斥天子故但言車駕漢書曰武帝作甘泉宮中為臺室中畫祭具以致天神鈔曰甘泉山為漢家祠祭之所也楊雄甘泉賦云樹與齊乎湯靈之宮也音次從中用文齋關階文

三朝國慶畢休 李善曰漢書谷永上壽曰日食於三朝之食五

沐還舊邦

亭洽曰國慶獨享其利漢書曰張安世休沐未嘗出王粲贈蔡子篤詩曰言旋舊邦音次沐音木向曰三朝謂正朝也歲之朝月之朝日之朝是也國慶謂朝會之會既畢乃止息還於舊國也休沐息止也

四牡曜長路輕蓋若飛鴻 李善曰毛詩曰駕彼四牡石崇還京詩曰迅風翼華蓋飄飄若鴻飛鈔曰蓋如鴻者蓋有鶴蓋鴻鵠類也故言飛鴻也毛詩四牡孔阜音次牡音母呂向曰四牡四馬也富貴榮華故光曜長路其蓋輕疾如鴻鴈飛也

五使相餞送高會

集離新豐 李善曰漢書曰成帝志封陽王譚王商王立王

根王從時爲列侯五人同日封故世謂
之五侯人曰漢王置酒高會三輔舊事
曰太上皇思東歸也高祖徙豐沛商人
立爲新豐鈔曰新豐縣名也鄭玄曰送
行飲
曰餞

六樂陳廣坐組帳揚春風

李善曰周礼曰凡六樂者文之以五
聲鄭玄曰此周所存六代之樂史
記侯嬴曰公子自迎嬴於衆廣坐之中
嵇康贈秀才詩曰組帳高褰綺日組帳
帶故言組帳也音次坐才臥反組音祖
音迫濟曰組鞴緑之屬以蔽帳也

七盤起長袖庭下列歌鍾

李善曰張衡舞賦曰歷七盤而蹝蹋鐏
子曰長袖善舞國語曰鄭伯納女樂二
二八歌鍾二肆鈔曰七盤西京賦曲名
詩傳云鍾鼓在庭劉良曰列行也李善

八珎盈彫俎綺肴紛錯重

曰周
礼食醫掌和王八珎之齊子祝宗人
説祭曰汝奚忍死吾將加汝肴乎彫
俎之上應璩與滿公琰書曰然以綺錯
用爵飛騰鈔曰八珎已具亦十一雕刻
也組九鼎之紛謂盛多也錯亂也謂相
間雜也重疊也音次俎音阻肴下文交
重疊襍文李周翰曰盈滿也肴饌也諸
士而也多如綺文紛錯重言多也

九族共瞻遲賓交仰徽容

李善曰尚書曰敦叙九族孔安國曰
九族高祖玄孫之親也張載遲錐參軍
詩曰善建理不拔闡道播徽容鈔曰遲
待也言以礼待之徽美也音次遲音値
徽音
輝

十載學無就善宦一朝通

李善曰漢書曰張釋之事文帝十
年不得調又曰司馬安巧善宦四
至九卿鈔曰礼記九載大成善宦猶巧
宦也音次宦音患張銑曰學十年曰大成
言無就者謂也十者小數之極故數詩空
此而止也陸善經曰摯虞三輔決錄注
曰古者升且學三年通一經十五年而
大成今諸大學專學不耕二年通一經
十年
而成

翫月城西門解中一首 五言

鈔曰解
中者時

為秣陵令在秣城公廨中也音
次廨音懈李周翰曰廨公府也

鮑明遠

始見西南樓纖〻如玉鉤

李善曰西京雜記公孫乘月賦曰隱
員巖而似鉤蔽脩堞如分鏡也王逸
楚辭注曰曲瓊玉鉤也音次見何較
又纖〻見座又言句曰月初出於西南
纖〻細貌似玉鉤也陸善經曰始見
西南謂初月令素五家各見為出

末暎東北墀娟〻似蛾眉

李善曰說文曰墀塗地也礼天子赤
墀上林賦曰長眉連娟毛詩曰螓首
蛾眉鈔曰娟〻長曲也似婦人之眉
也音次墀音遲娟一緣又蛾魚何又
呂向曰出於西南闕宜映東北階也
娟〻明娟貌此月初出光微也陸善
經曰末〻暎東北謂
望月此謂秋時

蛾眉蔽珠櫳

玉鉤隔璅窗

李善曰珠櫳以珠飾
櫳也璅窗〻為璅文
也范曄後漢書曰梁冀第舍窗牖皆有
綺疏青瑣音次櫳力東又璅素果又李
周翰曰蔽隱於欄楯
隔阻於窗牖也

三五二八時

李善曰二八十六日
也釋名曰望月滿

千里與君同

之名月大十六日月小十五日淮南
子曰道德之論譬如日月馳騖千里
不能改其處鈔曰三五謂十五日二八
謂十六日言月十五十六日盛滿月賦
云隔千里兮共明月也銑曰謂從微
至明也十五與君同看言思友朋遠與
同〻
也

夜移衡漢落

徘徊帷戶中

李善曰衡斗中央也漢天漢也
已見謝惠連七月七日夜詠牛
女詩曹植七哀詩曰明月照高樓流光
正徘徊鈔曰落低也言衡漢既落月亦
隨從斜光入帷戶中也李周翰曰月光入
斜迴從入於帷戶之中陸善經曰光移
漢落月明亭午
故徘徊帷戶中

歸華先委露

別葉早辭風

李善曰言歸華先委由
露所墜別葉早辭為風

所傾華落向本故曰歸葉下離枝故云
別云送楚歸注曰袁宏也翼氏庭前曰
木落歸本水流歸末鈔曰此風時下木
向月也言向日此言龍月之時草木
華葉皆乎委風露而落也歸別皆落也
委著也亦如人隨微而著終見衰謝也
陸善注曰露沾華風吹葉月則枝光風
露猶在故言客遊厭歸華委露別葉辭
風 客遊厭

°苦辛仕子倦飄塵

李善曰陸機答張士然詩曰飄飄冒風塵鈔曰此自叙也音次猒音一艷反劇去聲叉

休澣自公日宴慰及私辰

李善曰漢書薛宣曰吏以令休所繇來久私已曰
晏子澣衣以朝字林曰醧私宴飲也鈔
曰休澣請假之名也音浣澣戶管反呂
延濟曰言休息公務之日宴樂私家之
辰合此琴曲以自娛也澣謂洗濯沐浴
也辰亦日也陸善注曰言因月之請賞
而賞
慰也

蜀琴抽白雪郢曲繞陽春

李善曰相如工琴而處蜀故曰蜀
琴客歌郢中故稱郢曲也宋玉曰

鈔曰師曠爲白雪之曲又對問曰客
有歌於郢中者其爲陽春白雪國中屬
而和者不過數人鈔曰白雪陽春並楚
曲名也音次抽勅由反郢以井反繞而
小反呂延濟曰抽猶奏
也郢國名繞猶尋也

看乾酒未闋金壺啓夕淪

李善曰看雖乾而酒未已金壺
之滴以啓夕波杜預左氏傳注曰看乾
不食亦罷曰小波爲淪陸機漏賦曰
伏陰泉以承波吞恒流其如積鈔曰闋
止也淪波謂夜漏動也凝貯觀漏賦曰
次帝：而夜下叶刊滴刻爲波之識也
禮記云看乾而不食酒澄而不飲啓闋
也淪波也言食罷闋月澄也音次
乾音千量音胡劉良曰看饌已乾而
酒清未終而金壺之水已開滴漏言
夜將盡矣闋終也金壺貯刻漏水者
昕爲之故曰金淪猶書也陸善注曰看
雖乾而酒未止興方洽也金壺之滴以
啓夕淪々浸
也論夭明

迴軒駐輕蓋留酌待情人

鈔曰軒謂車音次駐竹
樹之劉良曰言迴車狩
歸復駐軒蓋而留酌以待情
人情人文人之別離者也

始出尚書一首

東尚書殿中高宗輔政人朓爲
領記室高宗明帝也音決省所掌人
今案音決五家陵爲
然本書下有看字

謝玄暉 鈔曰名朓陳郡陽
夏人少有令名大
彩道䝉起家爲隨王嶷
太尉行參軍累遷尚書吏
部郎麻未見誅此謂爲宣
城郡守之日也朓時不尚
書吏部郎明帝即
位出爲宣城郡守

惟昔逢休明十載朝雲陛

李善曰休明謂齊武皇帝也左氏傳王
孫滿曰德之休明左思七杖曰開中帝
之廣褰遠雲陛之峻戟鈔曰惟思也漢
武故事云武帝有三雲殿此雲陛所害
然之階也潘安仁云當休明之盛世也
音決朝直遙反陛步礼反李周翰曰陛
階也

既通金閨籍復酌瓊筵醴

李善曰金閨金馬門也謂爲尚書郎
也應劭漢書注曰籍者爲二尺竹牒記
其年紀名字物色縣之宮門案有相應
乃得入也蕭子顯齊書曰朓轉豫章
王行參軍袁宏從駙馬曰開金屏生瓊
筵漢書曰楚元王敬礼穆生穆生不
耆酒元王每置酒常爲穆生設醴鈔曰
漢書公孫弘待詔金馬門也瓊筵猶瓊
席也今言蒙天之恩復得王之眷顧也
音決瓊渠營反醴音礼張銑曰瓊筵謂
天子宴會群臣之席言瓊者珎美言之醴
酒也陸善經曰瓊筵醴謂爲王官也

宸景厭照臨昏風淪繼體 李善

曰宸北辰以喻帝位也厭照臨謂武帝
崩也繼體謂鬱林王昭業也蕭子顯齊
書曰鬱林王昭業文惠太子長子武帝
崩王即位毛詩曰明明上天照臨下土
公羊傳曰是子也繼文之體守文之
法度鈔曰昭國典引云宸居其位也言
齊武帝厭照臨於世而登遐也音決宸
市辰反艷又照向曰宸帝居也帝曰
也天子比於日以照臨天下也武帝既
崩鬱林王昭業即位荒淪鴻不紹帝

龍也
紛虹亂朝日濁河穢清濟
李善曰漢書息夫躬絶命辭曰虹蜺曜
兮日微張晏曰虹蜺邪陰之氣也而有
照曜以蔽日月云讒言流行忠良浸微
也戰國策張儀説王曰清濟濁河足以
爲限孔安國尚書注曰濟水入河並流
十數里然濟自北入河截流而南並行
十數里清濁異色後混焉一流之喩讒
邪之穢忠正鈔曰虹日傍氣也濁河喩
小人也音吹虹音紅濟子礼反吕延濟
曰濁河之水穢清濟之流皆喩鬱林王
所謂不然也
防口猶寛政飡荼更
李善曰言防彼衆口實猶寛政
雖遇飡荼之苦更同如薺之甘
如薺
昔明帝輔政故曰寛也國語邵公諫厲
王曰防人之口甚於防川左氏傳曰陳
公子完謂齊侯曰吕幸若獲宥及於寛
政君之恵也中長子昌言曰有求與之
大徒焉有虫蔗之浸用焉如此則清猶
喫敗之士同當飡荼鹽瞻杭渰蒋毛詩
曰誰謂荼苦其甘如薺音次防音房飡
素干反荼音徒薺在礼反劉良曰厲
累忠致國人謗怨諫諫曰防人之口甚
於防川王不聽之國莫敢言道路以目
然比於鬱林王明猶爲寛政矣人苦甚
於飡荼方之前法則荼如薺言荼苦
薺甘草也
英袞暢人謀文明固天啓
李善曰英袞謂明帝也初爲尚書令故
曰英袞蕭子顯齊書曰明帝以太后令
廢鬱林王及海陵王而即帝位周礼曰
三公自袞冕而下周易曰人謀鬼謀百
姓與能又曰見龍在田天下文明左氏
傳晋侯賜畢万魏卜偃曰以是始賞天
啓之矣鈔曰晉明帝時爲丞相故云袞
袞即袞龍之服也西京曰天開之心也
音次袞古本反吕向曰暢通也通於人
謀謂國人謳謡頌明帝即位而明之德
故天啓之也
青精翼紫軑黄旗暎朱邸
李善曰春秋元命苞曰殷紂之
時五星聚房房者蒼神之精周
據而興蒼即蒼也方言曰韓楚之間
輪謂之軑徒計反天子之車以紫爲蓋
故曰紫軑司馬彪續漢書曰黄
旗紫蓋恒見東南終成天下者楊州之

孟子史記曰諸侯朝天子於天子之所
立宅舍曰邸漢書曰代王入代邸諸王
朱戶明帝始安王子故曰朱邸蔚劭曰
藝秩助也楚詞云吞玉軑而並馳王逸
曰軑轄也言瑞宣起於王邸將欲命君
也春秋元命苞曰代殿者為經昌精翼
曰衣育光此言齊亦木德也音次軑音
大旗音其邸下札文李周翰曰有精星
也黃漢瑞雲也將天啓將興之符應也
異鋪也有精蛸東黃旗映於帝宅此謂
明帝將即位之時瑞

還觀司隸章復見東

都禮 李善曰東觀漢記曰更始欲北之雒陽以上為司隸
校尉三輔官府吏東迎雒陽見更始諸
將過者數十輩皆冠幘而衣婦人衣大
為長安而笑見司隸官屬皆相指視之
極望者吏或垂涕癸以曰復見官府儀
體賢者識附依銳曰亭底也亭明帝自
於相即位下人類之亦如見光武也故
更復見此儀礼矣也

中區咸已泰輕生諒

昭灑 李善曰文賦曰作中區以玄覽說文曰洒滌也鈔曰區宇也軌

直自屬也諒信也信敬昭明洒濁音次
獨子礼文劉良曰中區國中也泰大通
也言明帝即位聖政流通下人信可昭
明洗滌穢濁君也輕生謂下人也說吝
縮曰已泰言度昏立明也

趨事餘宮闈載筆

陪雍祭 李善曰謂出數小亦為記官也漢書曰朱博夜寢早起妻
希見其面良燧李如是論衡曰更史楚
理學礼記曰史載筆士載言司馬彪續
漢書曰公以下至二千石騎吏四人皆
帶劍榮戟為前引十以漢士文日榮戟
也劍口日出為郡守以相陪乘雍
祭耳音次陪安回文雍音精祭去聲及
多延濟曰趨自為書啟下郎顯濟以為
諸漢領記室故云載筆陪雍祭門之
列載載筆謂此以文史職用筆為賢也
誘謹遠文事既見功成將歸邑里故鮮宮
闈也此語合在雍祭之下
在上者然文之次載用也

邑里向

踈蕪寒流自清泚 李善曰曹植國語注曰蕪
薉也說文云泚清也鈔曰泚水流之皂
也音次無音無泚七礼反呂向曰泚之

邑里人物所顯居處荒蕪詔列衰柳
離列離久也清洪秋水流貌也
尚沉〻凝露方泥〻李善曰沉〻茂盛之貌也
也詩曰蓼彼蕭斯零露泥〻毛萇曰泥
〻沾濡也音乃泥斯札反李周翰曰衰
柳自喻也此意謂離衰老尚為君王所
顧猶為茂盛恩澤沾濡也
零落悲友朋歡娛讌兄弟李善
曰孔融與韋端書曰海内知識零落殆
盡子曰號賓如也憂與娛通也詩曰
棠棣燕兄弟也鈔曰今言出問宣州
不得在朝廷故言零落悲友朋不得如
兄弟之恩也音決讌一見反張銑曰久
離邑里朋友〻零落故悲之也
既秉丹石心寧流素絲涕
李善曰丹石言不移心呂氏春秋曰石
可破而不可奪其堅丹可磨而不可奪
其赤素絲涕墨子所悲也淮南子曰墨
子見練絲而泣之為其可以黃可以黑
高誘曰閔其化也曹顏遠感時詩曰素
絲與路岐側息中懷也仆卞不敢也
既執忠赤堅貞之心安能悲素絲之變
而流涕淚也寧安也心寧安也
棄此得蕭散垂竿深澗底李善
曰孫息遊言賦曰沉丹於清泠之流垂
竿於巖澗之下鈔曰蕭散謂不干世事
也垂竿者言在山〻之間隱居之士也
李周翰曰蕭散逸也垂竿釣魚也今
案鈔及陸善
經本為同

直中書省一首 五言 李善曰蕭子顯齊書曰
晩轉中書郎鈔曰直宿也音決省所景
反張銑曰直謂宿於禁中以備非常也

謝玄暉

紫殿肅陰〻彤庭赫弘敞
李善曰漢書武紀曰神光降集紫殿疏
子曰至陰肅〻至陽赤〻西都賦曰大
階彤庭西京賦曰赤戶〻以弘敞鈔曰
世說曰武帝於其宮有紫殿陰〻深
沉之皃音決彤大冬反人常文名向曰
紫殿天子居也彤庭謂禁中多赤色階

嚴也颯風也弘敞大高皃

風動万年枝日華承露掌

李善曰晉宮閣名曰華林園有万年樹十四株洪書曰西華暉以宣明又曰武帝作栢梁銅柱承露盤及僊人掌之屬此曰洽閣

宮殿部曰五櫃一名万年然万年樹名也劉良曰承露掌謂起高臺為仙人形掌承盤以承甘露日華謂日光照也

玲瓏結綺錢

深沉暎朱網

李善曰晉灼甘泉賦注曰玲瓏明見皃也

東宮舊事曰窓有四面綺錢連錢呂曰罔户朱綴刺方連網与罔同而義異王逸鈔曰楚詞云網户珠綴刺方連作此朱者取其赤色也又古人不必取體也音決玲力丁反瓏力東反呂延濟曰綺錢朱網是宮殿之飾也玲瓏跡已沉久深也

紅藥當階飜蒼苔依砌上

李善曰淮南子曰窮谷之汙生以蒼苔鈔曰紅藥草名蒼苔謂青苔無人行郎官音決當丁浪反飜芳煩反砌七帝反上時掌反張銑曰紅藥謂所植草

者飜亂也蒼青也

茲言翔鳳池鳴珮多清響

李善曰晉中興書曰荀勗從中書監為尚書令人賀之乃發恚云奪我鳳皇池諸人賀我耶禮記曰君子行則鳴珮玉鈔曰鳳集也古今作集此池以明政之李周翰曰鳳池中書省也今案鈔五家本茲為咸

信美非吾室中園思偶仰

李善曰登樓賦曰雖信美而非吾土王詩曰戚懷逸偶仰鈔曰言上之事信是可哀非是我室故思中園以偶仰

朋情已鬱陶春

李善曰尚書曰鬱陶乎予心顔厚有忸怩

物方駘蕩

曰息施之林駘蕩而不得之物而不反司馬彪曰駘蕩猶施散也鈔曰駘蕩猶言廣大也音決駘音待劉良曰不見交朋儕鬱陶心憂之也駘蕩春光也

安得凌風翰聊恣山泉賞

李善曰莊子曰鵷鶵巢於高梧之翰集折淩風

[illegible]起也詩曰[illegible]其交

飛騎其卜豪俊也鈔曰賁說自得之
也音決悠你目反李周翰曰顏如鳥飛
悠平生所尚也今
案五家本今皆為譬

觀朝雨一首 五言　謝玄暉

朔風吹飛雨蕭條江上來
既灑百常觀復集九成臺
李善曰七命曰表以百常之闕尔雅曰
觀謂之闕呂氏春秋曰有娀氏有二佚
女為九成之臺飲食必以鼓鈔曰朔風
北風也蕭條遠也西京賦曰作百常而
莖擢音決灑所蟹反觀古亂反張銑曰
蕭條雨之灑水而隨風至百常觀高闕
也九成臺謂九層臺
也言雨灑集於此也空濛如薄霧
散漫似輕埃鈔曰空濛謂細雨如
濛霧陸散又如細塵
音決濛音蒙漫莫旦反埃音哀呂延濟
曰空濛散漫雨微貌埃塵也
平明振衣坐重門猶未開李善

曰楚詞曰平明發予蒼梧新序曰老古
振衣而起周易曰重門擊柝鈔曰君有
九重之門故言重門也振整也楚詞曰
君之門以九重音決重逐龍反呂向曰
振整
也
耳目暫無擾懷古信悠
哉李善曰東京賦曰慨長思而懷古鈔
曰無擾謂靜也音決擾而沼反劉良
曰未暇事也擾煩也思古人榮衰之理
信遠
哉也
戢翼希驤首乘流畏暴
鰓李善曰武公綏魅情賦曰旅鰓龍之
勿用戢鱗翼以遠歎鄙陽上高曰文
龍驤首奮翼則浮雲出流脈鳥賦曰宋
流則逝三秦記曰河津一名龍門去長
安九百里兩傍有山水陸不通龜魚莫
能上江海大魚薄集龍門下上則為龍
不得上暴鰓水次鈔曰鰓能也此龍
亦應龍也應龍有翼者故言戢翼音決
戢側立反驤四良反懸步下反鰓先來
反李周翰曰戢斂希望驤舉也懷罷也
脆日斂欲戢翼而退從舉首以春黃
戢又畏失勢如大流暴鰓也陸善經曰
戢翼未遇有則希驤首而奮翼乘流得

便者又長嘆
動而失勢

動息無兼遂歧路多徘徊李善曰動息猶出處也言出處進途既無兼遂辟臨歧路而徘徊靡從也淮南子曰楊子見逵路而哭之為其可以南可以北歧路即仕與不也張銑曰出處之道不可兩兼而遂之則歧路甚多不知所從故徘徊中□不安之

方同戰勝者去翦北山萊李善曰言隱勝仕也韓子曰子夏曰吾入見先王之義則榮之出見富貴又榮之二者戰於胸臆故臞今見先王之義戰勝故肥也毛詩曰南山有臺北山有萊毛萇曰萊草也鈔曰戰勝先王義語言戰勝隱翦北山之萊也音決勝詩終又翦分踐又子曰吾復肥而我有問之者子夏曰吾戰勝故肥也銑曰以之不仕為勝故將欲去彝北山之草也明非草之惡物亦不善也隆善隆曰萊穢不也

郡內登望一首　五言　李善曰兩子顯香
善曰朓出為宣城太守

謝玄暉

借問下車日匪直望舒圓李善曰張景陽詩曰下車如昨日望舒四五圓鈔曰謂當班所為宣城太守其下車作職定民休息望舒月也劉良曰自問下車始至之日非直一月諸緣時序也

寒城一以眺平楚正蒼然李善曰毛詩曰翹翹錯薪言刈其楚鄭玄曰楚叢木也鄭玄毛詩箋曰蕪薉在衆草之中蒼蒼然鈔曰楚叢中木之翹秀者也呂延濟曰秋氣寒而登城上故云寒城眺望也蒼然草木色也□□經曰楚木名

山積陵陽阻溪流春穀泉李善曰沈約宋書曰宣城郡太康中分丹陽□□□子明得仙於陵陽□□□曰丹陽郡有春穀縣水經注曰沈道春穀縣北有石合春穀水注曰宣城沈曰陵陽山石陵陽子明學仙之所□宋宋改宣城為宣城郡春穀屬宣城郡也音□□□丁反陵陽之□□也□

山之積陰者有陵陽之陰淡中時氣有
春散之象陵陽陵日陵陽子明得仙於
廣陽縣山今在陵
縣西也　失寄哉
威紆距遥甸巉
李善曰孔安國尚書傳
曰距至也　鈔曰宣城郡
嵒帶遠天
上帝京邑帝京謂宣城郡也音決距音巨
巉士咸反嵒五咸反呂向曰威紆長曲
皃巉嵒山高皃謂山川長曲至遥甸山
高之勢帶於遠天也甸謂去天城五百
里之地也陸善經曰威紆
水流屈曲皃甸郊甸也
切〻陰風
劉曰切〻風動
皃也音決切七
暮桑柘起寒烟
鈔曰烟一賢反李周翰曰桑柘木名遠
望〻烟生於下也望〻烟生於中也
李善
悵望心已極惝怳魂屢遷
曰桑靡初平詩曰暮宿河南天涯
雨雪濟〻楚辭曰於惝怳而永懷於
驚文鈔曰憂愁謂驚惕也遷從也音決
惝尺掌反怳凶往反鈔曰惝怳失神
不安之
皃也
結髮倦為旅平生早事

邊李善曰漢書曰翟光鼓殿内侍論語
子曰久要不忘平生之言鈔曰結髮謂
始冠廿成人時也平生謂幼少之時也
邊〻塞之地沙〻漠中也劉良曰緣文也
早生早事於邊
壇戎馬之事
誰規鼎食盛寧
要狐白鮮
李善曰家語曰子路南
遊於楚列鼎而食晏子
春秋曰景公被狐白之裘坐於堂側
曰漢書主父偃云生不五鼎食張衡西
京云擊鍾鼎食大記書右八奈有狐
白裘鮮謂明又也音決要一遙反鮮息
此〻也規猶求也寧
也要猶求也鮮麗也
方弃汝南
李善曰續漢書曰
汝南太守范孟博
諾言税遼東田
南陽宗資主畫諾魏志曰管寧聞公孫
度令行海外遂至于遼東皇甫謐高士
傳曰民或牛暴寧田有寧為牽牛著涼
處自飲食鈔曰遼東田未詳或云李繁
後漢末時為太守辛官避難歸遼東也
音決税芮反呂延濟曰後漢宋資為汝
南郡守每事委功曹范滂時語曰汝南
太守范孟博南陽宗資但擭諾謂宗資

素書於施濟但作訟而已今亡辛二也
牧寧宦遠泉或人有牛入界亭田者淨牽
牛爲其飼之其人大慙於是遂禮
讓大行海東眺志欲追蹤此事

和伏武昌登孫權故城一首 五言

李善曰徐
勉伏曼容表語序曰曼容爲大司馬諮
議參軍出爲武昌太守孫盛曰伏滔爲武
安縣令登孫權故城之武昌縣名也今
在鄂州下邑權所都也玄暉時爲宣城
郡守見其詩而和之也李周翰曰孫權
都在此都伏曼容作此詩遂望和之也

謝玄暉

炎靈遺劍璽當塗駿龍戰
李善曰炎靈謂漢也典引曰蓋炎上之
烈精異苑曰晉惠帝元康三年武庫火
燒漢高斬白蛇劍蛇英書曰漢黄門從蒙
等作亂劫天子出奔尚璽投璽井中春
秋保乾圖曰漢以魏徵當塗在世又行
四方獻帝紀太史丞許芝奏故白馬令
李雲上事曰許昌氣見於當塗高當塗
高者魏也象魏者兩觀闕是也當道而
高大者魏也魏當代漢周易曰龍戰于
野其血玄黃劉曰漢火德故言炎靈也
當次璽音從駿倚脩反張銑曰遺劍璽
謂失位也駿龍戰謂用干戈爭天下也
陰善銑曰西京雜記云漢帝相傳以秦
王子嬰所奉玉璽高祖斬蛇劍也

聖期缺中壤霸功興寓縣

李善曰論衡曰孟子云五百年有王者興興
五百年者以爲天出聖期桓譚陳便宜
曰所謂霸功者法度少正威令流行者
也蒼頡篇曰寓邊也說文曰寓籀文宇
宇鈔曰四方曰宇謂孫堅首起義兵誅
董卓入洛陽孫策乃下江東至權如耕
齊方音次寓音宇張銑曰千年一聖人
出也謂漢末聖朝缺失（作下）國但有霸功
起於區寓郡縣謂吳蜀魏並起也

鶻起登吳山鳳翔凌楚甸

李善曰應子曰鶻上高城
之危巢於高榆之巔城擾
巢折凌風而起故君子之居世也得時
則義行失時則鵲起司馬彪曰鵲家高
危限之處也起猶起也東都賦曰龍飛白
水鳳翔參墟孫氏初基武昌後都建業

故云吳山巷句也鈔曰風翔谷天子権都吳楚之境故言吳楚也音決鷂七略又李周翰曰風翔謂飛鳥故比於帝王之興也後楚句謂吳所楚地得之也

衿帶窮巖險帷帝盡謀選

李善曰西京賦曰巖險周固衿帶易守漢書高祖曰吾筭策於帷帳之中左氏傳焉瑕瑗曰趙氏中行吳皆諸侯之選也鄭玄毛詩牋曰選者謂於倫等之中最上也鈔曰左傳云制巖邑也杜注曰巖險也帷帝帷幄之謀也選謀謀之最者選尊也音決選四卷反五家本帝音重呂向曰吳國以巖險為衿帶帷幄謀人善其妙選也

北拒溺驂鑣西龕龍攸組練

李善曰北拒謂稾音櫟西龕謂晚劉倫也春秋感精符曰弦傑是使戎兵當合龍門溺驂象均日龍門晉門名也時與李求郢戰敗相效西鞠驂馬與寺西伯戡黎于安國曰戡勝也龕與戡音義同左氏傳曰組甲三千被練三千馬融曰組甲以組為甲被練以為更鈔曰楚櫟并於亦謹時故言執號賁祖於江夏故言西也音決騄音祭鉅布苗反龕音堪組音祖劉良曰吳北拒江淮故溺驂而難度此衍南限卜國也驂馬鑣也吳西代楚戰勝取其組練之三千也

江海既無波俯仰流英盻

李善曰礼斗威儀曰其君乘木而王其政象平則江海不波好也賦曰霸視流盻鈔曰無波謂已安靜流英盻自得之意也音決盻匹見反又呂逕濟反□□故謂國內清平也將欲國中原故曰流英盻也

袞冕類郊卜禋崇離殿

李善曰周礼曰王祀昊天上帝則服大裘而冕祀五帝亦如之又曰兆五帝於四郊四類亦如之毛詩曰卜云其吉終然允臧毛萇曰允信也國之卜禋之詩曰禋之以日作為楚宮毛萇曰禋度也度日出日入以知東西南視定北准極以正南北西都賦曰外則離宮別館鈔曰尚書云肆類于上帝□注云數公之又云禋于六宗孔注云精意饗謂之禋禋祭名也郊祭天之□□曰郊□卜□祀致郊離□別館也音

[illegible]書未見[illegible]祭郡蘭山川也小虎貢[illegible]

[illegible]部館宣殿之屬以為供養也

鈞臺臨講閱樊山開廣讌 李善曰吳

志曰孫權於武昌臨釣臺飲酒大醉[illegible]

譜聯文[illegible]曰一時講武也韋傳曰大閱

者何簡車馬也水經注曰武昌郡治[illegible]

南有東山即樊山也北有大江江之有

釣臺釣曰[illegible]臺在武[illegible]江也左傳

晉侯大蒐于原以講武也樊山在武昌名也

西三里也[illegible]次閱晉[illegible]譙一見又呂[illegible]

[illegible]釣臺之名[illegible]之詳武[illegible]來也[illegible]

之名於此[illegible]

為宴樂也

文物共葳蕤聲明且葱蒨 李善曰左氏傳臧哀伯曰今君令德以示子孫是以[illegible]

龍黼黻昭其文也五色比象昭其物[illegible]

錫鸞和鈴昭其聲也三辰旂旗昭其明

也文物以紀之聲明以發之以臨照百

官[illegible]文物謂文章禮物也葳蕤盛貌[illegible]

也青[illegible]葱蒨茂[illegible]文備七見又張銑曰[illegible]

文物聲明謂衣冠禮樂也[illegible]盛貌也[illegible]

光獻紛景書亂欲同曆 [illegible]三國[illegible]

[illegible]曰三[illegible]參分宇宙鼎[illegible]禮記曰

今天下車同軌書同文軌隋左氏傳王[illegible]

[illegible]範[illegible]曰三光謂日月星也[illegible]三國鼎[illegible]

一範之廣[illegible]見之李周翰曰謂[illegible]

於[illegible]士地[illegible]侯之書既既周

為一既以進於[illegible]齊進也

參差代

祀忽寂寞市朝變 李善曰魏都賦曰非有朝

于世祀忽謂忽然而去也古[illegible]北門

行[illegible]市朝易人千載墓平釣曰左傳古

人[illegible]公子[illegible]慕[illegible]國今[illegible]蔡[illegible]

[illegible]六[illegible]曰[illegible]不[illegible]

諸德不達民之無[illegible]衰武以陷曰[illegible]

六竹[illegible]陶侯也傷二國之君不能達德

然後大國[illegible]而[illegible]也[illegible]市朝

年[illegible]易也[illegible]次參差今[illegible]宜文朝

直道[illegible]也[illegible]參差時不

傳[illegible]忽[illegible]寂寞[illegible]也

舞館識

餘基歌梁想遺轉 李善曰[illegible]城賦曰歌堂舞

閣之基[illegible]曰[illegible]基[illegible]

于曰[illegible]舞[illegible]之[illegible]也[illegible]皆樂高

[illegible]舞[illegible]想餘基[illegible]

[illegible]遺轉也歌者此梁以言轉

[illegible]歌聲
之妓[illegible]辭歸青娥[illegible]乃[illegible]音決
林木響遏行雲青乃顧謂其友曰音
韓娥東之齊至雍門而精遒之於是鬻
歌而假食既去之後餘響繞梁欐三日
不絕故雍門之人至今善歌皆效娥之
遺聲聲訣遠留不去求辛葉[illegible]又見[illegible]
子音決轉丁戀反劉良曰妙歌者發聲
聲繞梁而塵起故見梁則想其餘聲[illegible]
音雖曰轉歌聲合奏音決轉為轉也
故林衰木平荒池秋草遍
鈔曰言荒廢但有草
太無復池林之麗也
雄圖悵若茲
茂宰深遐睠
李善曰民宰謂武呂也
言孫氏雄圖悵然如此
伏氏感之而深遠睠也鈔曰雄圖孫權
詠也音決睠音眷李周翰曰吳國英雄
之圖謀悵然若此而幽容
深思遠有睠想為之發詠
幽容滯江
皐從賞亦纓弁
李善曰幽容眺目
謂也楚辭曰朝馳
騁乎江皐王逸曰澤曲曰皐鈔曰江皐謂
[illegible]邊也纓弁謂着冠弁之仕子也亦謂也

劉良曰纓弁屬勞容也言我留滯於江畔
而相從賞樂遂亦衣於冠之列也皐畔也
纓弁
衣冠
清卮阻獻酬良書限聞見
李善曰良書謂伏氏詩也鄭玄禮記
注曰卮酒器也毛詩曰獻酬交錯
墨子曰墨子獻書惠王王受而讀之曰
良書也音決卮音支洛近洛曰睹卮酒
盃相阻不得為獻酬之禮而良書
不同披讀也良書謂先王典籍也
幸藉芳音多承風采餘絢
李善曰楚
辭曰聞赤松之清塵願承風之遺則且
馳論語注曰絢文貌也鈔曰芳音亦謂
伏武昌詩也言今不見詩但承風采餘
絢也音決絢火縣反呂向曰芳音謂勞
容詩也言承其雅風
采詠餘其絢采也
于役儻有期
鄂渚同遊衍
李善曰毛詩曰君子于
役不知其期楚詞曰乘
鄂渚而反顧王逸曰鄂渚地名也毛
詩曰昊天曰旦及爾游衍毛萇曰游行
也衍溢也鄭玄曰[illegible]與[illegible]八往游溢相
從音決儻他朗反鄂五各反衍協韻以

戰久事同綠日言行役者朝至於武昌
則之同為遊樂也于役行役鄂渚武昌
渚右行
樂也

和王著作八公山詩一首 五言　李善

淮南子曰淮南王安養士數千人中
有高才八人蘇非李上左吳陳由伍被
雷被毛被晉昌為八公神仙傳曰雷被
伍被讒告安謀反八公告安曰可以去
矣乃与登山即日升天八公与安所踐石
上人馬之跡猶存劉曰王著作不得名
也姓王為著作於同時有三人未知是
爲人嫌疑之不定者次著丁儀文李周
翰曰王著作姚也八公山名也王融登
是山有作眺和述王導謝玄破苻堅事也

謝玄暉

二別阻漢坻雙崤望河澳
李善曰左氏傳曰吳子代楚子常乃濟
漢而陳自小別至于大別尔雅曰小沚
曰坻雙崤二崤也尔雅曰澳隈也劉曰
此下相近之義臨望也音決別彼列

又坻音持崤下交反澳於六反張銑曰
二別謂大別小別二山也為漢水所阻
鎮也雙崤二山名也為標望於河曲以
為固也澳曲也陸善經曰吳破楚於二
別晉敗秦於雙崤今八公山謝玄破
苻堅之所故引之雙崤々有二陵

茲嶺復巑岏分區奠淮服 李善曰字
林曰巑岏銳山也潘岳贈陸機詩曰區
域以分孔安國尚書傳曰奠定也音次
巑在九反岏五丸反奠大見反劉良曰
上既二別雙崤之阻此述八公之險巑
岏高峻貌也分其區
域以定此淮服之地

東限琅琊臺 李善曰山海經曰琅琊臺在渤海間琅琊之東

西距孟諸陸
周禮曰正東曰青州其藪曰孟諸然孟
諸澤名在八公山東而云西距者謂澤口
距山然趾上文所非謂山在澤東也劉
曰史記曰秦始皇廿五年登琅琊臺今
郡去宋有孟諸音次琅邪郎琊以遮反
距至巨呂向曰距至陸澤也陸善經曰
[illegible]青州其藪曰孟諸然孟諸澤与
[illegible]相去[illegible]張其形勢也

佇

眠之雜樹檀欒蔭脩竹李善曰楚詞曰

遠望子仟眠枚乘梁王菟園賦曰脩竹
檀欒夾池水旋兒園鈔曰仟眠草木青
貌也音次仟音千檀大木又亦力丸反
呂延濟仟眠遠望皃檀欒竹美皃登此
遠望諸山川所生雖樹茂盛脩竹也越
猶乾也今案音次五家陰昔綾今仟爲仟

日隱澗疑空雲聚岫如複鈔曰言曰

既隱山天晴無雲澄映澗底故言如空
雲聚於山頂有如重複之状也音次岫
音澗複芳伏反李周翰曰山高藂曰岫光
隱蔽澗暗如空也雲氣集聚巖岫層重
複今案音次
澗爲澗也

出沒眺樓雉遠近送春目

李善曰長有家語注曰焉丈長
丈曰堵三堵曰雉左氏春秋曰
客出田騁送之以目鈔曰今日出楚詞
意已見上言遠望樓雉或出或沒隨遠
隨近而盡見之張銑曰雉城也山之出
高下不一行旁出入以見樓城遠近皆
送目則以
望之也

戎州昔亂華素景淪

伊穀李善曰亂華謂苻堅也左氏傳曰衛侯登城以望見戎州公曰
我姬姓也何戎之有焉又曰孔子曰裔不
謀夏夷不亂華素景謂晉也干寶搜神
記曰金者晉之行也漢書穀水出穀陽
谷東北入洛鈔曰淮南子云西有戎州
之地也淪沒也伊穀水也言晉家淪沒
於伊穀二水之間也劉良曰戎州謂秦
苻堅也亂華謂亂其華夏也言苻堅代
晉時見八公山上草木皆是兵苻堅乃
敗登此山故述堅事也音
道之古洛陽而渡江也

陷危頼宗

袞微管寄明牧李善曰宗袞謝安也明牧謝玄也音

中興書曰苻堅強盛疆埸多虞朝議
求文武良將可以鎮北方者衛將軍謝
安曰唯兄子玄可堪此任於是拜建武
將軍兗州刺史領廣陵相監江北諸軍
事漢書賈誼上書曰安有天下阽危者
若是淳曰臨危曰阽或曰阽音鹽
也論語子曰微管仲吾其被髮左衽矣
音決阽音鹽袞音本又李周翰曰阽臨
也宗袞謂王導爲三公一宗謂爲王敦
何宗和臨詩故云宗也袞三公服也言

昔□□厄漢書□傳曰必堅也□收謂□
玄爲兗州刺史亦同破符堅敵無遺謂
答尊謝玄亦猶齊之無管仲
則國不理也故云微管也

長虵固能翦奔鯨自此曝

李善曰八公山謝玄敗苻堅處
也長虵奔鯨喻苻堅也洪邦謝縣曰
玄領徐州苻堅僭亂大出士衆南侵
晉使貽陳數敵左於苻堅中遠貽
如奔氣師曰□毛封豕長虵以荐食上
國又楚子曰古者明王伐不敬取其鯨
鯢而封以爲大戮杜預曰鯨鯢大魚名也
以喻不義之人吞食小國也音大□□
卜又呂向曰長虵害人國能翦滅之也
奔鯨大魚吞食物也而此魚亦已
喻之也時謂已破苻堅也

道峻芳塵流業遥年運倏

李善曰陸
機大暮賦曰播芳塵之馥馥莊子老聃
曰丁年逝而往矣將何以式我鈔曰峻
高也遠謂先祖遠芳塵者言風流
於万代也李周翰曰道遠被疾之謂其
道德高而芳塵流於後
代功業遠大知年運從疾也

平生仰令圖于嗟命不淑

李善曰平生眺
自謂也左氏傳
□牀曆白君子能知其過必有令圖
大而貿也薛君韓詩章句曰于嗟歎
也也詩曰于嗟之不淑鈔曰令善也圖
謀也言我少年已來常仰宗祖以令善
之謀也揚泉五湖賦曰底功之謀善爲
令圖也不淑不善也五臣曰門高首決公
力欲之而何世能日言平生之志仰王
謝玄謀猷爲國勳功以靖江湖嗟命
不善過未能致之謂不居要職也今夜
也陸善經曰不淑言玄之早世也

浩蕩別親知連翩戒征軸

李善
曰楚詞曰處卓卓而日高兮志浩蕩而傷
懷思玄賦曰繽連翩兮紛暗曖鈔曰此
謂宣州故言別親知也連翩速去之皃
也此霞成宮命不淑也音次浩胡老反
呂延濟曰浩蕩不得志也征軸行車也
連翩如鳥飛皃也陸善經曰浩蕩無所
依也連
翩行皃

再遠館娃宮兩去河陽谷

李善曰方言曰吳有館娃之宮也河
陽谷郎今本也石崇思歸引序曰肥

遺往河陽別業劉曰河陽今今敘言之
也音大遠于頗文姓於此又劉良曰皆
謂眺行歷處也陸善經曰岳使爾長安
言都之亟舊所居止也河陽今在洛陽
令州指
建策。
風煙四時犯霜雨朝夜
沐 李善曰曹植氣出行曰蒙霧乳風
塵淮南子曰禹沐霪雨櫛疾風高誘
曰以雨爲沐浴也以疾風爲梳櫛也鉅
壽公令曰沐浴霜露二十餘年呂延濟
曰眺也出外職而四時皆犯風
雪晝夜皆沾霜雨也沐浴也
春秀良已彫秋場庶能築 孫子曰
秋霜被不飛其秀也詩曰九月築場圃
鈔曰此謂還歸也言春秀才華之事已
彫落今將歸田也言大築音竹李周翰
曰謂下已衰老欲云春秀之彫秋場庶
能築謂告老將歸田也陸善經
曰子秀已凋言歸私志書之
五言 李善曰集云
和徐都曹一首 和徐都曹勉
昧旦出新渚劉曰徐勉仕齊爲都曹劉
時在丹陽近眺作之故謝眺和此意也

謝玄暉

宛洛佳遨遊春色滿皇州 李善曰古
詩曰驅車策駑馬遊戲宛與洛鮑昭結
客少年場曰表裏望皇州劉良曰紀郎
謂揚州也言次宛於宛又邀遊爲春之張
銑曰宛南陽也洛洛陽也皇州帝都也
時都在江東而言宛洛
者舉洛都以言之也
結軫青郊路 李善曰楚辭曰結
余軫於西山劉曰
迴瞰蒼江流
東方謂之青蜀都賦曰列肆陳山瞰江
劉曰軫車軫也迴遶也瞰視也蒼臨軫
謂東相貫也言次對之忌交瞰者
尊之居向日車馬相從如結也
日華川上動風光草際浮 李善曰日華已見直
中書省詩楚詞曰光風轉蕙汜崇蘭王
逸曰光風謂雨已日出而風草木有光
色也色鈔曰川上動復上言蒼江草際
謂上言青郊也李周翰曰風本無光色
謂草上有光色風又
動之如風之自光
桃李成蹊徑

桑榆陰道周　李善曰班固漢書贊曰諺曰桃李不言下自成蹊楚詞曰烏鵲栖於桑榆毛詩曰杕之杜生于道周毛萇曰周曲也音決蹊音兮榆以朱反呂延濟曰人行於桃李之色以遊其下故成蹊遂來榆茂盛陰於道路皆近也周通今案陸善經本陰為蔭

東都已俶載言歸望緑疇　李善曰毛詩曰以我覃耜俶載南畝毛萇曰覃利也王肅曰俶始載事言用我之利耜設事於南畝也毛詩曰言旋言歸言邁國語注曰一井為疇鈔曰東都長安東門也始次俶畠之劉良曰我為也東都門謂仕路去者歸田而別處也帆將欲髮古人之跡故云已始賀也將歸田里以望緑疇疇田也陸善經曰有生物色之美也國語注曰田時荒無[illegible]

和王主簿怨情詩一首　五言　李善曰集云王主簿季哲晉欲薄失古文李周翰曰此詩言婦人怨恨以自寄之也

謝玄暉

掖庭聘絶國長門失歡宴　李善曰漢書元紀曰賜單于待詔掖庭王廧為閼氏應劭曰嬙小字昭君琴操齊門閤[illegible]曰一趣絶國漢書曰孝武陳皇后擅寵者十餘年聞衛子夫得幸幾死者數焉上愈怒退居長門宮南都賦曰歡宴於曰夜鈔曰掖庭謂天明君也故來進郎故處掖庭胡以故曰絶國音決聘音聘於邊故又向曰聘絶國謂昭君嫁於國以失歡宴謂陳皇后失寵然閉長門宮此同於失位也

相逢詠蘼蕪辭寵悲團扇　李善曰古樂府詩曰上山采蘼蕪下山逢故夫班婕妤怨詩曰新裂齊紈素鮮潔如霜雪裁為合歡扇團〻似明月鈔班婕妤賦趙昭儀譖退居長信宮作團扇詩云棄捐篋笥中恩情中道絶音決蘼音眉蕪音無劉良曰失寵者相逢各詠此詩也班婕妤失寵悲怨作團扇詩也言秋至則扇見弃相故也陵之失位然陸善經曰情言怨也

花叢亂數蝶風簾入雙燕　鈔曰

此物色也言各有傳送及時爲樂唯我
失寵愛憂思旦夕音嘆史字又蟀音
蟋蟀者蟋蟀一見又蟋鈔曰蟋蟀比
小人在位也婦人之意刺數蟋蟀皆有
偶而我獨失傳送喻小人尚
且在位而我獨見棄置也

徒使春帶賒坐惜紅顏變 李善曰賒緩也鈔曰謂相
思也音式賒式耶反呂延濟曰從懷云
憂愁使衣帶已緩年逝顏衰坐自惜也
何時復用

生平一顧重宿昔千
於時也

金賤 李善曰列女傳曰楚成鄭子瞀
者楚成王之夫人也初成王登
臺子瞀不顧王曰顧吾与汝千金子
瞀遂行不顧曹植詩曰一顧千金重何
必珠玉錢陸機詩曰宿昔同衾裳鈔曰
即謂一顧傾人城是也在駟集云千金
買笑也李周翰曰平生謂少年日宿昔
衰老時也少年日顧顏色以相重衰老
恩移則千金之聽忽過猶辛亦

故人
猶將居不顧舊得有切不録也

心尚尒故心人不見 李善曰古
樂府曰捐

古方欲以故人之心尚尒鈔曰言故人之
心猶尚爲如此但爲故人心而今不能
是不知如何也故人婦自謂言心上日
如故之心不爲君子之所見也日向日
故人心爲尒謂君心不迴也故心人不
見者謂婦人之心恩以於夫也思自之
志懇懇於君也陸善經曰故人心大龍
者自謂方不言猶待千金之顧也之之
故心有人則不
見所以怨深

和謝宣城一首 五言

李善曰集云和
謝宣城眺卧疾

李周翰曰謝朓爲宣城
太守作卧疾詩約令和

沈休文 鈔曰沈約字休文
吳興武康人少有
篤志好學通博
曾章書善屬文

王喬飛鳧舄東方金馬門 李善
曰范曄後漢書曰王喬者河東人也顯
宗世爲葉令喬有神術每月朔望常自
縣詣臺帝怪其來數而不見車騎密
令太史伺望之言其臨至輒有雙鳧從

象白[illegible]事[illegible]見[illegible]鳥[illegible]象郎職之祖[illegible]
下故[illegible]為[illegible]語[illegible]翔[illegible]四年中[illegible]
賜尚書[illegible]屬[illegible]之又記曰武帝時殷人
有東方[illegible]不明[illegible]席[illegible]時[illegible]地秋
曰陸沉於俗避世金
從官非宦侶
馬門音決馬音音 翰曰言此王商東方
避世非避喧
[illegible]字雖從官非宦侶
隱世非隱喧大隱隱朝市之前大隱大
東交陸沉於中言為世之人從仕亦異
意欲蒙
揆余發皇鑒短翮屢
之也

飛翻 良丁儀周武王[illegible]翩為
李善曰楚辭曰[illegible]予[illegible]
言鳳至翔翔曰其詞王曾盤今之志鐵
翔揆度也今我之皇天也鑒明也言我
揆度前事大聽能翮以為自令己之志
仕何得追勝而皇鑒天下之鑒也[illegible]大
于度我事於大會明察而短翼
見情翔知為之短翮屢為飛翻也
晨
趨朝建礼晚沐臥郊園 李善
宿衣職曰為書郎建之文其長之礼門
而沐休沐曰郊園晚歸田也而書一

宕建礼門音決朗直遼反呂延
濟曰晚節休沐歸臥於郊園
賓至
下塵榻憂來命綠樽 李善曰謝承後漢
後書曰徐稚字孺子豫章人屢辟公府
不起時陳蕃為太守以礼請署功曹稚
不免之既謁而退蕃在郡不接賓客唯
稚來特設一榻去則懸之漢書東方
朔曰[illegible]聞[illegible]者酒音決榻吐臈
反罇音樽張銑曰言慶者綠上有虞也
令案音決
綠為罇
昔賢侔時雨今守馥
蘭蓀 李善曰字林曰侔等也孟子曰君子之所以教者五有如
時雨化之者今守即朓也諸山外婚河
陽詩曰流聲馥秋蘭王逸楚辭注曰蓀
香草也音決作匕作反守音獸馥音伏
蓀音孫劉良曰侔齊也馥香也矣
神交疲夢寐路遠隔思存
李善曰列子曰夢有六候此六者神所
交也莊子曰其寐也魂交其覺也
形開毛詩曰雖則如雲非我思存呂向
曰夢寐假以神魄可交也與謝朓阻

去既遠曰神交而已故寂**牽拙謬**
於夢寐而思恩所存也
東汜浮惰文西崑李善曰以日之平晏餘卜
之少老也牽拙牽率需拙也東汜謂暘
谷曰之所出也浮惰浮〻惰灕也西崑
謂奄嵫曰之所入也劉曰此二句約自
屬東汜西崑約任處也失其行華未詳
為何官也音次謬巳又文汜音似惰從
臥反崑音昆 李周翰曰謂少壯之時忽
世叔中謬入王事而浮惰
味於衰老也已歸也
老也反歸也
顧循良菲薄何以

李善曰楚詞曰質菲薄而無
儷璵璠由廣雅曰儷耦也左氏傳曰
李牢子平陽虎以璵璠斂杜預曰璵
璠美玉劉曰璵璠詩也音次菲芳
尾反儷力帝反璵音余璠付袁反呂延
濟曰菲輕也約謙言自比補端良為報
薄之才何以於**將隨激灕去刷**
良玉之美也
羽汎清源李周翰曰斛劉曰若江湖之
之雅激之屬吳都賦曰刷
蕩将瀾說文曰劉剖也劉公幹詩曰ヶ
照令清源鈔曰以馬為何言得從激灕

之馬而游遊於江海之上音次激出
沒文灕音璧刷芳張銑曰顧如馬
遊激灕之水蕩刷羽毛汎爭清波以自
取性也陸善注曰去謂從江海道遠自
得
也

應王中丞思遠詠月一首 五言 李善
曰蕭子顯齊書曰王思遠為御史中丞
竟陵王表曰王思遠字
承不得名字思遠為御史中丞應者尊
前人也平懷則和也音次應於謚文良
劉良曰王思遠為御史中
丞有詠月之作約和之

沈休文

月華臨靜夜〻靜滅氣埃李善
曰魏明帝詩曰靜夜不能寐楚詞曰避
氣埃而迫源鈔曰氣埃濁氣月光映則
濁氣滅也音次埃芳云音埃
音哀李周翰曰氣埃塵也
方暉竟
户入圓影隙中來李善曰淮南子
曰受光於隙照

一隅受光於戶照室中无遺照况受光
於宇宙乎說文曰隙壁際也音乙隙去
逆反李周翰曰日光照透門方故
云方暉竟盡也隙穴圓故影亦圓高
樓切思婦西園遊上才李善曰曹子建
七哀詩曰明月照高樓流光正徘徊上
有愁思婦悲歎有餘哀魏文帝芙蓉池
詩曰乘輦夜行遊逍遙步西園丹霞夾
明月華星出雲間音火忽光日又呂向
曰高樓思婦見之思切也西園謂魏
氏鄴都之西園也文帝每以月夜集文
人才子共遊
於西園之
綱軒朕珠綴應門
李善曰趙詞曰同戶光綴綸
照綠苔方追下云綠苔當為米綴令
苔為珠疑傳寫之誤書故綻守自傷賦
曰潛玄宮子幽以清應門閉子禁闈扃
華殿塵子玉階苔中庭萋子綠草生
鈔曰珠綴綠苔等無用事今此取夢
尔之意以協月照為此言月照綱軒而
暎珠綴應門之暎綠苔也音火綴知歲
又應之一段之音張銑曰新堂櫺也
[illegible]

所故多綠苔月光
照之增其思也
洞房殊未曉清
李善曰楚詞曰深谷脩態
經洞房鈔曰洞深也房未曉
光信悠哉
清夜之光
信悠遠也
李善曰蕭子顯齊書曰豫章王嶷
冬節後至丞相第詣世子車中一首
太祖第二子也薨贈丞相揚州牧長子
廉字景蕭為世子祭雍獨割白諸侯適
子稱世子鈔曰丞相死後今乞鈞秋則
肖之鬼無人祀趙傷之迴歸道上車下
之詠也李周翰曰冬節十一月至也約
注背之傷兵濱殲於
車中作是詩也第宅也
沈休文
廉公失權勢門館有虛盈李善
曰史記曰廉頗失勢之時故客盡去後
復用為將又復至文潛夫論曰首槐
其之客流於武安長平之吏移於冠軍
廉頗翟公斥[illegible]

門下客皆去是底也及
後復賓客復來是無也
貴賤猶如此況乃曲池平李善曰漢書曰下
邽翟公為廷尉賓
客欠填門及廢門外可設雀羅後為廷
尉客欲往翟公大署其門曰一貴一賤
交情乃見桓子新論雍門周說孟嘗君
曰千秋萬歲後高臺既已傾曲池又以
平劉良曰直生者時貴賤相復如此而
況死者矣曲池已平謂無人遊陵墓經
曰世池平
謂死也
高車塵未滅珠履故餘聲李善曰漢書曰于定國父于
公閭門壞父老方共治之于
公謂之曰少高大閭門令容駟馬高蓋
車說文曰高車其蓋高立載之車也史
記曰春申君上客餘躡珠履銑曰以言
其死尚近故言塵未滅履有餘聲也珠
履者以珠飾之音決軒許言反呂延濟
曰車行則塵起履步則有聲塵未滅者
思昔日之車行若在目也故餘聲者思
昔時之履步若在耳今案音決東為軒
賓階綠錢滿客位紫苔生李善
曰家語曰公自阼階孔子由賓階升堂
立侍礼記曰殯於客位祖於庭崔豹古
今注曰空室无人行則生苔蘚或青或
紫一名綠錢鈔曰綠錢者青苔如錢形
也賓階綠位一月之象取便變之也音
決苔音臺張銑曰賓階相稍而上者客
位客所居處也
誰當九原上鬱鬱望佳城李善曰礼記趙文子曰以從先
大夫於九京鄭玄曰晉卿大夫
之墓地在九原京當為原也西京雜記
曰滕公駕至東都門馬鳴跼不肯前行
以前脚跑地久之滕公悲使卒掘馬所
跼地入三尺所得石槨有銘焉銘曰佳
城鬱鬱三千年見白日吁嗟滕公居此
室滕公曰嗟乎天也吾死其即安此乎遂
葬焉漢書曰夏侯嬰為滕公音決鬱於
勿反李周翰曰鬱鬱松柏盛皃佳城墓
之塋域
也

文選卷第五十九

潲又曰肅〻兎罝椓之丁　又曰趯〻毚兎遇犬獲之鈔曰湄水岸也詩有伐木篇此剌不能用賢設罝兎網也音决湄音眉罝音嗟毚音讒兎他故反吕向曰伐木詩謂燕朋友故舊也毚兎狡兎也設網守兎喻懷德待祿也陸善經曰伐木鍛罝山林之事隱者所為無豫軒冕此即謨計詩云坎〻伐檀兮寘之河之干南國故以江湄易之

十五諷詩書篇翰靡不通　李善曰論語子曰吾十有五而志于學韋昭漢書注曰翰筆也鈔曰此章詠賈誼學問智榮之事古詩亦有此意今用誼以擬之賈誼本傳十五通詩書毛詩十簡為篇音决翰音汗張銑曰背文曰諷言文章筆翰無不通曉也

弱冠叅多士飛步遊秦宮　李善曰華覈與薛瑩詩曰存者今椎三飛步有迅特鈔曰礼云人生廿曰弱冠會合王朝與於衆士飛步行皃也遊秦宮謂吴公進於文帝前漢都關中關中本秦地音决冠古翫反李周翰曰多士朝臣也飛步高步也陸善經曰飛步言速疾也

側觀君子論頫見古人風　李善曰魏志太祖謂毛玠曰君有古人之風鈔曰側觀謂在傍側而觀君子之論君子謂左丘明古人謂古昔聖賢若周孔之屬音决論力頓反吕延濟曰見君子古人道德之風也

兩說窮舌端五車摧筆鋒　李善曰兩說謂魯連說新垣衍及下聊城也史記曰秦東圍邯鄲魏王使新垣衍入邯鄲說平原君尊秦昭王為帝秦必罷兵去魯連聞之乃責新垣衍新垣衍請出不敢言帝秦將聞之為郄五十里又曰田單攻聊城不下魯連乃為書約之矢以射聊城中燕將得書自殺韓詩外傳曰避文士之筆端避武士之鋒端避辯士之舌端也

疰子曰惠施其書五車其道踳駁鈔曰
两說孔子云我扣其两端而竭也然两
端道之本末推盡也音決推徂回及鋒
芳達及張銑曰两說謂本末之說言其
博聞能推折
文士筆鋒也
羞當白璧貺恥受聊城功
李善曰韓詩外傳曰楚襄王
遣使者持金千斤白璧百雙
聘疰子欲以為相疰子不許史記曰田單
屠聊城歸而言魯連欲爵之魯連逃隱於
海上鈔曰貺賜也虞卿說趙王一見賜
白璧一雙黃金百鎰言我文士功大恥
見此等人功小也史記云齊王建十八
年遣田單攻聊城初燕將攻聊城人或
讒之燕將懼誅遂保守聊城不敢歸故
田單攻之歲餘士卒多死而不下魯連
為書約之矢以射城中謂燕將曰吾聞
智者不背時而去弃利勇士不怯死而
滅名忠臣不先臣而後君燕將見書泣
三日猶與不能自決欲歸燕已有隙欲

降齊欲虜其衆遂自刎而死田單遂屠
聊城而歸是仲連之功欲爵之仲連逃
於海上曰吾与富貴而屈於人寧貧賤
而輕於世令言誰功大於此也音決貺
音況
晚節從世務乘障遠和戎
李善
曰鄒陽上書曰至其晚節末路漢書曰嚴安
安上書言世務又曰帝使博士狄山乘鄣
李奇曰乘守也左氏傳晉侯謂魏絳曰子
子教寡人和戎狄鈔曰晚節謂末年世世務
謂時世務即和戎之事也乘度也欲度
障向北說令和以繫單于之頸見賈誼傳
音決障之上又張銑曰務事也障遮也言
末年從時事乘遮遠撫戎狄也陸善經曰
障遮塞之城為中國蔽障
也令業五家本世為時
解佩襲犀渠卷袠奉盧弓
李善曰國語曰秦
文犀之渠尚書曰
平王錫晉文侯盧弓一鈔曰解佩謂去文
服佩印綬脩也犀渠甲名襲言著戎服也

盧弓黑漆弓也執戎器以從軍也音决鮮
居蟹反犀音西卷居勉反裹馳栗反李周
翰曰裹書衣也盧弓征
伐之弓也謂弃筆從戎

始願力不及

安知今所終

李善曰左氏傳周子曰孤
始願不及此疪子曰苟為
不知其然也孰知其所終司馬彪曰誰知禍
之所終也鈔曰始願謂初設如此計欲為典
屬國不得故云安知今所終呂延濟曰始願
為文力已不及今為武士未知其終竟也
陸善經曰始願
以詩書見知也

學劉公幹體一首 五言

鈔曰此詩意
正直被邪佞
所損人不得自高自潔率被所
毀雖為行素質而哀感相陵也

鮑明遠

胡風吹朔雪千里度龍山

李善曰
范曄後
漢書蔡琰詩曰處所多霜雪胡風春夏
起楚辭曰增冰峨峨飛雪千里又曰北
有寒山逴龍赩王逸曰逴龍山名鈔曰
北方風急雪亭去千里始至地龍山在
匈奴南界中音决山協韻所連及呂向
曰胡在北朔亦北也言風雪自北來度
於龍山也陸善經曰以興士
自遠而至在居側得盡才用

集君瑤

臺裏飛舞兩楹前

李善曰楚辭
曰望瑤臺之
偃蹇兮鄭玄禮記注曰兩楹之間人君聽
治正坐之處也鈔曰瑤臺臺名以玉飾之
兩楹兩柱間也音决瑤音
遥楹音盈張銑曰瑤玉也

茲辰自為

美當避豔陽年

李善曰神農本
草曰春夏為陽
鈔曰茲此也辰時此時謂冬時也豔陽
謂春時也言春時雪盡冬月美潔音决
豔余瞻反張銑曰茲辰謂冬時俞乱也
豔陽春也俞明君風雪比佞人也

豔陽桃李節皎潔不成妍

李
善

曰呂氏春秋曰仲春之月桃李華鈔曰
皎潔雪之性也艷陽乃桃李之節非雪
之妍華也故雪賦云階上白雪豈鮮曜
於陽春是也音決妍音研張銑曰桃李
比忠直也言未遇至明雖忠直之人為佞
者所乱不成其美者也陸善經曰艷陽
以喻諂媚之人皎潔以比
貞素之士桃李節春之暮

代君子有所思一首 五言

鈔曰代者假意
同言代彼詩之
意也君子有所思言君子遭乱世思明君
聖主道德仁義以濟世勸俗輔弼聖君使
思道義也李周翰曰此言防漸忌滿之戒
也陸善經曰集云代陸平原君子有所思
君子有所思本古題今將此以代之言君
子之人見微知著物禁太盛思自減損也

鮑明遠

西出登雀臺東下望雲闕 李善曰鄴
中記曰鄴城西北立臺名銅爵臺劉歆
甘泉賦曰雲闕蔚之巖々眾屋接之巍
々鈔曰銅雀臺魏武帝所造在西園中
枝云西上登雀臺雲闕々名言魏闕門
高至雲故名雲闕音決上時掌反
今案鈔音決五家本出為上也

層閣肅天居馳道直如髮 李善曰
王逸楚
辭注曰層重也蔡雍述行賦曰皇家赫
而天居漢書曰太子不敢絕馳道應劭
曰天子之道也毛詩曰彼君子女綢直如
髮鈔曰層高也肅畜也音決層音曾劉
良曰言高閣肅然如帝之居馳走之道
端直如髮也陸善經曰天居言高也

繡甍結飛霞璇題納行月 李善
曰西
曰西京賦曰雕楹玉碣繡栭雲楣甘泉
賦曰珍臺閑館璇題玉英鈔曰繡甍屋
棟五彩飾之似繡文結連也言與霞相
連也璇玉也題椽頭以玉飾椽頭言高

故月至中行過簷閒也音決甍亡耕反琁音旋題步兮反呂向曰甍棟也言月過簷頭琁題納引其光也陸善經曰畫為綺繡之文高遠若連結飛霞也以琁玉飾榱椽之頭光明如納行月

築山擬蓬壺穿池類濵瀲

李善曰蓬壺二山名也濵瀲二海名也鈔曰築山築立為臺似山以比蓬萊方壺等山也穿池謂芙蓉池濵南海瀲謂北海音決築音竹壺音胡濵亡丁反瀲步段反

選色遍齊代徵聲帀卭越

李善曰齊代卭越四地名也鈔曰音代國人皆多美色卭蜀地臨卭縣也越南越此二國人多知音樂者音決選思戀反帀子合反卭巨恭反張銑曰色美女也齊國多美女故選之卭越其人善歌也故徵之陸善經曰言求之及遠也

陳鍾陪夕讌笙歌侍明發

李善曰楚辭曰陳鍾按鼓造新歌魏文帝東西門行曰朝遊高臺觀夕宴華池陰儀禮曰歌魚麗笙由庚明發已見劉休玄擬明月何皎皎詩鈔曰陳列陪連也謂自暮至曉宴樂不也笙歌潘岳東[illegible]歌云明發從夕至旦也音決陪蒲回反讌一見反李周翰曰言陳鍾樂笙歌陪夜讌至於明發也今案五家陸善經本侍為待

年皃不可還身意會盈歇

李善曰列子曰西門子謂東郭先生曰北宮子年皃言行与子垂身意已見表陽源致書子建樂府白馬篇詩鈔曰言年皃一去不重少也盈滿歇止也言樂極即悲來君子之人常思此事也音決歇許謁反呂延濟曰皃容也謂年容一謝不可重少身意歡會亦有盈歇陸善經曰言全盛必衰榮華難恃也

蟻壤漏山河絲淚

毀金骨 李善曰傳玄口銘曰勿謂不然變出無間蟻孔潰河溜穴傾山然波波之微者金骨之堅喻親之篤者言讒邪之人但下如然之波而金骨爲之傷毀也張外反論曰頻寬府仰波如然号鄒陽上書曰衆口鑠金積毀銷骨鈔曰韓子云百丈之堤縷蟻敗之積漸之致也喻今人將老亦然也君子居貴樂亦常思之骨雖如金亦能銷盡言年歲侵之亦至衰竭君子觀微知機防萌杜漸之義音決蟻魚綺反呂延濟曰蟻蚍蜉也壞蟻穴土也漏謂因穴漏水山阿猶大隄也大隄之敗在蟻穴之漏金骨之銷在如絲之波言積微至損也陸善經曰淮南子云千里之隄以螻蟻之穴漏今案五家本河爲阿 器

惡含滿敧物忌厚生沒 李善曰家語曰孔子觀於魯桓公之廟廟者有敧器焉孔子問於守廟者曰此爲何器對曰此蓋爲宥坐之器孔子曰吾聞宥坐之器虛則敧中則正滿則覆明君以爲至誠故常置於坐側也顧謂弟子曰試水注焉水實之中而正滿而則覆夫子喟然而歎曰嗚呼夫物惡有滿不而覆者哉老子曰人之生動皆之死地十有三夫何故以其生生之厚鈔曰家語孔子觀於魯文公廟中有敧器焉滿即覆空即敧半即平以諭人亦不得過分君子常思儉也音決惡烏故反敧去宜反劉良曰滿則覆是以惡滿也忌恐也厚生謂厚於生理也言人養生恐其不厚養既厚矣生理滅焉也

智哉衆多士服理辯昭昧 李善曰莊子冉求問於仲尼曰未有天地可知乎夫子曰古猶今也昔日吾昭然今日吾昧然敢問何謂也仲尼曰昔之昭然也神者先受之今之昧然也且又爲不神者求耶郭像曰思求更致不了也鈔曰衆多士非指一人也服訓依言依其正理無

耶則明暗自分儉者恒足滿者恒損昭明昧暗也音決昧協韻音没五家昧協韻音末呂向曰智武歎美之詞多士謂羣官也眠習理道也言習道可以辯物情之明闇也陸善經曰言能眠行義理必辯於明闇

效古一首

五言　鈔曰此意言為君征討致身授命弥須謹慎也張銑曰此言從征之義也

范彥龍

鈔曰范彥龍名雲丹陽人為奔僕射

寒沙四面平飛雪千里驚　李善曰飛雪千里已見鮑明遠學劉公幹體詩鈔曰北方沙漠地風吹故四面皆平也李周翰曰飛雪千里言自遠而下也

風斷陰山樹霧失交河城　李善曰漢書侯應上書曰臣聞陰山草木茂盛又曰車師前國王治交河城河水分流繞城下故號交河鈔曰陰山〻名也在匈奴中呂延濟曰斷析失迷也言風勁霧重析樹迷城也

朝驅左賢陣夜薄休屠營　李善曰漢書曰李將軍廣出右北平擊匈奴左賢王左氏傳史駢曰薄諸河杜預曰薄迫也漢書驃騎將軍霍去病將万騎出隴西得伏屠王天天祭金人音決陳直刃反屠音除劉良曰驅逐也

昔事前軍幕令遂漂姚兵　李善曰漢書曰大將軍大擊匈奴李廣數自請行上以為老不許良久乃許之以為前將軍又曰霍去病善騎射再從大將軍大將軍受詔予壯士為漂姚校尉鈔曰公孫敖為前軍將軍公孫賀求為之漂姚胡中地名欲往征此胡因補為漂姚校尉音決幕音莫漂匹遙反姚音遙呂向曰事遂皆從行也

失道刑既重遲留法

未輕 李善曰漢書曰李廣与右將軍食其合軍出東道惑失道大將軍問廣失道狀廣曰校尉無罪乃我者自失道引刀自剄又曰宣帝令虎牙將軍田順出五原虎牙出塞八百餘里不進上以虎牙不至期逗留不進下吏自殺音義曰律語也謂軍行頓止稽留不進也遲或作逗音豆鈔曰漢法失道者死李陵與廣利等五將同心遂失道陵遂沒匈奴廣利等免死事見廣傳漢書音議逗曲行避敵也音決逗音豆又音遲張銑曰失道謂失行軍之道遲留謂稽遲不應期會也言此刑法皆至死不輕也

所賴今天子漢道日休明 李善曰太史公自序曰作今上本紀其述事皆云今天子班固漢書文紀述曰登我漢道左氏傳王孫滿曰德之休明鈔曰今天子謂漢武帝事開闢四方相得曰日休美明盛也李周翰曰賴蒙也言蒙我天子同漢王之道日月休明也陸善經曰言從我者或逗留失道有損軍容但天子之德而漢道日盛

雜體詩卅首 五言 李善曰雜體詩序曰關西鄴下地已罕同河外江南頗亦異法今作卅首詩學其文體雖不足品藻淵流庶无乖商榷今案以後十三首鈔脫又音決陸善經本有序因以載之也

江文通

夫楚謠漢風既非一骨魏制晉造固亦二體 音決夫音扶謠音遥陸善經曰詩賦本於風謠也骨體文之梗槩屈原宋王楚人好詞賦為文章唱始歷漢魏晉體制皆殊 譬猶藍朱成采雜錯之變無窮宮商為音靡曼之態不極 音決藍力甘反

萬音万態他代反陸善經曰言變體多也故蛾眉詎同貌而俱動於魂芳草寧共氣而皆悅於魄不其然歟音決蛾五何反魄音白與音余陸善經曰言皆喻文體雖殊其感於人一也左傳云心之精爽是謂魂魄也至於世之諸賢各滯所

迷莫不論甘則忌辛好丹則非素豈所謂通方廣恕好遠兼愛者哉音決滯直例反好音耗下同恕音庶陸善經曰言偏滯者則非通方之士江生自以兼能故託此以見意及至公幹仲宣之論家有曲直安仁士衡之評

人立矯抗況復殊於此者乎音決論力頓反評皮柄反矯京少反抗、很反陸善經曰言評論文體好尚各殊情有偏黨劉王潘陸為絕倫猶彼譏評呪異於此者則紛競彌甚曲直猶是非也矯抗矯辞以相抗拒又貴遠賤近人之常情重耳輕目俗之恒蔽是以

邯鄲託曲於李奇士季假論於嗣宗此其效也音決邯音寒鄲音單陸善經曰淮南子云邯鄲樂師有出新曲者託之李奇人爭學之後知其非人皆弃其學語林云鍾士季嘗向人道吾年少時一紙書語人道是阮步兵書皆字〻生義既知非是使復不通也然五言之興諒非夐古關西

鄴下既已罕同河外江南頗為異法音決鄴音業陸善經曰諫信憂遠也五言起於李陵漢都長安在關之西魏氏居鄴後漢都洛陽在河也南水南為外晉宋齊梁皆居建業在江之南故玄黃經緯之辨金碧沉浮之殊僕以為亦各其美兼善而已音決緯音謂碧兵蓮反陸善經曰玄黃以粉飾為喻經緯以組織為喻金碧以珍寶為喻沉浮以輕重為喻總而論之皆兼善今作卅首詩效其文體雖不足品藻淵流亦無乖於商攉云尔音決數胡孝反藻音早攉古學反陸善經曰言所作之詩雖不足品藻源流但商略衆體庶於義無乖也

古離別

遠與君別者乃至鴈門關李善曰鴈門邊塞故曰關焉呂延濟曰鴈門山名其上設關也黃雲蔽千里遊子何時還李善曰古詩曰浮雲蔽白日遊子不顧反江之此製非直學其文體而亦兼用其文故引文而為證其無文者乃引他說劉良曰黃雲謂塞塵與霧相連而黃也蔽闇也何時還言未還也邊塞未寧故還期無日送君如昨日簷前露已團李善曰張景儀雜詩曰下車如昨日望舒四五圓毛詩曰野有蔓草零露團兮音決㘣以康反團度丸反呂向曰秋露下垂而團言時節速變也不惜蕙

草晚所悲道里寒　李善曰古詩曰香風難久居空
令蕙草殘　音決蕙音惠　張銑曰蕙香草晚
謂衰落也　言不惜此草衰落悲歲暮行
人道路寒　陸善經曰蕙草晚興
感年將過道里寒恐傷於遊子　君行
在天崖妾身長別離願一
見顏色不異瓊樹枝　李善曰古詩曰各在
天一崖　又曰與君生別離　李陵贈蘇子卿
詩曰思得瓊樹枝以解長渴飢　音決崖協
韻音宜　李周翰曰天崖言遠也　瓊樹玉樹
也　在崑崙山　故雖見言君行之遠　思見之
雖不異瓊樹枝也　陸善
經曰言心相珍厚也　菟絲及水萍
所寄終不移　李善曰尒雅曰女蘿菟絲也　毛詩曰蔦與
女蘿施於松柏　淮南子曰夫萍樹根於水　木樹
根於土　天地性也　曹植雜詩曰寄松松為女蘿

依水如浮萍　音決萍步銘反　呂延濟曰
菟絲草名　感伏苓而生　萍草依水而長
亦猶婦人之附於夫也　言心終不移易
也　陸善經曰菟絲附草　浮萍隨水　猶婦
人依於夫　故
寄之以表志

李都尉從軍　陵　劉良曰此擬攜手上河梁　陸善經曰尋詩
之意　蓋擬在
匈奴中作

罇酒送征人　踟躕在親宴　李善
曰蘇武詩曰我有一罇酒　欲以贈遠人
音決踟直知反　躕直誅反　劉良曰踟躕
俳佪皃　陸善經曰
親宴親与宴別　日暮浮雲滋　握
手淚如霰　李善曰蘇武詩曰握手一長歎　淚為生別滋　楚
辭曰涕浮浮其若霰　音決滋音茲　霰先
見反　劉良曰滋多也　霰細雨也　陸善經

曰滋繁也別離之時視繁雲而悽惻悠々清川水嘉

魴得所薦李善曰言魚處水而得所我万里而離夕歡魚之不若也毛詩曰河水悠々釋名曰薦藉也音決魴音房呂向曰悠々水流皃魴魚名得所薦謂得其所處也陸善經曰魚水為薦藉而我在

令案音決疲為罷也高文一何綺小儒安足

為李善曰陸機擬今日良宴會詩曰高談一何綺孫卿子曰小儒者諸侯大夫士也劉良曰言高文綺靡通達之才非經小儒之所能為也肅々廣

殿陰雀聲愁北林李善曰莊子曰至陰肅々呂向曰肅々靜也廣殿陰謂日暮也雀鳥之愁名愁北林將棲之時也衆賓[illegible]

還城邑何以慰吾心李善曰曹子建名都篇曰雲散還城邑清晨復來還李陵詩曰何以慰我愁張銑曰言歡宴之賓既散將獨以安慰我心也陸善經曰上云月出照園中則燕遊雖夜此衆賓還城邑乃未及黃昏則非一日矣

陳思王贈友曹植贈丁儀王粲等詩李善曰周翰曰擬

君王礼英賢不恡千金璧李善曰礼

孔安國尚書傳曰忞惜也史記曰虞卿說趙
孝成王一見賜金百鎰白璧一雙痎子曰
林回弃千金之璧負赤子而趍音決怯力
刀反劉良曰君王謂曹公也英賢謂丁儀
王粲等雙闕指馳道朱宮羅第宅
李善曰古詩曰兩宮遥相望雙闕百餘尺
馳道已見鮑明遠代君子有所思詩傅玄
西都賦曰彤彤朱宮古詩曰長衢羅夾巷
王侯多第宅呂向曰闕門也馳道大道也
朱宮謂朱樓也羅列也第宅王侯之
宅也陸善經曰羅第宅以延賢俊也從
容氷井臺清池暎華薄李善曰鄴中記
曰銅爵臺北則氷井臺陸機君子有所思
行曰曲池何湛湛清川帶華薄音決從七
容反張銑曰魏有氷井臺下有清池言從
容於上見華薄映於池中也華花也草木
藂生曰薄涼風盪芳氣碧樹先秋落

李善曰論衡曰物至秋而死先秋後落李
周翰曰盪搖也碧樹謂芳樹也先秋初
秋也朝與佳人期日夕望青閣李善曰魏
文帝秋胡行曰朝與佳人期日夕殊不來
曹子建美女篇曰青樓臨大路呂延濟曰
朝夕望於青閣之上思其來也陸善
經曰佳人即良友也青閣相期之所褰
裳擿明珠徙倚拾蕙若李善曰毛
詩曰褰裳涉溱洛神賦曰或采明珠或
拾翠羽謝靈運鄴中集曰攀條擿蕙草
楚辭曰建蕙若以為佩音決擿丁格反
劉良曰褰舉也擿取也徙倚移行貌蕙
若香草也眷我二三子辭義麗金
雘李善曰曹子建贈丁廙詩曰吾與
二三子楊雄解難曰昔人之辭乃
玉乃金王仲宣誄曰吾與夫子義貫丹
青說文曰雘善丹也音決艧烏郭反呂

向曰二三子謂丁儀王粲等金雘彫飾
也言此子皆以辞義自彫飾而為美麗
也陸善经曰麗金雘言可尚也書云
若作梓材既勤樸斲惟其斁丹雘延
陵輕寶劍季布重然諾
李善曰
曹子建
贈丁儀詩曰思慕延陵子寶劍非所借
漢書曰季布楚人也楚人諺曰得黃金
百不如得季布一諾又曰賈高趙國立名
義不侵為然諾者也張銑曰延陵聘上
國過徐君心許徐君所佩劍使還徐君
已死挂劍於墓樹而去季布名義之士
楚人重之言此二人信義以廣二
三子也陸善経曰言貴信義也處
富不忘貧有道在葵藿
李善曰
何敬祖
贈張華詩曰既貴不忘儉處有能存無
莊子東郭子問於莊子曰所謂道惡乎
在莊子曰無所不在陸機君子有所思
曰無以宍食資取咲葵与藿音決處昌
呂反藿火郭反李周翰曰言處富貴不
可忘於貧者有道之士非不在葵藿
也言此以戒之也陸善
经曰葵藿喻微賤也
王侍中懷德粲
張銑曰懷德謂懷魏
武帝之德也陸善经
曰魏志曰魏國
建拜粲侍中也
伊昔值世亂秣馬辭帝京
李
善
曰王粲七哀詩曰西京亂無象又曰遠
身適荊蠻音決秣音末李周翰曰值
乱謂董卓作乱辞
帝京謂避乱荊州既傷蔓草別
方知杕杜情
李善曰毛詩序曰野有
蔓草思遇時也君之澤
不下流民窮於兵革男女失時不期而會
毛詩曰有杕之杜其葉萋〻王事靡盬
我心傷悲音決蔓音万杕大帝反呂延濟
曰蔓草杕杜皆詩篇名傷時弊行旅陸善

經曰蕚草別詩序云人困於兵革也杕杜情言兄弟之親也詩云有杕之杜其葉湑々獨行踽々豈無他人不如我同父**崤函復丘墟冀闕緬從橫**李善曰崤函二崤及函谷也呂氏春秋燭過曰吳為丘墟西征賦曰冀闕緬其堙盡音決崤下交反函音咸緬亡善反從子容反劉良曰崤山函谷閒及秦所造冀闕皆化為丘墟緬從橫謂亂也陸善經曰史記云商君為秦築冀闕宮進於咸陽從橫頹毀也**倚棹泛涇渭日暮山河清**李善曰方言曰楫謂之櫂棹與櫂同音決倚於綺反棹直孝反泛芳劒反渭音謂呂向曰倚棹悵望之意涇渭二水名**蟋蟀依桒野嚴風吹苦莖**李善曰毛詩曰七月在野八月在宇鄭玄曰謂蟋蟀也毛詩曰蜎々者蠋烝在桒野賈逵國語注曰苦木脆也音決

蟋音悉蟀音率莖戶庚反呂向曰蟋蟀悲愁之虫也嚴風急風枯莖枯木之莖喻脆也今案五家陸善然本苦為枯**鸛鷁在幽草客子淚已零**李善曰鸛鷁在幽草謂鸛鳴于垤也鷁亦水鳥故連言之王仲宣軍戎詩曰哀彼東山人喟然感鸛鳴毛詩曰有芃者狐率彼幽草音決鸛古亂反鷁五的反張銑曰幽草深草也客子謂粲也淚已零悲亂也**去鄉廿載幸遭天下平**李善曰楚辭曰去鄉離家來遠客鮑照結客少年場曰去鄉卅載禮記曰國治而天下平李周翰曰載年遭逢**賢主降嘉賞金貂服玄纓**李善曰賢主魏太祖也時粲為侍中故云金貂漢書谷永對詔曰戴金貂之飾執常伯之職尉繚子曰天子玄冠玄纓音決貂音彫呂延濟曰嘉賞謂與之遊宴也金貂玄纓侍中

之服
飾也
侍宴出河曲飛蓋遊鄴城李
善
曰魏文帝与吳質書曰時駕而遊北遵河
曲曹子建公讌詩曰飛蓋相追隨音決鄴
音業劉良曰
飛蓋車蓋也
朝露竟幾何忽如水
上萍李善曰漢書李陵謂蘓武曰人
生如朝露楚辞曰竊哀兮浮萍
汎濫兮無根王逸曰自比如蘋隨水浮遊
作東西也音決萍步銘反呂向曰朝露曰
出則乾人命短促亦猶是
焉忽疾皃水萍喻無依託
君子篤惠義
柯葉終不傾李善曰新語曰君子篤
於義礼記曰其在人也
如竹箭之有筠如松柏之有心二者雖貫
四時而不改柯易葉音決柯合古何反張銑曰
篤厚恵恩也言君子厚其恩義履其礼
度則如松柏之有四時不改柯葉傾落也
福履既所綏千載垂令名李善
曰王

祭公宴詩曰古人有遺言君子福所綏毛
詩曰愷悌君子福履綏之左氏傳子産曰
令名徳之輿也音決令政及李周翰曰
言能履福自安故得後垂令名也
嵆中散言志音決
散四但及
康呂延済曰言志言本
有高尚之志而横遭譏
言
也
曰余不師訓潛志去世塵李善
曰嵆
康幽憤詩曰恃愛肆姐不訓不師楚辞屈
原曰蒙世俗之塵埃音決曰音越劉良曰
言不受師於訓而深遠於俗事也陸善經
曰潛志猶深思也今案五家本世為俗
遠想出宏域高步超常倫
鳳振羽儀戢景西海濱朝食
琅玕實夕飲玉池津李善曰左太
冲詠史詩曰
高步追許由荘子老子歎曰吾聞南方有
鳥其名為鳳居積石千里河流出下鳳皇

居上天為生樹名瓊枝高百刃廿大卅圍以琳琅為實周易曰鴻漸于陸其羽可用為儀阮籍詠懷詩曰朝食琅玕實夕宿丹山際傅玄擬楚篇曰登崐崘漱玉池音決戢側立反瑯音郎玕音干呂向曰宏大倫輩戢斂也琅玕瓊實也言得出大域越常輩同靈鳳斂光景食瓊樹之實飲玉池之水者喻為潔陸善經曰常倫流俗也不与俗羣思比於鳳衡山記云空青咒有天津玉池

處順故無累養德乃入神　李善曰莊子曰夫得者時也失者順也安時處順哀樂不能入也此古之所謂懸解也又曰欲勉為形者莫如棄在則無累又曰堯觀乎華華封人請祝聖人使壽使富使多男子堯曰多男子則多懼富則多事壽則多辱是三者非所以養德也故辞周易曰精義入神以致用音決處昌呂反累力瑞反張銑曰有形時也無形順也安時處順憂樂不入故無累養德謂以道德自養至妙乃通神明也

曠哉宇宙惠雲羅更四陳　李善曰文子曰四方上下謂之寓說文曰宙州舟輿極覆也鸚鵡賦曰冠雲霓而張羅音決更吉行反李周翰曰言

閒傷
及文選令
魏昌人祖逖
光禄大夫琨少
辯晉惠帝時賈謐執政
潘陸部佐之徒年雖在謚前降節
友結号曰廿四友琨兄弟亦入焉
續父章志云早與祖逖友善嘗二
大角枕同寐聞鷄夜鳴憙而相蹴
逖遂隙地尚書郎石勒時為奴虜

已有雄志朔日上朝且賢畢會嗚
騎振玉者成行勒時皆閉眼無所
覩琨于時名位尚早出又家晚勒
見其動于色顧謂儔侶曰唯此人
粗可與我相抗退而目之至其所
必琨後得至并〻州〻承乱離之
後接隣羣羌石勒劉聰連相攻敵
琨撫納移年抗拒後石勒破姬澹
并州遂亡琨走遼西投段疋磾請
救磾忌而害之琨既有雰氣兼善

文章初元皇雖草浴江東猶謙讓
人即位琨遣長史溫嶠奉表勸進
其略曰大未絶晉必將有主晉祀
者非陛下而誰王敦見而大忿曰
讀左傳卅年而今見劉琨得其語
矣初江左建創英賢畢集時人猶
恨琨不過焉周伯曰江東地狹不
容琨氣劉良曰此擬贈盧諶詩也

皇°晉遘陽九天下橫氣霧　李善

曰劉琨答盧諶詩曰厄運初遘陽爻
在六衰我皇晉痛心在目漢書陽九
厄曰初入百六陽九音義曰易傳所
謂陽九之厄百六之會者也郭璞山
海經注曰橫塞也楚辭曰族時風之
清激愈氣霧其如塵鈔曰皇大也遘
遇也易先妄占云一　之中有九厄
有陰厄四陽厄五陽厄主旱陰厄主
水若不尔即廢置若王故曰百六之
會陽九之厄也橫縱橫也氛妖氣也

霧合也音次遭古假反氣音紛張銑
曰九陽數之極有交橫氣霧喻亂賊
也言大晉遇此陽九之灾而亂賊橫
救也陸善經曰陽九災厄之運也
秦趙值薄蝕幽并逢虎擾 李善
曰薄蝕虎擾喻群盜也京房易飛候
曰凡日蝕皆於晦朔不於晦朔蝕者
名薄戰國策穰侯說楚威王興師襲
秦戰於藍田此所謂兩虎相擾者也

鈔曰謂姚泓稱秦石勒稱趙曰月薄
食禍亂之徵此二處百姓皆為此二
人所破逢灾害也劉聰石勒破幽并
二州自擾之如虎狼之為也音決蝕
音食李周翰曰秦姚泓所擾趙石勒
所擾幽州段疋磾所擾并州劉琨所
領值亦逢也薄蝕喻亂賊侵晉武擾
喻感武之盛也陸善經曰秦趙幽并
終並為劉聰石勒所陷薄
食虎擾言被侵逼也
伊余

荷寵靈感激殉馳騖 李善曰左氏傳
薳啓彊曰寵靈楚國劉琨詩曰劉生
何感激辭嘲曰世亂則聖哲馳騖而
不足鈔曰寵愛也殉營也言我家天
子神德愛養我甚厚故感動激發我
心營此軍戎赴走之術意在軍機急
也音決荷何可反殉辭俊反呂延濟
曰言蒙天子神靈寵愛故感
動激發徇此驅馳於軍戎也
雖無

六奇術冀與張韓遇 李善曰漢書曰陳平
自初從至天下定後常以護軍中尉
從擊臧荼陳豨凡六出奇計輒益邑
封奇計或頗秘世莫得聞也張々良
韓々信鈔曰張良字子房韓人客皃
雖弱有類婦人為漢高祖畫策韓信
淮陰人為大將軍為漢高祖定天下
也劉良曰張良々張良韓信有言我
雖無此六奇之術冀同此々三度遇

漢高也陸善經曰張良韓信皆善兵謀

甯戚扣角歌桓公遭乃舉

李善曰淮南子曰甯戚擊牛角而歌桓公舉以淮南子曰為大田高誘曰田官也鈔曰中牟人商旅於齊桓公出遊夜及戚乃扣牛角而歌〻曰南山〻〻白石粲下有寒泉文章傳中有鯉魚長尺半極布單衣裁至骭生不遭堯與舜禪長夜漫何時旦黃犢上坂且伏息細剉大豆在尔側吾將與尔扣洛國桓公聞乃舉而任之執火夜封之音次甯那史及扣音口舉協韻音撥

荀息冒險難實以忠貞故

李善曰左氏傳曰初獻公使荀息傅奚齊公疾召之曰其若之何稽首而對曰臣竭其股肱之力加之以忠貞其濟君之靈也不濟則以死繼之公曰何謂忠貞對曰公家之利知無不為忠也送往事居偶俱無猜貞也鈔曰左傳晉獻公使荀息傅奚齊又李克殺奚齊于次荀息立卓子又被克所殺息乃死也音決冒亡北反張銑曰晉獻公使荀息傳太子奚齊荀息曰臣竭其股肱加以忠貞不濟則以死繼之此是冒觸險難也

空令日月逝愧無古人度

李善曰論語陽虎曰日月逝矣盧諶贈崔溫詩曰古人非所希鈔曰言我遇不如甯戚忠不如荀息不能晉治又不能致死故愧彼二人者也李善周翰曰逝往也言我愧無荀甯之度量也陸善經曰古人謂荀甯張韓等

飲馬出城濠北望沙漠路

李善曰古有飲馬長城窟行盧諶贈崔溫詩曰北眺沙漠垂南望舊京路鈔曰謂在并州城池中飲馬而欲北征凶奴琨今傷晉亂離亦欲平定天下四征不

進也音決飲於禁反濛音蒙漢音莫
呂延濟曰濛城池沙漠北方也陸善
經曰時琨為并州刺史并州北臨
沙漠濛塹也今案諸家本蒙為濛千
里何蕭條白日隱寒樹投袂既
憤滿撫枕懷百慮李善曰左氏傳
曰楚子投袂而
起白虎通曰天子崩哀痛憤滿劉琨重
贈盧諶詩曰中夜撫枕歎想與數子遊

百慮已見苦雨詩鈔曰白日隱寒樹喻
年老也投袂攘袂也懷傷也傷此亂離
故有百慮也音決袂亡世反劉良曰蕭
條遠也投袂猶奮袂憤滿怨也撫枕百
慮言不安臥也功名惜未立玄鬢已改素
李善曰劉琨重贈盧諶詩曰功業未及
建夕陽忽西流陸機東宮詩曰案顏收
紅藻玄鬢吐素華鈔曰惜恨也恨素無
功名不及衛青也欲遠擊而已不得去

已年老也呂向曰謂未能
速復晉室而鬢已白也時哉苟
有會治亂惟冥數李善曰劉琨
重贈盧諶詩
曰時哉不我與陶渕明經曲阿詩曰時
來苟冥會冥幽冥也數歷數也孫子兵
法曰治亂數也范曄後漢書烏丸論曰
天之冥數以至於是乎鈔曰言太平之
時且有運會千年一期五百年一運此
會時也故尚書云時哉不可失言非人

所知惟冥中以數知也音決冥亡丁反
張銑曰言太平之時具當有運理之道
冥昧亦有定數然非我所知也陸善經
曰見功業不立因推於運數也
盧中郎感交諶鈔曰子諒妹嫁與
劉琨第當時劉公
等作亂遂北出詣并州投琨琨用為從
事中郎後為段疋磾別駕乃思懷在琨
處同列知故等遂作詩贈之此擬贈崔
篇也諶涿郡人祖班父志並尚書諶清

敵有才善屬文談老莊通尚書後至懐
閔時湲遭喪乱乃北投劉琨本通好舊
門素相愛乃契闊喪乱情好特深琨後
疋碑所害諶亦拘留焉及石勒滅碑復
為勒所得來
於胡中焉也**大°夏須異材廊庙**
非庸器李善曰盧諶荅魏子悰詩
曰崇臺非一幹珍裘非一
腋渚兵在懐詩曰器非廊庙姿介雅
曰庸常也謂凡常也鈔曰説苑曰大

夏初成工匠居其下嘉禾始熟農夫
嘗其味以天子為大夏四廟為廊中
央為庙又七庙之中主其祭祀之礼
亦非凡庸之人也音決夏音下廊音
郎器協去韻去乚反李周翰曰夏大
屋也楠此大屋必須瑰異之材廊庙
喻宰臣也言宰臣不可
以任庸常之器也**英俊著世**
功多士濟斯位李善曰左氏傳衆
仲曰官有世功則

有官族盧諶荅魏子悌詩曰多士成
大業群賢濟弘績鈔曰草為英木為
華亦喻才中之秀異者千人為英俊
大也人中才德強大者万人為俊也
多衆也濟成也斯此也位列位也天
子之官也詩云濟濟多士文王以寧
音決著丁慮反位協韻音于葉反呂
延濟曰英俊之人著立洛代之功衆
多之士共成天子之位
也陸善經曰位寳位也**春顧成**

綢繆迺與時髭迄李善曰毛詩曰
春言顧之盧諶
荅魏子悌詩曰遇蒙時來會聊齊朝彥
點鈔曰髭毛也言髭毛中家高者為毫
髭喻人中之家高才者為官也言直以
眷顧情密所以濫得在此疋對為像佐
也音決髭音毛劉良曰諶言蒙琨眷以
成親密得与當時髭俊為疋偶也
姻媾久不虛契闊豈但一李善
曰盧

謂贈劉琨詩曰申以婚姻又荅魏子悌詩曰恩由契闊生非但一己見述哀詩鈔曰毛詩死生契闊与子成說毛萇傳契闊勤苦言辛苦謂遭勤恣等及時也音決姻音因嬸古侯反契去結反呂向曰姻嬸謂諶妹嫁琨弟契闊謂同遭乱致其父母豈但一言非一事也

逢厄既已同處危非所恤

李善曰盧諶荅魏子悌詩曰共更飛狐厄又曰在危每同險鈔曰恤憂也言已雖逢禍難不以為憂北逼憂於危地也自此以下皆自叙也音決處昌呂反張銑曰言險厄情同是以不憂也

常慕先達槩觀古論得失

李善曰槩志節也馮衍顯志賦序曰追觀往古得失之迹鈔曰槩猶節槩也今觀古今之跡見其得失抑亦可論即下文是音決槩古代反李周翰曰言我慕先達之人以觀得失如馬服信陵也

馬服為趙將壃場得清謐

李善曰史記曰趙奢大破秦軍秦軍解而走遂解閼与之圍而歸趙惠文王賜奢号為馬服君左氏傳魯公曰壃場之事慎守其一而備其不虞尔雅曰謐靜也鈔曰史記云趙之田奢者趙之田部史也秦伐韓軍於閼與王召廣頗而問之曰可救不對曰道遠險狹難救也又召樂乘而問焉樂乘對如廣頗言又召問趙奢奢對曰其道遠險狹譬之猶兩鼠鬪於穴中也將勇者勝王乃令趙奢將救之兵去邯鄲卅里而奢令軍中曰有以軍事諫者死秦軍軍武安西秦軍鼓譟勒兵武安屋瓦盡震軍中候有一人言急救武安奢立斬之奢令善射者去閼與五十里而軍壘成秦人聞之悉甲而至軍士許歷請以軍事諫趙奢曰內之許歷曰秦人不意趙師至此其來氣盛將軍必厚集

其陳以待之不然必敗趙奢曰請受令
許歷復諫曰先據北山上者勝後至者
敗趙奢許諾即發万人趣之秦兵後至
爭山不得上趙奢從兵擊之大破秦〻
軍〻解而走遂解閼與之圍而歸趙惠
文王賜奢号為馬服君以許歷為國尉
音決將子亮反塲音亦諡巨必反呂延
濟曰趙奢号曰馬服君為趙守邊壃界
清靜秦兵
不敢東闚

信陵佩魏印秦兵不敢出 李善曰史記云魏公子毋忌為
信陵君秦昭王進兵圍戰邯鄲
公子進兵擊秦軍秦軍解去遂救邯鄲
存趣公子留趙十年不歸秦聞公子在
趙曰夜出兵東伐魏〻王患之使〻請
公子歸救魏〻王以上將軍印授公子
遂將破秦軍於河外乘勝遂秦軍至函
關抑秦兵不敢出音決印一刃反

慨無幄中策徒慙素絲質 李善曰
范曄漢

後書詔曰前將軍劉禹與朕謀謨帷幄
決勝千里淮南子曰墨子見練絲而泣
之為其可以黃可以黑高誘曰閔其化
也鈔曰漢高祖曰運籌策於帷幄之中
決勝於千里之外吾不如子房然則帷
中策者張兩良謀言我不及此人不能
為謀運策也墨子云墨子見染絲者歎
曰染於蒼則蒼染於黃則黃唯所染之
變其質非但於絲人亦染變故湯染伊
尹紂染於惡來而比干等三人不能染

紂即天生自質言今空有此質而無智
策所以慙也音決幄一角反呂向曰慨
歎也幄中謂帷幄中陳謀策也素絲隨
染而變人隨善惡遷言歎無帷幄之謀
而不能從善遷變故云慙
陸善經曰素絲質不定也

羈旅去舊鄉感遇踰琴瑟 李善曰盧諶
贈崔溫詩曰
羈旅及寬政委質與時遇毛詩曰妻
子好合如鼓琴瑟鈔曰去詣并州投

劉琨舊京洛陽琴瑟取和調之義喻
朋友張銑曰言諶羈旅并州感琨恩
遇遇於琴
瑟之和

自顧非杞梓勉力在

無逸

李善曰左氏傳楚聲子曰晉
大夫皆卿才也如杞梓皮革
自楚往也尚書周公曰烏呼君子所
其亡逸銑曰言非梓木濫被外州所
用也言常自勉勵使无逸豫也尚書
有無逸篇周公戒成王語諶令亦自
戒也音決杞音起梓音子　李周翰曰
杞梓美材也自顧非美材勉勵之戒
在無逸豫
而已也

更以畏友朋濫吹乖

名實

李善曰左氏傳陳敬仲曰詩
云翹〻車乘招我以弓豈不
欲往畏我友朋韓子曰齊宣王使人
吹竽必有三百人南郭處士請為王
吹竽粟食與三百人等宣王死文王
即位一一聽之處士乃逃或云韓昭
侯田嚴使一一聽之乃知濫也名實
已見言志詩銑曰論語曰與朋友交
言而有信雖曰未學吾必謂之學矣
矣感交之意言我既無才德故畏損
朋友之信而招三損也韓子云齊宣
王好吹竽一人兼二人祿之甚好之
一百人一度吹之南郭處士不知吹
竽家貧無食因其亂吹故竊其祿至
閔王好獨吹竽南郭處士知不可乃
弃祿而走言今用我為從事中郎亦
恐虛祿而無德也音決濫力暫反吹
昌瑞反呂延洛曰此言無能濫在琨
下名過
其實

郭弘農　遊仙　**璞**

銑曰郭景純好仙
方作遊仙詩十七
首在集中今文通擬之璞字景純河東
人性簡放不治威儀而敏明朗有才思
善屬文專心學業好古文奇字妙於陰
陽算曆有郭公者璞從之受業公以青

囊中書九卷与之由是遂洞天文卜筮
之術雖京房管輅不能過也璞門人趙
載嘗竊青囊書未及讀而為火所焚所
王敦聞其有術數引為叅軍及敦起事
令璞筮之璞曰不能往敦大怒遂斬之
往果不成璞雖逆辨吉凶不能自知其
死璞晉中興初遊越城行逢一人以袴
帽賜之此人未敢受而問其故璞曰後
當知不須問及後出市此人果行刑焉
雷居士豫章記云吳猛與璞以術數相

善同在王敦府知敦將害璞而問曰卿
命盡幾何答曰下官命畫中時又問猛
之為壽幾何璞云不可量也既而害璞
又逢收猛々入壁中忽然不見仍於津
渚附載遠南猛自執歧使餘人乘舟甚
姿問輪户舫王不觧所以久竊窺之果
見兩龍夾舟而行山上曰未興而至宫
傳故得免禍又云上遼道西昔有石姥
宫有大虵長十丈行者皆吸之立而吞
前後不知所食之多少而白骨為山矣

遼道是七郡桂州行之要不可以絶猛
乃率弟子而往虵聞猛至逃于穴中氣
勢囂赫獨難可犯猛乃志思神相與制
之虵出穴頭高數丈猛乃於後以脚躡
之弟子加斤斧焉大虵雖死獨有小虵
長數丈得逸去今已能衝人度江人猶
驚畏之俗云此虵蜀地之精。故特盛也
猛豫章建寧人于慶為為豫章建寧令
死已三日猛曰明府筭曆未應盡似是
誤耳令為叅之乃沭浴衣裳復死於慶

側然一宿果相與俱生慶云見猛天曹
中論訴之慶即于寶之兄寶因之作搜
神記故其序云建武中所有感起是用
發憤焉今論此者興者郭氏相須故附
見之陸善經曰晉書云
璞卒後贈弘農太守也

崦山多靈草海濵饒奇石

李善曰郭
璞遊仙詩曰圓丘有奇草鍾山出靈液
楚辭曰吾令羲和弭節号望崦嵫而勿

迫王逸曰崦嵫山也海濱即海中三山也鈔曰崦嵫山曰没䨮其上多生五芝草服之得神仙濱水涯也方丈蓬莱之上有仙隱霞安期在上採奇石八琢五石之流音决崦於嚴反嵫音玆濱音賔餽而遙及劉良曰靈草芝也奇石可食而仙者謂安期練五石是也今案音决山為嵫

偃蹇尋青雲隱淪駐精魄

李善曰江賦曰納隱淪之列真挺異入乎精魄抱朴子曰人無賢愚皆知身之有魂魄分去則人病盡去則人死也鈔曰偃蹇高聳之皃尋青雲言高至天璞當時為預知死故作詩以自解駐謂之壽音决蹇居輦反駐竹樹反魄音白呂向曰偃蹇緣高皃隱淪謂絶迹駐留也精魄魂魄也陸善經曰偃蹇猶夭矯俾仙之狀十州記滄浪海島上有大山積石室多石腦石桂石英石髓之屬百餘種皆生於島服之長生

道人讀丹經方士練玉液

李善曰道人方術之士也已見述哀詩神仙傳曰淮南王好道術之士於是八公乃往遂授以丹經漢書曰燕齊之方士傳玄求仙篇曰玉液涌出華泉楚辭曰吃玉液兮止渴鈔曰道人謂得道之人丹經赤心也作此經術並練玉石法皆取石心故言丹經淮南王八公丹經一卷陶隱居仙方丹經三卷又淮南集中鴻寶書練丹為黃金黃金成以為器則神仙可見蓬萊可遊又抱朴子内篇有神丹九轉之法致長生其經不復備舉又云以朱草汁漬玉則可使消以為水飲之不死朱草出瑞圖方士有方術之士練取玉汁和藥草煮之為液服之得長生漢武帝故事西王母太上之藥有金漿玉津也音决液音亦張銑曰玉液玉膏也

朱霞入窓牖曜靈照空隟

李善曰十州記

曰朱霞九光廣雅曰曜靈日也說文曰
隟壁際也鈔曰朱赧日退赤雲山既高
入雲故雲霞入窓牖中也曜靈曰御也
空隟壁孔言高故相照當音決牖音酉
赧音霞李周翰曰隟穴也言所
居高也今案鈔音決霞爲赧也

傲睨

擿木芝淩波采水碧 李善曰江賦曰冰夷
倚浪以傲睨本草經曰紫芝一名木芝
洛神賦曰淩波微步江賦曰水碧潛珉

山海經曰耿山多水碧郭璞曰碧亦玉
也鈔曰傲睨不拘於俗自得之皃莊子
曰獨与天地精神往而不傲睨於万物
碧水玉之類赤松子所餌音決傲五誥
反睨魚計反擿知革反呂延濟
曰傲睨縱誕皃也水玉仙藥也

眇然

万里遊撟掌望煙客 李善曰神仙傳若士謂盧
敖曰吾一擧千万里說文曰撟擧手也
郭璞遊仙詩曰駕鴻乘紫煙鈔曰客言

万里遊○啀煙霞之中去人間爲客也水中
生玉芝涉海向蓬萊上而耿之去地万
里至烟霞嵇康曰偓佺以柏實咕日赤松
以水玉乘烟列仙傳曰甯封子積火自
燒而隨烟上下音決眇亡小
反呂延濟曰烟客仙人也

永得安

期術豈愁濛汜迫 李善曰列仙傳曰安期生自言千歲
楚辭曰日出暘谷次于濛汜鈔曰列仙傳
曰安期生賣藥於海中時人言得千歲始

皇請見之與語三日錫之玉璧無何悉捨
之而去留書以玉爲報焉又言後十年
求我於蓬萊山乎故始皇遣徐福入海求
之風波不得進也濛汜曰彼處言得長生
不憂老至所迫天文志云日至于悲泉是
謂懸車至于虞淵是謂黄昏至于濛汜是
謂人定音決汜音似迫音伯呂延濟曰安
期古仙人術仙方言得此仙方不愁歲月
之迫於濛汜也陸善經
曰濛汜迫方暮年也

孫廷尉雜述綽 鈔曰孫綽字興公太原人也雜衆也述序也周古序事曰述序事非一故言雜此詩在興公本集文通今擬之祖楚字子荆馮翊太守也父纘湘東太守興公識業淵弘文章秀拔情體疎遜雖復王公同席獨縱其誕也時人貴其才而鄙其行常詣謝太傅宿酒酣恣其情謝婦劉夫人真長子妹竊於壁中而視之歎曰巨先未嘗有如此容神情都不開也常樂山水善於制文為天台山賦成以示范安云卿試擲地要作金玉聲文錄云于時才華之士有伏滔庾闡曹毗李充皆名顯當世綽冠首焉故温郗王庾諸公之薨非興公為文則不刻石也

太素既已分吹万著形兆 李善曰列子曰太素者質之始也莊子南郭子綦曰夫吹萬不同而使其自已也司馬彪曰言天氣吹呴生養萬物形氣不同也已止也使各得其性而已也猶太論曰太素之時元氣窈冥未有形兆鈔曰太素謂混沌未分時天地形質素也故列子云天地未分謂之太素自分已後天雲地質也兆驗也音決吹昌瑞反著丁慮反劉良曰天地未分曰太素吹万謂元氣吹呴万物著形不同使各得其性而已也陸善經曰質素既分万形乃著則道真漸虧

躰動苟有源因謂殤子夭 李善李善曰言大道之要動躰無源今誠以有源即壽夭異轍故以殤子為夭也呂氏春秋曰一也者至貴也莫知其原莫知其端莫知其（始莫知其）終而万物以為宗高誘曰道无匹敵故曰至貴莊子南郭子綦曰莫壽于殤子而彭祖為夭鈔曰動天也躰地也苟誠也源本也壯已下為殤子夭折也莊子云以足言之則殤子為壽不足論之則彭祖為夭若以彭祖為壽則天下有

長命於彭祖者若以殤子為夭則天下有夭於殤子者因夭者以夭而言即有上百廿中百歲下八十彭祖八百因此即言傷子夭者未達于理偏見之人呂向曰齊靜也言均之動靜各稟一源其於壽夭亦有定分人不達其分因謂彭祖為壽殤子為夭也

道喪涉千載

李善曰莊子曰曰世喪道矣道喪世矣世

津梁誰能了

與道交相喪也司馬彪曰世皆異端喪道〻不好世故曰喪耳鈔曰自三王已前無為而治自玉三以來漸澆喪其道本已經千歲也津梁謂大道也人能守道可以済物故言津〻梁〻喩橋船也言末世以來不曉知大道也了曉也音決喪息浪反張銑曰涉歷也津梁喩道也了明也言淳化之喪已歷千載其於至道誰能明達之也

思乘扶揺翰卓然淩風矯

李善曰莊子曰齊諧之言曰鵬之徙於南冥也水擊三千里搏扶揺而上者九万里司馬彪曰齊諧人姓名也持圓也扶揺上行風也圓飛而上若扶揺也毛詩曰如飛如翰鄭玄曰如鳥之飛也翰其中毫俊也廣雅曰矯飛也鈔曰列子云乘風泠然言我今慕列子之徒乘風於天地之間以求仙人矯高也又云舉也音決翰音汗卓丁角反李周翰曰扶揺風名卓高也思乘此風而高舉也翰飛也今案鈔然為尔

靜觀尺捶義理足未嘗少

李善曰莊子曰尺之捶曰取其半万世不竭辯者以此與惠施利應終身無窮司馬彪曰若其可折則常有兩若其不可折其一常存故曰万世不竭鈔曰捶謂馬杖尺有十寸也莊子云假令千寸之杖五寸屬晝五寸屬夜晝主陽夜主陰陽

主生陰主死之晝復夜生復死雖一
尺之杖陰陽生死之理無有窮時故
理足不少也音決橛之累及呂延洛
曰橛杖也陸善經曰莊子曰一尺之
捶曰取其半万世不竭此言在理若
存於事何少尺捶惠施之給說此以
為至言節章為義也

罔〻秋月明憑軒詠

李善曰蒼頡篇曰罔大明也
登樓賦曰憑軒檻以遙望

堯老

老堯及老子也堯玄之大師故莊生稱
之鈔曰堯以無為而治故可詠也莊子
云言道以堯與老子為主音決罔俱永
反劉良曰罔明憑依軒檻也詠哥也歌
唐堯老子之道德也陸善經曰
堯以天下讓許由達於道也

浪迹

無蚩妍然後君子道

李善曰浪猶放
也蚩妍猶美惡也戴逵栖林賦曰浪
迹頹湄樓景箕岑文賦序曰妍蚩好
惡鈔曰莊子去益浪之言徑聽不近
人情此世外之言忘善惡無好醜故
不近人情蚩醜妍美也天之君子民
之小人天之君子亦出於禮教之外
也音決蚩尺之反呂向曰浪放也陸
善經曰言放浪其迹混一妍蚩然後
乃為君子之道

領略歸一致南山有綺

李善曰王文度悄許詢詶詩曰吾
生挺奇幹領略總玄標鄭玄禮記

皓

注曰領理也廣雅曰略要也周易子曰
一致而百慮漢書曰園公綺季夏黃公
角里先生當秦之世避而入商雒深山
范曄後漢書孔融曰南山四皓潜光隱
耀鈔曰總撮為領抄取為略謂其与省
也珠塗同歸皆以道為極也南山周南
山也綺李季園公夏里黃公角里先生
是謂四皓陳留志云園公姓園名淡古
賢集目云夏黃公姓崔名廓其餘未詳
以其元老故為四皓言略皆同歸一致

故南山有綺晧之人張銑曰領理略要也言理要之道異塗而歸一致也晧老人見陸善經曰領會略要歸於一致商山四晧則具人與綺季一晧之一

交辟久變化傳火逈薪草

李善曰莊子仲尼謂顔回曰吾終身與汝交一辟而失之可不哀與郭像曰夫變化不可執而留也故雖交辟相守而不能令停若哀死則此亦可哀者也今人未嘗以此為哀矣獨哀死耶莊子泰始曰指窮於為薪火傳也而不知其盡也郭像曰窮盡也為薪猶前薪以指々盡前薪也理故火傳而不滅心得納養之中故命續而不絶相盡生之所以生也鈔曰莊子云孔子謂顔回曰吾與汝交一辟而失之可不哀与解云言交辟之間喻疾也無而忽有為化轉形為變言去世間任運推移變化即與道符莊子指窮於為薪火傳也解云善養生者能續命也火喻神薪草喻身傳之者時々喻手

假令燃大絶薪火不得全身不得變神難以完然則違理也人不以死生為憂即与道合音決傳直緣反李周翰曰言變化之理執持不停薪草相續大傳不滅如人強求不死則不可得納養之中則命續而不絶矣陸善經曰以交辟之間事皆已謝言年命不暫留傳火不絶猶續前薪言納養可延壽也

亹々玄思清匈中去機巧

李善曰許詢豊里詩曰亹々玄思得濯々情累除莊子曰子貢南遊於楚反晉過漢陰見一丈夫方將為圃畦鑿而入井把甕而出灌搰々然力用甚而見功寡子貢曰有械於此一日浸百畦用力甚寡而見功多夫子不欲乎為圃者仰而視之曰何曰鑿木為機後重前輕挈水若抽數如泆湯其名為桔槔為圃者忿然作色而咲曰吾聞之吾師有機械者必有機事有機事者必有機心機心存於匈中則純

白不偏純白不偏則神生不定神生不
定者道之所不載也子貢俯而不對鈔
曰亹ゝ時運流轉不止之皃玄道也言
道之實合入於神思各自得不以外物
在懷也音決亹音尾思先自反呂延濟
曰亹ゝ勉ゝ也玄遠也言勉力遠思清靜
之道去機巧於情府之中則
与道相合也今案鈔清為得

物我俱忘懷可以狎鷗鳥

李善曰莊
子曰吾喪
我ゝ自忘矣我自忘天
下何物足識哉莊子曰海上有人好鷗
鳥者旦而從海上從鷗鳥遊鷗鳥至者
百數其父曰吾聞鷗鳥從汝遊試取來
吾欲玩之曰諾明日之海上鷗鳥舞而
不下鈔曰物之与我俱不在心即是貴
形弃外物後可与天地合德万物齊同
即合於道也狎褻之不相懼也若三異
之比也鷗海青鳥是也有人在海上与
鷗戲歸其父曰盡取來吾將觀之明日

鳥遠羣飛而不下此有心於物物亦有
以与故虛舟觸己不以為傷飄風擊人
不以為害音決狎何甲反鷗烏侯反劉良
曰昔有人遊於海与鷗鳥相狎不殊於
鷗也言彼我忘懷則
禽獸不懼於己也

許徵君自序詢

李善曰晉中興書曰
高陽許詢字玄度寓
居會稽司徒蔡謨辟不起詢有才藻善
屬文于時人士皆欽愛之鈔曰徵為司
徒掾不就故号徵君好神仙遊樂隱遁
之事故自序本懷所好之事在集文通
今擬之祖式濮陽太守父助山陰令隱
錄云詢總角奇秀衆謂神童隱在會稽
幽究山與謝安友遁遊遨以弋釣嘯
詠為事雜說云詢性好山水而涉是遊
時人謂許掾非止有勝情亦有濟世之
其檀氏論文章曰自王褒揚雄諸賢尚
賦頌皆體則詩騷傍綜百家之言及至
建安而詩章大備逮至西朝之末潘陸

也徒雖復時有質文而宗歸一也正始
中王弼何晏尚老莊玄勝之談世遂貴
焉至江左李充尤盛故郭璞五言詩始
會合道家之言而韻之爰及孫興公轉
相祖尚又加以釋氏三世之辭而詩騷
之體盡矣至義熙謝混改焉詢辟司徒
椽不就嘗一出都迎姊簡文皇帝悅其
情理每造膝清談必以夜計日者也

◦張子闇內機單生蔽外像李善曰言

所行雖殊而偏生一也莊子田開謂周威
王曰魯有單豹者巖居而水飲行年七十
而猶嬰兒之色不幸遇餓虎致之食之有
張毅者高門懸薄无不走也行年卌而有
內熱之病以死豹養其內而虎食其外毅
養其外病攻其內鈔曰專求外不明內故
云時內機也蔽塞也蔽塞也音決單音善
張銑曰象法也張毅行年卌而患內熱病
死是闇內理之機微單豹行年七十而有
童兒之色遭餓虎所食是不明外理之法

此皆偏而不廣也一時排冥筌泠然空中
賞李善曰筌捕魚之器言魚之在筌猶人之處塵俗今既排而去之超
在埃塵之外故泠然涉空得中而留賞
也莊子曰列子御風而行泠然善旬有
五日而後反司馬彪曰泠然涼皃也郭
像莊子注曰天下莫不自是而相非故
一是一非兩行無窮唯涉空得中曠然
無懷乘之以遊也鈔曰排推移之意冥

道筌教也言前張毅偏著外單豹偏著
內玄度自言我一時排推去此二事合
於道教可以養生可以全身泠然清虛
皃空中在二事之中得養其識空中即
道教偏也賞神識也既不偏即中於道
既中於道自然無累音決筌七全反冥
亡丁反泠力丁反李周翰曰冥理筌迹
也泠然輕舉皃循於環之四過則終始
無極若處其環之空中則窮然不移言
理迹一時排去而輕舉遊於環中以為

樂也

遺此弱喪情資神任獨往

李善曰莊子曰予惡乎知悅生之非惑耶予惡乎知惡死之非惑非夫弱喪而不知歸者耶郭象曰少失其故居為弱〻喪〻者遂於他之所在而不知歸於故鄉淮南王莊子略要曰不知歸於故鄉淮南王莊子略要曰江海之士山谷之人也輕天下細萬物而獨往者也司馬彪曰獨往任自然不復顧世也鈔曰資養也神心也獨往化言身影不相予假相因取形影俱亡信任於變化唯神獨在音決喪息浪反任而禁反呂延濟曰弱喪謂少失其居而安於他方不知歸故鄉也人之在生惡死亦同弱喪矣資採也言遣此弱喪之情无所不安故採持其神任之獨往也陸善經曰今俱排冥昧之筌蹄遣除弱喪則不懼於生死任獨往則所在皆安

採

藥白雲隈聊以肆所養

李善曰隈曲也賈逵國語注曰肆恣也鈔曰仙人採藥即八琼朱草神丹之屬是我今願之雲隈山曲出雲也聊且也肆縱也言自放縱也音決隈於隈烏回反陸善經曰肆極也所養謂道真

丹葩燿芳蕤綠竹蔭閑敞

李善曰廣雅曰葩花也洞簫賦曰又足樂乎其敞閑也西征賦曰厭紫極之閑敞也鈔曰即仙人所採之藥朱草葩花也蕤花之心也綠竹〻能長生不被葉落故仙人多依此欲自比其志操也蔭閑敞謂在高山空朗之處皆生松竹高明也閑空也敞明也蔭霞也音決葩普花反劉良曰閑敞靜廣皃也

苕〻寄意勝不覺淩虛上

曲櫺激鮮飆石室有幽響

李善曰櫺窓間

穴也陸機吳趨行曰泠〻鮮風過列仙傳
曰赤松子常止西王母石室中鈔曰苕〻
高皃寄附也勝者道与世事戰勝也曲櫺
窗簷閒也激清飄清朝之風在窗簷閒度
令人清暢也幽響〻更遠也吳都賦云石
室相拒仙人所居處也音决苕音條勝尸
證反上時掌反櫺力丁反飈必遙反呂向
曰迢〻遠也寄意謂所寄至道之意勝謂
勝於俗情也言至道既勝不覺如乘空而
上也櫺屋梠激射也鮮飈鮮潔也風石室

石穴也幽響山響也陸善經
曰意所得與累為勝也
去矣從所
欲得失非外獎李善曰陸機招隱詩曰稅駕從所欲
李蕭遠運命論曰得與失孰賢謝靈運擬
鄴中詩曰客心非外獎爾雅曰獎勸也鈔
曰言處所既如此我願隱去從我願欲也
得即隱士矣即世事韋心既忘得失不為
外所獎勸使迷於世俗中也音决獎子兩
反張銑曰言吾從所欲之至道得失由心

非外物所能獎勸也陸善經
曰言得失俱忘非假外勸
至哉操李善曰莊子曰莊子送葬
斤容重明固已朗
過惠子之墓顧謂從者曰郢人堊墁
其鼻端若蠅翼使匠石斲之匠石運
斤成風聽而斲之盡堊而鼻不傷郢
人立不失容宋元君聞之召匠石曰
嘗試為寡人為之匠石曰臣則嘗能
斲之雖然臣質死久矣自夫子之死

吾无以為質矣吾无与言也音决操
七刀反重逐龍反李周翰曰至極也
極哉歎之也有至人行揚其鼻匠石
操斤斲之行盡而不傷是二人相明
故曰重明固謂固如是朗明也陸善
經曰郢人為質重明皆暉固已清朗
五難既灑落超迹絕塵網李善曰向
秀難嵇康養生論曰養生有五難名利
不滅此一難也喜怒不除此二難也聲

色不去此三難也滋味不絶此四難也神慮精散此五難也鈔曰麗散也起跖遠去也言超越其跖絶去世事之塵綱也音決難那只及灑所買及呂延濟曰塵綱喻代事也言脫落五難超然絶代事也陸善經曰灑落擇灑而散落也

殷東陽興矚仲文

鈔曰矚眺也興起起也謂晨旦早起仲文於時爲東陽太守山遶海故旦起眺望而作是詩也在本集中又通擬之仲文與名陳郡人祖融吏部尚書父康侍中王韶晉紀云仲文少有才美容皃桓玄姊夫玄甚悅之引爲諮議參軍晉安帝紀玄時王謐見礼而不親卞範雖親而不礼寵遇隆重兼於王卞矣居晉朝爲侍中左衛輿馬器服窮極綺麗後進妓妾數十人然竹不絶音高祖誅玄乃引爲長史仲文自以名輩先達常怏怏失志乃出爲東陽郡守照鏡不見其面續晉陽秋云劉毅博才好士以仲文早有令名深相礼重何无忌甚慕之自以進達之令府中才士孫闡孔甯之徒並稱撰文義以待焉仲文既失志恨怨不知如此遂相忌疏唯遣牋蹟而已无忌甚以激怨而輕也大以爲憾及朝廷議欲北伐无忌曰方令殷仲文桓玄爲腹心之疾捨近事遠非長策也遂因此而陷仲文焉雜說六謝靈運謂仲文曰若讀書半袁豹則文史不減班固又桓玄九錫仲文所製也

晨遊任所萃悠悠蘊真趣

李善曰毛萇詩傳曰萃集也方言曰蘊積也莊子曰道之真以持身謝靈運登江中孤嶼詩曰蘊真誰爲傳鈔曰晨旦也遊行也任自得之意所萃聚也任意所適而觀望萬物聚於目中真趣道也言蘊懷道德也音決任任之去聲蘊紆粉反劉良曰萃聚也言陵晨觀萬物並聚於目中悠悠然蘊積至道之真趣也

雲天亦

遼高時與賞心遇 李善曰莊子曰夫道
黃帝得之以登雲天謝靈運田南
樹園詩曰賞心不可忘鈔曰遼唐
廓也寛明也即寅旦明廓之時賞
心得意賞識也言識我心而相會
也呂向曰遼高也言雲天既
高明後与識我心者相遇也 **青松**
梃秀蔓蕙色出高樹 李善曰廣雅曰
秀美也鄭玄詩牋曰承花者曰鄂蔓與
鄂同鈔曰青松喻真°梃時秀之皃蔓蘂
床謂松花也惠暖也色出在樹上可愛
賸也音決蔓亞各反張銑曰蔓花也惠
媚喬高也今案鈔五
家陸善經本蕙為惠 **極眺清波深**
緬映石壁素 李善曰韋昭國語注曰緬猶邈也鈔曰極
遠也眺望也謂東陽城前溪水波也緬
亦遠也映松山相陰映青白皎然也石
壁山中石崖直上如壁素白也言遠
望見之音決緬亡善反張銑曰眺視
也 **瑩情無餘滓拂衣釋塵務**
李善曰廣雅曰瑩磨也說文曰滓澱
也謂鄙穢也左氏傳曰非斷拂衣從
之也鈔曰瑩磨飾也莊子云人之去穢
累若鏡之見磨飾釋散也又云弃也塵
俗事言出俗事昏暗之中也音決瑩烏瞑
反或為瑩同滓側擬反張銑曰瑩磨滓
穢也言遠視山水瑩磨
滓穢而解塵俗之事也 **求仁既自**
我玄風豈外慕 李善曰論語曰求仁而得仁又
何怨乎漢書灌嬰曰使自我得之玄風
謂道也李以充玄宗賦曰慕玄風之遐
哀余皇祖曰伯陽謝靈運憶山中詩曰
得性非外求鈔曰仲父共此語者欲明
己不助桓玄以忠言諫不得也故云守
於道數豈可外慕於世事榮華哉玄道

也風教也仲文被出為東陽太守不得志故發此言也李周翰曰求為仁道則從我玄遠之風豈在外慕而得之也

直置忘所宰蕭散得遺慮

李善曰淮南子曰成化像而弗宰高誘曰宰主也謝靈運越嶺溪行詩曰觀此遺物慮一悟得所遣鈔曰直置專一之義也去外物專於道故去忘所主慮心恬志無有所主即道之本也蕭散空遠無閑也既眺望遠覽可以適性故弃其思慮之事不有憂懷也呂延濟曰蕭散空遠也言直置身一忘其所主者道之本也能從心空遠遺其思慮者則近之也陸善經曰直置任真蕭散自放遺於思慮

謝僕射

遊覽音决射音夜

混

鈔曰出行為遊目視曰覽言出在帝郊遨遊觀覽而作是詩亦在本集文通今擬之射混字叔源陳郡人也少名益壽祖安司徒太傅父琰司空混幼而清秀有儁才弱冠為秘書丞磊落如玉年卅七便為領軍將軍左僕射領吏部尚書居內外要任矜貴養譽名盛一時也

信矣勞物化憂矜未能愁

李善曰左氏傳商且曰信矣莊子曰天不產而萬物化又曰既化而生又化而死也鈔曰莊子云天地勞我以生息我以死是可信矣襟心也愁音也言憂於世事心中未與物齊因是以出遊散於懷抱劉良曰言信勞天地化生而憂心未能與物齊也陸善經曰萬物變化為勞信矣但憂在矜懷尚未能愁齊也

薄言遵郊衢揔轡出臺省

李善曰毛詩曰薄言旋歸家語孔子曰善御者正身而揔轡鈔曰薄語詞也言我也遵循也郊近郊卅里遠郊百里衢四達通揔連結也相喙出臺省謂此中遊也

音决省所景及吕向曰衛道也以心不
能齊物將導郊外之道而散情慮故持
纏出省而往之**淒〻節序高寥〻心悟**
永李善曰毛詩曰秋日淒〻楚辭曰天高而氣精庄子曰寥己吾志郭
像曰寥然空虚也聲類曰悟心解也鈔
曰淒〻清冷之皃謂秋時也寥〻明亮
也永長也音决淒音妻寥力彫反悟五
故反張銑曰淒寒風也寥〻高淨皃言

時既清明中心
覺悟亦長遠也**時菊燿巖阿雲**
李善曰潘安仁河陽詩曰時菊耀秋華鈔曰冠
霞冠秋嶺
霞也當時物色音决冠古亂反張銑曰
曰巖阿山曲也嶺山也言雲霞如冠戴
於山也**眷然惜良辰徘徊踐落景**
李善曰孔叢子孔子歌曰春然顧之東
征賦曰撫良辰而將行鈔曰惜恡也落

景謂落日也李周翰曰
眷然顧戀之皃辰時也**卷舒雖万**
緒動復歸有静李善曰淮南子曰至道無為贏
縮卷舒與時變化庄子曰虚則静静則
動老子曰夫物芸〻各歸其根歸根曰
静是謂復命王弼曰凡有起於虚動起
於静故萬物雖並動作卒復歸於虚静
各反其所始歸根則静鈔曰西征賦曰
遂与國而舒卷〻藏也舒見也用行舍

藏之意卷喻死舒喻生万緒所稟不同
人以類聚物以羣分動有情之類植生
之類也音决卷居免反植音食或為復
非李周翰曰卷息舒散也万緒言多也
言息散動復其理雖多然皆同歸於静
也陸善經曰或卷或舒雖即万緒既動
而復終歸有静**曾是迫桑榆歲暮從**
所秉李善曰毛詩曰曾是在位桑榆曰所没以喻人年老也已見劉

休玄行〻重行〻詩韓詩曰歲聿其暮薛君曰言年歲已晚也所秉謂心之所執也毛詩曰君子康秉心鄭玄曰秉執也鈔曰曾則也是時也迫至也言忘於形骸任時運所執音決曾昨曾反榆以朱反呂延濟曰迫近也言我雖老明歸靜之理故任時運所執也

舟壑不可攀忘懷寄近郢

李善曰莊子曰夫藏舟於壑藏山於澤謂之固矣然而夜半有力者負之而走昧者不知司馬彪曰舟水物山陸居者也藏之於壑澤非人意所求故謂之固有力者或能取之郢人已見自序詩鈔曰莊子云藏舟於壑藏山於澤人謂之固矣而夜半有力者負之而趍即山非故山舟非本舟曰漸壞矣故云不可攀留也懷思心忘其思慮付命於天也即無傷也貴在識理也莊子徐無鬼云郢人以白堊塗鼻端若蠅翼使匠石奮斤成風堊去鼻無傷

及郢人死宋元君召而謂之曰試為寡人鄧之對曰臣則能矣臣之質已死久矣匠石廢斤以為世上更無足可為斲者言無有相知之人也音決趕呼各反郢以井反劉良曰攀止也言人生於代自以為固四時遷運不可留止也郢人

文選卷第六十三　梁昭明太子撰　集注

騷一　屈平離騷經一首

離騷經一首　自時溷濁而嫉賢兮以後為下卷十四李善曰

序曰離騷經者屈原之所作也屈原
與楚同姓仕於懷王為大夫同列上大夫
官靳尚妬害其能共譖毀之王乃流
屈原屈原乃作離騷經不忍以清白
久居濁世遂赴汨淵自沉而死音決
案序不入或并錄後序者皆非今案
此篇至松隱篇鈔脫也五家有目而
无書陸善經本載序曰離騷經者屈
原之所作也屈原與楚同姓仕於懷
王為三閭大夫三閭之職掌王族三
姓曰昭屈景序其諸屬率其賢良以
厲國士入則與王圖議政事決定嫌
疑出則監察群下應對諸使謀行職
脩王甚珍之同列大夫上官靳尚妬
害其能共譖毀之王乃疏屈原原
執履忠貞而被讒邪憂心煩亂不知
所愬乃作離騷經離別也騷愁也經徑
也言已放逐離別中心愁思猶陳道
徑以諷諫君也故上述唐虞三后之
制下序桀紂羿澆之敗冀君覺悟反
於正道而還已也是時秦昭王使張
儀譎詐懷王令絕齊交又使誘請與
俱會武關遂脅與俱歸拘留不遣卒
客死於秦其子襄王復用讒言還屈
原於江南屈原放在艸埜復作九章
援天引聖以自證明終不見省不忍
以清白久居濁世遂赴汨淵自沉而
死離騷之文依詩取与引類譬喻故
善鳥香草以配忠貞惡禽臭物以比
讒佞靈脩美人以媲於君宓妃佚女
以譬賢臣虬龍鸞鳳以託君子飄風
雲霓以為小人其辭溫而雅其義皎
而明凡百君子莫不慕其清高嘉其
文采哀其不遇而愍其志注曰媲匹

也音計及此序及九歌
九章等序並王逸所作

屈平

。。。王逸注

陸善經曰逸字叔師南郡宜城人後校書郎中注楚詞後爲豫章太守也

帝高陽之苗裔兮

王逸曰苗胤也裔末也高陽顓頊有天下之号也帝繫曰顓頊娶于滕隍氏女而生老僮是楚先其後熊繹事周成王封爲楚子居於丹楊其孫武王求尊爵於周〻不與遂僭号稱王始都於郢是時生子瑕受屈爲客卿因以爲氏屈原自道本與君共祖俱出顓頊胤末之子孫恩深而義厚也音決褒以世及

朕皇考曰伯庸

王逸曰朕我也皇美也父死稱考詩曰既右烈考伯庸字也屈原言我父伯庸體有美德以忠輔楚業有令名以及於己也陸善經曰朕我也古者貴賤共之也

攝提貞于孟陬兮

王逸曰太歲在寅曰攝提孟始也貞正也于於也正月爲陬音決攝式業反提音啼陬子侯反陸善經曰正月爲孟陬也

惟庚寅吾以降

王逸曰惟詞也庚寅日也降下也寅爲陽正庚爲陰正言己以太歲在寅正月始春庚寅之日下母之體而生得陰陽之正中也音決寅以降協韻人反下江反陸善經曰歲月日皆以寅而降生爲得氣之正也

皇覽揆余于初度兮

王逸曰皇〻考也陸善經曰言父觀揆之爲初法度

肇錫余以嘉名

王逸曰肇始也錫賜也嘉善也言己美父伯庸觀我始生年時度其日月皆合天地之正中故始錫我以美善之名

名余曰正則兮

王逸曰正平也則法也

字余曰靈均

王逸曰靈神也均調也言平正可法則者莫過

於天養物均調者莫神於地高平曰原故伯庸名我為平以法天字我曰原以法地夫人非名不榮非字不彰故子生父思善應而名字字之以表其德觀其志也陸善經曰均平也**紛吾既有此内美兮**王逸曰紛盛皃也陸善經曰内美謂父教誨之**又重之以脩能**王逸曰脩遠也言己之生内含天地之美氣又重有絶遠之能與衆異也音決

重直用反能奴代反陸善經曰脩長也**扈江離與辟芷兮**王逸曰扈被也楚人名被為扈江離芷皆香草也辟幽也芷幽而香也音決扈音戶辟疋亦反芷音止陸善經曰扈帶也江離芎藭辟薜荔芷白芷也皆芳草**紉秋蘭以為佩**王逸曰紉索也蘭香艸也秋而芳佩餝也所以象德言己脩身清潔乃取江離辟芷以為衣被紉索秋蘭以為佩餝博

来衆善以自約束也音決紉女珎反下同佩步外反陸善經曰紉謂紉而綴之礼内則曰衣裳綻裂紉針請補綴王逸曰佩者所以象德故仁明者佩玉能解結者佩觿能決疑者佩玦孔子無所不佩屈原自以行清貞故佩芳蘭以為興也**汨余若將不及兮**王逸曰汨去皃疾若水流也音決汨于筆反**恐年歲之不吾與**王逸曰言我念年命

汨然流去誠欲輔君心中汲〻常若不及惟恐季歲忽過不與我相待而身老也**朝搴阰之木蘭兮**王逸曰搴取也阰山名也音決搴居輦反阰音毗**夕攬洲之宿莽**王逸曰攬采也水中可居者曰洲草草冬生不死者楚人名曰宿莽言己旦起升山采木蘭上事太陽承天度也夕入洲澤采取宿莽下奉太陰順地數也動以神祇自勑誨也木蘭去

皮不死宿莽遇冬不枯屈原以喻讒人雖欲困己己受天性終不可變易音決攬音覽或作欖字同洲音州莽協韻已古及楚俗言也凡協韻者以中國為本傍取四方之俗以韻故謂之協韻然於其本俗則是正音非協也

日月忽其不淹兮 王逸曰淹久也

春與秋其代序 王逸曰代更也序次也言日月晝夜常行忽然不久春往秋來以次相代言天時易過人年易老也

惟草木之零落兮 王逸曰零落皆墮也草曰零木曰落

恐美人之遲暮 王逸曰遲晚也美人謂懷王也言天時運轉春生秋殺草木零落歲復盡矣而君不建立道德舉賢用士則年老暮晚而功不成也陸善經曰喻將不留已將凋落君無與成功也

不撫壯而棄穢兮 王逸曰年德盛曰壯棄去也穢行之惡也以喻讒佞百草為稼穡之穢讒佞亦為忠真之害也

何不改此度也 王逸曰改更也言願令君務及年德盛壯之時脩明政教棄遠讒佞無令害賢改惑誤之度脩先王之法也

乘騏驥以馳騁兮 王逸曰騏驥駿馬也以諭賢智言乘駿馬一日可致千里以言任賢智則可至於治也音決騏音其驥音冀騁勑整

來吾道夫先路也 王逸曰言己如得任用將驅先行願來隨我遂為化君導入聖王之道也音決道徒到反夫音扶下皆同陸善經曰言若何不改此度而用賢良來入於正吾則為先道也

昔三后之純粹兮 王逸曰昔往也后君也謂湯禹文王也至美曰純齊同曰粹音決粹音遂陸善經曰粹精也

固衆芳之所

在 王逸曰衆芳喻羣賢也言往古夏禹殷湯周文王所以能純美其德而有聖明之稱者皆擧用衆賢使在顯職故道化興而萬國寧也

雜申椒與菌桂兮 王逸曰申重也椒香木也其芳小重之乃香菌薰也葉曰蕙根曰薰音決菌其敏反陸善經曰申椒〻名菌桂生於桂枝間

豈維紉夫蕙茝 王逸曰紉索也蕙茝皆香草也以喻賢者言禹湯文王雖有聖德猶雜用衆賢以致於化非獨索蕙茝任一人也音決蕙音惠茝昌改反

彼堯舜之耿介兮 王逸曰耿光也介火也音決耿古迥反

既遵道而得路 王逸曰遵循也路正也言堯舜所以能有光明大德之稱者以循用天地之道擧賢任能使得万事之正也

何桀紂之昌被兮 王逸曰昌披衣不帶皃也音決猖音昌被近皮反今案音決昌為猖披為被也

夫唯捷徑以窘步 王逸曰捷疾也經耶道窘急也言桀紂愚惑違背天道施行惶遽衣不及帶欲涉耶徑急疾為化故身觸陷阱至於滅亡也音決捷才接反窘其敏反陸善經曰窘迫也堯舜行耿介之德以致太平桀紂昌狂唯求捷徑而窘迫失其常步以至滅亡

惟夫黨人之偷樂兮 王逸曰黨朋也論語曰羣而不黨偷苟且也音決偷他侯反樂音洛

路幽昧以險隘 王逸曰幽昧不明也險隘諭傾危也言己念彼讒人相與朋黨嫉妬忠直苟且偷樂不知君道不明國將傾危以及其身也音決昧亡背反隘於懈反

豈余身之憚殃兮 王逸曰憚難也殃咎也音決憚徒且反殃音央

恐皇輿之敗績 王逸曰皇君也輿君之所乘也以諭國也績功也言我欲諫爭者非難身之被殃咎也但恐君國傾危以敗先王之功也音决輿音余績子績反又子夜反

忽奔走以先後兮及前王之踵武 王逸曰踵繼也武跡也詩曰履帝武敏言已急欲奔走先後以輔翼君者冀及先王之德繼續其迹而廣其基也奔走先後四輔之職也詩曰予聿有奔走予聿有先後是之謂也音决奔布悶反走音奏先〻見反後音從踵之重反陸善經曰言已急欲奔走先後以輔翼君望繼前王之跡

荃不察余之中情兮 王逸曰荃香草也以諭君也人君被服芳香故以香草為論惡數指斥尊者故變言荃也音决荃七全反

反信讒而齌怒 王逸曰齌疾也言懷王不徐察我忠信之情反信讒言而疾怒己音决齌才細反陸善經曰若不察我中情反信讒言而同怒己也

余固知謇〻之為患兮 王逸曰謇〻忠言皀也易曰王臣謇〻匪躬之故音决謇居輦反下同也

忍而不能舍也 王逸曰舍止也言己知忠言謇〻諫君之過必為身患然中心不能自止而不言也音决舍音捨

指九天以為正兮 王逸曰指語也九天謂中央八方也正平也音决指之視反

夫唯靈脩之故也 王逸曰靈神也脩遠也能神明遠見者君德也故以諭君言已將陳忠策內慮之心上指九天告語神明使平正之唯用懷王之故欲自盡也陸善經曰靈脩

謂懷王也言己知譖誘之言以為身患忍此而不能含㫖九天以行忠正者唯欲輔導君為善之故也 初既與余成言兮 王逸曰成平也言猶議也 後悔遁而有他 王逸曰遁隱也言懷王始信任己與我平議國政後用讒言中道悔恨隱匿其情而有他志也音决遯徒頓反 余既不難

夫離別兮 王逸曰近曰離遠曰別音决難奴旦反 傷靈脩之數化 王逸曰化變也言我竭忠見過非難與君離別也傷念君信用讒言志數變易無常操也音决數音朔化協韻呼戈反楚之南鄙言又火瓜反陸善經曰化變也言我不難離別放流但傷君數變易耳 余既滋蘭之九畹兮

王逸曰滋蒔也十二畝為畹音决滋音茲畹音菀陸善經曰滋生長也畹亦畝 又樹蕙之百畝 王逸曰樹種也二百冊步為畝言己雖見放流猶種蒔衆香脩行仁義勤身自勉朝暮不倦也音决蕙音惠 畦留夷與揭車兮 王逸曰留夷香草也揭車亦芳草一名芞與五十畝為畦音决畦戶佳反揭起列又去例反陸善經曰畦

為區陽也 雜杜衡與芳芷 王逸曰杜衡芳芷皆香草名也言己積累衆善以自潔飾復植留夷杜衡雜以芳芷芬香益暢德行弥盛也陸善經曰種蒔芳旨諭自脩飾也 冀枝葉之峻茂兮 王逸曰冀幸也峻長也音决峻音俊陸善經曰峻大也 願竢時乎吾將刈 王逸曰刈穫也言己種植

衆芳幸其枝葉盛長實核成熟願待天時吾將穫取收藏而饗其功也以言君亦宜畜養衆賢以時進用而待仰其化也音決竢音士列蹇上人魚無反雖萎絕其亦何傷兮王逸曰萎病也絕落也音決萎於危反陸善經曰萎絕猶將死也言所種芳草與其大盛忽逢霜雪遂至萎死喻修行忠信乃被放流不惜身之時已忽志士亦罹其害也

哀衆芳之蕪穢王逸曰言己所種芳草當刈未刈蚤逢霜雪枝葉雖蚤萎病絕落何能傷於我乎哀惜衆芳摧折枝葉蕪穢而不成也以言己脩行忠信冀君任用而遂斥棄則使衆賢志士失其行也音決衆之仲反下皆同蕪音無衆皆競進以貪婪兮王逸曰競並也愛財曰貪愛食曰婪

音決婪力男反陸善經曰婪貪之甚今案陸善經本無衆字憑不猒乎求索王逸曰憑滿也楚人名滿為憑言在位之人無有清絜之志皆並進取貪婪於財利中心雖滿猶復求索不知猒飽也音決憑皮冰反猒一豔反索協韻三故反陸善經曰憑每也羌內恕己以量人兮王逸曰羌楚人語詞

也以心揆心為恕量度也音決恕音度量音良陸善經曰羌發語辭各興心而嫉妬王逸曰害賢為嫉害色為妬言在位之臣心皆貪婪內以其志恕度他人謂與己用不同則各生嫉妬之心推弃清潔使不得用也音決嫉音疾自二音妬都故反或作妒同陸善經曰譏謗之從行皆邪僻乃內恕諸己以度人各興其嫉妬之心忽馳

鶩以追逐兮非余心之所急王逸曰言衆人所以馳騖惶遽者爭追逐權貴求財利也故非我心之所急務衆人急於利我獨急於義也音決騖音務陸善經曰言急欲騖馳以逐譏耶非我心之急言不能老冉〻其將至兮王逸曰冉〻行皃也恐脩名之不立王逸曰立成也言人年命冉〻而行我之衰老將以速至恐脩名建德而功不成名不立也陸善經曰脩名不立事則無成朝飲木蘭之墜露兮王逸曰墜墮也音決墜直類反夕餐秋菊之落英王逸曰言已旦飲香木之墜露吸正陽之津液暮食芳菊之落英言吞陰陽之精蘂動以香淨自潤澤也

苟余情其信姱以練要兮王逸曰苟誠也練簡也音決姱口花反要一招反陸善經曰姱美長減淫亦何傷王逸曰減淫不飽皃也言己飲食清潔誠欲使我形皃信而好美中心簡練而合道要雖長減淫飢而不飽亦無所傷病也音決顑口感反玉篇呼感反頷胡感反曹減淫二音陸善經曰顑頷亦為咸淫擥木根以結茝兮王逸曰擥持也根以喻本也音決擥音覽也貫薜荔之落蘂王逸曰貫累也薜荔香草也緣木引緊攬持根本又貫累香草之實執持忠信不為華飾之行也音決薜步計反荔力計反蘂而髓反陸善經曰貫穿蘂花也木根取其顛本也矯菌桂以紉

蕙兮 王逸曰矯直也音決矯九小反菌其斂反紉女珎反陸善經曰正曲為矯

索胡繩之纚纚 王逸曰胡繩香草也纚〻好皃也言己行雖據根本猶復矯直菌桂芬芳之性紉索胡繩令之澤好以善自約束終無解己也音決索索洛反纚所綺反陸善經曰胡繩延纓也莊子云縵胡之纓

謇吾法夫前脩兮非時俗之所服 王逸曰言我忠信謇〻者乃上法前代遠賢固非今時俗人所服行也陸善經曰帝佩兮草蹇然安舒

雖不周於今之人兮 王逸曰周合也

願依彭咸之遺則 王逸曰彭咸殷賢大夫諫其君不聽自投水死遺餘也則法也言己所行忠信雖不合於今之俗願依古之賢者彭咸餘法以自率厲也

長大息以掩涕兮哀人生之多艱 王逸曰言己自傷施行不合於俗將效彭咸沉身於淵乃太息長悲哀念萬人受命而生遭遇多難以隕其身也陸善經曰不遇明時故大息掩涕哀羅此難

余雖好脩姱以鞿羈兮 王逸曰鞿羈以馬自喻也韁在口曰鞿革絡頭曰羈言為人所係累也音決好音耗下皆同姱苦華反鞿音機

謇朝誶而夕替 王逸曰誶諫也詩云誶予不顧替廢也言己雖有絕遠之智姱好之姿然以為讒人所鞿羈而係累矣故朝諫謇〻於君夕暮而身廢弃也音決謇居輦反誶音信替協韻他札反下如字陸善經曰誶告也告以善道

所謂諫也好自脩飾以爲羈係搴然朝諫而夕見癈言忠之難也

既替余以蕙纕兮王逸曰纕佩帶也音決襄音襄陸善經曰纕帶也以帶蕙而見癈也

又重申之以攬茝王逸曰又復也言君所以癈弃己者以余帶佩衆香行以忠正之故也然猶復重引芳茝以自結束執志彌篤音決重直用反茝昌改反陸善經曰復重攬結茝也

亦余心之所善兮雖九死其猶未悔王逸曰悔恨也言己履行忠信執守清白亦我心中之所美善也雖以見過支解九死終不悔恨也音決悔協呼罪反陸善經曰亦心之所善雖死無恨九言其多也

怨靈脩之浩蕩兮王逸曰靈脩謂懷王也浩猶浩〻蕩猶蕩〻無思慮皃也音決音決浩胡考反

終不察夫人心王逸曰言己所以怨恨於懷王者以其用心浩蕩敖驕放恣無有思慮終不察省萬人善惡之心故朱紫相亂國將傾危也陸善經曰但怨君無思慮不察人心之善惡

衆女嫉余之蛾眉兮王逸曰衆女謂衆佳也蛾眉好皃也

謠諑謂余以善淫王逸曰謠謂毀也諑猶譖也淫邪也言衆女嫉妬蛾眉美好之人譖而毀之善淫不可信也猶衆佳妬嫉忠正言己淫邪不可任也音決謠音遥諑丁角反陸善經曰謠謂共爲謠言而諑訴也謗曰女無美惡入宮見妬方言云楚以南謂訴爲諑音涿

固時俗之工巧兮偭規矩而

改錯王逸曰偭背也圓曰規方曰矩錯置也言今時之工才知強巧背去規矩更造方圓必失堅固敗材木也以言佞臣巧於言語背違先聖之法以意妄造必亂政治危國君也音決巧苦孝反偭音面又亡忍亡演二反錯七故反陸善經曰時俗之人妄為工巧背規矩繩墨之法而改錯置背繩墨以追曲兮王逸曰追隨也繩墨所以正曲者陸善經曰隨曲而行競周容以為度王逸曰周合也度法也言百工不循繩墨之直道隨從曲木屋必傾危而不可居也以言人臣不循仁義之道背棄忠直隨從枉佞苟合於世以求容媚以為常法身必傾危而被刑戮也陸善經曰皆競比周相容以為法言敗亂國政也忳鬱邑余侘傺兮

王逸曰忳憂皃也侘傺失志皃也侘猶堂堂立皃也傺住也楚人名住曰傺也音決忳音屯侘丑加反傺丑例反陸善經曰忳憂悶皃也吾獨窮困乎此時也王逸曰言我所以忳忳而憂中心鬱邑悵然住立而失志者以不能隨從時俗屈求容媚故獨為時人所窮困也寧溘死以流亡兮王逸曰溘猶奄也音決溘口合反余不忍為此態也王逸曰言我寧奄然而死形體流亡不忍以忠正之性為邪淫之態也音決態他代反陸善經曰言忳然所以憂悶鬱邑侘傺不平者寧奄然而死或至流亡不忍為此佞邪之態也鷙鳥之不羣兮王逸曰鷙執也謂能執伏眾鳥鷹鸇之類也以諭忠

正音決鷙音至

自前代而固然 王逸曰言鷙鳥執志對屬特處不羣以言忠正之士亦執分守節不隨俗人自前代固然非獨於今也

何方圜之能周兮夫孰異道而相安 王逸曰言何所有方鑿受圜枘而能合者誰有異道而相安耶言忠佞不相為謀也音決圜音貟

屈心而抑志兮 王逸曰抑案也

忍尤而攘詬 王逸曰尤過也攘除也詬耻也言己所以能屈案心志含忍罪過而不去者欲以除去耻辱誅讒佞之人如孔子誅少正卯也音決攘而良反詬火候反

伏清白以死直兮固前聖之所厚 王逸曰言士有伏清白之志以死忠直之節者固乃前代聖王之所厚哀也故武王伐紂封比干之墓表商容之閭音決厚協韻音候陸善經曰所以屈忍者欲伏清白以死直節堅固乃前世之所共厚也

悔相道之不察兮 王逸曰悔恨也相視也察審也音決相息亮反道如字或徒到反非陸善經曰相道謂君側之人不敢言君指其左右

延佇乎吾將反 王逸曰延長也佇立貌也詩云佇立以泣言己自恨視事君之道不明察當若比干伏節死義故長立而望將欲還反終己之志也音決佇直呂反

回朕車以復路兮 王逸曰回旋也音決復音伏

及行迷之未遠 王逸曰迷誤也言乃旋我之車以反故道及己迷誤欲去之路尚未甚遠也同姓無相去之義故欲還也

陸善經曰以君不察己之忠言遷延佇立欲自旃引退故厭及速遂以為與也

步余馬於蘭皋兮王逸曰步徐行也澤曲曰皋陸善經曰澤傍曰皋

馳椒丘且焉止息王逸曰土高四墮曰椒丘言己欲還則徐行步我之馬於芳澤之中以觀聽懷王遂馳高丘而止息以須君命也陸善經曰言步馬於蘭澤之中馳往椒丘且焉止息猶俟君命也

進不入以離尤王逸曰退去也言己

兮退將復脩吾初服

誠欲遂進竭其忠誠君不肯納恐重過故將復去脩吾初始清潔之服也陸善經曰進既不入以離愆尤故退將脩其初服

製芰荷以為衣兮王逸曰製裁也芰蔆也荷扶蕖也音決芰其寄反荷音何

集芙蓉以為裳王逸曰芙蓉蓮華也上曰衣下曰裳言己進不見納猶復製裁芰荷集合芙蓉以為衣裳被服愈潔脩善益明也

不吾知其亦已兮苟余情其信芳陸善經曰雖不我知情其信美

高余冠之岌岌兮王逸曰岌岌高皃也音決岌魚及反

長余佩之陸離王逸曰陸離嶔峩眾皃也言己懷德不用復高我之冠長我之佩尊其威儀整其服飾以異於衆也音決長直良反

芳與澤其雜糅兮王逸曰芳德之臭也澤質之閏玉堅而有澤糅雜也音決糅女又反

唯昭質其猶未虧王逸曰唯獨也昭明也虧歇也言我外有芬芳之德內有玉澤之質二

美難會兼在於己而不得施故獨保明其身无有虧而已所謂道行則兼善天下不用則獨善其身者也陸善經曰唯辭也言芬芳雜飾質體昭明而未虧歇也

忽反顧以遊目兮將往觀乎四荒王逸曰荒遠也言己欲進忠信以輔事君而不見省故忽然反顧而去將遠遊目往觀四遠之外以賢求君也音決觀古丸反陸善經曰觀乎四荒欲之他國也

佩繽紛其繁飾兮王逸曰繽紛盛皃也音決繽匹人反陸善經曰言外服鮮華喻內行脩潔也

芳菲〻其彌章王逸曰菲〻猶勃〻芬香皃也章明也言己雖欲之四荒猶整飾儀容佩玉繽紛而衆盛忠信勃〻而愈明不以遠故改其行也音決菲芳非反又芳尾反

人生各有所樂兮余獨好脩以為常王逸曰言萬人稟天命而生各有所樂或樂謟佞或樂貪淫我獨好脩正直以為常行也音決樂音洛又五孝反

雖體解吾猶未變兮豈余心之可懲王逸曰懲艾也言己好脩忠信以為常行雖獲罪支解志猶不艾也音決解居買反懲音澄陸善經曰言雖獲罪支解志猶不懲創也

女嬃之嬋媛兮王逸曰女嬃屈原姊也嬋媛猶牽引也音決嬃音須嬋市然反媛音爰

申〻其詈予王逸曰申重也言女嬃見己施行不衆合以見放流故來牽引數怒重詈我也音決詈力智反

曰鮌婞直以亡身兮王逸曰曰女嬃詞也

鮌堯臣也帝繫曰顓頊後五葉而生鮌婞很也音決曰音越鮌古本及婞胡冷反陸善經曰鮌禹父也

終然夭乎羽之野

王逸曰蚤死曰殀言堯使鮌脩洪水婞很自用不順堯命乃殛之於羽山死於中野女嬃比屈原於鮌不承君意亦將遇害也音決殀於表反野常与反

汝何博謇而好脩兮紛獨有此姱節

王逸曰女嬃數屈原汝何為獨博采往古好脩謇〻婞異之節不與衆同而見憎惡於俗也音決女而与反謇居輦反姱苦華反陸善經曰博謇寬博偃蹇也今案音決汝為女陸善經本謇為蹇

薋菉葹以盈室兮

王逸曰薋蒺蔾也菉王芻也葹枲耳也詩曰楚〻者薋又曰終朝采菉三者皆惡草以喻讒佞盈滿也音決薋在咨反菉音録葹音施陸善經曰菉〻蓐也

判獨離而不服

王逸曰判別皃也女嬃言衆人皆佩薋菉枲耳為讒佞之行滿於朝廷而獲富貴汝獨服蘭蕙守忠直判然離別不與衆同故斥弃也

衆不可戶說兮孰云察余之中情

王逸曰屈原外困羣佞內被姊詈知時莫識言已心志所執不可戶說人告誰當察我中情之善否也

俗並舉而好明兮夫何煢獨而不予聽

王逸曰煢孤也詩曰哀此煢獨予我也言時俗之人皆行佞偽相與朋黨並相薦舉忠直之士孤煢特獨何肯聽用我言而納之也音決聽他丁反

依前聖之節中兮

王逸曰節度也音決中丁仲反

喟憑心而歷茲

王逸曰歷數也言己所言皆依前代聖王之法節其中和喟然舒憤滿之心歷數前代成敗之道而作此詞也陸善經曰己之所行皆依前聖節度中和之法而被放流經歷於此故撫心而歎音決喟去位反憑皮膺反

濟沅湘以南征兮王逸曰沅湘水名也音決沅音元湘音相

就重華而陳詞王逸曰重曰華舜名也帝繫曰瞽叟生重華是為帝舜葬於九嶷山在於沅湘之南言己依聖王法而行不容於俗故欲度沅湘之水南行就舜陳詞自說稽疑聖帝冀聞秘要以自開寤也音決重直龍反陸善經曰陳辭謂興已之事也

啓九辯與九歌兮王逸曰啓禹子也九辯九歌禹樂也言禹平理水土以有天下啓能承志續敘其業育養品類故九州物皆可辯數九功之德皆有次序而歌也左氏傳曰六府三事謂之九功九功之德皆可歌也謂之九歌水火金木土穀謂之六府正德利用厚生謂之三事陸善經曰言夏啓能修禹之功奏九辯九歌之樂以和神人九辯亦見山海經

夏康娛以自縱王逸曰夏康啓子太康也娛樂也縱放也音決夏音下

不顧難以圖後兮五子用失乎家巷王逸曰圖謀也言夏太康不遵禹啓之樂而更作淫聲放縱情慾以自娛樂不顧患難不謀後葉卒以失國兄弟五人家居閭巷失尊位也書序曰太康失國昆弟五人須于洛汭作五子之歌此佚篇也音決難那旦反陸善經曰太康但慾娛樂不顧禍難以謀其後失其國家令五弟無所依

羿淫遊以佚田兮王逸曰羿

諸侯也田獵也音決羿五計反侯以
曰反陸善經曰羿夏諸侯左傳云羿
因夏人以
代夏政
又好射夫封狐
王逸曰封
狐大狐也言羿為諸侯荒淫遊戲
以佚田獵又射殺大狐音決射上
亦反
固亂流其鮮終兮
王逸曰鮮
少也音決
鮮思
箋反
浞又貪夫厥家
王逸曰浞
寒浞羿相

也厥其也婦謂之家言羿因夏衰亂
代之為政娛樂田獵不恤人事信任
寒浞使為國相浞行媚於內施賂於
外樹之詐慝而專其權勢羿田歸使
家衆逢蒙射而殺之貪取其家以為
妻也羿以亂得政身即滅亡故言鮮
終也音決浞士角反陸善經曰左傳
曰寒浞伯明氏之讒子弟羿以為相
叔羿因其
妻而生澆
澆身被服強圉兮
王逸

曰澆寒浞子也強圉多力也音決澆五
詰反又五叫反強其良反圉音語
縱欲而不忍
王逸曰縱放也言浞
取羿而生澆強梁多
力縱放其情不忍其
欲以殺夏后相也
曰康娛而自忘兮
王逸曰康安也
音決曰如一反
厥首用夫顛隕
王逸曰首頭也自上
下曰顛隕墮也言澆

既殺夏后相安居無憂日作淫樂
忘其過惡卒為相子少康所誅其
首顛隕而墮地論語曰羿善射澆
盪舟俱不得其死然自此以上羿
澆寒浞之事皆見於
左傳音決隕于敏反
夏桀之常違兮乃遂焉而逢殃
王逸曰
殃咎也
言夏桀上背於天道下逆於人理
乃遂以逢殃咎為殷湯所誅滅也

陸善經曰夏桀違天害人乃常相違逆乃遂逢殃后辛之菹醢兮王逸曰辛殷之亡王紂名也藏菜曰菹肉醬曰醢音決菹側余反醢音海下同陸善經曰殷紂煞比干以為菹又醢梅伯也殷宗用而不長王逸曰言紂為無道煞比干醢梅伯武王杷黃鉞行天罰殷宗遂絕不得久長也

湯禹儼而祗敬兮王逸曰儼畏也祗敬也音決儼齊上人魚檢反祗音之今案陸善經本儼為嚴周論道既莫差王逸曰周周家也差過也言殷湯夏禹周之文王受命之君皆畏天敬賢論議道德無有過差故能獲神人之助子孫蒙福也音決差協韻七何反今案陸善經本既為而舉

賢而授能兮循繩墨而不頗王逸曰頗傾也言三王選士不遺幽陋舉賢用能不顧左右循用先聖法度無有傾失故能綏萬國安天地易曰無平不頗音決頗普和反皇天無私阿兮王逸曰竊愛為私所祐為阿覽人德焉錯輔王逸曰錯置也

輔佐也言皇天神明無所私阿觀万人之中有道德之者因置以為君使賢輔佐成其志也故桀為無道傳與湯紂為淫虐傳與文王音決錯七故反協韻七和反夫維聖哲以茂行兮王逸曰茂盛也音決行下孟反苟得用此下土王逸曰苟誠也下土謂天

下也言天下所主者獨有聖明
之智盛德之行故得用事天下
而為萬人
之主也
瞻前而顧後兮
王逸曰顧
視也
相觀人之計極
王逸曰
相視也
計謀也極窮也言前觀禹湯之所
以興顧視桀紂之所以亡足以觀
察万人忠佞之謀窮其真偽
也音決相息亮反觀吉丸反
夫

孰非義而可用兮孰非善
而可服
王逸曰服事也言人任
誰有行仁義而不可任
用誰有不行信義而可服事者
乎言人非義則德不立非善則
行不
成
阽余身而危死兮
王逸
曰阽
猶危也音決阽以廉反
陸善經曰阽臨也
覽余

初其猶未悔
王逸曰言己正
言危行身將危
已上觀初代伏節之士戒志所樂
終不悔恨也音決悔協韻許罪反
陸善經曰臨戒身於
死地亦未悔於初
不量鑿而
正枘兮
王逸曰量度也正方
也音決量音良鑿在
到反枘而歲反陸善經曰枘將入
鑿須度其方圓猶任欲事君先審

其可
否
固前脩以菹醢
王逸曰
言工不
度其鑿而方正其柄則物不固而
木破矣任不量君賢愚竭其忠信
則被罪過而身殆也自前代脩名
之人以獲菹醢龍逢梅伯是也陸
善經曰前
脩前賢
曾歔欷余鬱邑
兮
王逸曰曾累也歔欷懼皃也
音決曾在登反歔音虛欷許

氣及陸善經曰曾重也歔欷哀
悲泣之聲鬱悒憂愁之㒵
朕時之不當王逸曰言我累息而懼鬱邑而憂者
自哀生不當舉賢之時而值菹醢
之曰也陸善經曰自哀不与時合
也攬茹蕙以掩涕兮王逸曰茹柔耎
也音決茹音如霑余襟之浪浪王逸曰霑

濡也衣皆謂之襟浪〻流㒵也
言已自傷放在山澤心悲泣下
霑濡我衣浪〻而流猶引取柔
耎香草以自掩拭不以悲故失
仁義也音決襟音今浪音郎跪敷衽以陳
詞兮王逸曰敷布也音決跪其委反敷芳于反衽而甚反
陸善經曰陳辭於重華也耿吾既得此

中正王逸曰耿明也言已覩禹湯文王脩德以興下見羿澆桀
紂行惡以亡中知龍逄比干執履
忠直身以菹醢乃長跽布衽俛首
自省念仰愬於天則中心曉明得
此中正之道情合真人神與化游
故設乘雲駕龍周歷天下以慰己
情緩憂思也音決耿古迥反陸善
經曰言我耿然既得中正之道而
不愚時將遊六合以後聖帝明王

駟玉虬以乘鷖兮王逸曰有角曰龍無
角曰虬鷖鳳皇別名也山海經曰鷖
鳥有五采音決駟音四虬巨幽反鷖
一鷖一計反溘埃風余上征王逸曰溘猶奄
也埃塵也言我設往行游將乘虬
駕鳳車掩塵埃而上征去離時俗
遠羣小也音決溘口合反埃音哀
上時掌反下同陸善經曰言欲駕

龍乘鷖奄然洪風而上行

朝發軔於蒼梧兮

王逸曰軔支輪木也蒼蒼梧舜所居也音決軔音丑陸善經曰軔止車木也蒼梧舜所葬也

夕余至乎縣圃

王逸曰縣圃神山也在崐崘之上淮南言崐崘縣圃維乃通天言已朝發帝舜之居居夕至縣圃之山受道聖王而登神明之山也音決縣音玄圃協韻音布

欲少留此靈瑣兮

王逸曰靈以喻君瑣門鏤也文如連瑣楚王之省閤也音決璅素果反陸善經曰瑣門鋪通言欲留君門側以盡忠規

日忽々其將暮

王逸曰言已誠欲留於君之省閤以須政教日又忽去時將欲暮年歲且盡言已衰老也音決曰而一反陸善經曰々又將着竟無所施

吾令羲和弭節兮

王逸曰羲和日御也弭桉也陸善經曰弭弛也

望崦嵫而勿迫

王逸曰崦嵫日所入山也迫附也言我恐日暮年老道德不施欲令日御桉節徐行望日所入之山且勿附近冀及盛時遇賢君也音決崦音淹嵫音茲陸善經曰崦嵫山下有濛水濛水有虞淵施節徐行勿迫令急

路曼々其脩遠兮

王逸曰脩長也音決曼音万蒲武半反

吾將上下而求索

王逸曰言天地廣大其路曼々遠而且長不可卒徧吾方上下左右以求索賢人與己合志者也音決索所格反

飲余馬於咸池兮

王逸曰咸池日所浴也音決飲於禁反

揔

余轡乎扶桑王逸曰揔結也扶桑日所拂木也淮南言日出湯谷浴於咸池拂于扶桑爰始將行是謂朏明言我乃往至東極之野飲馬於咸池與日俱浴以潔己身結我車轡於扶桑以留日行幸得不老延年壽也音決揔音扶令桑音決胅為榑折若木拂日兮王逸曰若木在崐崘西極其華照下地拂

擊也音決析之舌反聊須臾以相羊王逸曰聊且也須臾相羊皆游也言己揔結日轡恐不能制干時平適故復轉之西極折假若木以拂擊日使之還去且相羊而游以佚君命也或謂拂蔽也以若木蔽日使不得過也音決徉音羊今案音決羊為徉陸善經本須臾為逍遙前望舒使先驅

兮王逸曰望舒月御也月體光明以喻臣清白也音決驅羌遇反後飛廉使奔屬王逸曰飛廉風伯也風為号令以諭君命言己使清白之臣如望舒先驅求賢使風伯奉君命於後以告百姓也音決屬協韻音注陸善經曰奔屬奔走以屬繼也鸞皇為余先戒兮王逸曰鸞俊鳥也皇

鳳鴜以喻仁知之士也音決鸞路丸反為干為反雷師告余以未具王逸曰雷為諸侯以興於君言己使仁知之士如鸞皇先戒百官將往適道而君怠墮告我嚴裝未具也陸善經曰雷聲赫々以興於君也吾令鳳皇飛騰兮繼之以日夜王逸曰言我使鳳皇明知之士飛行天下

以求同志續以日夜冀逢遇之**飄**也今案陸善經本繼上有又字

風屯其相離兮王逸曰回風曰飄〻風無常之風以興邪惡音決飄婢遥反屯徒昆反陸善經曰飄風屯常以比人之傾側也

帥雲霓而來御王逸曰雲霓惡氣以喻佞人御迎也言己使風望往求同志之士欲與俱事君反見邪惡之人相樂屯聚謀欲離己又遇佞人相帥共迎欲使我變節以隨之也音決帥音率霓魚兮反御音訝陸善經曰雲霓惡氣以喻佳之蔽擁

紛總〻其離合兮王逸曰總〻猶僔〻聚皃也音決總子孔反陸善經曰總〻衆多皃

斑陸離其上下王逸曰班亂皃也陸離分散也言己游觀天下但見俗人競為讒佞〻相聚作離作合上下之義斑然散乱而不可知音決上石丈反下戶嫁反陸善經曰言欲求賢輔君而讒佞之人聚相離絶紛〻衆多作離作合斑然參差或上或下言其盛也

吾令帝閽開關兮王逸曰帝謂天帝也閽主門者

倚閶闔而望予也音决閽音昏王逸曰閶闔天門也言己求賢不得疾惡讒佞將上愬天帝使閽人開關又倚天門望而距我使我不得入也音決倚於綺反閶音昌闔音合予音与

時曖〻其將罷兮結幽蘭而延佇王逸曰曖〻昏昧皃也罷〻

憮也言時俗昏昧無有明君周行罷憮不遇賢士故結芳草長立有還意也音決曖音愛罷音皮陸善經曰曖曖光漸微之皃猶致令漸衰不可以仕將欲罷歸故結芳草遷延佇立有還意也

時溷濁而不分兮王逸曰溷乱皃也濁貪也音決溷故困反

好蔽美而嫉妬王逸曰言時俗君乱佳貪不別善惡好蔽美德而嫉妬忠信也音決妬協韻音覩

朝吾將濟於白水兮王逸曰濟度也淮南言白水出崐崘之源飲之不死

登閬風而緤馬王逸曰閬風山名在崐崘上緤繫也言我見中國溷濁則欲渡白水登神山七車繫馬而留止也白水潔淨清閬風清明言已脩潔白之行不懈怠也音決閬音浪紲思列反馬協韻亡古反

忽反顧以流涕兮哀高丘之無女王逸曰楚有高丘之山女以諭臣言己雖去意不能已猶復顧念楚國無有賢臣心為之悲而流涕也音決女如字下同陸善經曰高唐賦云妾在巫山之陽高丘之阻

溘吾遊此春宮兮王逸曰溘奄也春宮東方青帝舍也音決溘苦合反

折瓊枝以繼佩王逸曰繼續也言我行游奄然至於青帝宮觀万物始生皆出於人復折瓊枝以續佩守行仁義志彌固也陸善經曰王逸曰言我遊行奄然至青帝之舍觀萌生之德復折瓊枝以續佩申己志之所守也

及榮華之未落兮王逸曰榮華諭顏色

落墮也。**相下女之可貽**王逸曰相視也詒遺也言己既脩行仁義思同志願及年德盛時顏色未老視天下賢人將持玉帛聘而遺之與俱事君也音決詒協韻音以**吾令豐隆乘雲兮**王逸曰豐隆雲師也陸善經曰豐隆雷師也**求宓妃之所在**王逸曰宓妃神女也以喻隱上

言我令雲師豐隆乘雲周行求隱士清潔若宓妃者欲與并心也音決在協韻詳以及**解佩纕以結言兮**王逸曰纕佩帶也音決纕息羊反**吾令蹇脩以為理**王逸曰蹇脩伏羲氏之臣也理分理述禮意也言既見宓妃則解我佩帶之玉以結言詞使古賢蹇脩而為媒理也伏羲時敦

朴故使其臣也陸善經曰言先解佩玉以結誠言令其蹇然脩飾以達分理冀宓妃之從己也**紛總總其離合兮忽緯繣其難遷**王逸曰緯繣乖戾也遷徙也言蹇脩既持其佩帶通言而讒人復相聚毀敗令其意一合一離遂以乖戾而見距絕言所居深僻難以遷徙也音決緯音揮繣呼

麥反**夕歸次於窮石兮**王逸曰次舍也再宿為信過信為次淮南言弱水出於窮石入于流沙也**朝濯髮乎洧般**王逸曰洧盤水名也禹大傳曰洧盤之水出崦嵫山言宓妃體好清潔暮即歸舍窮石之室朝沐洧盤之水遁俗隱居而不肯仕也音決濯直角反洧于美反陸善經曰王逸曰蹇脩既通誠言於

宓妃而讒人復相与離合而毀之令其意乖戾暮則歸舍窮石之室朝沐洧盤之水而不肯相從**保厥美以驕傲兮**王逸曰居蘭曰驕侮慢曰傲音決傲五誥反**曰康娛以淫遊**王逸曰康安也言宓妃用志高遠保守美德驕傲侮慢日自娛樂以游戲無有事君之意也音決曰如一反**雖信美而無禮兮來違棄而改求**王逸曰違去也改更也言宓妃雖有美德驕敖無禮不可與共事君求去相棄而更求賢也陸善經曰王逸曰雖則信美无有事君之意故歸違棄之而更求賢也**覽相觀於四極兮周流天余乃下**王逸曰言我乃復往觀四極周流求賢然後乃來下也音決相息亮反觀古九反下楚人音戶陸善經曰言觀視四極周付至天乃復下也今案陸善經个天下有乎字**望瑤臺之偃蹇兮**王逸曰偃蹇高皃也陸善經曰瑤玉也偃蹇回曲宛轉皃**見有娀之佚女**王逸曰有娀國名也佚美也謂帝嚳之妃契母簡狄也簡狄配聖帝生賢子以喻貞賢也詩曰有娀方將帝立子生商呂氏春秋言有娀氏有美女為之高臺而飲食之言己望見瑤臺高峻睹有娀氏美女思得與共事君音決娀息戎反佚以一反**吾令鴆為媒兮**王逸曰鴆運日也羽有毒煞人以喻讒賊也音決鴆直禁反**鴆告余以不好**王逸曰言我使鴆鳥為媒以求簡狄其性讒賊

不可信用還詐害戚書不好也音決害古毒反好如字雄鳩之鳴逝兮王逸曰逝往也音決鳩居尤反余猶惡其佻巧王逸曰佻輕也巧利也言又使雄鳩銜命而往其性輕佻巧利多語而無要實復不可信也音決惡烏故反佻吐彫反心猶豫而狐疑兮欲自適而不可王逸曰適往也言己令鴆爲媒其心讒賊以善爲惡又使雄鳩多言少實故中心狐疑猶豫意欲自往禮又不可也音決猶以幼反又如字鳳皇既受詒兮恐高辛之先我王逸曰高辛嚳有天下號也帝嚳曰高辛氏爲帝嚳以妃有娀氏女生契言己既得賢智之人若鳳皇受礼遺將行恐帝嚳以先我得娀簡也

音決詒以而反先素見反欲遠集而無所止兮聊浮遊以逍遙王逸曰言己既求簡狄復後高辛欲遠集他方又無所之故且遊戲觀望以忘憂及少康之未家兮留有虞之二姚王逸曰少康夏后相之子也有虞國名也姚姓姚氏舜後也昔寒浞使澆弒夏后相少康逃奔有衆一旅能有其德以收夏衆遂誅滅澆復禹舊績屈原設至遠方之外博求衆賢索宓妃則不肯見求簡狄又後高辛若少康留止有虞而得二妃以成顯功也是不欲遠去意音決少失照反姚音遙陸善經曰辛及少康未有室家留取二姚與共成功不欲遂去之意也左傳云少康逃奔有虞：思於是妻之以二姚理弱而

媒拙兮 王逸曰拙頓也 怨導言之不固 王逸曰言己欲効少康留而不去又恐媒人弱頓達言於君不能堅固復使回移也陸善經曰欲留二姚則辭理懦弱媒氏拙短恐相導之言不能堅固復更迴移

文選卷第六十三

文選卷第六十六　梁昭明太子撰　集注

騷四　宋玉招魂一首

劉安招隱一首

招魂一首 李善曰序曰招魂者宋玉之所作也宋玉憐哀屈原厥命將落故作招魂欲以復其精神延其年壽李周翰曰玉哀屈原憂愁山澤精魂飛散其命將落故作招魂欲以復其精神延其年壽外陳四方之惡內崇楚國之美以諷于君冀其覺悟而還之也陸善經曰敘曰招者召也以手曰招以言曰召

○○○宋玉　王逸注

朕幼清以廉潔兮 王逸曰朕我也不求

曰清不受曰廣不汙曰絜也呂延濟
曰幼少也陸善經曰朕謂屈原也
身服義而未沬王逸曰沬已也言我少小脩清
絜之行身服仁義未曾有解已之時也音決沬已背久蕭音已盡及呂延
濟曰皆代原為詞也**主此盛德兮牽於**
俗而蕪穢王逸曰牽引也不治曰蕪多草曰穢言已施行

常以道德為主以忠事君以信結交
而為俗人所推引德能蕪穢無所用
也劉良曰主守言已主執仁義忠信
之德為讒佞所牽迫使荒蕪穢汙而
不得進也陸善經曰將為招魂故述
其自少及長盛德之事言常主守此
為俗所牽竊而多蕪穢**上無所考此盛**
德兮長離殃而愁苦王逸曰考校也殃禍

也言已履行忠言信而遇闇主上則
無所考校已之盛德長遣殃禍愁苦
已也張銑曰上君考察離羅也陸善
經曰言上無人考校其盛德故然
帝告巫陽王逸曰帝謂天帝也女曰巫陽其名也音
決告古酷反呂向曰天假立天帝及巫陽以為詞端矣陸善經曰巫陽古神巫
見山海經**曰有人在下我欲輔之**

王逸曰人謂賢人則屈原也宋玉上
設天意祐助貞良故曰帝告巫陽有
賢人屈原在於下方我欲輔盛其魂
志以屬黎民也李周翰曰輔祐也云
魄離散女筮予之王逸曰魂者身之精魄者
性之決也所以經緯五藏保守形體也
着曰筮尚書曰決之著龜言天帝哀閔
屈原魂魄離散身將顛沛故使巫陽筮
問求索得而與之使反其身也音決女

音汝筮音逝予音与下同李周翰曰使筮其所在而与招其魂使復其精神也

巫陽對曰掌夢王逸曰巫陽對天帝言招魂者本掌夢之官所主職也上帝其難從王逸曰言天帝難從掌夢之官欲使巫陽也音決難那且反若必筮予之恐後謝不能復用巫陽焉王逸曰謝去也巫陽言如必欲先筮問求魂魄所在然後與之恐後世怠解必去卜筮之法不能復脩用但招之可也呂延濟曰陽對天帝云魂招者乃掌夢官之所主也帝既難從志欲使陽若必筮而招之恐後代懈怠去卜筮之法但以招魂為事陽意不欲以筮与招相次而行以為不筮而招亦足可也陸善經曰巫陽對帝言筮予之令掌夢之職上帝意難從掌夢之人巫陽人言帝令已必筮予之恐後世謝去不復用巫陽用巫陽用巫陽焉則廢所職但招之可也

乃下招曰王逸曰巫陽受天帝之命因下招屈原之魂也魂兮歸來王逸曰還歸屈原之身也去君之恒幹王逸曰恒常也幹體也易曰貞者事之幹也音決幹古旱反劉良曰君謂原也何為四方些王逸曰言魂靈當扶人養命何為去君之常體而遠之四方乎夫人須魂而生魂待人而榮二者別離命則霣零也或曰去君之恒閑閑里也楚人名里曰閑也音決些音細又先箇反下皆同劉良曰些辭也陸善經曰些送句之辭也舍君之樂處而離彼不祥些王逸曰舍置也祥善也言何為舍君楚國饒樂之處而陸離走不善之鄉以觸衆惡也音決舍音捨樂音洛張銑曰捨去離羅陸善

經曰不祥謂四方
魂兮歸來東方不可
以託些王逸曰託寄也論語曰可以託六尺之孤言東方之俗其人無義不可以託寄身也
長人千仞惟魂
是索些王逸曰七尺曰仞索求也言東方有長人國其高千仞主求人魂而食之也音決仞音刃索先它反呂向曰言求魂而食矣皆假立其悪而甚言之也
十日代出流金鑠
石些王逸曰代更也鑠消也言東方有扶桑之木十日並在其上以次更行其熱酷烈金石堅剛皆為銷釋也音決鑠詩灼反也
彼
皆習之魂往必釋些王逸曰釋解也言彼十日之炎自其習其熱魂行往到身必解爛也李周翰曰言彼方人皆慣習之而得不毀魂若往彼必見消釋鑠爍也
歸來不可以
託些王逸曰言魂宜急來歸此誠不可託附而居也
魂兮
歸來南方不可以止些王逸曰言南方之俗其人無信不可久留上也
雕題黑齒王逸曰雕畫也題額也音決雕音彫題度兮反陸善經曰雕謂刻其肌以丹青涅之也黑齒染其齒令黑
得人肉以祀其骨為
醢些王逸曰醢醬也言南極之人彫畫其額齒牙盡黑常食蠃蚌得人之肉用祭先祖復以其骨為醢醬也音決醢音海劉良曰祀祭也醢肉醬也
蝮蛇蓁蓁王逸曰蝮大虵也蓁蓁積聚之貌也音決蝮芳福反蓁側巾反呂向曰蝮虵毒虵名陸善經曰蓁蓁衆多貌
封狐

千里些王逸曰封狐大狐也言南土之氣多蝮虵積聚蓁蓁争欲嚙人又有大狐健走千里求食不可逢遇也呂向曰封狐其長千里也陸善経曰封狐千里言千里之中並多大狐以嚙人也雄虵九首往來倏忽吞人以益其心些王逸曰倏忽疾急皃也言復有雄虵一身九頭往來奄忽常憙吞人魂魄以益其賊害之心也音決虵虛鬼反倏音朱呂延濟曰虵亦虵也九首頭也益其心助其其心助其毒也歸來不可久淫些王逸曰淫遊也言其惡如此不可久遊必被害也呂延濟曰淫淹也今案五家陸善経本可下有以字魂兮歸來西方之害流沙千里些王逸曰流

沙沙流而行也言西方之地厥土不毛流沙滑滑晝夜流行從廣千里又無舟航也旋入雷泉王逸曰旋輔轉也泉室也音決旋在絹反靡散而不可止些王逸曰靡碎也言欲渉流沙則回入雷公之室運轉而行身雖靡碎尚不可得休止也音決靡亡皮反幸而得脫其外曠宇些王逸曰曠大也宇野也言從雷泉雖得免脫其外復有曠遠之野無人之土也音決脫徒括反陸善経曰言從雷淵幸得脫免其外復有曠遠之宇多生毒蠚之物赤蟻若象王逸曰蟻蚍蜉也音決蟻魚綺反或作螘同玄蠭若壺些王逸曰壺乾瓠也言曠野之中有赤蟻其大如象又有飛蠭腹大如壺皆有蠚毒能致人也音決蠭芳逢反或為蜂同壺

音胡呂向曰畫爲也陸善經曰若象若畫皆言其大也五穀不生藂菅是食些王逸曰棻棘為藂菅茅也言西極之地不生五穀其人但食棻草若羣牛音決藂在東反曹音郭道蕑古顏反或為菅同陸善經曰言其人但食叢生蕑草其土爛人求水無所得些王逸曰言

西方之土溫暑而熱燋爛人身內渴欲求水無有源泉不可得也音決爛力旦反陸善經曰言土性熱毒能爛人身彷徉無所倚廣大無所極些王逸曰倚依也言欲彷徉求西無人可依其野廣大行不可極也音決倚於綺反五家彷蒲忙反徉音羊張銑曰彷徉遊行皃極

竆也歸來恣自遺賊些王逸曰賊害也言魂魄欲往者自予賊害音決遺以季反下同魂兮歸來北方不可以止些增冰峨〻飛雪千里些王逸曰言北方常寒其冰重累峨〻如山涼風急疾雪隨之飛行千里乃至地也音決峨音俄李周翰曰

增積也峩〻高皃也歸来不可以久些王逸曰言其寒致人不可久留魂兮歸來君上無天些虎豹九關啄害下人些王逸曰啄齧也天門九重使神虎豹執其關閉言啄天下欲上之人而餃之也音決上時兩反啄丁角反陸善經曰言天之虎豹身

背肌健有九關節主家害下士之人一夫九首拔木九千些王逸曰言有丈夫一身九頭強梁多力從朝至暮拔大木九千枚也音決拔蒲八反豺狼從目往來侁侁些王逸曰侁侁行聲也詩征夫有豺狼之狩其目皆從奔走往來其聲侁侁爭欲噬人也音決豺士皆反狼音郎從子

容反華所巾反或為侁同張銑曰從竪也侁侁衆貌也今案陸善經曰本此二句在一天九首之上縣人以娭投之深淵些王逸曰投擿也言豺狼得人不即啗食先縣其頭用之娭戲疲倦已後乃擿於深淵之底而弃也音決縣音玄娭音熙或為嬉同致命於帝然後得

眠些王逸曰眠臥也言投人已訖上致命於天帝然後乃得眠臥音決瞑壬邊反李周翰曰致送也送人命於天帝然後得眠也今案音決陸善經本眠為瞑歸來往恐危身些王逸曰往則逢害身危殆也魂兮歸來君無下此幽都些

王逸曰幽都地下后土所治也地下幽冥故稱幽都也土伯九約其角觺觺些王逸曰土伯后土之侯伯也約屈也觺角利貌也地有土伯執衛門戶其身九屈有角觺觺之至觸害人音決約烏孝反觺音疑敦脄血拇王逸曰敦厚也脄背也拇手拇指也音決敦多昆反脄三回反或為脢同拇音母陸善經曰王

逸曰脄夾脊肉也血栂言食人而血汙其梅栢逐人駓ゝ些王逸曰駓ゝ走皃也言土伯之狀廣肩厚背逐人駓ゝ其走捷疾以手中血潛汙人也音決駓音丕參目虎首其身若牛些王逸曰言土伯之頭其皃如虎而三目身又肥大狀如牛矣音決參七男反牛書合口呼謀齊魯之閒言也笨楚詞用此音者欲使廣知方俗之言也五家參音三此皆甘人歸來恐自遺災些王逸曰甘美也灾害也言此物食人以為甘美往必自與吏害不旋踵也李周翰曰遺与也魂兮歸來入脩門些王逸曰脩門郢城門也宋玉設呼屈原之魂歸楚都入郢門欲以感激懷王使還之也陸善經曰脩美也

工祝招君背行先些王逸曰工巧也男巫曰祝背倍也言選擇名也工巧辭之巫使招呼君倍道先行導以在前宜隨之也音決祝之六反劉良曰工祝良巫也君謂原也言良巫背行在先君宜隨後也陸善經曰詩云工祝致告背行先在前為導也秦篝齊縷鄭緜絡些王逸曰篝落也縷綫也緜纏也絡縛也言為君魂作衣乃使秦人織其篝落齊人作綵縷鄭國之工纏而縛之堅而且好也音決篝古侯反縷音力禹力禹反絡音洛陸善經曰綿絡以綿經絡之也招具該備永嘯呼些王逸曰該亦備也言撰設甘美招魂之具靡不畢備故長嘯大呼以招君也夫嘯者陰也呼者陽也陰主魂陽主魄故必嘯呼以感之也

云魂兮歸來反故居些王逸曰反還也故古也言宜急來歸還古昔之處也
天地四方多賊姦些王逸曰賊害也姦惡言天有虎豹地有五伯東有長人西有赤蟻南有雄虺北有曾冰皆為姦惡以賊害人也李周翰曰言天地四方多賊害姦惡如上文所說者皆傷害人君魂不可往也
像設君室靜閒安些王逸曰像法也無聲曰靜空寬曰閒言乃為君造設茅室法像舊廬所在之處清靜寬閒可安樂之也音決閒音閑
高堂邃宇王逸曰邃深也宇屋也
檻層軒些王逸曰檻楯也從曰檻橫曰軒樓板也言所造之室其堂高顯屋宇深邃下有檻楯上有樓板形容異制且鮮明也音決檻銜之上聲層音增下在登反呂延濟曰檻闌層重也軒檻上板也陸善經曰言壯麗也
層臺累榭王逸曰層累皆重也有木謂之臺無木謂之榭劉良曰層背重也臺上有木曰榭也
臨高山些王逸曰言復作層重之臺累石之榭其顛眇〻上乃臨於高山也或曰臨高山而作臺榭也
网戶朱綴王逸曰网戶綺文鏤也朱丹也綴緣也音決綴丁歲反
刻方連些王逸曰刻鏤也橫木關柱為連言門戶之楣皆刻鏤綺文朱丹其緣雕鏤連木使之方好也張銑曰織網於戶上以朱色綴之又刻鏤橫木為文章連於上使之方好也陸善經曰臺榭懸內於戶以珠綴之刻鏤方連今有文彩方連楯也連柱之端
冬有突夏王逸曰突複室也夏大屋也詩云於我乎

夏屋渠ㄟ音決突於弔反夏何雅反下何嫁反也

夏室寒些

王逸曰言隆冬凍寒則有大屋複突溫室盛夏暑熱則有洞達陰堂其内寒涼也呂向曰突夏重屋冬有居之使以溫也夏則居於深室之中使以寒涼也

谿谷徑復

王逸曰流源為川注谿為谷徑過也復反也音決徑古定反復音伏李周翰曰徑往也今案陸善經本谿為川

流潺湲些

王逸曰言所居之舍激導川水徑過周迊四通反復其流急疾又潔淨李周翰曰潺湲流皃也陸善經曰徑復謂居室之内作山池為川谷之勢徑直復迴也其流潺湲然

光風轉蕙

王逸曰光風謂雨已日出而風草木有光色也轉搖也音決蕙音惠

氾崇蘭些

王逸曰氾猶汎ㄟ搖動皃也崇充也言天清日明微風奮發動搖草木皆令有光充實蘭蕙使之芬芳而盛暢也音決氾孚劍反李周翰曰言日光風氣轉氾溥於蘭蕙之叢也崇高也

徑堂入奥

王逸曰西南隅謂之奥音決徑音經又居定反奥烏詰反

朱塵筵些

王逸曰朱丹也塵承塵也筵席也詩云設筵設机言外殿過堂入房至室奥盡上則有朱畫承塵下則有簟筵好席可以休息也或曰朱塵筵謂承塵薄壁界筵相連接也陸善經曰先轉蕙蒸氾動崇蘭於過堂室及承塵而拂塵今案五家本無此上兩句

砥室翠翹

王逸曰砥石ㄟ名也翠鳥名翹羽也音決砥音之翹巨堯反五家砥音旨

桂曲瓊些

王逸曰桂縣也曲瓊玉鈎也言内臥之室以砥石為壁平而滑澤以翠鳥

之羽雕飾玉鉤以懸衣物也或曰儃佪謂儃佪曲房也音決瓊匡反五家桂音卦張銑曰以砥石為室取其平也又以翠羽飾之曲瓊玉鉤也又桂之於中也陸善經曰砥細石言以砥石砌室翡翠珠被王逸曰雄曰翡雌曰翠被衾也爛齊光些王逸曰齊同也言牀上之被則飾以翡翠之羽及與珠璣刻畫衆華其文爛然

而同光明也音決爛力旦反陸善經曰翡翠珠璣以被於物爛然同光蒻阿拂壁王逸曰蒻蒻席也阿曲隅也拂薄音決蒻音弱羅幬張些王逸曰羅綺屬也張施也言房內則以蒻席薄牀四壁及與曲隅施羅幬輕且涼也音決幬直留反下同李周翰曰以蒻席貼壁之曲張羅帳於內也幬帳也陸善經曰屈席以拂薄於

壁而又張羅幬纂組綺縞王逸曰纂組綬類也音決纂組管反縞古老反五家音組音祖呂延濟曰纂組綬帶也縞練也陸善經曰纂五綵維綷也雜綷也結琦璜些王逸曰璜玉名也言幬帳之紉皆用綺縞又以纂組結束玉璜為帷帳也音決琦音奇或為奇非也璜音黃呂延濟曰言帳中用綺練以經帶結束玉璜為其

飾也陸善經曰琦璜皆玉也以為帷帳之飾室中之觀多珍佐些王逸曰金玉為珍詭異為佐言徑觀房室之中四方珍琦玩好佐物無不畢具也音決觀古號反陸善經曰佐異物也蘭膏明燭王逸曰以蘭香練膏也張銑曰以蘭練膏取其香也華容備些王逸曰容皃也言日暮游宴然香蘭之膏

張施明燭觀其鐙錠雕鏤百獸華奇好偽也張銑曰華容謂美人也

二八侍宿

王逸曰二八列也言大夫有二列之樂故晉悼公賜魏絳女樂二八歌鍾二肆也

射遞代些

王逸曰射猒也詩云服之無射遞更也言使好女十六侍君寢宿意有猒倦則使更相代也或曰夕遞代暮也音決射音決亦通通徒礼反又音第陸善經曰二八謂年十六亦左傳之女樂二八射次更代而來

九侯淑女

王逸曰淑善也音決淑時六反也

多迅眾些

王逸曰迅疾也言復有九國諸侯好善之女多才長意用心齊疾勝於眾人也音決眾音終李周翰曰九國諸侯淑善之女其來迅疾眾多於此陸善經曰史記云九侯有女好迅言其才敏疾

盛鬋不同制

王逸曰鬋鬋也制法也音決鬋子踐反

實滿宮些

王逸曰宮猶室也爾雅曰宮謂之室言九侯之女工巧妍稚裝飾兩結垂鬋下鬋形皃詭異不與眾同皆來實充滿後宮也劉良曰盛飾理鬋髮其不同實滿於室中也

容態好比順彌代些

王逸曰態姿也比親也彌久也言美女眾多其皃齊同態姿態好善自相親比承順上意久則相代也意音決好如字比音鼻呂延濟曰比容也弥儞猶次也好相親寂和順次以相代也

弱顏固植

王逸曰固堅也植志也音決植直吏反陸善經曰顏皃柔弱心意堅正

謇其有意些

王逸曰謇正言皃也言美女內多廉恥弱顏易愧心志堅固不可侵犯則謇然發言中礼意也音決謇居筆反張銑曰謇正直皃有意礼則之

意也嫮容脩態王逸曰嫮好皃也脩長也音決嫮苦花反絙洞房些王逸曰絙竟也房室也言復有美好之女其皃嫮好多意長智羣聚羅列竟於洞達滿房室也音決絙居鄧反劉良曰洞深娥眉曼睩王逸曰曼澤睩視皃也音決娥五歌反曼音万睩音祿李周翰曰曼長也陸善經曰睩目精流轉也目騰光

些王逸曰騰馳言美女之皃娥眉玉白好目曼澤時睩睩然視精光騰馳騖感人也李周翰曰騰發也靡顏膩理王逸曰靡緻也膩滑也音決膩女吏反呂延濟曰靡好也遺視矊些王逸曰遺竊也矊脈（脉）也言美女顏容睛緻身體表滑心矊脈時時視安詳志不可動也音決矊音綿呂延濟曰矊目中瞳子也陸善經曰矊視及遠

皃也離謝脩幕王逸曰離別也脩長也幕大帳也音決幕音莫今案五家陸善經本謝為榭侍君之閒些王逸曰閒靜也言循令美女於離宮別観長幕之中侍君閒靜而宴游也音決閒音閑陸善經曰言美人於離榭之中長幕之下侍君閒靜而宴游離榭循離宮翡帷翠幬飾高堂

些王逸曰言復以翡翠之羽雕飾幬帳張之高堂以樂君也紅壁沙版王逸曰紅赤皃也沙丹沙也音決紗音沙版音板呂向曰沙板以丹沙畫於軒板今案音決沙為紗玄玉之梁些王逸曰玄黑也言堂上四辟皆垩色令之紅白又以丹沙畫飾軒版又以黑玉之梁五采分別也呂向曰又黑玉飾于屋梁也陸善經曰漆梁取象玄玉之色

仰觀刻桷畫龍虵些王逸曰言仰視屋之根榱皆刻畫龍虵而有文章也音決觀古丸反桷音角畫胡卦反李周翰曰桷椽也坐堂伏檻臨曲池些王逸曰檻楯也言坐於堂上前伏楯下臨曲水清池可漁鉤也音決檻音艦音艦呂延濟曰言坐於堂上府伏欄檻下臨曲池以觀水物也扶容

始發王逸曰扶容連華也雜芰荷些王逸曰芰蔆也秦人謂之薢茩言池中有扶容始發其華芰蔆雜錯羅列而生俱盛茂也或曰倚荷謂荷立生特倚也音決芰其寄反荷音何劉良曰芰水草也荷芙蓉之莖也紫莖屏風王逸曰屏風水葵也音決屏步銘反文緣波些王逸曰言復有水葵生於

池中其莖些紫色風起水動波緣其葉而生文也或曰紫莖言荷莖紫色也屏風謂荷葉鄣風也音決緣以舩反或為緣非呂向曰屏風水草名其莖紫紫色風起吹之生文於緣波之中文異豹飾王逸曰豹猶如虎豹也侍陂陁些王逸曰陂陁長陛也言侍從之人皆衣虎豹之文異采之飾侍君堂隅衛階陛也或曰侍陂池侍從

於君遊陂池之中也音決陂布和反陁徒何反軒輬既低王逸曰軒輬皆輕車名也低屯也音決軒許言反輬力羊反低丁兮反步騎羅些王逸曰徒行為步乘馬為騎羅列也言宮屬之車既已屯止步騎士衆羅列而陳俟須君也陸善經曰伍不駕也步騎羅為侍衛也蘭薄戶樹王逸曰薄附也樹種也瓊

木籬些王逸曰柴落為籬言所造舍種樹蘭蕙附於門戶外以玉木為其籬落守禦堅重又芬香也呂延濟曰叢生曰薄言夾戶種樹叢蘭有栽木為藩籬以自蔽也瓊者美言也陸善經曰香蘭附戶而種之以瓊枝〻為籬落魂兮歸來何遠為些王逸曰遠為四方而不歸也劉良曰言此足可安居何用遠去為也室

家遂宗食多方些王逸曰宗衆也方道也言君九族室家遂以衆盛人〻曉味故飲食之和多方道也陸善經曰言室家遂得尊榮飲食皆具品物稻粢穱麥王逸曰稻稌也粢穱穛也穱擇也擇麥中先孰者也音決粢者㳂穱音棁陸善經曰粢粟米穱麦之早熟者挐黄粱些王逸曰挐糅也言飯則以

秔稻糅稷穱新麦糅以黄粱和而柔濡且香滑也音決挐乃居反呂向曰黄粱粢穀名言為飯則用粳稻糅稷穱麦以黄粱末和柔使香滑也陸善經曰挐桂穱也大苦鹹酸王逸曰大苦豉也音決鹹音咸酸素九反辛甘行些王逸曰辛謂椒薑也甘謂飴蜜也言取豉汁調和以椒薑鹹酢和以飴蜜則辛甘之味皆發而行也音決行協韻何

郎反李周翰曰鹹醯也酸酢也陸善經曰行謂五味發行肥牛之腱王逸曰腱筋頭也音決腱巨言反五家腱紀言反呂延濟曰腱筋肉也臑若芳些王逸曰臑若熟爛也言取肥牛之腱臑爛熟之則膜洏美也音決臑下音下同呂延濟曰臑爛熟大陸善經曰取肥牛之腱爛熟之則膜美而芳香和酸若苦陳

吳羹些王逸曰言吳人工作羹和調甘酸其味若苦而復甘也劉良曰吳人善作羹和調適酸苦皆得中也陸善經曰言吳人工作羹先和酸後加致胹鼈炮羔王逸曰羔羊子也音決鼈必列反灼白交反張銑曰胹煑炰炙也有柘漿些王逸曰柘諸蔗也言復以飴蜜胹鼈炮羔令之爛熟取諸蔗之汁以爲漿飲也或曰胹鼈

炰羔和牛五藏爲炰臛鶩羹也音決柘之夜反漿子良反張銑曰柘甘蔗也鵠酸臇鳧王逸曰臇小臛也音決鵠胡酷反臇子轉反鳧音決呂向曰臇臛也煎鴻鶬些王逸曰鴻々鸕也鶬々鶴也言復以酢醬烹鵠爲羹小臇臛鳧煎熬鴻鶬之令肥美也音決鶬音倉呂向曰以酢醬烹鵠鳥以爲羹臛又用膏煎於鴻鶬使肥美也

露雞臛蠵王逸曰露雞露栖雞也有菜曰羹無菜曰臛蠵大龜也音決臛呼各反蠵以規反厲而不爽些王逸曰厲烈也爽敗也楚人名羹敗曰爽言乃復烹露棲之肥雞臛蠵龜之肉其味清烈不知敗也音決爽協韻音霜陸善經曰臛酸美也味雞酸烈不集口粔籹蜜餌有餦餭些王逸

曰餦餭餳也言以蜜和米麥熬煎作粔籹擣黍作餌又有美餳衆味甘具也音決粔音巨籹音女蜜ニ一反餌音二餦音張餭音皇陸善經曰餌糍也瑤漿蜜勺王逸曰瑤玉也勺沾也音決勺丁狄反又音酌劉良曰勺和也實羽觴些王逸曰實滿也言食已復有玉漿以蜜沾之滿羽觴以漱口也劉良曰觴酒器也挂羽於上也梐糟

凍飲王逸曰梲梲也凍氷也音決梲粗卧反精音曺凍音棟張銑曰糟酒滓也可以凍飲陸善經曰梲竿也酎清涼些王逸曰酎醇酒也言盛夏則為覆盛乾釀梲去其糟但取清醇居之氷上然後飲之酒寒清涼又大長味音決酎直溜反張銑曰酎醇酒也夏飲之可使清涼之陸善経曰竿去其泪觴糟居氷上然後飲之華酌既陳

有瓊漿些王逸曰酌酒斗也王逸曰言酒尊在前華酌陳列復有玉漿恣意所用也呂向曰華酌謂置華於酒中既陳此味又有瓊玉之漿也歸来反故室敬而無妨些王逸曰妨害也言君䰟急来歸還反所居故室子孫承事恭敬長無禍害也音決妨孚方反肴羞未通王逸曰魚肉為有羞進也

音決有戸交反陸善經曰通遍也女樂羅些王逸曰言肴膳已具進舉在前賓主之禮殷懃未通則女樂列在堂下也陳鐘按鼓王逸曰按徐也音決按烏旦反劉劉良曰按猶擊也陸善経曰按樹造新歌些王逸曰言乃奏樂作音而撞鐘徐鼓造為新曲之歌與衆絶異也涉江采菱發揚荷些

王逸曰楚人歌曲也言已涉度大江南入湖池采取菱芰發揚荷葉喻屈原背去朝堂隱伏草澤失其所也音決菱力而反荷音何張銑曰涉江采菱楊阿皆楚歌曲名荷當為阿矣陸善経曰發謂奏之楊荷亦為陽阿〻美人既醉朱顏酡些王逸曰朱赤也酡著也言美女飲啗醉飽則面著赤色而鮮好也音決酡大何反呂向曰

酡酔色也陸善經曰酡謂低垂

娭光眇視 王逸曰娭戲也眇眺也音決娭許疑反

目曽波些 王逸曰波華也言美人酣樂顧望娭戲身有光文眺視曲眄目采眄然白黑分明精若水波而重華也陸善經曰言既酔娭戲而有光采眇然遠視其精泛艷若水之波曽重也

被文服纖 王逸曰文謂綺繡也纖謂羅縠也音決被皮義反纖息廉反

麗而不奇些 王逸曰麗美好也不奇ㄍ也猶詩云不顯文王不顯ㄍ也言美女被服綺繡申曳羅縠其容靡麗誠獨恠奇也陸善經曰奇恠也言雖奮麗不至奇恠也

長髮曼鬋豔陸離些 王逸曰曼澤也豔好皃也左氏傳曰宋華督見孔父之妻目逆而送之曰美而豔言人長髮工結鬋鬋滑澤其狀豔美儀皃陸離而形也音決曼音万鬋音翦豔音豔劉良曰鬋鬋也豔陸離美色皃也陸善經曰長髮美鬋豔佚陸離而難形

二八齊容起鄭舞些 王逸曰齊同也鄭舞鄭國舞也二八言美女其儀容齊一被服同飾奮袂俱起而舞也張銑曰使美女美女十六齊為容儀起為鄭國之舞也

衽若交竽撫案下些 王逸曰撫抵也言舞者便旋衣衽掉摇回轉相枸狀如交竹以手抵案而徐行也音決衽而甚反竽音于下音户吕向曰衽衣襟也言舞人迴轉衣襟相交如竽也以手撫樸其節而徐行陸善經曰言舞者衣袖繚繞交横若竽時橅案之令低下也

竽瑟狂會搷鳴鼓些

王逸曰狂猶並也槓擊也言衆樂並會吹竽彈瑟又槓擊鳴鼓以進八音爲之節也音決竽音于槓大先反又音殿李周翰曰併並也陸善經曰狂會衆聲平會而合曲也槓音憂令峯五家本狂爲併**宮庭震驚發激楚些**王逸曰激清聲也言衆樂並會宮庭之內莫不震動驚駭復作激楚之聲以發其音也**吳**

歈蔡謳王逸曰吳蔡國名也歈謳皆歌也音決歈以朱反或爲謳逸謳烏侯反**奏大呂些**王逸曰大呂律名周官曰舞雲門奏大呂言乃復使吳人歌謳蔡人謳吟進雅樂奏大呂五音六律聲和調也陸善經曰大呂六呂之首**士女雜坐亂而不分些**王逸曰言醉飽酣樂合尊促席男女雜坐比肩

沓脥淫意調戲亂而不分別也**放敶組纓班其相紛些**王逸曰組綬也紛亂也言男女共坐除去威嚴放其冠纓舒陳組綬班然相亂不可整理也呂向曰士女相樂不復拘禮節也**鄭衛妖玩來雜陳些**王逸曰鄭衛國名也妖玩好女也雜廁也陳列也言鄭衛二國復進妖玩之好女來雜廁俱坐而陳列也

陸善經曰言美女善爲妖容而可愛玩**獨秀先些**王逸曰秀異也言鄭衛妖女工於服飾其結殊形能感楚人故異或曰前而先進也呂延濟曰言鄭衛妖女工於服飾其髻形能感徙楚人之心故秀異異而先進於前陸善經曰激楚之曲獨秀異而在先**昆蔽象棊**王逸曰昆玉蔽博箸以玉飾之也或言箟簬今之箭囊音

決昆音昆蔽𤣥袂反陸善經曰箟竹
也蔽博箸以竹為之象棊象牙為之

有六博些王逸曰投六箸行六棊故為六博也言宴樂既

畢乃設六博箟簬作箸象牙為棊妙
且好也音決簙音博今案音決博為
簙

分曹並進遒相迫些王逸曰曹偶也

遒亦迫也言分曹列耦並進校巧投
箸行棊轉相遒迫使不得擇行也或
曰分曹普進者謂並用射礼進之也
音決遒在由反張銑曰遒急也言務
以求

成梟而牟呼五白些王逸曰倍

勝
勝為牟五白博齒也言已棊已梟當
成牟勝射張食棊下逃於窟故呼五
白以助投也音決梟居尭反侔莫侯
反陸善經曰牟齊等五百博齒也言
骨已成故呼五百以助投也今案音
音決牟為侔陸善經本梟為呆

制犀比王逸曰晉國名也制作也比集也音決比音鼻犀音西

費白日些王逸曰費光也言晉國工作博棊箸比集犀角以

為雕飾投之皜然如日
光也音決費芳味反

鏗鐘榣虡

楔梓瑟些王逸曰鏗撞也榣動也楔鼓也言衆賓既集博

以相娛樂堂下復鳴大鍾左右歌吟鼓
瑟琴也音決鏗苦莖反虡音巨楔居八
反梓音子張銑曰簴懸鍾格言擊鍾則
榣動其楔柂也以梓木為瑟陸善經曰
楔謂以
柎櫟也

娛酒不廢沉日夜些王逸

曰娛樂也言雖以酒相娛樂不廢政事
晝夜沉湎以忘憂也或曰娛酒不發之
旦也詩曰明發不寐言歡娛日夜娛樂
也又曰和樂且耽言晝夜以酒相樂也
陸善經曰歡娛
不廢以夜繼日

蘭膏明燭華

集部　第三冊

雕錯些王逸曰言鐙錠畫雕瑑、錯飾設以禽獸有英華也音決鐙
音登錯七各反李周翰曰言以蘭漬
膏取其香也華謂有光華也又瑑錯
錠使精好也陸善經曰錯謂彫飾華
采雜錯也今案音決，五家本雕為鐙
結樸至思蘭芳假些王逸曰樸猶博
也假至也書曰假于上下蘭芳以喻賢
人言君能結樸博思至心思賢人賢人
即至也音決樸士戀反遌先自反假居
領反陸善經曰言所施設結集盡於遌
慮蘭芳皆至也人有所極同心賦些
王逸曰賦誦也言衆坐之人各欲盡
情與己同心者獨誦忠與道德也劉
良曰極盡賦衆也賢人盡至則同心相衆君可還也酎飲
盡歡樂先故些王逸曰故舊也言飲酒作樂盡

己歡欣者誠欲樂我先祖及與故舊
人也音決樂音岳下音洛陸善經曰
衆坐之人皆有所極同心賦詩飲酎盡
歡以樂先故之時也今案音決陸善經
本飲為樂魂兮歸來反故居些王逸曰言
魂神宜急來歸還反楚國居舊故之處安無憂也音決尻協韻音樓
亂曰獻歲發春兮王逸曰獻進也汩
吾南征些王逸曰征行也言歲來進春氣奮揚萬物
皆含氣而生自傷放逐獨南行也音
決汩于筆反呂向曰汩疾也言歲進
春發万物遂性疾吾見放而南行也
此亦代原為詞陸善經曰初進入歲
陽氣發生吾以此時從王南行
其時蘋葉始春並初生也菉
蘋齊葉兮王逸曰菉王芻也音決菉音綠蘋音煩今

業陸善經本
菉為綠
白芷生王逸曰言屈草放時菉蘋之草
其葉適蔫白芷萌牙方始欲生樓時
所見自傷哀也猶詩云昔我往矣楊
柳依依音決芷音止李周翰曰菉蘋
草名其葉始蔫白芷香草名皆言春
時也路貫廬江兮左長薄王逸曰貫
出也廬江長薄地名也言屈原行先
出廬江過歷長之薄之在江北時東
行故言左也音決貫古亂反倚沼畦瀛兮王逸
曰沼池也畦猶區也瀛池中也楚人
名澤中曰瀛音決倚於綺反畦胡圭
反沼之紹反瀛音盈遙望博王逸曰遙遠也博平也言已循
江而行遂入池澤其中
區瀛遠望平博無人也青驪結駟
兮王逸曰純黑為驪結連也四馬為駟音決驪力知反駟音四張銑曰驪黑

齊千乘王逸曰齊同也言屈原寄與君俱獵於此官屬齊駕
駟馬或青或黑連車千乘
皆同服也音決乘時證反縣火延
起兮玄顏烝王逸曰縣火大縣鐙也玄天也言已時從君
夜獵縣鐙林木之中其火延起燒於野
澤煙上烝天使黑色也音決縣音玄白
如字又以戰反烝之剩反陸善經曰
懸遠放火連延上起玄顏烟為黑烝外
也步及驟處兮誘騁先王逸曰驟
趣也處止也誘導騁馳也言獵時有
步行者有乘馬走驟者有處止者分
以閑默已獨馳騁為君先道也音決
驟士又反處昌汝反誘音酉騁音逞
陸善經曰言獵時有步行及
驟處者皆導引馳騁為王先抑鶩
若通兮引車右運王逸曰抑上也鶩馳

也若順也運轉也言柳上馳鶩者順適共獲引車右轉以遮獸也音決還音旋案文選本盡作還而楚詞作還音旋呂延濟曰言上馳鶩者使順適獵事引車右轉以遮禽獸矣還轉也陸善經曰柳心馳鶩者若圖已適今引車右轉以遮禽也

與王趨夢兮課後

先

王逸曰夢草中也楚人名草中為夢中左氏傳曰楚大夫鬬伯比與鄖公之女淫而生子弃諸夢中言已與懷王俱獵趍於夢草之中課第層徃先至後至也

君王親發兮憚青光

王逸曰發射憚驚也言懷王是時親自射獸驚青先牛而不能制也言嘗侍徔君田獵今乃放逐歎而自傷閔也音決憚丁達反兕音似五家光徐外及張銑曰憚懼也青光獸名時君王親射青先懼其不能制我佐君鈫之言昔時當侍侍今遣放弃益自傷之也陸善經曰發放箭也

朱明承夜兮

王逸曰朱明日也承續也

時不可淹

王逸曰淹久也言歲月逝往𥁞夜相續年命將老不可久處當急來歸也呂向曰言日夜相承四時不得淹止也

皐蘭被徑兮斯路

王逸曰皐澤也被覆也徑路也音決被皮義反徑吉定反

漸

王逸曰漸沒也言澤中香草茂盛覆被徑路人無采取者水卒增益漸沒其道將弃捐也以言賢人久處山處野君不事用亦將消顛也音決漸子廉反李周翰曰言澤中香草茂盛覆被徑路無人採用則埋沒凋落也賢人久處山野而君不用亦將殘毀矣陸善經曰言皐澤之中芳蘭被徑斯路漸沒可以歸也

湛〻江水兮上有

楓丨王逸曰湛〻水皃也楓木名也丨言湛〻江水浸潤楓木使之茂盛傷己不蒙君恵而身放弃曽不若樹木得其所也或曰水旁林中鳥獸所聚不可居也音決湛直減反楓方凡反五家楓音風

目極千里兮傷春心王逸曰言湖澤博平春時草短望見千里令人愁思而傷心也或曰蕩春心蕩滌也言春時澤平望遠可以滌蕩愁思之心也音決心素含反素方凡素含皆楚本音非協韻類皆放此而稱協者以他國之言耳

魂兮歸來哀江南王逸曰言魂魄當急來以歸江南土地僻遠山林險阻誠可哀傷不足處也張銑曰欲使原復歸于郢故言江南之地可哀如此皆諷君之詞焉陸善經曰此歷原放流之所故敘詞以諷

招隱士一首

劉安

李善曰漢書曰淮南王安為人好書招致賓客數千人後伍被自詣吏具告與淮南謀反上使宗正以符節劾王未至自刑敘序曰招隱士者淮南小山之所作也小山之徒閔傷屈原与隱處山澤无異故作招隱士之賦以彰其志也呂向曰初安好士八公之徒咸慕其德各竭材智著述篇章分其辭賦以類相次或稱大山小山猶詩有大雅小雅也陸善經曰史記云淮南王安為人好書鼓琴不喜弋獵馳騁亦欲以行陰德撫循百姓流譽天下招致賓客方術之士數千人作為内書廿一篇外書甚衆時〻怨望厲王死時欲圖畔逆數召伍被与謀被初不許後為畫計其事頗聞漢廷推王伍

被自詬吏具告与王謀反武帝
使宗正以符節治王未至自殺

○○○王逸注

桂樹叢生兮王逸曰桂樹芳香
以興屈原之忠良
也李周翰曰桂香以喻屈山之幽
原忠良而竄在草澤也
王逸曰遠去朝偃蹇連卷兮王逸
廷而隱藏也曰容

皃美好德茂盛也音決蹇居輦反卷
巨員反陸善經曰偃蹇連卷枝條詰
屈相糺枝相繚王逸曰信義枝結
糺之皃條理成也以言才
德高明宜輔賢君楨幹也音決繚居
糺反蕭音新呂延濟曰皆佳樹美皃
亦喻原之義行也今
棄陸善經本繚為糺山氣巃嵸兮
王逸曰岑崟嵾嵳雲翁欝也音決
巃力孔反嵸子孔反劉良曰巃嵸

雲氣皃陸善經
曰巃嵸上皃石嵯峨王逸曰
嵯峨巀
嶭峻蔽日也音決嵯徂何反峨五
何反陸善經曰嵯峨高峻皃也谿
谷嶄巖兮王逸曰崎嶇閜寫險
阻傶也閜呼雅反寫
于軌反音決嶄音讒劉
良曰嶄巖險皃也水曾波王逸
曰踊
躍澧沛流
迅疾也猨狖羣嘯兮王逸曰
禽獸所

居志樂佚也音決虎豹嘷王逸
猨音袁狖以宙反曰猛
獸爭食欲相亂也以言山谷之中幽
深險阻非君子之所亂猨狖虎豹非
賢者之偶也音決豹百貌反嘷胡高
反張銑曰嘷嘷皆聲也歎原於山中
与此為
偶也攀援桂枝兮王逸曰
登山引
木遠望愁也音決援音
爰李周翰曰援持也聊淹留

王逸曰便捷中野立踟躕也李周翰
曰言原引持義行淹留於此以待明
君也陸善經曰攀援桂枝雖則信義
猨狖虎豹足以驚人聊且淹留雅可
久處**王孫遊兮不歸**王逸曰隱士避世在山隅
也呂延濟曰原与楚同姓故云王孫**春艸生兮**王逸曰萬
物蠢動柚萌芽也**萋萋**王逸曰垂條吐葉紛榮華也音次萋音

妻呂延濟曰萋萋草色也陸善經曰
王孫久遊未返春草生以萋萋歎其
歸之遲也**歲暮兮**王逸曰季歲已老壽命衰也**不自**
聊王逸曰忠心煩乱常含憂也音次聊協韻力幽反**蟪蛄**
鳴兮王逸曰蜩蟬得夏喜呼號也音次蟪音惠蛄音姑**啾啾**
王逸曰秋節將至悲衆噍也以言物
盛則衰樂極則憂不宜久隱失盛時

也音次啾子由反劉良曰蟪蛄夏蟬
也啾啾聲也陸善經曰皆不可留之
意**坱兮軋**王逸曰霿氣昧也音次坱阿朗反軋於八反李
周翰曰雲及霿暗也陸善經曰坱廣遠皃軋膠戾不通也**山曲**
岪王逸曰盤諸屈也音次岪皮筆反又扶弗反張銑曰盤屈也陸善經
曰岪盤屈也**心淹留兮**王逸曰志堅絶也**洞荒**

忽王逸曰亡妃遠也音次荒呼廣反呂向曰洞荒忽憂思深也陸善經
曰其狀若此心雖淹留洞然而慌忽不自得也**罔兮沕**王逸
曰氣失也音次沕已八已筆二反又音勿呂延濟曰失志皃也**憭**
兮慄王逸曰心剥切也音次憭音留慄音栗五家憭音聊劉良
曰傷切皃也陸善經曰憭慄恐懼也**虎豹穴**王逸曰嶚窂峞

也張銑曰既危苦又進虎豹之穴也
陸善經曰此乃虎豹之穴不可以遊
叢薄深林兮王逸曰攢剌棘也人上
慄王逸曰恐變色也音決上時掌反嶔崟碕礒
兮王逸曰山阜𡶒嵎也音決嶔音欽崟魚今反碕音綺礒魚綺反
碅磳磈硊王逸曰崔巍嶉峩也音決碅欺氷反磳士

氷反磈魚鬼反硊魚委反李周翰
曰山嶮峻皃也陸善經曰皆巖石
峻險狀皃樹輪相糺兮王逸曰交錯狀蹊也呂延濟曰
輪橫枝也陸善經曰輪曲也林木茷骫王逸曰枝葉盤
紆也音決茷步末反骫音委呂延濟
曰錯狀蹊枝葉盤紆皃也陸善經曰
奇怪草樹相雜之形也茷骫枝廢而
相委也今案音決五家陸善經本茂

爲拔青莎雜樹兮王逸曰草木列居也音決莎素
戈反陸善經曰樹生也薠艸靃靡王逸曰隨風
披敷也音決薠音煩案此即字林
所謂青薠草者也蕭䔍等諸音咸
以爲薠音煩非靃思累反劉良曰
莎薠皆草名陸善經曰言莎雜生
於薠閒閒今案陸
善經本薠爲薠白鹿麏麚

兮王逸曰衆禽並遊也音決麏居貧反麚居牙反張銑曰白鹿麏
皆獸名陸善經曰麏獐也麚牡鹿也或騰或倚
王逸曰走住殊異也音決倚其綺反張銑曰騰倚猶走住也狀
皃崟〻兮峨〻王逸曰頭角甚殊也音決
崟音吟張銑曰崟〻峨〻頭角高
皃陸善經曰崟〻峨〻頭角衆多

皃淒〻兮漇〻王逸曰淒〻漇〻毛衣若濡也音決漇所綺反呂向曰淒〻漇〻毛衣潤也陸善經曰淒〻漇〻羣類相從皃獮猴兮熊羆王逸曰百獸皆俱也音決獮音弥猴音侯熊音雄羆音碑慕類兮以悲王逸曰哀己不遇也從此以上皆歎山林傾危草木茂盛麋鹿所居虎兕所聚不宜育道德養情性欲使屈原還歸郢也李周翰曰言山中之獸猶慕儔類而悲哀原放棄獨處實難為心也攀援桂枝兮王逸曰配託香木撍同志也聊淹留王逸曰踟躕低佃待明時也陸善經曰禽獸皆慕羣類而悲鳥王孫尚留未出也虎豹鬬兮王逸曰殘賊之獸怨爭怒也熊羆

咆王逸曰貪殘之獸跳梁吼也音決咆白交反呂延濟曰咆聲也禽獸駭兮王逸曰雉菟之羣驚奔走也音決駭胡楷反劉良曰駭驚也亡其曹王逸曰違離鄉黨失羣偶也劉良曰曹偶也務述山中不可居而使原歸也陸善經曰虎豹鬬爭熊羆咆唬禽獸駭失驚失其羣偶此誠足畏安可託身柖之令出也王孫兮歸來王逸曰椗反舊邑入故宇也山中兮不可以久留王逸曰誠多患害難隱處也陸善經曰晉魏已來為柖隱者皆令入山乃有反柖隱者退未達述作之意

文選卷第六十六

文選卷第六十八　梁昭明太子撰　集注

七二　曹子建七啓八首

七啓八首　鈔曰啓開也初一首序啓發事理後七首是七啓也子建當見乘作七發傅毅作七激張衡作七辯崔駰作七依辛並美麗可以鑒　於身行之於世　披覽是以改悠故遂放之為七啓開導君王初一首序末一首陳正道中六首陳華美以誘之假言有賢人隱士在山林不顧器物服飾唯明君聖主即出山林冀聖王崇賢慕古制節謹度脩道招隱劉良曰啓開發天下令歸正道故託言賢人在山林明君而後出冀君崇賢之意焉

曹子建

昔枚乘作七發傅毅作七激張衡作七辯崔駰作七依辭各美麗余有慕焉遂作七啓并命王粲作焉　陸善經曰時王粲作七釋徐幹作七諭楊脩作七訓今案陸善經本粲下有等並二子

玄微子

隱居大荒之庭　李善曰玄微幽玄精微也山海經曰大荒之中有山名曰大荒之山日月所入是謂大荒之野鈔曰玄道也微妙也假設道風微妙以相語難也又云玄虛也微無也言無此人虛無中即道也大荒物外諭道也張銑曰假立幽玄精微之人以為詞端大荒日月所入之地寄遠以言之也陸善經曰大荒廣大荒茫之地今案陸善經本居為於

飛遁離俗澄神定靈　李善曰九師道訓曰

道而能飛吉孰大焉淮南子曰單豹背
世離俗巖居以飲鈔曰易云肥遁貞吉清
澄神魂定其性靈定安定也音决離力
智反呂向曰飛遁易卦也取其隱遁之
義耳輕祿傲貴與物無營李善曰莊子曰
夫輕爵祿者人之所乇村也蔡雍釋誨
曰安貧樂賤與世無營鈔曰不以祿官
為意故言輕不以貴尊為可敬故言傲
也与求也言無有求於物也音决傲五

誥反躭虛好靜羨此永生李善曰列子曰
莫如靜莫如虛靜也虛也得其居鈔曰
躭〻樂也虛言靜也羨貪欲也音决躭
丁南反或為媅同好音
耗李周翰曰永長也獨馳思乎
天雲之際無物象而能傾李善曰舞
賦曰獨馳思乎杳冥左氏傳韓簡曰
物生而有象鈔曰馳騁也天雲際言高也象
物之體傾斆也音决思先自反李周

翰曰万物之象不可傾動之言心執定矣於是鏡機
子聞而將往說焉李善曰鏡機鏡照機微也
鈔曰鏡鑒也機者識機知要也
亦假設也音决說如字或音稅駕
超野之駟乘追風之輿李善曰超野追
風言疾也鈔曰超野言能超泛山野追
風馬名也輿車也追風逐遠言疾也音

决駟音四輿音余經迥漠出幽墟李善曰說文曰
漠北方流沙也尚書曰宅朔方曰幽都
鈔曰迥遠謂寂漠之處也音决墟去居
反張銑曰迥漠幽墟皆遠方之地入乎泱漭之野
遂屆玄微子之所居李善曰子虛賦曰過
乎泱漭之野鈔曰則大荒是也屆至
也音决泱惡朗反漭音莽屆音介張

銑曰泱漭廣大也其居也左激水右高岑李善曰子虛賦曰其西激水推移尒雅曰山小而高岑鈔曰激水急湍水也岑山頂也背洞溪對芳林冠皮弁被文裘李善曰儀礼曰皮弁服素積鄭玄曰皮弁者白鹿皮為冠象上古也鈔曰洞壑深谷也皮弁質也周礼採藥下　冠皮弁〻冠之別

名文裘綦文麑子皮為衣也居山用此服也音決背步對反下同谿呼各反冠古歡反被皮義反今案鈔音決陸善經本溪為谿出山岫之潛穴倚峻岑而嬉遊李善曰尒雅曰山有穴為岫鈔曰嬉戲也音決岫音袖倚於綺反嬉許疑反李周翰曰潛深也今案諸本岑為巖志飄〻焉嶢〻焉似若

狹六合而隘九淵李善曰山海經曰地之所載六合之間鈔曰飄〻輕舉之皃嶢〻高皃隘陋也音決飄匹遥反嶢音堯狹音洽隘於懈反李周翰曰飄〻遠皃也若將飛而未逝若舉翼而中留鈔曰如似欲飛其質未往逝往也欲似將舉而復留然音決中丁仲反也於是鏡機

子攀葛藟而登距巖而立李善曰毛詩曰南有樛木葛藟纍之孔安國尚書傳曰距至也鈔曰藟葛蔓也距向也音決藟音誄峙音丘呂延濟曰距倚也陸善經曰距角五也謂倚之也順風而稱曰李善曰莊子曰黃帝聞廣成子在空峒之上故往見之黃帝順風膝行而進鈔曰言取下風尊彼不敢取上也

予聞君子不遁俗而遺名智士不背世而滅勳李善曰幽通賦曰保身遺名民之表兮背世已見上注鈔曰遁逃也遺棄勲功也今吾子棄道藝之華遺仁義之英耗精神乎虛廓廢人事之紀經

李善曰蒼頡篇曰耗消也史記太史公曰春秋上明三王之道下辨人事之經紀耗呼到反鈔曰華者物之美也然而未得其實英亦花也謂棄俗從真耗損也經常也劉良曰耗費也廓空也紀紀常理也今案鈔紀為大也譬若畫形於無象造響於無聲李善曰言像因形生響隨聲發今欲無聲而造響圖像而無形豈有得哉

孫卿子曰下之和上譬響之應聲影之像形揚雄解難曰譬如畫者畫於無形絃者施於無聲鈔曰皆非所求之事本自無形何者須畫本自無響而欲求聲皆不可得張銑曰機其為物生情獨守異見也未之思乎何所覬之不通也李善曰論語子曰未之思也夫鈔曰凡如此所為未曾思乎之何所見而不通理也今案鈔未為未又覬

為見玄微子俯而應之曰嘻有是言乎李善曰鄭玄礼記注曰嘻悲恨之聲也譆與嘻古字通也鈔曰俯屈申之皃嘻歎辭也音決應於證反嘻許疑反呂向曰有是言者重問也陸善經曰嘻不平之聲夫太極之初渾沌未分萬物紛錯與道俱隆李善曰漢書曰太極

元氣合三為一春秋說題辭曰元清氣以為天混沌無形融宗均曰言元氣之初如此也混沌未分也氣在易為元在老為道不殊義也鈔曰易曰太極剖判是生二〻儀〻之未分名渾〻沌〻之先名曰道〻〻生元〻〻氣〻〻生天地也既與道隆盛亦當俱衰損也音決夫音扶下同渾胡本反沌徒本反李周翰曰太極天地之前也渾沌蓋為一氣也紛錯言相並而生之也

有形必朽有跡必窮 李善曰列子曰形必約終者也鈔曰未有不朽之形不窮之跡此天地之大本也豈能遠之乎音決朽虛之反

芒〻元氣誰知其終 李善曰春秋命曆序曰元氣正則天地八卦孳鈔曰泯〻曠遠之皃終卒也周而復始誰知其終極于音決芒莫郎反呂延濟曰泯〻廣大皃元氣則一氣也言若以一氣獨運周而復始誰知其終乎

名識我身位累我躬 李善曰莊子曰行名失己非士也又魏文侯曰夫大魏真為我累耳鈔曰名者身之賓既有賓事必營其主故言識也累帶累也躬身也音決累力瑞反

竊慕古人之所志仰老莊之遺風 李善曰思玄賦曰慕古人之貞節毛詩序曰有克之遺風鈔曰古人巢許之徒劉良曰古人謂高尚者也

假靈龜以託喻寧棹尾於塗中 李善曰庄子曰楚王使大夫二人往聘庄子庄子曰吾聞楚有神龜死已二千歲矣王巾笥而藏之廟堂之上此龜者寧其死為留骨而貴乎寧其生而曳尾塗中乎二大夫曰寧生曳尾塗中莊子曰往矣吾將曳尾於塗中音決棹

逢子反陸善經曰棹
尾達中自善其身也　鏡機子曰
夫辯言之艷能使窮澤生流
枯木發榮庶感靈而激神
況近在乎人情儻將為吾子
說遊觀之至娛演聲色之妓
靡　李善曰獵賦曰遊觀侈靡尔雅曰
演廣也尚書仲虺曰惟王不邇聲
也列子愍明曰妓靡盈庭忠良滿朝
鈔曰辯言蘇秦張儀之徒豔美也昔
有人在澤中相難澤為生流在於朽
樹下為　生葉也感動也激發也人
情淺近何足可感動乎娛樂也音決為
于濫反觀古翫反演以善反妓於苗反
或為妓古巧反亦通張銑曰窮亦枯也
妓好也靡妙也今案陸善經本妓靡為
妓麗　論變巧之至妙敷道德之弘
麗願聞之乎　鈔曰如此等事亦欲
聞乎不与聞乎作此
語者欲觀其可說不也張銑曰敷布也
弘大也今案陸善經本至妙為妙藝麗
為美　玄微子曰吾子倦世探隱
拯沉　李善曰難蜀文曰拯民於沉溺
說文曰出溺為拯鈔曰古本無
此愍身而字探隱非是周易探隱之
義隱深者探板使出沉淪者亦拯之
音決探他含反拯證之上聲呂向曰
拯救也今案諸本子下有愍身二字
不遠遐路幸見光臨將敬滌
耳以聽玉音　李善曰尚書大傳曰天
下諸侯受命於周莫
不玉音金聲鈔曰不遠以路為難而見
光臨於我也滌洗也將洗耳使淨而

聽尔之玉音知其可說故先為論飲
食之事音決滌音狄呂向曰玉音者
敬之矣也
鏡機子曰芳菰精粺霜
蓄露葵
李善曰張揖上林賦注曰彫胡菰米也宋玉風賦曰
主人之女為臣炊彫胡之飯說文曰粺
禾別也粺与粺古字通也毛詩曰我行
其野言采其蓫鄭玄曰蓫牛頹蓫与蓄
音義同也宋玉風賦曰為臣烹露葵

之美鈔曰芳香也菰彫胡精細也粺
米也言彫胡米炊之香粒也粺者筭
法一石粟得九斗米曰粺米有四種
石粟得六斗米曰糲米得四斗曰鑿米
得二斗曰御米得九斗曰粺米畜羊
歸菜得霜甚美謂可食又云霜蓄聚
菜也露葵秋葵白露下滑而肥是音
決菰音孤或為菰字同粺補賣反蓄
丑六反李周翰曰菰粺草名其實如
細米可以為飲蓄菜名此物鄉於宜

於霜露時也陸善經曰菰〻蔣也其
實為彫胡粺細米也九章粟米法有
糲米粺米鑿米
從麁之細也
玄熊素膚肥
豢膿肌
李善曰鄭玄周礼注曰犬豕曰豢膿肌皀也鈔
曰玄黑也熊色黑素膚熊白謂皮內
白脂也食之甚美膚白皮豢養也粟
養犬豕使肥膿厚也肌膚下宍也音
決熊音雄膚音夫豢音患膿女龍反

肌音飢呂延濟曰蒭
養曰豢膿肌肌謂肥也
蟬翼之割
剖纖析微
李善曰蟬翼言薄也楚辭曰蟬翼為重鈔曰纖
細微薄也音決纖息廉反析先狄反
累如疊縠離
若散雪輕隨風飛刃不轉切
山鵽庍斥鷃珠翠之珍
李善曰尔雅曰鵽鳩

寇雉疾子曰鵬摶扶搖而上斥鷃咲之
曰彼奚適也許慎淮南子注曰晏〻爵
飛不過一尺言另鷁也斥与尺古字通
珠翠珠柱也南方異物記曰採珠人以
珠柱宍作鮓鈔曰縠似羅而疏似紗而
密今時人閒無也言文章也離分也如
雪之散也輕隨風飛言輕薄隨風飛起
刃不轉切言刃利也山鷓謂突厥雀又
不雉云鳩鷇雉曰鷚出沙漠地大如鷄
後無二趾其宍甚美斥鷃似鶉如大雀

而遊蒿萊之間其宍亦美珠蜯蛤之宍
翠惠鷸西域有朱翠色味甚美出呂氏
春秋又山海經曰珠翠鼊六趾魚生濃
水中其宍亦甚美有此兩音決疊音
牒敘胡谷反鷚丁刮反鷃音晏張銑
曰山鷄斥鷃皆鳥名珠翠之珍謂蜯
肉及替翠鳥肉以為珍好也珠生
生於蚌陸善經曰礼庶羞有鶉鷃 寒
芳苓之巢龜膾西海之飛鱗

李善曰寒今胹宍也鹽鐵論曰煎魚
切肝羊淹鷄寒劉熙釋名曰韓羊韓
鷄本出韓國所為寒与韓同史記曰
有神龜在江南嘉林中常巢於芳蓮
之上苓与蓮同西海飛鱗即文鰩也
山海經曰泰器之山灌水出焉是多
鰩魚常行西海而遊於東海夜飛而
行鈔曰寒取也芳林蘭桂樹之類靈
神也巢龜巢居也史記龜策傳云南
方有嘉樹芳林斧斤不至下不伏席

豹上栖飛鳥其林中有池乃有靈龜
居其中蓮葉之上葉芳林之顛左脇
下有文又名紫明有人得我近大為
王言有神靈也又礼有十明之龜神
靈寶文攝山澤水著靈龜宍美也
音決寒如字或作搴搴居輦反非膾
古外反呂向曰鱗則魚也令業
鈔苓為靈陸善經本寒為搴 臛
江東之潛鼉臇漢南之鳴

鶊李善曰說說文曰臛宍羹也蒼頡解詁曰臇少汁臛也鈔曰江表傳云有鼉潜在公安縣〻在荊州水中若鳴則有兵革之事形似蝙蝠今言得宍希美臇小臛也南方記云漢南有小魚黃頌黑色至九月變鶊其亦殊美又出異物志音決臇呼谷反鼉大何反臇子轉反鶊音純李周翰曰江東漢南鼉鶊之所也陸善經曰潛謂伏於穴中

糅以芳酸甘和既醇李善曰鄭玄礼記注曰糅雜也醇已見枚乘七發注鈔曰糅和也醇至美也音決糅女又反酸素九反醇音純呂延濟曰芳椒也玄冥適鹹蓐收調辛李善曰礼記曰礼記曰孟秋之月其神蓐收其味辛又曰孟冬之月其神玄冥其味鹹鈔曰尚書曰潤下作鹹適調

也尚書從革作辛金之氣味音決冥〻丁反鹹户監反蓐音辱紫蘭丹椒施和必節李善曰礼斗威儀曰君乘金而王其政平則蘭常生鄭玄曰主給調和也張衡七辯曰芳以薰椒拂以木蘭鈔曰紫蘇之類甚香也蘭木荃亦香也丹椒赤椒金州椒色鮮赤睹椒色黑不可食也音決椒音焦或爲椒同張銑曰蘭椒取其香也施張

調和必使有節陸善經曰紫蘭〻初生之時其色紫也滋味既殊遺芳肸越李善曰上林賦曰衆香發越郭璞曰香氣射散鈔曰滋美味又南人見肸色重曰滋遺餘也射音亦訓猒也言餘芳故遠去又射去也越遠也香氣遠去而散也音決射時亦反陸善經曰射越言香氣射出越散乃有春清縹酒康

狄所營 李善曰毛詩曰為此春酒鄭玄周礼注曰清酒今之中山冬釀接夏而成也縹綠色而微白也博物志曰杜康作酒戰國策曰梁王請魯君舉觴魯君曰昔帝女儀狄作酒而美進之於禹〻飲而甘之疏遠儀狄乃絶旨酒鈔曰青白色曰縹即綠色竹葉酒也酒春時陽氣在上酒亦縹上出也杜康字仲寧黄帝時作酒人出本世書音决縹匹眇反吕向曰縹帶白色也

應化則變感氣而成 李善曰淮南子曰物類之相應故東風至而酒沈溢高誘曰東風木風也木味酸入酒故酢而沈者沸盖非類相感也春秋説題辭曰黍為酒陽據陰乃能動故以麥黍為酒宋忠曰麥陰也先漬麴黍後入故曰陽據陰也相得而沸是其動也鈔曰淮南子曰春木用事條風起而酒色變也感四時而成氣也音决應於證反陸善經曰言

酒應化則變為甘苦感時氣而成其厚味 彈徵則苦發叩宮則甘生 李善曰礼記曰孟夏之月其音徵其味苦又曰中央土其音宫其味甘鈔曰言酒聞其時風聲感氣而隨之以成熟也音决徵張里反叩音口李周翰曰彈此二音而其味隨之而生之也 於是盛以翠樽酌以彫觴浮蟻鼎沸

酷烈馨香 李善曰釋名曰酒有汎齊浮蟻在上汎〻然漢書曰延年謂霍光曰今君臣鼎沸上林賦曰酷烈淑郁鈔曰翠文章皂蹲飾雕刻漏也酷甚也烈美味猛烈音决盛音成酌琱音彫觴音傷蟻居虔反酷苦谷反馨許征反吕延濟曰觴酒器亦彫飾之酒既初開其上浮蟻如鼎之沸也酷烈香氣盛也陸善經曰翠樽畫翠鳥於樽也礼云爵用玉琖仍琱浮蟻汎〻在於

酒上如鼎之沸今案五家本以爲此可以和神可以
娱腸李善曰神人之精爽也鈔曰神心也可以諧和心靈也腸於細滑則悅也音次腸直良反此有饌之妙也子
能從我而食之乎玄徵子曰
予甘藜藿未暇此食也李善曰韓

子曰糲粮之飯藜藿之美鈔曰欲使食此饌也梨落梨藿豆菜也音次饌士叁反藜力兮反藿許郭反劉良曰藜藿賦賤菜布衣之所食今案鈔藜爲藜
鏡機子曰步光之劍華藻繁
縟李善曰越絶書曰孔子從弟子七十人往奏句踐句踐乃身被賜夷之甲帶步光之劍藻文采也說文曰縟繁采飾也鈔曰第二章論利劍衣

服一防德二斷割也以誘之步光劍
名又。名含光出劍絞又越絶書云句踐
珮步光之劍其劍光照數步也列子
書又云有孔同得殷帝寶劍一曰步
光二曰承景三曰孀座不見其形但
見其影有成丹者曾將鎖座數仇斬
黑卯三斷之不覺丹出又見其子又
三斷之不覺黑卯醉醒問其妻何不
覆我使腰頭急其妻曰有成世來黑
卯曰當献我也子復云向來至門見

丹ゝ以手三招光ゝ今膝頸亦急須
史文子俱死華藻文章繁盛縟五色
文皆疵飾也音次藻音早繁音煩縟
音廌張銑曰華藻劍上文也繁縟彩
色也陸善經曰越絶云越大夫種使
吴曰越賤臣以先人屈盧之予步光
之劍以賀軍吏縟雜也餝以文犀彫以翠
綠李善曰國語曰奉文犀之渠鈔曰裝以犀角爲文章裝以結綠珠翠

色青緑五色玉也音決犀音西琱音
彫呂向曰文犀〻角有文章者也又
彫錯翠綠二色於上矣
也今案音決彫爲琱
綴以驪龍
之珠錯以荊山之玉李善曰莊
子曰千金
之珠在九重之淵而驪龍頷下韓子曰
楚人和氏得璞玉於楚山之中鈔曰莊
子云九重泉下有龍頷下有珠頷下鱗
逆〻中有珠龍蟠而取之者鱗即死其

夜光也荊山玉卞和得之其玉甚佳音
決綴丁衛反驪力知反呂向曰驪龍頷
下有千金之珠荊山出美玉
皆取以飾其劒玉曰錯也
陸斷
犀象未足稱雋隨波截鴻
水不漸刃李善曰聖主得賢臣頌
曰巧冶鑄干將之樸陸
剸犀革戰國策蘇秦說韓王曰韓卒
之劒陸斷牛馬水擊鴻鴈鈔曰怗此

一豪字戰國策云蘇秦說韓惠王犀
牛白象之皮難斫今此劒利故能斷
之雋利截鴻雷公引迅疾鴻大蝦言
鴻毛難截又不濕刃言利故也音決
斷丁管反雋音俊截在結反漸子廉
反李周翰曰言劒之利也犀象之獸
其皮堅
漸濕也
九流之冕散燿垂文李善
曰劉梁七舉曰九流之冕散耀垂文周
礼曰弁師掌王之五冕諸侯繅九就鄭

玄曰就成也每繅九成則九旒也應劭
漢官曰冕公侯九流鈔曰天子十有二
旒上公九旒也散其光耀垂其文章音
決旒音流冕音勉今案鈔音決五家本
流爲旒也
華組之纓從風紛紜李善曰礼
記曰玄冠丹組纓諸侯之齊冠說文
曰組綬屬也小者以爲冠纓又曰纓
冠系也鈔曰纓綬也五色絲爲冠帶
結於咳下者紛紜衣服盛也音決組

音祖纓一成反紛芳云反紜音云也佩則結綠懸黎寶之妙徵李善曰戰國策應侯謂秦王曰梁有懸黎宋有結綠而為天下名器鈔曰結綠懸黎是寶之至妙也音決懸音玄黎力兮反也符采照爛流景揚煇李善曰劉淵林蜀都賦注曰符采玉之橫文也說文曰景光也鈔曰彩光也煇亦光也音決煥

呼乱反爛力旦反劉良曰符光也照爛明盛也景暉皆彩色也陸善經曰符采言如符印之文采今案鈔符為浮音決照為瓊五家本采為彩黼黻之服紗縠之裳李善曰孔安國尚書傳曰諸侯自龍袞而下至黼黻漢書曰江充衣紗縠襌衣鈔曰黼為斧形黻為兩己相背畫之在衣刺之在裳音決黼音府黻音弗紗音沙音張銑

曰黼黻服之也文縠亦紗類也金華之舄動趾遺光李善曰言以金華飾舄故動足而有餘光也劉欣期交州記曰金華出珠崔漢書音義如淳曰遺餘也音決舄音昔趾音止張銑曰舄履也以金為華而飾之趾足也繁縟參差徵鮮若露緄珮綢繆或雕或

錯李善曰說文緄織成帶也鈔曰繁盛也參差不齊李霜作露与錯字為韻如霜之潔白也緄織組為之以帶珮也綢繆猶結束也錯雜也音決參初今反差初宜反鮮音仙緄古本反綢直留反繆亡侯反錯協韻七故反張銑曰參差相雜也徵妙鮮明也呂向曰綢繆交連也雕錯謂為文章也董以幽若流芳肆

布
李善曰說文曰熏火煙上出也若
杜若也若稱幽若猶蘭曰幽蘭也
毛萇詩傳曰肆陳也謂陳列也鈔曰幽
若香帶之以薰衣幽者生於深谷音決
薰香云反吕向曰
幽若幽蘭杜若也

雍容閑步周

旋馳燿
李善曰左氏傳晉公謂楚子
曰晉楚治兵以與君周旋鈔
曰雍和也容寬也閑緩也四面俱有光
華李周翰曰雍容美矣馳曜生光也

南威為之解顔西施為之巧笑
李善曰戰國策曰晉文公得南之威三
曰不聽朝遂推而遠之曰後世必有以
色亡國者列子曰列子師老商氏五年
之後夫子始一解顔而笑西施已見枚
妹七發毛詩曰巧笑倩兮鈔曰南威晉
之美女西施越之美女一笑百日媚人
近觀者皆翰錢音決為
于偽反下同解居蟹反

此容餝之

妙也子能從我而服之乎玄
微子曰予好毛褐未暇此服也
李善曰鄭玄詩牋曰褐毛布也鈔曰
服猶被著音決好音耗褐何達反吕
延濟曰毛褐皮布也今
案陸善經本毛為裘

鏡機子曰

馳騁足用蕩思遊獵可以娛

情
李善曰子虛賦曰終日馳騁曾不
下與又曰遊獵之地饒樂若此者
手鈔曰第三章論田獵之事馬走曰馳
騁馬行走皂思穆思音決馳直知反騁
穆郢反盪音蕩思音蕩思音四劉良曰
蕩散也今案音決蕩為盪陸善經本用
以為

僕將為吾子駕雲龍之飛

駟餝玉路之繁纓
李善曰馬有
龍稱而雲從

龍故曰雲龍也周礼曰凡馬八尺也
上為龍又曰玉路錫樊纓鄭玄曰樊
讀如鞶鞶謂今之馬大帶也纓今馬鞅
繁與鞶古字通鈔曰雲龍馬名走如
龍以玉為飾也輅車也繁纓馬腹帶也
纓領下結音決為于偽反輅力故反
繁步凡反劉良曰雲龍衆駟以龍馬
駕繁纓馬飾也今案鈔音決五家本
路為輅陸善經本將為方

垂宛虹之長緌杭

招搖之華旍

李善曰楚詞曰建雄
虹之綵旄礼記曰天
子殺則下大綏鄭玄曰綏為緌緌有虞
氏之旌旗也礼記曰招搖在上急繕其
怒鄭玄曰繕讀為勁畫招搖星於其上
以起居堅勁軍之威怒鈔曰天上虹蜺將
此為綏綏索也上馬索也宛者虹之形勢
宛延也招搖北斗柄端第一星言高至天
音決宛於元反虹音紅綏如唯反杭口浪
反招之遙反蕭音韶搖音遙旍音精張銑
曰杭舉也陸善經曰宛屈也綏所執以登
車垂之有似於虹招搖星名畫於旌旗上也

捷忘歸之矢秉繁弱之弓

李善曰儀
礼曰司射搢三挾一个鄭玄曰搢捷也
楚甲反新序曰楚王載繁弱之弓忘歸
之矢以射隨兕於夢鈔曰懸攬曰捷忘歸
楚王箭名也以箭湊絃為接楚襄王右
秉忘歸之矢左載繁弱之弓遊於雲夢
之澤出荀卿子也音決捷音接陸善經
曰捷疾也

忽躡景而輕騖逸奔驥而超遺風

李善曰景日景也躡之
言疾也呂氏春秋伊尹
說湯曰青龍之匹遺風之乘高誘曰
皆馬名也疾若比遺風鈔曰騖馳也
驥古之善馬有五御之德行疾於風
也音決欻許勿反或作忽通躡女輒
反騖音務李周翰曰躡景言躡步曰
景也輕疾也陸善經曰躡之言疾今又

忽之逸過奔蹊而起越遺風也**於是磎填谷塞榛藪平夷緣山置罝弥野張罘**李善曰鄭玄周礼注曰弥遍也鈔曰磎填谷塞言人衆多也澤无水曰藪也榛林也又云澤中草木交際曰藪也夷殺也言除其草木也罝兔網罘鹿網音决谿去兮反填音田塞四得反榛士巾反藪蘇走反罝音嗟罘音浮呂延濟曰木叢曰榛夷亦平也**下無漏跡上無逸飛鳥集獸屯然後會圍**李善曰廣雅曰屯聚也鈔曰無遺漏之跡無鳥逸去也會合也呂延濟曰漏遺逸過也**獠徒雲布武騎霧散**李善曰說文曰獠獵也韓子曰雲布風動羽獵賦曰武騎聿皇封禪書曰雲布霧散

鈔曰徒衆也音决獠力了反下同李周翰曰徒卒也雲布霧散言多也今案陸善經今霧為雨**丹旗燿野戈殳晧旰**李善曰兩都賦曰曜野曄雲鈔曰漢旍旗皆赤戈矛也殳也長丈二而無刃出左傳杜預注晧旰白皃謂有刃者音决晧胡老反旰何旦反五家殳音殊李周翰曰燿照也戈殳皆兵器也**曳文狐揜狡蒐**李善曰礼斗威儀曰其君乘土而王南海輸以文狐史記李斯曰章黃犬逐狡菟鈔曰狡捷ゝ菟能閃人音决揜音掩狡古巧反張銑曰文狐ゝ有文者狡新也曳掩皆取也**捎鷫鷞拂鶩鷺**李善曰鷫鷞鶩鷺皆鳥名也鈔曰捎擊也鷫鷞大鳥也拂打也振鷺ゝ大鳥也音决捎所交反鷫音肅鷞音霜鷺音路陸善經曰淮南子云鷫鷞西方神

鳥也搌鷺飛振其羽
翼也詩云振鷺于飛
當軌見藉值
足遇踐
李善曰西京賦曰當足見蹍
值輪被轢鈔曰藉踐也踐躡
之也音决藉慈夜反呂
向曰軌轍也藉轢也
飛軒電逝
獸随輪轉
李善曰孫該琵琶賦曰飄
風電逝舒疾無方鈔曰朱
兩耳為軒獸随輪轉遂車迴轉李周輪
曰飛軒輕車也電逝言疾也随輪轉言

驅迴之
甚也
翼不暇張足不及騰
李
善
曰西京賦曰鳥不暇舉獸不得發
鈔曰張銑騰行呂延濟曰騰運也
動
觸飛鋒舉桂輕罾
李善曰西京
賦曰鳥驚觸
絲獸駭值鋒罾亦网也鈔曰鋒刃也罾
字或改為矰言弋繳之箭也音决鋒
芳逢反桂音卦矰音增或為
罾非呂延濟曰飛鋒箭也
搜林

索險探薄窮阻
李善曰廣雅
曰草藂生曰
薄鈔曰搜索俱求也音决搜
所尤反索先洛反探他含反
騰山
赴壑風厲猋舉
李善曰古詩曰
涼風率已厲楚
辭曰猋遠舉兮雲中鈔曰騰引於山赴
入於壑也風厲猋舉疾如風也取疾義
也非是風音决猋必遥反張銑曰騰馬
上也厲猛也猋犬也言如風犬之速也

令案陸善經
本騰為陟
機不虛發中必飲
羽
李善曰孔安國尚書傳曰機弩牙
也子虛賦曰弓不虛發中必決眦
呂氏春秋曰養由其射兕中石矢飲
羽高誘曰飲羽飲矢至羽鈔曰飲沒
也音决中丁仲反飲於禁反
張銑曰飲羽言沒於箭羽
於是
人稠网密地逼勢脅哮闞

之獸張牙奮鬣李善曰毛詩曰進厥虎臣闞如虓虎毛萇曰自怒虓然也哮與虓同鈔迫哮闞之獸言威大音決綢直留反胥許劫反哮許交反闞許感反鬣音獵呂向曰鬣項上毛也志在觸突猛氣不慴李善曰慴已見枚叔七發鈔曰謂具窮無去處以觸突為意也慴怖音決突徒忽反慴之葉反呂向曰慴

懼也乃使北宮東郭之疇李善曰孟子曰北宮黝之養勇也不膚撓不目逃思一毫挫於人若撻於市趙岐曰北宮姓黝名也呂氏春秋曰齊有好勇者一人居東郭一人居西郭卒然相遇於塗曰姑相飲乎觴數行曰姑求完乎一人曰子完也我宍也因抽刀而相啖鈔曰二人俱是人呂氏春秋曰昔北宮子狀能到曳九牛而走及馬北宮齊之地名因地

得名東郭亦地名東郭子亦齊人因地立名當兩人各持疊酒相遇於路割身上宍相戰至酒盡而死也音決儔直留反李周翰曰疇類也生抽豹尾分裂貙肩形不抗手骨不隱拳李善曰尔雅曰抗禦也服虔漢書注曰隱築也於瑾反鈔曰貙似虎肩膊抗當對也隱病也言骨不能痛人之拳也音決抽刃

留反貙丑俱反抗口浪反捲巨員反或拳同李周翰曰貙亦猛獸名也陸善經曰言猛獸於不能抗當勇壯之手骨不隱著其拳也批熊碎掌拉虎摧斑李善曰掌熊蹯也孟子曰熊掌亦我所欲也班虎文也上林賦曰被斑文鈔曰熊掌堅此人性能碎之斑六獸的身之屬音決批普兮反熊音雄碎素對反拉力合反摧徂回反李周翰曰批擊也拉摺也

野無毛類林無羽群積獸如陵飛翮成雲李善曰羽猶賦曰創淫輪夷丘累陵聚鈔曰致獸既盡無復在者致鳥亦盡也李周翰曰毛類獸也羽群鳥也獸疊如陵翮落成雲言多也於是駭鍾鳴鼓收旌弛旆李善曰杜預左氏傳注曰弛解也鈔曰駭動其鍾聲弛卷也音決弛尸氏反旆步貝反呂延濟曰駭鳴頓綱縱網罷李善曰說文曰縱緩也鈔曰頓止也縱解也音決綱吉郎反呂延濟曰頓徹去也經綱亦網也獠獵也邁行也獠迴邁駿

騄齊驤揚鑾飛沫李善曰南都賦曰驤騄齊鑣舞賦曰龍驤橫舉揚鑣飛沫鈔曰驤馬行舉首也馬之汗流曰沫也音決駿音俊騄音緑驤四良反鑾力丸反沫協韻亡具反呂延濟曰駿騄皆良馬也驤駕也鑾車上鈴也行疾而馬口中飛沫也俯倚金較仰撫翠蓋李善曰東京賦曰戴翠冒倚金較說文曰較車輢上曲銅高唐賦曰蜺為旌翠為蓋鈔曰較車箱上平軛較上橫木於前立東巢之下更置一木名為軾以金飾之撫持也音決倚於綺反較音角呂延濟曰翠蓋以翠羽飾之撫循也雍容暇豫娛志方外李善曰國語優施曰我教暇豫之事君韋昭曰暇閑也豫樂也鈔曰雍容暇豫言閑逸也娛志方外出宇宙之外也此羽獵之妙也子能從我而觀之乎李善曰高唐賦曰傳言羽獵音決觀古丸

反下同玄微子曰予樂恬靜未暇此觀也鈔曰如此所說之事未暇觀之音決樂音洛恬大兼反鏡機子曰閑宮顯敞雲屋晧旰李善曰李尤高安館銘曰增臺顯敞雲屋言高若雲也班婕妤自傷賦曰仰視兮雲屋雙涕下兮横流鈔曰第四章論宮館閑宮高深之宮也

顯高明皃晧旰明淨皃言高屋雲也音決敞昌掌反晧胡老反旰何旦反劉良曰閑大敞高也崇景山之高基迎清風而立觀李善曰基若景山言極高也毛詩曰陟彼景山地理書曰迎風觀在鄴鈔曰景山大山秦穆公有迎風館也音決觀古亂反劉良曰崇重也迎風取其虛也觀樓閣類也彤軒紫

柱文欀華梁李善曰劉梁七舉曰丹墀縹壁紫柱紅梁鈔曰李奇楯作柱非楯軒蘭下板以朱塗飾之形赤也紫楯四方句蘭以紫色塗之欀椽也文飾也華文章雕飾音決彤大冬反軒許言反楯時尹反欀音袁張銑曰軒楯檻也綺井含葩金墀玉箱李善曰金墀猶金庭也西京賦曰金庭玉階玉箱猶玉房也鈔曰文

綺如井文故名綺井高館皆有蓮井〻中出蓮下垂也葩蓮之花也金墀堅牢入云金鋋築墀前曰墀廂側室也謂以玉砌階音決葩普花反墀直梨反廂音相張銑曰葩花也墀塗地也陸善經曰金墀以金飾墀玉箱以玉飾兩箱今案鈔音決陸善經本箱爲廂溫房則冬服絺綌清室則中夏含霜李善曰劉騊駼玄根頌曰

前殿冬絺李尤函谷關賦曰盛夏濉
深而含霜鈔曰麗曰絺細曰綌葛屬
也中夏六月中言室高深故夏含霜
音決絺丑犁反綌去碧反夏下駕反
呂向曰絺綌皆葛也言房
溫故服之含霜言室涼也華閣緣
雲飛陛陵虛李善曰魯靈光殿賦
曰飛陛楊孽緣雲上
征鈔曰飛陛閣上飛階虛中故言飛也
陵乘也音決陛步礼反李周翰曰緣雲

陵虛言高也
飛陛閣道也頫眺流星仰觀八
隅李善曰魯靈光殿賦曰中坐垂景
頫視流星鈔曰言高向下視流星
也天之八方隅角也音
決頫音府觀古丸反外龍攀而
不逮眇天際而高居李善曰崔駰
七依曰外龍
於穴者雲也西京賦曰翔鶤仰而不逮
周易曰豐其屋天際翔也鈔曰龍飛不

及也李周翰曰外龍攀不
逮亦謂高也眇遠貌也繁巧神
恠變名異形班輸無所措其
斧斤離婁為之失精李善曰鄭
玄礼記注
曰公輸若若近師也般若之族多伎巧
者也孟子曰離婁之明趙岐曰古之明
目者也蓋黃帝時人鈔曰班魯班輸公
輸皆古巧人離婁黃帝時善視人百步

外貌秋毫末言今美麗乃為之失所視
也音決輸式朱反措七故反斧音府
婁力侯反為于偽反呂延濟曰繁衆
也恠奇也無所措斧矢其目精言妙
細之甚今案鈔五家
陸善經本名為各丽麗草交植
殊品詭類綠菓朱榮濈天
曜日李善曰濈光也鈔曰麗草巴
樹金燈屏風芳草之屬也榮

花也詭類奇種也謂前所種草花
也音况植音食詭古毁反燬許宜
反劉良曰麗草芳草也植種也詭
異也熙熙也照曜天日言辭光明
素水盈沼叢木成林李善曰楚
辭曰含素水而蒙深鈔曰沼
庭內池也成林成林苑也飛翮
淩鬲鱗甲隱深鈔曰李作隱
有作滔者非

古本飛翼鳥也甲龜也張銑曰飛翮
鳥也鱗甲水族也今案鈔陸善經本翮
為翼於是逍遙暇豫忽若忘歸
李善曰楚辭曰觀者澹兮
忘歸鈔曰樂不知歸也乃使任
子垂釣魏氏發機李善曰莊子
曰任公子為
大鈎巨緇五十牿以為餌蹲會稽投
竿東海旦而釣期年不得魚已而大

魚食之牽巨鈎陷沒而下騖楊而奮
鬐白波若山吳越春秋曰越王欲伐
吳范蠡進善射者陳音越王問其射
所起焉音曰黃帝作弓以角四方後
有楚文以其道傳羿々傳逢蒙逢蒙
傳楚琴々氏々傳大々魏々傳楚三
侯麋侯翼侯魏侯鈔曰魏氏無名劉
向屬錄云昔有魏氏弋於江上本射
雌而并得雄言善射也音决芳餌
任而林父呂向曰機弩也

沉水輕繳弋飛李善曰吳越春
秋大夫種曰深
川之魚死於芳餌鈔曰芳餌釣魚也
輕繳射鳥也音决餌音二繳音灼五
寗弋音翼李周翰曰餌釣食也繳弋射
也今案陸善經本無水繳二字也
落翳雲之翔鳥援九淵之靈
龜李善曰弔屈原曰襲九淵之神龍
鈔曰翳蔽也言鳥多也靈龜在九

重泉下音下音决翳一兮反援音爰李
周翰曰翰曰翳雲言高也援引也九
泉言
深也然後采菱華擢水蘋李善
曰子虛賦曰外發夫容蔆華蒼頡篇
曰擢柚也毛萇詩傳曰蘋大萍鈔曰
採取蔆反蓮華也音决擢直角反蘋音
頻呂延濟曰菱蘋皆水草也擢拔也
弄珠蜂戲鮫人李善曰揚雄
蜀都賦曰蜂

含珠而擘裂劉淵林吳都賦注曰鮫
人水底居也鈔曰取蜂中珠以弄之
鮫人皆水下居形似人也音决蚌步講
反或作蜂通鮫音交呂延濟曰蜂生珠
者水出也蛟
人水之人也諷漢廣之所詠覿
遊女於水濱李善曰韓詩序曰漢
廣悅人也毛詩曰漢
有游女不可求思鈔曰遊女水仙也音
决覿古丸反劉良曰詩序云漢廣德廣

所及也諷誦也覿見
也今案音决覿為觀燿神景於
中沚被輕縠之纖羅李善曰毛
詩曰宛在
水中沚子虛賦曰雜纖羅也鈔曰沚水
中坻也神女神女光景也輕縠似紗而有文
也音决沚音止旋皮義也張銑
曰沚小渚也縠紗類纖細也遺芳
烈而靖步抗皓手而清歌李
善

曰廣雅曰抗舉也鈔曰芳烈芳香之
猛烈盛抗對也皓白也音决靖音靜
抗口浪反張銑曰
烈香盛也靖安歌曰望雲際
兮有好仇天路長兮往無
由李善曰楚辭曰君誰須兮雲之際
毛詩曰君子好仇枚乘樂府詩曰
美人在雲端天路隔無期鈔曰仇匹
欲仙人為疋也謂雲際也無由往無

因山可得往天遊相就也好音決好
音丸魯達毛音仇音求陸善經曰以
遊女不可犯禮
而求故曰雲陰
佩蘭蕙兮為
誰脩宴婉絕兮我心愁
李
善
曰楚辭曰紉秋蘭兮為佩王逸楚辭
注曰脩飾也毛詩曰燕婉之求巳箋
曰燕安也婉順也鄭玄曰本亦燕婉
之人鈔曰蘭蕙皆香草言既不可与
仙人為匹徒帶此香草為誰脩飾之
也嬿婉安順之皃無人為之故絕也
音決為于偽反嬿於曲反婉於阮反
五家嬿音宴呂向曰脩謂脩飾也讌
婉美皃也言遠望靈仙欲与之為匹
無由致之佩服香草將為誰脩飾也
美況隔絕故使心憂之
也今案諸本宴為嬿
此宮館
之妙也子能從我而居之

乎玄微子曰予亟巖穴未
暇此居也
李善曰巖穴隱者所居
黃石公記曰主聘巖穴
事乃得實音
決亟丁男反
鏡機子曰既遊
觀中原逍遙閑宮情放志
蕩淫樂未終亦將有才人
妙妓遺世越俗
李善曰漢書
曰倢伃昭儀少
為才人韋昭曰才伎人也鈔曰幕
五章論聲色獵事在原情既放散
志亦揺蕩〻動也未終不終極也
妓謂能歌舞者也遺世越俗世上
既無俗中亦不見故言遺越音決
觀古亂反樂音洛妓具綺反李周
翰曰才人才能之
人妙妓謂女樂也
楊北里之流

聲絡陽阿之妙曲李善曰史記曰紂使師涓作新淫聲北里之舞靡〻之樂淮南子曰大歎采菱發陽阿鄙人聽之不若延露以和鈔曰北里紂曲遺延作桑間北里之曲皆朝歌地名淫聲絡繼也阿陽楚淫曲也尒乃御文軒臨洞庭李善曰尸子曰文軒無四寸之鍵則車不行莊子曰黃帝張咸池之樂於洞庭之野鈔曰軒檻也以文飾之形亦色也音決彤卢冬反呂延濟曰御憑也文軒飾檻為文彩也彤庭以丹漆飾庭也今案諸本洞為彤

琴瑟交揮左竽右笙李善曰廣雅曰揮動也毛萇詩傳曰竹曰竽鈔曰揮動義謂奏之也有琴有瑟鼓言交竽似簫六孔音決揮許歸反竽直知反呂延濟曰竽管也

鍾鼓俱振簫管齊鳴李善曰廣雅曰振動也毛詩曰簫管備舉鈔曰齊同也同時俱鳴音之盛也呂延濟曰振舉也然後姣人乃被文縠之華袿振輕綺之飄颻李善曰毛詩曰佼人僚兮劉熙釋名曰婦人上服謂之袿鈔曰婦人衣之上飾五色為之當衣縫上屬帶向下垂之以押縫以五色繒為之敘鷸口也上服皆有此飾飄颻隨風之皃音決姣古巧反被皮義反縠胡穀反袿古攜反劉良曰姣美也文紗類也華袿婦人上服也綺羅類也飄〻飛揚皃今案五家本飄颻為飄〻

戴金搖之熠燿揚翠羽之雙翹李善曰宋玉諷賦曰主人之女垂珠步搖來排臣戶西京雜記曰趙飛鷰

為皇后其弟上遺黃金步搖毛萇詩傳曰熠燿鮮明也司馬彪續漢書曰皇后入廟先為花勝上為鳳皇以翡翠為毛羽王逸楚辭注曰翹羽名也鈔曰集本及此者多有作搖者又見一集復作瑤極之於首若為瑤首此二物之飾也金搖髻上獨楓以金飾之故云熠爍光明之皃翠羽髻兩邊垂髻也雙翹雙尾極髻兩邊翠毛飾之也音決搖以照反或為瑤非熠以入反爍以灼反翹巨遙反劉良曰金搖釵也翹舉陸善經曰雙翹花上鸞鳳雙翼翹然舉今案音決燿為爍陸善經本搖為華

揮流芳

燿飛文歷盤鼓煥繽紛

李善曰張衡舞賦曰盤鼓煥已駢羅鈔曰流芳香氣布遠飛文光彩遠照若飛也王生云歷擊也歷歌聲寥亮之皃盤鼓古歌曲名非大鼓也音決盤皮寒反燰火貌反繽匹仁反張銑曰揮奮也燿照也飛文謂光相照也盤鼓〻名煥明也繽紛盛皃陸善經曰流芳香氣流散也飛文舞者飛揚綺縠之文盤鼓舞曲名繽紛舞者錯雜也

長裾隨風

悲歌入雲

李善曰列子曰薛譚學謳於秦青辭歸青餞於郊撫節悲歌響遏行雲鈔曰動步生風飄裾而起悲者哀怨之聲音決裾音居張銑曰入雲言清徹也今案五家本裾為袖

蹻捷若

飛蹈虛遠蹠

李善曰廣雅曰蹻趬行也今為蹻古字無定蹠履也鈔曰蹻捷字書渠略反健也然義從蹻不閑改之蹻捷體輕皃蹠腳足下也音決蹻去苗反捷才接反蹈大到反蹠之石反呂向曰蹻輕也蹠跳也

淩躍超驤蜿蟬

揮霍李善曰楚辭曰超驤權阿西京賦曰跳丸劍之揮霍鈔曰駟馬齊首曰驤言疾於此蜿蟬四顧之皃揮霍疾皃音決蜿於阮反蟬市展反或作壇同吕向曰皆舞皃淩躍踊身也驤舉也蜿蟬盤屈也揮霍奮迅也翩尒鴻翥濈然鳧没李善曰濈側立反鈔曰翩輕皃尒然也翥鳥之飛不鼓翅

而疾皃濈者鳧之没水之皃謂戲水也音決翥之庶反濈士及反李周翰曰翥騫飛奮迅濈然沉皃也縱輕體以迅赴景追形而不遠李善曰西京賦曰紛縱體而迅赴不遠言疾也韓子曰形景相應而生鈔曰迅急疾也景曰影行疾如風也音決速協韻直紀反吳俗言吕延濟曰言迴旋之疾也景影逯反陸善

經曰影不遠形言疾也飛聲激塵依違厲響李善曰七略曰漢興善歌者魯人虞公發聲動梁上塵鈔曰激塵聲散如輕塵隨風也激颺也依違聲之乍離乍合之皃厲急也劉良曰激飄言善歌飛聲飄起梁塵也厲盛也今案鈔飛為悲才捷若神形難為象李善曰舞賦曰仿佛

神動又曰不可為象鈔曰變化無窮也有形而無體可驗者謂之為象也劉良曰捷輕也若神謂妙也象比也於是為歡未渫白日西頹李善曰東都賦曰士怒未渫方言曰渫歇也楚辭曰日杳杳以西頹鈔曰泄溢也為樂蕩溢而日已暮也音決渫思列反或為泄同張銑曰洩猶盡也散樂變餝

徵步中閨玄眉弛兮鉛華落收亂髮兮拂蘭澤李善曰張平子定情賦曰思在面為鉛華蘭澤已見枚叔七發鈔曰變餝改容也徵緩步也鉛白錫謂粉也蘭澤香膏油澤以香草煎之音決樂音岳弛式氏反鉛音緣張銑曰變餝改服也呂向曰弛廢也鉛粉也

形婧脤楊幽若李善曰說文曰婧南楚之外謂好也婧湯火反鈔曰好脤長之謂之脩脤也楊舉也謂香氣舉散也幽若香草音決禇他卧反呂向曰禇好也幽蘭杜若香草也言美人歌舞既畢粉黛微落乃復整理髮拂塗蘭膏衣以好脤楊其芳香也陸善經曰形見也婧脤非上衣幽若體之香氣今案鈔婧為脩音決五家本為禇

紅顏宜咲睇眄流光李善曰楚辭曰既含睇兮又宜咲王逸曰睇微眄皃也鈔曰正視曰睇斜視曰眄流光眄顧遠也音決睇大計反眄亡見反李周翰曰睇眄皆視也流光生光彩也

時與吾子攜手同行李善曰毛詩曰惠而好我攜手同行鈔曰同往就人處也音決行協韻何郎反李周翰曰吾子謂玄微子也行列也

踐飛除即閑房李善曰司馬上林賦注曰除樓陛也鈔曰飛除樓上閣道在中結構周迴道即就也閑房靖室也呂延濟曰踐履也飛除高階也

華燭爛幄幙張李善曰秦嘉贈婦詩曰飄飄帷帳熒熒華燭左氏傳曰子産以幄幙行鈔曰幙亦帳也張設也又為幙非也音決爛

力旦反惟樂反懊音莫今案音決帳為帷動朱脣發清商李善曰舞賦曰動朱脣神女賦曰朱脣的其若丹宋玉笛賦曰吟清商追流徵鈔曰清商古曲呂延濟曰清商歌秋聲也揚羅袂振華裳九秋之夕為歡未央李善曰九秋之夕言其長也古樂府有歷

九秋妾薄相行蘂武詩曰懽樂殊未央鈔曰揚舉也袂小要也華裳錦繡之服也九月末夜長故言之也音決袂而甚反呂延濟曰振舉也華文繡也央窮也今案鈔音決袂而袂此聲色之妙也子能從我而遊之乎玄微子曰予願清虛未暇此遊也鈔曰

此遊最未故未得相從也鏡機子曰予聞君子樂奮節以顯義烈士甘危軀以成仁李善曰張衡應間曰貫高以端辭顯義論語子曰志士仁人有致身以成仁鈔曰第六章論遊俠輕死重氣之人故叢此章君子義

以為士故樂行之音決樂音洛是以雄俊之徒交黨結倫重氣輕命感分遺身李善曰西京賦曰輕死重氣結黨連群鈔曰倫類也近也重意氣輕生命感分義不惜其身也若荊刺聶政之徒音決儁音俊下同傑其列反戒為徒同分扶問反今案決俊為儁故田光伏劍

於北燕公子畢命於西秦 李善
曰史記燕太子丹謂田光曰丹所言
者國大事也願先生勿泄也先曰諾
退見荆軻曰吾聞長者為行不使
人疑已今太子疑光非節俠也欲
自殺以激荆卿遂自到公子未詳
鈔曰戰國策有公子畢命事未詳
音決燕音烟劉良曰公子書傳所
不載或云荆軻字公叔判秦王不

中而死故
云畢命也
果毅輕斷虎步谷
風 李善曰左氏傳曰致敵為果毅
為毅李陵詩曰韋託不肖軀
且當猛虎步春秋元命苞曰猛虎
嘯而谷風起類相動也鈔曰輕斷
輕為斷決之事虎嘯谷風生龍翔
而雲應音決斷丁段反張銑曰果
毅謂威勇也其倫黨相應如風虎
之相應陸善經曰虎步谷風言猛

疾
也
威慴万乘華夏稱雄 李善
曰漢書曰天子畿方千里出兵車万
乘故稱万乘之主尚書曰華夏蠻貊
鈔曰天子万乘若秦王之遇唐雎色
動之類也雄雄俊之士也音決慴之
涉反乘時證反張銑曰
慴懼也華夏中國矣
辭未及
終而玄微子曰善鏡機子

曰此乃遊俠之徒耳未足
稱妙也若夫田文母忌之
儔乃上古之俊公子也 李善
曰田文孟嘗也母忌信陵也鈔曰言
此大美善之事也此仍甚小者故云
未足稱也俊才敵百人者也音決俠
胡頰反夫音扶吕向曰田文齊公子

孟嘗君也毋忌魏公子信陵君也皆
好仁義之士門下食客三千餘人也
今案五家
本無及字
皆飛仁揚義騰躍
道藝遊心無方抗志雲際
李善曰莊子曰乘物以遊心又曰應
物無方楚辭曰放遊志乎雲中鈔曰
既有仁義復養道德抗舉也雲際言
高也音決抗口浪反李周翰曰神妙

無方也
凌轢諸侯駈馳當世
李善曰呂
氏春秋曰凌轢諸侯說文曰車所踐
也鈔曰當世〻所用也音決轢音歷
李周翰曰凌轢干犯
也當世謂形要吉也
揮袂則九野生風慷慨則氣成虹蜺
李善
曰淮南子曰所謂一者上通九天下貫
九野劉邵趙都賦曰煦氣成虹蜺揮

袖起風靡文與此同鈔曰九野九州
也劉劭趙都同用此事然未知所出
慷慨情甚發憤之皃虹蜺若[illegible]軻白
虹貫日之類是也音決袂弥例反蜺
協韻音詣李周翰曰生風成霓言
勢盛也陸善經曰九野九州之野
言所及
遠也
吾子若當此之時豈
能從我而友之乎玄微子曰

予高願焉然方於大道有
累如何
鈔曰与為善友也高信也
大道無為之道也音決累
力瑞反呂延濟曰言以勢利相傾於
大道有累也如何者復問之詞也陸
善經曰
方比也
鏡機子曰世有聖宰翼

帝霸世李善曰謂魏太祖孔安國尚書傳曰翼輔也鈔曰第七章論正道以輔翼漢獻帝霸有魏國劉良曰植謂其文魏太祖也為漢丞相故云聖宰翼之者也同量乾川等曜日月李善曰乾坤天地也張超尼父頌曰合量乾川明參日月鈔曰量同天地之大明如日月之光天地無不養日月無不照音決量音亮曜以照反玄化參神与靈合契李善曰蔡雝陳留太守頌曰玄化洽矣黔首用寧漢書伍被說淮南王曰今陛下令雖未出化馳如神劇秦美新曰与天剖神符也合靈契鈔曰玄化大道參合也合契言行善即善瑞來應也音決參七男反契口計反惠澤播於黎苗威靈震乎

無外李善曰國語曰少昊之衰九黎亂德韋昭曰九黎〻氏九人尚書帝曰禹惟時有苗不率女徂征孔安國曰三苗之民數千王誅崔駰七依曰仁臻於行華忠及乎黎苗四子講德論曰威靈外覆公羊傳曰王者無外鈔曰無外無為之外音決黎力兮反呂向曰黎也少昊時九黎亂德苗也舜時二苗不脩道命禹征之如此之國太祖皆布德及之而兵威神靈震慴無外者言盡天下無有外也陸善經曰無外言無遠外也超隆平於殷周踵羲皇而齊泰李善曰東都賦曰即土之中有周成隆平之制焉東京賦曰踵二皇之遐武薛綜曰踵繼也鈔曰言道位高遠於殷周之王乃与伏犧皇帝同太平也音決踵之重反呂向曰殷周湯武之朝也羲

皇伏羲也泰天下平顯朝惟清王道遐李善曰毛詩曰惟清緝熙鈔曰清太平也遐遠也言王道歷被皆平普也均音決朝直遙反李周翰曰王道三王之道也均齊也民望如草我澤如春李善曰班固漢書文記述曰我德如風民應如草古長詩行曰陽春布德澤萬物生光魓趯鈔曰如草若旱苗之

望雨也李周翰曰下之望上如洪之仰雨上之惠下如春之降澤言和之至也河濱無洗耳之士喬岳無巢居之民李善曰洗耳許由也琴操曰堯大許由之志禪為天子由以其言不善乃臨河而洗其耳毛詩曰嶞山喬嶽巢居巢父也皇甫謐逸士傳曰巢父者堯時隱人常山居以樹為巢而寢其上故時人

彌曰巢父音決濱音賓洗先禮反或為滌非呂延濟曰濱畔也喬岳高山也此等之士皆被我君化盡已入仕矣故河畔高山皆無之也是以俊乂來仕觀國之光李善曰尚書曰俊乂在官周易曰觀國之光利用賓于王音決俊音俊觀古亂反劉良曰皆謂時得賢令案音決俊為儁舉不遺才進

各異方李善曰左氏傳楚子囊曰晉君舉不失選鈔曰人求備於一人有一長則用也張銑曰方言非一術也陸善經曰異方之伎各異也今案鈔遺才為賢德讚曲禮辟於雝講文德於明堂李善曰毛詩曰矢其文德以洽四國鈔曰壁雍天子舉明堂布政之宮也音決辟必亦反

雍一恭反正流俗之華說，綜孔氏之舊章。李善曰禮記曰不從流俗鄭玄曰流俗失俗王充論衡曰虛談竟於華葉之言元根之流安危之際文人不與徒能華說之效也左氏傳曰舊章不可亡也鈔曰綜集也音決刪所顏反綜祖統反李周翰曰華說謂不實者也綜理也孔子刪定詩書禮樂故云舊章陸善經曰孔氏舊章謂六經也今案音決正為刪

散樂移風，國靜民康。李善曰解嘲曰散以禮樂風以詩書禮記曰樂行移風易俗天下皆寧春秋說題辭曰晝精瑶思國富民康鈔曰孔子曰移風易俗莫善於樂康安也樂也音決樂音岳李周翰曰散布也

神應休臻，屢獲嘉祥。李善曰尚書曰休徵東京賦曰總集瑞命備致嘉祥鈔曰休美也臻至也屢數也祥善徵也音決應於證反臻側巾反劉良曰嘉善祥瑞也

故甘露紛而晨降，景星霄而舒光。李善曰禮斗威儀曰其君乘土而王其政大平時則甘露降鶡冠子曰聖人其德上及泰清下及泰寧景星光潤史記曰天精明時有赤方氣与青方氣相連赤方中有兩黃星青方中一黃星凡三星合為景星其狀無常〻出於有道之國鈔曰孝經援神契云王者孝及於天甘露降澤及地醴泉湧紛盛皃晨旦也降下也魏家得此瑞景星瑞星秋分後候之在月邊大如月白色王者臣下明及此瑞張銑曰晨朝霄夜舒發

觀遊龍於神淵，聆

鳴鳳於高崗李善曰礼斗威儀曰具君乘水而王
龜龍被文而見周易曰潛龍勿用又
曰感躍在淵廣雅曰聆聽也樂汁圖
徵曰五音克諧各得其倫則鳳凰至
毛詩曰鳳凰鳴矣于彼高崗音決觀
古丸反聆力丁反呂向曰游龍鳴鳳
並瑞應也岡山脊陸善經曰礼云龜
龍在宮沼此覇道之至隆而雍熙

之盛際李善曰漢書宣帝曰漢家本以覇王道雜之東京賦
曰上下共其雍熙
鈔曰雍和熙廣也然主上猶以
沈恩之未廣懼聲教之未
厲李善曰難蜀父老曰湛恩汪濊尚書曰朔南泉聲教廣雅曰厲
高也鈔曰邁行也呂延濟曰沈深也
今案鈔本厲爲不邁陸善經本未爲

不也乘英奇於仄陋宣皇明於
巖穴李善曰遜讓章華臺賦曰舉英奇於仄陋尚書曰明明揚
仄陋東都賦曰散皇明以燭幽巖穴
已見上文鈔曰仄陋微賤之處也巖
穴玄微之隱處也音決穴協韻音惠劉
良曰英奇賢才也皇明天子之詔仄
陋幽僻處也此甯子商歌之秋而

呂望所以投綸而逝也淮南子
曰甯遬商歌車下而桓公慨然而悟秋
猶時也史記朱亥謂魏公子曰此是臣
効命之秋也尚書中候曰王至磻磎之
水呂尚釣崖下趍拜尚立變名曰望鈔
曰綸釣繒也甯戚李音東音決綸
音倫張銑曰甯戚爲商歌以干齊
桓公呂望釣於渭之陽周文王載之
以歸也陸善經曰百穀秋成故凡事

會合則言歎救綸而述歸於周也今案鈔無所以兩字吾子為太和之已不欲仕陶唐之世乎李善曰法曰或問太和曰其在虞唐成周也李軌曰天下大和也鈔曰太和太平和會之時也漢堯之後故曰陶唐亦謂大平之世也呂向曰吾子謂玄徵子也不欲仕者閎詞於是玄徵

子攘袂而興曰韓哉言乎近者吾子所述華淫欲以厲我祇攪予心李善曰說文曰厲磨石也言人自勖勉若金之受厲也毛詩曰胡逝我梁祇攪我心鈔曰攘却也興起也韓盛皃也近者前六章是欲以勵我勵勸也祇適也攪亂也音決攘而羊反俾于鬼

反祇音支攪古巧反李周翰曰攘袂[illegible][illegible]也俾使也陸善經曰厲勉也今[illegible]音決五家陸善經本韓為俾至聞天下穆清明君蒞國李善曰蔡雍釋誨曰生清穆之世稟醇和之靈毛萇詩傳曰蒞臨也鈔曰穆和也清明也音決蒞音利覽盈虛之正義知頑素之

迷惑李善曰周易曰損益盈虛與時偕行薛君韓詩章句曰素質也言人但有質朴無治人之材鈔曰心不測德義之經為頑音決頑五鰥反迷莫兮反劉良曰盈實也今予廓尔身輕若飛李善曰劉梁舉曰先生昭然大悟霍尔體輕鈔曰廓然體輕清也張銑曰廓尔開悟皃願反初

服從予而歸李善曰楚辭曰進不入以離尤退將復脩吾初服鈔曰而服未隱時衣

文選卷第六十八

文選卷第七十一　梁昭明太子撰　集注

令　任彥昇宣德皇后令一首

教　傅季友為宋公脩張良廟教一首

脩楚元王墓教一首

策秀才文上　王元長永明九年策秀才文三首

令鈔曰六國以來天子諸侯皆稱令至漢時皇后及太子始得稱令々即令之命也

宣德皇后令一首

任彥昇

宣德皇后敬問具位鈔曰武帝身為太司馬雍州刺史不能悉言故直云具位呂延濟曰具位謂在位百官也陸善經曰具位梁王之具官也

功在不賞故庸勳之典蓋闕 李善曰周書曰
平州之臣功大弗賞諂臣曰貴左氏傳當辰曰
庸勳親二昵近尊賢鈔曰賞報也言梁武既有
大功在身故其可以為賞也庸用也勳功也書
曰明試以功車服以庸言前人有大功無賞之
如此用勳之典蓋闕〻謂不書其賞音決夫
音扶張銑曰有功在時而不賞者則用功之
常典是闕而不行也庸勳功也陸經善經曰
史記蒯通曰功蓋天下者不賞周礼王功曰
勳人功曰庸言庸勳之典以紀
常功〻在不賞故闕而不錄 施侔造物
則謝德之途已寡 李善曰莊子孔子曰夫
造物者為人司馬彪曰
造物謂道也魏志劉廙上疏曰物不荅施於
天子不謝生於父也鈔曰侔等也造化神也
言若人施惠侔於造化不求其報如此復德
之徒以寡也音決施式智反侔莫侯反李周
翰曰梁王施功等造化之成於万物則万物
不謝之道少者蓋為功至大不可報謝也途

道也今案鈔物為化 要不得不強為之名使
荃宰有寄 李善曰老子曰吾強為之名曰
大荃香草以喻君也楚辭曰荃
不察余之中情鄧析子曰聖人道遂一無間宰
近万物之形晉中興書孝武詔曰誠在匪懈治
道有寄鈔曰為立字者此皆假稱說耳不得
本實荃名教寄宰主也有寄謂有功者賞有
德者報也音決要一照反強其兩反荃七全
反呂向曰雖大不可荅然要不可不強為立
名以主天下使君臣有所寄託也荃君也宰
臣也陸善經曰但要在不得不強為酬謝之
名使君主之情微有所寄荃宰俱謂君
今案鈔曰之下有立字五家本荃為銓 公
實天生德齊聖廣淵 李善曰班固
漢書高祖述
曰寔天生德聰明神武尚書曰乃祖成湯
齊聖廣淵也鈔曰言公之德實天使之論
語云天生德於余桓魋其如余
何呂向曰公謂梁王也泉深也 不改參

辰而九星仰止不易日月而二
儀貞觀　李善曰陸賈新語曰堯爵不易　曰月而興桀紂不興星辰而已
天道不改而人道易也周書王曰余不知九
星之光周公旦曰九星〻辰日月四時歲是
謂九〻星〻九宄礼記曰小雅曰高山仰止
周易曰易有大極是生兩儀王肅曰兩儀天
地也周易曰天地之道貞觀者鈔曰衆星之
主北極謂之北辰極中也當天之中天下取
正焉衆星則九州之星叅有三星亦校民時
亦梁武同姓蕭故云不改叅辰以諭不易宗
曆也或云不改易其度也楚詞序云天有九
星也不易日月亦諭不易宗門音次易音亦
叅色金反觀古翫反劉良曰不改叅辰不易
日月謂定天下不經九時也九星謂九州也
仰止謂九州之長皆仰皆望而至止也貞正
觀視也暴乱既除則正視於天下也陸善經
曰周書三極一曰唯天九星孔　衍注曰九星四方星及五星
在昔晦明

隱鱗戢翼　李善曰周易曰明入地中明　夷君子以莅衆用晦而明王
弼曰藏明於內乃得明也曹植槐志詩曰仁
者匿爪神龍隱鱗成公綏慰志賦曰惟潛龍
之勿用戢鱗翼而匿影鈔曰言未仕之時也
晦藏也謂韜光匿跡不見其明也以龍為諭
也易六初九潛龍勿用音決戢側立反呂延
濟曰言梁王在昔微時晦潛其明如龍隱鱗
如鳳斂翼也　撫晦戢斂也
博通群籍而讓齒于
一卷之師　李善曰謝承漢後書曰范冉博　通羣藝范曄後漢書曰馬續博
觀群籍楊子法言曰一卷之市不勝異價一
卷之書不勝異意一卷之市必立之平一卷
之書必立之師鈔曰齒年也讓齒謂推尊之
也張銑曰謂潛隱之時廣通經籍推尊師傅
也博　廣也
劍氣陵雲而屈迹於萬夫之
下　李善曰魏志段灼理鄧艾曰艾勇氣陵　雲士衆乘勢六韜太公曰屈一人之下

申万人之上唯聖能為之鈔曰尚書云万夫之長可以觀政即今之大將軍是也逵武年有虜入侵司州往伐之梁武自卑於將軍王廣之下也李周翰曰劒氣謂勇氣也

辯折天口而似不能言李善曰七略曰齊田駢好談論故齊人為語曰天口駢天口者言田駢子不可窮其口若天事論語曰孔子於鄉黨恂〻如然似不能言者鈔曰折曲折也鄒衍有談天論言說天文故時人謂之為天口邯戰鄲淳謂曹子建為天口言似天之口言也雖昔曰鄒衍曹植若以梁武比之無不折服也音決折之舌反五家折先歷反呂向曰辯析謂分別事理也似不能言者大辯若訥

今案五家折為析

文擅彫龍而成輙削稾李善曰七略曰鄒赫子齊人也齊人為諺曰彫龍赫言赫脩鄒衍之文飾之若彫鏤龍文漢書曰孔光時有所言輙削草豪稾如淳曰所作起草為稾也鈔曰檀專也獨也音決檀市戰反削息若反稾古考反劉良曰言專擅於文若彫龍之綵飾成也成則輙削除其稾之本也

爰在弱冠首應弓旌李善曰礼記曰廿曰弱冠漢書制曰褒然為舉首左氏傳陳敬仲曰詩云翹〻車乘招我以弓孟子曰大招士以旃大夫以旌鈔曰爰及也先時有進善之旌音決冠古亂反應於證反旌音精呂延濟曰首初也凡天子招引賢良皆使〻執弓旌旗以為天子之信也

客遊梁朝則聲華籍甚李善曰河之乇梁典曰高祖起家為齊巴陵王法曹漢書曰梁孝王來朝從遊說之士相如見而說之客遊梁淮南子曰聲華嘔符人樂其性者仁也嘔紆武反符音撫漢書曰陸賈遊漢廷公卿間名聲籍甚音義或曰狼籍甚盛也音決朝直遙反張鈔曰客遊梁朝謂比漢朝司馬相如枚乘之徒遊於梁孝王門聲華籍甚於天下謂

謂梁王衍物為巴陵王府法書故以比之也

廌名宰府則

延譽自高

李善曰何之元梁典曰高祖還儀同王儉東閤祭酒王隱晉書曰周圮累薦名宰府國語曰使張老延君譽于四方鈔曰梁典云高祖還為司空王儉下東閤祭酒從此皆譽高武帝尉李周翰曰薦進也梁王還為太尉王儉府祭酒宰〻相也道德深遠為天下所譽而高之矣陸善經曰何之元梁典曰高祖為法曹以後進之秀与沈約等八人為竟陵王文學

隆昌季

年勤王始著

李善曰蕭子顯齊書曰鬱林王即位改元曰隆昌韋昭國語注曰季末也左氏傳孤偃曰求侯莫如勤王音決著可憑反呂向曰勤於王室之事於此末年始為著識陸善經曰梁典云隆昌元年高祖拜中書侍郎西昌侯廢鬱林使高祖領直臺內遷黃門侍郎

建武惟新締構斯在

李善曰蕭子顯齊書曰明帝即位改元曰建武毛詩曰周雖舊邦其命惟新魏都賦曰有魏開國之曰締構之初鈔曰締結構言功勢漸大出為雍州刺史音決締徒帝反構古候反呂向曰結合謀策文在此年惟新謂初也締結構合也陸善經曰梁典曰明帝建武二年魏將劉昶王肅圍司雍遣高祖救之大敗魏人以功封建陽縣男

功隆賞

薄嘉庸莫疇

李善曰陸機高祖功臣頌曰帝疇尒庸後庸後嗣是聽鈔曰嘉庸善用莫疇無匹不得封王使為沮東將軍破陳伯之等不得賞劉良曰嘉善庸功莫無疇報

一馬之田介山之志愈厲

李善曰言止有一馬之田以懷讓祿之志純居六百之秩以秉推功之誠管子曰卜者凶吉利害也已之能者皆一馬之田一金之衣左氏傳曰晉侯賞從亡者介之推不言祿〻亦不及史記曰文公鎮綿上山中而封子推號曰介推山也鈔曰周孔九大為井廿四井

為邑四邑為丘丘十六井出戎馬一匹牛三
頭以苑軍用言梁武令曰祿秩卑少而功懋
大墨子云一田之馬一金之產然一馬之田
諭貧也愈甚厲勉也者馬假設辭也音決愈以
主反呂延濟曰田十井為通直一馬言少也
介山介之推也謂介之推不受晉使祿也言
晉以梁王功多禪之帝位以報功猶如封馬
之田未為多也然報志國辭益高於介推也愈
益厲高也陸善經曰一馬
謂一丘有戎馬一匹也
六百之秩大樹

之歸斯存 李善曰漢書曰琅邪郡昜容養志自脩為官不肯過六百
石輒自免去范曄後漢書曰馮異每止舍
諸將並坐論功異常獨屏樹下軍中号曰
大樹將軍鈔曰梁武身雖有勞口終不伐
張銑曰漢郡昜容位至六百石輒稱病去
亦無比梁王
辭爵祿也
及擁旄司部代馬不敢
南牧 李善曰何之元梁典曰司州刺史蕭誕破敗高祖監司州班固涿邪山祝

文曰杖節擁旄鈕人伐鼓沈約宋書曰明帝
於南豫州之義陽郡立司州韓詩外傳曰代
馬依北風過秦曰胡人不敢南下而牧馬鈔
曰擁旄執旄示有事於教存古者郡守皆擁
旄旄也司部司部州也當今之襄州之界也
代胡之境故言代也音決擁一勇反旄音毛
牧音木李周翰曰擁執旄旗旄之屬以麾眾
也代謂北胡也梁王鎮司州胡馬不敢南牧
牧放也陸善經曰梁典云建
武二年高祖除司州刺史
推轂樊鄧

胡塵罕嘗夕起 李善曰何之元梁典曰虜主拓拔宏既退
高祖擊樊城漢書馮唐曰臣聞上古王者
遣將也跪而推轂曰閫以內寡人制之以
外將軍制之鄒陽上書曰今胡數涉河北
上覆旄乃檀林曰言胡來人馬之盛揚塵
上覆旄鳥鈔曰樊鄧二地名在南陽界梁
典云高祖修樊城時為司馬在雍州界言
北胡畏之不敢夜行塵衆也故王明君詩
云衆袖拂故胡衆塵言胡衆多北邊饒風

塵也音次轂音谷呂向曰梁王將兵據樊
鄧二城則故胡兵之麖希能夕起也陸善
經曰梁典云建武四年魏主帥百万侵南
陽諸城高祖注授五年与崔慧景俱須鄧
城俄而北軍大至慧景衆大奔高祖令士
皆持滿滿由別道歸故一軍不敗還鎮樊
城明帝崩遺詔授高祖雍州刺史睿
州郡志云雍州鎮襄陽跨對樊沔
惟彼狡僮窮凶極虐 李善曰何之元梁
典曰東昏即位嬖
近羣小誅高祖兄懿弟暢尚書大傳微子歌
曰彼狡僮兮不成好兮鄭玄曰狡僮謂紂也
鈔曰謂寶卷明帝第二子淫乱不礼朝士親
閹人五更脯時起置射雉堂二百九十處於
帳中戲後張齊所斬也音決狡居巧反僮吾
同張銑曰狡乱也童僮謂東昏使即位行暴
虐誅殘良善比之僮僕
也今案五家本僮為童 衣冠泯絶礼樂
崩喪 李善曰表子正書曰古者命士以
上皆有冠冕故謂之冠族之家劇
秦美新曰施礼崩樂塗民耳目鈔曰泯滅
也喪失也衣冠謂百寮朝服之礼制也音
次泯匕忍反喪息浪反呂
延濟曰謂東昏使興道也 既而鞠旅誓
衆言謀王室 李善曰何之元梁典曰高
祖密容與呂僧珍謀為內
伐毛詩曰陳師鞠旅毛萇曰鞠告也尚書曰
王明誓衆士左氏傳曰公會齊使于鹹謀王
室鈔曰尚書云大誓〻于汆衆三人已上為
衆五百人為旅也謂立鼬於荊州為天子劉
良曰言告其軍
旅誓戒衆士也 白羽一麾黃鳥庄定
李善曰呂氏春秋曰武王至殷郊係墮武
王左釋白羽右釋黃鉞免而自為係鷩子
曰武王率兵車以伐紂〻虎旅百万陣于
商郊起自黃鳥至于赤斧三軍之士靡不
失色武王乃命太公把旄以麾之紂軍及
走尚書曰震澤庄定鈔曰尚書云王左林
杖黃鉞右秉白旄以麾羽即旄也此屬梁
武於雍州起兵攻寶融來伐寶卷也黃鳥

地名庢致也音決麾許爲反庢音百李周翰曰白羽白旄也武王命太公把白旄一麾而紂軍返走言梁王除暴虐亦如之也庢平也**甲既鱗下車亦瓦裂**李善曰尚書大傳曰武王伐紂戰于牧野紂之卒輻分紂之車瓦裂紂之甲如魚鱗下賀于武王音決車音居呂向曰言以徒既殞其兵甲若摧鱗而下之車破如瓦碎裂也**致天之届拱揖羣后**李善曰毛詩曰致天之届于牧之野典引曰欽若上下拱揖詳洽音決拱九隴反揖一入反張銑曰届誅也言致天之誅但拱手以揖百官公卿而已也羣后謂百官也**豐功厚利無得而稱**李善曰王命論曰帝王之祚必有豐功厚利積累之業論語曰人無得而稱焉鈔曰冢太也當時不封彼王唯爲征東將軍一年正月始加九錫而已呂延濟曰豐大之功厚利於人無得而稱言功之多矣不可盡說也**是以**

祥光揔至休氣四塞李善曰尚書中候曰帝堯文明榮光出河休氣四塞鄭玄曰休美也四塞枝燿熠熠鈔曰祥光即榮光也謂感龍神也又太史令蔣道秀奏天文符讖爲梁之徵凡五十條也音決塞先得反劉良曰祥光休氣茲和平之瑞氣也塞滿也**五老游河飛星入昴**李善曰論語比考讖仲尼曰吾聞帝堯率舜等升首山觀河渚乃有五老游渚五老曰河圖將浮龍銜玉苞刻版題命可卷金泥玉檢封書成知我者重黄黄姚視謀五老飛爲流星上入昴注曰入昴消則復爲星也鈔曰論語讖云仲尼曰吾聞堯舜等遊於首陽山觀黄河休氣四塞有五老至帝前叢一老人曰河圖將來告帝期二老曰河圖持龍告帝謀三老曰河圖將來告帝圖四老曰山川魚鱉備聖思五老曰河圖持龍銜玉繩歌訖飛爲流星入昴亦言梁武亦有此瑞音決昴㠯巧反李周翰

有鶏華止鈔曰清時豫章王武陽王等皆遣使奉表勸進華集音決輶由酉二音軒許言反呂向曰輶軒輕車也華聚也陸善經曰輶軒華止謂冊命之使也**今遣某位某甲等率茲百辟人致其誠**李善曰毛詩曰百辟其刑之長笛賦曰致誠効志鈔曰豫章王武陽王沈約之徒勸進也百辟百官也人人各致誠信也音決辟必亦反劉良曰某官某甲者謂百官名

可具載於此欲略不言也**庶匪席之旨不遠而復**李善曰毛詩曰我心匪席不可卷周易曰不遠復無祇悔也鈔曰庶冀也望也匪非也令梁武不復史讓是吉也音決復音伏劉良曰言梁王讓位不受有不可卷默之美故率百官以朝之庶使此志不為之遠遠而速復也謂帝位宜定之也陸善經曰梁公固讓旨意同乎匪席百辟固固請庶其不遠而復

曰言梁王亦有此瑞蓋美言之其實無之也陸善經曰今以梁王之德方舜未受禪之時**之元功茂勲若斯之盛**李善曰濞馮衍集曰定國家之大業成天地之元功劉琨勸進表曰茂勲格乎皇天鈔曰元大也茂盛也勲功也**而地狭乎四履勢卑乎九伯帝有惡焉**李善曰左氏傳管仲曰昔呂康公命我先君太公曰五侯九伯

汝實征之賜我先君履東至于海西至于河南至于穆陵北至于無棣杜預曰履所踐履也漢書哀帝詔曰惟念德報未殊朕甚惡惡焉鈔曰小雅云心愁曰惡帝謂寶融也音決狭音洽惡女六反呂向曰地狭謂地狭於太公也九伯九州之長言梁王勢卑於此陸善經曰遜位後封巴陵王也**輶軒華止**李善曰輶軒謂高祖讓相國揔百揆之使也風俗通曰周秦常以八月輶軒使採異代方言毛詩曰

教 李善曰蔡雍獨斷曰諸侯言曰教鈔曰諸侯以下稱教々者效也言出民效而行者也李周翰曰秦法謂公王稱教々者教示於人也

為宋公脩張良廟教一首 李善曰裴子野宋略曰義熙十三年

高祖北伐大軍次留城令脩張良廟鈔曰晉義熙四年高祖為揚州刺史録尚書事至十二年十一月封宋公加九錫十三年秋平長安執天子姚泓收器物此時取彭城過見張良廟職毀出教令脩治李周翰曰宋公謂宋高祖劉裕晉封宋公

傅季友 李善曰沈約宋書曰傅亮字季友北地人也博涉文史尤善文辭初為建威參軍稍遷至散騎常侍後大祖收亮付廷尉伏誅鈔曰傅季友為宋公府從事中郎後為尚書令傅玄之子孫也陸善經曰宋書傅亮後遷至散騎常侍開府儀同三司初亮与徐羨之等廢滎陽王立文々帝々即位追討其罪元嘉三年收付廷尉賜死也

綱紀 李善曰綱紀謂主簿也教主簿宣之故曰綱紀猶令詔書稱門下也虞預晉書東平主簿王豹白事齊王曰況豹雖陋故大州之綱紀鈔曰天以日月為綱地以四海為紀天子以百官為綱々紀則佐官也呂延濟曰綱紀謂主簿之司也教皆主簿宣之故先呼之亦猶今出制首言門下是也

夫盛德不泯義存祀典 李善曰左氏傳晉侯問於史趙曰陳其遂亡乎對曰未也臣聞盛德必百世祀虞之世數未也毛萇詩傳曰泯滅也鈔曰所以不泯滅者其義存於祭祀典法也音決夫音扶泯亡忍反呂向曰祀典謂祭祀之常典陸善經曰國語云夫聖人之制祀也功施於民則祀之非此族也不在祀典

薇管之歎撫事彌深 李善曰論語子曰管仲相桓公霸諸侯一匡天

下民到于今受其賜微管仲吾其被髮左
衽矣鈔曰撫執也軌事屬張良以此比管
仲也張銑曰管仲相齊而國理礼樂大興
故孔子歎曰微管仲吾其被髮左衽矣微
無也被髮左衽夷狄之服言無管仲為相
則礼樂大壞吾其為夷狄也此孔子歎美
其功也今宗公撫
思此事弥深於情

張子房道亞黄中照隣殆庶

李善曰周易云君子黄中
通理正位居體文曰顔氏
之子其殆庶幾乎也鈔曰黄中央土〻至
温和霞倫四方君子亦然照智恵明白殆
近也音決殆音待劉良曰言子房之道亞
以於此事与顔回照明以為隣近也陸善
經曰言其照明
隣於殆庶

風雲玄感蔚為帝師

李善
曰周易曰雲從龍風從虎聖人作而萬物
覩漢書曰張良從容歩游下邳圯上有一
老父出一編書曰讀是則為王者師文良
曰以三寸舌為帝者師河圖曰黄石公謂張
良讀此為劉帝師音決蔚紆勿反李周翰
曰此深感應也玄深蔚感也陸善經曰与
漢祖相遇如風
雲之感龍虎也

夷項定漢大棙横流

李善曰漢書曰漢王追羽至陽夏不會用
良計諸使皆會圍月垓下説文曰出溺為
棙孟子曰洪水横流氾濫於天下也鈔曰
棙濟也横流水流縱横也諭天下之乱音
決棙證之上聲呂向曰夷平也
子房能平項羽定漢祚棙拯也

固已忝軌伊望冠德如仁

李善曰伊尹呂望
也典引曰以冠德
卓絳者莫崇乎陶唐論語子曰桓公九
合諸使不以兵車管仲之力也如其仁如
其仁鈔曰伊〻尹望呂望言與二人同
其軌跡音決冠右翫反劉良曰固已韓
也忝近軌跡也冠首也
仁德乃為管仲之首也

若乃神交圯上道契商洛

李善曰答賓戲曰齊
甯激聲於康衢漢良

受書於邳垠皆跌命而神交匪詞言之所
信地上見上注袁宏三國名臣贊序曰體
亦宜周道邦不墜班固漢書贊曰漢興有
園公綺李夏黄公甪里先生當秦之亂避
而入商雒洛深山以待天下之定也漢書
曰上竟不易太子者良本招此四人之力
也鈔曰圯橋在下邳黄石公於此墮履使
張良取之畢要約也商洛山名四皓隱其
巾在長安南畔良從高祖定天下訖後欲
服食求仙故言道畢商洛音次圯音夷畢

口訣及李周翰曰子房受黄石公兵法於
圯橋黄石公神也商洛山四皓居其中也
子房為呂后畫策迎之以侍太ゝ子
ゝ位遂定畢合也今案諸本圯為汜
顯默之際窅然難究
李善曰孫綽桓玄
城碑曰俯仰顯默
之際僥逝可遊不之間莊子老聃曰而知天
道窅然難言哉鈔曰顯明也謂為帝師運
籌於帷幄默謂神交老父道畢商洛音次
際ゝ了及張銑曰籌策明默窅然深遠難

以究探也今案
淙流浩瀁莫測其端
音決窅為杳
矣
李善曰言其度量深大不可測度也
吳都賦曰潁溶沆瀁莫測其深莫究
其廣黄石公說序曰張良慮若原泉深不
可測也鈔曰浩瀁闊大皃也端首也音決
浩胡老反瀁音養呂延濟曰言
子房之德深廣浩瀁不測端崖
塗次舊
沛佇賀駕留城
李善曰漢書沛郡有
留縣又曰張良為留

使也尔雅曰佇久也謂停久也鈔曰舊沛
即彭城途次因征路由於此呂向曰宋公
行途次於沛國立駕留城陸
善經曰佇停也
靈廟荒頓遺
像陳昧
李善曰范曄後漢書曰薛苞與第
子分田廬取其荒頓者夏侯湛東
方朔畫贊序曰俳佪露寢見先生之遺像廣
雅曰昧闇也鈔曰陳久也謂張良廟中形像
久暗昧也陸善
經曰頓壞也
撫跡懷人永歎寔

深 李善曰毛詩曰嗟我懷人又曰寤寐永歎也鈔曰撫攬古迹懷思往人寔實也

過大梁者或佇想於夷門遊

九原者亦流連於隨會 李善曰史記魏有隱士曰侯嬴年七十家貧為大梁夷門〻者大史公曰吾過大梁之墟求問其所謂夷門者城之東門礼記曰趙文子與叔譽觀乎九京文子曰死者如可作也吾誰與歸叔譽曰其陽處父乎文子曰我則隨武子乎鄭玄曰武子士會也食邑於隨京當為原鈔曰大梁者今之浚儀縣昔侯嬴抱關於夷門高祖微時過夷門常想侯嬴祭信陵君以其能待賢也音決過古臥反張銑曰大史公子想侯嬴之迹也九原晉大夫葬所也趙文子流連下泉以思於隨會

擬之若人亦足以云 李善曰論語子曰君子哉若人鈔曰若人若此人謂張良呂向曰擬比也云言也若人謂侯嬴隨會言比之侯嬴隨會亦足以言子房也

可毀構棟宇脩

餝丹青 鈔曰脩理牆堂及畫飾也音決構古候反棟多貢反

蘋蘩

行潦以時致薦 李善曰左氏傳君子曰蘋蘩薀藻之菜潢汙行潦之水可薦於鬼神音決蘋音頻蘩音煩潦音老呂延濟曰蘋蘩水草也行潦雨水言守以忠信雖物之薇可致薦祀也

抒懷古之情存不刊

之烈 李善曰廣雅曰抒渫也西京賦曰概長思而懷古左氏傳序曰経者不刊之書鈔曰抒舒也見說文不刊不可削滅也烈業也音決抒時与反刊苦干反李周翰曰抒中刊缺也

主者施行 鈔曰主知其事之官施布行之也

為宋公脩楚元王墓教一首 鈔曰同前教亦同時所作也元王漢高祖季弟名交宋高祖廿二世祖漢高祖封為楚王治在彭城李周翰曰楚元王漢高祖異母弟也謚曰元墓在彭城宋公過見故脩之也

傅季友

綱紀夫襃賢崇德千載弥光 李善曰礼緯曰天子辟雍所以崇有德襃有行也鈔曰襃表也崇重也有賢襃之有德重之雖歷千載弥益光明也音決夫音扶下同襃布毛反李周翰曰弥益也

尊本敬始義隆自遠 李善曰魏志明帝詔曰追本敬始所以篤教流化孫卿子曰先祖者類之本也貴始得之〻本鈔曰始祖也本者父祖所生之處也自遠者克覩九族定礼典也劉良曰本始謂先祖宋公漢之孫也

楚元王積仁基德啓蕃斯境 李善曰漢書曰楚元王交字遊高祖同父異母少弟也漢立交為楚王〻彭城賈子曰君積於仁而民積於財刑罰廢矣國語太子晉曰基德十五王而始平鈔曰言元王積行仁義以為德之基故子孫得其餘慶也啓開也謂封為楚王音決蕃付表反張銑曰基本也斯境謂彭〻城〻屬楚故也

素風道業作範後昆 李善曰三國名臣贊曰素風愈鮮習鑿齒襄陽耆舊記龐統曰方欲興長道業尚書曰垂裕後昆也鈔曰素風素朴之教後昆末裔之子孫也範法也張銑曰素風儉約純素之風道業謂博通經學也陸善經曰漢書云楚元王交好詩諸使子皆讀詩

本支之祚實隆鄙

裴之宋音次社在故反呂延濟曰文體祚福隆盛也實盛我鄗睃之宗也云鄗者譏之矣陸善經曰宋公元王之後也

遺芳餘烈奮乎百世

李善曰抱朴子曰嵇君道云郭林宗沒則遺芳永播春秋元命苞曰文王積善所聞之餘烈孟子曰聞伯夷之風者貪夫廉懦夫立志奮乎百世之上百世之下莫不興起也鈔曰詩曰文王子孫本枝百代言其遺餘烈業奮越百世也李周翰曰烈美奮發也

而丘封翳然墳塋莫翦

李善曰晉中興書武陵王令曰義相墳塋翳然飄薄非所也鈔曰翳然荒昧之皃塋葬地音次墳扶云反塋音營呂向曰封壚界也翳然荒蕪也莫翦謂無人翦除灑掃也

感遠存往慨然永懷

李善曰李陵書曰能不慨然毛詩曰雖以不永懷鈔曰言感古昔有德之事慨然長思之皃也音次慨可代反劉良曰感傷遠代也

夫愛人懷樹甘棠且猶勿翦

李善曰毛詩曰蔽芾甘棠勿翦勿伐呂伯所茇風俗通曰召公出為二伯止棠樹之下聽訟決獄後人思其德美愛其樹而不敢伐也音決棠音唐翦子箭反張銑曰甘棠木名也今案鈔勿為未

追甄墟墓信陵尚或不泯

李善曰鄭玄尚書緯注曰甄表也禮記周豐曰墟墓之間未施哀於民而民哀漢書高紀詔曰秦始皇守冢廿家魏公子亡忌五家鈔曰甄明也通也成也荒廢曰墟也信陵君魏無忌也音決甄吉然反墟丘居反泯亡忍反呂延濟曰甄榮泯滅也漢武詔魏信陵君守冢五家寔為不滅也

況瓜瓞所興開源自本者乎

李善曰毛詩曰緜緜瓜瓞鈔曰諭周家子孫不絕今亦自諭高祖之苗裔也宋楚之後故言開源自

本音決觖大結反李周翰曰言鄙伯信陵向且如此況我与无王如瓜蔓所起相連開源自彭城為本也觖蔓也陸善經曰如瓜觖之滋蔓枝葉由之以興

可蠲復近墓五家長給灑掃便可施行

鈔曰蠲除也復者免其祖課也使可施行即行其脩事也音決蠲古玄反復方伏反掃先到反呂向曰蠲免復除也謂免除近墓五家調役長給灑掃便可常行之也

策秀才文

鈔曰策畫也略也言習於智略計畫隨時問而荅之策有兩種對策者應詔也君上呂而問之者曰對策州縣舉之者曰射策也對策所興〻於前漢謂文帝十五年詔舉天下賢良俊士使之射策陸善經曰漢武帝始立其科

永明九年策秀才文三首

鈔曰礼云命鄉論選士之秀者陸善經曰永明齊武帝年号

王元長

李善曰蕭子顯齊書曰王融字元長琅琊人少而神明警惠博涉有文才晉安王板行參軍遷中書郎世祖疾融欲立竟陵王子良下廷尉於獄賜死也鈔曰王元長僧達之孫為尚書郎也第一首明求賢謂求直諫合有三通一明國家之大體二通人事之終始三通正言直諫者也古者有才能者即用之至晉宋已來官取

舊家豪貴仕宦之家子弟凡明經
史者乃不用至是秀異之人始用
故時人多作秀才學故晉宋
已來多有策秀才文是也

問秀才高第明經

鈔曰高第秀才明經中高第者也李周翰曰秀才者言其人如草木之茂花秀見者愛之高第明經謂德行高遠明於經國之道第一者也

朕聞神靈文思之君聰明

聖德之后

李善曰史記曰黃帝者生而神靈弱而能言尚書序曰昔在帝堯聰明文思孔安國曰言聖德之遠着也鈔曰史記云黃帝有聖德音決思先自反張銑曰后君也此述古之聖君至理者也陸善經曰舜典云堯聞之聰明以文推之聖德謂禹也

體道而不居見善如不及

李善曰文子曰聖人體道及至動而無為老子曰聖人功成而弗居論語子曰見善如不及鈔曰文子曰聖人體道不居即謂成功不宰之義也言雖為天子而心不恃天子自尊貴也呂延濟曰體象大道功成而不居見其善者如聖之不可及也

是以峒山有順風之請

華封致乘雲之拜

李善曰莊子曰黃帝聞廣成子在崆峒之上故往見之廣成子南首而卧黃帝順下風膝行而進再拜稽首而問曰治身奈何而可以長久廣成子曰來吾語汝至道又曰堯觀乎華々封々人曰嘻請祝聖人使聖人壽且富且多男子堯皆辭曰多男子則多懼富則多事壽則多辱封人曰天之生人必授之職多男子而授之職則何懼之有富而使人分之則何事之有天下有道則與物皆昌天下無道則脩德就間千歲厭世去而上遷乘彼白雲至帝鄉三患莫至身常無殃則何辱之有封人去之堯隨之請問封人曰退然峒山有拜乘雲為請今不同者蓋請者必拜

故手文也鈔曰此謂聖人求道之義也華
封地名也音決峒音同華胡化反劉良曰
華封有道之人也

𢦏揚旍求士𢦏設虡待賢

李善曰求士待賢皆謂請其言也管子曰
舜有告善之旍應劭漢書注曰旍幡也設
之五達之道鬻子曰昔者大禹治天下也
以五聲聽治為銘於筍虡銘之曰教寡人
以道義〔書作教寡人〕者擊鐘教寡人以事者振鐸語寡
人以憂者擊磬語寡人以獄者揮鞀音決
旍音精虡其呂反李周翰曰楊舉
也求士謂求賢士也簴鍾架也

用能敷化一時餘烈千古

李善曰謝承漢
後書序曰陰脩
敷化二郡威教克平餘烈已見傳季友
為宋公脩楚元王墓教鈔曰敷布也布
教化於一時而餘烈奮乎於千古
謂以上舜禹二人劉良曰烈美也

朕寅奉天命恭惟永圖

李善曰尒雅曰
寅敬也尚書曰
兹率厥典奉若天命又曰慎乃儉德惟懷
永圖鈔曰圖謀也為長遠之謀張銑曰惟思
永長也言敬奉命恭
思經國之長圖也

審聽高居載懷祗懼

李善曰六韜曰王者之道如
龍之首高居而遠望徐視而
審聽尚書曰予小子夙夜祗懼鈔曰言審
聽於下而高居於上故孝經云在上不
臨高而不危注曰身居高位而不危殆
也詩云戰戰兢兢如臨深淵如履薄冰
載則也懷思也祗敬也懼恐怖也音決祗
章夷反呂向曰審其聽受高居思危則
懷敬懼也

雖言事必史而象闕未箴

李善曰禮記曰動則左史書之言則右
史書之鄭玄周禮注曰象魏闕也范曄
後漢書曰靈帝熹平中有何人書朱雀
闕言公卿皆尸祿無忠言者也鈔曰左
傳云周辛甲命百官以箴王闕象者法
效也漢家有諫者以諫語書於闕上也

呂延濟曰雖言事則左右書之而象魏之闕未有直言之戒也象魏天子闕也所以命百官為箴戒之言懸之於上言未藏者未有直言之士者矣

寤寀嘉猷延佇忠實

李善曰毛記曰窈窕淑女寤寀求之尚書曰尒有嘉謀嘉猷楚詞曰結幽蘭而延佇鈔曰延佇長立而待諫言楚詞曰延佇乎吾將反音決寤五故反佇直呂反李周翰曰寤寀之間思于善道延首佇立以渴待忠實之臣也嘉善猷道也

子大夫選名昇學利用賓王

李善曰國語越王勾踐曰苟聞子大夫之言貫達曰親而延之故曰子大夫也礼記曰鄉論秀士升之司徒曰選士司徒論選士之秀者而升之學曰俊士鄭玄曰學大學也周易曰觀國之光利用賓于王鈔曰易曰利用賓於王謂為賓客於王朝也音決選思絹反劉良曰言當選名之秀進於大學利於時用賓佐王道升進也

懋陳三道之要以光四科之首

李善曰漢書詔策晁錯曰大夫之行當此三道張晏曰國體人事直言也崔定正論曰詔書故事三公辟召以四科取士一曰德行高妙志節清白二曰學通行脩經中博士三曰明曉法令足以決疑能案章覆問文中御史四曰剛毅多略遭事不惑才任三輔劇縣令也鈔曰懋勉也陳說也音決懋音茂要一照反張銑曰懋美也三道之要此三者何者為要四科此四者何者為首也陸善經曰漢書文帝制舉賢良策曰明于國家之大體通於人事之終始及直言極諫者將以匡朕之不逮二三大夫當此三道朕甚嘉之

鹽梅之和屬有望焉

李善曰尚書曰若作和羹尒惟鹽梅鈔曰書云今唯鹽梅言君臣如此屬有望言我屬意望有異對也音決鹽以占反和胡卧反屬之欲反呂向曰以子大夫如鹽梅之和羹實所屬

望也
又問昔周宣惰千畝之礼𥚄公納
諫李善曰國語曰宣王即位不籍千畝𥚄
文公諫曰夫民之大事在於農鈔曰弟
二章問開井田國語曰周宣王名静
厲王之子音次惰徒則反𥚄古百反漢
文歆三推之義賈生置言李善曰
礼記曰躬耕帝籍天子三推漢書曰文帝即位賈
誼説上曰一夫不耕或受之飢一婦不織
或受之寒上感誼言始開籍田躬
耕以勸百姓也音次歆去忼反良以食
惟民天農為政本李善曰漢書酈食
其説漢王曰臣聞
王者以民為天民以食為天尚書曰八政
一曰食孔安國曰勤謂業也漢書文帝詔
曰農天下本也民所恃以生也劉
良曰以食為天若無人不生也金湯

非粟而不守水旱有待其無
遷李善曰漢書蒯通説武信君曰皆為金
城湯池不可攻也氾勝之書曰神農之
教雖有石城湯池帶甲百万而無粟者弗
能守也礼記曰雖有凶旱水溢民無菜色
也鈔曰水旱謂堯湯得貯備不從遷徙而
得免飢饉也張銑曰假如以金為城以湯
為池雖則固險非粟不可守也雖遠水旱
之灾有粟待之則人無遷流亡散者也陸
善經曰有待有儲積以待凶年
也今案五家陸善經本其為而朕式昭
前經寳兹稼穡李善曰范子計然曰
五穀者万民之命國
之重也鈔曰式用也照鑒也前經前代常行
法也寳貴也張衡云所寳唯穀即謂勸勉
為寳音次稼音嫁穡音嗇呂向曰前經謂
籍田也寳重也種曰稼斂曰穡也今案鈔
五家陸善經
曰本昭為照祥𤯝而青旗肅事士

膏而朱紘戒典 李善曰國語曰虢公曰古者大史順時覛
土農祥晨正大史告稷曰陽氣俱蒸土膏
其初韋昭曰農祥房星也晨正謂立春之
日晨中於午也農事之候故曰農祥也膏
土潤也其動潤欲行也礼記曰孟春之月
天子駕倉龍載青旂躬耕帝籍又曰昔者天子
為藉田千畝冕而朱紘躬秉耒鄭玄周礼
注曰朱紘以朱組為紘也紘一條屬兩端
也鈔曰祥正農祥天駟星也正月晨正中

即可耕也田經云立春之日立一木於土
中上二三寸去起與木齊即可耕也音決
膏音高紘音宏呂延濟曰祥善也言擇善
日之曰將行籍田之礼也青旌籍田之旗也
者敬也膏腴也朱紘冠飾也戒
勅典法也言勅整其常法也 **將使杏**
花昌蕖耕穰不愆 李善曰氾勝之書曰杏始華榮
輒耕輕土弱土望杏華落復耕之輒藺
之此謂一耕而五也呂氏春秋曰冬至

五旬七日昌始生昌百草之先生者也
於是始耕高誘曰昌昌蒲水草鈔曰月
令曰杏花生可種百穀音決穰胡郭反
愆去乹反李周翰曰穰收苗也愆失也
陸善經曰崔寔四民月令云
杏華盛可菑白沙輕土之日 **清畎泠風**
述遵無廢 李善曰呂氏春秋后稷曰凡耕之道畝欲廣以平畎欲小
以清又曰正其行通其風夬心中央師為泠
風高誘曰泠風和風所以成穀也夬決也

心於苗中央師師然嘯泠風以搖長之鈔
曰呂氏春秋云子能使吳士清而畎得士
立子能使野泠風子高誘注泠風搖之也
言畎中之水清可浸潤於田令植禾稀泠
風搖動使長清畎田畔小水方尺深尺曰
畎春時水釋水清可耕作也泠風即上條
風震此品風泠泠然和條發陽氣可生長
即種植時也遵巡也言巡行無有事廢闕
也音決畎古犬反泠力丁反劉良曰畎田
中為壠廣尺深尺所以停水以潤田故云

清朏也泠風所以養萌明述其
義使人法之農事無廢也遵法也**而釋耒**

佩牛相沿莫反　李善曰盐鐵論曰儒者釋耒耜而學不驗
之語漢書曰龔遂為勃海太守民有帶持
刀劒者使賣劒買牛賣刀買犢何為帶牛
佩犢也杜預左氏傳注曰沿緣也鈔曰沿
循也礼記沿猶因述也莫反謂不反於農
事音決耒力對反沿音緣呂向曰釋廢也
耒耕具也漢書云龔遂為勃海太守見人

佩刀劒者謂之曰汝何為佩牛春夏不赴
田畝言刀劒可以易牛而耕也此云有墮
業之人廢耕而佩牛者相習而為如水
沿流不返也言惰業之人不復知改也**兼**

貧擅富浸以為俗　李善曰漢書曰禁兼并之塗李奇曰
謂冨者兼役貧民說文曰擅專也風俗通
曰子不以從令為孝後主固宜是草浸以
為俗豈不繆哉鈔曰擅溥也獨也獨專其
利也浸漸也漸成風俗也音決擅市戰反

浸子鴆反張銑曰冨家兼并貧人常奪
其利以自專擅其事時俗之常然如水
浸物日以毀言兼并之家可以壞國如此也**若爰井開制**

懼驚擾愚民　李善曰漢書曰民受上田夫百畝中田夫
二百畝下田夫三百畝歲耕種者為不易
上田休一歲者為壹易中田休二歲者為
再易下田休三歲更耕之自爰其處貫達
國語注曰爰易也周礼曰畝百為夫夫三

為屋屋三為井鈔曰若如也爰引也欲引
其古法開置井田齊司馬田穰苴說井田
出兵法六尺為步步百為畝畝百為夫夫
三為屋屋三為井井十為通通十為城城方十
里出革車一乘一井有九夫田法至秦時
商鞅廢之置阡陌是以授會箕斂至滅亡
也擾動也愚人無知將為驚動也音決擾
而沼反李周翰曰爰易均田也言欲使人
易田開其制度以上中下均易之懼驚煩
擾人也擾煩也陸善經曰漢書云秦孝公

用商君壞田開阡陌

舄鹵可腴思時無史白

李善曰史記曰史起引漳水溉鄴民歌之曰決漳水兮灌鄴旁終古舄鹵兮生稻粱又曰秦中大夫白公復為秦穿渠引涇水注渭溉田四千餘頃因曰白渠也鈔曰史記河渠書曰太始二年趙中大夫白公奏穿渠引涇水兮起谷口尾入櫟陽注渭中袤二百里溉田四千五百餘頃因名曰白渠民得其饒歌之曰田於何所池陽谷口鄭國在前白渠起後荷插為雲決渠為雨注水一石其泥數十且溉且糞長我禾黍衣食京師百万餘口亦出漢書溝洫志音決澙音昔又音赤鹵路古反腴以朱反呂延濟曰澙鹵薄地也君使此地可使膏腴思則無史起白公為渠引水溉之也

興廢之術矢陳厥謀

李善曰尚書序曰咎繇矢厥謨孔安國曰矢陳也鈔曰矢直也直陳其事不須阿曲也為當興井田是廢井田是興阡陌是廢阡陌是令故問之呂向曰言易田引渠之術可廢興者直陳其謀也

又問議獄緩死大易深規

李善曰周易曰君子以議獄緩死鈔曰第三章問肉刑輕重差別如何劉良曰大易之也議其輕重之情以緩赦死刑人命重也規則也

敬法卹刑虞書茂典

李善曰尚書虞書曰欽々哉々惟刑之恤哉鈔曰茂盛美典常也音決恤思律反呂向曰欽々哉々惟刑之恤哉欽敬也恤憂也敬法憂刑恐其不中此為盛典也

自萌俗澆施法令滋章

李善曰莊子曰唐虞始為天下澆醇散朴許慎淮南子注曰澆薄也九興澆同老子曰法物滋章盜賊多有鈔曰氓民也施發也滋章言滋益彰明也音也氓亡耕反澆古堯反施式氏反令力政反張銑曰古人俗澆薄淺本逐末

滋多也今案鈔音決萠為眠

肺石少不寃之人

李善曰周禮曰外朝之法左九棘孤卿大夫位焉右九棘公侯伯子男位焉右肺石達窮民焉鄭司農曰肺石

棘林多夜啼之鬼

赤石也窮民天民之窮而無告者漢書曰于定國為廷尉民自以為不寃春秋元命苞曰樹棘槐聽訟於其下尚書施機鈐曰鬼哭山鳥鄭玄曰鬼哭誅無辜也山鳴聽之不聰之異也王隱晉書司直劉隗奏曰懷情抱恨雖沒不忘故有殞霜之應夜哭之鬼鈔曰周禮大司寇置肺石以達窮民若有冤枉者來上其上以巾決馬融注曰天子門西置肺石後置怨鼓升石擊怨鼓也林(棘)來林也易曰繫以徽纆寘于叢棘又周禮天子朝左有九棘卿[illegible]位於其下用棘木心赤欲使羣臣赤心於天子故名九卿位為九棘也淮南子曰蒼頡造書鬼夜哭高誘注云蒼頡造書鬼恐有其簿籍故夜哭也音次脯芳廢反寃於元反李周翰曰周禮太司寇以肺石達窮寃之人也致之於闕有寃訟者立於傍主司拔之言寃人且多漢無辜之者也

朕所以明發動容具食興慮

李善曰毛詩曰明發不寐尚書曰文王自朝至于日中側弗皇暇食鈔曰尚書曰文王曰仄不暇食言愛天下呂延濟曰明發謂夜起待明也具食晚食也言見此刑法未中早起晚食動容與興思慮言憂之也

傷秋荼之密網惻夏日之嚴威

李善曰鹽鐵論曰秦法繁於秋荼網密於凝脂左氏傳鄷舒問於賈季曰趙衰趙盾孰賢對曰趙衰冬日之日趙盾夏日之日也杜預曰夏日可畏也鈔曰秋荼一云苦菜二云茅范秦刑人如秋霜之殺草音決荼音徒夏下嫁反張銑曰荼草也其葉繁密謂

刑法酷暴亦如之又如夏日赫然成嚴可畏也綱刑也言如張綱也**永念畫冠緬追刑曆**李善曰墨子曰畫衣冠異章服謂之戮上世用戮而民不犯賈逵國語注曰緬思貌也紀年曰成康之際天下安寧刑錯卌餘年不用也鈔曰堯時畫衣冠以代宍刑墨幪赭衣是也緬遠也曆算也刮成王時刑罰置之於閤而不用唯有宍刑之條而無著者之名也故曰刑曆言我今

遠思此兩事也音次畫胡卦反緬亡善反措七故反劉良曰堯畫其衣冠使異於常人之飾有犯罪者使服之人皆不犯故永念之**徒以百鍰輕科**李善曰尚書呂刑曰穆王訓夏贖刑墨辟疑赦其罰百鍰**及行季葉**孔安國曰六兩曰鍰〻黃鐵也張益陽七宍詩曰季葉衰亂起鈔曰周穆王時訓暢夏禹贖刑之法猶稱季末之年音决鍰音環呂向曰徒但也百鍰金刑以金贖罪者周

穆王有此刑科季葉則穆王時也**四支重罰爰創前古**李善曰周礼曰司刑掌五刑之法以麗萬民之罪墨罪五百劓罪五百宮刑五百殺罪五百也鈔曰夏禹時五刑之屬三千謂劓墨臏肘此四支之刑謂之宍刑之重罰爰及也創初也謂遠代之時夏禹之代也言上古聖君之治其刑翻重季葉之王其法反輕故問之也呂向曰四支謂墨劓宮割也爰於前古謂周也陸善經

曰四支謂肉刑孫卿云蓋起於禹**訪遊禽於絶澗作霸秦基**李善曰韓子曰董閼于為趙氏地手行石邑山中深澗峭如廬深百仞因問其左右人嘗有人入此者乎對曰無有嬰兒盲聾狂悖有入此者乎對曰無有牛馬大豕嘗有入此者乎對曰無有董閼于喟然大息嘆曰吾能治矣使吾法無赦也猶入澗之必死則民莫敢犯何為不治鄭玄周礼注曰凡鳥獸未孕

曰禽史記曰趙氏之先与秦共祖然則以其爽祖故雖趙亦号曰秦也鈔曰韓子曰云董安于為守趙上郡巡行界内至石早山見一澗絶百仞因問左右曰亦有人曽入此乎曰無有乃歎曰吾深(作)法如此天下寧能犯耶遂作峻法後公孫鞅相秦採此言遂霸有天下是以秦法網密卒致滅巳不能自容以至破裂也音决㵎間之去聲陸善經曰鳥獸通名曰禽秦任刑法而霸故借此言之

歌鷄鳴於闕下稱仁漢牘 李善曰班固歌詩曰王(三)三德弥薄惟後用宍刑大倉令有罪就遞長安城曰恨身無子用急獨煢〻小女痛父言死者不可生上書詣北闕〻下歌鷄鳴憂心摧折裂晨風楊激聲聖漢孝文帝惻然感至誠百男何憒〻不如一緹縈列女傳曰緹縈歌鷄鳴晨風之詩然雞鳴齊詩冀夫人及君早起而視朝晨風秦詩言未見君而心憂也鈔曰音决牘大禄反張銑曰齊太倉令淳于公有罪當刑淳于公少女緹縈詣闕歌鷄鳴之詩上書曰妾父吏皆稱清平今坐法當刑妾傷死者不可復生雖欲改過自新亦無由也妾願入為官婢以贖父罪使得自新書奏文帝文帝憐悲其意遂赦之令天下除肉刑故稱漢文帝為仁列於史牘也

二途如爽即用兼通 李善曰輕重二途似(知如)差爽就其用也彼此兼〻通〻言俱齊時也鈔曰爽差別也二途者即謂秦用峻法置天下寧漢用寛刑亦國政如此二者雖政爽差而並治也令歌欲用何者為必呂延濟曰二途謂用峻法一用寛法如一途有所乖爽不能必〻行則寛猛兼而用之

昌言所安朕將親賢 李善曰尚書曰禹好(拝)昌言孔安國曰昌當也漢書策問仲舒曰靡有所隱朕將親賢焉鈔曰二途之中從何所令汝當言若箇為安故問之呂延濟曰明言所安者何也昌明也

九州之地皆安然也令桼陸善經本如為然顧尚西有
違命之蜀東有不臣之吳
鈔曰西謂劉備也違命謂不從命不
臣不稱臣服從我也吳謂孫權也
使邊境未得稅甲謀士未
得高枕者李善曰不足曰 拾
也 下

高枕終無 之憂音決脫 活
及枕之鴆及李周翰曰敵國未
故武士不得脫甲冑謀臣不暇安
枕席令桼音決五家本稅為脫
誠欲混同宇內以致太和也
李善曰法言曰或問太和 其
唐虞成周也李軌曰天下太和 鈔
曰混同也和叶也音決混胡本反
李周翰曰混大也太和則大同也

故啓滅有扈而夏功昭李善
曰尚書序曰啓與有扈戰於甘之野
史記曰啓遂滅有扈氏 夏
音決扈音 夏音下張鈔曰啓 王
名也有扈夏之諸侯不供職貢而啓
伐之 明
明也
成克商奄而周德著
李善曰尚書曰武王崩三監及淮夷叛
周公相成王將 假命孔安國曰三監

管蔡商也淮夷除徐奄之 史記曰
王東伐淮夷踐奄鈔曰成王幼周公攝
政淮夷奄及三監皆叛周公居東三年
罪人斯得音決著丁慮反張銑曰著明
也言二王皆伐叛
誅亂功德著明也
令陛下以聖明
統業將欲卒文武之功繼成
康之隆
李善曰假周之文武以喻
魏之先王也毛詩序曰文

王之功起於后稷春秋命歷序曰武
康之隆澧泉涌出鈔曰上之下曰
統也將欲殚終文武之業也武成
康俱周家有德之王也吕向曰武帝
也言明帝必　平吴蜀　文
故言继成王康王之盛也今業五家
本業
為世
簡良授能以方外助
庸之臣鎮衛四境為國爪
牙者可謂當矣
李善曰毛詩曰
方叔涖止其車
三千又曰江漢之滸王命召虎又曰
祈父予王之爪牙鈔曰詩注云方外
卿士命而為將助虎邵穆公也此皆
宣王之臣也當謂合今理也僨也音
決助市任反吕延济曰言明帝授任
鎮藩服爪牙之臣皆如方叔之賢也
然而高鳥未挂於輕繳淵

魚未懸於鈎餌者恐鈎射
之術或未盡也
李善曰高鳥
淵魚喻吴蜀
二王也鈔曰列子云詹何釣使魚
遠近食之汲家記浦旦射鳥不射
亦落也音決繳音　餌音　射
時夜反劉良曰繳繒射也鈎釣也
來息謂吴蜀尚務征討也言我有
異術能擒也陸善經曰言征討之
法未能也今案陸善經本術下
有道字五家陸善經本上釣為鈎
昔
耿弇不俟光武亟擊張步
言不以賊遺於君父
李善曰
東觀漢
記曰耿弇進討張步陳俊謂弇曰虜
兵盛可且閉營休士以須上來弇曰
乘輿且到臣子當擊牛釃酒以待百
官反欲以賊虜遺君父耶乃出大戰

自旦及哺大破之音決聑古杳反弁
音卞或古含反非侯音卜乘居反遺
以李反李周翰曰侯待
也今案五家本以為能
故車右伏
劒於鳴轂雍門刎首於齊境
善曰說苑曰越甲至齊雍門狄請
死之齊王曰鼓鐸之聲未聞矢石未
交長兵未接子何務死知為人臣之
禮耶雍門狄對曰臣聞之昔先王田

於囿左轂鳴車右請死之上曰子何
為死車右曰為其鳴吾君也王曰左
轂鳴此者工師之罪也子何為死車
右對曰吾不見上師也乘而見其鳴
吾君也遂刎頸而死有之乎齊王曰
有之雍門狄曰今越甲至其鳴吾君
豈左轂之下哉車右可以死左轂而
臣獨不可以死越甲耶遂刎頸而死
是日越人引甲而退七十里齊王葬
雍門子以上卿鈔曰凡君行右畔置

甲士備非常也音決刎
亡粉反張銑曰刎割也
若此二士
豈惡生而尚死哉誠怨其愓
主而凌君也
鈔曰尚愛也愓主即
左轂鳴也陵君即越
王欺陵我君也音決惡一
故反怨芳粉反愓亡間反
夫君之寵
臣欲以除患興利
李善曰尸子云
禹興利除害為

万民種鈔曰言君所以寵愛其臣者
必欲使其除國家之難興使利也呂
向曰寵謂厚
其爵祿也
臣之事君必以致
身靜亂以功報主也
鈔曰臣所
以盡忠君
上者必欲致身靜難以報主也呂
向曰致身謂見危致命以靜暴亂
昔
賈誼弱冠求試屬國請係單

于之頸而制其命終軍以妙年使越占纓其王羈致北闕李善曰賈誼終軍已見孔文舉薦祢衡表占謂自隱度也音決纓古亂反係音計單市延反妙仁小反使所吏反占近絡曰屬國典屬狄官名纓繞也單于匈奴號越南越也言羈繞之使北闕稱臣於漢也今案五家本越下有欲得二字纓下有纓字陸善經本下有欲字又二本占為長此二臣豈好為夸主而燿俗哉志或鬱結欲逞才力輸能於明君也鈔曰二臣誼及軍也夸大也燿光燿也或有也鬱不通之皃也輸〻寫其能以騁其力也音決好音耗夸苦花反逞丑靜反輸式朱反劉良曰此豈好大言於主而曜於俗哉但以志有鬱結欲輸誠於君也今案五家本俗上有世字才上有其字昔漢武為霍去病治第亂曰匈奴未滅臣無以家為李善曰漢書文也音決為于偽反去羌与反李周翰曰霍去病漢將理修第宅也固夫憂國忘家捐軀濟難忠臣之志也李善曰趙岐孟子章指曰憂國忘家鈔曰言忠臣之志在濟難不避其死也音決捐音緣殉思俊反難那旦反張銑曰捐弃軀身也今案鈔五家本無固字今臣所居非不厚也鈔曰居謂蕃王居王之位是甚厚也今案五家本居下有外字而

寢不安席食不遑味者伏
以二方未尅爲念 李善曰戰國 策秦王告蒙
敖曰寡人一城圍食不甘味卧不便
席鈔曰二方吳与蜀也未静者尚各
持兵相籞也遑暇也張銑曰寢卧
也未尅言未静也今案鈔尅爲静 伏
見先帝武臣宿兵年耆即

世者有聞矣 李善曰左氏傳子朝 曰太子壽早夭即世
鈔曰先帝魏武曹操也即就也言就
於世上者子向曰武臣將也宿兵謂
宿素習練之兵者老也即代死也言
將士雖死我有聞前字陸善經曰武
臣舊士年高終歿數有聞
矣恐已及之而功名不立 雖賢不
乏時宿將舊卒由習戰也

李善曰史記曰王翦爲宿將始皇師
之鈔曰宿舊也音決將子其反卒子
忽反呂延濟曰難代不乏賢亦由習
耳陸善經曰賢不乏世後進亦多然
宿將舊卒由習 戰 竊不自量志
陣意欲自比也
在效命 鈔曰量度也効猶致也言 我今亦欲効其才力也音
決量 音良 庶立毛髮之功以報所受

之恩 鈔曰毛髮喻小也呂延濟 曰所受之恩謂爵禄也 若使
陛下出不世之詔効臣錐刀
之用 李善曰文子曰 治之主不世
出東觀漢記黄香 疏曰以錐
刀小 見宿留鈔曰不世者言從
天下 世上所有也音決錐音隹呂
延濟曰不代之詔謂非常代所測度
之詔謂許行之詔也効呈也錐刀言

小國也

使得西屬大將軍當一校之隊李善曰魏志曰太和二年遣大將軍曹真督諸葛亮於街亭鈔曰不敢自當總將故言屬也音決屬之欲反下同校胡孝反隊徒對反呂延濟曰一行偏師也謙不敢當大將也今案陸善經本使為若**若東屬大司馬統偏舟之任**李善曰魏志曰

太和　年大司馬曹休率諸軍至晥鈔曰亦屬上大將軍吳人水戰故言統偏舟之任也音決偏音篇統他綜反劉良曰東謂東吳也統理偏舟亦偏師也**必乘危躡險騁舟奮驪**李善曰禮記曰夏后氏戎事乘驪鄭玄曰馬黑色曰驪鈔曰騁去疾皃謂代吳也奮散走皃謂代蜀皆震上文音決驪力知反李周翰曰危險謂吳蜀之路也今案五家本躡為**突刃觸鋒**

為士卒先李善曰漢書曰伍被大將軍當敵勇常為士卒先鈔曰謂在前寇陣也音決卒子忽反**雖未能禽權馘亮**李善曰鄭玄毛詩牋曰馘所獲者之左耳也鈔曰馘截耳也殺人數校皆取其耳以祭宗廟也音決擒音禽馘古獲反李周翰曰擒執也馘斬首斷耳也今案音決五家本禽為擒**虜將虜其**

雄率殲其醜類李善曰尒雅曰殲盡也又曰醜衆也鈔曰虜虜掠謂生得之醜惡也音決師所位反殲子廉反李周翰曰虜獲也雄大醜今案音決率為師**必效須臾之捷以滅終身之媿**李善曰杜預左氏傳注曰捷獲也鈔曰須臾少時也捷勝也終年終死之年也猶言終身耳張銑曰效致

也媿謂虛食祿之媿言我以赴賊
之功减虛祿之媿今案鈔身為年
使名挂史筆事列朝榮雖身
分蜀境首懸吳闕猶生之
年也 李善曰傳武仲與荊文義書曰雖
死之日猶生之年音闕直輒遥反
張鈔曰名書史筆為朝廷所榮
雖身遺吳蜀所分斬亦猶生也
如微

才弗試没世無聞 李善曰論語曰君子疾没世而
名不稱鈔曰微薄也試用也没謂死
也無聞謂人不知聞也呂向曰没盡
徒榮其軀而豐其體生無益
於事死無損於數虛荷上
位而忝重祿禽息鳥視終

於白首此徒圈牢之養物非
臣之所志也 鈔曰榮謂色也豐肥
大生死無常無有損益
是不足貴也上位謂為王也忝辱也
白首年老圈謂養猪牢謂養牛羊
也音決肌音飢數史住反荷何可反
圈其流反又其勉反牢力刀反養音
患或為豢非呂向曰禽息謂如鳥獸
之視息但求食畏人而已無餘志度

言空受爵祿無損益於時亦何異為
牢圈以養畜也如此非我之本志也
今案音決
體為肥
流聞東軍失備師徒
小衂 李善曰魏志曰休至皖與吳將
陸議戰於石亭敗績鈔曰流聞
謂流傳至此若風聞也魏志云明帝
遣曹休伐吳周瑜魯肅等為吳人所
誘而敗也音決衂女六反呂延濟
曰流傳衂縮也失備失備守也
輟

食弃湌奮袂攘袵撫劒東顧而心以馳於吴會矣

鈔曰謂奮袂舉手發憤之皃袵衣襟言振衣使事以從戎也言心已往彼欲翦滅之音決𣪠可為反攘而良反袵而甚反曾古外反劉良曰𣪠止也奮袂舉袖也攘袵掔襟也撫按也撫劒東顧馳吴會思報怨也

昔從先武皇帝南𣁽赤岸東臨倉海西望玉門北出玄塞

李善曰七發曰淩赤岸篲扶桑山謙之南徐州記曰京江禹貢北江有大濤〻至江垂北激赤岸尤更迅猛漢書燉煌郡龍勒縣有玉門關玄塞長城也北方色黑故曰玄鈔曰赤岸謂江夏郡南方火色赤今但取魏之南界　倉海吴地玉門在西北謂韓遂馬……入是也西有玉門關後漢班超起欲……取其北玄塞在〔代〕北塞也玄黑色……界也謂代烏丸三種是音決從才用及塞四代及李周翰曰先武皇帝謂掠也𣁽盡也赤岸謂朱岸郡玉門西城關名玄塞謂黑山也陸善經曰赤岸江北岸上名今在廣陵

伏見所以行師用兵之勢可謂神妙矣故兵者不可豫言臨難而制變者也

李善……與……者謂之神鈔曰神妙言解兵法變化如神也音決難那旦反下皆同張銑曰已見先帝用兵之要然兵事慎密不可豫前說之言此恐有所閒也變謂隨事變易之也

志欲自効於明時立功

於聖世每覽史籍觀古忠義
士出一朝之命以殉國家之難
李善曰司馬遷曰書李陵奮不顧身
以殉國家之急鈔曰明
每數也史籍謂歷代王法若史記漢
書等文也殉謂致身為國也音決殉
才俊反呂向曰一朝不久以身從國
曰殉言觀史書見古忠義之士皆持
不久之命以殉
國家之急也
身雖屠裂而功
銘著於景鍾名稱垂於竹帛
未嘗不拊心而歎息也
李善曰
國語晉
悼公曰昔克路之役秦來圖敗晉功
魏顆以其身却退秦師
杜回其勲銘于景鍾韋昭曰景鍾景
公鍾也墨子曰以其所書於竹帛傳

遺後子孫鈔曰戎云晉卿魏絳和戎
有功賜之樂死銘其功於國之大鍾
之上墨子曰克舜之功著於竹帛也
音決屠音徒著丁慮反稱尺證反拊
芳宇反呂延濟曰屠裂謂刳斬也景
大也古無帝史書皆竹帛也言見古
義士身雖為獻刳斬而功勲銘於大
鍾名記史典則推心歎息思与之同
也撫推也今案
五家本稱為續
臣聞
廢有罪故奔北敗軍之將用
秦魯以成其功
李善曰史記曰秦
繆公使百里傒子
孟明視蹇叔子西乞術及白乙丙將兵
襲鄭晉發兵遮秦兵於殽虜秦三將以
歸(後師)秦三將繆公復三人官秩如故使將
兵伐晉大敗晉人以報殽之役又曰曹
沫者魯人也以勇力事魯莊公為魯將
與齊戰三敗三北魯莊公懼乃獻遂邑

之地以和猶復以為將齊
會于柯而盟桓公與莊
曹沫執匕首劫齊桓〻公〻問曰子將
何欲曹沫曰齊強魯弱而大國侵魯亦
已甚矣今魯城壞即厭境君其圖之
桓公乃許盡（還）魯之侵地曹沫三戰所
亡盡復予魯鈔曰韓詩外傳曰卞莊
子晉人母存之時每戰三戰三敗交
遊以為恥國君以為怯及母死魯與
齊戰莊子請曰前母存之時每戰而
背今母死請雪前恥於是遂陳而戰
勇冠三軍斬首五百之以君曰
請以此雪前恥也
絕纓
音決將子亮反
救楚趙以濟其難
李善曰說苑曰楚莊王賜
群臣酒日暮燭滅有引美人衣者
美人援絕冠纓告王知之王曰賜人
酒醉欲顯婦人之節吾不取也乃命
左右勿上火凡與宜人飲不絕纓者

不懼也群臣纓皆絕盡懽而去後與
晉戰引美人衣者五合五獲以報壯
王呂氏春秋曰昔者秦
失之野人取之繆公自
人方將食之於岐山之
食駿馬之宍不飲酒余恐傷女也徧
飲而去之韓原（之）戰晉人已環繆公之
車矣晉梁靡已扣繆公之左驂矣野
人之嘗食馬於岐山之陽者三百有
餘人畢力為繆公疾鬬於車下遂大
克晉反獲惠公以歸此秦而謂之趙
者史記曰趙氏之先與秦共祖然則
以其同祖故曰趙李周翰曰穆公（夫）馬
此秦事而言趙者植之誤也植時遭
讒貶為侯故有是引陸
秦以造父封趙城因姓
臣
竊感先帝早崩威王代
李善曰先帝謂文帝也魏志曰任城
王彰薨諡曰威鈔曰純先帝操也威

王穉兒任城王彰張銑曰弃去謂死者今案鈔五家本無注字臣獨何人以堪長久常恐先朝露填溝壑李善曰漢書李陵謂蘇武曰人生如露女傳梁寡婦曰妾之夫先大鍳鈔曰言父兄皆已死武何施之前早施功用也向曰朝露喻不久也鍳坑言恐已不

久而死填於溝坑墳土未乾而身名並滅李善曰漢書霍禹曰今將軍墳墓未乾李尤武功歌曰身非金石名俱滅鈔曰謂未及成功身既從名亦滅是志士之所惜也音决乾音干呂向曰無功勳而名易滅也臣聞騏驥長鳴伯樂昭其能李善曰春申君

吳坂遷延負轅而不能進遭伯樂仰而鳴之知伯樂如已也今僕屈厄曰久君獨無意使僕為君長鳴乎音决樂音洛下同盧狗悲號韓國知其才李善曰戰國策曰齊欲伐魏淳于髡謂齊王曰韓子盧者天下之壯犬也東郭逡者海內之狡兔也韓子盧逐東郭逡環山者三騰山者兔極於前犬廢於後犬兔俱田

父見之而擅功今齊魏恐強秦大楚承其後有田父功高誘曰韓國之盧犬古之名狗也然悲號之義未聞音决號戶高反劉良曰盧黑狗也齊人韓國相狗於市遂有狗號鳴而國知其善也陸善經曰魏淳于髡謂齊主曰韓子盧者天下之壯犬也然悲號韓國事則不同或別有所見也是以効之齊楚之路以逞

千里之任 李善曰孫卿子曰夫驥一
曰而千里鈔曰伯樂得驥
騏從齊向秦曰行千里言有也音決遥
丑井反徐以而鴟反李周翰曰効致也
遥見也任用也今試之狡兔之
業五家本楚為秦
摠以驗搏噬之用 鈔曰韓國得
狗於齊東郭
有一狡兔鷹犬所不及而國試以此
犬不移而獲言亦有驗也音決捷扎
才接反搏者博噬市制反狡古巧反
兔吐故反李周翰曰摠疾也噬咬狡兔
之疾盧狗能
搏而咬之也 今臣志狗馬之微
功竊自惟度終無伯樂韓國
之舉是以於邑而竊自痛者
也 李善曰楚詞曰長吁吸以於悒王
逸曰於悒啼皃也鈔曰言搏噬之

功是微薄也於邑志不通之皃也言
我今終無人知舉之故求自試也音
決狗古口反悒音邑度大洛反張銑
曰惟思也於悒猶歎息也言己有志
欲立犬馬之功自思無知己舉用是
以歎息而自傷之陸善經曰志在効
狗馬之用以立微功也於邑
猶煩惌也今案音決邑為悒 夫臨
博而企竦聞樂而竊抃者或
有賞音而識道也 李善曰說文曰
博局戲也六箸
十二棊鈔曰博圍棊也企望也竦立
也謂竦立之皃抃拍手竊盜也史記
云高漸離為人傭聞堂上作樂竊抃
言人見棊樂而騁意必當識音道也
今因請以少知武德也音決夫音扶
下同抃皮變反呂向曰博棊也企竦
驚立皃抃擊節也驚立繫節者識棊
之道知樂之音也此明己識兵家之

要術也

昔毛遂趙之陪隸猶假錐囊之喻以寤主立功 李善曰史記曰秦之圍邯鄲趙使平原君求救合從於楚約與食客門下有勇力武備具者卌人偕得十九人餘無可取者無以滿廿人門下有毛遂言前自讃於平原君平原君曰先生處勝之門下幾年於此矣毛遂曰三年于此矣平原君曰夫賢士之處俗譬若錐之處囊中其末立見今先生處勝之門下三年於此矣左右未有所稱誦勝未有所聞是先生無所有也毛遂曰臣乃今日請處囊中耳使遂蚤得處囊中乃頴脫而出非時其末見而已也平原君竟與毛遂偕十九人平原君與楚合從言其利害日出而言日中不決毛遂案劍歷階　曰合從者為楚非為趙也楚王　謹奉社稷以從鈔曰史記云秦之圍邯鄲趙使平原君求救於楚至楚平原君與楚合從言其利害遂歷階而上曰一言而決耳今日出而言日中不決何也楚王叱之曰胡不下遂按劍而前曰王以叱遂者恃楚國之衆今十步之内雖衆何恃則王之命縣在遂也王叱遂何也今楚地方五千里持戟百万霸王之資前秦將白起小竪子耳將數　衆而拔鄢郢再戰而燒陵廣之先人百世之惡也此趙之所為王而者從者為楚也楚王曰請奉社稷以從即以銅盤刺血而盟音決陪步回也

何况巍巍大魏多士之朝而無慷慨死難之臣乎 鈔曰言上多於平原君慷慨壯辭之良也劉良曰巍巍盛良也

夫自衒自媒者士女之醜行也 李善

曰越絶書曰昔范蠡其始與言盡曰大夫石買進曰衒女不貞衒士不信容歷諸侯度河津無因自致殆不真賢鈔曰衒賣也詩云娶妻如之何匪媒不得此則女不自媒音決衒音縣行下孟反劉良曰衒露也媒達也士自露其能女自達其容皆可醜之行也

于時求進者道家之明忌也

李善曰莊子曰功成者隳名成者虧孰能去功與名而還與衆人鈔曰道成名遂身退天之道也李周翰也特不可進而求進者必有恥辱故有道者所畏也

而臣敢陳聞於陛下者誠與國分形同氣憂患共之者也

李善曰呂氏春秋曰父母之於子也子之於父母也一體而分形同氣而異息痛疾相救憂思相感生則相歡死則相哀此之謂骨肉之親鈔曰分形即與父操分形與兄故今同甚也此則孔懷兄同氣連張銑曰分形同氣謂與文帝兄弟也憂愁患害也

冀以塵霧之微補益山海熒燭末光增輝日月

李善曰謝承漢後書楊喬曰猶塵附泰山露集河海雖無補益款誠至情猶不敢嘿淮南子曰人主之居也如日月之明也鈔曰言以薇明厚漸成其著也音決補布曰言己知塵霧之薇螢喻國也顧劾未能以益其國今家本楚為螢

是以敢冒其愧而獻其忠知必為朝士所咲聖者不以人廢言

李善曰論語子曰君子不以人廢言鈔曰冒猶覆也醜惡之稱也故者自

執悕懼心也謂不得以禹人不好礼法
廢而不言今亦不以朝臣切而不
言立切名之事也近濟
曰醜謂自媒衒聖
人不以人輕而廢其言也今案鈔五家
本愧為醜陸善経本篋上有見字也
伏惟陛下少垂神聽臣則幸
矣鈔曰幸 幸者不應得而得之又
幸恩也甚多也劉良曰垂聽謂顧聽
自試之意也今案
鈔幸下有甚字

求通親〻表一首
致其意鈔曰古
為家萬姓為子孫四獨親
其親不獨子其子至克始族自近
及遠文帝立遣監國使觀均察諸王過
文不聽諸拜兄弟姉妹皆不得通
音信故植通親〻明帝五年上此表
乃令諸王入朝張銑曰植以文帝不
聽諸王入朝故上疏親戚也

曹子建
臣聞天稱其高者以無不覆地
稱其廣者以無不載日月稱其
明者以無不照李善曰礼記子貢問
曰何謂三無私孔子
曰天無私覆地無私載日月無私照
此之謂三無私也音決覆方富反

海稱其大者以無不李善曰
管子曰
海不辭水故能不
悉小谷之濊已也故書云江
漢朝宗於海為能
寬容廣受故大也
故孔子曰大哉堯
之為君為天為大唯堯則之
李善曰論語文鈔曰此稱堯之美也言
天能春生夏長其德廣大能法天行事

者唯帝堯也李周翰曰
大哉歎美之詞則法也
夫德之於
易曰
天德鈔曰
萬物可謂
德得也万物皆得占天老子曰無名
萬物始有名萬物是其廣矣音決夫音
扶張銑曰聖合德故
曰天德令家本謂為
蓋堯之
為教先親後踈自近及遠其傳

曰尅明畯德以親九族九族既
文
睦平章百姓為教
也草不先親後踈自故先任
用後德之士以睦高祖玄孫之親然
後平章百姓明也百姓百官
既明則能黎人皆變化順上
風俗大和也音決得旦德反下
同張銑曰克能畯深也穆和也
及周

之文王亦崇厥祀
呂向曰化謂和
穆親族之化
至于兄弟以御于家邦
寡妻
李善曰
毛詩大
雅文也鈔曰文美文王之化刑
法也毛云御迎也治也接也
鄭玄寡有之妻言賢也以法度教其宜
妻能治於國家先治妻者若妻無妬忌

多子孫婁無外嫉則背 正々則
孝々敬々被々則作 決御鄭
亦兼嫁及毛 也
言文王以礼梅 此為
政又能理
於家邪
是以雍々穆々風人詠
之
李善曰毛 雍々又曰天子
穆々鈔 敬也又云雍々
和也穆々美也呂延濟曰風
人詩人也詠謂歌其和美也
昔周公

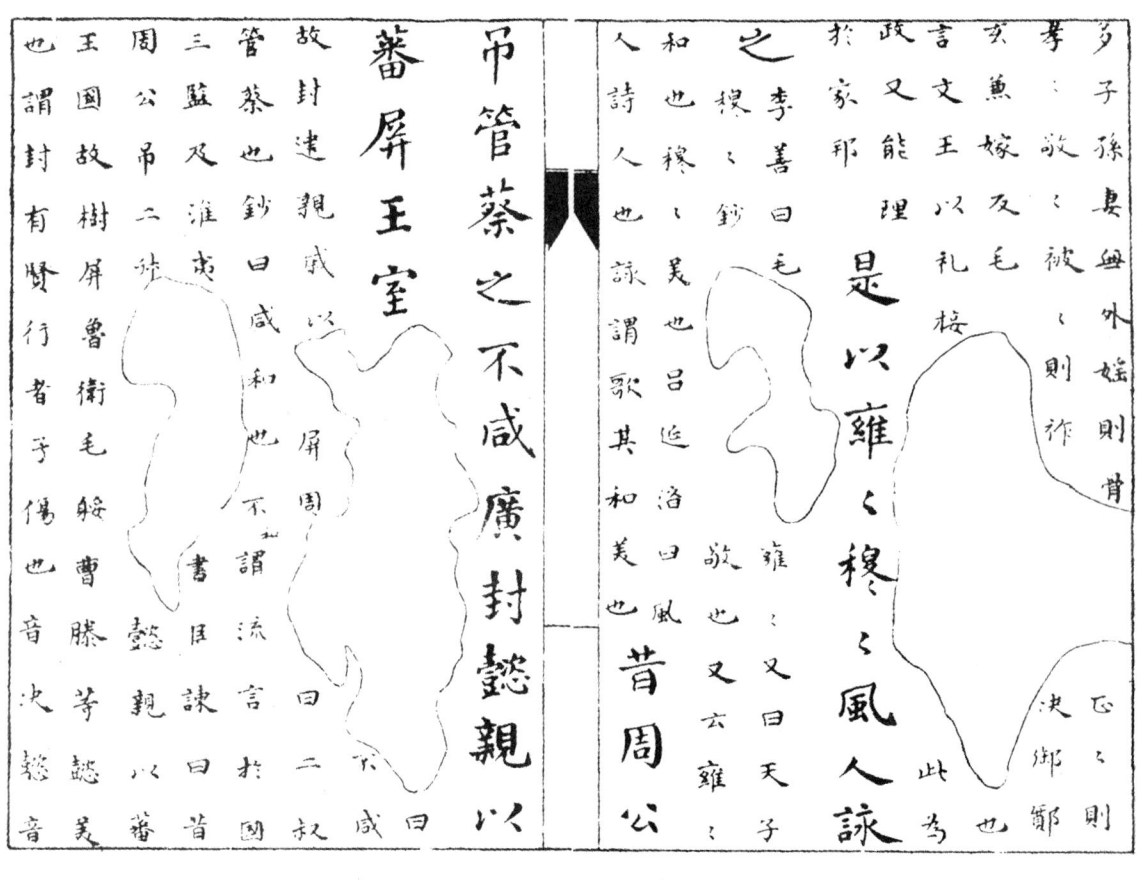

弔管蔡之不咸廣封懿親以
蕃屏王室
曰
不咸
故封建親戚以 屏周 曰二叔
管蔡也鈔曰咸和也不和謂流言於國
三監及淮夷 書巨諫曰昔
周公弔二叔 懿親以蕃
王國故樹屏魯衛毛聃曹滕等懿美
也謂封有賢行者子傳也音決懿音

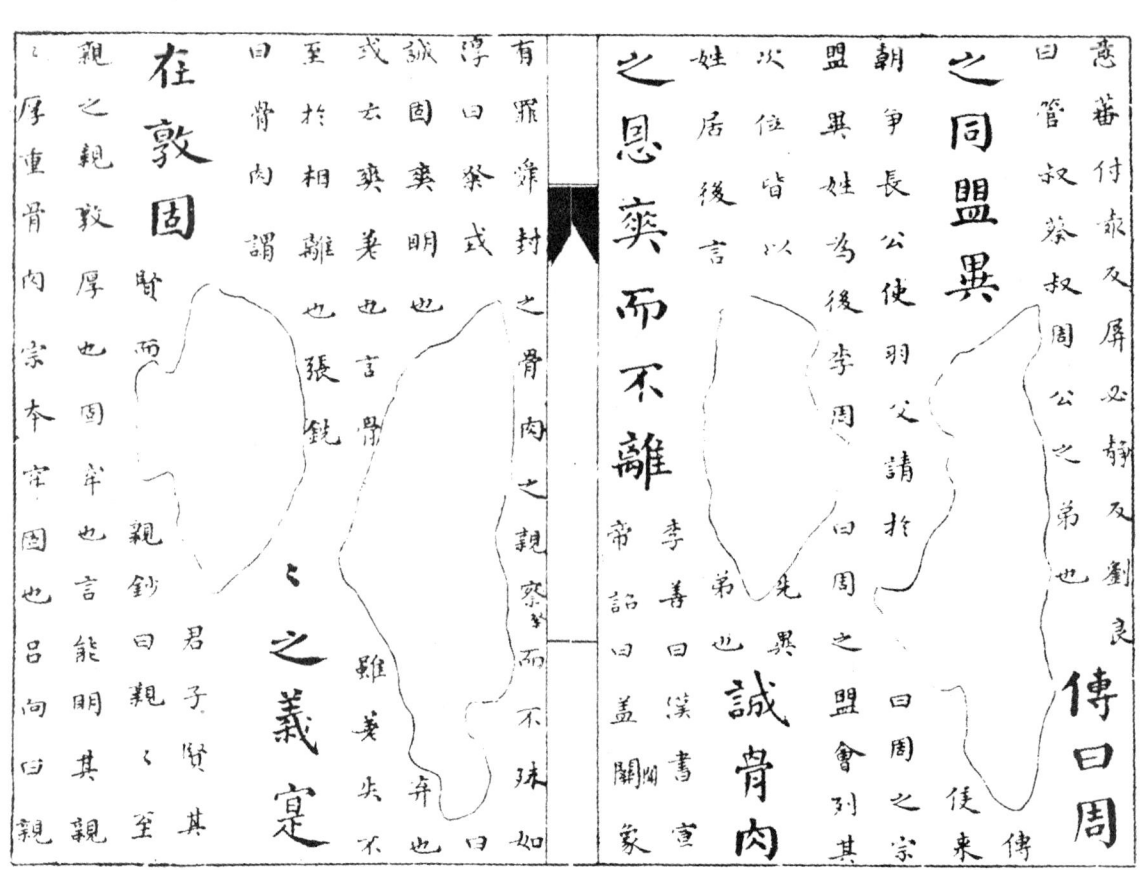

懿蕃付爲及屏必静及劉良
傳曰周
曰管叔蔡叔周公之弟也 傳
之同盟異
使來
朝爭長公使羽父請於 曰周之宗
盟異姓為後李周 曰周之盟會列其
次位皆以 先異
姓居後言 弟也
誠骨肉
李善曰漢書宣
帝詔曰蓋聞象
之恩爽而不離

有罪非封之骨肉之親察而不殊如
淳曰癸式 曰
誠固爽明也 弃也
式云爽著也言骨 雖著失不
至於相離也張銑
々之義寔
曰骨肉謂
在敦固
君子賢其
賢而 親鈔曰親々至
親之親敦厚也固牢也言能明其親
々厚重骨肉宗本牢固也呂向曰親

骨肉之義是
在厚固也
未有義而後其君仁
而遺其親者也李善曰孟子曰未
有仁而遺其親者
也未有義而後者也鈔曰言義之
人推君在呂延濟曰言義
士不後君親戚
未有違此道而行仁義者也
臣伏惟
陛下浴帝唐欽明之德李善曰
尚書曰

放勳欽明劉良曰
帝唐堯也
文王翼く之
李善曰小心翼
仁く鈔曰翼く敬讓之皃也劉良曰
翼く恭
惠
敬皃也
恩昭九親
李善曰漢舊名稱椒房詩曰
椒聊之實蕃衍盈升美其繁興九親
猶九族也鈔曰惠愛也洽合也風俗
通云皇后居椒房以椒塗屋取其溫

旦香也此
取其多子
九族勸天子親九族如也今
案鈔五家陸善經本親為族
群臣
百寮憣善曰列子曰臣
迭為三憣江偉
上使宜曰上下郎吏計作四五憣休鈔
曰言魏朝群臣百官皆分番次第十五
遞上迭下皆得休息還家見親戚唯諸
王不得也遞

大帝及上遞迭
也陸善經曰番休為番次而歸休也
執政不廢
下情得展
音下同張銑曰
言戒領迭居宿衛則所持政
於私室
事亦不廢也於公朝亦不
親理之路
廢展舒也私室謂居室
通慶予
恕己

治人推恵施恩者矣

李善曰論語子夏問曰有一言可 行之乎子曰其恕乎也所不 人三略曰推恩施恩六力 鈔曰誠實也以心度心曰恕音决恕音庶張銑曰賀嘉曰廢問哀曰予恕也謂以己身度人言如此可謂推恩恵於親者矣陸善経曰因歸存問於親

人道絶緒禁固明侍臣竊自傷也

李善曰左氏 臣奔晉子及請以重幣錮 錮勿得仕也固與錮通鈔曰人道絶緒親戚不得相見禁固於盛朝時也謂不得朝拜禁錮見左傳劉炫解云物有孔穴所通更 錮根已不及羣 見親戚故茂恐 决錮音固

不敢乃望交氣類脩人事

呂向曰言兄弟 而今絶其端緒令 為斷絶也鈔曰氣類謂等輩也言不敢與 同其尋事義也呂

叙人倫

向曰氣類友也倫道

近 通兄弟永絶吉凶 弔之

礼廢恩紀違甚於路人

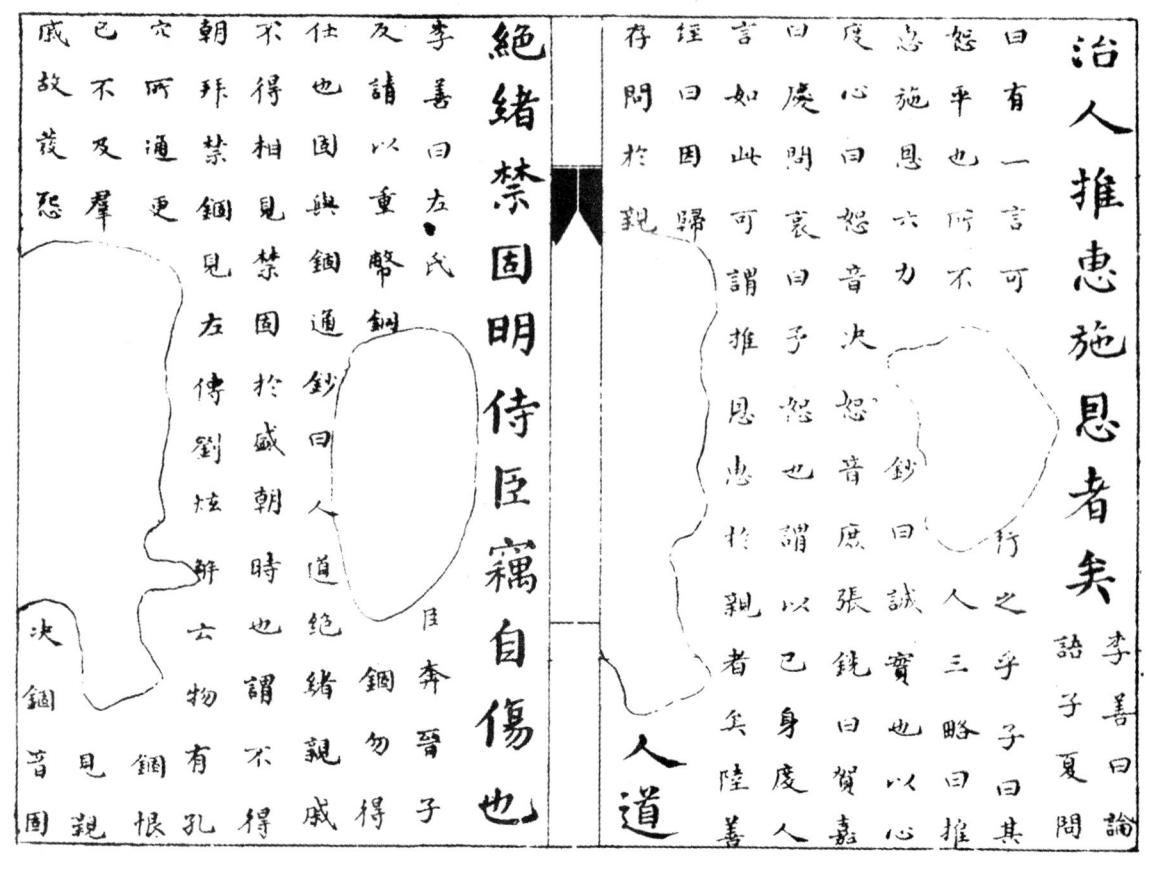

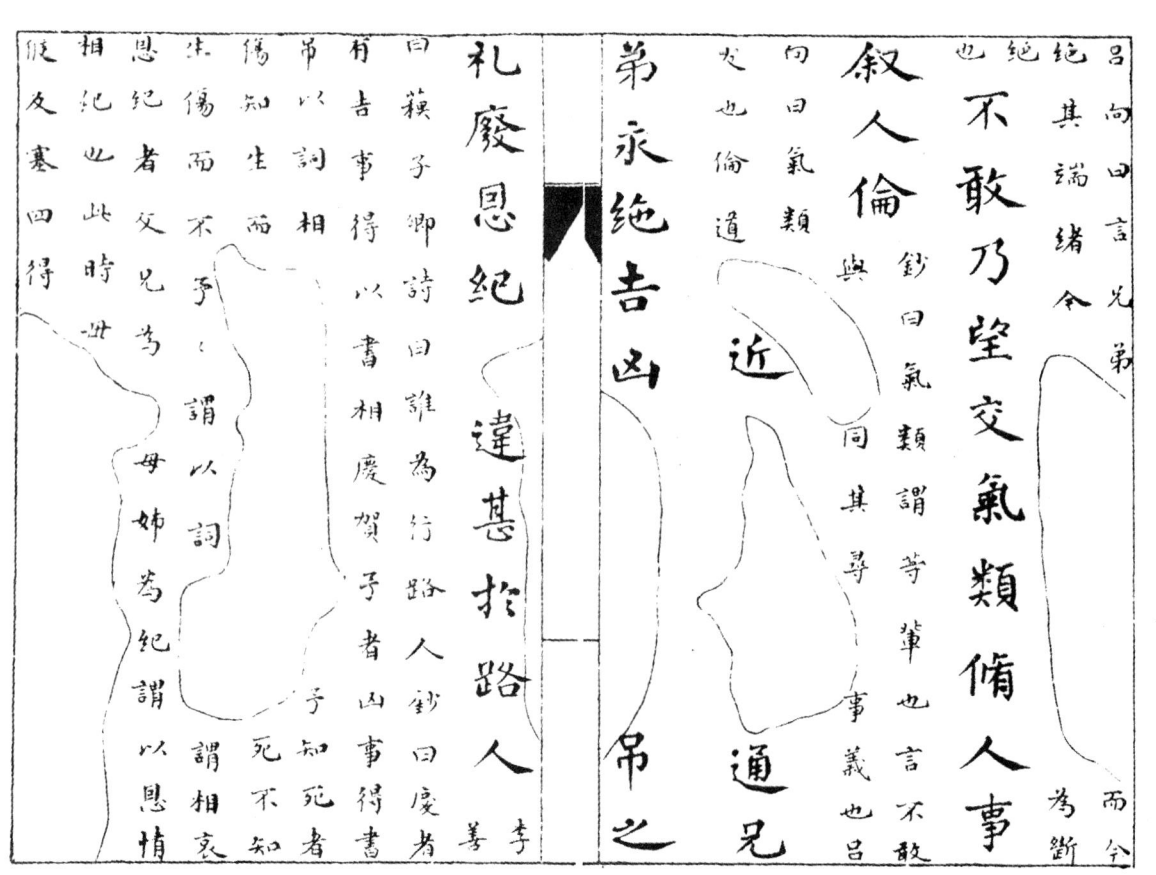

李善曰蕤子卿詩曰誰為行路人鈔曰慶者有吉事得以書相慶賀予者凶事得書弔以詞相 予知死者傷知生而 死不知生傷而不予々謂以詞 謂相哀恩紀者父兄為母姉為紀謂以恩情相紀也此時丗 陵及塞四得

不通謂不得相見也恩紀謂應
有恩情相紀錄雷皆如路人也
陽闕
之異殊於胡越李善曰淮南子曰自異者視之肝
膽胡越胡南方鈔
曰南北陽遠也今言魏家兄弟甚於胡
越之遠也音決礙莫代反式
為閤同治通洛曰閤亦陽也
今臣以
一切之制永無朝覲之望李善曰漢

書音義曰一切權時也鈔曰一切言
整齊也一者非久長合於古法一時
間權曰
一緊曰朝
於注
心皇極結情紫闥神明知之
李善曰尚書孝公
宗均曰
矣
南口琴台
義見尚書
極
胭注
皇大極中也
謂紫微宮也久

云皇極劉良極闕天
子所居一緊制長朝覲也
望注結心於天子
之居神明知我心
然天寔為之謂
李善曰毛曰寔是
之何哉
也言如此之如
是是上天之所為故謂之如何哉李
周翰曰言此實天子為之陸善經曰
詩鄘風
無所
退省諸王常有

戚戚具尔之心
李善曰詩曰戚
戚兄弟莫遠具尔
鈔曰戚戚憂思也父之
心也張銑曰惟思具憂思
於身也陸善經曰具俱尔語助也
言常憂念無相遠離欲俱在此也
顛
陛下
然
詔
李善曰孟子曰
油然作雲沛然
下雨鈔
滂沛也
澤
使諸國慶

問四節得展王四張銑曰之節得展禮於君也以叙骨肉之歡恩全怡怡之篤義李善曰論語子曰兄弟怡怡如鈔曰骨肉父母兄知良音決怡以渦渦曰正厚也女妾之家膏沐之遺歲㝵每通齊義

於貴宗等惠於百司鈔曰詩云豈無膏沐誰適為容此言膏沐婦人之飾也言天下妃遺一歲得洧湎城即外成諸公等百司卿以委及日従済膳漿之屬也惠言恩百司如此則古人之所歎風雅之所詠

復存於聖世矣鈔曰劉良曰古人歎謂大哉堯之為君以謂康鳴棠伏自惟省無錐刀之用李善曰錐刀之用也見求自試表鈔曰錐刀小用也言雖小然各有所施也音決省思静反今案鈔五家陸善經本伏上有臣字之也及觀陛下之所拔授若臣為

異姓竊自斷度不後於朝士矣鈔曰漢有異姓有功封王魏則無也謂王位高不在朝士之後也音決斷力吊反度大洛反李周翰曰拔謂簡賢授事也斷度商量也言已之朴用不在朝士若得辭遠遊戴武弁蔡雍獨斷曰遠遊冠所服傳子曰侍中冠

武弁鈔曰漢官儀云遠遊冠諸王之
服也武官皆著武弁即將軍之所著
也言欲得辭脱遠遊著將中武弁之
服以侍左右張銑曰辭々國遠遊謂
王侯
也
長
也
北也
服也

佩青紱

李善曰朱組
已見求自試
十百以上銀印青綬
侯之帶印紱亦願去
人宿衛官所者謂蔽
賁反組音祖紱音弗

呂向曰紱組皆綬也言解諸侯朱綬佩
將軍青綬也陸善往曰禮記云侯伯佩
山玄玉朱組綬
也

駙馬奉車趣

漢書曰奉車都尉
乘輿車駙馬都尉掌
二都尉皆武帝置
：卽副稱也說
決駙音附呂延
續疾取一勳

得一号

駙馬鈔
之此二
文云駙
濟曰趣

歸

執鞭珥筆

李善曰論
語富而可求雖執鞭之士吾
亦為之范曄後漢書答彭謂朱鮪
曰彭往者得執鞭侍從珥筆戴筆也
漢書趙中曰張安世持橐簪筆張晏
曰近臣負橐簪筆從鈔曰京室冀近
天子同百官例也漢官儀云尚書皆
插筆以供天子所須
良曰插筆謂侍中職

出從華蓋入侍輦轂

李善曰劉
歆遂初賦
曰奉華蓋於帝側胡廣漢官解故注曰
轂下謂在輦轂之下京城之中也鈔曰
初賦注云華蓋星名其形象蓋古出
華之轂也義見漢書古
尤戰有五色雲處車
蓋也音決從十用反
良曰華蓋輦轂天
子車飾也侍謂侍從

承答聖問拾

遺左右李善曰漢書曰議郎掌顧問應對又曰蕭望之劉更生並
拾遺依猶奉也謂奉荅天子之謂拾其遺闕於君之
左右也乃臣丹情之至願不離
於夢想者也鈔曰丹情猶赤心也至願謂至寶之願也
言夢想嘗不離心音決離力智反今案陸善經本無乃字遠慕

鹿鳴君臣之宴李善曰毛詩序曰鹿鳴燕羣臣
嘉賓鈔曰鹿鳴詩云呦呦鹿鳴食野之苹我自嘉賓鼓瑟吹笙言飾
與天子宴樂也中詠棠棣匪他之誡李善
曰毛詩棠棣燕兄[illegible]也詩曰棠伊異人兄弟音決棣徒帝反李
周翰曰棠棣詩篇名刺兄弟不睦也下思伐木友生

之義李善曰毛詩注曰伐木燕朋友故舊也詩曰矧伊人矣不求友
生鈔曰詩云伐木丁丁鳥鳴嚶嚶雖有兄弟不如友生毛云兩鳥聲言朋
友相應以勸戒也終蓼莪因擲之
哀李善曰毛詩蓼莪曰父兮生我母兮鞠我欲報之德昊[illegible]極鈔曰音決
蓼音六莪無何反每四節之會塊然

獨處左右僕隸所對唯
妻子高談無所與陳發義
無所與展未嘗不聞樂而
拊心臨觴而歎息也李善曰漢書曰中山
靖王勝來朝天子置酒勝聞樂聲而而泣對曰臣聞悲者不可為噓欷思

者不可為歎息 結曰久無聞
幼妙之聲不知涕洟之橫集也鈔曰
四節四時之節謂 春夏至立秋冬
至也塊獨自言唯 僕竊憂悲更無
賢臣也晨申音決塊若對及處昌呂
又樹芳蔚又占向 僕蔭下上言所
對非賢難可與陳 臣伏以為犬
申晨故樹心

馬之誠不能動 譬人之誠不
能動天崩城殞霜臣初信之以
況徒虛語耳 李善曰列女傳曰齊
者杞梁殖
之妻也齊疾父 戰死杞梁之
息與子內外皆無 之親既無所
歸乃就其夫之屍於城下而哭之內
誠動人道路過者莫不為之揮涕十
曰而城為之崩淮南子曰鄒衍盡忠
於燕〻〻惠〻 之鄒子

仰天而哭 霜鈔曰
遣自以犬馬 也論語云大
馬時能有養何以別乎言犬馬常有
心何人〻竟不知人亦自諭己雖憶
親戚不能感天心若有感動天子應
知我也列女 未嫁居
從長城杞 避從此
而妾後園池 樹水 藏姿在下從
戲於水中見人影及 見之乃曰請
為夫妻梁曰見死役為卒避從於此
不敢望貴人相采也妾曰婦人不再
見今君見妾 更嫁乎
遂與之交 餉食梁
聞其死遂將 收其骸骨至城
下問尸首乃見城人之築在城中遂
向所築之城哭城遂為之崩城中骨
亂不可識之乃緩點之變成血文一
記史記衍係 為人牧
羊牛有犁 衍後來
當其蹤跡實非此後牛所食地主在

打之至重行仰人皆惡天六月為之
降霜於此地呂延濟曰犬馬自能微
夫也言人之誠不能動天若能動天
子懇知我也
誠忌於前人不
見報懇故
徒虛語耳
注
葉太
陽雖不為之迴光然終向之者
誠也
李善曰淮南子曰聖人之於道
猶葵之
終始
其

鄉之者誠也
誠也大
陽曰也葵與藿
曰〻東則東
曰
代傳言音決藿火郭反下同
為于倘反劉良曰葵藿草也傾葉於日
然曰不為迴光然雖不為
迴光終是向
臣竊自
比葵藿若
施垂三
光之明者寔在陛下
鈔曰三光日
月星也言日

不為葵藿迴
於葵藿終
無光垂照之
照者
在於陛下耳
之下同李
周翰曰葵藿呂向曰此言三光文家
連言以偶
於君也
臣聞文子曰不為福
始不為禍
不為禍先范子曰文子者姓辛葵丘
濮上人也稱曰計然南遊於越范蠡

師事之鈔曰劉向別錄云文子老子
弟子魯哀定時人姓辛名計然著書
子書李周翰
王
皆不表植獨光表故云然矣
今之
否隔友于同憂
李善曰尚書曰友
于兄弟鈔曰諸兄
弟皆同否隔之憂也音決否
步美反張銑
而臣獨
唱言者竊不顧於聖世使有

不蒙施之物有不蒙施足物
必有慘毒之懷鈔曰臣獨請之[illegible]先唱此言也
若兄弟否隔是有不得恩施之物也
慘悽怨傷之意也若有怨傷之意則
有々無々聊々之人則風刺之詩
作也音決慘七[illegible]反[illegible]曰獨唱
先陳表也呂向曰慘[illegible]獨憂慼也
惠也言物不家恩惠則憂慼令案鈔

毒為悽故栢舟有天只之怨谷風有
弃予之歎李善曰[illegible]栢舟曰也天只不[illegible]人只又
風曰將安將樂汝轉弃予鈔曰詩云
栢舟共姜自擔也衛世子早死其妻
守義父母欲奪而嫁之擔而不許故
作是詩此諭無知我[illegible]谷風
時詩宗族刺幽王不敦親々之義
音決只音紙呂延濟曰諒信只辭也

伊尹恥其君不為堯舜李善曰尚
書曰昔先正保衡作[illegible]王乃
弗克畀厥后惟堯舜其心愧恥
于市劉良曰伊
尹殷賢臣也孟子曰不以舜
之所以事堯事其君者不敬
其君者也鈔曰此蓋孟子全文言凡
事君之道不如舜之事堯

是侮慢不敬其君也李[illegible]曰言舜有
聖德能盡忠以事於堯[illegible]得
其君者
乎也臣之愚蔽固非虞伊至
於欲使陛下崇光被時雍之
美宣緝熙章明之德者李善曰
尚書曰
也襲堯擴光被四表[illegible]什和万邦黎人於
變時雍毛詩曰維清

曰非虞伊非虞舜與伊尹時
是也邑和也鄭玄詩注曰緝熈光明也
音決被皮義反緝七入反熈許疑反張
銑曰敬闇也言我固不如虞舜伊尹然
欲其君崇其光大
被時和也美也

是臣悽〻之誠竊所獨守

李善曰字書曰悽〻謹
敬也鈔曰悽〻猶勸也
明也忠誠也音決悽力侵
反陸善經曰悽〻盡心皃

寔懷鶴立企佇之心敢復陳聞者

李善
曰戰
國策曰吳入郢樊冒勃蘇潛曰
而薄秦鶴立不轉鈔曰企舉起皃佇
之立也冒陳不應言（而言）之若依字訓同
也音決冒音黙反佇直呂反
呂向曰企舉踵也冒敢昧辭言獨
守本國鶴立舉踵以望恩澤今案鈔
音決陳聞
為冒陳

冀陛下儻發天聰而垂神聽也

鈔曰冀望也天聰神聽
皆取靈聖之意也儻猶
脫也音決儻他朗反呂延
濟曰自上下聽曰垂聽也

文選卷第七十三

奏彈劉整一首　鈔曰梁典云西陽王內史劉寅與庶弟整同居

有奴婢四人後家貧將奴賣錢後又贖得
之寅後死有二子長曰逡次曰師利整乃
與嫂分財家中資物整將去唯有兄在日
沱二奴與馬經人不歸乃將與妹後經七年
二奴始歸乃大得財物整又欲索之其姪兒
師利曾遠行乃逢雨杖整墅上經得十二日
後整計食小外六十未乃來向使之處索米
嫂未有乃將嫂檳車樁帷為質後得米任贖
始還人來嫂家無礼大叫使婢打嫂傷餅并
打姪兒嫂范不勝欺苦之甚故詣御史臺訴
任昉得此辭勘當
得實故奏彈之

任彥昇

御史中丞臣任君稽首言臣
聞馬援奉嫂不冠不入氾毓字

孤家無常子　李善曰東觀漢記曰馬援事寡嫂雖在閨內必
衣幘然後見王隱晉書曰氾毓字稚春
濟北人也敦睦九族兜土分其家兒無常
母衣無常主音決稜于巷反嫂
素老反氾音凡五家毓音育

是以

義士節夫聞之有立　李善曰左氏傳臧哀
伯武王克商遷九鼎于洛邑義士猶或
非之東京賦曰夫慷貞節班固漢書贊
曰孟子亦云聞伯夷之風懦夫有立志
也鈔曰言聞氾毓家有義故立志也張
銑曰有立謂志也

千載美談斯為稱首

李善曰公羊傳云魯人至今以為美談封
禪書曰永保鴻名而常為稱首鈔曰言千
載之後為美談者用氾家為稱首也
也斯此〻氾毓家音決稱尺證反

臣

君頓首頓首死罪死罪　鈔曰允起

謝然後乃敢陳事者頭也謹案齊故酉陽内

史劉寅妻范詣臺訴列稱出

適劉氏廿許年劉氏喪亡撫養

孤弱叔郎整恒欲傷害侵

奪分前奴教子當伯鈔曰臺即謂御史臺

也已下皆是訴辭語也無父稱孤謂寅二

子逸及師利也弱謂年幼也整名也礼記

云嫂叔不通問言今無名位隨子呼之為

叔郎者今之俗語呼為小郎是也言整疾

嫂有二奴欲加傷害也即謂遣婢打觧傷

是也侵奪言謂夫在之日使二奴往廣州

行死後分財遂撥先行二奴將與嫂姪及

後經七年二奴始歸大得財物歸復强欲

奪之教子當百二奴名也音決卷自浪反

分狀問及陸善經曰今狀云奴教子當伯

已下並昭明所略今案鈔五家本此下云

並已入衆以錢婢姉妹弟溫仍留奴自使

又奪寅息逸婢綠草私貸得錢並不分逸陸善經本有却此下至息逸寅

第二庶息師利去歲十月往

整田上經十二日整便責范

米六升哺食米未展送忽至

户前隔簿攘拳大罵突進

屋中屏風上取車帷準米去

二月九日夜婢采音偷車闌

夾杖龍牽范問失物之意整

便打息逸五家哺滿護及今案五家本此下云整及母并奴婢

等六人來共至范屋中高聲大罵婢采
音舉手杏范臂求攝檢知訴狀帳橘整
父舊使奴海蛤到臺辯問列稱整整已
父興道先為零陵得奴婢四分賦以奴教
子兄大息寅寅已後弟二弟整仍集教子
云應入衆整使留自使婢姊及弟各錢五
千父不分還其奴當伯先是衆奴兄弟未
分財之前整兄寅以當伯貼錢七千共衆
作田寅羅西陽郡還雖未別大食寅以私
錢七千償當伯仍使上廣州去後寅喪已

整兄弟後分奴婢唯餘婢綠綠草入衆整
後云寅未分財贖當伯人應屬衆整意貪
得當伯推綠草與逡整規當僧行還擬欲
自取當伯遂經七年不返整疑已死已迴
更集取婢綠草貨得錢七千整兄弟及姊
共分此錢又不分逡寅妻范云當伯是已
夫私贖應屬息逡當伯天監二年六月從
廣州還至整後集取云應充衆准雇借上
廣州四年夫直今在整處使進責整婢采
音劉整兄第二息師利去年十月十二日忽

往整墅停住十二日整就兄妻范求米六
十斛食范未得整怒仍自進范所住屏風上
取車帷為質范送米六斗整即納受范今
年一月九日夜已失車蘭子夫杖龍牽等
范及息逡道是采音所偷整聞聲仍打逡
范范喚問何意打我兒整毋子尒時便同
出中庭隔薄與范相罵采音奴教子楚玉
法忠等四人于時在毋子左右整語采
音其道汝偷車校具汝何不進猥罵之既
進爭口舉手誤查范臂車蘭夫杖龍牽實

非采音所偷進責寅妻范奴苟列稱孃去
二月九日夜失車蘭夫杖龍牽疑是整婢
采音所偷苟奴與郎逡往津陽門糴米遇
見采音在津陽門賣車龍牽苟奴登欲捉
取逡語苟奴已尒不須取苟奴隱僻少時
伺視人買龍牽雇五十錢苟奴仍隨逡歸
宅不見度錢並如采音苟奴等列狀粗與
范訴相應重數當伯教子列被集今在整
處使忠與海蛤列不異以事訴法令史潘
僧尚議整若輒略兄子逡分前婢貨賣及

奴教子𦐂私伏若無官合報收付所近獄測
治諸所連逮经應洗之源委之獄官患以
法制從事如法
所稱整即主
臣謹案新除中軍
叅軍臣劉整閭閻闒茸名教
所絶 李善曰史記太史公曰李斯自閭
閻應諸侯市屈原曰闒(茸)尊顯兮讒
諛得志世說樂廣曰名教中自有樂地鈔
曰此即是整新補之官漢書音議云去舊

補新為除閭閻里門也賈誼弔屈原云闒
茸尊顯兮注云傳考也三蒼云不肖也言
整氏族本不肖之人耳其微劣遠絶不
在名教之中也謂不依礼法也音決闒
吐臘反茸而勇反呂向曰閭閻里巷闒茸
小人也名教謂士君子也絶弃也
宜以前代外戚仕因紈袴 李善曰漢
書曰班伯出与許子弟為群在綺襦紈
袴之間非其好也鈔曰前代即謂齊家

也外戚即天子之外親也言蕭鸞為王之
時娶其族女為妃後為天子号曰明帝乃
追諡曰皇后因此劉門乃盛也漢書有
外戚傳音決紈音丸袴可路反李周翰曰
綺襦紈袴謂外戚驕奢之服也陸善經曰
齊書云高昭劉皇后廣陵人祖玄之父壽
之明敬劉皇后彭城人光祿大夫
道弘孫未詳劉整的為誰族也 惡
積釁稔親舊側目 李善曰左氏
傳萇弘曰毛

得必亡是昆吾稔之日也杜預曰稔熟
也惡積与桀同誅漢書曰列侯宗室見
卯都側目鈔曰謂整興嫂不相和穆也
言整惡積已熟不可當對雖其親舊皆
側目畏之也音決釁
許靳反稔而甚反 理絶通問而妄
肆醜辭 李善曰礼記曰嫂妹不通問諸
毋不漱裳毛詩曰好言自口莠
言自口毛萇曰莠醜也鈔曰礼記曰嫂妹
不通問此聖人常行之道理也醜辭謂大

叫寫也言通問尚不可況無禮寫之乎劉良曰肆陳也陸善經曰本狀云整語婢採音其道汝偷車校具汝何不進狠寫之

終夕不寐而謬加

大杖

李善曰謝承漢後書曰或問第五倫曰公有私乎對曰吾兄子嘗病一夜十往退而安寢吾子有病雖不省視而竟夕不眠若是者豈可謂無私乎家語孔子謂曾子曰汝弗聞乎昔瞽叟有子曰舜舜之事瞽叟也小棰則待過大杖則逃走瞽叟不犯不父之罪而舜不失烝烝之孝矣鈔曰家語云曾子耘瓜誤斬其根曾皙怒建杖朴之以擊其背曾子仆地不知人有頃乃蘇欣然自起進於曾皙曰嚮也參得罪於大人大人有力令教參得無疾乎退而就房援琴而歌欲令曾皙聞之知其體平也孔子聞之而怒告門弟子曰參來勿內曾子自以無罪使人請孔子孔子曰汝聞昔瞽瞍有子曰舜舜奉瞽瞍瞽瞍使之未嘗不在其側索而殺之未嘗可得小杖則待過大杖則逃走故瞽瞍不犯不父之罪而舜不失烝烝之孝今參事父委身以待暴怒殪而不避死既一身死而陷父於不義其不孝孰焉曾子聞之曰參之罪大矣遂造孔子而謝過也謬妄謬謂不依理者也張銑曰言整私其子則竟夕不寐惡其姪則妄加大杖也

薛苞分財取其老者弱

李善曰范華後漢書曰汝南薛苞字孟嘗好學篤行弟子求分異苞不能止乃中分其財婢奴引其老者曰與我共事久若不能使也田廬取其荒頓者曰吾少時所治意所戀也器物取朽敗者曰我素所服食身口所安也後徵拜侍中

高鳳自穢爭訟寡嫂

李善曰東觀漢記曰高鳳字文通南陽人也鳳年老名聲著聞大守連名請恐不得免自言本巫家不應為吏又與寡嫂詐訟田遂不仕音決爭音

未見孟嘗之

深心唯數文通之僞迹 李善曰顔延年詠向秀曰深心託豪素袁伯名目頌曰迹洿文僞鈔曰深心謂取其老弱也僞迹謂詐与姓訟田也音決數戶教反

昔人睦親衣無常主 李善曰顔延年陶徵士誄曰睦親之行衣無常主已見上文鈔曰昔人即謂凡毓也人為之語云衣無常主况無常册是也

揫之撫姪食

有故人 李善曰西京雜記曰公孫弘起家徒步為丞相故人齊高賀從之弘食以脫粟飯覆以布被賀怨曰何用故人富貴為脫粟布被我自有之弘大慙賀乃告人曰公孫弘内厨五鼎外膳一肴豈可以臨天下於是朝廷疑其矯爲弘歎曰寧逢惡賓不逢故人音決姪大結反劉良曰公孫弘為漢丞相故人從之食以脫粟飯揫之於此其薄如此也

何其不能折

挈鍾庾而禧惟文質 李善曰漢書曰高祖每酤歲竟兩家常折券弃責左氏傳晏子曰釜十則鍾杜預曰斛四斗范成論語注曰十六斗為庾毛詩曰漸車帷裳毛萇曰帷裳婦人車飾鄭玄曰帷裳幢容也方言曰江淮謂禧褕為襜容左氏傳曰鄭伯忽王〻曰無之啟周鄭交質鈔曰周礼注云卌六斗曰鍾禧即謂車銅容也言特此以質六外來也音決折音舌契口計反禧昌占反質丁利反李周翰曰六斛四斗為鍾言嫂雖負鍾庾之直亦宜折券不論而揫為六斗末而取嫂車帷為質言揫之罪深也陸善經曰本狀云揫兄子師利往揫豎傳〻就范求未六斗哺食范未還揫自進范暇任取車帷為質牆左傳釜六斗四升考工記庾二斗四升

人之無情一何至此 李善曰莊子惠子謂莊

子曰人故無情乎莊子曰然惠子曰人而無
情何謂之人鈔曰此言人之無情
之事故多而至此交質何甚也實敎
義所不容紳冕所共弃李善曰嵇康絶交書
曰世教所不容鈔曰言於教義之中不
容此人在朝紳冕共弃此道也音决紳
音申冕音免古定
濬曰紳冕衣冠臣等參議請以
見事免整新除官輒勒外
收付廷尉法獄罰罪諸所連
逮應洗之源委之獄官恚以
法制從事鈔曰參議言與御史官等
相參言議事訖請時見上
新除官謂新除中軍行參軍也治罪謂勒
使向外收付與大理官禁之獄中治其不

義之罪也音决見何殿及今案鈔陸善經
本罰為治五家本此下云娉禾音不欲偷
偷東宰請付獄淵實其宗長及池墈贓司
司初無糺舉及諸連逮請不足申盡
臣昉誠惶以下

奏彈王源一首 鈔曰王源嫁女不得門敵貪財與之故彈也

沈休文 李善曰吳均齊春秋曰永明八年沈約爲中丞 鈔曰時爲給事黄門侍郎兼御史中丞

給事黄門侍郎兼御史中丞

吳興邑中正臣沈約稽首言

臣聞齊大非偶著乎前誥辭

霍不婚垂稱往列 李善曰左氏傳曰齊侯欲以文

文姜妻鄭太子忽太子忽辭人問故太

子曰人各有耦齊大非吾耦也漢書雋

不疑爲京兆尹大將軍霍光欲以女妻

不疑不疑固辭不肯班固不疑述曰不疑肅

敏應變當埋辭霍不婚逡迴致仕鈔曰

漢書百官表云中黄門給事黄門位從

大夫皆奏劾兼猶攝也吳興郡名中正官名

言約爲此官也前誥即謂左傳也往烈即謂

謂漢書也音決兼古念反偶偶五口反著丁

慮反霍火郭反稱尺證反尺證反劉良曰誥

書烈業也 若乃交二族之和辯伉合

之義升降窊隆誠非一揆 李善

曰禮記曰昏禮者將合二姓之好上以

事宗廟下以繼後代也左氏傳施氏之

婦怒施氏曰已不能庇其伉儷尚書曰

道有升降政繇俗革吳都賦曰窊隆異

等孟子曰先聖後聖其揆一也鈔曰禮

云男女非有行媒不相知名二姓男女

兩家氏族也左傳施氏之妻曰鳥獸猶

不失其伉儷注云伉敵儷偶也升降上

下也禮記云孔子曰道汙則從而汙道

隆則從而隆也窊下隆盛品類極多言

非一揆度也音決伉口浪反儷音麗窊

爲花反張銑曰伉合相敵而合隆善終

曰伉合伉儷對合也
今素音決合為儷

固宜本其素不相奪倫

李善曰尚書曰八音克諧
無相奪倫鈔曰門素謂本
所相承也倫理也呂向
曰使有倫理次第也

使秦晋有迆涇渭無舛

李善曰左氏傳曰晋
公子重耳至於秦秦
伯納女五人懷嬴與焉奉匜沃盥既而
揮之怒曰秦晋匹也何以卑我孫綽子

子曰或問雅俗曰涇渭殊流雅鄭異調
鈔曰詩云涇以渭濁湜湜其沚注云涇
以有渭故見也音決涇音經渭音
謂所晶亮反李周翰曰所猶雜也

自宋氏失御礼教彫褻衣冠之族曰失其序

李善曰范曄後
漢書霍諝奏記
曰宋光衣冠子孫左氏傳鄭莊公曰周
子孫日失其序鈔曰衣冠謂簪纓人也

婣婭淪雜罔計廝庶

李善曰毛詩曰瑣瑣
姻亞則無膴仕漢書
曰有廝養卒如淳曰廝賤者也鈔曰
尒疋曰兩聟相謂為婭公羊傳廝役
戶養世謂賤人取薪者也漢書音
議謂養馬人也音決姻音因婭音亞
廝音斯呂延濟曰淪混也
同無也廝庶皆賤人也

販鬻祖曾以為賈道明目腆顏曾無愧畏

李善曰丁德禮厲志賦曰苟
神祇之我照永明目而無愧
作孔安國尚書傳曰腆厚也毛詩曰不
愧于人不畏于天鈔曰販鬻俱謂賣
也明曰張目也音決販方万反鬻以六
反賈音古腆他典反曹在登反劉良曰
以祖曾之高門嫁子女而取財利有如
商賈之道陸善經曰言以祖曾之勳業
多責聘財有
似商賈之道

若夫盛德之胤廿

業可懷李善曰左氏傳史趙曰盛德必百世祀幽通賦曰違世業之可懷鈔曰胤嗣子孫也言父祖盛德子孫相承世世為之基業將累万代故可懷思也音決夫音扶呂向曰世業謂上代德業也後嗣子孫宜常之不可改也欒郄之家前徽未遠李善曰左氏傳叔向曰欒郄胥原降在皁隸杜預曰晉舊臣之族也鈔曰徽美也言王氏之於比之如

晉欒郄之家其道在近與時未遠也音決欒力丸反郄去逆反李周翰曰欒郄皆晉大夫其家以比當時公卿之族既壯而室竊貲莫非皁隸李善曰禮記曰卅曰壯有室鄭玄曰有室有妻〻稱室也解嘲曰司馬長卿竊貲於卓氏左氏傳曰人有十等士臣皁〻臣輿〻臣隸鈔曰皁隸賤人言貪他資財嫁女皆與賤人也音決貲子斯反皁在早反隸力帝反

呂延濟曰言嫁娶之家貴賤雜偶以相竊其貲也結褵以行箕帚咸失其所李善曰毛詩曰親結其離九十其儀毛萇曰離婦人之褘也國語曰越王句踐行成於吳曰一介適女執箕帚於王宮鈔曰言父母親結結褵謂重其事也褵初嫁之香囊也行謂適人也詩云女子有行遠父母兄弟漢書呂公云吾有息女願為箕帚妾音決褵音離箕居疑反帚章酉反

劉良曰女將嫁為離結其褵〻帶也婦人適於人而執其帚也今則非其匹偶是以失所也志士聞而傷心舊老為之歎息李善曰論語子曰志士仁人無求生以害人鈔曰志士即謂志介之士舊老舊時爵高門之老也音決為于偽反自宸歷御寓弘革典憲雖除舊布新而

斯風未弥李善曰左氏傳曰有星孛于大辰申須曰彗所
以除舊布新也尚書曰商俗靡靡利口
惟賢餘風未弥公其念哉鈔曰自從也
弘大革改也言改制憲法也斯此也風
謂倫雜之風不得迅甦弥絶也未絶言
尚行之也張銑曰宸歷天子歷數謂梁也
御寓謂御天下也憲法也弥滅也
陛下所以負扆興言思清弊俗者也李善曰禮記曰天子負斧依南向而立鄭玄曰負之言背也斧
依爲斧文屏風扆与依同尚書曰弊俗奢
麗萬世同流也鈔曰思清思清靜也思靜
俗之敝使得其條理也音決扆於稀反
李周翰曰扆屏風也天子所居後有屏
風故言負扆弊俗謂雜爲婚姻者
也今案陸善經本清爲淯亦無者字臣實懦
品謬掌天憲李善曰范華後漢書劉陶上疏曰今權官口含天憲鈔曰左
傳宮之奇也懦而不能強諫懦弱也諮妄
也掌主也憲法也御史掌國之法制主糺
彈之事此休文之謹言我濫得主
此糺彈之官也音決懦奴亂反雖埋
輪之志無屈權右李善曰范華後漢書曰張
綱字文紀爲侍御史順帝遣八使徇行
風俗餘人受命之部綱獨埋其車輪於洛
陽都亭曰豺狼當路安問狐狸遂奏大將
軍梁冀東觀漢記曰皇甫嵩上言四姓權
右戚各斂手鈔曰權右謂權勢家右貴戚之
家在上也音決埋莫皆反劉良曰權勢也
右用事者也而狐鼠微物亦蠹大猷李善曰應璩詩曰城狐不可掘社鼠不
可熏晏子春秋景公問晏子曰治國患
有常乎對曰讒佞之人隱在君側猶社
鼠不熏也去此乃治矣范華後漢書虞
詡謂馬成曰尔民之巨蠹久依城社不畏
熏燒毛詩曰秩秩大猷鈔曰蠹敗毀也猷

道也言雖狐鼠小物亦能毀敗大道也况不得其尺敵乎音决蠹東路反劉良曰賈謐曰城狐不掘社鼠不熏言已雖有張綱埋輪之志未能屈服權勢用事者而王源事同狐鼠族有承籍一失綱紀亦敗大道也

風聞東海王源嫁女與富陽滿氏源雖人品庸陋胄實叅華曾祖雅

位登八命李善曰檀道鸞晉陽秋曰王雅字茂達東海郯人為右僕射周礼曰八命作收鄭司農曰一州之收也王之三公亦八命也鈔曰風聞言是風中傳聞不正聞也滿氏女智名鸞〻父字璋之王源身短小故言庸陋叅華言叅於華宗也音决胄直溜反張銑曰源東海人滿璋之富陽人也呂向曰胄猶代也華榮華也

祖少卿内侍帷幄〻帷幄謂在天子左右也劉良曰璿為東宮宮采事也儲闈東宮也張銑曰諸府諸禁府也戎兵也班列也而源得預列此官也陸善經曰言預通侯之班次也

父璿升采儲闈亦居清顯源頻叨諸府戎禁預班通徹李善曰應劭漢書注曰舊曰徹侯避武帝諱曰通侯鈔曰幄帷也尒雅云采官也謂事太子東宮清美顯明之處爲階事也徹侯此商君所置秦爵第廿者也音决少失照反幄於角反璿音旋儲音除叨吐刀反呂延濟曰少卿爲侍中常侍

而託姻結好唯利是求玷辱流輩莫斯為甚源人身在遠輒攝媒人劉嗣之到臺辯

門嗣之列稱吳郡滿璋之相
承云是高平舊族寵奮胤
胄李善曰魏志曰滿寵字伯寧景初二年爲太尉寵子偉嗣世語曰偉弟
子奮元康中至司隸校尉荀綽冀州記
曰奮高平人鈔曰結好謂恩好也詩云妻
子合朕唯利謂得錢多即嫁女与不論門
素也點汙也流同流華等華也無滿此爲家甚也

劉嗣之媒人姓名在近故可撮錄以問
逗留臺御史臺也高平郡名也滿姓所
出此皆媒人劉嗣之辭語曹亦胤言璋
是其子孫也音決好音耗玷音點呂向曰
在遠謂在南郡丞也今案鈔
玷爲點陸善經本無舊字家計温
足見託爲息鸞覓婚王源
見告窮盡即索璋之簿閥李善

曰漢書朱博曰王卿憂公賣伐閥詣
附音義曰明其等曰伐積功曰閱也鈔
曰温懷謂富有也是多也託猶投也投
我使爲覓婦家此亦媒人辭語也言源
見我告其事狀理盡也索求也簿書也
謂家譜也音決索所格反簿白古反下
同閥音伐陸善經曰簿閥譜諜薄
書有先祖之功伐猶今家狀也見
璋之任王國侍郎鸞又爲王

慈吳郡正閤主簿李善曰吳均齊春秋曰王
慈字伯寶早有令譽稍歷侍中吳郡太
守也鈔曰謂東海王國内侍郎言王源
見我說璋之所任官女聟
所任官也音決任任而鴆反源父子因
共詳議判與爲婚璋之下錢
五万以爲聘礼源先喪婦

又以所娉餘直納妾如其所
列則與風聞符同竊尋璋之
姓族士庶莫辯滿奮身殞
西朝胤嗣殄沒武秋之後無
聞晉
李善曰晉初都洛陽故曰西朝
後在江東晉于寶晉紀曰苗頠

然司隸滿奮荀綽冀州記曰滿奮字武
秋鈔曰言源父子見滿家見有官〻不問
門戶即許為婿也五万即五十貫錢為
娉女之礼直也言源以娉女之錢迴將
為納妾之用也自此已上皆媒人劉嗣之
辭語也所列謂劉嗣之所列也庶賤人也
嗣繼謂其後子孫也殄絕沒滅也東晉元
皇東渡滿氏殄滅無有遺者音決娉妨佞
反巷息浪反朝直遙反李周翰曰滿奮
為司隸為苗頠所殺故云殞身殄死也言

奮後不聞子孫在東晉者
也今案五家本聞為聲
其為虛託
不言自顯王滿連姻寔駭物
聽
李善曰尚書大傳曰文王絶政而物
皆聽鈔曰虛託虛注託也顯露也明
也不待言問自然可明駭
驚也言人聞者莫不驚嗟
潘楊之睦有
異於此
李善曰潘岳楊仲武誄曰潘
楊之睦有自來矣品呂延濟

曰言王滿
与此異也
且買妾納媵因娉為
資
李善曰左氏傳鄭子產曰故志曰
買妾不知其姓則卜之鈔曰媵從也
因女之娉財以為買妾之資也資用也音
決媵以證反劉良曰媵從婦者也
施衿之費化充牀第
李善曰儀礼曰
女嫁毋施衿結悅鄭玄曰悅佩巾也左
氏傳曰趙武過鄭伯有賦鶉之賁〻趙

孟曰牀第之言不踰閾杜預曰第簀也鈔曰儀礼云女欲出適時父施襟而誡之然襟取繼人之義也第麻簀也言覲於床簀之間謂納妾也音決施式氏反責芳味反第音滓劉良曰悅帶也牀第帳房之間也言買妾納媵令閨姑婦之資而取之令源以嫁女之財而

鄙情

納妾成帷房之私罪甚也

贅行造次以之

李善曰蜀志諸葛亮表李平曰

臣知平鄙情欲因行心之際迫臣取利也老子曰自伐無功自矜不長其在道曰餘食贅行鈔曰鄙悪也疣周云附贅懸疣迴女之嫁物以取妾是鄙悪之行也造次謂向所行也音決贅之芮反行下孟反造七到反張銑曰贅悪也言源情行鄙悪造次用之為事

糺慝繩違允茲簡裁源即主

李善曰言其違慝信當此簡之

所職裁也尚書王曰繩僁糺謬格其非心鈔曰慝惡也違於繩者弃之允信也茲此也簡有裁制也音決慝他得反裁才載反張銑曰簡裁即略狀奏聽裁制也

臣謹案南郡丞臣王源忝藉世資得參纓冕

李善曰漢書音義曰無忌卻秦有世資也鈔曰源當時任南郡丞也言藉前世之資藉所以得參在纓冕中也呂向曰世資祖父之業也參纓冕謂入仕也

同人者皃異人者心

李善曰列子曰夏桀殷紂魯桓楚穆狀皃七竅皆同於人而有禽獸之心竹曰皃人同心与人異〻謂覩度女物以取妾也

以彼行媒同之抱布

李善曰礼記曰男女非有行媒不相知毛詩曰氓之蚩〻抱布貿絲匪來貿絲來即我謀也鈔

曰以物語人即真花女也詩云祗之蚩
ゝ祀布貿絲言非有真心易絲故方便
為私也李周翰曰言源以
行媒之礼同祀布之事
且非我族
類徃梏格言薰蕕猶不雜
聞之前典
李善曰左氏傳曰公欲求
成于楚而執晉季父子曰
史佚之志有之曰非我族類其心必異
家語顔回曰回聞薰蕕不同器而藏鈔
曰左氏傳一薰一蕕音決薰大云反蕕
音猶呂延濟曰梏智也徃智即季父子
也格至也薰香草蕕臭
草也前典即家語也
豈有六卿
之曹納女於管庫之人
李善曰
尚書曰
六卿公賦礼記曰晉人謂趙文子知人
昕舉晉國管庫之士七十有餘家鄭玄
曰管ゝ鍵也鈔曰礼記曰天子六卿管
庫諭滿氏賤也六卿國之大臣也晉有

六卿不宜与賤人為親也劉良
曰言源祖父之貴也曾嗣也
宋子河
魴同穴於輿臺之鬼
李善曰毛
詩曰豈其
食魚必河之魴豈其取妻必齊之姜豈
其食魚必河之鯉豈其娶妻必宋之子又
曰數則異室死則同穴左氏傳曰皁臣輿
ゝ臣隸ゝ臣僚ゝ臣僕ゝ臣臺鈔曰詩云
豈其食魚必河之魴豈其取妻必齊之姜
又曰豈其食魚必河之鯉豈其取妻必宋
之子齊宋俱大國魴鯉俱美魚輿臺賤人
也同穴冢壙之中也今言大國之女不可
与輿臺賤人同穴死也詩家但有德者即
取之不必須大國之女今取大為義也音
決魴音房輿音余張銑曰詩云豈其娶妻
必齊之姜豈其娶妻必宋之子姜子齊宋
姓也言源如此等家之子孫而使
高門
其女嫁於輿臺之賤同穴為鬼也
降衡雖自己作箴祖辱親

於事為甚李善曰陸雲荅兄書曰髙門降衡脩庭樹蓮說文曰襪輕易也茂与襪古字通鈔曰衡々門也降下也言從其髙門降就衡門也己作謂其當身降下也親謂父祖事謂教義之事也呂向曰衡横木為門凡庶人家也言以己髙門自降与凡庶連姻乃是輕祖考辱親戚也此風弗翦其源遂開點世塵家

將被比屋李善曰尚書大傳曰周已可比屋而封鈔曰此風即貪財辱親也翦削也盡也源々流也開謂廣大也點汙也塵滓深也先之為君比屋可封桀紂之時比屋可誅今言此之風俗々將遍被比屋之人音決被皮義反李周翰曰翦除源本塵汙也陸善經曰點辱於世塵汙家風將被比屋之人可封之々化言風俗革也宜寘以明科黜之流伍

使己汙之族永愧於昔辰方媾之黨革心於来日李善曰賈子曰宋昭公革心易行鈔曰己行己見汙辱者也小疋云心慙曰媿辰時也媾結也黨朋黨也革改也来日將来之日言不使後行也音決汙烏卧反媾古候反五家寘真智反呂延濟曰伍等也己汙謂王氏也方媾謂將復媾如此婚姻者臣等

參議請以見事免源所居官禁錮終身輒下禁止視事如故李善曰言禁止其視事之法當如故事也鈔曰言我等以參共議詺詩以議事見也所居官即謂南郡丞也終身謂至死不得仕宦也故謂國家制造常行之法也今言禁止其身不得視事皆如故事也音決見見何殿反劉良曰言禁止

視事使如昔無官之時陸善經曰禁止不許從朝班視事則依舊 源官品應黃紙 鈔曰言源品高當用黃紙也 臣輒奉白簡以聞 鈔曰謂其有罪不得復用本官之紙故我輒即奉白簡以聞天子也 臣約誠惶云云

牋 鈔曰牋進也書也字書云：牋表：明使可識

答臨淄侯牋一首

楊德祖 李善曰典略曰楊脩字德祖太尉彪子也謙恭才博自魏太子以下並爭交好人是時臨淄侯以才捷愛幸秉意投脩數與脩書脩答牋後公以脩前後漏泄言教交關諸侯乃收殺之陸善經曰典略云楊脩字德祖少謙恭有材學早流奇譽魏武為丞相轄主簿軍國之事皆預焉脩思謀深長常為答教故猜而隱焉初臨淄侯植有代嫡之議脩厚自委昵深為植所親重太子亦愛其才武帝慮脩多譎恐終為禍亂又以袁氏之甥因事誅之

脩死罪不待數日若彌年載
李善曰毛萇詩傳曰彌終也鈔曰今上此
書有犯死之罪再言之者怖懼之深也待
〻左右也言數曰之别若終年也音决
數史柱反下同今案鈔陸善經本死罪
下人有死
罪兩字
豈由愛顧之隆使係
仰之情深耶
鈔曰言豈不由君愛
顧我重厚使我係情

仰望深也呂向曰豈
由言豈不由也隆重
損辱嘉命蔚
矣其文
李善曰周易曰君子豹變其
文蔚鈔曰嘉善也謂与脩書
故謙言猶辱蔚文章之皃謂子建書
也音决蔚紆物反李周翰曰蔚盛
誦
讀反覆雖諷雅頌不復過此
李善曰說文曰諷誦也鈔曰雅謂詩之
大雅小雅小雅也頌謂商魯等頌也此

〻子建之書也周礼諷誦言語鄭玄曰
背文曰諷以聲之曰誦諷謂闇讀之不
依詠也音决覆芳伏反過古卧
反下同呂延濟曰諷猶詠也
若仲
宣之檀漢表陳氏之跨冀
域徐劉之顯青豫應生之
發魏國斯皆然矣
李善曰仲
宣流寓楚

壤故云漢表孔璋宮身表氏故云冀
域偉長淹留高密故云青公幹淪飄許
京故云豫德璉時居汝〻潁〻太祖食
邑故云魏也鈔曰表謂漢水之南建安
初王粲寓居荊州劉表處子建書云仲
宣獨步於漢南今疊彼書語陳氏陳琳
也事表紹〻記室紹據河北跨有冀州言
陳琳獨跨冀州之域也子建書云孔璋
鷹揚於河朔是也徐〻幹也〻劉〻楨
也子退書云偉長擅名於青土公幹振

漆於海隅應生德璉璉也子建書云德
璉發迹於此魏言皆如來書之所讀也
音决櫨市戰反劉良
曰仲宣王粲字也
至於脩者聽
采風聲仰德不暇
李善曰尚書
曰樹之風聲
鈔曰言側聽採覽尔風聲
仰尔之德尚無閑暇也
目周章於
省覽何遑高視哉
李善曰曹
植書曰足

下高視於上京家語孔子曰出乎四門周
章遠望鈔曰周章惶懼也省觀覽察也
子建書云足下高視於上京此云何遑
高視以答來書之語也遑暇也言何暇
高視於上京哉音决有思
靜反張銑曰周章馳逐也
伏惟君侯
少長貴盛體發旦之資有
聖善之教
李善曰發武王名也旦周
公名也毛詩曰凱風自南

吹彼棘新母氏聖善我無令人也鈔曰
言所見既廣加後有武王公旦之賢也詩
曰母氏聖善謂有母氏之教也音决少
失照反良丁丈反呂向曰體同也資用也
聖善謂植
父武帝也
遠近觀者徒謂能宣
昭懿德光贊大業而已
李善曰
毛詩曰
宣昭義問又曰人之秉彝好是懿德周
易曰富有之謂大業鈔曰徒獨獨也宣

遍也昭明也懿美之德謂其父也言子建
能宣明之大業天子之業也光明也贊
佐也言但能光明佐助天子之業也音
决令力政反武作懿通李周翰曰宣布
懿美也大
業父業也
不復謂能兼覽傳記
留思文章今乃含王超陳度
越數子矣
李善曰漢書桓譚曰揚
子之書文義至深則必

度越諸子矣鈔曰文章通謂古今書也
言遠近之人觀者不謂君復能餘力博
覽古今留思慮於文也含茫也王々粲
陳々琳言君之才皆已含衆人度越於
其外也音決傳直戀
反思先自反下同
觀者駭視而
拭目聽者傾首而竦耳非夫
體通性達受之自然其孰

能至於此乎鈔曰駭驚也言遠近
之人皆言光贊大業
耳忽見文章超越故驚駭而拭目也傾
首猶欹傾聽也竦起聽也若非體道通
理稟自然之功者孰誰也此謂含王超
陳也音決夫音扶呂延濟曰竦耳正聽也
今案鈔通
爲道也
又嘗親見執事握牘
持筆有所造作若成誦在心

借書於手曾不斯須少留
思慮仲尼日月無得踰焉李善
曰論語子貢曰仲尼不可毀也仲尼日
月也無得而踰焉鈔曰言我嘗親自見
君所主執事情持筆謂執筆爲文也言
如見成舊誦在心但臨時借手書出之也
斯須謂須臾少時閒故云若我誦在心耳
論語叔孫武叔毀仲尼子貢曰他人之賢

者丘陵也猶可踰焉仲尼日月也無可得
踰也今言其德高不可而踰也音決握於
角反牘音讀借子亦反曹在登反劉良曰
執事謂植也尊敬之故不指斥而託左右
執事也牘書板也子貢曰仲尼日月無得
而踰焉以比植文章不可及也
脩之仰望殆如此矣是以對
鶡而辭作暑賦彌日而不獻李善

曰植爲鶡鳥賦亦命脩爲之而脩辭不應命植又作大暑賦而脩亦作之竟日不敢獻也鈔曰此謂日月也言我比陳思猶如望仲尼若日月也近近弥終也獻進音决鶡何達反見西施之容歸憎其貌者也李善曰越絶書曰越王乃餙美女西施鄭巴使大夫種獻之於吳王鈔曰歸憎其皃謂自媿其醜也張銑曰由見西施之美自憎其惡也亦伏想執

事不知其然猥受顧錫教使刊定春秋之成莫能損益呂氏淮南字直千金然而弟子柑口市人拱手者聖賢卓犖固所殊絶凡庸也李善曰史記曰孔子在位聽訟文辭有可与共

者弗獨有也至於爲春秋筆則筆削則削子夏之徒不能贊一辭桓子新論曰秦呂不韋請迎高妙作呂氏春秋漢之淮南王聘天下辯通以著篇章書成皆布之都市縣置千金以延示衆士而莫能有變易者乃其事約體具而言微鈔曰言執事不知我如此蓋如此見君父今更教使刊定之耳然者然上事謂憎其皃也錫賜刊削也呂氏春秋曰呂弗聚智略呂氏春秋成懸之於市有改一

字者賞千金金淮南成亦懸視能改一字賞五百金鉗口謂春秋也拱手覆呂氏与淮南也聖謂孔子脩春秋賢謂呂弗韋淮南王音决猥烏罪反刊苦干反鉗巨炎反或爲相通犖力角反李周翰曰此皆聖賢用心高大以殊於凡庸之所由致也卓犖高大皃也今之賦頌古詩之流不更孔公風雅無別耳李善曰班固兩都賦序曰

賦者古詩之流也鈔曰子建書云今往僕少所著詞賦一通相與、言今此賦頌即是古詩之流類也更經也孔公孔子也潘岳云我聞之於孔公是也音次更音庚呂延濟曰更相經也脩言今植之賦頌乃与古詩相類不經孔子刪定与詩之風雅無異

脩家子雲老不曉事強著一書悔其少作

李善曰曹植書曰楊雄猶稱壯夫不為楊子法言或問吾子少好賦曰然童子彫蟲篆刻俄而曰壯夫不為鈔曰言雖年老尚不能曉知事理故著法言如此說也悔其少小時所著述也音次强其兩反著丁慮反少失照反劉良曰子雲雄字也与脩同姓故云脩家著一書即法言也

若此仲山周旦為皆有諐耶

李善曰毛詩序曰七月周公遭變陳王業之艱難然詩無仲山文作者而有吉父美仲山父之德未詳德祖何以言之也鈔曰儆過也周公作鴟鴞詩仲山甫作周頌此二人是古之聖賢各有詩頌如所君侯引子雲之說則皆為過闕也不得復賢聖陸善經曰詩曰肅肅王命仲山父將之邦國若否仲山父明之此吉甫美仲山父之德故通呼為仲山父詩

君侯忘聖賢之顯迹述鄙宗之過言竊以為未之思也

李善曰論語曰未之思也夫鈔曰聖謂周公旦賢謂仲山甫顯明也忘弃也言君侯今日所引足忘弃周公山甫明白之迹也鄙宗謂楊子雲也過言謂過失之言非得理也君侯所以引我鄙宗過失之言以為證者是未曾思之於心也陸善經曰詩曰肅肅王命仲山父將之邦國若否仲山父明之此吉甫美仲山父之德故通呼為仲山父詩

若乃不忘經國

之大美流千載之英聲李善曰東
京賦曰忘經國之長基封禪書曰飛
英聲也今案陸書經本美爲義也銘
功景鍾書名竹帛斯自雅量
素所畜也豈與文章相妨害
哉李善曰國語晋悼公曰昔克路之役
秦來圖敗晋功魏顆以其身却退秦
師于輔氏親止杜回其勲銘于景鍾壽
昭曰景鍾景公鍾也墨子曰以其所書
於竹帛傳遺後子孫鈔曰此已上皆邈略
彼詞也雅素也自是舊來度量有千載之
功豈與文章相妨害哉音決量力上反畜
丑六反李周翰曰書名竹帛謂史書雅量
謂植之度量也素常也植書云吾雖薄德
位爲蕃侯猶庶幾戮力上國流惠下民建
永世之業流金石之功豈徒以翰墨爲
勲績詞賦爲君子哉故脩以此言荅之也

輒受所惠竊備矇瞍誦詠而
已李善曰毛詩曰矇瞍奏工鈔曰言我
輒即受君惠我詞賦以備具至老以
來爲誦詠也音決矇音決矇瞍素后反呂
延濟曰所惠謂賜文章言已備誦詠之人
而已矇瞍猶昏
耄脩謙詞也敢望惠施以忝莊
氏李善曰曹植書曰其言之不慙恃惠
子之知我也鈔曰忝辱也劉良曰植
書云其言之不慙恃惠子之知我脩言
已豈敢望比惠施之德以忝辱於莊周之
相知乎莊周喻植也惠施
莊周相知者也故引之也季緒璅〻
何足以云李善曰曹植書曰劉季緒
好詆訶文章文章志曰劉季
緒名脩劉表子官至樂安太守鈔曰尔疋
云璅〻小也言其才小不足可言也音決
璅素果反張銑曰植書云劉季緒好詆
訶文章故脩云何足以言書璅〻小器也

反荅造次不能宣備脩死罪死罪 鈔曰反復也言復此書荅之成不得其理故云造次也

與魏文帝牋一首

繁休伯 李善曰文章志曰繁欽字休伯潁川人少以文辯知名以豫州從事稍遷至丞相主簿病卒文帝集序云上西征余守譙繁欽從時薛訪車子能喉囀與筬同音欽還錢與余盛歎之雖過其實而其文甚麗音決繁步和反

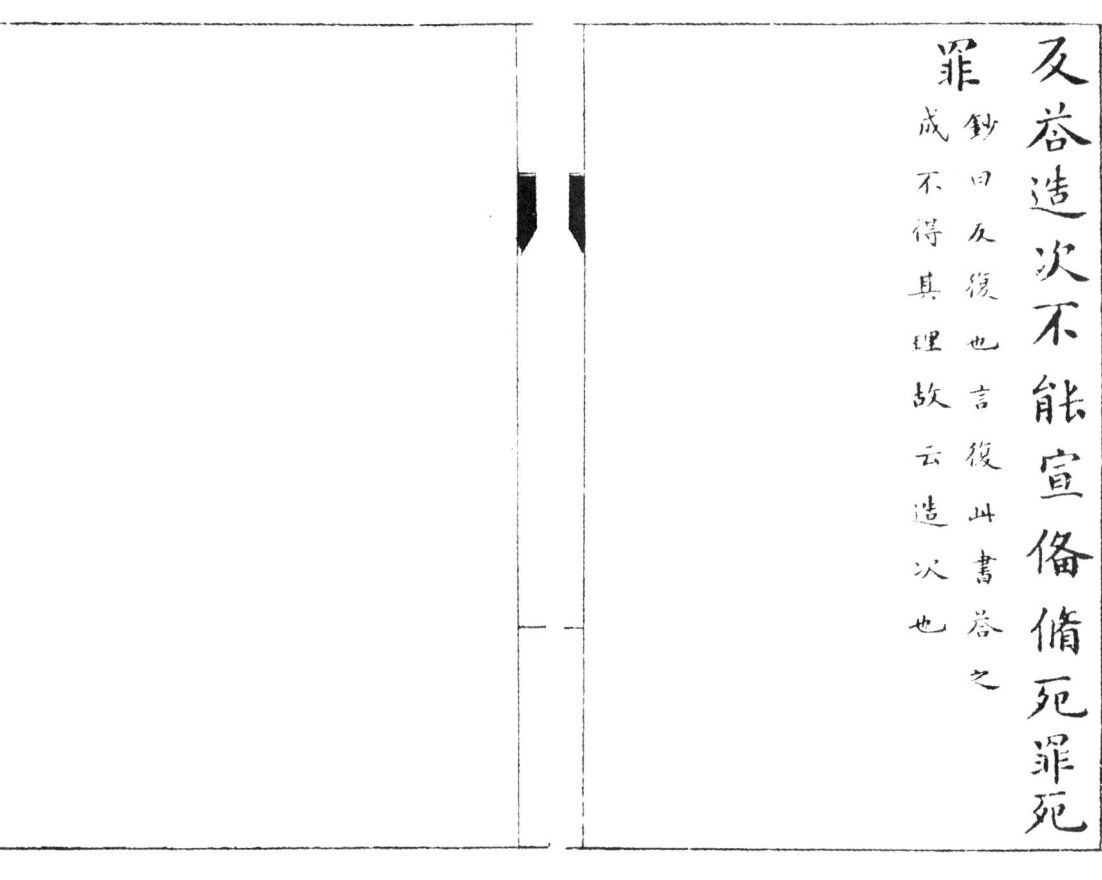

正月八日壬寅領主簿繁君死〻罪〻近屢奉牋不足自宣頃諸鼓吹廣求異妓時都尉薛訪車子年始十四 李善曰左氏傳曰叔孫氏之車子鉏商獲麟鈔曰凡言領者看身官之外而更兼領卑官故曰

領也唐韻也言不足以宣暢本懷也頌近也皷吹樂府中作皷吹之人伎能也姓薛名訪兄弟之子也音決薄白戶反繁步和反吹呂瑞反下同妓其綺反或為伎同李周翰曰鼓吹樂署也都尉官名薛訪車姓名也今案鈔車上有弟字陸善経本車為弟也

能喉轉引聲與笳同音 鈔曰言聲從喉中引出与箛簫同也音決轉丁戀反喉音侯笳音加呂延濟曰笳簫今案

五家本轉為囀 白上呈見果如其言 鈔曰言如薛訪之言也音決上時掌反見何殿反劉良曰上主上也文帝時未受禪 即

曰故共觀試乃知天壤之所生誠有自然之妙物也 鈔曰天壤猶天地也言天地所生非徒一類有自然之妙物也誠信也實也自然不從學得也

潛氣內轉哀音外激 鈔曰謂在喉中之轉也言哀怨之聲激在口之外也 大不抗越細不幽散 鈔曰抗高氣也越超越也幽細也散減也張銑曰越過也幽闇散絶也 聲

悲舊笳曲美常均 鈔曰言笳之舊制故曰舊笳常均常所均聲也長笛賦云律呂既均張銑曰笳簫也均曲也陸善経曰樂汁圖徵云

均長八尺施絃以調六律 及與黃門鼓吹温胡迭唱迭和 李善曰漢書曰鄭聲尤集黃門桓譚新序曰漢之三主內置黃門工倡也鈔曰黃門掌鼓吹之所故言黃門鼓吹也姓温名胡迭更遞也音決迭大結反下同和胡卧反 唯所發音無不

響應 鈔曰應黃門鼓吹温胡之曲也音決喉音侯應於證反

曲折沉浮尋變入節　鈔曰沉謂重浮謂輕節謂制度　音決折之舌反　吕向曰變曲會也

自初呈試中間二句　鈔曰上文云上呈試即初將呈於欽從此之後廿許曰與温胡相校試也

胡欲慠其所不知尚之以一曲巧竭意遺既已不能　鈔曰言温胡慠欺孺子子欲誇尚一曲勝之也

竭盡也遺之也言其巧意不能加尚得一曲也　音決慠五報反遺其媿反　李周翰曰慠欺也尚勝也言竟不能勝也　陸善經曰左傳云王欲慠邾向以其所不知而不能

而此孺子遺聲抑揚不可勝窮　鈔曰抑一揚謂低昂也

優遊轉化餘弄未盡　窮猶盡也王子淵洞簫賦云優遊流離轉迴旋也化變也長笛賦曰行入諸變　音決孺而注反弄力貢反

暨其清激悲吟雜以怨慕詠北狄之遐征奏胡馬之長思悽入肝脾哀感頑豔　鈔曰暨及也言清激之中復有怨歎聲也北狄遐征言遠征討北狄若苦寒行之屬胡馬長思者古詩云胡馬依北風言博傷之聲入人肝脾肝主眼脾主鼻酸而淚下　音決暨其冀反思先自反肝音干脾婢支反　吕延濟曰北狄征胡馬思皆古歌曲皆能唯轉為之悽傷也頑鈍豔美者皆感之也

是時日在西隅涼風拂衽背山臨谿流泉東逝　鈔曰西南隅當坤地涼風猶清風也水流東逝在山北水南逝往也　音決衽而甚反谿去兮反　張銑曰衽襟

同坐仰歎觀

者俯聽莫不泫泣殞涕悲懷
慷慨鈔曰仰視而歎位身而聽長笛賦云泣沸泫流文橫而下音決
坐在卧反泫胡犬反張銑曰泫流皃殞墜也慷慨歎息自左騹史
妠謇妲名唱李善曰魏志曰文帝令杜夔與左騹等於
賓容之中吹笙鼓琴騹與顛同其史謇
妲蓋亦當時之樂人說文曰嫿驕也子虞
反字或作妲古字假借也妲子也反鈔曰
謇謂倡謇也言有嬌謇之聲非人姓名也
音次騹音顛妠音納又南紺反謇居輦反
妲蕭子也反曹子須反倡音昌呂向曰左
騹史妠謇妲皆樂人名倡樂也令業鈔音次唱為倡能識以來
耳目所見僉曰詭異未之聞
也李善曰李陵與蘇武書曰陵自有識以來士之立操未有如子卿者也鈔

曰識謂識知也僉皆也音次詭古毀反呂向曰詭奇也竊惟聖
體兼愛好奇是以因牋先白
委曲伏想御聞必含餘懽冀
事速訖旋侍光塵寓目階庭
與聽斯調李善曰左氏傳曰得臣得寓目焉鈔曰聖體謂太子
言既有聖德復兼愛好奇異也但為好
奇異故我先因牋以白之也御聞文帝
也言我伏地思聽君聞此之聲必當韞
懷有餘歡悅也冀望也望我來相府主簿
之事得速了徒反於君之側也寓寄也寄
我之目在君階進須得聽此孫子之曲調
也音次好音秏興以慮反調大弔反呂延
濟曰兼愛多所愛也張銑曰御進也事謂
西征也訖竟也光塵美言宴喜之樂
之與及也斯調喉轉也

蓋亦無量李善曰毛詩曰吉甫宴喜鈔曰言不可量度也音決樂音洛量力上反君死罪死罪

荅東阿王牋一首鈔曰謂子建作書与琳及龜賦等今故答之呂向曰東阿王曹植也

陳孔璋李善曰文章志曰陳琳字孔璋廣陵人也避亂冀州袁紹辟之使典文事紹死魏太祖辟為軍謀祭酒典記室病卒

琳死〻罪〻昨加恩辱命并示龜賦被覽粲然君侯體高世之材秉青荓于將之器李善曰呂氏春秋曰趙襄子遊於囿中至於梁馬郤不肯進青荓為參乘青荓進視梁下豫讓郤寢詳為死人叱青荓曰去長者且有事青荓曰少而與子友且為大事而我言之失相与之道子賊吾君而我不言失為人臣之道如我

者唯死而可以退而自殺青并豫讓之
友也張非反論曰青蓱砥礪於鋒鍔危
丁劍截於用刀越絶書曰楚王令歐冶子
干將為鐵劍三枚吳越春秋曰干將者吳
人造劍二枚一曰干將二曰莫耶鈔曰干將
二人姓名善為劍因名劍曰干將青蓱亦
因為劍名也音決蓱步鋸反李周翰曰摩
命謂得植書也呂延濟曰王則諸侯也故云
君侯高俗謂才過一代
也青蓱干將皆劍名
佛鍾無聲應

機立斷 李善曰說苑曰西閭過東渡河中
流而溺船人接而出之問子何之
過曰欲東說諸侯王船人曰子渡河而溺安
能說諸侯乎過曰獨不聞于將莫耶佛鍾不
靜試物不知蝕以之撟鍑曾不如兩錢之錐
今子持檝乘偏舟子所能也若試與子東說
諸侯王見一國之主子之蒙蒙無異於未視
狗也又曰淳于髡三稱卻忘三知之髡等
辟居而去故所以尚于將莫耶者貴於立
斷也音決制芳勿反或為佛非應於證反

斷多毀反劉良曰西閭過謂船人曰于將莫
耶之鈕佛鍾不錚試物不知錚聲也皆謂
植之才藝
同於此矣 **此乃天然異稟非鑽仰**
者所庶幾也 李善曰論語顏淵曰仰
之彌高鑽之彌堅鈔曰
天然言天道自然音決稟布錦反鑽即丸
反張銑曰言植之文堅而高鑽仰者終不
可近而
致之也
音義既遠清辭妙句焱

絶燰炳 李善曰說文曰焱火華也協念
反鈔曰指謂直指畫事理也燰
炳光明也言絶於人光明於世也音決焱
音豔燰乎乱反炳音丙呂向曰焱絶燰炳言文
詞光明也今案鈔音為
指又鈔音決焱為炎
辟猶飛兔流
星超山越海龍驥所不敢追
況於駑馬可得齊足
李善曰呂
氏春秋曰

飛兔要褭古之駿馬也流星言疾也李尤
七疑曰神奔電驅星流天驚則莫君益盻
騰駒楚辭曰卻騏驥而不乘兮策駑駘以
取路鈔曰以此陳思言飛兔之馬駿異非
常雖復龍驥猶不追及況於凡駑之乘乎
不凡云單椓畜之音決驥音冀駑音奴
李周翰曰飛兔流星神駿也馬八尺以上
為龍驥良馬名可得言不可得也

夫聽白雪之音觀綠水之節然

東野巴人蚩鄙益著李善曰宋玉諷賦曰臣援
琴而鼓之為幽蘭白雪之曲淮南子曰子
會綠水之趨高誘曰綠水古詩也東野下
里之音也宋玉對問曰客有歌於郢中者
其始曰下里巴人

康少見馴育則服從教制長
而見羈則狂顧頓纓赴蹈湯火
雖飾以金鑣饗以嘉肴愈思
長林而志在豐草也李善曰禁
辟曰狂顧
南行王逸曰任猶遷也詩曰茀厥豐草茀
甫物又鈔曰此言物性各有所習習之
於小則易從小以至於長大習事已成
更欲改變不可得也音決馴音旬鑣布
苗反長直良反劉良曰馴擾育養也羈
縶纓縻也赴奔蹈踏也李周翰曰鑣馬
銜也肴俎實也愈益也此康言少自寬
縱長見羈束雖有榮祿終思適逸也

阮嗣宗口不論人吾每師之而
未能及至性過人與物無傷唯

飲酒過差耳 李善曰莊子仲尼謂顔回曰聖人處物不傷物不傷物不傷物者物亦不能傷也李尤盃銘曰飲無求醉則以相娯荒沉過差可不慎与鈔曰阮籍字嗣宗陳留人阮瑀之子爲步兵校尉口不論人言不論道人善惡也至性過人飲酒過差言性識過於人唯有飲酒之闕耳音決上過音戈下過古卧反張銑曰師法至大差失也言每法嗣宗不論人過之事不能及之然嗣宗曠大之性過人而不傷於物唯飲酒之後有過失耳陸善経曰晉書云籍不臧否人物至性孝性也今案五家本吾上有過字

至爲礼法之士所繩疾之如讎幸頼大將軍保持之耳 李善曰孫盛晉陽秋曰何曾於太祖坐謂阮籍曰卿任性放蕩敗傷礼教若不革變王憲豈得相容謂太祖宜投之四裔以潔王道太祖曰此賢羸病君當恕之鈔曰礼法之士謂何曾也繩真也于寶晉紀云籍母喪服未除於大將軍司馬文王坐噉宍時何曾在坐厲聲謂籍曰卿任情恣性傷化敗俗如卿之徒不可長也又言於太祖曰明公方以孝治天下縱阮籍如此何以刑於海内宜投之四裔無令汙辱華夏籍都無所言而噉宍也太祖曰此賢素羸卿其忍之太祖即文王也時爲大將軍故言幸大將軍保持之耳呂向曰言謂何曾以礼法糺繩如仇讎也今案鈔陸善経本无頼字又陸善経本无耳字

吾以不如嗣宗之資而有慢弛之闕 李善曰資材量也鈔曰言我無嗣宗口不論人之資而有嗣宗縱弛之闕資質也音決弛氏反呂延濟曰弛緩闕失也

又不識人情闇於機宜無萬石之慎

而有好盡之累李善曰漢書曰萬石君石奮也長子建為郎中令奏事事下建讀之驚恐曰書馬者與尾而五今迺四不足一獲譴死矣甚為謹慎雖他皆如是又曰建奏事於上前即有可言屏人乃言極切至廷見如不能言者好盡謂言則盡情不知避忌也鈔曰漢書云万石君石奮趙人也為諸侯相奮長子建次乙次慶皆以循行孝謹官至二千石於是景帝曰

石君及四子皆二千石人臣尊寵乃舉集其門凡號奮為万石君子孫咸孝然建最甚甚於万石今康言我無萬石之謹慎而遇人有其好盡慎切直極諫之言是累也音決好音耗下同累力瑞反劉良曰機者事之微也宜事也康言我遇事便發不能忍慎如万石也好盡謂好盡發人之事機是亦為累也陸善經曰丘遲曰好盡謂好盡直言久與事接疵釁日

興雖欲無患其可得乎又人倫有禮朝廷有法自惟至熟有必不堪者七甚不可者二鈔曰言我既有慢弛好盡之累將此以久與人事相接則疵病日起也雖欲使無患害不可得也詩序云厚人倫禮法也式也朝廷謂家條教也省察也言自省察也乙身至熟

也必有不堪任之事音決疵在斯反釁許靳反李周翰曰疵病釁瑕倫理熟審也言我久與人事相接則瑕釁起豈得無患乎又加禮法自思至審必有不堪也張鈔曰不堪不可皆不中任用也今案鈔陸善經本禮為體又鈔惟為省卧憙晚起而當關呼之不置一不堪也李善曰東觀漢記曰汝郁再徵載病詣公車尚書敕郁自

力受拜郎秉筆車白衣詣止車門臺遣
兩當關狀郎入拜郎中鈔曰東觀漢記
云當關卒名也古者匡欲朝時當關卒
呼之令言呼我不肯置也音決嘉許意
及下同張銑曰漢置當關也職欲曉即
至門呼人使起言康曉起為吏呼之不
放也置放也陸善經曰當關主關閉
者諸門卒置上也呼之不止也　枹
琴行吟弋釣草野而吏卒
守之不得妄動二不堪也危
坐一時痺不不得搖性復多
蝨把搔無已當裹以章服揖
拜上官三不堪也李善曰管子
曰少者之事
先生出入恭敬如有賓客危坐向師
顏色無怍說文曰痺溼病也鈔曰言

性在草野從散而今拘守不得轉動
是不堪也危坐猶小坐也痺頑痺也
搖動也多虱謂頭上多虱也頭既多
虱常須把搔而裹以冕章揖拜官長
是不堪任也音決卒子忽反痺必二
反虱所乙反把步也反搔素刀反裹
音果呂向曰弋繳射也裹猶著也章
服冠衣也上官尊官也陸善經曰言
在官不得簡率守謂隨從也周官六服
各有章數今案鈔章服為服華也
素不便書不憙作書而人間
多事推案盈机不相酬答則
犯教傷義欸自勉強則不能久
四不堪也鈔曰素雅素也几憑几也言
人間多事書問惟滿於案几
上也酬報也曲礼云礼尚往來往而不來
非礼也來而不往亦非礼也若不相報答

是犯於教義也若勉力強爲則心中煩勞不能久爲也音次便娛然反惟多回反机音几強具兩反下皆同呂延濟曰惟滿也机亦業也教禮教義名義也今案鈔推爲堆也

不憲弔喪而人道以此爲重也爲未見怨者所怨至欲見中傷者

李善曰言人於己已爲未見有欲矜怨之者而繞有所怨乃至欲見中傷言被疾甚也鈔曰禮記曰知生者弔知死者傷是人道之重也而我不喜弔人若有不怨重者則怨之欲中傷害也始自欲責己非音決怨音底劉良曰言不爲人所矜怨但多怨者及有欲中傷者陸善經言爲不體怨者所怨乃欲相傷也

雖懼然自責然性不可化

李善曰班固漢書惠帝贊曰聞叔孫通之諫則懼然鈔曰又復性成不可改也音決懼音句李周翰曰懼然自警[illegible]也化謂改變也

欲降心順俗則詭故不情

李善曰新序卜偃謂晉侯曰天子降心以逆公周書曰飾貞者不情鈔曰降下也順隨也詭違也言降下心意隨順世俗則違我故志不得本情也張銑曰詭誑也言欲下意順人則爲誑之道情不願爲也陸善經曰詭詐也不情非情實也

亦終不能獲無咎無譽如此五不堪也

李善曰周易曰括囊無咎無譽也鈔曰若如此終不能得不有咎過也言已上所陳皆是過惡之事無令善聲譽如此是不堪也呂向曰咎凶也譽美聲

不憲俗人而當與之共事或賓客盈坐鳴聲聒耳囂塵臭處千變百伎在人目前六

不堪也 李善曰杜預左氏傳注曰聒讙也鈔曰此語盖譏山濤音决坐在卧反聒古活反臭昌又反嬈其綺反或為嬈通呂延濟曰言与流俗同事則不奈此喧聒臭嬈巧之物在於前也陸善經曰從宦則与共事令也案陸善經本而為所 心不耐煩而官事鞅掌萬機纏其心世故繁其慮七不

堪也 李善曰毛詩曰或棲遲偃仰或王事鞅掌尚書曰一日二日万機鈔曰毛萇詩傳云鞅掌失容也 鄭玄云鞅猶荷掌謂捧持之也負荷捧持以趋走言是遽也无故謂事言也事故繁多勞其思慮也音决耐耶代反鞅於兩反劉良曰鞅掌衆多自機事纏繞也令案五家本万機為機務 又每非湯武而薄周孔在人間不止此事

會顯无教所不容此甚不可一也 鈔曰湯武以争伐取天下故非之此出識音誅言耳周公孔子制造礼教拘束時俗故薄之。然此等事是人間所行而我獨非薄之不止則法教所不容此特不可甚也李周翰曰湯与武王以征伐得故非之周公孔子立礼使人流蕩故薄之言非薄不止則必會明於代則為礼教之人不容我也陸善經曰晉代方欲道湯武革命而非之周孔以礼

義教人而薄之故不為世所容也 剛腸疾惡輕肆直言遇事便發此甚不可二也 鈔曰對猛也孔融薦祢衡表云疾惡若讎張銑曰剛腸謂強志也肆放也言見惡便道不能慎言也陸善經曰左傳伯宗妻曰子好直言必及於難也 以促中小心之性統此九患不有

外難當有內病寧可久處人間耶 鈔曰促猶狹也中〻心純揔也九患謂七不堪二不可也外難謂外物侵身內病謂內熱病也莊子云張毅病攻其內單豹虎食其外言此人於養生之道皆不能使其後也康言我有如此狹小之中心揔此九患明非全身之道也內外之病必有其一當須屏迹棄事寧可久處人間耶言不可也音決難那旦反呂向曰統理也言我以褊狹之心理此數患縱免外禍亦當內病也陸善經曰促中小心言褊狹也

又聞道士遺言餌术黃精令人久壽意甚信之 李善曰蒼頡篇曰餌食也本草經曰术黃精久服輕身延年也鈔曰道士遺言謂仙經也音決餌音二术直律反壽市又反呂延濟曰道士謂得道之士也术黃精皆藥名也

遊山澤觀魚鳥心甚樂之一行作吏此事便廢安能捨其所樂而從其所懼哉 鈔曰後漢尚子平與北海禽慶遊五岳名山行往也言一適往就作吏也廢棄也謂棄觀魚鳥之樂也從就也懼畏懼也音決樂音洛〻下同劉良曰懼謂畏上不喜之事

夫人之相知貴識其天性因濟之禹不逼伯成子高全其節也 李善曰莊子曰堯治天下伯成子高立為諸侯堯授舜〻授禹伯成子高辭為諸侯而耕禹往見之則耕在野禹趍就下風立而問焉子高曰昔堯治天下不賞而民勸不罰而民畏今子賞罰而民且不仁德自此衰刑自此立後世之

乱自子始矣耕而不顧音決夫音扶劉良曰天性謂本志也李周翰曰柏成子高堯舜時諸侯使及禹登位退耕於野禹王問曰何也高曰今有賞罰是刑自此始耕而不顧禹曰難化矣乃不逼之是全節也仲尼不假蓋子夏護其短也李善曰家語曰孔子將行雨無蓋門人曰商也有焉孔子曰商之為人也甚短於財吾聞王肅曰桯吝甚也音決假居雅反夏音下張銑曰孔子將出而天雨門人曰商有蓋請為孔子孔子曰吾非不知商有蓋不借者恐彰其過也護助也近諸葛孔明不逼元直以入蜀李善曰蜀志曰潁川徐庶字元直曹公東征先主在樊聞之率其衆南行亮與徐庶並為曹公所追破庶母獲庶辭先主而指其心曰本與將軍共圖王霸之業者以此

方寸之地也今已失老母方寸亂無益於事請從此別遂詣曹公魏略曰庶名福也呂向曰孔明不逼者謂孔明奉先主之命亦不逼留之孔明高字也華子魚不強幼安以卿相李善曰魏志曰華歆字子魚平原人也文帝即王位拜相國黃初中詔公卿舉獨行君子歆舉管寧帝以安車徵之又以曰管寧字幼安北海人也華歆舉寧遂將家屬浮海還郡詔寧為大中大夫固辭不受音決華故化反相息亮反呂延濟曰強勸勉也此可謂能相終始真相知者也足下見直木不以為輪曲者不以為桷蓋不欲枉其天才令得其所也故曰四民有

業各以得志為樂李善曰管子
曰士農工商
四民者國之石民也鈔曰言相知終始
一也此謂各令得其本性為貴音決桷
音角劉良曰謂上禹仲尼諸葛華歆是
識其性而首末相知也天才謂質性也
直者不可曲任曲者不可直任輪輞
也桷椽也言為者各樂其得志也唯
達者為能通之此以足下度

內耳不可自見好章甫強越
人以文冕也李善曰莊子曰宋人資
章甫而適越〻人敦髮
文身無所用之司馬彪曰敦斷也章甫冠
名也鈔曰章甫殷冠也音決冕音勉李周
翰曰言人各有所樂惟達者兼通之度量
也謂濤通人可知故云度內耳章甫殷冠
也越國之人斷髮為飾不用文冕豈可
以己好而強度使著之言此以喻不好爵

祿也今案陸善經
本似下有在字自以嗜臭腐養
鵷鶵以死鼠也李善曰莊子曰惠
子相梁莊子往見
之或謂惠子曰莊子來欲代子相於是惠
子恐搜於國中三日三夜莊子往見之曰
南方有鳥名曰鵷鶵子知之乎夫鵷鶵發
南海而飛至北海非梧桐不止非竹實不
食非醴泉不飲於是鴟得腐鼠鵷鶵過之
仰天而視之曰嚇今子欲以子梁國嚇我

耶也音決嗜音示腐避聲芳宇反鵷於元
反鶵士俱反張銑曰鵷鶵鳥也非竹實不
食非醴泉不飲豈可以己便臭爛
而以鼠養鵷鶵乎言此以識濤也吾須
學養生之術方外榮華去滋味
遊心於寂漠以無為為貴縱
無九患尚不顧足下所好者李
善

曰高誘呂氏春秋注曰外猶賤也莊子曰夫恬惔寂漠虛無無為此天地之平而道德之篤也鈔曰莊子有養生之篇言我心內唯好養生之事耳至於榮華爵祿乃在身心之外故言方外榮華也濊厚也寂漠謂至靜道之本也老子云為無〻為〻者無所為也言我絕去人間厚味但遊心於道本所貴者無為耳言我無此九患猶尚不顧況今有也音決去筭呂反呂向曰術法也外跡也滋味美味也寂漠靜安也無為無事也言我好養生跡榮華從無九患亦不眷顧足下所好榮祿也陸善經曰外榮華謂以榮華為外事也今案鈔頃為比

又有心悶疾頃轉增篤私意自試必不能堪所不樂

李善曰言己所不樂之事必不能堪而行之也鈔曰篤猶甚也呂延濟曰言頃時已來疾病增厚自度必不堪己所不樂之事也今案五家本堪下有甚字

自卜已審若道盡塗窮則已耳足下無事寃之令轉於溝壑

李善曰左氏傳侍者謂楚王曰老而無子知擠于溝壑矣鈔曰審詳也實也言必知不可為之矣寃謂頓寃言我心狹迫無事作此言頓寃我心令流轉死於溝中也音決寃於元反劉良曰言我自決以審定也道盡塗窮謂死也寃猶枉屈也溝壑坑也陸善經曰謂來至塗窮之地幸無寃枉令至溝壑也今案鈔轉下有死字

吾新失母兄之歡意常悽切女年十三男兒八歲未及成人況復多病顧此悢〻如何可言

李善曰晉諸公讚曰康子助王隱晉

書曰㓜字迮祉國語晉趙武冠見韓獻子
韓獻子曰戒之此謂成人鄭玄礼記注曰
女子以許嫁為成人也廣雅曰悢〻悲也
鈔曰言毋兄俱死悽切思之音決悢音亮
李周翰曰歡愛也悢〻悲恨也陸善經曰
易子以對女以笄為成人〻也矣〻也
令但願守陋巷教養子孫時
〻與親舊叙闊陳說平生濁
酒一杯彈琴一曲志願畢矣足
下若𡟯之不置不過欲為官
得人以益時用耳 李善曰𡟯擿嬈也音義與嬈同
鈔曰闊遠也叙述隔遠之情言舉一杯酒
彈一曲彈送之則意足也案𡟯字書無之
唯赴此書玉篇選引此證言嬈擿也言汝
嬈擿我不過只是為官家覓得其人以助

益當時所用耳音決𡟯女了反過音戈為
于偽反呂向曰𡟯擾置止也言擾我不已
欲為官求人注国利時也陸善經曰不置
不相捨置也今案鈔守下有其字又巻為
廬
足下舊知吾潦倒麤疎不切
事情自惟亦皆不如今日之賢
能也 鈔曰潦倒長緩皃切近也言性識寬
緩疎遠於事不切近也言我自惟省
在身伎能盡皆不如今日在朝之賢能也何
倒多老及麤七胡反陸善經曰蓋濤表薦言其賢能
必猶用戒方得自代乎音決潦音老○能故拒
之
若以俗人皆慕榮華。獨能離之
以此為快此最近之可得言耳 李善
曰言俗人皆慕榮華而已獨能離之以此
為快此最近己之情可得言之耳鈔曰今
猶如此也若我離榮華之事此最近於情
汝乃可得作如此說耳音決離力智反快

若[illegible]之近其新及
今案鈔耳為尒
然後使長才廣度
無所不淹而能不營乃可貴耳
李善曰鄭玄礼記注曰淹覆漬也鈔曰言我
若以俗人皆好榮華獨能離之則然後使長
才廣度而能不營此乃可是貴耳我今不作
此道汝何得說我堪之乎呂延濟曰若取其
大度量之人無所不包又而不求富〻〻
貴乃可重也言我則多病非為有大材也
若

吾多閑欲離事自全以保餘年
此真所乏耳
李善曰言已離於俗事以自
安全欲以保其餘年此乃真
是性之所乏耳非如長才廣度之士而不營
之鈔曰困猶病也變文耳離猶附也全兔也
餘年謂未死已前之年也乏謂不足也言我
以前多病欲附世事使自兔全保守餘命此
實力不足也劉良曰言我病困離俗自全真
性之所短之不同長材廣度之士而不營陸

善經曰言高材無不通而不營者則可貴耳
如己欲離事乃性之所乏也今案吾家本困
上有
病字
鈔曰
黃門
豈可見黃門而偁貞哉
謂閹人也言黃門天性無陽非其有貞潔之
行也豈可見黃門無陽即稱其有貞也
若趣欲共登王塗期於相致時
為權益一旦迫之必發其狂疾自

非重怨不至於此也
鈔曰塗道也言
汝急趍須得我
共登王家塗道所期相致以為歡咲有所相
益也此謂期於致之音決趣音促愢於恣反
人於顛反五家趣七俱反李周翰曰趣急也
王塗天子殿陛也相致謂其職任也是時必
以為歡悅相益也迫逼也
言煩事逼則發狂病也
野人有快炙背
美芹子者欲獻之至尊雖有區

〻之意亦已疏矣李善曰列子曰宋國有田父常衣縕黂至春日自暴於日當尒時不知有廣廈隩室綿纊狐狢顧謂其妻曰負日之暄人莫知者以獻吾君將有賞也其室告之曰昔人有甘茂菽甘枲莖與芹子對鄉豪偁之鄉豪取嘗蜇於口蹙於腹衆哂之李陵書曰孤負陵心區〻之意音決炙之亦反芹其斤反尒足作斷同張銑曰快書也宋有田夫自暴於日顧謂其妻曰負日之暄人莫知之今吾獻至尊必蒙厚賞其妻曰昔人有美芹子者獻於鄉豪嘗而苦於口嗟而怨之斯亦子之類也言雖有愛心而遠於事理也區愛也

顧足下勿似之其意如此既以解足下并以為別嵇康白鈔曰顧汝勿似美芹之人我意大略如此我既解汝惑謬并即為別也音決解居買反呂向曰解謂解足下舉我之意陸善經曰勿似暴背獻芹之意

為石仲容與孫皓書一首

李善曰臧榮緒晉書曰石苞字仲容太祖輔政都督揚州諸軍事進位征東大將軍又曰太祖遣徐劭孫郁至吴將軍石苞令孫楚作書與孫皓劭等至吴不敢為通鈔曰晉書云石苞渤海人也崇之父也少時沛國趙元儒謂之曰公有鄉相之才武帝為護軍用苞為司馬後遷為征東將軍代王基鎮荊州音決為于偽反

孫子荊

鈔曰孫楚字子荊太原中都人善文翰少爽烈不群多所淩忽初為鎮東參軍補著作郎石苞驃騎參軍以侮苞斥廢起家復為扶風王駿征西參軍轉梁令楊珧衛將軍司馬出為馮翊太守卒當時徐劭使吴苞令子荊為此書附孫權之孫孫皓陳安危之理魏欲

伐吴之意
豈白蓋聞見機而作周易所貴
小不事大春秋所誅李善曰周易曰君子見幾而作不俟終日左氏傳曰楚子伐鄭子展曰小所以事大信也小国無信兵亂日至亡無日矣鈔曰小不事大春秋所誅即許鄭是也此二句標章下以歷言其事也劉良曰

機者事之微也貴重誅討也
此乃吉凶之萌兆榮辱之所由生也鈔曰言吉凶榮辱在上二句也李周翰曰兆見也言吉凶榮辱在於見機也
是故許鄭以銜璧全國曹譚以無禮取滅李善曰左氏傳楚子圍許蔡侯將許僖公以見楚子於武城許男面縛銜璧楚子問諸逢伯對曰昔武

王克殷微子啓如是王親釋其縛礼而命之使復其所楚子從之人曰楚子圍鄭克之鄭伯肉袒牽羊以逆王曰其君能下人退卅里而許之平又曰晉公子重耳奔狄及曹々共公聞其騈脅欲觀其裸浴薄而觀之及即位晉侯圍曹又曰無桓公之出也過譚々不礼焉及其入也諸侯皆賀譚又不至冬無師滅譚々無礼也鈔曰左氏傳云楚子圍鄭々伯肉袒牽羊檢左傳鄭無銜壁事但取其降伏之義与

上連言也全國言許鄭皆能降伏故楚子適許僖公之縛焚其櫬也又云晉公子重耳過曹々共公不礼後復圍遂滅曹又齊桓公過譚々不礼齊師滅譚々子奔莒此蓋、不事大之由也音決譚徒南反
載籍既記其成敗古今又著其愚智矣不復廣引譬類崇飾浮辞李善曰鄭玄孝經注曰引譬連類尚書序曰翦

戴浮辭鈔曰載籍即謂書籍所載也成謂
許鄧敗謂曹譚忠謂敗智謂成也此言欲
使孫皓歸事晉也不廣引言我直指陳事
實故言不復廣引也崇高也浮〻大之辭
也音決者丁慮反張銑曰載籍謂史籍也
著明也浮虛也言史籍所記非餙虛詞也
苟以夸大為名更喪忠告之實
李善曰論語子曰忠告而善導之否則止
無自辱焉鈔曰苟苟且巷失也言我若廣
大說我之能是失我忠告之實也音決夸
若花反巷息浪反呂向曰夸奢也〻〻
今粗論事勢以相覺悟昔炎精
幽昧歷數將終 李善曰東觀漢記序曰漢以炎精布耀或
幽而光尚書曰天之歷數在尒躬鈔曰粗大
略也音言略陳今日形勢覺悟所不及也漢火
德故言炎精終止也言漢道闇昧天之歷數將
滅亡音決粗在古反數史具反呂向曰粗麤

悟明也幽昧謂暗亂無道
也歷數祿籍也終盡也 **桓靈失德灾**
疊並興 李善曰孝桓孝靈漢二帝也漢書詔策曰大禹能亡失德
鈔曰後漢書云桓帝諱志章帝曾孫蠡
吾侯翼子在位廿一年靈帝諱宏帝章玄
孫解犢侯之子立廿二年音決疊許仁
靳反呂延濟曰言桓靈失道灾疊並起也 **豺**
狼抗爪牙之毒生人陷荼炭之
艱 李善曰漢書侯文謂孫寶曰豺狼當路尚書曰有夏昏德民墜塗炭荼與塗古
字通也鈔曰抗舉也豺狼喻惡賊言得肆
其志意也塗泥炭火也言百姓陷泥墜火
之艱也音決豺士皆反抗口浪反呂延濟曰豺
狼惡獸亂賊也抗張也毒害也言百姓皆如
陷於泥火而難苦焉陸善經曰
荼苦也書云民墜塗炭也 **於是九州**
絕貫皇綱解紐 李善曰周礼曰職方乃辨九州之國使同

貫利否賓戲曰廓帝紘恢皇綱鈔曰貫謂
條貫也言九洲之内絶其條貫皇家綱維
復解散其紛也音决解居買反劉良曰貫
紀也紛結也言九洲之事斷絶而皇王綱
紀解其結也陸善經曰
絶貫解紛言離散也

四海蕭條非復

漢有太祖承運神武應期 李善
曰春秋緯曰五德之運各象其類宋均曰運
録運也周易曰古之神武不殺者夫河圖闓
苞曰弟感苗裔出應期動鈔曰蕭條空無皃也
太祖魏太祖曹操也以土承火尚書云
乃聖乃神乃武乃文應期謂應千年
之期也音决應於證反下同李翰曰
四海四方也蕭條空遠皃言太祖有
神武也德而應期代漢運也

居東裔 李善曰魏志曰公孫度字升濟本
遼東襄平人度知中國擾攘自立
為遼東侯度死子康嗣位康死子晃泉等皆
少衆立兄子恭為遼東太守泉脅奪恭位景
初元年徵泉〻遂跋兵逆於遼隧自立為燕
王鈔曰魏志云公孫度稱主於遼東度死子
康嗣位康死子晃淵明帝即位拜淵楊烈
將軍遼東太守淵遣使南通孫權往來賂
遺權遣張弥許晏等齎金玉珍寶立淵為
燕王景初元年遣幽州刺史毋丘儉等齎
璽書 淵〻遂逆戰於遼隧儉不利而還
淵自立為燕王置百司遣使者持節假鮮
卑二年春遣大司馬宣王征之六月將軍
畢衍楊祚等數万乞遼隧逆戰宣王遣將
軍胡遵等擊破之張銑曰公孫泉遼東侯
康之子康之弟故云承籍父兄裔遠國也

擁帶燕胡馮陵險遠講武盤桓

不供職貢 李善曰左氏傳子産曰今陳
介恃楚衆馮陵弊邑国語弊

文公曰古者三時務農一時講武周礼曰
制其職各以其所能制其貢各以其所有
家語孔子曰古者分異姓以遠方之職貢
所以無忘服也鈔曰左氏傳云皆於農隙
以講事三年而治兵入而振旅注云雖
四時講武復三年大習尔疋云出曰治兵
尚威儀也入曰振旅及尊卑也曰講武呂
向曰榷持也燕胡匈奴也憑依陵乗也盤桓
不進皃言恃險
遠不修職貢也
內傲帝命外遁南國

乗桴倉流交疇貨賄葛越布於
朔土貂馬延乎吴會
李善曰魏志
曰公孫泉遣
使南通孫權往來賂遺權遣使張弥許
晏等齎金玉弥寶立為燕王論語子曰
於海孔安國尚書傳曰草服葛越魏志曰夫餘國出名馬貂狖鈔曰帝命謂魏家南國謂吴也論語孔子曰乗桴浮
乗桴浮○海經注云桴編竹木為之大曰栰小
曰桴也疇謂交訓荅也龜玉為貨布帛
曰賄尔疋云賄財也葛々布也績葛為
之越謂蒲布也績蒲為之是越人所作

故言越也朔土謂遼東也貂馬本出胡今
自遼將往即交疇之義也音以傲五誥反
桴芳于反滄七即反賄呼罪反貂音彫
會古外反呂延濟曰傲慢也編於濟水
曰桴滄流海也疇報也葛越草布也出於
吴朔土北方也貂鼠皮也出於北方延引
也言公孫泉与孫晧以方物相連結酬荅
也陸善經曰吴志云魏遼東太守公孫淵
遣使稱藩
并獻貂馬
自以為控弦十萬奔走

足用信能右析燕齊左振扶桑
淩轢沙漠南面偁王也
李善曰漢
書匈奴傳
曰控弦之士卅餘萬山海經曰湯谷上有
扶木扶木者扶桑也史記曰楚靈王兵強
淩轢中原說文曰漠北方流沙也漢書李
陵歌曰經萬里兮度漢沙周易曰聖人南
面而聽天下鈔曰小疋控引也引弦謂善
射也匈奴以弓弩為務故司馬遷書云舉

引弓之民是也是用謂於事無之也燕齊
二地名也當遼之右扶桑木名在東海之
東海碣之中曰所拂也沙漠謂匈奴也言
威信知淵能頓折燕齊之地聲名遠振扶
桑亦能陵轢匈奴以稱王也音決控若貢
反折之舌反轢音歷劉良曰燕齊二国在
遼西故云右折扶桑在海東故云左振凌
乘轢蹴也言泉恃此威力故稱燕王南面
以自尊也**宣王薄伐猛銳長驅**李善曰魏志曰景初

曰年遣大司馬宣王征泉斬泉傳首洛陽
戰国策曰樂毅輕卒銳兵長驅至斉鈔曰
宣王晉之高祖司馬懿也時為司馬征淵
明帝問曰幾時可得回屈指計之云去百
日來百日攻百日六十日休兵一年可得
也詩云薄伐獫狁至于太原猛銳謂羆熊
之士也長驅疾驅也音決銳以歲反李周
翰曰薄伐用威武也猛健銳利也長驅遠
伐也**師次遼陽而城池不守**李善曰漢書遼

東郡有遼陽縣鈔曰遼陽遼水之北也不
守謂遂被破滅不能櫻守也張銑曰次至
也不守謂不能堅守也**桴鼓一震而元凶折首**
李善曰左氏傳曰援枹而鼓周易曰有嘉
折首獲非其醜鈔曰說文云桴擊鼓杖也
元凶謂大惡之人也魏志明帝景初二年
六月丙寅司馬宣王圍公孫淵於襄平大
破之傳淵首于京都故言元凶折首音決
折音舌張銑曰震動也元大凶惡折首猶

斬首也**然後遠迹壃場列郡大荒**
李善曰史記樂毅書曰吳王遠迹至郢班
固漢書述曰列郡祁連山海經有大荒東
經鈔曰魏志云宣王大破公孫淵傳首京
都海東諸郡平故言列郡大荒也音決壃
居良反場音亦呂向曰壃場遐畔也言魏
斬公孫泉乃遠開遐壃置郡邑於大荒也
陸善經曰遠迹彊場開彊界迄及遠也**收離聚散咸**

安其居民庶悅服殊俗款附李善曰毛詩序曰万民離散不安其居尚書曰万姓悅服過泰曰餘威震于殊俗鈔曰言北來与魏離散者今皆得安其居業也衆庶莫不服從遠方款關來附款扣也呂延濟曰咸皆也殊俗謂異國也言皆從款誠附我魏國也自茲遂隆九野清泰李善曰淮南子曰所謂一者上通九天下貫九野高誘曰九野八方中央也鈔曰茲此也此謂平公孫淵後也九野九州之野清〻明泰即平也劉良曰言自此之盛天下清通也東夷獻其樂器肅慎貢其楛矢李善曰范曄後漢書曰東夷自少康以後世服王化獻其樂舞魏志曰常道鄉公景元三年肅慎国遣使重譯入貢弓長三尺五寸卅張楛矢長一尺八寸石砮三百枚音决楛音户李周翰曰樂器謂樂舞之器也楛矢箭

曠世不羈應化而至李善曰崔寔本論曰近孝宣帝方外安靜單于稽顙来朝百世不羈之虜鈔曰曠猶遠也化謂魏家政化也李周翰曰言遠代不羈縻者皆應我皇之化而至也巍〻蕩〻想所具聞李善曰論語子曰大哉堯之為君也蕩〻乎民無能名焉巍〻乎其有成功鈔曰言想汝其應知聞也巍〻高大稱也張鈔曰巍〻蕩〻言帝德廣遠也想謂想孫皓當已具聞也吴之先主起自荊州遭時擾攘播潛江表李善曰吴志曰董卓專朝政孫堅亦舉兵荊州討卓託引軍還住魯陽范曄後漢書馮衍上疏曰遭擾攘之時值兵草之際也鈔曰先主謂孫權也荊州謂父堅也言權之所以起功自其父從荊州蕣義兵之跡也吴志孫堅傳云靈帝中平三

年堅為長沙太守靈帝崩董卓專權朝政横恣京城諸州郡並興義兵欲以討卓堅亦舉兵荊州刺史王叡素遇堅无礼堅過而致之比至南陽衆數万人南陽太守張咨聞軍至晏然自若道路不治軍資不具長沙主簿入白牽咨於軍門斬之郡中震慄无求不獲是因此以起義也遭遇也樓櫓乱兒謂堅死也吴志云堅討荊州單馬進硯山為黄祖軍所射死孫賁將其衆歸表術至孫策乃始請術得其父衆千餘人度江東平定諸郡其功人未就而為許貢客刺死孫權業其餘業割據江東故言播潜江表音決樓而治反櫓而兩反呂向曰表外

劉偹震懼亦逃巴岷遂依丘陵積石之固李善曰蜀志曰益州牧劉璋迎先主先主入益州至涪璋勅諸將勿復關通先主大怒進圍成都璋出降先主領益州張載劒閣銘曰巖〻梁山積石峩〻劉曰蜀志云偹字玄德涿郡人漢景帝子中山靖王勝後也祖雄父弘先主長樊達安十三年曹公入荊州劉琮降之乃將其衆去過襄陽比至襄陽衆十餘万曹公以江陵有軍實恐先主據之乃輕軍到襄陽聞先主以過將精騎五千急追一日一夜行三百餘里及於當陽之長坂先主棄妻子与諸葛亮等數十騎走既與吴軍破曹公赤公赤壁為荊州牧治公安留諸葛亮關羽等據荊州將步卒万人入益州十九年夏破雒進圍成都數十日劉璋出降復為益州牧廿四年秋為漢中王廿六年四月丙午稱帝改元為章武言劉偹懼我威德乃逃於巴岷之地依附山險之固以自高大也音決岷亡巾反呂延濟曰劉偹蜀先主也巴岷蜀二山名也劉良曰積石之固謂蜀多山也

三江五湖浩汗無涯假氣遊魂迄于四

紀李善曰吳有三江五湖之利魏明帝善哉行曰權實豎子備則臣虜假氣遊魂鳥魚為伍鈔曰尚書曰三江既入周處風土記云太湖周五百里故言五湖浩汗廣大皃也涯岸也十二年曰紀四紀卅八年也言吳假借氣命已得多年歲矣劉良曰三江五湖之水浩大無涯為吳之固也言吳蜀恃此山水假借遊魂也造至也陸善經曰假氣遊魂以病者為喻言近於滅亡

二邦合從東西唱和李善曰漢書曰合從連衡力政爭强毛詩曰叔兮伯兮唱予和汝鈔曰當戰國時蘇秦為關東從長合六国之衆共拒秦二邦此即謂吳蜀也音決合古合反從子容反和胡卧反

乎相扇動距桿中國

自謂三分鼎足之勢可與泰山共相終始李善曰漢書曰蒯通說韓信曰方今足下叅分天下鼎足而居戰国策呂不韋曰其寧大山四維之鈔曰中国謂魏也鼎有三足言吳蜀自謂与魏如鼎足之勢泰山喻安也言不可搖動音決桿音巨桿何旦反李周翰曰言相合扇動併力以禦中国自謂与中国為鼎足之形持久可与太山齊其終始也

相國晉王輔相帝室李善曰魏志曰咸熙元年進晉公爵為王鈔曰相国謂司馬文王也諱昭字尚懿之子也時為晉王帝室蓋謂常道鄉公也音決相息亮反下同張銑曰輔佐也帝室謂魏室也

文武桓〻志厲秋霜李善曰荀悅申鑒曰人主怒如秋霜鈔曰詩云桓〻于征毛傳云桓〻武皃張鈔曰厲嚴也秋霜殺物也

廟勝之筭應變無

窮李善曰孫子曰知未戰而廟勝得筭多
者也又曰善出奇正者無窮如天地鈔
曰古者出師必先謀之於庙故言庙勝筭計也
音決勝時證反呂向曰窮盡也言謀筭無盡
獨見之鑒與衆絶慮李善曰春秋
元命苞曰明
王獨見四海歸往鈔曰言獨見事理絶遠於
衆人也呂向曰鑒明也言思慮絶於衆人
也主上欽明委以萬機李善曰魏
志曰陳留

王奐字景明封常道鄉公高貴鄉公卒
公卿議迎立公尚書曰放勛欽明万機
山見嵆幷夜與山巨源絶交書鈔曰尚
書云一日二日萬機言天子欽明故委
萬機之事於文王也呂
延濟曰万機万事也長轡遠御
妙略潛授偏師同心上下用力
稜威奮代罙入其阻李善曰漢書
武帝報李廣

曰威稜憺乎鄰國毛詩曰罙入其阻裒荊
之旅毛萇曰罙深也音弥鈔曰凡聖人之
御天下猶御車馬也同心言衆心同如一
也用力謂懈怠也漢書音義云神霊之威
曰稜音決稜力登反劉良曰長轡遠御謂
入阻謂入蜀險阻也陸善經曰罙音古深字也
有長遠之策也潛密也奮振弥深也今案
五家本稜為
稜罙為弥并敵一向奪其膽氣
李善曰孫子兵法曰併敵一向千里殺將
各三軍可奪氣將軍可奪心鈔曰并敵猶合衆也音決膽多

敢及李周翰曰奪其膽氣言
威可奪蜀將士之膽氣也小戰江由
成都自潰曜兵劍閣而姜維
面縛李善曰魏志曰景元四年使征
西將軍劉艾鎮西將軍鍾會伐
蜀艾自陰平先登至江由蜀衛將軍諸
葛瞻列陣待艾艾遣子惠唐亭侯忠等
大破之斬瞻進軍到雒劉禪遣使奉皇
帝璽綬為箋詣艾會統十餘万衆分從

斜谷駱谷入平行至漢中姜維守劒閣
距會維等聞瞻已破率其衆東入巴劉
禪詔艾降遣使勑維等令降於會維詣
會降商君書曰小戰勝逐北無過五里
左氏傳曰凡民逃其上曰潰面縛已見
上注鈔曰江由地名也劒閣險道名也
在漢中蜀志云維字伯約音決潰胡對
反張銑曰介閒也成都蜀都也潰謂降
魏亂破也曜示也劒閣蜀山也姜維蜀
將也面縛謂降魏將劉艾也今案五家

本由為介字**開地五千列郡卌師不踰時梁益肅清**李善曰穀梁傳曰伐不踰時戰不逐奔鈔
曰成都南境有五千里左思蜀都賦云於
前則跨躡犍牂枕輢郊趾經途所亘五千餘
里踰越也三月為一時尚書云至于旬
時梁益二州名也肅整也疾也清靜也
呂向曰平蜀之後置郡卌肅清謂平定也**使竊号之雄**

稽顙絳闕李善曰禮記曰孔子拜而後稽顙傳玄正都賦
曰巍〻絳闕鈔曰巍〻絳闕鈔曰稽
顙顙至地也音決稽音啓呂延濟曰
竊雄謂劉禪也**球琳重錦充於**
絳闕魏闕門也
府庫李善曰左氏傳曰齊侯歸衛侯夫人重錦卌兩鈔曰此並蜀土
也所庫也尚書云球琳琅玕孔傳云球
琳美玉音決球音求琳音林劉良曰重

錦美錦也充滿言滿我魏之府庫陸善
經曰左傳注曰重錦錦之熟細者
夫歸滅虞亡韓并魏此從此
皆前鑒之驗後事之師也李善曰左
氏傳曰晉滅虢〻公醜奔京師遂襲虞
公滅之執虞公史記曰秦始皇十七年攻韓得韓
王安廿二年攻魏其王請降戰國策
張孟談謂趙襄子曰前事之不忘後

事之師也鈔曰左氏傳云魏從大梁自是六国時在晉韓是秦始皇所并非并而魏從此恐孫楚錯用事耳書傳無此詩云殷鑒不遠近在夏后之世音次夫音扶李周翰曰晉滅虢次及於虞秦并韓而魏從居大梁此舉前事可明於後也言蜀滅吴亦為次師法也陸善經曰史記魏世家云秦將商鞅詐我公子卬襲其軍破之於是徙大梁韓并謂与秦為一也是時韓未亡令案鈔五家陸善經本從為從

又南中呂興深覩天命蟬蛻內向顛為臣妾李善曰吴志曰交趾郡吏呂興等反殺太守孫諝使〻如魏請太守及兵淮南子曰蟬飲而不食卅日而蛻孝經子曰治家者不敢失於臣妾鈔曰南中謂交趾也音決蛻以芮反人他外反張銑曰南中嶺南也交阯郡吏呂興殺太守孫諝使如魏請太守及兵是覩天命也背亂向化如蟬之蛻皮焉陸善經曰言背吴歸魏如蟬之蛻今案鈔向為服

外失輔車脣齒之援內有毛羽零落之漸李善曰左氏傳宮之奇曰諺所謂輔車相依脣亡齒寒音決援于眷反及呂向曰輔車陪乘也吴蜀相資猶陪乘与脣齒為外失謂蜀亡也內謂呂興叛吴降魏亦如鳥之毛羽零落也援助也

而俳佪危國冀延日月此猶魏武侯却指河山以自強大殊不知物有興亡則所美非其地也李善曰史記曰吴起者衛人也魏武侯浮西河而下中河顧而謂吴起起曰美哉乎河山之固此魏之寶也吴起對曰在德不在險若君不修德船中人盡

敵國也武侯曰善鈔曰羌記謂失輔車之
授等也延引也興由有德已由失德明所
吳在於德興非由地之險固也音決強其
良反下同呂延濟曰危國謂吳也此言吳
主恃險自強不知滅亡之將至也陸善經
曰所美非其地言為敵人所有
方今百僚濟々儁乂盈朝 李善曰尚書曰
百僚師々又曰俊乂在官鈔曰寮官也
濟々衆盛也詩云濟々衆盛也詩云濟
々多士文王以寧盈滿也
音決僚力彫反朝直遙反 虎臣武將
折衝萬里 李善曰毛詩曰進厥虎臣闞如虓虎晏子春秋
孔子曰不出樽俎之閒而折衝千里之
外晏子之謂也鈔曰詩云矯々武•虎臣
矯武皃音決將子亮反劉良曰折權衝
突也言武士之盛可以衝突万里
國富兵強六軍精練思復翰

飛飲馬南海 翰飛戾天鄭玄曰翰亮也 李善曰新序曰孫叔敖相楚國富兵
強毛詩曰○陵當為單于畜兵養士
彼光將軍之令將飲馬河洛收珠
南海不難矣鈔曰強壯也練簡鍊
也言往年已高飛入蜀之今復
思欲入吳飲馬於南海故言思復
翰飛也音決鍊音練飲音蔭李周
翰曰練擇也今棄
鈔音決練為鍊 自頃國家整治
器械 李善曰禮記曰聖人異器械鄭玄曰器械兵甲也鈔曰自從也
頃近也詩車攻宣王能內修政事
外攘夷狄復文武之境土脩車馬備器
械今言我國家從近年來大整
治器械物也張銑曰脩兵仗 修造舟
檝簡習水 戰伐樹北山則泰行木盡 李善曰高誘呂氏春
秋注曰太行山在河內野王縣北鈔曰吳人
便水故晉脩習之欲与吳戰意也北山即太

行山也在洛陽之北故言北山木盡謂造作
多也音決檝音接行下郎反吕向曰伐斫也
言斫木以修舟檝木
盡者廣言以胥之也
湝決河洛則百
川流通樓船萬艘千里相望李善
曰尚書大傳曰百川赴於海漢書曰江
淮以南樓船十万鈔曰湝深也漢書楊
僕為樓船將軍音決湝思俟反艘素力
反吕延濟曰樓亦船也艘者船之惣名

自剡木以来舟車之用未有如
今日之盛者也李善曰周易曰黄帝
堯舜剡木為舟剡木
為檝鈔曰夫水行用舟陸行用車既言入
吴當用舟因連言車也音決剡若孤反劉
良曰言我以水陸並
進其威如此也
驍勇百萬畜力
待時促不再舉今日之謂李善
曰六

韜太公謂武王曰聖人舉兵馬為天下除
患去賊非利之也故從不再籍一舉而畢
也鈔曰蓄積也積聚氣力待時而用之
謂一戎衣而天下大定也音決驍居堯
反蓄勑六反李周翰曰驍健畜養也不
再舉謂一伐必平也今案鈔音決畜為
蓄
然主相眷〻未便電邁者以
為愛民活國道家所尚李善曰老
子曰愛人

活國能無知乎鈔曰電邁言疾也道
家謂老子道經也道經云愛民治國
河上注云治國者布德施惠無令下知
言此活國活与治字相濫疑誤張銑曰
眷〻迴顧皃邁行也愛惜人命
不欲言國是至道之所重也
崇城遂
卑文王退舍李善曰左氏傳子魚言
於宋公曰文王聞崇德
亂而伐之軍三旬而不降退修教而復之
因壘而降之吕向曰舍止今案五家本為

自卑故先開示大信喻以在巳鈔曰言我
以大信開示汝心以存巳道曉喻於汝也
呂延濟曰示見也喻曉也謂服則存不服
則亡也懇懃之旨往使所究若能
審識安危自求多福李善曰毛詩曰永言配命自求
多福鈔曰言往使究達我之旨意也審
謂詳審也音決使所吏反呂延濟曰往

去也究盡也言識安危而稱臣是求多福也蹶然改容祗
莽往告李善曰漢書曰陸賈說尉佗於是蹶然起坐謝賈偷臣奉
漢約也鈔曰祗敬也莽奉也言敬奉我
之往告也音決蹶音厥劉良曰蹶然驚
起皃言能驚起改尊倨之容敬莽所往之書告也追慕南越嬰
亝入侍李善曰漢書曰南越王胡立天子使嚴助往諭意南越王

胡遣太子嬰亝入宿衛也北面偁臣伏聽告策
則世祚江表永為藩輔李善曰礼記曰
君之南鄉也答陽之義也臣之北面
也荅君也左氏傳王賜亝侯命曰世
祚太師張銑曰策書也言能稱臣聽
所告之書則永代有福於江外長為
諸侯也藩輔謂諸侯也豐報顯賞隆於今

日矣鈔曰今日謂晧為吳天子時也呂向曰豐多也言能臣伏則多報明
賞盛於常日也若侮慢不式王命然後謀
力雲合指麾風從李善曰范曄後漢書張緄
謂張嬰曰大兵雲合豈不危乎鈔曰
式用也雲合言人眾多如雲之四合
也指麾謂執旄羽指麾軍士如草從
風也呂延濟曰命教命也言若輕慢

不用我執之教命謀臣武士當雲合
風從而討之今案鈔風從為從風
維益二州順流而東青徐戰士
列江而西鈔曰時以滅蜀故使雍益
二州兵士順流東下也青
州徐州戰士維列江
西江西謂滁和州界
荊揚兗豫爭
驅八衝征東甲卒虎步秣陵

李善曰征東即石苞也李陵詩曰韋
託不肖軀且當猛虎步漢書丹陽郡
有秣陵縣鈔曰八衝謂八方之衝要也
武云地名秣陵即金陵也秦始皇改石
秣陵晉書云石苞為征東將軍五家秣
音末李周翰曰荊楊兗豫並州名秣陵
吳郡名此說征討之勢以脅之也陸善
經曰八衝八方衝突秣陵吳所都
尒乃皇輿整駕六師徐征羽

檄燭日旌旗星流李善曰羽鳥
羽也漢書高
祖曰吾以羽檄徵天下兵檄或為校
也鈔曰皇舉天子所乘車也言羽校
旌旗之多照燭於日如星之流布也
音決校胡孝反或為檄何的反非也
李周翰曰六師六軍也羽羽箭也校隊
也燭日謂白羽若日也旌旗也畫星
辰於上故
云星流也
遊龍曜路哥吹盈耳

李善曰周礼曰凡馬八尺已上為龍樂
稽燿嘉曰武士興師誅于商万國咸喜
前歌後舞論語子曰洋〻乎盈耳哉鈔
曰游龍謂馬也後漢書云車如流水馬
如游龍歌吹言士卒歡忻欲得代之音
決吹昌瑞反張銑曰曜路盈耳言騎樂
之盛今案陸善經
本曜為耀吹為笑
士卒奔邁其會
如林李善曰尚書曰受率其旅若林
鈔曰如林言多也班固東都云

學校如林呂向曰邁行也陸善經曰如林言盛也煙塵俱起震天駭地渴賞之士鋒鏑爭先忽然一旦身首橫分宗祀屠覆取誡萬世引領南望良以寒心李善曰左氏傳穆叔謂晉侯曰引領西望曰庶

幾乎高唐賦曰寒心酸鼻鈔曰言人衆奔馳之勢如烟之起塵之飛故言俱也震駭俱謂動也渴賞之士言飢渴於賞賜之士思得賞報如渴思漿也爭先謂執鋒刃爭在前也橫分謂從橫分裂如項羽敗分五人各得其一支也宗祀謂宗廟祭祀屠滅也萬世之後取後為鑒戒故言取戒萬世寒心言戰慄也言人有引首南望者為汝寒心戰慄也音決鏑丁狄反屠音徒

覆芳伏反呂延濟曰震動駭驚也渴賞謂貪賞也屠壞也寒心痛心也今案鈔領為頸又歛本鉞為焉夫治膏肓者必進苦口之藥決狐疑者必告逆耳之言李善曰左氏傳曰晉景公夢疾為二豎子一曰居肓之上膏之下若我何史記曰沛公入秦宮樊噲諫沛公不聽張良曰夫忠

言逆耳利於行毒藥苦口利於病愿沛公聽樊噲言楚辭曰心猶豫而狐疑鈔曰左氏傳杜注云肓鬲也心下為膏也音決肓音荒劉良曰言理此病必須服苦口之藥也決定也狐疑不定也逆耳謂忤己之言也如其迷謬未知所投恐愈附見其已困扁鵲知其無功矣

李善曰列子曰楊朱之友曰季梁季梁得疾七日大漸請謁醫俞氏俞氏曰汝則胎氣不足乳湩有餘病非一朝一夕之故其所由来漸矣弗可也矣季梁曰良醫也且食之史記稱中庶子曰上古之時醫有俞跗醫病不以湯液又曰扁鵲過齊々桓侯客之入朝見曰君有疾在腠理不療將深桓侯曰寡人無疾後五日扁鵲復見曰君有疾在血脉不療恐深桓侯曰寡人無疾後五日扁鵲復見曰君有疾在腸胃間不療將深桓侯不應後五日扁鵲復見望桓侯桓侯使人問其故扁鵲曰疾其在骨髓雖司命無奈何今在骨髓臣是以無請也後五日桓侯體痛使人召扁鵲扁鵲已逃去桓侯遂死郭璞移天子傳注曰湩乳汁也竹用反鈔曰史記云扁鵲者勃海郡鄚人也姓秦氏名越人過齊々桓侯客之入朝見曰君有疾在腠理不治將深後扁鵲復見望桓侯而退走桓侯使人問其故扁鵲曰疾之居腠理也湯熨之所及也在血脉鍼石之所及也其在腸胃酒醪之所及也其在骨髓雖司命無奈之何也今在骨髓臣是以無請也後五日桓侯體病使人召扁鵲扁鵲已逃去桓侯遂死今汝言若不用我言則汝之病亦已深遠難遇俞附与扁鵲終知其因無所施功能也音決謀亡又反俞以未反扁歩典反李周翰曰謬誤也枝歸也俞附扁鵲皆古之良醫也凡病則良醫見可療及入骨髓則良醫雖理亦無功也言吳國有危亡之疾今用我言而歸能保全首領是猶可療也若傲愕倚險不即從化則猶疾入骨髓雖欲思療亦無功也

勉思良圖惟所去就李善曰左氏傳令尹子常曰敢弗良圖曾子曰君子慎其所去就鈔曰良善也圖謀也去謂去我就謂就我欅

善謀而行之張銑曰言勉力思其善謀任為去就也

石苞白

司馬長卿

漢興七十有八載德茂存乎六世李善曰六世謂武帝也鈔曰言漢興已來經時七十八年也六世謂高惠文景武并呂后為六世也李周翰曰茂盛也威武紛紜湛恩汪濊張銑曰汪濊深皃也鈔曰紛紜盛皃也汪濊深廣言天子恩深也音決湛音沈汪烏黃反濊烏外反張銑曰湛厚汪廣濊深也群生霑濡洋溢乎方外鈔曰言國家威武湛恩所被廣遠天下群類莫不霑潤又洋溢普洽遍于四方之外也張銑曰群生百姓也濡潤也洋溢流出皃方外遠方也陸善經曰洋溢方外言多也於是乃命使西征隨流而攘風之

所被罔不披靡鈔曰為有羌夷之屬而不賓奉於是乃命使西征隨流而攘除之顏監曰攘却退言隨其流俗而却退之風謂國家之風所被皆靡也音決使所吏反下同攘而羊反被皮義反披普蟻反呂向曰使自謂也流行攘却風教罔無也被靡從化皃因朝冉從駹定筰存邛服虔曰冉駹邛筰蜀郡西部也應劭曰蜀郡岷江本冉駹也鈔曰張揖曰冉駹西夷大國五之類也文穎曰邛者亦為邛都縣筰者今為定筰縣皆屬越巂郡音決朝直遙反駹音尨筰音昨邛其龍反呂向曰朝從定存謂招慰得也略斯榆舉苞滿張揖曰斯俞本俞國名也服虔曰苞滿夷種也鈔曰文穎曰斯榆今屬益州郡為縣音決斯以例反榆以朱反結軌還轅東鄉將報

李善曰楚辭曰結余軫于西山王逸曰結旋也鈔曰張揖曰結屈也服虔云軌轍也廣雅以為軌跡也報謂還報天子也音決嚮許高反呂延濟曰軌車也還轅謂將還東歸以報命也陸善経曰結軌旋車其轍如結也至于蜀都耆老大夫縉紳先生之徒廿有十人儼然造焉辭畢進曰鈔曰造至也辭畢謂初謁見之辭畢也廿七人當時人不詳其姓名也音決造七到反劉良曰縉紳謂衣紳也先生有德之稱儼然恭肅皃舉竟也蓋聞天子之牧夷狄也其義羈縻勿絕而已李善曰應劭漢官儀曰馬曰羈牛曰縻言四夷如馬牛之受羈縻也鈔曰縻索廣雅羈繫係也顏師古曰羈馬

絡頭也縻牛纼也云牽制之牧取為喻
但羈縻之不令絶亦不頓取之劉良曰
牧養也羈縻謂以繩索絆繫
而已此皆父老問使之詞也　今罷三
郡之士通夜郎之塗三年於
茲而功不竟
鈔曰文穎曰夜郎牂柯
縣也三郡當時郡耳不
詳其名又云巴蜀廣漢等是音決
罷音皮李周翰曰三郡三蜀也　士卒
勞倦万民不贍今又接之以西
夷百姓力屈恐不能卒業此亦
使者之累也竊為左右患之　鈔
曰
屈盡也卒終也業事也音決屈其勿
反累力瑞反為于僞反下同李周翰
曰夜郎縣名贍足也言通夜郎未竟
今又續西夷之事恐百姓力屈不能
終其事業亦使者罪累也
左右侍者相敬之辭也　且夫邛
筰西夷之與中國並也歷年
茲多不可記已
李善曰孟子曰禹之
相舜歷年多鈔曰文
穎曰西僰犍為縣名也已記終之詞言邛
筰西夷各自一國与中國並立其來自久
不可記之音決筰在
洛反今案鈔夷為僰　仁者不从德
來强者不从力并意者其殆不
可乎
李善曰不可猶不堪也以其不堪
為人故棄之而不并也鈔曰言往
古帝王雖有仁德不能招來之雖有强力
不能并吞之以其險遠理不可也音決强
其良反張銑曰前王後帝强者不并仁者
不懷意者耆老自也言殆近也不可乎謂
不可
用也　今割齊民以附夷狄弊所

恃以事無用鄙人固陋不識所
謂李善曰附謂令之親附也並人已見鍾士季檄蜀文鈔曰張楫曰脊中也
又曰淮南云編户脊毗堪所怡恃即中國
之人無用謂西南夷也呂向曰附近也言
劉中國之人以事無用夷狄也鄙人
耆老自謂固陋譾韡所謂所説也使
者曰焉謂此乎必若所云則是

蜀不變服而巴不化俗也應劭曰巴蜀皆
古竇夷也椎結左衽左言之人鈔曰焉
於何也使者言我比言巴蜀與中國通
今曰巴蜀作此言是未變俗也呂延濟
曰使者對父老安謂此乎言所説非也
巴蜀皆椎髻左衽若如父老之言則不當變易僕常惡聞
若説然斯事體大固非觀者之

所覲也鈔曰尚猶也若如此言僕猶惡聞如之説況乎遠識之人
覲見也言此通南夷之事大事非汝
覲者所能見也音決惡爲故反覲古
候反劉良曰惡聞若説謂父老所説
也斯此也今案鈔常爲尚陸善經本
無常字余之行急其詳不可得聞
已請爲大夫粗陳其略李善曰蓋子曰其詳

不可得聞嘗聞其略矣韋昭曰粗猶略也
鈔曰言行程急速不暇爲汝詳言之已語
辞粗猶麤也音決粗在古反劉良曰余相
如自謂也言我行急不得審議爲父老粗
略而陳之
謂下事蓋世必有非常之人然
後有非常之事有非常之事
然後有非常之功非常者固常

人之所異也故曰非常之先黎
民懼焉
張揖曰非常之事其本難知
衆民懼也李善曰尚書曰黎
民於變時雍鈔曰常人見之以為異也
故曰非常之人始能為非常之事也元
始也音決元或為先非李周翰曰非常
人聖人也原本也言立聖人之功本則
衆人見而懼焉陸善經曰非常之初變
易法制故人懼也今案五家本先為原

及臻厥成天下晏如也
鈔曰晏安
也張銑曰
臻至也及至其成則天
下衆人皆安之也
昔者洪水
張揖曰溢溢也郭
璞三蒼解詁曰溢
沸出汜濫衍溢
水聲也字林述寸反李善曰古漢書為
溢出今漢書為衍溢也音決溢普混反
又必寸反呂向曰洪大也言昔者大水
沸出謂堯時也汜濫衍溢大水皃也

民人升降移徙崎嶇而不安
鈔曰
崎嶇山坂敧側也音決崎去宜反嶇丘
于反呂延濟曰移徙崎嶇謂避水不得
安居也陸善經曰人
皆避水居丘阜也
夏后氏戚之乃
鈔曰夏禹遂治之此是
非常之功初雖懼為後
堙洪塞源
得安樂堙塞也水公曰原也音決堙
於人反呂延濟曰戚憂也今案陸善

經本無塞字
又源為水
決江踈河漸沈澹
灾東歸之於海而天下永寧
張揖曰踈通也灑分也韋昭曰灑及史
記今諸本作漸字李善曰說文澹水搖
也鈔曰顏師古曰沈深也澹安也言分
散深水以安定其灾也音決漸或為灑
同所宜反澹徒暫反呂延濟曰決江踈
河謂理水也漸盡也謂盡除沈没投搖

動之失也劉良曰永長寧安也陸善經
曰灑分也謂分其淥字亦作澌又作漉
澹静也言能
静水失也
當斯之動豈唯民
哉
鈔曰言當此之時動豈
唯百姓而禹亦不生也
心煩於慮
而身親其勞躬腠胝無胈膚
不生毛
張揖曰躬體也孟康曰腠理
也韋昭曰胈其中小毛也郭

璞三蒼解詁曰胝䠏也李善曰莊子曰
兩祖女浣於曰水之上者禹適之而趍
曰治天下奈何女曰股無胈脛不生毛
顏色列凍手足胼胝何足以至是胼胝
十及鈔曰胈膚腠皮也尸子以爲禹之
身手不生毛胈不生膚是也今此諸本
或作奏音決腠七豆反字林云膚理也
胝竹夷反胈步末反膚音夫劉良曰慮
謀也腠皮也胝繭也胈股上小毛言難
苦至使皮膚累繭而不生毛也陸善經

曰躬身也一本無腠字胝
胼胝也胈膚上細文也
故休烈
顯乎無窮聲偁浹乎于茲
鈔曰
休美也烈業也浹徹也于茲猶言今茲
也音決稱尺證反浹子牒反李周翰曰
浹及也言禹之美
業德聲及于今
且夫賢君之踐
位也豈特委瑣喔齪
應劭曰喔
齪急促之

貌也李善曰喔音握鈔曰顏師古喔齪
局陿也音決瑣素果反齪初角反也
拘文牽俗脩誦習傳當世取
說云尔哉
鈔曰非拘薇細之文不牽
流俗之議也說讀曰悅非
直因循口誦習所傳聞取美悅於當時而
已哉音決拘音俱脩脩為循音巡說音悅
張銑曰言賢君豈循習古書習傳舊
法取當時悅倩而已哉言不如此也
必

將崇論閎議創業垂統為万世規李善曰孟子曰君子創業垂統為可繼鈔曰劉展曰古今字詁云吰今宏也音決論力頓反呂向曰崇高閎大統紀規法也言將高論大議創業垂紀為万代法也故馳騖乎兼容并包鈔曰言兼容天下并包四夷呂延濟曰兼并謂兼万國而并四夷也陸善經曰兼容并包容納包含之也而勤思乎參天貳地李善曰己比德於地是貳地也地與己并天是三天也音決參七男反呂延濟曰參比也言君德比於天而與天同一能合於地故云二地也陸善經曰禮曰三王之德參於天地參三也天地與聖人為王此言貳地亦謂聖人与地二并天則為三也且詩不云乎普天之下莫非王土率土之濱莫非王臣李善曰毛詩小雅文也鈔曰率循也濱涯也或本為賓字者是以六合之內八方之外浸潯衍溢鈔曰天地四方謂之六合四方四維謂之八方也浸潯猶漸漬也衍溢言有餘也劉良曰浸潯衍溢言理化遠也懷生之物有不浸潤於澤者賢君恥之劉良曰懷生之物謂動植之類也言如此等有不霑德澤者則我君恥之也今封壃之內冠帶之倫咸獲嘉祉靡有闕遺矣鈔曰倫類也音決祉音恥張銑曰封疆之內謂國內嘉善祉福靡無也而夷狄殊俗之國遼絕異黨之域舟車不通

人迹罕至政教未加流風猶微
李善曰孟子曰故國家遺俗流風善政猶有存者鈔曰風ゝ化也流ゝ行也言風化猶微未能廣及也呂向曰遼遠也加被也言遠國政教未被而王之流風尚自微薄也流風謂他人之風也陸善經曰流風謂風化流及也
内之則時犯義侵礼於邊境外之則耶行横作放敎其上
鈔曰内之謂通於朝獻也則怨侵我堺域也外之謂弃而絶在其彼取國即有放敎之心也音决耶在涹反行下孟反横胡孟反作子洛反敎音試呂延濟曰外謂隔絶不通也放遂也
君臣易位尊卑失序父兄不辜弟孤為奴虜係縲號泣内鄉而怨
張揖曰為人所係也鈔曰言父兄無辜而獲罪弟孤因之横被虜掠而為奴也言其父兄無罪於國兒子並為奴虜為德敎未弘所以如此也張揖曰言為人獲而累係之故號泣也戰國策曰順子說秦王曰韓魏公子老弱係虜於道路音决易音亦繁力追反號户高反呂延濟曰辜罪也係縲謂束縛也言巴蜀父兄無罪被敎掠取孤縛束以為奴僕所以號泣向中國而怨也
曰蓋聞中國有至仁焉德洋恩普物靡不得其所
鈔曰洋多也其所言皆得其所也劉良曰至仁謂天子也洋溢普遍靡無令案陸善經本洋下有而字
今獨曷為遺已舉踵思慕若枯旱之望雨
李善曰孟子湯始征自葛民望之若大旱之望雨也

音次乙音紀踵之重反劉良曰曷何
遺弃也已謂上啼泣者身也踵足也
言何為弃我也舉足思慕天
子之化如枯旱而望雨也**戾夫**
為之垂涕況乎上聖又焉能
已鈔曰郭璞三蒼解詁云盭右古戾字
也張揖曰很戾之夫已止也音次
戾力帝反夫如字為干偽反李周翰
曰戾很惡人也言很惡之夫見係縲

者猶且垂涕況天子能止而不**故北**
伐乎陸善經曰戾夫暴戾之人
出師以討強胡南馳使以誚
勁越四面風德二方之君鱗
集仰流李善曰論語比孝識曰賜
風德宋均曰賜能言語故
可使風論以德也二方謂西夷南夷
也鱗集相次也鈔曰誚責也勁強也

泛論戰四境之意也風化也音次強
其良反使所吏反李周翰曰胡匈奴
四面四夷也二方即胡越之君因其
討責如魚鱗之相次仰承流風也陸
善經曰回首向風化令
案陸善經本四為回**頓得受號**
者以億計故乃關沫若徼牂柯
漢書音義曰以沫若水為關也張揖
曰沫水出蜀西徼外入于江若水出

旄牛徼外入江鈔曰號謂爵號也一
曰受天子之号令也億計言其多也
張揖曰徼塞也以木柵水為夷狄界
者也音次沫亡身反徼居予反牂子
郎反柯音哥呂向曰牂柯
遠郡名關門也徼道也**鏤靈山**
梁孫原張揖曰鑿通山道置靈道
縣屬越巂郡孫水出臺登
縣南至會無縣入若水李奇曰於孫
水之本作橋梁也鈔曰靈山〻名也

鏤謂孫通之以開道也梁橋也孫原孫水之原也言廣遠之意耳呂延濟曰靈山鑿山金縣鏤之以紀功原本也陸善經曰鏤謂鑿通也創道德之塗垂仁義之統將博恩廣施遠撫長駕李善曰長駕謂所駕者遠也鈔曰鄧展駕至也張揖駕行也一曰駕彼也又曰長育所駕御之也言使恩澤長安行也音決施舒智反劉良曰創始也言天子始以道德為塗以化之重仁義以理之將廣大恩信以撫御焉使踈逖不閉曶爽闇昧得耀乎光明韋昭曰曶悔憒反李善曰言踈遠之國不被壅閉曶爽闇昧復得乎光明言化之所被者遠也郭璞三蒼解詁曰曶旦明也字

林音勿尚書曰甲子昧爽孔安國曰昧早旦也爽明也鈔曰逖遠也爽不明也音決逖吐狄反曶音忽李周翰曰踈逖遠曶爽未明也言天子德化遠及幽國使通而不閉如瞑昧之闇而得光明之曜也以偃甲兵於此而息討伐於彼鈔曰偃止也言得被光明即休甲於漢朝息討於彼南夷之國自相征伐也張銑曰偃息也此國家討伐征戰也彼夷狄也遐迩一體中外禔福不亦康乎李善曰說文曰禔安也音支鈔曰禔遠也迩近也一體言政教普洽也而天下共為一體也中謂中國也外謂蠻夷之國也康樂也音決禔市支反張銑曰一體無內外也夫拯民於沉溺奉至尊之休德反

襃世之陵夷繼周氏之絶業天子之亟務也李善曰陵夷即陵遲也史記張釋之曰秦陵遲而至於二世天下土崩漢書作陵夷至於二世也鈔曰說文曰出溺為拯外也言人在沉溺之中外而舉之也陵夷謂絶替也呂向曰休美也陵夷謂政教隤毁也周家典礼遺秦奬之漢滅秦而復脩理故

云繼周氏絶業也陸善經曰亟急也今業五家本亟為急也百姓雖勞又惡可以已乎哉鈔曰已止也音決惡音烏呂延濟曰惡何也且夫王者固未有不始於憂勤而終於佚樂者李善曰毛詩序曰始於憂勤終於逸樂也鈔曰言始能憂勤則終獲

逸樂也音決佚音逸逸樂音洛劉良曰憂勤謂征伐也言王者皆初征伐而後逸樂也然則受命之符合在於此鈔曰張揖曰合在於憂勤逸樂之中也李周翰曰言受命符瑞合於此時也方將增太山之封加梁父之事鳴和鸞揚樂頌上減五下登三

李奇曰五帝之德漢比為減三王之德漢出其上也韋昭曰上減五減同於五帝李善曰登三登在三鈔曰謂封禪之意也察案虞喜急林注韋云漢書别本上減五五者謂漢隆盛欲減五帝之一以漢盈之師古曰奇說非也咸偕也漢德與五帝偕盛而登於三王之上相如不應言漢減於五帝也音決父音甫咸古湛反張銑曰王者太平刑封太山禪梁甫鑾鈴也頌也言漢德之盛上可減

五帝之美下可外
三王之上登外也 觀者未覩音
聽者未聞音猶鵾鵬已翔乎
寥廓之宇而羅者猶視乎藪澤
悲夫 李善曰樂緯曰焦明狀以鳳皇
廣雅曰寥深也空廓寥〻也鈔
曰廓天上寬廣處無水曰藪也音決鵾
音焦鵬音朋呂向曰音美也鵾鵬大鳥
也羅者喻大夫先生等也言君之道德
已流行深遠而大夫猶視藪澤悲夫悲
其不如德化也陸善經曰 於是諸大
言觀聽者不覩其意也
夫茫然喪其所懷來失厥所
以進 鈔曰茫然無色之貌也言初有所
懷而來欲進而陳之今並喪失其

之事於祭
亞獻尚考猶言往時也太室
室也義當為儀〻禮也謂祭太室之
竟為彝賓也鈔曰此言齋愛宗禪之意
也李周翰曰貳宮天子接禮賢人之
也甫用也太室明堂也言考用才能於
明堂之
宮也 幽明獻期雷風通響 李
善
曰曾子夫子曰天道曰圓地道曰方〻曰
幽圓曰明一曰禮記曰幽則有鬼神太公
伏符陰謀曰武王伐紂四海神河伯皆曰
天代 周 來受命 時雨論語讖
曰仲
老曰河
風雷雨不迷 書大傳曰舜
呂向曰幽明獻期獻期祥瑞見也雷風
陰陽和也陸善經曰幽謂鬼神明謂人事
期進受命之期周書云王曰朴旦今維天使
予緯二神授
胎華之珍既從延書
朕靈期也

之玉攸歸李善曰尚書大傳云堯得舜推而尊之贈以昭華之玉尚
書旋機鈐曰玄圭出刻曰延喜玉德天錫此
禹 世紀云舜受
堯 舜時
西王母 華玉天
徒歸于舜 所也陸善經曰
鈐云禹闢龍門導積石決岷山流九
貢玄圭出刻曰延喜玉受德天錫

宋受天保生萬國李善曰周書武王曰膺受大命
革殷受天明命又曰我聞古商先王成
湯保生商人鈔曰革改也言受天命以改
宋家之政令也易曰湯武革命順乎天應
乎人 受天命
而王 云天
保之尔 禹會
諸侯於塗山執玉帛者萬國劉良曰
晉改宋曆殷而受天命以為天子也陸

善經曰尚書大傳云堯命者固受天非受諸人也度邑靜鹿李善
丘之歎遷鼎息大坰之慙
曰周書度邑篇曰維王尅殷乃永歎曰
烏呼不淋充天之對自鹿至于丘中具
明不寢帝王世紀曰湯即天子位遂遷九
鼎 書丘武為化
鈔曰今
音決度

邑謂卜度邑都也言武王尅殷將度
自鹿丘而歎恥者以臣伐君之名也成
即天子位遂遷九鼎于亳都至大坰而有
慙德尒謂以臣伐君也鹿丘大坰並地名
也言晉受宋禪讓之位而無慙
歎之事也靜息皆猶 也矣
紹清和於帝猷聯顯懿於王表
李善
世天

兆開祖帝續帝猷法言曰昔在有
三代咸有顯懿故天因而瑞之爲神明
圖曰成帝德者堯開王表者禹鈔曰紹
也猷道也清和謂帝之德也言以清和
德紹繼於帝之大道也揚雄美新云鏡純
粹之至精聆清和之正聲顯明也懿美也明
美謂帝道也言運以明美之道而成王之
儀表也班彪王命論云帝王之祚必有
明聖顯懿之德李周翰曰表外也言能
繼清——理於

王之三王之外也

駿發開其遠祥定爾固其洪業李善曰毛詩曰濬哲維商長其祥以濬爲駿誤也又曰天
定尔亦孔之固也鈔曰鄭玄詩箋云保
尔汝〻王也大安定汝亦甚堅固也睿蕭
宋之後宋即殷後今言晨商家遠祥而有
天下天又安定我睿甚堅固也呂向曰駿疾
也言睿帝之德
方之祥瑞也

皇帝體膺下武李善曰字宣遠以子即位
天子其次立爲三公毛詩序曰下武
也鈔曰皇帝謂明帝也漢書古今人
上〻聖人若太昊宓犧氏帝堯等運謂五
行運次也詩云下武維周世有悊王毛傳
云武繼也鄭玄云後人能繼先祖者維周家
最大也今言我明帝鍾於下武能繼成先人

之業也劉良曰膺當也鍾衆也下武謂文
王之下有武王繼之言武帝能繼先業亦
如武王繼文王之
道故云運聚下武

秀氣

邁三代之英風李善曰人者五行之秀又孔
子曰大道之行也与三代之英丘未之
也而有志焉鈔曰鄭玄礼記注云英俊
之尤也又曰禹陽文武成王周公由此其
選也然三代之英謂此是也今此引諭明

帝音決冠古歎反呂延濟曰五行水火
金木土也邁過也三代夏殷周也昭章
雲漢暉麗日月李善曰毛詩曰倬
彼雲漢為章于天
鄭玄曰雲　天子
為法度於　聖人日月合
其明也鈔曰昭明也漢天河也易曰日月麗
猶著也今言天子法教光明若日月
天也李周翰曰昭章雲漢
喻文德也日月喻明也
牢籠天

言爵家大臣皆與之相連或與尚父比肩
或與周公接踵繼接也音決父音甫鉉胡
大反踵之重及劉良曰元宰謂宰相也
言宰相之德與太公比肩也鉉鼎耳也
以黃金為之黃色為中故言中此三公
位也踵跡也陸　之周南謂周
公之
化也
分陝流勿剪之懽來仕允
克施之譽李善曰公羊傳曰自陝以
西邵公主之毛詩曰蔽芾
甘棠勿剪勿伐•邵伯所茇國語曰秦后
子來仕其車三千乘韋昭曰仕於晉也
班固漢書貢禹贊曰禹既黃髮以德來仕
尚書君陳曰克施有政鈔曰毛萇詩傳云
剪去也鄭玄云邵伯　男女之訟
棠之下國　傳云陳
第小兒茇
子請老于　公孫之元祿者私家
之邑國之貧約孫寡私與之　詩
錫載周能施也杜注云詩大雅也言

能布大利以賜天下行之周偏者也今言
大臣有如此之德也音決陝式冊反呂延
濟曰周公邵公分陝界而為理人皆歡悅也
故詩云蔽芾甘棠勿翦勿伐允信也克能
也言來仕宦信能當施惠之譽矣言皆用
人得賢才也矣言
莫不如珪如　朱芾
斯皇室家君王者也
李善曰毛
詩曰如珪

如璋令問令望又曰朱芾斯皇室家君
王鈔曰詩云如珪如璋令聞令望鄭箋
云令善也此美群臣皆有令德也順志
氣則高朗如珪璋也人聞之則有善聲
譽人望之則有善威儀德行相副也朱
芾斯皇室家君王此詩全文此又美諸
王煌煌然而盛也　煌煌
也芾蔽也朱芾　黃朱
一家之內宣王所生之子式曰為天
旦為諸侯皆佩朱芾煌煌然也音決

問芾音弗李周翰曰佳璋王名也喻賢
才也朱芾官之服飾也皇大也室家猶
親密也言為臣皆親密於君一
心盡忠也今案鈔音決問為聞
本枝
之盛如此稽古之政如彼
李善
曰毛詩曰文王　世尚　曰若
稽古帝堯鈔曰毛　宗也枝
くく子也鄭玄云言天下君　適　天
子庶為諸侯皆百世也如此謂

陳也如彼謂上之所說也尚書云曰若稽
古帝堯孔注云稽考也言能順考古道
而行之者帝堯也音決稽吉
兮反呂向曰本枝謂宗族也
用能免
群生於湯火納百姓於休和
李善
曰史記曰文帝　下　去　湯陽　大人く
樂業左傳君子　休和
張銑曰湯火謂　禍亂已
平兵戈不用故致之使休息和平也

草萊樂業守屏俑事
李善曰
莊子曰
農夫無草萊之事則不比礼記曰諸侯曰
某土之守臣某在邊邑曰某屏尸子曰君
能官稱事也音決樂音洛守音狩屏必靜
反稱尺稱尺證反張銑曰草萊謂山野樵
采之人也守
屏謂州牧也
引鏡皆明目臨池無
洗耳
李善曰譙
述竊位於蜀：人任永託
孫
述誅永藻盟引鏡自照曰時清目
巢父聞
盲謚高士傳曰堯致天下讓許
之以為污乃臨池水而洗耳鈔曰今言我
昏道清明皆出仕也劉良曰今時清故人皆
明目也今太平
沉冥之怨既歇邁
野無遺人也
李善曰漢書曰蜀
邁軸之疾已
曰嚴
君平常病不仕沉冥而死以潔矣
詩曰
考槃在陸碩人之軸考盤在阿碩人

毛萇曰邁軸病也謂賢人隱居而離困病
也鈔曰漢書孟康注曰蜀郡嚴君平沉深
玄默无欲言幽深難測也今言己歇息也
音決冥亡丁反邁苦戈反軸音逐呂延濟
曰沉冥邁軸皆疾病也
歇消謂疾病盡除也
興廣舉孝歲
執事
時於外府
李
興
賢能若歲若時
光元年冬十一月初令
人周礼云外府中士二人府一人史二人
李周翰曰言舉孝廉賢才每歲貢自州郡
也外府
州郡也
署行議年日夕于中甸
李
善
曰漢書高祖詔云有意稱明德者遣詣
相國府署行義年藉林云行狀年紀也
中甸繳甸也鈔 服之中也
尚書云五百甸 千里之
內謂之甸服為天子服治田也去
面五百里也音決行下血反李

署考也考吏行之殿最議年穀之豊倹
而奏於天子使車朝夕盈于鑾向之中

協律摠章之司序倫正俗

李善曰漢
書曰李延年為協律都尉魏志曰明帝
立揔章觀荀氏家傳曰勗為光祿大夫
公以魏杜夔所 樂揔
章鼓吹八音與 王以
是序人倫美教化移風俗風俗通曰
之正之要辯風正俗最其上也鈔 雲
運晋書云教女妓於揔章呂向曰協律樂
官揔章礼官也倫次也言各有次序以正
正風俗矣今業
陸善本序為序

崇文成均之職導德齊礼

李善曰魏志曰明帝置崇文
觀徵善文者以充之周礼大
司樂掌成均之 政而
合國之子弟焉 審
之以礼鈔曰董仲舒書云五帝名
曰成均論語鄭注云德謂六德智仁聖

義忠和也礼謂五礼吉凶賓軍嘉也張銑
曰道理也言理道德之本導礼樂之先也

挈壺宣夜辯氣朔於靈臺

李善
曰周礼有挈壺氏蔡邕天文志曰言天
體三家其一曰周髀 三曰渾天
鄭玄毛詩牋曰天 觀祲
象察氣之妖祥左氏傳曰公既視朔 觀
臺以望而書雲物鈔曰周礼夏官
掌懸以滿水晝夜百刻音注挈若結反劉
良曰壺挈掌刻漏之官知晝
夜日月氣候之事朔月初也

書笏珥彤紀言事於仙室

李善曰礼記曰
造受命於君則
書於笏潘岳賈武公誄曰惟帝以公通
楊祖宗延登東 史記曰秦
文公初有史以紀 動則左
之言則右史書之 後漢書曰學
東觀為老氏藏室道家蓬萊也鈔
亦凡有指畫於君前用笏珥插也記言事

之史恒掾筆自隨以書也詩云彤管有煒毛傳云彤管以赤心正人也鄭箋云彤管筆赤管也仙室即藏室也以老氏是仙故言仙室音決筍音忽珥音二彤大冬反劉良曰執笏者所以書記事也珥執也仙室館名也陸善經曰札記云笏所以書思對命崔豹古今注云白筆古珥筆之遺象言事謂左史記言右史記事也

褰帷斷裳危冠空履之吏

李善曰范曄後漢書曰賈琮為冀州刺史琮之部升車言曰刺史當遠視廣聽糾察美惡何有反垂帷裳以自掩塞乎乃命御者褰之百城聞風自然震竦漢書曰蓋寬饒初拜為司馬支出殿門斷其禪衣令短離地也說苑曰楚人長劍危冠而有子西漢書曰廣尊衣幣履空鈔曰漢書曰朱博為琅邪太守勅功曹官屬多褒衣大袑不中節度自今掾史衣皆令去地三寸孟康云袑音紹謂大袴也故言斷裳凡服下曰裳也音決褰去虔反斷音短張銑曰危冠（條冠）也空履弊履也言其吏清儉而貧也陸善經曰鹽鐵論云子路解長劍去危冠屈節於夫子之門也

彯

搖武猛扛鼎揭旗之士

李善曰漢書曰上去病再從大將軍受詔予壯士為尉華嶠後漢書曰丁白為武猛校尉法言曰或問力能扛鴻鼎揭華旗知德亦有之乎曰百人鈔曰史記云秦武王有力好戲力士任鄙烏獲孟說皆至大官王與孟說舉鼎絕臏音決彯匹遙反扛音江揭其列反劉良曰剽捷輕便於事負扛揭皆舉也陸善經曰論衡云夫壯士力多者扛鼎揭旗也

勤恤民隱糺逖王慝

李善曰國語公謀父曰勤恤民隱而除其害左氏傳王謂晉文侯曰以綏四方糾逖王慝鈔曰恤憂也言民之有隱痛者則勤勞憂恤之也張衡東京賦云勤恤民隱而除其

青左氏傳注云逖遠也有悪於王者糺
而遠之音決逖他狄反慝他勒反李周
翰曰隱痛逖遠王大慝悪也言勤憂天下
人之所痛糺察風俗遠大悪者也陸善經
曰言廉吏勤
人武士静難射集隼於高墉繳
大風於長隧李善曰周易曰公用射
隼于高墉之上獲之淮
南子曰堯時大風為害堯使羿繳大風於
青丘之澤許慎曰大風〻伯也鈔曰毛詩

風有隧貪人敗類注云隧道也此
諭誅穢亂也音決賊音決賊音
石隼音笋繳音灼隧音遂五家墉音容呂
延濟曰隼鷙鳥也以喻凶人也墉牆也喻
人所居也言射此鳥於高墻之上
喻除凶人於平人之間也繳射也不仁者
遠惟道斯行李善曰論語子夏曰
舜有天下選於衆舉
臯陶不仁者遠矣礼
記曰大道之行也讒莠蔑聞攘

争捈息李善曰毛詩曰好言自口莠
言自口尚書曰尚書曰無或
攘竊鈔曰毛萇詩傳云莠醜也竄無也
言醜悪之言無所聞也尚書云奪攘矯
孔傳云自東而取曰攘記云聖人
以治人情争奪捈息
言捈閑止息也音決莠音良反争
音諍捈音奄李周翰曰讒譖之朝
如苗之有莠此言事於春朝
攘争謂攘臂而争訟者也捈息言無也

陸善經曰詩云
讒言同極也稀鳴桴於砥路鞠
茂草於貧扉李善曰說文曰桴鼓
柄也漢書曰張敞入
兆尹杷鼓稀盜毛詩曰
道如砥其直如道鞠
為茂草周礼曰以圜土教鈔曰
貧扉謂獄户也周礼云無樸與
内之鄉亭云圜獄城也毛萇詩傳云鞠
窮也今言無犯罪之人故圜土之内皆

荒涼而生草也音決枵昔浮砥渚盲呂
向曰枵擊鼓杖也鼓所以鳴於路者蓋
為盜發而擊之也今稀鳴謂少盜賊也
平也翔養也茂盛也靡獄也言時無
罪者獄皆久空故
養盛草於獄中也

耆年市井之遊稚齒豐車馬之昭泰荒懆清夷

李善曰謝承漢
後書曰王允并
涼耆年莫不敬服史記曰文帝時百姓
遂安自年六七十公未嘗至市井遊敖
嬉戲如小兒狀閒居賦曰昆弟班白兒
童稚齒杜氏幽求子曰年五歲則有鳩
車之樂七歲有竹馬之歡應劭漢官曰
不制之惜相與比周比周者
金虎宮陛金虎者言小人在周相
進與君為陛堅若金讒言人惡若虎毛
詩曰懆彼淮夷來獻其琛仲長子昌言
曰警蹕清夷也鈔曰張平子東京云始

於宮陛〻近也懆遠行貝也今言居近
言安泰荒遠者皆清平也音決好音耗
懆居永久張銑曰耆年老人也漢孝文之
代理至和平老人不遊市井也呂延濟曰
稚齒小子也年五歲有鳩車
竹馬之歡皆謂得其天性也李周翰曰
宮居懆近懆遠夷平也言天子之道居
近昭泰之理荒遠之國感德而清平也陸
善經曰漢官儀云比周者宮陛封虎言小
人在位比周相進與君為陛而離陛內外

通也周官云九州
之外謂之荒服也

侮食來王左言入侍

李善曰周書曰東越侮食尚
書曰四夷來王吳越
椎結而左言漢書南越王太子嬰齊入
侍也鈔曰揚雄蜀王本紀云蜀之先名
蠶叢其地迫至漢水魚鳧蒲澤及開明
時人民椎結左言不曉文字未有禮樂
今言此等遠方皆歸朝貢也呂向曰侮
言蠻夷國也陸善經曰周書以求

越侮食謂其
食言不信也
離身反踵之君髽首貫匈之長屈膝厥角請受
纓縻
李善曰周書云離身染齒之國
以龍角神龜為獻呂氏春秋曰
飛登為天子大人反踵皆詭其澤高誘淮南
注曰反踵國名其人南行迹北向也淮
子曰三苗 國其
為人匈有 屈膝

請和孟子曰武 漢書
角趙岐曰厥 厥
終軍曰願受長纓必羈南越王而致之闕
下也難蜀父老曰蓋聞天子之牧夷狄也
其義羈縻勿絶而已鈔曰尒疋云北方有
比人烏迭食而迭望郭注云此即半體之
各有一目一鼻孔一脾一腳亦猶魚鳥之
合耳故言離身
鷽其形人身反踵 其目
賦云髽首之豪渠 髽

長丁文反䟡 月反五家麼音靡縻音糜張
銑曰離身反踵髽首貫匈四國名屈膝拜
也纓縻皆係也言請受國家拘係以輸貢
賦也陸善經曰離身蓋頭飛之人淮南子
曰三苗髽首鑁
纓繩縻繫也
文鈇碧砮之琛奇
幹善芳之賦
展武論曰 越水
紀曰鮮卑以碧石

夷矢用楛青石為
砮中矢鏃也

殷〻盛也呂氏春秋曰舜
殷〻莫不戴悅高誘曰殷〻
也殷〻或為殷殷故兩引之報知
殷仕勤及帝王世紀曰瞽叟之
登生舜于姚墟故姚姓氏堯求賢
薦舜堯乃命于順澤之陽毛詩
荼如飴鈔曰殷
云商核連楊殷〻毛萇詩
膴美也鄭玄云廣平曰原周之原
岐山之南膴〻然肥美也音決殷

下同膴音武劉良曰均者言今
盛同於姚澤也尚者言此處之
於周原也

狹豐邑之未宏陋

猶褊

李善曰漢高祖豐人
人鈔曰漢書高紀云高祖
字李沛豐邑中陽里姓劉氏宏大也言
豐邑比此尚小未為宏大魏志云太祖
武皇帝沛國譙人姓曹諱操字孟德漢
相曹參之後也尔足

以豐譙為
狹陋也

求和中而經處

以裁基飛觀神行虛檐雲構

李善曰周礼曰以土圭之法正日景日
至之景天有五寸謂之地中陰陽之所
和也景日也緯星也毛詩曰
作為楚宮揆之以日作為楚室
曰飛閣神行莫我能刑劉公幹詩
夏雲構鈔曰魯靈光殿賦云高構

音決處昌呂反觀古亂反五家檐琰廣
反呂向曰言於國中作宮也將造必中
和也經處猶造作也揆度也言
正東西南北之位飛觀高臺
若鬼神所作也行猶作也雲構
雲齊也陸善經曰中和謂土中陰陽
所和也詩云經始靈臺又
云爰居爰處虛檐飛檐也

離房作設

層樓閒起

李善曰蜀都賦曰離
房李尤平樂館樓

通閣禁闈洞房鈔曰離房即房
也層高也音決層音曾閣居莧反張銑
曰離房
側室也 負朝陽而抗殿跨靈沼
而浮榮 李善曰尒雅曰山東朝陽
毛詩曰王在靈沼鄭札記
注曰榮屋翼也鈔曰尒足云朝
陽郭云旦即見日張衡西京賦跡龍首
以抗殿毛詩傳云沼池也靈沼言靈道
於沼也音決抗口浪反呂向曰負向也

立也跨也榮屋檐也言近池水楠屋檐
於水上也陸善經曰負朝陽抗殿謂殿
在山之
東也 鏡文虹於綺疏浸蘭泉
於玉砌 李善曰傳玄陽春賦曰丹霞楂
景文虹竟天李尤東觀銘曰房
闥內布綺疏外陳張衡七辯曰迴飈拂
其秦蘭泉注其庭劉楨魯都賦曰金階
玉砌玄枰雲門鈔曰鏡覽也文謂彩也
綺疏謂窓也札記月令季春之月虹始

見鄭注云螮蝀謂之虹音決虹音紅浸子
鴆反砌七計反李周翰曰鏡飾也文虹謂
飾虹蜺之文於窓也渠中生蘭水繞於階
故云浸蘭泉於玉砌也玉者美言之也陸善
經曰鏡照也傳玄陽春賦云文虹鏡古詩
云交疏結綺窓蘭泉蘭生於泉側也又草
木疏云蘭香草舊
漢諸池苑皆種之 幽々叢薄秩々清
千曲拂邅迴潺湲徑復 李善曰毛
詩曰幽々

南山楚辭曰叢薄深林人上慄毛詩曰秩
々斯干淮南子曰曲拂邅迴 嵩
誘曰拂戾邅迴水流也楚辭曰川谷徑復
流潺湲鈔曰毛萇詩傳云幽々深遠也又
云秩々流行也干澗也楚辭云坱兮軋兮
山曲拂字林云潺湲流也今言曲水之勢
屈曲迴旋之狀音決拂音弼邅直連反又
直連反〇湲為連反復音伏劉良曰叢薄草
木叢生曰薄也拂邅迴謂水曲折流也潺
湲中石水流皃徑復謂出入山谷也陸善

經曰曲拂邅迴以像渦涪也

新萍泛沚華桐發岫

李善曰禮記曰季春之月桐始華萍始生鈔曰岫山穴也沚渚也此記時候所生也也音決沚呂向曰沚池岫山也

雜夭采乎柔荑亂嚶聲於綿羽

李善曰毛詩曰桃之夭夭灼灼其華又曰手如柔荑又曰鳥鳴嚶嚶韓詩曰綿蠻黄鳥薛君曰綿蠻文皃也鈔曰詩傳云夭夭其少壯也易云枯楊生荑荑謂初生柔條鄭詩箋云嚶嚶兩鳥聲音決荑大兮反五家夭平聲張銑曰柔荑初生小葉也錦文也陸善經曰夭采謂桃夭之采也今案五家本綿為錦

禁軒承幸清宮俟宴

李善曰如淳漢書注曰省中本為禁中然乘輿之物通呼曰禁漢書曰大僕先清宮也鈔曰禁軒謂天子所乘之車清宮謂清靜宮宇待天子之來宴也呂延濟曰天子所御曰幸清宮天子所遊宮俟待也陸善經曰禁軒謂所臨軒檻也

綢帷宿置

李善曰說文曰綢帷弦繩也南都賦曰朱帷連綢也

帟幕宵懸

鄭司農周禮注曰在旁曰帷在上曰幕鄭曰帟在幕若幄若帷中坐上　皆以繒為之鈔曰鄭司農周禮注云帷幕皆以布為之四合像宮室音決緹大兮反帟音亦幕音莫李周翰曰緹丹黄色也天子帳帷用之也帟平帳也幕帳帬也宿置宵懸皆謂夜預設之至明也今案鈔五家本綢為緹也

既而滅宿澄霞登光辨色

李善曰宿列宿也東京賦云以須消硌明㸌朝霞登天光於扶桑禮記云辨色始入鈔曰滅沒也澄清也收也言宿滅霞收天將曉鄭玄禮記記注云辨猶別也正也今言天將曉天子將出音決宿音秀呂向曰登光辨色謂日初上始辨曉色也陸善經曰滅宿澄霞謂天明星滅霞色澄清也矣

式道執

叉展軨効駕 李善曰漢書云式道左右中候毛詩云伯也執
殳札記曰君車已駕僕展軨効駕鄭玄
曰展軨具視效駕白已駕白已駕也鈔曰
式道官名也漢書東方朔對武帝曰以宋
萬為式道候毛詩傳云殳長丈二尺無刃
今言伏式道之官執殳在前驅也已
列則君復昇駕僕人乃其視 將行
也音決軨力丁反張銑曰式道 靜其路
也殳兵器也軨平効合也

徐鑾警節明鍾暢音 李善曰淳于髡十酒説曰
明鍾撃○格調歌綈舞也鈔曰鑾 也礼
記明堂位鑾車有虞氏之路也 鑾
有鑾和也又云故君子之在車聞鑾和之
和明行則鳴佩玉是以非僻之心無自入
也鄭注云鑾在衡和軾鐘謂明亭之鐘也音
決鑾力丸反劉良曰鑾鈴也馬徐行以警
動其節知君之行正也天子出則撞大鐘
明謂初曉時也暢通也陸善經曰月令春

乘鸞路尚書大傳云天子狩出撞黃鍾之
鍾右五鍾皆應之今案陸善經本鑾為鸞

七萃連鑣九斿齊軌 李善曰周穆王傳天子
賜七萃之士戰郭璞曰萃聚也 傳有七
輿大夫張景陽七命曰布駟連鑣 鹵
簿曰道車五乘斿車九乘蔡雍釋誨曰群
車方奔于險路安能與之齊軌音決萃音
遂鑣布苗反斿音流五家斿音由呂延濟
曰七萃壯勇士也鑣馬銜也九斿謂杞天

子之車九乘名曰斿車軌車跡也陸
善經曰周官金路建大旗九斿也

建旗拂蜺楊葭振木 李善曰東京賦曰龍輅充庭雲
旗拂霓列子曰秦青撫節悲歌聲震林
木也鈔曰周礼曰文龍為旗尔疋云蜺
為挈貳郭注云蜺雌虹也杜摯霞賦序
云葭老子入胡之所作也音決霓魚兮反
葭音加李周翰曰建立也拂蜺謂旌旗高也
葭簫管屬言其聲衆振山木而動也

魚甲煙聚貝冑星離李善曰孫卿子曰楚鮫革犀兕以為甲堅如金石毛詩云公徒三萬貝冑朱綅鈔曰詩傳云貝冑貝飾也江賦云星離沙鏡吕向曰魚甲以鮫皮為甲貝冑以貝珠為冑也冑兜鍪也煙聚星離言多也重英曲瑵之飾絶景遺風之騎照灼飄部駔駿函列李善曰毛詩曰二矛重英西京賦曰葩瑵曲莖魏書曰上所乘馬名絶景為矢所中吕氏春秋曰遺風之乘孫子兵法曰長陣為甄方陳為函攻城記。有郤有列魏都賦曰冀馬填廐而駔駿鈔曰英矛上飾也張衡東京賦葩瑵〻莖〻即曲蓋也言其柄曲故言曲莖照灼謂儀式之光明也音決重逐龍反瑵爪早二音甄吉然反駔子朗反函音含張銑曰重英畫綵之矛也曲瑵平蓋莖也絶景追風之騎良馬也劉良曰駔駿良馬

也函列行列也虎視龍起雷駭電逝陸善曰周易云虎虎視眈〻南都賦曰馬鹿超而龍驤閑居賦曰礮石雷駭嵇康贈秀才詩曰風馳電逝鈔曰蜀都賦車馬雷駭吕延濟曰武視龍超雷駭電逝並言奔走疾速之甚也轟〻隱〻紛〻軿〻羗難得。而稱計鈔曰説文曰轟〻群車聲也楊雄羽獵云殷〻軿〻被陵緣坂又云漢〻紛〻吳都云羗難得而覼縷也此言人衆盛多不可計數也李周翰曰轟〻隱〻聲也紛〻軿〻多也羗難辭也陸善經曰皆言文物之盛也尒乃迴輿駐罕岳鎮淵渟李善曰上林賦曰載雲罕孫子兵法曰其鎮如山渟其如淵石崇楚妃歎曰矯〻莊王淵渟岳峙鈔曰罕謂畢罕也東觀漢記云天子行有罕隊蔡雍巢父碑云岳鎮淵渟滔然無慮音決駐丁住反五

家傳音亭呂向曰輿天子車也罕獄車
名陸善經曰至禊所而駐車旗也
睟容有穆賓儀式序
李善曰孟子曰君子所性仁義礼智根於心其生色睟然於面趙岐曰睟潤澤貌也毛詩曰天子穆々又序賓以賢又曰式序在位鈔曰睟容天子之客也式用也言賓之儀容用得其次序也音決睟遂張銑曰穆和也
授几肆筵因流波

而成次蕙肴芳醴任激水而推移
李善曰毛詩曰肆筵設席授几有緝御東陽無疑齊諧記束晳對晉武帝曰逸詩羽觴隨流波楚辞曰蕙肴蒸兮蘭藉子虛賦曰涌泉清激水推移鈔曰詩云或肆之筵或授之几毛傳云肆陳也或陳設筵者或授几者音決蕙音惠肴下交反醴音礼任而鴆反劉良曰几玉几天子乃凴也因循也言循環
流波坐而成次也肴酒皆因激水而循行
也蕙芳皆言香肴肉任用推移猶循也
篠佾陳階金虡在席戚奏翹儛籥動邠詩
李善曰張晏漢書注曰以翠羽為篠也佾儛行列也漢書曰金鍾虡曰筐司馬彪續漢書曰執干戚舞雲翹育命所以養時訓也周礼曰籥章掌土鼓豳籥又曰仲春擊土鼓豳詩詩以逆暑也鈔曰佳璣漢書注曰鍾鼓

鐃羽篠天子八佾八々六十四人也漢書云
金謂鍾虡筐也或云以飾金虡也漢書云
文如舞者本舞韶舞音義云韶為翹音
音決篠音保虡曰文反籥以灼反邠布
貧反呂延濟曰篠所執舞人也佾舞名
戚斧也舞者所執籥樂器也邠詩所迎
暑節也謂
將至于夏
召鳴鳥于弇州追伶倫於嶰谷
李善曰山海經曰弇州之山五采之鳥名曰鳴鳥爰有百樂歌

舜之風漢書曰黃帝使伶倫自大夏之西崑崙之陰崑崙之陰取竹之解谷節間而吹之為黃鍾之宮孟康曰解脫也谷竹溝也取竹之脫無溝節者鈔曰漢書歷志云黃帝使伶倫竹之解谷制十二管以聽鳳之鳴是為律令本孟康一說曰崑崙之北谷名也言退臣之來使作樂也音決弇音奄伶力丁反嶰谷買反李周翰曰伶倫樂人也

發參差於王子傳妙靡於帝江李善曰楚辭曰望夫君兮未來吹參差兮誰思列仙傳曰王子喬好吹笙作鳳鳴山海經曰天山有神鳥其狀如黃囊赤文丹火六足四翼渾敦無面目是識歌舞實惟帝江鈔曰參差謂笙也王子謂子晉也今使之莰吹也山海經天山有神鳥狀如黃囊實惟帝江今言使之傳舞曲也音決參初今反差初宜反李周翰曰參差笙曲名天山有鳥狀如丹是識歌舞至於妙靡名曰帝江也

正歌有闕羽觴無筭李善曰燕禮曰正歌備禮記曰有司告以樂闋鄭玄曰闋終也楚辭曰瑤漿勺實羽觴燕禮曰無筭爵鈔曰儀禮云筭數也過三爵之後名無算爵西京賦羽觴行而無筭音決闋苦穴反

上陳景福之賜

下獻南山之壽李善曰毛詩曰君子万年介尔景福又曰如南山之壽不騫不崩也鈔曰景大也音決壽市又反張銑曰上天子也下謂群臣也

信凱宴於在藻知和樂於食苹李善曰詩云魚在在藻有頒其尾王在在鎬飲酒樂凱毛詩序曰鹿鳴燕則和樂歡詩曰呦呦鹿鳴食野之苹鈔曰詩云魚在在藻鄭玄云藻水草也魚之依水草猶人之依明王也凱凱樂也又云鹿鳴讌群臣嘉賓也言今日之宴會信如在藻藻之會咸謝識知有食苹之和樂也音決藻音早樂音洛

蒋步銘及劉良曰凱歡也

桒榆之陰不居草露

李善曰桒榆日所入也東觀漢記光武曰失之東榆隅收

之滋方渥

之桒榆毛詩曰湛〻露斯在彼豊草也鈔曰居猶止也詩云湛露天子燕諸侯也音音決榆以朱反渥於角反呂延濟曰桒榆之間言景不留也露之滋方渥喻君恩已被沾矣居留也滋潤也渥厚也陸善經曰言歡洽而景不留也

有詔曰今日嘉會咸可賦詩凡卌有五人其辭云尔

鈔曰此時從在人數是後集日始書之也當作序時但云如于耳

文選卷第九十一

文選卷第九十三

王子淵聖主得賢臣頌一首

楊子雲趙充國頌一首

史孝山出師頌一首

劉伯倫酒德頌一首

陸士衡漢高祖功臣頌一首

頌

鈔曰詩云美謂之頌又詩序云六曰頌〻者美盛德之形容以其成功告於神明者也馬融為廣成頌今是賦體此頌體似賦歌也前是序〻者序述前人之美事也頌者叙前人之美故以頌次之陸善經曰頌者褒美其人之德

聖主得賢臣頌一首　李善曰漢書曰王褒既為刺史王襄

作傳襄因奏言褒有軼材上

乃徵褒為為聖主得賢臣頌

王子淵　鈔曰漢書曰王褒字子淵蜀人也褒為益州刺

史王襄作中和樂職宣布之詩

又作頌後作其傳解之襄因奏

爲於

宣帝

曰夫荷旃被毳者難与道紕綿

之麗密　應劭曰不知紕綿之密也瓚以為紕綿之鈔曰毳毛也可

以為表瓚以為紕綿也謂織為繒帛言不

知繒帛麗纖之密也一說紕絲不雜之

餘也音決夫音扶荷何可反旃之然反被皮

義反毳充芮反劉良曰荷負也旃氈也被

服也紕綿繒帛也言衣狄負氈服毛者難

与論繒帛之麗密也陸善經曰喻鄙賤之

人不能識盛德也周官掌皮云供毳為氈

毳細毛也旃即氈字紕以絲為之即今之

絹也

羹藜唅糗者不足與論太牢

之滋味　服虔曰唅音含糗乾食也鈔曰毛詩草木疏曰菜藜也其莖葉

皆似曽王芻今兖州蒸以為茹謂之萊蒸

家語云曽子令妻蒸藜不熟而遣之牛羊

豕曰太牢言羹藜含糗之人不知太牢之

味美也自此已上言我是窮巷之人不能

朝省之事音次藜力兮反糗去久反李

周翰曰藜野菜也唅食也糗麦飯也太

牢牛也言人食藜羹糗飯者不足与說

太牢之滋味也陸善經曰韓子云藜藿

之羹書云峙乃糗粮注曰糗糒也謂麦屑

今臣僻在西蜀生於窮巷之

中長於蓬茨之下　李善曰戰國策張儀曰蜀西僻

之國而戎翟之長也風賦曰起於窮巷

之間列子曰北宮子庇其蓬室若廣夏
之蔭鈔曰言以蓬蓋屋耳音決僻匹亦
反長丁大反茨在茲反張銑
曰蓬茨草所以覆屋者也　無有遊
觀廣覽之知顧有至愚極陋之
累鈔曰顧反顧也音決觀古亂反累
力瑞反今案陸善經本知為智　不
足以塞厚望應明旨鈔曰應對也言天子

厚望於己〻之蛀徵不足以酬塞厚望對
明王之旨意也音決塞先得反應於證
反呂延濟曰王褒奏麻有逸才帝徵之
故謳云不充厚望明旨謂宣帝命也塞
充也陸善經曰言
不足以為頌也　雖然敢不略陳
愚而杼情素李善曰戰國策蔡澤
說應侯曰公孫鞅事
孝公竭知謀示情素鈔曰蒼頡篇云杼
述也言敢不略陳愚而述情中舊事者

此言皆盡誠實耳音決杼時與反呂延濟
曰言雖不足充厚望敢不略述愚心而中情素
也杼中也陸善經
曰杼舒也通也　記曰恭惟春秋法
五始之要在乎審己正統而
已服虔曰恭敬也李善曰漢官解故胡
廣曰五始一曰元二曰春三曰王
四曰正月五曰公即位也鈔曰此惟春秋
公羊傳文也記者志記之書又云傳記也

張晏曰要春秋稱元年春王正月公即位
此五始也顏師古曰五始者元者氣之始春
四時之始王者受命之始正月者政教之
始公即位一國之始是為五始正統言審
定己之王號而正其所統〻者三統也猶
夏殷周各得其統音決共音恭要一照反
李周翰曰則為此頌之記也上為謳辭此
立文首呂向曰恭敬惟思也言敬思春秋
也五始謂元年春王正月公即位也此五
者在乎君王審己而行之正位以統理天

下而已陸善経曰言得賢則無為記曰猶傳曰夫賢者國家之器用也所任賢則趨舍省而功施普鈔曰普遍也言賢者是國家之良寶但能任用賢人國家之法趨舍皆省略而功業恩施皆得周遍也音決任而鴆反下同舍音捨省所景反施舒智反張銑曰國家所任官得賢人則進退所作省事而太平之功畢施聖人之德廣矣趨進舍退普廣也器用利則用力少而就効衆鈔曰言器用若利用力不多而所成効衆多也音決衆之仲反呂延濟曰立如賢人於國則不費人力而成功多也就成也効功也衆多也陸善経曰効見也故工人之用鈍器也勞勦苦骨終日矻矻如淳曰健作貌也鈔曰聲類曰[illegible]鈍不利也言工

人用鈍器辟明君用愚臣明君徒自勤勞終無成益也應劭曰矻矻勞極白也祭桒之此矻當為勸搰蒼云勸力作也自此已下辟用賢臣也音決鈍徒頓反勦音斤訖苦没反矻周作猾同李周翰曰工人近人也矻矻勤作也及至巧冶鑄干將之璞清水淬其鋒越砥斂其鍔應劭曰傳曰得一寶劍不如一區冶區冶即巧冶李善曰越絶書曰楚王召風湖子而問之曰寡人聞吳有干將越有歐冶願請此二人為鐵劍吳越春秋曰干將者吳人造劍二枚一曰干將二曰莫邪郭璞三會解詁云焠作刀鑒也鑒工鍊反說文鍔劍刃也晉灼曰砥石出南昌故曰越也鈔曰說文鑄金也說文焠以為鑒剛也鋒刃芒瑞也砥磨石也顏師古曰鍔刃傍也音決鑄之樹反璞普角反淬曹七對反蕭子妹反鋒芳逢反砥音旨鍔魚各反五家劉治音也劉良曰巧冶善鑄劍人也干將劍

名樸鈒之末理者淬謂燒刃令熱漬於水中鋒刃也鈒謂磨也鍔之刃也陸善經曰今名株鑄家為冶干將本鈒師因以名鈒淬取堅也砥之礪石也越者尤佳也

水斷蛟龍陸剸犀革李善曰韓非子曰負長鋏赴榛薄折兕豹赴深淵斷蛟龍字林曰剸截也鈔曰礼記鄭玄曰剸剬也水斷即是剸次飛度江有龍夾舟飛曰此屬完也因以鈒斬二蛟犀革犀牛皮以為甲言堅令能斷之音次斷多管反剸之兗反五家蛟音交張銑曰剸斬也犀獸名革皮也

忽若篲氾畫塗如淳曰若以篲掃於氾灑之處也音遂李善曰塗路也鈔曰泛掃也持篲畫於塗道言其易者也應劭曰若用竹篲畫於塗中尔雅郭璞曰王篲王帚可以為掃說文從竹彗聲篲掃竹也顏曰氾氾灑地也如以掃帚氾灑之地以刀畫泥中言易也音次篲在歲反氾芳鈒反畫音獲張銑曰篲竹箒也泛猶掃也塗路也言以利鈒斷斬蛟犀忽若以箒掃畫於路塵言甚易也若國用賢臣化忠反善有如此者

如此則使離婁督繩公輸削墨雖崇臺五層延袤百丈而不溷者工用相得也李善曰孟子曰離婁之明趙岐曰古之明目者也蓋黃帝時人鄭玄礼記注曰公輸若近師也般若之族多伎巧者也史記曰蒙恬築長城延袤萬餘里王逸楚詞注曰溷亂也鈔曰削墨猶言墨絣而逐墨裁之黃帝已其京珠使離婁索之能視百步之外慎子為離朱也督察也應劭曰公輸魯班姓察案礼記云李康子母死公輸若方少請以機封代本云公輸般宋哀以為當魯哀公時劉熙注孟子云或以為昭公子般是魯人故云魯般山海經郭璞注曰層重也延長也

衣廣也音次妻音樓輸式朱反剞思略反
層在登反衰音蔵㴞故囙反李周翰曰㬜
正也公輸古之巧工人也剞度也言工拙之理
且如上之所述則更使明目者正繩巧工者
度墨雖高臺五層長廣百丈而規矩不亂
者工用之相得故也國不亂得賢且之効
陸善經曰剞利
正之崇高也

庸人之御駑馬兮

傷吻弊策而不進於行匈喘膚

汗人極馬倦鈔曰吻口角也言凡庸
之人復御駑蹇之乘
徒傷馬口復捐已鞭策不進於道路也此
喻不相得耳說文喘疾息也又喘：氣也
音次駑音奴吻亡粉反策初革反古策字
喘呂兖反膚音夫呂向曰御駕也駑劣馬
也吻口策鞭也言人駕劣馬則傷馬口勞
鞭杖而不進行喘而膚汗人至困極馬然
疲倦不肖人理國則勞下人繁刑法國既
亂矣身亦危矣陸善經曰傷吻叱怒之也

不進於行
行不進也

及至駕齧膝驂乘旦應劭
曰馬駕有餘氣常齧膝而行也張晏曰齧
膝乘旦皆是良馬名也駕則旦至故以為
名鈔曰良馬江頭口着膝故曰齧膝音次齧
魚結反乘時證反張銑曰絫之駕也

王良執靶韓哀附輿張晏曰王良
郵无卹也世
本云韓哀使作御也時已有御此復言之
加其精巧也音義或曰靶謂轡也鈔曰張
晏曰王良郵無恤也字伯樂善御者也察案
左氏傳云郵無恤御簡子既戰郵良曰我
御之上也外傳晉語云郵無正孟子以為
王良馬誘注呂氏春秋曰王良晉大夫孫無
正郵良以善御功死託於星天文志王良
策四星是也楚詞云孫陽而列子云秦：穆
公謂伯樂曰子之年老矣子孫可使求馬
乎案穆公薨至無恤御簡子卅有八年相
距已遠尋伯樂豈是無恤字乎殺晏說誤
耳世本曰韓哀作御又韓哀古韓國使作

御法宋衷注云韓文侯也音决靶音霸縱
張銑曰王良韓哀公善御者與車也
騁馳鶩忽如景靡過都越國
蹶如歷塊鈔曰說文景日也忽疾也
忽然如日景之疾靡迤然
也蹶然而疾如歷小土塊也音决過古卧反
蹶古月反塊苦對反劉良曰靡沒也言王
良御馬縱騁奔馳忽如日景之疾沒也
呂延濟曰越過蹶疾也陸善經曰景靡：

歷塊言易追奔電逐遺風李善曰
而疾也遺風：
之疾者也鈔曰顏曰馬行疾在風之前
故曰遺風於後令言逐者則風之遺送
在後者馬能逐及之也又云奔電遺風並
是馬名也李周翰曰電風皆言疾急也
周流八極萬里一息何其遼哉
人馬相得也鈔曰遼遠也此言与前
傷吻策弊者遼遠言今

人之与馬相得也呂向曰八極八方也言此
良御何其遠哉此人馬相得之勢也使聖
主得賢臣而用之亦如此
也陸善經曰言馳騁遠也
故服絺綌
之涼者不苦盛暑之鬱燠襲
狐貉之煖者不憂至寒之淒
愴何則有其具者易其備李
善

曰論語曰當暑縝絺綌孔安國曰絺綌葛
也又曰狐貉之厚以居鈔曰有其具者易
其備言有其才具易為備禦也音决絺丑
夷反綌去逆反燠於六反貉胡各反煖奴
管反薰香遠反易以智反下同李周翰曰
鬱燠熱也襲衣也狐貉裘也淒滄寒之甚
也夫服葛衣之涼不苦盛暑之熱衣狐裘
之煖不憂至寒之甚者蓋有其具而易為
備也故國有賢
目亦無憂也
賢人君子亦聖王

之所以易海内也鈔曰言聖王得賢人而用之則海内易治也以是嘔喻受之應劭曰嘔喻和悅皃也〻使反音決嘔况于反喻以朱反張銑曰嘔喻嘉悅皃受謂用賢臣也今案鈔五家本以是為是以開寬裕之路以延天下之英俊也鈔曰此言明君開寬弘之路以延天下俊人也音決裕音喻張銑曰延接也夫竭智附賢者必建仁榮劉良曰為人君當竭盡智力託附賢臣必立仁惠之榮故賢臣歸之陸善經曰言竭盡智能之人招附賢者必能建立仁人之榮也索人求士者必樹伯迹鈔曰言能搜索賢人訪覓賢士者必立伯王之迹音決索所格反伯音霸劉良曰索擇伯霸也皆周公躬

吐握之勞故有囹空之隆李善曰韓詩外傳云成王封伯禽於魯周公誡之曰無以魯國驕士吾一沐三握髮一飯三吐哺猶恐失天下之士也文子曰法寬刑緩囹圄空虛音決圄音語吕延濟曰周公一食三吐飡一沐三握髮以礼賢士故能致太平之化囹圄空虛以成盛業也握口拔隆盛也陸善經曰囹圄空謂刑措不用也今案五家本握為握齊桓設庭燎之礼故有匡合之功李善曰韓詩外傳曰齊桓公設庭燎為士之欲造見者朞年而士不至於是東野人有以九〻見者桓公使戲之曰九〻足以見乎鄙人曰臣不以九〻足以見也臣聞君設庭燎以待士朞年而士不至夫士之所以不至者君天下之賢君也四方之士皆自以論不及君故不至也夫九〻薄能而君猶礼之况賢於九〻者乎桓公曰善乃因礼之朞月四

方之士相選而立至矣論語子曰管仲相桓公一匡天下民到于今受其賜又子曰桓公九合諸侯不以兵車管仲之力也鈔曰曹大家〻為九〻計數書術藝之淺者管子云容戲作九〻如天地是也音決燎力呂反李周翰曰齊桓公好賢〻人將見者公必夙興設庭燎之人以礼見之故能匡輔周室會合諸侯以為盟主也由此觀之君人者勤於求賢而逸

於得人〻臣亦然李善曰呂氏春秋曰賢主勞於求賢而逸於治事鈔言曰若必須勤勞求賢而得賢即長得逸樂人臣亦須求賢君而得安逸此謂君臣相得〻也張銑曰逸樂也言君王勤於求賢必樂得其賢人也為人臣亦助君勤求賢良是為忠君也陸善經曰亦〻當求賢君以事也皆賢者之未遭遇也畄事揆策則

君不用其謀鈔曰言賢人不遇之時國謀度策而不被君用也呂向曰揆度陳見悃誠則上不然其信李善曰郭璞三蒼解詁曰悃誠信也鈔曰廣雅云悃至也言賢者陳見至信君不信其如此之策也音決見何假反悃苦本反進仕不得施効斥逐又非其愆鈔曰漢書音義云斥不用也愆過也進仕

之人不得施其伎効復被斥逐又非其愆如屈原為也音決効何教反愆去乾反劉良曰賢臣不見信用難進仕於朝不得施用其功効而為取臣讒疾已遭斥逐又非其過也陸善經曰効功也是故伊尹勤於鼎俎李善曰魯連子曰伊尹負鼎佩刀以干湯得意故尊宰舍廚豫子曰太公屠牛朝歌文子曰伊尹負鼎而干湯呂望鼓刀太公困於鼓刀

而入周鈔曰王逸文子注云鼓鳥也呂延濟
曰伊尹未遇湯為桀庖廚之人勤勞於調
鼎俎凡以具其膳太公未遇文王而困於
屠牛鼓動其刀陸善經曰韓詩外傳云伊
尹負鼎操俎而立為相其遇湯也呂
望屠牛朝歌為天子師遇文王也**百里**
自鬻甯子飯牛離此患也李善曰孟
子萬章問曰或曰百里奚自鬻於秦要
秦穆公信乎孟子曰否然好事者為之呂

氏春秋曰甯戚飯牛居車望桓公而悲擊
牛角疾歌音決鬻以六反飯扶遠反呂延濟
曰百里奚為晉虜而賣之秦以五羊皮贖
之碧公聞以為相甯戚未進桓公而吞門
飯牛此四賢皆羅此不遇之患也離羅也**及其遇明君遭**
聖主也運籌合上意諫諍則
見聽鈔曰遭遇也尚書孔安國注曰聽從也音決籌直留反爭音諍

進退得關其忠任職得行其
術鈔曰關者明白也言臣為計得明白其忠心也李周翰曰關猶用也今案
鈔關為開**去卑辱奧流而升本朝**
離疏釋蹻而亨膏粱李善曰張晏曰奧幽
也渫狎也汗也應劭曰離此疏食釋此
木屩揩李蹻以繩為屨也李善曰國語樂伯

請公族大夫公曰夫膏粱之性難正也賈逵
曰膏肉之肥者粱食之精者言其食肥者華
驕放其性難正也鈔曰蔽奧流汙不章顯
也服虔曰蔽不見用之良也如淳曰奧見爨
迫之意韋昭曰奧涸濁也本朝則謂本州本
縣也蹻今之鞋言釋棄所著之繩鞋若虞
卿躡屩擔簦膏粱謂粳粱也言享此膏腴
之粱未已見陸機君子行音決奧音郁渫
思列反朝直遙反離力智反疏所居反屩
居略反享許兩反呂向曰疏菜食也蹻庋

人之矮也享食也膏肉也粱精米也言
賢人既遇聖嗜君榮以職位忠以祿食故去平
生卑辱幽汙之事以升用於朝離去蔬
食釋弃蹻履而食滋味以衣朝服也 剖
符錫壤而光祖考傳之子孫以
資說士 鈔曰考父也分符賜土地則謂周公封魯太公封齊也說謂遊說
之士也音決剖普厚反說音悅張銑曰剖
分也符者所以諸侯与天子分之各執一
契舉動所為必合契然後奉命而行之也
錫賜壤土也言賢人能立太平之功天子乃
分符賜土以為諸侯光其祖考傳業子孫此
則使賢士有所資益而喜悅觀其將來者陸
善經曰言遊說士以此為資謂
談其德也今案鈔說士為遊說 故世必
有聖智之君而後有賢明之
臣故虎嘯而谷風冽龍興而

致雲 李善曰周易曰雲從龍風從虎
管輅別傳曰龍者陽精以潛于
陰幽靈上通和氣感神二物相扶故能興
雲虎者陰精而居于陽依木長嘯動於選
林二數相感故能運風鈔曰世若有賢君
而必有賢明之臣言君臣相須也故下句
蔟之也冽則謂風之聲淮南子虎嘯而谷
風生龍舉而景雲起許慎云虎陰中陽獸
与風同類也音決冽音列李周翰曰君聖
然後可見賢臣君暗則賢人皆隱如嘯虎
嘯感風而清龍起感雲隨也冽清
也今案陸善經本雲下有氣字 蟋蟀
俟秋吟蜉蝣出以陰 李善曰易通卦驗曰立秋
蜻蛚鳴蔡雍月令章句曰蟋蟀虫名世謂
之蜻蛚也毛詩傳曰蜉蝣渠蚍也詩虫魚
疏曰渠略甲下有翅能飛夏月陰時地出
鈔曰毛詩虫魚疏曰蟋蟀似蝗而小正黑
有光澤如漆有角翅幽州人謂之趣織督促
之言也方言以為蜻蛚楚謂之蟋蟀或謂之

蔡南楚之風謂之王孫也毛詩虫魚䟽云渠略似甲虫有角大如指長三四寸甲下有翅能飛夏月陰時地中出樵為舍人注尔雅以為南陽以東曰蜉蝣梁宋曰渠略音決蟋音悉蟀音率蜉音孚蝣音遊或為螭同呂向曰蟋蟀蜉蝣皆虫也皆假時而鳴知陰以出言如賢人待明君而仕知明時

易曰

飛龍在天利見大人

李善曰乾卦之辭也龍以喻大人言龍飛在天喻聖人之德顯故天下万物々利見之王肅曰大人在位之目也張銑曰初九龍潜不用今飛在天則時已適泰故人起理萬物而萬物利而見之也

而見陸善経曰皆言相感應也

詩曰思皇多士生此王國

李善曰毛詩大雅文也毛萇曰皇天也鄭玄曰願天多生聖人於邦也鈔曰鄭玄詩注曰思願也劉良曰皇美也多士謂衆賢也言思美衆賢生於此國也陸善経曰皆相感應之事

故世平主聖俊乂將自至

鈔曰言世上平正主復聖明則賢人自然而來至也

若堯舜禹湯文武之君

鈔曰若如也呂延濟曰文王武王也

獲稷契臯陶伊尹呂望明々在朝穆々列布

李善曰尚書曰厥后惟明々又曰則以穆々在乃位鈔曰凡此皆相得詩大雅曰赫々明々王朝卿士毛傳曰明々然察也又詩魯頌泮水曰穆々魯侯敬明其德言臣下在朝明々國家之法穆々然有布列有次序也音決契思列反陶音遙李周翰曰明々穆々皆美也列布謂分布職位也陸善経曰書云穆々在上明々在下也

聚精會神相得益章

鈔曰言君臣皆以精神嘉會言得意也劉良曰聚其精爽會其

神理君臣道合加以相明上下無妖德義諧和雖伯牙操箎鍾逢門子彎烏號猶未足以喻其意也晉灼曰遞音迭之遞廿四鍾各有節奏擊之不常故曰迭攢以為琴辭曰奏伯牙之號〻琴名也馬融長笛賦曰號鍾高調伯牙以善鼓琴不說能擊鍾也且漢書多借假或以遞為號不得使以迭遞判其音也李善

曰孫卿子曰羿蠭門善服射者也吳越春秋陳音曰黃帝作弓後有楚狐父以其道傳羿〻傳逢蒙漢書曰黃帝鼎成龍迎黃帝黃帝上騎小臣持龍鬚龍鬚拔墮黃帝之弓百姓仰望黃帝龍鬚號故名其弓曰烏號也音決操古刀反箎王戶高反棄當為號古之為文者不以聲韻為害儒者不曉見下有烏號遂改為箎使諸人疑之或大帝反或音池皆非也號戶高反劉良曰雖伯牙操琴門子彎弓其音韻合和

弓矢必中久未足以喻此君臣之意也陸善經曰遞與號同逢門即逢蒙傳羿之射法也故聖主必待賢臣而弘功業俊士亦俟明主以顯其德劉良曰俟待也上下俱欲歡然交欣李周翰曰上下謂君臣也言君臣相歡也千載一會論說無疑呂向曰臣

君之道不疑難左右論說其非者不信也翼乎如鴻毛遇順風沛乎若巨魚縱大壑李善曰春秋保乾圖曰神明之應疾於倍風吹鴻毛也音決沛普外反壑各餓反張銑曰言君臣道合則如鴻鵠遇風一舉千里如大魚遊縱於大川得其性也翼疾飛皃沛大水皃也其得意如此則胡禁不止曷

令不行鈔曰得意者言鳴遇順風魚縱大谿言至易而得志以諭君臣得意尔如此胡昌俱。訓何也音決令力政反化溢四表横被
無窮遐裔貢獻萬祥必臻鈔曰言化
被廣遠無窮竟也尚書光被四表格于
上下也遐遠也言遠裔之人貢獻万種
祥瑞皆来而至也音決被皮義反劉良
曰化滿四方被于無窮遠方蠻夷歸我

君德以貢獻土物而万善必至也是以聖主不偏窺
望而視已明不單傾耳而聽已
聦鈔曰言既得賢人任之以為耳目代已察聽故不假偏窺聽而自聽聦明
也音決偏布見反李周翰曰言賢臣為君耳目故君不遍盡視聽已聦明矣彈
盡也恩從祥風翱德與和氣遊太

平之責塞優遊之望得李善曰言為君
之道異太平而優遊今已太平是責
塞也今已優遊是望得也史記賈高曰
令王已出吾責塞尚書大傳曰周公作
樂優游三年也鈔曰祥風能調和四時
也言天下皆望太平而今得太平是其
責塞也人望歆優遊闓豫而今得之故
言望得也音決劉五髙反塞先勒反吕
向曰天子恩德与祥風和氣翱遊於四

方則太平之理求充於下人人乃得優遊之望也責求塞充也遵自然
之埶恬淡無為之場李善曰莊子曰夫恬淡寂
寞虛無無為此天地之平而道德之質也
鈔曰言居遊遵奉自然之勢又在恬淡無
為之場車言天子無為而治音決恬徒兼
反惔徒暫反場直良反張銑曰遵法場境
也言法自然之道致心恬惔之義遊於
無為之境以理其身而天下正也休

徵自至壽考無疆鈔曰言符瑞自至也小雅由康曰其得不爽壽考不已又南山有臺樂只君子萬壽無疆鄭玄曰疆竟也音決疆居良反雍容垂拱永〻万年李善曰尚書曰垂拱而天下治也鈔曰言容儀和美垂拱而無為也垂拱謂合手無所為也毛詩鄭玄注云雍和也求長也呂延濟曰雍容閑和皃言天子静思乃閑和無衣拱手天下自理祿〻万年也何必偃仰詘信若彭祖呴嘘呼吸如喬松眇然絶俗離世哉李善曰莊子曰吹呴呼吸吐故納新能經鳥中為壽而已矣彭祖壽考者之所好也列仙傳曰王子喬好吹笙道人浮丘公接以上嵩高山又曰赤松子神農時雨師也至崑崙山上常止西王母石室中鈔曰無為自得何必須學彭祖如淳

曰五帝紀彭祖堯舜時人列仙傳彭祖殷大夫也歴夏至商末号年七百代本云陸終生六子其三曰籛是為彭祖也礼記呴陘籛音鄭玄曰以氣曰呴宣帝當時欲脩武帝求仙事為此王襃作此頌故諭松高也言但求賢人為治即是好事何須求仙也音決詘音拙信音申呴況于反嘘音虚吸虚及反眇民小反離力智反李周翰曰言我化理天下人歸大道壽考無疆永〻万年何必謝於彭祖七百之壽喬松千年之仙而又眇然迥於人俗也離於人代哉言不足尚也陸善経曰言天下太平則所濟者多不必獨善其身也偃仰詘信養生之皃彭祖古之壽考者呴呼吸服氣導引也詩曰濟〻多士文王以寧蓋信乎其以寧也鈔曰詩注云濟〻多威儀也此即美文王之詩也音決濟子礼反呂向曰濟〻威皃多士衆賢也寧安也言此衆賢文

王俘之以安令信
此言其可以安

趙充國頌一首 李善曰漢書曰成帝時西羌嘗有警上思將帥
之臣追美充國乃召黃門郎
楊雄即充國圖畫而頌之

楊子雲

明靈惟宣戎有先零 李善曰漢書曰宣帝
元鳳元年西羌反又曰諸羌先零也鈔曰
先零羌之別種韋昭曰先零罕幵羌名在
天水穣林曰在金城南音次零力田反下
同李周翰曰聖明神靈惟我宣帝也能廣
大其德奄有諸羌也戎大也陸善
經曰有明德之靈者乃惟宣帝也 先零
猖狂侵漢西疆 李善曰漢書曰諸羌
背畔犯塞攻城邑鈔
曰猖狂謂無知也言侵漢家之西埸故云
西疆也音次猖音昌陸善經曰漢書云神

爵元年先零羌楊玉及
諸羌背畔犯塞攻城邑 漢命虎臣惟
後將軍 李善曰毛詩曰進厥虎臣闞如虓
虎漢書曰昭帝時擢充國為後
將軍鈔曰毛詩魯頌泮水曰矯矯虎臣在
泮獻馘劉良曰虎臣則充國也言其猛如
虎也惟
亂也 整我六師是討是震 李善曰漢
書曰遣後將軍趙充國擊西羌毛詩曰
整我六師以脩我戎又曰徐方震驚鈔曰
毛詩傳整齊六軍之衆活其甲兵之事言
整師出討盡震其威武音決震叶音真
劉良曰震懼也
言羌人懼之也 既臨其域諭以威
德 李善曰漢書曰充國至西部都尉府
欲以威信招降罕幵乃上疏曰因田
致穀威德竝行呂延濟曰臨羌人之城
宣諭天子威德以示之欲令其降也 有
守矜功謂之弗剋 應劭曰酒泉太守
辛武賢自上將万

騎出張掖擊罕幵在鮮水上也李善曰武賢言充國屯田之便不如擊之論語讖曰重耳反謡成德矜功也鈔曰酒泉太守辛武賢欲矜其功謂充國不能代每奏欲自代者數廻音決守音獸李周翰曰有守謂酒泉太守辛武賢也奏宣帝請擊罕幵帝使与充國共討之充國欲諭之使降賢謂充國曰諭其使降不勝擊之故云謂不尅也尅勝也矜功謂自說有能也

請奮其旅于罕之羌

韋昭曰罕羌名也蘇林曰在金城南李善曰武賢言但擊罕羌西零自降也鈔曰罕地名也音決罕音漢呂向曰請奮其旅辛武賢請震其兵衆以擊之奮震旅衆也

天子命我從之鮮陽

應劭曰宣帝使充國共討罕幵於鮮水陽陸善经曰酒泉太守辛武賢奏請分兵並出張掖酒泉合擊罕幵在鮮水上者宣帝詔充國共並出共討之充國上書云先擊罕羌先零必助之先誅先零則罕幵不煩兵而自服璽書從充國計充國請置屯田為必當之具也

營平守節屢奏封章

李善曰漢書曰充國封營平侯屢奏封章言屯田之便不從武賢之策鈔曰充國与太將軍霍光定策尊立宣帝封為營平侯劉良曰守節謂守忠勇之節也屢奏封章謂進表言勝旋之事也

析敵制勝威謀靡亢

李善曰孫子兵法曰水因地而制行兵因敵而制勝鈔曰亢當也析量也音決析力彫反勝詩戒反亢叶音康呂延濟曰析計靡無亢抵也言計其前敵制度勝否其兵盛深謀不可抵當也

遂克西戎還師于京

李善曰漢書曰充國奏言凡斬首七千六百級〃降者三万一千二百人請罷屯兵奏可充國振旅而還也鈔曰言從營平之計遂魋西戎也音決還音旋李周翰曰

魋勝也
鬼方賓服罔有不庭
李善曰毛詩云內塈于中國覃及鬼方毛萇曰鬼方遠方也世本注曰鬼方於漢則西零戎是也尚書曰惟周王四征弗庭鈔曰言還師歸鬼方自伏皆來庭習連子曰紂脯鬼侯汲郡古文有鬼國侯顔師古曰庭來帝庭也呂向曰罔無有不臣伏於帝庭也陸善經曰易云宗代鬼方三千克之也
昔周之宣有方有虎詩人歌功乃列于雅
李善曰毛詩小雅曰方叔莅止其車三千又大雅曰江漢之滸王命召虎鈔曰毛詩傳曰方叔卿士也命而為將召虎召穆公名虎也張銑曰宣謂宣王也方謂方叔也大雅云王命召虎式辟四方美其賢有中興之功可以為天下儀則
在漢中興充國作武赳赳桓桓亦紹厥後
李善曰毛詩曰赳赳武夫公侯干城尚書武王曰勖才夫子尚桓桓鈔曰詩傳曰赳赳武皃也尔雅郭璞注曰謂壯健也武者能定禍亂孔安國尚書傳曰桓桓武皃能維也音決中丁仲反赳音糾劉良曰時漢室稍至陸遲及宣帝即位時稱中興也班固贊美宣比德殷宗周宣之至故充國亦可以紹周宣之臣也陸善經曰言宣帝中興充國為漢武臣繼其後也

出師頌一首

李善曰范曄後漢書曰鄧騭字昭伯女弟為和熹皇后安帝立騭為虎賁中郎將封上蔡侯涼部羌叛詔騭將兵擊之車駕幸平樂觀餞送騭西屯漢陽征西校尉任尚與羌戰大敗之遣中郎將迎拜騭為大將軍既至大會群臣賜以束帛乘馬

史孝山
李善曰范曄後漢書曰王莽末沛國史岑

子孝以文章顯文章志及集林
令書七志並同皆載苓士師頌
而流別集及集林人載苓和熹
劉后頌并序計莽之末以訖和
熹百有餘載人東觀漢記東平
王蒼上光武中興頌明帝問校
書郎此與誰等對云前世史苓
之比斷則莽不之史苓明帝之
時已正前世不得為和熹之頌
明矣然蓋有二史苓子孝者仕

王莽之末字孝山者當和熹之
際但書典散亡未詳孝山爵里
諸家遂以孝山之文載於子孝
之集非也隱則鄧后之先故知元
嬰則隱李周翰曰文章志及令
書七志並云史苓字孝山令出
師頌史籍無傳此頌蓋後漢安
帝嬰鄧隱出征西羌之頌也

芒々上天降祚有漢 鈔曰左傳魏降曰芒々禹

迹盡為九州杜預曰芒々遠只也祚福也
言上天下福祚於漢音次芒莫郎反呂向
曰芒々廣
大只也

兆基開業人神攸讚 鈔曰尓尼

基始也言始開其王業也攸所也讚助
也大漢初基開其王業人神之所讚助
也人則謁誠以奉上神則以
福々之張銑曰兆始也

五曜宵映

素靈夜歎 李善曰漢書曰元年冬十月五星聚于東井沛

公至霸上應劭五星所在其下以義取
天下也漢書曰高祖夜徑西澤中有大
蛇當徑拔劍斬蛇々分為兩後人來至蛇
所有一嫗夜哭人問嫗何哭嫗曰人殺子々
何為見殺嫗曰吾子白帝子化為蛇當道
今者赤帝子斬之呂延濟曰五曜五星也
宵夜也白帝則秦故曰素靈也今案陸善
経本此下有皇運來授万寶增煥二句

歷紀十二天命中易 李善曰漢書曰漢起元高

祖終于孝平王莽之誅十有二世鈔曰有
十二帝為十二紀故言歷紀十二漢平帝被
王莽簒位至光武帝而更復漢祚故
言天命中易音決中丁仲反易音亦
西零不順東夷遘逆
李善曰西零即先
零也音決西音先
業下云東夷㘸音宜如字㭾古候反李周
翰曰西零西羌也陸善經曰東夷〻高駒
麗命業音
決遘為㭾
乃命上將授以雄戟
李善曰子
虛賦曰建于將之雄戟〻〻有芒
刃者音決將子亮反下同呂向曰上將鄧
隲也授謂天子授与
之也雄戟兵器也
桓〻上將寔天所啓
李善曰桓〻已見楊子雲趙充國
頌左氏傳晉侯賜畢万䩉卜偃曰
以是始賞天啓之矣鈔曰詩魯頌泮水曰
桓〻于征逖彼東南毛傳曰桓〻武皃寔
是也啓開也張銑曰寔實
也言實天所開其忠勇也
允文允武明詩悅礼
李善曰毛詩曰允文允武昭
格列祖左氏傳趙衰曰雄穀
可悅礼樂而敦詩書鈔曰允信也言信有
文武之德也音決閲音悅令案鈔音決悅
為
閲
憲章百揆為世作楷
李善曰礼記
曰仲尼憲
章文武尚書曰納于百揆礼記曰令世行
之後世以為楷鈔曰尚書曰百揆時叙孔
安國曰揆度也度百事捴百官納舜於此
官舜舉八凱使揆度百〻事〻時叙無廢
事業言為世上之模楷也音決
楷丘駭反呂延濟曰楷則也
昔在孟津惟師尚父
李善曰尚書序曰武王
伐殷師度孟津毛詩曰
維師尚父時維鷹楊諒彼武王鈔曰毛傳
曰師太師也可上父諒佐也鄭玄曰上父呂
望也而尊稱焉佐武王者為之上將也
音決父音甫呂向曰孟津河也
素旄一麾渾一區宇
李善曰鬻子曰武
王伐紂乃命太公

杷旄以麾之紂軍反走尚書曰王右秉白旄以麾鈔曰史記麾代家言既滅殷而天下歸周無復離叛固為一家也音次麾火為反渾胡本反李周翰曰素旄旗類也太公執之一麾軍士而破紂軍天下以定也

蒼生更始朔風變楚

李善曰蒼生猶黔首也尚書曰至于海隅蒼生朔北方也楚南方也史記子貢問樂曰舜彈五絃之琴歌南風之詩而天下治紂為朝歌北鄙之音身死國亡何也夫南風之詩者生長之音也舜樂好之故天下治也夫北者敗也鄙者陋也紂樂好之故身死國亡也鈔曰更始得蘇息也朔北々主肅殺之義楚在南々主長養言北方肅殺風皆變而為南楚長養風也劉良曰蒼生百姓也更始謂新立法制以便利下人去紂暴虐之理也朔北也楚南也謂天子居南面而稱尊故北北風以變化於南楚矣言王風廣之也陸善經曰朔風變楚言南北同也

薄伐獫狁至于大原詩人歌之猶歎其艱況我將軍窮域極邊

李善曰毛詩小雅文也鄭玄曰薄伐言逐出之而已鈔曰將軍即謂鄧賀也言窮境域極域邊荒也音次獫音險狁音允呂延濟曰獫狁北狄也薄伐言不殺戮逐之於邊而已大原地也張銑曰言太公薄伐詩人尚以為艱難而況鄧騭至遠邊也陸善經曰薄伐獫狁小雅六月之詩美宣王北伐也薄詞也至太原猶歎其艱況今極邊遠乎

鼓無停響旗不暫褰

澤治遐荒功銘鼎鉉

李善曰禮記夫鼎者有銘々者論譔其先祖之德美功烈勲勞而酌之祭器自成其名焉周易曰鼎金鉉鈔曰褰止息也言澤覆被遠荒也云有功勒於鐘鼎上猶衛。孔悝勒大命施于烝彝鼎

鉦々鼓耳因鼓連言之音决旗音其褰去
軋反霮徒廣反鉦叶韻音玄張銑曰言鼓
旗不捨宣帝澤於遠荒而刊銘於鼎鉦陸
善経曰鼓無傳響言勒勞也刊銘鼎鉦書
刊於鼎也
鉦鼎也

我出我師于彼西疆　李善曰毛詩曰我出我車于彼牧矣鈔曰我々
天子也言出天子之師于彼西疆々域也
音决出呂責反疆居良反呂向曰我出謂
鄧隲也師謂天子之軍也西疆西羌也

天子餞我路車乘黃言念伯舅恩深渭陽　李善曰毛詩序曰渭陽康公念母也我見舅氏如母
存焉詩曰我送舅氏曰至渭々陽何以贈
之路車乘黃鈔曰餞送也此我々鄧隲也
送行飲酒謂之為餞毛詩傳曰乘黃四馬皆
黃也鄧隲皇后之弟故云伯舅言我念伯
深秦康公之念母弟也詩云言念君子毛詩傳曰母
舅恩之昆弟曰舅鄭玄曰渭水名秦是時
都在雍至渭陽者蓋東送舅氏至於咸陽之

地音决餞慈輦反輅音路乘時證反舅巨
久反消音謂李周翰曰伯長也鄧隲安帝
長舅也路車四馬車也
陸善経曰乘黃馬名

介珪既削裂壤訓勲　李善曰毛詩曰錫爾介珪以作爾寶鄭玄曰圭長尺二寸言禾介也裂土
壤封之以訓其勲績也音决削思略反介
音戒勲叶韻許郡反呂向曰介珪諸侯所
執長尺二寸玉也削剖也言特封隲為諸
侯也列壤謂分土也勲功也

令我將軍啓土上郡　李善曰尚書曰建邦啓土
也張銑曰啓開也上郡謂隲所封邑也
陸善経曰啓土謂受封上郡名都也

傳子傳孫顯々令問　李善曰毛詩曰假樂君子顯々令德又曰
令問令望鈔曰詩大雅曰顯々令德鄭玄
曰顯光也音决令力政反聞音問李周翰
曰令善也人有善則天下相問者皆
稱其善故曰令問令音决問為聞

酒德頌一首

劉伯倫 李善曰臧榮緒晉書劉靈字伯倫沛國人也志氣曠放以宇宙為狹著酒德頌為建威參軍卒以壽終鈔曰臧榮緒晉書劉靈父為太祖大將軍掾有寵早亡靈長六尺貌甚醜悴而志氣曠放以宇宙為狹也与阮籍嵇康為友相遇欣然怡神解襟乘鹿車攜一壺酒使荷鍤自隨以為死便埋之留連於酒中之德（乃著酒德）頌陸善經曰晉書曰劉靈身長六尺貌甚陋然放情肆志以細宇宙齊万物為心雖陶兀昏放而機應不差未嘗措意文翰唯著酒德頌

有大人先生 呂向曰假為亂也陸善經曰大人先生自喻也

以天地為一朝萬期為須臾日月為扃牖八荒為庭衢 鈔曰言天地開闢以來為一朝也須臾猶少時也千歲為一期尚書孔安國注曰迎四時曰朞〻一年言以万朞之久為須臾間也扃門開也又云戶牖也音決扃吉螢反張銑曰言志廣大也以天地開闢已來為一日也万歲之期為少時也扃牖門也八荒八方也陸善經曰万期万歲之遠期扃戶牖窓也戶牖窓也

行無轍跡居無室廬 李善曰老子曰善行者無轍迹馬融琴賦曰遊閑公子中道失志居無室廬因所自置鈔曰庄子鶉居鷇飲然無室廬之義李周翰曰潛隱守愚時不見其行跡人不知其所居室故云無也

幙天席地縱意所如 鈔曰如往也言無所拘礙也音決幙音莫

止則操卮執觚動則挈榼提壺李善曰說文曰榼酒器也鈔曰論語馬融曰觚禮器二升曰觚音決操七刀反卮音支觚音孤音㗂挈立結反榼苦盍反提音啼壺音胡呂延濟曰操挈執也卮觚榼壺皆酒器也陸善經曰竹林傳云伶常乘一鹿車攜一壺酒使人荷鍤隨之以爲死便埋其側觚八棱盞唯酒是務焉知其餘音決焉於軋反李周翰曰專於飲酒不知其餘事也有貴介公子搢紳處士李善曰左氏傳伯州犂謂鄭皇頡曰夫子圍寡君之貴介弟也司馬相如封禪書曰因雜縉紳先生之略術臣瓚曰縉赤白色紳大帶應劭風俗通曰處士者隱居放言也鈔曰禮記鄭玄注曰搢插也插笏於紳也笏記事然處士者謂處家而有士行也音決介音戒搢音晉紳音申處昌呂反呂

向曰介大也搢紳服飾也處士有德之稱陸善經曰貴介搢紳皆假以言之也聞吾風聲議其所以張銑曰吾先生自稱也言公子處士風聞我好酒之聲議論我所以得失也乃奮袂攘衿怒目切齒李善曰北征賦曰遂奮袂而北征戰國策張儀說魏王曰天下遊士莫不瞋目切齒音決攘而良反襟音金劉良曰此公子處士怒先生好酒也陸善經曰怒目切齒心不平之陳說禮法是非鋒起李善曰春秋感精符曰禍亂鋒起君若贅流鈔曰言有公子與處士來議其是非如鋒之起音決鋒芳逢反呂延濟曰說禮經法制以示先生言其非如劍戟之鋒刃相競遂而起也陸善經曰陳說禮法以責讓也先生於是方捧甖承糟銜杯漱醪李善

曰劉熙孟子注曰糟者齊俗名之如酒槽鈔曰捧兩手持也漱蕩口也音決捧芳奉反罌於耕反槽音曹漱所又反醪音勞李周翰曰先生不聽二人之說飲酒自若也醪濁酒也陸善經曰槽壓酒床也。**奮髯踑踞枕麴藉糟** 李善曰漢書曰朱博遷琅琊齊部舒緩博奮髯抵几曰觀齊兒欲以此為俗耶又曰尉佗魋結箕踞鈔曰說文髯頰須也說文曰糟酒滓也音決髯而廉反踑居

疑反踞居慮反枕之鴆反麴丘六反藉才夜反糟音遭張銑曰奮動也髯鬚也踑踞謂展足倚撥而坐藉錯也言動鬚展足倚撥而坐旋復枕麴鋪糟而卧也今案陸善經本踑為箕 **無思無慮其樂陶陶** 李善曰莊子曰知反於帝言見黃帝而問焉曰何思何慮則知道黃帝曰無思無慮始知道毛詩云君子陶陶音決樂音洛陶

徒勞反呂向曰陶陶和樂貌也陸善經曰無思無慮謂辭也今案音決此下有兀然而醉四字自此一句已下至感情言詞鄙縱皆衍字也非劉公所為皆當除之宜從陶陶即次俯觀陸善經本有靜聽不聞雷霆之聲熟視不見太山之形二句注云思慮既無所以視聽亦泯禮記云意不在焉視之而不見聽之而不聞 **俯觀萬物擾擾焉如**

江漢之載浮萍 李善曰廣雅曰擾擾亂也焉如猶何如也音決觀古丸反擾而小反萍步螢反李周翰曰言見万物擾擾於代如水中萍草隨其風波 **二豪侍側焉如蜾蠃之與螟蛉** 李善曰二豪公子處士也隨己而化類蜾蠃之變螟蛉也法言曰螟蛉之子殪而逢蜾蠃祝曰類我〃久則肖之矣遫哉二三子之化仲尼也李軌曰螟蛉桑虫也蜾蠃

蜂虫也肖類也蜂虫無子取桑虫蔽而殪之幽而養之祝曰類我久則化而成蜂虫矣遨疾也疾哉二三子免學仲尼化之疾也鈔曰言二豪初時陳説礼法後不覺混而為一猶桑虫之与蒲盧也毛傳云蜾蠃蒲盧也音決蜾音果蠃力果反螟亡丁反蛉力丁反呂向曰蜾蠃螟蛉微小虫也言此二人在我之側何如此虫也言見之微小者也焉何也陸善經曰焉知蜾蠃之与螟蛉言二豪欲化之而不從也今案陸善經本如為知

漢高祖功臣頌一首 鈔曰張晏曰謚法無高以其功最高而為漢帝之太祖故特起名焉與項羽爭天下由此卅一人仕衡讀漢書美此人故為之作頌

陸士衡

相國鄼文終侯沛蕭何 音決相息亮反下同鄼在何反又音讚非

相國平陽懿侯沛曹參

太子少傅留文成侯韓張良 音決少失照反

丞相曲逆獻侯陽武陳平

楚王淮陰韓信

梁王昌邑彭越

淮南王六黥布 音決黥巨百反下同

趙景王大梁張耳

韓王韓信

燕王豐盧綰 音決綰烏板反

長沙文王吴芮 音決芮 而銳反

荊王沛劉賈

太傅安國懿侯王陵

右丞相絳武侯沛周勃 音決勃 步沒反

相國舞陽武侯沛樊噲 音決噲 音快

右丞相曲周景侯高陽酈商 音決酈音 歷下同

太僕汝陽文侯沛夏侯嬰

丞相潁陽懿侯睢陽灌嬰 音決睢音雖 灌古翫反

代丞相陽陵景侯魏傅寬

車騎將軍信武肅侯靳歙 音決靳古覲 反歙許及反

大行廣野君高陽酈食其 音決食音 異其音箕

中郎建信侯齊劉敬

太中大夫楚陸賈

太子太傅稷嗣君薛叔孫通

魏無知

護軍中尉隨何

新成三老董公

轅生

將軍紀信

御史大夫沛周苛 音決苛 音何

平國君侯公
右卅一人与定天下安社稷者也
頌曰芒芒宇宙上墋下黷 李善曰天以清為常地以靜為本今上墋下黷言乱常也墋不清澄之皀國語曰觀射父曰民神異業敬而不黷賈逵曰黷媟也銑曰左傳魏降曰芒芒禹迹盡為九州社注曰芒芒遠皀說文四方上下曰宇往古来今曰宙此言天地失序其氣渾清而墋黷也音次芒莫郎反墋初錦反黷音讀李周翰曰芒芒廣遠皀墋垢也黷濁也蓋言天下昏乱垢濁也陸善經曰墋黷昏黑皀喻秦末世乱
波振四海塵飛五岳 李善曰波振塵飛以喻乱也李周翰曰波振塵飛謂兵戈不息四海五岳皆謂天下也陸善經曰波振塵飛言不安也
九服徘徊三靈改卜 李善曰周書曰乃辨九服之國春秋元命苞曰造起天地鑄演人君通三靈之貺交錯同端銑曰周礼職方曰乃辨九服之邦國方千里曰王畿其外方百五里曰侯服又其外方五百里曰甸服又其外方五百里男服又其外方百五里曰采服又其外方五百里曰衛服又其外方五百里曰蠻服又其外方五百里曰夷服又其外方五百里曰鎮服又其外方五百里曰蕃服鄭玄曰服服事天子也班固典引曰答三靈之蕃祉李周翰曰九服謂天下也徘徊謂人無主不知所從也三靈天地人也言天惡秦濁乱改卜清平之君陸善經曰九服曰九州徘徊無依也改卜求主也
赫矣高祖肇載天祿 李善曰尚書曰天祿永終銑曰詩云王赫斯怒爰整其旅鄭玄曰赫怒也尔疋云肇始也言初始之時則有天祿之應呂向曰赫盛載運也
沉迹中鄉飛名帝錄

李善曰中鄉即中陽里也漢書曰高祖
中陽里尚書旋璇璣鈐孔子曰五帝出受
錄圖鈔曰河圖玉英云劉季為天子音決
籙呂向曰飛名帝錄謂預應圖讖如預飛
名在中也陸善經曰言已在帝王
之圖錄集鈔音決錄為籙也慶雲
應輝皇階授木李善曰漢書范增
謂項羽曰吾使人
望沛公其氣皆為龍成五色此天子之
氣急擊之勿失春秋演孔圖曰天子皆
五帝之精必有諸神扶助使開階立遂
宋均曰遂道也春秋保乾圖曰黑帝治
八百歲運極而授木々蒼帝化七百廿歲
而授大言漢之歷運為周木德所授也鈔
曰太公六韜皇階三台星上階為天子中
階為諸侯下階為庶人三階平而天下正
也言秦不承五運而不論其王周木德木
生於火々即漢之王也音決應於證反張
銑曰慶雲瑞雲也皇階謂大位之次也古
者黑帝化八百歲運極而授与木德言

高祖將授天命久然也陸善經曰
慶雲謂於芒碭山上有雲氣也龍興
泗濱虎嘯豐谷李善曰尚書序曰
漢室龍興漢書曰
高祖為泗上亭長淮南子曰虎嘯而谷風
至漢書曰高祖沛豐邑鈔曰尚書曰泗濱
浮磬呂延濟曰龍興言如龍飛於天得高
位也虎嘯謂天下英雄皆相應如虎嘯風
生也豐谷豐邑也
高祖所居里也彤雲晝聚素雲
靈夜炎李善曰漢書曰高祖隱於荒碭
山澤閒呂后求常得之高祖々
怪問呂后々曰季所居之上常有雲氣
故從往常得季邪丹色也素雲夜炎已
見史孝山出師頌鈔曰漢書曰高祖以
亭長為縣送徒驪山徒多道亡自度比
至皆亡之到豐西澤中亭止飲夜皆解
縱所送徒曰公等皆去吾亦自此逝矣
徒中壯士願從者十餘人高祖被酒夜徑
澤中令一人行々前々者還報曰前有

大蛇當徑願還高祖醉曰壯士行何畏乃前拔劍斬蛇〻分為兩道開行數里醉因卧後人來至蛇所有一老嫗夜哭人問嫗何哭嫗曰人殺吾子曰嫗子何為見殺嫗曰吾子白帝子也化為蛇當道今者赤帝子斬之故哭人乃以嫗為不誠欲苦之嫗因忽不見人後至高祖覺告高〻祖〻乃心獨喜自負音決彤大冬反劉良曰彤丹紫色高祖在芒碭山常有紫雲為蓋隨之陸善經曰彤雲謂史記呂后曰季所居上常有雲氣以漢火德其色赤故言彤

金精仍頹朱光以渥李善曰漢書郊祀志曰秦襄公自以居西主少昊之神作西畤祠白帝至獻公時櫟陽雨金以為瑞又作畦畤祠白帝少昊金德也赤光後謂漢也殺之者明漢當滅秦也鈔曰金精仍頹謂秦家滅也朱光以渥謂漢家興也音決渥於角反呂向曰漢流也陸善經曰渥厚潤也令案陸善經本仍為乃

万邦宅心駿民効足李善曰尚書曰宅心知訓又曰畯民用康曹植與陳琳書曰驥騄不常一步應良御而効足鈔曰尚書曰叶和万邦駿民即謂卅一人從此以上一段論漢家初起之時咸得賢人之意自此已下更述卅一人輔佐功能也李周翰曰宅居也言天下之人懷高祖寬仁之德常居於心故群賢如駿馬之足以効其用也陸善經曰駿民即蕭曹等也

堂〻蕭公王迹是因李善曰蕭何何為丞相故曰公論語曾子曰堂〻乎張也難與並為仁矣鈔曰漢書曰蕭何沛人以文無害為沛主史椽高祖為布衣時數以吏事護高祖為亭長常佐之高祖以吏繇咸陽吏皆送奉錢三何獨以五及高祖起為沛公何常為丞督事又曰秦二代元年秋七月陳涉起蘄至陳自立為楚王九月沛令以沛應之椽主吏蕭何曹參曰君為秦吏今欲背

之師子弟恐不聽頤君召諸已在外者可
得數百人因以劫衆〻不敢不聽乃令樊
噲召高〻祖〻之衆已數百人矣於是樊
噲從高祖來沛令悔恐有變乃閉城〻守
欲誅蕭〻曹〻恐踰城保高〻祖〻乃書
帛射城上与沛父老曰令共誅沛令擇可
立〻之以應諸侯則室家安不然父子俱
屠父老乃教子弟共殺沛令開城門迎高
祖乃立為沛公故言王迹是因呂向
曰豐〻盛也王者天子之通稱也 綢繆

殼后無競惟人 李善曰毛詩曰無競
維人四方其訓之銑
曰尚書曰睿作聖䟽曰后君也即謂高
祖也鄭玄詩注曰競強也人君為政無彊
於得賢人也此注言耳字林惟是也張
銑曰綢繆親密貌也惟辭也言其無侵
覺於人能安而悅 外濟六師內撫三
之也謂留在秦
秦 李善曰漢書漢王與諸侯擊楚何守
關中漢王數失軍何常興關中卒輙

補缺應劭曰章邯為雍王司馬欣為塞
王董翳為翟王分秦地故曰三秦呂延濟
曰六師六軍也高祖留何守關中聚根以
給關外軍也內則撫安百姓也陸善經曰
天子六軍故曰六師也項羽分秦為三漢王
平之 拔奇夷難邁德振民 李善曰漢書曰
何進韓信漢王以為大將軍黥布反上自
將擊之使〻問相國何為曰為上在軍拊
循勉百姓尚書曰咎繇邁種德周易曰君

子以振民毓德銑曰拔奇即謂塵韓〻信
〻來拜之上將以平於艱難也孔安國尚
書注曰邁行也音決難〻旦反下同劉良曰
何拔韓信為將遂平天下也行其德惠振給
於下人夷平陸善經曰夷難謂信謀反呂
后用何計而誅之邁德振民勉行其德振
在人上 體國垂制上穆下親 李善曰周礼曰
惟王建國體國經野銑曰漢書曰天下
既定高祖命蕭何次律令李周翰曰能

體國家輕重以約三章而君臣上下皆和
穆而相親也垂下也制法也陸善經曰體
國垂制謂營未央宮上
穆下親言朝庭和也
名蓋郡后是
謂宗臣李善曰班固漢書贊曰蕭何書
參位冠群后聲施後世為一代
之宗臣張晏曰宗臣國所宗也鈔曰名謂
名位也即謂高祖平天下畢定優劣為第
一第二冢人云蕭何無汗馬之勞高祖曰
諸人曾聞猶指蹤者人也獲獸者犬也
諸人之功犬蕭何之功人也故將何為第
一參第二呂向曰群后謂諸立功者高祖
論何功以為第一故曰名蓋也
何為群臣之尊故曰宗臣宗尊
平陽樂
道在變則通李善曰論語曰貧而樂
道周易曰易窮變變則
通鈔曰漢書曹參沛人也漢二年拜為
假左丞相攻兵關中月餘魏王豹反參
擊魏王於曲陽追至東垣生獲魏王豹取
平陽盡定魏地凡五十二縣賜食邑平陽

又曰孝惠元年除諸侯相國法更以參為
齊丞相參之相齊齊七十城天下初定悼
惠王富於春秋參盡召長老諸先生問所
以安集百姓焉齊故諸儒以百數言人人
殊參未知所以定聞膠西有蓋公善治黃
老言使人厚幣請之既見蓋公蓋公為言
治道貴清靜而民自定推此類具言之參
於是避正堂舍蓋公焉其治要用黃老術
故相齊九年齊國安集大稱賢相音決樂
音洛張銑曰曹參好黃老之術故曰樂道
臨事能變通
而合於理也
爰淵爰嘿有此武功
李善曰莊子曰君子淵默而雷聲毛詩
曰文王受命有此武功鈔曰淵謂深沉
嘿謂靜默武功即謂擊魏王豹也呂延
濟曰處於泉沉默靜也言於事好沉靜為
理之也陸善經曰史記曹參擇郡國吏
重厚長者召除為丞相史即樂道淵默
也
長驅河朔電擊壤東李善曰漢
書曰秦將

王離圍鉅鹿恭擊王離軍成陽南大破之
又擊三秦軍壞東破之文穎曰壞東地名也
班固漢書述曰長驅六舉電擊雷震音決
壤而兩反為攘而良反非劉良曰朔非也
擊言如雷電之威陸善經曰史記曹恭從入
漢中還擊三秦軍壞東魏豹反恭以假丞
相別与韓信東攻魏破之從韓
信破趙下齊長驅河朔謂此也

協策淮陰亞迹蕭公李善曰漢書曰魏王豹反恭以假丞相別与韓

信擊魏將孫遬大破之又從韓信擊趙大破
之又韓信擊龍且大破之又曰謁者鄂秋
曰位次蕭何第一曹恭次之李周翰曰協
合淮陰謂韓信也恭与韓信合謀策擊魏
王豹大破之亞次也
恭功次於蕭何之下

文成作師通幽洞冝李善曰漢書曰張良終謚曰文
成侯又曰張良從容步游下邳圯上有一
老父出一編書曰讀是則為王者師鈔曰

漢書張良字子房韓人也漢六年高祖封
功臣乃封良為留侯良乃稱曰今以三寸
舌為帝者師封万戶位列侯此布衣之極於
良足矣願棄人間事欲從赤松子游迺學道
欲輕舉耳又曰良嘗閒從容出游下邳圯上有
一老父至出一編書曰讀是則為王者師後
十年興十三年孺子見我濟北穀城山下黃
石即我也遂去不見旦日視其書乃太公兵
法故言通幽洞冥呂向曰此謂張良也凡不
言姓名皆所封邑名及歸謚也餘皆類此

永言配命因心則靈李善曰毛詩曰永言配命自求
多福又曰維此文王因心則友鈔曰永
長也言配天成命張銑曰言配命天命
而籌策因心而出則如神靈無不必中
也

窮神觀化望影揣情李善曰周易曰窮神
知化德之威也史記太公曰虞卿斷事揣
情為趙畫策鬼谷子曰測深揣情音決
揣委反劉良曰言其觀察事變見其形

影也能揣度其情耳

鬼無隱謀物無遁形

李善曰周易曰人謀鬼謀百姓与能鈔曰言良之思慮無所不至也劉良曰知矣故雖鬼神々不能隱謀萬物々莫能逃形也

武關是闢鴻門是寧

李善曰漢王与良西入武關良曰臣聞秦將屠賈堅易動以利令持重寶啗秦々將々果欲連和沛公欲聽之良曰此其將欲叛士卒恐不從不如因其解擊之沛公乃擊秦軍大破之又曰項羽至鴻門欲擊沛公良因要項伯見沛公令伯具言沛公不敢背項王項羽然後解鈔曰李周翰曰闢開也寧安也

隨難滎陽即謀下邑

李善曰隨難滎陽見下文漢書曰漢王兵敗還至下邑漢王曰吾欲捐關以東等弃之誰可与共功者良曰九江王布楚梟將彭越反梁地此兩人可急使韓信可屬天事當一面即欲捐々之々此三人楚可破也礼記孔悝之鼎銘曰莊叔隨難于漢陽呂向曰滎陽下邑並地名

銷印惎癈推齊勸立

李善曰漢書曰項羽急圍漢王滎陽酈食其曰誠復立六國後楚必斂衽而朝漢曰善趣刻印先生行佩之良曰誰為陛下書此計者　陛下事去矣且楚唯無強六國復橈而從之陛下焉得而臣之漢王曰趣銷印後韓信破齊欲自立為齊王漢王怒良勸漢王因封之班固漢書述張良曰推齊銷印駘致越信鈔曰左傳杜預注曰甚教也音決銷音道甚其冀反張銑曰韓信破齊使々請於高祖欲假封齊王高祖怒不聽良与陳平俱說高祖立信為王使良授信齊王印此為勸立也

運籌固陵定策東襲三王從風五侯允集

李善曰漢書曰漢王与齊王信魏相國彭越期會擊楚王固陵不會漢王謂張良曰諸侯不從奈何良曰今能取睢陽以北至穀城以王彭越

従淮以東傳海与齊王信則楚易敗也
於是韓信彭越皆引兵來黥布随劉賈皆
會項羽敗自到淮南子曰施于寡妻至于兄
弟天下従風漢書曰漢王用良計諸侯皆至
史記曰漢部五諸侯兵東伐楚又蘇秦曰梁
従風而動鈔曰東襲即謂襲羽越及魏王豹
故云三王従風也漢書項羽自刎王翳取其
頭陽喜呂馬童郎中呂勝楊武各得其一體
分其地以封之故五人皆為列侯音決籌
直留反呂延濟曰三王謂韓信彭越黥布
也皆會垓下共破項羽
故曰従風允信集至也**覇楚寔喪皇**
漢凱入李善曰周礼曰師有功則愷樂音
決苔息浪反劉良曰覇楚謂項
羽也寔實喪亡皇大也凱入謂戰勝凱歌
而還入其國也言漢勝而入國也
怡顔高覽弭翼鳳戢託迹黄老
辟世却粒李善曰史記張良曰願棄人
閒事従赤松子游耳乃學辟穀
導引輕身也鈔曰毛詩傳云戢斂也音決怡
以而反弭亡尔反戢側入反粒音立李周翰曰
謂功成名遂身退也怡弘也弭止戢藏也
言良和顔高覽神仙之事退歸靜理如鳳
之上羽翼不見也却粒謂绝穀也陸
善经曰黄老黄帝老子養生之道**曲**
逆宏達好謀能深李善曰京賦曰
大雅宏達論語
子曰好謀而成鈔曰漢書陳平陽武戸牖
鄉人也漢七年従高帝撃韓王信於代至
平城為匈奴所圍七日不得食高帝用陳
平音奇計使單于閼氏解圍以得開高帝
既出其計秘高帝南過曲逆縣上其城望
室屋甚大曰壯哉縣於是詔御史更封平
為曲逆侯盡食之音決好
音耗呂向曰宏大達通**遊精杳漠**
神迹是尋張銑曰平常好道術玄理
也陸善经曰史記云平少
時本好黄帝老子之術方其割肉**重**
俎上之時其意固已遠也

玄匪奧九地匪沉 李善曰重玄天也鄧析子曰九地之下重天之顛也鈔曰重玄九重天九地九重泉也言平思慮深遠無所不至雖重玄九地亦非沉奧匪非也道經曰玄之又玄言天中復有天即重玄之義音決重逐龍反奧烏報反呂延濟曰奧深也言平妙如天道地理則天地非為深沉也

伐謀先兆擠響于音 李善曰言將伐其謀先其朱兆欲墜其響在於為音然兆為謀始響為音初也孫子曰上兵伐謀次交鶡冠子曰音者所以調聲也未聞音出而響過其聲者鈔曰此謂有先見之明言謀慮之深將伐其謀先於未兆之時則伐也孔安國尚書傳曰擠墜也又云擠排擠也排其響於未成音之前即先覺也音決謀亡胡反擠子計反又子兮反劉良曰言將伐前敵其為謀策已先見其始事也凡響出於音故滴音響相濟也亦如臣相得也則平与高祖如之令業音決謀為謨

奇謀六奮嘉慮四迴 李善曰漢書曰陳平凡六出奇計奇討或頗秘世莫得聞宗仲子法言注曰張良為高祖畫策六陳平出奇策四皆權謀非正也然機之此言有符仲子之説未詳相承而誤或復別有所謂也鈔曰漢書平自初從至天下定後常以護軍中尉從擊臧荼陳豨黥布王生意四迴即謂高祖賜平四方金令其間楚君臣離之使亞夫疽發背而死一也韓信為齊王二也于時項羽遣使來平遣人將美食進平問是誰使人云是項王使遂遣撤食乃進麁食云吾謂是亞父之使乃項王之使遂撤美食三也盧綰反高祖使樊噲討之人有告噲欲同維高祖大怒乃令平載周敦往伐即宜斬噲送平乃不殺以檻車送至而高祖崩此四也李周翰曰奮出也四迴謂迴轉於天下四方也陸善經曰奇謀六奮

即覬主於是以下嘉慮四迴言四迴髙
帝之**覬主於是離項于懷**李善曰漢書曰
心淮陰侯破齊自立為齊王使來言漢
〻王〻怒而罵平躡漢〻王〻寤乃
厚遇齊使音義曰躡謂手躡漢王足
也漢書陳平曰彼項羽骨鯁之臣亞
父鍾離昧龍且周殷之屬不過數人
大王損數万金行反閒〻其君臣破
楚必矣漢王以為然反閒既行羽果

疑亞父亞父去發疽死呂向曰覬諫
也平以金離閒項羽君臣羽遂疑范
增是其離懷也陸善經曰懷謂懷抱
之人即亞父鍾離昧龍且周殷之屬
以平反閒羽果疑亞父鍾離昧等亞
父以不用其策怒去之疽發背而死
也**格人乃謝楚翼寔椎**李善曰尚書曰
格人元龜罔敢知吉鈔曰格至也至
人即謂范增也音決椎在回反下同

張銑曰謂范曾謝病去楚
而楚羽翼已摧折也**韓王窘**
胡馬洞開李善曰漢書曰人有上書告楚王韓信反
陳平曰陛下第出僞遊雲夢信聞天
子以好出遊其勢必郊迎謁陛下因
禽之此特一力士之事耳高祖以為然
信果郊迎兒信即執縛之毛萇詩傳曰
窘困也漢書曰上至平城為匈奴所圍
高祖用平奇計使單于閼氏解圍以得

開鈔曰胡馬洞開即謂平城也應劭曰
陳平使畫工圖美女閒遣人遺閼
氏云漢有美女如此今皇帝困危欲獻
之閼氏畏其奪己寵因謂單于漢天子
亦神靈得其土地非能有也於是匈奴
開其一角得突出以計鄙陋故秘不傳
也音決窘其敏反呂延濟曰洞通也
迎文以謀送高以哀李善曰漢書曰
呂太后崩平與太尉勃合諸呂立文帝

平本謀也人曰高帝崩平馳至宮哭殊悲鈔曰漢書七年秋高后崩諸呂謀為亂欲危劉氏丞相陳平太尉周勃朱虛侯劉章等共誅之謀立代王以為太宋也人曰十二年燕王盧綰反上使樊噲以相國將兵擊之既行人有短惡噲者高帝怒詔平乘馳傳至軍中即斬噲頭平行聞高帝崩恐太后及呂須怒乃馳傳先去逢使者詔平與灌嬰屯於熒陽平受詔立復馳至宮哭殊悲因奏事喪前呂后哀之曰君出休矣故言送高以哀也

灼〻淮陰靈武冠世

劉曰韓信淮陰人漢書信亡楚歸漢數與蕭何語何奇之信度何以數言上不用我即亡何聞信亡不及以聞自追之人又言上曰丞相何亡上怒一二日何來謁上〻罵何曰君亡何也曰臣非敢亡追亡者耳上曰所追者誰也曰韓信上罵曰諸將亡者十數公無所追之追信誰也何曰諸將易得至如韓信國士無雙王必長王漢中無所事信必欲爭天下非信誰可與計事者固王策安決王曰吾亦東安能欝〻居此乎何曰王計必東能用信〻即留不能用信〻終亡耳王曰吾為公以為將軍信已拜上座王曰丞相數言將〻軍〻何以教寡人計策信曰今王舉而東三秦可傳檄而定於是漢王大喜自以為得信晚也音決冠古玩反下同李周翰曰灼〻盛烈貌冠首也言其靈武為世之首陸善注曰靈武威靈武略

策出無方

思入神契

李善曰孔安國尚書傳曰神妙無方蔡雍李咸碑曰明略兼洞與神合契音決思先自反契去計反呂向曰謀策所出無極思與神合也入猶與也契合也

奮臂雲興騰迹虎噬

音決臂必智反噬市制反張銑曰奮振也言其心勇疾如雲起猛烈若虎之噬

盟也淩險必夷摧堅則脆李善曰左春秋
曰凡兵之用也攻亂敗脆音決脆七歲
反呂延濟曰言其雖淩敵險難必平也
摧敗堅陳則如脆矣夷平也肇謀漢濱還定渭
表李善曰漢書蕭何謂高祖曰必長王漢中無所事信必欲爭天下非
信無可與計事者漢王乃拜信大將軍
信說漢王曰今王舉而東三秦可傳檄

而定也漢王喜遂聽信計舉兵出陳倉
定三秦也鈔曰高祖拜信為將託時從
漢川初來故言漢濱劉良曰肇始也漢
濱謂羽封高祖為漢王高祖就國漢中
也渭水名在秦故也濱表皆謂水畔也京索既柂引師
北討李善曰漢書曰漢擊楚彭城兵敗散而還信復發兵與漢王會滎陽
復擊破楚京索間㞢趙魏皆反與楚和
以信為左丞相擊魏也音決索所革反

李周翰曰京索二水名柂謂柂楚軍也濟河夷魏登山
滅趙李善曰漢書曰信遂進擊魏〻盛兵蒲坂塞臨晉信乃益為疑
兵陳船欲度臨晉而伏兵從夏陽以木罌
缶度軍襲安邑虜魏王豹信請北舉燕趙
進擊趙選輕騎二千人〻持一赤幟從閒
道萆山而望軍戒曰趙見我走必空壁逐
我若疾入拔趙幟立漢幟後趙空壁爭漢
鼓旗奇兵馳入趙壁皆拔趙旗立漢赤幟

趙卒見之大驚遂亂走禽趙王歇威亮大烈勢踰風
栟李善曰孫子曰倂兵以詐立以利動合而為變者也故其疾如風侵掠如大則
彼三軍可奪氣將軍可奪心此用兵之法
也張銑曰亮信踰過也言其威武信為猛
烈破敵之勢過於風栟言易令業陸善徑夲高為諒拾代如遺偃
㞢猶草李善曰漢書曰信進擊代禽夏說閼與李奇曰代相也孟

康曰音馬頊邑名也漢書曰信發趙兵
未蔟者擊齊信引兵東遂渡何襲齊歷
下軍至臨菑齊王走高密又梅福上書曰
高祖取楚如拾遺論記曰草上之風必偃
也音決拾音十呂反濟曰破代齊二
國如拾遺物於地如草偃於風也二州
肅清四邦咸舉李善曰據禹貢九州之界魏趙屬冀
州齊代屬青州四邦魏代趙齊也劉良
曰魏趙代皆冀州分齊青州分故曰二
州言皆已平定故云肅清四邦則此四
國也咸皆也言皆舉者謂盡勝之也
乃眷北燕遂表東海李善曰漢書曰信用
廣武君策發使使燕燕從風而靡又曰信
平齊使人言漢王齊夸詐多變反覆之國
不為假王以鎮之其勢不定請自立為假
王遣張良立信為齊王左氏傳曰使劉定
公侯命曰世昨太師以表東海杜預曰表
顯也銑曰表者即謂表明有之漢立信為
齊王齊在東故言東海李周翰曰
眷向也東海齊地也表猶立也克滅
龍且爰取其旅李善曰漢書曰齊王走高密使使於
楚楚使龍且救齊與信夾濰水陣信乃
夜令人為万餘囊盛沙以壅水上流引
軍半渡擊龍且陽不勝還走龍且果喜
曰固知信怯遂追渡水信使人決壅囊
水大至龍且軍大半不得渡即急擊殺龍
且楚卒皆降銑曰旅衆也音次旦子余
反呂向曰爰於也
劉項懸命人謀是與
念功惟德辞通絶楚李善曰漢書蒯通說
韓信曰當今之時兩主懸命足下足下
為漢則漢勝與楚則楚勝人謀已見上
文漢書曰項王使盱台人武涉往說信曰
足下何不與楚連和三分天下而王齊信
辞曰人親信我背之不祥蒯通知天下權
在信深說以三分天下之詳信自以功大

漢不棄我齊遂不聽尚書曰惟帝念功釣
曰劉々季項々羽易曰人謀鬼謀百姓與
能言劉項二家之謀唯与信也故人謀是
与漢書曰蒯通説信曰夫功者難成而易
敗時者難値而易失時乎時不再来願足
下無疑臣之計信猶与不忍背漢又自以
功多漢不奪我齊遂謝通与楚絶矣張
銑曰人部謂蒯通説信反漢為楚王与三
分天下信曰我幸得事項王数年官不
過執戟故歸漢授我上将軍言聽計用
背之不祥此則念己之功推高祖之德
辭蒯通所説絶楚王之望也今案五家
本惟
為推

彭越觀時弢迹匿光人具尓

瞻翼尓鷹揚

李善曰杜預左氏傳注曰韜藏也弢與韜
古通也毛詩曰赫々師尹人具尓瞻毛詩曰
維師尚父時維鷹揚釣曰漢書彭越字仲昌
邑人也常漁鉅野澤中為盗陳勝起或謂越
曰豪桀相立叛秦仲可効之越曰兩龍方闘
且待之居歳餘澤間少年相聚百餘人往從
越請仲為長越乃計与期旦日々出時後
會者多越日今期而多後不可盡誅々冣
後者一人於是設壇祭之々令徒々屬々
皆驚畏越不敢視乃略地収諸侯散卒得
千餘人沛公之從北撃昌邑越助之訖文
彼了衣尓卽謂彭越也謂斬在彼後来者
人皆瞻仰今言天下之人倶瞻望汝翼輔
如鷹之揚也音決弢吐刀反匿女力反呂
延濟曰匿隱也陳涉初起或人謂越曰豪
桀相立叛秦公可効之々越曰兩龍方闘
旦待之此為觀時蔵迹隱光者也後高祖
撃昌邑越乃助之言其英雄之才天下所
具瞻望之也翼尓鷹揚言其勇志疾速知
鳥翼之飛若
鷹之撃揚也

威稜楚域質委漢王

李善曰漢書曰齊王田榮畔項王漢使
人賜越将軍印使下濟陰以撃楚大破

楚軍拜越為魏相國漢敗彭越城皆亡其
所下城獨將其兵北居河上往來為漢
王游兵擊絶其粮於梁地項籍死立越
為梁王都定陶鈔曰音義曰神靈之威
曰稜音决稜力登反劉良曰楚域謂項
王也令峯鈔威稜為稜威五家本稜為淩

靖難河濟即宮舊梁 李善曰礼記孔悝為鼎銘

曰即宮於宗周鈔曰漢書鼓城而西也越
皆亡其所下城獨守將其兵北居河上

漢三年越常往来為漢游兵擊楚絶其
糧於梁地項王与漢王相距滎陽越攻
下睢陽十七城漢王追楚為項籍所敗
固陵乃謂留侯曰諸侯兵不從為之柰
何留侯曰彭越本定梁地功多始君王
以魏豹故拜越為相國今豹死無後且
越令顧王而君王不早定今取睢陽以
北至穀城皆許以王彭越於是漢王發
使〻越如留侯策使者至越乃引兵會
垓下項籍死立越為梁王也音决難那

旦反李周翰曰即就宮居也項氏既滅
高祖封越為梁王越初為相國將兵略定
梁地後封之故云舊
梁也言如舊有之

烈〻黥布眈〻其眄 李善曰漢書曰黥布姓英

氏項梁定會稽布以兵屬梁周易曰虎
視眈〻鈔曰漢書黥布六人也少時客
相之當刑而為王及壯坐法黥欣然而笑
曰人相我當刑而王幾是也音决眈都南

反五家眄音麵呂向曰凡有姓名則注不
重言也或唯其名則注重説餘類此然〻
猛也眈〻虎視皃也比於
比於虎者言猛也眄視也

名冠強楚鋒

猶駭電 李善曰漢書曰以楚兵常勝功冠諸侯者以布數以少敗

衆也史記太史公曰信陵君名冠諸侯
鈔曰言布鋒捷如電之駭也張銑曰初
布為項羽將功冠諸侯其鋒鋭勇
急如電雷之驚也強楚謂項羽

覩

機蟬蛻悟主革面 李善曰漢書曰漢王使隨何說布〻間行與何歸漢淮南子曰蟬飲而不食卅日而蛻周易曰小人革面以從君也鈔曰言布覩其機微即如蟬之蛻復能曉知漢主之仁即能改其心廻面而事高祖音決蛻詩芮反又音悅呂延濟曰言布見機去楚歸漢亦如蟬蛻去其殼也覺漢主仁明故改操而來北面事之悟覺革改也

肇彼梟風翻為我扇 李善曰漢書曰上立布為淮南王與擊項籍鈔曰漢書項王封諸侯將立布為九江王都六項王方北憂齊趙而患漢所与者獨布欲親用之隨何曰大王與項王俱列為諸侯北向而臣事之身負枚築以為士卒先大王宜悉淮南之衆身自將為楚軍前鋒大漢王戰於彭城項王未出齊也大王宜掃淮南之衆日夜會戰彭城之下今撫万人之衆無一人度淮者陰拱而視其孰勝夫託國於人者固若是乎然大王不背楚者以漢為弱也夫楚兵雖強天下負之以不義之名以其背盟約而殺義帝也漢王收諸侯兵還守成皋滎陽楚兵至滎陽成皋漢堅守而不動進則不得攻退則不能解故曰楚兵不足罷也故楚不如漢其勢易見亦大王不与万全之漢而自託於危亡之楚布愕然布欲引兵走漢楚已使項伯收九江兵盡殺布妻子布頗得故人幸臣將衆數千人歸漢〻四年立布為淮南王也音次梟君堯反劉良曰肇始也彼謂項羽也梟惡鳴鳥也我謂漢也言始在項羽處沭梟鳥之風後乃飜而來為漢助也扇助也陸善經曰布楚梟將故言梟風

天命方輯王在東夏 李善曰東夏即陽夏也漢書曰由漢王追項羽至陽夏南鈔曰言天命集于漢東夏謂高祖在固陵將音

楚軍拜越為魏相國漢敗彭越城皆亡其所下城獨將其兵北居河上往來為漢王游兵擊絕其粮於梁地項籍死立越為梁王都定陶鈔曰音義曰神靈之威曰稜音决稜力登反劉良曰楚域謂項王也今案鈔威稜為稜威五家本稜為淩

靖難河濟即宮舊梁 李善曰礼記孔悝為鼎銘曰即宮於宗周鈔曰漢書彭城而西也越皆亡其所下城獨守將其兵北居河上

漢三年越常往來為漢游兵擊楚絕其糧於梁地項王与漢王相距滎陽越攻下睢陽十七城漢王追楚為項籍所敗固陵乃謂留侯曰諸侯兵不從為之奈何留侯曰彭越本定梁地功多始君王以魏豹故拜越為相國今豹死無後且越今願王而君王不早定今取睢陽以北至穀城皆許以王彭越於是漢王發使〻越如留侯策使者至越乃引兵會陔下項籍死立越為梁王也音决難奴旦反李周翰曰即就宮居也項氏既滅高祖封越為梁王越初為相國將兵略定梁地後封之故云舊梁也言如舊有之

烈〻黥布眈〻其盱 李善曰漢書曰黥布姓英氏項梁定會稽布以兵屬梁周易曰虎視眈〻鈔曰漢書黥布六人也少時客相之當刑而為王及壯坐法黥欣然而笑曰人相我當刑而王幾是也音决眈都南反五家盱音麺吕向曰凡有姓名則注不重言也或唯其名則注重說餘類此烈〻猛也眈〻虎視皃也比於比於虎者言猛也盱視也

名冠強楚鋒猶駭電 李善曰漢書曰以楚兵常勝功冠諸侯者以布數以少敗衆也史記太史公曰信陵君名冠諸侯鈔曰言布鋒捷如電之駭也張銑曰初布為項羽將功冠諸侯其鋒銳勇急如電雷之驚也孫楚謂項羽

覩

機蟬銳悟主革面

李善曰漢書曰漢王使隨何說布：間行與何歸漢淮南子曰蟬飲而不食卅日而蛻周易曰小人革面以從君也鈔曰言布覩其機微即如蟬之蛻復能曉知漢主之仁即能改其心廻面而事高祖音決蛻詩芮反又音悅呂延濟曰言布見機去楚歸漢亦如蟬蛻去其殼也覺漢主仁明故改操而來北面事之悟覺革改也

擎彼梟風翻為我扇

李善曰漢書曰上立布為淮南王與擊項籍鈔曰漢書項王封諸侯將立布為九江王都六項王方北憂齊趙而患漢所与者獨布欲親用之隨何曰大王與項王俱列為諸侯北向而臣事之身負板築以為士卒先大王宜悉淮南之衆身自將為楚軍前鋒夫漢王戰於彭城項王未出齊也大王宜掃淮南之衆日夜會戰彭城之下今撫万人之衆無一人度淮者陰拱而視其孰勝夫託國於人者固若是乎然大王不背楚者以漢為弱也夫楚兵雖強天下負之以不義之名以其背盟約而殺義帝也漢王收諸侯兵還守成皐滎陽楚兵至滎陽成皐漢堅守而不動進則不得收退則不能解故曰楚兵不足罷也故楚不如漢其勢易見亦大王不与万全之漢而自託於危亡之楚布悟然布欲引兵走漢楚已使項伯收九江兵盡殺布妻子布頗得故人幸臣將衆數千人歸漢：四年立布為淮南王也音次梟君堯反劉良曰肇始也彼謂項羽也梟惡鳴鳥也我謂漢也言始在項羽處沐梟鳥之風後乃翻而來為漢助也扇助也陸善經曰布楚梟將故言梟風

天命方輯王在東夏

李善曰東夏即陽夏也漢書曰由漢王追項羽至陽夏南鈔曰言天命集于漢東夏謂高祖在固陵將晉

諂漢々王々厚遇之音決緯于責反呂向曰、耳与陳餘戰敗走曰漢王与我有故遂歸漢此則舊恩高祖入關五星聚東々井々秦分也言耳望此而歸漢也脫迹違難披榛來洎改策西秦報辱北冀李善曰漢書曰漢定三秦方圍章邯廢丘耳謁漢王々入曰漢遣張耳与韓信擊破趙井陘斬餘泜水上退

欽趙王歇於襄國泜音祇鈔曰違避也洎至也改策言改其計策來歸高々祖々在關中故云西秦音決榛士巾反洎音忌或為曁同張銑曰脫遺也遺迹違難謂与陳餘戰敗歸漢也榛草木叢也言耳奔馳於冒叢榛之路來至秦中高祖遣耳与韓信韓信破趙斬陳餘於泜水上是報辱也趙冀州分故曰北冀也今案陸善經本遺為遺悴葉更耀枯條以隸

李善曰以樹為喻也漢立耳為趙王毛萇詩傳曰斬而復生曰隸鈔曰漢書曰漢立耳為趙王此如柯悴之葉更能發其榮耀復似枯條之枝更得重成其華美音決肄音悴隸以二反呂延濟曰謂耳敗走已如悴葉枯條矣而高祖厚遇之是為更有耀光而復生也陸善經曰肄餘也今案音決悴之為瘁王信韓孽宅士開壇李善曰漢書曰韓信故韓

襄王孽孫也漢立信為韓王鈔曰張晏曰孽子為孽沛公引兵擊陽城得信以為將々兵從入武關沛公為漢王還定三秦乃許王信先拜為韓太尉將兵略韓地漢二年信略定韓十餘城漢王至河南信急擊韓王昌々降漢乃立信為韓王故書開壇也音決孽魚列反劉良曰宅居也我圖尔才越遷晉陽李善曰毛詩曰我圖尔居漢書曰上以信壯武

乃是更以太原郡為韓國徙信以備胡都晉陽鈞曰我高祖也言我高祖圖尔之才能定韓破項籍復有壯武以此超越遷於晉陽也漢書六年春上為信壯武北迫鞏雒南迫宛葉東有淮陽皆天下勁兵處也以太原郡為韓國從信以備胡李周翰曰圖謀越於也

盧綰自微婉孌我皇

李善曰漢書曰高祖以綰壯學書又相愛也班固漢書述哀紀曰婉孌董公惟高天工鈞曰漢書綰豐人也与高祖同里綰親与高祖太上皇相善愛及生男高祖綰同日生里中特羊酒賀兩家及高祖綰壯學書又相愛也里中嘉兩家親相愛生子同日壯又相愛及高祖起沛綰以客從入漢中為將軍出入卧同衣被食飲賞賜羣臣莫敢望至於親幸莫及綰者封為長安侯婉順也我皇高祖也音決婉於玩反孌力轉反呂向曰婉孌相親皃陸善經曰婉孌好皃

跨功踰德胙尔輝章

李善曰漢書曰群臣知上欲王綰皆曰綰可王上乃立綰為燕王章印章也鈞曰言其功少受祚跨度有功之人踰越道德之士故曰祚尔輝章〻即謂封為燕王也曹子建責躬詩曰車服有輝旗章有叙鄭玄礼記注章識也音決胙在故反下同或祚通張銑曰跨度踰過祚福尔汝也言其功則少所封土爵已過其德蓋上心所惠故曰福汝暉榮之寵章

人之貪禍寧為亂亡

李善曰漢書曰高祖崩綰遂將其衆亡入匈奴死胡中毛詩曰民之貪亂寧為荼毒鄭玄曰天下之民苦王之政欲其乱亡鈞曰言綰立為燕王六年以陳狶事見疑上使〻呂綰〻稱病又使辟陽侯御史大夫趙堯等往迎綰因驗其左

右綰愈恐閼匿謂其幸臣曰非劉氏王者獨我與長沙耳往年漢族淮陰誅彭越皆呂后計令上病屬任呂〻后〻婦人欲事誅異姓王者語頗泄辟陽侯聞之具報上益怒又得匈奴降〻者〻言張勝亡在匈奴為燕王使於是上白綰果反矣使樊噲擊綰〻悉將其宮人家屬綺數千居長城下伺候幸上病愈自入謝高祖崩綰遂將其衆亡入匈〻奴〻以為東胡盧王常思復歸居歲餘死胡中言汝貪於此禍何為亂亡之道幸就死於胡也呂延濟曰言人志貪禍乃亂亡之道謂綰為叛〻入匈奴也

吳芮之王祚由梅鋗功微勢弱世載忠賢

李善曰漢書曰天下之初畔秦吳芮率越人舉兵以應諸侯沛公攻南陽遇芮之將梅鋗与偕攻析酈上以鋗有功於入武關故德芮徙為長沙王高祖賢之詔御史長沙王忠其定著令音義曰鄱持益反鈔曰漢書芮秦時番陽令也甚得江湖間心號曰番君及秦末自立為王及項羽相王以芮率百越佐諸侯從入關故立芮為衡山王都邾其將梅鋗有功於入武關故得芮從為長沙王都臨湘一年薨謚曰文王子成王臣嗣凡四子為嗣皆薨孝文後七年無子國除至孝惠高后時封芮庶子二人為列侯傳國數世音決鋗火玄反劉良曰初項羽立芮為衡山王其將梅鋗功多封十萬戶為列侯項羽死高祖以鋗有功故得從芮為長沙王故去祚由梅鋗也

肅〻荊王董我三軍

李善曰漢書曰劉賈將二万人騎數百擊楚孔安國尚書傳曰董督也鈔曰漢書劉賈高帝從父兄也不知其初起元年還定三秦賈為將軍從東擊項籍漢王敗成皐北渡河得張耳韓信軍〻脩武深溝高壘

使賈將二万人騎數百人擊楚渡白馬津入楚地燒其積聚以破其業無以給項王軍食也言使賈將三万人擊楚故言三軍論語三軍可奪帥李周翰曰肅々嚴整皃董正也

我圖四方殿焉其勳

李善曰漢書曰漢王追項籍至固陵賈使人間招楚大司馬周々殷々反楚佐賈銚曰我々高祖也言我欲圖於四方使汝渡淮圍壽春乃得楚司馬周殷反楚而佐於汝舉九江迎英布兵皆會垓下誅籍此乃進汝之功勳也呂向曰殷多焉進勳功也陸善經曰殷盛也

庸親昨勞舊楚是分

李善曰漢書口高祖子弟弱昆弟少欲王同姓以鎮天下詔立賈為荊王々淮東銚曰庸功也祚報也言賈有功復是帝親乃報之以功勞也左傳昨之以土命之氏注曰報之土而命氏曰陳張銑曰庸用祚福也賈則高祖從兄故言用親也祚勞者謂加福於功勞之且分楚地而為荊國也

往踐厥宇大啓淮濆

李善曰毛詩曰鋪敦淮濆銚曰言賈往荊州踐其王位大啓閞於淮濆々岸謂荊州楚也音決濆狀云反呂延濟曰厥其宇居也言往踐其荊國之居也啓閞也淮水名在荊地濆水濆

安國違親悠々我思

李善曰毛詩曰音々子佩悠々我思銚曰漢書王陵沛人也及高祖起沛入咸陽陵亦聚黨數千人居南陽不肯從沛公及漢々王之還擊項籍陵廼以兵属卒從漢王定天下後封為安國侯言陵母獲於楚而陵輔於漢是違其人之心絶養親之道之道復能從母之命遂与高祖定天下獲爵位此乃悠々之情豈不我思乎劉良曰違親謂辭事漢悠々

遠思負

依〻指母既明且慈引身伏劍永言固之

李善曰漢書曰王陵以兵屬漢項羽取陵母置軍中陵使至則東鄉坐陵母欲以招陵〻母私送使者泣曰為老妾吾陵善事漢〻王〻長者也無以老妾故持二心以妾死送使者遂伏劍而死鈔曰言依〻此指智之母既明天道知漢有之固勤〻於陵以屬使者無以老妾故而持二心此即母之慈也劉良曰依〻猶勤〻也指智也伏劍謂自斂也永長也陵母對使者伏劍而死也此則怨其子事主懷二心故自殺可謂明且慈也

淑人君子寔邦之基

李善曰毛詩曰淑人君子其儀不忒又曰樂只君子邦家之基鈔曰言其為善人之君子是我國家之基始基即謂從漢王定天下也李周翰曰淑美寔實邦國基本也言陵才器可謂美人君子實國之本也

義形於色憤發于辭

李善曰漢書曰陵為人少文任氣好直言高后欲立諸呂為王問陵〻曰高皇刑白馬而盟曰非劉氏而王者天下共擊之今王呂氏非約也公羊傳曰孔父可謂義形於色矣音決憤非粉反呂向曰高祖既崩呂后欲廢絕漢祚將封呂氏王陵曰昔高帝非劉氏不王也呂后不悅此則義色憤辭也

主亡与亡末命是期

李善曰漢書爰盎曰社稷臣主在与在主亡与亡如淳曰人主在時与共治在時之事不以主亡而不行其政令也鈔曰漢書曰呂后欲度陵及陵陽遷陵為帝太傅實奪之相權陵怒謝病免杜门竟不朝請十年而薨言高祖雖亡陵無從呂后之意共立呂氏繼使太后廢之至死終不改其心故云末命是期呂向曰言其一心事主志節不

移故曰主示与之也守其遺命不封呂氏可謂末命是期也

絳侯質木多畧寡言

李善曰漢書曰周勃為人木強敦厚論語樞輔像曰子然公順多畧鈔曰漢書周勃沛人其先卷人也高祖為沛公初起勃以中涓從攻胡陵下方與攘懷王封沛公錫武安侯為碭郡長沛公拜勃為襄賁令沛公定魏地攻秦軍藍田至咸陽滅秦項羽至以沛公為漢〻王〻賜勃爵為威武侯從入漢中拜為將軍言其多有智略故宜於言語也張銑曰此謂周勃也木素宜少也

曾是忠勇惟帝攸嘆

李善曰漢書曰始呂后問宰相高祖曰安劉氏者必勃鈔曰漢書高祖欲崩之時呂后問曰安社稷誰可帝曰周勃可此則是其忠勇之志惟帝之所歎也音決歎叶韻他丹反呂延濟曰曾則攸所也

雲騖靈丘景逸上蘭平代禽豨奄有燕韓

李善曰漢書曰陳豨反勃復擊豨靈丘破斬豨定代郡九縣燕王盧綰反勃破綰軍上蘭定上谷右北平遼西遼東鈔曰詩云奄有龜蒙音決擒音禽絺虛康反劉良曰騖馳逸疾也雲馳景疾者言其用兵之機速也靈丘上蘭地名也代燕韓皆國名豨謂陳豨也勃禽敗陳豨於靈丘破燕王盧綰軍於上蘭韓擊韓王信攻得靈中定鴈門此皆代地故曰平代也騖靈丘則禽豨是也景逸上蘭與有燕同也平代則与有韓不異也蓋述三事而分為六是作者之詞重矣今案鈔禽為擒

寧亂以武斃呂以權滌穢紫宮徵帝太原

李善曰漢書曰高后崩呂產秉權欲危劉氏勃與丞相平共誅諸呂左氏

曰漢嗣通説韓信曰功畧震主者身危
鈔曰言人臣有功既大自然震之於主
自古以来無有禍不及身若能免之者
此實為難成説勃曰君既誅　諸呂立
代王威震天下而君受厚賞尊位即禍
及身矣勃亦懼請自免上許之音決挟
何辟反張銑曰挟懐也言其懐挟定社
稷之功震動君主自古所難為也

勲耀上代身終下蕃

李善曰漢書
上曰丞相朕
所重其為朕率列侯之國乃免丞相就
國蕭鈔曰言殺趙王呂禄迎代王為帝
即是其功勲光曜於上代也後有上書
告勃欲反下廷尉文帝朝太后以冒絮
提文帝曰絳侯綰皇帝璽將兵於北軍
不即此時反今居一小縣顧欲反耶於是
使〃持節赦勃復爵邑孝文十一年薨
謚曰武侯音決勲香云反蕃付袁反呂
延濟曰勲功也言勃免相國出於下蕃
而薨矣諸侯之國曰下蕃絳是也矣

傳欒桓子謂范宣子曰夫懟乱在權
漢書曰勃已滅諸呂遂共迎立代王是
為孝文皇帝勃曰臣無功請得除宮乃
与太僕滕公入宮滕公載少帝出仍奉
天子法駕迎皇帝代邸張衡羽獵賦曰
閶闔閭兮出紫宮鈔曰言勃從高祖寧
於暴亂即以武也若安社稷斃諸呂即
用其權乎滌穢紫宮徹帝太原即謂殺
少帝迎代王為天子是也音決斃婢秋
反滌大歷反李周翰曰呂后崩呂禄呂
産等欲危劉氏勃以權變之謀遂誅殺
諸呂也滌穢謂殺呂氏於帝宮若洗滌
穢悪者也太
原謂代郡也

實惟太尉劉宗以安

李善曰漢書曰惠帝以勃為太尉安劉氏
已見上文鈔曰書云呂后問曰陛下百歲
之後蕭相國又死令誰代之上曰曹參可
然安劉氏者必勃也可令為太尉呂向曰
惟是也劉
宗漢也

挟功震主自古所難

李善

舞陽道迎延帝幽藪李善曰漢書曰陳勝初起
蕭何曹參使噲求迎高祖立為沛公范
曄後漢書順帝詔曰張楷竄跡幽藪鈔
曰幽藪即謂芒碭山澤中也漢書樊噲
沛人以屠狗為事後與高祖俱隱於
芒碭山澤間蕭何曹參使噲迎高祖立
為沛公擊章邯軍濮陽攻城先登賜爵
列大夫也言高祖當此之時只是幽藪
之人噲往迎之音決迎魚敬反劉良曰
此謂樊噲也高祖常在澤中遊故
云迎帝幽藪也澤無水曰藪也宣力
王室匪唯厥武惣于鴻門披闥
帝宇聳顏誚項掩淚寤主李善
曰漢書曰項羽在鴻門亞父謀欲殺
沛公樊噲聞事急乃持楯入曰沛公
先入定咸陽以待大〻王〻聽小人之
言與沛公有隙臣恐天下解心疑大王

也項羽默然高祖嘗病惡見人卧禁中
詔戶者無得入群臣噲乃排闥直入流
涕曰始陛下與臣等起豊沛定天下何
其壯也今天下已定又何憊也高帝咲
而起尚書帝曰余欲宣力四方礼記子
曰惣于而山立武王之事也謝承漢後
書序曰楊喬嘉言寤主鈔曰言噲能宣
其智力以輔王室非直惟有武切而已
音決聳素勇反李周翰曰惣猶執也干
楯也言其非獨有武亦有善謀則高祖
在鴻門獨與張良入羽營留飲范曾
欲謀殺高祖噲聞之事急執盾突入
羽營是為惣干鴻門也高祖病惡見
人卧禁中詔門者無令群臣入而群
臣莫敢入者十餘日噲乃排闥直入見
高祖是為披闥帝宇也披則排也闥門
也呂向曰聳顏謂勇壯之色噲既執盾
入順羽營而謂羽曰沛公先入定咸陽
軍於霸上以待大王乃聽小人之言與
沛公有隙臣恐天下解心疑大王也故

云儀顔誚項矣誚責也項謂項羽也
噲既排闥見高帝噲流涕曰始陛下
与臣定天下一何壯也今天下已定又
何憊也且陛下病甚大臣震恐不見臣等
計事陛下不見趙高之事乎帝乃笑而
起故云掩涕寤主也寤謂覺其事也
曲周之進于其哲兄俾率尒
徒從王于征李善曰漢書曰酈食其言其弟酈商使將
數千人從沛公畧地漢書谷永謂王
鳳曰竊又哲元覆育子弟誠無以加
鈔曰漢書酈商高陽人也陳勝起商
聚少年得數千人屬沛公於岐從攻
長社先登賜爵封信成君十二年曲
周侯酈商以丞相將兵擊黥布有功張
銑曰言其因食乃進用於高祖也初陳
勝起兵商以數千衆屬高祖略地焉故
云俾率尒徒從王于征也俾使尒汝徒衆
振威龍蛻攄
武庸城六師寔因克荼禽黥
李善曰漢書曰燕王荼反高以將軍
從擊荼戰龍脫破荼軍音義臣曰龍
脫地名也音奪漢書曰商人從擊黥布
兩陳得以破布軍又曰布軍与上兵遇
蘄西上乃壁庸城鄧展曰地名也鈔曰
龍脫地咸荼之地庸城黥布之地皆北地
之郡名言因酈商共定天下故云六軍
音决蛻音悅又稅攄丑於反荼直加反
又音徒呂延濟曰墉城垣牆也燕王
臧荼反商擊之於龍脫破之是為振
威也又擊黥布攻其前垣而破之是
為攄武攄猶用也寔是克勝會殺也
今案五家本庸為墉
猗歟汝陰綽綽有裕
李善曰毛詩云猗歟那歟又云此令
兄弟綽綽有裕鈔曰漢書夏侯嬰沛
人為沛司御每送使客還過沛上亭
与高祖語未嘗不移日也高祖即帝

位燕王臧荼反嬰從擊荼明年從至
陳取楚王更食邑洫陰剖符代〻勿絶
音決猗於冝反劉良曰曰戎軒肇
猗美也綽裕言其才器寛
迹荷策來附李善曰漢書曰上降沛為沛公以嬰為太
僕常奉車鈔曰高祖始起即來附之音
決荷何可反李周翰曰戎軒兵車也肇
始荷負也謂高祖初起時以嬰為太僕
常奉車故云始迹也負策謂負其鞭策

以奉事也附謂附於高祖也馬樊轡殆不釋擁
樹皇儲時乂平城有謀李善曰漢
書曰嬰從擊項籍漢王不利馳去見
孝惠魯元載之漢王急馬罷蹶兩兒
弃之嬰常收載行面樹擁馳晉灼曰
今京師謂抱小兒為擁樹漢書曰至
平城冒頓乃開其一角高帝出欲馳
嬰固請徐行弩皆持滿外鄉卒以得

脱音決儲音除立家謂去聲叶韻呂
向曰馬煩謂馬疲也殆壞也釋捨也
皇儲太子也則孝惠帝也時是又安也
平城地名也嬰從高祖擊項羽漢軍
不利馳去高祖馬疲蹶弃孝惠魯元
公主嬰收載行高祖怒嬰抱之不捨
故太子是安也匈奴圍高祖於平城
嬰請徐行弩皆持滿外向高祖乃得
脱是為平城有謀也
今案諸本樊為煩
潁陰銳敏屢

為軍鋒鈔曰漢書灌嬰睢陽販繒者也高祖為沛公略地至
雍丘嬰以中涓從擊破東郡尉於成
武及秦軍於杠里疾鬬賜爵七大夫
沛公為漢王拜嬰為郎中李必駱甲
曰嬰雖少然數力戰迴拜嬰為中大
夫後擊燕王荼明年從至陳取楚王
信剖符代〻勿絶食潁陰二千五百
户劉良曰銳精敏達也鋒謂為先鋒也
奮戈東城禽

項定功 李善曰漢書曰項籍敗垓下去也嬰追項籍至東城破之所將卒斬籍鈔曰漢書嬰以御史大夫將車騎別追項籍至東城破所將卒五人共斬項羽皆賜封爵列侯東城烏江縣之東城侖附之處

張乘風籍響高步長江收吳引淮光啓于東 李善曰漢書曰嬰渡江定吳還定淮北呂氏春秋曰順風而呼聲不加疾也所因便也左氏傳宋向戌曰光啓寵君臣安矣鈔曰言嬰下東城歷陽渡江破吳郡得吳守遂定吳豫章會稽郡還定淮北凡五十二縣漢王即位賜益嬰邑三千戶呂延濟曰言嬰乘其風勢假籍聲響乃度江破吳郡豫章會稽還定淮北遂大開東土也光大啓開也

陽陵之勳元師是承 李善曰漢書曰傅寬屬淮陰擊破齊歷下軍屬丞相參殘博鈔曰漢書傅寬以魏五大夫騎將從為舍人從擊破齊歷下軍因定齊地剖符世世勿絕封陽陵侯二千六百戶除前所食為齊右丞相備齊五歲為齊相國四月擊陳豨屬太尉勃以相國代丞相噲擊豨一月從為代相國將七李周翰曰勳功也元大也大師謂曹參也言承奉大師之命以定齊地遂封勳爵也

信武薄伐楊節江陵 李善曰漢書曰靳歙別定江陵身得江陵王致雒陽上林賦曰楊節上浮鈔曰漢書靳歙擊項羽陳下破之別定江陵降柱國大司馬以下八人身得江陵王致雒陽因定南郡從至陳取楚王信剖符世世勿絕定食四千六百戶為信武侯呂向曰從高祖擊項羽別定江陵郡名也薄伐謂以義伐敵克之易也

夷王殄國俾亂作懲 李善曰毛詩曰

戎翟是應荊舒是懲鈔曰夷平也俾
使也言平定項王殄絶楚國使亂皆
得作懲淨也音決懲音澄下同張銑
曰夷平殄盡懲止也言平定江陵禽其
王盡得其國使亂者止之也恢恢廣野誕節
令圖李善曰李子曰天網恢恢班固漢書述曰陳陽誕節救在三哲
鈔曰漢書酈食其陳留高陽人為帝
說陳留令沛公引兵隨之遂下陳留

歸食其為廣野君音決恢苦回反令力
政反李周翰曰恢恢大也誕大節度令
善圖謀也陸善經曰史記云酈食其好
讀書家貧落魄無以為衣食業為里監
門吏沛公至高陽食其曰陳留天下之
衝今其城多積粟之下舉兵攻之臣為
內應沛公引兵隨之遂下陳留也進謁嘉謀退宮
名都李善曰尚書曰尔有嘉謀嘉猷鈔曰進謁嘉謀即取陳留也退

宮名都即謂為廣野君也呂向曰名都
謂滎陽也食其勸高祖急攻滎陽是也
東規白馬北距飛狐即倉敖庚
據險三塗李善曰漢書曰漢王數困滎陽成睾計欲捐成睾以
東屯鞏雒以距楚酈食其曰願足下急
進兵收取滎陽據敖庚之粟塞城皋之
險杜太行之道距飛狐之口守白馬之
津以示諸侯形制之勢則天下歸矣杜

預左氏傳注曰三塗在河南陸渾縣鈔
曰如淳曰飛狐上黨壺關音決距音巨
呂延濟曰白馬津河也飛狐塞名敖庚
倉名三塗山名規守即就也
輶軒東踐漢風載徂李善曰漢書曰燕趙
既定唯齊未下上使酈食其說齊王田
廣以為然罷歷下兵守備鈔曰漢書食
其曰方今燕趙已定唯齊未下今田廣
據千里之齊田間將廿万之衆軍於歷

城諸田宗強負海阻河濟南近楚民多變詐足下雖遣數十万師未可以歲月破也臣請得奉明詔說齊王使為漢而稱東蕃上曰善乃從其畫使食其說齊王音決轄由首二音張銑曰轄軒輕車也東哉謂東行向齊也載則但往也漢之威風則往矣

身死于齊非說之辜

李善曰漢書曰韓信聞食其下齊乃襲齊王齊王田廣聞漢兵至以為食其賣己乃烹食其銑曰言此是韓信之罪非食其說之辜也音決說音稅又如字張銑曰田韓信聞食其馮軾下齊渡兵襲齊曰齊王以為食其之詐乃烹之是雖身死于齊非說辭不善之罪也

我皇寔念言胙尒孤

李善曰漢書曰高祖舉功臣思食其其封子疥為高梁侯銑曰我皇即高祖也昨報也李周翰曰寔實祚福尒汝也言高祖實念其功封子疥為高梁侯此蓋福及其孤也

建信委輅被褐獻寶指明周漢銓時論道移帝伊洛定都酆鎬

李善曰漢書婁敬脫輓輅見虞將軍曰臣願見上言便宜虞將軍欲與鮮衣敬曰臣衣々帛々見衣々褐々見不敢易衣虞將軍入言上々召見婁敬說上曰陛下取天下與周異而都雒陽不便不如入關據秦之固是曰車駕西都長安班固漢書婁敬述繇役夫遷京定都聲類曰銓所以稱物也銑曰漢書婁敬齊人漢五年戍隴西過雒陽高帝在焉敬說曰陛下都雒陽豈欲與周室比隆哉上曰然敬曰陛下取天下與周異周之先自后稷堯封之邰積德累善十餘代公劉避桀居豳大王以戎狄故去豳杖馬箠去居岐國人爭歸之及文王為西伯斷虞芮之訟始受命呂望伯

夫自海瀕而來歸之武王伐紂不期而
會孟津之上八百諸侯遂滅殷成王即
位周公之屬傅相焉乃營成周都雒以
為此天下諸侯四方納貢職道里鈞矣
有德則易以王亡德則易以亡凡居此
者欲令周務以德致人不欲阻險令後
代驕者以虐民也及周之衰分而為二
天下莫朝周不能制非德薄形勢弱也
今陛下起豐擊沛收卒三千以之徑往
卷蜀漢定三秦与項羽戰滎陽大戰七

十小戰卌使天下民肝腦塗地父子暴
骸中野不可勝數哭泣之聲不絕傷痍
者未起而欲比隆成康之時臣竊以為
不侔矣且夫秦地據山帶河四塞以為
固卒然有急百万之衆可具因秦之故
資甚美膏腴之地此所〻謂天府陛下
入關而都之山東雖秦故地可全而有
也夫与人鬪不搤其亢拊其背未能全
勝今陛下入關而都按秦之故此亦搤
天下之亢而拊其背矣高帝問羣〻臣

〻皆山東人爭言周王數百年秦二世
而亡不如都周上疑未能決及留侯明
言入關便即日駕西都關中於是上曰
本言都秦地者婁敬婁者劉也賜姓劉
氏拜為郎中號為奉春君漢七年韓王
氏拜為郎中號為奉春君漢七年韓王
信反高帝自往擊至晉陽聞信与匈奴
欲擊漢上大怒使人使匈奴使者十輩
來皆言匈奴易擊上使劉敬復往使匈
奴還報曰匈奴不可擊上怒罵敬繫敬

廣武遂往平城匈奴果然出奇兵圍高
帝白登七日然後得解高帝至廣武
赦敬曰吾不用公之言以困平城乃封
敬二千戶封為關內侯號建信侯音決
斬何格反被皮義反褐何達反鈐七全
反鄭音豈鎬胡老反劉良曰婁弃也輓
挽車也婁敬本為輓車者乃弃車被褐
衣以見高祖獻說令都長安可謂大寶
也呂向曰敬說高祖云周以積德於天
下漢以兵取天下今欲都洛陽比於周

臣竊以為不當矣此則指明其事銓擇
其道也高祖乃用敬策幸長安是為移
帝伊洛定都豊鎬也伊洛東都二水名
酆鎬西高
二水名也
柔遠鎮迩寔敬攸考
李善曰毛詩曰柔遠能迩以定我王尔
雅曰考成也鈔曰寔是也言移高祖都
酆鄗即是要敬之所成也吕迩洛曰安
鎮遠近實敬所考定也陸善經曰柔遠

謂与匈奴和
親也寔實也
柳〻陸生知言之
貫
李善曰毛詩曰柳〻威儀維德
之隅漢書武帝詔曰詩云九變
復貫知言之選應劭曰言變改復祀
合於先王舊貫選善也鈔曰陸賈楚
人也張銑曰柳〻卬藏㒵
言賈善為言說也貫通也
往制劭
越來訪皇漢
李善曰漢書曰
中國初定尉他

平南越因王之高祖使賈賜他印為南
越王賈卒拜他為南越王令稱臣奉漢
約歸報帝高大高大悅尒雅曰訪謀也
鈔曰漢書賈至尉他魋髻箕踞見賈〻
曰我孰與蕭何曹參韓信賢曰王似賢
也復問曰我孰与皇帝賢賈曰皇帝起
豊沛討暴秦誅強楚為天下興利除害
継五〻帝三王之業統理中〻國〻之
人以億計地方万里居天下之膏腴人
衆車輿万物殷富政由一家自天地剖

判未始有令王衆不過數万皆蠻夷崎
臨山海間譬若漢一郡王何乃比於漢
尉他大咲曰吾不起中國故王此使我
居中國何遽不若漢乃大說賈留与飲
數月賈卒拜他南越王令稱臣奉漢約
歸報高帝大說拜賈為太中大夫言皇
漢之訪陸賈故云來訪皇漢語倒耳李
〻周翰曰制約也劲強也皇大也尉他
受漢約而來歸大
漢之德也訪歸也
附會平敎夷齒

剪亂 李善曰漢書曰諸呂欲危劉氏陳平患之賈說平天下安注意相天下危注意將〻相和天下雖〇〇有變權不分君何不交權太尉深相結陳平乃以五百金為絳侯壽太尉勃亦報如之則呂氏謀益壞及誅呂氏賈頗有力也鈔曰尓足附著也會合也平陳平勃周勃贊曰陸賈縱容平勃之間附會將相以強社稷也漢書曰呂太后時王諸〻呂〻擅權欲刼少主危劉氏右

丞相陳平患之力不能爭恐禍及己平嘗宴居深念賈不請直入坐陳平方念不見賈〻曰何念深也陳平曰生揣我何念賈曰足下位為上相食三万户侯可謂極富貴亡所欲矣然有憂念不過患諸呂少主耳陳平曰然為之奈何賈曰天下安注意相天下危注意將〻相和則士〻豫〻附〻為社稷計在兩君掌握耳臣掌欲謂太尉絳〻侯〻与我戲易吾言君何不交驩太尉深相結為

陳平書呂氏數事陳平用其計則呂氏謀益壞劉良曰會猶接也謂其能文國家社稷可以附接於陳周之間矣夷平剪伐也謂与陳周同誅呂氏也

所謂伊人邦家之彥 李善曰毛詩曰所謂伊人於焉逍遙又曰彼己之子邦之彥兮班固漢書王尊贊寔赳〻邦家之彥呂向曰伊辭也伊人猶言此人也彥美也

百王之極舊章靡存 李善曰班固漢書賛曰漢承百王之弊典引曰彝倫斁而舊章缺張銑曰此謂叔孫通也言漢承百王弊極之時而祀儀舊章皆無存者通乃復修之

漢德雖朗儀則昏 銑曰言漢承秦之弊天下祀法無有一在故叔孫通為制之音決朝直遙反呂延濟曰朗明昏暗也

禮嗣制祀下肅上

尊李善曰漢書曰叔孫通曰臣願徵魯諸生與臣弟子共起朝儀高帝曰得無難乎通曰臣願頗古禮與秦儀雜就之上曰可其儀皇帝輦出房諸侯王以下莫不震恐肅敬帝曰今日知皇帝之貴也鈔曰漢書叔孫通薛人晉灼曰楚漢春秋曰名何漢二年拜通為博士號稷嗣君漢王已并天下諸侯共尊為皇帝於定陶通就儀號高帝悉去秦儀法為簡易羣臣飲爭功醉或妄謼拔劍擊柱上患之通知上益厭之說上曰夫儒者難與進取可與守成臣願徵魯諸生與臣弟子共起朝儀上曰可試為之令易知度吾所能行為之於是通使徵魯諸生與弟子百餘人綿蕞野外習之月餘通曰上試可觀之李周翰曰言其制祀儀下敬而上尊各有分肅敬也穆〻帝典煥其盈門李善曰劇秦美新曰帝典闕而不補毛詩曰朝

韓侯顧之爛其盈門音決煥火琬反呂向曰穆〻美也煥盛風睎三代憲流後昆李善曰苞咸論語注曰三代夏殷周也尚書曰垂裕後昆劉良曰睎望也憲法也言所制祀儀之風睎望與三代同盛而法流於後嗣也昆猶嗣也無知轂敵獨照奇迹察倖蕭相貺同師錫李善曰蕭何進韓信無知進陳平故曰作也漢書曰陳平陳漢因魏無知求見漢王後上封平〻曰非魏無知臣安得進上乃賞魏無知尚書師錫帝曰有鰥在下曰虞舜鈔曰漢書陳平降漢因魏無知見漢王拜平為都尉使參乘典護軍後絳灌等或讒平漢王疑以讓無知對曰臣之所言者能也陛下所問者行也今有尾生孝己之行而無益於勝敗之數陛

下何暇用之乎令漢楚相距進奇謀之士顧其計誠足以利國家耳盜嫂受金又安足疑乎上乃賞魏無知也孔安國尚書傳曰師衆錫與也音決仵莫佳反相息亮反貺意況呂向曰敵胡敵達也仵比也貺猶慶也錫舉也言其明達獨有奇迹謂薦陳平於高祖則亦比蕭何進用韓信而天下定慶同充時衆舉舜而洪水理

隨何辯達因資於歃舒漢披楚惟生之績

李善曰漢王曰孰為我使淮南使之發兵背楚項王必留〻數月我之取天下可萬全隨何曰臣請使之往說布歸漢孫子曰因糧於敵故軍食可足毛詩曰豐水東注維禹之維鈔曰漢漢王与楚大戰於彭城不利謂左右如彼等者無足与計天下事者謁者隨何進曰不審陛下所謂漢王曰孰能為我使淮南隨何曰臣請使之乃与廿人俱使之淮南至太宰主之太宰乃言之王〻見之隨何曰竊怪大王与楚何親也淮南王曰寡人北向而臣事之隨何曰大王与項王俱列為諸侯北向而臣事之必以楚為強可以託國也夫楚兵雖強天下負之以不義之名以其背盟約而殺義帝也然而楚王恃以戰勝自強漢王收諸侯兵還守成皐滎陽下蜀漢之粟深溝壁壘分卒守徼乘塞楚人還兵間以梁地深入敵國欲戰則不得攻城則力不能老弱轉糧千里之外楚兵至滎陽成皐漢堅守而不動進則不得攻。退則不解故曰楚兵不足罷也使楚兵勝漢則諸侯自危懼而相救夫楚之強適足以致天下兵耳故楚不如漢其勢易見也令大王不与万全漢而自託於危亡之楚臣竊為大王惑之臣請与大王杖劍而歸漢〻王必裂地而分大王故漢王敬使〻臣進愚計淮南王曰請奉命陰許略楚與漢未敢洩楚使者在傍急責布發兵隨何直入曰九江王已歸漢楚何得發兵布愕然楚使者起何因說布曰事已構獨可遂殺楚使者毋使歸而疾走漢并力布曰如使者教因起兵而攻楚楚使項聲龍且攻淮南布欲引兵走漢恐項王擊之故閒行与何俱歸漢王方踞牀洗而召布入見布怒悔來欲自殺出就舍張御食飲從官如漢王居布又大喜過望也言舒綫於漢披開於楚者是隨生之功績也音決紓音舒張銑曰黥布本屬項羽則漢之歡也而何說之背項羽歸漢乃定天下是因資於歡也紓成也披毀也楚則項羽也准生之績謂唯何之功也生者有德之稱也今案音決舒為紓

皤皤董叟謨我平陰三軍縞素天下歸心李善曰漢書曰漢王南度平陰津至雒陽新城三老董公遮說王曰項王無道放殺其主天下之賊三軍之衆為之素服為此東伐四海之内莫不仰德此三王之舉也漢王曰善於是為義帝發喪兵皆縞素擊楚之殺義帝者論語素王受命讖曰河授圖天下歸心銑曰說文皤皤老皃○音決皤音婆叟素后反縞古老反李周翰曰叟老也言皆以帛素為凶服也平陰津名也

袁生秀朗沉心善照漢旆南振楚威自橈李善曰漢書曰轅生說漢王曰願君出武關項王必引兵南走王深壁令滎陽成臯閒且得休王乃復走滎陽如此則楚所備者多力分漢得休復與之戰破楚必矣漢王從其計出軍宛葉閒羽聞漢王在宛果引兵南銑曰漢書袁生齊人也音決橈女孝反劉良曰秀朗謂賢明也沉深也言其深心照見事理也呂延濟曰

袁生謂高祖曰分諸将引入楚地而使
自分兵相救而楚威權自然撓也弥大
滇也南振謂南
入楚也撓亂大略渕回元功響
効李善曰班固漢書司馬遷述曰大略
孔明史記太史公曰惟祖元功輔臣
股肱呂向曰言其大謀略如泉回
之深大功如響應之速効猶應也邈哉
惟人何識之妙呂向曰邈遠也
惟人猶此人也

紀信誑項軺軒是乗攝齋赴
節用死孰懲身与烟消名與
風興李善曰漢書曰項羽圍漢王滎
陽将軍紀信曰事急矣臣請誑
楚可以閒出紀信乃乗王車黄屋左纛
曰食盡漢王降楚皆之城東觀以故漢
王得遁羽見紀信問漢王安在曰已出
去矣羽燒殺信論語曰攝齋升堂鈞曰

貫達曰誑猶惑也杜預曰訢歎也羽怒
燒殺信也故云身与烟銷也音決誑九
望反軺音遙齋音洛李周翰曰軺軒輕
車也攝齋摳衣謂高祖所服衣也懲忍
也言其忠勇是用死節誰復恐懼雖
身隱煙而滅忠烈之名其風興矣周
苛慷慨心若懷冰李善曰應劭風
俗通曰言人清
高如冰之絜也
音決苛音何
形可以暴志不

可淩李善曰漢書曰楚圍漢王滎
陽急漢王出去而使苛守滎
陽城楚破滎陽城欲令将苛罵曰若
趍降漢王不然今為虜矣項羽怒享
苛劉良曰暴露也言其壯志見於外
也淩歎也陸善經曰史記云楚破滎
陽城生得周苛項王謂苛為我將以
公為上将軍封三万户苛罵曰若非
漢王敵也項
羽怒享周苛貞軏偕没亮達變

升李善曰謝承漢後書黄向對策曰雷義陳重出則雙升鈔曰偕俱也亮信也即謂紀信周苛之志俱有信著故言雙升音決偕音皆呂向曰軌跡升高言紀信周苛忠貞之跡俱沒於項羽信勇杜之迹雙高也陸善經曰亮明也

帝疇尔庸後嗣是膺李善曰漢書曰苛子成以父死事封為高景侯又曰襄平侯紀通尚符節張晏曰紀信子也晉灼曰紀信焚死不見其後功臣表襄平侯紀通文成以將軍從定三秦死事子侯然則通非信子機之此言与晏同誤也鈔曰膺當也謂後子孫富貴也呂向曰疇誰膺用也高祖念此二已死誰可封汝功者乃後嗣以當也謂高祖封信子通為襄平侯周苛子成封為高平侯也

天地雖順王心有違李善曰毛詩曰行道遲ゝ中心有違鈔曰言天地雖順而高祖父與呂后被獲於楚故云有違張銑曰王心有違謂高祖父母並為項羽軍所執也

懷親望楚永言長悲李善曰毛詩曰望楚与堂又曰永言孝思張銑曰高祖懷思長悲也

侯公伏軾皇媪來歸是謂平國寵命有輝李善曰漢書曰漢遣陸賈說羽請太公羽弗聽漢復使侯公說羽ゝ歸太公媪漢書項羽傳曰羽歸漢王父母妻子漢書音義曰媪母別名也楚漢春秋曰上欲封侯公匿不肯復見曰此天下之辯士所居傾國故号平國君鈔曰韋昭曰軾今之小車也文穎云幽州及漢中皆謂老嫗為媪孟康曰長老尊稱也案此媪則謂呂太后也寵命即謂榮寵之命也從天地雖順已下一段論漢家初起用人各盡

其才不求備也言有大智居大官小
才處小位也音決軼音式媪烏老反
張銑曰佳公為高祖往説項羽父母
皆得歸漢封佳公為平國君故云寵
命有輝也伏軾謂乘車而生也皇謂
高祖父也高祖即位為大上皇媪高
祖母也女老曰媪此上廿
一人頌畢此下揔述其事震風過
物清濁効響李善曰文子曰昔堯
之治天下也舜為司

馬禹為空后稷為田疇奚仲為工師
是以離叛者富聽從者衆若風之過
蕭忽然感之各以清濁應物銑曰言
震迅之風過稱万〻物〻各隨其清
濁之聲而呈効其響即謂衆賢之莅
聲是也以俞聖人龍飛人〻皆竭力
盡忠而用之清濁猶善惡也音決過
古卧反李周翰曰言風動過於万物
之中無清濁皆應聲響之如
功臣各効其才以成大業也大人于

興利在攸往李善曰周易曰巽小
亨利有攸往利見大
人銑曰大人即謂聖人也攸所也言所
往即有利益也呂延濟曰大人天子也
利在所往言君臣相應所往則利之也
陸善經曰風動而物効響猶大人作而
衆士呈材利有攸
往〻見大人也弘海者川崇山
惟壤李善曰管子曰海不辭水故能
成其大山不辭土故能成其高

明主不厭人故能成其衆銑曰李斯上
書云是以大山不讓土壤故能成其大
海河不擇細流故能就其深呂向曰弘
大崇高也壤土也海所以大者衆川成
之山所以高者積土成之
言帝王成功久須衆賢也陸善經曰弘
海崇山俞能容
納則成其大也韶護錯音袞龍
比象李善曰漢書曰舜作韶湯作護
樂動聲儀曰舜樂曰簫韶湯曰

謨周礼王之吉服亨先王即衮冕卷龍衣也左傳臧哀伯曰五色比象昭其物也鈔曰此言為樂必藉八音衮龍之服必因五色明天下之事必籍衆功也音次韶市進反濩音護衮古本反劉良曰錯雜也天下既平功成作樂之義也衮龍王者之服也比象諸色借也謂高祖居尊位脩礼儀也陸善經曰錯音比象言皆錯比以成樂章文采也今案音次陸善經本護為濩

明〻衆哲同濟天綱李善曰毛詩曰明〻魯侯在寔本諸曰舉治天之网以羅海內雄鈔曰尓足〻哲智也濟成也老子曰天綱恢〻踈而不漏言當秦末之時無復結納言卅一人輔高祖遂得濟成國家之綱自所以同濟天綱即謂取士不倫其功也呂向曰天綱謂同濟天下離亂若登其經紀綱羅也

斂宣其利鑒獻其朗李善曰廣雅曰鑒炤鑑謂之鏡鈔曰言利斂能宣其利鑒鏡得獻其朗此謂切目各盡其所能而進用也李周翰曰宣猶用也鑒鏡朗明也言群目如用斂之利以斷割機如獻鏡之明以照察事理也陸善經曰斂喻武鑒喻文也

文武四充漢祚克廣李善曰尚書曰光被四表孔安國曰光充也充溢四外也毛詩曰充廣德心鈔曰廣大也言漢高祖能用文武於四方充實故能致基祚而廣大也呂延濟曰衆賢文武之道四方充滿故漢祚能廣也充能陸善經曰四充四面充塞也

悠〻遐風千載是仰鈔曰言遐遠之風悠〻然遠也上代使千載之後仰其能也

文選卷第九十三

行之也

治國以礼民無怨聲 李善曰孝經援神契曰得万國之歡心人說喜無怨聲鈔曰怨恨也言勞而無怨恨也

刑罰不濫沒有餘泣 李善曰蜀志曰廖立為長水校尉誹謗先帝於是廢立為民徙汶山郡聞諸葛亮卒垂泣曰吾終為左衽矣左氏傳聲子曰善為國者賞不僭而刑不濫鈔曰蜀志曰廖立字公淵諸葛亮表立曰長水校尉廖立坐自貴大臧否羣士公言國家不任賢達而任俗吏又万人率者皆小人也誹謗先帝疵毀衆臣又有言國家兵衆簡實部伍分明者立舉頭視屋憤咤作色曰何足言凡如此者不可勝數羊之乱群猶能為害況立託在大位中人以下不識虛真耳於是廢立為民徙汶山郡立躬率妻子耕殖自守聞諸葛亮卒垂泣曰吾終為左衽矣張銑曰亮死國人皆泣也沒死也

雖古之遺愛何以加茲 李善曰左氏傳曰子產卒仲尼聞之出涕曰古之遺愛鈔曰杜預左氏傳注曰子產見愛有古人之遺風耳

及其臨終顧託受遺作相劉后授之無疑心武侯受之無懼色 李善曰蜀志曰先主於永安病篤召亮成都屬以後事謂亮曰君嗣子可輔輔之如其不才君可自取亮涕泣曰臣敢竭股肱之力繼之以死人勅後主汝與丞相從事事之如父尚書曰成王將崩作顧命班固漢書述曰博陸堂堂受遺武皇鈔曰顧命謂臨終之命也劉后謂備也武侯即諸葛孔明也蜀志云建興元年封亮為武鄉侯開府治事音決相息亮反 李周翰曰先主臨終顧託後事於亮亮受遺詔輔佐後主先主授之不疑於亮

〻受之人無權已此君臣不相疑阻也全
案鈔五家本託爲命又鉢鈔陸善經本受
爲廢繼體納之無貳情百姓信
之無異辭君臣之際良可詠
矣李善曰春秋元命包曰繼體守文
君不害聖人之王鈔曰倚或爲納
繼體謂劉禪也言禪倚託於亮事之
如父無有二情謂無懷疑之心也可詠

矣言凡處君臣之際者備與亮可爲歌
詠之也音決倚於綺反呂向曰先主勅
後主云汝與丞相從事如事父而後主
納亮之義無猜貳之情也繼體謂後主
也言此君臣之間實可
贊詠也際間良實也公瑾卓〻
逸志不羣總角料主則素栔
於伯符李善曰吳志曰孫策字
伯符江表傳策令曰周公瑾

與孫有〻總角之好骨肉之分毛詩曰
總角丱兮鈔曰吳志曰周瑜字公瑾廬
江舒人也陳壽評曰周瑜魯肅建獨斷
之明出衆之表實奇士也總角者如今
小兒總角爲則謂少小相知之意也吳
志曰策堅長子漢爲討逆將軍孫權稱
尊方追尊長沙桓王建安三年授瑜建
威中郎將即與兵二千人騎五十匹又
給鼓吹爲治館舍江表傳載孫策令曰
周公瑾英儁異才與孫有總角之好骨

肉之分如前在丹陽發衆及船粮以濟
大事論〻德酬功此未足以報也音決瑾
音覲料力彫反又力弔反張銑曰卓〻高
皃也劉良曰總角謂童子之時也料度也
孫策與瑜同年少小總角之時常友善性
堂拜卅相度以義心合於策也素猶心也
栔合也
晚節曜奇則叅分於赤
壁李善曰吳志曰曹公入荊州權
遂遣瑜與備并力逆曹公入遇於赤

壁初一交戰公軍敗退鈔曰三分赤壁者謂當破已後各居一方為吳蜀魏也吳志云建安十三年九月曹公入荊州劉琮舉衆降曹公得其水軍船步數十万將士聞之皆恐懼延見群下問以計策議者咸勸迎之瑜曰不然操雖託名漢相其實漢賊也將軍以神武雄才兼仗父兄之烈割據江東地方數千里兵精足用英豪樂業尚當橫行天下為漢家除殘去穢況操自送死而可迎之耶將軍擒操宜在今日瑜請得精兵三万進往夏口保為將軍破之權遂遣瑜及程普等與備并力逆曹公於赤壁時公軍已有病疾初一交戰公軍敗退引次江北瑜等在南岸瑜部將黃蓋放火延燒岸上營落人馬燒溺死者甚衆公遂敗退事已見第廿一此不垂說也李周翰曰晚節謂壯年也雖奇謂用兵奇策也參分謂參謀分職軍事也赤壁江口山名也謂瑜將兵破曹公軍於赤壁也

憤其齡促志未可量李善曰吳志曰瑜還江陵於道疾卒時年卅六音決量良呂延濟曰言瑜早卒故惜其年保其志深遠未可測量也子布佐策致延譽之美李善曰國語曰使張老延君譽于四方鈔曰吳志云張昭字子布彭城人也漢末大亂徐方士人多避難揚土昭南渡江孫策創業命昭為長史撫軍中郎將外堂拜母如比肩之舊文武之事一以以委昭昭昭得北方士大夫書疏專歸美於昭昭昭欲默而不宣則懼有私宣之則恐非宜進退不安策聞之歡笑曰昔管子相齊一則仲父二則仲父而桓公為霸者宗子布賢我能用之其功名獨不在我乎劉良曰佐策謂輔佐立計策也輟哭止哀有翼戴之功李善曰吳志曰策薨以事授於權權哭未及息昭謂權曰孝

康此寧失時邪乃扶權上馬使出巡軍鈔曰吳志云策臨終以弟權託昭權悲感未視事昭謂權曰夫為人後者貴能負荷先軌克昌堂構以成勲業也方今天下鼎沸群盜滿道孝廉何得寢伏哀戚肆匹夫之情哉乃自扶權上馬陳兵而出然後衆心知有所歸音次輟知反呂向曰冀戴謂輔佐也

神情所涉豈徒蹇愕而已哉李善曰周易曰王臣蹇蹇匪躬之故史記趙良謂商君曰千人之諾諾不若一士之鄂鄂東觀漢記戴馮謝上曰臣無蹇鄂之節而有狂瞽之言字書曰鄂直言鈔曰王逸注楚詞云蹇蹇忠忠信行貌也音求蹇居輦反諤五各反或為愕者非張銑曰蹇正愕直也

然而杜門不用登壇受譏李善曰吳志云權以公孫淵稱藩遣張彌至遼東拜淵為燕王昭諫權不聽昭忿言不用稱疾不朝權恨之土上塞其門昭又於内以土封之江表傳曰權既即尊位請會百官歸功周瑜昭舉笏欲襃贊功德未及言權曰如張公計今已乞食矣昭大慙伏地流汗然登壇即位之時也鈔曰吳志云權以公孫淵稱藩遣張彌許晏至遼東拜淵為燕王昭諫曰淵背魏懼討遠來求援非本志也若淵改圖欲自明於魏兩使不反不亦取笑於天下乎權與相反覆昭意彌切權不能堪案刀而怒曰吳國士人入宮則拜孤出宮則拜君孤之敬君亦為至矣而數於衆中折孤孤常恐失計昭熟視權曰臣雖知言不見用而欲竭愚忠者誠以太后臨崩呼老臣於床下遺詔顧命之言故耳因涕泣橫流權擲刀置地與昭對泣然卒遣彌晏往昭忿言之不用稱疾不朝權恨之土塞其門昭又於内以土封之淵果殺彌晏

權數𢘿謝昭故不起權因出過其門呼昭昭辭病篤權燒其門欲以恐之昭更閉戶權使滅火住門良久昭諸子共扶昭起權載以還宮深自克責昭不得已然後會朝呂向曰昭以諫權不許稱尊號權不聽及權登壇即尊位昭舉笏欲贊功德權曰如用張公計今已乞食矣昭大慙伏地流汗此為受譏也杜塞也

夫一人之身所昭未異而用舍之間俄有不同況沉跡溝壑遇与不過者乎

李善曰論語子曰用之則行舍之則藏漢書曰揚雄以為過不過命也鈔曰昭明也用謂待以師傅之礼也舍謂梲門不出也言張昭仕於孫權一時之間即有用与不用何況元來未仕及不過之人乎音決舍音捨李周翰曰初昭之用也委以內外文武之事及其不用有此譏辱此則一人之身好惡所明亦未異也而用之則延譽舍之則譏辱須臾之間何其不同也況沉弃於溝壑遇時与不過者也陸善經曰昭明見也言不過者未必非才今案陸善經今昭為照

夫詩頌之作有自來矣

李善曰家語孔子曰諸侯之有冠礼有自來矣鈔曰自從也有從來者謂不徒世為也呂向曰有自古來也今案鈔頌為賦

或以吟詠情性或以述德顯功

李善曰子夏詩序曰國史明乎得失之迹吟詠情性以風其上頌者美盛德之形容以其成功告於神明者也鈔曰言吟詠人之情性也

雖大旨同歸所託或乖

鈔曰謂詩有六義大旨雖名為詩而人情所記別不同也張銑曰雖詩頌大意同歸其理所託之事或有亦異今案鈔或

亦焉各異

若夫出處有道名體不滯李善曰出處已見上注鈔曰言君子之人或出或處俱得合於道下滯於名體之事劉良曰君子或出或處各有其道出則進忠於君處則固節自守故曰名體不滯也陸善經曰出處苟依於道則名體不為淪滯風軌德音為世作範不可廢也鈔曰言君子有風軌德音堪為世之範法者即可為之歌頌不可廢棄也呂延濟曰言古人善風高跡者其德音為天下作法度者不可廢而不述故復掇序所懷以為之讚鈔曰掇拾也復拾取其事以叙所懷也音決掇知劣反

魏志九人　蜀志四人　吳志七人

荀彧字文若音決彧於六反

荀攸字公達

袁煥字曜卿音決煥大亂反

崔琰字季珪音決琰以斂反

徐邈字景山

諸葛亮字孔明

龐統字士元

蔣琬字公琰音決琬於阮反

黃權字公衡

周瑜字公瑾音決瑜以朱反

張昭字子布

魯肅字子敬

諸葛瑾字子瑜

陸遜字伯言

陳群字長文 音決長丁丈反　　顧雍字元歎

夏侯玄字泰初　　虞翻字仲翔

王經字彥宗 陸善經曰世語云經字彥緯與此不同蓋有二字

陳泰字玄伯

火德既微運纏大過 李善曰大德謂漢也班固

漢書高紀贊曰旗幟尚赤協于火德周易曰大過大者過鈔曰微弱也音決過叶韻音戈呂向曰易大過卦云大者過也今未弱也言漢德既微今未復弱也陸善經曰易曰大過棟橈

洪飈扇海二溟揚波 李善曰揚波以喻亂也鈔曰尔疋云扶搖謂之飈郭璞云飈疾風也莊子有南溟北溟故言二溟音決溟亡丁反張銑曰洪大飈風扇動也溟海也並喻大亂也陸善經曰振海揚波喻兵亂今案鈔陸善經今爲振

亂虎雖驚風雲未和 李善曰雲從龍風從虎並已見王子淵聖主得賢臣頌鈔曰虬龍也龍虎諭人君之起也風雲諭臣下從之也易曰雲從龍風從虎今言曹孫劉等三家初時雖起而群下未和協也音決亂丘幽反呂延濟曰言未和者群臣未相應合也言驚者動

而應之也陸善經曰虬虎驚喻英雄起
也未和未清平也
潛魚擇淵高鳥候柯李善曰周書曰
爲上鷙歸之沸於淵也左氏傳仲尼（爲飛鳥歸之蔽於天）
曰鳥則擇木木豈能擇鳥鈔曰此喻臣
擇君也李周翰曰言臣之求君如遊
魚之擇泉飛鳥之求柯條者也潛遊
也鳥飛也
能求也
赫赫三雄並迴乾軸

李善曰潘岳爲賈謐贈陸機詩曰三雄
鼎足之鈔曰赫赫盛貌也詩云赫赫師尹
蔡雍月令章句曰北極星似玉衡長八
尺位一寸從下端望之此星常見於孔
端無有移動天軸轉運兩申也易云乾
大也音决軸音逐劉良曰三雄謂三國
之主也言其競天下君
使轉天軸万物振動也競收杞梓
爭采松竹李善曰國語聲子謂子木
曰若杞梓皮革爲楚賓遺

之李照曰杞梓良才也孫子曰真人在
冬則松竹鈔曰詩云惟彼江漢杞梓生
焉礼記云礼在人也如竹箭之有筠如
松柏之有心呂向曰杞梓之木良材人
比也松竹貞堅也並比於賢人
也言三國之君競收求賢士也鳳不及
栖龍不暇伏谷無幽蘭嶺無亭
菊李善曰香草善鳥皆喻賢也鈔曰
鳳謂貞良之人也楚詞云虬龍鸞

鳳以記君子今言不得棲伏者喻三雄競
收用之故也楚詞云善鳥香草以配忠
貞不得停留亦謂被用也張銑曰鳳龍
蘭菊亦比德英雄君子也言其在山谷
之間思濟時難故不暇栖伏也亭秀也
言無者皆出見於時也陸善經曰喻求
賢才
也英英文若靈鑒洞照應變
知微採賾賞要李善曰周易曰君
子知微知章又採賾索隱

鈞深致遠也鈔曰詩傳曰英〻鮮明也
洞通達也魏志云荀彧字文若穎陰人
也建安十七年征孫權表請彧勞軍以
侍中光祿大夫持節　丞相軍事太祖
軍至濡須彧疾留壽春以憂薨時年
六十一又曰建安五年与袁紹連戰太祖
保官度紹圍之太祖軍粮方盡與彧議欲
還彧曰今軍食雖少未若楚人与漢在
滎陽成皋間是時劉項莫肯先〻退〻
者勢屈也公以十分居一之衆畫地而

守之扼其喉而不得進已半年矣情見
勢竭必將有變此用奇之時不可失太
祖乃往還以奇兵襲紹別屯斬其將淳
于瓊紹退走故言應變知微也建安九
年太祖持節領冀州牧彧說太祖曰宜
復古置九州冀州所制者廣大天下服
矣太祖將從之彧言曰若是則冀州當
得河東馮翊扶風西河幽并之地所集
者衆然後脩復舊京南臨荊州責貢之
不入則天下咸知公意人〻自安天下

大定乃議古制此社稷長久之利也故
言探賾賞要音決應於證反探他含反
賾士革反要一謡反呂延濟曰洞通照
明也李周翰曰賾求賞奇
也言探求奇要之道也　日月在躬
隱之弥曜　李善曰莊子曰孔安國於　圍於陳蔡之間太公任弔
之曰子其意者脩身以明行昭〻乎如揭
日月而行也故不免劉良曰言其明也弥

益也　文明映心鑽之愈妙　李善曰孫卿子曰君
子通則文而明窮則約而詳論語顏淵
曰鑽之弥堅鈔曰文明謂文明之德也
映心謂昭明在心也言有文明之德在
心故鑽研者愈見其妙音決鑽走丸反
呂向曰言其有文也文明識理映於中
心鑽而研之企至於精妙也陸善經曰
易云内文明　而外柔順　滄海横流玉石同碎

李善曰孟子曰當堯之時洪水橫流
尚書曰火燄崐崗玉石俱焚也鈔曰
滄海〻名也喻天下百姓橫流喻亂
也碑以喻死也張銑曰滄海橫流言
天下崖亂也玉石同碎謂善人山人
俱見殘難今案陸善經本同為俱

達人兼善廢已存愛李善曰孟子曰古之
人窮故獨善其身達則兼善天下鈔曰
言達理之人兼善万物廢在己之事而
存汎愛也此達人謂或劉良曰古之君
子達則兼善天下言天下皆稱其善也
廢己謂存謙讓也存愛謂愛於下人也
陸善經曰廢己存愛謂極生民而不顧身害也

謀解時紛

功濟宇内李善曰老子曰解其紛鈔曰紛亂也言或之謀能解時之亂論功則可濟益宇内也

始救生人終明風

槩李善曰魏志曰太祖進爵為漢侍中守尚書令董昭等謂太祖宜進
爵國公九錫備物以彰殊勳密以諮
或以為太祖本興義兵以匡朝寧國
君子愛人以德不宜太祖軍至濡須
或病留壽春魏氏春秋曰太祖饋或
食發之乃空器於是飲藥而卒鈔曰
始謂初與太祖為謀定世之亂而救
民命榮節榮也明其節操謂服藥而
死也音決槩古代反李周翰曰風槩
節槩也謂不順太祖取漢位也陸善經
曰終明風槩謂不令曹公受九錫而已
憂平

公達潛朗思同蓍蔡李善曰法言曰
樗里之智也使知國若蓍蔡吾以疾為
蓍蔡鈔曰魏志云荀攸字公達或從
子也何進秉政徵海內名士攸等
廿餘人攸到拜黃門侍郎舉高第遷
任城相不就攸以蜀漢險固人民殷
盛乃求為蜀郡守道絕不得至駐荊

門太祖迎天子都許遺攸書云今天下大亂智士勞心之時於是徵攸為汝南太守入為尚書太祖素聞攸名与語大悅謂荀彧曰公達非常人也吾得之与計事天下何當憂哉攸從征孫權道薨太祖言則流涕正始中追謚曰敬侯論語云臧文仲居蔡〻地〻地名也出大龜可以為卜知吉凶言公達之思謀必言公達之思謀必中如蓍龜然音決思先自反蓍音尸劉良曰朗明也蔡龜也

蓍以卜龜以筮言其思慮潛明有如卜筮豫見其事也

運用無方動攝羣會 鈔曰方猶常也言其運用思慮無常准的隨機而變舉動進止總攝群事之要會也故言動攝羣會呂向曰言思慮運用而無極也

爰初發跡遘此顛沛 李善曰魏志曰荀攸與議郎何顒等謀殺卓事垂就而覺攸顒被繫獄顒憂懼自殺攸言語飲食自若會卓死得免班固漢書述曰子明光〻發迹西疆蔡雍楊僕俾四業命不延遘此顛沛鈔曰魏志曰董卓之亂關東兵起卓從都長安攸与議郎鄭泰何顒等謀曰董卓無道甚於桀紂天下人皆怨之雖資強兵實一匹夫耳今直判致之以謝百姓然後據崤函谷輔王命以号令天下桓文之舉也事垂就而覺收顒攸繫獄故言遘此顛沛也音決遘古候反呂延濟曰遘遇也顛沛謂亂也陸善經曰發跡謂謀誅董卓也

神情玄定處之彌泰 鈔曰魏志云顒攸既被收繫獄顒憂懼自殺攸言語飲食自若會卓死得免故言彌泰音決處呂呂反張銑曰言其雖遇亂代神情玄遠而有定處之時益如通泰言器量勇大也

愔〻幕裏筭無不經 李善曰魏志曰荀攸自從太祖征伐常謀謨帷帷時人及子弟莫知其所言

鈔曰愔愔安靜也魏志云攸深密有智
防人評云荀攸賈詡庶乎算無遺策經
綸權變其良樂之亞與音決愔一林反
李周翰曰帷幕裏謂軍中也言在亹亹
軍中籌筭事理無所不經也

通韻跡不蹔停雖懷尺璧顧哂連城

李善曰夫奇譎之流倘名棄
寶有德之士韜迹遺名故懷
盈尺之珍反笑連城之價也史記曰趙
惠文王得和氏璧秦昭王聞之使人遣
趙王書願以十五城易璧鈔曰亹亹流
行皃韻調也言所謀事跡則皆流行而
不停滯也尺璧諭有德也哂咲也言他
人雖有美道價重連城者攸願而咲之
音決亹音尾哂詩引反呂向曰亹亹進
也言善謀所進如音樂聲韻通和而事
跡不蹔停滯也張銑曰尺璧謂趙之和
氏璧秦欲以十五城易之者言攸之才可
寶過於十五城之價故顧而哂之也陸善

經曰懷尺璧笑連城喻有才能不為祿位
所傾等

智能極物愚足全生

李善曰魏志曰
魏國初建攸為尚書令從征孫權薨太祖
毎稱公達外愚內智外怯內勇外弱
內強不伐善無施勞智可及愚不可及
新序溫斯子曰古者有愚以全身注
子曰可以全生也鈔曰極濟也雖顏
子寗武亦不能過也音決極證之上聲
李周翰曰言其內智業極於物而外皃
似愚能遠害全身矣則其智可及其愚
不可及也

郎中溫雅器識純素

李善曰魏志曰
魏國初建煖為郎中令莊子曰聖人貴純
素之道唯神是守素也者謂其無所雜也
純也者謂其不虧其神也鈔曰魏志云
袁煖字曜卿陳郡扶樂人也當時諸公
子多越法度而煖清靜舉動必以禮郡
命為功曹郡中姧吏皆自引去後辟公
府舉高第為侍御史除譙令不就曹公

誅呂布乃歸太祖爕言夫兵者凶器不
得已而用之皷之以道德正之以仁義
兼撫其民而除其害夫兼愛天下而反
之於正雖以武平亂而濟之以德誠百
王之道也海內頼以免於危亡之禍豈
而民未知義其唯學所以訓之則天下
幸甚太祖納之拜爲沛南都尉病去官
百姓思之後徵爲諫議大夫丞相謨祭
消前後得賜甚多皆散盡之家無所儲
終不問產業之則取於人不爲激察之

行然時人服其清呂向曰郎
中宮也純素謂与衆不雜
貞而不諒通而能固 李善曰論語子曰君子
貞而不諒鈔曰貞正也
諒信也言君子之人正其道耳其言不
必可進通達也固堅也言通於物理堅
固其情也張銑曰言其行正道耶
言不信通達物理而能堅固
恂々德汪々軌度 李善曰論語曰孔子於
鄉黨恂々如也詩曰濟

々多士先廣德心范曄後漢書郭林宗
曰黄叔度汪々若万頃陂鈔曰汪々深
廣也音決恂音旬汪烏黄反張銑曰恂
々敬也汪々大也軌則度法也陸善經
曰東觀漢記云召馴字伯春博通經書
鄉里稱曰德行恂々召伯春也矣也
志成弱冠道敷歳暮 李善曰礼
記曰人生
廿曰弱冠銑詩曰蟋蟀在堂歳聿其暮
澤居曰言居之年歳已晩也鈔曰歳暮

謂老言廿年早有志操至老其道逾更敷暢
耳音次冠古亂反劉良曰敷布也
仁者必勇德亦有言 李善曰論
語曰子曰
有德者必有言仁者必有勇鈔曰論語
云夫人有德者必有々言々者不必有
德仁者必有勇々者不必有仁今言燒
然曹之呂延濟曰太上立德其次立言
謂以言詞
忠[illegible]也
雖遇履虎神氣恬然

李善曰魏志曰呂布擊袁術於阜陵渙往從之遂復爲布所拘留布初與劉備和親後離隙布欲使渙作書罵辱備渙不可再三强之不許布大怒以兵脅渙曰爲之則生不爲則死渙顏色不變咲而應之曰渙聞唯德可以辱人不聞以罵使彼固君子耶且不恥將軍之言彼誠小人耶將復將軍之意則辱在（此不在）於彼且渙他日之事劉將軍猶今日之事將軍也如一旦去此復罵將軍可乎布慚而止周易曰履虎尾不噬人列子曰至人者神氣不變鈔曰魏志云劉備之爲豫州舉渙茂才後避地江淮間爲袁術所命術每有所諮訪須之呂布擊術於阜陵渙往從之遂爲布所拘留李周翰曰履虎尾喻危懼也言其難過危懼之時神氣不易也恬然謂安也

行不脩飾名跡無愆李善曰班固漢書贊曰郭解之徒眾庶榮其名跡鈔曰言亦不脩飾其行以存名跡而名跡自然無愆失也音次行下孟反

操不激切素風愈鮮鈔曰言貞操之節不自激揚雅素之風愈益鮮明音次操七到反劉良曰志操不待激動切磋有純素之風雖在濁代愈鮮明矣陸善經曰魏志曰渙家无所儲綜不問產業之時不爲激察之行也

邈哉崔生體正心直天骨疎朗牆宇高嶷李善曰蔡邕虞侯碑曰朗鑒出於自然英風發於天骨論語子貢曰夫子之牆數仞鈔曰魏志云崔琰字季珪清河東武城人也少樸訥好擊劍尚武事年廿三鄉移爲正始感激讀論語韓詩至廿九乃結公孫方等就鄭玄受學未朞徐州黃巾賊攻破北海玄與門人到不其山避難穀糴懸乏玄罷謝

諸生去家四年乃歸大將軍袁紹聞而
辟之及紹卒二子交爭：欲得琰：稱
疾固辭由是獲罪於囹圄賴陰夔救得
免太祖破袁氏領冀州牧辟琰為別駕
從事謂琰曰昨案戶籍可得卅萬眾故
為大州也琰對曰今天下分崩九州幅
裂二袁兄弟日尋干戈冀方蒸庶暴
骨原野未聞王師仁聲先路存問風俗
救其塗炭而校計甲兵唯此為先斯豈
鄙州士女所望於明公哉太祖改容謝

之魏國初拜為尚書言精神疎朗今自
天骨非由學習論語云夫子之墻數仞
譬諸宮牆嶷高皃也音決嶷魚力反李
周翰曰天性疎通而明若牆宇高不可
窺見其內也陸善經曰魏志云琰為東
曹時太祖教曰君有伯夷之風史魚之
直又云琰聲姿高暢眉
目疎朗其有威重也

忠存軌跡義形風色

李善曰義形於色已見陸士
衡漢高祖功臣頌鈔曰軌法

也風：采色顏色言忠直可為世之法則
義勇發見於風采顏色也張銑曰謂曹公
每欲窺奪漢位琰每折之義
見於風神顏色也形見也

思樹芳蘭剪除荊棘

李善曰芳蘭以喻君
子荊棘以喻小人呂
向曰芳蘭謂忠賢之士也樹立也
荊棘謂逆亂人也剪除言殺之

人惡其上時不容悊

李善曰左氏傳伯
宗之妻曰盜憎主

人：惡其上音決惡一故反李周翰曰人
才在於人上者人必惡之時有舒雄不容
智士言琰才智過人曹
公憚陸善經曰悊智也

琅：先生椎杖名節雖遇塵霧猶振霜雪運極道消碎此明月

李善曰孔
融薦禰衡
表曰忠果正直志懷霜雪魏志曰琰
為中尉太祖為魏王楊訓發表稱述

咸德琰徒訓取表草視之与訓書有向
琰此書驚世恐謗者太祖怒於是罰琰
爲徒隸使人視之辭色無撓太祖遂賜琰
死周易曰小人道長君子道消鈔曰琰〻
充明之臭也塵露被太祖致之猶懔霜雪
之志不以危難易心明月者珠名也以喻
琰被誅死故言破此明月也音次艮音
郎杖直亮久劉良曰先生琰也言琰才
如珠玉也杖杖倚也品向曰塵露謂恥辱
也謂曹公怒琰罰爲徒隸是恥辱也曹
公視之琰辭色無屈是振霜雪也古近
潘曰天運窮極君子道消而曹公忌琰
乃戮之如碎
明月之珠矣

景山恢誕韻与道合

李善曰桓子新論曰老子其心玄遠而
興道合也鈔曰魏志云徐邈字景山燕
國薊人也太祖平河朔召爲丞相軍謀掾
涼州刺史嘉平元年〻七十八以大夫薨
于家謚曰穆侯音決恢苦回反張銑曰恢
誕言其性如音韻和理与道相合也

形器不存方寸海納

李善曰周易形乃謂
之器王輔嗣曰成形曰器列子文摯謂
叔龍曰吾見子之心矣方寸之地虛矣
鈔曰方寸謂心也言景山志度汪博意
不在於形器善惡無所不容如海之納
受也李周翰曰形器不存謂心存萬物
不將存一理方寸之心如海之納百川
也言其包
含廣也

和而不同通而不雜

李善
曰和而不同也見夏侯孝若東方朔畫贊
莊子曰純粹而不雜鈔曰魏志盧欽著書
稱邈曰徐公志高行潔才博氣猛其施
之也高而不狷潔而不介博而守約猛而
以清爲難而徐公之所易也故人以爲
通比來天下奢靡轉相放效而徐公雅尚
自若不與俗同故前日之通乃今日之
介也是世人之無常而徐公之有常也
劉良曰与時和光其道不同理通於嶽

其心不雜也

過醉忘辭在醒貽咎

李善曰魏志曰太祖時科禁斷酒而徐邈私飲至於沉醉校事趙達問以曹事邈曰中聖人達白太祖甚怒度遼將軍鮮于輔進曰平日醉客謂清酒者為聖人濁者為賢者邈性脩慎偶醉言耳竟坐得免文帝踐祚歷頴以典農中郎將車駕幸許昌問邈曰頗復中聖人不邈對曰昔子反斃於穀陽御叔罸於飲酒臣嗜同二子不能自懲時復中之然宿瘤以醜見傳臣以醉見識帝大笑顧左右曰名不虛立後為光祿大夫斃音決醒先冷反呂向曰邈常私飲酒至沉醉校事者問以曹事邈曰中聖人也此則過醉而忘其言辭也及文帝踐祚帝問曰頗中聖人不對曰不能自懲時復中之此則在醒貽咎矣貽猶美也

長文通雅義格終始

鈔曰魏志云陳群字長文潁川許昌人也文帝在東宮深敬器焉待以交友之禮常歎曰自吾有國門人日以親及即王位封群昌武亭侯徙為尚書制九品為官人之法群所建也及踐祚遷尚書左僕射加侍中徙尚書令進爵潁鄉侯帝寢疾群與曹真司馬宣王等並受遺詔輔政明帝即位進封潁陰侯與征東大將軍曹休中軍大將軍曹真撫軍大將軍司馬宣王並開府頃之為司空錄尚書事音決長丁丈反魏曰格至也言其其義心至終始不移也

思戴元首擬伊司恥

李善曰尚書曰昔先正保衡作我先王乃曰予弗克俾厥后惟堯舜其心愧恥若撻于市鈔曰尚書云元首明我孔安國曰元首君也呂延濟曰戴輔也元首謂文帝也言其忠比擬伊尹佐湯愧恥不能致君如堯舜之德者也

民未知德懼若

在己鈔曰言我不能化之使知德也常以此爲憂懼李周翰曰言天下之有未知聞君德者是輔臣之過故故懼若在己也

嘉謀

肆廷讜言盈耳李善曰魏書曰群前後數陳得失群爲司空録尚書事苑尚書曰有嘉謀嘉猷漢書成帝曰久不見班生今日復聞讜言論語子曰洋洋乎盈耳哉鈔曰魏志云魏國既建遷御史中丞時

太祖議復肉刑令曰安得通理君子達於古今者使平斯事乎荀陳鴻臚以爲死刑有可加仁恩者正謂此也御史中丞能申其文之論乎群對曰臣父紀以爲漢隠除肉刑而增加笞本興仁惻而死者更衆所謂名輕而實重者也名輕則易犯實重則傷民書云惟敬五刑以成三德易著劓則滅趾之法所以輔政助教懲惡息殺也 人備死亡於古制

至於傷人或殘毀其體而我明毛猶非非其理也必方用古刑使犯者下從大下盜者刖其足今無注致窮歸之名矣天下之人雖未可悉復，若斯聞君恃也所急宜先施用也漢律所殺來之，罪仁所不及也其餘逮死者可刊行如此則所刑之與所生之以相貿矣今以笞死之法易不致之刑是重人支體而輕人軀命也時鍾繇與群議同王朗及衆議以爲未可行事遂寢群轉爲侍中領丞相東西曹

椽在朝無適莫雅仗名義不非道假人説文云讜直言也魏志云群隨父紀避難徐州爲呂布：破太祖辟群爲司空西曹屬時有薦廣樂安王模下邽周逵者太祖辟之群以爲模逵穢德終必敗太祖不聽後模逵皆坐姦宄誅太祖以謝群：薦廣陵陳矯丹陽戴乾太祖皆用之後吳人叛乾忠義死難矯遂爲名臣世以群爲知人音決讜多朗反劉良曰嘉嘉謀也肆用讜直盈滿也言嘉謀用

於帝庭直言諫於帝耳也陸善經曰魏
志云群前後陳得失每上
事輙削其草時人莫知也

玉生雖麗

光不踰把德積雖微道映天
下

李善曰言德踰玉也鈔曰玉以喻
有德也麗美也光玉光也踰越也
把握也謂人道積如水之漸々積
成雖從輕微而此輕微可以照天
下音決把百馬反呂向曰此謂夏侯

玄也言玉雖美麗光色不過一把之
內雖德積德微薄天下所知也踰
過也陸善經曰玉以比德故有此喻也
世說云毛詩曾與夏侯泰初並坐人謂兼
葭倚玉
樹也

淵哉泰初宇量高雅

李善曰班固漢書揚雄述曰淵哉若人
人寶好斯文鈔曰魏志云夏侯玄字太
初少知名弱冠為散騎黄門侍郎常進

見皇后弟毛曾並坐玄々不悅形之於色
明帝恨之左遷為羽林監正始初曹爽
輔政玄爽之姑子也累遷散騎常侍中
護軍宇量謂器度也言宇量器度既高
遠矣而後有雅正
也音決量音亮

器範自然標準無假

鈔曰器々量範法也音決標必
遙反呂延濟曰器量法度出於
自然為人儀望准
的無所假借也

全身由直跡洿必偽

鈔曰此贊標章文也言全身
之道由行直也跡之所洿必因
偽也音決洿烏故反又烏家反洿音烏劉良
曰全直也由從也洿濁也言人之立身
皆從正直乃至復跡濁代必從虛偽而
至終始不變衆軒所疾身臨誅戮辭色
身若民
心所以也

處死匪難理存則易

李善
曰魏志曰曹爽見誅徵玄為大
鴻臚數年徙太常中書令李豐謀欲

以玄輔政誅大將軍以玄代之大將軍微聞事下廷尉玄臨斬東市顏色不變舉動自若史記太史公曰非死者難處死者難鈔曰匪非也音決處昌呂反易以智及劉良曰以為處死非難但正直理存死則易矣玄竟以此被誅也

万物波蕩孰任其累李善曰范曄後漢書李熊說公孫述曰方今四海波蕩匹夫横議音決任而僞反下同累力瑞反李周翰曰万物波蕩謂天下亂如波浪之沸蕩也孰任其累謂誰堪其敗也言人共苦也

六合徒廣容身靡寄李善曰荀悅漢紀論曰以六合之大一身之微而匹夫無所容豈不哀哉鈔曰言秦初　是常道卿公下臣謀欲殺剸馬景王事發下獄而死也呂向曰六合謂天下也靡無也言天下大亂奸邪且衆故求明居以容其身竟所無寄託卒見誅戮也

親自然匪由名教鈔曰言忠孝之道是名教之法也今言王生懷忠孝事君親之道自然天性非由名教使之然也張銑曰此謂王經也言君親至尊下之事上自天性之道非由名教所來以為浮僞也

敬愛既同情礼兼到李善孝經曰資於事父以事母而愛同資於事父以事君而敬同鈔曰是時王經有母與父故言愛敬既同也情謂孝禮謂忠有孝有忠故言兼到也張銑曰敬愛其君与父同也言經盡臣下之節情礼不失也今今案鈔陸善經本敬愛為：愛敬

烈〻王生知死不撓求仁不遠期在忠孝李善曰漢晉春秋曰魏帝見威權日去不勝其忿乃召侍中王沉尚書王經散騎常侍王業謂司馬昭之心路人所知也吾不能

坐受廢辱今日當与卿自出討之世語
曰王沈王業馳告文王尚書王經以正
直不出魏志曰清河王經甘露中為尚
書坐高貴卿公事誅裴松之曰經字彥
緯今云承宗蓋有二字也班固漢書述
曰樂昌篤實不橈不詘論語子曰仁遠
乎武哉欲仁斯仁至矣鈔曰漢晋春秋
云經被收辭母々顏色不變咲而應曰
人誰不死往所以心汝者恐不得其所
也論語云求仁而得仁人恐乎今言求
行仁道不在於遠所期唯忠孝耳音決
橈女孝反李周翰曰烈々成易然橈曲
也言求其仁人不遠者必其在忠孝之
中得之矣言經忠孝仁道具於身

玄伯剄簡大存名體 鈔曰魏志云陳泰字玄伯
陳群子青龍四年薨謚曰靖侯子泰
嗣司馬景王文王皆与泰親友及沛
國武陔与泰善文王問陔曰玄伯何
如父司空也陔曰通雅博物能以天下
聲教為已任者不如也明詆簡至立功
立事過之呂向曰剄斷簡大也言能斷
剄大事也

志在高構增堂及陛 李善曰漢
書賈誼上書曰人主之尊譬如堂群臣
如陛故陛九級上廉遠地則堂高陛亡
級廉近地則堂卑高者難攀卑者易淩
理勢然也鈔曰尚書云厥父基其子乃
不肯堂矧肯構泰是群子群能成父
紀之業泰復志在成父群業故言重構
也音決重逐龍反構古候反下同呂延
濟曰言其立志將欲大成帝功也高大
構成也增尊也堂喻君也陛喻群臣也
言泰志在尊崇其君從陛理群臣使有
等差也今案鈔
音決高為重

端委虎門正言弥

啓臨危致命盡其心礼 李善曰干寶晋
紀曰高貴郷公之敗司馬文王會朝臣
謀其故太常陳泰垂涕而入文王待之

西室謂曰玄伯卿何以處我對曰誅賈充以謝天下文王曰為吾更思其次泰言唯有進於此不知其次文王乃久不言為侍中轉左僕射薨左氏傳曰晏平仲端委立於虎門之外見危致命已見序文也鈔曰魏氏春秋曰帝之崩也太傅司馬孚尚書右僕射陳泰枕帝尸於股號哭盡哀時大將軍入于禁中泰見之悲慟大將軍亦對之泣謂曰玄伯其如我何泰曰獨有斬賈充少可以謝天下耳大將軍久之曰卿更思其他泰曰豈可使泰復發後言遂歐血薨音決盡子忍反劉良曰虎門單門也言其端身委質於虎門之下正直之言益聞也謂泰請誅賈充以謝天下也張銑曰臨危難之間必致命盡死以存臣心盡禮臣節於君也上自荀彧至此臣魏臣凡九人矣

堂堂孔明

基宇宏邈

李善曰堂堂已見陸士衡漢高祖功臣頌鈔曰論語云堂堂乎張也堂堂容儀盛也蜀志云諸葛亮字孔明琅琊陽都人也後客遊家于南陽之鄧縣李周翰曰基宇猶器度也宏大邈遠也

器同生民獨稟先覺

李善曰孟子伊尹曰天之生斯人使先覺覺後覺也予天人之先覺者也鈔曰言高之器用同於生人也而所稟受之性則先人覺知音決稟力錦反呂向曰言形与生人同而獨稟先覺之理知帝王之道可以為也器形也覺寤也

標牓風流遠明管樂

李善曰孫綽子曰聖賢標其標牓有大力矣管樂已見序鈔曰蜀志云亮身長八尺每自比於管仲樂毅時人未之許也惟博陵崔州平頴川徐庶字元直与亮友善謂為信然音決標必遙反下同牓布廣反李周翰曰標牓謂高見也言亮見古之風流遠明管仲樂毅之才以自

比之也

初九龍盤雅志彌確

李善曰周易曰初九潛龍勿用何謂也子曰龍德而隱者也確乎其不可拔潛龍也方言曰東北天龍謂之蟠龍鈔曰龍盤謂隱耕不仕時也確堅意蜀志云亮躬耕隴畝好為梁父吟先主屯新野徐庶見先主先主器之謂先主曰諸葛孔明卧龍也將軍豈願見之乎先主曰君與俱來庶曰此人可就見不可屈致也將軍宜枉駕顧之由是先主遂詣亮凡三顧於草廬中漢晉春秋云亮家于南陽之鄧縣在襄陽城西廿里芳曰隆中音决確苦通角反呂向曰易乾卦初九文辭云潛龍勿用謂高未見用之時潛隱於野雅志無堅確乎其不可拔也

百六道喪干戈迭用

李善曰漢書陽九厄曰初八百六陽九音義曰易傳所謂陽九之厄百六之會者也鈔曰律歷志易無妄占云四千六百一十七歲一元初入元一百六年有災為百六之會言漢末時當百六之會道已喪矣故言百六道喪莊周云世既喪道〻如喪世干戈迭用謂喪亂相征伐也左氏傳云日尋干戈音决喪息浪反迭徒結反呂延濟曰迭遞也干戈迭用言亂也

苟非命世孰掃雰雺

李善曰孟子曰五百年必有王者興其間必有名世者廣雅曰命名也尒雅曰天氣下地氣不應曰雺孔安國尚書傳曰雺陰氣也鈔曰雺霿小雨也音决雰芳云反雺音蒙叶韻宜音夢俗語呼重霧霏〻然下者謂之雺雨此古之遺言其字然也或為霧者非劉良曰千年一聖人出五百年一賢人生聖賢未出其中有命代者謂亞於賢也孰誰也雰雺濁昏氣也以喻亂也言亮若非命代賢

誰能掃除此天下之亂也宗子思寧薄言解椌李善曰蜀志曰劉備漢景帝子中山靖王後也故曰宗子也解椌謂收有急而椌告於己能解之也左氏傳王子伯駢曰無所椌告杜預曰椌引也鈔曰劉備是漢家子孫思欲安安寧漢室故言宗子思寧詩云宗子子維城解椌言有人被椌制者而能解展之今言備欲安寧漢室故亮解展之也音次解居買反下同李周翰曰宗子謂先主也寧安椌急也言先主思安天下故薄言求於亮以解海內難急之衆也陸善經曰詩曰椌于大邦釋褐中林鬱為時棟李善曰亮為丞相故曰時棟袁山松後漢書曰郭林宗与陳留盛仲明書曰足下諸人為時梁棟也鈔曰詩云施于中林傳云中林林中也此言在中林之中釋去

毛褐而為棟梁之任也音次褐何葛反呂向曰釋去也褐衣庶人之服也言去褐衣弃林野鬱然而起為棟梁之任也鬱盛皃言其為國之要如屋之棟有士元弘長雅性內融李善曰謝承漢後書曰嚴遵雅性高屬也鈔曰蜀志曰龐統字士元襄陽人也融明也言內懷明察音決長丁丈反下同李周翰曰弘大長遠也言其思慮大遠也崇善愛物觀始知終李善曰孟子曰親親而仁民而愛物越絕書曰聖人見微知著睹始知終周書曰從以知始始以知終也鈔曰蜀志云統為郡功曹性好人倫勤於長養每所稱述多過其才時人怪問之統答曰當今天下大亂雅道陵遲善人少而惡人多方欲興風俗長道業不美其談即聲名不足慕也不慕企而為善者少矣今拔十失猶

得其半而可以崇也欲使有志者自厲不亦可乎陸善經曰觀始知終謂其有人倫鑒也

喪乱備矣勝塗未隆先生標之振起清風

李善曰胡廣書曰遠洪德流清風鈔曰論語云勝殘去殺言當漢末天下備乱勝殘去殺之道未隆盛也標舉也先生謂統也言統能標舉勝上之識故能振起立聖之風也音決勝詩證反張銑曰備多塗道標立也言天下喪亂多時而勝殘去殺之道未能有盛統之為政乃乃立此道振古人之清風也

綢繆哲后無妄惟時

李善曰毛詩曰綢繆束薪毛萇曰綢繆猶纏綿也周易曰無妄之行窮之災也鈔曰哲智也智后謂劉備無妄謂當此無妄之時也言統常纏綿於備無有詐妄在綢繆之時不敢懈怠願明光國家之道也音決綢直留反繆莫侯反劉良曰綢繆思慕見無妄惟時謂當窮災之時也陸善經曰先主將蜀是無妄之時也

夙夜匪懈義在緝熙

毛詩曰夙夜匪懈以事一人緝熙以見序文鈔曰鄭玄云匪非也懈惰也緝熙光明也呂延濟曰夙早緝和熙明也言其早夜非敢怠惰義在和明政理以平天下

三略既陳霸業已基

李善曰蜀志曰劉璋既還成都先主當為璋北征漢中統說曰陰選精兵晝夜兼道徑襲成都璋既不武人素無豫備大軍卒至一舉便定此上計也楊懷高沛璋之名將各將強兵據守關頭數聞有牋諫璋發遣將軍還荊州將軍救之並使裝束外作歸荊此二子既服將軍英名又喜將軍之去必乘輕騎來見將軍因此執之進取其兵乃向成都此中計也退還白帝連引荊州徐還圖之此下計也若

沉吟不去將致大困不可久矣先主然
中其計即斬懷沛還向成都所過輒克
為軍師中郎將卒呂向曰先主與劉璋
會與統襲璋統說上中下計先主用中
計果執二將還定成都此所謂三略陳
而霸業成也

公琰殖根不忘中正

鈔曰
還蜀志云蔣琬字公琰零陵湘鄉人也弱
冠與外弟泉陵劉敏俱知名琬以州書
佐隨先主入蜀除廣都長先主嘗因遊
觀奄至廣都眾事不理時又沉醉先主
大怒將加罪戮軍師諸葛亮請曰蔣琬
社稷之器非百里之才也為政以安民
為本不以脩飾為先願主公重加察之
先主雅敬亮乃不加罪但免官而已琬
見推之夜夢有一牛頭在門前流血滂
沱意甚惡之呼問占夢趙直直曰夫見
血者事分明也角牛及鼻公字之象也
君位卒當至公大吉徵也頃之為什邡
令先主為漢中王琬入為尚書郎李周

翰曰殖立根本言琬立性
性之本不忘忠正之道

豈曰模擬

實在雅性

鈔曰蜀志云亮數外出琬
常足食足兵以相供給亮
每言公琰託志忠雅當與共贊王業也李
周翰曰模擬比也豈曰學擬比於古人實
在雅性自
然而有

亦既覊勒負荷時命

李善曰蜀志曰琬為大將軍錄尚書事
辛鈔曰蜀志云亮密表後主曰若不幸
後事宜以付琬亮卒琬為尚書令假節
益州刺史遷大將軍錄尚書事封安陽
亭侯時新喪元帥遠近危悚琬出類拔
萃處群僚之右既無感容又無喜色神
守舉止有如平日由是眾望漸服延
元年詔琬長住漢中音決荷何可反下
同張銑曰覊馬絡頭也勒控也言琬既
受祿秩以為驅策如良馬之有絡控奉
君主之命也陸善經
曰覊勒喻從事也

推賢恭己久而

可敬 李善曰司馬遷書曰推賢進士為務論語子曰君子其行己也恭又曰晏平仲善與人交久而敬之鈔曰蜀志云建興元年丞相亮開府辟琬為東曹掾舉茂才琬固讓劉邕陰化龐延廉淳高教荅曰思惟背親舍德以伯衆人既不隱於心實使遠近不解其義是以君宜顯其功舉以明此選之清重也遷為叅軍八年代張裔為長史加撫軍將軍

公衡沖達秉心淵塞媚茲一人臨難不惑 李善曰毛詩曰秉心塞淵又曰媚茲一人應侯順德鈔曰蜀志云黃權字公衡巴西閬中人也少為郡吏州牧劉璋召為主簿時別駕張松建議宜先迎先主使伐張魯權諫曰左將軍有驍名一國不容二君璋不聽竟遣使迎先主出權為廣漢長先主襲取益州假權偏將軍一人謂劉備也晉洗塞先勸及難即旦及下同

吕向曰沖幽秉執 深塞實媚愛也一人天子也言權用情幽遠執心深實於天子臨危難之事行而不惑也陸善經曰此一人指劉璋也蜀志 張松建議宜迎先主權諫曰今欲以部曲遇之則不滿其心欲以賓客待之則一國不容二君若客有太山之安則主有累卵之危請閉境以待璋不聽遣使迎先主先主遂襲取益州

疇咨不造假翮鄰國進能徽音退不失德 李善曰蜀志曰先主主將東伐吳黃權諫曰吳人悍戰又水軍沂流進易退難臣請為先驅以嘗 陛下宜為後鎮先主不從以權為鎮北將軍督江北軍先主自在江南吳將陸議乘虛斷圍南軍敗績先主引退而道隔權不得還故率將所領降于魏拜鎮南將軍文帝謂權曰君舍逆效順欲追蹤陳韓耶權對曰臣過受劉氏殊遇降吳不可還蜀無路是以

歸命且敗軍之將免死為幸何古人之可慕先主薨聞至魏群臣咸賀權獨否後為車騎將軍卒毛詩曰大姒嗣徽音鈔曰言淮忠於居則有徽美之音退而降不歸吳雖而降於魏故言不失德也呂延濟曰不造謂伐吳軍敗也權隔國謂降魏々拜將軍蓋假借朝夕而已非其欲也徽美也進能美音者謂常諫先主也退不失德者謂不得已降魏而志常在蜀也上自諸葛亮至此並蜀臣凡四人矣

六合紛紜民心將變鳥擇高梧臣須顧眄李善曰鳥擇木已見序文鈔曰天地四方為六合紛紜亂也言天下既亂百姓之心將有改變於漢也喻賢者擇君而事之此言為周瑜張奔也李周翰曰鳥謂鳳也鳳擇梧而栖言為人君者擇地而都而賢臣須君顧眄乃為用也陸善經曰將變謂求所事也臣須顧眄言當擇君也後漢書馬援曰當今非但君擇臣々亦擇君也

公瑾英達朗心獨見披草求君定之交一面李善曰崔寔本論曰且觀世人之相論也徒以一面之交定臧否之決鈔曰吳志云周瑜字公瑾廬江舒人也文異洛陽令瑜長壯有姿容初孫堅興義兵討董卓徙家於舒堅子策與瑜同年獨相友善瑜推道南大宅以舍策外堂拜母有無通供瑜從父尚為丹陽太守瑜往省之策將東度到歷陽馳書報瑜々將兵迎策々大喜曰吾得卿諧也遂從濟橫江還安三年策授瑜建威中郎將　言一度相見而遂定交君謂孫策也音決見何殿反劉良曰朗明也獨見猶獨斷也張銑曰披草謂出自草澤而求明君也定交一面言一見不疑乃委而任也

桓々魏武外託霸跡志掩

衡霍恃戰忘敵 李善曰衡霍二山在吳之境也
鈔曰桓〻武先魏武曹操也言操託
名漢相挾天子之勢而外託霸迹也
衡雀二山名南嶽也在吳之境漢武
帝移衡山之霍名於廬江天柱山故
呼天 為雀山今言權衡霍者謂欲
吞吳也恃戰自恬恃其用兵忘意於
敵〻也 呂向曰覇跡謂漢朝也言其
外託事漢以示天下而志欲權取吳

國恃其戰勇輕忘吳敵也此所以述魏
武者 明瑜赤壁破魏軍之功也
卓〻若人曜奇赤壁三光參
分宇宙暫隔 李善曰淮南子曰夫
道紘宇宙而章三光
高誘曰三光日月星也鈔曰赤壁地名
在漢江中吳志云時劉備為曹公所破
欲引南度江与魯肅過於當陽遂共
圖計因進住夏口遣諸葛亮詣權〻

遣瑜及程普等与備并力遇曹公於
赤壁時公軍已有疾病初一交戰公
軍敗退引次北岸瑜等在南岸瑜部
將黃蓋曰今寇衆我寡難与持久然
觀操軍方連船艦首尾相接可燒而
走也遂蒸火延燒岸上營幕須之煙
炎張天人馬燒溺死者甚衆軍遂敗
退權乃拜瑜偏將軍領南郡太守張
銑曰若人猶此人也言瑜破魏軍於赤
壁也曜奇謂曜明奇策也赤壁江口也

參三也宇宙天下也隔謂各據方也陸
善經曰三光參分謂三國並照也
子布擅名遭世方擾撫翼桑
梓息肩江表 李善曰吳志曰張昭
彭城人也漢末大亂
徐方士民多避難揚土昭皆南度江
孫策創業命昭為長史撫軍中郎將
升堂拜母如比肩之舊文武事壹以
委昭班固漢書述曰攜手遨秦撫翼

俱起毛詩曰惟桑與梓必恭敬止左
氏傳鄭成公子駟曰請息肩於晉也鈔
曰吳志云張昭字子布少學善隸書
從白侯子安受左氏傳覽衆書與瑯
趙昱東海王朗俱發名友善弱冠察
孝廉不就刺史陶謙舉茂才不應謙
以為輕己遂見拘執昱傾身營救故
以得免擾亂也桑梓謂本鄉父母所
種植者也言昭遇本鄉喪亂故從桑
梓之地極翼高飛而息肩度江表也

音決禮帀戰反擾而沼反李周翰曰
劉良曰極猶斂也言其如鳥斂翅翼
於鄉閭且不見才能反避難於江東
遂從孫策也息肩謂安志也表外

王略威夷吳魏同寶遂獻宏謨匡此霸道 李善曰應楊釋賓曰九有威夷始失
其政也鈔曰王略謂漢家經略也威
夷猶陵遲也寶謂位也易曰天地之
大德曰生聖人之大寶曰位今言漢
家之政既已陵遲吳之與魏亦同一寶
位身此為昭遂贊吳成業一云同寶謂
吳家親家同以張昭為寶也鈔曰宏大
也謨謀也但為俱同一寶遂即贊佐宏
大之謀匡輔吳之霸道也呂延濟曰略
道也威夷險阻也吳魏先同起兵以
平天下故云同寶也贊助也陸善經
曰吳志云昭每得北方士大夫書疏
美於昭昭欲默而不宣則懼有私宣

之則非宜進退不安策聞之曰昔管
子相齊一則仲父二則仲父而桓公
為霸今子布賢我能用之其功名獨
不在我乎也今案鈔五家本獻為贊

桓王之薨大業未純把臂託孤惟賢與親 李善曰吳志曰孫策臨亡以弟權託昭昭
率群寮立而輔之東觀漢記張堪把
朱暉臂曰欲以妻子託朱生鈔曰吳

志云孫策字伯符漢拜討逆將軍建
安五年薨時年廿六權稱尊號追謚
曰長沙桓王大業謂吳之基業也未
終謂未終一也吳志云策臨亡以弟
權託昭等曰中國方亂以夫吳越之
衆三江之固足以觀成敗公等善相
吾弟呼權佩以印綬謂曰舉江東之
衆決機於兩陳之間與天下爭衡衡
卿不如我舉賢任能各盡其心以保
江東我不如卿至夜卒音決把布馬

反李周翰曰策之薨時帝業未安而
策把辟託昭以權為後也言以昭為
賢以權為親矣大業帝業也終安也
令案鈔辟為手陸善經本与為是

輟哭止哀臨難忘身成此南

面寔由老臣 李善曰吳志張昭謂
權曰昔太后桓王不
以老臣屬陛下而以陛下屬老臣鈔
曰吳志云策亡昭率群寮立而輔之

上表漢室下移屬城中外將校各令
奉職權悲感未視事昭謂權曰夫為
人後者貴能負荷先軌克昌堂構以
成勲業也今方天下鼎沸群盜滿道
孝廉何得寢伏哀感肆匹夫之情哉
乃身自扶權上馬陳兵而出然後衆
心知有所歸又云昭每朝見言論辭
氣壯厲義形於色曾以直言逆指中
不進見後蜀使來稱蜀德美群臣莫
能明日遣中使勞問因請見昭々避

席謝權跪止之昭坐定仰曰昔太后
桓王不以老臣屬陛下而以陛下屬
老臣是以思盡臣節以報厚恩使泯
沒之後有可稱述而意慮愚淺違盛
旨自分幽淪長棄溝壑不圖復蒙引
見得奉帷幄然臣愚心所以事國志
在忠益畢命而已劉良曰南面
天子也寔實也老臣謂昭也

才為世生世亦須才 李善曰蘇武答
李陵書曰每念

足下才為世出。銑曰：材謂材能也。言人之材能為世所須，故生此也。世亦須材能，始得安立。李周翰曰：賢才為亂代而生，亂代亦須賢才以靜亂。言君臣相須乃成其業也。

得而能任，貴在無猜

銑曰：猜，疑也。人言君得賢而能任者，貴在道合，不相疑也。時張昭顧言肅年少麤疏，未可用。權不以介意，是權之能任用人也。音決：猜，七又。呂向曰：君不可猜臣也。

昂々子敬，拔跡草萊。荷檐吐奇，乃構雲臺。

李善曰：吳志曰：初肅見權，說權曰：為將軍計，唯有鼎足江東，以觀天下之釁。後建號帝王，以圖天下。謝承後漢書序曰：王豐荷檐從業，周樹遭變吐奇。雲臺喻帝業也。淮南子曰：雲臺之高々誘曰：高際於雲，故曰雲臺。銑曰：吳志云：魯肅字子敬，臨淮東城人也。生而失父，與祖母居。家富於財，性好施與。爾時天下已亂，肅不治家事，大散財貨，摽賣田地，以振窮貧，結士為務，甚得鄉邑歡心。周瑜為居巢長，將數百人故過候肅，并求資糧。肅家有兩囷，各三千斛，肅乃指一囷與瑜。瑜々益以其奇也，遂相親結，定僑札之分。袁術聞其名，就署東城長。肅見術無綱紀，不足與立事，乃攜老弱將輕俠少年百餘人南到居巢就瑜。瑜々之東渡，與同行。家曲阿。劉子揚與肅友善，遺肅書，欲行。肅具以狀語瑜。時孫策已薨，權尚住吳。瑜謂肅曰：昔馬援答光武云：當今之世，非但君擇臣，臣々亦擇君。今主人親賢貴士，納奇錄異。且吾聞先哲秘論：承運代劉氏者，必興於東南。推步事勢，當其曆數。終構帝基，以協天符。是烈士攀龍附鳳馳騖之秋。吾方達之々下々不須以子揚之言介意。

也肅從其言瑜因薦肅才宜佐時當
廣求其比以成功業不可令去也權即
引見肅與語甚說之衆賓罷退獨引
肅還合榻對飲因秘議曰今漢室傾
危四方雲擾孤承父兄遺業思有桓
文之功居既惠顧何以佐之肅對曰
昔高帝區々尊事義帝而不獲者以
項羽為害也今之曹操猶昔項羽將
軍何由得為桓文乎肅竊斷之漢室
不可復興猶曹操不可卒除為將軍

計唯有鼎足江東以觀天下釁規模
如此亦自無嫌何者北方誠多務也
因其多務勦除黃祖進伐劉表竟長
江所極據而有之然後建號帝王以
圖天下此高帝之業也權曰今盡力
一方冀以輔漢耳此言非所及也張
昭非肅謙下不足頗訾毀之云肅年
少粗疎未可用權不以介意益貴重
之賜肅母衣服幃帳居處雜物富擬
其舊劉表死肅進說曰夫荊楚與國

隣接水流順北外帶江漢內阻山陵
有金城之固沃野萬里士民殷富君
據而有之此帝王之資也今表新亡
二子素不輯睦軍中諸將各有彼此
加劉備天下梟雄與操有隙寄寓於
表々惡其能而不能用也若備與彼協
心上下齊同則宜撫安與結盟好如有
離違則宜圖之以洛大事肅請得奉命
弔表二子并慰勞其軍中用事者及劉
備使撫導表衆同心共治曹操備必

而從命如其克諧天下可定也今不速
往恐為操所先權即遣肅行到夏口聞
曹公已向荊州晨夜兼道比至南郡而
表子琮已降曹公會權得曹公欲曹
問與諸將議皆勸迎之而肅獨不言權
起更衣肅進於宇下權知其意執肅手
曰卿欲何言對曰向察衆人之議專欲
誤將軍不足與圖大事今肅可迎操耳
如將軍不可也權歎曰此諸人持議甚
失孤望今卿廓開大計正與孤同此天

以鄉賜我曹公破走拜奮武校尉代瑜
〻士衆四千人奉邑縣皆屬焉漢昌
太守編將軍橫江將軍年卅六建安廿
二年卒音決昂魚郎反擫多暫反張銑
曰帝〻出辟只肅今以富於財好施與
周瑜過求資粮指與米三千斛與瑜
〻奇之因薦於權宜以佐時肅見權
說曰爲將軍計者惟有斷之江東以觀
天下之釁然後建號帝王此爲吐奇策
也攎立也雲臺喻帝業之高也荷攎謂

賤者之事也

子瑜都長體性純懿

李善曰都長謂體皃都閑而雅性長厚也
鈔曰吳志云諸葛瑾字子瑜瑯琊陽都
人漢末避亂江東值孫策卒權姊聟曲
阿弘咨見而異之薦之於權與魯肅等
並見賓待後爲權長史轉中司馬從
討關羽封宣城侯綏南將軍代呂蒙嶺南
郡太守黃武元年遷左將軍宛陵侯瑾
爲人有容貌思度于時服其弘雅權甚

重之大事諮訪赤烏四年〻六
十八卒呂延濟曰都美長善

諫而不犯正而不毅

李善曰禮記曰事親有隱而無犯鄭玄曰
無犯顏色諫也鈔曰吳志云与權談說
諫諭未嘗切愕微見風彩粗陳指歸如
有未合則舍而及他徐復託事造端以
物類相求於是權意往〻而釋校尉殷
模罪至不測群下多爲之言模怒益甚
与相反覆唯瑾默然權曰于瑜何獨不
言瑾避席曰瑾与殷模等遭本州傾覆
生類殄盡棄墳墓攜老弱披草萊歸聖
化在流隸之中蒙生成之福不能躬相
督厲陳答万一至模孤負恩遇自陷罪
戾如瑾謝過不暇誠不敢有言權聞之
愴然曰特爲君赦之不犯謂不犯顏毅
謂猛也劉良曰義也言其能諫
而不犯從顏色志正直而不對也

將命公廷退忘私位豈無鶺鴒

固慎名器 李善曰吳志曰建安廿年權遣使蜀通好劉備与弟亮但公會相見從無私面毛詩曰脊令在原兄弟急難左氏傳仲尼曰唯器与名不可以假人音決鶺音積鴒音零李周翰曰將命謂奉命之蜀与弟亮但公遊相見退無私面豈無急難之情蓋以奉君命不失名器者也此大人大矣私任謂兄弟之次也

伯言謇〻以道佐世 李善曰謇〻已見序文鈔曰吳志云陸遜字伯言吳郡吳人也本名議世江東大族遜少孤隨從祖廬江太守康在官年廿一始仕幕府歷東西曹令史出為海昌屯田都尉權以兄策女配遜數訪世務遜建議曰方今英雄棊時豺狼闚望克敵寧乱非衆不濟而山寇舊惡依阻深地夫腹心未平難以圖遠可大部伍取其精銳權納其策以為帳下左部督代顧雍為丞相孫休時謚曰昭侯呂向曰謇〻直也

出能勤功入必獻替 李善曰國語史黯謂趙簡子曰夫事君者諫過而賞善薦可替不獻能而進賢鈔曰吳志云遜雖身在外乃心於國上疏陳時事曰臣以為科法嚴峻下犯者多頃年以來將吏罹罪不慎可責然天下未一有當圖進取小宜恩貸以安下情夫峻法嚴刑非帝王之隆有罰無恕悲懷遠之弘規也權欲遣偏師取夷州及朱崖遜上疏曰臣愚以為四海未定當須民力以濟時務今兵興歷年衆見　損陛下憂勞聖慮忘寢与食將遠規夷州以定大事臣反覆思維未見其利朱崖絕遠民猶禽獸得其民不足濟事　其兵不足虧衆愚以為宜育養士民寬其租稅衆克在和義以勸勇則河渭可平九有一統矣時謝淵謝左等各陳便宜欲興利改作以事下遜〻議

曰國以民為本強由民力財由民出夫民殷國弱民瘠國強者未之有也故為國者得民則治失之則亂乞無聖恩寧濟百姓奔為七年代願雖榮曰昔伊尹相湯呂尚翼周內外之任居實兼之今以居為辰相使持節守大常侍中尚書校印綬君其茂昭明德敬服王命綏緝四方總司三事以詳群察可不敬與君其勗之呂向曰出為將帥勤事而有功入則獻替其可否也獻進替廢也謂事有可者進之不可者替也今棄鈔功為公

謀寧社稷解

紛挫銳

李善曰老子曰挫其銳解其紛鈔曰吳志云黃武元年劉備率大眾來向西界權命遜為大都督假節督朱 潘璋宋謙韓當徐盛鮮于丹孫桓等五万人距之備從建平連圍至夷陵界立數十屯先遣 將數千人於平地立營欲以挑戰諸將皆欲擊之遜曰此必有譎兵且觀之備知其計不行乃引伏兵八千人從谷中出遜曰所以不聽諸君擊班者 之必有巧故也遜曰吾知所以破之之術乃勅各持一把茅以火攻之壹令諸軍勢成通率諸軍同時俱攻斬張南馮習及胡王沙摩訶等首破其卌餘營備升馬鞍山陳 自 遜督促諸將軍四面蹙之土崩瓦解死 萬數備因夜遁僅得入白帝城其舟船器械水步軍資一時 體漂流塞江而下備大慙恚曰吾乃為遜所折辱豈非天耶七年權使鄱陽太守周魴譎魏大司馬曹休休舉眾入皖乃召遜假鉞為大都督逆休休既覺知見欺自恃兵馬精多遂共戰遜自為中部令朱桓全琮為左右翼三道俱進果衝休伏兵因驅走之追亡逐北徑至夾石斬首獲萬餘牛馬騾驢車萬兩軍資器械略盡休還疽發背死音決挫祖卧反銳以歲反張銑曰寧

安桂折也言折桂
前敵之鋒銳也
正以招疑忠而獲戾李善曰吳志曰遜為丞相太子有不安之議遜上疏陳太子　統宜有盤
石之固魯王藩臣當使寵秩有差彼
此得所上下獲安謹叩頭流血以聞書
三四上太傅吾粲坐數與遜交書下獄
死權累遣中使　讓遜〻憤恚致卒鈔
曰吳志云及太子有不安之議遜上疏
陳太子正統宜有盤石之固反求詣都

欲口論適庶之分以匡得失既不聽許
而遜外甥顧譚顧承姚信並以親附太
子枉見流徙遜憤恚致卒時年六十三
家無餘財張銑曰以正直招君主之疑
以忠鯁而得
其罪戾矣
元歎穆遠神和形
檢如彼白珪質無塵點李善曰毛
詩曰白圭之玷尚可磨也斯言之玷
不可為也東觀漢記杜詩薦伏湛曰

自行束脩訖無毀玷鈔曰吳志云顧
雍字元歎吳郡吳人權為吳王累遷
太理奉　尚書令封陽遂鄉侯雍為
人不飲〻寡言語舉動時當權常歎
曰顧君不言〻必有中進封醴陵侯
代孫邵為丞相平尚書事為相十九
年〻七十六赤烏六年卒玷缺也詩
云如珪如璋令聞令望言雍之德如
珪璋之皎潔無可塵點音決檢居儉
反桂音西劉良曰穆美也檢整也言

其志思美遠神理清和形皃嚴
整珪玉也今案鈔穆遠為樓遠之
立行
以恒匡上以漸李善曰吳志曰雍
訪及政職所宜輒
密以聞　納用則歸之上不用終
不宣泄國　易曰君子以言有物而行
有恒鈔曰易云恒德之柄又云鴻漸
于陸江表傳云權常遣中書郎詣雍
有所諮訪若合雍意事可施行雍即
与相反覆究而論之為設酒食如有不

合雖即止色改容然此不言無所施設
即遂告權權曰顧公歎悅是事合宜也
其不言者定意未平也孫當思之其見
敬信如此江遏諸將各欲立功自効多
便宜欲有所掩襲權以訪雍雍對
曰臣聞　戒於小利此等所陳欲
邀功名為其身非為國也陛下宜禁
制之苟不足以曜威損敵所不宜聽
惟從之軍國得失行事可不自非面
見口未嘗言也音決行下孟反李周

翰曰言其立行有恒也匡正也
正其君上必以漸諫不為強也
清不增潔濁不加染李善曰言得清濁之宜也清濁已見
真傳孝若東方朔畫贊鈔曰言外物
之清不能加其使潔此自然常也清
外物之濁亦不能染汙之言得清濁
之宜也吾子有染性篇言素絲入黃
則黃入蒼則蒼今言雖不然也若向
曰清不增潔者謂心清而不自恃故

不矜也濁不加染者謂時濁而不隨
邪故不染也
仲翔高亮性不和物李善曰吳志曰翻性
不協俗多見謗毀也鈔曰言性不与
物和即謂惡俗之人即不与和也吳
志云虞翻字仲翔會稽餘姚人也太
守王明命為功曹孫策征會稽翻時
遭父喪衰絰詣府門明欲就之翻乃
脫衰入見勸明避策明不能用雖戰

敗績亡走策復命為功曹待以交友
之禮身詣翻第出為富春孫權以為
騎都尉翻數犯顏諫爭權不能悅又
性不協俗多見謗毀坐徙丹陽涇縣
魏將于禁為翻所獲繫在城中權至
釋之請与相見權乘馬出引禁并翻
呵禁曰汝降虜何敢与吾君齊馬首
也欲抗鞭擊禁權呵止之後權於樓
船會羣臣飲禁聞樂流涕翻又曰欲
以偽求免耶權悵然不平張銑曰高

明也不和物謂不隨俗而易性也今棄鈔高爲貞**好是不群折而不屈**李善曰班固漢書贊曰大雅卓尓不羣嘗子曰夫玉折而不撓勇也鈔曰不羣謂悞於人也言身雖可折而志不可屈也音決好音耗折音舌呂延濟曰性不容非故曰好是志多止直故曰折而不屈也**屢權逆鱗**

直道受黜嘆過孫陽放同賈屈李善曰吳志曰翻爲富春長翻數犯顏諫爭權不能悅權與張昭論及神仙翻指昭曰彼皆死人而語神仙俗豈有仙人也權積怒非一遂徙翻交州韓子曰龍之爲蟲也擾柔而可狎而騎然其喉下有逆鱗徑寸之處若嬰之則不幾矣論語柳下惠曰直道而事人焉往而不三黜楚辭曰驥躊躇

於弊輂兮遇孫陽而得代王逸曰孫陽伯樂（曰張伯樂）姓名也孔叢子〻高對魏王駑驥爲之諮嗟玉石相扑和氏爲之歎息漢書曰天子以賈誼任公卿之位絳灌之屬害之乃毀誼天子亦疏之以誼爲長沙王太傅誼既適去意不自得及度湘水爲賦以弔屈原〻楚賢臣也被讒放逐作離騷賦誼追傷之因以自諭鈔曰屢數也吳志云翻雖處罪放而講學不倦門徒常數百人又爲老子論語國語訓

注皆傳於世南十餘年〻七十卒歎嗟數也音決過古卧反李周翰曰屢權逆鱗謂逆顏直諫也黜謂遭棄逐也良馬比於賢人也孫陽古之善相馬者言賢臣不爲君主所知乃遭逐棄同嗟歎過於良馬之不遇孫陽也是同乎賈誼屈原身投於荒裔也上自周瑜至此並吳臣凡七人矣陸善經曰韓子云龍之爲虫也擾可狎而騎然其喉下有逆鱗人嬰之則殺人〻主亦有逆鱗也

詵〻衆賢千載一遇李善曰毛萇詩傳曰詵〻衆多也千載一遇已見序文鈔曰言吳魏蜀等凡廿八皆遇此千載一會之期也音決詵所巾反或為莘同呂向曰此總述三國之美也詵〻衆美也

整轡高衢驤首天路李善曰鸚鵡賦曰庨收整轡登樓賦曰假高衢而騁力鄒陽上書曰蛟龍驤首奮翼枚乘樂府詩曰天路隔無期鈔曰衢四達道也驤首舉頭也天路謂向王道也即前所征詩謀計等事也音決驤音相劉良曰臣之遇君如龍之整轡以遊於天路也高衢亦天路也驤也陸善經曰喻得騁其才力也一

仰挹玄流俯弘時務李善曰毛萇詩傳曰挹斟也鈔曰挹酌也玄謂道也言諸人則挹酌上古有道之流取之俯弘大當時之務也音決挹一入反下同張銑曰玄天也臣仰君之洋流也俯下也知時安也陸善經曰言挹彼遠流以知時政庶幾似之也

名節殊塗雖致同趣李善曰周易曰殊塗而同歸嵇康贈秀才詩曰仰慕同趣鈔曰言諸人立行不同或立節名勢一端而同歸於為國也易云殊塗而同歸百慮而一致呂延濟曰人之名節雖則殊道事君之義亦同趣理也陸善經曰名節雖殊志趣則一致見其志也

日月麗天瞻之不墜李善曰周易曰日月麗乎天禮記曰夫日月星辰所以瞻仰也非此族也不在祀典呂氏春秋曰德行昭美比於日月不可息鈔曰麗　也論語云他人之賢者丘陵也仲尼日月也今言諸賢立能如日月之在天瞻仰者見其光明無有墜落李周翰曰墜落也

仁義在躬用之

不遺 李善曰論語君比識曰仁義在
身行之可强毛詩曰孝子不
遺毛萇曰遺竭也鈔曰言衆賢各仁
義在身猶如日月之在天也遺之也日
月在天其明常照無有墮落仁義任斯
其用常無有遺之也音决遺其反
李周翰曰仁義在人用之 尚想遐風
終身不可遺絶
載挹載味後生擊節懦夫增

氣 李善曰帝考衛公言曰仰睎遐風
曹攄冠世魏 王朗荅太祖曰表
示之 掌擊節孟子曰聞伯夷之風
者貪夫廉懦夫立志鈔曰尚貴尚也遐
遠也挹酌也味氣 載則也贊者云
尚憶 人遐遠之風酌之弥見其
味也後生謂將來之人也懦謂怙懦
人也左氏傳云宮之奇為人也懦贊
者云我既氣味前人如此復為語將來
之士可猶擊節慕之懦劣之夫宜

加氣息或云後生 人覩前代之跡自
然擊節懦劣者亦自然加氣猛也音决
懦奴喚反呂向曰言 餘想衆賢之
風也則挹其德味其道乃使後生之
擊觸其節操懦弱 夫亦增其壯氣
陸善經曰想其風賢皆歎羨也今案陸
善經本
擊為激

文選卷第九十四

鴻翮則四海足下雖然何由學曰陳懿誠於本朝之上行話談於公卿之門李善曰春秋説題辭曰秉懿誠之義思上忠之功高誘淮南子注曰本朝國朝也鈔曰驥龍馬也鴻大鳥也此言無人相引導猶蚊蝱之處階序傾從足下之意也猶謂無紹介何由能自達哉縱有懿誠嚴話之能無人引致焉能行於公卿之門重以該問文學也孔安國尚書注言不忠信為嚚心不則德義之經為頑也憣推懿懂勤也音決翮胡草反嚚音銀胡直還反話户快反李周翰曰驥良馬也呂延濟曰嚚愚也達通也夫子劉良曰懿美誠信也話善言也

曰無介紹之安從行乎公卿李善曰礼記曰介紹而傳命鈔曰言相見必須紹介既無紹介何以得公卿之門乎主相稱為紹容相稱為介也張銑曰介紹傳命也文學曰何為其然也昔甯戚商歌以干齊桓李善曰呂氏春秋曰甯戚飯牛車下望桓公而悲擊牛角疾歌淮南子曰甯越商歌車下而桓公慨然而悟許慎曰商秋聲鈔曰何為其然言須自達不由紹介也管子曰甯戚為人將車宿齊東門之外桓公夜出甯子扣牛角而商歌公使管仲迎之甯戚稱浩乎白水管仲不知其旨而有憂色管子之妾婧曰詩不云乎浩浩白水悠悠之魚君來召我將安居此甯子求所家也管子悅以報桓公乃召甯子為卿任之以政此則道路之相遇也何必紹介乎

呂向曰寗戚飯牛望桓公而為商歌於車下故曰干也越石負芻而嬉晏嬰李善曰晏子春秋曰晏子之晉至於中牟睹弊冠反裘負芻息於途側者晏子曰吾子何為者對曰我越石父者也晏子曰何為此曰吾為人臣僕於中牟見使將歸晏子曰何為僕對曰吾身不免凍餓之地吾是以為僕也晏子曰可得而贖乎對曰可遂解左驂而贖之目載而

与之俱歸至舍不辭而入越石父立而請絕晏子使人應之子何絕我之暴也越石父對曰臣聞之士者詘乎不知己而申於知己吾三年為人臣而莫吾知也今子贖我吾以子為知我矣今不辭而入是与臣我者同矣晏子出見之曰嚮也見客之容之而今也見客之意音決嚮楚俱反呂向曰晏子出見越石父謝而礼之卒為上客故云

嬉

非有積素累舊之歡皆途覲卒遇而以為親者也陸善經曰言士有不同介紹而達也今案陸善經本無有字故毛嬙西施善毀者不能蔽其好李善曰慎子曰毛嬙先施天下之姣也衣之以皮倛則見之者皆走易之玄錫則行者皆止先施西施一也鈔曰毛嬙夏之美女西施越之美女也楚詞曰西施媞媞而不得見兮音決

覲古候反卒七忽反嬙在良反李周翰曰覲見也陸善經曰越絕書云越飾美女西施獻之於吳也嫫姆倭傀善譽者不能掩其醜李善曰孫卿子曰閭娵子奢莫之媒也嫫母力父是之善也倭傀醜女未詳所見鈔曰嫫母皇帝時醜者楚詞慕母勃窣而曰侍音決嫫音摸姆音母倭於為反傀古迴反苟有至道何必介

紹夫子曰咨夫特達而相知者千載之一遇也紹賢而處友者衆士之常路也是以空柯無刃公輸不能以斵但懸曼矰蒲苴不能以射李善曰聲類曰但徒也薛君韓詩章句曰曼長也鄭玄周礼注曰結繳於矢謂之矰〻高也列子曰蒲苴子弋弱弓纖繳乘風而振之連雙鶬於青雲鈔曰曼爰澤也矰蕭也長八寸將繳係之射鳥音決處昌呂反衆之仲反輸式朱反斵多既反曼音万矰子登反且子余反射時夜反劉良曰咨歎詞也特獨也張銑曰公輸班至功者也与斧柯不与其刃則不能有所制斵也蒲苴子善弋者也与曼矰不与其弓則不能發射言事必相須而成也結射於矢謂之矰陸善經曰以賢曰賢為介紹也今案五家本下紹為招故膺騰撇波而濟水不如乘舟之逸也李善曰說文曰擎也擎与撇同匹設反鈔曰膺騰撇波今之柏浮也撇捶也言膺踊其匈捶水波而浮也音決膺於陵反呂向曰浮水而擊波不如乘舟之縱逸也呂向曰膺匈騰躍也衡蒙涉田而能致遠未若導塗之疾也鈔曰蒙謂蒙籠荊棘而行也音決衡昌容反呂向曰涉田而行不如依道之捷疾者言履仁義之行求賢良之文則功業易立聲名易致也衡蒙謂衡突蒙籠也陸善經曰蒙謂榛梗今案五家陸善經本無能字才蔽於無人行裹於寡黨此古今之患唯文學慮之

文學曰唯唯敬聞命於是相與結侶攜手俱遊求賢索友歷于西州有二人焉乘路而歌倚輗而聽之李善曰路車也苞咸論語注曰輗者轅端橫木以縛軛鈔曰有才不為人所知者其才即蔽隱言無人顧已也已行裹於寡少明壹也與上手言也公羊傳曰子生不免水火之灾母之罪長而不學父之過也成而不仕友之愆慮思也夫子起謂文學言當思之也西州益州也音決蔽卑例反行下孟反唯羊誄反索所格反倚於綺反輗魚兮反李周翰曰敬聞求友之命呂延濟曰索品求也蜀在西故云西州咏嘆中雅轉運中律嘽緩舒繹曲析不失節李善曰礼記曰嘽諧僈易繁文簡節之音作而民康樂鈔曰礼記云哀聲感人其聲燋已殺樂聲感人者其聲嘽以緩嘽緩寬也繹解也音決中丁仲反下同嘽音闡繹以尺反析之舌反劉良曰中合也雅大小雅也轉運聲飄颻也律六律也嘽緩舒繹柔和之聲也陸善經曰中倸合聲調也問歌者為誰則所謂浮遊先生陳丘子者也於是以士相見之礼友焉李善曰儀礼曰士相見之礼贄冬用雉夏用腒左頭奉之也鈔曰浮空也言無此先生但為之浮遊立名陳丘謂能陳先聖孔丘之大道假稱為名也儀礼云士相見有束脩壺酒曰其聞某賢敢顧相見也礼文既集文學夫子降席而稱曰俚人不識

寘見尠聞曩從末路望聽玉
音竊動心焉李善曰尚書大傳曰天下諸侯莫不玉音金聲
鈔曰尚礼文謂以酒脯犬等相見託坐而
飲之音決俚音里尠思葦反或為鮮同曩
鄉郎反呂向曰既集謂礼畢也李周翰曰
俚人鄙俚之人謙詞也寘鮮皆少也陸善
經曰蒼頡篇云俚下邑也敢問所歌何詩請聞其

說浮遊先生陳丘子曰所謂中和
樂職宣布之詩益州刺史之所作
也刺史見太上聖明股肱竭力李善曰如淳漢書注曰太上天子也尚
書大傳曰股肱臣也鈔曰論向者所聞
之詩也太上謂宣帝言天子在
万民之上而撫導故曰太上也德澤洪

茂黎庶和睦天人並應屢降
瑞福故作三篇之詩以歌咏之
也文學曰君子動作有應從
容得度南容三復白珪孔子
睹其慎戒李善曰論語曰南容三復白珪孔子以其

兄之子妻之鈔曰天謂日月也人謂歌
誦也文學夫子言凡君子所動心作為
皆有所感應縱容得其法度猶如孔子弟子
南容閱讀詩至白珪之玷尚可磨斯言之
玷不可為也三反覆之孔子知其誠慎也
音決應於證反下同咏音詠從七容反三
思濫反復音伏睹丁戶反呂延濟曰洪大
也陸善經曰謂天應以瑞人應以和也今案
陸善經本睦為明太子擊誦晨風文侯

諭其指意 李善曰韓詩外傳外傳曰魏文侯有子曰擊次曰訢訢少而立以爲嗣封擊中山三年莫往來其傅趙倉唐諫曰何不遣使乎則臣請使擊曰諾於是遂求北犬晨鴈衛行倉唐至曰北落中山之君再拜獻之文侯喜擊知吾好北犬嗜晨鴈也即見使者文侯曰中山之君亦何好乎對曰好詩文侯曰於詩何好曰好晨風文侯晨風謂何對曰詩曰鴥彼晨風鬱彼北林未見君子憂心欽欽如何如何忘我實多此自以忘我者也於是文侯大悦曰欲知其君視其所使中山君不賢惡能得賢傳遂廢太子訢召中山君以爲嗣劉良曰諭曉也

今吾子何樂此詩而詠之也先生曰夫樂者感人密深而風移俗易 李善曰禮記曰樂者聖人所作也其感人深其移風易俗鈔云樂即是詩以合樂而歌也礼所以檢人迹樂所以陶人心音决樂力各反夫音狀易音亦張銑曰言古人詠詩皆有所適今子所歌復何尚之也

吾所以詠歌之者美其君術明而臣道得也君者中心臣者外體外體作然後知心之好惡臣下動然後知君之節趍 李善曰子思子曰臣以君爲心君以臣爲體心正則體脩心肅則身敬鈔曰言今世聖明故歌此美詩也音决好音耗惡烏故反並下同趍七喻反呂向曰節心趍進也陸善經曰言覩其目而知其君也

好惡不形則是非不分節趍不立則功名不宣故美王蘊於碔砆凡人視之怢

焉李善曰戰國策曰白骨疑象武夫類玉張揖漢書注曰武夫石之次玉者廣蒼曰怢忽忘也鈔曰蕴蔵也碔砆石也出大戴禮怢或作佚或作佚或作佚或作忽字並得通音決蕴於粉反碔音武砆音夫怢他忽反又都忽反王音逸李周翰曰蕴積也怢焉不辨皃也良工砥之然後知其和寶也音決砥音旨李周翰曰良工理玉之工也和寶謂如卞和所獻寶也陸善經曰砥磨也精練藏於鑛朴庸人視之忽焉李善曰精練金也金百練不耗故曰精練也說文曰礦銅鐵璞也礦与鑛同鈔曰精好鐵精也鍊謂鍊冶得好鐵也音決鍊音練鑛古猛反亦古並反朴普角反呂延濟曰鑛朴謂金石相和未理者也忽焉不識皃巧冶鑄之然

後知其幹也鈔曰幹謂體幹也音決鑄之樹反呂延濟曰巧合理金之工也幹體也陸善經曰幹謂良材況乎聖德巍〻蕩〻民萌所不能命哉李善曰論語子曰大哉堯之君也蕩蕩乎民無能名焉巍〻乎其有成功廣雅曰命名也劉良曰言物尚如此況天子之德不詠歌其何以知之巍高皃蕩大皃也是以刺史推而詠之揚君德美深乎洋〻〻同不覆載紛紜天地穹聊宇宙李善曰言所覆者廣也紛紜衆多之皃也穹聊曠遠之皃音決洋音羊覆芳富反張銑曰洋〻流皃同無也言君德之多而及於遠明君之惠顯

忠臣之節究李善曰尒雅曰究窮也郭璞曰謂窮盡也
呂向曰究盡也皇唐之世何以加茲是
以每歌之不知老之至也李善曰論語
子曰發憤忘食樂以忘憂不知老之將
至鈔曰皇謂黄帝唐謂帝堯也呂向曰
皇唐謂帝堯也李周翰曰言歌樂之
而忘其老也今案鈔陸善經善本至

至上有将字文學曰書云迪一人使
四方若卜筮李善曰尚書曰故迪一人有事于四方若
卜筮無不是孚孔安國曰迪導也孚
信也鈔曰一人天子言導天子之命
於四方若卜筮之必中何必要須誦
此詩乎人云言且導天子行德化使
四方之民順之若信卜筮然也音決
迪音狄陸善經曰一人爲道使四方

之人神之若卜筮謂以政曉示人也夫忠賢之
臣導主志承君惠攄感德而化洪
天下安瀾比屋可封李善曰瀾水波以喻君之潤澤
也尚書大傳曰周民可比屋而封也鈔
曰言君恩德之若波瀾所被遠也天下
莫不安也音決攄刀余反劉良曰攄舒
也洪大也瀾波也安瀾言静也比屋可

封謂太平之人也陸善經曰安瀾無波也何必歌咏詩
賦可以揚君哉愚竊惑焉浮遊
先生色勃眥溢曰是何言與李善
曰論語子曰君召使擯色勃如也孝經
子曰是何言與鈔曰眥眼匡也溢張目
皃也言勃然而嗔怒其目眥溢出也音
決勃步沒反眥在細反與音余劉良曰

愚謙詞慼懟也張銑曰勃怒也皆溫怒目精出於目眶也呂向曰恠其言不當

昔周公詠文王之德而作清廟建為頌首吉甫歎宣王穆如清風列于大雅

李善曰毛詩周頌曰清廟祀文王也周公既成雒邑朝諸侯率以祀文王焉毛詩大雅序曰烝民尹吉甫美宣王也詩曰吉甫作誦穆如清風鈔曰清廟祖廟也毛傳曰清廟者祭有清明之德者之宮也謂祭文王也天德清明文王象焉故祭而歌此詩廟之言皃也死者精神不可得見但以生時之居立宮室象皃為之也大雅烝民尹吉甫美宣王任賢使能周室中興毛傳清微之風化養萬物也鄭玄曰穆和也吉父之作此二歌之誦其和之性如清風之養萬物然也余謂翰以周公清廟之詩而謂頌之

酉令案鈔昔下有者字

夫世衰道微偽臣虛稱者殆也世平道明臣子不宣者鄙也鄙殆之累傷乎王道

鈔曰殆危也欺也音決累力瑞反呂延濟曰偽詐也殆過也鄙恥也累辱也

故自刺史之來也宣布詔書勞來不怠令百姓遍曉聖德莫不霑濡痝眉耇耈之老

李善曰痝雜也謂眉眉有白黑雜毛也鈔曰刺史謂王襄來益州也耇老也音決勞力到反來力代反濡而朱反痝武江反劉良曰濡潤也痝眉耇耈皆老稱

咸愛惜朝夕顛濟須申且觀大化之

淳流劉良曰淳厚流行也今案五家本無旦字於是皇
澤豊沛主恩滿溢百姓歡欣
中和感發是以作歌而咏之也音决沛普外反死張銑曰惠〻澤皇澤夫子惠澤也豊沛言多也傳
曰詩人感而後思〻而後積〻而後

滿〻而後作言之不足故嗟嘆
之嗟嘆之不足故咏歌之咏歌
之不猷不知手之舞之足之
蹈之也李善曰樂動聲儀文也鈔曰傳曰此韓詩傳也作謂作詩歌頌之也音决猷一艶反此臣子於君文之常義

古今一也今子執分寸而因意
度李善曰韓子曰有尺寸而無意度馬融論語注曰因謂也鈔曰內謂浪生億度耳子謂文學也十万曰億七尺曰度言之有一億之度也音决度大路反呂𠕋曰因無也億度尺丈也今案鈔五家本意為億
處把握而却察廓乃欲圖大

人之樞機道方伯之得失不忽
遠矣李善曰大人謂天子也周易曰利見大人又曰言行君子之樞機鈔曰言樞機一發善惡必應君子出言得失忽然大夫方伯皆謂刺史方伯者據一方置一人為之伯〻長也殷曰伯周曰牧皆謂王襄漢時刺史秩是六百石揔替一州郡守一千石常在郡知民事古者刺大興郎時有

興乘軺車以教化百姓一年一迴於京
京師言已事也易云樞機之發榮辱之
主樞戶曰機弩牙戶樞之發或明或暗
弩牙之發或中或不君子出言得失忽然也
音決覈昌呂反把布馬反握於角反
樞昌朱反呂向曰把握言如把握之使
也覈廓廣大也樞機謂摧要也方伯
諸侯也陸善經曰禮記云千里之外
設方伯也今案
鈔大人作大夫
陳丘子見先生言

切偲二客慙膝步而前曰先生
詳之 李善曰戰國策曰荊軻見太
子再拜而𨔵膝行流涕鈔曰
二客謂徵斯文學虡儀夫子膝步謂
横膝而行尊前人也莊子黃帝膝行
而問廣成子是也李周翰曰詳
審也陸善經曰詳之令安緩也 行潦
暴集江海不爲多 李善曰左氏傳
君子曰潢汙行

潦之水杜預曰行潦流潦也也莊子海
若曰天下之水莫大於海百川歸之而
不盈呂延濟曰行潦雨水也音決潦力
道反今案鈔陸善經本不下有以字
鰌鱓並逃九罭不以虡 李善曰爾雅
曰鰼鰌郭璞
曰今泥鰌也鰼似立反郭璞山海經注曰
鱓魚似虵毛詩曰九罭之魚鱒魴尒雅曰
九罭魚之網鈔曰鱓小魚也尒疋鯼罟
謂之九罭罭魚網也郭璞曰今之百

罭罟也音決鱒音秋鱓音善罭于逼
反呂延濟曰言江海網罟之大不爲
一物而虧盈九罭大網也
今案陸善經本以下有爲字 是以許由
匿堯而深隱唐氏不以褏 李善曰
呂氏春
秋曰昔堯朝許由於沛澤之中曰請
屬天下於夫子許由遂之箕山之下
音決匿女力反劉良曰言
帝王德不爲一人而屈也 夷亝恥

周而遠餓文武不以畢李善曰夷齊已見東方朔非有先生論鈔曰史記夷齊諫武王伐紂而今言文王者以武而連言文也音決餓集賀反劉良曰伯夷叔齊恥周而自餓于首陽山也夫青蠅不能穢垂棘李善曰毛詩曰營營青蠅止于樊鄭玄曰蠅之為虫汙白使黑汙黑使白左氏傳曰晉荀息請以垂棘之璧假道於虞以伐虢左傳杜預注垂棘出美玉故以為名也張銑曰青蠅能變白黑也而不能汙於寶玉邪論不能惑孔興墨今剌史質敏以流惠舒化以揚君采詩以顯至德歌詠以董其文受命如絲明

之如緍李善曰禮記曰王言如絲其出如綸王言如綸其出如綍鄭玄曰言出弥大鈔曰孔子墨翟也質絶也敏達也承惠承君之恩惠也董正也音决邪在嗟反論力頓反緍音旻張銑曰邪可亂於衆人也而不可亂於聖賢孔丘墨翟皆聖賢也呂向曰質正舒布也李周翰曰董萬也緍釣奧繳也王言之出雖小弘之而大也陸善經曰質通直通敏以流行恩惠舒布風化以贊揚君美董督緍繩也今棠鈔流為承甘棠之風可倚而俟也李善曰毛詩序曰甘棠美召伯也召伯之教明於南國鈔曰詩國風曰蔽芾甘棠勿前勿翦勿伐召伯所茇鄭玄曰召伯聽男女之訟重煩勞百姓止舍小棠之下而聽斷焉國人被其德悅其化故敬其樹也音决棠音唐李周翰曰倚立也二容雅

窒計沮議何傷李善曰言二客雖於計窒塞於議沮敗何傷於理乎言未傷也尔雅曰窒塞也鈔曰猶言雙時沮敗其議復何傷也音決沮音叙呂返濟曰二客謂文學与夫子也沮敗也顧謂文學夫子曰先生微矜於談道又不讓乎當仁李善曰論語子曰當仁不讓於師鈔曰顧指陳丘子也孔安國論語注曰當行仁之事不復讓於師仁急也劉良曰微少也亦未巨過也顧二子厝意焉夫子曰否夫雷霆必發而潛底震動枹鼓鏗鏘介士奮竦故物不震不發士不激不勇今文學之

言欲以議愚感敵舒先生之憤頓三生無勿疑李善曰言議前敵之愚以感動之鈔曰否言不怯也亦甲也三生微斯文學浮游先生陳丘子也青決過古卧反廣七故反否音不還大丁反底士臣叏反枹音浮鏗去耕反鏘七良反竦思勇反劉良曰臣大指致也張銑曰否不然呂向曰霆霹靂也潛底幽隱處也枹擊也鏗鏘聲也竦躍也李周翰曰言文學先議愚事欲感動前敵之心耳二生謂先生与陳丘子也陸善經曰潛底謂蟄蟲也此皆愚者所疑故文學以發斯議今案五家本三爲二陸善經本爲先於是文繹復集乃始講德文學夫子曰昔成康之世君之德與臣之力也李善曰馬融論語注曰繹尋繹也韓子晉

平公問叔嚮曰昔桓公九合諸侯匡
之力邪君之力邪鈔曰繹觧也歎辞
也君之德歟臣之力也者問之詞也
音決繹以尺反與音余呂延濟曰繹
理也成王康王也先生曰非有聖智之
君悪有甘棠之臣故虎嘯而
風寥戾龍起而致雲氣李善曰周易曰
雲從龍風從虎聖人作而万物覩音
決悪音烏劉良曰聖智謂成康也甘
棠謂邵伯也張銑曰雲從龍風從虎
皆相感而生也寥戾風聲也
蟋蟀俟秋吟蜉蝣出以陰
李善曰易通卦驗曰立秋蜻蛚鳴蔡
雍月令章句曰蟋蟀虫世謂之蜻蛚
也音決蜉音浮蝣音遊呂向曰皆感
事而生矣俟待也蜉蝣虫名陰則出

矣易曰飛龍在天利見大人鳴
聲相應仇偶相從李善曰周易曰子曰同聲相
應同氣相求水流濕火就燥音決應於
證反仇音求偶吾后反李周翰曰仇匹
匹也人由意合物以類同是以聖主
不遍窺望而視以明不殫傾
耳而聽以聰何則淑人君子人
就者衆也李善曰毛詩曰淑人君子
其儀不忒也鈔曰就成也
一曰向也音決殫音丹
呂延濟曰殫盡淑善也故千金之裘
非一狐之腋大夏之材非一丘
之木太平之功非一人之略也

李善曰慎子曰廊廟之材蓋非一木之枝狐白之裘非一狐之皮也治亂安危存亡榮辱之施非一人之力鈔曰孟嘗君作狐白裘而直千金音決狐音胡腋音亦夏音下下同材音才劉良曰狐白裘以狐腋下毛為之而價千金也大夏大屋也丘山也略智也

蓋君為元首臣為股肱明其一體相待而成有

君而無臣春秋刺焉李善曰公羊傳曰宋公與楚人期戰于泓之陽宋師大敗故君子大其不鼓不成列臨大事而不忘大禮有君而無臣以為雖文王之戰亦不過此也何休曰惜其有王德而無王佐鈔曰春秋謂穀梁也凡春秋世有明君無賢臣亦刺之也張銑曰元首頭也股肱手足也矣

三代以上皆有師傅五

伯以下各自取友李善曰說苑郭隗曰帝者之臣其名臣也其實師也王者之臣其名臣也其實友也霸者之臣其名者臣也其實僕也鈔曰潛夫論云堯師務成舜師紀后禹師墨始也杜預曰五霸者夏伯昆吾商伯大彭豕韋周伯齊桓晉文又曰齊桓晉文秦穆楚莊句踐依文意周末五伯是音決上時兩反伯音霸下同呂向曰三代夏殷周也五伯齊桓公晉文公晉公文秦穆公楚莊王宋襄公也陸善經曰謂若神農師悉諸黃帝師封鉅等

齊桓有管鮑隰甯九合諸侯一匡天下李善曰左氏傳曰鮑叔牙奉公子小白入曰齊桓公衛姬之子有鮑叔牙隰明以為輔佐說苑鄒子曰甯戚叩轅行歌桓公任之以國論語子曰桓公九合諸侯不以兵車管仲之力也又曰管仲相桓公一匡天

下民到于今受其賜鈔曰論語曰管仲相桓公霸諸侯一匡天下馬融曰匡正也天子微弱桓公率諸侯以尊周室一正天下也

晉文有各犯趙襄取威定霸以尊天子

李善曰左氏傳曰晉公子重耳奔狄從者狐偃趙衰顛頡魏武子司空季子杜預曰狐偃子犯也司空季子胥臣曰季也左氏傳曰先軫謂晉侯曰報施救患取威定霸於是乎在矣鈔曰左傳晉文公入使狐偃將上軍趙衰為卿敗楚師于城濮周襄王自出勞晉〻作王宮於踐去也音决襄楚范及陸善經曰尊天子謂納襄王也

秦穆有王由五羖攘却西戎始開帝緒

李善曰韓詩外傳曰昔戎將由余使秦〻繆公問之得失之要對曰古之有國者未嘗不以恭儉也失國者未嘗不以驕奢也繆公然之於是告内史王廖曰隣國有聖人敵國之憂也由余聖人也將奈之何王廖曰君其遺之女樂以婬其志然後可圖繆公曰善乃使王廖以其女樂二列遺戎王史記曰百里傒亡秦走宛秦穆公聞百里傒賢欲重贖之恐楚不予請以五羖羊皮贖之楚人許予之繆公與語國事大悅又曰秦用由余謀伐戎王并國十二遂霸西戎春秋保乾圖曰帝興緒宋衷曰緒業也音决羖音古攘而良反

下同

楚莊有孫叔子反兼定江淮威震諸夏

李善曰韓詩外傳曰沈令尹進孫叔敖於莊王叔敖治楚三年而楚國霸左氏傳曰楚子圍鄭〻子反將右晉師救鄭及楚師戰子邲晉師敗績邲步必反鈔曰史記孫叔敖楚之處士虞丘相進之於楚莊王以自代也三月為楚相施教導民上下和合世俗盛美政緩楚止吏

無針耶盜賊不起也劉
良曰諸夏中國也
句踐有種
蠡洩庸剋滅強吳雪會稽之
李善曰漢書曰江都王問董仲舒曰
恥越王句踐与大夫泄庸種蠡謀伐吳
遂滅之孔子稱殷有三仁寡人亦以為
粵有三仁史記曰吳王夫差伐越敗之越
王句踐乃以甲兵五千人棲於會稽又
曰句踐自會稽歸撫循其士民伐吳大

破之吳王自殺也音決句古侯反種之重
反蠡音礼洩思列反強其良反下同會
古外反稽吉兮反張銑曰種文種蠡范
蠡吳嘗伐越越棲於會稽山竟以滅吳
故云雪
恥也
魏文有段干田翟秦人
寢兵折衝萬里李善曰呂氏春
秋孟嘗問白圭
曰魏文侯名過桓公而功不及五伯何
也白圭對曰文侯師子夏友田子方敬

段干木此名之所以過桓公也而名蹄
頌榮者三士羽之也史記魏文侯謂李
克曰寡人之相非成則璜璜翟璜也成
魏文侯弟名也呂氏春秋曰段干木者
魏文侯欲之過其廬而軾春秦欲攻魏而
司馬唐諫曰段干木賢者而魏礼之天
下皆聞無乃不可加兵乎秦君以為然
乃止音決翟音狄折之舌反呂向曰寢
罷也
燕昭有郭隗樂毅袁破強亝

困閔於莒李善曰史記曰燕昭王以子
之之亂而亝大敗燕〻昭王
怨亝於是詘身下士先礼郭隗以招賢者
樂毅為魏使於燕〻昭王以為亞卿使
樂毅伐亝破之追至于臨菑亝湣王走
保於莒湣與閔同也鈔曰史記樂毅為
魏昭王使於燕〻昭王以客禮待之樂
毅辭讓遂委質為臣燕昭王以為亞卿
當是時齊湣王強南敗楚相唐昧於重
丘西摧三晉於觀津遂與三晉擊秦助

趙誠中山破宋廣地千餘里與秦昭王爭重為帝已而復歸之諸侯皆欲倍秦而服於齊湣王自矜百姓弗堪於是燕昭王問伐齊之事樂毅對曰齊霸國之餘業也地大人衆未易獨攻也王必欲伐之莫如與趙及楚魏於是使樂毅約趙惠文王別使連魏令趙嚪說秦以伐齊之利諸侯害齊湣王之驕暴皆爭合從與燕伐齊樂毅還報燕昭王悉起兵使樂毅為上將軍趙惠文王以相國印授樂〻毅〻於是并護趙楚魏韓燕之兵以伐齊破之濟西諸侯兵罷歸而燕軍樂毅獨追至于臨菑齊湣王之敗濟西亡走保於莒樂毅留徇齊五歲下齊七十餘城皆為郡縣以屬燕唯獨即墨未服也音決浣五罪反閔音旻莒音舉李周翰曰哉乎也燕破齊〻閔王走保莒邑故云困

夫以諸侯之細功名猶尚若此而況帝王選於四海羽翼百姓哉李善曰高誘呂氏春秋注曰翼羽佐也鈔曰言以百姓為羽翼也呂延濟曰羽翼謂任賢以輔佐百姓也

故有賢聖之君必有明智之臣欲以積德則天下不足平也欲以立威則百蠻不足攘也

今聖主冠道德履純仁被六藝佩礼文鈔曰百蠻百越也音決冠古翫反被皮義反劉良曰純深也六藝礼樂射御書數也言皆以美事為依明也陸善經曰佩謂戴之也

屢下明詔舉賢良求術士招異倫拔駿茂張銑曰倫等也陸善經曰漢書宣紀制曰遣太中大

夫彊等十二人循行天下舉茂才異倫之士也是以海內勸慕莫不風馳而集雜襲並至填遅溢闕合淳咏德之聲盈耳登降揖讓之礼極目鈔曰論語曰揖讓而升下而飲音決襲音沓寘大絃反呂向曰風馳而集言疾至也填溢闕遅言多也陸善經曰言自勸勉而慕聖化也今案青決填為寘進者樂其條暢音決樂音洛怠者欲罷不能李周翰曰言有餘理通也怠疲也陸善經曰言化感之深也偃息于詩書之門遊觀乎道德之域

音決匍薄胡反匐步北反觀古猷反下同呂延濟曰言以詩書道德為門為域而遊息焉域國也今案鈔音決五家本偃息下有匍匐二字也咸潔身修思吐情素而披心腹各恚精銳以貢忠誠允顧推主上弘風俗而騁太平濟濟乎多士文王所以寧也李善曰濟〻多士已見東方朔非有先生論音決思先自反銳以歲反劉良曰貢獻允信弘大也濟〻盛皃今案五家本思為德若乃美歐所施洪恩所潤不可究陳舉孝以篤行崇能以招賢去煩

蠲苛以綏百姓祿勤增奉以厲
貞廉 李善曰漢書宣紀曰律令有可蠲除以安百姓條奏又曰
吏不廉平則治道衰今小吏皆勤事
祿薄其益吏奉什伍也鈔曰祿粟也
俸錢也音決行下孟反去羌呂反蠲
古玄反苛音何奉扶用反張銑曰究
陳蠲除苛細緩安也 減膳食畢宮觀 李善曰宣

紀曰令太官損膳省宰又曰郡國宮觀勿復修治也 省田官
損諸苑 李善曰宣紀曰池籞未御幸者假與貧人鈔曰宣帝癈田
官給百姓也音決省所景反 疏繇役振乏困 李善
曰宣紀曰流人還歸勿筭事又曰遣使者振貸乏困音決繇音遙 恤民
災害不遑遊宴 李善曰宣紀曰今天下頗被疾疫

之災朕甚愍之品洫一曰恤憂遑暇也 閔耄老之逢辜
憐縗絰之服事 李善曰宣紀曰朕惟耆老之人髮齒
隨落亦無暴虐之心諸李八十以上非
誣告人殺傷人他皆勿坐又曰百姓
遭縗絰凶災而吏繇事傷孝子之心
自今有大父母喪父母者勿繇事鈔曰八
十九十日耄耄惛忘也縗在衿前廣
四寸長六寸四寸法四時六寸法六

府經在首在首在腰也音決耄莫報
反縗七回反絰徒結反李周翰曰閔
憐宰罪也縗絰居喪之
人也服事謂服役事也 惻隱身死
之腐人悽愴子弟之累首 李善曰宣
紀曰令繫者或以掠辜若飢寒瘐死
獄中朕甚痛之又曰自今子首匿父
母孫匿大父母妻勿坐鈔曰腐人死刑人也累繫
也謂追逮之子弟為人累繫其首而

為奴婢也又作累纍累恚音决腐芳
字反累力瑞反呂延濟曰惻隱傷痛
也悽愴悲歎也身死腐人謂經拷掠
或飢寒死獄中者子弟縲纍謂纍父
兄之罪而見縲繫者也陸善經曰當敗
爛也今案五家本累為縲
恩及飛鳥惠加走獸胎卵得
以成育草木遂其零茂　李善曰尸

子曰湯之德及鳥獸矣莊子曰至德之
世禽獸成群草木遂長鈔曰烏子曰卵
獸子曰胎音决胎他來反劉良曰育養
也零落茂盛皆遂其理不廢代也
愷悌君子民之父母豈不
然哉　李善曰毛詩大雅文也音决凱
可待反悌音待呂延濟曰愷悌
大順
也
先生獨不聞秦之時邪違

三王背五帝滅詩書壞禮
義信任群山憎惡仁智詐
偽者進達佞謟者容入宰
相刻峭大理峻法　李善曰廣
雅曰陗急
也謂嚴急也陗與峭同鈔曰峭峻也言
宰相惟行皆苟刻而法令峻也音决

背步對反壞古邁反任而鴆反下同
憎子登反惡烏故反詐側嫁反相思
高反峭七笑反峻思俊反劉良曰刻
曰刻良刻峭謂損害也峻深也陸善
經曰太理
廷尉也
處位而任政者皆短
於仁義長於酷虐狼摯
虎攫懷殘爭賊　李善曰虎
子曰賊仁

者謂之賊〻義者謂之殘音決霎昌
呂反拒都管反摯音至貜九縛反李
陟周翰曰言皆虎狼之暴
也摯握持也貜爪持也
其所臨
莅莫不肌栗慴伏吹毛求
瘢並施螫毒百姓伀忪無
所厝其手足
李善曰韓子曰古
之人君夲體者不

吹毛而求小瘢不洒垢而察難知方言
曰伀忪惶遽也論語子曰刑罰不中則
民無所措手足忪章容反鈔曰伀營猶
屏營也伀謂怔忪恾遽之皃營謂營〻
也厝置也刑罰既嚴故百姓恐懼無地
以置其手足音決莅音利肌音飢慴之
葉反瘢在斯反螫音釋呂延濟曰慄戰
也言如虵虺之螫毒於人者也伀忪惶懼
懼皃今案鈔伀為營
五家夲累為慄
嗷嗷愁怨遂

亡秦族是以養雞者不畜狸
牧獸者不育豺樹木者憂其
蠹保民者除其賊
李善曰文子
曰乳犬〻噬虎
犬鷄搏狸又曰所為立君者以禁暴亂
也夫養禽獸者必除豺豹又况牧民子
又曰木林生蠹還自食人生事因自賊
鈔曰説文嗷〻衆口然也又曰蠹木中

蟲也音決嗷五高反畜虚六反狸力而
反豺士皆反蠹丁故反劉良曰嗷〻衆
聲也狸能害雞豺能食獸
蠹以傷木賊以亂人也
故大漢之
為政也崇簡易上寛柔進
淳仁舉賢才上下无怨民用
和凞
李善曰孝經曰民用和睦上下
無怨鈔曰易繫辭簡則易〻知

〻則易從言省略易了淳厚也有敦厚
仁德者進而用也然樂也鄭玄孝經注
曰至德以教之要道以化之是以民用
和睦上下無怨也音決易以智反張銑
曰淳深睦親也今案
五家本然為睦
今海内樂業
朝廷淋清天符既章人瑞又
明品物咸亨山川降靈
李善曰周
易曰雲行

雨施品物咸亨鈔曰咻善清平也天符
甘露等也人瑞四夷賓服亨通也音決
樂音洛朝直遥反下同呂向
曰天符人瑞以下自分也
神光
李善曰宣紀曰膺
毖之夕神光交
燿暉洪洞朗天
錯或降于天或登于地鈔曰宣帝五鳳
三年祠后土神光並見燭曜高宮十有
餘刻洪洞光明皃也音決燀許歸反洪
朝胡貢反洞徒貢反洞李周翰曰神天

地之神也洪洞相
通也朗明也
鳳皇来儀翼〻
邕〻群鳥並從舞德垂容
李善
曰尚
書曰鳳皇来儀宣紀曰鳳皇集魯群鳥
從之山海經曰鳳首文曰德鈔曰雄曰
鳳雌曰皇靈鳥也有九德首文曰德故
云帶德劉良曰鳳皇瑞鳥也翼〻飛皃
邕〻聲也垂容有容儀也
今案鈔五家本舞為帶
神雀仍

集麒驎自至
李善曰宣紀曰神雀
仍集九真獻奇獸鈔
曰宣帝時有神雀来五色黒臆黄背天太
如鷄雀劉良曰神雀瑞鳥騏驎瑞獸名
今案陸善經
本雀為鳥
甘露滋液嘉禾櫛比
李善曰宣紀曰甘露降未央宮又曰嘉穀玄
稷降于郡國鈔曰詩云其崇如墉其比如
櫛櫛梳比枇言瑞物之多如梳齒之相次
音決液音亦櫛側乙反比音臭劉良曰甘

露也嘉禾瑞穀也滋液
津潤𣠶比相連接也大化隆洽男
洽男女條暢家給年豐咸則
三壤豈不盛哉李善曰尚書曰咸
則三壤成賦中邦
鈔曰條暢言無橫夭也三壤黃白黒尚
書孔安國注曰皆法壤田上中下大較
三品也張銑曰隆盛
洽和也給尔足也昔文王應九

尾狐而東夷歸周李善曰春秋
元命苞曰天
命文王以九尾狐鈔曰九尾狐至表
子孫多也孫多也孫氏瑞圖曰六合
一統則九尾狐見又云王者不傾於
色則至文王得之東夷服淮南子曰
狐九尾者九配得其所子孫繁息明
當盛也山海經曰青丘之國有狐九
尾郭璞注云太平則出也又云一尾
九枝象天下大同也音決應音膺下

同
武王獲白魚而諸侯同辭李
善
曰尚書旋機鈐曰武得兵鈐謀東觀白魚
入舟俯取以燎八百請伐順姓不謀魚者
親用無乏冀繼欲紂如奐乃誅鈔曰史記武
王十一年度河中流白魚躍入舟中武王俯
取以祭是時諸侯不期而會盂津者八百諸
侯諸侯皆曰帝紂可伐矣
周公受秬鬯而鬼方臣李善
曰周

公受鬯未詳鄭玄詩牋曰鬼方遠方鈔
曰秬黍一秠二米孫氏瑞應圖曰秬鬯
者三隅之桑一稃三米王者宗廟脩則
生黃帝時南夷乘白鹿來獻秬鬯周公
受秬鬯詩大雅曰內奰於中國覃及鬼
方易曰高宗伐鬼方也音決秬其呂反
鬯刃高反李周翰曰秬黑黍瑞宣王得
黍也鬯香草也鬼方遠國名也
白狼而夷狄賓李善曰史記曰穆王
征犬戎得四白狼以

歸今云宣王未詳鈔曰孫氏瑞應圖曰王者仁德明哲則白狼見又云王者進退依法度則至周宣王得之而犬戎服也周昭王所得今言宣王過誤也今案鈔羗為戎陸善經本羗狄為四夷也夫名自正而事自定也今南郡獲白虎亦偃武興文之應也獲之者張武〻

張而猛服也是以北狄賓合遝不恤寇甲士寢而旍旗仆也鈔曰言百物名正則事自然正也漢宣帝獲白虎匈奴入朝也張武人之姓名也仆倒也音決仆音赴呂延濟曰張武南郡太守也賓服合會恤憂寇賊寢息仆偃也陸善經曰宣紀曰匈奴今求

和親將衆來降單于稱臣奉珍朝賀北方晏然無有兵革文學夫子曰天符既聞命矣敢問人瑞先生夫子曰夫匈奴者百蠻之最強者也李善曰毛詩曰時百蠻鈔曰文學夫子與一人也下文云先生夫子亦一人也非兩人音決

強其良及劉良曰百蠻夷狄之通名也今案五家陸善經本無下夫子也天性㤰蹇習俗傑驁賤老貴壯氣力相高李善曰史記曰匈奴貴壯健賤老弱音決㤰居要反張銑曰蹇逆桀敖也業在攻伐事在獵射李善曰史記曰匈奴因射獵為生業習戰攻以侵伐音決射時夜反

兒能騎羊走箭飛鏃李善曰史記曰
匈奴兒能騎羊引弓射鳥鼠音决鏃走木反逐水隨畜
都無常處李善曰史記曰匈奴逐水草遷徙無城郭常處
也呂向曰玄居也鳥集獸散往来馳鶩
周流曠野以濟嗜欲其末秬則

弓矢橐馬播種則扞弦掌村
李善曰礼記曰左佩决扞鄭玄曰扞扞
拾也言所以扞弦也何旦反鄭玄礼
記注曰村弓把也音夫鈔曰耒除草
秬極地似鍬也扞弦在辟又云射沓也
村弓把握處也扞弦又云謂將皮裹
辟以扞弓弦也掌村謂以皮纏弓鼻
手掌村者也音决嗜音示秉力對反
秬音似種之用反扞何但反附方宇

及呂向曰如鳥獸之集散濟遂也李
周翰曰以此如中國之務農也耒秬
耕耘也播布也扞弦掌村
用之薮手以持弓者也收秋於
奔狐馳兔穫刈則顛倒殪
仆李善曰史記曰匈奴射狐兔用
為食音决穫明郭反刈音又倒
丁老反殪一計反李周翰曰奔馳皆
追遠也殪仆皆斃傷也陸善經曰顛

倒殪仆謂奔敵如農之獲
刈也今案五家本於為則追之則
奔遁釋之則為寇李善曰史記曰匈奴利則
進不利則退不羞遁走
劉良曰遁逃寇賊也是以三王
不能懐五伯不能綏鶩邊抗
士屢犯玁狁詩人所歌自古

惠之李善曰毛詩曰六月棲棲戎馬既飾四牡騤騤載是常服玁狁孔熾我是用急鈔曰杌動也摃也司馬彪曰杌搖也案漢書例以抗爲杌也音決杌五九反蒭楚于反蕘而遥反張銑曰懷來綏安也犯蒭蕘言入塞而食漢草也陸善經曰漢書云周懿王時王室遂衰戎狄交侵中國被其苦詩人哥之曰靡室靡家玁狁之故豈不曰戒玁狁孔棘今聖德隆

威靈外覆日逐舉國而歸德單于稱臣而朝賀李善曰宣紀曰日逐王先賢撣將人衆來降鄭德曰撣音纏束之纏又曰單于稱臣使弟奉珍朝賀正月鈔曰漢書匈奴傳曰逐匈奴王也單于匈奴天子也音決覆芳富反日而逆反單市延反呂向曰靈神也乹巛之所開陰陽之

所接編結徂顏燋齒梟瞷翦髮鬒首文身裸袒之國李善曰編結即編髮也漢書終軍曰解辮髮削左衽人曰匈奴有罪小者軋音義曰刀刻其面盖徂顏也燋齒未詳漢書曰大宛深目多鬚盖梟瞷也鬒首盖雕題也山海經曰雕題國在鬱林南鈔曰陰陽所接謂寒熱所及處也編結謂取髮編辮爲結重向後卷狄之屬也徂壞也顏額顙也謂鑿額彫畫其顏毀其面即南方彫題之國是也燋齒齒燋黑即東海外黑齒國是也梟鳥名其眼黃白色瞷謂目白也即西方胡人眼白黃色如梟鳥之瞷眼是也翦髮謂南越斷髮文身也鬒首謂南方蠻鬒鏤其面也鬒黑也裸袒謂東有裸人之國也音決編必然反結音計燋音焦梟居堯

反瞯音閑黰臣京反裸力果反祖音
但李周翰曰皆蠻夷種類也文身鏤
身也裸袒不衣也陸善
經曰黰蟲蓋黑如燋
靡不奔走
貢獻懽忻來附婆娑謳吟
音決忻許斤反娑先何
反謳烏侯反掖音亦呂
延濟曰靡無也婆娑舞皃皷掖皷腹
之類也陸善經曰皷掖蓋其忭舞之容
皷掖而笑

夫鴻均之世何物不樂飛鳥
翕翼泥魚奮躍
李善曰毛詩曰
鴛鴦在梁戢其
左翼鄭玄曰明王之時人不驚駭也韓
詩曰載飛戾天魚躍于渕薛君曰魚喜
樂則踊躍於泥中鈔曰鴻大也均陶家
之輪言此輪能造成器物謂天子德如
此大輪之造物也音決樂音洛劉良曰
翕翼奮躍樂和氣也陸善經曰鴻均大

平也
是以刻史感懣舒音而詠至
德鄙人黔淺不能究識敬遵
所聞未剋單焉於是二客醉
于仁義飽于盛德
李善曰黔不明也為感反毛詩
曰既醉以酒既飽以德鈔曰感滿前云積而
後滿是也今案所感既滿則作詩詠也黔淺不明

之皃也二客嶶斯文學虛儀夫子也音決
滿亡管反謂積滿或作懣亡本反非黔王
音暗蕭音奄或為歸同彈音丹張銑曰懣
積也呂向曰鄙人先生謙詞也彈盡也今
案鈔音決五家
本單為彈
終日仰嘆怡懌而
悅服
音決怡以而反懌音亦

文選卷第百二

文選卷第百十六　梁昭明太子撰　集注

碑二　蔡伯喈陳仲弓碑文一首并序

王仲寶褚淵碑文一首并序

陳太丘碑文一首并序〇鈔曰後漢書陳寔字仲弓潁川許昌人也出於單微自爲兒童雖在戲弄等類所歸虛靈帝初大將軍竇武辟以乃屬年八十四卒海内赴者三万人制衰麻百數謚爲文範先生也李周翰曰陳寔爲太丘令也陸善經曰太丘今譙郡永城東北也

蔡伯喈

先生諱寔字仲弓潁川許人也〇李善曰范曄後漢書潁川郡有許縣魏志曰文帝黃初二年改許縣爲許昌縣然蔡雍之時惟有許縣今或云許昌非也〇含元精之和應期運之數〇李善曰易通卦驗曰太皇之先與耀含元精論衡曰天禀元氣人受元精孟子謂充虞曰五百年必有王者興其間必有名世者由周而來七百有餘歲矣當今之世舍我而誰也音決應於證反數史具反呂向曰元精大道也期運之數謂應五百年而生賢之數也〇兼資九德總脩百行〇李善曰尚書咎陶曰亦行有九德禹曰何咎陶曰寬而栗柔而立愿而恭亂而敬擾而毅直而溫柬而廉剛而塞彊而誼孔藏與從弟書曰學者所以飾百行也鈔曰孝經鉤命決曰引興摘綦一字管百行音決行下孟反張銑曰咎繇有九德君子有百行也今案鈔資爲咨〇於鄉黨則恂恂焉斌斌焉善誘舍尊仁而愛人〇李善曰論語曰孔子於鄉黨恂恂如也又曰文質彬彬然後君子善誘已見郭有道碑文論語曰樊遲問仁子曰愛人也鈔曰王肅論語注曰恂恂溫恭之貌論語夫子循循然善誘人何晏曰誘進也音決恂旬荀二音斌布貧反劉良曰恂恂和樂貌斌斌文質貌〇使夫少長咸安懷之〇李善曰論語曰老者安之少者懷之鈔曰何晏論語注曰懷歸也音決少失照反長丁丈反〇其爲道也用行舍藏進退可度〇李善曰論語子謂顏淵曰用之則行舍之則藏孝經曰進退可度鈔曰孔安國論語注曰可行則行可止則止音決舍音捨呂延濟曰言其道德用之於時則行舍之則藏其進退之礼可爲法度〇不徼訐以干時不遷怒以臨下〇李善曰論語子貢曰君子有惡乎子曰惡訐以爲直者又哀公問弟子孰爲好學孔子對曰有顏回者好學不遷怒鈔曰論語曰賜惡徼以爲智者孔安國曰徼抄也抄人之意以爲己有也包氏論語注曰訐謂攻發人之陰私也何晏論語注曰凡人任情喜怒違理顏淵任道怒不過分遷移也怒當其理不移易也音決徼古堯反訐居歇反李周翰曰徼徼名訐訐發人之罪也干亂也遷怒謂移怒於人也〇四爲郡功曹五辟豫州六辟三府再辟大將軍宰聞喜半歲太丘一年〇鈔曰辟豫州豫州刺史召之也大將軍何進也宰聞喜爲聞喜令也太丘爲太丘長也音決辟必亦反下同陸善經曰後漢書云司空黃瓊辟選治劇補聞喜長旬月以朞喪去官復再遷除太丘長脩德清靜百姓安治以沛相賦斂違法乃解印去吏人

追思之〇德務中庸教敦不肅〇李善曰論語子曰中庸之爲德其
至矣乎民鮮久矣孝經子曰其教不肅而成也鈔曰礼記曰仲尼曰
君子中庸小人反中庸鄭玄孝經注曰聖人因人情而教民皆樂之
故不肅而成也張銑曰庸用也言其行大中之道用之於人其教敦
厚不行威肅也〇政以礼成化行有謚〇李善曰左氏傳晉郤至謂
子反曰政以礼成民是以息尒雅曰謚静也音决謚亡必反〇會遭
黨事禁固廿年樂天知命澹然自逸〇李善曰周易曰樂天知命故
不憂莊子曰澹然無極衆美從之此天地之道聖人之德也毛詩曰
我不敢傚我友自逸鈔曰黨事朋黨之事也當時李膺及范滂等俱
有賢德者以道德爲黨友于時有張成善風較占和氣候之事成占

知不久有赦乃遣其子殺人不久果有赦得出李膺爲河南尹聞其
故殺人捕張成子殺之後成仕漢漢官人相善乃相構謗李膺爲黨
誹毀在上天子遂收天下有才德之人百餘皆禁之李膺之徒一百
餘人禁錮不得出仕也漢書音議張晏曰錮鑄也說文曰錮鑄塞也
音决錮音固樂音洛澹達暫反呂延濟曰遭逢覩黨犯罪而囚於獄
竟不憂悔寬意自樂陸善經曰後漢書云後逮捕黨人事亦連寔餘
人多逃避求免寔曰吾不就獄衆無所恃也今案鈔音决固爲錮〇
交不諂上愛不瀆下〇李善曰周易曰君子上交不諂下交不瀆音
决瀆大目反李周翰曰不諂諛順顔以取上意其施惠愛則均不以
其下者而慢之也〇見機而作不俟終日〇李善曰周易曰君子見

機而作不俟終日鈔曰王弼周易注曰幾者事之微吉凶之先見也
呂向曰俟待也言事必先機不待終日而隨事通變〇及文書赦宥
時年已七十遂隱丘山懸車告老〇李善曰漢書曰薛廣德乞骸骨
賜安車駟馬懸其安車傳子孫左氏傳曰晉韓獻子告老杜預曰告
老致仕也鈔曰孝經曰終於立身鄭玄曰臣年七十耳目不聰明行
步不及違退就田里懸車致仕也音决宥音又張銑曰文書赦宥謂
天子詔赦罪人也宥寬也懸車謂其所乘之車懸而不復乘也〇四
門備礼閑心静居〇李善曰尚書曰賓于四門四門穆穆鈔曰孔安
國尚書注曰四門四方門也此言四門皆備礼以迎求之也劉良曰
四門四方也閑閒也言當時在位者皆欲徵賢良於四方而備脩束

帛之礼來聘先生先生閑心静居終不復應也〇大將軍何公司徒
袁公前後招辟使人曉喻云欲特表便可入踐常伯超補三事紆佩
金紫光國垂勲〇李善曰范曄後漢書曰大將軍何進司徒袁隗遣
人敦寔欲特表以不次之位寔謝使者應劭漢官儀曰侍中周官號
曰常伯選於諸伯言其道德可常尊也環濟要畧曰侍中古官或曰
風后爲黄帝侍中周時號曰常伯秦始復故三事已見郭有道碑文
漢書曰大司徒大司馬大司空皆金印紫綬李周翰曰特表謂獨出
常訓擢用之也常伯令之侍中也三事三公也紆繫佩帶也三公皆
帶金印繫以紫綬言此可以光國家垂大功也勲功也〇先生曰絶
望已久飾巾待期而已皆遂不至〇李善曰列子林類曰吾老無妻

子死期將至鈔曰中野人之服飾之待期而已也呂向曰不就所辟
而謂使者云絶仕官之望已久今但愁飾衣服待期而終至赴也〇
弘農楊公東海陳公每在衮職羣寮賀之皆舉手曰潁川陳君絶世
超倫大位未躋慙於臧文竊位之負〇李善曰范曄後漢書曰太尉
楊賜司徒陳耽每拜公卿羣寮畢賀賜等常歎寔大位未登愧於先
之衮職謂三公也周礼曰三公自衮冕而下論語子曰臧文仲其竊
位者與知栁下恵之賢而不与立之鈔曰尒雅躋升也音決衮古本
反寮力彫反躋子兮反張銑曰舉手謂指麾而言也躋登也臧文仲
爲魯大夫知栁下恵賢而不舉之孔子以爲竊位故楊陳二公慙負
此名也〇故時人高其德重乎公相之位也〇音決相息亮反陸善

經曰言重公相之位思以居其人也〇年八十有三中平三年八月
丙午遭疾而終臨没顧命留葬所卒〇李善曰范曄後漢書中平靈
帝年號也孔安國尚書傳曰臨終之命曰顧命也劉良曰顧命謂遺
令也留葬所卒謂遺令葬於所卒之地不歸本屬故也〇時服素棺
椁財周櫬喪事唯約用過乎儉〇李善曰周易曰象過乎哀用過乎
儉鈔曰櫬親身棺也音決椁音郭櫬楚陣反過古卧反呂延濟曰財
纔也〇群公百寮莫不咨嗟巖藪知名失聲揮涕〇李善曰礼記曰
内人行哭失聲家語曰公父文伯卒敬姜曰無揮涕王肅曰揮流涕
以手揮之也〇將軍予祠錫以嘉謚〇李善曰范曄後漢書曰何進
遣使予祭令案鈔陸善經本將上有大字〇曰徵士陳君稟嶽瀆之

精苞靈曜之純〇李善曰孝經援神契曰五嶽之精雄聖四瀆之精
仁明又鉤命決曰五嶽吐精宋均曰吐精生聖人也靈曜謂天也尚
書緯有考靈曜李周翰曰靈曜謂天地也純和也〇天不憖遺老俾
屏我王〇李善曰左氏傳孔丘卒公誄之曰旻天不弔不憖遺一老
俾屏余一人以在位鈔曰毛詩十月之交詩曰不憖遺一老俾守我
王鄭玄憖者心不欲强之詞也言書將缺在位之人與之去無留衛
守我王也杜預左傳注曰憖且也音決憖魚靳反屏必井反李周翰
曰憖傷也俾使也遺老老臣也言上天不傷惜此老臣使屏弃我天
子而死也〇梁崩哲萎于時靡憲〇李善曰礼記曰孔子早作負手
曳杖逍遥於門歌曰泰山其頹乎梁木其壞乎鈔曰鄭玄礼記注曰

梁木衆木之所依也哲人亦衆人之所仰依以上二句喻之萎病也
詩曰無木不萎也音決萎於危反李周翰曰孔子將卒而自歌曰梁
木其壞乎哲人其萎乎壞則崩也哲智萎死也靡無憲法也言智人
既死於今時無可以爲法則也〇搢紳儒林論德謀跡謚曰文範先
生〇李善曰漢書有儒林傳〇傳曰郁郁乎文哉〇李善曰論語文
也〇書曰洪範九疇彝倫攸叙〇李善曰尚書箕子謂武王曰天乃
錫禹洪範九疇彝倫攸叙也鈔曰孔安國尚書注曰天與禹洛出書
也神龜負文而出列背有數至於九禹遂因而第之以成九類故常
道所以順叙也洪大範法也〇文爲表德範爲士則存誨没號不亦
宜乎〇呂向曰言存亦以文範教誨於人而没後亦以爲號亦爲宜

也陸善經曰言存務誨物故沒有美号也〇三公遣令史祭以中牢
音決令力政反陸善經曰中牢羊豕也〇刺史敬弔太守南陽曹府
君命官作誄曰赫矣陳君命世是生〇李善曰廣雅曰命名也李陵
書曰信命世之才張銑曰赫盛也〇含光醇德爲士作呈〇李善曰
孔安國書傳曰醇粹也毛萇詩傳曰呈法也劉良曰醇厚也〇資始
旣正守終又令〇李善曰周易曰萬物資始史說祭公謀父曰犬戎
率舊德而守終純固鈔曰呈法也言含其光華復有醇美之德堪爲
世上之法則也音決醇音淳五家令平聲叶韻陸善經曰資始資生
之始謂立身也令案鈔五家本呈爲程〇奉礼終沒休矣清聲〇音
決聲協韻音聖李周翰曰奉礼終沒謂奉先聖礼教存約儉而葬也

休美也〇遣官屬掾吏前後赴會刊石作銘〇呂向曰刊刻也〇府
丞與比縣會葬荀慈明韓元長等五百餘人〇李善曰范曄後漢書
曰荀爽字慈明獻帝拜爲司空又曰韓融字元長獻帝初官至太僕
音決掾以絹反下同刊音看比音毗〇緦麻設位哀以送之〇李善
曰喪服傳曰緦者十五升布鄭玄曰謂之緦者總細絲也孝經曰哀
以送之音決緦音思〇遠近會葬千人以上河南尹种府君臨郡〇
李善曰謝承後漢書曰劉昞頴川人也河南尹种拂嘗來臨郡昞爲
主簿迎之拂到官深敬待之然种府君即拂音決上時兩反种直中
反陸善經曰謝承後漢書种府君名拂种暠之子种與仲同今案陸
善經本無尹字張銑曰河南尹种拂也〇追歎功德述錄高行以爲

遠近鮮能及之〇劉良曰遠近古今也鮮少也〇重部大掾以時成
銘〇鈔曰毛詩曰高山仰之景行行之毛傳景明也言古人有高德
者仰則慕之有明行者明而行之音決行下孟反鮮思輦反重直用
反呂延濟曰言重使郡內大掾爲銘也〇斯可謂存榮沒哀死而不
朽者已〇李善曰論語子貢曰夫子其生也榮其死也哀不朽已見
郭有道碑〇乃作銘曰峨峨崇嶽吐符降神〇李善曰上林賦曰南
山峨峨毛詩曰維嶽降神生甫及申李周翰曰五岳之精吐其符應
降其神靈乃先生也〇於皇先生抱寶懷珍〇鈔曰於歎美之辭音
決於音烏呂向曰於皇歎美之辭也寶珍喻道德也〇如何昊穹旣
喪斯文〇李善曰論語子曰文王旣沒文不在茲乎天之將喪斯文

也後死者不得與斯文也音決喪息浪反張銑曰昊穹天也斯文謂
先生也謂其有文德故也〇微言圮絕來者闇聞〇李善曰微言已
見郭有道碑文序幽通賦曰將圮絕而罔階音決圮步美反劉良曰
微言道也圮毀也來者謂後人也曷何也〇交交黃鳥爰集於棘〇
李善曰毛詩國風文也喻仕於亂時也呂延濟曰交交小貌黃鳥詩
篇名哀三良也言其貌小集於棘林得其所也喻人以壽終亦得所
也〇命不可贖哀何有極〇李善曰毛詩曰如可贖兮人百其身鈔
曰毛詩注曰如此奄息之死可以他人贖之者人皆百身謂一身百死
猶爲之惜善人之甚也音決贖時燭反李周翰曰言人命有分一死
不可復生不可以重寶財物以贖取生人哀何有窮盡也

褚淵碑文一首 并序

王仲寶○李善曰蕭子顯齊書曰王儉字仲寶琅邪人也幼
專心篤學手不釋卷爲中書監卒也鈔曰仲寶與淵同事齊高帝受
事淵死儉乃爲之作碑也音決儉齊太尉○夫太上有立德其次有
立功此之謂不朽○李善曰左氏傳曰穆叔如晉范宣子逆之問焉
曰古人有言曰死而不朽何謂也穆叔對曰豹聞之太上有立德其
次有立功其次有立言雖久不廢此之謂不朽也鈔曰太上第一也
杜預左傳注曰堯舜黄帝立德也禹稷立功也張銑曰太上謂上古
有道之君也○所以子產云亡宣尼泣其遺愛隨武既没趙文懷其
餘風於文簡公見之矣○李善曰左氏傳曰子產卒仲尼聞之出涕
曰子產古之遺愛也毛詩曰人之云亡礼記曰趙文子與叔譽觀乎
九原文子曰死者如可作吾誰與歸叔譽曰其陽處父乎文子曰我
則隨武子乎利其君不忘其身謀其身不遺其友鄭玄曰武子士會
也食邑於隨既没見蔡伯喈郭有道碑文序魏志太祖曰脉到此州
嘉其餘風也鈔曰言公没後亦見有泣遺愛懷餘風之人劉良曰鄭
子產卒國人皆泣孔子聞之曰子產古之遺愛也此孔子但歎之不
泣之也文云泣者增飾之也隨武子趙文子並晉大夫也隨武子卒
葬於九原之上而礼原諸大夫卒者皆同葬於此趙文子與叔譽遊
於九原文子曰我則與隨武子也此則趙文懷其餘風也言於彥回
之德亦如此二君故云見之矣○公諱淵字彥回河南陽翟人也微

子以至仁開基宋啟以功高命氏○李善曰史記曰微子開者殷帝
乙之首子紂之庶兄武王崩成王少武庚作乱成王命誅武庚乃命
微子開代殷後國于宋微子故而仁賢及代武庚故殷餘民甚戴愛
之左氏傳曰魯季武子如宋褚師段逆之杜預曰段共公子子石也
褚師市官也命氏已見蔡伯喈郭有道碑文序鈔曰褚氏承宋後周
封微子於宋也宋段共公之子名段字子石爲褚師褚謂財帛囊也
使段主之因以爲氏音決猳大歷反呂延濟曰宋段宋共公子爲褚
師以功高因官命氏遂爲褚氏也陸善經曰王僧孺百家譜云宋恭
公子石食菜於褚其德可師因而氏焉○爰逮兩漢儒雅繼及○李
善曰漢書曰褚大通五經爲博士謝承漢後書曰褚䂮字叔齋陳留
尉氏人傳聞廣見聰明智達李周翰曰爰於逮及也繼及謂相繼不
絶也陸善經曰史記有褚先生○魏晉以降奕世重暉乃祖太傅元
穆公○李善曰魏代褚氏未聞晉中興書曰褚裒字季野侍中衛將
軍薨贈太傅元穆侯也鈔曰降下奕連也葉代也暉光也言魏晉以
下連代重其輝光也晉書河南褚氏錄褚氏之先出自宋大夫褚師
自晉已來有褚姓即淵後也音決重直恭反呂向曰魏之大臣無褚
氏蓋有者當職位稍卑故史傳不載矣陸善經曰百家譜晉初有褚
䂮平東將軍○德合當時行比州壤○李善曰魏書曰陳寔德冠當
時莊子曰行比一鄉也音決行下孟反比音鼻張銑曰言其德行高
比之州壤之間爲最也○深識臧否不以毀譽形言○李善曰毛詩

曰於乎小子未知臧否論語子曰吾於人誰毀誰譽如有可譽其有
所試毛詩序曰情動於中而形於言劉良曰臧善否惡也毀者以惡
言談人譽者以善事説人言穆公則此事不見於言也形見也○亮
釆王室毎懷沖虚之道○李善曰尚書舜曰使宅百揆亮釆惠疇老
子曰大滿若沖字林曰沖猶虚也鈔曰小安國尚書傳曰亮信也呂
延濟曰釆事也沖虚謂虚懷接士也○可謂婉而章志而晦者矣○
李善曰左氏傳君子曰春秋之稱微而顯志而晦婉而成章鈔曰杜
預左傳注曰志記晦亦微也婉曲也謂屈曲其辭有所避諱以示大
順而成篇章也音決婉於阮反李周翰曰婉曲章明也言屈曲行物
而能明其政事有其明志而不自預故云晦也今案陸善經本章上

有成字○自茲厥後無替前規建官惟賢軒冕相襲○李善曰尚書
曰建官惟賢管子曰先王制軒冕足以著貴賤劉歆移太常博士曰
聖帝明王累起相襲也鈔曰自從也茲此也厥其也言從此穆公之
後無替廢前代之規摹也尚書曰建官惟賢孔安國曰立官以官賢
才也音決替他計反冕音勉○公稟川嶽之靈暉含珪璋而挺曜○
李善曰川嶽之靈已見蔡伯喈陳太丘碑文序礼記曰珪璋特而達
也鈔曰此皆並美喻也音決稟布錦反呂向曰川嶽皆聖靈之精也
珪璋美玉也挺出也曜光也○和順内凝英華外發○李善曰礼記
曰和順積中而英華外發張銑曰凝止也内謂心思也外謂言語形
貝也○神茂初學業隆弱冠○李善曰礼記曰人生廿曰弱冠音決

冠古亂反劉良曰言功神氣俊茂在於初學之年學業至盛在於弱
冠也初學謂年十歲也陸善經曰初學謂七歲就傳也業謂經術德
業○是以仁經義緯敦穆於閨庭○李善曰張升白鳩頌曰經仁緯
義王隱晉書曰氾勝之穆敦九族蔡雍何休碑曰孝友盡於閨庭音
決緯音謂呂延濟曰言其以仁義爲經緯也敦重親穆於閨庭之間
也○金聲玉振寥亮於區寓○李善曰金聲玉振已見上文鄭玄礼
記注曰振猶動也孟子曰孔子之謂集大成者也集大成也者金聲
玉而振之東京賦曰區寓乂寧音決寓音宇李周翰曰金玉聲振喩
名譽高也寥亮聲高貝區宇猶天下也○孝敬淳深率由斯至盡歡
朝夕人無間言○李善曰毛詩序曰成孝敬袁宏竹林名士傳曰山

濤淳深慎嘿礼記孔子曰啜菽飲水盡其歡斯之謂孝論語子曰孝
哉閔子騫人不間於其父母昆弟之言鈔曰孔安國論語注曰不得
有非間之言音決間於莧反呂向曰父子兄弟和穆盡歡而人之讒
言難以相間者也○逍遥乎文雅之囿翺翔乎礼樂之圃○李善曰
劇秦美新曰遥集乎文雅之囿翺翔乎礼樂之場鈔曰漢書司馬相
如上林賦曰遊於六藝之囿翺翔乎書圃音決翺五高反○風儀與
秋月齊明音徽與春雲等潤○張銑曰徽美也言德音既善必潤於
物故比之春雲也○韻宇宏深喜愠莫見其際○李善曰晉中興書
曰衛玠終身不見其愠喜袁宏竹林名士傳曰山濤莫見其際音決
愠於問反劉良曰韻宇猶器量也愠怒也際涯畔也○心明通亮用

人必於循己○李善曰王命論曰見善如不及用人如用己呂延濟
曰晃信也用人己言也今案陸善經本明爲期○汪汪焉洋洋焉可
謂澄之不清撓之不濁○李善曰范曄後漢書曰郭林宗少游汝南
先過袁閬不宿而退進往從黄憲累日方還或問林宗林宗曰奉高
之器譬諸汎濫雖清而易挹叔度汪汪若萬頃陂澄之不清清之不
濁不可量也音決撓女絞反李周翰曰汪汪洋洋水深大貌以比其
德深廣也撓攪也○袁陽源才氣高奇綜覈精裁○李善曰沈約宋
書曰袁陽源少有風氣遷尚書吏部郎臧榮緒晉書曰呂安才氣高
奇又曰荀顗綜核名實風俗澄一范曄後漢書左朱零曰范滂精裁
猶以利刃斷腐朽音決覈何革反裁才載反呂向曰袁陽源時爲吏
部郎言其主司理考人士才器精覈體裁言將選公爲駙馬以尚公
主陸善經曰宋書袁淑字陽源○宋文帝端明臨朝鑒賞無昧○李
善曰鶡冠子曰所謂命者靡不在君也君也者端神明也者神明者
以人爲本者也鈔曰文帝義隆也端正也鑒照也昧暗也言照之無
有暗昧也音決朝直遥反下同○袁既延譽於遐迩文亦定婚於皇
冢○李善曰國語曰使張老延君譽于四方鈔曰言袁延譽諸公於
遐迩謂浏取文帝妹張銑曰言文帝定婚欲以公主妻公也○選尚
餘姚公主拜駙馬都尉○李善曰蕭子顯齊書曰浏少有世譽復尚
公主音決姚音遥駙音附○漢結叔高晉姻武子方斯蔑如也○李
善曰三輔決録曰平陵竇氏近者叔高以經術稱擧虞曰叔高名玄

以明經爲郡上計吏朝會數百人叔高儀狀絶衆天子異其貌有詔
以公主妻之出朝同輩嘲笑焉叔高時以自有妻不敢以聞方欲迎
妻與決未發而詔叔高就第成婚王隱晉書曰王武子少知名有俊
才尚武帝姊常山公主鈔曰言已上人方比之皆蔑如也○釋褐著
作佐郎轉太子舍人濯纓登朝冠冕當世○李善曰楚辭曰滄浪之
水清可以濯我纓音決褐何葛反著丁慮反下同呂延濟曰濯纓謂
洗濯其冠纓以清絜登朝而事天子也冠冕在首者喻其道德爲當
代之首也○升降兩宮實惟時寶○李善曰陸機謝内使表曰官成
兩宮尚書曰所寶惟賢鈔曰兩宮謂上臺及東宮也李周翰曰升降
謂上下也兩宮謂天子太子入天子宮則爲上入太子宮則爲下也
○具瞻之範既著台衡之望斯集○李善曰毛詩曰赫赫斯尹民具
尒瞻春秋漢含孳曰三公在天法三能台與能同毛詩曰實惟阿衡
左右商王鈔曰台鼎也衡阿衡之任也太宰新安王千時爲司徒彦
回爲其下長史音決台他來反呂向曰具瞻台衡並宰相之位也範
法著盛也陸善經曰言少而有公輔之才望也○忝參太宰軍事入
爲太子洗馬俄遷秘書丞贊道槐庭司文天閣○李善曰周礼曰面
三槐三公位焉晉令曰秘書郎掌三閣經書張銑曰贊佐也槐庭三
公位也謂爲太宰參軍是爲佐道也司主也言主文史之任於天禄
之閣也天禄書閣名謂爲秘書丞也○光照諸侯風流籍甚○李善
曰韓書外傳曰爲人君者刖顧以爲臣名照諸侯天下願焉習鑿齒

晉陽秋曰王夷甫樂廣俱宅心事外言風流者稱王樂焉漢書曰陸
賈遊漢庭公卿間名聲籍甚鈔曰籍甚猥藉甚盛也劉良曰言其風
美之聲流下人天下甚多也籍甚言多也○以父憂去職○李善曰
蕭子顯齊書曰渕父湛之驃騎將軍○哀過乎哀幾將毀滅有識留
感行路傷情○李善曰周易曰傷過乎哀孝經曰毀不滅性說苑雍
門周說孟嘗君曰有識之士莫不為足下寒心酸鼻論衡曰行路之
人皆能論之音決喪息浪反過古卧反幾音祈呂延濟曰幾近留感
消多感也○服闋除中書侍郎王言如絲其出如綸○李善曰礼記
曰王言如絲其出如綸鈔曰漢書音議如淳曰凡言者除故官就新
官音決闋苦穴反○恪居官次智效惟穆○李善曰左氏傳閔子馬

曰敬恭朝夕恪居官次莊子曰智効一官陸善經曰穆敬也李周翰
曰中書侍郎掌知天子詔令宣之於外言王言初出如絲之細宣布
於外如綸之大也綸麁綵也○于時新安王寵冠列蕃越數邦教毗
佐之選妙盡國華○李善曰沈約宋書曰始平孝敬王子鸞字孝羽
孝武帝第八子也初封新安母殷淑儀寵傾後宮子鸞愛冠諸子凡
為上所盼遇者莫不入子鸞府國子鸞兼司徒進號撫軍將軍尚書
曰司徒掌邦教敷五典國語季文子曰吾聞以德榮為國華韋昭曰
以德榮顯者可以為國光華也音決冠古翫反呂向曰冠出也列蕃
謂諸王也越猶將也敷布邦國也毗輔也國華謂英賢也○出為司
徒右長史轉尚書吏部郎執銓以平御煩以簡○李善曰說文曰銓

衡也晉起居注太康四年詔曰選曹銓管人材音決長丁丈反銓七
全反○裴楷清通王戎簡要復在於茲○李善曰臧榮緒晉書曰裴
楷字叔則河東人也為尚書郎吏部郎缺太祖問其人於鍾會會曰
裴楷清通王戎簡要皆其選也是以楷為吏部郎音決楷苦駭反要
於縣反張銑曰晉朝裴楷王戎並為吏部郎清而能通簡而知要言
二君美跡復存於此也○泰始之初入為侍中曾不移朔遷吏部尚
書是時天步初夷王塗尚阻○李善曰裴子野宋略曰壽寂之前廢
少帝延湘東王升御坐立為明帝又曰明皇帝即位改元曰泰始也
天步初夷謂始殺少帝也裴子野宋略曰江州刺史晉安王子勛作
乱蕭子顯齊書曰建安王休仁南討賊屯鵲尾洲渕詣軍選將帥

以下勲階毛詩曰天步艱難蔡雍劉寬碑曰統艾三事以清王塗鈔
曰毛萇詩傳云步行也鄭玄曰天行此艱難之娠久矣王云初夷之
𠎝至廢帝之時國有艱難之事初夷謂迎順帝也音決曾在登反劉
良曰不移朔謂不經一月也○元戎啓行衣冠未緝○李善曰荅賓
戲曰王塗蕪穢周失其馭元戎啓行謂安出征也毛詩曰元戎十乘
以先啓行衣冠謂朝士也范曄後漢書崔駰奏記曰宋光衣冠子孫
尒雅曰輯和也緝與輯同呂延濟曰天步謂天下也夷平塗道也元
戎兵車也啓行戰也衣冠朝儀也昞理也

元戎啟行衣冠未緝李善曰毛詩曰元戎十乘以先啟行音決行户郎反緝七入反呂延濟曰元戎兵車也啓行戰也衣冠朝儀也緝理也内贊謀謨外康流品制勝既遠涇渭斯明李善曰東觀漢記世祖榮曰前將軍劉禹与朕·謀謨帷幄李重集曰重為選部尚書其箴曰銓管八流品藻清濁孫子兵法曰水因地而制行兵因敵而制勝孫綽子曰戎問雅俗曰涇渭殊流雅鄭異調也音決勝尸證反李周翰曰贊助也謀謨謂謀議國事也康安也法流品百姓百官也制勝既遠謂平天下亂也涇渭猶分別也言分別功勳厚薄於此明矣賞不失勞舉無失德

績簡帝心聲敷物聽李善曰左氏傳隨武子曰楚君舉不失德賞不失勞崔駰武賦曰假皇天号簡帝心呂向曰有勞必賞有功必舉也張銑曰績功敷布也事寧領太子右衛率固讓不拜尋領驍騎將軍以帷幄之功膺庸祗之秩封雩都縣開國伯食邑五百户李善曰帷幄已見上文尚書王曰惟乃文考庸〻祗〻顯民漢書豫章郡雩都縣鈔曰漢書張良贊籌帷幄之閒音決率所律反驍古尭反幄於角反祗音之秩直栗反雩音于劉良曰事寧謂兵戈事寧也呂延濟曰帷幄謂為謀策也膺當庸用祗敬秩序也

言當用歆其大功有此次序故封以雩都伯也陸善經曰雩都今屬南安也

既東鮮梁之介又懷寢丘之志

李善曰國語曰惠王以梁予魯陽文子文子辭曰梁險而在遠懼子孫之有貳者也縱臣而得以其首領以沒懼子孫之以梁之臣之祀也乃與魯陽賈逵曰惠王楚昭王子梁楚北境魯陽文子楚平王之孫司馬子期之子魯陽公對子孫叔敖疾時死戒其子曰王亟封我矣吾不受也我死王則封汝々必無受利地楚越之間有寢之丘者此地不利而名甚惡楚人鬼之越人譏之可長有者唯此也孫叔敖死王果以美地封其子其子辭而不受請寢之丘與之至今不失也鈔曰漢書地理志寢應劭曰孫叔子所邑寢丘是也世祖更名固始音決分狀問反或為介適李周翰曰介謂孤介之節也言諸公能東懷此孤介之志也

所受田邑不盈百井

李善曰周礼曰畝百為夫々三為屋々二為井漢書曰井方一里李周翰曰屋三為井百井者今之九百頃地

久之重為侍中領右衛將軍盡規獻替均山甫之庸緝熙王旅無方叔之望

李善曰國語召康公曰天子聽政近臣盡規又史黯謂趙簡子曰夫事君者諫過而後賞善薦可而替不獻能而進賢毛詩曰袞職有闕維仲山甫補之又曰維清緝熙文王之典又曰王旅嘽嘽如飛如翰又曰方叔莅止其車三千音決重逐用反呂向曰獻替也止獻其可行之理廢其不可為之事也均同也庸功也仲山甫周之賢臣能補闕王事言諸公同仲山甫之功也緝熙光明也王旅天子之衆也方叔亦賢臣也言光明天子之衆

魚同方升之美望也丹楊京輔遠近攸則李善
曰漢書曰内史武帝更名京兆尹左内
史更名左馮翊主爵中尉更名右扶風
是為三輔毛詩曰商邑翼翼四方之極
鄭玄曰商邑之礼俗翼翼然可則効乃
四方之中正也張銑曰丹陽郡吳興
名京輔言近帝都也攸所也
襟帶寶惟股肱李善曰李尤函谷關銘曰衿帶

咽喉漢書曰李布為河東守上召布曰
河東吾股肱故時召君耳劉良曰吳興
郡名言在都之南如人衣之衿帶也股肱
謂手足也言此郡要害如人有手足也
頻作二守並加蟬冕李善曰蕭子顯齊書
曰尋遷散騎常侍丹楊尹出為吳興太
守常侍如故蔡雍獨斷曰侍中中常侍加
貂附蟬音決守音狩呂延濟曰頻作廿
楊吳興二郡太守蟬冕侍中冠也言在

任二郡皆入加侍中政以礼成民是以息李善
曰左氏傳郄至之辭已見蔡伯喈陳太
丘碑文序鈔曰左傳晉大夫郄至對楚
大夫子反曰以礼成民是以息也李周
翰曰人皆得其礼義之政人皆安息無
覺也明皇不豫儲后幼沖貽厥之
寄允屬時望李善曰沈約宋書曰太宗明皇帝諱彧又曰後

廢帝昱字德融明帝長子也泰始二
年立為皇太子太宗崩太子即位尚
書曰武王有疾弗豫謝承漢書曰孝
靈崩皇太子即位王上幼沖毛詩曰
貽厥孫謀以燕翼子鈔曰沈約宋書
曰太宗明皇帝諱彧字休炳文帝第
十一子鄭玄詩箋曰貽猶傳也音決
儲音除貽以而反呂向曰明皇宗明
帝也不豫言有疾也貽厥謂後嗣也
寄託允信屬在也言明帝有疾太子

幼小而從嗣之託信在時望欲使公輔少帝故也徵為吏部尚書領衛尉固讓不拜改授尚書右僕射端流平衡外寬內直李善曰賈子曰視有四則朝庭之視端流平衡韓詩外傳曰外寬內直蘧伯玉之行也音決射音夜張銑曰理有不政者端其條流事有不平者施以權權衡々平也言於事平如秤焉外謂言詞威儀內謂心慮也弘二八之高謩宣由庚而垂詠李善曰二八々元八愷也毛詩序曰由庚萬物得由其道也鈔曰由從也庚道也言万物並得從陰陽道理而生也音決謩音模劉良曰謩議也由庚詩篇名也太宗即世遺

命以公為散騎常侍中書令護軍將軍送往事居忠貞允亮李善曰太宗明帝也左氏傳荀息謂晉獻公曰公家之利知無不為忠也送往事居偶俱無猜貞也鈔曰太宗明帝廟号呂延濟曰即世謂崩也李周翰曰往謂明帝也居謂少主也允合亮信也秉國之均四方是維李善曰毛詩小雅文也鈔曰毛詩曰尹氏太師維周之氐秉國之均四方是維毛傳曰均平也言持國心之平維制四方也李周翰曰秉執均平政維繫也百官象物而動軍政不戒而備李善曰左氏傳隨武子曰為敖為宰百官象物而動軍政不戒而備鈔曰杜預左傳注曰物猶類也戒猶告令也呂向曰

象物祀也公之登太階而尹天下君子以爲美談焉猶孟軻致欣於樂正羊職悦賞於士伯者也李善曰孔融張儉碑曰精乎不登太階以尹天下致皇代於隆熈公羊傳曰魯人至今以爲美談孟子曰魯欲使樂正子爲政孟子喜而不寐公孫丑曰

奚爲喜曰其爲人也好善劉熈曰樂正姓也子通稱也名尅左氏傳曰晉侯賞桓子狄臣千室亦賞士伯以瓜衍之縣羊舌職悦是賞也鈔曰杜預左傳注曰職肸向父書決阿苦賀及張銑曰太階星三公位也尹正也言公爲政於天下而君子美之亦如魯欲使樂正子爲政孟軻喜而不寐言其好善而進賢也丁所生母憂謝職毀疢之

重困心則至李善曰蕭子顯齊書曰淵遭庶母郭氏喪葬畢起爲中軍將軍本官如故毛詩曰困心則友鈔曰尒雅曰丁當也高誘謝去也音決疢居又反陸善經曰齊書淵所生郭氏朝議以有爲〻之魯侯垂式存公忘私方進明準李善曰禮記曰子夏問曰三年之喪卒哭金革

之事無避也礼歟初有司歟孔子曰吾聞諸老聃曰昔者魯侯伯禽有爲〻之今以三年之喪從利者吾弗知也漢書曰翟方進字子威汝南人也爲丞相及母終既葬母六日除服起視事以爲身備漢相不敢踰國家之制也鈔曰鄭玄礼注曰伯禽周公子封於魯也今言欲奪褚淵之禮不令

曰楚卒乘輯睦事不奸矣音
決輯音集吕向曰戎政軍陣
之法也輯集
也睦和也
既而齊德
龍興順皇高禪
李善
曰沈
約宋書曰順帝諱准字仲謀明
帝第三子廢帝殞奉迎入居朝
堂即位後四年禪位于齊帝遜
于東邸孔安國尚書序曰漢室

龍興張銑曰齊太祖姓蕭諱道
成受宋禪即皇帝位也
深達先天之運匡贊
奉時之業
李善曰周易
曰大人者與
天地合其德先天而天弗違後
天而奉天時劉良曰匡正贊佐也
弼諧允正徽猷弘遠

李善曰尚書曰允迪厥德謨明
弼諧毛詩曰君子有徽猷小人
與屬鈔曰徽美也猷道也弘大也
言其徽美之道弘大廣遠也吕
延濟曰弼輔
諧和允信
樹之風聲著
之話言
李善曰左氏傳君
子曰古之王者並
建聖哲樹之風聲著之話言鈔
曰杜預左氏傳注云話善為作善

言遺戒也音決著丁
慮反五家話胡化反
糸猶禝
契之匡處虞夏荀裴
之奉魏晉
李善曰臧榮
緒晉書曰裴
季字李彥河東人也常道鄉公
左與議定策遷尚書僕射及
世祖受禪進左光祿大夫鈔
曰旬攸字公達或從子也魏志

曰太祖表封亭侯轉為中軍師魏國初建為尚書令為汝南太守入為尚書太祖素聞攸名與語太悅音決契思列及裴步同四反呂向曰稷契二臣名佐舜禹以致和平之化魏臣荀攸為尚書令晉臣裴秀為左光禄大夫並有大功於國也陸善經曰晉書云荀顗為侍中武帝受禪遷司空

自非坦懷至公求鑒崇替李善曰國語藍尹亹謂子西曰吾聞君子唯居思念前世之崇替於是乎有歎韋昭曰崇終也替廢也音決坦太但反張銑曰坦平也監視崇興也今案五家本鑒為監也**孰能光輔五君寅亮**

二代者哉李善曰左氏傳曰楚屈建語康王晉范會之德康王曰神人無怨宜夫子之光輔五君以為諸侯主也五君宋文明順齊高武猶未立蓋終言之尚書曰三孫寅亮天地鄉余一人鈔曰二代即宋齊也張銑曰寅敬亮信也**大啓南康爰登中鉉時膺**

土宇固辟邦教李善曰蕭子顯齊書曰建元元年進位司徒侍中中書監如故改封南康郡邑三千戶洌國讓司徒毛詩曰大啓爾宇周易曰鼎金鉉鄭玄曰金鉉喻明道能舉君之官職也鄭玄尚書注曰鼎三公象也音決鉉胡犬反劉良曰封南康郡公故云大啓南康中鉉則司徒之位也膺受也時受土宇

音決重文用反下同劉良曰罕布也言布用者寬而中也故能騁績康衢延慈指后義在資敬情同布衣李善曰登樓賦曰假高衢而騁力劉鄭昵郊祀賦曰伊皇母以延慈孝經曰資於事父以事君而敬同晉中興書庾亮上疏曰先帝謙顧

情同布衣呂延濟曰績功也康衢道路也延招也指聖后君也資用也言能騁功於道路招慈愛於聖君義在用謹敬之心与君相親如布衣之交也陸善經曰言為齊高祖所任遇也資敬事父之敬以事君也同布衣捨君臣之礼也出陪鑾躅入奉惟殿仰南風之高詠

飡東野之秘寶李善曰家語曰舜彈五絃之琴造南風之詩東野未詳一曰雒書零准聽曰顧命云璿球河圖在東杼璠球寶器河圖命紀圖帝王終始存亡之期典引曰御東序之秘寶然野當為杼〻古序字也以是圖緯故曰食音決陪步田反躅直欲反飡七于反呂延濟曰出則陪帝居跡入則奉帝惟殿也

鑾天子法駕也躅跡也李周翰曰舜彈五絃之琴以韻南風之詩言其仰奉明君如仰舜德故也飡猶美也領命六天球河圖在東序此寶器也帝王美瑞故致在東序也言美聖明之時故託美此寶野當為序此云野者當書寫之悞也雅議於聽政之晨披文於宴私之夕

李善曰禮記曰君日出視朝退適路寢聽政王廣思逸賦曰左披文以覽話講六藝之宏數毛詩曰諸父兄弟備言燕私呂向曰雅正也披文謂與天子作文章也宴私為去臣禮也

眾以酒德間以琴心

李善曰劉劭有酒德頌列仙傳曰涓子作琴心三篇音決間古莧反張銑曰眾雜也陸善經曰劉靈作酒德頌

曖有餘暉遙然留想君垂冬日之溫臣盡秋霜之戒

李善曰劉折子曰為君者若冬日之陽夏日之陰周易曰履霜堅冰至鈔曰左氏傳賈季曰趙衰冬日之日趙盾夏日之日杜預曰冬日可愛夏日可畏音決曖音愛劉良曰曖光也餘暉謂天子恩光及之遙遠也留想謂遙想安危之理君臣相戒也冬日之溫謂君恩及之柔和以愛之也秋霜謂蒙天子寵弥加畏懼如對秋霜凜然也陸善經曰秋霜言如履霜也

肅〻焉穆〻焉於是見君親之同致知在三之如一

李善曰國語武公伐翼殺哀侯止欒共子曰苟無死吾以子見天子令子為上卿辭曰成聞之人生於三事之如一父生之師教之君食之生非食不長非教不智生之族也故一事之唯其所在則致死焉鈔曰孝經曰資於事父以事君而敬同鄭玄曰資者人之行也愛愛不同也呂延濟曰肅〻敬也穆〻美也言臣敬其君〻美其臣也於是見其人事君事親愛敬同也三事如一謂親生之師教之君食之非食不生非教不成雖在三如一也矣

太祖升遐綢繆遺寄李善曰蕭子顯齊書曰太祖崩遺詔以渕錄尚書事禮記曰天王崩告喪曰天王登遐西征賦曰武皇忽其升遐鈔曰太祖齊太祖蕭道成也鄭玄升上遐已也李周翰曰升遐天子崩也避言其死故言升遐若仙升而遠遊者也綢繆密意也遺寄謂遺詔託公後事以輔帝室也以侍中

司徒錄尚書事稟玉几之顧奉綴衣之礼李善曰尚書顧命曰皇后憑玉几道揚末命又曰出綴衣於庭越翼日王崩鈔曰孔安國尚書注曰綴衣幄帳也復設幄帳象平生所為用也音決稟布錦反呂向曰周成王將崩命呂公畢公將顧託後事王憑玉几以告命焉綴衣幄帳也言褚公羣后既退徹出

幄帳于庭也亦奉此礼以輔少帝也稟受也今案陸善經本以下有為字撣皇齊之令典致聲化於雍熙李善曰左氏傳隨武子曰為敖為宰撣楚國之令典東京賦曰上下共其雍熙鈔曰熙廣也雍和也音決令力政反內平外成實昭舊職李善

曰左氏傳太史克曰舜舉八元布五教于四方內平外成劉良曰內執權衡以平外則奉成其政實所謂不曠其官昭明舊職者也增給班劍卅人李善曰晉公卿礼秩曰諸公給虎賁廿人持班劍焉物有其容徽章斯允位尊而礼卑居高而思降

李善曰左氏傳臈夫屠蒯曰事有其物〻有其容鈔曰杜預左傳注曰容皃也允合也音次思音四呂延濟曰徽美章明也言其能脩行礼物皆有容故美道明德於此信矣又位尊志滿而能畢礼於人居高慮危心思退下謂欲告病而歸矣

自夏徂秋以疾陳退朝廷重違讓光之音用申超世之尚

李善曰周易曰讓尊而光卑而不可踰晉起居注安帝詔曰今惟順所執以申超世之美音次夏胡駕反朝直遙反下同李周翰曰陳請也言以疾病請退歸也朝廷謂天子也重難也自意也言公請退位而天子難違讓光之意故用申超世高尚之事遂其所請也

改授司空領驃騎大將軍侍中録尚書如故

李善曰蕭子顯齊書曰淵寢疾上相星連有變淵夏髮之表遜位乃改授司空領驃騎將軍侍中録尚書如故呂向曰言以此官退歸也

景命不永大漸弥留

李善曰蔡雍楊公誄曰功成化洽景命有傾尚書曰降年有永有不永又曰疾大漸惟幾病曰臻既弥留鈔曰孔安國尚書注曰已久留言無瘳也張銑曰景大永長長也大漸弥留謂病甚也

建元四年八月廿一日薨于第春秋卌有八昔柳莊疾棘衛君當祭而輟礼

李善曰礼記衛有太

史曰柳莊疾寢公曰若疾革雖當祭
必告也公再拜稽首請於尸曰臣有
柳莊也非寡人之臣社稷之臣聞之
死請往不釋服往遂以襚之鈔曰逵
先齊太祖年号也鄭玄礼記注曰革
急也急吊賢也革九力反音决亟古
力反劉良曰棘戚也
令棄音决棘為亟也
晏嬰既往
齊君趍車而行哭
李善曰晏子曰齊景
公遊於菑晏子死公繁駔而馳自以
為遲下車而趍知不如車之駃則又
乘也比至國四下而趍至則伏尸而
哭曰百姓誰復告我惡邪鈔曰韓子
云齊景公遊少海聞晏子疾使韓樞
御而歸以御行遲奪而代御以馬不
駃下車而走也
公之云亡聖朝震、
悼於上羣后恇慟於下

豈唯哀纏一國痛深一主
而已哉
李善曰鄭玄礼記注曰恇
怯也言万國同感感豈柳
莊平仲事止一國一主而已哉李蕭
遠運命論曰區區於一主歎息於一
朝鈔曰王逸注楚詞恇恇惶遽之皃
音决恇音匡呂延濟曰聖朝天子震
動也群后謂百官諸侯也恇怯也言
諸公云亡天子驚悼於上百官及天
下諸侯皆怯動於下豈如柳莊晏嬰哀
纏一國痛深一主而已也
追贈太宰侍中錄尚書公
如故給節羽葆鼓吹增
班劍為六十人謚曰文簡
礼也
音决葆音保吹昌瑞反李周
翰曰節信也貴臣行者以執

之羽葆以鳥毛為幢隨柩之儀飾也
班劒木劒無刃假作劒形畫畫之以
文故曰班也陸善
經曰公謂司徒

夫乘德而
處万物不能害其貞

李善
曰莊子曰夫乘道德而浮遊則不然
无譽无訾浮遊乎万物之祖物物而
不物於物則胡可得而累邪音决處昌呂
反呂向曰乘挾也言人挾守其德以
處於時則万物不
能害其貞之心也

虛己以遊當
世不能攖其度

李善曰莊子
曰方舟而濟
於河有虛舟來觸舟雖有惼心之人不
能怒人虛己以遊於世其孰能害之音
决攖而沼反張銑曰虛己謂自下其身
而進於代則當代之人何能亂其度量
矣攖
亂

均貴賤於條風亡榮
辱於彼我

李善曰淮南子曰夫
貴賤之於身也猶條
風之時麗也毀譽之於己猶民虫之
一過也高誘曰麗過也莊子肩吾問
於孫叔敖曰子三為令尹而不榮華
三去之而無憂色何也孫叔敖曰不
知其在彼乎其在我乎其在彼邪亡
乎我其在我邪亡乎彼何暇
至乎人貴人賤哉鈔曰春秋孝異郵曰
八風距曰冬至卅五日條風者達生
也道經曰寵辱若驚河上公曰身寵
亦驚身辱亦驚寵者尊榮辱者恥及
其身也劉良曰條風東北風也淮南
子云貴賤之於身也猶條風之時過
也言不常也心忘其榮辱者則不以
彼辱為辱為不以我榮為榮言齊也

然後可兼善天下聊以卒
歲

李善曰孟子曰古之人窮故獨
善其身達則兼善天下者也家

語孔子歌曰優哉游哉聊以卒歲劉良曰卒終也經始圖
終式免祇悔誰云克備
公實有焉李善曰潘岳家風詩曰經始圖終背宇甞
丘周易曰無祇悔音決祇臣支反呂
延濟曰經理圖謀式用祇大克能也
言理事於始謀身於終用免大悔者
誰云能備於此事諸公實有之也陸

善經曰悔過也言當禪代之際忘心於貴賤乃能免偶也是以義
結君子恩沾沾庶類言象
所未形述詠所不盡李善曰國語曰夏禹
能單平水土以品處庶類者也謝慶緒
荅郄敬書曰至理深玄非言象所喻鈔
曰周易有文言有象也呂向曰庶衆也
呂向曰庶衆也之美德言而狀之者

非所能見也述而詠之者非所能盡也故吏某甲等
感逝川之無舍哀清暉之
眇默李善曰論語子在川上曰逝者如斯夫不捨晝夜傳咸贈
何劭王濬詩曰二離揚清暉鈔曰論
語苞氏注曰逝往也言凡往者如川
之流音決舍音捨張銑曰感流川曰
夜不捨然如人命一盡不生也清暉

儀形也眇默言永從幽冥不復見見也陸善經曰眇默言無象也
飡輿誦於丘里瞻雅詠於
京國李善曰左氏傳曰子產為政輿人誦之子產若死其誰嗣
之劉良曰飡聽也輿誦謂輿臺賤者
之言也丘里田里之間也雅詠謂韻
其德音之聲也思衛鼎之垂文想

晉鍾之遺則 李善曰禮記衛孔悝之鼎銘曰公曰叔舅予與汝銘若纂乃考服國語晉悼公曰昔克路之役秦來圖敗晉功魏顆以其身却退秦師于輔氏親止杜回其勳銘于景鍾韋昭曰景鍾景公鍾也呂延濟曰衛大夫孔悝有大功銘之於鼎垂文則銘之字也則法也

方高山而仰止刊玄石以表德其辭曰 李善曰毛詩曰高山仰止稱衛顏子碑曰乃刊玄石而終之李周翰曰言故吏部仰公之德比之高山而仰之刊刻也玄者石之色也表見也

辰精感運昴靈發祥 李善曰尒雅曰大辰房心尾也王逸楚辭注曰辰星房星也春秋 命苞曰殷紂之時五星聚房房者蒼神之精周據而興蒼木德故曰辰精春秋佐助期曰漢將蕭何昴精生於豐逌於制度鈔曰毛詩曰長從其祥呂向曰辰星生水也感運謂蒼 何稟昴星而生蒼帝則蕭 帝者欲明君臣相合 曰言蒼氏之將興而 也

元首惟明股肱惟良 李善曰言君感昏精而王故曰惟明臣感昴宿以生故曰惟良也尚書大傳曰元首明哉股肱良哉 元首君也股肱臣也張股肱即諸公也良善也

天鑒璿 李善曰言君能鑒璣七曜之道

踵武前王 武前王 詩曰天鑒在命既集尚 王衛以畜從與儕同 辭曰及前踵武音決 踵之重及劉曰踵繼武跡也前王謂先代明王也言鑒視七政之道繼跡先代之王也

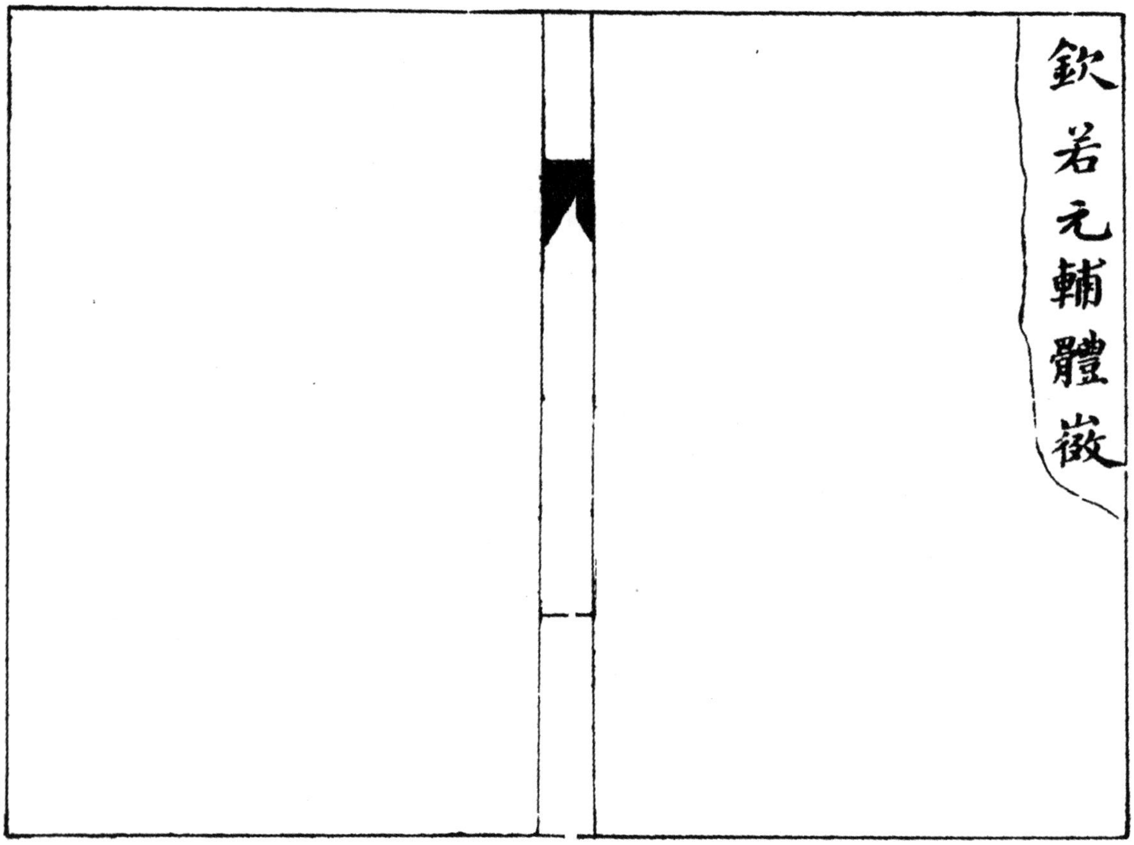
欽若元輔體嶶

文館詞林

提要

《文館詞林》四卷，唐許敬宗等編，清光緒八年（一八八二年）佚存叢書（日本林衡輯）木活字本。每半葉十行二十字，左右單邊，白口，單魚尾。原一千卷，殘存卷六六二、卷六六四、卷六六八、卷六九五。是書唐高宗顯慶三年（六五八年）編成，選錄自漢至唐太宗時代的詩文。就現存殘卷和《崇文總目》、《新唐書·藝文志》所著錄，其門類可知者有『詩』、『頌』、『碑』、『詔』、『敕』、『令』、『教』、『策』、『彈事』、『文士傳』等類。所選作品，雖略有見於史書、《文選》和唐人文集，但不見者十居八九。《日本國見在書目錄》曾著錄此書千卷，可見唐時此書已傳日本。

文館詞林卷第六百六十二

中書令太子賓客監修國史弘文館學士上柱
國高陽郡開國公臣許敬宗等奉　勅撰

太宗文皇帝伐遼手詔一首
漢武帝欲伐匈奴詔一首
答淮南王諫伐越詔一首
魏文帝論伐吳詔二首
魏常道鄉公伐蜀詔一首
西晉武帝伐吳詔一首
答杜預征吳節度詔一首

東晉明帝北討詔一首
東晉成帝北討詔一首
東晉安帝征劉毅詔一首
後魏孝文帝戒師詔一首
出師詔一首
後魏節閔帝伐爾朱文暢等詔一首
後魏孝靜帝伐元神和等詔一首
宋順帝西討詔一首
南齊明帝北伐纂嚴詔一首
梁武帝北伐詔一首
又北伐詔一首
北齊文宣帝征長安詔一首
西伐詔一首
後周武帝伐北齊詔二首

太宗文皇帝伐遼手詔一首

門下行師用兵古之常道取亂侮亡先哲所貴高麗莫離支蓋蘇文弒逆其主酷害其臣竊據邊隅肆其蜂蠆朕以君臣之義情何可忍若不誅翦遐穢無以懲肅中華今故欲巡幸幽薊問罪遼碣行止之宜務存節儉所過營頓無勞精飾食唯充飢不須珍膳水

可涉渡者無假造橋道路通行者不用修理御營非近州縣學生老人等無煩迎謁恐致勞擾弊於往來昔隋室淪亡其源可覩良由智略乖於遠圖兵士疲於屢戰政令失度上下離心德澤不加於匹夫刻薄彌窮於萬姓當此時也高麗之主仁愛其□仰之如父母煬帝殘暴其衆故衆視之如仇讎以思亂之軍擊樂安之卒務其功也不亦難乎何入水而惡其濡踐雪而求無跡朕緬懷前載撫躬內省昔受鉞專征提戈撥亂師有經年之舉食無盈月之儲軍之餘資朝不供夕至於賞罰之信尚非自決於心然猶所向

風靡前無[illegible]陳蕩氛霧於五岳翦豺狼於九野定海內拯蒼生使萎霜之草復含翠色將朽之骨重反豐肌然則行軍用兵之事皆億兆之所親見豈虛言哉及至端拱巖廓定策帷扆身處九重之內謀決萬里之外北殄匈奴種落有若摧枯西滅吐谷渾高昌易於拾芥苞絕漠而爲苑跨流沙以爲池黃帝不服之口唐堯不臣之域並皆委質奉貢歸風順軌然則崇威敬化之道此亦天下所共聞也況今豐稔多年家給人足餘糧栖畝積粟紅倉雖足以爲兵儲猶恐勞於轉運故多驅牛羊以充軍食人無裹糧之費衆有隨身之稟如斯之事豈不優於曩日加以躬先七卒親決六奇使攻無所守戰無所拒略言其數必勝之道蓋有五焉一曰以我大而擊其小二曰以我順而討其逆三曰以我治而乘其亂四曰以我逸而敵其勞五曰以我悅而當其怨何憂不剋何慮不摧可使布告元元勿爲疑懼耳

漢武帝欲伐匈奴詔一首

制詔朕飾子女以配單于金幣文繡賂之甚厚單于待命加嫚侵盜無已邊境被害朕甚閔之今欲舉兵攻之何如

答淮南王[illegible]諫伐越詔一首

皇帝問淮南王使中大夫王上書言事聞之朕奉先帝之休德夙興夜寐明不能燭重以不德是以比年凶災害衆夫以眇眇之身託于三侯之上內有飢寒之人南夷相攘使邊騷然不安朕甚懼焉今王深惟重慮明太平以弼朕失稱三代至盛統天接地人迹所及咸盡賓服藐然甚慙嘉王之意靡有所終使中大夫助論朕意告王越事

魏文帝論伐吳詔二首

制詔昔軒轅不爲涿鹿之師則蚩尤之妖不滅唐堯不興丹水之陳則南蠻之難不平漢武不行呂嘉之罰則橫浦之表不附光武不加囂述之誅則隴蜀之亂不清故曰非威不服非兵不定孫權小醜憑江恃暴臣有外心凶頑有性故奮武銳順天行誅驍驍龍驤猛將武步或修勾踐潛涉之□頑或圖韓信夏□之誑愚接舡以水攻陳六軍以陸橫擊征南進運以圍江陵多獲舟舡斬首執俘降者盈路牛酒日至大司馬及征東諸將卷甲長驅其舟隊今已向濟今車駕自東爲之瞻鎮雲行天步乘釁而運賊進退道迫首尾有難不爲楚靈乾谿之潰將有彭寵蕭□之變

必自魚爛不復血刃宜慎終節動靜以聞
制詔昔軒轅建四面之號周武稱予有亂十人斯蓋
先聖所以體國君人亮成天工多賢爲貴也今內有
公卿以鎮京師外設牧伯以監四方至於元戎出征
則軍中宜有柱石之賢帥輜重所在又宜有鎮守之
重臣然後車駕可以周行天下無內外之慮吾今當
征賊欲守之積年其以尚書令潁鄉侯陳羣爲鎮軍
大將軍尚書僕射西鄉侯司馬懿爲撫軍大將軍若
吾臨江授諸將方略則撫軍當留許昌督後諸軍錄
後臺文書事鎮軍隨車駕當董督行尚書事皆假節
鼓吹給中軍兵騎六百人吾欲去江數里築宮室往
來其中見賊可擊之形便出奇擊之若或未可則當
紓六軍以遊獵饗賜軍士

魏常道鄉公伐蜀詔一首

制詔蜀蕞爾小國土狹人寡而姜維虐用其衆曾無
廢志往歲破敗之後猶復耕種沓中刻剝衆羌勞役
無已人不堪命夫兼弱攻昧武之善經致人而不致
於人兵家之上略蜀所恃賴唯維而已因其遠離巢
窟用力爲易今使征西將軍鄧艾督率諸軍趍甘松
沓中以羅取維雍州刺史諸葛緒督軍趍武街高樓
首尾蹴討若禽維便當東西並進掃滅巴蜀也

西晉武帝伐吳詔一首

制詔兵興以來八十餘年戎車出征罔有寧歲死亡
流離傷害和氣朕每惻然悼心思戢兵靜役與人休
息故罷習業廣分休假大遣扶老養孤及女朝夕相
對而吳賊失信比犯王略胡虜校動寇害邊郵人兵
欽少不足擒制輒當前休中土以相應赴將士疲悴
而猶不及事欲以爲靜而更爲勞昔淮夷不賓成王
東伐獫狁作難戎車夏征自古及今咸皆勤戎遠戍
先勞後逸未有得脩無爲於有事之時也自宣皇帝
以來每以吳蜀爲憂邊事爲念今孫皓犯境夷虜擾
邊此乃祖考之遺慮朕身之大耻也故繕甲修兵大
興戎政內外勞心上下勠力以南夷勾吳北威戎狄
然乃得休牛放馬與天下共饗無爲之福耳今調諸
士家有二丁三丁取一人四丁取二人六丁以上三
人限年十七以上至五十以還先取有妻息者其武
勇散將家亦取如此比隨才署武勇掾史樂市馬爲
騎者署都尉司馬中間以來內外解弛吏寡盡忠之
心將無致命之節朕方靜人用未加罪戮今當大修
戎政以混壹六合賞功罰惰明罰整法其宣勅中外

羣官使各悉心畢力明為身計主者以時施行條品

西晉武帝答杜預征吳節度詔一首

制詔夫悅以犯難人忘其死此用兵之本若乃臨戎致果則必莅之以性斷之以威故商令主告誓其衆用命賞於祖不用命戮于社昔魏降穰苴列國陪臣苟有犯其政令者雖親如揚干莊賈皆戮之不疑用能尊士立勳垂聲載籍今廣命羣帥淩江致討將以靜齊南裔綏寧四海蓋鷹揚哮闞之士成功之一會也可不勗哉懸旌萬里當令首尾協同此既然矣且元帥所統或本不相督威令教禁素不服習若各任

所見不相順從必顛越不振以殄大事兵凶戰危呼吸成變可不慎耶斯乃三軍之命國之安危苟有乖違以致負敗雖貰領之罰必加鈇鉞之誅必用固無及矣是故投之死地而後生蓋知亡必存也人故殺入而萬夫齊勇蓋自古之政也方岳元帥推轂所委若需懦縱法忘在公之義上愆國命下墜徒衆雖悔身何及凡所督敢距違節度便以軍令從事昔稱宣力汝為又曰尙桓桓如武如貔如熊如羆軍司將軍其各勉之申勒羣帥以下使知此命

東晉明帝北討詔一首

制詔昔魏絳撫和諸戎郅都魏尙威懾匈奴故封疆之任在於得才漢文所以思廉頗李牧也單于慕容廆不遠萬里請吏率職禮讓忠義著之遐邇欲勠力國難翦滅長虵宜得名冑英才以董統之使一時齊舉致討寇庭此聲實並振雖越在海外其狀若身手矣尙書廣陵公眕弘量淹濟識謀經通文武著於勳績忠誠每思立事可委以重任使朕無北顧之憂者也其以眕持節督幽平幷州諸軍事領護東夷校尉鎮東將軍平州刺史公如故主者假授諸所應供給及信風引道

東晉成帝北討詔一首

制詔戎夷猾夏神州傾覆二帝辭宮幽沒虜庭永言厥艱夙夜慨憤自間江表屢有事故剋平內難始漸東秦征伐事大役不再舉是以廟算待期畜力觀釁今羯寇衰弊王略彌振時至理盡天人玄應大將軍涼州刺史西平公駿忠勳三代義誠壯烈總帥秦涼為國宣力今遣健步剋同征舉宜令影響相應萬里齊契其先普告遠近征鎮牧守諸軍並令誡嚴須使還進討蕩滌區宇以雪國恥其忠臣義士徇功効命必加殊賞以旌勳節

東晉安帝征劉毅詔一首　宋傅亮

制詔劉毅傲佷凶戾履霜已久中間覆敗宜即顯戮
晉法含弘復蒙寵授曾不思愆內訟怨望滋甚頼宰
輔藏疾特加遵養遂復推轂陝西庶能感革心而長
惡不悛志爲𡙇宄陵上虐下縱逸無度旣解督任江
州非復所統擾從兵衆畧取租運驅斥舊戎厚樹親
黨西府二局文武盈萬悉皆割留曾無片言肆情恣
慾罔顧天明又與從弟藩遠相影響招聚剽狡繕甲
修兵外託省疾實規伺隙同惡相濟圖會荆郢尚書
左僕射謝混憑藉□貧超蒙殊遇而佻躁鋭職爲亂
階扇動外曰連謀萬理是而可思孰不可懷已詔太
尉隨宜翦戮諸所處分一委公高算

後魏孝文帝戒師詔一首

門下夫出征有嘉故正邦之象興焉王赫斯怒蓋篤
周之祜明矣夫然則蚩尤之戰不亦宜乎燮伐之功
豈非茂歟是以乾儀雖眇景曜莫殊坤壤雖廓皇𧻓
罔二晉尉他僭越終屈漢命孫皓跨吴竟歸晉師斯
乃天地之常運人理之恒數耶今蕭氏篡竊江會未
賓王化士有二王之嫌物無一同之慶人神所以憤
惋於幽顯靈祇所以咨嗟於昏明彼旣得非用順又
守不以仁逆君之罪未忘於南裳虐毗之政已形於
北京難遇之機於茲莫再矣朕承考列累聖之隆搆
猥屬後仁必伐之嘉運仰稟先后慈聖之誨俯頼侯
辟匡弼之誠四海熙寧八表邕泰讜明騁智之臣競
思於廟堂爪牙折衝之將揮袂於陛闥玉燭休和士
卒殷溢此而不舉孰復可也是故夙夜慨慮飡寐靡
輟將欲仰順天心俯拯毗物布德宣風躬接江漢𨽻
僞勃於荆楊蕩不臣於涯越混茲文軌載昌皇業上
答祖宗傳授之意下副黔兆傾戴之心然興師勲戎
必須豫策振威舉旆寔待儲伏可敕尚書八坐與三
公詳議軍資邊實之宜介冑戈矟之用皆令修備使
有征無戰臨事果稱不亦善乎

後魏孝文帝出師詔一首

門下蕭鸞悖道反德唱逆滔天往齡順動鼓鐘彰罰
僞朝將相請虔聘貢南冠東琛許在旬日朕以大道
崇寬海量無細戀彼蒼生徒羅厥擾故開天墜照盪
地容瑕歸風之際聽其祇遺而禍迷狂心天弃虐政
不知事大以衛社稷旋生微詭反以我饑頓等王人
前主之使怒甲及乙妄生鋒牟鬱飯臭魚以儆行李
食言爽信遂絶踐好內離九族之親外杜彊鄰之援

表裏俱失不亡何待所謂我直彼曲人神同憤者也將龔行天伐誓殄逋篡然討國混化功爲至遠不可曰一舉指期吳員有言三師以肆楚必道弊誠哉茲談可不驗歟今歲便勑豫郢東荊東豫東郢南兗南徐東徐等嚴兵勒衆南入揚威迎降納附廣張聲略杲有機也遂爲龍驤之捷如未可蕩且爲示德之師皆仰刺史躬率戎首若致稽疑軍法從事一二亦有別勑耳又詔徐兗光南靑荊洛纂備戎事應召必赴臨命淹闕國有常刑

後魏節閔帝伐爾朱文暢等詔一首　魏收

門下有國有家必以賞罰爲本或王或霸莫不崇明軌律眇自前古下至於今喪亂之來咸由此道自永安失馭天下橫流爾朱宗屬分割海內不臣著於遠近社稷傾於旦夕蒼生荼苦冠帶寒心大丞相渤海王忠義通神靈武冠代大惟宗祏之重深愍黎庶之怨定策啟行被堅執銳摧羣醜於鄴南東凶鬼於洛下惡黨梟懸人神明目故天柱大將軍榮所有諸子實惟逆徒論之典刑義不蠲免□□腰斬孰曰非宜相王顧敦仁厚之風深存契闊之義朝政乃屈法申恩時主則成人之美全其門戶赦其骸骨血祀獲保家業不墜擊鍾鼎食家成市里母則尊稱長主望傾戚屬二子爵窮十等位居八命荷國家山岳之惠受相王子弟之恩谿壑其心罕知厭足朝市懾其威福州郡拘其託請傷風害政布於人言永不悛改終無□畏自卯成醜從裁及拱持此童昏早濫王爵誠是國朝後追往効莫非相王覆育之厚且託陰不折其枝過食不毀其器豈有受人令擠之貸託人姻媾之親而招此蠢愚搆茲姦逆潛署位號身爲魁藪趦趄侏張圖成反噬此而可忍孰不可懷朕以寡德君臨萬寓今者南越江湖北窮沙漠東漸遼海西極關河內安外穆華戎謐爾豈朕寡德所能獨致寔賴相王父子左右皇家經綸夷嶮扶持國命四海百靈所共依仰文暢昆季狂勃如斯既不利王且將危朕今不翦蕩後難方深永言念之震驚夢寐夫管蔡流言周誅肆於前祀上官挺禍漢罰窮於昔年雖親在骨肉地居戚里未嘗縱其要領全其苗裔若使在恩忘義存惠捨威則邦國淪覆翹足可待且國有正刑朝有常制君親無將事光先典捨而不行何以爲化宜肅舉刑書示於億兆文暢兄弟宜依律坐可令驃騎大將軍開府儀同三司尚書右僕射安德郡開國公祖

裔速徙行決母及妻子一依恒口其房子遠鄭仲禮
李代林等頑嚚小醜謀此亂階身既伏辜家有常例
但侍中房謨執心端固操履清白出內在公績著朝
野善人斯宥抑有舊聞仲禮本自傍孽晚見收舉身
不列於伯季迹未入於家門一居晉陽內同行路代
林生而外後事絕本親罪不相及義實有取相王弃
瑕錄用志存含育既有啟聞事如高旨其此三家依
啟原恕並免其官誦罪私室自餘梟鏡皆從律條文
暢已下同逆之類義士弃其美菜貲財豈汙王府所
有家產悉賞軍人一任相王斟酌分給漆頭焚首懸

代共之洿宮醢骨蓋唯通准大之所弃人其舍諸

後魏孝靜帝伐元神和等詔一首　魏收

門下向背有禍福之機誅賞爲威勸之本軌物成務
咸必由之侯景擢自凡猥名行無聞僥倖時來謬見
收試狡猾反覆唯利是從往事爾朱偏受榮遇一朝
去就罔顧昔恩趦趄輕動志在姦詐朝廷弃瑕穢
仍蒙令引庶其鴞音可革取其行間之用位踰其量
過延寵祿藉我風雲遂成鱗羽入列鼎臣出裁節將
勳無可紀才不足徵而淺器遽盈知小謀大謂己功
名難居物下曾不知狐假武威地憑霧積包藏禍心

潛圖不軌因總戎之際乘專任之機擁逼兵衆構釁
南服此乃懦夫扼腕之日義士切齒之秋凡在人倫
孰不憤慨而前揚州刺史元神和何悅張慶壽王黑
醜宮延和王貴顯侯仙劉崇信張業等九人並以賤
幾名汙朝簡了無犬馬之識便有梟獍之心密相影
響贊成姦逆隨託豺狼長兹蛇虺欣其位署委質駈
馳甘厥鉤餌効以死力東西殘掠毒被村塢扇合蛾
蟻終此亂階叛恩背德莫此之甚雖蹈名義事非小
人而中禁垂法國有恒典其此九家並可從憲拏戮
之科理無攸捨自餘拘縶詿誤之徒既懼死俛眉情

非樂禍宜疎天網一原不問固使逆節知洿葬之制
傾側獲自安之所

宋順帝西討詔一首

門下豺虺反噬釁阻西州義士厲魂懦夫聳氣秋葉
春氷跋運可殄猶宜薄曜六軍肅行天誅驃騎大將
軍道成神寓英邁叡策深算必能踐機電掩乘利雲
驅便可總統水陸明發次路實憑嘉謨以清氛沴

齊明帝北伐虜詔一首　徐孝嗣

門下自晉氏中微宋德將謝藩臣外叛要荒內侮天
末悔禍左衽亂華巢穴神州遂淹年載朕嗣膺景業

踵武前王靜言隆替思壹區夏但多難甫夷恩化肇洽興師擾衆非政所先用戢遠圖權綏北略冀戎夷知義懷我好音而凶酋剽狡專事侵掠駈扇異類蟻聚西偏乘彼自來之釁撫其天亡之會軍無再駕人不重勞傳檄以定三秦一麾而匡禹迹在斯舉矣且中原士庶久望皇威乞師請援結軌馳道信不可失時豈移朝宜分命方岳因兹大舉侍中太尉鄱陽郡開國公繳達當整轂槐涂指授羣帥可使持節本官公如故便可中外纂嚴助設購賞

梁武帝北伐詔一首　沈約

門下朕膺天明命平壹區宇念在綏懷遠邇康俗濟人每勑邊苟勿擾疆埸自非時來有會因機電掃不得輕信間諜冒求小利兼欲制勝廟堂以德懷遠而比得徐豫諸州并郡守啓牒云蕞爾獯醜陳兵淮甸蜂聚蟻結規犯邊城推之以事理不應爾但遺虜餘孽肆彼人上為黨猜離為日已久羯將元澄嫌隙內構作戎壽春常慮禍及故設此姦數規擾邊鄙望得推遷少延晷刻而蜂蠆有毒鬪之自古兼以淮肥萌庶存本志傒應赴之宜實在斯日便可命將出師乘機翦定今遣中領軍雲杜縣開國侯慶遠等濟自牛渚卷甲風驅徑趣長瀨寧朔將軍王僧炳等熊羆三萬步出橫塘左將軍珍國武旅五萬相係電發北向鍾離直出肥口冠軍將軍紹叔等鶖兒四萬飛帆溧湖席卷合肥直指淮淝征南將軍茂先等水步六萬同出盧江風掃壽春反我侵地輔國將軍叡等浮舟淯泗北取下邳雲徹飈舉吞蕩彭沛後軍將軍和海艓淩波逕出長曠營邱舊國一麾以定左將軍景宗等總樊鄧銳師底定伊洛征虜將軍邱黑勒華陽之衆斜趣長安緣邊牧守各據要害絶其歸逕勿使能反侍中穎達等出鎮瓜步杭威江涘西道衆軍並受茂成規北討羣師悉稟秀戎律郢司雍自如先相督夫兵者凶器寔難屢動疲人費財為邦所戒便宜因此營一括囊禹迹先定兗司進靡並涼文軌大同於是乎在

梁武帝又北伐詔一首

門下周文薄伐實寧邊患漢武命師允恢王畧蕞爾犬羊陵縱日久宋氏云襄乘釁逞暴海岱彭鄒翦焉淪覆雖每存掇定雄圖弗舉齊末亂紛復肆姦毒宛葉淮肥仍離內侮偽酋惡稔天誅自降凶渠嗣虐險慝彌流殘鉏親黨咀噬黔庶繁役縣興毒賦雲起司

冀餘華中州舊族緜綴足宛頸載離塗炭延首南雲思沾王澤鼎運啟基大業草創蠢彼戎心仍窺壃埸虔劉我部侵擾我徐方小豎逍遷乘隙背誕凶醜貪愚復相苞納前以叛臣難長彼此齊患推心忖物庶必闔同故有移書較陳往旨而方加擁蔽曾無及報同惡相濟市貴非匹告舍既違難以義獎非威并力制勝莫從加以醜數云亡幽顯咸應訛謠表徵災沴備兆殄滅之期皎如日月左伊右瀍賓般霜露鵙梟是宅非謂天道一口已周寔惟冥數取亂之機事協茲日頃時和歲稔政平人豫華戎內款表疏相屬便

宜廣命羣帥赫然大舉總一車書混同禹迹具位泉獻等戎卒七萬先定壽春某等武旅五萬揚旌瀵峴既清潁汝臨瀍澗某等鐵騎二萬超影絕羣出自太徐傍趣鞏洛某等組甲四萬霜鋒曜日發自淮泗直指金墉某等率羽林趫勇五萬某等率二兗剽猛熊羆十萬同濟彭泗經汴入河某等海艑萬舳徑掩臨淄某等輕銳五萬風偃濟岱拂茲鉅野汎彼孟津某勒司郢之師驍勇六萬步出義陽橫轥熊耳等率二州武毅劒客八萬人自晉陽傳檄崤陝暨中嶽而解鞍指浮橋而一息並敵某等連旌五萬水陸齊邁具

位泉藻帥徒七萬雲飛靈關北通棧路澄廓隴右氐此將帥啟塗載路魚麗從軍駱驛繼軌經啟中原括囊九服伐罪弔人於是乎在大叚外臨宜有總一自非密親英譽風略兼遠無以專任閫外授律羣帥臨川王宏可權進督南北兗徐青冀豫司霍八州都督北討諸軍事命將出車咸有副貳具位慨可暫輟端右參贊戎機舟徒雷駭熊武百萬投石拔距之力折關扛鼎之威岳動川移風馳電邁鐵馬方原戈船千里百道并驅同會洛邑戡翦逋醜馘掃鯨鯢被仁風於兩周撫遺黎於趙魏將令溥天之下於斯大同偃

伯靈臺何遠之有元恪若能率某徒屬輿櫬軍門者中軍府以時將送當待以列侯之禮

北齊文宣帝征長安詔一首

門下朕撫興運曆數在躬內綏外畧志清四海是以沙塞之外虜馬無跡遼碣已東夷車共軌百蠻畏威三吳慕義天下九州克寧者八惟有秦隴蕞爾久隔風化僭擅一方狼顧鴟跱詿誤良善迫脅忠賢置之凶網無由自拔君臨區宇萬物爲心言念關輔能不憤慨而既厭亂人思大同混一之期事今日武夫百萬龍馬千郡含怒蓄鋭爭驅求敵何得爽神祇之心

抑將相之請必當訓旅誓衆天動雲臨新途舊道長
駈電擊賊帥宇文黑獺□拒一隅不討日久自許雄
兒假稱僞將深藏匿跡雖存若亡今干戈不戢輸運
未止論人指事誰爲厲階不容弘茲度外居之漏綱
斧鉞所用捨此何先獺若敢率烏合送死東下或由
舊洛或出太州當親統六軍决機兩陳朕遣尙軒后
有戰必平近慕成湯無征不克策畧所用抑與神通
小醜區區想所聞悉苟獲交兵天贊我也如其鼠竄
秦中憑恃險阸擁兵自守不敢動足朕已下太汾流
成船晉地便當躬先將士超河西入王壁河東猶如
弃土何用顧瞻眇小敢茲枝葉當徑掩長安梟茲凶
首雖復藏山沒水終不縱置其所部將士足知禍福
若飜然順疑立忠建效高官重賞事異常倫如其同
迷不及敢隨逆節軍鋒之下自有恒誅朕以梁邦舊
敵好睦闕其姦計乃欲都謀荆郢之間望爲僥倖第
七上黨王渙雄才猛力氣震三軍賊有耳目豈不委
具當令其捻勒熊羆□流風卷直指寇埸何往不碎
王者之言明如日月終不示以虛聲而無實事宜申
宣內外咸使聞知

北齊文宣帝西伐詔一首　陽休之

門下昔漢祚肇興番隅有竊號之長士德應運吳蜀
有不覊之酋自魏道陵夷四維板蕩關隴乘釁擅命
一方狐栖鴟據假延歲序天綱未加生靈塗炭朕握
符受命臨御兆人九服來蘇百蠻稽顙念彼關河獨
隔王化不有蹔勞理無永逸今便親御六軍長駈三
輔緫七萃之雄奮五丁之銳問罪渭濱弔人隴右天
下大定頁在茲辰可以今月二十日出頓軌內外戒
嚴尙書依式備辦

後周武帝伐北齊詔二首

制詔高氏因時放命據有汾漳擅假名器歷年永久
朕以亭毒爲心遵養時晦遂敦聘好務息黎元而彼
懷惡不悛尋事侵軼背言負信竊邑藏姦往者軍下
宜陽釁由彼始兵興汾曲事非我先此獲俘囚禮送
相繼彼所拘執曾無一反加以淫刑妄逞毒賦繁興
齊魯軫殄悴之哀幽并企來蘇之望旣禍盈惡稔衆
叛親離不有一戎何以大定今白藏在辰凉風戒節
厲兵詰暴時事惟宜朕當親御六師龔行天罰庶憑
祖宗之靈脊將士之力風駈九有電掃八紘可分命
衆軍指期進發

制詔夫樹之以君司牧黔首蓋以除其苛慝恤其患

害朕君臨萬國志清四海思濟一代之人寘之仁壽之域緬彼齊趙獨爲匪臣乃睠東顧載深長想僞主涼德早聞醜聲夙著酒色是耽盤遊是悅奄豎居阿衡之任胡人寄喉脣之重棟梁骨鯁翦爲仇讎狐趙緒餘降成皁隸人不見德唯虐是聞朕懷茲漏網置之度外亡欲各靜封疆共紓人瘼故也爾之主相曾莫是思欲搆厲階反貽其梗我之率土咸下闕

文館詞林卷第六百六十二

文館詞林卷第六百六十四

中書令太子賓客監修國史弘文館學士上柱國高陽郡開國公臣許敬宗等奉　敕撰

漢文帝與匈奴和親詔一首

制詔朕既不明不能遠德使方外之國或不寧息夫四荒之外不安其生封圻之內勤勞不處二者之咎皆自朕之德薄而不能遠達也間者累年匈奴並暴

邊境多殺吏人邊臣兵吏又不能諭其內志以重吾
不德夫久結難連兵中外國將何以自寧今朕宿興
夜寐勤勞天下憂苦萬姓之惻怛不安未嘗一日忘
於心故遣使者冠蓋相望結轍於道以諭朕志於單
于今單于反古之道計社稷之安便萬姓之利新與
朕俱弃細過偕之大道結兄弟之義以全天下元元
之人和親以定始于今年

魏明帝答東阿王論邊事詔一首

制詔覽省來書至于再三朕以不德夙遭旻凶聖祖
皇老復見孤弃武宣皇后復卽玄宮重此哀煢五內

傷剝又以眇身闇於從政是故二寇未誅黠首元元
各不得所雖復兢兢坐而待旦徇懼無益王佐輔帝
室朕深賴焉何乃謙卑自同三監知吳蜀未梟而海
內虛耗爲憂又慮邊將或非其人諸所開喻朕敬聽
之高謀良策思聞其次

後魏孝文帝與高句麗王雲詔一首

門下得黃龍表知卿愆悖朝旨遣從叔隨使夫儀乾
統運必以德信爲先准列作藩亦資敬順爲本若君
信一虧何以臨御萬國臣敬暫替豈能奉職宸居故
霆震作威以明天罰五刑垂憲以肅不恭斯乃人神

之常道幽顯之通規往以明堂肇制皇化惟新勑諸
藩侯修展時見至於言獎羣方勸說荒服每以句麗
虔誠愉厲要戎今西南諸國莫不祗奉大命星馳象
魏或名王入謁或藩貳恭覲觀光駿奔欣仰朝祀皇
皇之美於斯爲盛而卿獨乖宿款用違嚴勑前辭身
痾後託子幼妄遣枝親仍留同氣此而可忍孰不可
恕也若卿父子審如所許者應遣親弟以赴虔貢如
令弟復沈瘵應以卿祖枝體代行過事二三並違朝
命將何以固昔房風晚至大禹所以垂威東國闕敬
周公所以親駕斯豈急急於兩夫遑遑於兵甲者哉

但以縱之則萬國同奢劉之則九宅齊肅故也從叔
之朝乃西藩常事今於旅見之辰而同之歲時之使
於卿之懷寧可安乎卿之親弟及卽鄒二人隨卿所
遣必令及元正到闕若言老病者聽以四牡飛馳車
輿涉路須待卿親至此然後歸反羣后重爽今名今
朕失信藩辟者尋當振旅東隅曜戎下土收海金賚
華夏擁狢隸而給中國廣疆畿於滄濱豐僮使於甸
服抑亦何傷乎其善思良圖勿貽後悔如能恭命電
赴既往之稽一無所責恩渥之隆方在未已矣不有
君子奚能爲國其與萌秀宗賢善參厥衷稱朕意焉

隋文帝頒下突厥稱臣詔一首

門下突厥沙鉢畧可汗表如此昔暴風不作故南越知歸青雲干呂使西夷入貢遠人内向乃事關天獯鬻相踵抗衡上國止爲寇盜禮節無聞唯有呼韓永臣於漢奇才亘出異代一揆沙鉢畧稱雄漢北多歷歲年左極東胡之土右苞西域之地遐方部落皆所吞并百蠻之大莫過於此昔在北邊屢爲草竊朕常曉喻令必修改彼亦每遣行人恆自悔責今通表奏萬里歸風披露肝膽遣子入侍罄其區域相率稱藩往追和與猶是二國今作君臣便成一體情深義厚

朕甚嘉之蓋天地之心愛養百姓和氣普洽使其遷善屈膝稽顙畏威懷惠雖衣冠軌物未能頓行而稟訓承風方當從夏永爲臣妾以至太康荷天之休海外有截豈朕薄德所致此已勅有司肅吉郊廟宜普頒行天下咸使知聞

隋文帝安邊詔二首　李德林

門下有陳氏昔在江表劫剝生靈事等怨讎何以堪命嶺南之地塗路懸遠如聞凶魁賦斂貪若豺狼賊署官人情均谿壑租調之外徵責無已一丁年科甲一具皮毛鐵炭船乘人功殊方異物千端萬緒晨召暮行夕求旦集身充苦役至死不歸物有借公永不還主與人共市百倍求利詣官申屈一代無期各不聊生無能自保晝悲宵恨行號坐泣徵音資產殃禍立至誣以賊盜繫以囹圄貨財不盡性命不存彼土之人性多純直弗堪州郡漁獵之苦或避山藪規免旦夕即稱反叛申於僞臺歲歲起兵西南征討多縛良善以充賊隸用首方足同稟性靈故以上感玄天有傷和氣南海諸國欲向金陵常爲官非法盤撿遠人嗟怨致絕往還陳氏云微厥途非一粗陳聞見其慈實甚今皇師宣揚朝化凡此諸事已爲百姓除之

重加存恤之理別申愛養之義軍行所及一毫勿犯外國使人欲來京邑所有船舶沿泝江河任其載運有司不得搜撿嶺外土宇置州立縣旣令擢彼人物隨便爲官省迎送之煩知風俗之事訓人導德正身率下必當悉改前弊以副朕懷

門下西南夷俗遠僻一隅昔在漢朝始經開拓山藪之内多或生梗頃年以來荒遐率服梯山航海無闕歲時而種類寔繁競相殘賊重譯款邊奉藩屢請咸乞王師救其暴亂朕受明命爲天下君一物失所載深矜惕懷柔止殺前王令典宜遣大使先喻朕懷仍

命諸軍勒兵繼進若軒蓋所至望風投款善加綏養
各令安業如或愚蔽敢相抗拒軍鋒所及止在逆者
一身其餘家口並亦撫慰務在安全一毫勿犯不得
肆將士之情極干戈之用遠方異俗其知此心

隋煬帝褒顯匈奴詔一首

門下德合天下覆載所以弗遺功格區宇聲教所以
咸暨至於梯山航海請受正朔襲冠解辮同彼黔黎
是故王會納貢義彰前冊呼韓入朝待以殊禮突厥
意利珍豆啓人可汗志懷沈毅常修藩職往者挺身
違難拔足歸仁先朝嘉此款誠授以徽號資其甲兵

之衆牧其殘滅之餘復祀於既亡之國繼絶於不存
之地斯固施均亭育澤漸要荒者矣朕以寡德祗奉
靈命思播遠猷光熙令緒是以親巡朔野撫寧藩服
啓人深執誠心入奉朝覲率其種落拜首軒墀言念
丹款良以嘉尚宜隆榮數式復恆典可賜輅車乘馬
鼓吹幡旗贊拜不名位在諸侯王上

武德年中鎮四夷詔一首

門下晝野分疆山川限其內外遐荒絶域刑政殊於
函夏是以昔王御俗懷柔遠人義在羈縻無取臣屬
渠搜即叙表夏后之成功越裳重譯美周邦之長算

至如秦皇好勝□逐戎夷漢武憑威交兵胡越遂使
四萌暴骨九府無儲天下騷然海內愁怨有隋季代
黷武耀兵萬乘疲於河源三年下闕

文館詞林卷第六百六十四

文館詞林卷第六百六十八

中書令太子賓客監修國史弘文館學士上柱
國高陽郡開國公臣許敬宗等奉　勅撰

漢哀帝改元大赦詔一首

制詔漢興二百載歷數開元皇天降非才之佑漢國再獲受命之符朕之不德曷敢不通夫基事之元命必與天下自新其大赦天下以建平二年爲太初元將元年

魏文帝改元大赦詔一首

制詔朕三祖神武聖德應天受祚齊王嗣位肆行非度轉覆厥德皇太后深惟社稷之重延納宰輔之謀用替厥位集大命予一人以眇眇之身託于王公之上夙夜祗畏懼不能嗣守祖宗之大訓恢中興之弘

業戰戰兢兢如臨于谷今羣公卿士股肱之輔四方征鎮宣力之佐皆積德累功忠勲帝室庶憑先祖父有德之臣左右小子用保乂皇家俾朕蒙闇垂拱而化蓋聞人君之道德厚侔天地潤澤施四海先之以慈愛示之以好惡然後教化行於上兆庶聽於下朕雖不德除于大道思與宇內共臻茲路書不云乎安人則惠黎人懷之其大赦改年減乘輿服御後宮用度及罷尙方御府百工伎巧靡麗無益之物

西晉武帝即位改元大赦詔一首　張華

制詔御史中丞等昔朕皇祖宣王聖哲欽明獲應期

運熙帝之載肇啟洪基伯考景王執道宣猷緝熙諸夏至于皇考文王濬哲光遠允協靈祇應天順人受茲明命仁濟于宇宙功格于天地肆魏氏弘鑒于古訓儀刑于唐虞疇咨羣后爰輯大命於朕身予一人畏天之命用弗敢違遂登壇于南郊受終于文祖燔柴班瑞告類上帝惟朕寡德負荷洪烈允執其中託于王公之上以臨君四海惴惴惟懼罔知所濟惟爾股肱爪牙之佐文武不貳心之臣乃祖乃父實左右我先王以綏寧帝室光隆大業思與萬國共饗休祚其大赦天下與之更始自謀反大逆不道已下在命

年十二月七日昧爽以前皆赦除之改咸熙二年爲泰始元年賜人爵五級露布天下及諸王公國別使稱朕意焉

西晉武帝改元大赦詔一首

制詔蓋至化之本寬以居之仁以行之然後道濟天下品物得所朕以不德託於王公之上在位十年不能光宣大訓嘉靖萬國災會憯虐戎夷作害戍者勤瘁於外百姓劬勞於內加以水旱爲災歲比不登雖昧旦兢兢不遑荒怠未能道德齊禮使羣生獲益斷獄歲增人免無恥上古易簡而化成刑輕而姦改仰

觀在昔何今者不逮之遠哉書不云乎邦之不臧惟予一人有逸罰意者豈文教未篤政煩網密故醇樸離散以至於此歟思存化本務與四海共興時雍使元之人咸得自新其大赦天下改元爲咸寧

東晉元帝即位改元大赦詔一首

制詔昔我高祖宣皇帝至德應期受天明命立石著瑞肇基帝道景皇纂戎文皇肅烈重離宣曜庸蜀稽服武皇受終登陟帝位光澤天下九州順軌惠懷多難帝主不造夷狄豺狼肆其暴亂京都傾覆宗廟爲墟孤悼心失圖靡知所措繕甲修兵補結天羅將以

雪皇家之恥蕩鯨鯢之害然後謝責象魏歸身藩臣生死之志畢矣今百辟卿士億兆之人上陳靈符下稱物情同見敦戴若影響焉孤誓心不廻至于三至于四有司固請所守有辭志不可奪孤逼于羣吏之議用奉土燕嘗虔祀祖考明告靈神以祇休命今立宗廟備百僚所以奉先帝傳晉祚總九牧保生靈也惟爾股肱爪牙之佐文武不貳心之臣其各立功立事以扶我帝室其與天下蕩滌瑕釁改往自新同率子來致天之罰其大赦天下改建興五年爲建武元年

東晉元帝改元大赦詔一首

制詔昔我高祖宣皇帝誕應期運廓開皇基景皇帝文皇帝奕葉重光緝熙諸夏爰暨武皇帝應天順時受茲明命功格天地仁濟宇宙昇平刑措卅餘載矣昊天不融降此鞠凶懷帝短折越去王都天禍荐臻大行皇帝崩殂社稷無奉六合無主肆羣后三司六事之人弘鑒古訓刑于興廢疇咨庶尹至于華戎致輯大命于朕躬余一人畏天之威用弗敢違遂登壇南岳受終文祖焚柴頒瑞告類上帝惟朕寡德纘戎洪緒若臨四海惴惴憂懼若涉川冰罔知攸濟惟爾股肱爪牙之佐文武熊羆不貳心之臣用能宣力四方左右我先帝弼寧晉室輔余一人思與萬國共同休慶其大赦天下改建武二年爲太興元年

東晉簡文帝即位大赦詔一首

制詔昔王室多故穆哀早崩皇胤夙零神器無寄東海王以母弟近屬入纂大統嗣位累年昏闇亂常人倫虧喪大禍必及則我祖宗之靈靡知所託皇太后深懼皇基時定大計大司馬因順天人協同神略親率羣后恭承明命雲霧既除皇極載清乃顧朕躬仰承洪緒雖伊尹之寧殷朝傅陸之安漢室弘道委任

齊契古賢朕以寡德猥居元首司牧羣黎奉主社稷承惟先帝受命中興光隆盛業實懼眇然弗克負荷戰戰兢兢罔知攸濟思與兆庶革心更始其大赦天下大酺五日增文武位二等

此下闕

文館詞林卷第六百六十八

文館詞林卷第六百九十五

中書令太子賓客監修國史弘文館學士上柱國高陽郡開國公臣許敬宗等奉　敕撰

梁孝元帝議移都令一首

令丹陵舊京每懷去魯之歎白水故鄉彌深過沛之想羯賊侯景指日梟懸夾鍾在律便應底定今若移

還建業言及金陵將恐糧運未周國儲不實舟輿尙少樵蘇莫繼若仍停荆服卽安渚宮復恐制置豐屋難爲修理外可悉心以對人思自竭通使諸將勿得有隱

魏曹植毁鄴城故殿令一首

令鄴城有故殿名漢武帝殿昔武帝好遊行或所幸處也梁桷傾頽棟宇零落修之不成良宅置之終於毁壞故頗撤取以備宮台余時獲疾望風乘虛卒得慌惚數日後瘳而醫巫妄說以爲武帝魂神生兹疾病此小人之無知愚惑之甚者也昔湯之隆也則夏

館無餘跡武之興也則殷臺無遺基周之亡也則伊洛無隻椽秦之滅也則阿房無尺梠漢道衰則建章撤靈帝崩則兩宮燔高祖之魂不能□未央孝明之神不能救當陽天子之存也必居名邦□土則死有知亦當逍遥於華都留神於舊室則甘泉通天之臺雲陽九層之閣足以綏神育靈夫何戀於下縣而居靈於朽宅哉以生喻死則不然也况於死者之無知乎且聖帝明王顧宮闕之泰苑囿之侈有妨於時者或省以惠人况漢氏絶業大魏龍興隻人尺土非復漢有是以咸陽則魏之西都伊洛爲魏之東京故夷

朱雀而樹閶闔平德陽而建泰極况下縣腐殿爲狐狸之窟藏者乎今將撤壞以修殿舍恐無知之人坐是生疑故爲此令亦足以反惑而解迷焉

魏武帝春祠令一首

令議者以爲祠廟上殿當解履吾受錫命帶劒不解履上殿今有事于廟而解履上殿是尊先公而替王命敬父祖而簡君主故不敢解履也又臨祭就洗以手擬水而不盥夫盥以潔爲敬未聞擬向不盥之禮且祭如在祭神如神在故吾親受水而盥也又降神禮訖下階就坐而立須奏樂畢竟似若不衎烈祖遲

祭不速訖也故吾坐俟樂闋送神乃起也受胙納袖以授侍中此爲敬恭不終實也古者親執祭事故吾親納於袖終抱而歸也仲尼曰雖違衆吾從下誠哉斯言也

梁孝元帝祠房廟令一首

令六宗設祀載陳前冊八蜡有祠抑聞往義况復寶雞耀采光映南陽金馬呈祥氣浮西蜀而可行潦勿修蘋蘩不設者也近經寇逆以來諸房廟社樹爲所侵伐可並修理置祭專付潘果知事外即施行

魏武帝修學令一首

令喪亂已來十有五年後生者不見仁義禮讓之風吾甚傷之其令郡國各修文學縣滿五百戶置校官選其鄉之俊選而教學之庶幾先王之道不廢而有以益於天下

魏文帝以鄭稱授太子經學令一首

令龍泉太阿出昆吾之金和氏之璧由井里之田礱之以砥礪錯之以他山故能致連城之價為曠代之寶亦學人之砥礪也稱篤學大儒勉以經學輔侯旦夕入授曜明其志

陳後主在東宮臨學聽講令一首　隋江總

令中庶子膠庠化本教學政前古之雍熙寧不由是自炎行將季風化陵遲梁室版蕩微言中廢後生莫曉洙泗之文晚學未聞齊魯之說加以棄本逐末情多詭競自衒守肩更如膠柱假詞而誦豈類背碑吾稟訓晨昏言詩立禮溫清暇日秋籥冬書翫前聖之簡牘慕往賢之砥礪今鋒刃既銷雍序大啟刪浮去偽求名責實儒玄總集蒲玉交馳楨幹懿親開蒙範物梁園魯殿崇經弘道泮宮藩學未比宗師小山騷什寧同章句可謂千里更齊知十肅奉趨過預觀訓胄縫掖濟濟冠冕師師聽鉤深之說矚循環之辯美

業再興於斯為盛昔遁棲下聘尚加束帛祥瑞上臻猶班重幣況茲大禮而可忽諸外郎詳賜學僚以稱吾意

魏武帝收田租令一首

令夫有國有家者不患寡而患不均不患貧而患不安袁氏之乂也使豪強擅恣親戚兼并下人貧弱代出租賦衒鬻家財不足畢負審配宗族至微乃藏匿罪人為逋逃主欲望百姓親附兵甲強盛豈可得也其令收田租畝四升戶出絹二匹綿二斤而已他不得擅興發郡國守相明撿察之無令強人有所隱藏

弱人兼賦也

梁孝元帝勸農令一首

令歲陰無遠肇年將及保耕穊種載聞前史因糧取用抑傳往說方今凶醜尚殷國難未靖須壹車書克清宇內自非勸農何以滅敵今夏首始平彭蠡新靜可通息甲兵力田墾種絓是空廢荒田無問公私隨意耕作普停租稅悉蠲調役若有種糧短闕就公換請外郎申下咸使聞知也

魏武帝令掾屬等月旦各言過令一首

今夫化俗御眾建立輔弼試在面從詩稱聽用我謀

庶無大悔斯實君臣懇懇之求也吾充重任每懼失中頻年以來不聞嘉謀豈吾開延不勤之咎邪自今以後諸掾屬侍中別駕常以月旦各言其失吾將覽焉

梁武帝設牓達枉令一首　任昉

令自永元昏侈君子道消肺石之傍窮冤不一今舊邦惟新日昃思乂淫刑濫賦雖就刊革幽枉未理豈無其人可設牓通衢普加敬告其有抱理未暢者可賚辭指詣公車言其枉直

梁武帝撿尚書衆曹昏朝滯事令一首　任昉

令永元之季乾維落紐政實多門有殊衞文之日權移於下實等曹恭之時閹尹有翁媪之稱高安有法堯之旨鬻獄販官固山護澤開塞之機奏成小醜直道正議擁抑彌年懷冤抱理莫知誰訴姦吏因之筆削自己豈直賈生流涕許伯哭時而已哉今理運惟新政刑得所矯革流弊實在茲日可通撿尚書衆曹昏時諸爭訟失理及主淹停不時施行者精加詳辯依事議奏便施行

梁武帝除東昏制令一首　沈約

令夫樹以司牧非役物以養生視人如傷豈肆上以縱虐廢主弃常自絶宗廟窮凶極悖書契未有荷酷滋章征賦不一繡緹草木朝搆夕毀撫梁易柱不待匠人徵發閭左以充繕築流離寒暑繼以疫厲轉死溝渠曾莫收恤朽肉枯骸烏鳶是厭加以天災人火屢焚宮掖官府臺寺尺椽無遺悲甚黍離痛兼麥秀遂使億兆離心疆徼侵弱壽春內地翦爲寇場辱及祖宗恥深諸夏斯人何辜罹此塗炭今明昏遞運大道公行思化之萌來蘇茲日猥以寡薄屬當大寵雖運距中興難同草昧思闡皇休與之更始凡昏制謬賦淫刑濫役外可詳撿前源悉皆蕩除其主守散失

諸所愆耗精立科條咸從原例便施行

高祖太武皇帝作相正定文案令一首

令天地覆載調二氣於陽陰日月晦明表四時之代謝圓首方足同稟五常開物成務俱避六甲簡策成文咸標歲序設官分職必繫日辰法令條章記年載之遠近廢置興造明本末之異同比者因循官曹弛慢文案簿領多不注日造次尋閱無所准據非止事機有失將恐姦詐萌生必也正名特宜詳慎自今以後不得更然若有踵前隨即糾劾

魏武帝舉士令二首

令自古受命及中興之君曷嘗不得賢人君子與之共化天下者乎及其得賢也曾不出閭巷豈幸相遇哉上之人求取之耳今天下尚未安定此特求賢之急時也孟公綽爲趙魏老則優不可以爲滕薛大夫若必廉士而後可用則齊桓其何以霸也今天下得無有被褐懷珠玉而釣於渭濱者乎又得無有盜嫂受金而未遇知過者乎二三子其佐我明揚側陋唯才是舉吾得而用之今天有行之士未必能進趣進趣之士未必能有行也陳平豈篤行蘇秦寧守信也而陳平定漢業蘇秦濟弱燕由此言之士有偏短庸

可廢乎有司明思此義則士無遺滯官無廢業矣

魏武帝論吏士行能令一首

令議者或以軍吏雖有功能德行不足堪郡國選所謂可與適道未可與權者也管仲曰使賢者食於能則上尊鬬士食於功則卒輕死二者設於國則天下又未聞無能之人不鬬之士並受祿賞而可以立功興國者也是故明君不官無功之臣不賞不戰之士太平尚德行有事賞功能論者之言一似筒窺獸矣

闕一行

魏武帝分租賜諸將令一首

令昔趙奢竇嬰之爲將也受賜千金一朝散之故能濟成大功永代流聲吾讀其文未嘗不慕其爲人也與諸將士大夫共從戎事幸賴賢人不愛其謀羣士不遺其力是以夷險平亂而吾得竊大賞戶邑三萬追思趙竇散金之義今分所受租與諸將掾屬及故戍於陳蔡者庶以疇荅衆勞不擅大惠也宜差死事之孤以租穀及之若年殷用足租奉畢入將大與衆人悉共饗之

魏曹植賞罰令一首

今夫遠不可知者天也近不可知者人也傳曰知人

則哲堯猶病諸諺曰人心不同若其面焉唯女子與小人爲難養近之則不遜遠之則怨詩云憂心悄悄慍于羣小自閽人從或受寵而背恩或無故而叛違顧左右曠然無信夫嚼者咋斷其舌右手執斧左手傷夷一身之中尚有不可信況於人乎唯無深瑕潛釁隱過匿愆乃可以爲人君上行刀鋸於左右耳前後無其人也諺曰穀千駑馬不如養一驥又曰穀駑馬養庸夫無益也乃知韓昭侯之藏弊袴良有以也役使臣有三品有可以仁義化者有可以恩驅者此二者不足以導之乃當以刑罰使之刑罰復不足以

率之則明聖所不能蓄故堯舜至聖不容無益之子
湯武至聖不能養無益之臣九折臂知爲良醫吾知
所以待下矣諸吏各敬爾位孤搖一槩之平功之宜
賞於踈必與罪之宜戮在親不赦此令之行有若皦
日於戲群司其覽之哉

梁孝元帝策勳令一首

令賞不踰月前王令典德懋以功往冊明誥自白波
作寇亟淹旬朔黑山搆逆多歷弦望變我維城事踰
絶域衆軍力戰士卒勤勞寒暑亟離征夫疲瘁今九
疑既賓三湘款服可催條軍簿以時策勳使郎中勒

稱吾意也

梁孝元帝封劉㲄宗懍令一首

令昔扶柳開國止曰故人西鄉胙土本由賓客況其
事涉勳庸宜加爵命左丞劉㲄恪勤所任便繁日久
近紀于內侮衛命有勞雖路中大夫大史子義望古
儔今不能尚也中書侍郎宗懍亟有帷幄之謀實惟
股肱之寄從我于邁多歷歲時㲄可嘉興縣開國伯
懍可信安縣開國伯食邑各三百戶外郎施行

梁孝元帝射書雍州令一首

令雍州文武士庶匈奴輕漢天子蒙塵御膳貶損肝

腦塗地吾任總連率承制荊巫宜勒諸藩共勤王業
而各懷叛渙莫肯伏從遂復頓兵堅城欲懷舉斧頻
被摧拉屢挫匈奴此並是卿之所見也張使君令聞
令望公才公輔縲絏之中實非其罪吾雖不武忝居
藩岳惟勤惟益兄弟二人總一元戎表裏同契柳雍
州首行郱路已當按部適得柳信口取馮翊湘州諸
軍行已獻凱三萬之兵少日而至積穀百萬足周十
年郢州遣司馬劉龍尋望屆鎮卿等或羽儀鼎族或
冠冕代華駈逼來此念當勞瘁今並無所問一皆放
免許其還本不窮追躡若有擒送兇身賞南梁州北

司州錢千萬金銀三千兩絹布各三千匹封五千戶
侯郎日交付信賞之科有如皦日江水在此吾不食
言

魏武帝軍將敗抵罪令一首

令司馬法將軍死綏故趙括之母乞不坐括是古之
將者軍破於外而家受罪於內也自命將征行但賞
功而不罰罪非國典也其令諸將出征敗軍者抵罪
失利者免官爵

梁孝帝與諸藩令一首

令郎日青蚨朽貫紅粟盈倉據有令楚奄有南服鄉

艫萬計鐵馬千羣一九之士可封函谷半紙之翰能下聊城而不以富貴爲榮不以妻孥爲念瀝血叩心枕戈嘗膽其故何哉政欲掃蕩長蛇誅鋤封豕本非經略三夏包羅二別而中流未附必艑王師弗見勤王之勲且有親情之辱興言思此載勞寤寐又當浮舟水次秣馬江陵靜聽郢藩若爲消息脫能前驅入討同盡勤王陝服景從差爲未晚如其驅率市人泝流西入凡我腹心人百其勇判當待彼先舉然後從事兵非我始幸各逡巡其間小小應接非今所議

梁孝元帝貢南軍令一首

令寒暑載離涉我無恙城小而固致足爲勞西秦忽遣兵馬二十萬衆侵據隨陸進取石城先討桓和次擒仲禮即渡漢南仍臨漢北吾備設權變無減六奇之謀經營方略妙得九天之勢彼請和退舍聞義即伏幕有飛烏疑楚師之夕返路聞斑馬識齊將之方還談笑郤秦魯連未匹苻堅奔散謝安何有前殄蕭詧後郤楊忠坐能制勝豈非運策卿等衆軍一何不武遂示迴習民足多歎今遣舍人王孝祀往具申闕曲

東晉元帝改元赦令一首

令昔我高祖宣皇帝至德應期受天明命玄石著瑞肇基帝道景皇纂戎文皇播烈重離宣曜庸蜀稽服武皇受終登涉帝位光宅天下九州順軌惠懷多難帝主不造夷狄豺狼肆其暴亂京都傾覆宗廟爲墟孤悼心失圖靡知所措繕甲修兵補結天網將以雪皇家之耻蕩鯨鯢之害然後謝責象魏歸身藩臣生死之志畢矣今百辟卿士億兆之人上陳靈符下稱人情同見翼戴若影響焉孤誓心不回至于三至于四有司固請所守有辭志不可奪孤逼于羣吏之議用上奉蒸嘗虔祀祖考明告靈神以祗休命今立宗

廟備百僚所以先帝傳晉祚總九牧保生靈也惟爾股肱爪牙之佐文武不貳心之臣其各立功立事以扶我帝室其與天下蕩滌瑕釁改往自新同率子來致天之罰其大赦天下孤老不能自存者賜帛匹二其殺祖父母及劉載石勒不從此令有能斬獲載首者封郡公食邑五千戶金二百斤絹萬匹斬勒首者封郡侯食邑三千戶金百斤絹五千匹其爲載勒所詿誤者赦書到日解甲散兵各還所屬一無所問有能率衆從順隨本官及所領多少論其爵位被書後百日若故屯結遂附賊黨誅及三族改建興五年爲

建武元年

梁武帝克定京邑赦令一首

令皇家不造遘此昏凶禍延遐邇虐被人鬼社廟之危蠢焉如綴吾身籍皇宗曲荷先命受任邊疆推轂萬里眷言瞻顧痛心在目故率其尊主之情勵其忘生之志雖寶曆重升明命有紹而獨夫醜縱方煽京邑投袂投戈克弭多難虐政横流爲日既久同惡相濟諒非一族仰稟朝令任在專征思播皇澤被之率土凡厥負釁咸與惟新可大赦天下唯王咺之等卌一人不在赦例別言上行臺外依舊施行

梁武帝開國赦令一首

令孤以虛昧任執國鈞雖夙夜勤止念在興化而育德振氓邈然尚遠聖朝永言舊式隆此眷命俟伯盛典方軌前烈嘉錫景煥禮數階崇徒守愿節終隔體諒羣后百司咸事敦獎勉茲厚顔當此休祚望昆彭以長想欽桓文而歎息思弘政途莫知津濟邦甸初啟藩宇惟新思覃嘉慶被之下國其赦國內殊死以下今月五日昧爽以前一皆原散鰥寡孤獨不能自存者賜穀五斛府州所統亦同蠲蕩主者施行

魏武帝整齊風俗令一首

令阿黨比周先聖所疾也聞冀州俗父子異部更相毀譽昔直不疑無兄時人謂之盜嫂第五伯魚三娶孤女謂之撾婦翁王鳳擅權谷永比之申伯王商忠議張匡謂之左道此皆以白爲黑欺天罔君者也吾欲整齊風俗四者不除吾以爲羞

魏曹植自試令一首

令吾昔以信人之心無忌於左右深爲東郡太守王機防輔吏倉輯等任身誣白獲罪聖朝身輕於鴻毛而謗重於泰山賴蒙帝主天地之仁違百寮之典議捨三千之首戾反我舊居襲我初服雲雨之施焉有量哉反旋在國揵門退掃形影相守出入二載機等吹毛求瑕千端萬緒然終無可言者及到雍又爲監官所舉亦以紛若于今復三年矣然卒歸不能有病於孤者信心足以貫於神明也昔雄渠李廣武發石開鄒子囚燕霜下於夏杞妻哭梁山爲之崩固精誠可以動天地金石何況於人乎今皇帝遙過鄙國曠然大赦與孤更始欣笑和樂以歡孤隕涕咨嗟以悼孤豐賜光厚訾重千金損乘輿之副竭中黃之府名馬充廄駈牛塞路孤以何德而當斯惠孤以何功以納斯□寵而不吝寵至不驕者則周公其人也孤小

人耳深更以榮爲慼何者將恐簡易之尤出於細微脫爾之愆一朝復覆也故欲循吾往業守吾初志欲使帝恩摩天而使孤心存地謂將以全陛下厚德窮孤犬馬之年此難能也然孤固欲行衆人之所難詩曰德輶如毛人鮮克舉此之謂也故爲此令著于宮門欲使左右共觀志焉

梁武帝集墳籍令一首　任昉

令近災起柏梁遂延渠閣青編素簡一同煨燼緗囊緹帙蕩然無餘故以痛深秦末悲甚漢季求之天道昭然有徵豈不以昏嗣作孽禮樂崩壞及聖人有作更俟茲辰今雖百度草創日不暇給而下車所務非此孰先便宜選陳農之才採河間之闕懷鉛握素汗簡殺青依祕閣舊錄速加繕寫便施行

梁武帝斷華侈令一首　任昉

令夫在上化下草偃風從俗之澆淳恒由此作自永元失德書契未紀窮昏極悖焉可勝言既而璇室外構傾宮內積奇伎異服實所未見上慢下暴淫侈競馳國命朝權政移近習販官鬻爵賄賂公行並甲第康衢漸臺廣夏長袖低昂等和戎之錫珍羞百品同伐冰之家愚人因之浸以成俗驕豔競爽夸麗相高至乃市井之家貂狐在御工商之子緹繡是襲日入之次夜艾未反昧爽之朝期之清旭今聖明肇運厲精惟始雖日纘戎殆同創革且澄費之後繼以興師巨橋鹿臺彫罄不一孤忝荷寵任務在澄清思所以仰贊皇朝大帛之旨俯勵微躬鹿裘之義解而更張斲雕爲樸自非可以奉粢盛修紱冕習禮樂之容繕甲兵之備此外衆費一皆禁絕御府中署量宜罷省掖廷備御妾之數天子絕鄭衛之音仰度朝旨閤同此意其中有可以率先卿士準的庶萌菲食薄衣請自孤始加以羣才並軌九官咸事若能人務退食競存約已移風易俗庶朞月有成昔毛玠在朝士大夫不敢靡衣偷食魏武歎曰孤之法不如毛尚書孤雖德謝往賢任重先達實望多士得其此心外可詳爲條格以時施行

梁武帝掩骼埋胔令一首　任昉

令近朱雀之捷義勇爭奮離心之衆敢距王師鈇鉞一臨望塵奔陷雖水不流隻輪莫反求之政刑允茲厥戮但于時白旗未懸凶威猶壯驅逼所至非有禍心凡厥逆徒於陣送死者可特使家人收葬若無親或有貧苦無以斂骸二縣長尉即爲埋掩仁及枯骨

非所敢慕尚或墐之庶幾可勉凡建康城內諸不逆
天命自取淪亡者亦同此科便可施行

梁武帝葬戰亡者令一首　　任　昉

令近義師鞠旅士卒爭奮數千之塗載離寒暑轗西
歸之思矢必死之節兵凶戰危零落者衆加以風寒
霜露夭其天年同彼艱辰異此慶日興言旣往惻愴
深懷凡諸臨陣致節及疾病喪亡者並宜厚加葬斂
收恤遺孤庶足微慰忠魂少醻誠烈

梁孝元帝遣上封令一首

令自凶醜憑凌構斯釁逆便遣兼司馬吳曄爲第一
軍次遣天門太守樊文皎爲第二軍次遣故軍師將
軍方等爲第三軍次遣武寧太守宿于量爲第四軍
次竟陵太守王僧辨爲第五軍吾相繼沿流志清國
難總此六軍方舟而下湘雍接境不遣一軍觀國幸
災志圖非望或割地舉兵或來相掩襲親尋干戈各
懷不軌仰惟社稷一旦傾淪枕戈泣血容身無地承
明可望永絕朝謁之期庭闕方邈無復聞詩之日拊
膺長叫沒身何補號天扣地無所逮及煩寃荼毒貫
截肝心纏綿腷臆觸途殞慟風樹鳴枝不堪自忍霜
露方下祠祭莫由犬馬之誠無忘晷漏烏鳥有心每
思雪復銜酷沒齒髓腦糜潰春生夏長萬恨不追日
往月來百身靡贖方今菽粟充牣倉廩欲實多載糧
粒廣命甲兵迅檝飛舸直指姑孰成敗之決在乎此
行功成則爲雄烈之人身死則爲忠義之鬼奉迎今
主克清象魏但恐下流諸藩未必俱發行路𩃜阻轂
粒難周進未及前退且惟谷其間進止應有深謀可
悉心以對勿得口隱並送封事吾將覽焉

文館詞林卷第六百九十五

書文館詞林後

王伯厚玉海引唐會要曰顯慶三年十月二日許敬宗修文館詞林一千卷上之崔元瞱等訓註據唐書瞱當作暐今按唐書藝文志曰文館辭林一千卷許敬宗劉伯宗等撰又曰崔元暐訓註文館詞林策二十卷乃知其書原一千卷而元暐所註止共策二十卷也會要係訓註於一千卷下者謬矣宋史藝文志錄文館詞林詩一卷而不錄其全書蓋當時已闕佚所存止一卷耳但以其書之浩博而詩僅一卷是則可怪其或一字誤寫或上下有脫字亦未可知是編之流傳

於我者已久而今亦不復完存其古鈔殘本或藏於古剎或珍於好事家余訪求蒐索乃獲四卷其三卷尚多殘闕其第六百六十二卷多用則天製字豈以武周時之本而傳寫歟今皆以通行字更寫之其第六百九十五卷末記云校書殿寫弘仁十四年歲次癸卯二月爲令泉院書今以干支推之正當唐穆宗長慶四年則其傳來之久亦可見矣嗚呼千卷之鉅製而缺佚殆盡僅僅零編無復可用然賴此可以窺其體例於萬一也急爲流傳以資博覽庚申歲清明月之八日天瀑識

又玄集

提要

《又玄集》三卷，唐韋莊撰，日本享和三年（一八〇三年）刊本。每半葉九行二十一字，左右雙邊，無魚尾。此書為唐人選唐詩九種之一。韋莊於光化三年編選，自序稱選『才子一百五十人，名詩三百首。』實收唐詩人杜甫等一百四十二家，詩二百九十七首。此書所選詩，五、七言古律及歌行均有，所錄釋子詩十家，婦女詩十九家。是書見於《宋史・藝文志》及《唐才自傳》。韋莊，字端已，京兆杜陵人。

又玄集

左補闕韋莊述

謝玄暉文集盈編止誦澄江之句曹子建詩名冠古唯吟清夜之篇是知美稼千箱兩岐爰少繁絃九變大護殊稀入華林而珠樹非多閱衆籟而紫簫惟一所以擷芳林下拾翠岩邊沙之汰之始辨辟寒之寶載彫載琢方成瑚璉之珎故知頷下採珠難求十斛管中窺豹但取一斑自國朝大手名人以至今之作者或百篇之內時記一章或全集之中唯徵數首但掇其清詞麗句錄在西齋莫窮其巨泒洪瀾任歸東海捻其記得者才子

一百五十人誦得者名詩三百首長樂暇日陋巷窮時聊撼隙以書紳匪攢心而就簡此蓋詩中鼓吹名下笙簧擊皃氏之鐘霜清日覩淬雷公之劍影動星津雲間分合璧之光海上運摩天之翅奪造化而雲雷噴涌役鬼神而風雨奔馳但思其食馬留肝徒云染指豈慮其烹魚去乙或致傷鱗自慙乎飈服易盈非嗜其熊蹯獨美然則律者既採繁者是除何知黑白之鵝強識淄澠之水左太冲十年三賦未必無瑕劉穆之一日百函焉能盡麗是知班張屈宋亦有蕪辭沈謝應劉猶多累句雖遺妍可惜而備載斯難亦由執斧伐山止求嘉木挈缾赴海但汲甘泉等同於風月烟花各是其樝梨橘柚昔姚合撰極玄集一卷傳於當代已盡精微今更採其玄者勒成又玄集三卷記方流而目眩閱麗水而神疲魚兎雖存筌蹄是弃所以金盤飲露唯採沆瀣之精花界食珎但饗醍醐之味非獨資於短見亦可貽於後昆採實去華俟諸來者時光化三年七月日

杜甫　李白　王維　常建　王昌齡
韓琮　司空曙　李賀　張九齡　高適

盧綸　錢起　李華　岑參　李嘉祐
崔顥　李益　任華　宋之問　戴叔倫
皇甫冉　崔峒　劉長卿　郎士元　杜誦
朱灣　陳羽　皇甫曾　鄭常　孟雲卿
楊凌　李宣遠　劉皂　韋孝標　孟浩然
楊虞卿　祖詠　李端　韓翃　陶翰
章八元　姚倫　李頎　張衆甫　崔國輔
綦毋潛　孟郊　崔曙　冷朝陽　于良史
丘爲　蘓廣文

西郊　杜甫

時出碧雞坊西郊向草堂市橋官柳細江路埜梅香傍架齊書帙看題檢藥囊無人覺來往踈懶意何長

春望　同

國破山河在城春草木深感時花濺泪恨別鳥驚心烽火連三月家書抵萬金白頭搔更短渾欲不勝簪

禹廟

禹廟空山裏秋風落日斜荒庭垂橘柚古屋畫龍蛇雲氣虛青壁江聲走白沙早知乘四載踈鑿控三巴

山寺　同

野寺殘僧少山園細路高麝香眠石竹鸚鵡啄金桃亂水通人過懸崖置屋牢上方重閣晚百里見纖毫

遣興　同

干戈猶未定弟妹各何之拭泪霑襟血梳頭滿面絲地卑荒野大天遠暮江遲衰老那能久應無見汝期

送韓十四東歸覲省　同

兵戈不見老萊衣歎息人間萬事非我已無家尋弟妹君今何處訪庭闈黃牛峽靜灘聲轉白馬江寒樹影稀此別還須各努力故鄉猶恐未成歸

南鄰　同

錦里先生烏角巾園收芋栗不全貧慣看賓客兒童喜得食階除鳥雀馴秋水纔深四五尺埜航恰受兩三人白沙翠竹江村暮相送柴門月色新

蜀道難雜言　李白

噫嘻嚱危乎高哉蜀道之難難於上青天蠶叢及魚鳧開國何茫然爾來四萬八千歲乃不與秦塞通人煙西當太白有鳥道可以橫絕峨眉巔地崩山摧壯士死然

後天梯石棧相勾連上有橫河斷海之浮雲下有衝波逆折之廻川黃鶴之飛兮上不得猨猱欲渡愁攀牽青泥何盤盤百步九折縈岩巒捫參歷井仰脅息以手撫膺坐長歎問君西遊何當還長途巉岩不可攀但見悲鳥號古木雄飛從雌繞林間又聞子規啼夜月愁空山蜀道之難難於上青天使人聽此凋朱顏連峯入雲幾千尺枯松倒挂倚石壁崩湍瀑流爭喧豗砯崖轉石萬壑雷其嶮若此嗟爾遠道之人胡為乎來哉劍閣崢嶸而崔嵬一夫當關萬夫莫開所守或非人化為狼與豺

朝避猛獸夕避長蛇磨牙吮血殺人如麻錦城雖云樂
不如早還家蜀道之難難於上青天側身西望長咨嗟

古意　同

白酒初熟山中歸黃雞啄黍秋正肥呼童烹雞酌白酒
男女歡笑牽人衣高歌取醉欲自慰起舞落日爭光輝
遊說萬乘苦不早著鞭跨馬涉遠道會稽愚婦輕買臣
余亦辭家西入秦仰天大笑出門去我輩豈是蓬蒿人

長相思　同

美人在時花滿堂美人去後空餘床床中繡被竟不掩

至今三載猶聞香香亦竟不滅人亦竟不來相思黃葉
落白露點青苔

金陵西樓月下吟　同

金陵夜寂涼風發獨上西樓望吳越白雲映水搖空城
白露垂珠滴秋月月下長吟久不歸古來相接眼中稀
解道澄江靜如練令人長憶謝玄暉

觀獵　王維

風勁角弓鳴將軍獵渭城草枯鷹眼疾雪盡馬蹄輕忽
過新豐市還歸細柳營迴看射鵰處千里暮雲平

終南山　同

太一近天都連山到海隅白雲迴望合青靄入看無分
埜中峰變陰晴衆壑殊欲投人處宿隔水問樵夫

勑借岐王九成宮避暑　同

帝子遠辭丹鳳闕天書遥借翠微宮隔牕雲霧生衣上
卷幔山泉入鏡中林下水聲喧語笑巖間樹色隱房櫳
僊家未必能勝此何事吹簫向碧空

送秘書晁監歸日本　同

積水不可極安知滄海東九州何處遠萬里若乘空向

國唯看日歸帆但信風鰲身映天黑魚眼射波紅鄉樹
扶桑外主人孤島中別離方異域音信若爲通

弔王將軍　常建

嫖姚北伐時深入強千里戰餘落日黃軍敗鼓聲死常
聞漢飛將可奪單于壘今與山鬼鄰殘兵哭遼水

題破山寺後院　同

清晨入古寺初日照高林竹逕通幽處禪房花木深山
光悅鳥性潭影空人心萬籟此都寂但餘鐘磬音

長信宮秋詞　王昌齡

奉帚平明金殿開暫將團扇共徘徊玉顔不及寒鴉色
猶帶昭陽日影來

春愁　韓琮

金烏長飛玉兔走青鬢長青古無有秦娥十六語如絃
未解貪花惜楊柳吳魚嶺雁無消息水晉蘭情別來久
勸君年少莫遊春暖風遲日濃如酒

公子行　同

紫袖長衫色銀蟬半臂花帶裝盤水玉鞍繡坐雲霞別
殿承恩澤飛龍賜渥洼控羅青鼻轡鏤象碧車韉意氣

催歌舞闌珊走鈿車袖彰雲縹緲釵轉鳳欹斜珠卷迎
歸箔紅籠晃醉紈唯無難夜日不得似仙家

駱谷晚望　同

秦川如畫渭如絲去國還鄉一望時公子王孫莫來好
嶺花多是斷腸枝

暮春送客　同

綠暗紅稀出鳳城暮雲樓閣古今情行人莫聽宮前水
流盡年老是此聲

謝李端見贈　司空曙

綠槐初穗乳烏飛忽憶山中獨未歸清鏡流年看髮變
白雲芳艸與心違多逢酒客朝遊慣久別林僧夜坐稀
昨日聞君到城闕莫將簪弁責荷衣

寄胡居士　同

日暖風微南陌頭青田紅樹起春愁伯勞相逐行人別
岐路空歸埜水流徧憶尋僧同看雪誰期載酒共登樓

送麴山人往衡山　同

白石先生眉髮光已分甜雪飲紅漿衣巾半染煙霞氣
語笑兼和藥艸香茅洞玉聲流晴水衡山碧色映朝陽

千年城郭如相問華表峨峨有夜霜

雁門太守行　李賀

黑雲壓城城欲摧甲光向日金鱗開角聲滿天秋色裏
塞上燕支凝夜紫半卷紅旗臨易水霜重鼓寒聲不起
報君黃金臺上意提攜玉龍爲君死

劍子歌　同

先輩匣中三尺水曾入吳潭斬龍子隙月斜明刮露寒
練帶平鋪吹不起鸊鵜淬花白鷳尾鮫鮎老皮蒺藜刺

直是荆軻一片心。莫將照見春坊字。授綵團金垂麗戢。神光欲截藍田玉。提出西方白帝驚。嗷嗷鬼母秋郊哭

杜家唐兒歌　即幽公之子　同

頭玉磽磽眉刷翠。杜郎生得眞男子。骨重神寒天廟器。一雙瞳人剪秋水。竹馬梢梢搖綠尾。銀鸞睒光踏半臂。東家嬌娘求對値。含笑畫空作唐字。眼大心雄知所以。莫忘作歌人姓李。

望月懷遠　張九齡

海上生明月。天涯共照時。愁人怨遥夜。竟夕起相思。背

燭怜光滿。披衣覺露滋。不堪盈手贈。還寢夢佳期。

燕歌行并序　高適

開元十季客有御史大夫張公出塞而還。作燕歌行以示適。感征戍之事。因而和焉。漢家烟塵在東北。漢將辭家破殘賊。男兒本自重横行。天子非常賜顔色。摐金伐鼓下榆關。旌旗逶迤碣石間。校尉羽書飛瀚海。單于獵火照狼山。山川蕭條極邊土。胡騎憑陵雜風雨。戰士軍前半死生。美人帳下猶歌舞。大漠窮秋塞草衰。孤城落日鬬兵稀。身當恩遇恒輕敵。力盡關山未解圍。鐵衣遠戍辛勤久。玉筯應啼别離後。少婦城南欲斷腸。征人薊北空廻首。邊風飄飖那可度。絶域蒼茫何所有。殺氣三日作陣雲。寒聲一夜傳刁斗。相看白刃血紛紛。死節從來豈顧勳。君不見沙場征戰苦。至今猶憶李將軍。

送李端　盧綸

故關秋草遍。離别自堪悲。路入寒雲外。人歸暮雪時。少孤爲客早。多難識君遲。掩泪空相見。風塵何處期。

長安春望　同

東風吹雨過青山。却望千門草色閑。家在夢中何日到。

春來江上幾人還。川原繚繞浮雲外。宫闕參差落照間。誰念爲儒多失意。獨將衰鬢客秦關。

得嶺外故人書以詩寄　同

瘴海寄雙魚。中宵達我居。兩行灯下泪。一紙嶺南書。地說炎蒸極。人稱老病餘。殷勤報賈傅。莫共酒盃踈。

宿洞口館　錢起

埜竹通溪冷。秋泉入戸鳴。亂來人不到。寒艸上階生。

裴廸書齋翫月　同

夜來詩酒興。月滿謝公樓。影閉重門静。寒生獨樹秋。鵲

驚隨葉散螢遠入烟流今夕遥天末清輝幾處愁

宿畢侍御宅　同

交情貧更好子有古人風晤語清霜裏平生苦節同心惟二仲合室乃一瓢空落葉寄秋菊愁雲低夜鴻薄寒灯影外殘漏雨聲中明發南昌去廻看御史驄

長門怨　李華

弱體鴛鴦薦啼粧翡翠衾鵶鳴秋殿曉人静禁門深每憶椒房寵那堪永巷陰日驚羅帶緩非復舊來心

終南山　岑參

昨夜雲際宿適從西峯廻不見林中僧微雨潭上來諸峯皆青翠泰嶺獨不開石鼓有時鳴泰王安在哉澴澴斷山口吼沫相喧豗噴壁四時雪傍村終日雷北瞻長安道日夕生塵埃若訪張仲蔚衡門映蒿萊

和苗發寓直　李嘉祐

多雨南宮夜仙郎寓直時漏長丹鳳闕秋冷白雲司螢影侵堦亂鴻聲出苑遲蕭條吏人散小謝有新詩

送王牧往吉州謁王使君　同

細草緑汀洲王孫耐薄遊年華初冠帶文體舊弓裘埜渡花爭發春塘水亂流使君憐小阮應念倚門愁

楚州驛路十里竹木相次交映　同

十里山村道千峰驛樹陰霜濃竹枝亞歲晚荻花深草市多樵客漁家足水禽幽居雖可羡無那子年心

古遊俠　崔顥

少年負膽氣好勇復知機杖劔出門去孤城逢合圍殺入遼水上走馬漁陽歸錯落金鏁甲蒙茸貂鼠衣還家行且獵弓矢速如飛地逈鷹犬疾草深狐兔肥腰間懸兩綬轉眄生光輝顧謂今日戰何如隨建威

黄鶴樓　黄鶴乃人名也　同

昔人已乘白雲去此地空餘黄鶴樓黄鶴一去不復返白雲千載空悠悠晴川歴歴漢陽樹春艸萋萋鸚鵡洲日暮鄉關何處是烟波江上使人愁

邊思　李益

腰垂錦帶佩吴鈎走馬曾防玉塞秋莫笑關西將家子秪將詩思入梁州

過五原至飲馬泉　同

緑楊著水艸如烟舊是胡兒飲馬泉幾處吹笳明月夜

何人倚劔白雲天。從來凍合關山路。今日分流漢使前。
莫遣行人照容鬢。恐驚憔悴入新年。

江南詞　同

嫁得瞿塘賈。朝朝誤妾期。早知湖爲信。嫁與弄湖兒

雜言寄李白　任華

古來文章有能奔逸氣。高聳高格。清人心神。驚人魂魄。我聞當今有李白。大獵賦。鴻猷文。嗤長卿。笑子雲。班張所作瑣細不入耳。未知卿雲得在嗤笑限。登廬山觀瀑布。海風吹不斷。江月照還明。余愛此兩句。登天台望渤

海。雲垂大鵬飛。山壓巨鼇背。斯言亦好在。至於他作多不拘常律。振擺起騰。既俊且逸。或醉中操紙。或興來走筆。手下忽然片雲飛。眼前劃見孤峯出。而我有時白日忽欲睡。覺之不覺欻然起攘臂。任生知有君。君也知有任生未。中間聞道在長安。及余戻止。君已江東訪元丹。邂逅不得見君面。每常把酒向東望良久。見說往年在翰林。胸中矛戟何森森。新詩傳在宮人口。佳句不離明主心。身騎天馬多意氣。目送飛鴻對豪貴。承恩詔入凡幾迴。待詔歸來仍半醉。權臣妬盛名。群犬多吠聲。有勑放君歸隱淪處。高歌大笑出關去。且向東山爲外臣。諸侯交迓馳朱輪。白璧一雙買交者。黃金百鎰相知人。平生傲岸其志不可測。數十年爲客未嘗一日低顏色。八詠樓中坦腹眠。五侯門下無心憶。繁花越臺上。細柳呉宮側。綠水青山知有君。白雲明月偏相識。養高兼養閑。可見不可攀。莊周萬物外。范蠡五湖間。又聞訪道滄海上。丁令王喬時還往。蓬萊經是曾到來。方丈豈唯方一丈。伊余每欲乘興遠尋江湖擁隔勞寸心。今朝忽遇東飛鵶。寄此一章表胸臆。儻能報我一片言。但訪任華有

人識。

雜言寄杜拾遺　同

杜拾遺名甫第二才甚奇。任生與君別來已多時。何曾一日不相思。杜拾遺知不知。昨日有人誦得數篇黃絹詞。吾怪異奇特借問。果然稱是杜二之所爲。勢攫虎豹。氣騰蛟螭。滄海無風似鼓盪。華嶽平地欲奔馳。曹劉俯仰慚大敵。沈謝逡巡稱小兒。昔在帝城中盛名君一箇。諸人見所作。無不心膽破。郎官叢裏作狂歌。丞相閣中常醉臥。前年皇帝歸長安。承恩闊步青雲端。積翠扈游

花匼匝，披香寓直月團欒。英才特達承天眷，公卿誰不相欽羨。只緣汲黯好直言，遂使安仁却爲掾。如今避地錦城隅，幙下英寮每日相就。提玉壺，半醉起舞捋髭鬚，乍低乍昂傍若無。古人制禮但爲防俗士，豈得爲君設之乎。而我不飛不鳴亦何以，只待朝庭有知已。曽讀却無限書，拙詩一句兩句在人耳。如今看之揔無益，又不能崎嶇傍朝市。且當事耕稼，豈得便徒爾。南陽葛亮爲朋友，東山謝安作鄰里。閑常把琴弄，悶即携罇起。鶯啼二月三月時，花發千山萬山裏。此中幽曠無人知，火急

將書憑驛吏，爲報杜拾遺。

題梧州司馬山齋　宋之問

南國無霜霰，連季對物華。青林暗換葉，紅蘂續開花。春至聞山鳥，秋來見海槎。流芳雖可翫，會自立長沙。

過陳州　戴叔倫

擾擾倦行役，恓恓陳蔡間。如何百年内，不見一人閑。對酒惜餘景，問程愁亂山。秋風萬里道，又出穆陵關。

送謝夷甫宰鄭縣　同

君去方爲縣，兵戈尚未銷。邑中殘老少，亂後少官僚。廨宇經山火，公田没海潮。到時應變俗，新政滿餘姚。

題裴二十一新園　皇甫冉

東郭訪先生，西郊尋隱路。久爲江南客，自有雲陽樹。已得閑園心，不知公府步。開門白日晚，倚杖青山暮。果熟任霜封，籬踈從水渡。窮季常牽綴，往事惜淪悞。唯見耦耕人，朝朝自來去。

秋日東郊作　同

閑看秋水心無事，坐對東林手自栽。廬岳高僧留偈別，茅山道士寄書來。燕知社日辭巢去，菊爲重陽冒雨開。

淺薄將何稱獻納，臨岐終日獨遲迴。

江上書懷　崔峒

骨肉天涯別，江山日落時。淚流襟上血，髮白鏡中絲。胡越書難到，存亡夢豈知。登高迴首罷，形影自相從。

題桐廬李明府官舍　同

訟堂寂寂對烟霞，五柳門前聚晚鴉。流水聲中視公事，寒山影裏見人家。觀風共美新爲政，計日還應更觸邪。可惜陶潛無限興，不逢籬菊正開花。

餘干旅舍　劉長卿

搖落暮天迥。青楓霜葉稀。孤城向水閉。獨鳥背人飛。溪
口月初上。隣家漁未歸。鄉心正欲絕。何處擣寒衣。

送李丞之襄州　同

流落征南將。曾驅十萬師。罷歸無舊業。老去戀明時。獨
立三朝識。輕生一劍知。茫茫漢江上。日暮欲何之。

送王將軍　郎士元

雙旌漢飛將。萬里授橫戈。春色臨關盡。黃雲出塞多。鼓
鞞悲絕漠。烽火隔長河。莫斷陰山路。天驕已請和。

哭長孫侍御　杜誦

道爲詩書重。名因賦頌雄。禮闈曾擢桂。憲府近乘驄。流
水生涯盡。浮雲世事空。唯餘舊臺柏。蕭颯九原中。

秋夜䜩王郎中宅賦得露中菊　朱灣

衆芳春競發。寒菊露偏滋。受氣何曾異。開花獨自遲。晚
成猶有分。欲採未過時。忍棄東籬下。看隨秋草衰。

賦得白鳥翔翠微送陳偃下第　同

不知鷗與鶴。天畔弄晴暉。背日分明見。臨川相映微。洋
中雲一點。迥去雪孤飛。正好南枝住。翩翩何所依。

長安喜雪　陳羽

千門萬戶雪花浮。點點無聲落瓦溝。全似玉塵消更積。
半成冰片結還流。光含曙色清天苑。輕逐微風繞御樓。
平地已霑盈尺潤。年豐須賀富人侯。

安楊駙馬山亭　得峯字　同

垂楊拂岸艸茸茸。繡戶肉前花影重。鱠下玉盤紅縷細。
酒開金[redacted]綠醅醲。中朝駙馬何平叔。南國詞人陸士龍。
落日泛舟同醉處。迴潭百丈映千峯。

送杜中丞還京　皇甫曾

罷戰迴龍節。朝天見鳳池。寒生五湖道。春及萬年枝。召

化多遺愛。胡清已畏知。懷恩偏感別。墮淚向旌旗。

寄常逸人　鄭常

羨君無外事。日與世情違。地僻人難到。溪深鳥自飛。儒
衣荷葉老。野飯藥苗肥。疇昔江湖意。而今憶共歸。

傷時　孟雲卿

徘徊宋郊上。不見平生親。獨立正傷心。悲風來孟津。大
方載群物。生死有常倫。虎豹不相食。哀哉人食人。豈知
逢世運。天道亮云云。

明妃怨　楊凌

漢國明妃去不還。馬馳絃管向陰山。匣中縱有菱花鏡，
羞對單于照舊顏。

塞下作　　李宣遠

秋日并州路，黄榆落故關。孤城吹角罷，數騎射鵰還。帳
幙遥臨水，牛羊自下山。行人正垂淚，烽火起雲間。

長門怨　　劉皂

淚滴長門秋夜長，愁心和雨到昭陽。淚痕不學君恩斷，
拭却千行更萬行。

歸海上舊居　　章孝標

鄉路繞蒹葭，縈紆出海涯。人衣披蜃氣，馬跡印鹽花。艸
没題詩石，潮摧坐釣槎。還歸舊窗裏，凝思賞煙霞。

長安秋夜　　同

田家無五行，水旱卜蛙聲。牛犢乘春放，兒孫候暖耕。池
塘煙未起，桑柘雨初晴。歲晚香醪熟，村村自送迎。

喜裴士曾見尋　　孟浩然

府寮能枉駕，家醖復新開。落日池上酌，清風松下來。廚
人具雞黍，稚子摘楊梅。誰道山翁醉，猶能騎馬廻。

過符公蘭若　　同

池上青蓮宇，人間白馬泉。故人成異物，攀樹獨潸然。既
禮新松塔，還尋舊石筵。平生竹如意，猶挂草堂前。

送張舍人往江東　　同

張翰江東去，正在秋風時。天晴一雁遠，海闊孤帆遲。白
日行欲暮，滄波杳難期。吳洲如見月，千里幸相思。

過小妓英英墓　　楊虞卿

蕭晨騎馬出皇都，聞說埋魂近路隅。別我已成泉下土，
憶君猶似掌中珠。四絃品柱聲初絕，三尺孤墳艸已枯。
蘭質蕙心何所在，焉知過者是狂夫。

蕭氏別業　　祖詠

別業居幽處，到來生隱心。南山當戶牖，灃水映園林。竹
覆經冬雪，庭昏未夕陰。寥寥人境外，閑坐聽春禽。

秋日　　李端

返照入閭巷，愁來與誰語。古道無人行，秋風動禾黍。

送人往荊州　　同

艸色隨驄馬，悠悠共出秦。水傳雲夢曉，山接洞庭春。帆
影連三峽，猿聲近四鄰。青門一分首，難看杜陵人。

題薦福寺衡嶽禪師房　　韓翃

春城乞食還高論此中閑僧臘階前樹禪心江上山疎
簾看雪卷深戶映花關晚送門人去鐘聲暝靄間

羽林騎　同

駿馬牽來御柳中鳴鞭欲向渭橋東紅蹄亂踏春城雪
花頷驕嘶上苑風

送故人歸魯　同

魯客多歸興居人惜別情雨餘衫袖冷風急馬蹄輕秋
艸靈光殿寒雲曲阜城知君拜親後少婦下機迎

古塞下曲　陶翰

又玄集　卷上　九

進軍飛狐北窮寇勢將變日落沙塵昏背河更一戰駿
馬黄金勒雕弓白羽箭射殺左賢王歸奏未央殿欲言
塞下事天子不召見西出咸陽門哀哀淚如霰

新安江村　章八元

江源南去永埜飯暫維橈古戍懸漁網空林露鳥巢雪
晴山脊見沙淺浪痕交自笑無媒者逢人作解嘲

望慈恩寺浮圖　同

十層突兀在虚空四十開門面面風却訝鳥飛平地上
自驚人語半天中廻梯暗踏如穿洞絶頂初攀似出籠

落日鳳城佳氣合滿城春樹雨濛濛

感秋　姚倫

試向疎林望方知節候殊亂聲千葉下寒影一巢孤不
敝秋天雁驚飛夜月烏霜風與春日幾度遣榮枯

漁父歌　李頎

白頭何老人簑笠蔽其身避世常不仕釣魚清江濱浦
沙明濯足山月靜垂綸寓宿湍與瀨行歌秋復春持橈
湘岸竹爇火蘆洲薪緑水飯香稻青荷苞紫鱗於中還
自樂所欲全吾真而笑獨醒者臨流多苦辛

又玄集　卷上　十

送李司直使吳　張衆甫

使臣方擁傳王事送辭家震澤逢殘雨新豐過落花水
萍千葉散風柳萬條斜何處看離恨春江無限沙

雜言　崔國輔

逢著平樂兒論交鞍馬前與酤一斗酒恰用十千錢後
余在關内作事多迍邅何處肯相救徒聞寶劍篇

怨詞　同

妾有羅衣裳秦王在時作爲舞春風多秋來不堪著

春泛若耶　綦毋潛

幽意無斷絕此去隨所偶晚風吹行舟花路入溪口際夜轉西壑隔山望北斗潭煙飛溶溶林月低向後生事且彌漫願爲持竿叟

歲暮歸南山　孟郊

北闕休上書南山歸舊廬不才明主棄多病故人疏白髮催年老青陽逼歲除永懷愁不寐松月夜窗虛

試明火珠　崔曙

正位開重屋中天出火珠夜來雙月滿曙後一星孤天淨光難滅雲生望欲無還將聖明代國寶在京都

晚次渭上　冷朝陽

晚來清渭上一似楚江邊魚網依沙岸人家傍水田不逢京口信空認渡頭船逆旅無消息歸心誰爲傳

冬日埜望寄長安李贊府　于良史

地險朝陽滿天邊宿霧收風兼殘雪起河帶斷冰流北闕馳心極南圖尚旅游登臨思不已何處得銷憂

春山月夜　同

春山多勝事賞翫夜忘歸掬水月在手弄花香滿衣興來無遠近欲去惜芳菲南望鐘鳴處樓臺深翠微

尋西山隱者不遇　丘爲

絕頂一茅茨直上三十里扣關無僮僕窺室唯案几若非巾柴車應是釣秋水差池不相見僶俛空仰止草色新雨中松聲晚窗裏及茲契幽絕自足蕩心耳雖無賓主意頗得清淨理興盡方下山何必待之子

白商山宿陶令隱居　蘓廣文

聞是花源堪避秦尋幽數日不逢人烟霞洞裏無雞犬風雨林中有鬼神黄公山下三芝秀陶令門前五柳春醉卧白雲閑入夢不知何物是吾身

夜歸華川因寄幕府　同

山林寥落埜人稀竹裏衡門掩翠微溪路夜隨明月入亭皐春伴白雲歸嵇康懶慢仍耽酒范蠡逋逃又拂衣汀畔數鷗閑不起只應知我已忘機

春日過田明府買焦山人　同

陶公歸隱白雲溪買得春泉溉藥畦夜靜竹間風虎嘯月明花上露禽棲陳倉邑吏驚烽火太白山人訝鼓鼙相見只言秦漢事武陵溪裏草萋萋

又玄集卷上終

又玄集卷中

杜牧　温庭筠　武元衡　賈島　張籍
姚合　張祜　元稹　王縉　韓愈
劉禹錫　白居易　李遠　韋應物　李廓
盧中丞　趙嘏　李郢　韋蟾　李商隱
姚鵠　李群玉　薛能　曹鄴　李德裕
裴度　李紳　王鐸　李頻　曹唐
薛逢　劉德仁　于武陵　武瓘　施肩吾
丁鵠　顧況

秦淮　杜牧

煙籠寒水月籠沙，夜泊秦淮寄酒家。商女不知亡國恨，隔江猶唱後庭花。

宣州開元寺　同

六朝文物草連空，天澹雲閑今古同。鳥去鳥來山色裏，人歌人哭水聲中。深秋簾幙千家雨，落日樓臺一笛風。惆悵無因見范蠡，參差烟樹五湖東。

詠柳　同

日落水流西復東，春光不盡柳何窮。巫娥廟裏低含雨，宋玉門前斜帶風。莫將榆莢共爭翠，深感杏花相映紅。灞上漢南千萬樹，幾人遊宦別離中。

哭處州李員外　同

縉雲新命詔初行，纔是孤魂受器成。黃壤不知新雨露，粉書空換舊銘旌。巨卿哭處魂初斷，阿鶩歸來月正明。多少四年遺愛事，鄉閭生子李爲名。

寄張祜　同

百歲中來不自由，角聲孤起夕陽樓。碧山終日思無盡，芳艸何年恨即休。睫在眼前長不見，道非身外更何求。

誰人得似張公子，千首詩輕萬戶侯。

春日將欲東游寄苗紳　温庭筠

幾年辛苦與君同，得喪悲歡盡是空。猶喜故人先折桂，自憐羇客尚飄蓬。三春月照千山路，十日花開一夜風。知有杏園無路入，馬前惆悵滿枝紅。

早春滻水送友人　同

青門烟野外，渡滻送行人。鴨卧溪沙暖，鳩鳴社樹春。淺波青有石，幽艸綠無塵。楊柳東風裏，相看泪滿巾。

河中陪節度遊河亭　同

倚欄愁立獨徘徊，欲賦慙非宋玉才，滿座山光揺劔戟，遶城波色動樓臺，鳥飛天外斜陽盡，人過橋心倒影來，添得五湖多少恨，柳花飄蕩似寒梅。

贈隱者　同

楚客隱名姓，闔碁當薜蘿，亂溪藏釣石，一鶴在庭柯，敗堰水聲急，破囱山色多，南軒新竹逕，應許子猷過。

過陳琳墓　同

曾於青史見遺文，今日飄蓬過古墳，詞客有靈應識我，覇才無主始憐君，石麟埋没藏春艸，銅雀荒凉對暮雲，

莫怪臨風倍惆悵，欲將書劔學從軍。

孔雀　武元衡

甸令昔居此，故巢留越禽，動揺金翠羽，飛舞玉池音，上客徵瑶瑟，美人傷蕙心，會因南國使，歸放海雲深。

同諸公送柳侍御裴起居　同

沱江水綠波，喧鳥去喬柯，南浦別離處，東風蘭杜多，長亭春婉娩，層漢路蹉跎，會有歸朝日，班超奈老何。

荊師　同

金貂再入三公府，玉帳連封萬戶侯，簾卷青山巫峽曉，雲凝碧岫渚宮秋，劉琨坐嘯風生遠，謝眺裁詩月滿樓，白雪調高歌不得，美人南望翠娥愁。

崔巡使還本府　同

勞君車馬此逡巡，我與劉公本是親，兩地山川分節制，十年京洛共風塵，笙歌幾處胡天月，羅綺長留蜀國春，報主猶來須盡敵，還期萬里寶刀新。

送張諫議赴闕　同

詔書前日可丹霄，頭戴儒冠脫皂貂，笛怨柳宮煙漠漠，雲愁江館雨蕭蕭，鴉鴻得路爭先翥，松柏凌霜貴後凋，

歸去朝端如有問，玉關門外老班超。

送安南惟鑒法師　賈嶋

講經春色裏，花繞御床飛，南海幾迴渡，舊山臨老歸，觸風香損印，霑雨磬生衣，雲水路迢遞，往來消息稀。

題杜司戶亭子　同

床頭枕是溪中石，井底泉通竹下池，宿客未眠過夜半，獨聞山雨到來時。

題李凝幽居　同

閑居少隣並，草徑入荒村，鳥宿池中樹，僧敲月下門，過

橋分埜色移石動雲根暫去還來此幽期不負言

哭栢岩和尚　　同

苔覆石床新吾師占幾春寫留行道影焚却坐禪身塔院關松雪房門鎖隙塵自嫌雙泪下不是解空人

哭孟郊　　同

身死聲名在多應萬古傳寡妻無子息破宅帶林泉塚近登山道詩隨過海船故人相弔後斜日下寒天

離亭　　張籍

日日望鄉國空歌白苧詞長因送人處憶得別家時失

計還獨語多愁自不知客亭門外柳折盡向南枝

寄同志　　同

幽居得相近烟景已寥寥共伐臨溪樹同爲過水橋自教僊鶴舞分採玉枝苗更愛南峯寺尋君恐路遥

山居　　姚合

喜得山中樂佳眠夢不驚暗泉和雨落秋艸上牆生因客始沽酒借書方到城新詩聊自遣豈是趁聲名

寄王度　　同

憔悴王居士顛狂不稱時天公與貧病時輩復輕欺茅屋隨年借盤餐逐日炊棄嫌官似夢琢重酒如師無竹栽蘆看思山疊石爲靜因留客睡古寺覓僧碁瘦馬寒來死羸童餓得痴唯應尋阮籍心事遠相知

武功縣居　　同

微官如馬足只是在泥塵到處貧隨客終年老趁人簿書銷眼力盃酒耗心神早作歸休計深居過此身

又　　同

簿書多不會薄俸亦難銷醉卧慵開眼閑行懶繫腰移花兼蝶至買石得雲饒且自心中樂從他笑寂寥

又　　同

一日看除目終年損道心山宜衝雪上詩好帶風吟埜客嫌知印家人笑買琴不應隨日過覺是錯彌深

觀魏博何相公獵　　張祜

曉出群城東分圍淺艸中紅旗開何日白馬驟迎風背手抽金鏃翻身控角弓萬人齊指處一雁落寒空

上牛相公　　同

四十便封侯名居第一流緑鬟深小院紅粉下高樓醉把金船擲閑敲玉鐙游帶盤白鼹鼠袍研紫犀牛碧瓦

方墻上朱橋柳巷頭知君季少貴不信有春愁

連昌宮詞　元稹

連昌宮中滿宮竹歲久無人森似束又有墻東千葉桃
風動落花紅蔌蔌宮邊老人爲余泣小年選進因曾入
上皇正在望僊樓太眞同憑欄干立樓上樓前盡珠翠
炫轉熒煌照天地歸來如夢復如痴何暇備言宮裏事
初過寒食一百六店舍無煙宮樹綠夜半月高絃索鳴
賀老琵琶定場屋力士傳呼覓念奴念奴潛伴諸郎宿
須叟覓得又連催特勑街中許燃燭春嬌滿眼睡紅綃

掠削雲鬟旋粧束飛上九天歌一聲二十五郎吹管逐
逡巡大遍梁州徹色色龜玆轟錄續李謩壓笛傍宮墻
偷得新翻數般曲平明大駕發行宮萬人鼓舞途路中
百官隊仗避岐薛楊氏諸姨車鬪風明年十月東都破
御路猶存祿山過驅令供頓不敢藏萬姓無聲泪潛墮
兩京定後六七年却尋家舍行宮前莊園燒盡有枯井
行宮門闥樹宛然爾後相傳六皇帝不到離宮門久閉
往來年少說長安玄武樓成花萼廢去年敕使因斫竹
偶值門開暫相逐荆榛櫛比塞池塘狐兒驕痴緣樹木
舞榭欹傾基尚在文窗窈窕紗猶綠塵埋粉壁舊花鈿
烏啄風箏碎珠玉上皇偏愛臨砌花依然御榻臨堦斜
蛇出燕巢盤鬬栱菌生香案正當衙寢殿相連端正樓
太眞梳洗樓上頭晨光未出簾影黑至今返挂珊瑚鈎
指向傍人因慟哭却出宮門泪相續自從此後還閉門
夜夜狐狸上門屋我聞此語心骨悲太平誰致亂者誰
翁言埜父何分別耳聞眼見爲君說姚崇宋璟作相公
勸諫上皇言語切燮理陰陽禾黍豐調和中外無兵戎
長官清平太守好揀選皆言由相公開元欲末姚宋死

朝廷漸漸由妃子祿山宮裏養作兒虢國門前鬧如市
弄權宰相不記名依俙憶得楊與李廟謨顛倒四海搖
五十年來作瘡痏今皇神聖丞相明詔書纔下吳蜀平
官軍又取淮西賊此賊亦除天下寧年年耕種宮前道
今年不遣子孫耕老翁此意深望幸努力廟謨休用兵

望雲騅馬詩并序　元稹

德宗皇帝以八馬幸蜀七馬道斃唯望雲騅來往不頓
貞元中老死天厩臣稹作歌以記之

憶昔先皇幸蜀時八馬入谷七馬疲肉綻筋攣四蹄脫

七馬死盡無馬騎。天子家塵天雨泣。巉岩道路淋漓濕。峥嵘白草眇難期。謬洞黄泉安可入。朱泚圍兵抽未盡。懷光返騎追行及。娟娥相顧倚掛啼。鷄鷺無聲仰天泣。圉人不進望雲騅。彩色顯頷衆馬欺。上前噴吼如有意。耳尖卓立衛蹤奇。君王試遣廻胸臆。撤骨鋸牙駢兩肋。蹄懸四蚌腦顆方。胯竦三山尾扶直。圉人畏誚仍相惑。此馬無良空有力。頻頻嚙掣轡難施。往往跳趫鞍不得。色沮聲悲仰天訴。天不遺言君未識。亞身受取白玉羈。開口銜將紫金勒。君王自此方敢騎。似遇良臣久悽惻。

奄騰魚鱉躍然驚。騤眄驪騾少顏色。七聖心迷運方厄。五丁力盡路由窄。駱駄山上斧刃堆。望秦嶺下錐頭石。五六百里真符縣。八十四盤青山驛。掣開流電有輝光。突過浮雲無朕迹。地平險盡施黄屋。九九屬車十二纛。齊映前道引騅頭。嚴震迎號抱騅足。路傍垂白天寶民。望騅禮拜見騅哭。皆云玄宗當時無此馬。不免騎騾來幸蜀。雄雄猛將李令公。收城殺賊財佷空。天旋地轉日再中。天子却坐光明宮。朝庭無事忘征戰。枝獵朝廻暮毬宴。御馬齊登擬用槽。君王自試宜微殿。圉人還進望雲騅。性强步闊無方便。分鬉擺杖頭太高。擘肘廻頭項難轉。人人共惡難廻跋。潜遣飛龍減芻秣。銀鞍繡韉不復施。空盋玆反引天年御槽活。當時鄙諺巳有云。莫倚功高浪開闊。登山縱似望雲騅。平地須饒紅兒撥。長安二月花垂草。果下翩翩紫騮好。千官暖熱李令閑。百馬生獰望雲老。望雲騅。爾之種類世世奇。當時項王乘爾祖。分配英雄爭霸主。爾身今日逢聖人。從幸巴渝歸入秦。功成事遂身亦退。天之道何必隨群逐隊到死踏紅塵。望雲騅。用與不用各有時。爾勿悲。

游悟真寺　王縉

聞道黄金地。仍依白玉田。擲山移巨石。咒嶺出飛泉。猛虎同三逕。愁猿學四禪。買香燃綠桂。乞火踏青蓮。草色摇霞上。松聲泣月邊。山河窮百萬。世界滿三千。梵宇聊憑覽。王城遂眇然。灞陵纔出樹。渭水欲連天。遠縣分朱郭。孤村起白烟。望雲思聖主。披霧憶群賢。薄宦慙尸祿。終身擬倘玄。誰言草庵客。曾和栢梁篇。

送孫秀才　同

帝城風月好。况復建平家。玉枕雙文簟。金盤五色瓜。山中無魯酒。松下飯胡麻。莫厭田家苦。歸期遠復賒。

貶官潮州出關作　韓愈

一封朝奏九重天。夕貶潮陽路八千。本爲聖明除弊事。豈將衰朽惜殘年。雲橫秦嶺家何在。雪擁藍關馬不前。知汝遠來深有意。好收吾骨瘴江邊。

贈賈嶋　同

孟郊死葬北邙山。日月星辰頓覺閑。天恐文章渾斷絶。再生賈嶋在人間。

寄樂天　劉禹錫

莫嗟華髮與無兒。却是人間久遠期。雪裏高山頭自早。海中仙果子生遲。于公必有高門慶。謝守何煩曉鏡悲。幸免如斯分非淺。祝君長詠夢熊詩。

和送鶴　同

昨日看成送鶴詩。高籠提出白雲司。朱門乍入應迷路。玉樹空棲莫揀枝。雙舞庭中花落處。數聲池上月明時。三山碧海不歸去。且向人間呈羽儀。

鸚鵡　同

隴西鸚鵡到江東。養得經年嘴漸紅。常恐思歸先剪翅。每因餧食暫開籠。人憐巧語情雖重。鳥憶高飛意不同。應似貴門歌舞妓。深藏牢閉後房中。

答夢得　白居易

分無佳麗比西施。敢有文章敵左思。隨分笙歌還自足。等閑吟詠被人知。花邊妓引尋香逕。月下僧留宿劍池。可惜當時好風景。吳王應不解吟詩。

送鶴上裴相公　同

司空憐爾爾須知。不信聽吟送鶴詩。羽翮勢高寧惜別。稻粱恩厚莫愁飢。夜棲少共鷄爭樹。曉浴先饒鳳占池。穩上青雲莫迴顧。的應勝在白家時。

贈寫御容李長史　李遠

玉座烟銷硯水清。龍髯不動彩毫輕。初分隆準山河秀。乍點重瞳日月明。宮女卷簾皆暗認。侍臣開殿盡遙驚。三朝供奉無人敵。始覺僧繇浪得名。

失鶴　同

秋風吹却九臯禽。一片閑雲萬里心。碧落有情空悵望。瑤臺無路可追尋。來時白雪翎猶短。去日丹砂頂漸深。華表柱頭留語後。不知消息到如今。

送友人入蜀　同

蜀客本多愁，君今是勝游。碧藏雲外樹，紅露驛邊樓。杜
魄呼名叫，巴江作字流。不知煙雨夜，何處夢刀州。

聽語叢臺　同

有客新從趙地迴，自言曾上古叢臺。雲遮襄國天邊盡，
樹繞漳河掌上來。絃管變成山鳥哢，綺羅留作野花開。
金輿玉輦無行跡，風雨唯知長碧苔。

見道明上人逝却寄友人　同

蕭寺曾過最上方，碧梧濃葉覆西廊。游人縹緲紅衣亂，

坐客從容白日長。別後旋成莊叟夢，書來忽報惠休亡。
他時若更相隨去，只是含酸對影堂。

訪李廓不遇　韋應物

九日驅馳一日閑，尋君不遇又空還。怪來詩思清入骨，
門對寒流雪滿山。

西澗　同

獨憐幽草澗邊生，上有黃鸝深樹鳴。春潮帶雨晚來急，
野渡無人舟自橫。

送宮人入道　同

捨寵求僊畏色衰，辭恩素面立天墀。金丹擬駐千年貌，
寶鏡休勻八字眉。師主與收珠翠後，君王看戴角冠時。
從來宮女皆相妬，說向瑤臺總淚垂。

夏日途　李廓

樹[illegible]炎風路，行人正午稀。初蟬數聲起，戲蝶一團飛。日
色欺清鏡，槐膏點白衣。無成歸故里，自覺少光輝。

落第　同

牓前潛制淚，衆裏自嫌身。氣味如中酒，情懷似別人。暖
風張樂席，晴日看花塵。盡是添愁處，深居乞過春。

憶錢塘　同

往歲東遊鬢未凋，渡江曾駐木蘭橈。一千里色中秋月，
十萬軍聲半夜潮。桂倚玉兒吟處雪，蓬遺蘇丞舞時腰。
仍聞江上春來柳，依舊參差拂寺橋。

送李先輩赴職鄭州因獻　盧中丞

僕射陂西想別時，滿川晴色見旌旗。馬融閑卧笛聲遠，
王粲醉吟樓影移。幾日賦詩秋水寺，經年起艸白雲司。
唯君此去人多羨，卻是恩深自不知。

寄歸　趙嘏

三年踏盡化衣塵。只見長安不見春。馬過雪街天未曉。
鄉遙雲樹泪空頻。桃花塢接啼猿寺。埜竹亭通畫鷁津。
早晚粗酬身事了。水邊歸去一閑人。

長安晚秋　同

雲物凄清拂曙流。漢家宮闕動高秋。殘星幾處雁橫塞。
長笛一聲人倚樓。紫艷半開籬菊靜。紅衣落盡渚蓮愁。
鱸魚正美不歸去。頭戴南冠學楚囚。

贈羽林將軍　李郢

虬鬚憔頷羽林郎。曾入甘泉侍玉皇。鵰沒夜雲知御苑。
馬隨仙仗識天香。五湖歸去孤舟月。六國平來兩鬢霜。

唯有桓伊江上笛。卧吹三弄送殘陽。

上裴晉公　同

四朝憂國鬢成絲。龍馬精神海鶴姿。天上玉書傳詔夜。
陣前金甲受降時。曾經庾亮三秋月。下盡羊曇兩路碁。
惆悵舊堂扃綠埜。夕陽無限鳥飛遲。

故洛陽城　同

胡兵一動朔方塵。不使鑾輿此重巡。清洛但流嗚咽水。
上陽閑鎖寂寥春。雲收少室初晴雨。柳拂中橋晚渡津。
欲問昇平無故老。鳳樓迴首落花頻。

送盧潘尚書之[redacted]武　韋蟾

賀蘭山下果園成。塞北江南舊有名。水木萬家朱戶暗。
弓刀千隊鐵衣鳴。心源落落堪爲將。膽氣堂堂合用兵。
却使六番諸子弟。馬前不信是書生。

贈商山東于嶺僧　同

商嶺東西路欲分。兩間茅屋一溪雲。師言耳重知師意。
人是人非不欲聞。

碧城　李商隱

碧城十二曲闌干。犀避塵埃玉避寒。閬苑有書空附鶴。
女墻無樹不棲鸞。星沈海底當窗見。雨過河源隔坐看。
若是曉珠明又定。一生長對水精盤。

對雪　同

寒氣先侵玉女扉。清光旋透省郎闈。梅花大庾嶺頭發。
柳絮章臺街裏飛。欲舞旋隨曹植馬。有情應濕謝莊衣。
龍山萬里無多遠。留待行人二月歸。

玉山　同

玉山高共閬風齊。玉水清流不貯泥。何處更求迴日馭。

此中兼有上天梯。珠容萬斛竜休睡。桐拂千尋鳳要棲。
聞道神仙有才子。赤簫吹罷好相携。

飲席代官妓贈兩從事　同

新人橋上著春衫。舊主江邊側帽簷。願得化爲紅綬帶。
許教雙鳳一時銜。

玉真觀尋趙尊師不遇　姚鵠

羽客朝元晝掩扉。林中一逕雪中微。松陰遶院鶴相對。
山色滿樓人未歸。盡日獨思風馭返。寥天幾望野雲飛。
憑高目斷無消息。自醉自吟愁落暉。

送程秀才下第歸蜀　同

驚遷與鷁退。十載泣岐分。蜀馬乘來老。巴猿此去聞。曉程穿嶺雪。遠棧入溪雲。莫滯趨庭戀。榮親祇待君。

同楊傑秀才遊玉芝觀　李群玉

尋僊向玉清。倚檻雪初晴。木落寒郊迥。煙開疊嶂明。片雲盤鶴影。孤磬雜松聲。且共探玄理。歸途月未生。

將欲南行陪崔八宴海榴亭　同

朝宴華堂暮未休。幾人偏得謝公留。風傳鼓角霜侵戟。
雲卷笙歌月上樓。賓館盡開徐孺榻。客帆空戀李膺舟。
謾誇書劍無歸處。水遠山長步步愁。

感舊　同

西風淅淅月連天。同醉蘭舟未十年。鵩鳥賦成人已歿。
嘉魚詩在世空傳。榮枯盡寄浮雲外。哀樂猶驚逝水前。
日暮長堤更迴首。一聲隣笛舊山川。

謝淮南劉相公寄天柱茶　薛能

兩串春團敵夜光。名題天柱印維揚。偷嫌曼倩桃無味。
搗覺嫦娥藥不香。惜恐被分緑利市。盡應留得爲供堂。
麄官寄與真抛却。賴有詩情合得嘗。

漢南春望　同

獨尋春色上高臺。三月皇州駕未迴。幾處松筠燒後死。
誰家桃李亂中開。劃除邪法元非法。唱和求才不是才。
自古浮雲蔽白日。洗天風雨幾時來。

老圃堂　曹鄴

名平瓜地接吾廬。穀雨乾時偶自鋤。昨日春風欺不在。
就床吹落讀殘書。

杏園即事上同年　同

岐路不在天。十年行不至。一旦公道開。青雲在平地。枕上數聲鼓衙門已如市白日探得珠不待驪龍睡忿忿出九衢僮僕顏色異故衣未及換尚有去年淚晴陽照花影落絮浮埜翠對酒時忽驚猶疑夢中事自憐孤飛鳥得接鸞鳳翅永懷共濟心莫起胡越意

送人歸南海　同

數片紅霞映夕陽攬君衣袂更移觴行人莫歎碧雲晚上國每年春艸芳雪過藍關寒氣薄雁廻湘浦怨聲長應無惆悵滄波遠十二玉樓非我鄉

故人寄茶　李德裕

劔外九華英緘題下玉京開時微月上碾處亂泉聲半夜招僧至孤吟對竹烹碧流霞脚碎香泛乳花輕六腑睡神去數朝詩思清其餘不敢費留伴肘書行

謫還嶺南道中作　同

嶺水争流路轉迷桄榔椰葉暗蠻溪愁衝毒霧逢蛇草畏落沙蟲避燕泥五月畬田收火米三更津吏報潮雞不堪腸斷思鄉處紅槿花中越鳥啼

中書即事　裴度

有意效承平無功忝聖明灰心緣忍事霜鬢爲論兵道直身還在恩深命轉輕鹽梅非擬議葵藿是平生白日長懸照蒼蠅謾發聲嵩陽舊棲地終使謝歸耕

欲至西陵岸寄王行周　李仲

西陵沙岸廻流急船底粘沙岸去遥驛吏遞呼催下纜棹郎閑立道齊橈猶瞻伍相青山廟未見雙童白鶴橋欲責舟人無次第自知貪酒過春潮

遥知元九送王行周遊越　同

江湖隨月盈還縮沙渚依潮斷更連伍相廟中多白浪越王臺畔少晴烟低頭緑草羞枚乘刺眼紅花笑杜鵑

莫倚西施舊苔石由來破國是神僊

江南暮雪寄家　同

洛陽城見迎梅雪魚口橋逢送雪梅劔水寺前芳艸合鏡湖亭上埜花開江鴻斷続翻雲去海燕差池拂水廻料得心知近寒食潛聽喜鵲望歸來

罷都統守鎮滑州作　王鐸

用軍何事敢遷延恩重才輕分使然黜詔已聞來闕下檄書猶未遍軍前腰間盡解蘇秦印波上虛迎范蠡船正會星辰扶北極却駈戈甲鎮南燕三塵上相逢明主

九命諸侯愧昔賢。看却中興扶大業，殺身無路好歸田。

湖口送友人　李頻

中流欲暮見湘煙，葦岸無窮接楚田。去雁遠衝雲夢雪，離人獨上洞庭船。風波盡日依山轉，星漢通宵向水連。零落梅花過殘臘，故園歸去醉新年。

過四皓廟　同

東西南北人，高跡自相親。天下已歸漢，山中猶避秦。龍樓曾作客，鶴氅不爲臣。猶有千年後，青青廟木春。

陝下懷歸　同

故園何處在，零落五湖東。日暮無來客，天寒有去鴻。大河冰徹塞，高岳雪連空。獨夜懸歸思，迢迢永漏中。

病馬　曹唐

綠耳何年別渥洼，病來顏色半泥沙。四蹄不鑿銀砧裂，雙眼慵開玉燭斜。隨月兒毛輕斛蔌，失雲龍骨瘦槎牙。平原好放無人放，嘶向東風苜蓿花。

又　同

隴上沙葱葉正齊，騰黄猶自跼羸蹄。尾蟠夜雨紅絲脆，頭捽（罪卒反）秋風白練低。力憊未思金絡腦，影寒空望錦障泥。階前莫錯雙垂耳，不遇孫陽不用嘶。

漢武宫詞　薛逢

武帝清齋夜築壇，自斟明水醮山宫。殿前童女移香案，雲際金人捧露盤。絳節有時還入夢，碧桃何處更驂鸞。茂陵烟雨埋弓劍，石馬無聲蔓艸寒。

開元後樂　同

莫奏開元舊樂章，樂中仙曲斷人腸。邠王玉笛三更咽，虢國金車十里香。一自左戎生薊北，曾從征戰老汾陽。中原駿馬搜求盡，沙苑年年艸又芳。

哭丁侍郎　劉德仁

相知出肺腑，非舊亦非親。每見鴛鸞侶，多揚鄙拙身。郎期匡聖主，豈料哭賢人。應是隨先帝，依前作近臣。平生任公直，愛弟尚風塵。宅閉青松古，墳臨赤水新。官清仍尚壯，兒小復家貧。惆悵天難問，空流淚滿巾。

悲老宫人　同

白髮宫娃不解悲，滿頭猶自插花枝。曾緣玉貌君王愛，準擬人看似舊時。

宿宣義里池亭　同

暮色遶柯亭南山出竹青夜深斜船月風定一池星鳥
嶼無人跡菰蒲有鶴翎此中休便得何必泛滄溟

聽歌　于武陵

朱檻滿明月美人歌落梅忽驚塵起處疑有鳳飛來一
曲聽初徹幾年愁暫開東西正雲雨不得見陽臺

感懷　同

青山長寂寞南望獨高歌四海故人盡九原新塚多西
沈浮世日東注逝川波不使年華駐此生看幾何

長信宮　同

簟涼秋氣初長信恨何如拂黛月生指解鬟雲滿梳一
從悲畫扇幾度泣鰥魚坐聽南宮樂清風摇翠裾

勸酒　武瓘

勸君金屈卮滿酌莫須辭花發多風雨人世足别離

感事　同

花開蝶滿枝花謝蝶還稀唯有舊巢燕主人貧亦歸

夜宴曲　施肩吾

蘭釭如晝買不眠玉堂夜起沈香烟青娥一行十二仙
欲笑不笑桃花燃碧窗弄嬌梳洗晚戸外不知銀漢轉
被郎嗔罰塗蘇酒酒入四肢紅玉軟

上禮部侍郎　同

九重城裏無親識八百人中獨姓施弱羽飛時攢箭險
蹇驢行處薄氷危晴天欲照盆難及貧女如花鏡不知
却向從來受恩地再求青律變寒枝

送客游邊　于鵠

若到并州北誰人不憶家塞深無去伴路盡有平沙磧
冷唯逢雁天春不見花莫隨邊將意垂老事輕車

江南曲　同

偶向江邊採白蘋還隨女伴賽江神衆中不敢分明語
暗擲金錢卜遠人

代佳人贈别　顧况

百里行人欲渡溪千行珠淚滴爲泥已成殘夢隨君去
猶有驚鳥半夜啼

題葉道士山房　同

水邊垂柳赤欄橋洞裏仙人碧玉簫近得麻姑書信否
潯陽江上不通潮

又玄集卷中終

又玄集卷下

馬戴　雍陶　崔珏　李渉　許渾
方干　李昌符　戎昱　劉方平　鄭錫
于濆　羅隱　鄭谷　李洞　高蟾
杜荀鶴　崔塗　唐彦謙　羅鄴　紀唐夫
張喬　徐振　陳上美　許棠　僧無可
清江　栖白　法振　法照　護國
太易　惟審　皎然　滄浩　李季蘭
元淳　張夫人　崔仲容　鮑君徽　趙氏

張窈窕　常浩　蔣藴　劉媛　廉氏
張琰　崔公達　薛陶　劉雲　葛鵶兒
張文姬　程長文　魚玄機

夕次淮口　馬戴

天涯孤光盡，木末群馬還。夜久游子息，月明歧路閑。風生淮水上，帆落楚雲間。此意竟誰見，行行非故關。

夕發邠中路却寄舒從事　同

飲酬走馬別，別後鎖邊城。日落月未上，烏棲人獨行。方馳故國戀，復愴長年情。入夜不能息，何當閑此生。

楚江懷古　同

露氣寒光集，微陽下楚丘。猿啼洞庭樹，人在木蘭舟。廣澤生明月，蒼山夾亂流。雲中君不降，竟夕自悲秋。

送友人罷舉歸東海　雍陶

滄滄天壍外，何島是新羅。舶主辭蕃遠，碁僧入漢多。海風吹白鶻，沙日曬紅螺。此去知提筆，須求利劔磨。

鷺鷥　同

雙鷺應憐水滿池，風飄不動頂絲垂。立當青草人先見，行傍白蓮魚未知。一足對拳寒雨裏，數聲相叫早秋時。

林塘得汝須增價，况與詩家物色宜。

岳陽樓晚望　崔珏

乾坤千里水雲間，釣艇如萍去復還。樓上北風斜卷席，湖中西日倒銜山。懷沙有恨騷人往，鼓瑟無師帝子閑。何事黄昏尚凝睇，數行烟樹接荆蠻。

哭李商隱　同

成紀星郎字義山，適歸黄壤抱長嘆。詞林枝葉三春盡，學海波瀾一夜乾。風雨已吹灯燭滅，姓名長在齒牙寒。應遊物外攀琪樹，便著霓衣上玉壇。

又　　同

虛負凌雲萬丈才。一生襟抱未嘗開。鳥啼花發人何在。竹死桐枯鳳不來。良馬足因無主跪。舊交心爲絶絃哀。九泉莫歎三光隔。又送文星入夜臺。

京口送客之淮南　　李涉

兩行客淚愁中落。萬樹山花雨裏殘。君去揚州見桃李。爲傳風水渡江難。

題鶴林寺僧房　　同

終日昏昏醉夢間。忽聞春盡强登山。因過竹院逢僧話。

又得浮生半日閑。

晚泊潤州聞角　　同

孤城吹角水茫茫。風引胡笳怨思長。驚起暮天沙上雁。海門斜去兩三行。

放猿　　許渾

殷勤解金鎖。別夜雨凄凄。山淺憶巫峽。水寒思建溪。遠尋紅樹宿。深入白雲啼。使見南歸路。烟蘿莫自迷。

過李郎中舊居　　同

政成身殁共興哀。鄉路兵戈旅櫬廻。城上暮雲凝鼓角。海邉春草閉池臺。經年未葬家人散。昨日因齋故吏來。南北相逢皆掩泣。白蘋洲暖一花開。

故洛陽城　　同

禾黍離離半埜蒿。昔人城此豈知勞。水聲東去市朝變。山勢北來宮殿高。鴉噪暮雲歸古堞。雁迷寒雨下空壕。可憐緱嶺登僊子。猶自吹笙醉碧桃。

寄李頻　　方干

衆木又搖落。望君還不還。軒車在何處。雨雪滿前山。思苦文星動。鄉遙釣渚閑。明年見名姓。唯我獨何顏。

寄普州賈司倉　　同

亂山重復疊。何處訪先生。豈料多才者。空垂下第名。閑曹猶得醉。薄俸亦勝耕。莫問吟詩石。年年芳草平。

送相里燭　　同

相逢未作期。相送定何之。不得長年少。那堪遠別離。泛湖乘月早。踏雪過山遲。永望多時立。翛如在夢思。

塞上行　　李昌符

濟濟盧關北。孤城帳幕多。客軍幷入陣。老將望廻戈。樹盡禽棲艸。水堅路在河。汾陽尋下世。羗虜昔先和。

秋晚歸故居　同

馬省曾行處連嘶渡晚河忽驚鄉樹出漸識路人多細逕穿禾黍頹垣壓薜蘿乍歸猶似客鄰叟亦相過

冬夜懷歸　戎昱

座到三更盡歸仍萬里賒雪聲偏傍竹寒夢不離家曉角催殘漏孤灯碎落花二秊從驃騎辛苦在天涯

聞笛　同

入夜思歸切笛聲寒更哀愁人不願聽自到枕前來風起塞雲斷夜深關月開平明獨惆悵落盡一庭梅

秋夜泛舟　劉方平

林塘夜汎舟蟲響荻颼颼萬影皆因月千聲各爲秋歲華空復晚鄉思不堪愁西北浮雲外伊川何處流

春愁　同

紗窗日落漸黃昏金屋無人見泪痕寂寞閑庭春欲晚梨花滿地不開門

邯鄲少年行　鄭錫

霞鞍金口騮豹袖紫貂裘家住叢臺下門前漳水流喚人呈楚舞借客試吳鉤見說秦兵至甘心赴國讎

古宴曲　于濆

雉扇合蓬萊朝車迴紫陌重門集嘶馬言宴金張宅燕娥奉卮酒低鬟若無力十戶手胼胝鳳凰釵一隻高樓齊下視日照綺羅色笑指負薪人不信生中國

思歸引　同

不耕南畝田誤愛東堂桂身同樹上花一落又經歲交親日相薄知己恩潛潛日開十二門自是無歸計

辛苦吟　同

壠上扶犁兒手種腹長飢窗下擲梭女手織身無衣我

願燕趙姝化爲嫫母姿一笑不直錢自然家國肥

牡丹　羅隱

似共東風別有因絳羅高卷不勝春若教解語應傾國任是無情亦動人芍藥與君爲近侍芙蓉何處避芳塵可憐韓令功成後辜負穠華過一身

聞大駕巡幸　同

白丁攘臂犯長安翠輦蒼黃路屈盤丹鳳有情雲外遠玉龍無迹渡頭寒靜思貴族謀身易危覺文皇創業難不將不侯何計是釣魚船上泪欄干

杏花　同

暖觸衣襟漠漠香。間梅遮柳不勝芳。數枝艷拂文君酒。半里紅欹宋玉墻。盡日無人凝悵望。有時經雨似凄凉。舊山山下還如此。廻首東風一斷腸。

題杭州樟亭驛閣　鄭谷

故國江天外。登臨返照間。潮平無别浦。木落見他山。沙鳥晴飛遠。漁人夜唱閑。歲窮歸未得。心逐片帆還。

京師冬暮詠懷　同

覔句于名秪自勞。苦吟殊未補風騷。烟開水國花期近。

雪滿長安酒價高。舊業已荒靑藹巡。寒江空憶白雲濤。不知春到情何限。唯恐流年損鬢毛。

終南山二十韻　李洞

關內平田窄。東西截杳冥。雨侵諸縣黑。雲破九門靑。暫看猶無暇。長棲信有靈。古苔秋漬斗。積霧夜昏螢。怒恐撞天漏。深疑隱地形。盤根連北岳。轉影落南溟。斷竹烟嵐凍。偷湫雨雹腥。閑房僧灌頂。浴澗鶴遺翎。窮穴何山出。遊螢上國寧。殘陽高照蜀。敗葉遠浮涇。踏著神仙宅。敲開洞府扃。棊殘秦士局。字闕晉公銘。一谷勢開午。孤峰聳起丁。遠平丹鳳闕。冷射五侯廳。梯滑危緣索。雲深靜唱經。放泉驚鹿睡。聞磬得人醒。萬丈水聲折。千尋樹影亭。望中仙鳥動。行處月輪馨。疊石移臨砌。研膠潑上屏。明時獻君壽。不假老人星。

送僧游南海　同

春往海南邊。秋聞平路蟬。鯨吹洗鉢水。犀觸點灯船。島嶼分諸國。星河共一天。長安却歸日。松偃舊房前。

上崇賢曹郎中　同

閑房宅枕穿宮水。聽水分食蓋蜀僧。藥杵聲中擣殘夢。

茶鎗影裏煮孤灯。刑曹樹蔭千年井。華岳樓開萬里氷。詩句變風官漸緊。夜濤春盡海邊藤。

下第後獻高侍郎　高蟾

天上碧桃和露種。日邊紅杏倚雲栽。芙蓉生在秋江上。不向東風怨未開。

金陵晚眺　同

曾伴浮雲悲晚翠。猶陪落日汎秋聲。世間無限丹青手。一片傷心畫不成。

春宮怨　杜荀鶴

早被嬋娟誤。欲妝臨鏡慵。承恩不在貌。教妾若爲容。風暖鳥聲碎。日高花影重。年年越溪女。相憶採芙蓉。

訪道者不遇　同

寂寂白雲門。尋眞不遇眞。只應松上鶴。便是洞中人。藥圃花香異。泉沙鹿跡新。題詩留姓字。他日此相親。

蜀城春望　崔塗

天涯憔悴身。一望一霑巾。在處有芳艸。滿城無故人。懷才皆得路。失計自傷春。清鏡不能照。鬢毛應更新。

春夕旅夢　同

水流花謝兩無情。送盡東風過楚城。胡蝶夢中家萬里。子規枝上月三更。故園書動經年絕。華髮春惟滿鏡生。自是不歸歸便得。五湖烟景有誰爭。

過繡嶺宮　同

古殿春殘綠埜陰。上皇曾此駐泥金。三城帳屬昇平夢。一曲鈴關悵望心。花路暗送香輦絕。線垣秋斷草煙深。前朝舊物東流在。猶爲年年下翠岑。

長陵　唐彥謙

長陵高闕此安劉。附葬纍纍盡列侯。豐上舊居無故里。沛中原廟對荒丘。耳聞英主提三尺。眼見愚民盜一抔。千載豎儒騎瘦馬。渭城斜日重迴頭。

蒲津河亭　同

宿雨清秋霽景澄。廣亭高樹更晨興。煙橫博望乘槎水。日上文王避雨陵。孤棹夷猶期獨往。曲欄愁絕悔長憑。思鄉憶古多傷別。此際哀吟幾不勝。

下第書呈友人　羅鄴

清世誰能便陸沈。相逢唯作憶山吟。若教仙桂在平地。更有何人肯苦心。去國漢妃還似玉。亡家石氏豈無金。

且安懷抱莫惆悵。瑤瑟調高鐏酒深。

牡丹　同

落盡春紅始見花。花時比屋事豪奢。買栽池館恐無地。看到子孫能幾家。門倚長衢攢繡轂。幄籠輕日護香霞。歌鐘對此爭歡賞。肯信流年鬢有華。

入關　同

古道槐花滿樹開。入關時節一蟬催。出門唯恐不先到。當路有誰長待來。似水年光還可惜。如蓬身計更堪哀。故園若有漁舟在。應掛雲帆早箇迴。

贈温庭筠　紀唐夫

何事明時泣玉頻。長安不見杏園春。鳳凰詔下雖霑命。鸚鵡才高却累身。且盡淥醽銷積恨。莫辭黄綬拂行塵。方城若比長沙路。猶隔千山與萬津。

游終南山白鶴觀　張喬

上徹鍊丹峰。求玄意未窮。古壇青艸合。往事白雲空。仙境日月外。帝鄉烟霧中。人間足煩暑。欲去戀清風。

送友人歸宜春　同

落花兼柳絮。無處不紛紛。遠道空歸去。流鶯獨自聞。埜

橋喧碓水。山郭入樓雲。故里南陵曲。秋期更送君。

雷塘　同

九重城闕悲涼盡。一聚園陵怨恨長。花憶所爲猶自笑。草知無道更應荒。詩名占得風流在。酒興催教運祚亡。若問黄天惆悵事。只應斜日照雷塘。

古意　同

擾擾都城曉又昏。六街車馬五侯門。箕山渭水空明月。可是巢由絶子孫。

咸陽懷古　陳上美

山連河水碧氛氳。瑞氣東移擁聖君。秦苑有花空笑日。漢陵無主自侵雲。古槐堤上鶯千囀。遠渚沙中鷺一群。賴與淵明同把菊。烟郊四望夕陽曛。

過洞庭湖　同

驚波常不定。半日鬢堪斑。四顧疑無地。中流忽有山。鳥飛應長墮。帆遠却如閑。漁父時相引。行歌浩渺間。

金州夏晩陪姚員外游　僧無可

柳暗青波漲。衝萍復漱苔。張筵白鳥下。掃岸使君來。洲鳥秋應没。荷花晩盡開。高城吹角絶。驄馭尚徘徊。

夏日送田中丞赴蔡州　同

山守汝南城。應多戀闕情。地遥人久望。風起旆初行。楚廟繁蟬斷。淮田細雨生。賞心知有處。蔣宅古松平。

贈淮西賈兵馬使　僧清江

破虜功成百戰場。天書親拜漢中郎。映門旌旆春風起。對客絃歌白日長。堦下鬬雞花乍折。營南試馬柳初黄。猶來楚蜀多同調。感激逢君共異鄉。

長安卧病　同

身世足堪悲。空房卧病時。卷簾花雨滴。掃室竹陰移。已

覺生如夢。那嗟壽不知。未能通法性。詎可見流離。

哭劉德仁　　僧棲白

爲愛詩名吟到此。風魂雪魄去難招。直教桂子落墳上。生得一枝宛始銷。

八月十五夜月　　同

尋常三五夜。豈是不蟬娟。及到中秋半。還勝別夜圓。清光凝有露。皎色爽無烟。自古人皆望。年來復一年。

送韓侍御自使幕廵海北　　僧法振

微雨空山夜洗兵。繡衣遙拂海風清。幕中運策心應苦。

馬上題詩卷欲成。離亭不惜花源醉。古道猶看蔓草生。因說元戎能破敵。高歌一曲隴關情。

寄錢郎中　　僧法照

閉門深樹裏。閑足鳥來過。駟馬不爲貴。一僧誰奈何。欒苗家自有。香飯乞時多。寄語嬋娟客。將心向薜蘿。

許州趙使君孩子晬日　　僧護國

毛骨貴天生。肌膚片玉明。見人空解笑。弄物不知名。國器嗟猶小。門風望益清。抱來芳樹下。時引鳳雛聲。

贈司空拾遺　　僧太易

侍臣何事辭雲陛。江上微吟見雪花。望闕未承丹鳳詔。閉門空對楚人家。陳琳艸奏才還在。王粲登樓興不賒。高館更容塵外客。仍令歸路待瑤華。

宿天柱觀　　同

石室初投宿。仙翁喜暫容。花源隔水見。洞府過山逢。泉湧堦前地。雲生戶外峰。中宵自入定。不是欲降龍。

賦得聞曉鶯啼　　僧惟審

卷簾清夢後。芳樹引流鶯。隔葉傳春意。穿花送曉聲。未調雲路翼。空負桂林情。莫盡關關興。羇愁正肰生。

酬崔侍御見贈　　僧皎然

買得東山後。逢君小隱時。五湖游不肰。柘樹跡如遺。儒服何妨道。禪心不廢詩。一從居士說。長破小乘疑。

留別嘉興知己　　僧滄浩

一坐東林寺。從來未下山。不因尋長者。無事到人間。宿雨愁爲客。寒禽散未還。空懷舊山月。童子誦經閑。

寄校書十九兄　　李季蘭

無事烏程縣。蹉跎歲月餘。不知芸閣吏。寂寞竟何如。遠水浮仙棹。寒雲伴使車。因過大雷岸。莫忘幾行書。

送韓三往江西　　同

相看指楊柳，別恨轉依依。萬里西江水，孤舟何處歸。湓城潮不到，夏口信應稀。只有衡陽雁，年年來去飛。

寄洛中諸姊　　女道士元淳

舊國經年別，關河萬里思。題書憑雁翼，望月想蛾眉。白髮愁偏覺，歸心夢獨知。誰堪離亂處，掩泣向南枝。

寓言

三千宮女露蛾眉，笑煮黃金日月遲。麟鳳隔雲攀不及，空山惆悵夕陽時。

拜新月　　張夫人（吉中孚侍郎妻）

拜新月，拜月出堂前。暗魄深籠桂，虛弓未引弦。拜新月，拜月妝樓上。鸞鏡未安臺，蛾眉已相向。拜新月，拜月不勝情。庭步風露清，月臨人自老，望月更長生。東家阿母亦拜月，一拜一悲聲斷絕。昔年拜月逞容儀，如今拜月雙淚垂。迴看衆女拜新月，卻憶紅閨少年時。

拾得韋氏鈿子因以詩寄　　同

今朝妝閣前，拾得舊花鈿。粉污痕猶在，塵侵色尚鮮。曾經纖手裏，拈向翠眉邊。能助千金笑，如何忽棄捐。

贈所思　　崔仲容

所居幸接鄰，相見不相親。一似雲間月，何殊鏡裏人。目誠空所恨，腸斷不禁春。願作梁間燕，無由變此身。

戲贈　　同

暫到崑崙未得歸，阮郎何事教人非。如今身佩上清籙，莫遣落花霑羽衣。

閑宵對月茶宴　　鮑君徽

閑朝向晚出簾櫳，茗宴高亭四望通。遠眺城池山色裏，俯聆絃管水聲中。幽篁映沼新抽翠，芳桂低簷欲吐紅。

坐久此中無限興，更憐團扇起清風。

惜花吟　　同

枝上花，花下人，可憐顏色俱青春。昨日看花花灼灼，今日看花花欲落。不如盡此花下歡，莫待春風總吹卻。鶯歌蝶舞韶景長，紅烟煮茗松花香。妝臺曲罷恣遊賞，獨把花枝歸洞房。

雜言寄杜羔　　同

君從淮海遊，再遇杜蘭秋。歸來不須臾，又欲向梁州。梁州秦嶺西，棧道與雲齊。羌虜萬餘落，戰矛自高低。已念

寡儔侶。復慮勞攀躋。丈夫重志氣。兒女空悲啼。臨邛滯
游地。肯顧濁水泥。人生賦命有厚薄。君自遨遊我寂寞。

寄故人　女郎張窈窕

澹澹春風花落時。不堪愁望更相思。無金可買長門賦。
有恨空吟團扇詩。

贈盧夫人　倡伎常浩

佳人惜顏色。恐逐芳菲歇。日暮出畫堂。下堦見新月。拜
月仍有詞。傍人那得知。歸來玉臺下。始覺淚痕垂。

贈鄭女郎古意　女郎蔣蘊（彥輔之孫）

昨夜巫山中。失却陽臺女。朝來香閣裏。獨伴楚王語。艷
陽的的河洛神。珠簾繡戶青樓春。能彈箜篌弄纖指。愁
殺門外少年子。笑開一面紅粉粧。東園幾樹桃花死。朝
理曲。暮理曲。獨坐窗前一片玉。行也嬌。坐也嬌。見之令
人魂魄銷。堂前錦褥紅地鑪。綠沉香榼傾屠蘇。解珮時
時歇歌管。芙蓉帳裏蘭麝滿。晚起羅衣香不斷。滅燭每
嫌秋夜短。

長門怨　女郎劉媛

雨滴梧桐秋夜長。愁心和雨到昭陽。淚痕不學君恩斷。
拭却千行更萬行。

峽中即事　女郎廉氏

青林三峽此中去。啼鳥孤猿不可聞。一道水聲多亂石。
四時天色少晴雲。日暮泛舟溪溆口。那堪夜客思氛氳。

春詞　女郎張琰

垂柳鳴黃鸝。關關若求友。春情不可耐。愁殺閨中婦。日
暮登高樓。誰憐小垂手。昨日桃花飛。今日梨花吐。春色
能幾時。那堪此愁緒。蕩子游不歸。春來淚如雨。

獨夜詞　女郎崔公達

晴天霜落寒風急。錦帳羅幃羞更入。秦箏不復續斷絃。
廻身掩淚挑燈立。

和御製麟德殿宴百僚　女郎宋若昭

垂衣臨八極。肅穆四門通。自是無爲化。非關輔弼巧。修
文招隱伏。尚武殄妖兇。德立韶光燦。恩霑雨露濃。衣冠
倍御宴。禮樂盛相宗。萬壽稱觴舉。千年信一同。

同前　女郎宋若茵

端拱承休命。時清荷聖皇。四聰聞受諫。五服遠朝王。景
媚鶯初囀。春殘日更長。御筵多濟濟。盛樂復鏘鏘。鄷鎬

誰將敵橫汾未可方願齊山岳壽祉福永無疆

寄遠　女郎田娥

憶昨會詩酒終日相逢迎今來成故事歲月令人驚泪
流紅粉薄風渡羅衣輕難爲子猷志虚負文君名

罸赴邊有懷上韋相公　薛陶

聞道邊城苦而今到始知却將門下曲唱與隴頭兒

犬離主　同

出入朱門四五年爲知人意得人憐近緣咬著親知客
不得紅絲毯上眠

有所思　女郎劉雲

朝亦有所思暮亦有所思登樓望君處靄靄蕭關道掩
泪向浮雲誰知妾懷抱玉井蒼苔春院深桐花落盡無
人掃

懷良人　女郎葛鴉兒

蓬鬢荆釵世所稀布裙猶是嫁時衣胡麻好種無人種
正是歸時君不歸

溪口雲　女郎張文姬　鮑參軍妻

一片溪口雲纔向溪中吐不復歸溪中還作漢中雨

沙上鷺　同

沙頭一水禽鼓翅揚清音只待高風便非無雲漢心

書情上使君　女郎程長文

妾家本住鄱陽曲一片貞心比孤竹當年二八盛容儀
紅牋艸隸恰如飛盡日閑匈刺繡坐有時極浦採蓮歸
誰道居貧守都邑幽閨寂寞無人入海鷰朝歸枕席寒
山花夜落堦墀濕强暴之男何所爲手持白刃向簾幃
一命任從刀下死千金豈受闇中欺我今匪石情難轉
志奪秋霜意不移血濺羅衣終不恨瘡粘錦袖亦何辭

縣僚曾未知情緒即便教人執囹圄朱唇滴瀝獨銜冤
玉筯闌干歎非所十月寒更堪思人一聞擊柝一傷神
高髻不梳雲已散蛾眉罷掃月仍新三尺嚴章難可越
百年心事向誰說但看洗雪出圓扉始信白圭無玷缺

臨江樹　女道士魚玄機

草色連荒岸烟姿入遠樓葉鋪秋水面花落釣人頭根
老藏魚窟枝低拂客舟蕭蕭風雨夜驚夢復添愁

又玄集卷下終

享和三年刊

重選唐音大成

提要

《重選唐音大成》十四卷附錄一卷，明邵天和撰，日本東京大學東洋文化研究所藏嘉靖五年刊本。四周雙邊。雙魚尾，黑口。每半葉十行二十字。是書為唐詩選本。前有『唐分十道之圖』、『唐高祖開基圖』、『唐太宗混一圖』、『唐地理圖』、『唐藩鎮圖』，『唐世系紀年』卷一為始音，卷二至卷六為正音，卷七至卷八為餘音，卷九至卷十四為補音。書前有目錄、凡例、唐音名氏並序。收唐代詩人詩，計武德至天寶末六十五人，天寶至元和間四十八人，元和至唐末四十九人，方外及閨秀等十三人，單列李白、杜甫、韓愈三人。

古者教人學樂誦詩此先王[illegible]人[illegible]治之
美意無非欲以和人情諧物理而使學之
者之習其音聲則易以興起詩之於人豈
徒為哉粵自唐虞夫古之音不作三百篇
之義已亡漢魏而降雖去古未遠不能不
與時而高下論趨以至於六朝之變而壞
亂斯極能使習之者之不厭乎趙宋多文
章之士然皆專心於道德性命之源君子

小人邪正是非之辯而不克意於聲詩惟
蘇黃為詩家稱首然與唐人尚有一關之
隔元人雖善咏物必混厚風至正間襄城
楊伯謙獨取李唐一代名家編為數卷命
曰唐音其用心亦至矣第取於盛唐者太
嚴而於晚唐似又頗恕以李杜韓三大家
而不與尚自不能無遺憾嘗聞朱晦翁謂
杜詩佳處在用事造語之外初年甚精晚

益曠逸李陽氷謂太白不讀非聖之書恥
為鄭衛之作三代之下一人司空圖謂韓
吏部詩若掀雷抉電掌決於天地間皆為
確論伯謙以各有全集而不之入豈以三
家格調無不可師式無庸取舍故謙讓而
未遑耶噫嘻余末學小子豈敢置喙其間
竊以三氏之在唐為大家猶金石在八音
為大成無金石則八音並廢無三大家則

一代之盛音不全殆嘗用心於是故自初
唐至晚唐昔所遺者今並收之昔所恕者
今且汰之三氏之作則倍蓰於諸家凡為
卷十五總曰唐音大成將使[illegible]刻而
一代之盛音悉覽無遺庶乎學者得不惑
於多門而無歸此帙既成寔正德之甲戌
春也俛仰之間不覺數歲每思手自抄錄
以與知己共之而未暇適者待罪江右分

道湖東貴溪官舍退食之餘借文獻大邦書肆之籍值天台葉君敬之以進士出宰兹土政有餘力方欲作興文學惓惓於詞章之收蓄聞余是帙編正既成亟請弗置遂授之俾鋟諸梓幸令

聖天子在上勵精圖治庶績咸熙方樂與

臣下賡歌宛然古昔盛時氣象為詩者肯日誦是帙而有得未必不為歌咏治平之一助愧乎井天之見謬妄矣頗多惟有道者正焉時

嘉靖伍年臘月望日後學義興邵天和節夫謹書

唐音大成目錄

宜興邵天和節夫編校

唐音大成凡例

一舊本始音不分類者以四家製作初變六朝雖有五七言之殊音聲則一今從之

一舊本正音以五七言古律絶各分類者以見世次之不同其大小高下雖各成家然聲律體製無不相似故各從其類以便觀者今亦不變

一舊本遺響不分類者以諸家之作篇章長短參差音律不能諧合就其所長而采之今亦一如其舊

一舊本以李杜韓詩世多全集而不録誠為缺典

故續選補之

一舊本古詞樂府聯句俱未録今於補音中畧收一二所以全一代之音也

一舊本盡采諸家失之太繁今重選去三之一非敢取舍其間實求簡約使觀者之不厭

一舊本雖重選去三之一其間有不忍盡去尚録一二併名氏存之難其人也

一諸篇中字有不安者姑從舊本尚俟識者正焉

一李杜韓不當居後以續補後之昭大家也

一舊本無地圖世系今增入之使觀者易考

一舊本遺響先後若相戾然今改餘音
一李杜韓若以舊本例之當為正音今續選補又
不敢輙紊前卷故曰補音

唐音名氏并序

一王績字無功絳州人　章懷太子名賢字明允高宗第六子
李義甫　王勃字子安絳州龍門人
揚炯　盧照鄰字昇之范陽人
駱賓王　陳子昂字伯玉梓州人
杜審言字必簡襄陽人　宋之問字延清汾州人
沈佺期字雲卿相州人　喬知之
東方虬　薛稷字嗣通
王適幽州人　劉庭芝字希夷汝州人
郭振字元振魏州人　蘇頲字廷碩雍州人

張說字說之一字道濟洛陽人　齊澣字洗心定州義豐人
張九齡字子壽韶州曲江人
孫逖博州武水人　蓋嘉運
吳筠字貞節華州華陰人　賀知章字季真越州人
崔顥汴人　張謂字正言河南人
張巡鄧州南陽人　賈至字幼鄰河南洛陽人
王維字摩詰太原人　王縉字夏卿太原人
裴迪關中人　祖詠洛陽人
孟浩然襄陽人　儲光羲潤州人
王之渙并州太原人　王昌齡字少伯江陵人

盧象字緯卿汶水人　崔國輔
陶翰潤州人　劉眘虛江東人
薛據荊南人　王季友河南人
賀蘭進明　崔曙
王灣　沈如筠潤州句容人
殷遙潤州句容人　丁仙芝潤州曲阿人
李嶷　吳象之
張潮潤州曲阿人　高適字達夫渤海人
岑參鄧州人　李頎洛陽人
常建　孟雲卿平台人
嚴武字季鷹　張彪
劉方平河南人　劉灣蜀人
秦系字公緒會稽人　朱放字長通襄州人
張志和字子同婺州金華人
右自武德至天寶末六十五人為唐初盛唐
詩舊本所定今皆存之
皇甫冉字茂政潤州人　皇甫曾字孝常潤州人
張繼字懿孫襄陽人　嚴維字文正越州人
李嘉祐字從一廣陵人　劉長卿字文房河間人
盧綸字允言河中人　韓翃字君平南陽人

韋應物　耿湋河東人
錢起字仲文吳興人　郎士元字君胄中山人
司空曙字文明廣平人　崔峒博陵人
李端趙州人　衛象
柳談字中庸京兆人　暢當河南人
竇叔向字遺直扶風平陵人　丘丹蘇州臨平人
戴叔倫字幼公潤州人　戎昱荊南人
宋濟　顧況字逋翁蘇州人
李益字君虞隴西姑臧人　劉商字子夏徐州彭城人
雍裕之　長孫佐輔朔方人
楊衡字中師吳興人　武元衡字伯蒼
權德輿字載之秦州略陽人　令狐楚字慤士敦煌人
王涯字廣津太原人　張仲素字繪之
羊士諤泰山人　楊巨源字景山蒲中人
柳宗元字子厚本河東人徙居吳　陳羽
孟郊字東野湖州人　張籍字文昌和州烏江人
王建字仲初潁川人　盧仝洛陽人
李賀字長吉鄭王之後　竇庠字胄卿叔向第四子
竇鞏字友封庠弟　元稹字微之河南人
白居易字樂天其先太原人後徙下邽　劉禹錫字夢得中山人

右自天寶至元和間四十八人為中唐詩舊
本所定今皆存之
賈島字浪仙范陽人　姚合宰相崇之玄孫
李涉洛陽人　孫華
鮑溶字德源　張祜字承吉南陽人
施肩吾字希聖睦州人　杜牧字牧之京兆人
韓琮字成封　朱可久字慶餘閩人
任翻江東人　許渾字用晦潤州丹陽人
李羣玉字文山澧州人　李商隱字義山懷州人
温廷筠字飛卿　雍陶字國鈞成都人

趙嘏字承祐山陽人　孟遲字遲之平昌人
薛逢字陶臣河東人　薛能字大拙汾州人
方干字雄飛桐廬人　邵謁韶州翁源人
陸龜蒙字魯望姑蘇人　于武陵杜曲人
陳陶字嵩伯洪州豐城人　曹鄴字鄴之桂林人
劉駕字司南江東人　于濆字子漪寓居堯山之南
司馬札　聶夷中字坦之河東人
曹唐字堯賓桂州人　高駢字千里幽州人
高蟾河南人　鄭谷字守愚袁州宜春人
唐彥謙字茂業并州晉陽人　崔道融荊州人

杜常　崔魯
王駕字大用河中人　羅鄴餘杭人
韓偓字致光京兆萬年人　吳融字子華越州山陰人
王貞白字有道信州人　裴交泰
李暇　張泌淮南人
李洞字文江京兆人　韋莊字端己京兆人
吳商浩
右自元和至唐末四十九人為晚唐詩亦如
舊本存之
僧靈澈字澄原越州人　僧無本

薛奇童　郎大家宋氏
廣南女子　劉采春越州籍妓元稹[illegible]春
吉中孚妻　張文姬
薛濤　劉瑶
君山老父　太上隱者
山中客　無名氏
右舊本方外及閨秀等自唐初至唐末一十
三人并無名氏者皆附遺響之末今改餘音
而諸家名氏仍之
李長庚字太白隴西人　杜甫字子美襄陽人

韓愈字退之昌黎人

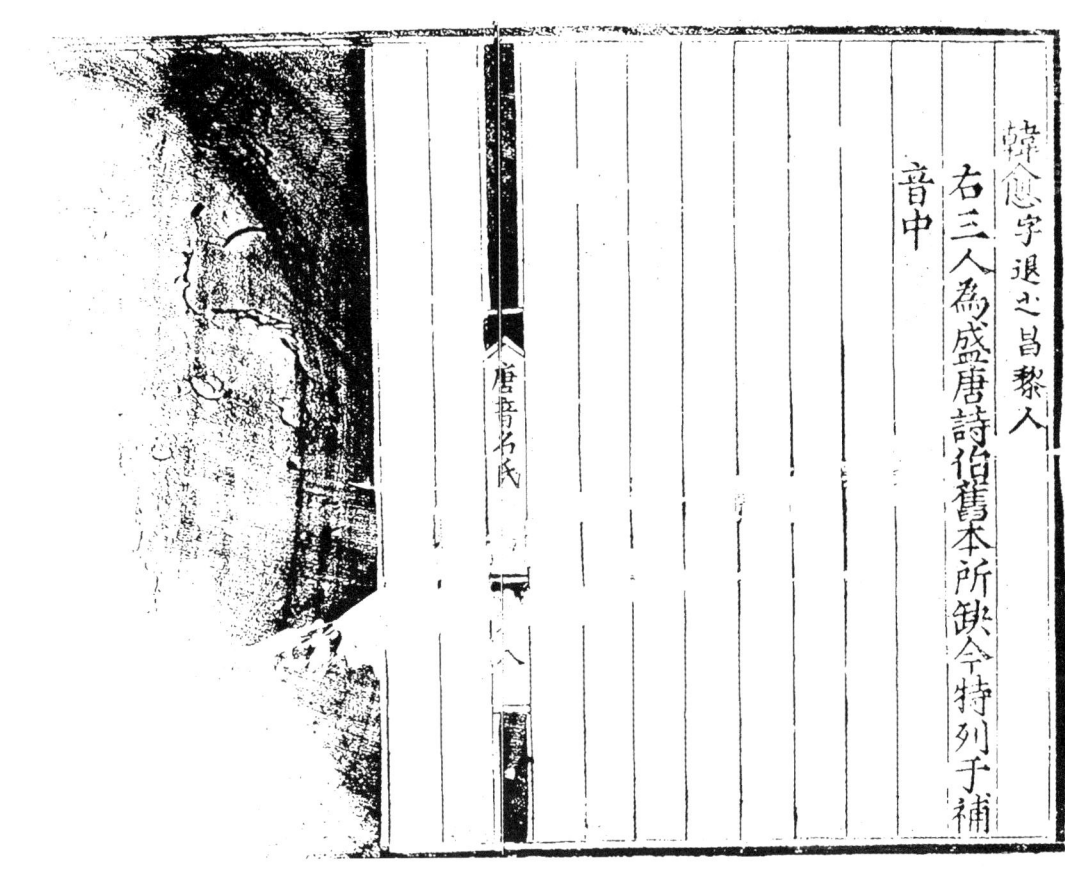

右三人為盛唐詩佁舊本所缺今特列于補音中

唐分十道之圖

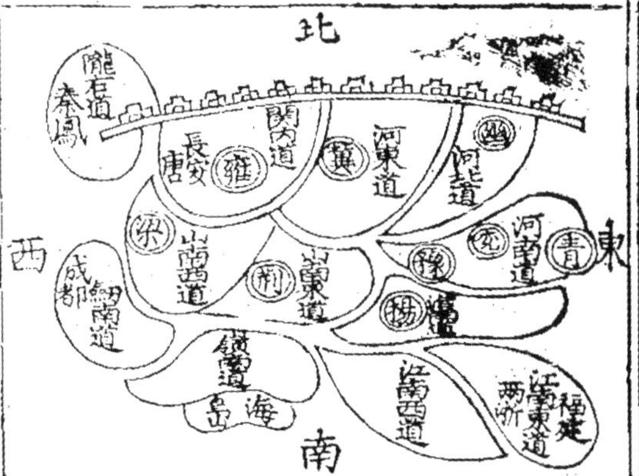

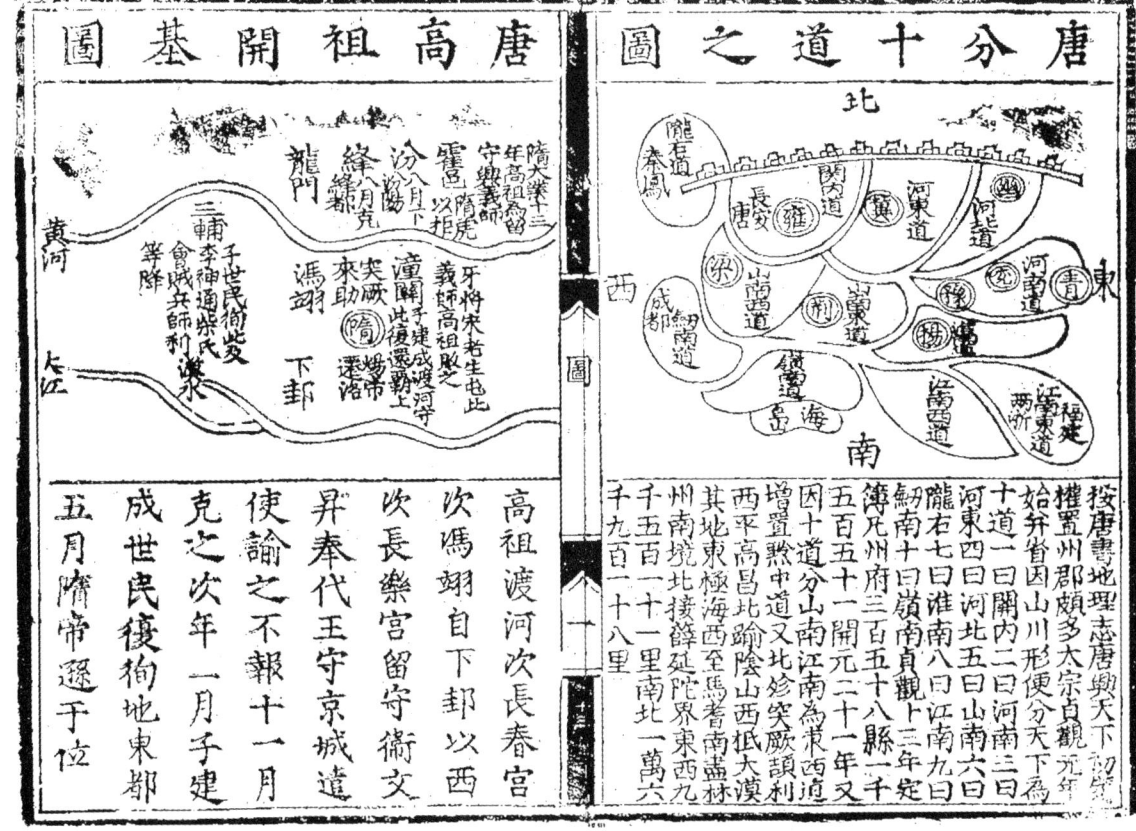

按唐書地理志唐興天下初定權置州郡頗多太宗貞觀元年始并省因山川形便分天下為十道一曰關內二曰河南三曰河東四曰河北五曰山南六曰隴右七曰淮南八曰江南九曰劒南十曰嶺南貞觀十三年定簿凡州府三百五十八縣一千五百五十一開元二十一年又因十道分山南江南為東西道增置黔中道又北殄突厥頡利西平高昌北踰陰山西抵大漠其地東極海西至焉耆南盡林州南境北接薛延陀界東西九千五百一十一里南北一萬六千九百一十八里

唐高祖開基圖

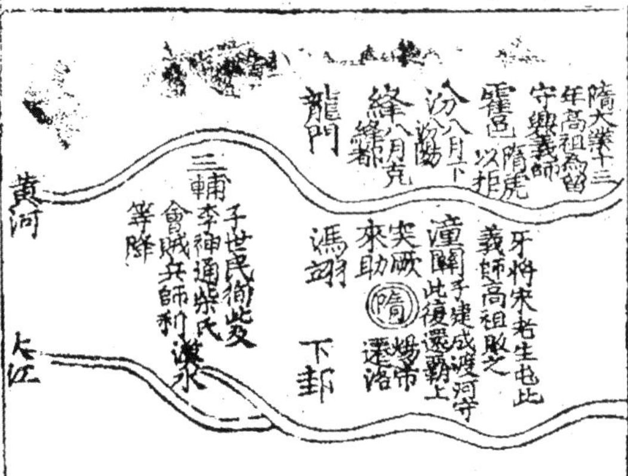

高祖渡河次長春宮次馮翊自下邽以西次長樂宮留守衛文昇奉代王守京城遣使諭之不報十一月克之次年一月子建成世民徇地東都五月隋帝遜于位

唐太宗混一圖

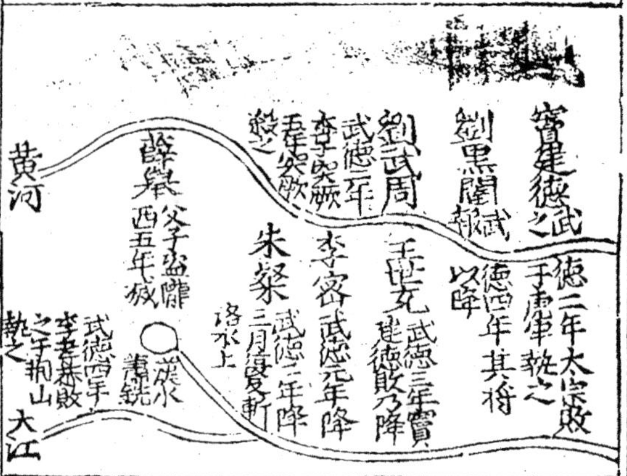

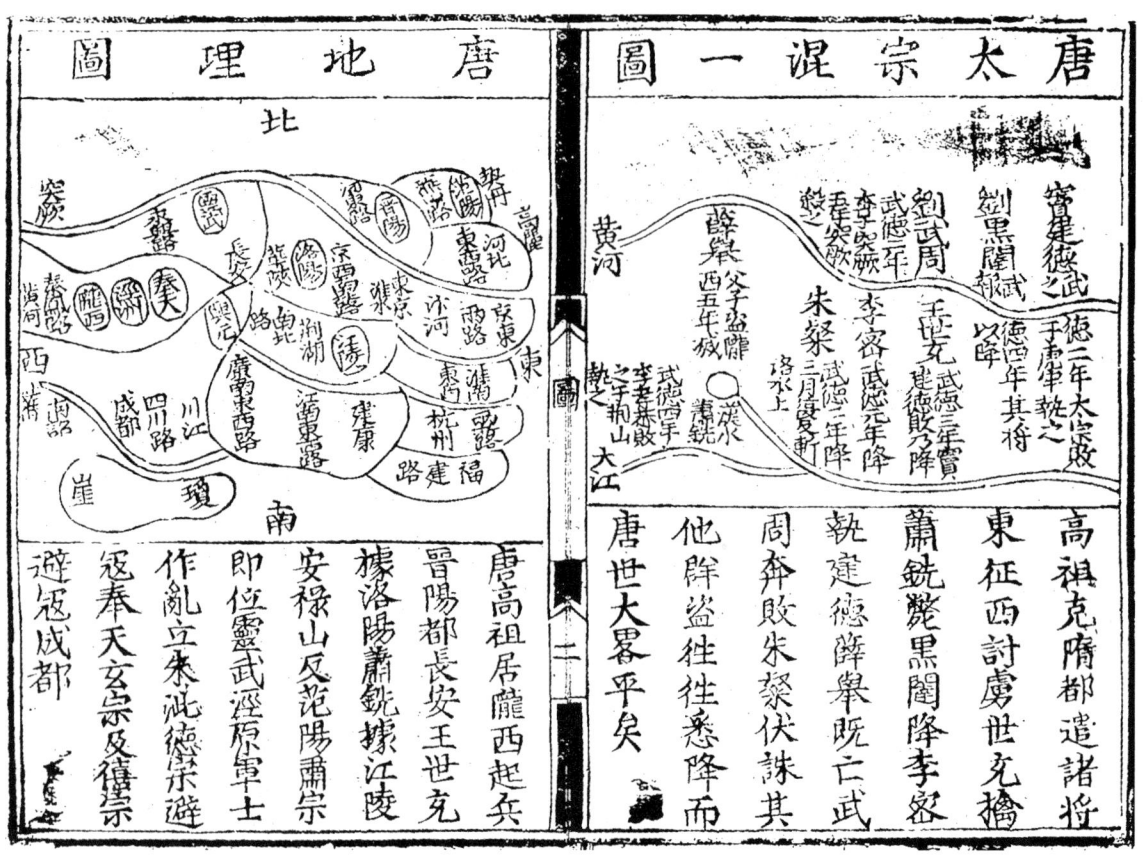

高祖克隋都遣諸将東征西討虜世充擒蕭銑𢧐黑闥降李密執建德薛舉旣亡武周奔敗朱粲伏誅其他餘盗往往悉降而唐世大畧平矣

唐地理圖

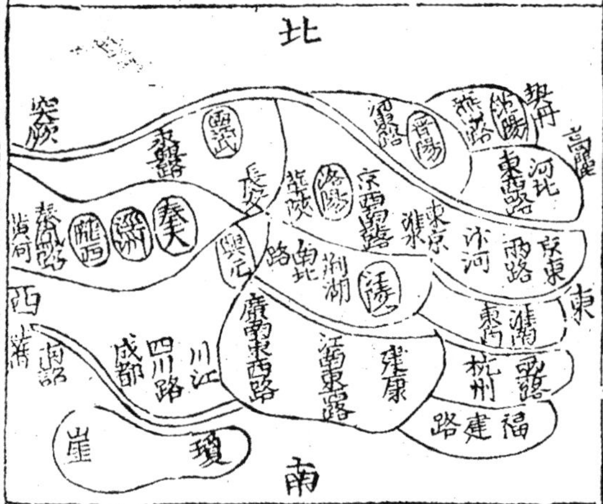

唐高祖居隴西起兵晉陽都長安王世充據洛陽蕭銑據江陵安禄山反范陽肅宗即位靈武涇原軍士作亂立朱泚德宗避寇奉天玄宗及僖宗避寇成都

唐藩鎮圖

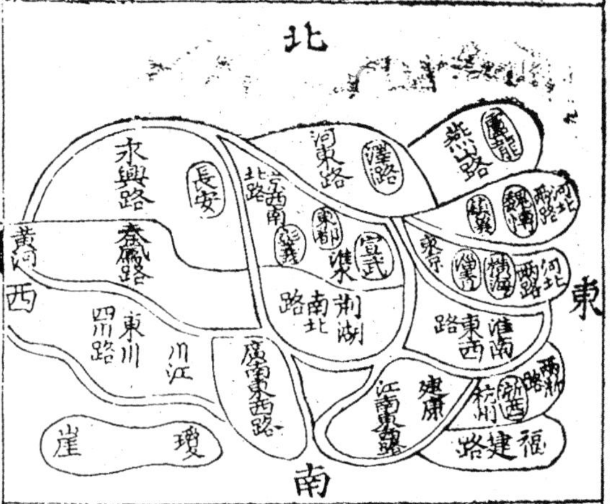

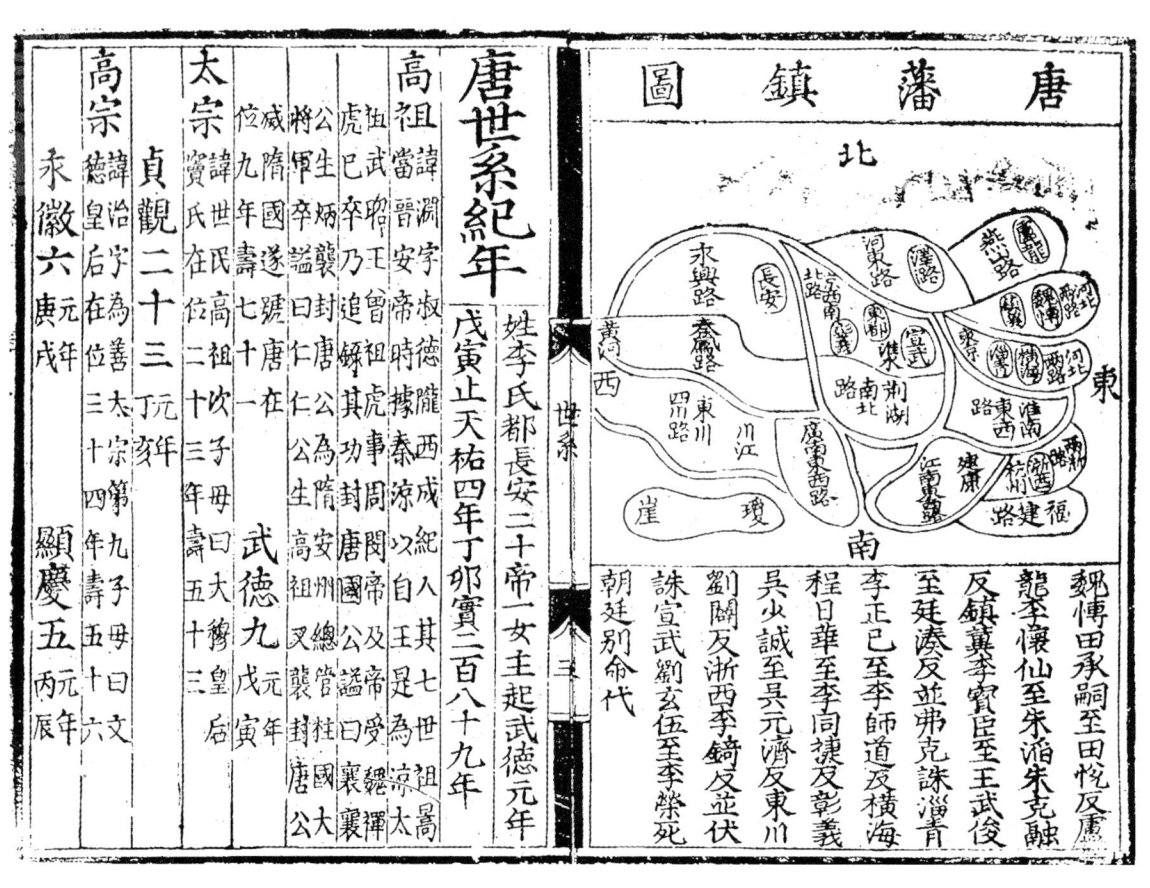

魏博田承嗣至田悦反盧龍李懷仙至朱滔朱克融反鎮冀李寳臣至王武俊至廷湊反並弗克誅淄青李正己至李師道反横海程日華至李同捷反彰義吳少誠至吳元濟反東川劉闢反浙西李錡反並伏誅宣武劉玄佐至李榮死朝廷别命代

唐世系紀年

姓李氏都長安二十帝一女主起武德元年戊寅止天祐四年丁卯實二百八十九年

高祖 諱淵字叔德隴西成紀入其七世祖暠當晉安帝時據秦涼以自王是為涼太祖武昭王曾祖虎事周閔帝及帝受魏禪虎已卒乃追録其功封唐國公謚曰襄襄公生昞襲封唐公為隋安州總管柱國大將軍卒謚曰仁仁公生高祖又襲封唐公戚隋國遂號唐在位九年壽七十一

武德九 元年戊寅

太宗 諱世民高祖次子母曰大穆皇后竇氏在位二十三年壽五十三

貞觀二十三 元年丁亥

高宗 諱治字為善太宗第九子母曰文德皇后在位三十四年壽五十六

永徽六 元年庚戌

顯慶五 元年丙辰

龍朔三 元年丁酉　麟德二 元年甲子
乾封二 元年丙寅　總章二 元年戊辰
咸亨四 元年庚午　上元二 元年甲戌
儀鳳三 元年丙子　調露一 元年己卯本通乾改
永隆一 元年庚辰　開耀一 元年辛巳
永淳一 元年壬午　弘道一 元年癸未
則天皇后 諱曌姓武氏并州文水人父士彠官至工部尚書荊州都督封應國公后年十四太宗聞其有色選為才人太宗崩后削髮為感業寺比丘尼高宗幸寺見而悅之召入宮為昭儀進號宸妃永徽六年廢皇后王氏立宸妃為后稱制二十二年壽八十一曌之少切彠紆縛於白居莫三切

光宅一 元年甲申本嗣聖改文明又號光宅　垂拱四 元年乙酉
永昌一 元年己丑　天授二 元年庚寅
載初一 元年辛卯　長壽二 元年壬辰
如意一 元年癸巳　延載一 元年甲午
天冊萬歲一 元年乙未正月辛巳改元證聖
萬歲通天一 元年丙申臘月甲戌改元萬歲登封
神功一 元年丁酉　聖曆二 元年戊戌
久視一 元年庚子二月改太延十月改長安　長安四 元年辛丑
中宗 諱顯高宗第七子母曰則天順聖皇后在位六年壽五十五
神龍二 元年乙巳　景龍三 元年丁未

睿宗 諱旦高宗第八子在位二年壽五十五
景雲一 元年庚戌本唐隆元年七月改景雲
太極一 元年壬子五月戊寅改延和八月甲辰改先天
玄宗 諱隆基睿宗第三子母曰昭成皇后竇氏在位四十三年壽七十八
先天 即太極改　開元廿九 元年癸丑十二年甲子
天寶十四 元年壬午
肅宗 諱亨玄宗第三子母曰元獻皇后楊氏在位七年壽五十一
至德二 元年丙申　乾元二 元年戊戌
上元二 元年庚子　寶應一 元年壬寅
代宗 諱豫肅宗長子母曰章敬皇后吳氏在位十七年壽五十二

廣德二 元年癸卯　永泰一 元年乙巳
大曆十四 元年丙午
德宗 諱适代宗長子母曰睿真皇后沈氏在位二十六年壽六十四
建中四 元年庚申　興元一 元年甲子
貞元二十 元年乙丑
順宗 諱誦德宗長子母曰昭德皇后王氏在位一年壽四十六
永貞一 元年乙酉
憲宗 諱純順宗長子母曰莊憲皇太后王氏在位十五年壽四十三
元和十五 元年丙戌
穆宗 諱恒憲宗第三子母曰懿安皇太后郭氏在位四年壽三十

長慶四 元年辛丑

敬宗 諱湛穆宗長子母曰恭僖皇太后王氏在位二年壽十八

寶曆二 元年乙巳

文宗 諱昂穆宗第二子母曰貞獻皇太后蕭氏在位十三年壽三十三

太和九 元年丁未　開成五 元年丙辰

武宗 諱炎穆宗第五子母曰宣懿皇太后韋氏在位六年壽三十三

會昌六 元年辛酉 四年甲子

宣宗 諱忱憲宗第十三子母曰孝明皇太后鄭氏在位十三年壽五十

太中十三 元年丁卯

懿宗 諱漼宣宗長子母曰元昭皇太后晁氏在位十四年壽三十一

咸通十四 元年庚辰

僖宗 諱儼懿宗第五子母曰惠安皇太后王氏在位十五年壽二十七

乾符六 元年甲午　廣明一 元年庚子

中和四 元年辛丑　光啓三 元年乙巳

文德一 元年戊申

昭宗 諱曄懿宗第七子母曰恭憲皇后王氏在位十四年壽二十八

龍紀一 元年己酉　大順二 元年庚戌

景福二 元年壬子　乾寧四 元年甲寅

光化三 元年戊午　天復三 元年辛酉

景宗 諱祝昭宗第九子母曰皇太后何氏在位四年禪于後梁太祖朱温徙于曹州

號濟陰王梁開平二年遇弑年十七諡曰哀帝

天祐四 元年甲子四年丁卯四月禪位

重選唐音大成卷之一

宜興邵天和節夫編校

始音

從軍行　楊炯

烽火照西京心中自不平牙璋辭鳳闕鐵騎繞龍城
雪暗凋旗畫風多雜鼓聲寧為百夫長勝作一書生

劉生

卿家本六郡年長入三秦白璧酧知己黄金謝主人
劍鋒生赤電馬足起紅塵日莫歌鍾發喧喧動四隣

紫騮馬

俠客重周游金鞭控紫騮蛇弓白羽箭鶴轡赤茸鞦
發跡來南海長鳴向北州匈奴今未滅畫地取封侯

驄馬

驄馬鐵連錢長安俠少年帝畿平若水官路直如弦
夜玉粧車軸秋金鑄馬鞭風霜但自保窮達任皇天

和劉侍郎入隆唐觀

福地陰陽合仙都日月開山川湊四嶮城樹隱三臺
伏檻排雲出飛軒繞澗廻參差陵倒景蕭洒軼浮埃
百果珠為實群峰錦作苔懸蘿暗疑霧瀑布響成雷
方士燒丹液真人泛玉杯還如問桃水更似得蓬萊

漢帝求仙日相如作賦才自然金石奏何必上天台

夜送趙縱

趙氏連城璧由來天下傳送君還舊府明月滿前川

秋夜長　王子安

秋夜長殊未央月明白露澄清光層城綺閣遥相望
川無梁北風受節南鴈翔崇蘭委質時菊芳鳴環曳
履出長廊為君秋夜擣衣裳纖羅對鳳凰丹綺雙鴛
鴦調砧亂杵思[illegible][illegible]征夫萬里戍他鄉鶴關音信斷
龍門道路長君[illegible][illegible]一方寒衣徒自香

聖泉宴

披襟乘石磴列籍俯春泉蘭氣熏山酌松聲韻野絃
影飄垂葉外香度落花前興洽林塘晚重巖起夕烟

游梵宇三學寺

杏閣披青磴𢊍臺控紫岑葉齊山路狹花積野壇深
蘿幌栖禪影松門聽梵音遽忻陪妙躅延賞滌煩襟

杜少府之任蜀州

城闕輔三秦風烟望五津與君離别意同是宦游人
海内存知己天涯若比隣無為在岐路兒女共霑巾

春日還郊

閑情兼嘿嘿攜杖赴巖泉草繚縈新帶榆青綴古錢

魚牀侵岸水鳥路入山烟還題平子賦花樹滿春田

仲春郊外

東園垂柳徑西堰落花津物色連三月風光絶四隣
鳥飛村覺曙魚戯水知春初晴山院裏何處染囂塵

郊興

空園歌獨酌春日賦閑居澤蘭侵小徑河柳覆長渠
雨去花光濕風歸葉影踈山人不惜醉唯畏淥尊虛

對酒

投簪下山閣攜酒對河梁狹水牽長鏡高花送斷香
繁鶯歌似曲踈蝶舞成行自然催一醉非但閱年光

普安建陰題壁

江漢深無極梁岷不可攀山川雲霧裏游子幾時還

贈李十四

亂竹開三徑飛花滿四隣從來揚子宅別有尚玄人

滕王閣

滕王高閣臨江渚珮玉鳴鸞罷歌舞畫棟朝飛南浦
雲朱簾暮卷西山雨閑雲潭影日悠悠物換星移度
幾秋閣中帝子今何在檻外長江空自流

折楊柳　盧照隣

倡樓啓曙扉楊柳正依依鶯啼知歲隔條變識春歸
露葉凝愁黛風花落舞衣攀折將安寄軍中音信稀

登高臺

回中道路險蕭關烽候多五營屯右地萬乘出西河
單于拜玉璽天子按琱戈振旅汾州曲秋風橫大歌

三月曲水宴

風烟彭澤里山水仲長園由來弃銅墨本自重琴尊
高情邈不嗣雅道今復存有羡光時彥養德坐山樊
門開芳杜逕室距桃花源公子黃金勒仙人紫氣軒
長懷去城市高詠狎蘭蓀連沙飛白鷺孤嶼嘯玄猨
日影巖前落雲花江上翻興闌車馬散林塘夕鳥喧

西使兼子孟學士南游

地道巴陵北天山弱水東相看萬餘里共倚一征蓬
零雨悲王粲清尊別孔融徘徊聞夜鶴悵望待秋鴻
骨肉胡秦外風塵關塞中唯餘劍鋒在耿耿氣成虹

送鄭司倉入蜀

離人丹水北游客錦城東別意還無已離憂自不窮
隴雲朝結陣江月夜臨空關塞疲征馬霜氛落早鴻
潘年三十外蜀道五千中送君秋水曲酌酒對西風

和夏日幽庄

聞有高蹤客耿介坐幽庄林壑人事少風烟鳥路長

漻水含秋氣垂藤引夏涼苗深全覆隴荷上半侵塘
釣渚青鳬没村田白鷺翔知君振奇藻還嗣海隅芳

山庄休沐

蘭署乗閒日蓬扉狎遁栖龍柯疎玉井鳳葉下金堤
川光摇水箭山氣上雲梯亭幽聞唳鶴窻曉聽鳴雞
玉軫臨風奏瓊漿映月携田家自有樂誰肯謝青谿

春晚山庄率題

田家無四鄰獨坐一園春鶯啼非選樹魚戲不驚綸
山水彈琴盡風花酌酒頻年華已可樂高興復留人

文翁講堂

錦里淹中館岷山稷下亭空梁無燕雀古壁有丹青
槐落猶疑市苔深不辨銘良哉二千石江漢表遺靈

邊城落日　駱賓王

紫塞流沙北黄圖灞水東一朝辭俎豆萬里逐沙蓬
候月恒持滿尋源屢鑿空野昏邊氣合峰迥戍烟通
膂力風塵倦疆埸歲月窮河流沿積石山路遠崆峒
壯志凌蒼兕精誠貫白虹君恩如可報龍劍有雌雄

宿温城望軍營

虜地寒膠折邊城夜柝聞兵符關帝闕天策動将軍
塞静胡笳徹沙明楚練分風旂翻翼影霜劍轉龍文

白羽摇如月青山斷若雲烟疎疑卷被一作幔塵滅似
銷氛投筆懷班業臨戎想顧勳還應雪漢耻持此報
明君

玄上人林泉二首

林泉恣深僻風景暫徘徊客有遷鶯處人無結駟來
聚花如薄雪沸水若輕雷今日徒招隱終知異鑿坏

其二

俗遠風塵隔春還初服遲林疑中散地人似上皇時
芳杜湘君曲幽蘭楚客詞山中有春草長似寄相思

重選唐音大成卷之一終

重選唐音大成卷之二

正音一

宜興邵天和節夫編校

五言古詩

感遇

陳伯玉

微月生西海幽陽始化昇圓光正東滿陰魄已朝凝
太極生天地三元更廢興至精諒斯在三五誰能徵

其二

蘭若生春夏芊蔚何青青幽獨空林色朱蕤冒紫莖
遲遲白日晚嫋嫋秋風生歲華盡搖落芳意竟何成

其三

深居觀元化悱然爭朵頤群動相啖食利害紛疑疑
便便夸毗子榮耀更相持務光讓天下商賈競刀錐
已矣行采芝萬世同一時

其四

吾愛鬼谷子青谿無垢氛囊括經世道遺身在白雲
七雄方龍鬭天下亂無君浮雲不足貴遵養晦時文
舒之彌宇宙卷之不盈分豈徒山木壽空與麋鹿群

其五

吾觀龍變化乃是至陽精石林何冥密幽洞無留行
古之得仙道信與元化并玄感非象識誰能測淪冥
世人拘目見酣酒笑丹經崐崘有瑶樹安得采其英

其六

臨岐泣世道天命良悠悠昔日殷王子玉馬遂朝周
寶鼎淪伊穀瑶臺成古丘西山傷遺老東陵有故侯

其七

幽居觀大運悠悠念群生終古代興沒豪聖莫能爭
三季淪周赧七雄滅秦嬴復聞赤精子提劍入咸京
炎光既無象晉虜復縱橫堯禹道已昧昏虐世方行
豈無當世雄天道與胡兵咄咄安可言時醉而未醒

仲尼溺東夏伯陽遁西溟大運自古來旅人胡歎哉

其八

蜻蛉遊天地與物本無患飛飛未能止黄雀來相干
穰侯富秦寵金石比交驩出入咸陽裏諸侯莫敢言
寧知山東客激怒秦王肝布衣取卿相千載為辛酸

其九

翡翠巢南海雄雌珠樹林何知美人意嬌愛比黄金
殺身炎州裏委羽玉堂陰旖旎光首飾葳蕤爛錦衾
豈不在遐遠虞羅忽見尋多材信為累歎息比珍禽

其十

竭來豪游子勢利禍之門如何蘭膏歎感激自生它
衆趍明所避時弃道猶存雲泉既已失羅網與誰論
箕山有高節湘水有清源惟應白鷗鳥可與洗心言

鴛鴦篇

飛飛鴛鴦鳥舉翼相蔽虧俱來綠潭裏共向白雲涯
音容相眷戀羽翮兩逶迤蘋㳽戲春渚霜霰繞寒池
浦沙連岸淨汀樹拂潭垂年年此遊翫歲歲來追隨
鳳凰起丹穴獨向梧桐枝鴻鴈來紫塞空憶稻粱肥
烏啼倦永夕鶴鳴傷別離豈若此雙禽飛翻不異林
刷毛清江浦交頸紫山岑文章負奇色和鳴皆好音

聞有鴛鴦綺復有鴛鴦衾持為美人贈勗此故交心

修竹篇

龍鍾生南嶽孤翠鬱亭亭峰嶺上崇崒烟雨下微冥
夜聞鼯鼠叫晝聒泉壑聲春風正淡蕩白露已清泠
哀響激金奏密色滋玉英歲寒霜雪苦含彩獨青青
豈不厭凝列羞比春木榮春木有榮歇此節無凋零
始願與金石終古保堅貞不意伶倫子吹之學鳳鳴
遂偶雲和師張樂近天庭妙曲方千變簫韶亦九成
信蒙雕琢美常願事仙靈驅馳翠虬駕伊鬱紫鸞笙
結交嬴臺女吟弄升天行攜手登白日遠遊戲赤城
低昂玄鶴舞斷續彩雲生永隨衆仙去三山遊玉京

秋日還京陝西十里作　　薛嗣通

驅車越陝郊北顧臨大河隔河見鄉邑秋風水增波
西登咸陽途日暮憂思多傅巖既鬱紆首山亦嵯峨
操築無昔老采薇有遺歌客遊既廻換人生知幾何

牧童詞　　儲光羲

不言牧田遠不道牧陂深所念牛馴擾不亂牧童心
圓笠覆我頂長蓑披我襟方將憂暑雨亦以懼寒陰
大牛隱層坂小牛穿近林同類相鼓舞觸物成謳吟
取樂須臾間寧問聲與音

采菱詞

濁水菱葉肥清水菱葉鮮義不游濁水志士多苦言
潮沒具區藪潦深雲夢田朝隨北風去暮逐南風旋
浦口多漁家相與邀我船飯稻以終日羨尊將永年
方冬水物窮又欲休山樊盡室相隨從所貴無憂患

野田黃雀行

嘖嘖野田雀不知軀體微閑穿深蓁裏爭食復爭飛
窮老一頹舍棗多桑葉稀無棗猶可食無桑何以衣
蕭條空倉暮相引時來歸斜路豈不捷渚田豈不肥
水長路且壞惻惻與心違

效古

東風吹大河河水如倒流河洲塵沙起有若黃雲浮
頳霞燒廣澤洪曜赫高丘野老泣相語無地可陰休
翰林有客卿獨負蒼生憂中夜起躑躅思欲獻厥謀
君門峻且深跪足空夷猶

雜詩

坏渾（亦作混沌）本無象末路多是非達士志寥廓所在能
忘機耕鑿時未至還山聊采薇虎豹對我蹲鸞鷟儛
我飛仙人空中來謂我勿復歸格澤為君駕虹蜺為
君衣西遊崐崘墟可與世人違

田家雜興

春至倉庚鳴薄言向田墅不能自力作黽勉娶隣女
既念生子孫方思廣田圃閑時相顧笑喜悅好禾黍
夜夜登嘯臺南望洞庭渚百草被霜露秋山響砧杵
卻羨故年時中情無所取

其二

衆人恥貧賤相與尚膏腴我情既浩蕩所樂在畋漁
山澤時晦瞑歸家暫閑居滿園種葵藿繞屋樹桑榆
禽雀知我閑翔集依我廬所願在優游州縣莫相呼
日與南山老兀然傾一壺

其三

梧桐蔭我門薜荔網我屋超超兩夫婦朝出暮還宿
稼穡既自種牛羊還自牧日旰懶耕鋤登高望川陸
空山足禽獸墟落多喬木白馬誰家兒翩翩相馳逐

其四

貧士養情性不復知憂樂去家行賣畚留滯南陽郭
秋至黍苗黃無人可刈穫孺子朝未飯把竿逐鳥雀
忽見梁將軍乘車出宛洛意氣軼道路光輝滿墟落
安知負薪者咥咥笑輕薄

其五

種桑百餘樹種黍三十畝衣食既有餘時時會賓友
夏來菰米飯秋至菊花酒孺人喜逢迎稚子解趍走
日暮閒園裏團團蔭榆柳酩酊乘夜歸涼風吹戶牖
清淺望河漢低昂看北斗數甕猶未開明朝能飲否

其六

田家趍隴畝當晝掩虛關鄰里無烟火兒童共幽閑
桔槔懸空圃雞犬滿桑間時來農事隙采藥遊名山
但念所采多不言路險艱人生如蜉蝣一往不可攀
君看西王母千載美容顏

田家即事

蒲葉日已長荇花日已滋老農要看此貴不違天時
迎晨起飯牛雙駕耕東菑蚯蚓土中出田烏隨我飛
群合亂啄噪嗷嗷如道饑我心多惻隱顧此兩傷悲
撥食與田烏日暮空筐歸親戚更相誚我心終不移

使過彈箏峽作

鳥雀知天雪群飛復群鳴原田無遺粟日暮滿空城
達士憂世務鄙夫念王程晨過彈箏峽馬足凌兢行
雙壁隱靈曜莫能知晦明皚皚堅冰白漫漫陰雲平
始信古人言苦節不可貞

藍田山石門精舍　王摩詰

落日山水好漾舟信歸風玩奇不覺遠因以緣源窮
遙愛雲木秀初疑路不同安知清流轉偶與前山通
捨舟理輕策果然愜所適老僧四五人逍遙蔭松柏
朝梵林未曙夜禪山更寂道心及牧童世事問樵客
暝宿長林下焚香卧瑤席澗芳襲人衣山月映石壁
再尋畏迷誤明發更登歷笑謝桃源人花紅復來覿

贈房盧氏琯

達人無不可忘己愛蒼生豈復小千室絃歌在兩楹
浮人日已歸但坐事農耕桑榆鬱相望邑里多雞鳴
秋山一何淨蒼翠臨寒城視事兼偃卧對書不簪纓

蕭條人吏散鳥雀下空庭鄙夫心所向晚節異平生
將從海嶽居守靜解天刑或可累安邑茅茨君試營

戲贈張五弟諲

吾弟東山時心尚亦何遠日高猶自卧鐘動始能飯
頭上髮未梳牀頭書不卷清川與悠悠空林對偃蹇
青苔石上淨細草松下軟窗外鳥聲閑階前虎心善
徒然萬慮多澹爾太虛緬心知與物平自顧為人淺
對君忽自得浮念不煩遣

宿鄭州

朝與周人辭莫投鄭人宿他鄉絕儔侶孤客親僮僕

宛洛望不見秋霖晦平陸田父草際歸村童雨中牧
主人東皋上時稼繞茅屋蟲思機杼鳴雀喧禾黍熟
明當度京水昨晚猶金谷此去欲何言窮邊徇微祿

觀別者

青青楊柳陌陌上別離人愛子遊燕趙高堂有老親
不行無可養行去百憂新切切委兄弟依依向四鄰
都門帳飲畢從此謝賓親揮淚逐行侶含悽動征輪
車從望不見時時起行塵余亦辭家者看之淚滿巾

冬日遊覽

步出城東門試騁千里目青山橫蒼林赤日團平陸

渭北走邯鄲關東出函谷秦地萬方會來朝九州牧
雞鳴咸陽市冠蓋相追逐丞相過列侯群公餞光禄
相如方老病獨歸茂陵宿

渭川田家

斜光照墟落窮巷牛羊歸野老念僮僕倚杖候荊扉
雉雊麥苗秀蠶眠桑葉稀田夫荷鋤立相見語依依
即此羨閑逸悵然歌式微

春中田家作

屋上春鳩鳴村邊杏花白持斧伐遠揚荷鋤覘泉脉
新燕識舊巢舊人看新曆臨觴忽不御惆悵遠行客

贈劉藍田

籬中犬迎吠出屋候柴扉歲晏輸井稅山村人夜歸
晚田始家食餘布成我衣詎肯無公事煩君問是非

李陵詠

漢家李將軍三代將門子結髮有奇策少年成壯士
長驅塞門兒深入單于壘旌旗列相向簫鼓悲何已
日暮沙漠陲戰聲烟塵裡將令驕虜滅豈獨名王侍
既失大軍援遂嬰窮廬恥少小蒙漢恩何堪坐思此
深衷欲有報投軀未能死引領望子卿非君誰相理

龍泉精舍　孟浩然

亭午聞山鐘起行散愁寂尋林采芝去谷轉松蘿密
傍見精舍開長廊飯僧畢石渠流雪水金子耀霜橘
竹房思舊遊過憩終永日入洞窺石髓傍崖采蜂蜜
日暝辭遠公虎谿相送出

南亭懷辛子

山光忽西落池月漸東上散髮乘夕涼開軒臥閑敞
荷風送香氣竹露滴清響欲取鳴琴彈恨無知音賞
感此懷故人中宵勞夢想

宿業師山房待丁公不至

夕陽度西嶺群壑倏已暝松月生夜涼風泉滿清聽
樵人歸欲盡烟鳥棲初定之子期宿來孤琴候蘿逕

采樵作

采樵入深山山深水重疊橋崩臥槎擁路險垂藤接
日落伴將稀山風拂蘿衣長歌負輕策平野望烟歸

晚泊潯陽望香鑪峰

挂席幾千里名山都未逢泊舟潯陽郭始見香鑪峰
嘗讀遠公傳永懷塵外蹤東林精舍近日暮坐聞鐘

峴潭作

石潭傍隈隩沙岸曉夤緣試垂竹竿釣果得槎頭鯿
美人騁金錯纖手膾紅鮮因謝陸內史蓴羹何足傳

送楚十少府　常建

微風吹霜氣寒影明前除落日未能別蕭蕭林木虛
愁烟閟千里仙尉其何如因送別鶴操贈之雙鯉魚
鯉魚在金盤別鶴哀有餘心事則如此請君開素書

塞上曲

翩翩雲中使來問太原卒百戰苦不歸刀頭怨明月
塞雲隨陣落寒日傍城沒城下有寡妻哀哀哭枯骨

送陸擢

聖代多才俊陸生何考槃南山高松樹不合空摧殘
九月湖上別北風秋雨寒殷勤歎孤鳳早食金琅玕

擬古　韋應物

辭君遠行邁飲此長恨端已謂道里遠如何中嶮艱
流水赴大壑孤雲還暮山無情尚有歸行子何獨難
驅車背鄉國朔風卷行跡嚴冬霜斷肌日入不遑息
憂懽容髮變（一作容髮改）寒暑人事易中心君詎知冰玉
徒貞白

其二

春至林木變洞房夕含清單居誰能裁好鳥對我鳴
良人久燕趙新愛移平生別時雙鴛綺留此千恨情
碧草生舊跡綠琴歇芳聲思將魂夢懽反側寐不成
攬衣迷所次起望空前庭孤影中自惻不知雙涕零

其三

有客天一方寄我孤桐琴迢迢萬里隔託此傳幽音
冰霜中自結龍鳳相與吟絃以明（一作昜）直道絲以固
交深

留別洛京親友

握手出都門駕言適京師豈不懷舊廬惆悵與子辭
麗日坐高閣清觴讌（一作晏）華池昨遊倏已過（一作遇）後
遇良未知念結路方永歲陰野無暉單車我當前暮
雪子獨歸臨流一相望零淚忽霑衣

西郊燕集

濟濟衆君子高燕及時光羣山靄遐矚綠野布熙陽
列坐遵曲岸披襟襲蘭芳野庖薦嘉魚激澗泛羽觴
衆鳥鳴茂林綠草延高岡盛時易徂謝浩思坐飄颺
眷言同心友茲游安可忘

登西南岡卜居遇雨尋竹浪至灃壖縈帶數
里清流茂樹雲物可賞

登高創危構林表見川流微雨颯已至蕭條川氣秋
下尋密竹盡忽曠沙際遊紆直水分野綿延稼盈疇
寒花明廢墟樵牧笑榛丘雲水成陰澹竹樹更清幽

適自戀佳賞復茲永日留

夏夜憶盧嵩

靄靄高館暮開軒滌煩襟不知湘雨來瀟灑在幽林
炎月得凉夜芳罇誰與斟故人南北居累月間徽音
人生無閑日懽會當在今反側候天旦層城苦沉沉

幽居

貴賤雖異等出門皆有營獨無外物牽遂此幽居情
微雨夜來過不知春草生青山忽已曙鳥雀繞舍鳴
時與道人偶或隨樵者行自當安蹇劣誰謂薄世榮

寄子西

夏景已難度懷賢思方續喬樹落疎陰微風散煩燠
傷離枉芳札忻遂見心曲藍上舍已成田家雨新足
託隣素多欲殘秩猶見束日夕上高齋但望東原綠

善福精舍示諸生

湛湛嘉樹陰清露夜影沉悄然群物寂高閣似陰岑
方以玄嘿處豈為名跡侵法妙不知歸獨此抱冲襟
齋舍無餘物陶器與單衾諸生時列坐共愛風滿林

酬盧嵩秋夜見寄

喬木生夜凉月華滿前墀去君咫尺地勞君千里思
素秉棲遁志况貽招隱詩坐見林木榮願赴滄洲期

何能待歲晏携手當此時

與友生野飲效陶體

携酒花林下前有千載墳於此得不共酌奈此泉下人
始自玩芳物行當念徂春聊舒遠世蹤坐望還山雲
且遂一歡笑焉知賤與貧

效陶彭澤

霜露一作落悴百草時菊獨妍華物性有如此寒暑其
奈何掇英泛濁醪日入會田家盡醉茅簷下一生豈
在多

與韓庫部會王祠曹宅作

閑門蔭堤柳秋渠含夕清微風送荷氣坐客散塵纓
守嘿共無憀抱冲俱寡營良時頗高會琴醖共開情

春日郊居寄萬年吉少府中孚三原元少府

谷鳥時一囀田園春雨餘光風動林早高窻照日初
獨飲澗中水吟詠老氏書城闕應多事誰憶此閑居

偉夏侯校書審

秋夜南官寄澧上二弟及諸生

暝色起烟閣沉抱積離憂况茲風雨夜蕭條梧葉秋
空宇感凉至頽顏驚歲周日夕遊闕下山水憶同遊

寄全椒山中道士

今朝郡齋冷，忽念山中客。澗底束荆薪，歸來煑白石。欲持一杯（樽一作）酒，遠慰風雨夕。落葉滿空山，何處尋行跡。

神靜師院

青苔幽巷徧（遍一作），新林露氣微。經聲在深竹，高齋獨掩扉。憩樹愛嵐嶺，聽禽悅朝暉。方耽靜中趣，自與塵世違。

淮上即事寄廣陵親友

前舟已眇眇，欲渡誰相待。秋山起暮鐘，楚雨連滄海。風波離思滿，宿昔容鬢改。獨鳥下東南，廣陵何處在。

長安遇馮著

客從東方來，衣上灞陵雨。問客何為來，采山因買斧。冥冥花正開，颺颺燕新乳。昨別今已春，鬢絲生幾縷。

逢楊開府

少事武皇帝，無賴恃恩私。身作里中橫，家藏亡命兒。朝持樗蒲局，暮竊東隣姬。司隸不敢捕，立在白玉墀。驪山風雪夜，長楊羽獵時。一字都不識，飲酒肆頑癡。武皇升仙去，憔悴被人欺。讀書事已晚，把筆學題詩。兩府始收跡，南宮謬見推。非才果不容，出守撫煢嫠。忽逢楊開府，論舊涕俱垂。坐客何由識，惟有故人知。

相逢行

二十登漢朝，英聲邁今古。適從東方來，又欲謁明主。猶酣新豐酒，尚帶灞陵雨。邂逅兩相逢，別來問寒暑。寧知白日晚，暫向花間語。忽聞長樂鐘，走馬東西去。

田家　柳子厚

籬落隔烟火，農談四鄰夕。庭際秋蟲鳴，疏麻方寂歷。蠶絲盡輸稅，機杼空倚壁。里胥夜經過，雞黍事筵席。各言官長峻，文字多督責。東鄉後租期，車轂陷泥澤。公門少推恕，鞭朴恣狼籍。努力慎經營，肌膚真可惜。迎新在此歲，唯恐踵前跡。古道饒蒺藜，縈迴古城曲。

蓼花被堤岸，陂水寒更綠。是時收穫竟，落日多樵牧。風高榆柳疏，霜重梨棗熟。行人迷去住，野鳥競棲宿。田翁笑相念，昏黑慎原陸。今年幸少豐，無厭饘與粥。

覺衰

久知老會至，不謂便見侵。今年宜未衰，稍已來相尋。齒疏髮就種，奔走力不任。咄此可柰何，未必傷我心。彭聃安在哉，周孔亦已沉。古稱壽聖人，曾不留至今。但願得美酒，朋友常共斟。是時春向暮，桃李生繁陰。日照天正綠，杳杳歸鴻吟。出門呼所親，扶杖登西林。高歌足自快，商頌有遺音。

初秋夜坐贈吳武陵

稍稍雨侵竹翻翻鵲驚叢美人隔湘浦一夕生秋風積霧杳難極滄波浩無窮相思豈云遠即席莫與同若人抱奇音朱絃緪枯桐清商激西顥泛灧凌長空自得本無作天成諒非功希聲閟大樸聾俗何由聰

秋曉行南谷經荒村

杪秋霜露重晨起行幽谷黃葉覆溪橋荒村唯古木寒花疎寂歷幽泉微斷續機心久已忘何事驚麋鹿

谿居

久為簪組累幸此南夷謫閑依農圃鄰偶似山林客曉耕翻露草夜傍響溪石來往不逢人長歌楚天碧

重選唐音大成卷之二終

重選唐音大成卷之三

宜興邵天和節夫編校

正音二

七言古詩

送友人歸山歌　王摩詰

山寂寂兮無人又蒼蒼兮多木群龍兮滿朝君何為兮空谷文寡和兮思深(一作遠)道難知兮行獨悅石上兮流泉與松間兮草屋入雲中兮養雞上山頭兮抱犢神與棗兮如瓜虎賣杏兮收穀愧不才兮妨賢嫌既老兮貪祿誓解印兮相從何詹尹兮可卜

山中人兮欲歸雲冥冥兮雨霏霏水驚波兮翠菅靡白鷺忽兮翻飛君不可兮褰衣山萬重兮一雲混天地兮不分樹晻曖兮氛氳猿不見兮空聞忽山西兮夕陽見東皐兮遠村平蕪綠兮千里眇惆悵兮思君

迎神曲

坎坎擊鼓魚山之下吹洞簫望極浦女巫進紛屢舞陳瑤席湛清酤風淒淒兮夜雨神之來兮不來使我心兮苦復苦

送神曲

紛進拜兮堂前目眷眷兮瓊筵來不語兮意不傳作
暮雨兮愁空山悲急管思兮一作繁絃靈之駕兮儼欲
旋倏雲收兮雨歇山青青兮水潺湲

老将行

少年十五二十時步行奪取胡馬騎射殺陰山一作山中
白額虎肯數鄴下黄鬚兒一身轉戰三千里一劍曾
當百萬師漢兵奮迅如霹靂虜騎崩騰畏蒺藜衛青
不敗由天幸李廣無功緣數奇自從弃置便衰朽世
事蹉跎成白首昔時飛箭無全目今日垂楊生左肘
路傍時賣故侯瓜門前學種先生柳蒼茫一作茫茫古木
連窮巷寥落寒山對虛牖誓令疏勒出飛泉不似潁
川空使酒賀蘭山下陣如雲羽檄交馳日夕聞節使
三河募年少詔書五道出将軍試拂鐵衣如雪色聊
持寶劍動星文願得燕弓射天将恥令一作敢令越甲鳴
吴軍莫嫌舊日雲中守猶堪一戰樹一作立功勲

燕支行

漢家天将才且雄來時謁帝明光宮萬乘親推雙闕
下千官出餞五陵東誓辭甲第金門裏身作長城玉
塞中衛霍才堪一騎将朝廷不數貳師功趙魏燕韓
多勁卒關西俠小何咆哮報讎只是聞嘗膽飲酒不

曾妨刮骨畫戟雕戈白日寒連旗大旆黄塵沒疊鼓
遥翻瀚海波鳴笳亂動天山月麒麟錦帶佩吴鉤颯
沓青驪躍紫騮拔劍已斷天驕臂歸鞍共飲月支頭
漢兵大呼一當百虜騎相看哭且愁教戰雖令赴湯
火終知上将先伐謀

同崔傅答賢弟

洛陽才子姑蘇客桂苑殊非舊古一作鄉陌九江楓樹
幾回青一片揚州五湖石揚州時有下江兵蘭陵鎮
前吹笛聲夜火人歸富春郭秋風鶴唳石頭城周郎
陸弟為儔侶對舞前谿歌白苧曲几書留小吏家草
堂碁賭山陰墅衣冠若話外臺臣先數夫君席上珍
更聞臺閣求三語遥想風流第一人

送崔五太守

長安廐吏來到門朱文露網動行軒黄花縣西九折
坂玉樹官南五丈原褒斜谷中不容幰惟有白雲當
露冕子午山裏杜鵑啼嘉陵水頭行客飯劍門忽斷
蜀川開萬井雙流滿眼來霧中遠樹刀州出天際澄
江巴字回使君年紀三十餘少年白皙專城居欲持
畫省郎官筆回與臨卭父老書

故人張諲工詩善易卜兼能丹青草隸以詩

見贈聊獲荅之

不遂城東遊俠兒隱囊紗帽坐彈碁蜀中夫子時開卦洛下書生解詠詩藥欄花徑衡門裏時復據梧聊隱几屏風誤點惑孫郎團扇草書輕內史故園高枕度三春永日垂帷絕四鄰自想蔡邕今已老更將書籍與何人

隴頭吟

長安少年遊俠客夜上戍樓看太白隴頭明月迥一作尚臨關隴上行人夜吹笛關西老將不勝愁駐馬聽之雙淚流身經大小百餘戰麾下偏裨萬戶侯蘇武

纔為典屬國節旄空盡落一作海西頭

與獨孤漸別兼呈嚴侍郎　岑參

輪臺客舍春草滿潁陽歸客腸堪斷窮荒絕漠鳥不飛萬磧千山夢猶懶憐君白面一書生讀書千卷未成名五侯貴門脚不到數畝山田身自耕興來浪跡無遠近及至辭家憶鄉信無事垂鞭信馬頭西南幾欲窮天盡奉使三年獨未歸邊頭詞客舊來稀借問君來得幾日到家不覺換春衣高齋清晝卷羅幙紗帽接籬慵不着中酒朝眠日色高彈碁夜半燈花落冰片高堆金錯盤滿堂凛凛五月寒桂林蒲萄新吐

原書此處缺五

知君開館恒愛客樗蒲百金每一擲平生有錢將與人江上故園空四壁吾觀費子毛骨奇廣眉大口仍赤髭看君失路尚如此人生貴賤那得知高秋八月歸南楚東門一壺聊出祖路指鳳凰山北雲衣霑鸚鵡洲邊雨莫嘆蹉跎白髮新應須守道勿羞貧男兒何必戀妻子莫向江村老却人

太白胡僧歌

聞有胡僧在太白蘭若去天三百尺一持楞伽入中峯世人難見但聞鐘窻邊錫杖解兩虎床下鉢盂藏一龍草衣不針復不線兩耳垂肩眉覆面此僧年紀

那得知手種青松今十圍心將流水同清淨身與浮雲無是非商山老人已曾識願一見之何由得山中有僧人不知一作識城裏看山空黛色

函谷關歌劉評事使關西

君不見函谷關崩城敗一作毀壁至今在樹根草蔓無一作進古道空谷千年長不改寂寞無人空舊山聖朝無事不須關白馬公孫何處去青牛老人更不還蒼苔白骨空滿地月與古時長相似野花不省見行人山鳥何曾識關吏故人方乘使者車吾知郭丹却不如請君時憶關外客行到關西多寄書一作致書

范公叢竹歌

世人見竹不解愛知君種竹府庭內此君託根幸得所種來幾時聞已大盛夏條條叢色寒閑宵摵摵葉聲乾能清案牘簾下見宜對琴書窗外看爲君成陰將蔽日迸筍穿堦踏還出守節偏凌御史霜虛心願比郎官筆君莫愛南山松樹枝竹色四時也不移寒天草木黃落盡猶自青青君始知

韋員外家花樹歌

今年花似去年好去年人到今年老始知人老不如花可惜落花君莫掃君家兄弟不可當列卿御史尚

書郎朝回花底恒會客花撲玉缸春酒香

燕歌行　高達夫

漢家烟塵在東北漢將辭家破殘賊男兒本自重橫行天子非常賜顏色摐金伐鼓下榆關旌旆逶迤碣石間校尉羽書飛瀚海單于獵火照狼山山川蕭條極邊土胡騎憑陵雜風雨戰士軍前半死生美人帳下猶歌舞大漠窮秋塞草腓孤城落日鬬兵稀身當恩遇常輕敵力盡關山未解圍鐵衣遠戍辛勤久玉筯應啼別離後小（一作少）婦城南欲斷腸征人薊北空回首邊庭飄飄（一作颻颻）那可度絕域蒼茫無所有殺氣三時作陣雲寒聲一夜傳刁斗相看白刃血（一作雪）紛紛死節從來豈顧勳君不見沙場征戰苦至今猶憶李將軍

同河南李七少尹畢員外家夜飲時洛陽告捷遂作春酒歌

故人美酒勝濁醪故人清詞合風騷長歌滿酌惟吾曹高譚正可揮麈毛半醉忽然持蟹螯洛陽告捷傾前後武侯腰間印如斗郎官無事時飲酒杯中綠蟻吹轉來甕上飛花拂還有前年持節將楚兵去年留司在東京今年復拜二千石盛夏五月西南行彭門

劍門蜀山裏昨逢軍人劫奪我到家但見妻與子頗得飲君春酒數十杯不然令我愁欲死

封丘縣

我本漁樵孟諸野一生自是悠悠者乍可狂歌草澤中寧堪作吏風塵下祇言小邑無所爲公門百事皆有期拜迎官長心欲碎鞭撻黎庶令人悲悲來向家問妻子舉家盡笑今如此生事應須南畝田世情付與東流水夢想舊山安在哉爲銜君命日遲迴乃知梅福徒爲爾却憶陶潛歸去來

寄宿田家

田家老翁住東陂說道平生隱在茲鬢白未曾記日月山青每到識春時門前種柳深成巷野谷流泉添入池牛壯日耕十畝地人閒常掃一茅茨客來滿酌清樽酒感興平吟才子詩巖際窟中藏鼴鼠潭邊竹裏隱鸕鷀村稀（一作墟）日落行人少醉後無心怯路岐今夜只應還寄宿明朝拂曙與君辭

行路難

君不見富家翁舊時貧賤誰比數一朝金多結豪貴百事勝人健如虎子孫成行滿眼前妻能管絃妾能舞自矜一身忽如此却笑傍人獨愁苦東鄰少年安

所如席門窮巷出無車有才不肯學干謁何用年年空讀書

代閨人答輕薄少年　崔顥

妾家近隔鳳凰池粉壁紗窗楊柳垂本期漢代金吾壻悞嫁長安遊俠兒兒家夫壻多輕薄借客探丸重然諾平明挾彈入新豐日晚揮鞭出長樂青絲白馬冶遊園能使行人駐馬看自矜陌上繁華盛不念閨中花鳥闌花間陌上春將晚走馬鬬雞猶未返三時出望無消息一去那知行近遠桃李花開覆井闌朱樓落日卷簾看愁來欲奏相思曲抱得秦箏不忍彈

長安道

長安甲第高入雲誰家居住霍將軍日晚朝回擁賓從路傍拜揖何紛紛莫言執手手可熱須臾火盡灰亦滅莫言貧賤即可欺人生富貴自有時一朝天子賜顔色世事悠悠應始知

聽董大彈胡笳聲兼語弄寄房給事　李頎

蔡女昔造胡笳聲一彈一十有八拍胡人落淚向（一作沾）邊草漢使斷腸對歸客古戍蒼蒼烽火寒大荒陰沉飛雪白先拂商絃後角羽四郊秋葉驚摵摵董夫子通神明深松竊聽來妖精言遲更速皆應手將往

復旋如有情空山百鳥散還合萬里浮雲陰且晴嘶酸雛鴈失群夜斷絕胡兒戀母聲川為靜其波鳥亦罷其鳴烏珠部落家鄉遠邏迩沙塵哀怨生幽陰變調忽飄灑長風吹林雨墮瓦迸泉颯颯飛木末野鹿呦呦走堂下長安城連東掖垣鳳凰池對青鎖門高才脫略名與利日夕望君抱琴至

放歌行答從弟墨卿

小來好文恥學武世上功名不解取雖沾寸祿已後時徒欲出身事明主柏梁賦詩不及宴長楸走馬誰相數斂跡俛眉心自甘高歌擊節聲半苦由是蹉跎

一老夫養雞牧豕東城隅空歌漢代蕭相國肯事霍
家馮子都徒爾當年聲籍籍濫作詞林兩京客故人
斗酒安陵橋黃鳥春風洛陽陌吾家令弟才不羈五
言破的人共推興來逸氣如濤湧千里長江歸海時
別離短景何蕭索佳句相思能間作舉頭遙望魯陽
山木葉紛紛向人落

古行路難

漢家名臣楊德祖四代五公享茅土父子兄弟綰銀
黃躍馬鳴珂朝建章火浣單衣繡方領茱萸錦帶玉
盤囊賓客填街復滿座片言出口生輝光世人逐勢

爭奔走瀝膽隳肝惟恐後當時一顧登青雲自謂生
死長隨君一朝謝病還鄉里窮巷蒼苔絕知己秋風
落葉閉重門昨日論交竟誰是薄俗嗟嗟難重陳深
山麋鹿可為隣魯連所以蹈東海古往今來稱達人

送陳章甫

四月南風大麥黃棗花未落桐葉長青山朝別暮還
見嘶馬出門思舊鄉陳侯立身何坦蕩虬鬚虎眉仍
大顙腹中貯書一萬卷不肯低頭在草莽東門沽酒
飲我曹心輕萬事如鴻毛醉卧不知白日暮有時空
望孤雲高長河浪頭連天黑津吏停舟渡不得鄭國

遊人未及家洛陽行子空歎息聞道故林相識多罷
官昨日今如何

送劉十

三十不官亦不娶時人焉識道高下房中惟有老氏
書櫪上空餘少游馬往來嵩華與函秦放歌一曲前
山春西林獨鶴引閑步南澗飛泉清角巾前年上書
不得意歸卧東窻（一作山）兀然醉諸兄相繼掌青史第
五之名齊驃騎烹葵摘果告我行落日夏雲縱復橫
聞道謝安掩口笑知君不免為蒼生

酬（洲）李十六岐　王季友

鍊丹文武火未成賣藥販履俱逃名出谷迷行洛陽
道乘流醉卧滑臺城城下故人久離怨一懽適我兩
家願朝飲杖懸沽酒錢莫餐囊有松花飯于何車馬
日憧憧李膺門館爭登龍千賓揖對若流水五經發
難如扣鐘下筆新詩行滿壁立談古人坐在席問我
草堂有卧雲知我山儲無儋石自耕自刈食為天如
鹿如麋飲野泉亦知世上公卿貴且養丘中草木年

觀于舍人壁畫山水

野人宿在山家少朝見此山謂山曉半壁仍棲嶺上
雲開簾欲放湖中鳥獨坐長松是阿誰再三招手起

來進于公大笑向余說小弟丹青能爾為

同張侍御宴北樓　儲光羲

今之太守古諸侯出入雙旗垂七旒朝覽干戈時聽訟暮延賓客復登樓西山漠漠崦嵫色北渚沉沉江漢流良宵清淨方高會繡服光輝聯皂蓋魚龍恍惚階墀下雲霧杳冥窻戶外水靈慷慨行泣珠游女飄颻思解珮蒼蒼低月半遙城落落疎星滿太清不分一作思開襟悲楚奏願言吹笛退胡兵軒后青丘埋鍥揄周王白羽掃攙搶期君武節朝龍闕予亦翱翔歸玉京

送王七尉松滋　孟浩然

君不見巫山神女作行雲霏紅沓翠曉氛氳嬋娟流入襄王夢倏忽還隨零雨分空中飛去復飛來朝朝暮暮下陽臺愁君此去為仙尉便逐行雲去不迴

夜歸鹿門歌

山寺鳴鐘日已昏漁梁渡頭爭渡喧人隨沙岸向江村余亦乘舟歸鹿門鹿門日照開烟樹忽到龐公棲隱處巖扉松徑長寂寥惟有幽人自來去

湖中對酒作　張正言

夜坐不厭湖上月晝行不厭湖上山眼前一樽又長

滿心中萬事如等閑主人有黍百餘石濁醪數斗應不惜即今相對不盡懽別後相思復何益茱萸灣頭歸路賒願君且宿黄翁家風光若此人不醉參差孤負東園花

張公子行　常建

日出乘鈞舟嫋嫋垂鈞竿涉淇傍荷花驄馬閑金鞍使客白雲中腰間懸一作垂轆轤出門事嫖姚為君西擊胡胡兵漢騎相馳逐轉戰孤軍海西北百尺旌竿沉黑雲邊笳落日不堪聞

聽笛歌　劉文房

舊游憐我長沙謫載酒沙頭送遷客天涯望月自霑衣江上何人復吹笛橫笛能令孤客愁淥波淡淡如不流商聲寥亮羽聲苦江天寂歷江楓秋靜聽關山聞一叫三湘月色悲猿嘯又吹楊柳激繁音千里春色傷人心隨風飄向何處落惟見曲盡平湖深明發與君離別後馬上一聲堪白首

望龍山懷道士許法稜

心惆悵望龍山雲之際鳥獨還懸崖絕壁幾千丈綠蘿嫋嫋不可攀龍山高誰能踐靈原中蒼翠晚嵐烟瀑水如向人終日迢迢空在眼中有一人披霓裳誦

經山頂餐瓊漿空林閒坐獨焚香真官列侍儼成行
朝入青霄禮玉堂夜掃白雲眠石床桃花一作源洞裏
居人滿桂樹山中住日長龍山高高遥相望

齊一和尚影堂

一公住世忘世紛暫來復去誰能分身寄虚空如過
客心將生滅是浮雲蕭散浮雲往不還淒涼遺教歿
仍傳舊地愁看雙樹在空堂只是一燈懸一燈長照
恒河沙雙樹猶落諸天花天花寂寂香深深殿若辭眷
眷閑虚院昔余精念訪禪扉常接微言清道機今來一作成
寂寞無所得惟共門人淚滿衣

王昭君歌

自矜嬌艷色不顧丹青人誰知粉繪能相負却使容
華翻誤身上馬辭君嫁驕虜玉顏對人啼一作愁不語
北風鴈急浮雲秋萬里獨見黃河流纖腰不復漢宮
寵雙娥長向胡天愁琵琶絃中苦調多蕭蕭羌笛聲
相和誰憐一曲傳樂府能使千秋傷綺羅

長安道　韋應物

漢家宮殿含雲烟兩宮十里相連延晨霞出沒弄丹
闕春雨依微自甘泉春雨依微春尚早長安貴游愛
芳草寶馬橫來下建章香車却轉避馳道貴游誰最
貴衛霍世難比何能蒙主恩幸遇邊塵起歸來甲第
拱皇居朱門峩峩臨九衢中有流蘇合懽之寶帳一
百二十鳳凰羅列含明珠下有錦鋪翠被之燦爛博
山吐香五雲散麗人綺閣情飄颻頭上鴛鴦雙翠翹
低鬟曳袖回春雪聚黛一聲愁碧霄山珍海錯棄藩
籬烹犢炰羔如折葵既請列侯封部曲還將金印綬
盧兒懽榮若此何所苦但苦白日西南馳

聽鶯曲

東方欲曙花冥冥啼鶯相喚亦可聽乍去乍來時近
遠纔聞南陌又東城忽似上林翻下苑綿綿蠻蠻如

有情欲囀不囀意自嬌羌兒弄笛曲未調前聲後聲
不相及秦女學箏指猶澁須臾風暖朝日暾流音變
作百鳥喧誰家懶婦驚殘夢何處愁人憶故園伯勞
飛過聲跼促戴勝下時桑田綠不及流鶯日日啼花
間能使萬家春有時斷續聽不了飛去花枝猶裊裊
還棲碧樹鎖千門春漏方殘一聲曉

古東門行　柳子厚

漢家三十六將軍東方雷動橫陣雲雞鳴函谷客如
霧貌同心異不可數赤丸夜語飛電光徼巡司隸眠
如羊當街一叱百吏走馮敬胸中函匕首兇徒側耳

潜㥏心悍臣破膽皆杜口魏王卧内藏兵符子西掇
袂真無辜羌胡轂下一朝起敵國舟中非所擬安陵
誰辨削礪工韓國詎明深井里絶臙斷骨那可補萬
金寵贈不如土

漁翁

漁翁夜傍西巖宿曉汲清湘然楚竹烟銷日出不見
人欸乃一聲山水綠廻看天際下中流巖上無心雲
相逐

涼州行　王仲初

涼州四邊沙浩浩漢家無人開舊道邊頭州縣盡胡

兵將軍別築防秋城萬里征人皆已没年年旌節發
西京多來中國收婦女一半生男為漢語藩人舊日
不耕犂相學如今種禾黍驅羊亦着錦為衣為惜氊
裘防鬬時養蠶繰繭成疋帛那將繞帳作旌旗城頭
山雞鳴角角洛陽家家學胡樂

當窻織

歎息復歎息園中有棗行人食貧家女大富家織翁
母隔墻不得力水寒手澁絲脆斷續來續去心腸爛
草蟲促促機下鳴兩日催成一疋半輸官上頭有零
落姑未得衣身不着當窻却羨青樓倡十指不動衣

盈箱

望夫石

望夫處江悠悠化為石不回頭山頭日日風和雨行
人歸來石應語

車遥遥　張文昌

征人遥遥出古城雙輪齊動駟馬鳴山川無處無歸
路念君長作萬里行野田人稀秋草綠日暮放馬車
中宿驚麋游兔在我傍獨唱鄉歌對僮僕君家大宅
鳳城隅年年道上隨行車願為玉鑾繫華軾終日有
聲在君側門前舊宅久已拋無由復得君消息

古釵歎

古釵墮井無顔色百尺泥中今復得鳳凰宛轉有古
儀欲為首飾不稱時女伴傳看不知主羅袖拂拭生
光輝蘭膏已盡股半折雕文刻樣無年月雖離井底
入匣中不用還與墜時同

猛虎行

南山北山樹冥冥猛虎白日繞林行向曉一身當道
食山中麋鹿盡無聲年年養子在空谷雌雄上山不
相逐谷中近窟有山林長向村家取黄犢五陵年少
不敢射空來林下看行跡

牧童詞

遠牧牛繞村四面禾黍稠陂中飢烏啄牛背令我不得戲隴頭入陂草多牛散行白犢時向蘆中鳴隔堤吹葉應同伴還敎長鞭三四聲牛羊食草莫相觸官家截爾頭上角

征婦怨

九月匈奴殺邊將漢軍全沒遼水上萬里無人收白骨家家城下招魂葬婦人依倚子與夫同居貧賤心亦舒夫死戰塲子在腹妾身雖存如晝燭

重選唐音大成卷之三終

重選唐音大成卷之四

宜興邵天和節夫編校

正音三

五言律詩

輝上人獨坐亭　陳伯玉

鐘梵經行處香林坐入禪巖亭交雜樹石瀨瀉鳴泉水月心方寂雲霞思獨玄寧知人代裏疲病得攀緣

春日登九華觀

白玉仙臺古丹丘别望遥山川亂雲日樓榭入烟霄鶴舞千年樹虹飛百尺橋還逢赤松子天路坐相邀

晩次樂鄉縣

故鄉杳無際日暮且孤征川原迷（一作送）舊國道路入邊城野戍荒烟斷深山古木平如何此時恨噭噭夜猿鳴

春夜别友人

銀燭吐青烟金罇對綺筵離堂思琴瑟别路繞山川明月隱高樹長河沒曉天悠悠洛陽去重（一作期）會在何年

度荆門望楚

遥遥去巫峽望望下章臺巴國山川盡荆門烟霧開

城分蒼野外樹斷白雲隈今日狂歌客誰知入楚來

和韋承慶過義陽公主山池　杜必簡

逕轉孤峯逼橋危缺岸妨玉泉移酒味石髓換粳香
綰霧青絲弱牽風紫蔓長猶言宴樂少別向後池塘

送崔融

君王行出將書記遠從征祖帳連河闕軍麾動洛城
旌旂朝朔氣笳吹夜邊聲坐覺烟塵掃秋風古北平

早春遊望

獨有宦遊人偏驚物候新雲霞出海曙梅柳度江春
淑氣催黃鳥晴光轉綠蘋忽聞歌古調歸思欲沾巾

遊少林寺　沈雲卿

長歌遊寶地徙倚對珠林鴈塔風霜古龍池歲月深
紺園澄夕霽碧殿下秋陰歸路烟霞晚山蟬處處吟

早發平昌島

解纜春風後鳴榔曉漲前陽烏出海樹雲鴈下江烟
積氣衝長島浮光溢大川不能懷魏闕心賞獨泠然

夜宿七盤嶺

獨游千里外高臥七盤西山月臨窻近天河入戶低
芳春平仲綠清夜子規啼浮客空留聽褒城聞曙雞

被試出塞

十年通大漠萬里出長平寒日生戈劍陰雲拂旆旌
飢烏啼舊壘疲馬戀空城辛苦皐蘭北胡塵損漢兵

從岐王過楊氏別業　王摩詰

楊子談經處淮王載酒過興闌啼鳥緩坐久落花多
徑轉迴銀燭林開散玉珂嚴城時未啓前路擁笙歌

同崔員外秋宵寓直

建禮高秋夜承明候曉過九門寒漏徹萬井曙鐘多
月迥藏珠斗雲消出絳河更慚衰朽質南陌共鳴珂

早朝

柳暗百花明春深五鳳城城鴉睥睨曉宮井轆轤聲

方朔金門侍班姬玉輦迎仍聞遣方士東海訪蓬瀛

晚春嚴少尹諸公見過

松菊荒三徑圖書共五車烹葵邀上客看竹到貧家
雀乳先春草鶯啼過落花自憐黃髮暮一倍惜年華

送東川李使君

萬壑樹參天千山響杜鵑山中一夜雨樹杪百重泉
漢女輸賓布巴人訟芋田文翁翻教授不敢倚先賢

送楊長使赴果州

褒斜不容幰之子去何之鳥道一千里猿聲十二時
官橋祭酒客山木女郎祠別後同明月君應聽子規

送友人南歸

萬里春應盡三江鴈亦稀連天漢水廣孤客郢城歸
郎國稻苗秀楚人菰米肥懸知倚門望遥識老萊衣

送丘為下第歸江東

憐君不得意況復柳條春為客黄金盡還家白髮新
五湖三畝宅萬里一歸人知爾不能薦羞稱獻納臣

終南別業

中歲頗好道晚家南山陲興來每獨往勝事空自知
行到水窮處坐看雲起時偶然值林叟談笑滯還期

漢江臨泛

楚塞三湘接荆門九派通江流天地外山色有無中
郡邑浮前浦波瀾動遠空襄陽好風日留醉與山翁

送李判官赴江東

聞道皇華使方隨皂蓋臣封章通左語冠冕化文身
樹色分楊子潮聲滿富春遥知辨璧吏恩到泣珠人

送嚴秀才還蜀

寧親為令子似舅即賢甥别路經花縣還鄉入錦城
山臨青塞斷江向白雲平獻賦何時至明君憶長卿

送平淡然判官

不識陽關路新從定遠侯黄雲斷春色畫角起邊愁
瀚海經年別到一作交河出塞流須令外國使知飲月
支頭

山居即事

寂寞掩柴扉蒼茫對夕暉鶴巢松樹遍人訪蓽門稀
嫩竹含新粉紅蓮落故衣渡頭燈火起處處采菱歸

冬夜書懷

獨坐悲雙鬢空堂欲二更雨中山果落燈下草蟲鳴
白髮終難變黄金不可成欲知除老病惟有學無生

觀獵

風勁角弓鳴將軍獵渭城草枯鷹眼疾雪盡馬蹄輕

忽過新豐市還歸細柳營回看射鵰處千里暮雲平

南州有贈二首　賈幼鄰

極浦三春草高樓萬里心楚山晴露碧湘水暮流深
忽與朝中舊同為澤畔吟停杯試北望還欲淚霑襟

其二

越井人南去湘川水北流江邊數杯酒海内一孤舟
嶺嶠同仙客京華即舊遊春心將別恨萬里共悠悠

宿雲門寺閣　孫逖

香閣東山下烟花象外幽懸燈千嶂夕卷幔五湖秋
畫壁餘鴻鴈紗窻宿斗牛更疑天路近夢與白雲遊

題韓少府水亭　祖詠

梅福幽棲處佳期不忘還鳥啼當戶竹花繞傍池山
水氣侵階冷藤陰覆坐閒寧知武陵趣宛在市朝間

蘇氏別業

別業居幽處到來生隱心南山當戶牖灃水映園林
竹覆經冬雪庭昏未夕陰寥寥人境外閑坐聽春禽

江南旅情

楚山不可極歸路但蕭條海色晴看雨江聲夜聽潮
劍留南斗近書寄北風遥為報空潭橘無媒寄洛橋

漢陽即事　儲光羲

楚國千里遠孰知方寸違春遊歡有客夕寢賦無衣
江水帶冰綠桃花隨雨飛九歌有深意捐珮乃言歸

與諸子登峴山　孟浩然

人事有代謝往來成古今江山留勝跡我輩復登臨
水落魚梁淺天寒夢澤深羊公碑尚在讀罷一亦作淚
霑襟

臨洞庭

八月湖水平涵虚混太清氣蒸雲夢澤波撼岳陽城
欲濟無舟楫端居恥聖明坐觀垂釣者徒有羨魚情

歸終南山

北闕休上書南山歸弊廬不才明主棄多病故人疎
白髮催年老青陽逼歲除永懷愁不寐松月夜窗虚

宿梧廬江

山暝聽猿愁滄江急夜流風鳴兩岸葉月照一孤舟
建德非吾土維揚憶舊遊還將兩行淚遥寄海西頭

武陵泛舟

武陵川路狹前棹入花林莫測幽源裏一作路仙家信
幾深水迴青嶂合雲度綠溪陰坐聽閑猿嘯彌清塵
外心

赴京途中遇雪

迢遞秦京道蒼茫歲暮天窮陰連晦朔積雪徧山川
落鴈迷寒渚飢烏噪野田客愁空佇立不見有人烟

歲除有懷

迢遞三巴路羇危萬里身亂山殘雪夜孤燭異鄉人
漸與骨肉遠轉於僮僕親那堪正漂泊來日歲華新

裴司士見尋

府僚能枉駕家醖復新開落日池上酌清風松下來
廚人具雞黍稚子摘楊梅誰道山翁醉猶能騎馬回

梅道士水亭

傲吏非凡吏名流即道流隱居不可見高論莫能酬

水接仙源近山藏鬼谷幽再來迷一作尋處所花下問
漁舟
過故人莊
故人具雞黍邀我至田家綠樹村邊合青山郭外斜
開筵一作軒面場圃把酒話桑麻待到重陽日還來就
菊花
送劉評事充朔方判官賦得征馬嘶　高達夫
征馬向邊州蕭蕭嘶未休思深應帶別聲斷為兼秋
岐路風將遠關山月共愁贈君從此去何日大刀頭
澧水東店送唐子歸嵩陽　岑參

野店臨官路重城壓御堤山開灞水北雨過杜陵西
歸夢秋能作鄉書醉懶題橋回忽不見征馬向聞嘶
送張子尉南海
不擇南州尉高堂有老親樓臺重蜃氣邑里雜鮫人
海暗三山雨花明五嶺春此鄉多寶玉慎莫厭清貧
送張都尉東歸
白羽綠弓弦年年只在邊還家劍鋒盡出塞馬蹄穿
逐虜西踰海平湖北到天封侯應不遠燕頷豈徒然
送王七錄事赴虢州
早歲即相知嗟君最後時青雲仍未達白髮欲成絲

小店關門道長河華嶽祠弘農民吏待莫遣馬行遲
送懷州吳別駕
灞上柳枝黃壚頭酒正香春流飲去馬暮雨濕行裝
驛路通函谷州城接太行覃懷人總喜別駕得王祥
趙少尹南亭送鄭侍御
江亭酒甕香白面繡衣郎砌冷蟲喧坐簾踈月到牀
鐘催離思急絃逐醉歌長關樹應皆落隨君滿路霜
虢宮送河丞市馬
關樹晚蒼蒼長安近夕陽回風醒別酒細雨濕行裝
習戰邊塵黑防秋塞草黃知君市駿馬不是學燕王

高宮谷招鄭鄠
谷口來相訪空齋不見君澗花然暮雨潭樹暖春雲
門徑稀人跡詹峰下鹿群衣裳與枕席山靄碧氛氳
晚發五谿
客厭巴南地鄉鄰劍北天江村片雨外野寺夕陽邊
芋葉藏山徑蘆花間渚田舟行未可住乘月且須牽
武威春莫聞宇文判官西使還已到晉昌
片雨過城頭黃鸝上戍樓塞花飄客淚邊柳掛鄉愁
白髮悲明鏡青春換敝裘君從萬里去聞已到瓜州
友人山亭　殷遙

故人從薄宦往往涉清谿鑿牖對山月褰裳拂澗霓
遊魚逆水上宿鳥向風栖一見桃花發能令秦漢迷

江南意　王灣

客路青山外行舟綠水前潮平兩岸闊風正一帆懸
海日生殘夜江春入舊年鄉書何處達歸鴈洛陽邊

題破山寺　常建

清晨入古寺初日照高林竹一作曲徑通幽處禪房花
木深山光悅鳥性潭影空人心萬籟此俱寂惟聞鐘
磬音

途中送權曙二兄　皇甫茂政

淮海風濤起江關幽思長同悲鵲繞樹獨作鴈隨陽
山晚雲和雪汀寒月映霜由來濯纓處漁父愛滄浪

送李中丞歸本道　皇甫孝常

上將宜分閫雙旌復出秦關河三晉路賓從一作實主五
原人孤戍雲通海平沙雪度春酬恩看玉劍何處有
烟塵

晚至華陰

臘盡促歸心行人及華陰雲霞仙掌出松栢古祠深
野渡氷生岸寒川燒隔林溫泉看漸近宮樹晚沉沉

酬劉員外見寄　嚴正文

蘇耽佐郡時近出白雲司藥補清羸疾窻吟絕妙辭
柳塘春水慢花塢夕陽遲欲識懷君意朝明亦作朝訪
楫師

仲夏江陰官舍寄裴明府　李從一

萬室邊江次孤城對海安朝霞晴作雨濕氣晚生寒
苔色侵衣桁潮痕上井欄題詩招茂宰思爾欲辭官

送王牧往吉州謁使君叔

細草綠汀洲王孫耐薄遊年華初冠帶文采舊弓裘
野渡花爭發春塘水亂流使君憐小阮應念倚門愁

至七里灘作

遷客投千越臨江淚滿衣獨隨流水遠一作去轉覺故
人稀萬木迎秋序千峰駐晚暉行舟猶未已惆悵暮
潮歸

送李中丞　劉文房

流落征南將曾驅十萬師罷歸無舊業老去戀明時
獨立三邊靜輕生一劍知茫茫漢江上日暮欲何之

雨中過衷稷巴陵山居

憐君洞庭上白髮向人垂積雨悲幽獨長江對別離
牛羊歸故道鳥雀聚寒枝明發遙相望雲山不可知

喜皇甫侍御相訪

荒村帶晚照落葉亂紛紛古路無行客空山獨見君
野橋經雨斷澗水向田分不為憐同病何人到白雲

穆陵關北逢人歸漁陽

逢君穆陵路疋馬向桑乾楚國蒼山古幽州白日寒
城池百戰後耆舊幾家殘處處逢蒿徧歸人掩淚看

尋南溪常道士

一路經行處莓苔見屐痕白雲依靜渚芳（一作青）草閉
閑門過雨看松色隨山到水源谿花與禪意相對亦
忘言

松江獨宿

洞庭初下葉孤客不勝愁明月天涯夜青山江上秋
一官成白首萬里寄滄洲久被浮名繫能無愧海鷗

餘干旅舍

搖落暮天迥青楓霜葉稀孤城向水閉獨鳥背人飛
渡口月初上隣家漁未歸鄉心正欲絕何處擣寒衣

漂母墓

昔賢懷一飯茲事已千秋古墓樵人識前朝楚水流
渚蘋行客薦山木杜鵑愁春草茫茫綠王孫舊此遊

奉送從兄宰晉陵　韋應物

東郊暮草歇千里夏雲生立馬愁將夕看山獨送行
依微吳苑樹迢遞晉陵城慰此斷行別邑人多頌聲

賦得暮雨送李胄

楚江微雨裏建業暮鐘時漠漠帆來重冥冥鳥去遲
海門深不見浦樹遠含滋相送情無限沾襟比散絲

早朝　耿湋

鐘鼓餘聲裏千官向紫微冒寒人語少乘月燭來稀
清漏聞馳道輕霞映瑣闈猶看嘶馬處未啟掖垣扉

題薦福寺衡嶽禪師房　韓君平

春城乞食還高論此中閑僧臘階前樹禪心江上山
疎簾看雪卷深戶映花關晚送門人去鐘聲杳靄間

同梁鍠文宴　錢仲文

客到衡門下杯香蕙草時好風能自至明月不須期
秋水飜荷影清霜脆柳枝微官是何物許可廢言詩

喜外弟盧綸見宿　司空文明

靜夜四無隣荒居舊業貧雨中黃葉樹燈下白頭人
以我獨沉久愧君相見頻平生自有分況是霍家親

雲陽館與韓紳宿別

故人江海別幾度隔山川乍見翻疑夢相悲各問年
孤燈寒照雨深竹暗浮烟更有明朝恨離杯惜共傳

經廢寶慶寺

黄葉前朝寺無僧寒殿開池晴龜出曝松暝鶴飛回
古砌悲横草陰廊畫雜苔禪宮亦銷歇塵世轉堪哀

送彭李一作將軍　　郎君冑

雙旌漢飛將萬里獨横戈春色臨關盡黄雲出塞多
鼓鼙悲絶漠烽戍隔長河想到陰山路北一作天驕己
請和

送張南史　　李端

雨餘深巷靜獨酌送殘春車馬雖嫌僻鶯花不弃貧
虫聲粘戶網鼠跡印床塵借問山陽會如今有幾人

茂陵山行陪金部

宿雨朝來歇空山天氣秋一作清盤雲雙鶴下隔水一
蟬鳴古道黄花落平蕪赤燒生茂陵雖有病猶得伴
君行

春日早朝應制　　竇遺直

紫殿俯千官春松應合懽御爐香燄暖馳道玉聲寒
乳燕翻珠綴祥烏集露盤宮花一萬樹不敢舉頭看

除夜宿石頭驛　　戴幼公

旅館誰相問寒燈獨可親一年將盡夜萬里未歸人
寥落悲前事支離笑此身愁顔與衰鬢明日又逢春

別友人

擾擾倦行役相逢陳蔡間如何百年内不見一人閑
對酒惜餘景問程愁亂山秋風萬里道又出穆陵關

聞笛

入夜思歸切笛聲清更哀愁人不願聽自到枕邊來
風起塞雲斷夜深關月開平明獨惆悵落盡一庭梅

邊上送故人　　王仲初

百戰一身在相逢白髮生何時得家信每日算歸程
走馬登寒壠驅羊入廢城羌歌三兩曲人醉海西營

汴路即事

千里河烟直青楓夾岸長天涯同此路人語各殊方

草市迎江貨津橋稅海商迴看故宮柳憔悴不成行

醉後憶山中人

花開草復秋雲水自悠悠因醉暫無事在生難免愁
遇晴須看月鬪健且登樓暗想山中伴如今盡白頭

南中

天南多鳥聲州縣半蕪城野市依蠻姓山村逐水名
瘴烟沙上起陰火雨中生獨有求珠客年年入海行

望行人　　張文昌

秋風窗下起旅鴈向南飛日日出門望家家行客歸
無因見邊使空待寄寒衣獨倚青樓暮烟深鳥雀稀

宿江店
野店臨江浦門前有橘花停燈待賈客賣酒與漁家
夜靜江水白路迴山月斜閑尋泊船處潮落見平沙

夜到漁家
漁家在江口潮水入柴扉行客欲投宿主人猶未歸
竹深村路遠月出釣船稀遥見尋沙岸春風動草衣

送仁弟戴玄往蘇州
揚柳閶門路悠悠水岸斜乘舟向山寺着屐到漁家
夜月紅柑樹秋風白藕花江天詩景好迴日莫令賒

五言排律附

酬蘇員外味玄夏晚寓直省中見贈　沈雲卿
並命登仙閣通宵直禮闈大官供宿膳侍吏護朝衣
卷幔天河入開窻月露微小池殘暑退高樹早涼歸
冠劍無時釋軒車待漏飛明朝題漢柱三署有光輝

同韋舍人早朝
閶闔連雲起巖廊拂霧開玉珂龍影度珠履鴈行來
長樂宵鐘盡朝光曉奏催一經傳舊德五字擢英材
儼若神仙去紛從霄漢回千春奉休歷分禁喜趨陪

早度蒲關　玄宗
鐘鼓嚴更曙山河野望通鳴鑾下蒲坂飛旆入秦中
地嶮關逾壯天平鎮尚雄春來津樹合月落戍樓空
馬色分朝景雞聲逐曉風所希常道泰非復候繻同

遊感化寺　王摩詰
翡翠香烟合瑠璃寶殿平龍宮連棟宇虎穴傍簷楹
谷靜惟松響山深無鳥聲瓊峰當戶拆金澗透林鳴
郢路雲端迥秦川雨外晴鴈王銜果獻鹿女踏花行
抖擻辭貧里歸依宿化城繞籬生野蕨空館發山櫻
香飯青菰米嘉蔬綠芋笋一作羮誓陪清梵末端坐學
無生

奉和聖製幸玉霄公主山莊因題石壁十

韻之作應制
碧落風烟外瑶臺道路賒如何連帝苑別自有仙家
比北一作地迴鸞駕緣溪轉翠華洞中開日月窻裡發
雲霞庭養沖天鶴谿留上漢查種田生白玉泥竈化
丹砂谷靜泉逾響山深日易斜御羮和石髓香飯進
胡麻大道今無外長生詎有涯還瞻九霄上來往五
雲車

奉和聖製上巳於望春庭觀禊飲應制
長樂青門外宜春小苑東樓開萬戶上輦過百花中
畫鷁移仙妓伎一作金貂列上公清歌邀落日妙舞向

春風渭水明秦甸黄山入漢宮君王來祓禊灞滻亦朝宗

曉行巴峽

際曉投巴峽餘春憶帝京晴江一女浣朝日衆雞一作禽鳴水國舟中市山橋樹杪行登高萬井出眺迥二流明人作殊方語鶯為故一作舊國聲賴一作多諳山水趣稍解別離情

登總持寺塔　孟浩然

半空躋寶塔晴望盡京華竹繞渭川遍山連上苑斜四門開帝宅阡陌俯人家累劫從初地為童憶聚沙

坐覺諸天近空香送落花

宿香山寺石樓　李頎

夜宿翠微半高樓聞暗泉漁舟帶遠火山磬發孤烟衣拂雲松外門清河漢邊峯巒依枕席世界接人天靄靄花出霧輝輝星映川東林曙鶯滿惆悵欲言旋

行營酬呂侍御時尚書問罪襄陽軍次漢東境上侍御以舟隣寇賊復有水火迫於征稅詩以見喻　劉文房

不敢淮南卧來趨漢將營受辭瞻左鉞扶疾拜前旌井稅鶉衣樂壺漿鶴髮迎水歸餘斷岸峰至掩孤城

晚日當千騎秋風合五兵孔璋才素健早晚檄書成

自道林寺西入石路至麓山寺過法崇禪師故居

山僧候谷口石路拂莓苔深入泉源去遥從樹杪回香隨青靄散鐘過白雲來野雪空齋掩山風古殿開桂寒知自發松老問誰栽惆悵湘江水何人更渡杯

貶謫後登干越亭作

天南愁望絕亭上柳條新落日獨歸鳥孤舟何處人生涯投嶺徼世業陷胡塵江入千峯暮花連百越春一作杳杳鍾陵莫悠悠都水春秦臺憐一作悲白首楚澤怨青蘋草色

迷征路鶯聲傍逐臣獨醒翻引笑直道不容身得罪風霜苦全生天地仁青山數行淚滄海一窮鱗牢落機心盡空憐鷗鳥親

杜中丞書院新移小竹　王仲初

此地本無竹遠從山寺移經年求養法隔日記澆時嫩綠卷新葉殘黄依故枝色經寒不動聲與靜相宜愛護出常數稀稠當自知貧家緣未有客散獨行遲

新成甲仗樓　張文昌

謝氏起高樓西臨城上頭圖功百尺麗藏器五兵脩結構襃蘢固虛明户檻幽魚龍卷旗幟霜雪積戈矛

暑雨鼓蒸隔涼風宴位留地高形遠出山靜氣清優
睥睨斜光徹闌干宿靄浮芊芊秔稻色脉脉苑谿流
郡化王丞相詩成沈隱侯居茲良得景殊勝峴山遊

重選唐音大成卷之四終

重選唐音大成卷之五

宜興邵天和節夫編校

正音四

七言律詩

奉和春日幸望春宮應制　蘇廷碩

東望望春春可憐更逢晴日柳含烟宮中下見南山
盡城上平臨北斗懸細草偏承回輦處飛花故落舞
觴前宸游對此懽無極鳥哢歌聲雜管絃

和賈舍人早朝大明宮　王摩詰

絳幘雞人送一作報曉籌尚衣方進翠雲裘九天閶闔
開宮殿萬國衣冠拜冕旒日色纔臨仙掌動香烟欲
傍袞龍浮朝罷須裁五色詔珮聲歸到鳳池頭

奉和　聖製從蓬萊向興慶閣道中留春望
之作

渭水自縈秦塞曲黃山舊繞漢宮斜鑾輿迥出千門
柳閣道迴看上苑花雲裏帝城雙鳳闕雨中春樹萬
人家為乘陽氣行時令不是宸游重一作玩物華

勑借岐王九成宮避暑

帝子遠辭丹鳳闕天書遙借翠微宮隔窗雲霧生衣
上卷幔山泉入鏡中林下水聲喧語笑巖前樹色隱

旁攏仙家未必能勝此何處事一作吹簫向碧空

和太常韋主簿五郎寓目

漢主離宮接露臺秦川一半夕陽開青山盡是朱旂繞碧澗翻從玉殿來新豐樹裏行人度小苑城邊獵騎回聞道甘泉能獻賦懸知獨有子雲才

積雨輞川莊上

積雨空林烟火遲蒸藜炊黍餉東菑漠漠水田飛白鷺陰陰夏木囀黃鸝山中習靜觀朝槿松下清齋折露葵野老與人爭席罷海鷗何事更相疑

酬郭給事

洞門高閣靄餘輝桃李陰陰柳絮飛禁裏疎鍾官舍曉省中啼鳥吏人稀晨搖玉珮趨金殿夕奉天書拜瑣闈強欲從君無那老將因臥病解朝衣

送楊少府貶郴州

明到衡山與洞庭若為秋月聽猿聲愁看北渚三湘遠惡說南風五兩輕青草瘴時過夏口白頭浪裏見出一作溢城長沙不久留才子賈誼何須弔屈平

酌酒與裴迪

酌酒與君君自寬人情翻覆似波瀾白首相知猶按劒朱門先達笑彈冠草色全經細雨濕花枝欲動春風寒世事浮雲何足問不如高臥且加餐

春日與裴迪過新昌里訪呂逸人不遇

桃源面面絕風塵柳市南頭訪隱淪到門不敢題凡鳥看竹何須問主人城外青山如屋裏東家流水入西鄰閉戶著書多歲月種松皆作老龍鱗

早朝大明宮　賈幼鄰

銀燭朝天紫陌長禁城春色曉蒼蒼千條弱柳垂青瑣百囀流鶯繞建章劒珮聲隨玉墀步衣冠身惹御爐香共沐恩波鳳池裏一作上朝朝染翰侍君王

登安陽城樓　孟浩然

縣城南面漢江流江嶂開成南雍州才子乘春來騁望群公暇日坐銷憂樓臺晚映青山郭羅綺晴驕淥水洲向夕波搖明月動更疑神女弄珠遊

黃鶴樓　崔顥

昔人已乘白雲去此地空餘黃鶴樓黃鶴一去不復返白雲千載空悠悠晴川歷歷漢陽樹芳草萋萋鸚鵡洲日暮鄉關何處是烟波江上使人愁

行經華陰

岧嶢太華俯咸京天外三峯削不成武帝祠前雲欲散仙人掌上雨初晴河山北枕秦關險驛路西連漢

時平借問路傍名利客無如此處學長生

九日登仙臺呈劉明府　崔曙

漢文皇帝有高臺此日登臨曙色開三晉雲山皆北向二陵風雨自東來關門令尹誰能識河上仙翁去不回且欲近尋彭澤宰陶然共醉菊花杯

送王李二少府貶潭峽　高適夫

嗟君此別意何如駐馬銜杯問謫居巫峽啼猿數行淚衡陽歸鴈幾封書青楓江上秋天遠白帝城邊古木疎聖代只即一作今多雨露暫時分手莫躊躇

送前衛縣李寀少府

黄鳥翩翩楊柳垂春風送客使人悲怨別自驚千里外論交却憶十年時雲開汶水孤帆遠路繞梁山疋馬遲此地從來可乘興留君不住益悽其

賀賈至早朝　岑參

雞鳴紫陌曙光寒鶯囀皇州春色闌金闕曉鐘開萬戶玉階仙仗擁千官花迎劒珮星初落柳拂旌旗露未乾獨有鳳凰池上客陽春一曲和皆難

和祠部王員外雪後早朝即事

長安雪後似春歸積素凝華連曙輝色借玉珂迷曉騎光添銀燭晃朝衣西山落月臨天仗北闕晴雲捧

禁闈聞道仙郎歌白雪由來此曲和人稀

使君席夜送嚴河南赴長水

嬌歌急管雜青絲銀燭金杯映翠眉使君地主能相送河尹天明坐莫辭春城月出人皆醉野戍花深馬去遲寄聲報爾山翁道今日河南勝昔時

暮春虢州東亭送李司馬歸扶風別廬

柳嚲鶯嬌花復殷紅亭綠酒送君還到來函谷愁中月歸去磻溪夢裏山簾前春色應須惜世上浮名好是閑西望鄉園關一作腸欲斷對君衫袖淚痕班

寄司勳盧員外　李頎

流澌臘月下河陽草色新年發建章秦地立春傳太史漢宮題柱憶仙郎歸鴻欲度千門雪侍女新添五夜香早晚薦雄文似者故人今已賦長楊

送魏萬之京

朝聞遊子唱離歌昨夜微霜初度河鴻鴈不堪愁裏聽雲山況是客中過關城曙色催寒近御苑砧聲向晚多莫是長安行樂處空令歲月易蹉跎

秋日東郊　皇甫茂政

閑看秋水心無事坐對寒松手自栽廬嶽高僧留偈別茅山道士寄書來燕知社日辭巢去菊為重陽冒

雨開淺薄將何稱獻納臨期終日獨裴回（一作排徊）

同温丹徒登高萬歲樓

高樓獨上思依依極浦遥山合翠微江客不堪頻北望塞鴻何事復南飛丹陽古渡寒烟積瓜步空洲遠樹稀聞道王師猶轉戰誰能談笑解重圍

早朝日寄所知　皇甫孝常

長安雪後見歸鴻紫禁朝天拜舞同曙色漸分雙闕下漏聲遥在百花中鑪烟乍起開仙仗玉珮成行引上公共荷發生同雨露不應黄葉久從風

秋夕寄懷契上人

已見槿花朝委露獨悲孤鶴在人群真僧出世心無事靜夜名香手自焚窗臨絶澗同流水客至孤峯掃白雲更想清晨誦經處獨看松上雪紛紛

送薛居士和州讀書　嚴正文

孤雲獨鶴共悠悠萬卷經書一葉舟楚地巢城民舍少烟村社樹鷺胡秋蒿萊織妾晨炊黍隅地畊童夕放牛年少不應辭苦節諸生喜遇一封侯

蘇臺至望亭驛人家盡空悵然有作寄從弟紓　李從一

南浦菰蒲覆白蘋東吴黎庶逐黄巾野棠自發空流水江鷰初歸不見人遠樹依依如送客平田渺渺獨傷春那堪回首長洲苑烽火年年報虜塵

早秋京口贈張侍御

移家避寇逐行舟厭見南徐江水流吴地征徭非舊日秣陵凋敝不宜（一作勝）秋千家閉戶無砧杵七夕何人望斗牛秖（一作只）有同時驄馬客偏題尺牘問窮愁

與從弟兵曹宴集

竹窗幽戶有佳期美酒香茶慰所思嗣輔外甥還解易惠連群從總能詩簷前花落春深後谷口鶯啼日暮時去路歸家仍待月垂鞭不控馬行遲

暮春宜陽郡齋愁坐忽聞柱劉七侍御詩因以酬答

子規夜夜啼櫧葉遠道逢春半是愁芳草伴人還易老落花隨水亦東流山當睥睨常多雨地接（一作近）瀟湘畏及秋惟羨君為周柱史手持黄紙到滄洲

獻南平王　劉文房

建牙吹角不聞喧亂世（一作三十）登壇衆所尊家散萬金酬士死身持（一作留）一劍答君恩漁陽老將多回席楚（一作留）國諸生半在門白馬翩翩春草細（一作綠）邵陵西去獵平原

送陸灃倉曹西上

長安此去欲何依先達誰當薦陸機日下鳳翔雙闕迥雪中人去二陵稀舟從故里難移棹家在寒塘獨掩扉臨水自傷流落久贈君空有淚沾衣

謫官後卧病官舍簡賀蘭侍御

青春衣繡共稱宜白首垂絲恨不遺江上幾回今夜月鏡中無復少年時生還北闕誰將引老向南方衆所悲歲歲任他芳草綠長沙未有定歸期

別嚴士元

春風倚棹闔閭城水國春寒陰復晴細雨濕衣看不見閑花落地聽無聲日斜江上孤帆影草綠湖南萬里情東道若逢相識問青袍今已誤儒生

送郴使君赴袁州

宜陽出守新恩至京口因家始願違五柳閑門高士去三苗按節遠人歸月明江路聞猿斷花暗山城見吏稀惟有郡齋窻裏岫朝朝長一作空對謝玄暉

送李錄事兄歸襄陽

十年多難與君同幾處移家逐轉蓬白首相逢征戰後青春已過亂離中行人杳杳看西月歸馬蕭蕭向北風漢水楚雲千萬里天涯此別恨無窮

青谿口送人歸岳州

洞庭何處鴈南飛江菼蒼蒼客去稀帆帶夕陽千里沒天連秋水一人歸黃花裛露開江岸白鳥銜魚上釣磯岐路相逢無可贈老來一作年空有淚沾衣

自夏口至鸚鵡洲望岳陽寄阮中丞

汀洲無浪復無烟楚客相思益渺然漢口夕陽斜度鳥洞庭秋水遠連天孤城背嶺寒吹角獨戍臨江夜泊船賈誼上書憂漢室長沙謫去古今憐

登餘干城

孤城上與白雲齊萬古蕭條楚水西官舍已空秋草沒女墻猶在夜烏啼平沙渺渺迷人遠落日亭亭向客低飛鳥不知陵谷變朝來暮去弋陽溪

過賈誼宅

三年謫宦此棲遲萬里惟留楚客悲秋草獨尋人去後寒林空見日斜時漢文有道恩猶薄湘水無情弔豈知寂寂江山搖落處憐君何事到天涯

長安春望　盧允言

東風吹雨過青山却望千門草色閒家在夢中何日到春來江上幾人還川原繚繞浮雲外宮闕參差落照間誰念為儒逢世難獨將衰鬢客秦關

長安秋夜即事

九重深瑣禁城秋月過南宮漸映樓紫陌夜深槐露滴碧空雲盡火星流清風刻漏傳三殿甲第歌鍾樂五侯楚客病來鄉思苦寂寥燈下不勝愁

晚次鄂州

雲開遠見漢陽城猶是孤帆一日程估客晝眠知浪靜舟人夜語覺潮生三湘愁鬢逢秋色萬里歸心對月明舊業已隨征戰盡更堪江上鼓鼙聲

酧暢當尋嵩岳麻道士

聞逐樵夫閑看棊忽逢人世是秦時開雲種玉嫌山

淺渡海傳書怪鶴遲陰洞石幢惟有字古壇松樹半無枝煩君遠示青囊籙願得相從一問師

早春歸盩厔舊居寄耿湋

野日初晴麥隴分竹園村巷鹿成群萬家廢井生秋草一樹繁花對古墳引水忽驚氷滿澗向田空見石和雲可憐荒歲青山下惟有松枝可贈君

同題仙游觀　韓君平

仙臺初見五城樓風物淒淒宿雨收山色遙連秦樹晚砧聲近報漢宮秋踈松影落空壇靜細草春香小洞幽何用別尋方外去人間亦自有丹丘

送長沙李少府入蜀

行行獨出故關遲南望千山無盡期見舞巴童應暫笑聞歌蜀道又堪悲孤城晚閉清江上疋馬寒嘶白露時別後此心君自見山中何事不相思

送友人遊江南　耿湋

遠別悠悠白髮新江潭何處是通津潮聲偏懼初來客海味惟甘久住人漠漠烟光漁浦晚青青草色定山春汀洲更有南回鴈亂起聯翩北向秦

和李員外扈幸溫泉宮　錢仲文

未央月曉度踈鍾鳳輦時巡出九重雪霽山門迎瑞

日雲開水殿候飛龍輕寒不入宮中樹佳氣常浮仗外峯遙羨枚皐扈仙蹕偏承霄漢渥恩濃

贈闕下裴舍人

二月黃鸝飛上林春城紫禁曉陰陰長樂鍾聲花外盡龍池柳色雨中深陽和不散窮途恨霄漢常懸捧日心獻賦十年猶未遇休將短髮戴華簪（一作羞將白髮對華簪）

山中酬楊補闕見過

日暖風恬種藥時紅泉翠壁薜蘿垂幽谿鹿過苔還靜深樹雲來鳥不知青草（一作瓊）同心多逸興春山載

酒遠相隨却慚身外牽纓冕未免杯前一作勝尊前倒接離

幽居春暮書懷

自笑鄙夫多野興貧居數畝半臨湍溪雲雜雨來茅屋山鳥將雛傍藥欄仙籙滿床閑不厭陰符在篋老羞看更憐童子宜春服花裏尋師到杏壇

寄韋司直　郎君胄

聞君感歎二毛初舊友相依萬里餘烽戍有時驚暫定甲兵無一作何處可安居客來吳地星霜久家住平陵音信疏昨夜東風還入戶登山臨水復何如

酬張芬赦後見寄　司空文明

紫鳳朝啣五色書陽春忽布網羅除已將心變寒灰後豈料光生腐草餘建水風烟收客淚杜陵花竹夢郊居勞君故有詩相贈欲報瓊瑤愧不如

酬李端見贈

綠槐垂穗乳烏飛忽憶山中獨未歸青鏡流年看髮變白雲芳草與心違乍逢酒客春遊慣久別林僧夜坐稀昨日聞君到城郭莫將簪弁勝荷衣

宿淮浦寄司空曙　李端

愁心一倍長離憂夜思千重戀舊遊秦地故人成遠夢楚天涼雨在孤舟諸溪近海潮皆應獨樹邊淮葉盡流別恨轉深何處寫前程惟有一登樓

夏夜宿表兄宅話舊　竇遺直

夜合花開香滿庭夜深微雨醉初醒遠書珍重何曾達舊事淒涼不可聽去日兒童皆老一作長大昔年親友半凋零明朝又是孤舟別愁見河橋酒幔青

登柳州城樓寄漳汀封連　柳子厚

城上高樓接大荒海天愁思正茫茫驚風亂颭芙蓉水密雨斜侵薜荔墻嶺樹重遮千里月一作日江流曲似九回腸共來百越文身地猶自音書滯一鄉

別舍弟宗一

零落殘魂倍黯然雙垂別淚越江邊一身去國六千里萬死投荒十二年桂嶺瘴來雲似墨洞庭春盡水如天欲知此後相思夢長在荊門郢樹烟

早春五門西望　王仲初

百官朝下五門西塵起春風滿御堤黃帕蓋鞍呈了一作過馬紅羅纏項鬬回雞館松枝重墻頭出渠柳條長水面齊惟有教坊南草色古城陰處冷萋萋

周家谿亭

少年因病離天仗乞得歸來自養身買斷竹谿無別

主散分泉石與新隣山頭塵下長驚犬池面魚遊不怕人鄉使到門常欵語還聞世上有功臣

寒食内宴　張文昌

城闕沉沉向曉寒恩當吟節賜餘懽瑞烟入處開三殿香雨微時引百官寶樹樓前分繡幕綵花廊下映華一作朱欄宮筵戲樂年年別已得三回對御看

送楊少府赴鳳翔

詩名往日動長安首首人家卷裏看西學已行秦博士南宮新拜漢郎官得錢祇擬還書鋪借宅常時事藥欄今去岐州生計薄移居偏近隴頭寒

送韓侍御歸山

聞君久卧在雲間為佐嫖姚未得還新結茅廬招隱逸獨騎驄馬入深山九靈洞口行應到五粒松枝醉亦攀明日珂聲出城去家僮不復掃柴關

送汀州元使君

曾成趙北歸朝計因拜王門最好官為郡暫辭雙鳳闕全家遠過九龍灘山鄉秪有輸蕉户水鎮應多養鴨欄地僻尋常來客少刺桐花發共誰看

寄陸渾趙明府

與君學省同官處常日相隨說道情新作陸渾山縣長早知三禮甲科名郭中時有仙人住城上應多藥草生公事稀踈來客少何妨着屐獨閑行

西塞懷古　劉夢得

王濬樓船下益州金陵王氣漠一作黯然收千尋鐵鎖沉江底一片降旗出石頭人世幾回傷往事山形依舊枕寒流今逢四海為家日故壘蕭蕭蘆荻秋

松滋渡望峽中

渡頭輕雨洒寒梅雲際溶溶雪水來夢渚草長迷楚望夷陵土黑有秦灰巴人淚應猿聲落蜀客船從鳥道回十二碧峯何處所永安宮外是一作有荒臺

錦瑟　李義山

錦瑟無端五十絃一絃一柱思華年莊生曉夢迷蝴蝶望帝春心託杜鵑滄海月明珠有淚藍田日暖玉生烟此情可待成追憶只是當時已惘然

茂陵

漢家天馬出蒲梢苜蓿榴花徧近郊内苑只知銜鳳觜屬車無復插雞翹玉桃偷得憐方朔金屋粧成貯阿嬌誰料蘇卿老歸國茂陵松栢雨瀟瀟

馬嵬

海外徒聞更九州他生未卜此生休空聞虎旅鳴宵

掀無復雞人報曉籌此日六軍同駐馬當時七夕笑
牽牛如何四紀為天子不及盧家有莫愁

籌筆驛

魚鳥猶疑畏簡書風雲長為護儲胥徒令上將揮神
筆終見降王走傳車管樂有才終不忝關張無命欲(一作復)
何如他年錦里經(一作還)祠廟梁甫吟成恨有餘

隋宮

紫泉宮殿鎖烟霞欲取蕪城作帝家玉璽不緣歸日
角錦帆應是到天涯于今腐草無螢火終古垂楊有
莫鴉地下若逢陳後主豈宜重問後庭花

登洛陽故城　許用晦

禾黍離離半野蒿昔人城此豈知勞水聲東去市朝
變山勢北來宮殿高鴉噪暮雲歸古堞鴈迷寒雨下
空壕可憐緱嶺登仙子猶自吹笙醉碧桃

金陵懷古

玉樹歌殘王氣終景陽兵合戍樓空楸梧遠近千官
塚禾黍高低六代宮石燕拂雲晴亦雨江豚吹浪夜
還風英雄一去豪華盡惟有青山似洛中

凌歊臺

宋祖凌歊樂未回三千歌舞宿層臺湘潭雲盡暮山
出巴蜀雪消春水來行殿有基荒薺合寢園無主野
棠開百年便作萬年計巖畔古碑空綠苔

驪山

聞說先皇醉碧桃日華搖動欝金袍風隨玉輦笙歌
逈雲卷珠簾劒珮高鳳駕北歸春(一作山)寂寂龍輿西
幸水滔滔蛾眉沒後巡遊少瓦落宮墻見野蒿

咸陽城東樓

一(一作獨)上高城萬古愁蒹葭楊柳似汀洲溪雲初起
日沉閣山雨欲來風滿樓鳥下綠蕪秦苑夕蟬鳴黃
葉漢宮秋行人莫問當年事故國東來渭水流

送蕭處士歸緱山

醉斜烏帽髮如絲曾看仙人一局棊賓館有魚為客
久鄉書無鴈到家遲緱山住近吹簫廟湘水行逢鼓
瑟祠今夜月明何處宿九疑雲盡綠(一作碧)參差

晚自朝臺至韋隱居郊園

秋來凫鴈下方塘繫馬朝臺步夕陽村逕繞山松葉
暗柴門流水稻花香雲連海氣琴書潤風帶潮聲枕
簟涼西去磻谿猶萬里可能垂白待文王

四皓廟

桂花松暖廟門開獨瀉椒漿奠一杯秦法欲興鴻巳

去漢儲將發鳳還來紫芝騎驂多青草白石蒼蒼半
綠苔山下驛程南竄路不知冠蓋幾人回

七言排律附

寄賀田侍中功成　　王仲初

使回高品滿城傳新見沂公在陣前百里旂旛衝即
斷兩重衣甲射皆穿探知點檢兵應怯算得新移柵
未堅營被數驚乘勢破將經頻敗遂生全密招殘寇
防人覺遙斬元兇恐自專首讓諸君無敢近功歸部
曲不爭先開通州縣斜連海交割山川直到燕戰馬
散駈還逐草肉牛齊敗却畊田府中獨拜將軍貴門

下兼分宰相權唐史上頭功第一春風雙珮好朝天

送裴相公上太原

還攜堂印向并州將相兼權是武侯時難獨當天下
事功成却進手中籌再三陳乞罏烟裏前後分張玉
按頭朱架早朝排立戟緣槐殘雨看張油遙知鴈塞
從今好直到漁陽以北愁邊鋪恐巡旂盡換山城欲
過館重修千群白刃兵迎節十對紅收妓打毬聖主
分明教暫去不須高起見京樓

重選唐音大成卷之五終

重選唐音大成卷之六

宜興邵天和節夫編校

正音五

五言絶句

途中寒食　　宋之問

馬上逢寒食途中屬暮春可憐江浦望不見洛橋人

別杜審言

卧病人事絶嗟君萬里行河橋不相送江樹遠含情

早發韶州

綠樹秦京道青雲洛水橋故園常在目魂去不須招

昭君怨　　東方虬

漢道方全盛朝廷足武臣何須薄命妾辛苦事和親

其二

揜涙辭丹鳳含悲向白龍單于浪驚喜無復舊時容

其三

胡地無花草春來不似春自然衣帶緩非是為腰身

伊州歌二首　　盖嘉運

打起黄鶯兒莫教枝上啼啼時驚妾夢不得到遼西

其二

聞道黄花戍頻年不解兵可憐閨裏月偏照漢家營

山中送別　王摩詰

山中相送罷日暮掩柴扉春草年年綠王孫歸不歸

崔九弟欲往南山馬上口號與別

城隅一分手幾日還相見山中有桂花莫待花如霰

鳥鳴磵

人閑桂花落夜靜春山空月出驚山鳥時鳴春磵中

上平田

朝耕上平田暮耕上平田借問問津者誰一作寧知沮溺賢

孟城坳

新家孟城口古木餘衰柳來者復為誰空悲昔人有

鹿柴

空山不見人但聞人語響返照景一作入深林復照莓一作青苔上

雜詩二首

家住孟津河門對孟津口常有江南船寄書家中否

其二

君自故鄉來應知故鄉事來日綺窗前寒梅着花未

別輞川別業　王夏卿

山月曉仍在林風涼不絕殷勤如有情惆悵令人別

孟城坳　裴迪

結廬古城下時登古城上古城非疇昔今人自來往

宮槐陌

門前宮槐陌是向欹湖道秋來山雨多落葉無人掃

崔九弟欲往南山馬上口號與別

歸山深淺去須盡丘壑美莫學武陵人暫遊桃源裏

春江曲　郭元振

江水春沉沉上有雙竹林竹葉壞水色郎亦壞人心

長安道　儲光羲

西行一千里暝色生寒樹暗聞歌吹聲知是長安路

春曉　孟浩然

春眠不覺曉處處聞啼鳥夜來風雨聲花落知多少

送友之京

君登青雲去予望青山歸雲山從此別淚濕薜蘿衣

宿建德江

移舟泊烟渚日暮客愁新野曠天低樹江清月近人

長干行　崔顥

家臨九江水來去九江側同是長干人生小不相識

江南行

君家何處住妾住在橫塘停船暫借問或恐是同鄉

怨詞　崔國輔

妾有羅衣裳秦王在時作為舞春風多秋來不堪着

古意

淨掃黃金階飛霜厚一作皎如雪下簾彈箜篌不忍見秋月

流水曲

歸來日尚早更欲向芳洲渡口水流急回船不自由

少年行

遺却珊瑚鞭白馬驕不行章臺折楊柳春日路傍情

湖南曲

湖南送君去湖北送君歸湖裏鴛鴦鳥雙雙他自飛

見渭水思秦川　岑參

渭水東流去何時到雍州憑添兩行淚寄向故園流

題三會寺蒼頡造字臺

野寺荒臺晚寒天古木悲空階有鳥跡猶似造書時

行軍九日思長安故園

強欲登高去無人送酒來遥憐故園菊應傍戰場開

長信宮　劉方平

夢裏君王近宮中河漢高秋風能再熱團扇不辭勞

秋怨　皇甫孝常

長信多秋色昭陽借月華那堪閉永巷聞道選良家

送王司直

西塞雲山遠東風道路長人心勝潮水相送過潯陽

送友人還剡中舊居

海岸畊殘雪谿沙釣夕陽家中何所有春草漸看長

同諸公有懷

舊國迷江樹他鄉近海門移家南渡久童稚解方言

春草宮懷古　劉文房

君王不可見芳草舊宮春猶帶羅裙色青青向楚人

送張起崔載華之閩中

朝無寒士達家在舊山貧相送天涯裏憐君更遠人

逢雪宿芙蓉山

日暮蒼山遠天寒白屋貧柴門聞犬吠風雪夜歸人

送友人往揚州

渡口發梅花山中動泉脉蕪城春草生君作揚州客

送張十八歸桐廬

歸人乘野艇帶月過江村正落寒潮水相隨夜到門

江中對月

空洲夕烟斂對月秋江裏歷歷沙上人月中孤影去

秋夜寄二十二員外　韋應物

懷君屬秋夜散步詠凉天山空松子落幽人應未眠

宿永陽寄璨律師

遥知郡齋夜凍雪封松竹時有山僧來懸燈獨自宿

酬李益　　盧允言

戚戚一西東十年今始同可憐歌酒夜相對兩衰翁

塞下曲

月黑鴈飛高單于夜（一作遠）遁逃欲將輕騎逐大雪滿弓刀

漢宮曲　　韓君平

繡幕珊瑚鉤春關翡翠樓深情不肯道嬌倚細箜篌

秋日　　耿湋

返照入閭巷憂來與誰語古道無（一作少）人行秋風動禾黍

秋夜

高秋夜分後遠客鴈來時寂寂重門掩無人問所思

江行無題四首　　錢仲文

翳日多喬木維舟取束薪靜聽江叟語俱是厭兵人

其二

牽路緣江狹沙崩岸不平盡知行處險誰肯載時輕

其三

咫尺愁風雨匡廬不可登秖疑香（一作雲）霧窟猶有六朝僧

其四

斗轉月未落舟行夜已深有村知不遠風便數聲砧

金陵懷古　　司空文明

輦路江楓暗宮潮（一作庭）野草春傷心庾開府老作北朝臣

翫花與衛象同醉

衰鬢千莖雪他鄉一樹花今朝與君醉忘却在長沙

拜新月　　李端

開簾見新月便即下階拜細語人不聞北風吹裙帶

送人下第　　暢當

獻策未得意驅車東出秦莫年千里客落日萬家春

登樓

迥臨飛鳥上高出世人間天勢圍平野河流入斷山

贈李唐山人　　戴幼公

此意靜無事（一作此意無所欲）閉門風景遲柳條將白髮相對共垂絲

題秦隱居麗句亭

北人歸欲盡猶自住蕭山閉戶不暫出詩名滿世間

三閭廟

沅湘流不盡屈子怨何深日暮秋風起蕭蕭楓樹林

江南曲　李君虞

嫁得瞿塘賈朝朝誤妾期早知潮有信嫁與弄潮兒

惜春

畏老身全老逢春解惜春今年看花伴已少去年人

夏夜作　武伯蒼

夜夕喧競息池臺惟月明無因駐清景日出事還生

途中即事

南征復北還擾擾百年間自笑紅塵裏生涯不暫閑

玉臺體　權載之

昨夜裙帶解今朝蟢子飛鉛華不可棄莫是藁砧歸

江雪　柳子厚

千山鳥飛絶萬徑人蹤滅孤舟簑笠翁獨釣寒江雪

零陵早春

問春從此去幾日到秦原憑寄還鄉夢殷勤入故園

長沙驛前南樓感舊

海鶴一為別存亡三十秋今來數行淚獨上驛南樓

聞人贈遠二首　王廣津

鶯啼綠樹深燕語雕梁晚不省出門行沙場知近遠

其二

遠戍功名薄深閨年貌傷粧成對春樹不語淚千行

野田　張文昌

漠漠野田草草中牛羊道古墓無子孫白楊不得老

宿雲亭

清淨當深處虛明向遠開卷簾無俗客應只見雲來

梅谿

自愛新梅好行尋一逕斜不教人掃石恐損落來花

寄西峯僧

松暗水涓涓夜涼人未眠西峯月猶在遥憶草堂前

田家　王仲初

啾啾雀滿樹靄靄東陂雨田家無夜食水中摘禾黍

故行宮

寥落古行宮宮花寂寞紅白頭宮女在閑坐説玄宗

新嫁娘

三日入廚下洗手作羹湯未諳姑食性先遣小姑嘗

秋風　劉夢得

何處秋風至蕭蕭送鴈群朝來入高樹孤客最先聞

六言絶句附

田園樂五首　王摩詰

釆菱渡頭風急策杖村西日斜杏樹壇邊漁父桃花源裏人家

萋萋芳草春綠落落長松夏寒牛羊自歸村巷童稚不識衣冠

山下孤烟遠村天邊獨樹高原一瓢顔回陋巷五柳先生對門

桃紅復含宿雨柳綠更帶朝烟花落家僮未掃鳥啼仙客猶眠

酌酒會臨泉水抱琴好倚長松南園露葵朝折西舍黃粱夜春

送鄭二之茅山　皇甫茂政

水流絶澗終日草長深山暮春吠犬鳴雞幾處條桑種杏何人

奉寄皇甫冉　張繼

京口情人別久揚州估客來踈潮至潯陽回去相思何處通書

尋張逸人山居　劉文房

危石纔通鳥道空山更有人家桃源定在深處澗水浮來落花

送陸灃還吳中

瓜步寒潮送客楊柳暮雨沾衣故山南望何處秋草連天獨歸

苕谿酬梁耿別後見寄　顧逋翁

清川永路何極落日孤舟解携鳥向平蕪遠近人隨流水東西

歸山

心事數莖白髮生涯一片青山空山林一作有雪相待古道無人獨還

七言絶句

采蓮曲　賀季真

稽山罷霧鬱嵯峨鏡水無風也自波莫言春度芳菲盡別有中流采芰荷

回鄉偶書

少小離鄉老大回鄉音無改鬢毛衰兒童相見不相識笑問客從何處來

簇泊陸州　蓋嘉運

西去輪臺萬里餘故鄉音耗日應踈隴山鸚鵡能言語為報閨人數寄書

送元二使安西　王摩詰

渭城朝雨裛輕塵客舍青青柳色新勸君更盡一杯

酒西出陽關無故人

寄河上段十六

與君相見即相親聞道君家在孟津為見行舟試相
問客中時有洛陽人

送別

送君南浦淚如絲君向東周使我悲為報故人憔悴
盡如今不似洛陽時

九日憶山東兄弟

獨在異鄉為異客每逢佳節倍思親遥知兄弟登高
處徧插茱萸少一人

寒食汜上作

廣武城邊逢暮春汶陽歸客淚霑巾落花寂寂啼山
鳥楊柳青青渡水人

送李侍郎赴常州 賈幼隣

雪晴雲散北風寒楚水吳山道路難今日送君須盡
醉明朝相憶路漫漫

明妃詞二首 儲光羲

日暮驚沙亂雪飛傍人相勸易羅衣強來前殿看歌
舞共待單于夜獵歸

胡王知妾不勝悲樂府皆傳漢國辭朝來馬上箜篌
引稍似宮中閑夜時

同金壇令武平一退朝二首

朝來仙閣聽絃歌暝入花亭見綺羅池邊命酒憐風
月浦口還(一作歸)船惜芰荷

花潭竹嶼傍幽蹊畫檝浮空入夜溪芰荷覆水船難
進歌舞留人月易低

凉州詞 王之奐

黃河遠上白雲間一片孤城萬仞山羌笛何須怨楊
柳春光不度玉門關

閨怨 王少伯

閨中少婦不曾(一作知)愁春日凝粧上翠樓忽見陌頭
楊柳色悔教夫婿覓封侯

長信秋詞

奉帚平明金殿開且將團扇暫徘徊玉顏不及寒鴉
色猶帶昭陽日影來

青樓曲

白馬金鞍從武皇旌旂十萬宿長楊樓頭小婦鳴箏
坐遥見飛塵入建章

馳道楊花滿御溝紅粧謾綰上青樓金章紫綬千餘
騎夫婿朝回初拜侯

西宮秋怨

芙蓉不及美人粧水殿風來珠翠香却恨含情掩秋扇空懸明月待君王

春宮曲

昨夜風前（一作風開）露井桃未央前殿月輪高平陽歌舞新承寵簾外春寒賜錦袍

青樓怨

香幃風動花入樓高調鳴箏緩夜愁腸斷關山不解說依依殘月下簾鉤

別李浦之京

故園今在灞陵西江畔逢君醉不迷小弟鄰庄尚漁獵一封書寄數行啼

寄穆侍御出幽州

一從恩譴度瀟湘塞北江南萬里長莫道薊門書信少鴈飛猶得到衡陽

李倉曹宅夜飲

霜天留飲故情懽銀燭金爐夜不寒欲問吳江別來意青山明月夢中看

蕭駙馬宅花燭

青鸞飛入合懽宮紫鳳銜花出禁中可憐今夜千家（一作門）裏銀漢星回一道通

除夜　高達夫

旅館寒燈獨不眠客心何事轉淒然故鄉今夜思千里秋（一作霜）鬢明朝又一年

塞上聽吹笛

雪淨胡天牧馬還月明羌笛戍樓閒借問梅花何處落風吹一夜滿關山

營州歌

營州少年厭原野狐裘蒙茸獵城下虜酒千鍾不醉人胡兒十歲能騎馬

獻封大夫破播仙凱歌四章　岑參

漢將承恩西破戎捷書先奏未央宮天子預開麟閣待祗今誰數貳師功

官軍西出過樓蘭營幙傍臨月窟寒蒲海曉霜疑馬尾葱山夜雪撲旌竿

鳴笳疊鼓擁回軍破國平蕃昔未聞丈夫鵲印搖邊月大將龍旂掣海雲

日落轅門鼓角鳴千群面縛出蕃城洗兵魚海雲迎陣秣馬龍堆月照營

玉關寄長安主簿

東去長安萬里餘故人那惜一行書玉關西望堪腸
斷況復明朝是歲除

逢入京使

故園東望路漫漫雙袖龍鍾淚不乾馬上相逢無紙
筆憑君傳語報平安

送人

西園驛路掛城頭客散江亭雨未休君去試看汾水
上白雲猶似漢時秋

春夢

洞房昨夜春風起遙憶美人湘江水枕上片時春夢

中行盡江南數千里

酒泉太守席上醉後作

酒泉太守能劒舞高堂置酒夜擊鼓胡笳一曲斷人
腸座上客一作相看淚如雨

題張主人壁　張正言

世人結交須黃金黃金不多交不深縱令然諾暫相
許終是悠悠行路心

送魏十六還蘇州　皇甫茂政

秋夜沉沉此送君陰蟲切切不堪聞孤歸一作舟明日
毗陵道回首姑蘇是白雲

酧張繼

悵望南徐登北固迢迢西塞望東關落日臨川問音
信寒潮惟帶夕陽還

楓橋夜泊　張懿孫

月落烏啼霜滿天江楓漁火對愁眠姑蘇城外寒山
寺夜半鐘聲到客船

閶門即事

耕夫召募逐樓船春草青青萬頃田試上吳門看郡
郭清明幾處有新烟

昭陽曲　劉文房

昨夜承恩宿未央羅衣猶帶御爐香芙蓉帳小雲屏
暗楊柳風多水殿涼

送裴郎中貶吉州

猿啼客散暮江頭人自傷心水自流同作逐臣君一作
居更遠青山萬里一孤舟

新息道中作

蕭條獨向汝南行客路多逢漢騎營古木蒼蒼離亂
後幾家同住一孤城

贈崔九

憐君一見一悲歌歲歲無如老去何白屋漸看秋草

九日驅馳一日閑尋君不遇又空還怪來詩思清人骨門對寒流雪滿山

登寶意寺上方舊遊

翠嶺香臺出半天萬家烟樹滿晴川諸僧近住不相識坐聽微鐘記往年

登樓寄王卿

踏閣攀林恨不同楚雲滄海思無窮數家砧杵秋山下一郡荊榛寒雨中

酬柳郎中春日歸揚州南郭見別之作

廣陵三月花正開花裏逢君醉一廻南北相過殊不

遠暮潮從去早潮來

山店　盧允言

登登山路何時盡決決溪流到處聞風動葉聲山犬吠幾家松火隔秋雲

村南逢病叟

雙膝過頤頂在肩四隣知姓不知年卧驅鳥雀惜禾黍猶恐諸孫無社錢

寒食　韓君平

春城無處不飛花寒食東風御柳斜日暮漢宮傳臘燭青一作輕烟散入五侯家

淩青雲莫道應人多

過鄭山人所居

寂寂孤鶯啼杏園寥寥一犬吠桃源落花芳草無尋處萬壑千峯獨閉門

寄別朱拾遺

天書遠召滄浪客幾度臨岐病未能江海茫茫春欲徧行人一騎發金陵

尋盛禪師蘭若

秋草黃花覆古阡隔林遥見一作何處起人烟山僧獨在山中老唯有寒松見少年

滁州西澗　韋應物

獨憐幽草澗邊生上有黃鸝深樹鳴春潮帶雨晚來急野渡無人舟自横

寒食寄京師諸弟

雨中禁火空齋冷江上流鶯獨坐聽把酒看花想諸弟杜陵寒食草青青

九日

今朝把酒復惆悵憶在杜陵田舍時明年此日知何處世難還家未有期

休暇日訪王侍御不遇

歸鴈　錢仲文

瀟湘何事等閑𢌿水碧沙明兩岸苔二十五絃彈夜月不勝清怨却飛來

聽隣家吹笙　郎君冑

鳳吹聲如隔彩霞不知墻外是誰家重門深鎖無尋處疑一作唯有碧桃千樹花

柏林寺南望

谿上遥聞精舍鐘泊舟微徑度深松青山霽後雲猶在畫出西南三四峯一作畫出東南四五峯

峽口送友人　司空文明

峽口花飛欲盡春天涯去住各一作淚霑巾來時萬里同為客今日翻成送故人

江村即事

罷釣歸來不繫船江村月落正堪眠縱然一夜風吹去只在蘆花淺水邊

題蘭若　崔峒

絶頂茅庵老此生寒雲孤木伴經行世人那得知幽逕遥向青峯禮磬聲

長信宮　李端

金壺漏盡禁門開飛燕昭陽侍寢回隨分獨眠秋殿

裏遥聞笑語自天來

古詞　衛象

鵲血調弓濕未乾鸊鵜新淬劒光寒遼東老將鬢成雪猶向榆頭夜夜看

湘南即事　戴幼公

盧橘花開楓葉衰出門何處望京師沅湘日夜東流去不為愁人住少時

對月答元明府

山下孤城月上遲相留一醉本無期明年此夕遊何處縱有清光知對誰

送呂少府

共醉流芳獨歸去故園高士日相親深山古路無楊柳折取桐花寄遠人

旅次寄湖南張郎中　戎昱

寒江近戶漫流聲竹影當窻亂月明歸夢不知湖水闊夜來還到洛陽城

題葉道士山房　顧逋翁

水邊楊柳赤欄橋洞裏神仙碧玉簫近得麻姑書信否潯陽向一作江上不通潮

夜上受降城聞笛　李君虞

回樂峯前沙似雪受降城外月如霜不知何處吹蘆管一夜征人盡望鄉

聽曉角

邊霜昨夜墮關榆吹角江城片月孤無限塞鴻飛不度西一作秋風吹入小單于

早發破訥沙

破訥沙頭鴈正飛鸊鵜泉上戰初歸平明日出東南地滿磧寒光生鐵衣

題明惠上人房　　秦公緒

簷前朝暮雨添花八十吳僧飯熟麻入定幾時還出定不知巢燕汚袈裟

汴州聞角　　武伯蒼

何處金笳月裏悲悠悠邊一作遠客夢先知單于城上關山月一作曲今日中原總解吹

和練師索秀才楊柳　　楊巨源

水邊楊柳綠烟絲立馬煩君折一枝惟有東一作春風最相惜殷勤更向手中吹

柳州二月榕葉盡落偶題　　柳子厚

宦情羇思共悽悽春半如秋意轉迷山城過雨百花盡榕葉滿庭鶯亂啼

酬曹侍御過象縣見寄

破額山前碧玉流騷人遥駐木蘭舟春風無限瀟湘意一作思欲采蘋花不自由

銅魚使赴都寄親友

行盡關山萬里餘到時閭井是荒墟附庸惟有銅魚使此後無因寄遠書

與浩初上人同看山寄京華親故

海畔尖山似劒鋩秋來處處割愁腸若為化得身千億散上峯頭望故鄉

夏晝偶作

南州溽暑醉如酒隱几熟眠開北牖日午獨覺無餘聲山童隔竹敲茶臼

伏翼西洞送人　　陳羽

洞裏春晴花正開看花出洞幾時回殷勤好去武陵客莫引世人相逐來

上陽宮　　竇曽卿

愁雲漠漠草離離太乙勾陳處處疑日暮毀垣春雨裏殘花猶發萬年枝

南遊感興　　竇友封

傷心欲問前朝事惟見江流去不回日暮東風春草

綠鷓鴣飛上越王臺

宮中詞　王仲初

魚藻宮中鎖翠娥先皇行處不曾過如今池底休鋪
錦菱角雞頭積漸多

金吾除夜進儺名畫袴朱衣四隊行院院燒燈如白
日沉香火裏一作底坐吹笙

樹頭樹尾一作底覓殘紅一片西飛一片東自是桃花
貪結子錯教人恨五更風

金殿當頭紫閣重仙人掌上玉芙蓉太平天子朝元
日五色雲中駕六龍

綺繡宮

玉樓傾側粉墻空重疊青山繞故宮武帝去來紅袖
盡野花黃蝶領春風

華清宮

酒幔高樓一百家宮前楊柳寺前花內園分得溫湯
水二月中旬已進瓜

送蜀客　張文昌

蜀客南行聽碧雞木綿花發錦江西山頭日晚行人
少時見猩猩樹上啼

逢賈島

僧房逢着款冬花出寺行吟日已斜十二街中一作頭
春雪徧馬蹄今去入誰家

與賈島閑遊

水北原南草色新雪消風暖不生塵城中車馬應無
數能解閑行有幾人

寄李渤

五渡谿頭躑躅紅嵩陽寺裏講時鐘春山處處行應
好一月看花到幾峯

秋思

洛陽城裏見秋風欲作家書意萬重復恐匆匆說不
盡行人臨發又開封

山禽

山禽毛如白練帶棲我庭前栗樹枝獼猴半夜來取
栗一雙中林向月飛

梁州詞

鳳林關裏水東流白葦一作草黃榆六十秋邊將皆承
主恩澤無人解道取梁一作涼州

朗州至京戲看花諸君子　劉夢得

紫陌紅塵拂面來無人不道看花回玄都觀裏桃千
樹盡是劉郎去後栽

再遊玄都觀

百畝庭中半是苔桃花淨盡菜花開種桃道士歸何處前度劉郎又獨一作今又來

烏衣巷

朱雀橋邊野草花烏衣巷口夕陽斜舊時王謝堂前燕飛入尋常百姓家

石頭城

山圍故國周遭在潮打空城寂寞回淮水東邊舊時月夜深還過女墻來

聽舊宮人穆氏歌

曾隨織女度天河記得雲間第一歌休唱貞元供奉曲當時朝士已無多

與歌者何戡

二十餘年別帝京重聞天樂不勝情故人惟有何戡在更與殷勤唱渭城

踏歌詞

春江月出大堤平堤上女郎連袂行唱盡新詞懽不見紅霞映樹鷓鴣鳴

竹枝詞

山桃紅花滿上頭蜀江春水拍山流花紅易衰似郎意水流無限似儂愁

楊柳青青江水平聞郎江上唱歌聲東邊日出西邊雨道是無情還有情

楊柳枝詞

花萼樓前初種時美人樓上鬬腰肢如今拋擲長街裏露葉如啼欲恨誰

煬帝行宮汴水濱數株殘柳不勝春晚來風起花如雪飛入宮墻不見人

元和甲午歲詔書盡徵江湘逐客余武陵赴京宿於都亭有懷續來諸君子

雷雨江湘起卧龍武陵樵客躡仙蹤十年楚水楓林下今夜初聞長樂鐘

登樂遊原　杜牧之

長空澹澹孤鳥沒萬古銷沈一作魂向此中看取漢家何似業五陵無樹起秋風

漢江

溶溶漾漾白鷗飛淥淨春深好染衣南去北來人自老夕陽長送釣船歸

泊秦淮

烟籠寒水月籠沙夜泊秦淮近酒家商女不知亡國

恨隔江猶唱後庭花

赤壁

折戟沉沙鐵未銷自將磨洗認前朝東風不與周郎便銅雀春深鎖二喬

秋夕

銀燭秋光冷畫屛輕羅小扇撲流螢天街夜色凉如水卧看牽牛織女星

寄揚州韓綽判官

青山隱隱水迢迢秋盡江南草木凋二十四橋明月夜玉人何處教吹簫

送隱者

無媒徑路草蕭蕭自古雲林遠市朝公道世間惟白髮貴人頭上不曾饒

將赴吳興登樂游原

清時有味是無能閒愛孤雲靜愛僧欲把一麾江海去樂游原上望昭陵

江南春

千里鶯啼綠映紅水村山郭酒旗風南朝四百八十寺多少樓臺烟雨中

龍池　李義山

龍池賜酒敞雲屛羯鼓聲高衆樂停夜半宴歸宮漏永薛王沉醉壽王醒

瑤池

瑤池阿母綺窻開黃竹歌聲動地哀八駿日行三萬里穆王何事不重來

咸陽

咸陽宮闕鬱嵯峨六國樓臺艷綺羅自是當時天帝醉不關秦地有山河

漢宮詞

青雀西飛竟未回君王長在集靈臺侍臣最有相如渴不賜金莖露一杯

賈生

宣室求賢訪逐臣賈生才調更無倫可憐夜半虛前席不問蒼生問鬼神

嫦娥

雲母屛風燭影深長河漸落曉星沉嫦娥應悔偷靈藥碧海青天夜夜心

訪隱者不遇

城郭休過識者稀哀猿啼處有柴扉滄江白石漁樵路日暮歸來雨滿衣

重選唐音大成卷之六終

重選唐音大成卷之七

宜興蔣天和節夫甫校

餘音一

過酒家　王無功

此日長昏飲非關養性靈眼看人盡醉何忍獨為醒

黄臺瓜辭　章懷太子

種瓜黄臺下瓜熟子離離一摘使瓜好再摘令瓜稀三摘尚云可四摘抱蔓歸

詠江濱梅　王適

忽見寒梅樹開花漢水濱不知春色早疑是弄珠人

詠鳥　李義甫

日裏颺朝彩琴中伴夜啼上林如許樹不借一枝棲

蜀道後期　張說之

客心爭日月來往預期程秋風不相待先至洛陽城

折楊柳　喬知之

可憐濯濯春楊柳攀折將來就纖手妾容與此同盛衰何必君恩獨能久

感遇　張子壽

魚游樂深池鳥栖欲高枝嗟爾蜉蝣羽薨薨亦何為有生豈不化所感奚若斯神理日微滅吾心安得知

浩蕩楊朱子徒然泣路岐

長門怨　齊浣心

煢煢孤思逼寂寂長門夜妾妬亦知非君恩那不借
攜琴就玉階調悲聲未諧將心託明月流影入君懷

步虛詞　吴貞節

扶桑誕初景羽蓋凌晨霞倏歘造西域嬉遊金母家
碧津湛洪源灼爍敷荷花煌煌青琳宮璨璨列玉華
真氣溢絳府自然思無邪俯矜區中士夭濁良可嗟

夜聞笛　張巡

岧嶤試一臨虜騎俯城陰不辨風塵色安知天地心

門開邊月近戰苦陣雲深旦夕更樓上遥聞橫笛音

鄉賦後自鞏還田家因謝隣友見過之作　盧緯卿

雞鳴出東邑馬倦登南巒落日見桑柘翳然丘中寒
隣家多舊識投暝來相看且問春稅苦兼陳行路難
園場近陰壑草木易凋殘峯暗雪猶積澗深冰已團
浮名知何用歲宴不成懽置酒共君飲當歌聊自寬

古塞下曲　陶翰

進軍飛狐北窮寇勢將變日落塵沙昏背河更一戰
驛馬黃金勒雕弓白羽箭射殺左賢王歸奏未央殿
欲言塞下事天子不召見東出咸陽門哀哀淚如霰

燕歌行

請君留楚調聽我吟燕歌家在遼水頭邊風意氣多
出身為漢將正直戎未和雪中凌天山氷上度交河
大小百餘戰封侯竟蹉跎歸來灞陵下故舊無相過
雄劒委塵匣空門惟雀羅玉簪還趙妹瑤琴付齊娥
昔日不為樂時哉今奈何

暮秋揚子江寄孟浩然　劉眘虛

木葉紛紛下東南日烟霜林山相晚暮天海空青蒼
暝色空復久秋聲亦何長孤舟兼微月獨夜仍越鄉

寒笛對京口故人在襄陽詠思勞今夕漢江遥相望

出青門往南山別業　薛據

舊居在南山夙駕自城闕榛莽相蔽虧去爾漸超忽
散漫餘雪晴蒼茫季冬月寒風吹長林白日原上沒
懷抱曠莫伸相知阻胡越弱年好棲隱鍊藥在巖窟
及此離垢氛興來亦因物末路期赤松斯言庶不伐

行路難二首　賀蘭進明

君不見門前柳榮耀幾時蕭索之君不見陌上花狂
風吹去落誰家隣家思婦見之歎蓬首不梳心歷亂
盛年夫婿長別離歲暮相逢色凋換君不見芳樹枝

春花落盡蜂不窺君不見梁上泥秋風始高燕不栖蕩子從軍事征戰蛾眉嬋娟守空閨獨宿自然堪下淚況復時聞烏夜啼

寄張徵古　沈如筠

寂歷遠山意微暝半空碧綠蘿無冬春彩烟竟朝夕張子海内奇耐為巖中客聖君勞夢想安得老松石

少年行　李嶷

十八羽林郎戎衣侍漢王臂鷹金殿側挾彈玉輿傍馳道春風起陪遊出建章侍獵長楊下承恩更射飛塵生馬影滅箭落鴈行稀

薄霧隨天仗聯翩入瑣闈玉劒膝邊横金杯馬上傾朝遊茂陵道夜宿鳳凰城豪吏多猜忌毋勞問姓名

江南曲　丁僊芝

長干斜路北近浦是兒家有意來相訪明朝出浣紗發向横塘口船開值急流知郎舊時意且請攏船頭昨暝逗南陵風聲波浪阻入浦不逢人歸家誰信汝未暝已成粧乘潮去茫茫因從京口渡使報邵陵王始下芙蓉樓言發瑯琊岸急為打船開惡許傍人見

陽春歌　吳象之

簾低曉露濕簾卷鸎聲急欲起抱箜篌如疑彩弦澁孤眠愁不轉點淚聲相及淨掃階上花風來更吹入

江南行　張潮

茨菰葉爛別西灣蓮子花開猶未還妾夢不離江上水人傳郎在鳳凰山

古別離　孟雲卿

朝日上高臺離人怨秋草但見萬里天不見萬里道君行本遙遠苦樂良難保宿昔夢同衾憂心夢傾倒含酸欲誰訴展轉傷懷抱結髮年已遲征行去何早寒暄有時謝顦顇難再好人皆算年壽死者何曾老

少壯無會期水深風浩浩

早秋　嚴武

昨夜秋風入漢關朔雲邊雪滿西山更催飛騎追驕虜莫遣沙場匹馬還

古別離　張彪

別離無遠近事難情亦悲不聞車輪聲後會將何時去日忘寄書來日乖前期縱知明當還一息千萬思

出塞曲　劉灣

將軍在重圍音信絕不通羽檄如流星飛入甘泉宮倚是并州兒少年心膽雄一朝隨召募百戰爭王公

去年桑乾北今年桑乾東死是征人死功是將軍功汧馬牧秋月疲卒卧霜風仍聞左賢王更欲圍雲中

銅雀妓　朱長通

恨唱歌聲咽愁翻舞袖遲西陵日欲暮是妾斷腸時

漁父歌　張子同

西塞山前白鷺飛桃花流水鱖魚肥　青篛笠綠蓑衣斜風細雨不須歸

漁父

八月九月蘆花飛南谿老人垂釣歸秋山入簾翠滴滴野艇倚檻雲依依却把漁竿尋小逕閑梳鶴髮對斜暉翻嫌四皓曾多事出為儲皇定是非

代悲白頭翁　劉希夷

洛陽城東桃李花飛來飛去落誰家洛陽（一作幽閨）女兒惜顏色行逢（一作坐見）落花長歎息今年花落顏色改明年花開復誰在已見松柏摧為薪更聞桑田變成海古人無復洛城東今人還對落花風年年歲歲花相似歲歲年年人不同寄言全盛紅顏子應憐半死白頭翁此翁白頭真可憐伊昔紅顏美少年公子王孫芳樹下清歌妙舞落花前光祿池臺文錦繡將軍樓閣畫神仙一朝卧病無相識三春行樂在誰邊宛轉

蛾眉能幾時須臾鶴髮亂如絲但看古來歌舞地惟有黃昏鳥雀悲（一作飛）

擬古離別　沈雲卿

白水東悠悠中有西行舟舟行有返棹水去無還流奈何生別者戚戚懷遠遊遠遊誰當惜所悲會難收自君閒芳縟青陽四五遒皓月掩蘭室光風虛蕙樓相思無明晦長歎累冬秋離居夕遲暮高駕何淹留

長門怨

月皎風泠泠長門次掖庭玉階聞墜葉羅幌見飛螢清露凝珠綴流塵下翠屏妾心君未察愁歎劇繁星

古歌

落葉流風向玉臺夜寒秋思洞房開水精簾外金波下雲母窗前銀漢迴玉階陰陰苔蘚色君王履綦難再得璇閨窈窕秋夜長繡戶徘徊秋月光燕姬綵帳芙蓉色秦子金鑪蘭麝香北斗七星橫夜半清歌一曲斷君腸

長歌行　王少伯

曠野饒悲風颼颼多蒿草繫馬倚白楊誰知我懷抱所是同袍者相逢盡衰老況登漢家陵南望長安道上有枯樹根下有石鼠窠高皇子孫盡千載無人過

寳玉頻發掘精靈其柰何人生湏信命有酒且長歌

塞上曲

蟬鳴空桑林八月蕭關道出塞入塞雲處處黄蘆草
從來幽并客皆向沙塲老莫學游俠兒矜誇紫騮好

和振上人秋夜懷士會

白露傷草木山風吹夜寒遥林夢親友高興發巖巒
郭外秋聲急城邊月色殘瑶琴多遠思更為客中彈

采蓮

越女作桂舟還將桂為檝湖上水渺漫清江初可涉
摘取芙蓉花莫摘芙蓉葉將歸問夫婿顔色何如妾

贈王威古　崔顥

三十羽林將出身常事邊春風吹淺草獵騎何翩翩
插羽兩相顧鳴弓新上弦射麋入深谷飲馬投荒泉
馬上共傾酒野中聊割鮮相看未及飲雜虜寇幽燕
烽火去不息胡山高際天長驅救東北戰解城亦全
報國行赴難古來皆共然

遼西

燕郊芳歲晚殘雪凍邊城四月青草合遼陽春水生
胡人正牧馬漢將日徵兵露重寳刀濕沙虚金鼓鳴
寒衣着已盡春服誰為成寄語洛陽使為傳邊塞情

長門怨

君王寵初歇棄妾長門宫紫殿青苔滿高堂明月空
夜愁生枕席春意罷簾櫳泣盡無人問容華落鏡中

王家少婦

十五嫁王昌盈盈入畫堂自矜年最少復倚婿為郎
舞愛前谿淥歌憐子夜長閑來鬬百草度日不成妝

塞上曲　李頎

黄雲鴈門郡日暮風沙裏千騎黑貂裘皆稱羽林子
金笳吹朔雪鐵馬嘶雲水帳下飲蒲萄平生寸心是

宋中　高達夫

梁王昔全盛[illegible]悠悠[illegible]年陳跡惟高臺
寂寞向秋草[illegible]
梁苑白日暮[illegible]見修竹令人悲
九月桑葉[illegible]

薊[illegible]

邊城十一[illegible]號令嚴人馬亦輕肥
羌胡無盡[illegible]日歸

小[illegible]　崔曙

寥寥遠天淨谿路何空濛斜光照疎雨秋氣生[illegible]
雲盡山色暝蕭條西北風故林歸宿處一葉下梧桐

春怨　劉方平

紗窗日落漸黃昏金屋無人見淚痕寂寞閑庭春又晚梨花滿地不開門

江行　柳中庸

繁陰乍隱洲落葉初飛浦蕭蕭楚客帆暮入寒江雨

涼州曲

關山萬里遠征人一望關山淚滿巾青海城頭空有月黃沙磧裏本無春

答韋蘇州　丘丹

露滴梧葉鳴秋風桂花發中有學仙侶吹簫弄山月

東隣美女歌　宋濟

花暖江城斜日陰鶯啼繡戶曉雲深春風不道珠簾隔傳得歌聲與客心

合谿送王永歸東郭　劉商

君去春山誰共遊鳥啼花落水空流如今送別臨谿水他日相思來水頭

醉後口號

春草秋風老此身一瓢長醉任家貧醒來還愛浮萍草漂寄官河不屬人

送王使君自楚移越

露冕行春向若耶野人懷惠欲移家東風二月淮陰道惟見棠梨一樹花

郡中即事　羊士諤

紅衣落盡暗香殘葉上秋光白露寒越女含情已無限莫教長袖倚欄干

江邊柳　雍裕之

嫋嫋古堤邊青青一樹烟若為絲不斷留取繫郎船

宮人斜

幾多紅粉委黃泥野鳥如歌又似啼應有春魂化為燕年年飛入未央棲

尋山家　長孫佐輔

獨訪山家歇還涉茅屋斜連隔松葉主人聞語未開門繞籬野菜飛黃蝶

從軍行　令狐殼士

孤心眠夜雪滿眼是秋沙萬里猶防塞三年不見家

宮中樂

月上宮花靜烟含苑樹深銀臺門已閉仙漏夜沉沉

其二

九重青瑣闥百尺碧雲樓明月秋風起珠簾上玉鉤

思君恩

小苑鶯歌歇長門蝶舞多眼看春又去翠輦不曾過
其二
紫禁香如霧青天月似霜雲韶何處奏秪是在昭陽
少年行
少小邊州慣放狂驏騎蕃馬射黄羊如今年老無筋
力獨倚營門數鴈行
盧十五竹亭送姪倆歸山　楊中師
落葉寒擁壁清霜夜落石止是憶山時復送歸山客
殷勤一樽酒曉月當窻白
遊春曲　張仲素
烟栁飛輕絮風榆落小錢濛濛百花裏羅綺競秋千
塞下曲
三伐漁陽再渡遼騂弓在臂劒横腰匈奴似欲知名
姓休傍陰山更射鵰
陰磧茫茫塞草腓桔槔烽上暮烟飛交河北望天連
海蘇武曾將漢節歸
天馬辭
天馬初從渥水來歌曾唱得濯龍媒不知玉塞沙中
路苜蓿殘花幾處開
躞蹀宛駒齒未齊摐金噴玉向風嘶來時行盡金河
道獵獵輕風在碧蹄
塞下曲　郎士元
寶刀塞下兒輕身百戰曾百勝壯心竟未嫖姚知白
草山頭日初沒黄沙戍下悲歌發蕭條靜夜邊風吹
獨倚營門望秋月
女耕田行　戴幼公
乳燕入巢笋成竹誰家二女種新穀無人無牛不及
犁持刀斫地翻作泥自言家貧母年老長兄從軍未
娶嫂去年災疫牛囤空截絹買刀都市中頭巾掩面
畏人識以刀代牛誰與同姊妹相携心正苦不見路
人唯見土疏通畦隴防亂田整頓溝塍待時雨日正
南岡下餉歸可憐朝雉擾驚飛東隣西舍花發盡共
惜餘芳淚滿衣
苦哉行　戎昱
妾家清河邊七葉承貂蟬身為最小女偏得渾家憐
親戚不相識幽閨十五年有時最遠出秪到中門前
前年狂胡來懼死飜生全今秋官軍至豈意遭戈鋋
匈奴為先鋒長鼻黄髮拳彎弓獵生人白去牛羊羶
脱身落虎口不及歸黄泉苦哉難重陳暗哭蒼蒼天
塞上曲

慘慘寒日沒北風卷蓬根將軍領疲兵却入古塞門
廻首指陰山殺氣成黃雲

長安秋夜　　顧逋翁

八月更漏長愁人起常早閉門寂無事滿院生秋草
昨宵西窻夢夢入荆南道遠客歸去來在家貧亦好

日晚歌

日窅窅兮下山望佳人兮不還花落兮屋上草生兮
階間日日兮春風芳菲兮欲歇老不可兮更少君胡
為兮輕别

短歌行

城邊路今人犂田昔人墓岸上沙昔時江水今人家
今人昔人共長歎四序相催節回換明月皎皎入華
池白雲離離度清漢

公子行　　陳羽

金羈白馬郎何處踏青來馬驕郎半醉躞蹀望樓臺
似見樓上人玲瓏窻戶開隔花聞一笑落日不知回

大堤　　楊巨源

二八嬋娟大堤女開壚相對依江渚待客登樓向水
看邀郎卷幔臨花語細雨濛濛濕芰荷巴東商旅駐
帆多自傳芳酒飜紅袖誰調妍粧回翠娥珍簟華燈

夕陽後當壚理瑟矜纖手月落星微五鼓聲春風摇
蕩窻前柳歲歲逢迎沙岸間背人多整綠雲鬟無端
嫁與五陵少離别烟波傷玉顔

宮詞　　王廣津

白雪猧兒拂地行慣眠紅毯不曾驚深宮更有何人
到只向金階吠曉螢

武昌老人說笛歌　　劉夢得

武昌老人七十餘手把庚令相問書自言少小學吹
笛早事曹王曾賞激往來征鎮戍蘄州楚山蕭蕭笛
竹秋當時買材恣搜索典却身上烏貂裘古苔蒼蒼

封老節石上孤生飽風雪商聲五音隨指發水中龍
應行雲絶曾將黃鶴樓上吹一聲占盡秋江月如今
老去語猶遲音韻高低耳不知氣力已無心尚在時
時一曲夢中吹

堤上行

江南江北望烟波入夜行人相應歌桃葉傳情竹枝
怨水流無限月明多

洛中逢韓七中丞之吳興口號

昔年意氣結群英幾度朝回一字行海北天南零落
盡兩人相見洛陽城

和令狐相公別牡丹

平章宅裏一欄花臨到開時不在家莫道兩京非遠
別春明門外即天涯

感諷　李長吉

合浦無明珠龍洲無木奴足知造化力不給使君須
越婦未織作吳蠶始蠕蠕縣官騎馬來獰色紫虬鬚
懷中一方板板上數行書不因使君怒焉得詣爾廬
越婦拜縣官桑牙今尚小會待春日宴繅車方擲掉
越婦通言語小姑具黃粱縣官踏飧去簿吏復登堂

秦宮詩

漢秦宮將軍梁冀之嬖奴也秦宮得寵內
舍故以驕名大譟於人予撫舊作長辭辭
以馮子都之事相對望又云昔有之詩

越羅衫袂迎春風玉刻麒麟腰帶紅樓頭曲宴仙人
語帳裏吹笙香霧濃人間酒暖春茫茫花枝入簾白
日長飛窻複道傳籌飲午夜朦朧賦燭黃禿衿小袖
調鸚鵡紫繡麻霞踏哮虎斫桂燒金待曉筵白鹿青
蘇夜半煑桐英永巷騎新馬內屋深屏生色畫開門
爛用水衡錢卷起黃河向身瀉皇天厄運猶曾裂秦
宮一生花底活鸞篦奪得不還人醉睡氍毹滿堂月

金銅仙人辭漢歌　并序

魏明帝青龍元年八月詔宮官牽車西取
漢孝武捧露盤仙人欲立置前殿宮官既
折盤仙人臨載乃潸然淚下唐諸王孫李長
吉遂作金銅仙人辭漢歌

茂陵劉郎秋風客夜聞馬嘶曉無跡畫欄桂樹懸秋
香三十六宮土花碧魏官牽車指千里東關酸風射
眸子空將漢月出宮門憶君清淚如鉛水衰蘭送客
咸陽道天若有情天亦老攜盤獨出月荒涼渭城已
遠波聲小

浩歌

南風吹山作平地帝遣天吳移海水王母桃花千徧
紅彭祖巫咸幾回死青毛驄馬參差錢嬌春楊柳含
細烟箏人勸我金屈巵神血未凝身問誰不須浪飲
丁都護世上英雄本無主買絲繡作平原君有酒惟
澆趙州土漏催水咽玉蟾蜍衛娘髮薄不勝梳看見
秋眉換新綠二十男兒那刺促

李憑箜篌引

吳絲蜀桐張高秋空山凝雲頹不流江娥啼竹素女
愁李憑中國彈箜篌崑山玉碎鳳凰叫芙蓉泣露香

闌笑十二門前融冷光二十三絲動紫皇女媧鍊石
補天處石破天驚逗秋雨夢入神山教神嫗老龍跳
波瘦蛟舞吳質不眠倚桂樹露脚斜飛濕寒兎

春坊正字劒子歌

先輩匣中三尺水曾入吳潭斬龍子隙月斜明刮露
寒練帶平鋪吹不起蛟胎皮老蒺藜刺鸊鵜淬花白
鷴尾直是荆軻一片心莫教照見春坊字挼絲團金
懸麗䍀神光欲截藍田玉提出西方白帝驚嗷嗷鬼
母秋郊哭

少年樂

芳草落花如錦地二十長遊醉鄉裏紅纓不重白馬
驕垂柳金絲香拂水吳娥未笑花不開綠鬢聳墮蘭
雲起陸郎倚醉牽羅袂奪得寶釵金翡翠

新月　盧仝

仙宮雲箔卷露出玉簾鉤清光無所贈相憶鳳凰樓

有所思

當時我醉美人家美人顔色嬌如花今日美人棄我
去青樓朱箔天之涯娟娟姮娥月三五二八盈又缺
翠眉蟬鬢生別離一望不見心斷絶心斷絶幾千里
夢中醉臥巫山雲覺來淚滴湘江水湘江兩岸花木

深美人不見愁人心含愁更奏綠綺琴調高絃絶無
知音美人兮美人不知為暮雨兮為朝雲相思一夜
梅花發忽到窻前疑是君

蕭三十三赴歙州昏期僕客楊州早春書寄

一絶

准上客情殊冷落蠻方春早客何如相思莫道無來
使回鴈峯前好寄書

古薄命　孟東野

不惜十指絃為君千萬彈常恐新聲至坐使故聲殘
棄置今日悲是即昨日懽將新變故易持故為新難

青山有蘚無淚葉長不乾空令後代人米掇幽思攢

游子吟

慈母手中線游子身上衣臨行密密縫意恐遲遲歸
誰言寸草心報得三春暉

閨怨

妾恨此斑竹下蟠煩寃根有笋未出土中已含淚痕

出門行

海風蕭蕭天雨霜窮愁獨坐夜何長驅車舊憶太行
險始知游子悲故鄉美人相思隔天關長望雲端不
可越手持琅玕欲有贈愛而不見心斷絶南山峩峩

白石爛碧海之波浩漫漫參辰出沒不相待我欲橫
天無羽翰

桃花　元微之

桃花淺深處似勻深淺粧春風助腸斷吹落白衣裳

和樂天早春見寄

雨香雲淡覺微和誰送春聲入棹歌萱近北堂穿土
早柳偏東面受風多湖添水色消殘雪江送潮頭湧
漫波同受新年不同賞無由縮地欲如何

聞樂天左降江州

殘燈無燄影幢幢此夕聞君謫九江垂死病中驚起
坐暗風吹雨入寒窗

尋郭道士不遇　白樂天

郡中乞假來相訪洞裏朝元去不逢看院秖留雙白
鶴入門唯見一青松藥鑪有火丹應伏雲碓無人水
自舂欲問參同契中事未知何日得相從

後宮詞

淚盡羅巾夢不成夜深前殿按歌聲紅顏未老恩先
斷斜倚熏籠坐到明

同李十一醉憶元九

花時同醉破春愁醉折花枝當酒籌忽憶故人天際
去計程今日到梁州

杏園花下贈劉郎中

怪君把酒偏惆悵曾是貞元花下人自別花來多少
事東風二十四回春

春題華陽觀

帝子吹簫逐鳳凰空留仙洞號華陽落花何處堪惆
悵頭白宮人掃影堂

重選唐音大成卷之七終

重選唐音大成卷之八

宜興邵天和節夫編校

餘音二

旅遊　　貫浪仙

此心非一事書札若為傳舊國別多日故人無少年
空巢霜葉落疎牖水螢穿留得林僧宿中宵坐嘿然

題李凝幽居

閑居少鄰並草徑入荒園鳥宿池中樹僧敲月下門
過橋分野色移石動雲根暫去還來此幽期不負言

送朱可久歸越中

石頭城下泊北固暝鐘初汀鷺衝潮起船窻過月虛
吳山侵越衆隋柳入唐疎日欲供調膳辟來何府書

渡桑乾

客舍并州已十霜歸心日夜憶咸陽無端更渡桑乾
水却望并州是故鄉

三月晦日

三月正當三十日風光別我苦吟身共君今夜不須
睡未到曉鐘猶是春

碧澗驛曉思　　温飛卿

香燈伴殘夢楚國在天涯月落子規歇滿庭山杏花

張靜婉采蓮曲

蘭膏黷髮紅玉春燕釵拖頸抛盤雲城西楊柳向橋
晚門前溝水波鄰鄰麒麟公子朝天客珂馬堂堂度
春陌掌中無力舞衣輕剪斷鮫綃破春碧抱月飄烟
一尺腰麝臍龍髓憐嬌嬈秋羅拂水碎光動露重香
多花不銷鸂鶒交交塘水滿綠芒如粟蓮莖短一夜
西風送雨來粉痕零落愁紅淺船頭折藕絲暗牽藕
根蓮子相留連郎心似月月易缺十五十六清光圓

舞衣曲

藕腸纖縷抽輕春烟機漠漠嬌娥嚬金梭淅瀝透空

薄翦落交刀吹斷雲張家公子聽秋雨夜向蘭堂思
楚舞蟬衫麟帶壓愁香偷得鶯簧鎖金縷管含蘭氣
嬌語悲胡槽雪腕鴛鴦綵芙蓉力弱應難定楊柳風
多不自持迴嚬笑語西窻客星斗寥寥波脉脉不逐
秦王卷象床滿樓明月梨花白

懊惱曲

藕絲作線難勝針蘂粉染黃那得深玉白蘭芳不相
顧青樓一笑輕千金莫言自古皆如此健劍刜鐘鉛
繞指三秋庭綠盡迎霜唯有荷花守紅死廬江小吏
朱斑輪柳縷吐芽香玉春兩股金釵已相許不令獨

作空成塵悠悠楚水流如馬恨紫愁紅滿平野野土
千年愁不平至今燒作鴛鴦瓦

湘東宴曲

湘東夜宴金貂人楚女含情嬌翠嚬玉管將吹插鈿
帶錦囊斜拂雙麒麟重城漏斷孤帆去唯恐瓊籤報
天曙萬戶沉沉碧樹圓雲飛雨散知何處欲上香車
俱脉脉清歌響斷銀屏隔堤外紅塵蠟炬歸樓前澹
月連江白

塞寒行

燕弓弦勁霜封瓦樸簌寒鵰睇平野一點黃塵起鴈

喧白龍堆下千蹄馬河源怒濁風如刀剪斷朔雲天
更高曉出揄關遂征北驚沙飛近衝貂袍心許凌烟
名不滅年年錦字傷離別彩毫一畫竟何榮空使青
樓淚成血

春曉曲

家臨長信往來道乳燕雙雙掠烟草油壁車輕金犢
肥流蘇帳曉春雞早籠中嬌鳥暖猶睡簾外落花閑
不掃衰桃一樹近前池似惜紅顏鏡中老

瑶瑟怨

冰簟銀床夢不成碧天如水夜雲輕鴈聲遠過瀟湘
去十二樓中月自明

車駕西游因而有作

宣曲長楊瑞氣凝上林狐兔待秋鷹誰將詞賦陪雕
輦寂寞相如卧茂陵

贈彈箏者

天寶年中事上皇曾將新曲教寧王鈿蟬金鴈皆零
落一曲伊州淚萬行

經故衮學士居

劍逐驚波玉委塵謝安門下更何人西州城外花千
樹盡是羊曇醉後春

牧童詞　李涉

朝牧牛牧牛下江曲夜牧牛牧牛村口谷荷蓑出林
山雨細蘆管卧吹沙草綠亂插蓬蒿箭滿腰不怕猛
虎欺黃犢

過襄陽寄上于司空

方城漢水舊城池陵谷依然世自移歇馬獨來尋故
事逢人唯說峴山碑

從秦城回再題武關

遠別秦城萬里游亂山高下入商州關門不鎖寒谿
水一夜潺湲送客愁

題鶴林寺僧室

終日昏昏醉夢間忽聞春盡強登山因過竹院逢僧話又得浮生半日閑

春晚游鶴林寺寄使府諸公

野寺尋花春已遅背巖惟有兩三枝明朝携酒猶堪賞為報春風且莫吹

竹枝詞

十二峯頭月欲低空濛灘上子規啼孤舟一夜東歸客泣向東風憶建谿

思歸樂　張承吉

萬里春歸盡三江鴈亦稀連天漢水廣孤客未言歸

題金山寺

一宿金山寺微茫水國分僧歸夜船月龍出曉堂雲樹影中流見鐘聲兩岸聞因悲在城市終日醉醺醺

集靈臺

虢國夫人承主恩平明上馬入金門却嫌脂粉汚顏色淡掃蛾眉朝至尊

古曲　施希聖

可憐江北女慣唱江南曲搖蕩木蘭舟雙鳧不成浴

黄陵廟　李文山

小姑洲北浦雲邊二女明粧共儼然野廟向江春寂寂古碑無字草芊芊東風近墓吹芳芷落日深山哭杜鵑猶似含嚬望巡狩九疑如黛隔湘川

黄陵廟

黄陵廟前莎草春黄陵女兒茜裙新輕舟短棹唱歌去水遠山長愁殺人

南莊春晚

草暖沙長望去舟微茫烟浪向巴丘沅湘寂寂春歸盡水綠蘋香人自愁

贈楊鍊師　鮑德源

紫烟衣上繡春雲清隱山書小篆文明月在天將鳳管夜深吹入玉宸君

鄴宮　陸魯望

花飛蝶駭不愁人水殿雲廊別置春曉日靚粧千騎女白櫻桃下紫綸巾

九日齊山登高　杜牧之

江涵秋影鴈初飛與客携壺上翠微塵世難逢開口笑菊花須插滿頭歸但將酩酊酬佳節不用登臨怨落暉古往今來只如此牛山何必淚霑衣

過華清宮

長安回望繡成堆山頂千門次第開一騎紅塵妃子笑無人知是荔枝來

念昔遊

李白題詩水西寺古木回巖樓閣風半醒半醉遊三日紅白花開烟雨中

山行

遠上寒山石徑斜白雲生處有人家停車坐愛楓林晚霜葉紅於二月花

塞下　許用晦

夜戰桑乾北秦兵半不歸朝來有鄉信猶自寄征衣

緱山廟

王子求仙月滿臺玉簫清轉鶴徘徊曲終飛去不知處山下碧桃春自開

送宋處士

賣藥脩琴歸去遲山風吹盡桂花時世間甲子須臾事逢着仙人莫看棋

秋思

琪樹西風枕簟秋楚雲湘水憶同遊高歌一曲掩明鏡昨日少年今白頭

樂游原　李義山

向晚意不適驅車登古原夕陽無限好只是近黄昏

悼傷後赴東蜀辟至散關遇雪

劒外從軍遠無家與寄衣散關三尺雪回夢舊鴛機

絶句

滯雨長安夜殘燈獨客愁故鄉雲水地歸夢不宜秋

寄令狐郎中

嵩雲秦樹久離居雙鯉迢迢一紙書休問梁園舊賓客茂陵秋雨病相如

送王三十校書分司

多少分曹掌秘文洛陽花雪夢隨君定知何遜緣聯句每到城東憶范雲

東還

自有仙才自不知十年長夢采華芝秋風動地黄雲暮歸去嵩陽尋舊師

花下醉

尋芳不覺醉流霞倚樹沉眠日已斜客散酒醒深夜後更持紅燭賞殘花

春日早朝寄劉起居　姚合

九衢寒霧斂雙闕曙光分綵仗迎春日香烟接瑞雲珮聲清漏間天語侍臣聞莫嘆馮唐老還來謁聖君

題天台寺壁

絶頂新秋生夜凉鶴翻松露滴衣裳前峰月照半江水僧在翠微開竹房

訪羊尊師　孫革

松下問童子言師采藥去只在此山中雲深不知處

宮詞　朱慶餘

寂寂花時閉院門美人相並立瓊軒含情欲說宮中事鸚鵡前頭不敢言

宛陵館冬青樹　趙承祐

碧樹如烟覆晚波清秋欲盡客重過故園亦有如烟樹鴻鴈不來風雨多

經汾陽舊宅

門前不改舊山河破虜曾輕馬伏波今日獨經歌舞地古槐踈冷夕陽多

江樓書感

獨上江樓思渺然月光如水水如天同來望月人何處風景依稀似去年

城西訪友人別墅　雍陶

澧水橋邊小路斜日高猶未到君家村園門巷多相似處處春風枳殼花

過南鄰花園

莫怪頻過有酒家多情長是惜年華春風堪賞還堪恨纔見開花又落花

天津橋春望

津頭春水浸紅霞烟柳風絲拂岸斜翠輦不來金殿閉宮鶯銜出上陽花

和孫明府懷舊山

五柳先生本在山偶然為客落人間秋來見月多歸思自起開籠放白鷴

貧居春怨

貧居盡日冷風烟獨向簷床看雨眠寂寞春風花落盡滿庭榆筴似秋天

長信宮　孟遲

君恩已盡欲何歸猶有殘香在舞衣自恨身輕不如燕春來還繞御簾飛

閨情

山上有山歸未得湘江暮雨鷓鴣飛蘼蕪亦是王孫草莫送春香入客衣

暮春滻水送別　韓成封

綠暗紅稀出鳳城暮雲宮闕古今情行人莫聽宮前

水流盡年光是此聲

涼州詞　　薛陶臣

千里東歸客無心憶舊遊桂帆遊白水高枕到青州

宮詞　　薛大拙

自是三千第一名内家叢裏獨分明芙蓉殿上中元日水拍銀盤弄化生

老圃堂

邵平瓜地接吾廬谷雨乾時偶自鋤昨日春風欺不在就床吹落讀殘書

歸鴈

瀟湘何事等閑回水碧沙明兩岸苔二十五絃彈夜月不勝清怨却飛來

苦別離　　邵謁

十五為君婚二十入君門自從入戶後見君長出門朝看相送人暮看相送人若遣折楊柳此地樹無根願為陌上土得作馬蹄塵願為曲木枝得作雙車輪安得太行山移來君馬前

君不來　　方椎飛

遠路東西欲問誰寒來無處寄寒衣去時初種庭前樹樹已勝巢人未歸

長信宮　　于武陵

一失輦前恩羅衣生暗塵唯應清夜月獨伴向愁人長信翠娥老昭陽紅粉新君心似秋節不使草長春

勸酒

勸君金屈巵滿酌不須辭花發多風雨人生足別離

閑居雜興　　陳嵩伯

一頃成周力有餘白雲閑釣五谿魚中原莫道無麟鳳自是皇家結網疎

庭草　　曹鄴之

庭草根自淺造化無遺功低回一寸心不敢怨春風

醒後　　劉司南

醉卧芳草間酒醒日落後壷觴半傾覆客去應已久不記折花時何得花在手

牧童

牧童見客拜山果懷中落晝日驅牛歸前谿風雨惡

山村曉思　　于子濟

開門省禾黍隣翁水頭住今朝南澗波夜來西山雨牧童披短簑腰笛期烟渚不管水邊人騎牛望山去

青樓曲

青樓臨大道一上一回老所思終不來極目傷春草

宮怨　　司馬札

柳色參差掩畫樓曉鶯啼送滿宮愁年年花落無人
見空逐春泉出御溝

長安道　　聶夷中

此地無駐馬夜中猶走輪所以路傍草少於衣上塵

小遊仙　　曹堯賓

方士飛軒駐碧霞酒香風冷月初斜不知誰唱啼春
曲落盡谿頭白玉花

長門宮　　裴交泰

自閉長門經幾秋羅衣濕盡淚還流一種蛾眉明月

夜南宮歌管北宮愁

楚調曲　　李暇

何處期郎遊小苑花臺閒相憶不可見且復乘月還

步虛詞　　高千里

青谿道士人不識上天下天鶴一隻洞房深鎖碧窻
寒滴露研朱點周易

山亭夏日

綠樹陰濃夏日長樓臺倒影入池塘水晶簾動微風
起滿架薔薇一院香

春　　高蟾

明月斷魂清靄靄平蕪歸思綠迢迢人生莫遣頭如
雪縱得春風亦不消

下第後上高侍郎

天上碧桃和露種日邊紅杏倚雲栽芙蓉生在秋江
上不向春風怨未開

淮上與友人別　　鄭守愚

楊子江頭楊柳春楊花愁殺渡江人數聲風笛離亭
晚君向瀟湘我向秦

曲江春望　　唐彥謙

杏艷桃嬌奪晚霞樂遊無廟有年華漢朝冠蓋皆陵

墓十里宜春下苑花

小院

小院無人夜烟斜月轉明清宵易惆悵不必有離情

班婕妤　　崔道融

寵極辭同輦恩深棄後宮自題秋後扇不敢怨春風

長門怨

長門花泣一枝春爭奈君恩別處新錯把黃金買詞
賦相如自是薄情人

楚懷王

宮花一朶掌中開緩頰翻為敵國媒六里青山天下

咲張儀容易去還來

華清宮　　杜常

行盡江南數十程曉風殘月入華清朝元閣上西風急都入長楊作雨聲

華清宮　　崔魯

草遮回磴絶鳴鑾雲樹深深碧殿寒明月自來還自去更無人倚玉闌干

古意　　王駕

夫戍蕭關妾在吳西風吹妾妾憂夫一行書信千行淚寒到君邊衣到無

社日

鵝湖山下稻粱肥豚柵雞塒半掩扉桑柘影斜春社散家家扶得醉人歸

雨晴

雨前不見花間葉雨後全無葉底花蜂蝶飛來過墻去却疑春色在鄰家

賞春　　羅鄴

芳草和烟暖更青閑門要路一時生年年點檢人間事唯有東風不世情

褒漢旅道軍後有感　　韓致堯

水自潺湲日自斜盡無雞犬有鳴鴉千村萬落如寒食不見人烟空見花

涼思　　吳子華

松間小檻接波平月淡烟沉暑氣清半夜水禽栖不定綠荷風動露珠傾

折楊柳宮詞　　王貞白

枝枝交影鎖長門嫩色曾沾雨露恩鳳輦不來春欲暮空留鶯語到黃昏

水殿年年占早芳柔條偏惹御爐香而今萬乘多巡狩輦路無陰綠草長

嫩葉初齊不耐寒和風時拂玉闌干君王去日曾攀折泣雨傷春翠黛殘

寄人　　張泌

別夢依依到謝家小廊迴合曲闌斜多情只有春庭月猶為離人照落花

繡嶺宮　　李才江

春草萋萋春水綠野棠開盡飄香玉繡嶺宮前鶴髮翁猶唱開元太平曲

臺城　　韋莊

江雨霏霏江草齊六朝如夢鳥空啼無情最是臺城

柳依舊烟籠十里堤

衢州江上別李秀才

千山紅樹萬山雲把酒相看日又曛一曲離歌兩行
淚不知何地更逢君

答韋丹　吳商浩

年老心閑無外事麻衣草坐亦容身相逢盡道休官
去林下何曾見一人

行次漢上　僧無本

習安池沼草萋萋嵐樹光中信馬蹄漢主廟前湘水
碧一聲風角夕陽低

楚調　薛奇童

禁苑春風起流鶯繞合懽玉窻通日氣珠箔卷輕寒
楊葉垂陰砌梨花入井欄君王好長袖新作舞衣寬

送兄　南海女子

別路雲初起離亭葉正飛所嗟人異鴈不作一行歸

擬古神女宛轉歌　郎大家宋氏

風已清月朗琴復鳴掩抑非千態殷勤是一聲歌宛
轉宛轉和且長願為雙黄鵠比翼共翱翔日已暮長
簷鳥應度望君君不來思君君不顧歌宛轉宛轉邮
能異栖宿願為形與影出入恒相逐

羅嗊曲　劉采春

不喜秦淮水生憎江上船載兒夫壻去經歲又經年

拜新月　吉中孚妻

拜新月拜月出堂前暗魄初籠桂虛弓未引弦拜新
月拜月妝樓上鸞鏡始安臺蛾眉已相向拜月不勝
情庭花風露清月臨人自老人望月長生東家阿母
亦拜月一拜一悲聲斷絕昔年拜月驕容輝如今拜
月雙淚垂回看衆女拜新月却憶紅閨年少時

谿上雲　張文姬

溶溶谿口雲纔向谿中吐不復歸谿中還作谿頭雨

送友人　薛濤

水國蒹葭夜有霜月寒山色共蒼蒼誰言千里自今
夕離夢杳如關塞長

古意曲　劉瑤

梧桐階下月團團洞房如水秋夜闌吳刀剪破機頭
錦粲黄花墜相思枕綠囪寂寞背灯時暗數寒更不
成寢

閑吟　君山父老

山中老人讀黄老手援紫藟坐碧草春至不知湘水
深日暮忘却巴陵道

答人　太上隱者

偶來松樹下高枕石頭眠山中無曆日寒盡不知年

別酒主人　山中客

酒盡君莫沽壺乾我當發城市多囂塵還山弄明月

胡笳曲　無名氏

月明星稀霜滿野氊車夜宿陰山下漢家自失李將軍單于公然來牧馬

重選唐音大成卷之八終

續選唐音大成卷之九

宜興邵天和節夫編校

補音一

五言古詩

古風　李太白

大雅久不作吾衰竟誰陳王風委蔓草戰國多荊榛龍虎相啖食兵戈逮狂秦正聲何微茫哀怨起騷人揚馬激頹波奔流蕩無垠廢興雖萬變憲章亦已淪自從建安來綺麗不足珍聖代復元古垂衣貴清真群才屬休明乘運共躍鱗文質相炳煥衆星羅秋旻我志在刪述垂輝映千春希聖如有立絕筆於獲麟

其二

秦皇掃六合虎視何雄哉飛劍決浮雲諸侯盡西來明斷自天啓大略駕群才收兵鑄金人函谷正東開銘功會稽嶺騁望琅琊臺刑徒七十萬起土驪山隈尚采不死藥茫然使心哀連弩射海魚長鯨正崔嵬額鼻象五嶽揚波噴雲雷鬐鬣蔽青天何由覩蓬萊徐市載秦女樓船幾時迴但見三泉下金棺葬寒灰

其三

代馬不思越越禽不戀燕情性有所習土風固其然

昔别鴈門關今戍龍庭前驚沙亂海日飛雪迷胡天
蟣蝨生虎鶡心危逐旌旃苦戰功不賞忠誠難可宣
誰憐李飛將白首没三邊

其四

秦水别隴首幽咽多悲聲胡馬顧朔雪躞蹀長嘶鳴
感物動我心緬然含歸情昔視秋蛾飛今見春蠶生
嫋嫋桑柘葉萋萋柳垂榮急節謝流水覉心揺懸旌
揮涕且復去惻愴何時平

其五

殷后亂天紀楚懷亦已昏夷羊滿中野菉葹盈高門

比干諫而死屈平竄湘源虎口何婉孌女嬃空嬋媛
彭咸久淪没此意與誰論

妾薄命

漢帝寵阿嬌貯之黄金屋咳唾落九天隨風生珠玉
寵極愛還歇妬深情却踈長門一步地不肯暫迴車
雨落不上天水覆難再收君情與妾意各自東西流
昔日芙蓉花今成斷根草以色事他人能得幾時好

塞上曲

大漢無中策匈奴犯渭橋五原秋草緑胡馬一何驕
命將征西極横行陰山側燕支落漢家婦女無華色

轉戰渡黄河休兵樂事多蕭條清萬里瀚海寂無波

東武吟

好古笑流俗素聞賢達風方希佐明主長揖辭成功
白日在高天迴光燭微躬恭承鳳凰詔欻起雲蘿中
清切紫霄迥優游丹禁通君王賜顔色聲價凌煙虹
乘輿擁翠蓋扈從金城東寶馬麗絶景錦衣入新豐
依巖望松雪對酒鳴絲桐因學揚子雲獻賦甘泉宮
天書美片善清芬播無窮一朝去金馬飄落成飛蓬
賓客日踈散玉樽亦已空才力猶可倚不慙世上雄
閑作東武吟曲盡情未終書此謝知己吾尋黄綺翁

長歌行

桃李待日開榮華照當年東風動百物草木盡欲言
枯枝無醜葉涸水吐清泉大力運天地羲和無停鞭
功名不早著竹帛將何宣桃李務青春誰能貫白日
富貴與神仙蹉跎成兩失金石猶銷鑠風霜無久質
畏落日月後強歡歌與酒秋霜不惜人倏忽侵蒲柳

贈溧陽宋少府陟

李斯未相秦且逐東門兎宋玉事襄王能為高唐賦
常聞緑水曲忽此相逢遇掃洒青天開豁然披雲霧
蛾䴏紫鸞鳥巢在崐山樹驚風西北吹飛落南溟去

早懷經濟策特受龍顏顧白玉棲青蠅君臣忽行路
入生感分義貴欲呈丹素何日清中原相期廓天步

贈常侍御

安石在東山無心濟天下一起振橫流功成復蕭灑
大賢有卷舒季葉輕風雅匡復屬何人君為知音者
傳聞武安將氣振長平瓦燕趙期洗清周秦保宗社
登朝若有言為訪南遷賈

博晉鄭太守自廬山千里相尋入江夏北市
門見訪却之武陵立馬贈別

大梁貴公子氣蓋蒼梧雲若無三千客誰道信陵君

救趙復存魏英威天下聞邯鄲能屈節訪傳從毛薛
夷門得隱淪而與侯生親仍要鼓刀者乃是袖槌人
好士不盡心何能保其身多君重然諾意氣遙相託
五馬入市門金鞍照城郭都忘虎竹貴且與荷衣樂
去去桃花源何時見歸軒相思無終極腸斷朗江猿

贈張相鎬

神器難竊弄天狼窺紫宸六龍遷白日四海暗胡塵
旻穹降元宰君子方經綸澹然養浩氣欻起持大鈞
秀骨象山嶽英謀合鬼神佐漢解鴻門生唐為後身
擁旄秉金鉞伐鼓乘牛輪虎將如雷霆總戎向東巡

諸侯拜馬首猛士騎鯨鱗澤被魚鳥悅令行草木春
聖智不失時建功及良辰醜虜安足紀可貽幗與巾
倒瀉溟海珠盡為入幕珍馮異獻赤伏鄧生倏來臻
庶同昆陽舉再覩漢儀新昔為管將鮑中奔吳隔秦
一生欲報主百代期榮親其事竟不就哀哉難重陳
臥病宿松山蒼茫空四鄰風雲激壯志枯槁驚常倫
聞君自天來目張氣益振亞夫得劇孟敵國空無人
捫蝨對桓公願得論悲辛大塊方噫氣何辭鼓青蘋
斯言儻不合歸老漢江濱

寄東魯二稚子

吳地桑葉綠吳蠶已三眠我家寄東魯誰種龜陰田
春事已不及江行復茫然南風吹歸心飛墮酒樓前
樓東一株桃枝葉拂青煙此樹我所種別來向三年
桃今與樓齊我行尚未旋嬌女字平陽折花倚桃邊
折花不見我淚下如流泉小兒名伯禽與姊亦齊肩
雙行桃樹下撫背復誰憐念此失次第肝腸日憂煎
裂素寫遠意因之汶陽川

送薛九被讒去魯

宋人不辨玉魯賤東家丘我笑薛夫子胡為兩地遊
黃金消衆口白璧竟難投梧桐生蒺藜綠竹乏佳實

鳳凰宿誰家送與群雞匹田家養老馬窮士歸其門
蛾眉笑躄者賓客去平原却斬美人首三千還駿奔
毛公一挺劍楚趙兩相存孟嘗怳狡兎三窟賴馮諼
信陵奪兵符為用侯生言春申一何愚刎首為李園
賢哉四公子撫掌黃泉裏借問笑何人笑人不好士
爾去且勿諠桃李竟何言沙丘無漂母誰肯飯王孫

送岑徵君歸鳴皐山

岑公相門子雅望歸安石奕世皆夔龍中台竟三折
至人達機兆高揖九州伯奈何天地閉而作隱淪客
貴道能全真潛輝卧幽鄰探元入窅默觀化遊無垠

光武有天下嚴陵為故人雖登洛陽殿不屈巢由身
余亦謝明主今稱偃蹇臣登高覺萬古思與廣成鄰
蹈海寧受賞還山非問津西來一搖扇共拂元規塵

送張秀才謁高中丞

余時繫尋陽獄中正讀留侯傳秀才張孟
熊蘊滅胡之策將之廣陵謁高中丞余喜
子房之風感激於斯人因作是詩以送之

秦帝淪玉鏡留侯降氛氳感激黃石老經過滄海君
壯士揮金槌報讐六國聞智勇冠終古蕭陳難與群
兩虎爭鬬時天地動風雲酒酣舞長劍倉卒解漢紛

宇宙初倒懸鴻溝勢將分英謀信奇絕夫子揚清芬
胡月入紫微三光亂天文高公鎮淮海談笑却妖氛
採爾幕中畫戡難光殊勳我無燕霜感玉石俱燒焚
但洒一行淚臨岐竟何云

金陵鳳凰臺置酒

置酒延落景金陵鳳凰臺長波寫萬古心與雲俱開
借問往昔時鳳凰為誰來鳳凰去已久正當今日廻
明君越羲軒天老坐三台豪士無所用彈絃醉金罍
東風吹去花安可不盡杯六帝沒幽草深宮冥綠苔
置酒勿復道歌鍾但相催

秋浦清溪雪夜對酒客有唱鷓鴣者

披君貂襜褕對君白玉壺雪花酒上滅頓覺夜寒無
客有桂陽至能吟山鷓鴣清風動窗竹越鳥起相呼
持此足為樂何煩笙與竽

金陵望漢江

漢江廻萬里派作九龍盤橫潰豁中國崔嵬飛迅湍
六帝淪亡後三吳不足觀我君混區宇垂拱衆流安
今日任公子滄浪罷釣竿

西施

西施越溪女出自苧羅山秀色掩今古荷花羞玉顏

浣紗弄碧水自與清波閑皓齒信難開沉吟碧雲閒
句踐求絶豔揚蛾入吳闗提攜館娃宫杳耿詎可攀
一破夫差國千秋竟不還

蘇武

蘇武在匈奴十年持漢節白鴈上林飛空傳一書札
牧羊邊地苦落日歸心絶渴飲月窟水飢餐天上雪
東還沙塞遠北愴河梁别泣把李陵衣相看淚成血

春思

燕草如碧絲秦桑低緑枝當君懷歸日是妾斷腸時
春風不相識何事入羅幃

經亂後將避地剡中留贈崔宣城

雙鵝飛洛陽五馬渡江徼何意上東門胡雛更長嘯
中原走豺虎烈火焚宗廟太白晝經天頹陽掩餘照
王城皆蕩覆世路成奔峭東海望長安嚬眉寡西笑
蒼生疑落葉白骨空相弔連兵似雪山破敵誰能料
我垂北溟翼且學南山豹崔子賢主人歡娛每相召
胡床紫玉笛却坐青雲叫楊花滿州城置酒同臨眺
忽思剡溪去水石遠清妙雪晝天地明風開湖山貌
悶為洛生詠醉發吳越調赤霞動金光日足森海嶠
獨散萬古意閑垂一溪釣猿近天上啼人移月邊棹
無以墨綬苦來求丹砂要華髪長折腰將貽陶公誚

送韓準裴政孔巢父還山

獵客張兎罝不能掛龍虎所以青雲人高歌在巖戶
韓生信英彦裴子含清真孔侯復秀出俱與雲霞親
峻節凌遠松同衾卧盤石斧冰漱寒泉三子同二屐
時時或乘興往往雲無心出山揖牧伯長嘯輕衣簪
昨宵夢裏還雲弄竹溪月今晨魯東門帳飲與君别
雪崖滑去馬蘿逕迷歸人相思若煙草歷亂無冬春

對雪奉餞任城六父秩滿歸京

龍虎謝鞭策鵷鸞不司晨君看海上鶴何似籠中鶉

獨用天地心浮雲乃吾身雖將簪組狎若與煙霞親
季父有英風白眉超常倫一官即夢寐脱屣歸西秦
竇公敞華筵墨客盡來臻燕歌落胡鴈郢曲廻陽春
征馬百度嘶遊車動行塵躊躇未忍去戀此四座人
餞離駐高駕惜别空殷懃何時竹林下更與步兵鄰

至陵陽山登天柱石酬韓侍御見招隱黄山

韓衆騎白鹿西往華山中玉女千餘人相隨在雲空
見我傳秘訣精誠與天通何意到陵陽遊目送飛鴻
天子昔避狄與君亦乘驄擁兵五陵下長策馭胡戎
時泰解綉衣脱身若飛蓬鸞鳳翻羽翼啄粟坐樊籠

海鶴一笑之思歸向遼東黄山過石柱巘崿上攢叢
因巢翠玉樹忽見浮丘公又引王子喬吹笙舞松風
朗詠紫霞篇請開蘂珠宮歩綱繞碧落倚樹招青童
何日可攜手遺形入無窮

遊太山

朝飲王母池暝投天門關獨抱綠綺琴夜行青山間
山明月露白夜靜松風歇仙人遊碧峯處處笙歌發
寂靜娛清暉玉真連翠微想像鸞鳳舞飄颻龍虎衣
捫天摘匏瓜恍惚不憶歸舉手弄清淺誤攀織女機
明晨坐相失但見五雲飛

登廣武古戰場懷古

秦鹿奔野草逐之若飛蓬項王氣蓋世紫電明雙瞳
呼吸八千人横行起江東赤精斬白帝叱咤入關中
兩龍不並躍五緯與天同楚滅無英圖漢興有成功
按劒清八極歸酣歌大風伊昔臨廣武連兵決雌雄
分我一杯羹太皇乃汝翁戰爭有古跡壁壘頹層穹
猛虎吟洞壑飢鷹鳴秋空翔雲列曉陣殺氣赫長虹
撥亂屬豪聖俗儒安可通沉湎呼豎子狂言非至公
撫掌黄河曲嗤嗤阮嗣宗

南奔書懷

遥夜何漫漫空歌白石爛甯戚未匡齊陳平終佐漢
欃槍掃河洛直割洪溝半歷數方未遷雲雷屢多難
天人秉旄鉞虎竹光藩翰侍筆黄金臺傳觴青玉按
不因秋風起自有思歸歎主將動讒疑王師忽離叛
自來白沙上鼓譟丹陽岸賓御如浮雲從風各消散
舟中指可掬城上骸爭爨草草出近關行行昧前筭
南奔劇星火北寇無涯畔顧之七寶鞭留連道傍翫
太白夜食昴長虹日中貫秦趙興天兵茫茫九州亂
感遇明主恩頗高祖逖言過江誓流水志在清中原
拔劒擊前柱悲歌難重論

遊敬亭寄崔侍御

我家敬亭下輒繼謝公作相去數百年風期宛如昨
登高素秋月下望青山郭俯視鴛鷺群飲啄自鳴躍
夫子雖蹭蹬瑶臺雪中鶴獨立窺浮雲其心在寥廓
時來顧我笑一飯葵與藿世路如秋風相逢盡蕭索
腰間玉具劍意許無遺諾壯士不可輕相期在雲閣

送魯郡劉長史遷弘農長史

魯國一杯水難容横海鱗仲尼且不敬況乃尋常人
白玉換斗粟黄金買尺薪閉門木葉下始覺秋非春
聞君向西遷地即鼎湖鄰寶鏡匣蒼蘚丹經埋素塵

軒后上天時攀龍遺小臣及此留惠愛庶幾風化淳
魯縞如白煙五縑不成束臨行贈貧交一尺重山嶽
相國齊晏子贈行不及言託陰當樹李忘憂當樹萱
他日見張禄綈袍懷舊恩

經下邳圯橋懷張子房

子房未虎嘯破産不為家滄海得壯士椎秦博浪沙
報韓雖不成天地皆振動潛匿遊下邳豈曰非智勇
我來圯橋上懷古欽英風唯見碧流水曾無黄石公
嘆息此人去蕭條徐泗空

望鸚鵡洲懷禰衡

魏帝營八極、蟻觀一禰衡黄祖斗筲人殺之、受惡名
吴江賦鸚鵡落筆超群英鏘鏘振金玉句句欲飛鳴
鷙鶚啄孤鳳千春傷我情五嶽起方寸隱然詎可平
才高竟何施寡識冒天刑至今芳洲上蘭蕙不忍生

春日獨酌

東風扇淑氣水木榮春暉白日照緑草落花散且飛
孤雲還空山衆鳥各已歸彼物皆有託吾生獨無依
對此石上月長醉歌芳菲

春日醉起言志

處世若大夢胡為勞其生所以終日醉頽然卧前楹
覺來眄庭前一鳥花間鳴借問此何時春風語流鶯
感之、欲嘆息對酒還自傾浩歌待明月曲盡已忘情

對酒

勸君莫拒杯春風笑人來桃李如舊識傾花向我開
流鶯啼碧樹明月窺金罍昨日朱顔子今日白髮催
棘生石虎殿鹿走姑蘇臺自古帝王宅城闕閉黄埃
君若不飲酒昔人安在哉

擬古

青天何歷歷明星如白石黄姑與織女相去不盈尺
銀河無鵲橋非時將安適閨人理紈素遊子悲行役

瓶水知冬、寒霜露欺遠客客似秋葉飛飄颻不言歸
別後羅帶長愁寬去時衣乘月託宵夢因之、寄金徽

其二

高樓入青天下有白玉堂明月看欲墮當窻懸清光
遙夜一、羙人羅衣沾秋霜含情弄柔瑟彈作陌上桑
絃聲何激烈風捲遶飛梁行人皆躑躅棲鳥去迴翔
但寫妾意苦莫辭此曲傷願逢同心者飛作紫鴛鴦

尋陽紫極宫作

何處聞秋聲翛翛北窻竹迴薄萬古心攬之、不盈掬
靜坐觀衆妙浩然媚幽獨白雲南山來就我簷下宿

賴從唐生決羞訪季主卜四十九年非一往不可復
野情轉蕭散世道有翻覆陶令歸去來田家酒應熟

少年子

青雲少年子挾彈章臺左鞍馬四邊開突如流星過
金丸落飛鳥夜入瓊樓卧夷齊是何人獨守西山餓

戲贈鄭溧陽

陶令日日醉不知五柳春素琴本無絃漉酒用葛巾
清風北窓下自謂羲皇人何時到栗里一見平生親

金鄉送韋八之西京

客自長安來還歸長安去狂風吹我心西掛咸陽樹

此情不可道此別何時遇望望不見君連山起煙霧

王右軍

右軍本清真瀟灑在風塵山陰遇羽客愛此好鵝賓
掃素寫道經筆精妙入神書罷籠鵝去何曾別主人

待酒不至

玉壺繫青絲沽酒來何遲山花向我笑正好銜杯時
晚酌東窓下流鶯復在茲春風與醉客今日乃相宜

嘲王歷陽不肯飲酒

地白風色寒雪花大如手笑殺陶淵明不飲杯中酒
浪撫一張琴虛栽五株柳空負頭上巾吾於爾何有

子夜吳歌

長安一片月萬戶擣衣聲秋風吹不盡總是玉關情
何日平胡虜良人罷遠征

友人會宿

滌蕩千古愁留連百壺飲良宵宜且談皓月未能寢
醉來卧空山天地即衾枕

遭田父泥飲美嚴中丞　杜子美

步屧隨春風村村自花柳田翁逼社日邀我嘗新酒
酒酣誇新尹畜眼未見有迴頭指大男渠是弓弩手
名在飛騎籍長番歲時久前日放營農辛苦救衰朽

差科死則已誓不舉家走今年大作社拾遺能住否
叫婦開大瓶盆中為吾取感此氣揚揚須知風化首
語多雖雜亂說尹終在口朝來偶然出自卯將及酉
久客惜人情如何拒鄰叟高聲索果栗欲起時被肘
指揮過無禮未覺村野醜月出遮我留仍嗔問升斗

夏日李公見訪時為太子家令

遠林暑氣薄公子過我遊貧居類村塢僻近城南樓
傍舍頗淳朴所願亦易求隔壁喚西家借問有酒不
牆頭過濁醪展席俯長流清風左右至客意已驚秋
巢多衆鳥喧葉密鳴蟬稠苦遭此物聒孰謂吾廬幽

水花晚色靜庶足充淹留預恐樽中盡更起為君謀

北征

皇帝二載秋閏八月初吉杜子將北征蒼茫問家室
維時遭艱虞朝野少暇日顧慚恩私被詔許歸蓬蓽
拜辭詣闕下怵惕久未出雖乏諫諍姿恐君有遺失
君誠中興主經緯固密勿東胡反未已臣甫憤所切
揮涕戀行在道途猶恍惚乾坤含瘡痍憂虞何時畢
靡靡踰阡陌人煙眇蕭瑟所遇多被傷呻吟更流血
回首鳳翔縣旌旗晚明滅前登寒山重屢得飲馬窟
邠郊入地底涇水中蕩潏猛虎入我前蒼崖吼時裂

菊垂今秋花石帶古車轍青雲動高興幽事亦可悅
山果多瑣細羅生雜橡栗或紅若丹砂或黑如點漆
雨露之所濡甘苦齊結實緬思桃源內益歎身世拙
坡陀望鄜畤谷崖互出沒我行已水濱我僕猶木末
鴟鳥鳴黃桑野鼠拱亂穴夜深經戰場寒月照白骨
潼關百萬師往者散何卒遂令半秦民殘害為異物
況我墮胡塵及歸盡華髮經年至茅屋妻子衣百結
慟哭松聲迴悲泉共幽咽平生所嬌兒顏色白勝雪
見爺背面啼垢膩腳不襪牀前兩小女補綻纔過膝
海圖拆波濤舊繡移曲折天吳及紫鳳顛倒在短褐

老夫情懷惡嘔泄臥數日那無囊中帛救汝寒凜慄
粉黛亦解苞衾裯稍羅列瘦妻面復光癡女頭自櫛
學母無不為曉粧隨手抹移時施朱鉛狼藉畫眉闊
生還對童稚似欲忘飢渴問事競挽鬚誰能即嗔喝
翻思在賊愁甘受雜亂聒新歸且慰意生理焉能說
至尊尚蒙塵幾日休練卒仰看天色改旁覺妖氛豁
陰風西北來慘澹隨回紇其王願助順其俗喜馳突
送兵五千人驅馬一萬匹此輩少為貴四方服勇決
所用皆鷹騰破敵過箭疾聖心頗虛佇時議氣欲奪
伊洛指掌收西京不足拔官軍請深入蓄銳伺俱發

此舉開青徐旋瞻略恒碣昊天積霜露正氣有肅殺
禍轉亡胡歲勢成擒胡月胡命其能久皇綱未宜絕
憶昨狼狽初事與古先別奸臣竟葅醢同惡隨蕩析
不聞夏殷衰中自誅褒妲周漢獲再興宣光果明哲
桓桓陳將軍仗鉞奮忠烈微爾人盡非于今國猶活
淒涼大同殿寂寞白獸闥都人望翠華佳氣向金闕
園陵固有神掃灑數不缺煌煌太宗業樹立甚宏達

述懷

去年潼關破妻子隔絕久今夏草木長脫身得西走
麻鞋見天子衣袖露兩肘朝廷愍生還親故傷老醜

涕淚授拾遺流離主恩厚柴門雖得去未忍即開口
寄書問山川不知家在否比聞同罹禍殺戮到鷄狗
山中漏茅屋誰復依戶牖摧頹蒼松根地冷骨未朽
幾人全性命盡室豈相偶嶔岑猛虎場鬱結回我首
自寄一封書今已十月後反畏消息來寸心亦何有
漢運初中興平生老耽酒沉思歡會處恐作窮獨叟

奉贈韋左丞丈二十二韻

紈袴不餓死儒冠多誤身丈人試靜聽賤子請具陳
甫昔少年日早充觀國賓讀書破萬卷下筆如有神
賦料揚雄敵詩看子建親李邕求識面王翰願卜鄰

自謂頗挺出立登要路津致君堯舜上再使風俗淳
此意竟蕭條行歌非隱淪騎驢三十載旅食京華春
朝扣富兒門暮隨肥馬塵殘盃與冷炙到處潛悲辛
主上頃見徵歘然欲求伸青冥却垂翅蹭蹬無縱鱗
甚媿丈人厚甚知丈人真每於百僚上猥誦佳句新
竊效貢公喜難甘原憲貧焉能心怏怏秖是走踆踆
今欲東入海即將西去秦尚憐終南山回首清渭濱
常擬報一飯況懷辭大臣白鷗波浩蕩萬里誰能馴

石壕吏

暮投石壕村有吏夜捉人老翁踰墻走老婦出門看
吏呼一何怒婦啼一何苦聽婦前致辭三男鄴城戍
一男附書至二男新戰死存者且偷生死者長已矣
室中更無人惟有乳下孫孫有母未去出入無完裙
老嫗力雖衰請從吏夜歸急應河陽役猶得備晨炊
夜久語聲絕如聞泣幽咽天明登前途獨與老翁別

新婚別

兔絲附蓬麻引蔓故不長嫁女與征夫不如棄路傍
結髮為妻子席不暖君床暮婚晨告別無乃太忽忙
君行雖不遠守邊赴河陽妾身未分明何以拜姑嫜
父母養我時日夜令我藏生女有所歸鷄狗亦得將

君今死生地沉痛迫中腸誓欲隨君往形勢反蒼黃
勿為新婚念努力事戎行婦人在軍中兵氣恐不揚
嘅歎貧家女久致羅襦裳羅襦不復施對君洗紅粧
仰視百鳥飛大小必雙翔人事多錯迕與君永相望

垂老別

四郊未寧靜垂老不得安子孫陣亡盡焉用身獨完
投杖出門去同行為辛酸幸有牙齒存所悲骨髓乾
男兒既介冑長揖別上官老妻臥路啼歲暮衣裳單
孰知是死別且復傷其寒此去必不歸還聞勸加餐
土門壁甚堅杏園度亦難勢異鄴城下縱死時猶寬

人生有離合豈釋衰盛端憶昔少壯日遲迴竟長歎
萬國盡征戍烽火被岡巒積屍草木腥流血川原丹
何鄉為樂土安敢尚盤桓棄絕蓬室居塌然摧肺肝

無家別

寂寞天寶後園廬但蒿藜我里百餘家世亂各東西
存者無消息死者為塵泥賤子因陣敗歸來尋舊蹊
久行見空巷日瘦氣慘悽但對狐與狸豎毛怒我啼
四鄰何所有一二老寡妻宿鳥戀本枝安辭且窮棲
方春獨荷鋤日莫還灌畦縣吏知我至召令習鼓鞞
雖從本州役內顧無所攜近行止一身遠去終轉迷

家鄉既盪盡遠近理亦齊永痛長病母五年委溝谿
生我不得力終身兩酸嘶人生無家別何以為烝黎

贈衛八處士

人生不相見動如參與商今夕復何夕共此燈燭光
少壯能幾時鬢髮各已蒼訪舊半為鬼驚呼熱中腸
焉知二十載重上君子堂昔別君未婚兒女忽成行
怡然敬父執問我來何方問答未及已兒女羅酒漿
夜雨剪春韭新炊間黃粱主稱會面難一舉累十觴
十觴亦不醉感子故意長明日隔山岳世事兩茫茫

夢李太白

死別已吞聲生別常惻惻江南瘴癘地逐客無消息
故人入我夢明我長相憶恐非平生魂路遠不可測
魂來楓林青魂返關塞黑君今在羅網何以有羽翼
落月滿屋梁猶疑照顏色水深波浪闊無使蛟龍得

佳人

絕代有佳人幽居在空谷自云良家子零落依草木
關中昔喪敗兄弟遭殺戮官高何足論不得收骨肉
世情惡衰歇萬事隨轉燭夫婿輕薄兒新人美如玉
合昏尚知時鴛鴦不獨宿但見新人笑那聞舊人哭
在山泉水清出山泉水濁侍婢賣珠迴牽蘿補茅屋

摘花不插髮采栢重盈掬天寒翠袖薄日暮倚脩竹

羌村一首

崢嶸赤雲西日脚下平地柴門鳥雀噪歸客千里至
妻孥怪我在驚定還拭淚世亂遭飄蕩生還偶然遂
鄰人滿墻頭感嘆亦歔欷夜闌更秉燭相對如夢寐

同諸公登慈恩寺塔時高適薛據先有此作

高標跨蒼天烈風無時休自非曠士懷登茲翻百憂
方知象教力足可追冥搜仰穿龍蛇窟始出枝撐幽
七星在北戶河漢聲西流羲和鞭白日少昊行清秋
秦山忽破碎涇渭不可求俯視但一氣焉能辨皇州

回首叫虞舜蒼梧雲正愁惜哉瑶池飲日晏崑崙丘
黄鵠去不息哀鳴何所投君看隨陽鴈各有稻粱謀

遊龍門奉先寺

已從招提遊更宿招提境陰壑生靈籟月林散清影
天闕象緯逼雲卧衣裳冷欲覺聞晨鐘令人發深省

戲簡鄭廣文虔兼呈蘇司業源明

廣文到官舍繫馬堂堦下醉即騎馬歸頗遭官長駡
才名三十年坐客寒無氊近有蘇司業時時與酒錢

前出塞

戚戚去故里悠悠赴交河公家有程期亡命嬰禍羅

君已富土境開邊一何多棄絶父母恩呑聲行負戈

其二

出門日已遠不受徒旅欺骨肉恩豈斷男兒死無時
走馬脱轡頭手中挑青絲捷下萬仞岡俯身試搴旗

其三

磨石嗚咽水水赤刃傷手欲輕腸斷聲心緒亂已久
丈夫誓許國憤惋復何有功名圖麒麟戰骨當速朽

其四

迢迢萬里餘領我赴三軍軍中異苦樂主將寧盡聞
隔河見胡騎倏忽數百群我始為奴僕幾時樹功勲

其五

挽弓當挽強用箭當用長射人先射馬擒賊先擒王
殺人亦有限立國自有疆苟能制侵陵豈在多殺傷

其六

驅馬天雨雪軍行入高山逕危抱寒石指落層氷間
已去漢月遠何時築城還浮雲暮南征可望不可攀

遣興四首

朔風飄胡鴈慘澹帶砂礫長林何蕭蕭秋草萋更碧
北里黄雲天高樓夜吹笛馬知南隣客九月猶絺綌

其二

長陵鋭頭兒出獵待明發騂弓金爪鏑白馬蹴微雪

未知所馳逐但見暮光滅歸來懸兩狼門戸有旌節

其三

賀公雅呉語在位常清狂上疏乞骸骨黄冠歸故鄉
爽氣不可致斯人今則亡山陰一茅宇江海日凄凉

其四

吾憐孟浩然短褐即長夜賦詩何必多往往凌鮑謝
清江空舊魚春風餘甘蔗每望東南雲令人幾悲吒

幽懷 韓退之

幽懷不能寫行此春江潯適與佳節會士女競光陰

凝粧耀洲渚繁吹蕩人心閒關林中鳥亦知和為音
豈無一罇酒自酌還自吟但悲時易失四序迭相侵
我歌君子行視古猶視今

醉贈張秘書

人皆勸我酒我若耳不聞今日到君家呼酒持勸君
為此座上客及余各能文君詩多態度藹藹春空雲
東野動驚俗天葩吐奇芬張籍學古淡軒鶴避雞群
阿買不識字頗知書八分詩成使之寫亦足張吾軍
所以欲得酒為文俟其醺酒味既冷洌酒氣又氛氲
性情漸浩浩諧笑方云云此誠得酒意餘外徒繽紛

長安眾富兒盤饌羅羶葷不解文字飲惟能醉紅裙
雖得一餉樂有如聚飛蚊今我及數子固無蕕與薰
險語破鬼膽高詞媲皇墳至寶不雕琢神功謝鋤耘
方今向太平元凱承華勛吾徒幸無事庶以窮朝曛

秋懷

離離挂空悲慼慼抱虛警露泫秋樹高蟲弔寒夜永
斂退就新懦趨營悼前猛歸愚識夷塗汲古得脩綆
名浮猶有恥味薄真自幸庶幾遺悔尤即此是幽屏

其二

霜風侵梧桐眾葉著樹乾空堦一片下琤若摧琅玕

謂是夜氣滅望舒霣其團青冥無依倚飛轍危難安
驚起出戶視倚楹久汍瀾憂愁費晷景日月如跳丸
迷復不計遠為君駐塵鞍

北極

北極有羈羽南溟有沈鱗川源浩浩隔影響兩無因
風雲一朝會變化成一身誰言道理遠感激疾如神
我年二十五求友昧其人哀歌西京市乃與夫子親
所尚苟同趨賢愚豈異倫方為金石姿萬世無緇磷
無為兒女態憔悴悲賤貧

歸彭城

天下兵又動太平竟何時訏謨者誰子無乃失所宜
前年關中旱閭井多死飢去歲東郡水生民為流屍
上天不虛應禍福各有隨我欲進短策無由至彤墀
刳肝以為紙瀝血以書辭上言陳堯舜下言引龍夔
言詞多感激文字少葳蕤一讀已自憐再尋良自疑
食芹雖云美獻御固已癡緘封在骨髓耿耿空自奇
昨者到京城屢陪高車馳周行多俊異議論無瑕疵
見待頗異禮未能去毛皮到口不敢吐徐徐俟其巇
歸來戎馬間驚顧似羈雌連日或不語終朝見相欺
乘閒輒騎馬茫茫詣空陂遇酒即酩酊君知我為誰

駑驥

駑駘誠齷齪市者何其稠力小苦易制價微良易酬
渴飲一斗水飢食一束芻嘶鳴當大路志氣若有餘
騏驥生絕域自矜無匹儔牽驅入市門行者不為留
借問價幾何黃金比嵩丘借問行幾何咫尺視九州
飢食玉山禾渴飲醴泉流問誰能為御曠世不可求
惟昔穆天子乘之極遐遊王良執其轡造父挾其輈
因言天外事茫惚使人愁駑駘謂騏驥餓死余爾羞
有能必見用有德必見收孰云時與命通塞皆自由
騏驥不敢言低徊但垂頭人皆劣騏驥共以駑駘優

喟余獨興歎才命不同謀寄詩同心子為我商聲謳

送石處士赴河陽幕

長把種樹書人云避世士忽騎將軍馬自號報恩子
風雲入壯懷泉石別幽耳鉅鹿師欲老常山險猶恃
豈惟彼相憂固是吾徒恥去去事方急酒行可以起

調張籍

李杜文章在光燄萬丈長不知羣兒愚那用故謗傷
蚍蜉撼大樹可笑不自量伊我生其後舉頸遙相望
夜夢多見之晝思反微茫徒觀斧鑿痕不矚治水航
想當施手時巨刃磨天揚垠崖劃崩豁乾坤擺雷硠

惟此兩夫子家居率荒涼帝欲長吟哦故遣起且僵
翦翎送籠中使看百鳥翔平生千萬篇金薤垂琳琅
仙官勅六丁雷電下取將流落人間者太山一豪芒
我願生兩翅捕逐出八荒精誠忽交通百怪入我腸
刺手拔鯨牙舉瓢酌天漿騰身跨汗漫不著織女襄
顧語地上友經營無太忙乞君飛霞珮與我高頡頏

孟生詩

孟生江海士古貌又古心嘗讀古人書謂言古猶今
作詩三百首窅默咸池音騎驢到京國欲和薰風琴
豈識天子居九重鬱沉沉一門百夫守無籍不可尋

晶光蕩相射旗戟翩以森遷延乍卻走驚怪靡自任
舉頭見白日泣涕下霑襟朅來遊公卿莫肯低華簪
諒非軒冕族應對多差參萍蓬風波急桑榆日月浸
奈何從進士此路轉嶇嶔異質忌處群孤芳難寄林
誰憐松桂性競愛桃李陰朝悲辭樹葉夕感歸巢禽
顧我多慷慨窮簷時見臨清宵靜相對髮白聆苦吟
采蘭起幽念眇然望東南秦吳脩且阻兩地無數金
我論徐方牧好古天下欽竹實鳳所食德馨神所歆
求觀眾丘小必上泰山岑求觀眾流細必泛滄溟深
于其聽我言可以當所藏既獲則思返無為久滯淫

卞和試三獻期子在秋砧

符讀書城南

木之就規矩在梓匠輪輿人之能為人由腹有詩書詩書勤乃有不勤腹空虛欲知學之力賢愚同一初由其不能學所入遂異閭兩家各生子提孩巧相如少長聚嬉戲不殊同隊魚年至十二三頭角稍相疎二十漸乖張清溝映汙渠三十骨骼成乃一龍一豬飛黃騰踏去不能顧蟾蜍一為馬前卒鞭背生虫蛆一為公與相潭潭府中居問之何因爾學與不學歟金璧雖重寶費用難貯儲學問藏之身身在則有餘君子與小人不繫父母且不見公與相起身自犁鉏不見三公後寒飢出無驢文章豈不貴經訓乃菑畬潢潦無根源朝滿夕已除人不通古今馬牛而襟裾行身陷不義況望多名譽時秋積雨霽新涼入郊墟燈火稍可親簡編可卷舒豈不旦夕念為爾惜居諸恩義有相奪作詩勸躊躇

病鴟

屋東惡水溝有鴟墮鳴悲有泥揜兩翅拍拍不得離羣童呌相召瓦礫爭先之計校生平事殺却理亦宜奪攘不愧恥飽滿盤天嬉晴日占光景高風送追隨

此處缺二十九

下視衆鳥群汝徒竟何為不知挾丸子心默有所規
彈汝枝葉間羽毛不覺摧或言由黃鵠黃鵠豈有之
慎勿猜衆鳥衆鳥不足猜無人語鳳凰汝屈安得知
黃鵠得汝去婆娑弄毛衣前汝下視鳥各議汝瑕疵
汝豈無朋匹有口莫肯開汝落蒿艾間幾時復能飛
哀哀故山友中夜思汝悲路遠翅翎短不得持汝歸

酬裴十六功曹巡府西驛途中見寄

相公罷論道聿至活東人御史坐言事作吏府中塵
遂令河南治今古無儔倫四海日富庶道途隘蹄輪
府西三百里侯館同魚鱗相公謂御史勞子去自巡
是時山水秋光景何鮮新哀鴻鳴清耳宿霧褰高旻
遺我行旅詩軒軒有風神譬如黃金盤照耀荊璞真
我來亦已幸事賢友其仁持竿落水側孤坐屢窮辰
多才自勞苦無用祗因循辭免期匪遠行行及山春

送諸葛覺往隨州讀書

鄴侯家多書插架三萬軸一一懸牙籤新若手未觸
為人強記覽過眼不再讀偉哉群聖文磊落載其腹
行年餘五十出守數已六京邑有舊廬不容久食宿
臺閣多官員無地寄一足我雖官在朝氣勢日局縮
屢為丞相言雖懇不見錄送行過滻水東望不轉目
今子從之游學問得所欲入海觀龍魚矯翮逐黃鵠
勉為新詩章月寄三四幅

續選唐音大成卷之九終

續選唐音大成卷之十

宜興邵天和節夫編校

補音二

七言古詩

涇溪都郡寄鄭少府謌　李太白

我遊東亭不見君沙上行將白鷺群白鷺行時散飛去又如雪點青山雲欲往涇溪不辭遠龍門蹙波虎轉眼杜鵑花開春已闌歸向陵陽釣魚晚

採蓮曲

若耶溪傍採蓮女笑隔荷花共人語日照新粧水底明風飄香袂空中舉岸上誰家遊冶郎三三五五映垂楊紫騮嘶入落花去見此踟蹰空斷腸

擣衣篇

閨裏佳人年十餘顰蛾對影恨離居忽逢江上春歸燕銜得雲中尺素書玉手開緘長嘆息狂夫猶戍交河北萬里交河水北流願為雙燕泛中洲君邊雲擁青絲騎妾處苔生紅粉樓樓上春風日將歇誰能攬鏡看秋髮曉吹員管隨落花夜擣戎衣向明月明月高高刻漏長真珠簾箔掩蘭堂橫垂寶幄同心結半拂瓊窗蘇合香瓊窗寶幄連枝錦燈燭熒熒照孤寢有便憑將金剪刀為君留下相思枕摘盡庭蘭不見君紅巾拭淚生氤氳明年若更征邊塞願作陽臺一段雲

烏夜啼

黃雲城邊烏欲棲歸飛啞啞枝上啼機中織錦秦川女碧紗如煙隔窗語停梭悵然憶遠人獨宿孤房淚如雨

流夜郎贈辛判官

昔在長安醉花柳五侯七貴同杯酒氣岸遥凌豪士前風流肯落他人後夫子紅顏我少年章臺走馬着

金鞭文章獻納麒麟殿歌舞淹留玳瑁筵與君自謂長如此寧知草動風塵起函谷忽驚胡馬來秦宮桃李向明開我愁遠謫夜郎去何日金雞放赦回

南陵別兒童入京

白酒初熟山中歸黃鷄啄黍秋正肥呼童烹鷄酌白酒兒女嬉笑牽人衣高歌取醉欲自慰起舞落日生光輝游說萬乘苦不早着鞭跨馬涉遠道會稽愚婦輕買臣余亦辭家西入秦仰天大笑出門去我輩豈是蓬蒿人

送羽林陶將軍

將軍出使擁樓船江上旌旗拂紫煙萬里橫戈探虎穴三杯拔劍舞龍泉莫道詞人無膽氣臨行將贈繞朝鞭

把酒問月

青天有月來幾時我今停杯一問之人攀明月不可得月行却與人相隨皎如飛鏡臨丹闕綠煙滅盡清輝發但見宵從海上來寧知曉向雲間沒白兔擣藥秋復春嫦娥孤栖與誰鄰今人不見古時月今月曾經照古人古人今人若流水共看明月皆如此唯願當歌對酒時月光長照金樽裏

酬殷明佐見贈五雲裘歌

我吟謝朓詩上語朔風颯颯吹飛雨謝朓已沒青山空後來繼之有殷公粉圖珍裘五雲色曄如晴天散彩虹文章彪炳光陸離應是素娥玉女之所為輕如松花落金粉濃似苔錦含碧滋遠山積翠橫海島殘霞飛丹映江草凝毫採掇花露容幾年功成奪天造故人贈我我不違著令山水含清暉頓驚謝康樂詩興生我衣襟前林壑斂暝色袖上雲霞收夕霏群仙長嘆驚此物千崖萬嶺相縈鬱身騎白鹿行飄颻手翳紫芝笑披拂相如不足誇鷫鸘王恭鶴氅安可方

瑤臺雪花數千點片片吹落春風香為君持此淩蒼蒼上朝三十六玉皇下窺夫子不可及矯首相思空斷腸

草書歌行

少年上人號懷素草書天下稱獨步墨池飛出北溟魚筆鋒殺盡中山兔八月九月天氣涼酒徒詞客滿高堂牋麻素絹排數箱宣州石硯墨色光吾師醉後倚繩床須臾掃盡數千張飄風驟雨驚颯颯落花飛雪何茫茫起來向壁不停手一行數字大如斗怳怳如聞神鬼驚時時只見龍蛇走左盤右蹙如驚電狀同楚漢相攻戰湖南七郡凡幾家家家屏障書題徧王逸少張伯英古來幾許浪得名張顛老死不足數我師此義不師古古來萬事貴天生何必要公孫大娘渾脫舞

蜀道難

噫吁戲危乎高哉蜀道之難難於上青天蠶叢及魚鳧開國何茫然爾來四萬八千歲不與秦塞通人煙西當太白有鳥道可以橫絕峨眉巔地崩山摧壯士死然後天梯石棧相鉤連上有六龍回日之高標下有衝波逆折之回川黃鶴之飛尚不得過猿猱欲度

愁攀援青泥何盤盤百步九折縈巖巒捫參歷井仰
脅息以手撫膺坐長嘆問君西遊何時還畏途巉巖
不可攀但見悲鳥號古木雄飛從雌繞林間又聞子
規啼夜月愁空山蜀道之難難於上青天使人聽此
凋朱顏連峰去天不盈尺枯松倒掛倚絕壁飛湍瀑
流爭喧豗砅厓轉石萬壑雷其險也如此嗟爾遠道
之人胡為乎來哉劍閣崢嶸如崔嵬一夫當關萬夫
莫開所守或匪親化為狼與豺朝避猛虎夕避長蛇
磨牙吮血殺人如麻錦城雖云樂不如早還家蜀道
之難難於上青天側身西望長咨嗟

梁甫吟

長嘯梁甫吟何時見陽春君不見朝歌屠叟辭棘津
八十西來釣渭濱寧羞白髮照清水逢時吐氣思經
綸廣張三千六百釣風期暗與文王親大人虎變愚
不測當年頗似尋常人君不見高陽酒徒起草中長
揖山東隆準公入門不拜騁雄辯兩女輟洗來趨風
東下齊城七十二指揮楚漢如旋蓬狂客落魄尚如
此何況壯士當羣雄我欲攀龍見明主雷公砰訇震
天鼓帝傍投壺多玉女三時大笑開電光倏爍晦冥
起風雨閶闔九門不可通以額扣關閽者怒白日不

照吾精誠杞國無事憂天傾猰貐磨牙競人肉騶虞
不折生草莖手接飛猱搏彫虎側足焦原未言苦智
者可卷愚者豪世人見我輕鴻毛力排南山三壯士
齊相殺之費二桃吳楚弄兵無劇孟亞夫咍爾為徒
勞梁甫吟聲正悲張公兩龍劍神物合有時風雲感
會起屠釣大人峴屼當安之

將進酒

君不見黃河之水天上來奔流到海不復廻君不見
高堂明鏡悲白髮朝如青絲暮如雪人生得意須盡
懽莫使金樽空對月天生我材必有用千金散盡還

復來烹羊宰牛且為樂會須一飲三百杯岑夫子丹
丘生進酒君莫停與君歌一曲請君為我側耳聽鍾
鼎玉帛不足貴但願長醉不願醒古來聖賢皆寂寞
惟有飲者留其名陳王昔時宴平樂斗酒十千恣讙
謔主人何為言少錢且須沽酒對君酌五花馬千金
裘呼兒將出換美酒與爾同銷萬古愁

行路難二首

大道如青天我獨不得出羞逐長安社中兒赤鷄白
狗賭梨栗彈劍作歌奏苦聲曳裾王門不稱情淮陰
市井笑韓信漢朝公卿忌賈生君不見昔時燕家重

郭隗擁篲折節無嫌猜劇辛樂毅感恩分輸肝剖膽效英才昭王白骨縈爛草誰人更掃黃金臺行路難歸去來

有耳莫洗潁川水有口莫食首陽蕨含光混世貴無名何用孤高比雲月吾觀自古賢達人功成不退皆殞身子胥既棄吳江上屈原終投湘水濱陸機雄才豈自保李斯稅駕苦不早華亭鶴唳詎可聞上蔡蒼鷹何足道君不見吳中張翰稱達生秋風忽憶江東行且樂生前一杯酒何須身後千載名

襄陽歌

落日欲沒峴山西倒着接䍦花下迷襄陽小兒齊拍手攔街爭唱白銅鞮傍人借問笑何事笑殺山翁醉似泥鸕鷀杓鸚鵡杯百年三萬六千日一日須傾三百杯遙看漢水鴨頭綠恰似蒲萄初醱醅此江若變作春酒壘麴便築糟丘臺千金駿馬換小妾笑坐雕鞍歌落梅車傍側掛一壺酒鳳笙龍管行相催咸陽市中嘆黃犬何如月下傾金罍君不見晉朝羊公一片石龜頭剝落生莓苔淚亦不能為之墮心亦不能為之哀清風明月不用一錢買玉山自倒非人推舒州杓力士鐺李白與爾同死生襄王雲雨今安在江水東流猿夜聲

梁園吟

我浮黃雲去京闕挂席欲進波連山天長水闊厭遠涉訪古始及平臺間平臺為客憂思多對酒遂作梁園歌却憶蓬池阮公詠因吟淥水揚洪波洪波浩蕩迷舊國路遠西歸安可得人生達命豈暇愁且飲美酒登高樓平頭奴子搖大扇五月不熱疑清秋玉盤楊梅為君設吳鹽如花皎白雪持鹽把酒但飲之莫學夷齊事高潔昔人豪貴信陵君今人耕種信陵墳荒城虛照碧山月古木盡入蒼梧雲梁王宮闕今安

在白馬先歸入相待舞影歌聲散淥池空餘汴水東流海沉吟此事淚滿衣黃金買醉未能歸連呼五白行六博分曹賭酒酣馳輝歌且謠意方遠東山高卧時起來欲濟蒼生未應晚

雉朝飛

麥隴青青三月時白雉朝飛挾兩雌錦衣繡翼何離披牧犢採薪感之悲春天和白日暖啄食飲泉勇氣滿爭雄鬬死繡頸斷雉子班奏急管傾心酒美玉椀枯楊枯楊爾生稊我獨七十而孤棲彈弦寫恨意不盡瞋目歸黃泥

胡無人

嚴風吹霜海草凋筋幹精堅胡馬驕漢家戰士三千
萬將軍兼領霍嫖姚流星白羽腰間插劍花秋蓮光
出匣天兵照雪下玉關虜箭如沙射金甲雲龍風虎
盡交回太白入月敵可摧旄頭滅履胡之腸涉胡血
懸胡青天上埋胡紫塞傍胡無人漢道昌

白頭吟

錦水東北流波蕩雙鴛鴦雄巢漢宮樹雌弄秦芳草
寧同萬死碎綺翼不忍雲間兩分張此時阿嬌正嬌
妒獨坐長門愁日暮但願君恩顧妾深豈惜黃金買

詞賦相如作賦得黃金丈夫好新多異心一朝將聘
茂陵女文君因贈白頭吟東流不作西歸水落花辭
條羞故林兔絲固無情隨風任傾倒誰使女蘿枝而
來強縈抱兩草猶一心人心不如草莫卷龍鬚席從
他生網絲且留琥珀枕或有夢來時覆水再收豈滿
杯棄妾已去難重迴古來得意不相負秖今惟見青
陵臺

鳳笙篇

仙人十五愛吹笙學得崑丘彩鳳鳴始聞鍊氣飡金
液復道朝天赴玉京玉京迢迢幾千里鳳笙去去無
窮已欲歎離聲發絳唇更嗟別調流纖指此時惜別
詎堪聞此地相看未忍分重吟真曲和清吹却奏仙
歌響綠雲綠雲紫氣向函關訪道應尋緱氏山莫學
吹笙王子晉一遇浮丘斷不還

猛虎行

朝作猛虎行暮作猛虎吟腸斷非關隴頭水淚下不
為雍門琴旌旗繽紛兩河道戰鼓驚山欲傾倒秦人
半作燕地囚胡馬翻銜洛陽草一輸一失關下兵朝
降夕叛幽薊城巨鰲未斬海水動魚龍奔走安得寧
頗似楚漢時翻覆無定止朝過博浪沙暮入淮陰市

張良未遇韓信貧劉項存亡在兩臣暫到下邳受兵
略來投漂母作主人賢哲棲棲古如此今時亦棄青
雲士有策不敢犯龍鱗竄身南國避胡塵寶書玉劍
掛高閣金鞍駿馬散故人昨日方為宣城客掣鈴交
通二千石有時六博快壯心遶床三匝呼一擲楚人
莫道張旭奇心藏風雲世莫知三吳邦伯皆顧盼四
海雄俠兩追隨蕭曹曾作沛中吏攀龍附鳳當有時
溧陽酒樓三月春楊花茫茫愁殺人胡雛綠眼吹玉
笛吳歌白紵飛梁塵丈夫相見且為樂槌牛撾鼓會
眾賓我從此去釣東海得魚笑寄情相親

玉壺吟

烈士擊玉壺壯心惜暮年三杯拂劍舞秋月忽然高詠涕泗漣鳳凰初下紫泥詔謁帝稱觴登御筵揄揚九重萬乘主謔浪赤墀青瑣賢朝天數換飛龍馬敕賜珊瑚白玉鞭世人不識東方朔大隱金門是謫仙西施宜笑復宜嚬醜女效之徒累身君王雖愛蛾眉好無奈宮中妬殺人

當塗趙炎少府粉圖山水歌

峩眉高出西極天羅浮直與南溟連名公繹思揮彩筆驅山走海置眼前滿堂空翠如可掃赤城霞氣蒼

梧煙洞庭瀟湘意渺綿三江七澤情洄沿驚濤洶湧向何處孤舟一去迷歸年征帆不動亦不旋飄如隨風落天邊心搖目斷興難盡幾時可到三山巔西峯崢嶸噴流泉橫石蹙水波潺湲東崖合沓蔽輕霧深林雜樹空芊綿此中冥昧失晝夜隱几寂聽無鳴蟬長松之下列羽客對坐不語南昌僊南昌僊人趙夫子妙年歷落青雲士訟庭無事羅衆賓杳然如在丹青裏五色粉圖安足珍真僊可以全吾身若待功成拂衣去武陵桃花笑殺人

醉後贈從甥高鎮

馬上相逢揖馬鞭客中相見客中憐欲邀擊筑悲歌飲正值傾家無酒錢江東風光不借人枉殺落花空自春黃金逐手快意盡昨日破產今朝貧丈夫何事空嘯傲不如燒却頭上巾君為進士不得進我被秋霜生旅鬢時清不及英豪人三尺童兒重廉藺匣中盤劍裝鮨魚閑在腰間未用渠且將換酒與君醉醉歸託宿吳專諸

贈從弟南平太守

少年不得意落魄無安居願隨任公子欲釣吞舟魚常時飲酒逐風景壯心遂與功名疎蘭生谷底人不

鋤雲在高山空卷舒漢家天子馳駟馬赤車蜀道迎相如天門九重謁聖人龍顏一解四海春彤庭左右呼萬歲拜賀明主收沉淪翰林秉筆回英眄麟閣崢嶸誰可見承恩初入銀臺門著書獨在金鑾殿龍駒雕鐙白玉鞍象牀綺席黃金盤當時笑我微賤者却來請謁為交歡一朝謝病遊江海疇昔相知幾人在前門長揖後門關今日結交明日改愛君山岳心不移隨君雲霧迷所為夢得池塘生春草使我長價登樓詩別後遙傳臨海作可見羊何共和之

寄王屋山人孟大融

我昔東海上勞山餐紫霞親見安期公食棗大如瓜中年謁漢主不愜還歸家朱顏謝春輝白髮見生涯所期就金液飛步登雲車願隨夫子天壇上閑與仙人掃落花

春早寄王漢陽

聞道春還未相識走傍寒梅訪消息昨夜東風入武陽陌頭楊柳黄金色碧水浩浩雲茫茫美人不來空斷腸預拂青山一片石與君連日醉壺觴

答杜秀才五松見贈

昔獻長楊賦天開雲雨歡當時待詔承明裏皆道揚

雄才可觀敕賜飛龍二天馬黄金絡頭白玉鞍浮雲蔽日去不返總為秋風摧紫蘭角巾東出商山道採秀行歌詠芝草路逢園綺笑向人兩君解來一何好聞道金陵龍虎盤還同謝眺望長安千峯夾水向秋浦五松名山當夏寒銅井炎鑪歊九天赫如鑄鼎荊山前陶公矍鑠呵赤電回祿睢盱揚紫煙此中豈是久留處便欲燒丹從列仙愛聽松風且高卧颼飀吹盡炎氛過登崖獨立望九州陽春欲奏誰相和聞君往年遊錦城章仇尚書倒屣迎飛牋絡繹奏明主天書降問迴恩榮𩨨髒不能就珪組至今空揚高蹈名

夫子工文絶世奇五松新作天下推吾非謝尚邀彦伯異代風流各一時一時相逢樂在今袖拂白雲開素琴彈為三峽流泉音從茲一别武陵去去後桃花春水深

醉歌行　杜子美

陸機二十作文賦汝更少年能綴文總角草書又神速世上兒子徒紛紛驊騮作駒已汗血鷙鳥舉翮連青雲詞源倒流三峽水筆陣獨掃千人軍只今年纔十六七射策君門期第一舊穿楊葉真自知暫蹶霜蹄未為失偶然擢秀非難取會是排風有毛質汝身

已見唾成珠汝伯何由髮如漆春光澹沲秦東亭渚蒲芽白水荇青風吹客衣日杲杲樹攪離思花冥冥酒盡沙頭雙玉瓶衆賓皆醉我獨醒乃知貧賤别更苦吞聲躑躅涕淚零

戲韋偃為雙松圖歌

天下幾人畫古松畢宏已老韋偃少絶筆長風起纖末滿堂動色嗟神妙兩株慘烈苔蘚皮屈鐵交錯廻高枝白摧朽骨龍虎死黑入太陰雷雨垂松根胡僧憩寂寞龐眉皓首無住著偏袒右肩露雙脚葉裏松子僧前落韋侯韋侯數相見我有一匹好東絹重之

不減錦綉叚已令拂拭光凌亂請公放筆為直榦

秋雨嘆

雨中百草秋爛死堦下决明顔色鮮着葉滿枝翠羽盖開花無數黄金錢涼風蕭蕭吹汝急恐汝後時難獨立堂上書生空白頭臨風三嗅馨香泣

玄都壇歌寄元逸人

故人昔隱東蒙峰已佩含景蒼精龍故人今居子午谷獨在陰崖結茅屋屋前太古玄都壇青石漠漠常風寒子規夜啼山竹裂王母晝下雲旗翻知君此計誠長往芝草琅玕日應長鐵鎖高垂不可攀致身福

地何蕭爽

飲中八僊歌

知章騎馬似乘船眼花落井水底眠汝陽三斗始朝天道逢麴車口流涎恨不移封向酒泉左相日興費萬錢飲如長鯨吸百川銜杯樂聖稱世賢宗之瀟洒美少年舉觴白眼望青天皎如玉樹臨風前蘇晋長齋繡佛前醉中往往愛逃禪李白一斗詩百篇長安市上酒家眠天子呼來不上船自稱臣是酒中仙張旭三杯草聖傳脫帽露頂王公前揮毫落紙如雲烟焦遂五斗方卓然高談雄辯驚四筵

麗人行

三月三日天氣新長安水邊多麗人態濃意遠淑且真肌理細膩骨肉勻繡羅衣裳照暮春蹙金孔雀銀麒麟頭上何所有翠微㔩葉垂鬢脣身後何所見珠壓腰衱穩稱身就中雲幙椒房親賜名大國虢與秦紫駝之峯出翠釜水精之盤行素鱗犀筯厭飫久未下鸞刀縷切空紛綸黄門飛鞚不動塵御廚絡繹送八珍簫鼓哀鳴感鬼神賓從雜遝實要津後來鞍馬何逡巡當軒下馬入錦茵楊花雪落覆白蘋青鳥飛去銜紅巾炙手可熱勢絶倫慎莫近前丞相嗔

桃竹杖引

江心磻石生桃竹蒼波噴浸尺度足斬根削皮如紫玉江妃水仙惜不得梓潼使君開一束滿堂賓客皆嘆息憐我老病贈兩莖出入爪甲鏗有聲老夫復欲東南征乘濤鼓枻白帝城路幽必為鬼神奪拔劍或與蛟龍爭重為告曰杖兮杖兮爾之生也甚正直慎勿見水踴躍學變化為龍使我不得爾之扶持滅跡於君山湖上之青峯噫風塵澒洞兮豺虎咬人忽失雙杖兮吾將曷從

驄馬行

鄧公馬癖人共知新得花驄大宛種夙昔傳聞思一見牽來左右神皆竦雄姿逸態何崷崒顧影驕嘶自矜寵隅目青熒夾鏡懸肉騣碨礧連錢動朝來少試華軒下未覺千金滿高價赤汗微生白雪毛銀鞍却覆香羅帕卿家舊物公能取天厩真龍此其亞晝洗須騰涇渭深朝趨可刷幽并夜吾聞良驥老始成此馬數年人更驚豈有四蹄疾如鳥不與八駿俱先鳴時俗造次那得致雲霧晦冥方降精近聞下詔喧都邑肯使麒麟地上行

徒步歸行

明公壯年值時危經濟實藉英雄姿國之社稷今若是武定禍亂非公誰鳳翔千官且飽飯衣馬不復能輕肥青袍朝士最困者白頭拾遺徒步歸人生交契無老少論交何必先同調妻子山中哭向天須公櫪上追風驃

送孔巢父謝病歸遊江東兼呈李白

巢父掉頭不肯住東將入海隨煙霧詩卷長留天地間釣竿欲拂珊瑚樹深山大澤龍蛇遠春寒野陰風景暮蓬萊織女回雲車指點虛無引歸路自是君身有仙骨世人那得知其故惜君只欲苦死留富貴何如草頭露蔡侯靜者意有餘清夜置酒臨前除罷琴惆悵月照席幾歲寄我空中書南尋禹穴見李白道甫問信今何如

洗兵馬

中興諸將收山東捷書夜報清晝同河廣傳聞一葦過胡兒命在破竹中秖殘鄴城不日得獨任朔方無限功京師皆騎汗血馬回紇餧肉蒲萄宮已喜皇威清海岱常思仙仗過崆峒三年笛裏關山月萬國兵前草木風成王功大心轉小郭相謀深古來少司徒清鑒懸明鏡尚書氣與秋天杳二三豪俊為時出整

頓乾坤濟時了東走無復憶鱸魚南飛覺有安巢鳥青春復隨冠冕入紫禁正耐煙花繞鶴駕通宵鳳輦備雞鳴問寢龍樓曉攀龍附鳳勢莫當天下盡化為侯王汝等豈知蒙帝力時來不得誇身強關中既留蕭丞相幕下復用張子房張公一生江海客身長九尺鬚眉蒼徵起適遇風雲會扶顛始知籌策良青袍白馬更何有後漢今周喜再昌寸地尺天皆入貢奇祥異瑞爭來送不知何國致白環復道諸山得銀甕隱士休歌紫芝曲詞人解撰河清頌田家望望惜雨乾布谷處處催春種淇上健兒歸莫懶城南思婦愁

多夢安得壯士挽天河淨洗甲兵長不用

戲作花卿歌

成都猛將有花卿學語小兒知姓名用如快鶻風火
生見賊唯多身始輕綿州刺史着柘黃我卿掃除即
日平子璋髑髏血模糊手提擲還崔大夫李侯重有
此節度人道我卿絕世無既稱絕代無天子何不喚
取守京都

歎庭前甘菊花

簷前甘菊移時晚青蘂重陽不堪摘明日蕭條盡醉
醒殘花爛熳開何益籬邊野外多衆芳采擷細瑣升
中堂念茲空長大枝葉結根失所纏風霜

春日戲題惱郝使君兄

使君意氣凌青霄憶昨歡娛常見招細馬時鳴金騕
裹佳人屢出董嬌饒東流江水西飛燕可惜春光不
相見願攜王趙兩紅顏再騁肌膚如素練通泉百里
近梓州請公一來開我愁舞處重看花滿面樽前還
有錦纏頭

枏木為風雨所拔歎

倚江枏木草堂前故老相傳二百年誅茅卜居總為
此五月彷彿聞寒蟬東南飄風動地至江翻石走流

雲氣幹排雷雨猶力爭根斷源泉豈天意滄波老樹
性所愛浦上童童一青蓋野客頻留懼雪霜行人不
過聽竽籟虎倒龍顛委荊棘淚痕血點垂胸臆我有
新詩何處吟草堂自此無顏色

縛鷄行

小奴縛鷄向市賣鷄被縛急相喧爭家中厭鷄食虫
蟻不知鷄賣還遭烹虫鷄於人何厚薄吾叱奴人解
其縛鷄虫得失無了時注目寒江倚山閣

古栢行

孔明廟前有老栢柯如青銅根如石霜皮溜雨四十

圍黛色參天二千尺君臣已與時際會樹木猶為人
愛惜雲來氣接巫峽長月出寒通雪山白憶昨路遶
錦亭東先主武侯同閟宮崔嵬枝幹郊原古窈窕丹
青戶牖空落落盤踞雖得地冥冥孤高多烈風扶持
自是神明力正直元因造化功大厦如傾要梁棟萬
牛回首丘山重不露文章世已驚未辭剪伐誰能送
苦心豈免容螻蟻香葉終經宿鸞鳳志士幽人莫怨
嗟古來材大難為用

李潮八分小篆歌

蒼頡鳥跡既茫昧字體變化如浮雲陳蒼石鼓又已

訛大小二篆生八分秦有李斯漢蔡邕中間作者
不聞嶧山之碑野火焚棗木傳刻肥失真苦縣光和
尚骨立書貴瘦硬方通神惜哉李蔡不復得吾甥李
潮下筆親尚書韓擇木騎曹蔡有鄰開元以來數八
分潮也奄有二子成三人況潮小篆逼秦相快劒長
戟森相向八分一字直百金蛟龍盤拏肉屈強吳郡
張顛誇草書草書非古空雄壯豈知吾甥不流宕丞
相中郎丈人行巴東逢李潮逾月求我歌我今衰老
才力薄潮乎潮乎柰汝何

憶昔二首

憶昔先皇巡朔方千乘萬騎入咸陽陰山驕子汗血
馬長驅東胡胡走藏鄴城反覆不足怪關中小兒壞
紀綱張后不樂上為忙至今今上猶撥亂勞心焦思
補四方我昔近侍叨奉引出兵整肅不可當為留猛
士守未央政使岐雍防西羌犬戎直來坐御床百官
跣足隨天王願見北地傳介子老儒不用尚書郎

憶昔開元全盛日小邑猶藏萬家室稻米流脂粟米
白公私倉廩俱豐實九州道路無豺虎遠行不勞吉
日出齊紈魯縞車班班男耕女桑不相失宮中聖人
奏雲門天下朋友皆膠漆百餘年間未災變叔孫禮
樂蕭何律豈聞一絹直萬錢有田種穀今流血洛陽
宮殿燒焚盡宗廟新除狐兔穴傷心不忍問耆舊復
恐初從亂離說小臣魯鈍無所能朝廷記識蒙祿秩
周宣中興望我皇灑血江漢長衰疾

短歌行贈王郎司直

王郎酒酣拔劍斫地歌莫哀我能拔爾抑塞磊落之
奇才豫樟翻風白日動鯨魚跋浪滄溟開且脫劍佩
休徘徊西得諸侯棹錦水欲向何門趿珠履仲宣樓
頭春已深青眼高歌望吾子眼中之人吾老矣

茅屋為秋風所破歌

八月秋高風怒號捲我屋上三重茅茅飛渡江灑江
郊高者掛罥長林梢下者飄轉沉塘坳南村群童欺
我老無力忍能對面為盜賊公然抱茅入竹去脣焦
口燥呼不得歸來倚杖自嘆息俄頃風定雲墨色秋
天漠漠向昏黑布衾多年冷如鐵嬌兒惡臥踏裏裂
床床屋漏無乾處雨腳如麻未斷絕自經喪亂少睡
眠長夜沾濕何由徹安得廣廈千萬間大庇天下寒
士俱歡顏風雨不動安如山嗚呼何時眼前突兀見
此屋吾廬獨破受凍死亦足

冬狩行

君不見東川節度兵馬雄校獵亦似觀成功夜發猛士三千人清晨合圍步驟同禽獸已斃十七八殺聲落日迴蒼穹幙前生致九青兕駱駝𩨨峞垂玄熊東西南北百里間髣髴蹴踏寒山空有鳥名鸜鵒力不能高飛逐走蓬肉味不足登鼎俎胡為見覊虞羅中春蒐冬狩侯得同使君五馬一馬驄況今攝行大將權號令頗有前賢風飄然時危一老翁十年厭見旌旗紅喜君士卒甚整肅為我回轡擒西戎草中狐兎盡何益天子不在咸陽宮朝廷雖無幽王禍得不哀痛塵再蒙嗚呼得不哀痛塵再蒙

兵車行

車轔轔馬蕭蕭行人弓箭各在腰耶孃妻子走相送塵埃不見咸陽橋牽衣頓足攔道哭哭聲直上干雲霄道傍過者問行人行人但云點行頻或從十五北防河便至四十西營田去時里正與裹頭歸來頭白還戍邊邊城流血成海水武王開邊意未已君不聞漢家山東二百州千村萬落生荆杞縱有健婦把鋤犂禾生隴畝無東西況復秦兵耐苦戰被驅不異犬與鷄長者雖有問役夫敢申恨且如今年冬未休關西卒縣官急索租租税從何出信知生男惡反是生女好生女猶得嫁比隣生男埋沒隨百草君不見青海頭古來白骨無人收新鬼煩冤舊鬼哭天陰雨濕聲啾啾

韋諷録事宅觀曹將軍畫馬圖引

國初已來畫鞍馬神妙獨數江都王將軍得名三十載人間又見真乘黄曾貌先帝照夜白龍池十日飛霹靂内府殷紅瑪瑙盤婕妤傳詔才人索盤賜將軍拜舞歸輕紈細綺相追飛貴戚權門得筆迹始覺屏障生光輝昔日太宗拳毛騧近日郭家獅子花今之新圖有二馬復令識者久歎嗟此皆騎戰一敵萬縞

素漠漠風開沙其餘七疋亦殊絶迥若寒空動烟雪霜蹄蹴踏長楸間馬官廝養森成列可憐九馬爭神駿顧視清高氣深穩借問苦心愛者誰後有韋諷前支遁憶昔巡幸新豐宮翠華拂天來向東騰驤磊落三萬疋皆與此圖筋骨同自從獻寶朝河宗無復射蛟江水中君不見金粟堆前松柏裏龍媒去盡鳥呼風

醉時歌

諸公衮衮登臺省廣文先生官獨冷甲第紛紛厭梁肉廣文先生飯不足先生有道出羲皇先生有文過

屈宋德尊一代常坎軻名垂萬古知何用杜陵野客
人更嗤被褐短窄鬢如絲日糴太倉五升米時赴鄭
老同襟期得錢即相覔沽酒不復疑忘形倒爾汝痛
飲真吾師清夜沉沉動春酌簷前細雨燈花落但覺
高歌有鬼神焉知餓死填溝壑相如有才親滌器子
雲識字終投閣先生早賦歸去來石田茅屋荒蒼苔
儒術於我何有哉孔丘盜跖俱塵埃不須聞此意慘
愴生前相遇且銜杯

丹青引

將軍魏武之子孫於今為庶為清門英雄割據雖已

矣文采風流今尚存學書初學衛夫人但恨無過王
右軍丹青不知老將至富貴於我如浮雲開元之中
常引見承恩數上南薰殿淩烟功臣少顏色將軍下
筆開生面良相頭上進賢冠猛將腰間大羽箭褒公
鄂公毛髮動英姿颯爽猶酣戰先帝天馬玉花驄畫
工如山貌不同是日牽來赤墀下迥立閶闔生長風
詔謂將軍拂絹素意匠慘澹經營中斯須九重真龍
出一洗萬古凡馬空玉花却在御榻上榻上庭前屹
相向至尊含笑催賜金圉人太僕皆惆悵弟子韓幹
早入室亦能畫馬窮殊相幹惟畫肉不畫骨忍使驊

騮氣凋喪將軍畫善蓋有神必逢佳士亦寫真即今
漂泊干戈際屢貌尋常行路人途窮反遭俗眼白世
上未有如公貧但看古來盛名下終日坎壈纏其身

奉先劉少府新畫山水障歌

堂上不合生楓樹恠底江山起烟霧聞君掃却赤縣
圖乘興遣畫滄洲趣畫師亦無數好手不可遇對此
融心神知君重毫素豈但祈岳與鄭虔筆刀遠過楊
契丹得非玄圃裂無乃瀟湘翻悄然坐我天姥下耳
邊已似聞清猿反思前夜風雨急乃是蒲城鬼神入
元氣淋漓障猶濕真宰上訴天應泣野亭春還雜花

遠漁翁暝踏孤舟立滄浪水深青溟闊欹岸側倒秋
毫末不見湘妃鼓瑟時至今斑竹臨江活劉侯天機
精愛畫入骨髓自有兩兒郎揮洒亦莫比大兒聰明
到能添老樹顛崖裏小兒心孔開貌得山僧及童子
若耶溪雲門寺吾獨胡為在泥滓青鞋布襪從此始

哀江頭

少陵野老吞聲哭春日潛行曲江曲江頭宮殿鎖千
門細柳新蒲為誰綠憶昔霓旌下南苑苑中萬物生
顏色昭陽殿裏第一人同輦隨君侍君側輦前方人
帶弓箭白馬嚼齧黃金勒翻身向天仰射雲一箭正

墜雙飛翼明眸皓齒今何在血污遊魂歸不得清渭東流劍閣深去住彼此無消息人生有憶淚沾臆江水江花豈終極黃昏胡騎塵滿城欲往城南望城北

寄柏學士林居

自胡之反持干戈天下學士亦奔波歎彼幽棲載典籍蕭然暴露向山阿青山萬里靜散地白雨一洗空垂蘿亂代飄零予到此古人成敗子如何荊揚春冬異風土巫峽日夜多雲雨赤葉楓林百鳥鳴黃泥野岸天雞舞盜賊縱橫甚密邇形神寂寞甘辛苦幾時高議排金門各使蒼生有環堵

錦樹行

今日苦短昨日休歲云暮矣增離憂霜凋碧樹作錦樹萬壑東逝無停留荒戍之城石色古東郭老人住青丘飛書白帝營斗粟琴瑟几杖柴門幽青草萋萋盡枯死天驥跛足隨氂牛自古聖賢多薄命姦雄惡少封公侯故國三年一消息終南渭水寒悠悠五陵豪貴反顛倒鄉里小兒狐白裘生男墮地要膂力生女富貴傾邦國莫愁父母少黃金天下風塵兒亦得

惜別行送向卿進奉端午御衣之上都

肅宗昔在靈武城指揮猛將收咸京向公泣血灑行殿佐佑卿相乾坤平逆胡冥漠隨烟燼卿家兄弟功名震麒麟閣畫鴻鴈行紫極出入黃金印尚書勳業超千古雄鎮荊州繼吾祖裁縫雲霧成御衣拜舞題封賀端午向卿將命寸心赤青山落日江湖白卿到朝廷說老翁漂零已是滄浪客

徐卿二子歌

君不見徐卿二子生絕奇感應吉夢相追隨孔子釋氏親抱送並是天上麒麟兒大兒九齡色清徹秋水為神玉為骨小兒五歲氣食牛滿堂賓客皆回頭吾知徐公百不憂積善袞袞生公侯丈夫生男有如此

二雛者名位豈肯卑微休

折檻行

嗚呼房魏不復見秦王學士時難羨青衿胄子困泥塗白馬將軍若雷電千載少似朱雲人至今折檻空嶙峋婁公不語宋公語尚憶先皇容直臣

追酬故高蜀州人日見寄

開文書帙中檢所遺忘因得故高常侍適往居在成都高任蜀州刺史人日相憶見寄詩淚灑行間讀終篇末自枉詩已十餘年莫記存沒又六七年矣老病懷舊生意可

知今海内忘形故人獨漢中王瑀與昭州
敬使君超先在愛而不見情見乎辭大曆
五年正月二十一日却追酬高公此作因
寄王及敬弟
自蒙蜀州人日作不意清詩久零落今晨散帙眼忽
開迸淚幽吟事如昨嗚呼壯士多慷慨合沓高名動
寥廓嘆我悽悽求友篇感時鬱鬱匡君略錦里春光
空爛熳瑤墀侍臣已冥莫瀟湘水國傍黿鼉鄠杜秋
天失鵰鶚東西南北更堪論白首扁舟病獨存遥拱
北辰纏寇盜欲傾東海洗乾坤邊塞西蕃最充斥衣

冠南渡多崩奔鼓瑟至今悲帝子曳裾何處覓王門
文章曹植波瀾闊服食劉安德業尊長笛誰能亂愁
思昭州詞翰與招魂
贈鄭兵曹　韓退之
罇酒相逢十載前君為壯夫我少年罇酒相逢十載
後我為壯夫君白首我材與世不相當戢鱗委翅無
復望當今賢俊皆周行君何為乎亦遑遑盃行到君
莫停手破除萬事無過酒
桃源圖
神仙有無何渺茫桃源之說誠荒唐流水盤迴山百
轉生綃數幅垂中堂武陵太守好事者題封遠寄南
宮下南宮先生忻得之波濤入筆驅文辭文工畫妙
各臻極異境恍惚移於斯架巖鑿谷開宮室接屋連
墻千萬日嬴顛劉蹶了不聞地坼天分非所恤種桃
處處惟開花川原遠近蒸紅霞初來猶自念鄉邑歲
久此地還成家漁舟之子來何所物色相猜更問語
大蛇中斷喪前王群馬南渡開新主聽終辭絶共悽
然自說經今六百年當時萬事皆眼見不知幾許猶
流傳爭持酒食來相饋禮數不同樽俎異月明伴宿
玉堂空骨冷魂清無夢寐夜半金雞啁哳鳴火輪飛

出客心驚人間有累不可住依然離别難為情船開
棹進一迴顧萬里蒼蒼煙水暮世俗寧知偽與真至
今傳者武陵人
雉帶箭
原頭火燒靜兀兀野雉畏鷹出復沒將軍欲以巧伏
人盤馬彎弓惜不發地形漸窄觀者多雉驚弓滿勁
箭加衝人決起百餘尺紅翎白鏃相傾斜將軍仰笑
軍吏賀五色離披馬箭墮
贈唐衢
虎有爪兮牛有角虎可搏兮牛可觸奈何君獨抱奇

材手把鋤犁餓空谷當今天子急賢良匭函朝出開
明光胡不上書自薦達坐令四海如虞唐

寄盧仝

玉川先生洛城裏破屋數間而已矣一奴長鬚不裹
頭一婢赤脚老無齒辛勤奉養十餘人上有慈親下
妻子先生結髮憎俗徒閉門不出動一紀至令鄰僧
乞米送僕忝縣尹能不恥俸錢供給公私餘時致薄
少助祭祀勸參留守謁大尹言語纔及輒掩耳水北
山人得名聲去年去作幕下士水南山人又繼往鞍
馬僕從塞閭里少室山人索價高兩以諫官徵不起

彼皆刺口論世事有力未免遭驅使先生事業不可
量惟用法律自繩已春秋三傳束高閣獨抱遺經究
終始往年弄筆嘲同異怪辭驚衆謗不已近來且說
尋坦塗猶上虛空跨綠駬去歲生兒名添丁意令與
國充耕耔國家丁口連四海豈無農夫親耒耜先生
抱材終大用宰相未許終不仕假如不在陳力列立
言垂範亦足恃苗裔當蒙十世宥豈謂貽厥無基阯
故知忠孝生天性潔身亂倫安足擬昨晚長鬚來下
狀隔墻惡少惡難似每騎屋山下窺闞渾舍驚怕走
折趾憑依婚媾欺官吏不信令行難禁止先生受屈

未曾語忽此來告良有以嗟我身為赤縣令操權不
用欲何俟立召賊曹呼伍伯盡取鼠輩尸諸市先生
又遣長鬚來如此處置非所喜況又時當長養節都
邑未可猛政理先生固是余所畏度量不敢窺涯涘
放縱是誰之過歟效尤戮僕愧前史買羊沽酒謝不
敏偶逢明月曜桃李先生有意許降臨更遣長鬚烹
雙鯉

石鼓歌

張生手持石鼓文勸我試作石鼓歌少陵無人謫仙
死才薄將奈石鼓何周綱凌遲四海沸宣王憤起揮

天戈大開明堂受朝賀諸侯劍佩鳴相磨蒐于岐陽
騁雄俊萬里禽獸皆遮羅鐫功勒成告萬世鑿石作
鼓隳嵯峨從臣才藝咸第一揀選撰刻留山阿雨淋
日炙野火燎鬼物守護煩撝呵公從何處得紙本毫
髮盡備無差訛辭嚴義密讀難曉字體不類隸與蝌
年深豈免有缺畫快劍斫斷生蛟鼉鸞翔鳳翥衆仙
下珊瑚碧樹交枝柯金繩鐵索鎖紐壯古鼎躍水龍
騰梭陋儒編詩不收入二雅褊迫無委蛇孔子西行
不到秦掎摭星宿遺羲娥嗟予好古生苦晚對此涕
淚雙滂沱憶昔初蒙博士徵其年始改稱元和故人

從軍左右輔為我量度掇臼科濯冠沐浴告祭酒如此至寶存豈多氈苞席裹可立致十鼓秖載數駱駝薦諸太廟比郜鼎光價豈止百倍過聖恩若許留太學諸生講解得切磋觀經鴻都尚塡咽坐見舉國來奔波剜苔剔蘚露節角安置妥帖平不頗大廈深簷與蓋覆經歷久遠期無佗中朝大官老於事詎肯感激徒媕婀牧童敲火牛礪角誰復着手為摩挲日銷月鑠就埋沒六年西顧空吟哦義之俗書趁姿媚數紙尚可博白鵝繼周八代爭戰罷無人收拾理則那方今太平日無事柄任儒術崇丘軻安能以此上論列願借辨口如懸河石鼓之歌止於此嗚呼吾意其蹉跎

短燈檠歌

長檠八尺空自長短檠二尺便且光黃簾綠幕朱戶閉風露氣入秋堂涼裁衣寄遠淚眼暗搔頭頻挑移近床太學儒生東魯客二十辭家來射策夜書細字綴語言兩目眵昏頭雪白此時提攜當案前看書到曉那能眠一朝富貴還自恣長檠高張照珠翠吁嗟世事無不然牆角君看短檠棄

感春

我恨不如江頭人長網橫江遮紫鱗獨宿荒陂射鳧鴈賣納租賦官不嗔歸來歡笑對妻子衣食自給寧羞貧今者無端讀書史智慧只足勞精神畫蛇着足無處用兩鬢雪白趨埃塵乾愁漫解坐自累與眾異趣誰相親數盃燒腸雖暫醉皎皎萬慮醒還新百年未滿不得死且可勤買抛青春

寒食日出遊

李花初發君始病我往看君花轉盛走馬城西惆悵歸不忍千株雪相映迴來又見桃與梨交開紅白如爭競可憐物色阻攜手空展霜縑吟九詠紛紛落盡泥與塵不共新妝比端正桐華最晚今已繁君不強起時難更闕山遠別固其理寸步難見始知命憶昔與君同貶官夜渡洞庭看斗柄豈料生還得一處引袖拭淚悲且慶各言生死兩追隨直置心親無貌敬念君又署南荒吏路指鬼門幽且夐三公盡是知音人曷不薦賢陛下聖囊空甑倒誰救之我今一食日還併自然憂氣損天和安得康強保天性斷鶴兩翅鳴何哀縶驥四足氣空橫今朝寒食行野外綠楊匝岸蒲生迸宋玉庭邊不見人輕浪參差魚動鏡自嗟孤賤足瑕疵特見放縱荷寬政飲酒寧嫌醆底深題

詩尚倚筆鋒勁明宵故欲相就醉有月莫愁當大令

鄭群贈簟

蘄州笛竹天下知鄭君所寶尤瓌奇攜來當晝不得卧一府傳看黄琉璃體堅色淨又藏節盡眼凝滑無瑕疵法曹貧賤衆所易腰腹空大何能為自從五月困暑濕如坐深甑遭蒸炊手磨袖拂心語口慢膚多汗真相宜日暮歸來獨惆悵有賣直欲傾家資誰謂故人知我意卷送八尺含風漪呼奴掃地鋪未了光彩照耀驚童兒青蠅側翅蚤蝨避肅肅疑有清飈吹倒身甘寢百疾愈却願天日恒炎羲明珠青玉不足

報贈子相好無時衰

和虞部盧四汴州酬翰林錢七徽赤藤杖歌

赤藤為杖世未窺臺郎始攜自滇池滇王掃宮避使者跪進再拜語嗢咿繩橋拄過免傾墮性命造次蒙扶持途經百國皆莫識君臣聚觀逐旌麾共傳滇神出水獻赤龍拔鬚血淋漓又云羲和操火鞭暝到西極睡所遺幾重包裹自題署不以珍恠誇荒夷歸來捧贈同舍子浮光照手欲把疑空堂晝眠倚牖户飛電著壁搜蛟螭南宮清深禁闈密唱和有類吹塤篪妍辭麗句不可繼見寄聊且慰分司

李花

平旦入西園梨花數株若矜誇旁有一株李顔色慘慘似含嗟問之不肯道所以獨繞百匝至日斜忽憶前時經此樹正見芳意初萌牙奈何趁酒不省録不見玉枝攢霜葩泫然為汝下雨淚無由反旆羲和車東風來吹不改顔蒼茫夜氣生相遮氷盤夏薦碧實脆斥去不御慙其花

誰氏子

非癡非狂誰氏子去入王屋稱道士白頭老母遮門啼挽斷衫袖留不止翠眉新婦年二十載送還家哭

穿市或云欲學吹鳳笙所慕靈妃媲蕭史又云時俗輕尋常力行險怪取貴仕神仙雖然有傳說知者盡知其妄矣聖君賢相安可欺乾死窮山竟何俟嗚呼余心誠豈弟願往教誨究終始罰一勸百政之經不從而誅未晚耳誰其友親能哀憐寫吾此詩特送似之

盧郎中雲夫寄示送盤谷子詩兩章歌以和

昔尋李愿向盤谷正見高崖巨壁爭開張是時新晴天井溢誰把長劍倚太行衝風吹破落天外飛雨白日灑洛陽東蹈燕川食曠野有饋木蕨芽滿筐馬頭

溪深不可厲借車載過水入箱平沙緣浪榜方口鴈
鴨飛起穿垂楊躬探楹覽頗恣横物外日月本不忙
歸來辛苦欲誰為坐令再往之計墮渺茫門長安
三日雪推書撲筆歌慨慷旁無壯士遣屬和遠憶盧
老詩顛狂開緘忽覩送歸作字向紙上皆軒昂又知
李侯竟不顧方冬獨入崔嵬藏我今進退幾時決十
年蠢蠢隨朝行家請官供不報荅何異雀鼠偷太倉
行抽手版付丞相不待彈劾還耕桑

醉留東野

昔年因讀李白杜甫詩長恨二人不相從吾與東野

生並世如何復躡二子蹤東野不得官白首誇龍鍾
韓子稍姦黠自慚青蒿倚長松低頭拜東野願得終
始如駏蛩東野不廻頭有如寸筳撞鉅鐘吾願身為
雲東野變為龍四方上下逐東野雖有離別無由逢

續選唐音大成卷之十終

續選唐音大成卷之十一

宜興邵天和劉天經校

補音三

五言律詩

塞下曲　李太白

駿馬似風飇鳴鞭出渭橋彎弓辭漢月插羽破天驕
車解星芒盡營空海霧消功成畫麟閣獨有霍嫖姚

其二

塞虜乘秋下天兵出漢家將軍分虎竹戰士臥龍沙
邊月隨弓影胡霜拂劍花玉關殊未入少婦莫長嗟

宮中行樂詞

小小生金屋盈盈在紫微山花插寶髻石竹繡羅衣
每出深宮裏常隨步輦歸只愁歌舞散化作綵雲飛

其二

柳色黃金嫩梨花白雪香玉樓巢翡翠金殿鎖鴛鴦
選妓隨雕輦徵歌出洞房宮中誰第一飛燕在昭陽

紫騮馬

紫騮行且嘶雙翻碧玉蹄臨流不肯渡似惜錦障泥
白雪關山遠黃雲海戍迷揮鞭萬里去安得念春閨

贈孟浩然

吾愛孟夫子風流天下聞紅顔謝軒冕白首卧松雲
醉月頻中聖迷花不事君高山安可仰徒此揖清芬

贈崔秋浦

吾愛崔秋浦宛然陶令風門前五楊柳井上二梧桐
山鳥下廳事簷花落酒中懷君未忍去惆悵意無窮

其二

崔令學陶令北窻常晝眠抱琴時弄月取意任無絃
見客但傾酒為官不愛錢東皐春事起種黍早歸田

其三

河陽花作縣秋浦玉為人地逐名賢好風隨惠化春

水從天漢落山逼畫屏新應念金門客投沙弔楚臣

贈錢徵君少府

白玉一杯酒綠楊三月時春風餘幾日兩鬢各成絲
秉燭唯須飲投竿也未遲如逢渭川獵猶可帝王師

留別龔處士

龔子棲閑地都無人世喧柳深陶令宅竹暗辟疆園
我去黄牛峽遥愁白帝猿贈君卷葹草心斷竟何言

送張舍人之江東

張翰江東去正值秋風時天清一鴈遠海闊孤帆遲
白日行欲暮滄波杳難期吳洲如見月千里幸相思

送友人

青山横北郭白水遶東城此地一為別孤蓬萬里征
浮雲遊子意落日故人情揮手自兹去蕭蕭班馬鳴

送別

斗酒渭城邊壚頭醉不眠梨花千樹雪楊葉萬條煙
惜別傾壺醑臨分贈馬鞭看君潁上去新月到應圓

送友人入蜀

見說蠶叢路崎嶇不易行山從人面起雲傍馬頭生
芳樹籠秦棧春流遶蜀城升沉應已定不必問君平

送梁四歸東平

玉壺挈美酒送別强為歡大火南星月長郊北路難
殷王期負鼎汶水起垂竿莫學東山卧參差老謝安

宴陶家亭子

曲巷幽人宅高門大士家池開照膽鏡林吐破顔花
綠水藏春日青軒祕晚霞若聞絃管妙金谷不能誇

早望海霞邊

四明三千里朝起赤城霞日出紅光散分輝照雪崖
一飡嚥瓊液五内發金沙舉手何能待青龍白虎車

秋登宣城謝朓北樓

江城如畫裏山晚望晴空兩水夾明鏡雙橋落彩虹

入烟寒橘柚秋色老梧桐誰念北樓上因風懷謝公

金陵

六代興亡國三杯為爾歌苑方秦地少山似洛陽多
古殿吳花草深宮晉綺羅併隨人事滅東逝與滄波

尋雍尊師隱居

群峭碧摩天逍遥不記年拨雲尋古道倚樹聽流泉
花暖青牛卧松高白鶴眠語來江色暮獨自下寒烟

見野草中有曰白頭翁者

醉入田家去行歌荒野中如何青草裏亦有白頭翁
折取對明鏡宛将衰鬢同微芳似相誚留恨向東風

觀獵

太守耀清威乘閒弄晚暉江沙横獵騎山火遠行圍
箭逐雲鴻落鷹隨月兎飛不知白日暮歡賞夜方歸

口號贈徵君鴻

陶令辭彭澤梁鴻入會稽我尋高士傳君與古人齊
雲卧留丹壑天書降紫泥不知楊伯起早晚向關西

晚出左掖　杜子美

晝刻傳呼淺春旗簇仗齊退朝花底散歸院柳邊迷
樓雪融城濕宮雲去殿低避人焚諫草騎馬欲雞棲

陪鄭廣文遊何將軍山林

不識南塘路今知第五橋名園依綠水野竹上青霄
谷口舊相得濠梁同見招平生為幽興未惜馬蹄遥

其二

剩水滄江破殘山碣石開綠垂風折笋紅綻雨肥梅
銀甲彈箏用金魚換酒來興移無灑掃隨意坐莓苔

重過何氏

問訊東橋竹將軍有報書倒衣還命駕高枕乃吾廬
花妥鶯捎蝶溪喧獺趁魚重來休沐地真作野人居

其二

山雨樽仍在沙沈榻未移犬迎曾宿客鴉護落巢兒

雲薄翠微寺天清皇子陂向來幽興極步屧過東籬

陪諸貴公子丈八溝攜妓納凉晚際遇雨

落日放船好輕風生浪遲竹深留客處荷淨納凉時
公子調冰水佳人雪藕絲片雲頭上黑應是雨催詩

春望

國破山河在城春草木深感時花濺淚恨別鳥驚心
烽火連三月家書抵萬金白頭搔更短渾欲不勝簪

歲暮

歲暮遠為客邊隅還用兵烟塵犯雪嶺鼓角動江城
天地日流血朝廷誰請纓濟時敢愛死寂寞壯心驚

有感

将帥蒙恩澤兵戈有歲年至今勞聖主何以報皇天
白骨新交戰輪臺舊栢邉乘槎斷消息無處覔張騫

江上

江上日多雨蕭蕭荊楚秋高風下木葉永夜攬貂裘
勳業頻看鏡行藏獨倚樓時危思報主衰謝不能休

晚行口號

三川不可到歸路晚山稠落鴈浮寒渚飢烏集戍樓
市朝今日異喪亂幾時休遠愧梁江總還家尚黒頭

春日梓州登樓二首

行路難如此登樓望欲迷身無却少壯跡有但羈棲
江水流城郭春風入鼓鼙雙雙新燕子依舊已啣泥

自閬州領妻子却赴蜀山行二首

長林偃風色廻復意猶迷衫裛翠微潤馬啣青草嘶
棧懸斜避石橋斷却尋溪何日兵戈盡飄零愧老妻

其二

行色遞隱見人烟時有無僕夫穿竹語稚子入雲呼
轉石驚魑魅抨弓落狖鼯真供一笑樂似欲慰窮途

旅夜書懷

細草微風岸危檣獨夜舟星垂平野闊月湧大江流
名豈文章著官應老病休飄飄何所似天地一沙鷗

覽鏡呈栢中丞

渭水流關内終南在日邉膽消豺虎窟淚入犬羊天
起晚堪從事行遲更覺仙鏡中衰謝色萬一故人憐

野望

納納乾坤大行行郡國遥雲山兼五嶺風壤帶三苗
野樹侵江闊春蒲長雪消扁舟空老去無補聖明朝

秦州雜詩

未暇泛滄海悠悠兵馬間塞門風落木客舍雨連山
阮籍行多興龐公隱不還東柯遂疎懶休鑷鬢毛班

野望因過常少仙

野橋齊度馬秋望轉悠哉竹疊青城合江從灌口來
入村樵徑引嘗菓栗園開落盡高天日幽人未遣回

徐步

整履步青蕪荒亭日欲晡芹泥隨燕觜花蕊上蜂鬚
把酒從衣濕吟詩信杖扶敢論才見忌實有醉如愚

晚晴

村晚驚風度庭幽過雨霑夕陽薰細草江色映疎簾
書亂誰能帙盃乾自可添時聞有餘論未怪老夫潜

和裴迪登新津寺寄王侍郎

何恨倚山木吟詩秋葉黄蟬聲集古寺鳥影下寒塘
風物悲遊子登臨憶侍郎老夫貪佛日隨意宿僧房

范二員外邈吳十侍御郁特枉駕闕展待聊寄此作

暫往比鄰去空聞二妙歸幽棲誠簡略衰白已光輝
野外貧家遠村中好客稀論文或不媿重肯欵柴扉

獨酌

步屧深林晚開樽獨酌遲仰蜂粘落絮行蟻上枯梨
薄劣慙真隱幽偏得自怡本無軒冕意不是傲當時

春日江村

農務村村急春流岸岸深乾坤萬里眼時序百年心
茅屋還堪賦桃源自可尋艱難昧生理飄泊到如今

暮春題瀼西新賃草屋

綵雲陰復白錦樹曉來青身世雙蓬鬢乾坤一草亭
哀歌時自短醉舞為誰醒細雨荷鋤立江猿吟翠屏

中宵

西閣百尋餘中宵步綺疏飛星過水白落月動沙虛
擇木知幽鳥潛波想巨魚親朋滿天地兵甲少來書

秋野

易識浮生理難教一物違水深魚極樂林茂鳥知歸
吾老甘貧病榮華有是非秋風吹几杖不厭北山薇

刈稻了詠懷

稻穫空雲外川平對石門寒風踈草木旭日散雞豚
野哭初聞戰樵歌稍出村無家問消息作客信乾坤

得舍弟消息

近得平陰信遥憐舍弟存側身千里道寄食一家村
烽舉新酣戰啼垂舊血痕不知臨老日招得幾人魂

遣興

干戈猶未定弟妹各何之拭淚霑巾血梳頭滿面絲
地卑荒野大天遠暮江遲衰病那能久應無見汝期

春日懷李白

白也詩無敵飄然思不群清新庾開府俊逸鮑參軍
渭北春天樹江東日暮雲何時一樽酒重與細論文

所思

鄭老身仍竄台州信始傳為農山澗曲卧病海雲邊
世已踈儒素人猶乞酒錢徒勞望牛斗無計劚龍泉

不見

不見李生久佯狂真可哀世人皆欲殺吾意獨憐才
敏捷詩千首飄零酒一盃匡山讀書處頭白好歸來

奉答岑參補闕見贈

窈窕清禁闞罷朝歸不同君隨丞相後我住日華東
冉冉柳枝碧娟娟花蕊紅故人得佳句獨贈白頭翁

寄高三十五詹事

安穩高詹事兵戈久索居時來知宦達歲晚莫情疎
天上多鴻鴈池中足鯉魚相看過半百不寄一行書

寄楊五桂州譚

五嶺皆炎熱宜人獨桂林梅花萬里遠雪片一冬深
聞此寬相憶為邦復好音江邊送孫楚遠附白頭吟

送翰林張司馬南海勒碑

冠冕通南極文章落上台詔從三殿去碑到百蠻開

野館濃花發春帆細雨來不知滄海上天遣幾時迴

送賈閣老出汝州

西掖梧桐樹空留一院陰艱難歸故里去住損春心
宮殿青山隔雲山紫邏深人生五馬貴莫受二毛侵

送元二適江左

亂後今相見秋深復遠行風塵為客日江海送君情
晉室丹陽尹公孫白帝城經過自愛惜取次莫論兵

送韋郎司直歸成都

竄身來蜀地同病得韋郎天下兵戈滿江邊歲月長
別筵花欲暮春日鬢俱蒼為問南溪竹抽梢合過牆

哭李尚書重題

涕洒不能收哭君餘白頭兒童相顧盡宇宙此生浮
江雨銘旌濕胡風井徑秋還瞻魏太子賓客減應劉

登兖州城樓

東郡趨庭日南樓縱目初浮雲連海岱平野入青徐
孤嶂秦碑在荒城魯殿餘從來多古意臨眺獨躊躇

登岳陽樓

昔聞洞庭水今上岳陽樓吳楚東南坼乾坤日夜浮
親朋無一字老病有孤舟戎馬關山北憑軒涕泗流

秦州雜詩

莽莽萬重山孤城山谷間無風雲出塞不夜月臨關
屬國歸何晚樓蘭斬未還烟塵獨長望衰颯正摧顏

山寺

野寺殘僧少山園細路高麝香眠石竹鸚鵡啄金桃
亂水通人過懸崖置屋牢上方重閣晚百里見纖毫

上牛頭寺

青山意不盡袞袞上牛頭無復能拘礙真成浪出遊
花濃春寺靜竹細野池幽何處鶯啼切移時獨未休

滕王亭子

寂寞春山路君王不復行古牆猶竹色虛閣自松聲

烏鵲荒村暮雲霞過客情尚思歌吹入千騎把霓旌

禹廟

禹廟空山裏秋風落日斜荒庭垂橘柚古屋畫龍蛇
雲氣生虛壁江聲走白沙早知乘四載疏鑿控三巴

公安縣懷古

野曠吕蒙營江深劉備城寒天催日短風浪與雲平
洒落君臣契飛騰戰伐名維舟倚前浦長嘯一含情

別房太尉墓

他鄉復行役駐馬別孤墳近淚無乾土低空有斷雲
對棊陪謝傅把劍覓徐君惟見林花落鶯啼送客聞

杜位宅守歲

守歲阿戎家椒盤已頌花盍簪喧櫪馬列炬散林鴉
四十明朝是飛騰暮景斜誰能更拘束爛醉是生涯

奉酬李都督表丈早春作

力疾坐清曉來詩悲早春轉添愁伴客更覺老隨人
紅入桃花嫩青歸柳葉新望鄉猶未已四海尚風塵

寒食

寒食江村路風花高下飛汀烟輕冉冉竹日淨暉暉
田父要皆去鄰家問不違地偏相識盡雞犬亦忘歸

人日

元日到人日未有不陰時氷雪鶯難至春寒花較遲
雲隨白水落風振紫山悲蓬鬢稀疏久無勞比素絲

日暮

日落風亦起城頭烏尾訛黃雲高未動白水已揚波
羌婦語還笑胡兒行且歌將軍別上馬夜出擁雕戈

對雪

戰哭多新鬼愁吟獨老翁亂雲低薄暮急雪舞回風
瓢棄樽無綠爐存火似紅數州消息斷愁坐正書空

春夜喜雨

好雨知時節當春乃發生隨風潛入夜潤物細無聲

野徑雲俱黑江船火獨明曉看紅濕處花重錦官城

朝雨

涼氣晚蕭蕭江雲亂眼飄風鴛藏近渚雨燕集深條
黃綺終辭漢巢由不事堯草堂樽酒在幸得過清朝

題玄武禪師屋壁

何年顧虎頭滿壁畫滄洲赤日石林氣青天江海流
錫飛常近鶴杯度不驚鷗似得廬山路真從惠遠遊

江漢

江漢思歸客乾坤一腐儒片雲天共遠永夜月同孤
落日心猶壯秋風病欲蘇古來存老馬不必取長途

草堂即事

荒村建子月獨樹老夫家雪裏江船度風前逕竹斜
寒魚依密藻宿鷺起圓沙蜀酒禁愁得無錢何處賒

畏人

早花隨處發春鳥異方啼萬里清江上三年落日低
畏人成小築褊性合幽棲門逕從榛塞無心待馬蹄

過客相尋

窮老真無事江山已定居地幽忘與謝客至罷琴書
掛壁移筐果呼兒問煑魚時聞繫舟楫及此問吾廬

上韋左相二十韻

鳳曆軒轅紀龍飛四十春八荒開壽域一氣轉洪鈞
霖雨思賢佐丹青憶老臣應圖求駿馬驚代得麒麟
沙汰江河濁調和鼎鼐新韋賢初相漢范叔已歸秦
盛業今如此傳經固絶倫豫樟深出地滄海闊無津
北斗司喉舌東方領搢紳持衡留藻鑑聽履上星辰
獨步才超古餘波德照隣聰明過管輅尺牘倒陳遵
豈是池中物由來席上珍廟堂知至理風俗盡還淳
才傑俱登用愚蒙但隱淪長卿多病久子夏索居貧
廻首驅流俗生涯似衆人巫咸不可問鄒魯莫容身
感激時將晚蒼茫興有神為君歌此曲涕淚在衣巾

投歌舒開府翰三十韻

今代麒麟閣何人第一功君王自神武駕馭必英雄
開府當朝傑論兵邁古風先鋒百戰在略地兩隅空
青海無傳箭天山早掛弓廉頗仍走敵魏絳已和戎
每惜河湟棄新兼節制通智謀垂睿想出入冠諸公
日月低秦樹乾坤繞漢宮胡人愁逐北宛馬又從東
受命邊沙遠歸來御席同軒墀曾寵鶴畋獵舊非熊
茅土加名數山河誓始終策行遺戰伐契合動昭融
勳業青冥上交親氣槩中未為珠履客已是白頭翁
壯節初題柱生涯獨轉蓬幾年春草歇今日暮途窮

軍事留孫楚行間識呂蒙防身一長劍將欲倚崆峒

奉送郭中丞兼太僕卿充隴右節度使三十
韻

詔發西山將秋屯隴右兵淒涼餘部曲燀赫舊家聲
鵰鶚乘時去驊騮顧主鳴艱難須上策容易即前程
斜日當軒蓋高風捲旆旌松悲天水冷沙亂雪山清
和虜猶懷惠防邊詎敢驚古來於異域鎮靜示專征
燕薊奔封豕周秦觸駭鯨中原何慘黷餘孽尚縱橫
箭入昭陽殿笳吟細柳營內人紅袖泣王子白衣行
宸極妖星動園林殺氣平空餘金椀出無復繐帷輕

毀廟天飛雨焚宮火徹明罘罳朝共落棟桷夜同傾
三月師逾整群胡勢就烹瘡痍親接戰勇決冠垂成
妙譽期元宰殊恩且列卿幾時回節鉞戮力掃欃槍
圭竇三千士雲梯七十城恥非齊說客甘似魯諸生
通籍微班忝周行獨坐榮隨肩趨漏刻短髮寄簪纓
徑欲依劉表還疑厭禰衡漸衰那此別忍淚獨含情
廢邑狐狸語空村虎豹爭人頻墜塗炭公豈忘精誠
元帥調新律前軍壓舊京安邊仍扈從莫作後功名

謁先主廟

慘淡風雲會乘時各有人力侔分社稷志屈偃經綸

復漢留長策中原仗老臣雜耕心未已歐血事酸辛
霸氣西南歇雄圖歷數屯錦江元過楚劍閣復通秦
舊俗存祠廟空山立鬼神虛簷交鳥道枯木半龍鱗
竹送青溪月苔移玉座春閭閻兒女換歌舞歲時新
絕域歸州遠荒城繫馬頻如何對搖落況乃久風塵
孰與關張並功臨耿鄧親應天才不小得士契無鄰
遲暮堪帷幄飄零且釣緡向來憂國淚寂寞灑衣巾

寒食直歸遇雨　韓退之

寒食時看度春遊事已違風光連日直陰雨半朝歸
不見紅毬上那看綵索飛惟將新賜火向曙着朝衣

送李六協律歸荊南

早日羇遊所春風送客歸柳花還漠漠江燕正飛飛
歌舞知誰在賓僚逐使非宋亭池水綠莫忘蹋芳菲

晚泊江口

郡城朝解纜江岸暮依村二女竹上淚孤臣水底冤
雙雙歸蟄燕一一叫群猿迴首那聞語空看別袖翻

晚寄張十八助教周郎博士

日薄風景曠出歸偃前簷晴雲如擘絮新月似磨鐮
田野興偶動衣冠情久厭吾生可攜手歎息歲將淹

郴州祈雨

乞雨女郎魂炰羞潔且繁廟開鼯鼠叫神降越巫言
旱氣期消蕩陰官想駿奔行看五馬入蕭颯已隨軒

同李二十八夜次襄城

周楚仍連接川原乍屈盤雲垂天不暖塵漲雪猶乾
印綬歸台室旌旗別將壇欲知迎候盛騎火萬星攢

送李員外院長分司東都

去年秋露下羇旅逐東征今歲春光動驅馳別二京
飲中相顧色送後獨歸情兩地無千里因風數寄聲

詠燈花同侯十一

今夕知何夕花然錦帳中自能當雪暖那肯待春紅

黃裹排金粟釵頭綴玉蟲更煩將喜事來報主人公

秋字

淮南悲木落而我亦傷秋況與故人別那堪羈宦愁
榮華今異路風雨苦同憂莫以宜春遠江山多勝遊

次石頭驛寄江西三十中丞閣老

憑高試迴首一望豫章城人由戀德泣馬亦別群鳴
寒日夕始照風江遠漸平默然都不語應識此時情

宿龍宮灘

浩浩復湯湯灘聲抑更揚奔流疑激電驚浪似浮霜
夢覺燈生暈宵殘雨送涼如何連曉語一半是思鄉

獨釣三首

侯家林館勝偶入得垂竿曲樹行藤角平池散芡盤
羽沉知食駛緡細覺牽難聊取夸兒女榆條繫從鞍

其二

一逕向池斜池塘野草花雨多添柳耳水長減蒲芽
坐厭親刑柄偷來傍釣車太平公事少吏隱詎相賒

其三

獨往南塘上谿長景氣醒露排雙岸草風約半池萍
鳥下見人寂魚來聞餌馨所嗟無可召不得倒吾鉼

祖席得前字

祖席洛橋邊親交共黯然野晴山簇簇霜曉菊鮮鮮
書寄相思處盃銜欲別前淮陽知不薄終願早迴船

杏園送張徹侍御歸使

東風花樹下送爾出京城久抱傷春意新添惜別情
歸來身已病相見眼還明更遣將詩酒誰家逐後生

送桂州嚴大夫

蒼蒼森八桂茲地在湘南江作青羅帶山如碧玉篸
戶多輸翠羽家自種黃柑遠勝登仙去飛鸞不假驂

和僕射相公朝迴見寄

盡瘁年將久公今始暫閑事隨憂共減詩與酒俱還

放意機衡外收身矢石間秋臺風日迥正好看前山

奉和兵部張侍郎酬鄆州馬尚書祗召途中
見寄開緘之日馬帥已再領鄆州之作

來朝當路日承詔改轅時再領須句國仍遷少昊司
暖風抽宿麥清雨卷歸旗賴寄新珠玉長吟慰我思

詠雲贈張籍

只見縱橫落寧知遠近來飄颻還自弄歷亂竟誰催
座暖銷那怪池清失可猜坳中初蓋底垤處遂成堆
慢有先居後輕多去却迴度前鋪瓦隴發本積牆隈
穿細時雙透乘危忽半摧舞深逢坎井集早值層臺

砧練終宜擣階紈未暇裁淺寒裝睥睨樹凍裹莓苔
片片勻如翦紛紛碎若挼定非燖鵠鷺眞是屑瓊瑰
緯繣觀朝萼冥茫矚晚埃當窗恆凜凜出戶卽皚皚
壓野榮芝菌傾都委貨財娥嬉華蕩漾胥怒浪崔嵬
磧迥疑浮地雲平想輾雷隨車翻縞帶逐馬散銀盃
萬屋漫迷合千株照曜開松篁遭挫抑糞壤獲饒培
隔絕門庭遽擠排陛級纔豈堪裨嶽鎮強欲效鹽梅
隱匿瑕疵盡包羅委瑣該誤雞宵呃喔驚雀暗徘徊
浩浩過三暮悠悠匝九垓鯨鯢陸死骨玉石火炎灰
厚虞塡溟壑高愁䁘斗魁日輪埋欲側坤軸壓將頹
岸類長蛇攪陵猶巨象豗水官夸傑黠木氣怯胚胎
着地無由卷連天不易推龍魚冷蟄苦虎豹餓號哀
巧借奢華便專繩困約災威貪陵布被光肯離金罍
賞玩捐他事歌謠放我才狂教詩硉矹興與酒陪鰓
惟子能諳耳諸人得語哉助留風作黨勸坐火為媒
雕刻文刀利搜求智網恢莫煩相屬和傳示及提孩

石鼎聯句

巧匠斲山骨刳中事煎烹 師服 直柄未當權塞口且吞
聲 喜 龍頭縮菌蠢豕腹漲彭亨 彌明 外苞乾蘚剝中有
暗浪驚 師服 在傾疋自欽遭焚意彌眞 喜 謬當鼎鼐間

妄使水火爭 彌明 大似烈士膽圓如戰馬纓 師服 上比香
爐尖下與鏡面平 喜 秋瓜未落蒂凍芋強抽萌 彌明
塊元氣閉細泉幽竇傾 師服 不值輸寫處焉知懷抱清
喜 方當洪鑪然益見小器盈 彌明 睆睆無刃迹團團類
天成 師服 遙疑龜負圖出曝曉正晴 喜 旁有雙耳穿上
為孤髻撐 彌明 或訝短尾銚又似無足鐺 師服 可惜寒食
毬擲此傍路坑 喜 何當出灰地無計離餅罌 彌明 陋質
荷斟酌狹中愧提擎 師服 豈能煮仙藥但未汙羊羹 喜
形模婦女笑度量兒童輕 彌明 徒示堅重性不過升合
盛 師服 傍似廢轂仰側見折軸橫 喜 時於蚯蚓竅微作
蒼蠅鳴 彌明 以茲翻溢愆實負任使誠 師服 常居顧眄地
敢有漏泄情 喜 寧依煖熱弊不與寒涼并 彌明 區區徒
自效瑣瑣不足呈 喜 迴旋但兀兀開闔惟鏗鏗 師服 全
勝瑚璉貴空有口傳名豈比俎豆古不為手所撜磨
礱去圭角浸潤著光精願君莫嘲誚此物方施行 彌明

鬬雞聯句

大雞昂然來小雞竦而待 愈 崢嶸顛盛氣洗刷凝鮮
彩 郊 高行若矜豪側睨如伺殆 愈 精光目相射劍戟
心 郊 既取冠為冑復以距為鐓天時得清寒地
利挾爽塏 愈 磔毛各噤瘁怒癭爭碨磊俄膺忽爾低

植立瞀而政　郊　膈膊戰聲喧續翻落羽皠中休事未
決小挫勢益倍　愈　妬腸務生敵賊性專相醻裂血失
鳴聲啄殷甚飢餒　郊　對起何急驚隨旋誠巧紿毒打
飽李陽神搥困未亥　愈　惻心我以仁碎首爾何罪獨
勝事有然旁驚汧流浼　郊　知雄欣動顏怯負愁看賄
爭觀雲填道助呌波翻海　愈　事爪深難解嗔睛時未
怠一噴一醒然再接再礪乃　郊　頭垂碎丹砂翼搨拖
錦綵連軒尚賈餘清厲比歸凱　愈　選俊感收毛受恩
慙始隗英心甘鬭死義肉恥庖宰君看鬭雞篇短韻
有奇採　郊

續選唐音大成卷之十一終

續選唐音大成卷之十二

宜興邵天和節夫編校

補音四

七言律詩

題雍丘崔明府丹竈　李太白

美人為政本忘機服藥求仙事不違葉縣已泥丹竈
畢瀛洲當伴赤松歸先師有訣神將助大聖無心火
自飛九轉但能生羽翼雙鳧忽去定何依

題東谿公幽居

杜陵賢人清且廉東谿卜築歲將淹宅近青山同謝
眺門垂碧柳似陶潛好鳥迎春歌後院飛花送酒舞
前簷客到但知留一醉盤中秪有水晶鹽

登金陵鳳凰臺

鳳凰臺上鳳凰遊鳳去臺空江自流吳宮花草埋幽
徑晉代衣冠成古丘三山半落青天外二水中分白
鷺洲總為浮雲能蔽日長安不見使人愁

寄崔侍御

宛溪霜夜聽猿愁去國長如不繫舟獨憐一鴈飛南
海却羨雙溪解北流高人屢解陳蕃榻過客難登謝
朓樓此處別離同落葉朝朝分散敬亭秋

別中都明府兄

吾兄詩酒繼陶君試宰中都天下聞東樓喜奉連枝會南陌愁爲落葉分城隅綠水明秋日海上青山隔暮雲取醉不辭留夜月鴈行中斷惜離群

送賀監歸四明應制

久辭榮祿遂初衣曾向長生說息機只訣自從茅氏得恩波應阻洞庭歸瑤臺含霧星辰滿仙嶠浮空島嶼微借問欲栖珠樹鶴何年向却帝城飛

題張氏隱居　杜子美

春山無伴獨相求伐木丁丁山更幽澗道餘寒歷氷雪石門斜日到林丘不貪夜識金銀氣遠害朝看麋鹿遊乘興杳然迷出處對君疑是泛虛舟

贈田九判官梁丘

崆峒使節上青霄河隴降王款聖朝宛馬總肥春苜蓿將軍只數漢嫖姚陳留阮瑀誰爭長京兆田郎早見招麾下賴君才並入獨能無意向漁樵

贈獻納起居田舍人澄

獻納司存雨露邊地分清切任才賢舍人退食收封事宮女開函近御筵曉漏追趨青瑣闥晴窻點撿白雲篇楊雄更有河東賦唯待吹噓送上天

奉和賈至舍人早朝大明宮

五夜漏聲催曉箭九重春色醉仙桃旌旗日暖龍蛇動宮殿風微燕雀高朝罷香烟携滿袖詩成珠玉在揮毫欲知世掌絲綸美池上于今有鳳毛

紫宸殿退朝口號

戶外昭容紫袖垂雙瞻御座引朝儀香飄合殿春風轉花覆千官淑景移晝漏稀聞高閣報天顏有喜近臣知宮中每出歸東省會送夔龍集鳳池

曲江陪鄭八丈南史飲

雀啄江頭黃柳花鵁鶄鸂鶒滿晴沙自知白髮非春事且盡芳尊戀物華近侍只今難浪跡此身那得更無家丈人文力猶強健豈傍青門學種瓜

曲江

一片花飛減却春風飄萬點正愁人且看欲盡花經眼莫厭傷多酒入脣江上小堂巢翡翠苑邊高塚卧麒麟細推物理須行樂何用浮名絆此身

曲江對月

苑外江頭坐不歸水晶宮殿轉霏微桃花細逐楊花落黃鳥時兼白鳥飛縱酒久拚人共棄懶朝真與世相違吏情更覺滄洲遠老大悲傷未拂衣

曲江對雨

城上春雲覆苑墻江亭晚色靜年芳林花着雨臙脂
落水荇牽風翠帶長龍武新軍深駐輦芙蓉別殿謾
焚香何時詔此金錢會暫醉佳人錦瑟傍

九日藍田崔氏莊

老去悲秋強自寬興來今日盡君歡羞將短髮還吹
帽笑倩傍人為正冠藍水遠從千澗落玉山高並兩
峰寒明年此會知誰健醉把茱萸仔細看

至日遣興奉寄北省舊閣老兩院故人一首

憶昨逍遙供奉班去年今日侍龍顏麒麟不動爐煙
上孔雀徐開扇影還玉几由來天北極朱衣只在殿
中間孤城此日堪腸斷愁對寒雲雪滿山

恨別

洛城一別四千里胡騎長驅五六年草木變衰行劍
外兵戈阻絕老江邊思家步月青霄立憶弟看雲白
日眠聞道河陽近乘勝司徒急為破幽燕

堂成

背郭堂成蔭白茅緣江路熟俯青郊榿林礙日吟風
葉籠竹和煙滴露梢暫止飛烏將數子頻來語燕定
新巢傍人錯比揚雄宅懶惰無心作解嘲

賓至

幽棲地僻經過少老病人扶再拜難豈有文章驚海
內謾勞車馬駐江干竟日淹留佳客坐百年粗糲腐
儒餐不嫌野外無供給乘興還來看藥闌

蜀相

丞相祠堂何處尋錦官城外柏森森映階碧草自春
色隔葉黃鸝空好音三顧頻繁天下計兩朝開濟老
臣心出師未捷身先死長使英雄淚滿襟

狂夫

萬里橋西一草堂百花潭水即滄浪風含翠篠娟娟
淨雨裛紅蕖冉冉香厚祿故人書斷絕恒饑稚子色
淒涼欲填溝壑惟疏放自笑狂夫老更狂

江邨

清江一曲抱邨流長夏江邨事事幽自去自來堂上
燕相親相近水中鷗老妻畫紙為棋局稚子敲針作
釣鉤多病所須惟藥物微軀此外更何求

野老

野老籬前江岸迴柴門不正逐江開漁人網集澄潭
下賈客船隨返照來長路關心悲劍閣片雲何意傍
琴臺王師未報收東郡城闕秋生畫角哀

南鄰

錦里先生烏角巾園收芋栗未全貧慣看賓客兒童喜得食階除鳥雀馴秋水纔深四五尺野航恰受兩三人白沙翠竹江邨暮相送柴門月色新

客至

舍南舍北皆春水但見群鷗日日來花徑不曾緣客掃蓬門今始為君開盤飧市遠無兼味尊酒家貧只舊醅肯與鄰翁相對飲隔籬呼取盡餘杯

送韓十四江東省覲

兵戈不見老萊衣嘆息人間萬事非我已無家尋弟

妹君今何處訪庭闈黃牛峽靜灘聲轉白馬江寒樹影稀此別應須各努力故鄉猶恐未同歸

王十七侍御掄許攜酒至草堂奉寄此詩便請邀高三十五使君同到

老夫臥穩朝慵起白屋寒多暖始開江鸛巧當幽徑浴鄰雞還過短墻來繡衣屢許攜家醞皂蓋能忘折野梅戲假霜威促山簡須成一醉習池迴

望野

西山白雪三城戍南浦清江萬里橋海內風塵諸弟隔天涯涕淚一身遙唯將遲暮供多病未有涓埃答聖朝跨馬出郊時極目不堪人事日蕭條

嚴中丞枉駕過

元戎小隊出郊坰問柳尋花到野亭川合東西瞻使節地分南北任流萍扁舟不獨如張翰皂帽應兼似管寧寂寞江天雲霧裏何人道有少微星

奉酬嚴公寄題野亭之作

拾遺曾奏數行書懶性從來水竹居奉引濫騎沙苑馬幽棲真釣錦江魚謝安不倦登臨費阮籍焉知禮法疎枉沐旌麾出城府草茅無徑欲教鋤

嚴公仲夏枉駕草堂兼攜酒饌得寒字

竹裏行廚洗玉盤花邊立馬簇金鞍非關使者徵求急自識將軍禮數寬百年地僻柴門迥五月江深草閣寒看弄漁舟移白日老農何有罄交歡

秋盡

秋盡東行且未迴茅齋寄在少城隈籬邊老却陶潛菊江上徒逢袁紹杯雪嶺獨看西日落劍門猶阻北人來不辭萬里長為客懷抱何時得好開

涪城縣香積寺官閣

寺下春江深不流山腰官閣迥添愁含風翠壁孤雲細背日丹楓萬木稠小院迴廊春寂寂浴鳧飛鷺晚

悠悠諸天合在藤蘿外昏黑應須到上頭

送路六侍御入朝

童稚情親四十年中間消息兩茫然更為後會知何地忽漫相逢是別筵不分桃花紅勝錦生憎柳絮白如綿劍南春色還無頼觸忤愁人到酒邊

滕王亭子

君王臺榭枕巴山萬丈丹梯尚可攀春日鶯啼脩竹裏仙家犬吠白雲間清江碧石傷心麗嫩蘂濃花滿目斑入到于今歌出牧來遊此地不知還

奉寄章十侍御

淮海維揚一俊人金章紫綬照青春指揮能事回天地訓練強兵動鬼神湘西不得歸關羽河内猶宜借冦恂朝覲從容問幽側勿云江漢有垂綸

將赴荊南寄別李劍州弟

使君高義驅今古寥落三年坐劍州但見文翁能化俗焉知李廣未封侯路經灧澦雙蓬鬢天入滄浪一釣舟戎馬相逢更何日春風回首仲宣樓

將赴成都草堂塗中有作先寄嚴鄭公五首

得歸茅屋赴成都直為文翁再剖符但使閭閻還揖讓敢論松菊久荒蕪魚知丙穴由來美酒憶郫筒不

用沽五馬舊曾諳小徑幾回書札待潛夫

處處清江帶白蘋故園猶得見殘春雪山斥候無兵馬錦里逢迎有主人休怪兒童延俗客不教鵞鴨惱比鄰習池未覺風流盡況復荊州賞更新

常苦沙崩損藥闌也從江檻落風湍新松恨不高千尺惡竹應須斬萬竿生理祇憑黃閣老衰顏欲付紫金丹三年奔走空皮骨信有人間行路難

登樓

花近高樓傷客心萬方多難此登臨錦江春色來天地玉壘浮雲變古今北極朝廷終不改西山冦盜莫相侵可憐後主還祠廟日暮聊為梁父吟

宿府

清秋幕府井梧寒獨宿江城蠟炬殘永夜角聲悲自語中天月色好誰看風塵荏苒音書絕關塞蕭條行路難已忍伶俜十年事強移棲息一枝安

院中晚晴懷西郭茅舍

幕府秋風日夜清澹雲疎雨過高城葉心朱實堪時落堦面青苔先自生復有樓臺銜暮景不勞鐘鼓報新晴浣落谿裏花饒笑肯信吾無吏隱名

奉寄高常侍

汶上相逢年頗多飛騰無那故人何總戎楚蜀應全未方駕曹劉不啻過今日朝廷須汲黯中原將師憶廉頗天涯春色催遲莫别淚遥添錦水波

諸將五首

漢朝陵墓對南山胡虜千秋尚入關昨日玉魚蒙塟地早時金盌出人間見愁汗馬西戎逼曾閃朱旗北斗閑多少村官守涇渭將軍且莫破愁顔

韓公本意築三城擬絶天驕抜漢旌豈謂盡煩回紇馬翻然遠救朔方兵胡來不覺潼關隘龍起猶聞晉水清獨使至尊憂社稷諸君何以荅昇平

洛陽宫殿化為烽休道秦關百二重滄海未全歸禹貢薊門何處盡堯封朝廷衮職誰爭補天下軍儲不自供稍喜臨邊王相國肯銷金甲事春農

回首扶桑銅柱標冥冥氛祲未全銷越裳翡翠無消息南海明珠久寂寥殊錫曾為大司馬總戎皆插侍中貂炎風朔雪天王地只在忠良翊聖朝

錦江春色逐人來巫峽清秋萬壑哀正憶往時嚴僕射共迎中使望鄉臺主恩前後三持節軍令分明數舉杯西蜀地形天下險安危須仗出群才

峽中覽物

曾為掾吏趨三輔憶在潼關詩興多巫峽忽如瞻華嶽蜀江猶似見黄河舟中得病移衾枕洞口經春長薜蘿形勝有餘風土惡幾時回首一高歌

黄草

黄草峽西船不歸赤甲山下行人稀秦中驛使無消息蜀道兵戈有是非萬里秋風吹錦水誰家别淚灑羅衣莫愁劍閣終堪據聞道松州已被圍

白帝

白帝城中雲若屯白帝城下雨翻盆高江急峽雷霆鬭古木長藤日月昏戎馬不如歸馬逸千家今有百

家存哀哀寡婦誅求盡慟哭秋原何處邨

吹笛

吹笛秋山風月清誰家巧作斷腸聲風飄律吕相和切月傍關山幾處明胡騎中宵堪北走武陵一曲想南征故園楊柳今摇落何得愁中却盡生

秋興八首

玉露凋傷楓樹林巫山巫峽氣蕭森江間波浪兼天湧塞上風雲接地陰叢菊兩開他日淚孤舟一繫故園心寒衣處處催刀尺白帝城高急莫砧

夔府孤城落日斜每依北斗望京華聽猿實下三聲

淚奉使虛隨八月槎畫省香爐違伏枕山樓粉堞隱
悲笳請看石上藤蘿月已映洲前蘆荻花
千家山郭靜朝暉日日江樓坐翠微信宿漁人還汎
汎清秋燕子故飛飛匡衡抗疏功名薄劉向傳經心
事違同學少年多不賤五陵衣馬自輕肥
聞道長安似奕棋百年世事不勝悲王侯第宅皆新
主文武衣冠異昔時直北關山金鼓振征西車馬羽
書馳魚龍寂寞秋江冷故國平居有所思
蓬萊宮闕對南山承露金莖霄漢間西望瑤池降王
海東來紫氣滿函關雲移雉尾開宮扇日繞龍鱗識

聖顏一臥滄江驚歲晚幾回青瑣點朝班
瞿塘峽口曲江頭萬里風煙接素秋花萼夾城通御
氣芙蓉小苑入邊愁珠簾繡柱圍黃鵠錦纜牙檣起
白鷗回首可憐歌舞地秦中自古帝王州
昆明池水漢時功武帝旌旗在眼中織女機絲虛夜
月石鯨鱗甲動秋風波漂菰米沉雲黑露冷蓮房墜
粉紅關塞極天惟鳥道江湖滿地一漁翁
昆吾御宿自逶迤紫閣峰陰入渼陂香稻啄餘鸚鵡
粒碧梧棲老鳳凰枝佳人拾翠春相問仙侶同舟晚
更移采筆昔曾干氣象白頭吟望苦低垂

詠懷古跡五首

支離東北風塵際漂泊西南天地間三峽樓臺淹日
月五溪衣服共雲山羯胡事主終無賴詞客哀時且
未還庾信平生最蕭瑟暮年詩賦動江關
搖落深知宋玉悲風流儒雅亦吾師悵望千秋一灑
淚蕭條異代不同時江山故宅空文藻雲雨荒臺豈
夢思最是楚宮俱泯滅舟人指點到今疑
群山萬壑赴京門生長明妃尚有邨一去紫臺連朔
漠獨留青塚向黃昏畫圖省識春風面環珮空歸月
夜魂千載琵琶作胡語分明怨恨曲中論

小至

天時人事日相催冬至陽生春又來刺繡五紋添弱
線吹葭六管動飛灰岸容待臘將舒柳山意衝寒欲
放梅雲物不殊鄉國異教兒且覆掌中杯

奉送蜀州柏二別駕將中丞命赴江陵起居
衛尚書太夫人因示從行軍司馬位

中丞問俗畫熊頻愛弟傳書采鷁新遷轉五州防禦
使起居八座太夫人楚宮臘送荊門水白帝雲偷碧
海春與報惠連詩不惜知吾斑鬢總如銀

閣夜

歲莫陰陽催短景天涯霜雪霽寒宵五更鼓角聲悲壯三峽星河影動搖野哭千家聞戰伐夷歌幾處起漁樵卧龍躍馬終黃土人事音書漫寂寥

返照

楚王宮北正黃昏白帝城西過雨痕返照入江翻石壁歸雲擁樹失山村衰年病肺唯高枕絶塞愁時早閉門不可久留豺虎亂南方實有未招魂

季夏鄉弟韶陪黃門從叔朝謁

令弟尚為滄水使名家莫作杜陵人比來相國兼安蜀歸赴朝廷已入秦捨舟策馬論兵地拖玉腰金報

主身莫度清秋吟蟋蟀早聞黃閣畫麒麟

即事

天畔群山孤草亭江中風浪雨冥冥一雙白魚不受釣三寸黃柑猶自青多病馬卿無日起窮途阮籍幾時醒未聞細柳散金甲腸斷秦川流濁涇

九日

重陽獨酌盃中酒抱病起登江上臺竹葉於人既無分菊花從此不須開殊方日落玄猿哭故國霜前白鴈來弟妹蕭條各何在干戈衰謝兩相催

登高

風急天高猿嘯哀渚清沙白鳥飛迴無邊落木蕭蕭下不盡長江衮衮來萬里悲秋常作客百年多病獨登臺艱難苦恨繁霜鬢潦倒新停濁酒杯

舍弟觀赴藍田取妻子到江陵喜寄二首

女迎妻子達荊州消息真傳解我憂鴻鴈影來連峽內鶺鴒飛急到沙頭嶢關險路今虛遠禹鑿寒江正穩流朱紱即當隨彩鷁青春不假報黃牛

公安送韋二少府匡贊

逍遙公後世多賢送爾維舟惜別筵念我能書數字至將詩不必萬人傳時危兵甲黃塵裏日短江湖白

髮前古往今來皆涕淚斷腸分手各風烟

小寒食舟中作

佳辰強飲食猶寒隱几蕭條戴鶡冠春水船如天上坐老年花似霧中看娟娟戲蝶過閑幔片片輕鷗下急湍雲白山青萬餘里愁看直北是長安

贈韋贊善

鄉里衣冠不乏賢杜陵韋曲未央前爾家最近冠三象時論同歸尺五天北走關山開雨雪南遊花柳塞雲煙洞庭春色悲公子鰕菜忘歸范蠡船

答張十一功曹　韓退之

山淨江空水見沙哀猿啼處兩三家筲簹競長纖纖
笋躑躅閑開艷艷花未報恩波知死所莫令炎瘴送
生涯吟君詩罷看雙鬢斗覺霜毛一半加
奉酬振武胡十二丈大夫
傾朝共羨寵光頻半歲遷騰作虎臣戎旆暫停辭社
樹里門先下敬鄉人橫飛玉盞家山曉遠蹀金珂塞
草春自笑平王誇膽氣不離文字鬢毛新
奉和庫部盧四兄曹長元日朝迴
天仗宵嚴建羽旄春雲送色曉雞號金爐香動螭頭
暗玉佩聲來雉尾高戎服上趨承北極儒冠列侍映

東曹太平時節難身過郎署何須歎二毛
廣宣上人頻見過
三百六旬長擾擾不衝風雨即塵埃久慚朝士無裨
補空愧高僧數往來學道窮年何所得吟詩竟日未
能迴天寒古寺遊人少紅葉窗前有幾堆
晉公破賊回重拜台司以詩示幕中賓客愈
奉和
南伐旋師太華東天書夜到冊元功將軍舊壓三司
貴相國新兼五等崇鵷鷺欲歸仙仗裏熊羆還入禁
營中長慚典午非才職得就閑官即至公

左遷至藍關示姪孫湘
一封朝奏九重天夕貶潮州路八千欲為聖明除弊
事肯將衰朽惜殘年雲橫秦嶺家何在雪擁藍關馬
不前知汝遠來應有意好收吾骨瘴江邊
次鄧州界
潮陽南去倍長沙戀闕那堪又憶家心訝愁來惟貯
火眼知別後自添花商顏暮雪逢人少鄧鄙春泥見
驛賒早晚王師收海嶽普將雷雨發萌芽
韶州留別張端公使君
來往再逢梅柳新別離一醉綺羅春久欽江總文才

妙自歎虞翻骨相屯鳴笛急吹爭落日清歌緩送款
行人已知奏課當徵拜那復淹留詠白蘋
酒中留上襄陽李相公
濁水汙泥清路塵還曾同制掌絲綸眼穿長訝雙魚
斷耳熱何辭數爵頻銀燭未銷窗送曙金釵半醉座
添春知公不久歸鈞軸應許閑官寄病身
賀張十八秘書得裴司空馬
司空遠寄養初成毛色桃花眼鏡明落日已曾交轡
語春風還擬並鞍行長令奴僕知飢渴須著賢良待
性情旦夕公歸身拜謝免勞騎去逐雙旌

和水部張員外宣政衙賜百官櫻桃詩

漢家舊種明光殿炎帝還書本草經豈似滿朝承雨露共看傳賜出青宮香隨翠籠擎初到色映銀盤寫未停食罷自知無所報空然慙汗仰皇扃

續選唐音大成卷之十二終

續選唐音大成卷之十三

宜興邵天和篥編校

補音五

五言絶句

王昭君　李太白

昭君拂玉鞍上馬啼紅頰今日漢宮人明朝胡地妾

寄上吳王

坐嘯廬江靜閑聞進玉觴去時無一物東壁挂胡床

襄陽曲

襄陽行樂處歌舞白銅鞮江城回淥水花月使人迷

綠水曲

綠水明秋月南胡採白蘋荷花嬌欲語愁殺蕩舟人

秋浦歌

秋浦錦駝鳥人間天上稀山雞羞淥水不敢照毛衣

其二

醉上山公馬寒歌甯戚牛空吟白石爛淚滿黑貂裘

其三

邏人橫鳥道江祖出魚梁水急客舟疾山花拂面香

其四

白髮三千丈緣愁似箇長不知明鏡裏何處得秋霜

其五

秋浦田舍翁採魚水中宿妻子張白鷴結罝映深竹

其六

桃波一步地了了語聲聞闇與山僧別低頭禮白雲

對雪獻從兄虞城宰

昨夜梁園裏弟寒兄不知庭前看玉樹腸斷憶連枝

別東林寺僧

東林送客處月出白猿啼笑別廬山遠何煩過虎溪

賦得白鷺鷥送宋少府入三峽

白鷺拳一足月明秋水寒人驚遠飛去直向使君灘

答友人贈烏紗帽

領得烏紗帽全勝白接䍠山人不照鏡稚子道相宜

陪侍郎叔遊洞庭醉後

今日竹林宴我家賢侍郎三杯容小阮醉後發清狂

其二

船上齊橈樂湖心泛月歸白鷗閑不去爭拂酒筵飛

銅官山醉後絕句

我愛銅官樂千年未擬還要須迴舞袖拂盡五松山

九日龍山飲

九日龍山飲黃花笑逐臣醉看風落帽舞愛月留人

魯中都東樓醉起作

昨日東樓醉還應倒接䍠阿誰扶上馬不省下樓時

清溪半夜聞笛

羌笛梅花引吳溪隴水情寒山秋浦月腸斷玉關聲

夏日山中

嬾搖白羽扇裸體青林中脫巾掛石壁露頂洒松風

醉題王漢陽廳

我似鷓鴣鳥南遷嬾北飛時尋漢陽令取醉月中歸

獨坐敬亭山

衆鳥高飛盡孤雲獨去閑相看兩不厭只有敬亭山

憶東山

不向東山久薔薇幾度花白雲還自散明月落誰家

其二

我今攜謝妓長嘯絕人群欲報東山客開關掃白雲

重憶

欲向江東去定將誰舉杯稽山無賀老却棹酒船回

田園言懷

賈誼三年謫班超萬里侯何如牽白犢飲水對清流

初出金門尋王侍御不遇詠壁上鸚鵡

落羽辭金殿孤鳴咤綉衣能言終見棄還向隴西飛

越女詞

耶溪採蓮女見客棹歌迴笑入荷花去佯羞不出來

其二

東陽素足女會稽素舸郎相看月未墮白地斷肝腸

出妓金陵子呈盧六

東道煙霞主西江詩酒筵相逢不覺醉日墮歷陽川

即事　杜子美

百寶裝腰帶真珠絡臂韝笑時花近眼舞罷錦纏頭

絶句

江邊踏青罷回首見旌旗風起春城暮高樓鼓角悲

其二

江碧鳥逾白山青花欲然今春看又過何日是歸年

武侯廟

遺廟丹青落空山草木長猶聞辭後主不復卧南陽

八陣圖

功蓋三分國名成八陣圖江流石不轉遺恨失吞吳

復愁八首

人煙生處僻虎跡過新蹄野鶻翻窺草村船逆上溪

其二

釣艇收緡盡昏鴉接翅稀月生初學扇雲細不成衣

其三

身覺省郎在家貧農事歸年深荒草徑老恐失柴扉

其四

胡虜何曾盛干戈不肯休閭閻聽小子談笑覓封侯

其五

今日翔麟馬先宜駕鼓車無勞問河北諸將角榮華

其六

任轉江淮粟休添苑囿兵由來貔虎士不滿鳳凰城

其七

每恨陶彭澤無錢對菊花如今九日至自覺酒須賒

其八

病減詩仍拙吟多意有餘莫看江總老猶被賞時魚

絶句六首

日出籬東水雲生舍北泥竹高鳴翡翠沙暖舞鵾雞

其二

藹藹花蕊亂飛飛蜂蝶多幽棲身嬾動客至欲如何

其三

鑿井交椶葉開渠斷竹根扁舟輕裊纜小徑曲通村

其四

急雨梢溪足斜暉轉樹腰隔巢黃鳥並翻藻白魚跳

其五

舍下笋穿壁庭中藤刺簷地晴絲冉冉江白草纖纖

其六

江動月移石溪虛雲傍花鳥棲知故道帆過宿誰家

絕句三首

聞道巴山裏春船正好行都將百年興一望九江城

其二

水檻溫江口茅堂石笋西移船先主廟洗藥浣花溪

其三

沒道春來好狂風大放顛吹花隨水去翻却釣魚船

花島　韓退之

蜂蝶去紛紛香風隔岸聞笑知花島處水上覓紅雲

西山

新月迎宵挂晴雲到晚留為遮西望眼終是懶廻頭

柳巷

柳巷還飛絮春餘許幾時吏人休報事公作送春詩

花源

源上花初發公應日日來丁寧紅與紫慎莫一時開

北樓

郡樓乘曉上盡日不能廻晚色將秋至長風送月來

竹洞

竹洞何年有公初斫竹開洞門無鎖鑰俗客不曾來

月臺

南館城陰闊東湖水氣多直須臺上看始奈月明何

竹溪

藹藹溪流慢梢梢岸篠長穿沙碧簳淨落水紫苞香

贈同遊

喚起窻全曙催歸日未西無心花裏鳥更與盡情啼

把酒

擾擾馳名者誰能一日閑我來無伴侶把酒對南山

渚亭

自有人知處那無步往蹤莫教安四壁面面看芙蓉

孤嶼

朝遊孤嶼南暮戲孤嶼北所以孤嶼鳥與公盡相識

續選唐音大成卷之十三終

續選唐音大成卷之十四

宜興邵天和纂 編校

補音六

七言絕句

清平調詞三首 李太白

雲想衣裳花想容春風拂檻露華濃若非群玉山頭見會向瑤臺月下逢

一枝穠豔露凝香雲雨巫山枉斷腸借問漢宮誰得似可憐飛燕倚新粧

名花傾國兩相歡長得君王帶笑看解釋春風無限

恨沉香亭北倚闌干

永王東巡歌

三川北虜亂如麻四海南奔似永嘉但用東山謝安石為君談笑靜胡沙

上皇西巡南京歌

濯錦清江萬里流雲帆龍舸下揚州北地雖誇上林苑南京還有散花樓

峨眉山月歌

峨眉山月半輪秋影入平羌江水流夜發清溪向三峽思君不見下渝州

巴陵贈賈舍人

賈生西望憶京華湘浦南遷莫怨嗟聖主恩深漢文帝憐君不遣到長沙

贈汪倫

李白乘舟將欲行忽聞岸上踏歌聲桃花潭水深千尺不及汪倫送我情

聞王昌齡左遷龍標遙有此寄

楊花落盡子規啼聞道龍標過五溪我寄愁心與明月隨風直到夜郎西

黃鶴樓送孟浩然之廣陵

故人西辭黃鶴樓煙花三月下揚州孤帆遠影碧空盡唯見長江天際流

送外甥鄭灌從軍三首

六博爭雄好彩來金盤一擲萬人開丈夫賭命報天子當斬胡頭衣錦廻

丈八蛇矛出隴西彎弧拂箭白猿啼破胡必用龍韜策積甲應將熊耳齊

月蝕西方破敵時及瓜歸日未應遲斬胡血變黃河水梟首當懸白鵲旗

山中問荅

問余何意栖碧山笑而不答心自閑桃花流水杳然
去別有天地非人間

荅湖州迦葉司馬問白是何人

青蓮居士謫仙人酒肆藏名三十春湖州司馬何須
問金粟如來是後身

訓崔侍郎

嚴陵不從萬乘遊歸卧空山釣碧流自是客星辭帝
座元非太白醉揚州

望廬山瀑布泉

日照香爐生紫煙遥看瀑布挂前川飛流直下三千

尺疑是銀河落半天

望廬山五老峯

廬山東南五老峯青天削出金芙蓉九江秀色可攬
結吾將此地巢雲松

早發白帝城

朝辭白帝彩雲間千里江陵一日還兩岸猿聲啼不
盡輕舟已過萬重山

越中覽古

越王句踐破吴歸義士還家盡錦衣宫女如花滿春
殿只今唯有鷓鴣啼

與史郎中欽聽黄鶴樓上吹笛

一為遷客去長沙西望長安不見家黄鶴樓中吹玉
笛江城五月落梅花

軍行

騮馬新跨白玉鞍戰罷沙場月色寒城頭鐵鼓聲猶
震匣裏金刀血未乾

從軍行

百戰沙場碎鐵衣城南已合數重圍突營射殺呼延
將獨領殘兵千騎歸

春夜洛城聞笛

誰家玉笛暗飛聲散入春風滿洛城此夜曲中聞折

柳何人不起故園情

春怨

白馬金羈遼海東羅帷綉被卧春風落月低軒窺燭
盡飛花入戶笑床空

别内赴徵三首

王命三徵去未還明朝離别出吴關白玉高樓看不
見相思須上望夫山

出門妻子強牽衣問我西行幾日歸歸時儻佩黄金
印莫學蘇秦不下機

翡翠為樓金作梯誰人獨宿倚門啼夜坐寒燈連曉
月行行淚盡楚關西

南流夜郎寄内

夜郎天外怨離居明月樓中音信疎北鴈春歸看欲
盡南來不得豫章書

贈李白　杜子美

秋來相顧尚飄蓬未就丹砂愧葛洪痛飲狂歌空度
月飛揚跋扈為誰雄

贈花卿

錦城絲管日紛紛半入江風半入雲此曲秖應天上

有人間能得幾迴聞

漫興六絶

手種桃李非無主野老墻低還是家恰似春風相欺
得夜來吹折數枝花

二月已破三月來漸老逢春能幾回莫思身外無窮
事且盡生前有限杯

腸斷春江欲盡頭杖藜徐步立芳洲顛狂柳絮隨風
舞輕薄桃花逐水流

懶慢無堪不出村呼兒日在掩柴門蒼苔濁酒林中
靜碧水春風野外昏

糝徑楊花鋪白氈點溪荷葉疊青錢竹根稚子無人
見沙上鳧雛傍母眠

舍西柔桑葉可拈江邊細麥復纖纖人生幾何春已
夏不放香醪如蜜甜

戲為五絶

庾信文章老更成凌雲健筆意縱橫今人嗤點流傳
賦不覺前賢畏後生

王楊盧駱當時體輕薄為文哂未休爾曹身與名俱
滅不廢江河萬古流

縱使盧王操翰墨劣於漢魏近風騷龍文虎脊皆君

馭歷塊過都見爾曹

才力應難誇數公凡今誰是出羣雄或看翡翠蘭苕
上未掣鯨魚碧海中

不薄今人愛古人清詞麗句必為鄰竊攀屈宋宜方
駕恐與齊梁作後塵

少年行二首

莫笑田家老瓦盆自從盛酒長兒孫傾銀注玉驚人
眼共醉終同卧竹根

巢燕養雛渾去盡江花結子已無多黄衫年少來宜
數不見堂前東逝波

絶句三首

堂西長筭别開門塹北行椒却背村梅熟喜同未老
喫松高擬對阮生論
欲作魚梁雲覆湍因驚四月雨聲寒青溪先有蛟龍
窟竹石如山不敢安
兩箇黄鸝鳴翠栁一行白鷺上青天窻含西嶺千秋
雪門泊東吴萬里船

夔州歌

赤甲白塩俱刺天閭閻繚繞接山巔楓林橘樹丹青
合複道重樓錦繡懸

瀼東瀼西一萬家江北江南春冬花背飛鶴子遺瓊
蘂相逦鳬雛入蔣牙
閶風玄圃與蓬壷中有高堂天下無借問夔州壓何
處峽門江腹擁城隅

解悶

草閣柴扉星散居浪翻江黒雨飛初山禽引子哺紅
果溪女得錢留白魚
商胡離别下楊州憶上西陵故驛樓為問淮南米貴
賤老夫乘興欲東遊
一辭故國十經秋每見秋瓜憶故丘今日東湖果繳

蕨何人為覓鄭瓜州
沈范早如何水部曹劉不待薛郎中獨當省署開文
苑兼泛滄浪學釣翁
李陵蘇武是吾師孟子論文更不疑一飯未曾延俗
客數篇今見古人詩
復憶襄陽孟浩然清詩句句盡堪傳即今耆舊無新
語謾釣槎頭縮項鯿
陶冶性靈存底物新詩改罷自長吟孰知二謝將能
事頗學陰何苦用心
不見高人王右丞藍田丘壑蔓寒藤寂傳秀句寰區

滿未絶風流相國能
先帝貴妃今寂寞荔枝還復入長安炎方每續朱櫻
獻玉座應悲白露團

湘中酬張十一功曹　韓退之

休垂絶徼千行淚共泛清湘一葉舟今日嶺猿兼越
鳥可憐同聽不知愁

聞梨花發贈劉師命

桃蹊惆悵不能過紅豔紛紛落地多聞道郭西千樹
雪欲將君去醉如何

榴花

五月榴花照眼明枝間時見子初成可憐此地無車
馬顛倒青苔落絳英

春雪

新年都未有芳華二月初驚見草芽白雪却嫌春色
晚故穿庭樹作飛花

次潼關先寄張十二閣老使君

荊山已去華山來日出潼關四扇開刺史莫辭迎候
遠相公親破蔡州迴

夕次壽陽驛題吴郎中壁後

風光欲動別長安春半邊城特地寒不見園花兼巷

柳馬頭惟有月團團

鎮州初歸

別來楊柳街頭樹擺弄春風只欲飛還有小園桃李
在留花不發待郎歸

蒲萄

新莖未遍半猶枯高架支離倒復扶若欲滿盤堆馬
乳莫辭添竹引龍鬚

酬王二十舍人雪中見寄

三日柴門擁不開階平庭滿白皚皚今朝蹋作瓊瑤
跡為有詩從鳳沼來

題百葉桃花

百葉雙桃晚更紅窺窻映竹見玲瓏應知侍史歸天
上故伴仙郎宿禁中

賽神

白布長衫紫領巾差科未動是閑人麥苗含穟桑生
葚共向田頭樂社神

秋樹

幸自枝條能樹立可煩蘿蔓作交加傍人不解尋根
本却道新花勝舊花

贈張十八助教

喜君眸子重清朗攜手城南歷舊遊忽見孟生題竹

處相看淚落不能收

遊太平公主山莊

公主當年欲占春故將臺榭壓城闉欲知前面花多
少直到南山不屬人

奉和裴相公東征途經女几山下作

旗穿曉日雲霞雜山倚秋空劍戟明敢請相公平賊
後暫攜諸吏上崢嶸

過襄城

郾城辭罷過襄城潁水嵩山刮眼明已去蔡州三百

里家人不用遠來迎

桃林夜賀晉公

西來騎火照山紅夜宿桃林臘月中手把命珪兼相
印一時重疊賞元功

晚次宣溪辱韶州張端公使君惠書叙别酬
以絶句一章

韶州南去接宣溪雲水蒼茫日向西客淚數行先自
落鷓鴣休傍耳邊啼

同水部張貟外曲江春遊寄白二十二舍人

漠漠輕陰晚自開青天白日映樓臺曲江水滿花千

樹有底忙時不肯來

早春呈水部張十八貟外

莫道官忙身老大即無年少逐春心憑君先到江頭
看柳色如今深又深

奉和李和公題蕭家林亭

山公自是園林主歎惜前賢造作時岩洞幽深門盡
鎖不因丞相幾人知

盆池

莫道盆池作不成藕梢初種已齊生從今有雨君須
記來聽蕭蕭打葉聲

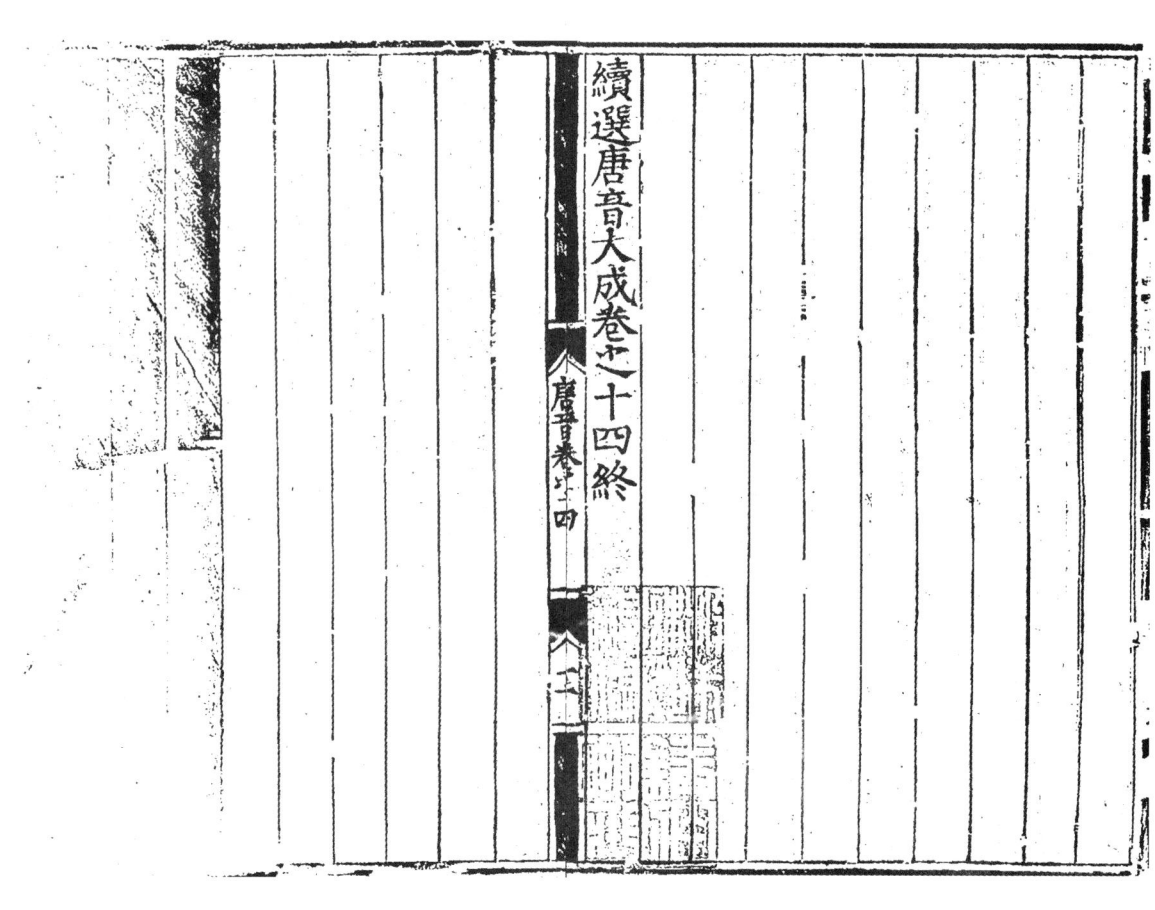

續選唐音大成卷之十四終

皇元風雅

提要

《皇元風雅》十二卷，前集六卷，後集六卷，共十二卷；元傅習編前集，孫存吾編後集，高麗翻元刊本。是書為元朝詩歌總集，收錄詩人二百八十人。傅習，字說卿，清江人。存吾，字如山，廬陵人。

詩之爲教存乎性情苟無得於斯則其道謂之幾絶可也皇元近時作者迭起庶幾風雅之遺無愧騷選然而朝廷之制作或不盡傳於民間山林之高風必不俯諧於流俗以詠歌爲樂者固嘗病其不備見也清江傅説卿行四方得時賢詩甚多卷帙繁浩盧陵孫存吾略爲詮次凡數百篇而求予爲之題辭予觀其編以静脩劉夢吉先生爲之首自我朝觀之若劉公之高識遠志人品英邁卓然不可企及冠冕斯文固爲渾之前後能賦之賢未易枚舉偶有未及非逸之也若乃僕區區曹鄶之陋則在所不足録云至元二年歲在丙子八月辛巳邵菴道人虞集伯生題辭

皇元風雅羣英姓氏

○卷之一

伯顏丞相　郝天挺　史紫微
盧疎齋　貫酸齋　許魯齋
張仲疇　李道復　虞伯生
張野夫　元明善　鮮于伯機
趙子昂　程雪樓　閻靜軒

○卷之二

交趾王　徐參政　劉御史
梁宣慰　何理問　張天師
吳宗師　滕玉霄　馮海粟
吳草廬　李伯宗　柳道傳
陳濟川　馬伯庸　龍麟洲
杜竹處　俞石澗

○卷之三

安竹齋　明普彥　文子方
歐陽圭齋　袁伯長　杜清碧
楊仲弘　李竹所　何吾山
劉時中　吳敬庭　李長源
楊鵬翼　陳自堂

○卷之四

劉須溪　劉立雪　劉養吾
揭曼石　羅磵谷　孫伯善
黃南卿　湯子文　劉雲山
申屠致遠　趙半閑　羅滄洲
張周卿　周石原　王性存
趙心遠　趙季文　胡尊生
連伯正　宋本　孫用復
黃河清　胡古愚　劉明叟

○卷之五

高若鳳　張叔暘　許獻臣
趙蒙齋　倪中豈　倪若水
范德機　孫存吾　張息堂
甘東溪　薩天錫　林彥栗
李源道　夏果齋　胡斗南
陳中山　宋梅洞　龔子敬
梁隆吉　李古溪　李截泉
彭容庵　仇仁近　吳漢儀

○卷之六

何順貞　黃子肅　張希孟
趙茂原　楊達可　吳仁傑
鄧彧之　陳敬翁　蕭南軒
陸文圭　陳魚村　易炎正
張嗣良　何太虛　陳晉齋
甘虛庭　凌虛谷　高孤雲
應居仁

姓氏畢

皇元風雅卷之一

前集

盱江梅谷　傅習　說卿　采集
儒學學正　孫存吾　如山　編類
奎章學士　虞集　伯生　校選

○劉靜脩

先生名因字夢吉保定人
裕宗皇帝在青宮聞其賢以贊善大夫召至京師未幾
以親老求歸養居數歲
朝廷尊仰德義拜集賢學士又以疾辭踰年遂不起
年纔四十有五縉紳惜之

黃金臺

燕山不改色易水無新聲誰知數尺臺中有萬古情區區後世人猶愛黃金名黃金亦何物能為賢重輕德輝照九仞鳳鳥繼一鳴伊誰腐鼠棄坐見飢鳶爭周道日東漸二老皆西行養民以致賢王業自此成黃金與山平不救兵縱橫落日下荒臺山水有餘清

翟節婦

兵塵浩無際烈士難自全婦人無九首志欲不二天燕山翟氏女既嫁夫防邊一朝夫死事懷婦增慨然生有如此夫早寡非所憐求尸白刃中負土家山前事去哀益深義盡身可捐無兒欲何為所依惟黃泉鄉鄰救引訣烈日丹衷懸誰能節若翁重賦雖陽賢我昨過其鄉山水猶清妍聞風髮如竹飄蕭動疎煙千年吟詩臺義我太宰韓為招魂大師和我節婦篇

有大如天地

有大如天地日夜長乾乾有小如蟣蝨星誰使然我亦形蹟中豈得獨安閒萬物相為用錯綜盈兩間如身百骸具少一為不完有形無虛生豈乎獨贅偏森然氣分內既有不可竊螟蛉誰肯之生二亦能延安有人道尊堙滅獨不傳乾二以為師餘者一聽天

燕平李仙臺

竭石來海際西南奄全燕中有李仙臺燕平欲昇天燕平骨已朽遺臺猶相傳雖復生青松歲久摧為煙極目望海波不見三山巔三山巨鼇贅山人嫩蠢然使無不足論信有亦可憐大塊如洪爐金石能久堅天地會有盡何物為神仙空山無笙鶴落日下飢鳶今古共一臺浩歎秋風前

登武陽

朝遊燕子谿晚上武陽城潮接滄溟近山從碣石生斷虹雲淡白返照雨疎明日暮悲吟發樵歌已餘情

易臺

望中孤島入銷沉雲帶離愁結暮陰萬國河山有燕趙百年風氣尚遼金物華暗與秋光老杯酒不隨人意深無限霜松動哀壑天教搖落助秋吟

山家

馬蹄踏水亂明霞醉袖迎風受落花怪見兒童出門望鵲声先我到山家

伯顏丞相

度梅關

馬首經從庾嶺歸王師到處悉平夷擔頭不帶江南物只插梅花一兩枝

鞭

一節高兮一節低我回敲鐙月中歸雖然三尺無鋒刃
百万雄師屬指揮

郝天挺

麻姑山

路入尋幽景便嘉石田瑤草帶煙霞注經洞古亡遺稔
養藥爐存失舊砂青鳥空傳王母信綵鸞飛到玉皇家
岩扉不掩春長在老却碧桃无数花

史紫微

江南曲

風凄露冷江南岸瑟々寒波秋練々採蓮歌斷紅雲空
蘋葉蘆花結新愁鴛鴦鸂鶒俱可怜相呼相倚沙背眠
白頭漁子撑蒼烟一双飛上枯樹巔

荒塚謠

荒岡斷壠誰家墳經年无主蒿草繁土崩棺蝕漆灯滅
狐狸作巢生子孫牧童燒火山菜赤花磚迸裂松行根
牯牛作群來礪角折碑尽是泥土痕夕陽未下燐火出
陰風刺々雲昏々精靈月下相往來嚶々喜歎如人言
君不言非日城中車馬客又來尋地為真宅

盧疎齋

題太白墓

大雅清風久不聞一盃聊為洗荒墳朱絃三歎無今古
說与江東日暮雲

婺源縣齋書事

竹樹映清曉坐聞山鳥鳴瓶花香病骨簷雨挾詩声客
亦非餘子春無負此生明朝予問俗吟罷却須晴

書梓山堂經筵

問俗來山郭攜春到竹溪花香敢厭寂林樾愛鶯啼欲
和觀音偈聊乘醉墨題閑星至石留客不肯為余西

題子陵釣臺

雲山蒼々兮煙木稠石瀨潺々兮江水流故人兮光武
先生兮羊裘使人皆先生兮誰其伊周使人不先生兮
誰其巢由可仕止久速兮舍聖人將焉求清風一絲兮
豈為名釣焦黃熱丹兮香火千秋岸下我篤兮縈寧之
舟先生一笑兮白雲故

○貫酸齋

白兆山桃花岩

美人一別三千年思美人兮在我前桃花染雨入白兆
信知塵世逃神仙空山亭々伴朝暮老樹挐帶發紅霧
為誰化作神仙屋千丈風烟隔滙浦醉翠流香春自活
手撚殘霞昏細末幾回雲外落清嘯美人天上騎丹鶴
神遊八極栖此山流水杳然心自閑解劍長歌一壺外
知有洞府无人間酒酣仰天呼太白眼空四海无纖物
明月滿山抱斷魂春風何處求顏色

美人篇

任風彫雪玲瓏過異姬剪月纖々絲行雲補鬢翠光滑
鳳凰丹落空山月手搯閑愁八字分青山恨重盃不伸
肌膚汗肘朱粉匀背人揮淚妝无痕霜刀自製石榴裙
閉門不識諸王孫綠烟薰幾藍田玉羅帶隨風換妝束
飛鳥猶然過長門芳非不忍鄙華屋連璪步空玉佩響
霓裳袖闊東風長剣鬆腕瘦衣襲清平指搔天天亦癢
燒香帳冷蘭灯沉落花不入芙蓉衾三山路杳銀河深
彩鸞何許愁人心天与美人傾国色不知更与美人卿

夢裏梅花夢我身万古千年一明月

君山行

比眞魚背幾千里負我大夢遊弱水蓬莱隔眼不盈拳
碧落香銷吹不起茜裙女兒懷遠遊遠人不歸明月藏
宝釵綰髻參差欲流風鬟十二照春秋女媧鍊石補天手
手拙石開露天醜瓊樓玉宇亦人間直指示君君見否
斯須魚去夢亦还白雲与我遊君山

畫龍歌

老墨糊天霹靂死手擘明珠換胼子一潛淵澤久不躍
泥汚風鬚色深紫蚪蚪老子家燕城怒吹九龍无餘灯
手提百尺陰山氷連雲塗作蒼龍形搓牙爪角隨風升
逆鱗射月千戈声人間仰視亂且听参辰散落天人驚
瀟湘浮黛娥眉輕太行不讓蓬莱青烈風倒雪銀河傾
珊瑚叢闕斗不平吸來噴出東風迎春色一夕国生龍庭
七年旱絶弃生靈九年澇漲蹤不耕小來化作爲霖福
爲吾
大元山海足

觀日行

丁巳春三月余之所謂宝陀山巔有石曰
盤陀可觀之初發其大不可量既歸宿作
方夜半之餘詩僧碧山同賦

六龍受鞭海水熱夜半金烏六六頳色天河蘸電断鰲腾
叩擊珊瑚碎流雪湖方野客隨雲閑乗風來遊海上山
飛艭拖空渡香水地辟中原雜聖几壮鰲九尺解霜鼓
瘦紋巨大自掀天奔驚看月下鬼泣花鮮欲作新詩受龍女
人生行此丈夫国天吴立儿濤掀地浮乾坤空際落春帆
身在東南憶西北

采石歌

采石山頭日顏色采石山下江流雪行客不過水无跡
難以断魂招太白我亦不留白玉堂京華酒淺湖雲長
新亭風雨夜來夢千載相思各断腸

別離情

呼別离之苦兮蒼梧之野秦皇青黃陵廟前春水生日
莫湘君動輕舉倚竹亭上染紅淚又聞垓下虞姬泣斗
帳初驚楚歌聲佳人閨淚棄英雄劍血不銷原草碧荷
物謂之別离情肝腸剥剥如銅声不如斫其竹前其章
免使人生爲情老

題庐山太平宫

山上清風山下塵碧沙流水淺如春五人不知松外誰敲月
驚動南華夢裏人

芦花被

僕過梁山泊有漁父以芦花爲被僕尚其
清欲易之以紬者漁父曰君尚其清願以
詩輸之

採得芦花不浣塵綠莎聊復藉爲裀西風刮夢秋无際
夜月生香雪滿身毛骨已隨天地老声名不讓古今貧
青綾莫爲鴛鴦妬欸乃声中別有春

題陳此山扇五首

秋鳴无數醉秦娥却把輕風惹扇羅明月碧空天似水
此山雲氣動纖波
紅旭如鉛海上來蒼蒼煙霧小蓬莱東風昨夜醉如酒
吹得桃花滿樹開

翠幙低垂護午陰碧瓶裏面水痕深東風截斷人間熱
勾引清涼養道心
一簇明月倚闌干宇宙尤宜就夜看飛上仙槎何渓近
手招沆瀣海銅盤
功成不用服丹砂笑指雲霞總是家清曉山中三尺雪
道人神氣似梅花
○許魯齋
趙氏南莊
曉起北窓凉清談戰羽觴入簾花氣重落紙墨泥香夢
裏青山好吟邊白日長秋風載書籍相對築茅堂
和先生姚公
去々迷途莫問津問來還恐不知真因時用舍固有命
與道卷舒還在人百尺竿頭愁據險一番林下樂為鄰

孰輕孰重何須問夢想故園栗柘春
贈曾先生行二首
西山々下覓幽村水竹陰居擬卜君豈意天書下白屋
便收行李入青雲功名唯自英雄立得失防因去就分
万里風沙渺南北請歸消息幾時聞
莫謝風沙老不禁斯民久已渴商霖賴推往古明倫孝
用沃吾君濟世心甫洽看將変長治呻吟亦復化謳吟
千年際會真難得好要先生着意深
偶成
万物備吾身々貧道未貧觀時見物理主敬得天真心
爽星辰夜情新草木春自憐衰後能作太平民
病起
花落春風入短檐草抽新綠倚柴扉正憂多病作身累

且喜幽居見物情花為哥鸎遭大折草因无用得欣榮
世間巧拙都相半不許區々智力爭
謝梁安撫惠田
晚來幽興入幽居擬即君侯置一區今德久思親慷慨
佳田今許乞膏腴太行西對千峰玉淇水東窺万斛珠
幸着此身於此老願從些止五人俱
○張仲疇
送許曾齋歸止
諸相累々入省闈先生何事独西歸心隨道隱貧非病
老得身閑古亦稀行色一杯燕市酒春風二月楚山薇
到家已及蚕生日布谷催耕隴麥肥
○李道復
偶成

日午山中道停驂准步難謙侵吞逕滑風入毳袍寒在
国終无補全身尚未安一樽茅店酒強飲不成歡
喜雨
誰謂元氣入淋漓枯槁回生只片時依舊野雲无着莫
高天闊地任風吹
寄東宫二首
艱苦勤劬從俯仰冬周旋小試屠龍技翻成抱虎眠脫
鈎魚從登漏網鳥冲天方事從今始灰心未死前
十年陪顧問一旦決安危自合成功去應慚識事遲長
城徒自壞孤注莫相疑辟穀求仙者高名百世師
初科知貢舉
百年場屋事初行一夕文星聚帝京夠管敢窺天下士
龍顏誰占日邊名寬容極口論時事衣被終身荷聖情

願得真儒佐明主白頭應不負平生

金陵懷古

西風聒耳過黃蘆万水東流草樹枯蟋蟀一年秋色近鵲橋万里客心孤青山故国新豐樹芳草王孫舊酒壚壯志未磨天地闊劍光夜夜照江湖

○虞伯生

和李平章秋谷小車詩

雪餘宮草意晴沙相国朝春試帝車班馬晝移溫室樹鳴鸞晨度掖垣花寒帷每命賢俱載趣駕頻煩使至家此日龍門誰执御擁經正擬侍金華

和周待制朝回即事

三十六竿吹鳳凰九重春色絢天光卿雲微動旌旗煖湛露初晞草木香貝葉神師東渡嶺金輿馴象北浮洋

小臣亦在歌功德拜手陳詩對日長

岡子原呈王學士

岡子原頭春色濃小車晨出看西風雨餘林潤人鳥好日煖沙平我馬同西引峯巒來座上東瞻樓觀起天中詠歸莫作匆匆晚倘解相逢擊壤翁

奎章閣讀進中卷

玉堂策士詔儒臣御筆親題墨色新省樹坐移簷底日宮壺馳賜殿頭春虞廷制作夔龍盛漢代文章賈董醇晝閣暮年偏感遇但歌天宝播皇仁

與趙子期遊閣雜賦

日出風生太液波丞橋影裏彩船過橋頭柳色深如許應是偏承雨露多

雨浥輕塵道未乾朝回隨処借花看墻東千樹垂楊柳飛絮來時近馬鞍

春雲冉冉度宮城樓雪初融水未生行過御溝成久立起頭枝上有啼鶯

屏風寧坐鬢毿毿絳蠟搖光照暮酣京国多年情尽改忽听春雨憶江南

待漏宮門听鑰開袖中進卷擬賢才奏名殿裏千花合傳詔堦前好雨來

千花拂檻柳垂絲晝刻傳呼淑景遲聖主自看新進策侍臣簪筆立多時

文章光燄過長虹來者无窮往者空頭白眼昏心力尽高堂深夜燭搖紅

送伯長待制扈駕之上都

日色蒼凉映赭袍时巡无乃聖躬劳天連閣道晨留輦星散周廬夜屬櫜白馬錦韉來驥裊紫駝銀甕出蒲萄從官車騎多如雨只有楊雄賦最高

寄沘州司直同知

使過沘陽闕上日好懷浩蕩寫君閑江千維揭車馬集亭上持盃風雨來中夜魚龍听語罷明年鴛鷺候朝回九華山色翠可食窗間謫仙安在哉

寄張伯雨

隱居閣道无人識麋鹿来依積海深每從雲氣得芝术莫怪丹光穿樹林學君自騎一虎下木客或与群猿吟知子此时正相憶遠余躡屩度千岑

送朱仁卿歸盱江

羨子南歸盱水上過從為我問臨川我家橘柚霜垂屋
何処蒹葭月滿船應有交游怜遠道好從父老說豊年
宗機早晩成春服一一平安報日邊

興聖宮朝退次韻袁伯長見貽

尊號於是日加上礼成告謝宗廟余東出赴齋宮
翠蓋重々宝扇斜從官穿柳散慈鴉過宮路遠紆天步
上壽杯深閣雨花玉貫兩虹通象鉛衣成五綵鍊雲霞
奉祠東出蓬萊道春水晃鷖路漢槎

別成都

我到成都總九日駟馬橋下春水生渡江相送謝主意
過鄉不留非我情鸕鷀輕筏下溪足鸂鶒小窗知客名
幸得郫筒酒易醉夜深衝雨漢州城

廿五日即事呈閣老諸學士

松陰鵠立候宮車風送宮花着白鬚水影漸移簾側畔
鶯声只在殿東偶近床擬進新琴操戴筆誰題古畫圖
太液雨餘波浪動龍舟初試散魚兒

贈星上人

潭北湘南无影樹一花吹渡海門潮天香滿室定初起
雲氣上衣身欲飄宝月夜寒龍在鉢銀河秋近鶴來橋
豈无一箇邛州竹與尔孤松伴寂寥

送可無上人

五公昔講時听者不起坐虛空悉銷殞何由見人我名
字誰與安説義話已墮尚自无亦无更問可不可不見
天雨華誰能拾餘朵

賦凝雲石

海石不盈握嶒然如秀雲危峯集遠思盧竇栖微薰天
高大華斷日落香炉分几硯求清潤文章吐氤氳潜雷
起神谷震驚天上聞亟視恐無及化為九龍文

送兄德脩南還

老兄五月來作客八年不見頭揔白五人兄弟四人在
忽憶中郎淚沾臆我家蜀西忠孝門无田无宅惟書存
兄雖莞庫実父蔭弟竊餘澤承
君恩文章不如仲氏好叔氏最少今亦老五郎十歲未
知學嗟我胡為長遠道諸兒讀書俱不多又不力耕知
奈何憂來每得二三友看花把酒臨風哦蜀山嵯峨歸
未得盤々仙壠臨川側碧梧翠竹手所移應與青松各
千尺南風吹雪何始求兄歸烏帽何當々明年乞身向
天子共讀父書歌太平

澧州謝家通濟橋

澧有蘭兮沅有芷相望消々隔秋水蛟龍迴夜隱波深
虹霓乗長駕空起千年石尉何西東天下有道津梁通
朝祠東皇暮雲中行人无忘懷謝公

題南野亭

門外軟塵撲市爲坐中春色自幽亭亞横北極知天近
日轉東華覓地靈前澗魚遊留客釣上林鶯轉把杯傾
莫誇韋曲花无賴獨擅東南雨後青

題九歌圖

太乙神君號東皇天齋要妙合和陽生二无然始通微茫
綿々蒸空神中央浮英上羅文天章覆冒下滿谷与沅
旁塞无間灵无方灵來乗余往乗剛湘君夫人鎮相望
清溫静好非溺傷司命元老元氣昌手孰藜杖色老蒼

歷刼壽命不可量少君之壽同其長窈冥異体合有常
出入万化終不亡望晶明發晨上轉莱海天赫赫真金芒
賫鍊不裁長垂光河源混混流湯湯伯也坐視元迎將
千古万古何堂堂彼幽為房為强梁朝狸暮豹方鴟張
精魂熠燿志意荒招之不反巫元良巫生作歌流九湘
世人傳声空尋詳祝融仙子調玄黃九神出圖百怪藏
不信請視寘公章

題趙子昂馬圖

憶昔從公侍書殿天閑過目如飛電他日從容有此豪人
神駿誰能致強善分公驊騮九州人間空復看驊騮
惟應御氣何相逐黃竹雲孫千万秋

○張野夫

壽李秋谷

蟠階曾共近清輝一旦雲鵬九万飛拜入中書今亦有
两封上国古全稀霜侵吟袖趁朝去香惹宮袍侍講歸
同使斯文躋壽域且休回首北山薇

○元明善

寄翰苑諸公

蒼烟綠樹滿汀沙負手行吟日又斜江水有財分地脉
海雲何处是天涯生前莫辭樽中酒夢裏曾來海上槎
惆悵懷人重回首晚風吹尽紫薇花

送湖南李直夫憲使

君去湖南我上京思君欲見又荒城繪彼留月能潮海
江鴈拖雲不到衡一代家華誰遠識百年鷩長護英名
好來不作男兒事有水可漁山可耕

送董慎齋左丞討賊

負劍光驅意氣閑也勝局蹐着儒冠古來毋說從軍樂
此去不辭行路難使節拜臨民志定兵鋒一掃賊心寒
書生奮力效馳逐要寫功名久遠看

題天冠山

仙翁昔往天冠山夜呵鬼神衛炉丹丹成飛去杳不还
築池丹井猶山間翩翩文子風佩環華襟鉦攬青雲端
思玄尋躅果安訪鶴扉月落前溪灣

跋南嶽壽寧觀碑後

朱陵灵臺天柱巍太虛宅洞綠煙麻上籠赤帝朱鳥飛
祝融宅南參為旗羲娥两曜愁蔽虧象緯分適嗟位迷
四觀無異与秦齊恒嵩泰華孰崇卑五氣順布百志熙
流祥阜物宜后祇雨風露雷豈其私惠尔下土尸者誰
中有異人餐赤芝夜眠秋霞昼天倪衣以青雲裳白霓
風車八極騰两螭七十二峰居幽棲琳宮貝闕瓘陸离
潛光煉魄如嬰兒大丹八咽无渴飢誰其思之吳宗師
神変倏忽方張施泠然御風御何之太君歲晏嘉予期
千秋万歲受鴻釐
皇圖景運永以丕手持芙容朝紫微旋璣天閶此來歸
彰灵荅貺達介垂磨崖鐫我瑤華辭

○鮮于伯機

望嶧山

東方巨鎮宗岱宗群仙列侍臣妾同西南崛起一萬仞
却立不巫如爭雄何年天星下天宮墜地化作青芙蓉
外如刻削中空同閬風玄圃遥相通我昔東遊訪青童
群仙招我遊中峰悔不絕粒棲雲松失身誤落塵網中
如今可望不可到蠛州空羨冥飛鴻神仙可学事亦脫

安用胥〻悲秋蓬吾聞嶧陽有孤桐鳳凰鳴処朝陽紅
安得斲為至琴獻
天子為民解慍歌南風

○趙子昂

送具汀洲

七閩南去路崎嶇五馬承恩出帝都地氣喜聞今有雪
民生寧似昔无襦山城酒美傾鸚鵡旅館春深听鷓鴣
他日相思雖恨〻離筵不思賦驪駒

采石

天門日湧大江來牛渚風生万壑哀青眼故人携酒共
双眉今日為君開蒼崖直下蛟龍吼白浪橫空鸛鶴回
南眺青山懷李白沙頭官渡苦相催

過岳武穆王墓

鄂王墳上草離〻秋色荒涼石獸危南渡君臣輕社稷
中原父老望旌旗英雄已死嗟何及天下中分遂不支
莫向西湖歌此曲水光山色不勝悲

即興

春陰柳絮不能飛雨足蒲牙綠更肥政恐前汀驚白鷺
独騎款段遶湖歸

絕句三首

庭槐風靜綠陰多睡起茶餘日影過自笑老來无復夢
閑看行蟻上南柯
橘子花開香四隣綠陰如染淨无塵幽齋独坐鳥声寂
万累不干心地春
自有天地有此溪泓澄百折淨无泥我家溪上无人到
只疑身在青玻瓈

漫興四首

竹色雨餘碧蟬声風際清方池貪綠水中有纖鱗行時
玩各異態亦足悅吾情坐久不成起待得月華明
露生夜將半澹然无所為草根虫鳴歇松梢螢度遲城
市多塵雜令人心不怡茲丘亦可老已与白雲期
春晴湛元靄野望收有矚山花眩桃李澗影瀉松竹鳴
鶴聞九皋白駒在空谷好鳥何処來啼破林煙綠
撈船清河流閑蓬素秋曉斕斑被岩花委蛇順流瀑天
晴去鴈高野闊行人小故園歸有期客愁淨如掃

和子俊感秋

秋至忽十日天宇豁然清涼飈巳夕至林木發商声良
夜不我与慨然心自驚古人久已逝念之動中情苦心
嬰世慮只博身後名今我将无同聊復得此生

東郊

晨旦理孤楫薄言東郊游清風吹我衣入袂涼颼〻幽
花媚时節弱藻依寒流山高碧雲斂日出白煙收曠野
得我懷欣然消我憂中流望城郭忽〻佳氣浮人生亦
已繁患養要須周約身不願餘尚恐之所求且當置勿
念変化終歸休

奉陪福召命赴都過德清别業

驟堆氣候变幽園卉物凄山雲石上起春鳥雨中啼廬
衣辯辭子牽披槐山妻苦被虛名累未得遂高栖

雪石同子俊遊何山次韻

同是清閑客俱為放浪遊晴山依雪壯野水帶氷流鳳
急松杉乱年衰髮变收生涯須未老吾欲覓菟裘

送邢律白強得請歸東平侍父

麟鳳出瑞世不受虞衡拘郊藪亦可遊宜必在軒除明
時顯遺才治世容隱居振衣斉曾閤睨視風露衢衆進
我独退卓然君子儒西陵有芳躅東門祖兩疏路人亦
嗟惜哀哉二大夫伊余独何幸乃得至送車恨不生羽
翰与子東南俱臨分无以贈善保千金軀

贈别夾谷公二首

驅馬原隰間經時不遑休昔來日在斗今去參已秋王
事有裨益宴安非所求翩翩晨風翼一牽逝莫留誰令
匏瓜繫自懐离别憂
青青蕙蘭花含英在中林春風一披拂胡能見幽心相
去千餘里會合大江潯促席談今古知我亦何深此别
雖非遠离思𢚩難任公其爱体素尚无金玉音

春陰

日出晨景淡散髮步中庭仰見濯濯柳春風暢人情兹
晨豈不佳誰能念陰晴人生亦良晚疲劳竟何營方事
可撥置含道焉求成

出都

都邑何雄麗車馬日夕喧雞鳴趍蘭省日夕不遑眠兹
晨奉明詔馳驛東西奔雪積原野白路滑烟塵昏馬鳴
朔風起吏士慘无声还顧望帝鄉更竟劳心悁哉今无
家客断蓬离本根願為双飛鵠奮飛入青雲

張簷事遂初亭

青山蓮神京佳氣溢芳間林亭去天尺万状争自献年
多嘉合合春晚花自殷雕闌晶飈蝶昼泯語嬌燕退食
鳴玉珂友于此終宴鍾鼓樂清時衣冠集群彦朝市塵
易侵簡書味方遠紛華雖在眼道勝安用戰初心良已
遂雅志由此見何事江湖人山林未成願

送夾谷分省陝西

憶昔長楊檝于時始識公堂堂九尺幹落落万夫雄補
衮弥縫密能書點畫工劳謙延士類豈弟到兒童黃閣
帰人望青雲有父風驅馳當扈從奏對每留中暫輟尚
書履來分陝右弓秦山依晝錦燕雪感飛蓬㳂著遂承
旧瀛洲忝竊同因公動鄉思飛夢到江東

題商德符所居桃源春曉圖

宿雲初散青山濕落紅繽紛溪水急桃花源裏得春多
洞口輕烟揺緑蘿蘿揺烟掛絶壁飛流直下三千尺
瑤草离离蒲澗阿長松落落空碧雞鳴犬吠自成村
居人至老不相識瀛洲仙客知仙跡點染丹青寫輕素
何处有山如此圖移家欲向山中住

題二喬圖

長江東去水滔滔誰謂河廣不容刀中有喬家女兒淚
何意師昏隨二豪龍虎相争欲相吞鳳鸞翩翩將安逃
不見當時老諸葛独騁醜婦何其高

書事四首贈孫思順

溪上東風吹柳花溪頭春色淨无沙白鷗有信忘機事
玄鳥猶知有歲華錦纜才摛非昨夢鳳笙龍管是誰家
令人長憶東陵子擬問田園学種瓜
天涯相遇兩相知對榻清談玉屑霏芳草謾隨愁共長
青春不与客同帰薰風池館蛙声老落日蘼蕪燕子飛
南浦它年重到日胡山還識謝玄暉
露下碧梧秋滿天砧声不断思綿綿北來風俗猶存古
南渡衣冠不及前苜蓿總肥宛騕褭枇杷曾泣漢嬋娟

人間俯仰成今古何待他年始惘然
曾貫頓官閣戍時脩擔外長江空自流白露已零秋草綠
斜陽雖好莫憑欄平南詩榮張華得治內人才舊苑傷
景物未窮登覽興角声孤起戍城秋

感興

三月江南鶯亂啼百花爛熳柳依依殘紅無數迷歌扇
嫩綠多情妬舞衣宝鴨焚香川上暝金缸翻鼓月中歸
尺今零落秋風裏把酒无言對落暉

題山堂

手種青松一万栽山堂留得翠屏開推窓綠樹排簷入
焰水紅桃對鏡開山雉雛迎朝日去野禽啼傍夕陽來
山妻亦有幽棲志數日逢留不肯回

過故壘苑

一片中原地紛紛戍戰爭至今猶不去留与後人耕

題秋胡戲妻圖

相逢桑下說黃金料得秋胡用計深不是別來渾未識
黃金聊試別來心

丙吉問牛

博陽陰德澤堂廊民物周流髮鬢蒼尚爲吳兒駐車問
諸公但飽大官羊

題陶母侍賓手卷

范逵識孝廉陶侃因英特英特未可知門有孝廉客傷
哉陶母貧截髮易酒食此意固自佳此髮足可惜此髮
足可惜兒心將奈何丈夫淡相與豈以酒食多平生郭
林宗何必李偉

○程雪樓

寄牧庵參政

黃雀山頭楚觀鐘喚醒塵夢欠從容歸來坐聽春林雨
还憶簾前翠万重

○閻靜軒

梅杖

揀遍西湖万玉珂春風入手重摩挲鬪青竟竹能香不
較品鳩藤奈俗何声破夢寒霜滿戶影隨詩瘦月橫波
只知功到調羹尽不道扶持力更多

皇元風雅卷之一

皇元風雅卷之二

前集

交趾王

大明殿侍宴

班陪玉笋侍紅雲日表熙熙瑞氣溫万派朝宗滄海闊
衆星環拱紫宸尊雍容湛露歌詩什彷彿鈞天入夢魂
孤尊秋毫皆帝力願將忠赤報深恩

送駕至上都過關口而回

控鑾追隨寶馬群古長城外送金根仙遊縹緲鸞声遠
客路崎嶇蘚色分春見重瞳開日表何勞八翼夢天門
梅岩有約人知不我処朱欄看白雲

送元明善赴京

江流脉脉草離離黃鶴磯頭酒一卮報国忠心憐我老
論文半面識君遲正當芹鼎調梅日又是長亭折柳時
收拾琴書歸路穩鳳城依約更相期

送李龍川平章赴闕

雪洒長亭酒滿樽楚山千疊水千尋梅清半識平生面
桐老相知太古心鴈影南樓孤月冷馬頭北闕五雲深
二毛越叟情无限獨向南風袖手吟

挽卜憐吉歹河南王

哲人萎矣棟梁傾回首西風涕暗零三世功名金舌史
百年過客短長亭手扶紅日名猶在身執黃旗夢不醒
記取汾陽舊勳業紫薇留種繼芳馨

万歲山侍宴

碧漢鳴鸞隔世塵玉京開宴會星辰疏瑞數莖青千山雪
酒上龍顏万國春物被仁風滲御苑水流
聖澤溢天津越南羈旅陪賓列咫尺光輝日月新

登馬鞍頭

大別山頭漢已前吳王磯下沔城邊立殘秋水鷗離鷺
喚落夕陽何処蟬赤壁吟煙銷魏卒黃州夜月照坡仙
英雄蕭洒名俱在我愛吟狂不愧天

鄂部書懷

蕭然孤館起凄風半壁青灯照病容滴碎秋心窓外雨
敲殘曉夢枕邊鍾衡陽鴈斷三千路巫峽猿啼十二峰
不及閑山回首処暮雲疊疊水重重

秋晚晚意

海水盈盈漏轉籌霜風吹角出譙樓夢殘淡月五更曉
心遠孤雲萬里秋玉帛幾年賓上國詩書半世老中州
平生事業渾如昨無奈青燈照白頭

○徐參政

題吳城山石磬

磬磬磬磬中應双一在陳庭一此鄉楷苛已隨毛血化
石猶尤作劍鋒剛知音士適逢坡老得宝神陰相護章
廟令收藏要加法敬看垂矢在東房

○劉侍史

九日按口都過陵丘

瘦馬行塗萬壑中浮萍身世幾西東山空雨洗千崖翠
酒薄顏添半面紅蕭瑟荒叢摧菊露一庭黃葉走秋風
陵丘又過重陽節流落天涯愧老翁

過陸丘縣

白露摧蒼石紅葉浸寒水騎馬下山來啼鳥忽驚起

○梁宣慰

過湖登樓

樓前秋水健帆開樓外秋風舞袖回萬里梯航通鳥道四時風雨護龍堆江山如此不一醉歲月幾何能再來欲問老龍求鐵笛夜深吹上紫荆臺

○何理問

題宜春臺

山外青山樓外樓飛雲迢遞暮天秋千年鐵鳳鳴高阜一道長虹鎖碧流峯目但知天地闊凭闌不管古人愁二仙縹緲成陳迹我亦飄然賦遠遊

○張天師

四景

初日曈曈照翠苔庭前昨夜碧桃開一簾香霧微風動知是仙人騎鶴來 春

深院棋声日正長博山添火試沉香道人鞭起龍行雨帶得東潭水氣凉

天際凉風似水流山中瑶草不知秋黃庭讀罷无餘事鐵笛一声闌倚樓

養就還丹不怕寒獨騎黃鶴上雲端笑談借得天家雪散作琪花滿石壇

○吳宗師

獲玉印

三茅山道童遇白兎入穴掘之得一玉印乃九老仙都君印宋宣和時物也

琅琰篆刻鎮華陽獨帶宣和雨露香玉兎有靈開地藏金童无意得天章九重臺上增春色萬里書中耿夜光喜遇明時薦神瑞三君珍重互宏綱

六月十六日早

朝偶成八句寄山中諸友

五年四覲六龍飛又領群仙朝紫微金殿煙雲浮几玉階日月麗旌旗群臣奉璽勤三讓國母臨朝重萬機遥食蟠桃知幾次客星還照釣魚磯

○滕玉霄

合星移次福江西萬馬攢蹄夜不嘶鼓角声隨山月上旌旗影拂海雲低心惟一正千官肅筆不多言萬法齊帶得天邊新雨露曉看春意滿鋤犁

謝曾呂二首

莫道文章不直錢布衣親到玉皇前好詩未足三千首又爲梅花入瘴煙

錦衣來作夜郎客欲殉忽逢春夢婆太平宰相知我者誰使醉後任言多

舟中

拍々有懷天可語落々不遇吾何歸廬山蒼々江水急明月鴻背西風飛

贈巧秋蟾

瓊花十里小樓紅醉吞牛斗眠長虹十年四海分浮蓬一笑邂逅滕王洪床頭回首黃金空但覓欧々盤心胃問蟾何不帰蟾宮自有老月留身中誰受一粒金丹紅幸得紙上畫墨龍白晝呼吸風雲從須刻霧晴天漾々

妙處巧奪造化工不復知有陳所翁君不見金陵壁上
不點睛點睛霹靂驚江東我欲煩君具毫楮畫一小龍
回顧毋昔今天下生孝心不向江湖長驟雨

感寓六首

宇宙忽六爾飲馬萬里流平生負兩眼及此行萬州天
清健鵠運木脫飢鷹投長風吹海雨濯我紫綺裘相逢
半遊俠把酒鬢如虬慷慨說史記歷ゝ山川秋向来衣
帶水日短何無舟
吾愛東方朔高揖金馬門向非玩六合安肯来崑崙歸
歸九又身談辨黄河翻誰知上書意蛾眉非自媒不見
馬相如倪首猶監恩人生非桃李何故不自言
吾愛李太白玩世如游龍自知天上謫何必人間容海
風吹綠髮蕭ゝ卧雲松我昔嘗見之遺以金芙蓉請葬
恍在眼月落蛾眉峰
西風桂花落我上天合山仙子扶我手冷然蒼水環乘
鶩者誰子飛烟鬱難攀三生此遊戲弄影銀河灣空山
忽風瀑四顧鳴潺湲長揖馬子微此豈非人間
春風如綠波淡蕩洛陽柳高樓語錦瑟落花泛綠酒何
人白鼻騧窈茸紫貂袖一字或未識銀兎懸兩肘煌ゝ
見宮珠遝落纓肅手爰居偶鍾鼓犧牛覓文繡終然同
一丘豈復論好醜誰知草玄者窮巷閑白首
船頭書千乘船尾酒百壺酒盡書在眼落月如明珠忽
傒八陣法縱橫始河圖惜哉經世士未有窺庸盧李子
相六國所見惟陰符

元日對雨

吟雲卷雨宿雲何又見東風長薩羅宇宙千年光堅沙

關河百戰乱離多鐵心不入利名窩綠鬢堪供歲月梭
試筆尋詩ゝ未穩梅花樹下少婆娑

湖西小樓

不如截酒此凭闌水色山光蔚可餐長笛挾春排坐濕
玻璃滂月入窗寒蒼茫白鳥明幽屿捲来飛花點碧湍
但領風光入吟嘯畫船綺袖不須看

所見

何時結屋亦雲根隔水人家可輞川萬仞雲山發嘯臺
一弓風日弄秋妍虛名豈用傳身後俠氣猶能累眼前
料理寒香微雨外已拚蕭散待流年

吟到

吟到西風黄葉枯新愁幾點落寒蘆乾坤萬象俱吾有
煙雨一闌何處無流水悠ゝ吾道在浮雲擾ゝ世情疎
午窗喚醒華胥夢古木岩頭聞鷓鴣

訪隱

西風短褐飛黄埃何不從我遊蓬萊狂歌醉舞下山去
後夜月明騎鶴來

吟人

吟人瘦倚曲闌干酒醒香銷午夢殘燕子未来春社去
一簾疎雨杏花寒

夜雨

未到黄昏緊閉門怒雷挾雨過前村老夫熟睡渾不覺
風捲濤声入夢魂

半生

半生獨受春風惙萬感相隨秋夜長隱几無眠聽落葉
松梢搖雨濺山旁

僧舍
一枕松風入夢清空庭夜雨暗禪灯山中酷愛僧居好
得似山中不着僧
○馮海粟
題黃鶴樓
鶴樓千尺倚晴闌大别山青舜峻高昨日英雄無間处
依然江漢湧波瀾
題揚州瓊花
錦帆隱隱到天涯古道殘楊泣暮鴉莫為龍舟更惆悵
廣陵依舊看瓊花
題墨射魚
平生骨氣占南風玉色鬣鱗海汶通莫與粉紅參石首
天機袞袞水流東

旌表田孝子門
竹轝輕輿到處安水温半菽盡情歡寸心不暫三睡豈
刀須何如一畝寬高盖門閭華黼黻斑衣歲月老巾冠
遺憐續漢書申孝千古申屠又有蟠
○吳草廬
自警一首 前丙寅十八歲作
氣昏嗜臥安非輕才到更初困倦生必有事焉常忍忍
直教心要強惺惺縱當意思沉如醉打起精神坐到明
著此一鞭能勇猛做何事業不能成
元來一片虛靈府埋没經年滓穢場不特適時多走逸
覓於靜处亦飛揚書間常被事牽引夜後猶隨夢擾攘
喚起主人公猶警貫自家三徑不容荒
題閣皂山

漢吳仙跡两峰嵯欲拾瑤花路恐迷宝殿青紅宛地湧
林峦蒼翠接天低九重香案分壺象八景琅函記玉題
仙鶴翔空情似水步虛声在梁梅西
題蘇李泣别圖
節旄盡矣自須存此日生還侍主恩右杖邊循椎結泣
平陵有子盡無孫
書李伯時九歌圖後
李家畫手入神品楚賢流風清凛凛誰遣巫陽呼帝閽
為招江上歸来魂音紛紛音紛紛柱高辰遠聰不聞扶
桑初瓤海橫雲司命播物泛在鈞洪纖厚薄無齊雲公
無凌公無凌飄風起蟠龍怒夜拔湫湫大欲雨天欲雨
迷歸路歲晏山中採蘭杜蹇脩顛顛復去莫然瑤臺神
女姊坎坎鼓進芳醑趾作齋巫小腰舞千年往事今如

新宮塗上猶畫空倫神騰身輕舉一回首楚天萬里江湖
春
送陳小庭之庐山
匡庐幾千仞崔嵬上有天仙相往來我欲遊之未遐遠
君今往矣何時回我遊我意亦無他君遊君意還如何
豈為昔人詩句好豈為其間僧舍多天地升在最高頂
谷簾與天直下懸銀河我觀此水注湖注東注入海復
隨海日騰湧上天倫飛洒飛灑浩浩蕩蕩無塵東示萬生
活動增姿態流轉無窮萬萬載更萬萬載匡庐山不改
梅庵畫像贊
義理察識蚕絲牛毛心胸恢廓海闊天高豪杰之才聖
賢之學景星慶雲泰山喬岳
寧可無頌
風吹枯木不搖水激方輪不動畢竟有木有輪悉起風

號水漚雖如泡影露電也彼眼根覷見諸有都歸玄變
萬劫一空長在
○李伯宗
送邵天岱歸山
摶風徑擬九霄飛志業誰知與願違虎豹關深書未達
雞豚社遠夢先歸杳侵客路花方盛綠滿家山蕨正肥
去後且從閑處樂徵書有日到柴扉
○柳道傳
八月二日大駕北巡將校獵于散不剌詔免
灤京扈從南旋有期喜而成詠
天子龍飛啓聖時乾坤闔闢載清夷幸從在鎬承周宴
重喜臨邊奉漢儀
御宿常時嚴虎衛吉行惟日逐柔鳥携
詔恩許免陪騎乘却拂長楊賦未奇
還次桓州
塞雨初乾草未霜穹廬秋色滿沙場割鮮俎上鷹黃鼠
獻獲鞍間鞚白狼別部烏桓知戎羿他時稽落是何方
長雲西北天如水想見旌旗翰海光
過長城
道德無疆億万年長城護与朔雲連秦人骨肉皆為土
漢地封疆已罷邊飲馬窟深泉動脉牧羝沙暖草生煙
神京近在玄漠北九域開荒際幽貞
京城偶成
霾幕承空挂錦楣綠細亘地掣文蜺辰祈忽動祠光下
甲帳徐開散影齊芍藥名花圍察坐蒲萄法酒拆新泥
御前賜酺千官醉坐齋中天雨露低

同楊仲弘應奉和袁集賢上都雜詩九首
出塞行隨日趨朝喜近天禁宮東苑囿馳道縱風煙豁
水泚兆遠峒山曆更縮地多法從獻賦憶當年
雨水衝衣患雲沙際日黃煙開縴韃淡日出已蒼涼徊
俗高風帽清心小篆香端居方里念蕙草惜微芳
諸俗隨方異津途隔舍殊醲人唯馬湩勸客有駝蹄殺
角孤光爭城隅雜樹低天涯中夜舞如意昔曾携
天猶白已雲昔故青青積潦推車轍高風墜雁翎宮
途丹楯壁殿古紫金扃文采逢兼秋哀傷動杳冥
憔敢曾雲陣巖門積雪峯奇雁冠戴角御馬盡飛龍鶴
海將臨幸云亭控陸封青丘大卯獵有事待玄冬
曹務惟章句官曹自法從奇兵侵兩潤宴凡得風清歷
歷三刀夢行二萬里城明年遂拜属深仗歷吾名
經遊還紫塞際遇復清朝大看無言名已學翻盤
空蓋屋為觴至酒頻淒風萬壽酒請玄冬何衛帶減腰
公子青絲絡王孫綠錦韉車宴飆風小定舞破日西斜手
擲宮中果神行海上槎暮耕郎母自厚湌德不期奢
水草方三萬弓戶二二便合圍同婦女從戎到曾玄翠
毳千家帳冰瓢百眼泉淡稽山更北長望手兜縣
送臨川謝有源赴閩憲掾
一路青山荔子叢華山西望粵臺東家風蘭玉庭堦上
官事參戎藥龍中鵝首去乘潮浪白蠣旁催薦酒膾紅
福州自是炎蒸少鵬雪飛花落半空
題有源圖書卷後
官章文筆範精同摹印書兼篆刻工猶是古人傳信息
雕虫元不在楊雄

贈黄伯中從㴑川呉先生卒業因之奉簡
夫子祠垣舊巴山闕里門旦聲誰可並交變益宜尊往
辛諸生業行穿百谷村乱流黄濁漢迎宿緑陰繁想到
趁函丈承聞服緒言心將經義治理並聖詮存滌讃終
迷貧條救突自根須无遵近軌會有企前轅伊闕如堪
攬河汾欲拼不道初由已致古豈要人擗正要薫陶李
全孫色笑温帰裴當稇載舘饋且盤飧羨尔方朝旭暫
予未夕昏仰懷駒皎〻洴感兕𤣥〻搖席令承間繼辞
莫埤頻賡哉薦鳳黄兼得喈能躡鯫鱶何勞枕因茲寄
不諼

〇陳濟淵

龍額山
巔崖突出衆峯前隱約潛龍掀爪眠怪木秋凋頭聳角
突泉春瀉鎖龍涎身横雲外三千尺眼看人間幾百年
莫待始皇驅入海旱升雷雨上青天

海青
怒挾孤風海外来翛翎如劒所並開潛身陡縮千尋走
得意雄拳一點回万里老拳无脫腦滿韝英氣不凡材
山後野雉休回首神物无心到草莱

万壽山
万壽山頭尺五天空同直下小如拳五更露冷乾坤溫
六月風酸甲子偏細草已肥燕地馬奇兵先鎖浜江船
行人莫問征南事盧省蘇耘在眼前

〇馬伯庸

寄鄧允文
故友經年别如今髮白无清秋江鷺浴長夏野猿呼客
含栖書冊斎厨具畓蒲知賢不能薦羞殺望東呉

南征
積雨関河溫今朝日始晴浮船卞夜聽覔酒近春城鵝
鴨将雛出牛羊傍母眠独憐无侶客万里又南征

寄題杜隱居忠孝斎
徵君家住武夷山白鶴玄猿夜叩関船泛清泠凡九曲
屋分丹壁只三間世人往〻知名姓仙子時〻定品班
孔壁泰灰天未喪幾多魚豕待重删

桃花馬
白毛紅點巧安排勾引春風背上来莫觧雕鞍橋下洗
恐隨流水到天台

琥璃簾
呆儂巧製五玲瓏談畫難猜逈不同万縷横陳幾色界
一塵不入水晶宫月華遠射離〻白燭影斜穿細〻紅
相隔神仙幾咫尺灵犀一點若為通

〇聶古柏

題韓文公祠
嶽奇海怪早相知何事中朝未可帰佛縱有灵那在骨
魯如得道又无衣符分堂峽天終定福近宫墻意更微
俎豆荒凉誰継奠摩挲一石刻重歔欷

過采石
采石江頭秋月白蛾眉亭下灘声咽綵衣三〻斧曉霜蒙
同是天涯苦行客酒仙一去海生塵青山三尺埋衣巾
清江白鳥自今古岸草汀花空復春我欲御風遊八表
醉裏高情覔三島閶闔雲深不可攀回首江南数峯小

九華山一名蓮花峯在貴溪

江上青芙蓉遶三隔秋浦九茎風露冷万壑烟霞古瑶
草含芳春青松亭午安得一把茅移家白雲塢

鄱陽道中

江上秋風吹斷鴻江頭開遍木芙蓉幾家籬落依紅樹
万壑烟霞鎖翠峯南国風光一盃酒故園魂夢五更鍾
峯頭日近長安遠閶闔雲深第幾重

九日鄱江里同行諸公

滄江木落塞鴻飛佳節之山酒一卮黃菊且陪今日醉
鐵冠不受晚風吹滕王閣上雨雲黑戲馬臺前草樹衰
何似渊明千古意一篇清絕去來辭

琵琶洲

昌国寺前楓樹秋琵琶洲畔暮雲愁沙頭潮落灘声急
疑是潯陽淚未收

鄱陽和程世民巡鹽官

年少將軍意氣雄廼翁嘗府舊英聰營中詩禮有庭訓
江右衣冠多士風玉樹青葱秋色裏明珠炫爛月華中
滕王閣上重回首後夜相思寄別鴻

望玉笥山弗克登覽留詩萬年宮

西南山水寶玉笥號奇絕群岫來坡陀孤峯立撐嶻嵲
洞煙蘿青危澗出泉咽正是南昌尉於茲悟仙訣一覽
快心目洗滌中腸熱嗟予敢告勞馳驅律環轍五月登
武夷溪流清且冽扁舟九曲中兩崖千尺鐵歲暮復何
之清江夜飛雪山靈似笑我身世苦覊紲願言解塵纓
林泉養吾拙

春遊

桃葉渡頭春水生長安橋上草長青百年深向花時飲
贏得城南我醉醒

清遠縣尹楊觀政有奇蹟復能詩文民懷服
其化士大夫過者莫不稱頌故贈此加勉焉

玉節星軺下嶺南萬山深裏雜烟嵐偏聞清遠多佳政
花雨春城月滿潭
風流文采楊忠肅南北雄奇古峽山怪底蛮江无語鳥
絃歌終日水雲閒

梅嶺題知事手卷

黃金臺上客大庾嶺頭春如是无詩句梅花也笑人

題碧瀾堂

在端州鳳凰山傳李八百女弟明杏真人
故居舊有迷仙洞上刻仙容

聞說明杏早李仙華堂突兀故山顛四圍亭檻青雲上
兩岸樓臺綠水邊龍虎丹成知九轉鳳凰飛去已千年
旌旗八百俱塵迹惟有姚翁麗句傳

万安縣灘近一樓偏高明舊有公署張憲僉
和刘素庵一詩用題于左

五雲閣上北風寒十八灘頭疊乱山庾嶺一枝春信早
龍泉三尺土花斑蠻天瘴雨霜天曉畫戟清香晝日閑
倚遍闌干動高興一声道唱水雲間

次韻宗道御史過灘

蒼崖嵲嵲奔東流玉節搖搖漾彩舟雲鎖千山蕭寺古
霜清百丈瘴江秋白波一去空長笑驄馬南來得壯遊
聞道遐荒歆帝力家家麥飯老林丘

番禺道中

玉斧飛霜大庾南万松蒼翠洗煙嵐雲迷梧野山羅戟

月滿韶江水潑盆椰子漿寒珠似蜜荔枝香煖絕勝柑
中朝耆舊如相問鳥語啾啁正未堪
和元帥月魯胡笑公子強橫竟以贓敗同憲
府公吝高王馬二憲掾尖共爭云
好雨崇朝洗瘴霧越王臺上一登臨鰐魚已逝白波靜
遊龍變化滄溟深六祖泉靈千歲水百蠻瞻貢五羊金
九重貝闕雲深處万里孤臣寸草心
題參政高公荒政碑
廬山插天千仞青明公高節逾稜層西江月冷秋無際
明公此心清徹底厭渠道上豺虎多手縛不待弓与戈
前年饑癘徧南國飢者以充僵者立洪州父老遮道傍
上書乞留涕泗滂豐碑大字記荒政要使遺愛如甘棠
我來觀風聞此語未見儀容心已許願公從此召趨中
書暑章宰為四海蒼生作霖雨

○龍麟洲

陳平章席上題琵琶亭
老大娼娥負所天忍將離恨寄哀絃江心正好看秋月
却抱琵琶過別船
春日即事四首
一夜東風到海棠千桃萬杏不成粧老夫無特亦紅海
自拂銅瓶浸錦香
二月桃花幾欲然墻南美錦正芊綿底須更覓逃秦吏
遂擬春紅即洞仙
病來桑扈老蹣跚瘦策東風只未闌野菜黃雲山芳雪
風光何處不堪看
枯藤處處領春華遮莫東風顫帽紗點破蕪菁黃世界
一株香雪小梨花
赤壁
踏呂推袁虎視眈阿瞞氣勢捲江南磯頭一夜東風轉
天下江山自此三

○葉友竹　名留字景良著正蒙延奇錄為万世師法

資治通鑑
君鑑著芳臣鑑臣世間何有敗亡人若還鑑古猶為遠
夏后何嘗可鑑殷
讀古史治亂
曆晉聰明允執中萬機四海一家同奈何生長承平後
閱見無非只後宮

○杜竹窻

惠山寺行殿
渡江五馬竟忘歸愁見年年鴈北飛千里版圖非故国
六朝基緒幾危機燈藏經葉閑僧錫月落松花上客衣
前代衣冠已塵土空留碑碣枕前暉
題鄉僧智安石山磊落亭
石磊落如癡也似顛精神半在欹巖間鬼工驅得平泉石
吟客來逢敵顫山虎伏不驚飛將怒羊蹤誰識牧仙閑
詩成箇箇頭礁點師亦拈花為解顏

皇元風雅卷之二

前集

皇元風雅卷之三

前集

安竹齋

送白雲平章

舟人停棹酒停斟試听筵前送客吟離恨早知如此苦交情不合恁為深白雲境界三更夢紅葉園林兩地心從此草亭亭上客抱琴何處遇知音

明普彦

題商山四皓圖

刘氏何如呂氏安只圭最便尔閑重関空將羽翼雲霄遠不道啼紅淚玉顏鴻鵠歌罷悲曉殘紫芝之香吟怨秋山千年猶睞深根衍又落巴童樵指間

文子方

次元復初韻送虞伯生代祀江瀆二首

成均十載究遺經未識沙堤長短亭旌旆飛霞穿化日文章秋月映華星馬鳴春晝岷江白鶴汶天低龍樹青四海車書今混一摩挲翠闕重鐫銘

出稍春城宿霧低閑人老眼似層梯功名愧我蠅鑽紙文采憐君玉在泥蜀道連雲春駐馬巴山踏月夜聞雞贈言却笑瀛洲客吟落梅花日又西

贈別任彀夫御史行臺陝西

金天行秋河漢涼星軺夜起尚書郎隴山晴樹熙化日爀煌疑道亭飛霜天邊鴛鵠意自遠草間狐兔無苦傷丈夫樹業方如此拚別不用愁中腸

和寅改閣幽懷

時雨息氛翳高林豐風蟬端居悵孤尚閣書静當軒涼颸薄搖戶微爽生簾纓客來聊与樂客去自復眠消悴永今夕庶以全吾天

送馬伯庸御史奉使閩隴

聖朝啓文運同軌來無方夫君起天閑嘯起千仞翔嶺悴陋史漢高步追黃堂廼祖尚書君樹立何堂二昔在帝世祖勞身事戎行風雲一朝會奕世傳芬芳知君擢高科有業未易量斯文繫政教治忽慎弛張此豈無旁者舍君吾何望勿為守鉛槧苟束徒苦傷燕京城居去君百年趾聞君起冠豸僮走亦欣喜况當遠于征無言詎能已朝風號空乘衆草日披靡河関尚瘡痍聖度乃弘偉繫彼海天休能不懷愧耻思見臣節維持賴風紀温言表遺忠生氣凛不死乃知烈丈夫豈徒愈通子

題楚山春曉圖

荆門雪霽江樹芳巫峽冉冉愁雲長山猿村鵑叫落月風獮露沐何蒼涼六龍從東來曉氣開扶桑天高兩絕人事変辭環結佩空相望渚宫西遶連三湘畫中隱二听鳴榔安得置我接其傍為君一曲歌滄浪

袁伯長

送華山隱者

黒髮辭祠官佩水蒼方松深處響琳琅黃精有法能為酒紫朮無飢可當粮招鶴孤空山月裏機龍吹雨海風涼璘邨欲問長生訣書閣研朱寫綠章

次韻呈周儀之虞伯生

英二雲中君含思歌太乙迴鸞天奸天能流祭曉莫述報之不成章玉雪歌素質臨風發長謠庸以永今日

昔文正居之人怒且念哀猿雜山吹驚笑欲我官天

隱神所藏别之空悵慨桃源閟深晋亦復如晋代
道逢李仙人御氣不飲酒我笑初无言彼已頁我否哀
哉守其愚繫石猶在肘冥化隨悲風淪〻骨不朽
羲娥梭双軸冊〻若見迫丹臺敷靈霞瓊蕤生尺宅控
搏无須更詭幻已千百慎此陰陽機勉盡脫其厄
奇樹生南薰清坐彈五絃凉風貌太古白雲起蒼煙出
故日已偷俛仰隨歲年折腰尚為酒猶足青簡傳
少年綜青雲覉歡至无復恣一為関河行常恐不得見新
鴈雲中來飛〻落南鼓歸心耿无寐突更促浮箭

次韻送友教授閩中

欝〻大古樹叢生蔵珠玕明時炳陽德寒落燃歲寒天
風西北來東海繁曾瀾芳朽各有性盛衰詎无端負〻
水上發黯〻塵中冠宿志不得騁舊飛戢其翰伊南定
一士覉鴻河之干手持大雅編八音作王宫響陳卧朝
日薄飲不滿盤邂逅喜我同金石生肺肝出処非故意
低佪耿相看閩山渺西海東控望通〻韓居夷亞有在取
琴為君彈

送邵元道

仲連匡世姿揮手却秦軍撞揆得白日登車抗浮雲尉
書誠草〻孤城死生分毫榮敦厚俗豬抗離其群
鬢癡舌轉丸揣事精微芸事危見交態窮愁名益光黄
金豈敢逝水白壁安飛霜丈夫有定志得失非豫防
梅生一尉微喋〻正天紀洗心洞玄化削跡无妻子龍
變歘為别蜩蚖乃真止松廻風冷〻水落石齒〻
襄陽孟浩然拂衣歸故山放浪岩壑深流詠遺人間李
袖林花落擊楫江鷗还羊公何墮泪水声日潺〻

送世茂許省掾歸武昌

岷江下奔流日夜東南趨駅虞六十載蜀客无完廬
脩掛猜纏五老為之廬招彼素人心蒼翠垂流珠戢〻
録笑公懷宝耿不攝青桐濯採枝下此佳鳳雛絢爛五
色章被霞衣亭備清音冥鴻遠逸及蒼崖貪食付窓吉
志餐風養真腴誓將八極周覧得為貞符歲月詠有畫
雲端復躊躇露固吾事荏苒悲征途
蒼莽鸚鵡洲日没楓葉赤鳥〻愛士服苦意化為碧之
中輕且環之人何急空大千千如下投筆五色觚銀城
大古雲俛仰一消釋雍容詩書郎浩氣烈金石徘徊登
臨意李波淨如席相逢各万里未契論夙昔咿嚘語未
囂征鴻起踉色凄凉交冠漱山海嵬幸弋驂〻去踰陀
人物渺可識停驂望前坡去馬記初驛

○歐陽元功

延祐二年二月十七日侍宴北省

臣本江南一布衣因忝今日及宗微台躍列漢光相射
洪露迎陽畫未晞仙醞飲來生羽翼宮衣留得奉廷闈
酒闌車馬如流水回望紅雲遶闕飛

題孫氏壽慶堂

孫母歐陽九秩登外家譜諜自廬陵高年備養人俱羨
同姓朱堂我未能好客郎君深愛客嚴畫錦子小忘灯
朝廷委賜尚方帛更待廻鸞織誥綾

題澧州謝家建通濟橋

慶孟羅日護靈根玉樹蕙葉提澧沅大傅功留召伯埭
相君心競謝公墩已誇蝃蝀綿今古猶羨封胡停弟昆
珍重畫簾二上月時隨車騎到子門

過洞庭二首
白沙隱々見金銀𡵓閣憑虚結構牢天水渾融浮太極
神人幽顯隔秋豪龍堂深閟靈栖姿象緯低垂客抗高
欲作笛堂迎洗曲杜紅蘅碧又離騷
媧星搏玉擲虚空屹立君山面勢雄一畫犧圖天地骨
九江剪觀鬼神功祐𤣥帝子蒼茫外衆奏鈞天傾洞中
頗恨當年鄒魯客觀瀾未到楚諸熊
夜宿寺前農家
漢南旅店已星稀倦宿田家帶落暉蕭寺依山聯復亦
鄰侯送酒是耶非風餐并齊京生飯露坐餓驚月在衣
老子漫遊吾漫送登山臨水澹忘歸
西明道人每一相見去必求詩余亦不能卻
武昌堤上水雲身三十年來識道人只為漫遊相見少
故知臨別贈言頻幢々車馬紅塵老廝々江山白髮新
難近一回詩一首錦囊千首未爲貧
寄諸弟七絶
長樂鐘声拆號時三台八座列參差自憐手把天瓢水
一滴鑾闗不得私
聖主宮中遊幸疎日臨秘閣看芸儲今朝閣省初開試
清曉玉音催看書
省垣東畔至公堂十五年前戰藝場飽食太官元補報
两科來此校文章
御史承差鎖院門使臣傳語出天閽試官被命連鑣入
同榜三人入謝恩
仁廟初科射策郎如今班白殿朝行東風昨夜聞㷔鴈
夢遶江南烟水長

薊門城下過揩堵一二行人通蠶間今朝送客文还入
那忍更投名利闗
別駕祠前雪水深弟兄沙上把離樽三年不洗來時袖
要看淋漓別酒痕
早朝
扶揺九万透雲霄鳳闕龍池步々瑤騎背負珠金絡索
象身備駕玉逍遥衣冠俯伏傳呼岳千羽低回看舞韶
湖海布衣瞻盛事他時田里夢天朝
○杜清碧
与趙子昂集賢爲壽
東觀道家蓬萊山神人來往乎其間銀鈎勢壓蛟龍樓
玉佩声聞虎豹闗秋露滿天濡緑髮長光出海曜朱顔
金函更注長生籙林下種桃已斑々
送趙編修
往年初記抵京師正類機雲入洛時未識熱頭分赤管
先傳馬首控青絲瓊林荐醉家々酒金刹新題処々詩
此日揚州歸去路錦衣光彩照城池
寄題周待制悠然閣
大江之東彭蠡南周家高閣与天參秋風依稀啼青嶂
夜雨蛟龍起碧潭繞屋千竿生杞梓迎簷百尺長楩柟
何時共此登臨樂拍點平川得縱談
真州賈生索賦孩兒茶
吾聞孩兒茶始來自殊方古人譯其名和以龍麝香賣
生將妙訣品製非尋常清晨持遺我今我試与嘗味甘
甘且美頓洗葵藿腸惜无琅玕報裁詩謳謌詩張燦爛黄
金芽錯落明月章波浪盤蛟螭雲霞翔鳳凰好將龍鳳

飾襄以玉雪裳特之献
天子補益未可量能令齒頰生玉液却回麹蘖升明光

諸公以懷李白詩分韻送李茂遠後以酒字索賦遂綴五言一首

揮江水逶〻民俗多雜揉李君專擻來號令肅迅趣遂
令万家市安集日豊阜春風有歌謳夜月无吠狗築堤
捍水災皆自將軍手至今此邦人孫誦常在口我來自
京師始得一䟦首經過日以數言論竟開剖有如濟世
方乃亦困升斗勤云勞積多反使歲月久方今
天子聖賢知在左右並舊每推擇往〻雜瓊玖此行看
薦進直入紆組綬莫負平生心要使斯民壽豈敢為贈
言裁詩侑盃酒

送李伯揩歸山中

已謂盤谷最深幽便欲從君遂此遊春氣和柔朝採藥
秋風清徹夜乘舟岩花冉〻誰留客汀草纖〻独倚樓
楊柳新條不堪折只須買酒喚離愁

和楊仲弘

老來自愛黄叔度少日空期曾仲連高卧独无田二頃
皮裙誰有客三千滄江渺〻浮鷗鷺白日翩〻換歲年
只憶江東楊少尹劇談終夜不須眠

。楊仲弘

送盧伯生赴召

武年簪筆侍明光共取才華補衛郎祀事必稽周典籍
頌声多假漢文章金華遇對鳴鞘遠月蘭高城下漏長
縱獵合祛誇盛美願言作賦繼班揚

送朱澤民之京師

擁山挾海奠京師氣勢紆餘尽北陲鴈度金雲秋色遠
鵲鳴宮樹曉光遅四方英俊皆來萃一代經綸屬有為
君有長林希屈賈好將詞賦重當時

送彭萬里

平居鄉鄙係瞻聆遠涉京畿迁寵靈層底波濤秋淼〻
就前星斗夜熒〻肯如龍劍重藏匣誰識牛刀始發硎
將相与人殊勢分秪應双眼為君青

擬辟京師

褰衣托載道傍車人事匆〻歲欲徂風雨五更雞乱叫
關河千里鴈相呼蕪菁散漫根猶美柰柘蕭條葉半枯
却上高立重回首五雲繚繞帝王都

次韻陳子仁黄河

禹功疏鑿通憂勤宇内山川自此分元氣渾淪通地脉
孤光迢遞貫天文毋金伏土秋當午陰火潜燃夜欲焚
万里窮源何日遂片帆西上破層雲

早朝

掖垣迢遞到城回魏闕嵳峩此日開赤芾會延宵仗引
朱輪争道曉鍾催〻泉忽報藏金甲万歲猶聞獻玉盃
樂奏簫韶從此畢小臣思見鳳凰來

錢塘懷古 四首

紛界錢塘通大道中分魏闕對層巒雲生殿上金炉暗
露下庭前玉井寒江漢飛龍低杳〻滄溟泛鷁竟漫〻
中天會合寧非數坐見蒼生奠枕安
山回禁御入雲長無復陳兵衛兩廂千古金鍾埋野草
万年珠樹落秋霜龍文不從陽人聚鳥篆終歸較道傍
九市塵埃來衮〻一江風浪去茫〻

西湖清漏自天開鴻鵠鷺鶯日往來黄道星辰環太乙
紫雲宫殿擁蓬萊能文競奏王褒頌獻壽深須阿母盃
九域輿圖今混一百年耆艾舊自興哀
化人宫殿被層穹棟宇高低日擁波尋右文章題日月
宝珠光徹燭山河空乗説法黄龍所貝葉翻經白馬馱
誰謂一无超來有祖今塵土重來過

宗陽宫中秋對月

老君壇上凉如水坐看冰輪轉二更大地山河微有影
九天風露寂无声蛟龍並出扶金榜鸞鳳双飛載玉笙
未信弱流三万里此身今夕到蓬瀛

九月

御氣排空宝扇開金衣照日近臣來絲簧已進千秋録
黼座还称万壽杯王子吹簫双鳳舞羲娥催書六龍回
侍臣此日沾恩賜散作祥風遍九垓

東湖即事四首為王侯本齋賦

朝來千騎出城闉為向東湖踏早春素練抹秋雲氣薄
明珠穿草露華新山花献笑開尊斝野馬忘飢戲水濱
記取當年賢太守及時為楽与斯民
夏月湖中爽氣多南風疊二卷長波漁翁舟楫衝蘋藻
遊女衣裳聳芰荷膾切銀絲嘗異味肸傳金縷唱新歌
君侯用意仍深遠即此光輝豈減磨
暫停華蓋擁輕舟此日湖山屬莫秋采二黄花登几案
離一紅樹散汀洲脩壺浮蟻杯瀬竭下著鮮鱗細作收
莫向錢塘誇往事白蘇未許擅風流
雲氣低藏十万家東湖飛盖又交加玉禾舊布仙山種
瑶樹新開帝所花但所兩岐歌瑞麥何勞八月泛靈槎
侯門自有相仍客勝愧籍草後世誇

九日別友人

客中佳節罷登高独立凄凉感二毛紫陌沿塗秋汨二
黒山風雨夜嘈二幽人後有觀魚樂壯士慚无汗馬勞
得失古今俱一律惟應痛飲讀離騷

吹田師孟西曹即事韻

隱吏重來右掖初清明時節乱花舒鐘鼓深黄閣霏二重
雨散彤庭點二疎李耳舊藏周典礼蕭何元得漢圖書
經綸事業煩公等要使皇文日粲如

題鄧善之袁伯長諸大史

詔編国史有程期正是諸郎儤直時虎士守門宫香二
雞人傳箭漏遅二窓間夜雨銷銀烛城上春雲屡彩旗
才人各稱天下選書成當繼古人為

贈貢国英郎中

挺生雄傑氣昻二服事朝家被寵光鵷鷺盃中春正好
鳳凰池上日偏長新裁楽府傳宫体舊著朝衣帶
御香忠孝两全人所羡只今慈母在高堂

遣興二首

庭樹號蟬日已凉客雲横雁夜何長挾書万里干
明主仗劍三年別故鄉西北諸山連朔漠東南巨水隔
荆揚淹留不共鷗鷺子莫遣貂裘壓雪霜
往歲嗤吾意氣驕願從童子誦詩書已荒陶令松三逕
猶守揚雄宅一區春樹花殘収夏果海門潮落買江魚
如今也足成吾趣何事侯門欲曳裾

紀夢

海上垂綸已有年閑居无事夢朝天蒼龍闕東風裏

黄道星辰比斗邊盛際只今逢五百前程何許隔三千
楊雄曾奏甘泉賦應有声名達帝前

送殷国華之饒州教授

送君行李欲何如楚国蕭條戰伐餘西望美人烟連草莽
南江波浪入空虚遺民罕作先王服故府徒存博士書
往事悠悠多泯没好從黎老問終初

望海

海門東望路漫漫風颶无時縱悪湍白霧漲天陰氣盛
滄浪涵日曉光寒豈无方士求靈藥亦有幽人把釣竿
興俗呼沉何足道願乘浮舶肆遐觀

題息斋竹石

行前怪石起參差篁竹叢深使客疑如過瀟湘江上路
鷓鴣声斷日斜西

寄題羅氏山莊

黄石山原風物幽昔年嘗一游舊行壓柄已成徑
新刈禾麻便滿疇馬衍元忘白首嘆謝安當為蒼生憂
餘杭溪上明日發愁殺楊花吹客舟

題先天觀圖

浩浩太古石雕鎪矜差我變朴化飛鶱空排通樹羅嶠
首視三光丹青相摩上隣列仙居西移瑶池柯玉闕
亦受令難提廻盤渦魏魏双華表飛鳥不敢過玄鶴時
一來潜鱗无波心迹會處凝神光隱鳴鼉細波集居
子疑髣佛女蘿天風入紫虚百靈是誰何朗言渾沌後
龍馬子負河視之杳不見嘉名表山同宜思有至理熟
視猶摩挲

○李守附所

題蘇李泣別圖

我去君留可奈何明朝烟雨隔関河當年胡婦分携処
想見中郎淚更多

過釆石

独卧空山五百年喚醒除是老坡仙沉香亭北花成土
釆石江頭月在天遺跡不妨留佼獪多情猶自押嬋娟
余生苦在開元日也向長安斉醉眠

○何吾山

贈琴舟趙海月五首

曨曨花雨客屏香理尽哀絃曲轉長海上帰來望郷土
風回依約夢魂驚長年鉄杖身差健何處銅盤月共將
幸自金舟堪點化不須秋樹說荒凉
倦遊何處不逢春猶記臨風度碧雲叉裏看花同是夢

槖中有道未為貧黒貂裘在閑隨意黄鵠歌成莫寄人
聞有琴材在爨爨勞君妙斲一揮斤
遐搖万里一枯槎脱略塵凡三朶花自與秋風同客夢
曾隨明月落誰家江湖量大容浮瓠雨露春深李種瓜
却得先生有新曲如何能辦理黄琴
楊柳風烟蚕氣昏秭帰花月碧蕭春水雲别後行千里
澹泊相遭得幾人見說周旋惟我我定知儒走隔塵塵
初心未證圓通悟猶恐隨身認作真

○劉時中

古採蓮曲

長安女兒淑且嫺日日採蓮溪水中笑插荷花照溪水
舒容欲與花爭紅溪中荷花深幾許溪上時時聞笑語
紅酣綠縛不見人應在荷花更深処帰時夜凉溪水清

扣舷踏歌湯槳行荷葉盖頭花簪髮溪上月明潮已平

望夫磯

望夫山頭日欲頹望夫山下江声哀山頭日日風雨悪
江上不見行人回空山亭亭幾朝莫猶記行人去時路
知君渡河長不歸恨不當年逐君去此身化石千仞磯
石猶可懸心不移長江水涸黄埃飛行人應有歸來時

對月

凉宵在前墀佳月墮我側此月如此心朧朧一片白開
樽起相娛佳月即佳客月如感知己為我好顔色此時
还独醒奈此明月夕

○呉敬庭

古意四首

我志在林壑而与世沉浮是非復非是此語真謬悠所
願適其適富貴何足求有酒同醉醒商歌動清秋得意
已志辨白雲散岩幽
斜陽在遠樹微風動高荷蕭蕭湖亭上今夕凉已多遇
此素心人清言洗煩痾樽酒相与歡竟坐酣且歌揮手
謝塵世不樂復如何
夏日苦炎熱但願一夕凉及此秋氣深蟋蟀鳴近床物
情亦知時催製公子裳戶牖當綢繆歳晏饒風霜感此
發奎徽終然惜流光
陰陽有代謝寒暑相推移人生百年内行樂當及時昨
日猶朱顔今日生白髮所以遺世事飲酒不復辭寄傲
南窓下千載真吾師

新春喜晴

歳序更五日人皆悦春晴官曹喜休暇瘦馬成郊行氷
清明水綠霧散山光明矣梅送餘香幽禽弄秋声覔物
俱得時悠然起深情寔余佐茲邑慙負吏隱名撫字心
轉勞催科政何成願言兆豊年擊壤歌太平

偶成

微官羈此身遠投數千里觸暑涉長江晨夕不遑止殊
方寒氣早秋意亦如此歳月倏如流感嘆成坐起繭絲
將奈何終當就料理

送呉済川

脫穎貴毛遂投筆知班生子携束書去而有千里程曉
袂江風寒夜枕霜月明觀光丈夫事惜別兒女情會當
拾青紫壯志酬平生

夏日述懐

屏跡遠囂紛息交歎孤陋蕭然一室間圖史分左右撫
花眩餘春伊烟靄青晝坐觀羽虫化卧聞穴蟻鬪青山
自偃蹇相對如有舊我家陵峯下溪水清可漱誤身投
塵羈十二年此紆綬素餐亦知愧民瘼未能究白盡鄉何
之念之令人瘦陶令歸去來深慚看鞭後

○李長源

題峽州

黄河城下水澄澄送別秋風似洞庭李白形骸須放蕩
并州豪傑為蝟零十年道路双蓬鬢万古乾坤一草亭
八月崤陵霜樹老傷心休折柳條青

上清宮

蒼梧雲氣赤城霞錦谷鈞天帝子家仙掌高承九霄露
霓旗遥駐五雲車昆明火刼驚人世瀛海風濤撼客槎
酔裏忽逢王子晋玉簫吹上碧桃花

○楊鵬翼

正旦有感

干戈短景去匆〻回首南朝一夢中世事尽隨天道北春正依舊斗杓東四明玉燭甚調燮万国車書想混同寂寞荒山老松樹看渠梅柳競春風

華清宮

四海笙歌屬一家驪山宮殿倚烟霞燭龍正照三郎宴野鹿偷銜第一花大抵失人迂致乱未知亡国不由奢自從西蜀蒙塵後我使殘民望翠華

領亭

懸崖高築此亭孤落日登臨酒十壺雲破九山開疊嶂天低三楚入平蕪断碑黃絹空塵迹遠水白鷗如畫圖對此風煙已蕭灑扁舟何必到西湖

送真善卿歸秦中

少年錦帶佩吳鈎曾伴秦陵俠士遊沙苑草青春試馬岳蓮雲淨晚登樓十年為客少青眼一事不成空白頭此去何時重相見一樽聊与故人留

鞦韆

日轉簷花樹影偏謝家庭院簇神仙綵繩斜擘纖〻玉畫板輕承步〻蓮弄玉未升雲漢去綠珠先墜綺樓前不知小逕殘紅裏明月何人得翠鈿

陳自堂

春晝睡起

柳影年華度鶯声午夢回偶然床置易政亦席凝埃隱几野花落開門山雨来无人見愁緒歡伯一樽開

春風

著柳成新綠吹桃作故紅衰顏与華髮不敢怨春風

先主

扶義風雲急投誰歲月長猶懷置嗣子豈要負刘璋討賊吾誰遂違天有併亡春秋復讎大万古炟炎光

武侯

千載生諸葛餘才了十丕百王巴蜀佐三代渭濱師礼樂无與日乾坤有閏時豈留文字在不愧説兼伊

曹操

鹿去卯金刀當塗未敢高争柴猶在奕食馬已同槽身後三分閏生前百詐勞就如題墓上盗豹亦焉逃

司馬懿

本祖賊為媒聊同漢報仇機深螳後雀禍隱馬中牛夷甫毋專罪江生足遠猷誰開千古恨落日淡神州

送客

信宿仍还詩生暮靄間塘蒲身共晚野鶴意俱閑送客度流水見雲帰別山一声長笑遠吾亦掩柴関

登岳陽樓

扁舟小繋岳欄西万里清光一拄頤湖面欲包天外去嶠鰲疑割海中來高空自鴻軒皇樂元気長涵老杜詩慶曆殘碑重回首此生何限退憂時來力知反　見左傳

皇元風雅卷之三

前集

皇元風雅卷之四

前集

○劉須溪

探梅四絶

江天欲雪未雪時絶江探梅駁倒騎空中着我方成畫
亂後逢花且賦詩

釣天遠々月斜々歸路迢遥未到家一色白雲天似雪
和衣和雪宿梅花

後五百年无放翁狂歌醉舞与誰同漁人入得桃花洞
猶有梅花路未通

冷落同心識老逋芳名從此落西湖風霜未改幽堅操
第立花前諱玉奴

清明日偶成

海日高々天路斜断橋无復聽嘔啞墓中酩酊已千載
陌上清明有幾家已老愈疎唯酒盞更晴相負是梅花
年々春怨深如昨莫把无涯恨有涯

劉立雪

梅

休說逋仙兩句工冰斑滌筆別形容清標騷客風前立
素面仙姝月下逢山店霜寒香撲馬溪橋水淺影如龍
一寒忍是寒凝結金鼎无鹽味更濃

破荒玉雪爨煙村倚竹无言独断魂三弄直須琴對越
一寒安用酒温存家風棠許堪同社心事夷齊可共論
應出繽紛幾紅紫一枝開処自乾坤

除香除影賦梅花方許詩中擅作家怕俗似嫌羔作酒
高人頗稱雪煎茶参横月角霜初下人倚闌干月欲斜
夜冷玉肌愁入骨金壺移入伴窓紗

天花夜半落溪傍々有梅然為取將擘爪仰空呈素白
擲鬚倒地頁昏黄脩鱗月下霜同色敗甲風前雪有香
欲起補之圖影看生愁飛入水中藏

月巖

世事從来滿則虧十分何似八分時青山作計常千古
只露嵓前月半規

書灯

一點螢膏數寸心小窓伴我夜沉々幾分青焰藜煙細
喜動紅光花意深洞見苦心歸典葉照殘幽夢入宵衾
他時富貴不相棄稜上長檠伴醉吟

玉樓夜費燭熒々秪得眼前歌舞明照破三千年外事
書生元不用長檠

題静軒

徑深寂々鎖苔裀此地不生車馬塵夢断瑤臺惟有竹
棋声花院似无人蛛因門閉牢穿網鵲悟枝乾自抹薪
秪道乾坤大如許不知天地又翻春

寄朱約山

歲晚江空煙水寒風林葉落楚天寬若無鴈足書難寄
作盡吾吟未安晋帖臨成思入石離騷讀罷擬栽蘭
老來絶被梅花惱後會君應笑我髯

登黄鶴楼

西風吹我登黄鶴白雲平在闌干角題詩不見舊時人
惟見青山俯城郭萋々芳草鸚鵡洲江水衮々來無休
歲月俯仰成春秋古人今人無限愁

題醉月亭

来石江頭李太白狂不奈酒宮錦袍赤壁磯下蘇東坡
一葉泛〻凌風波當時有月并有酒和酒和月吞入口
酒腸得月冷於冰化作瑰辞喧宇宙兩首賦　百篇詩
千秋萬古称絶奇兩翁不作帰来鶴玉宇瓊楼空漠〻
若得長江変潑醅少住人間亦差樂望見晦缺秋復春
古来明月今来人我時挙酒問明月〻亦團〻塵豈不得
缺如意玉唾壺我歌君和声嗚〻爛醉起舞頁人扶問
影莫是李與蘇月中仙子知得無

○劉養吾

別蕭昌鳳

惜與可人別又貪帰路長人生有離別吾事属閑忙沽
酒澆芳草垂鞭看夕陽眼前听鶴語世路劇茫〻

送錢方立遊荊二首

峴山西上楚天頭書劍區〻事遠遊歳月如流方作客
江山信美莫登楼百年耆舊誰家傳一代衣冠又古丘
乱後題詩〻即史未應軽付水東流
不辞跋涉恨崎嶇如此飄〻一丈夫新雨鳴秋驚草樹
行人隨雁落江湖歳年寧向長途老天地何堪一室拘
我世中原今復合更陪九万作鵬圖

揭曼碩

送馬雍古祖常御史使江西

我皇属愛顧君子得安居孟春風且冥遺子以脩途四
牡何翩〻廻首睇神都我懐正紆欝殷函忽已踰積雪
被長峦羨者何時蘇嶺彼蓮花峰上出浮雲靄白日皦
以懸下視若玄壚煙塵起西北原野無定株行者中顧
懐居者念其虚黄河洶東流西自崑崙渠四海豈不曠

切若肌與膚親賢遠讒人古以致康娯君子試多林乃
用在馳駆秦隴阻関塞歳月諸巴祖謝躬尽明義足為
世所模

宿星應

此縣經過数中年慨感増繫舟喧夕浪聞笛暗寒灯時
俗隨同異文章任愛憎平生江海意一〻頼良朋

入秦淮和曾編修

秦淮江上送飛鴻秦淮水流西復東六朝人物已寂寞
万古雲山空疊重明日還沽来石酒昨朝猶聴廣陵鐘
人生不似寒潮水去〻来〻有定蹤

泊安慶時弃北遊

夜泊淮西郡寒生客子衣酒家臨岸閉野火隔江飛雲
盡月初出潮平風漸微昔年城下路此際正南帰

待潮

扁舟夜闌宿沙際欹枕待潮紅日高无数征帆背人去
海門何処水滔〻

夏五月武昌舟中獨白

兩髯背立鳴双櫓短篷開合蒼煙雨青山如龍入雲去
白髮何人並沙語船頭放歌船尾和篷上雨鳴篷下坐
推篷不省是何郷但見双飛白鷗過

宿梁安峡夢故有感時还盱江

梁安峡裏杜鵑啼絶壁蒼〻北斗低雲氣倒連山影合
石稜斜闘浪声齊南風盡日迎帰客落月空江夢故妻
一室数人分十郡百年幾処候晨雞

題花鳥圖

呉中女兒顔色好洗面看花〻為悄調朱弄粉不自施

寫作窓間雪衣鳥綠窓沉二春晝遲半生心事花鳥知
花殘鳥去人不歸細雨梅酸愁畫眉

題饒家橋上有墨龍

饒家橋下秋水深饒家橋頭黃竹林誰其濟之饒氏媼
績麻作橋二二幾尋青山叢二似吾髮白石鑿二如吾心
歸去秋衾續殘夢風雨滿橋龍夜吟

海棠

嫣然无不在凝脂絕世東風綵筆奇却問太真曾睡否
還應長睡馬嵬時

送趙復道虞叔常還江右

趙子我同里虞郎我同年手折武昌柳送上西江船買
魚沽酒燒荻燉夜下西塞山前西塞山碧如苔君今
去我時來東風花開春水漲待君黃鶴磯頭望君吏公
樓上

贈淳真子

蕩二白玉京超二淳真子十二求神仙服事正陽與李嵩
洛二十載結茅白雲裏食是暘谷霞飲是玉池水鬼神
莫能識百念吹不起一朝忽騰化徑去不可渡飛騮駈
五龍角巾搖三花朝發梁宋因暮宿河漢樓朝食千歲
桃暮食五色瓜長揖青牛君高歌度流沙不遠愁金張館
調笑許史家日食五侯鯖安能飯胡麻春風長安陌落
日啣啣道迎人上青天送人入秋草嗟身八極表天地
忽亦老寄謝塵中人全真以為寶

黃尊師高軒觀鵝因留宿

開軒南岳下世事本無關落葉常疑雨方池半是雲偶
乘孤鶴侶來此看鵝群一夜潺湲裏秋光得細分

登武昌

黃鶴樓前鸚鵡洲夢中渾似昔時遊蒼山斜入三湘路
落日平鋪七澤秋鼓角沉雄遥動地帆檣直下亂歸舟
故人雖在多分散獨向南池看白鷗

大明殿退朝和周待制

巍二道德扶羲皇濟二威儀陋漢光日射龍文宮女扇
風傳雞舌侍臣香中霄景氣辟双闕下界歡聲動八荒
詞臣小臣何以報
皇圖聖壽共天長

送唐尊師祀武當

龍衣分香下絳霄羽衣承詔出清朝星臨翼軫南垂闊
神降虛危北極遥金殿壓雲開紫氣玉臺和月合笙簫
蕃釐更為
吾皇祝下國時豐雨暨饒

送詹尊師歸廬山

香爐峰色紫生煙一入京華路杳然雲碓秋閑春藥水
雨犁春卧種芸田書憑海鶴來時寄劍白猿蛻去後懸
忽報歸期驚倦客獨淹微祿負中年

寄題胡氏園趣亭

日與世情遠茅人聊治生畦蔬多品類樹果合生成野
老還偏數山禽近不驚詩書吾所好農圃必須明

小孤山曉發和蔡思敬韻

日落霞明錦浪翻崖傾石峭白雲閒乾坤上下雄孤柱
吳蜀東南壯此關神物夜移風動地仙舟曉渡日漫山
同瞻絕頂登臨处空翠濛濛杳靄間

長春宮

古樹蔡紆入深宮結構牢　繫城通水繞累土築臺高峯
路行巡鶴神香戴巨鰲應逢王母使持此獻蟠桃

祖生詩

蒲城孝子身姓祖自憐姓命如蕣土生絕五歲遭乱離
有母更被官軍虜零丁二十八春秋母縱得生何処求
天地茫々明月恨江山漠々白雲愁忽得母書曾與母在
看書未盡淚先流書云流落河南縣河南踏遍無由見
唐州境上忽相逢白髮蕭々兩相滿面誰知喜極情轉悲
旁人更問初別時千生万死到今日始為母子東南歸
東南迢遞關山路入門猶記庭前樹居人傳說盡相看
雞黍提携竟朝暮祖生子母真可憐少壯離別老大還
同時鄉井被兵者幾人骨肉能生全願生母子長壽者
四海升平永相保

漁夫

夫前撒網如飛輪婦後揺艫青衣裙全家托命煙波裏
扁舟為屋鷗為隣生男已解安貧賤生女已得供炊爨
天生網罟作田園不數衣食看人面男大還娶蜑家女
女大還作蜑家婦朝々骨肉在眼前年々生計大江边
更願宮中歲征賦有錢沽酒供醉眠雖無餘羨無不足
何用世上千鍾禄

高郵城

高郵城々何長城上種麥城下耕昔日鉄不如今為耕
種場但願千万年尽四海外為封疆莫险々麥茫々終
古不用城與湟

長風沙夜泊

長風沙風沙不断行人嗟々行人嗟奈君何南風正高比

風起大船初灣小船喜移船更傍大船頭不独風沙夜
可憂更祝行人好心事長江何処是安流亭合参差数
株柳時平尚置官軍守青裙老姬許鮮魚白髮残兵賣
私酒魚賤可買酒可沽他人心事知何如

○羅禂公

幼輿折齒歌

秋衫未成錦機語棠梨半花鳳一羽象牀雪綵小龍鞍
細穴銀光吐氷縷西隣郎君東海帰芙蓉半白杏雨肥
十二闌边読幽怨勸織南浦鴛鴦飛匿闌含羞無消息
春醒彤霞漾玉色小龍呵出風雨声奔騰翩裂双白石
白石国城三十六女子重来兩城覆鴦歌猿嘯強激昂
百户風来如箭鏃章臺公子真豪縱復以微言相感動
郎君切莫更癡心忍作甘心可人痛

○孫伯善

去妾詞

妾昔重顏轉抱裯十五年阿母云亡主中饋安排翁續
齋膝絃新帰主婦情未密陡然兩意生荊棘推将愁隙
在妾身教妾彷徨留不得翁兮愛妾空有心妾亦知君
愛妾深自古亡家為顏色妾身不當千黄金回頭向翁
語遺子留自乳浮雲有散時人生豈長聚妾去婦肯留
妾在婦應去但願主翁琴瑟調妾身不恨无帰処

○黄南鄉

梅子禁用調羹止消等字

水边籬落舊精神煙雨園林急薦新対酒摘嘗金弾客
繞林贊戲玉釵人一根清苦丸雪四月紅黄隔歲春
待得餘花鄰結子東風流轉便生仁

金陵

来菱風急棹歌声白鷺洲前一帶江緑水不收中洛淚
青山空擁六朝人城頭寂寞依然草江左興亡寄虎臣
孫楚酒樓何処在月明猶寫謫江神

○湯子文

白海青

皂鵰赤鴨世紛紛羽翮何如白錦紋東海飛來一片雪
西風透入万重雲老拳独擊頑鵝腦後目穿看狡兎群
玉食所需誰可得夜來冊詔賜元勲

綉毬花

誰擲流蘇滿小園无心花蕚密相聯唐宮呈玉蝶團風軟
后土瓊花簇月団妖態欲来欄上無鞋思香且在帳中懸
試看有物渾成処妙在東風太素天

○劉雲山

題雪後溪橋

老翁着脚發度小橋後有奚奴搖手似言
橋險發度之狀

背錦奚奴指顧間雪橋如險意如閑不知此興政不淺
詩謂先生跬步艱

○申屠致遠

無絃琴

靜中有物即禁心物象相忘趣轉深爲報紫桑陶処士
無絃爭似更無琴

○趙半閒

秋夜曲

客禽認故枝遶枝猶依依涼螢亦知秋飛來傍林帷幽
閨刀尺聆遊子何當歸脩途苦不易庶無客與飢及此
清夜長爲君製裳衣

憶友人李雲南

送客出荊扉忽見青青草故人別經時桃隔千里道千
里故不遙咫尺夢難到孤鳥安朽株行雲在晴昊敢嘆
會見期坐念春風老

示兒

閉門避秋風閉門落葉滿稚子晨發饑却嫌故衣短衣
短何足嫌掩脛尚可挽亦父故多愛亦毋復不懶力作
常苦飢力織未及暖窮厄世固多榮華亦滿眼但將亦
日長勉旃事編簡

去婦詞

里有孀婦子不檢而無室既疾病乃丞爲
娶且命之曰爲汝娶爲宗祀計也未幾死
而子竟違毋言尋出其婦婦以衰麻在身
義不得去被迫逐不可留因爲詩以寫懷

落葉不返柯去婦無歸年斂袂出故幃獨影心悽然君
心縱萬飛万里難拘牽妾如鬢邊花未衰先棄捐憶昔
初嫁君姑病在床前歲月能幾何衰麻泰忽延妾今辭
門去撫棺淚如泉九原會有知當爲去婦憐

歲晚歐陽徑存相遇

老眼厭紛埃柴門晚暫開凄風行客苦冷雨故人來詩
外無窮意灯前欲及樽相逢还又別珍重歲寒梅

杓欄曲

街頭群兒畫聚嬉吹簫撾鼓懸錦旗粉面少年金縷衣

青鬢擁出双蛾眉駭入前鋒罵毋詡醜姬姁嗔狂客笑
虬髯舞舊戟武略雄蜂腰束翠歌唇小眼前幻作名利場
東馳西騖何蒼惶棲〻猶是蓬蒿客須臾作纖垣郎
新歡未成愁已作危途臍馬千崢嶸關山万里客心寒
妻子衰灯双淚落紛然四座莫浪悲是醒是夢俱堪疑
紅鉛洗尽歌管歇認渠元是街頭兒

正言

蘇張舌如戟危人亦危身期〻周御史千載称直臣清
談每敗事詣謹良擯神田翁有斗酒招手聚比鄰所言
唯桑麻語〻不失真

戲題

十日霜勝雪闢門風更緊幽齋坐寥閴寒炉火如燐駆
兒旋拾薪劃竊良可憐支頤脊弓縮吹燼唇噴灰溫烟
滿室靄靄生枝叫斷鄰雞我暫目常醉不感添自隤居貧正
如此念之时丁酉

宿村庄

凉吹搖青灯稚子供濁醪孤影忽在壁短髮何蕭騷且
持竹根枕卧聽蒼松號紙衾穩蒙首脊癢不得搔須更
作奇夢八蜷飛洪濤驚覺白滿牖晴月窓前高

題十六羅漢看手卷圖

本不立文字聚看〻底事一隻眼猶多何用二十二

○羅滄洲

郊行

桂花无主亦清秋蕎麥為誰先白頭螢不照身常隱見
鷗无求世自沉浮

張周卿

鏡中灯

孤影徘徊入照臨西風不動影沉〻一池銀水鎔真火
半夜金星犯太陰雞翅奔时紅焰歇蛾頭撲处碧光深
縱渠百煉千燒後依舊剛明一片心

○周石泉

緑陰

万紫千紅夢已休眼中鶯見翠光浮數声啼鳥先春处
残霞斜陽不入樓潤透琴書渾欲雨凉生衣袂已先秋
此时蒲柳还多感莫道西風一夜愁

王性存

書懐

九秋夜气肅明时見休徵泰階列六曜湛〻平且平欽
臣再拜祝乾坤永清寧不奪兒女態抱拙祠双星
有地莫種花有堤莫種柳花柳豈不佳而恐易衰朽吾
情匪好異只種竹与葵竹存勁直操葵存本根思

○趙心遠

秋晩

一曲菱哥斷西風吹鬢髮秋隨荷葉老人對菊花閑鳥
没踈烟外楓明落照間南山有秋色相對自怡顏

趙季文

舟中夜作

身同南雁去向首意茫然酒醒家千里詩成月滿船河
渾非為雨岸轉欲移天夜靜晶河淡凉風自往還

連伯正

釣絲風

短髪冷颼〻倚闌初下鈎閑来片水外輕弄一痕秋淺

排蘋花乱低分柳影浮煙波清夢遠吹不到王侯

○胡尊生

送君進甫公

憶君初來湖水滿金鱗刁刁春波淩江南早晚雪花飛
蒲帆下水送君歸霜風淅瀝湖光晚白煎粳米中流飯
回頭咫尺廬山雲一寸心長帆力短臨分作覓過重陽
金蝶移在双翠眉啞々家鳥啼樹枝家人夜々卜蛛絲
雪醅新酴都昌酒欲來不來待君久入言遠歸勝前婚
稚子牽衣婦携手窓前紅燭宵彈棊新撒繡眼穿相思
江南今歲梅開遲贈君无花折空枝明年花開來不來

瓊花上天

无双亭前浮吟月宛城暗鎖腥煙黑仙魂夜吟天欲泣
巫陽下招飛玉勑神風鬼雨鞭車急一株玉雪々中立
金瓶歲々朝袞龍異香蕩漾天水濃蓬萊峩々高北斗
玉佩深沉舜妻柳瑤京三月銀雪飛瓊仙瓊仙招不歸
欽天夜奏紫皇醉二十四橋空浸水

壽梅辭世

武陵老月愁黃昏玉宮氷山无返魂空花吹風鐵心裂
春顏怕見煙綃真雪身西地大如屋縞衣夜醉香盈宿
孤山春去羅浮平肯立腥埃吐瓊玉銀河倒瀉春恩澤
戕賡漢大峥老骨使令更似八千椿凝頑万古終成壂
芳蟾真莊駕蟾去煙昏鹽壟夜无曙為憑青鳥別君王
後百千年歸閱世

野鷹來

野鷹來霜風高山空鳥死狐兔逃我有鮮肉肥尒膏軀
皮為韝絲為條山中忍飢良独勞野鷹來高々臺欽翅
猴立何為哉窩途猛虎關我室赤精細骨皆凡才野鷹
來汚之水昔年種柳今如此巢危雛弱將奈何野鷹歸
來吾望尒

陌上花

陌上花臨春暉臨安女兒吳王妃吳王沉醉香風圍金
泥為寫綫々歸陌頭夜雨花成泥年々長花開時吳王
宮妃招不來
陌上花嬌欲語吳王妃臨安女封書寄去綫々歸陌頭
花好能幾時夕塘之門幾易主嬌紅猶似吳妃吳妃
一去招不來花開花落无窮期

金莖承露

蓬萊仙人騎黃鶴來遺劉郎不死藥銀漏无声秋夜涼
時見星河頭上落精金糾錯蛟龍蟠未央闕甬觚稜家
莫教仰見杯中物直是他年双淚痕桂房椒壁蕙蘭老
留得新愁向雲表猶逐官軍出漢關茂陵蕭々濕青草

因官伐松

大夫去作棟梁材无復清陰護綠苔只恐江頭明月夜
誤他千里鶴歸來

○宋本

送歐陽炳四首

暖翠空濛故国山夢中慈母美連環文明門外春方好
百尺吳船漾綠灣
衆聖猶盃李適之十年春夢疾如飛蒼頭零落郎君小
祖帳无知上客歸
宵侍
先星法洗石敀殺給札紀蘇勲熙名山久已藏宮娃貴依

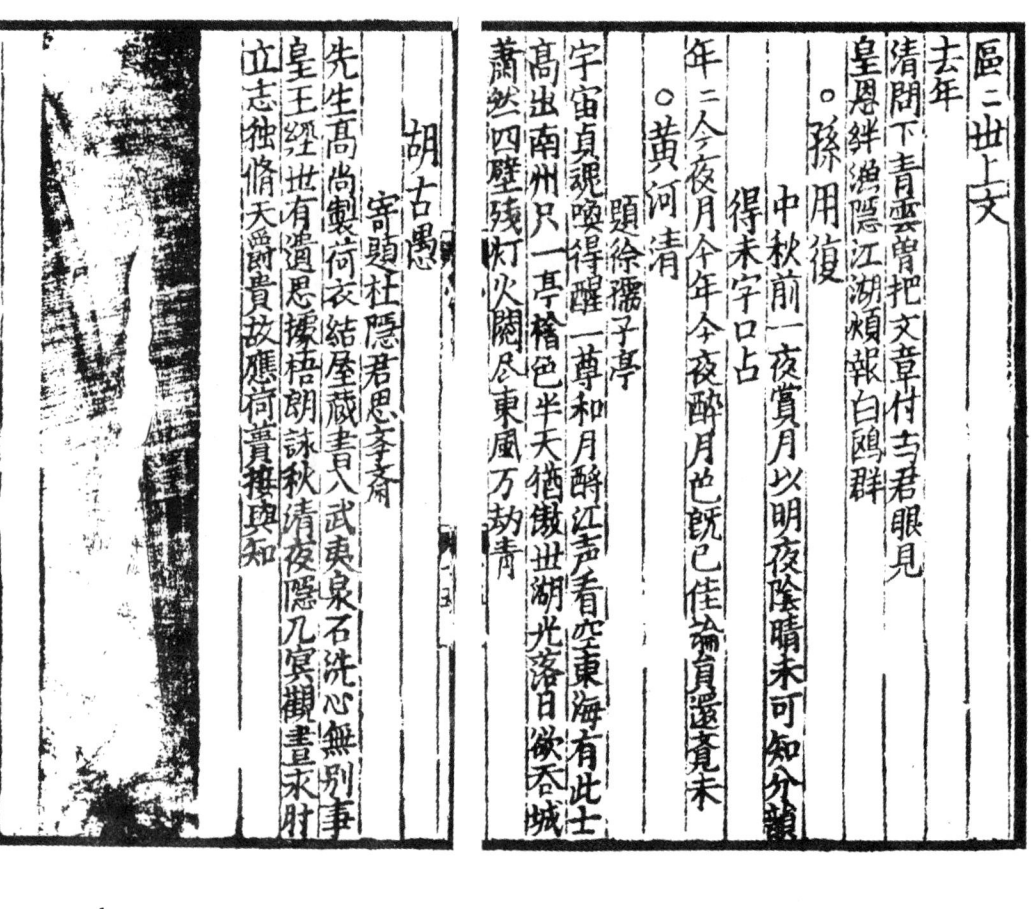

區〻出上文
去年
清閑下青雲曾把文章付吉君眼見
皇恩絆漁隱江湖煩報白鷗群

○孫用復

中秋前一夜賞月以明夜陰晴未可知分韻得未字口占

年〻今夜月今年今夜醉月色既已佳論負還竟未

○黃河清

題徐孺子亭

宇宙貞魂喚得醒一尊和月酹江声看空東海有此士
高出南州只一亭檜色半天猶傲世湖光落日欲吞城
蕭然四壁殘灯火閱尽東風万劫青

胡古愚

寄題杜隱君思齊

先生高尚製荷衣結屋藏書八武夷泉石洗心無別事
皇王經世有遺恩據梧朗詠秋清夜隱几冥觀晝永時
立志独脩天爵貴故應荷蕢接輿知

皇元風雅卷之四 前集

皇元風雅卷之五

前集

○高若鳳

題朱進士

御賜詩

憶昔霓裳清夢遊廣寒宮殿鬱嶙峋神龍久矣乘雲去
猶有驪珠落世間

遊白鹿洞書院

碧瓦參差儼杏壇白雲深鎖洞門閑不宗朱氏元非孝
看到匡廬方是山十里松風潮洶〻一溪泉雨珮珊〻
便當卜築書臺近五老峯前任往還

送謝有源闕中醫官

幽山只爲有源長散作人間六月凉從此不憂丹荔瀉
堂塘一泓浴於霜
斑資高下不須論一步青雲亦上恩小試参差醫國手
有人稱是野航孫

贈相士張月梅

清光萬里飛銀闕嵗晏天寒桂香歇含章殿是廣寒宮
月似梅花梅似月世間有梅有開落天上有月有圓缺
乾坤清氣鍾於人千古不磨方寸鉄月耶梅耶杳莫辨
浄色寒香兩奇絶西山有雨南浦雲反覆紛〻異凉熱
嵯仙老眼閲人多獨〻來尋灞橋雪月梅已寒雪更寒
窮年三友長相看論詩論相神自完出門一笑天地寬

○張叔暘

送滕玉霄

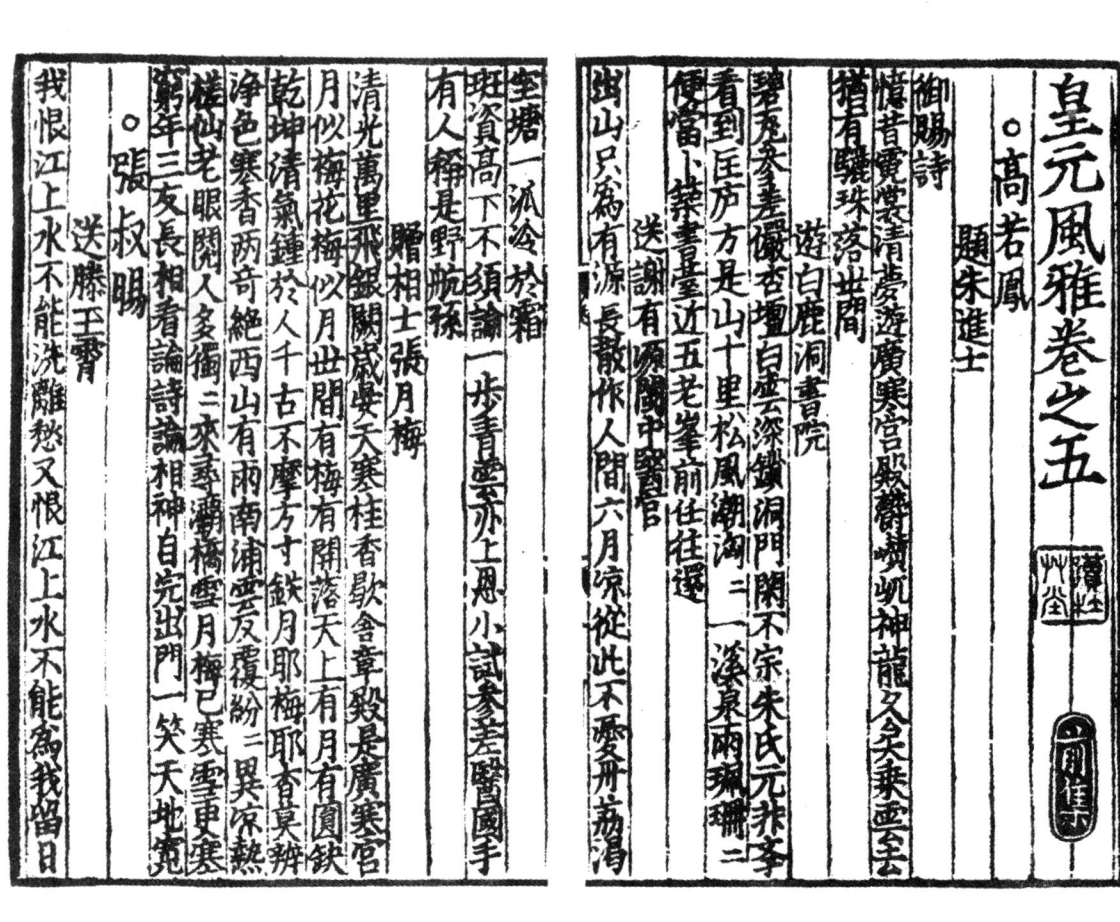

我恨江上水不能洗離愁又恨江上水不能爲我留日

黯二雲悠二胡不推出黄金毬照我一笑送沙鷗姐豆
萬古相賡酬風流此老黒貂裘飲乾海水蛟龍憂人間
双鬢秋筆底巫峽流傲睨我何同一漚識我不識吾何
求安得從此長嬉遊昔日閬風今瀛洲江水洗得離愁
不爲我留住江上頭三百尺酒樓五百斛酒舟

○許獻臣

次韻蒲平章致仕

君恩許老重增秩相印封回不弄閑石以補天還袖手
雲能成雨便歸山力將富貴推身外倒卷乾坤入酒間
緑野堂前看絲竹古今誰得似君閑

題賓月堂

人生自是人間客月亦天邊寄此身彼此虛空無着處
誰欲是主復誰賓

○趙蒙齋

題釣臺

君因卿相隱我爲利名來羞見先生面黄昏過釣臺

○倪中岂

贈張原性金華尉

天風吹鵰秋影寒客子晨出燕城関青龍嘶煙雜錫鑾
腰蟠割玉羅翠乾金花出匣双蚪蟠盪射發女光闌干
春萱花矮荆樹合酒光入鬢顔渥丹風雲落筆神鬼泣
眼見老鉄生詰盤朝栖崑崙甫夕飲砥柱湍但恨雲路
無停翰東海百尺青琅玕

倪君水

過揚州

雉堞平來塹擁沙緑蕪深処見人家山河舊影藏秋月

閑塞新声起暮笳王莖巳丟庭下草疾梨一不是眼中花
當年鳳舸經行処枯柳無枝寄暮鴉

○范德機

過西芹

路隱岩崖迥橋通峯含重島啼黄華寺泉注白雲峯雨
販縣柑柿畬耕間竹松行人報山郡失喜闊岸蹤

延平江閣

山勢包重險津流合衆源誰知從事劒不類大夫塊光
彩潜猶見精忠死尚存幽靈如可問吾意豈忘言

奉同廉訪使君消寮友遊愛同寺

閩粤古城東千岩半梵宮冒雲尋水石盡月倚虛空鍾
鼓何須急壺觴亦有終翩二北海寺碑破翠無窮

寄武夷杜徵君

洞居清隱士時接武夷君佛影岩前見山香石上聞不
爲珪組累焉有市朝分暫得同麋鹿終期試與群

謝張伯雨題東坊叢菜次勻

翠靈逝矣不堪呼我欲南遊信楚巫城郭煙濤乘白帝
星河風露浥黄姑幽人昔恨九関豹佳士今猶千里駒
冬客資君相慰藉可能無意謝飛凫

送王中庸歸隆

法樂洞前曾一遊君家閒処洞西頭石潭止照徒徛月
山藥曾經虎豹秋岩意異城祠下路共尋楊子崖頭舟
留中富有天官筆莫爲周南久滯留

蓮房

憶得花神一笑催六郎家住小江干佳人愁等秋風近
推手眠听浦雨寒強爲折來開戸牖誰將鎔出擬盃盤

少年太守思兄弟戢戢青頭莫謾看

桂子

蟾輸金粟三千斛換得瓊枝數點秋定是月中嘉種失
却從世上異香浮石岩夜見呼猿摘藥曰晴敲伴宿收
十日天台誰得見西風吹夢落山頭

送夏蘭甫知會昌

承聞吉日上江船佐命分符落雁邊野館溪頭三晋雪
山城留下七閩煙庭春花氣迷銅墨市暝溪聲筝管絃
何日周廬尋夜直倍知報政九重天

澗露亭

初秋白露降葵氣逼處悴薄林方泥泥酒漢復霏霏暗
發玉堂悄斜颯金掌微鶴眠寒巖螢火溫猶飛葉垂
知月明花艷怯朝晞蘭飲畏朝陵草露傷夕歸為霜留

鳳飛去日漫增歎傳停兵宮女三月採薔薇把彼枝上
香散入舞裳衣千歲亦不滅但恐願相違君子保世澤
在久愈光輝

題廣居家藏東坡竹

古藤尺五霜烟交不見長身見墨梢千載高風猶一日
莫嫌僧耳住無家

贈廣居査尊師遠遊

査君拏道戀名山戶結東南紫翠間更憶皇州春色好
却尋仙館曙光開千年城郭逐人去八月星河奉使還
莫為嵩岳無杰處早將詩賦動江關

奉寄翰林鄧侍講

曩承持節江之東騎鯨再上蓬萊宮蓬萊仙人歌白鶴
聲落五湖烟雨中世間爵祿不易致何獨去就如飄風

朝廷禮樂頌制作六經隱義發家論思廟堂集耆碩
啓口宰談前諸公閉門讀書古都市四輩冠蓋方盛二
我生生長在窮谷那有文字爭入雄謀豪引喻百條上
負祿府著衛無功一別十年文五昔者少壯今成翁
誰知復容七閩下隔二千里來詩筒羸軀頓醒瘴癘惡
頼以慰此心忡忡粵王城南浪自白粵王城西花正紅

經石門旗

擬落石門秋水清殘僧棲寺映沙明買船欲上丹江去
路轉峰南聞雁聲

泰定二年秋蒙
恩供奉翰林未行改閩幕自豐城便道取疾
驛撫過盱與郡守薩侯會約尋麻源不果登
日到盱

暫遠雲霞觀却希山水音珠星聯社下璧月動江潯始
集玉氣亭復趣金精山鷲樓更垂釣推書時弄琴石門
生夕景麻源龍珠陰是邦謂賢守佳致契幽尋樽俎迫
清好絃歌彰古心郡中宜鳳集泓下或龍吟頗愧塵務
通还為旅宿侵一行混吏執千載負高躅即往事莫究
于茲念方深姑山如有意遂許一登臨

順昌道中

冉冉秋序高勞勞客程促如何瘴霧交不見原野肅頳
崖絢夕紅古澗漾寒綠非惟蘇蔓敷亦復炎氣馥物生
固有常氣候殊過續以茲毒膚集身動往居瘴毒念彼閩
村人田稀口如粟耕種上青雲妻孥力衣食吁嗟公私
弊群需待其熟安得廉吏俾之食當足上以承
恩光下以厚風俗丹心映皓首我何自拘束

玉臺

曉出玉臺道山川稍夷曠只愁灘石嶮磊落更万狀市
樓倚崖岸山頂列石障是中更有人隱約葱倩上我頗
從之遊長風涉玄閒逐歸保精路高視神目王空濛飛
鳥過倏淡回波放由來心力疲會意乃益壯

十月十八日至懷安縣是夕入福州

山城列隋驛綠霞水与長空遠映沙芳蘂省中人望華
荔枝林外客思家遙遙徐市三神櫂渺渺張騫八月槎
蚤歲春遊今白髮不應猶恋棗如瓜

望潮曲

潮來直上青崖住潮住却尋滄海去烏石山頭望故鄉
故鄉更在雲深處我生不如橋下水消息春秋任流止
又不如水上船去去來來二年復年負祿龔孫二千里
上念慈親下妻子二生未能別爺娘睡窓阿婆懷抱裏
烏鵲日日傍人飛喜鵲時時噪郡西更有平安書字到
金壺約伴玉人携

平臺晚懷

落日微風生晚凉平臺西上万山蒼佳人獨不生同世
樂土那知是異方海岳要霞千古意鄉關道路九回腸
丹青不寫歸田賦猶以虛名累寵光

寄李秘書洞

秘書出是蓬萊桃流落東吳又一春見月定還騎鶴侶
開秋宜讓鱠魮人吾曹事業徒溫飽子等居諸異隱淪
海表何時携手截相怜同是老詞臣

送別周儀之推官赴錢塘并簡李西秘書

武帝龍飛第一春京華相送各沾巾詎知邂逅文身地
總是棲遲皓首人山驛蛟眠星滿洞水鄉鷹起月迷津
若逢李洞南天竺謂是前書感謝頻

懷京中親友

海上經年思殺人絕憐京国旧交親過江唯有傳柑使
寄得書回是暮雲

絕句

日淨芙蓉遠春明芳蘂長誰怜玉蝴蝶正似錦鴛鴦

東署

君靜天常見居深路近通陰階垂葉露空院長春風

春日西郊

春風千里福州城綠水青山若送迎惟有垂楊偏待客
数株殘雨帶流鶯
佳人不該海棠嬌喜見天晴艷露饒若使有詩堂貴日
便令無酒亦終朝
江上登臺望眼迷西禪更在石岩西尋常楚嶠看花日
此处新苗綠已齊
南澗清長不易得有無更似此時春朱桃皓李都隨世
紫蝶玄蜂故趁人

題先天觀圖

李仙之人与仙為徒住在国庐之奧湖江之匯張公煉
丹作龍虎丹城御氣遊六虛後來出者絕代無何不李
仙住玄都玄都之壇甬井孤上塵萬里之黃鵠下伏千
尺之飢驪陰森檜筠自太古斬種力與開闢俱扶桑朝
日掛絕壁坐見樓觀青模糊鳌崖控石澗哀湍春秋雲
霧之田腴我亦人間山澤癯偶階夔龍賓虞庭有時一
醉黃公壚振風三日撼不蘇折花不得度弱水渾手始

識仙凡殊玉堂李士范与吴遺我茲山之畫圖尋窓數
戶久嘆息無因置我双樓蒲独行幽人不受呼掃葉青
澗听啼鳥日暮羅徑相縈紆相縈紆向何處明朝爲借
麻姑鵬我亦騎之上天去鄧文原貢奎元明善同觀此
詩於玉堂爲之嘆賞故書

○孫存吾

餞盧伯生歸隱

天地毓精英文章耀德星虞廷春色滿翰苑月華明歸
隱琴書樂朝回軒冕輕凡才倩俱蒼黑濕龍備參苓

春日遊黃鶴樓

揷天棟宇接雲霞八面玲瓏望眼賒寒谷春回江夏柳
晴川日映漢陽花珠簾半捲琉璃滑宮扇初開翡翠斜
日近天人聆笑語廣寒宮殿隱仙家

秋思

鴈落西風字〻沉嫩涼偷入藕花心眼前多少関心事
付与寒蛩徹夜吟

○張息堂

題衡陽刋匠曾子謙字說手卷

陽氷謙卦妙入神當時鐫刻知何人至今宝玩逾珉琰
字体清勁無失真謙〻于謙能辨此手揮鉄豪出文字
功成何止地中山鑿破乾坤六十四

○甘東溪

夜坐

林風自蕭〻山雨時洒〻丈天七尺軀地炉使吾煖

早睡

宿來貪睡早推月出山前月色不相捨小窓还自妍

酒醒

酒醒桂花發狂歌對花前林家大罵我夜半驚人眠

書生

踉蹌趂講席讀誦鬬高声我亦曾如此而今白髮生

歸舟

片帆懸空秋滿腹涼月淡〻天無波平生湖海元龍意
早入西風漁棹歌

天茲豈無蘇季子恨我不識韓荊州遥山蒼〻暮雲碧
何許一笛芦花秋

下豫州

壯懷忍共白雲閑孤負僧房屋半間賣却牢愁三萬斛
載將明月入西山

託意

舊時灯火不知年託意篇章未出傳胸次只今無此事
听風听雨過殘年

新春

花紅柳綠也逢時潤色青春有小詩人世若無吾輩在
東風零落亦堪悲

看梅

独坐匆〻不自適出門偶見梅花開自從開闢到今日
此是東風第幾回

暫憩

平生湖海遊南北東西路幾度夢殘時雲深不知處

過南湖小酌

忽有一事碍胸次擺脫不得呼酒來淇〻濛〻混沌在
坦〻蕩〻虛空開精神半生留筆墨形骸昨夜爲樽罍

年二看梅今白髮晴日江路行莓苔

○薩天錫

來石驛

客路青山外鄉心落照邊瀾清浮野樹涼雨過淮天水調誰家笛江帆何處舡峨眉亭上月今夜照孤眠

采石懷李白

夢斷金雞萬里天醉揮禿筆掃蠻牋錦袍日進酒一斗采石江空月滿船金馬重門天似海青山荒塚夜如年秋應風骨峨眉雪不作天仙作地仙

過石子岡

霞光日落紅穿樹山色雨餘青近人便好拂衣入山去辭鞍解却馬頭塵

次王叔能侍御史

龍蛇偃蹇出墻陰五色春雲態度深芸閣文章散清氣月明山館夜蕭森

次繁昌邑宰梅双溪韻

矍鑠繁昌宰曾充觀国賓儒冠猶破帽礼服尚垂紳澹泊心无愧清癯自有神老看朱紱貴驚見白頭新撫字三年政歌謡百里民

○林彦栗

元會習儀和鄭子完

西山晴雪照階墀法曲天香會合時在野只知堯帝力進朝方識漢官儀日明黄道瞻丹扆春滿青都擁翠旗冠佩又承新雨露太平報效有深期

○李子源道

次韻送虞伯生使蜀降香

城南尺五去天低廻首彤楼十二梯六月岷山猶有雪三春雲棧迥無泥浣花溪上看秧馬芳草渡頭聞竹雞見說草堂遺構在公餘須到錦城西

喬木千年劫火催峩眉峰頂白雲堆岷江東去人西上驛馬南嘶雁北来蜀国山川明似昼文翁風化洽於灰大常直筆今詞伯既倒狂瀾賴挽回

皇華驛使氣凌秋風駁沉雄險九州金節暫辭金殿去錦衣还作錦城遊文高方朔三千牘刀善庖丁十二牛好向名山瞻勝境辦香遥捧祝宸旒

○夏以忠不齋

和山間秋日見寄

門前紅蓼竹成坡室迩其如人遠何亦曉不如歸去樂真成無可奈何歌詩翁自此工雖少俗子於人一揖多何日同君秋月下桂花影裏舞婆娑

過洞庭

萬里玻瓈一掌平倚蓬人去似騎鯨掃除雲霧天無影彈壓波濤夜不声一劒秋横神鬼泣片帆風勁死生輕詩成不用漢人語怕有蛟龍听得驚

上国英華時作教諭已四年

早年化筆妙衡銓棫樸青莪意藹然名部繡衣霄漢上精神玉樹曉風前古人劍芥經三語今得英華已四年眼夜書燈光彩動便星纓二斗牛躔

過岳縣

水紋如席浪花收謝遣湘中鹿角舟白露已過秋日淡青山未了暮光浮諸賢豹変雲生足老子龍鍾雪上頭可惜隔江灯数點匆匆過却岳陽楼

送王副使美辭

瓜戍無情過歲年歸期行色占春先南商北賈多遺愛剩水殘山有宿緣青柳一枝江上酒碧波千里月明船衣冠文物傳江左好在家聲續昔賢

○胡斗南

悼文山

烈指西風感別離乾坤人物太奇二生為孝子忠臣勸死有皇天后土知万折江流魚腹石千年人立首陽碑一門史氏春秋筆愁把湖光入夜時

○陳中山

餞理伯容調江西憲掾

五阮春官第重登憲府新人皆形跡避君獨肺肝真谷飲歡惟水風行樸歸迎明朝江右客秋色滿湖濱

奉題丁氏竹堂并寄庭玉鄰仰之意

慈州二判經年別黃鶴山前見阿咸聞築新堂臨水勝秉栽脩竹与雲參午風窓戶清含雪晴日琴書暑帶嵐欲拉王猷時共造幅巾揮麈縱清談

餞郭端友赴掾巴陵并寄布二兄問訊之敬

送客巴陵目遠鴻英年嘉樹玉青葱門趍父戟諸侯貴地閱輿圖七澤雄極浦揚舲清泌洄亭獨守碧霄通別來安穩懷鄉否煩問同年鞠黃公

題世文鄉杏隱卷

祈子洲前万杏花一壺仙隱客成家抄書屋下分香露洗藥溪邊踏錦沙布袁參煩卿相揖劍壺終拂斗牛斜曲江又廢明年會栽樹何由見落霞

餞秦革甫調武陵掾

府史才猷俊洽書調武陵秦袍懷舊澤肱被割秋鷹名桃美吏苦鯖舡杜若聲滄浪灌纓处搔首檍吾曾

○宋梅洞

挽胡宣慰

持虎尾猶立屠龍地亦沉死兄寧有昔有弟必无今縋鼎他人手舟車過客心不堪回首处殘月墮花陰

哭岳王

天意只如此將軍重可傷忠无身報主冤有骨封王吾兩樓猶暗花風廟路香沉思百年事揮淚對斜陽

○龔子敬

送揚志行

纓冠趣三濯滄浪彼美人兮淇水陽大府久須唐令錄中州正用渤文章只今兩眼真能識漢莫相看耿不忘

至治朝廷天咫尺載哥丞相蓋賢良

送秦裕之補南臺掾

南臺礼意特相招送客溪亭自寂寥夜雨灯前春戲詩清風扇底暑全消中司親法分曹掾掌政名官佐使軺捧檄還應為親喜宦途等是上雲霄

題張氏所藏石經

洛涘河清世之季翁黨諸賢死无避橋門冠帶此何射詔与群經正文字議郎二將二類書觀者紛紛門外車似要方冊重成灰且可鐫摹辦脩鴻臺四部存我磧誰見世間完六籍漢傳區區掇拾方到今不是糊塗墨

述懷東張仲采教授

霜清起病骨別久志遷疏殘息不煖衣短髮漸入梳涉世何用早意適事不如既知非所能栽足不願餘粟

苦尚可飲家貧雖可居秋來窘繁陰百畝沉壽疏帶穗
尚求撥吾生愧耕鋤南窓美朝陽昔嘗遺古書風竹如
應門一室自掃除西庠張公子為我日回車一言奠適相
娛網羅焉得疏

搖山藥奇

綠髯寒藤細色子種玉綿延香透髓晴芷歲晚香不起
托命長鑱山谷裏小隱墻來藝藥耕鋤王政得才樂土
服食相傳養生訣茂陵劉郎和露啜

病起試筆十韻

積雨迷空闊觴二多去冊將家值畢溫无事得清幽安
石林高卧義圓已倦遊壯心適如意短髮寄搔頭病約
出谷痩閑窺鴨影浮双舟突自語一揭淡相留香篆紫
舒晚登舁蒲洒秋黄花荒古道白日起滄洲不死千金
藥平生百尺樓暫分仙枕夢遥訪羽人立

謝傳畫大蟹

寒蒲郭索腸已無枯骨裹肉一自腴為君喚醒江湖夢
孤蓬細雨声相濡貧家不辨滴眼酣糟頭酒滴紅真珠
起來獨坐秋風裏一徑晴寒菊數株

○梁隆吉

題葉東叔賓月堂

人生自是人間客月亦天邊暫此身彼此虛空無着處
誰家是主復誰賓

○李古淡

題子卿牧羊圖

自是天工背故回二頭妻殺望鄉堂漢風吹散羝羊隊
却入麒麟隊裏來

○李誠泉

寓洪中秋翫月

金水鎔成一樣秋三千世界雪光浮城中見月能多少
擬借仙人十二樓

○彭谷庵

贈彭鐵面相士

只戴黄冠不象冠双眸窮碧見蒼寒江南多少秋風客
擬若山人一笑難

○仇仁近

潮

一痕初見海門生頃刻長驅作怒声萬馬突圍天鼓碎
六鰲翻背雪山傾遠朝魏闕心猶在直上嚴灘勢始平
寄語吳兒休踏浪天吳冥罔正縱横

○吳漢儀

贈楚山樂路教之金陵謁御史

官滿豐城車載膏遠從建鄴見同袍雨杏芹泮春風轉
霜重柏臺秋氣高青眼故人加顧盼丹心即日表英豪
金陵山水多佳麗伴客登臨莫憚勞

吹簫歌贈金精山人陳大佑

金精之山何岧嶢夜深明月凉蕭蕭二中有可人好絲竹
抱明月兮吹洞簫二声鳴二響空碧潛蛟起舞山鬼泣
合宮嚼羽妙入神月落參横朔風急曲中却憶秦樓女
秦樓縹緲知何許鳴鳳双飛竟不還至今遺事傳千古
君留其中猶未發我亦知君調殊絶明朝却賦歸去來
吹簫還弄金精月

皇元風雅卷之五

前集

皇元風雅卷之六

前集

○何頤貞

長沙留別董仲達陳君直

歲晚客衣薄揮毫更盡杯五年嗟一別兩月却重來甫
星夜相語北風舟未開他年客雪上回首定王臺

○黃子肅

古意呈仲章貢侍御

娉婷二八女絕色妙難並新粧薄鉛華照影倚竹下盛
年事夫壻錦玉耀精含雖非伯鸞妻惓然惜春夜琴絲
月當軒默〻倚風榭寄語東家兒紅顏莫輕嫁
梧桐生高岡雲氣涵空清南枝掛孤月上有蒼鸞鳴大
匠揮玉斧渾然合天成貴之白玉堂被之絃歌声一彈
松風來再鼓溪月明子期人已往青山為誰情

題竹外一枝梅花

仙環何處來一笑倚寒玉晴窗見疏林座上春可掬山
陰帶殘雪水影兼遠綠珍重孤竹君歲寒伴幽獨

贈醫人黃子厚

悠〻溪上山疊〻山下雲幽人不出戶芝之草日以春伯
也種丹杏心与孤鴻輕仲也擣玄霜西風林間声世降
運不齊病隨人心生芳草何所无誰能擷其英吾宗幼
匆方精爻用更精金丹有時合白日升蓬瀛

春晚

春光他鄉奈老何可人紅紫嫩无多雨來綠柳披頭路
記得流鶯第一歌

題春江小景圖

小艇无人載綠陰白鷗門外笋成林不知多少山中雨
添得一江春水深

冬塘懷友

舟泊風林一鴈聞白頭紅蓼共思君月明江水多於海
雨後秋山碧似雲

登福山遇僧偶出

欲扣禪關未有詩滿山空翠濕人衣行間趺在到西月
試看白雲歸未歸
鸞鶴雲間杖屨幽竹風松影共悠〻何人分得僧家榻
坐看南山一片秋

贈汪玉成

千里還家独抱琴象山杳在白雲林曉窗莫厭江東路
人倚梅花雪意深

友人見訪不遇

君乘白鶴下青雲我入春山聽曉鶯可惜小樓風雨過
无人收拾万松声

尋故人

適興一尋君〻家在白雲幽花春後見落葉夜深聞隨
意坐苔石呼童煮澗茫不須談世事詩思正紛〻

留別

相尋復相別把酒意如何雲石有時合風湍無定波此
生無出處一笑掛嵯峨長揖下山去暮煙浮女蘿

哭朱教授竹所

日問竹平安凄然泣白鵞講堂春寂〻歸路夜漫〻前
席成虛設斯文已不刊此声雲谷外落月帶霜寒

天運不已歲事又春者已可乎作自勉詩呈

李初教授諸公

東風一笑可人心旋瀝新醅對樹斟山色未勻春意淺
梅花已老白雲深半軒依竹閑聽雨千里懷人欲抱琴
試問樵溪隔年意碧波東注泖灘詩

送三山張國寶府掾美歸

三山星斗高貼天三山潮汐走百川張公平生飲中仙
襟度脫落神飄然三山神人不敢友天風吹度金鼇顛
掃清案牘待明月平鋪綠水栽紅蓮公庭無人山色落
時有雙燕歸簾前樵溪夜雨深一尺城外明朝翠如織
春歸草木不可遮黯淡已作離別色離別兮奈何若有
人兮佩女蘿公不顧兮山之阿滄海渺渺浮雲多

縣令行

石田海上秋不熟抱琴入山琴如簇白雲一榻流水深
獨對青松結茅屋西風吹起泥塗身野冠來見天上人
靈册一粒肯分與使當負水供炊薪

題高都事戴松二牛圖

東風吹浪翻平林吳江咫尺移春陰牧童曉出不知雨
日暮歸去清溪深一童驅牛涉古岸草煙慘淡迷目覩
雙蹄湧出層水間蒼峽蹴翻石雲斷一童踏浪溪中流
晚風不動波悠悠恍然頷影驚自失尚疑身跨蒼龍遊
平瀾遠峰結寒色至今宇宙留墨跡可於三子人不識
我欲問之漢津客

送李宗庵劉掾官歸

當年綉斧出九天倏如白雲下長川千峰收雨作秋色
至今梧竹吟猿泉憲臺重來又三載千將出匣光不改
水壺盡貯明月秋風露瀼瀼接滄海海空迢迢行玉麟
霜影蕩漾龍蛇驚石田歸來紫芝好策馬更入南山青
南山歌兩岐何如陽春生物物不知魯人頌泮水何如
弦歌一千里昆也虎渡河寬也蒲作鞭何如樵溪九曲
落葉靜平鋪綠水栽紅蓮紫薇殿前列藩翰華蓋滄滄
五星聚聾龍蹴蹋天一方蟋蟀吟秋桂枝暮蓬萊楓葉
昨夜秋瓊樓夢覓題金甌銀河橫空白鳥去安得追逐
鈞天遊

送僧定觀歸

詩僧白丈來復作五臺別忽然振金錫桂子落秋雪山
空白雲閑風息萬籟滅相思何處無江湖一明月

○張希孟

過長白山范文正公書堂

長白何岩嶤下有讀書堂人云小范老於焉競晨夕蕭
蕭荆榛落落林泉石峯峯往瞻拜共如相及繼宋
慶曆間群賢鸞鳳集範先天下憂一統經綸自中尊固
有人西夏諒難困力言出師凶深慮手澤失焉哉先見
明韓富有慚德柰何时相監欲碎和氏璧向非
仁廟知千載血應碧至今忠義氣高壓萬仞壁所以德
業高要知清苦積功臣自古多勳為宦豈貴視公平生
心胥壞邈相隔但能一書兼亦足千年空遺容揭日星
未竟閱空黑長歌梟行詩同林撼秋色

晨與用俞立之韻

宗碧洲痕淺深青地勢平岩姿呈雅淡樹影碎空門窗
納一天曉人懷千古榮移床高處坐遙看日東生

惜鶴十首

鶴仙禽也由凡翼非其比恒不為世人所

嗳而愛之者往〻皆山林中人蓋物以氣
合理勢然也余嘗得其尤者一雙之既久
馴馴與人相習日者為田媼傷其脛尤病
兩月幾惜哉因取其始末作十詩以慰其
不幸云尔

瞎鶴

野処幽栖甚千金得令威披雲出塵綱領月到柴扉
足夠飄去遊亭使客飛至今湖上路樹石亦光輝

友鶴

雲雨手反覆紛〻知已誰玄裳真莫逆皓首誓相期把
酒或前舞遊山時後隨會看作人語細与話瑤池

病鶴

渠本仙家物胡為久不安强行時擲翼歌立恐遺丹誰
藥相如渴独怜范叔寒一鳴雖砌〻猶自徹雲端

醫鶴

饋藥人空数乘軒气漸低无心吞餅餌何処覓芳圭綦
日資丹火杯泉洗雨泥謾令道骨友時復憶幽棲

挽鶴

共処人相外誰期禍及身九臯空有恨四野欲无春華
表雲應淚瑤臺月亦塵當年林処士泉下定相親

招鶴

歌徹楚人些冥〻恨亦增楓林空落月蕙帳亦寒灯仰
問天无語呼聞谷謾應料随風露氣飛入乱山層

瘞鶴

非為恩惟盖從遊歲月深忍令一抔土埋尽九臯心致
莫攄幽憤為名著德音小松栽尺許悠久庶能尋

憶鶴

玉立昂藏意山中我与君幾年遊賞共一夕死生分徐
步閑窺沼高飛遠帶雲為誰重起舞倚仗立斜曛

夢鶴

綉幌灯昏処依〻見瘦軀引吭如有訴側頂不容呼就
上行雲遶松梢落月孤堪怜漆園叟謾為蝶蘧〻

圖鶴

百計无從見明窓呪筆圖研朱漆霞頂屑玉抹雲襦野
狀難非似山容亦勝无却愁風露夜拔宅上天衢

○趙茂原

贈郭山長帰括蒼兼簡葉縣尹林府判

夜听春雨鳴雨晴君欲行君行向何処回覓括山青括
山万疊青未了漢〻蒼煙隔飛鳥三年宦遊不得帰〻
夢時〻度雲嶠竹雞鈎輈啼更殘落花如雪春風客客
途塵土何漫〻握手未許攀征鞍東閑且尽双樽歡東
閑柳如帶中有別離態折贈不可持依〻自相待宦遊
江海事多遠我輩論交金石在举頭咫尺天涯別行李
蕭〻浸明月出門大笑心激烈良時往〻多契闊毎一
思之生白髮白髮生何足驚与志士慷慨期晩成酒澆磊
傀流不平况復不飲難為情長歌歡作陽関声子先帰
兮我暫停丈夫耿〻氣肖洒兒女淚浩蕩天地間清流
豈常聚郭公子休徘徊京城二月鶯花開東書早上黄
金臺〻東金臺上多英才拾取青紫実快哉秋來我亦遠
遊計萬里殷勤定相遇到手功名俱得意却誦如今長
短句

暁哭曲

曲欄簾纖杏花雨博山煙飛裊晴絲夢回金悵春融〻
鶺鴒驚起隔窗語美人曉妝靈瀉梳柳風吹香入鬢鬟
翠鬢蓊〻綰不斷寶釵壓髩紅珊瑚丫鬟捲簾採桃華
驚起一双黃蛺蝶

秋宵吟

平林薄暮風淅瀝黃金滿地秋狼藉新月出嶺光欲流
萬籟無聲夜寥闃誰家美人吹鳳簫彩雲對舞摩青霄
闌干縹緲碧雲遠天風入骨涼蕭〻銅壺水冷銀箭澀
玉露滴空衣袂濕缸花落盡爐煙收幽懷耿〻生新愁
宮聲帝碎人間秋

○楊達可

渡江寫懷

手挽天河落九溟浪聲洶叟世間塵一川光浸梅花月

萬頃波濤隸萬春風雨不忘歸海意乾坤未老濟川人
此溪浩蕩流千古回首春山更蔽青

○吳仁傑

送汪水雲入湘

碧水波翻海水推奮身騎背護蓬萊忽隨天上紅雲散
却馭閩中紫氣回大道有形須变化玄關無鑰任敲推
攜琴更拜蒼梧野猶想南薰入調來

○鄧或之

即景

樹影渰声門半開墙東一逕沒蒿萊池塘通得官溝水
時送青萍戲點來

絕句

清風左右涼滿室正花香且琴声偶然斷不是客來妨

芸〻陌上人

芸〻陌上人各為衣食謀饑稍不迫彼亦無識求豈
知衣食外須有千端憂〻樂本自然悵然寸心休

掩卷

夢中有得意竟來驚自喜掩卷竟無言殘日在書几

江橋樹次阮愚齋韻

江橋樹日〻斜陽暮春風吹落花花隨流水去花落有
盡時水流無斷処

阮詩附

江橋樹荏苒年華暮迎得行人來送得行人去落葉成
秋風行人在何處

宿山家

秋深客路已無聊此宿何堪更寂寥雨葉響林人語寂

風灯近竹客心揺村醪味薄愁先醉野叟情親語漸嬌
惟有兒童忘世故向人歌斷到明朝

聽琴

桐花門巷小立久忽聞琴海鶴天風急山猿秋雨深一
時真得趣千載有知音雖是无絃達何由會此心

落葉二首

秋庭晝无人落葉自滿地端居觀物化人生亦如寄朝
聞鳴蟬愁夕已見其蛻歲晏共蕭條悵惘發遐思
落葉日已深庭樹日已瘁樝梧不枝梧葉木甘委棄寧
隨高風飛毋隨流水逝飛者或連樹逝者渺无際

○陳敬翁

晚過玉林西齋二首

佳客因乘興能來慰寂寥空山多宿約好語在清宵白

芊　秋風急青帘市酒遥半升无処問清抱可能消
庭雨俱鐘盡燈花待客詩三生今夜宿此道幾人知分
契情何厚林間語自奇直為知己用非敢傲當時

月下琵琶

不似潯陽縣哀絲帶客愁素娥窺夜曲明鏡入南州指
滑鶯初語腔新柳共柔向前兒女恨腸斷後宮秋

柳邊漁笛

莫是之章華路青絲奏未休楚江帰去釣湘竹語孤舟一
葉秋生樹何人夜倚樓隋時明月裏吹過白蘋洲

初夜

独坐興悠悠杳堦日脚收客衣凉堪葛池月夜私秋物
遺身猶累心閑迎未出故人情分好淹不記留

晚坐

綠陰深處寺日暮坐幽人水影光初切苔痕塔半身先
江无過客高竹是比隣未信清談少因看麈尾塵

過胡處亨幽居

欲訪問何処行遲稍認門路隨幽草入巷与綠陰分市
盡人初遠言忘意獨在所經得才俊猶足慰斷文

清曉過鶴上仙人

仙人睡方起松日高數尺入戸聞琴声停歩立苔石閑
情契幽絶每坐忽終夕長揖道者清歡言止滿席

贊入分宜縣丞吳子彦

道合无論見神交早為詩十年諸老盡一談半生知池
草令无夢山陰復有期絶疑污且眼猶意得吾宗

○蕭南軒

寄吳子彦帰江東

鳴鸞誰倚洞簫過黃鶴楼前屢脫靴天上佳期今夕共
江東帰思白雲多清風明月故人識有酒無魚良夜何
莫交鄉音唱芦葉桂花滿載待西河

寄黃尚雅

莫惜隔年期行當与子逢門深紅葉字秋入菊花詩酒
熟蟹將到鄉肥膾可思西堂風露重早下讀書帷

○先一初

丁丑新正試筆

偃指遞年逝今朝曆又新野煙凝作暁山雨細勻春年
世貪為苦空門懶是真聊將双碧眼趺坐閱時人

○陸文圭

燒筍賦竹字韻

先生朝盤厭苜蓿筍味得全差勝肉奪頭掃地錐角出
赤髮燒空龍毛秃土膏漸渴外欲枯火灰微温中已熟
撥灰可惜衣殘錦鮮籜猶似雪昂灘玉青二無分長兒孫
草二為人供口腹李家丞相恣薊芦石家美人葱豆粥
去毛留項有何好搗韭作虀空自速不如野人一飡飯
自辦行厨入脩竹句裏曾參玉版師胸中會書篔簹谷
主人不問不須嗔眠夜西風響林屋

○陳魚村

題投仙楼

五老峯前第一山天開綠野待公閑今咸白鶴重來日
老子青牛又度関花木四時二月裏楼臺一簇五雲間
我來便有凌風想為問先生覓大還

○易炎正

環秀楼

萬碧穿𨻶類九嶷危樓岌嶪接清漪山人本是山中客山外看山〻更奇

○張嗣良

尋梅

夢中尋荒遐騎驢一放棄野梅過流水杳斷无尋處天寒歲又晏偃蹇傷幽素獨行山谷深積雪迷歸路

曉行

夢魂〻〻春宵殘〻雞語催征鞍東方彷彿淡月曉柳露細拂征衫寒僮僕前行指亭路那个長亭經某處離情𦍑〻不分明黯淡孤村煙半樹

○何太虛

晚步作

陰靄籠煙碎作霏春風吹入簇成泥女郎挑菜不知濕調笑相攜過水西

除夜

風緊〻兩霏〻寒輕新柳潤春到落梅稀筠籃入市買紅燭煙火松林人醉歸

元日

聖主龍飛肇紀元野人相賀拔寒前不知顏色老昨日共說時光強旧年井臼杏花春值雨墻隈柳葉嫩肥煙長牽縷轉風倚綠林下鳥提漸受鞭

寄程承旨

元凱同嚴右留班錫異恩聖神恩治切宗社有公存地立數峰峻天依鳳闕尊多變謀猷合且贊共心論妙斡時雍化不惕祖烈致堯文嚴大典虞采倚昌言卦氣丹凝鼎星芒紫照垣奇鑑歸碩德宝曆肇皇元花竹番三公雲霞煥九門相望清尊宜求朝下酒盈樽

訪貢待制舟行阻風

今且始自信余生非數奇懷人發清興欲雪成良時波響音双櫓溢灘寬衆帆馳危查立小渡殘竹懸斷旗指浦見鴉合轉篷惜蜂移深烟曲江鑿微雨三洲炊家閑有餘適濛洪无定姿余寧不可奈久与西山期

送吳主簿之官石塘

簿領池州去開帆帶雨微當今公事簡見說縣人稀雲入九華碧鴈驚秋浦飛丁寧橋下水宜滿載書歸

次韻寄志道袁氏借庵夜與

空庭山色重積此松桂陰微風從何來一鳥驚前林清心有客契幽聽得遠音寒灯照孤館歲晏夜偏深

送人歸臨川

金河疎樹外去棹響流澌為客有歸日送人愁別時寒雲隨鴈遠南雪到山遲旧隱書先寄行藏莫預期

酬揭曼石重贈

歲晏君獨留路長我將發林居雖共語帝里易成別寒水逐人飯依樹回車歇今夜抱衾眠街頭響鐘絕

遇曼石有贈

十年相勸忽相贈猶記去題御故人京闕詩傳多應制里門歸建獨榮親梅花滿映林霏雪柳眼初迎輦路春知是高情難去任此身誰是自由身

程奎士山房宴集

芳郊暖微煦衆岫分餘烟迤邐望遠壑趣歸心轉延洞開石泉及澗陀衆流喧居人隱古俗香氣通幽禪艷綠度岳翠語笑相後先飄〻縱飛蓑松声正鮮然窈窕山

曲拂麗構朝霞對勳庸在廊廟傑客儲芸編緬懷康樂
公奇蹤此周旋詎知有今夕聯集玉堂仙羣鵲亦与喜
共舞芳樽前无情尚方感矧當後諸賢觴飲抱真適遠
以寄微言茲遊即千載湛董期相傳

贈元復

爇雲流青堤光風搏芳甸遠在天一涯幽沉限聞見點
二秋歸鴻翩二春來燕天路万里通胡寧絕遐瞻奇姿
奪南国帳望愧疎賤良會慰凨心願君畢歡宴

梅

奇植遺山澤英姿照古今馥熏黃三極貞色照平林年
運神孤王陰凝力独任大清涵妙影元氣託芳心薄雪
村二淡輕烟澗二陰蒼茫何見晚邂逅却愁深南紀開
春事幽情寄碧岑自怜餘短葉相對發清斟

元真寺橋小憩

古剎傳清梵橫橋兩歇時年華流水去春事落花知字
宙遺陳迹江山本後期向來多薄命今日信枯藜

栁下

是誰安宅子占得綠楊陰山色春來長溪流雨後深樹
蹊飛鳥疾人近戲魚沉舟子船頭望安知不辦吟

○陳晉齋

次滕玉霄韻

自是男兒志四方明时上国快覩光儒冠誤我青綾被
人品还君白玉堂取友平生半區宇論詩今日得濠梁
歲寒祗有梅和竹凨雪相看味更長

呈草庐吳司業

斷文案棟在成均自許儒冠可立身拍案曾襟五經笥

清高地位十分春泰山北斗道行世赤箭灵芝意自春
多謝春凨為賓筆肯甘羅洽外陶鈞

○甘盂庭

贈羅浮山

吾聞羅浮山中人綠樽双及梅花䰟花间騎鶴度海門
吟詩小住江南村詩中有时得相見雪中何年同白戰
一朝文運天門開布衣飛上黃金臺姮娥却忌君年少
未許青雲致身早鬢眉半染燕山秋万里帰来凨格老
我家太白清海湄与君邂逅荷花溪大椿庭前酌美酒
長松石上看殘棋浩歌白雲動長嘯青雲飛篝灯便共
談秋雨喚起英雄語千古二來將相皆神仙刘侯諸葛
青雲士我願君今重努力天上凨雲生羽翼万花立馬
看游龍錦袍露染天香温功名得意早帰来携手二山
弄明月

○陵虛谷

秋夜長

秋虫責二家迹底蛾頭秋月白如水二十五絃秋夜長
點二滴斷離人腸万里一身風露凉家二秋砧擣衣忙

行路難

日月高懸天闕表何曾照着幽泉底不見灵均伍子胥
忠臣翻作御究鬼自昔拙人遭譖謗多因疎樹遜啓齒
片舌銛如巨闕鋒寸心險似瞿塘水行路難行路難羊
腸九盤那可攀只愁平地生潰岏

○高孤雲

午過半閒僧室

入門聞香風一樹桂花吐方丈半鉤簾空山度疎雨銅

炉上秋煙茶甌到賓主對景適志言斎鍾報亭午

觀盆山水

遠樹幽幽屋平沙欽欽人片夭殘壑意一壘萬山身意
到无臻妙工深筆有神高堂風日永晨玩四時新
怒石分兩水奇峰入半天野橋帰去路踈樹有无煙取
用非工到精神在意傳道心少終日物我趣志年

蠟燭

取質蜂甜後融春火力深直中元有骨明処本无心花
吐燒空日龙盤照夜金剪殘更漏永樓月度高林

春梅

○應居仁

題歐陽氏楊妃春睡啚

咸陽宮殿開東風上林花發于樹紅啼鶯語燕燕弄白日
太真嬌凝睡正濃九華帳暖掩不掩鬢鬟嚲斂橫慵整點
翠衾薄籠冰雪屋寶玉枕痕深紅玉臉王郎要与遊陽臺
蹴蹀曳踵床前來擁扶侍女逼片側惺忪困眼初半開
巫山會此无窮意焉向屏帷留後世憑誰喚取春夢回
漁陽鼙鼓声如雷

送黄録判宣城之官

紫髯秀美黄使君逸志雄材卓不群比上奎章拜
天子東遊寧國佐參軍征帆千里長江水官舍三年疊
嶂雲相望柏臺應不遠好將政绩播殊芬

送舅氏楚山樂教授之金陵謁樊御史

金陵形勝壓江淮舅氏斯行亦快哉況有故人驄馬客
能无新句鳳凰臺風高鹰劉天边去雲擁除書日下來
遥想帰帆應快意江頭千樹發寒梅

（前集六卷終）

詩者斯人情性之所發自擊
壤來有是矣然體製隨世
升降音節因風土變遷以近
代言唐詩不與宋詩同晚唐雖
与盛唐亞我
朝混一海宇方科舉未興时
天下能言之士一寄其情性
於詩雖曰家藏人誦而未有
能集中州四裔文人才子之
句彙為一編以傳世行後者
廬陵孫君存吾有意編類雕
刻以為

一代成書其志亦可尚已嘗
以爲中土之詩沉深渾厚不
爲詩纂語南人詩尚興趣
求工於景意間此固關乎風
氣之殊而語其到處則不可
以優劣分也編詩者當以是求
讀者亦以是觀則得之矣予
甚欲並風騷之國而搜訪焉
庶乎是集可無遺憾若夫可
否去取自有當今宗匠在至
元二年丙子三月晦日盱江南牕
謝升孫子順父序

皇元朝野群英姓氏

後集

○卷之一

鄧善之　盧彥威　王繼學
王儀伯　馬昂夫　曹子貞
段惟德　李齊賢　張氷溪
錢雪界　段天祐　李兩山
吳養浩　祝直清　上官伯圭
祝元美　周鉤山　李仲公
梁彥中　夏誠中　王秋江
王虛白　蔡九思　張伯遠
龔楚清　黃伯玉　白仁壽
王子東　吳遯齋　蔡舜謨
康秋山　吳宣甫　方寒巖
楊厚巖　姚江村　方景山

○卷之二

薛宗海　黃晉卿　李坦之
范葯莊　胡石塘　戴祖禹
鄧牧心　倪元鎮　陳剛中
李鶴田　趙青山　歐陽伯恭
劉起潛　吳正傳　于介翁

○卷之三

宋蘭思　朱本初　查廣居
田師孟　黃君瑞　康里巙
張天師　薛玄卿　張一無
黃松瀑　于仲元　危太樸

楊季　包淝川　鄭汝和
舒元易　張南皐　危琴樂
韓中村　冼肩吾　呂元御
陳小庭　章養吾　許存我
劉恭叔　葉千林　林仁山

○卷之四

四愛題詠

虞伯生　吳宗師　馬祖常
高新甫　張天師　大乙子
夏紫清　歐陽奎齋　揭曼碩
玉倫徒　王士點　謝草地
詹厚齋　程登甫　吳月灣
彭孟圭　李進齋　李絅齋
朱訥山　虞伯生　詹厚齋

梅野詩序

眞山民　江學庭　揭希韋
許伯昭　謝南窻　黃朴齋
周老山　曾德厚　周梅邊
周溪邊　周幕溪　黃誠性
傅東郊　黃季羸　劉叔遠
熊鋼谷

○卷之五

李木魯卿　理伯容　甘格
陳是若　劉孟曅　劉夢義
張小山　章伯亮　拜怗穆介
趙由儕　郭君彥　張鳴善

貢怡然　楊信可　鄧德良
李宗洌　王尚志　徐天逸
施性初　傅謙則

卷之六

熊勿軒　羅太瘦　雷機
毛靜可　陳復齋　陳野雲
潘心月　林德暘　趙芝室
羅梅我　劉草窻　張奎翁
李孟陽　徐雪坡　徐竹逸
危希尹　鄭元晋　吳西墅

十雪題詠

李章牕　嚴春山　葉水村
袁安道　陳應江　王劍川
李蒙齋　陳天齊　鄭溥
孫平齋　劉南金

十臺懷古

本堂今求名公詩篇隨得即刊難以人品齒爵爲序四方吟壇士友幸勿責其錯綜之編倘有佳章毋惜附示庶無滄海遺珠之嘆云古杭勤德書堂謹咨

姓氏畢

皇元風雅卷之一

儒學學正孫存吾如山編類
奎章學士虞集伯生校選

後集

○鄧善之

贈畢士杲雲堂

求寶賜筆出安有易水良工今不傳了知膠漆用相待亦悟吾肯火明自煎昔從蒙莊觀剖墨老爐芸閣鄉太玄與子欲擬毛穎傳待我暇矣磨硯磚

○盧彥威

送鄧善之提舉江浙

北門古深嚴論思寄讚度自非鴻才世訓誥何猶佐夫君出巴蜀文采動京洛十年掌絲綸擒藻揚光鏗荊璞抱瑾瑜龍淵淬鋒鍔首獻上林賦寧居大祿閣即今觀浙江春來晞金雀黃圖鬱紫氣錢節生碧落依然離為情清霜養殘萑

春秋嚴筆削寡若軌玄鉞君獨抱遺經結髮飽剞劂明剖是非心微探義理窟下視群兒禹爭端王正月朅來奮直筆浩然心思竭王功当帝德昭々日月揭胡為獻詞林操欲觀溟渤榮華若浮煙汗簡青不滅

詞林富声華幾人得精悍悠々三百年篇翰執承續夫君清廟器祼鳶盛圭瓚五就惜繁蘩九游載垂蘂依々風向翔忽二月新蒲谷然附雨情短章不可斷

風雨姤芳華粮美淼嘉谷天地豈不仁盛德與命独明廷華群英四門延穆々恍々渭水釣又起傅岩築声華何发業衆輻輳一轂蛮坡巘清韻傾人歌在袖願言往從之星鸞命宜鳳豈知彼玄鳥戢翼辭雲空幸无素絲悲庶免窮途哭

離々天星高皓々雲月光候鴈過楚澤蟋蟀鳴中堂天時詠雖測徒然多感傷念子去意遠沉憂結衷腸憶昔初奉勸露白春蘭芳清禱罷新製妙趣深濠梁飛長急西匿川流浩蕩々玄髮凄歲晚木脫天雨霜萬草皆春惜松栢在高岡

翰林子元子武庫森戈矛英声迈千古逸韻橫九州与君契金蘭投分何綢繆清和謝夷惠典刑追韓歐坐令人文煥允室昭王猷念君獨遠邁寥落行人愁木瘦楚山曉風擧吳江流何當鸞飛車邦寓冥翕立壁峽靖離腐朝莫同蜉蝣

暘谷上窦日影射扶桑枝瞬忽及中天流光迅難持人生百年内昂々何所施孤鴻東南征浮雲西北馳可怜万感身會合須臾期安得弄明月皎々遠憂疑折花芙蓉浦蕩槳江淡涯優游以卒歲身名良不虧

游雲葵蒼鱗穹閶闔不可叫徒令虎豹閑日月近輝耀豫濛八表塵隱々万槖駭泯然一歸途伊誰執其要栖々聖者徒礼樂懷窈眇閉門忍朝飢风雨深逢蓬参今年江海去光景短萤爝不太叅浦故墟閭巷餘返照揮絃送飛鳴今古入長嘯

昔我適吳會日夕承歡顏高堂樂起舞綵服何斒斕東湖陶陂滀西湖翠煙鬟北歸餘十年謬跡通朝班家禍一朝集音容何可攀悲號蒼穹迥往事思日艱命窮时亦迫志弱体自孱安得騰化術從君超人寰執手不忍訣臨风涕空潸

我留君勿思君歸我當憶十年膠在漆一旦各異域吳
江激激波震澤起瞋色鵾鵬隔天地鴈鶩雖南北念我
平生友愴恨摧胸臆獨看燕山雲歲暮日初旻求言長
風翔情寄南風翼

九月十日接

駕回因遊香山寺飲于西崖之上酒酣呈主人

迎鑾北去迷風沙看山西來足煙霞蒼山朝含太古色
長松百尺凌雲斜傑觀重樓紘金碧笑拍闌干倚天立
出門却得望東山紅樹青林乱秋色痛飲崩崖吸鯨川
狂欲醉倒秋風前但恨浮雲閉白日使我不得瞻青天
忽二今年負重九樹老山空復何有莫將身世愧淵明
縱有黃花無此酒

奉和李秋谷平章宿西郊

春生騎吏飛塵外便覺高情遠世紛酒泛泉香清易列
夢侵仙骨冷難醺珠生滄海还驚月鶴舞層霄不見雲
无豢太平今有象共欣良相遇明君

王繼學參政　東平人

送華山隱歸西湖

方士求仙入滄海十二城樓定何在金銅移盤露滿天
琪樹離二人不采軒轅高拱聖明君群仙真人左右趨
青牛谷口迎紫气白鶴洞中傳素書珊二鳴珮星辰遠
寂二珠庭雲霧虛脩髯如漆古仙子玉林芙蓉染衣水
九関高寒不可留歸去江湖種蘭芷山頭宮殿鳳玲瓏
玄祿飛來千尺松閒居誦經鍾磬響石壁題詩苔蘚封
欲向君王乞祠祿安排杖屐來相從

和馬伯庸見寄

侍臣催肆玉階西雲淨觚稜曉色低天闕神州卑兩漢
地連碣石轉三齊合香晝永閑青瑣視草堂深溫紫泥
家憶東山老松樹秋風應有鶴來棲
長堤芳草遍滦河誰買扁舟繫樹槎金帳薰風生殿角
盈樓晴露宿簷阿万年枝上烏啼早九奏階前鳳舞多
供奉老來文采盡詩壇昨夜又投戈

送宋本初住玉隆

官河新柳雪初融仙客歸舟背楚鴻鐵杖盈開山似玉
石楼人靜水如空煮茶榻畔延徐孺燒藥爐邊覓葛洪
天上雲多白鶴去子規何事怨東風

○王儀伯

和馬伯庸韻

金馬門東畫省西千官花覆曙光低九莖芝蓋雲衣合
百石銅盤露顆齊蜿冊已營脩竹塢燕巢還補落花泥
上林伏日金桃熟鸚鵡來時不敢棲

○馬昂夫　達魯花赤

送僧

遊遍匡廬紫翠峰片雲吹影渡江東曇華貝葉春三月
布襪青鞋山萬重禪性若灰終有味機鋒如電本來空
問師此別知何處笑指天邊月正中

○曹子貞　礼部尚書　東平人

和趙子昂韻

滦水橋邊御道西酒旗閒掛夕陽低春從綠樹陰中老
雲補蒼山缺處齊畫戟遙臨青瑣闥紫騮解借錦障泥
鸞皇自為明時出宜傍上林高處棲
柳簇金旗醮碧波雲深貝闕瞰重坡鳳凰曲奏鈞天樂

烏鵲橋通織女河萬井閭閻春浩蕩六街車馬鬧坡陀
山人素有林泉興奈此春明待從何

○段雍德 參政　河東人

登岳陽樓

群江西來吞天平天險巨浸開洞庭雄吞三湘踏七澤
中蟠萬古君山青我行持節按唐海驛騎暫駐巴陵城
巴陵城樓冠天下風軒月户雲霧屏平生夢想今始到
危欄乍倚心魂驚初疑太極渾未判日月往復夌空明
又疑此世隘物外弱水萬里環蓬瀛劉山得意有如此
况乃佳客聯簪纓金盃浮動玉色酒滿懷清思春雲生
魚龍撇舞怒濤起眼花落日照青冥軒皇廣樂渺遺響
芳洲宝瑟愁湘靈丹丘謫仙竟何許幾欲八表追遐齡
孤心未了忠孝願敢念綠髮潛凋零聖神一視無遠迩
恩風化雨浹四溟壽常嘯聚大豕亦獐烟一洗霜天清
歸鞭咫尺覲慈母細語八千山水程孰能閑置若新婦
正要磊落肝膽傾飲酣拂袖下楼去忽聽過鴈雲邊声

○李齊賢　青州人

鳳不來韶州九成臺作

鳳不來遼東海爲臺巳荒天未啟當時别舜返崑丘如
何一去三千載人間豈無青琅玕孤栖未必天霜寒致
君堯舜我有術來儀好向宮庭間鳳兮鳳兮今當還

○張水溪 撫省

贈醫士

秘方附後愈沉痾診脉端能繼叔和更效叔微積陰德
不須種杏滿林多

○錢雪界 萬户

寄隱空兼東菴景仁

山間初别記詩清莫我何疑老客情杜宇声中思去就
蝸牛角上計輸贏久知出處非常道每想丹經未贖盟
容我岩前助薪水也將琴劒掛神京

○段天祐　沐人

餞祝直清

慷慨豪談髮指冠讀書不作腐儒酸類宮文字多高第
御道詞章盡達官著述正宜登玉署敷陳長擬對金鑾
湖雲燕樹三千里清夜思君嶺月團

○李兩山 礼部侍郎　番易人

嘲孫謠

白頭老翁髮垂領牽孫與客摩孫頂翁年八十死無恤
怜汝孩童困飢饉去年雖旱猶未熟今年飛霜先殺菽
去年飢饉猶一粥今年飢饉無餘粟客謝老翁撫孫去
淚下如絲不能語零丁老病惟一身獨卧茅簷夜深雨
夢回猶自誤呼孫縣吏催租正打門

元日

笋班玉立五雲階曾醉天家舞馬盃坐困便接分月叉
明從黃閣帶春來洪鈞暖入官橋柳金鼎香凍驛使梅
爆竹一声春夢醒沉香亭畔牡丹開

上雷御史

臺上棲烏鶻肅寒朱簾雲靜楚天寬星芒搖動龍阿劒
霜氣橫陳豸角冠苦透柏心風力勁清臨梅影雪痕乾
渾源關有傳家譜夜露心香借易看

妙高亭

危亭新搆客持觴兩絕闌干面面凉煙外好山供水墨

風前老樹奏笙簧摇天净緑秋江白着地形雲晚稻黄
驛長絲鞭歸興逸水晶宮殿桂花香

次韻單徒提筆

百蠻冠帶悉來庭九虎臨関萬雉城漢殿風馳十行詔
唐藩雷動衆軍声海涵春育民膏澤雨施雲行天性清
听得老瘦扶杖語紫微垣畔泰階平

○吴養浩　儒學提舉　饒州人

象山山長岳仲遠美任

象山天下秀中有陸公祠聖道開千載皇天鑿一儀垣
墻空草樹礼貌見尊彝雅有岳山長三年公在茲

○祝貞靖　儒學教授　上饒人

和貫季士月氏王頭飲器歌

單于宝刀寒映雪月氏髑髏飲兇血泥丸真人呼絳宮
魑生時能醉甘露闕氏夜帳傾葡萄拍二春雲愁秋月
賢王起舞谷蠡歌傳觴歡呼兩耳熱燈前人影半闌殘
燈後有燐已明滅持盃本為洩憤嗃胡為對此傷精魂
弓蛇酒能致惑疾智昭豈是無心人頭顱如許當速朽
生擒誤入佗家手忍將鳴鏑射頭曼吁嗟降王尔何有
後來漢使諾水東猶待留犁撓盟酒嵗時月蝕遭饗祭

殺父頭曼又伐月氏王以頭骨為飲器漢宣帝遣使以留犁撓酒与胡王盟於諾水之東谷產蠡平

二畫

斷岸蒼煙喬木小橋野店村舂一曲晚風樵唱翛然林
下相逢

疊嶂半空懸瀑千林隔岸茅臺風雨一川煙浪扁舟何
處歸求

○上官伯圭　安仁人

上秦王伯顏太師右丞相

今代麒麟第一功勲王師相錫秦封作為霖雨三農望
旋轉乾坤万国宗龍虎臺前春益二鳳凰池上日隂二
宮樽酒是王門客又侍金鑾入九重

○祝元美　上饒人

贊王從義御史

志士身未達端居若无為一朝立清要掃决浮雲翳王
君北方去狗鍊舟鳳姿絕倫有術業大節能秉持青驄
入南臺白東長鑄飛惟時摠六戒百職不敢墮鷹鸇擊
狩獵鷙攬安得縱苦心在庠序勉勵兼有遺秋嚴大
祀礼數推毫厘温然藏言笑匪爲伊教之青二歐子矜
端職久不怠明公欲振發宜又當兼施吾儒貴循挹宜
直分寸裨胡為往庶役猥吏令得以攻玄失生遂衣冠
困塗泥何當復其禄庶使迴淫漓神驹一超越駑馬愚
驅馳勿堯徙何問風俗胡當移我生万山中耕鑿井臼
恰奈何言慮突雞犬不得栖遂令布衣士何由食山藏
彈冠出岩壑逝採斯民瘼浩歌視行雲白日照精輝明
公一攬轡清澄撥茲詩

○周鈞山

訪劉須溪

西山一簾雨相對在寰邊取復今何代回頭恐是仙半
生空四海一句可千年歸去龍須下桃花壓角僊

○李仲公　安仁人

送洪教授

忠宣盛德餘孫子今教印今往卯州比公初不異孔孟

何以卜莫可曰商周玉堂金馬自此始九陔三明因得遊
來客舟車過如織安書時發到瀛洲

題吳間二齊老堂

齊老齊老人齊老多少世人齊不老史家父母昔齊老
吳家父母今齊老當年落筆山岳光三百餘年歸此堂
秋塵如煙鶴精彩白髮眼明猶拜拜

○梁方彥中　偶李提舉

公餘

山郭蕭疏似野居公餘經史足相娛閑來時且數雲來往
嵐色一溪深煙有无長酒久閑頭上情言詩搘舊鏡中鬢
宇亭閑掩無人到卧聽風簷鳥雀呼

春晝

溪水搖光動粉墻雲山倒影燕吟觴一庭芳樹清陰薄
千尺遊絲白日長風細柳嬌鶯語消沈野花迎燕飛忙
乾坤俯仰窺難盡花柳無情種二香

龍門

天險誰來禹鑿功坤靈闢此一何雄奔騰雙振峻
白浪中穿一國通方馬奔朋路南北兩繁纏繞日西東
神通水壯三都遊迴鬱嶂盛百二重

旅懷和孟昌道韻

幽蘭凝露濕如啼獨愛禾香滿村蒸信口詩成寧自慢
快心事過漸知非故山路遠音書少小院苔深好客稀
讀慰旅懷一樽酒滿城風雨送春歸

○夏誠中　安仁人

元日

天門啓曙藹煙兵象廢與新年壁休老家戲招來朝賀簪職

臣僚入覲集衣冠香浮黃渤風初靜仗對嶽垣露欲乾
獻賦何年趁近班金閨通籍未應難

○王秋江　上饒人

次韻周君和

虎賁終風拂老懷陽春那得一枝來睢鳩不見周南化
騶虞徒興王粲哀昔今極思人參外日耳處難所吐中雷
斷思飛雪清吟處二千年前共登臺

禿筆

被褐深居未出林擁維且信有如今拔毛本欲利天下
禿髮方知負此心老死不歸刀吏手平生當得近臣簪
斯文功在終難泯月裏東君有好吟

○王驢白　上饒人

贈人

邵武王佩傳光甫之末有子也病殆將死
妻何幽指瀝血請身代夫死以延其嗣書
日何幸而光甫活今六十年其子好學遵
治命守何枢合葬

踏滴血指號呼天一茅衆才通淚徹泉應鬼有靈當兩活
史書無愧可千年龍津流水鴛鴦合頭破泰庭璧自全
勿謂彼蒼无老眼書香一脉一承傳

贈地理人

知君升世擬蒼青我不能知造化情好在主人方寸地
渠家代二有公卿

○蔡九思　上饒人

訪太玄天師

飛車擁蓋下三神矚視齊州九點塵黃石公賊子載意

琴壺筆岳四時春嵩高海闊丹書遠地闢天開紫氣新
見説桃花紅万樹倩舟來問武陵津

雜興

蠶〻桑與柘蠶飼俱要〻桑之與蠶飢復見青扇長廣
暗稻苗多種之忍蹉〻蠶婦與老農何嘗一解顏芳春
冬載酒競觀羣葩奇錦衣與稻粱辛苦元不知
蠶鵬與鵰鶚逸遨藏者鶺鴒鶴與鶉鴉或亦摩天飛和
鳴相上下惜无養由基閑門思古人玩物直何爲聖賢
不我欺千載還相期

○張伯遠

錢鋭直清

朝餐狙林橡夕飮虎窟泉出棲豈不逸於道爲未全是
以少微星含暉麗中天垂羅謝招隱冠帶趍巡賓曾生
贊制作商老安疑然董子述徵驗賈誼明經擢盛德有
遺逢志士元棄捐長貧若忘世一出垂千年折枝楚山
阿賦詩江水邊寂寞思古人中懷爲君宣

象山山長壬仲遠羡任歸昕

石泉室鑿靜微闡自天蒼松立在門道至貞風陸夫子
故家遺澤在王孫忠臣有後天心定除世元爲聖教尊
倌存政任從此上記胄師友涉淵源

○龔魏楚清

送孟和鄉平陽尋母

壯羨入念母心嚴若豈意一朝逢澤潞母驚兒貌似乃涕
兒抱母啼淚如雨五十孺慕朱壽昌刺血寫經毛髮蒼
間關同州晚相見迎侍親輿歸故鄉人生百年一彈指
母恩未報情曷已團欒樽前舞彩衣大勝世間朱與紫
子行万里涉風沙暫不見母不還家兒今嬰兒母應老
道傍觀者還容嗟臨川孟氏號雍睦家世來此溫湖族
婆娑老蘽紫荊花料想春風依舊鄉

○黃伯玉　上饒人

贈相字

金声粉紜巧思傳多君巧外更玄〻萬形一理推充及
試究庖羲未畫前

○白仁壽　上饒人

書事

大羹元无味大章本无音〻繁入人耳味美適人心是
以保身雖揣〻如臨深自戰苟一失竟氣未定欽今若
不等古後何法于今

○王子東　上饒人

採桑歌

翻雲烏鴉鬢髮鬆颭風白燕双佳〻橫波凝流斂蹙蛾
只恐蠶飼饑飢則耶十斂挽柔荑綠利六幅暗露侵繡綃
囊飧暮歸整際過蠶飢桑稀空不羨千頭万緒豈敢咒
終以暖事期綵絶錦帷練繞相婆娑入情好栽不厭多
倚門刺繡來所歌載青載黃胡倒顛樹間耳語慎勿哦
万一出口他人訶纂〻狹甚如施何

新春新月

峯頭見新月低頭過新年新年幾回新二月幾度貪鍊
石爲宝功難全戳能鑽娶孫眠夢中蝴蝶飛翩〻花
草何意争春妍憂杞之憂逐奔蕩无情有情於不於空
屋不飲酒牽牛不服田東風解氣機錦要我來看在
兩前

張洪崖神遊圖

洪崖即果老唐玄宗以玉真妃故洪崖去
之往來長安騎白騾名白雲携五童以酒
瓢詩卷書囊隨之

開元天子舊相知一笑曾為降玉妃寥落無言玄自得
瓢盧有酒醉同歸曉山殘夢清塵送春圃靈苗白雲肥
回首長安西日外神遊何處片雲飛

和胡梅復白鷳

若為見月倍思家偶意名禽起句華拂羽增明照綺袂
綠冠含裳飜嬌花朝弄曉星雲連谷夜擁寒坡雪戴沙
只有鶴琴清作伴可能尤夢繞烟霞

中秋

青天化作白玉盤捧出七宝玻璃盛姮娥起舞太白醉
如此風流何可忘北斗酌取銀河對水秋風製就芙蓉裳
龍吟泓下虎嘯壑誰能着耳聽吹號蹤

○呉遯齋　文謙　龍溪縣尹

戊寅望後和謝提舉韻

鑄成正月望初霽蹯得閑吟眼中萬國山河用壽域
九霄風月播春融仿依柏樹增新翠梅與桃花開小紅
王化盡無偏黨處故教吟賤總相同

新創暖閣謝小山韻

未李淵明上誰賢康節多人生貴甚具正物皆在中和持
幽懸當顏遺流創小窩靜必无窗華得趣付賡歌

○蔡舜謨

呈鄉書之巡遊江東道

白日千年天有定青冥萬里月无声相期遠大崇明德
力贊雍熙共聖明

答方濵杰

雲路黃道日光輝遺迹山林固未宜每嘆劉蕡文字美
獨怜徐樂聘書遲艱難適足成吾業叢棘何能衆自期
北樹去天无咫尺滄溟到海有枝岐

○康秋山

留別

撥灰好共話冬閑莫歎无魚欲便彈更為梅花留半日
勝如別後寄來看

○呉宜甫　文誼　內齋一所顏曰養正翰林
文孝士虞部庵先生作記賦詩一首旦夕自警

養正深期德日新詩書万卷友前人自脩已是工程定
熟讀方知意味真豹尚應時文欲澤蠖於屈處義求伸
龜山吼二千年在道脉綿二氣春

外齋一所顏曰忞忞文孝進士張淑在中州判
作記賦詩一首旦夕自警

五典三綱與四維鳶飛魚躍貴真知箇中攬史甘回味
雪裏梅花不受緇象在先儒文獻里生逢
天子聖明時惕然起立曉窓下題作忞忞二字詩

○方寒巖

別館

別館數弧路無聊護坐窮長年人事外求夕客懷中无
酒睡難着有書多不同寒起附火挑撥盡星紅

○楊原巖

九日過大勝關宿黃陂小飲

瘦藤高樹鬱荒寒細路懸崖重險艱征戰幾何餘白骨

鄉關如此隔青山驛亭晴暝人爭聚澤國經秋鴈自還
嵐月黃花一盃酒人生何地不開顔

○姚江村

大還寺即事

雷公遂龍度松丫急雨橫穿日腳斜廟戶不知渠水漲
一時漫倒玉簪花

○方景山

雜詠十首

反哺烏曰慈食毋梟名惡如烏莫如衆人心當自覺
馬舞龍祿山猴朝識朱溫人豈不若獸變故轍自愚
鵾鵬奮雲霄尺鷃棲野草物各適其天夫豈論大小
蜂房開戶牖蟻穴有官守究竟物皆然夢幻君知否
小哉蠻觸戰鄙甚蛙黽怒達人能大觀本以和平故
瑞世鳳鳴陽司晨雞鳴丑數數取人憎亂蟬合鐵口
蚕蠶毋利人蛛網偏害物利害雖不同其間僅絲忽
猿啼不窺窗牛馴當露地伏虎與降龍此理元元二
觧牛中肯綮相馬外驪黃從知得三昧意到形自忘
蟻封鋪隙地蛙井咫尺天那能致廣大此道誰為傳

皇元風雅卷之一　後集

皇元風雅卷之二　後集

薛宗海　国子助教

問二真人生朝

一天正子月一陽回春入璇樞已放梅壽酒淋漓傾九醞
仙階縹緲拔三台函関昔日青牛渡華表他年白鶴來
更向何方覓黎蒿帝埋東畔是蓬萊

送馬伯庸南祀嶽迴淮瀆

總章盛金德齊明薦當宁皇二遣天使肅二承聖語三
事礼嶽瀆方輿涉梁楚祝釐觸堯舜降神出申甫南斗
迎文星西風起儀羽樂張洞庭月柳湿湘岸雨壯吟鄙
騷然高馳洗塵俗過家衣錦喜攬轡鴻鴈聚青闕閣賢
勞黃屋深宵注歸騎慎勿徐席虛玉堂署

都城曉起和張漢泉韻

扶桑日射滄溟頂下視瑤都森万井金門未啓曙光寒
月落觚稜澂有影梳上遊仕夢未回屋二鄰雞鳥聲遲
知君曉夠穀城郵丹擬銘功漢鏵鉎杏村天近易為春
莫厭西齋官況冷

題刘理之木石

木石山人校溪曲盡日看山如不足一朝木石真到眼
昔者富言今實錄何年老補生長空山中枯根入地蟠
蛟龍蒼藓玲瓏削疊翠宛如當年瀟湘之三峰浪齧沙
沿歲時久豈知竟落漁人手漁人好事君好奇致入君
家博升斗君不見嗜石相国李與牛木皆千金購誰護
豈知山人庵有一丘壑只費平原五十斛

盤車圖

車轔々石徑犖確輪欲摧疲牛分寸挽莫前々車從車相逐來大府城門倚天開群山雪深白皚々丈夫鞭牛東西指轉輪兮今如風雷官中委積等塵土黔黎膏血無復回君不見明時發散衆与馬桃林之牛亦悠哉不知何代發此景我自一見令心哀

和鄭應奉雜詩

茫々穹壤廓環瀛大州九壯濟不及辰坐待追蒲柳翁通付分定達識當順安但願薰風詩在々民物阜一瓢安菽水吾計亦良厚

當年東山翁笑傲聊永日兮往一朝下力里赴星馳回頭故山友十見秋柏宜我々朝觀中大書黑如漆想見日暮歸沙軽馬蹄疾

淳風散巳久青黄溢窐樽妖姿爭媚好役智空自営豈知蓋天民無言道弥敦我有白雲操吟々寄桐孫調古識者寡幽探入化源

驅車涉遠道日晏不知疲一見嵩華高始覺培塿卑吾道麗天壤昭々匪難知千金買刀圭但爲方士欺羸糧往問道去結汗漫期

志士方盛時危冠怒衝髪搖心石爲開壯氣山可夜安知橫江鯨々路蟻螻狎所以巢居子商歌竟不輟歌竟寂無言坐聽大籟發

宦遊夢入槐宴巠时生椅怞處亦何常臨岐一分手光陰不可說歳月坂九走軒然百年間竹帛千載後求顯堅素心積字安貧

夜歸

有客有客胡未歸辰攺女々見秋葉飛數暮相老鶴夜不寐禾月孤鴈寒無依紛々北里厭粱肉落々西山甘蕨薇人生窮達各有命何須中夜泣牛衣

畫馬

世上駑駘凡月越今誰識馬中龍昂頭振鬣長嘶處似向秋風訴未逢

九月晦日

九月晦日終夜雨洒醒無寐着閑愁起閑吏張君明詔賑貸與萬民同戚休今年々豐谷差賤白米應飽騎共夫飛蝗是處有遺孽未肯臘前能雪無

○黄晋日卿 同知

晋大將軍墓

江左失其御強臣布中區數紀一以亂征制無越趑賁星播草野形廷交劍殊事權始誰秉捧首加斧孤偉茲百世士死與二子俱孤忠耿未昧是以予服魚義旌泉東柏白日開天衢戮畏機乱功之人或其徒伊昔大雅廢讓言鄙文儒未泰已識委衣冠尚詩侏從然見砥柱獨障狂瀾趨大節固如此捐金乃其餘青簡燦遺烈巷榛閟幽墟日久悲吹多々天高年運徂世方用戰歌踏將愧玄虛江濤渺在望雲湧空漣洏

送偰美之判官暨陽

芋羅山前碧溪水花顔玉貌今誰是秋見操觚道上兒晉東莊柴髮垂耳周家忠厚及草木忽今赤地連千里夜飛尺一遣緹騎想見春風下車始憶昔君侯年少初力金季由甘捐軀麻鞋上殿衣見肘歸來束帶懸銀魚頒聞不曹久待哺氛氣々萬目同睢盱晨飡秣馬赴所主

鞏鮮上家無時睹念君自是醫國手看活群兒如活毋
平生本草閲已熟野葛山榆尚仍取若爲錢天乞借材
盍躋東土歸仁壽鄙夫不用歎亂憂但爲作歌贈不朽

金陵懷古

玉壺零落海天涯陳迹蒼茫日自斜吞角已吹邊塞曲
紅藍猶長內園花可憐遺老埋黃壤曾倚春風望翠華
好在北山猿與鶴依然同住舊烟霞

偶成

歷歷謀營度眼明獨攬高枕數殘更薄遊已倦新彈鋏
舊業猶餘未棄繁一雨近晴初月色兩蟲專夜故秋聲
情知三十非年少已覺人間有後生

陪沈先生登石頭城

談笑陪諸老登臨失故亭薄遊成汗漫高步竟然窮江
近通湘碧山遙入楚青平生一盃酒又此慰飄零

有感

搖袖青黃照眼垂秋風籬落自紛披蘋間玉食登盤果
不獨涪州有荔枝

劉賁祠堂

劉君古遺直祠堂在丘園嗟此家侯蠹文雄紱孤寒平
生二三策非微明主恩瑣瑣談笑得無乃市井言憑高
一長望若壁車馬宜微風過昧雨青山滿廟軒陰晴欲
異能游玄寶無根悠悠千載以去去無復論

居庸關

連山東北趍中斷忽如鑿万古爭一門天險不可薄
聖人大無外善閉非楗鑰車行已方軌關吏送擊柝居
民動成市廬井互聯絡幽翁白雲聚石磴清泉落地雖
臨要衝俗乃近淳朴政須記桃源不必銘劍閣僕夫跽
謂我无乃父淹泊山川豈不好但恐風雨惡

榆林

浩浩道旁土云是古長城卻尋長城窟飲馬水不腥斯
人亦何幸生時屬休明向來邊陲地今見風塵清禾黍
被行路牛羊散郊坰儒臣忝載筆
帝力猗誰名

槍竿嶺

憶昔賜第歸吾母適初度蹉跎歲年晚今辰在中路居
人誇且慶游子慙叱馭茲山稱最高揚鞭入烟霧矗矗
多峭峰蒙蒙饒樺樹崎嶇共攀援躑躅頻返顧陳情未
成表登高詎能賦独怜非乾水遠向盧溝去

李老谷

綠厓一逕微入谷双崦窄密林日易曛况乃苦雨積行
人望烟火客舍依山色家僮為張灯野老煩避席未竟
風俗殊秖驚關河隔嚴程不可緩子規勿勸客

赤城

鷄鳴秣吾馬脫飯山中行何以慰旅懷赤城有嘉名離
長石齒齒樹細風泠泠時見岩壁間擧若丹沙明溫泉
發其陽攜詞勤百灵前峰指金閣真境標珠庭白道人
跡稀青崖雲氣生信美无少留緬焉起予情

龍門

竦身望龍門緩轡何兀兀溪廻愁屢度雨橫驚暴溢兩
厓儼相向百水怒爭出人言馬上郎快意每多失自非
涇洼種不得矜捷疾飄飄蟣蝨臣凜凜蹈龍窟皇灵重
覆冒利涉用終吉廻眺向所經千嶂隱朝日青林外盤

紆黄流中瀉濤後來未渠央君子宜戰栗

独石

鮮穀及亭午稍欣烟霧收蒼然衆山出歷歷如雕鎪前瞻一石独灵官居上頭頗聞去年夏水激龍騰湫走避登屋山半夜齊呼咻幸茲深淵中今作清淺流宴安不可懷變化成難求翠華渺在望行矣无淹留

李陵臺

日暮宮道边土室容卜緫岗將安在哉荒臺猶彷彿低徊為之久懷古增歔欷長風吹曠野飛雨千里至蕭條蒼山根草木蘇爽氣嘗憐司馬公亭集多深意奏對失至情論録存大義史臣司述作遺則敢失墜

上都分院

晨興過桓州旭日生蒼涼坐斗頭見觚稜金碧何煒煌洪河貫其前青山環四傍莫從玉堂署高龍峰屹中央升陛對閶闔老官独入分餘光琴冊森在側談笑來清觴在列无所為陳詩詠黄唐帝鄉豈不樂父母不得將起視雲漢低垂星燦爛天芒南飛有冥鴻邈哉天際翔

檐子窪

自從始出關數日走崖谷逕二度偏嶺險尽平水陸坡陀皆土山高下紛起伏連天暗豐草不復見林木行人烟際來牛羊雨中牧颯然衣裳单四尺毘寒燠竚立方有懐相逢乃問俗畏途宜疾驅更傍深河宿

金陵送人歸濠草

已竟栖遲懶畏裕可能為我強躊躇一帆秋色紅塵外千里江關白鳥初建鄴水清誰共飲潯陽潮斷定无書

黄金未及朱顔在莫種桃花李隠居

○李坦之

紈扇行

誰家玉貌蒙清寒手揮紈扇臨東池瀟湘搖波月弄影碧波疑見湘江妃淚痕竹上猶未滅一尺氷紈萬愁結風吹翠袖卷寒煙汗入紅肌凝素雪深閨無人涼氣早輕薄恩情易衰老昔隨胡蝶上春衣今逐流螢向秋草不見班姬染翰時空遺漢宮題扇詩千年怨墨已流落一天霜露沾人衣

高將軍白鶻歌

洛西猛士高將軍新護驍禽被涼棗調之弗顧情未狎跨馬臂出城東去征鴻作字雲邊斜聳身直上誰能遮天寒日暮望不見北風萬里吹瑶花雲飛忽斷鳴飛却短草長煙際沙漠但餘孤色搖清秋未許纖毫生碧落歸來弥衛不鮮韝親手餧肉供飢伏英雄遇合固有分可惜鬢毛俱白頭

姑蘇臺

呉王宴罷歌臺暁斜日清江映闌檻臺上西施醉捧心江邊東越愁嘗膽鴟夷裏尸去不還麋鹿散迹遊其間秋深明月照高樹驚烏啼落丹楓寒功名獨羡陶朱子一葉扁舟弄雲水

○范紡莊　杭州人

燕山聞鵑

燕山三月初三夜聽得啼鵑第一声同是小樓孤獨下主人雖熟客心驚

○胡石塘　永康人

題崔録事女真駿馬圖
天恩洽騎十二閑短策不知行路難漠漠空州望不盡
電光塵過須臾間蹄高屈屈汗溝出骨露隆隆於山
窟泉沙草不得足勞多食薄心知慚十年雍肅閒書懶
展卷見圖真太息女真年少面如盤華屋平生隨風日
青驄肉破擁尻睢黄金校具纓紱拂三品貂豆空自多
行見火花繞銅壓
題秋江喚渡
道旁木葉如渥丹歸急不知行路難青嶂碧溪自喚渡
寒驢破帽西風寒裹頭長須甚德色肯輕不借有餘力
人間塵土深復深難勿重賦招隱吟
贈相士黄竈目
憶昔待詔金馬門方伎雜遝車盖繁黄生蔡子家絶出
高堂不奈筆歌諠房陵老翁才五尺盱毋江頭眼空碧
相人豈不二子如秋風夜雨歸無宅長身博士老一簞
皐比那博儒生酸人生榮華無足羨桃笙竹枕長闌干
黄翁勿嘆無家苦華屋連雲更何補蜀莊一日不百錢
炳炳幽光二千年
題風雨漁舟圖
細柳新蒲春已滿飄風急雨浪如顛漁人若解忘魚意
繫却扁舟卧碧煙
○戴祖禹　越人
天馬圖歌
月支天馬難再得誰向君家貌真蹟駿毛皎潔骨肉匀
騄駬驊騮敢同色當得超逸真絶倫皎如玉龍下天門
朝馳駿坂飛匹練莫浴深淵浮赤雲四蹄飽踏咸陽月
滿身猶帶燕山雪只愁玄霧閟神姿未許清塵汙汗血
飄然却立精神聚想見落筆驚風雨他年開匣君勿驚
照室神光夜飛去
○鄧牧心　杭州人
贈友人
我在越君在吳我遊西湖我還吳君適越遥隔
三江共明月明月可望往人參差與君携手西湖上相
思空誦停雲詩豈知君去歸蘭陵莫惜把清樽酬黄土好
雲汀汀江水深城慨空勞今古孤山山下見陳實連
騎東來踏春色湖邊千樹花正繁莫待春風吹雪白有
酒如澠有肉如陵鼓瑟彈秦筝與君長醉不用醒何
必千秋萬歲名
○倪元鎮　蘇州人
聽袁子方彈琴
蕙帳凝夕清高堂流月明芳琴發纖指列坐斂煩纓廻
翔別鵠意纏綿孤鸞鳴一寫冰霜操擁抑寄餘情
與張貞居雲林館燕集分韻得春字
青苔綱庭除曠然無俗塵依微樵路接曲密農園隣
禽已變夏疎花尚駐春坐對盈樽酒放從心所親
春日雲林齋居
臨池春流駛掃地久陰滴正襟味道言超遥坐溪風
嶺竹書榻煩襟一舒散舞靡二松華黄逐二雲氣發石梁
青苔合於馬人跡斷故非與世疏真棲遂忘返
寄懷鄭徵士
谷口子真今最賢久別蘭二夢相牽好營秫田多釀酒
欲買青山尚無錢兄病每尋醫藥伴客來唯供煮茶煙

闔閭城東有艇子憶尔青灯相對眠

送別甘允從一首

來華甚沒雲林下共愛女蘿緣石牀興入鷓鴣詩酒滋
當户枇杷子半黄奉橘定應題百顆籠鵝即可寫千行
蘭亭書法人間少好去山陰訊野航

奉懷張外史

陰叡條二綠苔生碧雲亭二多喜清松杉鶴去轉蕭瑟
洲渚花落自縱橫從君卜擁住十日看我鼓枻出層城
洞口菌巢无恙不定應閑閣著書成

次韻虞天錫寄張外史

谷口路微山木盡溫衣空華不曾晴飢猿攀檻為人立
寒犬號林如豹声小閣秋深听雨卧長空日出未之行
道心得失已无夢休鬢朝直候五更

○陳剛中　天台人

中書大丞相安公延說四書因以詩呈

帶礪家声耀八寰中書独屢紫薇班捧持日月雲上
洗滌山河湛露間綠竹正歌淇奧美赤松聊伴穀城閣
聖門別有經綸手更對青灯話孔顏

交趾使還

少年偶此請長纓命落南州一羽輕万里上林无雁到
三更函谷有雞鳴金戈影裏丹心苦銅鼓声中白髮生
已喜歸來身健在焉知猶覓瘴魂驚

出承天門

又騎官馬過中原袖有之詔墨痕傾海孤臣一天咫尺
五雲回首是都門

開平即事

天開地闢帝王州河朔風雲拱上游雁影遠盤青海月
隔声斜度黑山秋龍岡上建三千陌月殿香飄十二樓
莫笑青衫窮太史御爐曾見袞龍浮

金陵

六代帝王州氣煙荒石頭星河天北轉江漢水東流步
絡金蓮雨歌殘玉樹秋白頭有淚者猶説景陽樓

鄂渚晚眺

黃鶴樓前木葉黃白雲飛盡雁茫茫櫓声摇月歸巫峽
燈影隨潮過漢陽庾令有塵汙簡冊祢生无土葢文章
闌干只有當年柳留與行人説武昌

鳳凰臺

鳳皇臺上野烏啼笳鼓連雲日又西天地无情謝家莫
英雄有恨黍高低殘衍夜雨迷朱雀荒冢秋風怨白鷄
空有斷碑蒼蘚裏千年留得謫仙題

銅雀臺

古臺百尺生野蒿昔誰築此當塗高上有三千金步搖
滿陵松柏圍鳳綃西飛燕子東伯勞塵閉泉下路迢迢
龍帳銀箏紫檀槽怨入漳河翻夜濤人生過眼草上露
白骨何由見歌舞獨不念漢家長陵一抔土玉匣珠襦
鎖秋雨

吳宫子夜歌

紫貝樓闕鬱金香暖雲七十紅鴛鴦玉蟬笑擁霞錦裳
星河不墜宫漏長綠樽灔灔蠟龍泣露重花冷秋不鎖
歃歌一声起雲濤海龍夾陛如人立誰知越蛾半掃
中有殘螢沲愁沏越兵時蹄西風來碧波一夜芙蓉老

居庸關

巢猿々石礪々車声彭々闘石角馬蹄蹴石々欲落不
知何年鬼斧鑿僅與青天通一握上有藤束萬仞之崖
下有泉噴千仞之壑大行羊腸蜀劍閣身蘇頭痛懸度
索一夫當關萬夫却未必有此奇峭嶢
吾皇神聖混地絡烽火不紅停夜柝但有地險今猶昨
我扶瘦筇且倦脚欲叩往事雲漠漠平沙風起噪寒雀

神州八景

太液秋風

一鏡拭開秋萬頃碧六圍浸琉璃影寒飈夜捲雪波去
且鬪珠宮鮫光冷々千歌棹搖綠煙濕鬟吹墮黃金蟬
瓊樹颭々紅鯉躍蒼龍正宴瑶池仙

瓊華春陰

一峯亭々湧寒玉露花不墜瑶草綠珠樓千尺護星闕
天風吹下笙部曲萬年枝上繼蒹葭小鶯棲々遠龍曾
金根曉御羣華來三十六宮碧雲暖

居庸疊翠

斷崖萬仞如削鐵烏飛不度苔石裂嵯峨枯木無碧稍
六月大陰飛急雪塞沙茫々幽閑道駱駝夜亂黃雲宅
征鴻一声起長空風吹草低山月小

金臺夕照

危坡十二青雲梯老樹偃伏猶蚓虯長蛇已曳星辰去
殘陽猶掛蘆溝西召南六百年宗社一日黃金重天下
精魂空氣夜不收又見斷霞明朔野

盧溝曉月

長橋彎々卧海鯨河水不濺水崢嶸蒼鴉數声燈火杳
殘蟾猶映長庚橫道上征車鐸声急霜花如錢馬蹄濕
忽驚沙際金影搖白鷗飛下黃蘆立

四山晴雪

凍雀無声庭檜響水花洒簷大如掌平明起視出石磴間
插天瓊瑤一千丈夕陽微漏光嵯峨倚欄更覺爽氣多
雲間落葉有徑不想見樵叟猶青蓑

玉泉垂虹

雪波碧擁千崖高落花點々浮寒瑶日斜忽有五彩氣
飛上太空橫作橋古寺殘鐘吞鈴語回首前村猶急雨
輕綃欲剪一幅秋又逐西風過南浦

薊門飛雨

黑雲如鴉繞川谷雷湧電躍風折木半天萬點捲海來
森々映也如銀竹鳳城無數笙歌樓珠簾半捲西山秋
誰知羈客家萬里一燈正擁寒衾愁

○李鶴田　廬陵

雪中寄友

石角雲昏道路難黑風三日晝漫々吟詩直指西湖柳
合與梅花共此寒

○趙青山　廬陵人

銅雀臺

朝望西陵墓夕望西陵墓望々不復歸月朝人十五月
朝十五可奈何更對空幃作歌舞銅雀巧然飛不去當
時美人髮垂素我生不如陵上樹年々樹根穿入土

○歐陽伯球　廬陵人

題蘇武李陵泣別圖

祈連山前前如雨渤海一邊趾不亂同是肝腸十九年
白髮君歸朝故主臣心有血一斗許亦欲隨君歸鼍鼓

五千健兒五千母臣老獨歸魂醜古空將老淚寄君歸
歸拜茂陵墳上土

○劉起潛

送黃循永之武夷杜清碧李

眼中塵土政昏〻華蓋風高䍚入雲一代風流超晋宋
百年礼樂寄河汾波寬好看魚龍化天遠空吟鴻鵠群
亦有平生觀海意出門萬里獨衡君

鶴

延頸池邉照影遲花明柳淨忠依〻年深色重丹砂頂
日煖光浮白雪衣晴月夢回三島去看雲思上九霄飛
玉簾聲斷秋霄冷應有仙人憶未歸

燕

萬里來從海外村定巢時聽語頻〻簾風半捲重門曉
社雨初晴二月春尾上條〻詩成往事掌中今年去是前身
華堂家室依然坐我処相逢舊主人

○吳正傳

秋懷

江南木葉飛江北百草黃風煙滿眼蒼茫望川途長衣
由聚其群鴻雁忽成行俛仰念時物索居耿悽涼昔我
二三友敦好攻文章漂零轉相失尺素不得將人生四
方志企亦揚聲光登山豈無車涉河亦有航真誠詠不
隔離別庸何傷

赤壁圖

草荒殘壘落濤秋遥想英雄泱自流風火千年消伯氣
江山一幅掛清愁丈夫不忝曹孟德生子當如孫仲謀
機會具不來形勝在往歟千古漫悠〻

送陳生北上

万里長風入馬蹄江干舊隱掩閒扉乾坤清氣隨詩卷
官塞征塵上客衣日落太行孤鳥沒天高燕闕五雲飛
提携自喜有王維在回首南山莫便歸

○于介翁

感古引

孔明梁父吟深不滿於齊相烏乎天若祚
漢孔明不死天下事未可知吾於此重不
滿焉

建安天下如潰瓜一㭊之外非吾家黃屋飄颻定何許
龍為魚兮鼠為虎老瞞詐力敢欺天癸順羊鼎方垂涎
紫髯將軍一掀臂控荊引越三千里慷慨山東大耳兒
南飛烏鵲栖無枝草廬一語君臣契目中久矣无吳魏
堂〻大義凛不磨君灵閑寂閣爭嵯峨昨夜西南一星落
六尺之孤竟誰托渭水旌旗歸故都江上空存八陣圖
抱膝長歌出師表古柏蒼〻為誰老

皇元風雅卷之二

後集

皇元風雅卷之三

後集

○王蘭思 宣慰

題武夷九曲圖

一曲溪邊一曲仙擢歌遺響有誰傳西風吹入無聲畫
來上江東千斛船

○朱本初

盜發亞父冢

戲馬臺前范增冢英風千載行人竦塚中寶氣騰光芒
識寶賈胡心為動築室潛謀二十年一朝鑿井穿其壟
奔錐鑽深四十尺乃有石盤青龍從四旁拱杙大十圍
各施九十森環拱石穿棺槨更分明漆光可鑑剛而堅
斲之不用揮金椎白骨儼然金頂蓮寶劍未化横蒼虬
金玉輝精氣交攝賈胡致富須臾間棄骨溝中寧覩恐
平原無色鼓角悲山鬼夜號川澤涌太守陳公英俊才
慨歎致簡吾所疑嗚呼五百取羣盜緘置從行見仁勇
傷哉亞父天下奇鴻門高會真危哉火龍飛起寶光意
拔劍起舞空亦為風雲變化失隆準五斗一碎山河非
如公明義古亦少發憤方作彭城歸六合茫二漢疆土
厚葬何人識可嗤君不見驪山牧豎遺炬猶不如王孫
裸葬良亦足

○查廣居

汲二歲年徂慘二冰霜厲君子不遑舍明發戒行李南
臺雄且高国家所仗倚群掾無凡材分子足稱是謂二
鋤姦貪軒二福悍勢風俗歸之正郡邑得以治御史不
敢爭簡書豈非議擠空狐狸穴動有雁鶩集氣仕宦等一
擲名節在萬世皇二吾君業正明越裳被今歲一再赦
求言頒災異況予得言秋滿体其辨意吾師范德機每
與論玆事露坐山月高撫劍各流涕我本滄浪人鼓枻
從此始

二銀女祠

銀冶二女祠撫州之金溪其家姓葛氏元字年未笄羞
顏不出戶窈窕守礼儀在唐宝曆歲其父為胥吏官家
趣銀場日夜遭箠楚勤紅閒父苦五煩啼珠雨父命斯
苟活誓以死相許禽獸尚知義報父寧元心投身入銀
冶遂化成白金郡縣驚且嘆奏名上朝端下詔龍炉冶
雞犬皆平安已經五百歲歷二人猶傳豈祠俯流水儼
然還儼然世間盡兒女此事誰能亦緹縈曹娥去未有
堪倫比可比惟皇英双魂抱頫冤至今湘江竹出土含
淚痕

孝子行

豐城廖孝子至元十九年鄉寇大作子負
母冒刃逃及婧孝養終身與江華不殊惜
無史書之揭翰林近題其墓曰有元純孝
廖公之墓又為作文刻石虞學士書之

豐城昔在至元歲寇賊紛二亂如鬼是時廖生抱母行
不死白刃天有情固知至願天必感母子全活見太平
廖生雖死猶未死往二遺民言此事有如江華遭亂離
負母逃潛經險阻情詞惻二賊捨之孝德還堪耀今古
鳥乎薄俗像殆同墓上讀看純孝字

田師孟

入分韻

清明與省郎毛潛夫杜孝先周內翰景遠元樞密複初儒生虞德生會飲分韻得復字呈秋泉劉遠二仙伯

冠袍裹身厭拘束惜春只覓光陰饜雪融波面綠痕添風着花枝亂紅簇杜陵才子本第星十年省署叨粟肉之檢番香白晝晴時尋勝友相追逐毛君古文夫內翰五車讀元子眞英豪文華過潘陸德生味道餘腴閑門樂幽獨漫郎滄倒双鬢秃志在酒船三百斛相逢一笑宇宙間羽觴未盡隨再復醉中更約二仙人共訪赤松叅尋入谷

黄君端

蕨萁歌

信州二官萬鍾粟殺馬捶牛日絲竹信州鄉民蕨作粮三月懷飢衆頭哭蕨萁闘葉不可食蕨根有粉聊鉏鑿偏攻性冷損胃氣民面生黄苦憔悴縣不申聞郡不知官中有米重封閉重封閉將若何衆人歌我蕨萁歎九嵳莫唱靈芝之歌

双燕吟

双燕双二飛更復双二栖穿花掠水双嘀泥簷前緝壘双哺兒春風一双至秋風一双歸念尔双不得故巢須獨依莫孝人妻朝亡其夫暮嫁之莫孝人去春亡其妻朝納妃

酒

麯蘗生春出小槽殘人醜酗日陶二笑呑鸚鵡杯中月貧典鷫鸘花下袍內府蠟傳紅琥珀西京秋壓紫葡萄杜康儀狄今安在回首丘陵半是糟

送信州守

龍池水暖碧鱗香池上韶鈞舞鳳凰五節引班天咫尺信州太守秦鳳晨乗

送秀士歸杭

雲中歌断紫芝之歌不奈周君欲去何十里湖山好明月却怜随處醉人多

康里夒

題釣臺

子陵才業高千古當使君王入夢思漢祖規模只如此惜哉堯舜不同時

送高中丞南臺

鸚鵡洲邊明月鳳凰臺上清風人物江山兩絶才高不為時容

張天師太乙子

滦京八景

鳳閣朝陽

開國行都重朔城大安高閣煥鳴名中天旭日昭黄道萬象春熙拱帝京瑞露氣浮仙掌動文星光抱泰階平朝元羽佩鏘韠冕長振琳琅侍玉清

龍岡晴雪

陰山積雪宜春秋雲晨景玲瓏爍十州玉展畫屏當繡扆翠巘香霧繞龍樓吟懷發動鳳巔筆酒力寒輕孤白裘清暑年二動游幸水壺六月坐垂旒

敕勤西風

勠勤遑遑意氣豪西風沙漠静驚時皂鵰背影翻金鏑
赤驥騰空蟬翼條入夜胡歌諳華業蠶時新酒壓葡萄
琥珀觥二人長樂万里雲屯穹自南

烏植夕照

烏植列部掛提封落照千山返映紅遠樹參差連塞北
斷霞明滅際遂東牛羊下夕羣屯霧鷹隼橫秋勢拆風
亦有隱淪懷濟世何時歸釣載非熊

滦江曉月

滦江曉月淡玻瓈皓景沉沉碧海西點牧平沙時洗馬
趂朝青鎖攻聞鷄鍾声破霧騰珠刹橋影垂虹枕玉溪
鳳棲桐臣勞邑從息承紫誥又春泥

松林夜雨

百萬蒼虬幾歲霜夜深和雨激滄浪奏合賜響擬東岱

漢玉撰才負栢梁勠戟森嚴堅歲暑偏環鄴奏際時良
千年琥珀凝流地服餌身輕入帝鄉

天山秋獮

駕幸天山狡獵場夜嚴精騎集機槍鷹韝脫臂高橫塞
犬勑穿雲急斷霙豈但薦毛供俎豆要知閱武固金湯
歛圍賜宴千軍醉駝背懸毛擲兎羊

陵臺晚眺

李陵行處恭平原秖見荒臺恐愴然野日斷鴻空涉晚
塞雲歸雁不知年千重牙帳開周後萬里長城啓漢前
雅調番傳來魏闕賡歌尚擬頌堯天

○許玄帥

送文郎中奉使交趾

天子龍飛統萬邦王存付封檢下殊方遠人盡是雕題僚

奉使雖應粉署郎翡翠飛時銅柱濕鷓鴣啼處石門荒
炎風苦雨煩珍重萊葉檳榔聊取次嘗

次韻歐陽檢閱濠池觀荷

行行濠池上亭亭見長荷瓊葩艷初日碧蓋卷輕波深
蒲曉色乱微雨晚香多方舟時自移高軒或來過豈无
河朔飲聊復發商歌商歌一慷慨此物奈君何

楚宿山簡處傳士王待制

迢迢楚宿山峯未山何崔嵬朝登孤嶷嘯莫宿玄猿哀高
風四面發花草為誰開傳聞章皇帝此地昔徘徊龍駕
竟不返浮雲空往來秀色九天外巨靈不敢摧顛搖散
襟帶覽結何悠哉

宋顕父秘書惠海子北門之什次韻荅之

得君佳句見君情春半閑從海上行紅杏啼鶯正兆逐

緑楊嘶馬滿堤平玉山池勢連双闕金水河流注夾城
万乘以仁懷遠迹遊觀且看督諸生

燕粟總管玩芳亭子

粟氏林亭好鬭二借馬遊乘閑當戶密花迷近城幽木
許朝參嬾聊爲逸興留使君行樂処風物爲春景

送陳都事銓選西南兼柬何李廉訪

送君銓選使滇池部落諸夷書品題明月先經夔子北
長風却度夜郎西山深寶雨騎麟骨花壓蜜雲杜宇啼
爲問霜臺李廉訪白頭官滿尚羈棲

送朱本初之玉隆宮

西山紫氣郁茉蕃師往逍遙第一峰慎勿挽弓思射鹿
祇須鑄鉄李降龍閑穿曉月鋤美藥醉拂秋風卧古松
應憶京華舊遊処蓬萊坊畔五雲重

高遠堂
數椽茅屋雲中出一枝青山坐上看讀罷黃庭春雨後
刺桐花落鳥声寒
贈壽亭師
青山寂々雨濛々一箇長松鬱欲飄白髮道人年八十
小樓閒坐説前朝
游張公洞簡常守刘道中
赤烏々載發吴奇空洞深々沉道路危巖窦貫橫山瀑落
紫岩中靡右青蛮鉄船通海时雖遇金鼎調元事可期
祗恐使君同変化白螺來往少人知
○張一無
寄薛玄卿
上界真人金馬貴山中道士草衣輕一彈指頃三千劫
何日蓬萊問淺清
○黃松瀑
自麻仙至壽谿道中作
三步五步歇六日七日晴豈不念我歸春色相送迎關
宵杜酒散行将及清明紅紫小麥落嚶々相和鳴叢薄
山磬花玩之有餘馨亦欲寄所思帰鳴已宵征悠々不
可極惻々誰為情荒々誰与謫勝々曳杖行
飯山道院
萬鐘飛食不到我正自不必西山餓飯山雲氣如炊煙
三飡而返腸果然臨川丞相有素願何處獨無魚羹飯
勸君飯客先飯鄉往々乞丐皆英雄
題高麗五明馬
海波不動関梁通虬髯使者來吴中名雖驕蹇閒掛明月

四蹄猶带龍堆雪仰秣不受田家麥大官之羊五味俱
賢才萬里不難致糠粃不充盱老矣
次韻謝新茘
海國仙人剪絳霞年々一朶到山家眼中玉色如何旻
席上風流得孟嘉野客不分唐殺帶老臣并按建溪茶
醉來往事都休問且聟星軺紅對晚花
寒食客中
明朝便典黑貂裘寒食當無数日留煙断舊嘗悲介子
火衰今不祀商丘百年盡付風吹柳々雨遠隨山入楼
安有五侯鯖到我自修茶品試香彝
墨梅
去年曾訪林君復烟水蒼茫鶴未帰不似對君横小幅
一枝和雪照柴扉
客語
舊時供奉曲歌者亦無人但感歲年晚不知天地春客
猶談宝慶吾亦及咸淳何處楊花過飛來點角巾
午日
世故一々改黍吾生百鍊銅客情傷鬢白醒眼對榴紅遠
岫冥々雨殘衣細々風欲論千古恨不見楚南公
○子仲元
度車庸関思親
車庸之関高嵯峨霜乾水淺寒無波大風捲沙聚作嶺
火車碾断深成河商女蹋歌嬰馬乳胡兒行鼓提駱駝
斜陽駐馬一回首故郷萬里秋雲多々
○危太樸
蘇春冬々
臨川人

種糊南谷口凶歲困倉虛晚值老農語出口三嘻吁辛
有高亢田種麥給群需有麥且勿憂無麥將若何
昔謂厓谷底其谷異黃農浪跡城府歸却愛渟模風獵
夫不射鷺云與兄弟同羽毛豈知道天理諒無終

徐人歌

季子有劍秋水色徐君見之惜不得徐君墓上荒草家
季子解劍掛樹間一死一生見交義嗟哉延陵吳季子

○楊季　豫章人

晚憩澗北亭

我性喜清散東園時獨行高亭俯絕澗下有流泉声秀
不驚繁陰朱華散微馨跡躅盪忘歸夕露沾我纓人生
忽如寄何乃苦營營優游在空谷飲水有餘情

夏日山中讀書

蟬二嘉木陰結力三四椽南風五月中日夕聞鳴蟬居
閒復奚爲爾詠聖人言時於會心處掩卷自欣然

送別鄒伯章歸省時鄒方悼亡故并致其意

斗酒酌未盡離人去匆匆歸心逐海月飛遶香爐峰二
前四罪樹下有五畝宮上堂壽尊親手把黃金鐘入室
獨無依風吹羅幌空雖有兩小妾顏色如花紅不敵伉
儷情虛爲夭冶容人生百年內哀樂本無窮自非曠士
懷寧免勞其中心堅抱節義行止慎其躬贈言匪諧謔
勖爾保令終

○包驷川　淮

幽居

雲依交游山作賓道心爲主自安貧柴荊無鑰見同物
竹帛有名終累人綠水一潭澄靜性青山萬疊畏閒身

紛二望拜馬蹄下不見胸中萬斛塵

七夕

欲理凌波跡造舟不在浦架勝家鳩漢陰抱完蒼顏老
不上大夫宦乞巧樓

讒成

三春胡蝶誰云夢六月蒼蠅詎可憎未怪康衢中有虎
每疑太極裏無僧

○周德可　蘭溪人

送衣篇

長城萬里飛秋沙弓馬夜驚雪作花龍泉吐光射天地
是妾掩鏡夫辭家此時惜別方壯年年二花發園中煙
征鴻無書日苦短牛女夜二銀河邊萬馬飲霜楓似綺
親送寒衣數千里匣鏡顧影凰孤飛山過望夫道湘水
湘水無情漾白波望夫山石浮青螺長途行処意慘愴
誰家嬌女終夜歌衛霍功高九驤武善馬未歸照不乳
関河回首路迢遥愁雲四山水南浦夕陽孤館停征軺
一身百慮双涕交中宵無人語声絕風吹燭短山月高

寄遠

邊風驚梳簟漢月歇房帷何處懷人切傳樓見鴈時塞
生衣莫寄瘦盡鏡先知願子長努力效忠歸未遲

○陳敬齋

呈蔡府判

東風一夜拂清晨如許文明治象還萬古乾坤一東魯
七閩日月西西山寒梅寂二春華耀喬木森二古意閒
獨奏瑤琴生客恨有誰隔月听潺湲

舞劍歌

驍騎白鶴入滄海手携青龍浴天水背負河圖天地文
或変或化疑神鬼始對双鸞出林坰終与孤鶴翔風墜
翩二又在瑤池間戲与群仙買歡醉青龍顧我浩氣渡
欲假明月橫波睡我亦假之一霎間倏然飛去天牛間
千呼万喚不肯下且吐風雨飛漫二

呈方達斎

端平諫臣心似鉄忠肝落紙天地悦羅浮山下種梅花
独倚西窓看晴雪古來老鳳生鵉兒錦雲兩翼星千撥
朝浴春風芹藻池夜眠凉月槐杏枝君不見舟山一溪
水化作春陽時雨飛千門救渴不苦草木皐潤澤生華
輝方達斎真吾師薰風吹我面鼻比兒使青灯照雨思

○哥元易

聖節詩

樂奏雲門金闕高春風洗酒入蒲萄九重天上尊堯舜
万歲声中拜禹皐仁壽乾坤知帝業明同日月見秋毫
願推大道為
君壽不用瑤池薦海桃

○偰世南

贈墨士

煎胞万杵成玄玉應是柯仙得妙傳鉄硯毛錐為僚友
何時海上別回仙

○王玄翰

南山有猛虎

南山有猛虎欲以赤手磨山下一老人見謂尓甚愚衝
冠与裂背所說乃匹夫古來功名士暇檍王伯圖幾先
非快意道遠慎前謀奈此謌其逢試之誠已疏奇中或

偶然弃往類雖慶丈夫雖賭命慷慨易長途苟无金石
堅何以當変渝苟无忠誠心何以涉崎嶇斯言頗三復
欲往愧弗如吾行庸可驚聊取一笑娛且尽飲斗酒長
揖歸衡廬

○高况梅

擬古

楚人有和氏懐宝空待價玉石苟未分胡事哭長夜人
生豈不辰物二該造化賢哉荷蓧翁託身以耕稼

○張南皐

贈丹士

天地炉中有太丹朝飛東海暮西山一年三百六十粒
十粒輕抛去不还

○危琴樂

送芳潤藥道士

二十四岩陵紫清瑤花瑤草日初晴抱琴曾侍群仙宴
記得鈞天一兩声

○韓中村

鴻門宴

花燦角勞膊伯抹領勇士如門奔劍戟沛公對酒顏如灰
主人重瞳光照膊重瞳座上身如寄卮酒未吞心已醉
醉酣不辨真天人百万貔貅眼中睡春融玉帳香風開
鴻三帳下箏琶哀目前等作万口討軍声四面散如雷
沛公喏喏非无意袖中暗挈秦天地此時可想听得異
四面軍声皆淡騎

征婦歎

虎頭將軍眼如電領兵夜渡黄河面良人腰懸大羽箭

遼東掠地遼西戰一紙紅牋寄春怨十年消息無歸使
日長花柳暗庭院斜倚粧樓捲針線心憤良人嗔不見
手擲金彈打双燕無術平戎報明主恨身不是奇男子
倘妾當年未嫁夫請李明妃獻西虜

岳王墓

妖星墮地芒角赤龍劍悲吼風蕭瑟中原王氣挽不回
將軍一死鳴呼鄭秦家小兒真賊剌播弄造化拄樞極
拍韝爲親忠且逆隻手上遮天眼力九閽茫茫隔天日
無由下燭臣愚直臣愚萬死不足惜國恥未湔猶噴激
古墳埋冤血空碧風雨年年土花蝕我怒精忠埋不得
白日英魂土中泣頭將衰骨斷出竟苔痕獻作吾皇補
天石

劉月吟

霜風搖地霜氣乾碧空照水生晴寒天公合就七宝團
何年轉向玻璃盤姮娥桂樹龍仙窟夜夜飛從海上出
遂使時光挽不留盡向娑娑影中沒幾人綠髮紅顏好
照見顏衰髮應槁年去年來無盡時政恐月中人亦老
客窗見月空沉吟碧紗拓霧愁人心燭花撲散香篝襟
下堦踏碎梧桐陰

憶去年

江湖鄉鄉白鷗前歸路春風憶去年細雨孤燈村店夢
冷煙殘雪落梅天驛亭多避官人馬水宿怕逢綱吏船
行李半肩吟卷重過津恐索稅詩錢

○況肩吾 縣尹

題梅卷

牡丹池館閑春殘多少詩人被眼瞞我有癯仙最知己
一枝留與雪中看

呂元御

曉宿郎官湖

半煙半雨樹扶疎畫出无聲水墨圖最是一天秋月白
不隨漁課入官湖

月夜洞庭舟中陪九江茶漕五哥同知宴酒
邊索詩遂賦

朔風虜鬢向君山歲晚霜華爲改顏吟望滄浪湘水遠
醉歌欸乃洞庭寬那能袖劍遊蓬島何似乘槎訪廣寒
真道岳陽無醉客洞賓元只在人間

○陳小庭

大孤山至湖口

大孤大孤何渺茫小孤離說嫁彭郎鞋山對面四十里
屹立死在湖中央行轉清江過湖口波濤如此今何有
天公助我半帆風江神勸汝一盃酒

○章蒙吾

次韻徐可齋壽米馬上見寄

世事悠悠兩鬢蓬始知今古一郵亭草廬春動吾猶懶
蕙帳宵冬生子獨醒萬里關河秋雁斷十年書劍夜燈青
東風又是離愁動芳草萋萋白鷺汀

○許存我

次韻吳叔康山村回文

田繞青山好住家短籬疎圃接丘麻煙村遠近棲鴉亂
竹岸高低飛鷺斜泉噴石間岩瀉霧浮堤外柳吹花
連雲碧色秋風冷眼送黃昏草長芽

○劉世求 叔

夜坐江亭

明月出林杪大風吹斷高軒窓墮圭璧行樹起波濤隣笛悲歡併江鴻去住勞倚欄惆悵久霜露濕綈袍

城中至日

我道何曾長城中獨重冬酒殽分市卒冠履祝家公日晷空江見梅花亂世逢故鄉還往在筋力愧兒童

○葉千林

送李石泉

風雪令人瘦關河怕酒醒過橋春水綠送客晚山青居馬已先發我舟猶暫停臨分默無語江上雨冥〻

○葉天趣　孟明　章貢

感寓

顏曾志道德汲〻思謨辰益昭瞻人所白首甘愚人是非洒左手萬古同埃塵何如盡棄置宴坐觀日輪風吹紫藤花藪〻沾衣巾興發自一盃陶然泰和春

秋夜和韻

西風何處來鼻觀香暗發夜深耿無寐露破松窓月美人期不至跂望雙眉裂一掬可憐心青燈照愁絕

皇元風雅卷之三　後集

皇元風雅卷之四

四愛堂詩　後集

○虞伯生

江東葉凱翁至京師訪予玄亭之上適予謁告得數見焉見其雅適而端慎介不違於和易不苟於流知其為孔老通家之佳士也又從知其能以道術交神明致風雨則其素守可知已間出書一卷袖中則故宋遺士詹府僉提國錄為其先人成甫氏所著四愛堂詩文也所謂四愛者陶淵明愛菊周茂叔愛蓮又附益以林逋仙之梅黃魯直之蘭者也盍植此物於庭户之間而尚友四君子言將同其愛者焉故曰四愛云耳又有所謂半隱者成甫之長子无為翁隱於是而求先志為亭半者以其半待凱翁也凱翁言出山遊四方非有世俗之求也所得見名士大夫如泰華黄河者得一言以詠四愛焉亦所以報父兄也欲為之序引云夫愛出於仁者也仁者天地生物之心人以天地生物之心為心則玩夫生物之理而見天地之心焉亦無所不愛也而所愛亦豈徒然哉即一物之生而知其與道為体也其樂為可已哉是故思有以成其愛而非私也我之培之殖之潤之附益其不及而防閑遠去其為害者皆其事也古之君子因物以致寓其意焉非溺情於形質之偏也姑以周子愛蓮之說論之竊意夫日用彝倫之間飲食男女之欲同行而異情者非出於淤泥而不染者乎明睿洞照安行無為而不矜詭以索隱行怪者乎非所謂濯清漣而不妖者乎大受不枝者純一不雜之謂也亭〻淨植者中立不倚之謂也此其所以為可愛者乎推是言也餘

三子之意就其所諳安有流連光景之惠乎葉君隱居辟
地其必有得於此若夫書頌則在能賦者云蜀人虞集叙
至順癸酉二月八日

○吳宗師

方今文采重 奎章光照芝山四愛堂梅慈春融冰雪東
蓮花晚靜水雲鄉湘纍往矣蘭爲佩陶令悠然菊泛觴千
古高風猶一日迢迢歸夢楚江長

○馬伯庸

幽蘭有貞性佳菊有至節娟娟出水蓮露下玉洗白泉泉
空谷梅歲晏立冰雪參差在君子畜之以爲德
至順癸酉四月十三日 侍講伯生老友邀予賦
詩愧不能工姑此以塞命也相常再拜
馬公辭翰妙天下 凱翁珍藏之 集

○高新甫

愛菊隱逸情愛蓮清潔志愛梅違世俗愛蘭絕世累性愛
固有殊亦各在適意偉哉四君子趣同而世異人品有定
論萬物盡高致遼遼千載下孰能追道義葉公達尚友所
愛兼其四猗與後來人先志愼勿墜

○太玄天師

彭澤以節高春陵以道鳴兩吟并詩之雄西湖隱而清因其
有所愛希賢動吾情烟知君子堂實實不貴名

○太乙子

東籬秋色淨芳沼曉華深雲落清澗曲風生楚江湄幽景
尚依然高標邈難追道人繼芳躅千載有餘思老屋四五
椽草徑臨清池四時各代謝芬芳常在茲勗哉者今德求
與古人期

○夏紫清

十畝煙霞曲徑深四時佳興足幽尋菊芳梅綻倩詩骨蘭
秀蓮香肅道心半隱肯堂嚴繼志百年喬木易成陰通家
自有全書在閑倚南窻吟玉琴

○歐陽

葉凱翁來京師受知吳宗師又爲名公卿所受禮得四
愛堂詩甚富此行眞不虛也爲賦五絕
亭亭淨植自中通千古知心太極翁幾度廬山看明月玉
簪浮出白龍宫
右濂翁愛蓮
粲粲中央色不偏風霜搖落義熙年男兒一種剛腸味不
說隆中老子先
右淵明愛菊
紛紛桃李下成蹊騎馬山人吟曉雞如此暗香相慰藉徵
書猶到六橋西
右君復愛梅
醉少花濃雨露深政緣猶有市朝心豫章太史春秋筆不
遣山王預竹林
右魯直愛蘭
涪陵翁解識春陵薛映何如刺史弘葉氏堂中知尚友不
緣花有愛和憎
右葉氏四愛堂廬陵歐陽玄

○揭曼碩

蓮菊梅蘭共一堂父兄子弟愛無忘對花便擬書徵士學
道唯求接素王孝友家傳人所羨横斜句好異偏長百年
心賞千年意一種風流四種香

○玉倫徒

原有梅兮隰有蘭君子之愛何幽閑陟崔嵬兮豋滄溟胡不歸樂山之間　岸有菊兮渚有蓮君子之愛何清妍雜佩有贈勿弃捐胡不歸兮樂歲年　瓊臺石室何處更親之所愛予所思托根后土深且滋春雨秋露無已時

○王士熙

予所愛兮崇蘭植之兮堂間思夫君兮山谷紉琴佩兮雜青綠蘭芳歇兮日在山欲從之兮不得聞　予所愛兮脩蓮植之兮堂前思夫君兮濂之水濯冠纓兮卬漁舫蓮馨富兮不泥烟欲從之兮不我賢　予所愛兮秋菊植之兮堂陬食思夫君兮柴桑巾漉酒兮徑生蒿菊英黃兮江波緲欲從之兮不我復　予所愛兮湘梅植之兮堂隅思夫君兮湖之湖吟清淺兮句爽栽梅研妻兮雲飛埃欲從之兮勿予猜

○謝草池

梅蘭蓮菊各爭詩風月平章屬大家四愛堂前親手種乾坤生意四時花

○廖厚齋

友人葉成甫世家永豐梅林而松溪元貞丙申動適彼樂郊之樂慕孟氏三遷之風從居睦桑池頭相依幽勝結廬三間竹梅茂美鑿池灌園手植梅蘭蓮菊又取濂溪淵明和靖山谷諸老之說揭中堂榜曰四愛以寄四時雅興請矣哉且以求日且以尽年有以自老矣而數僅中壽四二子元翁凱翁皆栩栩善与人交凱遊方之外无好脩而文於屋東偏闢小室號半隱面脩竹竹外車馬擾擾而青塵不到清琴横床儒書堆案不詭名不眩能能其世家而大之者余每過之喜其有隱者趣爲之賦小詩

四愛名堂名匪誇梅蘭蓮菊當傳家誰知半隱琴書趣出色堂前四愛花

○程登庸

元翁出處同舍所為四愛堂詩正有契於予懷去年夏予訪舊山道過焉愛其顯而隱駐車縱步者久之意元翁慶是未遠也今乃知經始於成甫而元翁復闢半隱以居琴書焉是更肯堂矣蘭蓮菊梅分四時而專美合一堂而集芳受乾坤清氣者夫誰不愛然父愛之子不首翁之者已鮮況推其所以愛者而隱焉又充所以愛其身者以顯其父毋焉吾知元翁之愛未棣在是而九原有知所以愛其子孫者又甚於愛是四者矣是則蘭在庭階尤宜若夫春秋之異其時山川之異其種濂佩之異其用說雖不同義則一隱至若實与蓮同一夏葉与菊同一秋色与梅同一冬又有无時而不春者竟四愛亦宜然則上堂如有見也出戶如有聞也人知元翁之愛未必知元翁之思也既以是諗來者其季吾徒也又以是勉之

○吳月濱

梅蘭蓮菊儲天地之清氣溲山澤之幽芳春秋冬夏各專其一時之美露生之物以臭味見取於人者未能或之先也孟方主君示余以舊山老先生所為葉氏半隱四愛堂記傷求數四筆芳墨潤沛溢頻吾問但竟四物之美華萃於一朝而志其盛萃英木華之迭出於四時也盖昔之鍾是愛者吾聞其人矣屈子之於蘭也淵明之於菊也茂叔和靖之於蓮也梅也匪徒愛之而已其人品實似之故以蘭配屈以菊配淵明遺配茂叔梅配和靖人莫得而易之昔也之稱是四物而是四賢也已可不言而喻矣是豈偶

然者哉且四賢之愛是物也亦各取其一耳而今也以四
愛名堂取四賢之所取者兼而有之不已泰乎是殆不然
詩云高山仰止景行行止愛以四言則四時之間見是物
也如見四賢焉聞其風而興起所以自處者必有在矣徒
愛云乎哉抑其以半隱名者得非欲沐蘭之芳翫蓮之潔
而徘徊菊梅之間也歟孟夫其為我質之詹山延祐庚申
至後同郡吳存敬書

○彭孟圭

先人與成甫葉君友甚稔予亦從侍次識之今去之十二
年而兩家子弟復得會於梁山慨二父之不復作且出四
愛堂詩求和予為之擁卷涕零因次韻以志二氏之感云
免胄宗風衆共誇當時二父許通家重來四愛人何在謾
溫斷堂幾度花

李進齋

喜怒哀懼愛惡欲人之情性之發也夫愛[illegible]者之一耳而
好尚於是乎觀之愛其所當愛者天理之公衆人之所同
也反是則人欲之私一已所獨而已葉君成甫植蘭蓮菊
梅於庭以四愛扁其所居之堂以為四時之可愛者莫是
若終其身不渝元翁之愛之視成甫益加既又築室於堂
之東曰半隱其意若曰是隱者所愛也則能繼其先君子
之志豈特同乎衆人而已哉然而草木外物也內而礼義
之穢心有甚於愛是四者即其外以信其內則無一物不
在所愛之中矣元翁心醇而氣清進之於道則由愛親以
愛人愛人而愛物知所差等天孰非性情之体用乎行矣
堂且顯而隱不終於隱亦平之謂也元翁勉之葉氏世家
梅林於予為同里今所居曰睦樂已一再還予因記之亦
以寓閭井之愛云尒至治辛酉孟冬李孟言敬書

○李絅齋

余髫歲與里中元翁葉公游君數〻為予言吾先人成軒
之遷居睦梁也林木蓊蔚屋廬靖深環植梅菊蘭蓮前
賢題詠揭諸壁扁堂曰四愛以為游息之所地偏心遠庶
幾乎古逸民之風焉子盍為我記之余適走東西未暇也
越一紀返吾故而元翁已謝世矣追念舊游如夢而覺元
翁恨不可作記其可以不作乎余惟天地以生物為心而
人與物得之以為心是以善觀物者知物之理无以異夫
天之理也故觀穀種可以識仁心觀總草可以驗生意視
葉君之愛同一機耳愛屬仁二非天地之心乎以吾之心
体物之心而天地之心可見矣所愛其不　滋乎或曰草
木之可愛者蕃矣四者之愛抑豈有所　曰非也夫人
之心靜躁不同嗜好亦異故悅　葉者　市奔競之跡
其澹泊者必山林遺逸之士譬諸草木吾　味也世固有
愛牡丹而誇国色者矣愛海棠而羨紅粧者矣甚者[illegible]綉
轂而縱春游燒銀燭而酣夜飲者矣彼之所愛不已淺乎
吾恐物交物引之而已矣人欲肆天理安在哉必也滋之
以九畹而吊湘纍之孤忠採之於東籬而慕處士之清節
誦洋植之說吟香影之詩又若親炙濂溪之旁而徘徊孤
山之下也同前脩於千載萃四愛於一堂目擊而道存心
領而神悟吾之所愛不已深乎所得不已多乎若曰天之
生林必有所為言其体不及其用可乎胡不即是四者而
觀之蓋浴湯可以事神飲水可以延壽或分甘而念母或
調鼎而相君用耶非耶是猶一念之愛擴而充反而求由
親親而民物无二本也用今所〻於天吾无所容吾力而

天之所以与我者可不知所自爱乎元翁之子可順寄李
而多蓺寔是理也其知之矣今以李父歎翁命来速記且曰
願无忘先君之好故樂告之亦以寓余揭劍之意云至順
辛未歲七月既望里人李彔記

● 朱訥山

成軒華君脩梅林故家而三汙繫池頭結廬退隱蒔蘭
種蓮栽菊揷梅以取四時生香不斷之意桂子蘭孫又能
繼志述事誠可嘉尚敬歩詹山高韻綴篇呈似幸恕其率
文炳載拜

相傳清白事非誇翁季同心有我家賸喜生香香不斷蘭
蓮梅菊四時花

幽香嗅植總堪誇老圃秋容別一家雪後清香吟興遠故
林还有几株花

梅野詩序

● 虞伯生

近代揚補之作梅自負清瘦有持入　德壽宮者内中頗
不便於逸興謂曰村梅補因自題曰奉勑村梅集嘗見拔
家有徐熙墨杏花者用筆貪潤有叢留法亦恨楊不能
知此也今吳畫博士冉立生忽用此法寫生大快人意存
渾厚之意於清真去寒陋之氣為纖弱所以為佳也舉言
少陵繁花晴昊之雄壯視昏月淺水為如何耶梁平鍾師
葉凱翁舊號野梅子曰以野標梅未足盡梅之趣以梅名
野庶乎廣莫之風請更曰梅野而以冉立之畫冠之水作
證據使錢塘臨江二君聞余此論猶當繞首歎伏也虞集
書

青結絲絢侍

帝寵青麹今許向江津悪君先對梅花説白髮相看意更
親　初歎翁先欲南还欲僕作詩送行而僕今先有行
色故為題此為它日一咲之資也

燈靈斎

江路夢初回猶疑香是雪野意正微茫疎影宋[illegible]月

眞山民

陳雲岫愛騎驢

君不支子少陵騎驢京華春一生旅食長悲辛又不支子浪
仙騎驢長安市凄凉落葉秋風裏却支雪中騎驢孟浩
然吟漏吟詩敲吟鞭梅花溪上日来往身迹瀟散人中
仙有時清霜松下路松風蕭々驢耳竪據鞍傲兀四无
人牧子騎牛相介女勸君勸君但騎驢行路穩姑徐々
九折畏途鞭快馬年来曾覆几人車

江亭庭

送人上京　江人

天上吟仙笑相覓松間坐客飯青精真遊不知白日晚
身世相與浮雲輕冥々落花啼鳥靜習々風捲寒泉鳴
丈夫濟近志万里滄浪水清宜濯纓

揭希韋 經達

題双虹橋

双虹鎖湖々水長影搖洞庭呑々湘霧飛八月橘柚熟
我欲打船聞水香晴天晚照過湖曲歷々遠樹波茫々

許伯昭 縣丞

客中有懷不得尽无人同上々高堂

荷花

艶態嬌粧似六郎汗泥不染豈尋常西湖十里今非昔

書冊筌歌有異香

相者玉鑑

石中求玉誰之玉鑑上无塵知我塵除却江東雲谷子
眼高四海許何人

○謝南窓縣尹

送人北上

風雲万里思帝鄉匣劍夜夜飛神光山林歲月負疇昔
鷄鳴裏欲挑書囊我觀吾君自奇士玉壺氷鑒清如此
終然未泄磊落胸朝朝閒道川江水川江水暖飛舸輕
黃河九曲長淮清古人成敗生眼底莫為感慨牽閒情
黃金臺上露貲急行矣去作新豐客當今太平十二策
他年晤我須歷歷

黃朴齋縣丞

酬趙倅鷗渚

時秋望河濱二氣相裙環婉女嫁紫車千秋方生顏生
顏一何好身與浮雲閒入宴東華臺出游蓬萊山振衣
往從之杳渺不可攀貽我金玉章化此鐵石頑長懷李
道人此紫氣古函關

幽居

幽居无別事野思足清歡置石妨書案移花傍藥欄
門松老大夾徑竹平安自與兒童語從來耐歲寒

○周老山

和蓮渠貧女吟

妾无千丈繩双丸任渠縛妾无一星金竹筒空長存孤
燈耿寒績一春不出門母家今何在血染双啼痕雖然
貧不嫁嫁了那忍言古來摧玉奴不肯負東昏嗟哉市
門倚父母豈不思

懷友

里陌依稀故友廬一生一死竟何如煙荒樹影誰留劍
秋老芳花不寄書數點斜陽鴉載犢一挙秋水鷺窺魚
世間何事非蕉鹿天地無情可柰吁

平山永盱

平山先生桃源隱君子也不見數年矣少
微一星忽見盱壘比爭先覩之出處語嘿
有道存焉小子何足以知之德公不出城
亦必有以也

人住桃源意自春蓬萊弱水渺無塵擬隨陶令尋歸路
却訝龐公肯入城水弔晉題應有句碑捫唐刻豈无情
太原漁者无夢問丕識神仙真姓名

贈數者吳洪範

先天妙算泄河圖天後精微寄洛書獨在明夷說箕子
聖人微意果何如
宇宙由來歷幾秋盛衰偏在五更頭後来誰有大津耳
每到斜陽怕上樓

酬李鶴雲

江城寥寂歷翔欲為誰秋夢畫齋關河隔愁邊歲月流翩
翩雲外鶴泛泛水中鷗何限斜陽樹無題莫上樓

○魯德厚載

水底梅

虛明元不累形骸花信仍須日月催雲母帳空玄鶴怨
珊瑚枕臥老龍猜壽陽宮女凌波襪白水真人玉鏡臺
悞得一般清意味擬衣長嘯步蒼苔

題耕隱

堯舜五吾君堯舜民一犁新雨半簑雲滿陵山下高眉者歲二春風欲獻芹

○周梅邊

贈墨梅士

我家卅霞梅一枝玉為骨兮氷為肌平生不受霜雪欺世上塵土那能緇此花自是天上奇君能點染超補之筆挾造化梅不知相逢一笑添一癡春風滿意桃李蹊豈復顧此冷與微灯前夜雨春漏遲一声山外聞子規

○周溪邊

贄撫州章方户

盱江相去無百里我聞公名諳兩耳聞名十載猶未面便似未曾来擬峴一来邂逅及五峰人言我盍一見公公之勲名宗宇宙文武全才今未有意公得象是相家異時公亦當宣麻我来見公无他事為公欲求四大字區二盖頭一把茅止如鷦鷯深林之一巢又如鶺鴒貧道寄忍饑却向斋壁敷床展席施粥常滿屋真公筆墨妙更精須公大書特書大姓名為吾四溪家塾傳千載之芳馨臨川自昔有墨池善書无過王羲之羲之但能作小楷今公字畫又更大我来一見万户侯識公便是韓荊州軍中既有百万之貔貅門下豈无三千珠履之英游長歌二二已語未休問公还能一為摟矣

○周首希溪

岳陽樓

乘風来叩洞庭君远我樓心慰舊聞水濆荊湘江欲合天隂吴楚地曾分千帆過兩紅摇日一点撑空翠擁雲歲月悠二閒独倚君為愛樂詩希文

○黄誠性

讀文山集

三百餘年樂育恩晚從科目得斯人崎嶇嶺海期年囯零落氈毛万死身諸葛未亡猶有漢包胥欲泣更无秦挑燈讀慨歌梁甫鬢髮蕭森慘鬼神

○傅東郊

鉄環歌

傳言京使舟次滸陽次日挽泥挽不起聚賈舟起之得鉄鎖長莫可紀於是鎔作數百鐶攢而復投之水或曰吴王作此鎖江也楊廷秀得一鐶以示予異甚索歌誌之

楊君手執一鐶鉄異事驚傳向人説横江鉄鎖是何年千古沉淪共魚鼈抗津扼險尚豪勢无乃當时謀計拙想當炉冶力鍊时一国王靈走炎熱火餘連空氣吐雲此鎖得完農器缺益州刺史龙驤東火冷煙銷具已滅英雄有恨在天地淚入江河流不竭蓬萊使者鄰水衡夜泊滸陽江上月挽船欲去不可起倏聚千艘同撇挟馮夷震懼蛟蜃驚千丈連鐶中斷絶重如金石鏗有声猶帶吴人舊精血天教尤物出人世豈誠奸邪毋僭竊方今聖化開隆平四海車馬同軌轍君從何処得有此直欲珊瑚隨手裂紫金白璧世所珍往二含淋作妖孽願將此鉄示兒孫滄海揚塵須共閲不然化作莫邪精斬取長橋蛟百截

山行

松老崖空樹欲傾緩吟微步踏新晴春深雨過花如夢

風暖萋鳥啼樹有声縹緲落城西作尸依稀緱嶺鶴吹笙
准應眼底皆詩句一夜推敲直到明

和答兆五姪

青年那似爾白髮已尋余負郭耕无畝傳家業有書士
貧天理定老病世情疎雅得陳元諒时能問索居

次韻果若琴棊書畫四美人禽

宮槐葉暗千風清閒弄瑶琴寄此情拋恐關雎風已变
調哀絃促不成声
沉機默〻對枰棋妙着緘情有所思誰信華清當日局者
蛾眉風急馬行遲
李氏夫人信筆揮書名千古出中闈盈〻錦上回文字
不有詩人為品題
玉軸輕〻卷復舒内中名畫世間无可怜山店兒啼夜
不似文姬別虜圖

○黃季龥

候張伯陽州判不至奉寄

海風吹散樵山雪洒向瑶臺照明月因之欲訪〻蓬来
望斷双鳧翠煙滅
且持宝劍躬南溟片帆飛度遥山青幽尋丹碧採芝草
松風竹露春泠〻江边忽遇遷宮客江草江花乃相識
東風一笑訪蟒窩三十六峰總春色峰顛孤鶴飛且鳴
徘徊似欲離為情雲深林暝杳莫辨时〻照影臨溪清
我时感此生幽趣笑折瑶華寄仙侶白鷗飛去猶未来
門掩青山正風雨

登幔亭有懷杜清碧先生渐遊

幔亭高聳碧天宗杖發躋攀杳霭閒澗竹吟風將雨過
岩花笑日伴雲閒遥怜渐水生离思独立國山想別顏
極目曾揩何処是孤峰落日水潺〻

○劉叔遠

寄黃士謙

放歌出東林思弄川上雪清風吹湖波鷺散波上月美
人載美酒李棹摇秋霜把酒勸青〻天青天忽盈觴揚帆
掛白雲鷗鷺同飛揚歌罷一長笑忽然江水長懷君不
可見流恨兩潇湘

○熊澗谷

木綿歌

秋陽收盡枝頭露燃綻青瑩翻白絮田婦攜〻籃採得婦
渾家指作機中布大兒来覔襦小兒来覔袴半擬償私
債半擬輸官府竹龍旋青活火熏蠶聲由毋子走紛〻尺
鐵碾出瑶空雪一弓彈破秋江雲中虛外毛搓成索盡
夜踏車声落〻車声未冷催上機知作誰人身上衣小
女青面临風泣憶曾随毋園中拾

覽鏡

鏡是何年鑄我是何年生朝〻長見面相對如弟兄昔
年照我时如弟顏色好今年照我时如兄顏色老顏鏡
團〻光皓〻兄弟百年永相保
昨日一須白今日一須白次第白欲盡白盡何須摘人
顏笑衰朽我自謂奇特賴有古鏡知一九不拒老色却思
父母恩對此空歎息

秋日江村

短〻竹籬三五家独樹作橋橫滲沙山頭昨夜雨初過
秋水一寸浸蘆花

（詩後四巻終）

皇元風雅卷之五

後集

○李术魯翀　翰林學士　色目人

題周益公墨跡

今觀益公帖老氣肅鋒鋩孫氏青氈永宜開寶玉璧

題周益公答孫履齋帖

丞相裁書答布衣慇懃評論總珠璣秋風吹落蒼松樹

三百年來此道非

孫義方壽慶堂

誰似孫家鶴髮親昇平重見至元春生兒不必公侯貴

日聚詩書福縉紳

○理伯容　江西憲掾

餞陳中山

須羨一樽酒別我同年兄同清吏同若春曉都門行南

樓又相識即別離爲情浩浩長江流恐听陽關声

○甘佫

餞理伯容赴江西憲掾

朝辭江漢水暮宿匡廬山匡廬下中有蛟龍閔龍

老關世久風飄司往還理子賢良資神鬼敢有奸逍遥

十二仙遊去声子湖之巔高高肅政臺去去登清班坐

觀黃鶴起遨遊焉不可拔端逢廉吏士文酒樂餘閒

○陳是若

餞伯容

南浦秋高蒲葉黃驪駒行行之豫章金蓮神骨特奇俊

龍沙勁氣蔽蒼茫貂蟬入直月未曉獬豸當途劍宿光

人材已是稱名得送君猶自望文昌

○劉子孟畢

餞伯容

沿檄東行玉節光匡廬双劍照寒芒文星移次傍南斗

楚水餘波及豫章白簡明分千里月清標氣肅九秋霜

斯文幸託蘇天庇伴水春融芹藻香

○劉夢羲

餞伯容

白髮重遊漢水濱舉祠幸遇按絃人詩書潛託簞瓢樂

山水清幽識筆新天宇高懸宮高獨步霜寒柏府寂無塵

一樽好共南樓月別棹西江浩蕩春

○張小山　四明人

次韻酸齋君山行

蜀江湘流合千里中有蒼崖壓秋水仙人金冠坐鉄船

反披紫裘初醉起小龍二女相從遊眉山低壓青黛蓋

寄書不通双淚流三十六宮明月秋花边閒袖玉堂手

老來頓覺嫦娥醜岳陽樓下唤開門神仙我年曾醉否

扶雲老鶴去不還青青一點天涯山

天劍歌

將軍躍馬來南荒腰間古劍白練光鷗鷺拳香魑魅泣

寒芒相相勾陳蒼龍鞘高釘珠堂月玉華曾樓閣擎

爲君尽斬奸臣頭天狗三三更下舐血

章伯亮　雲南人

次韻唐佐自京庠歸覲

天漢清湛如璵水筆底生春多秀士摩空三白六十字

準擬明年獻

天子西江千樹梅正花家人祝鵲催还家愧我汗青頭

欲曰夢到雲南去大比

行路難

奉君七宝鳳凰之綉柱五色騏驎之錦瓷金母九霞觴
中之酒秦女万縷炉中之香去年紅花今年開昨日紅
顏今日老一生三万六千日歡日顧多愁日少對兵歌
者甄舞歌舞匆匆變今古歸去來莫行路

拜帖穆尓　唐兀氏

溪山春晚

只来無事上幽亭雨過郊園一片春路失前山雲氣重
桃妆遠浦炎舟停笛犂野館二三曲灯燭林坰四五星
坐久不堪聞杜宇東風吹我酒初醒

趙由儕

述祖詩

悠悠我祖始于軒丘既歷高陽秩秩大猷爰自伯益奔
錫皁斿中衍事商造父御周征彼徐方熊熊有功邑于
趙城大河之東建氏益昌因趴先其封成宣吟曰畏要爰
及平崖賈作難武安曰立孤裂于始大常山得守于赫烈燕
越建不圖肅侯武靈兆配有虞西漢子都生長河間堅
于唐末今族居燕小迁大梁世系綿綿厚德典功宜永
其傳中推多難南遷江沱眷焉吾宗豊水居多吉川有
源衆條有柯庸修家牒克俾無訛嗟予伯仲要患多更
瞻彼古烈自於其生其生豈偶三辰垂精德業未進敵
不戰莸我心伊何常念厥初感彼霜露悠然踌躇奉先
如在宗戚相於亦有議草高室可娛惟忠惟孝立身有
本嗟不後進勗哉自勉力有能勤勤道無泯温恭朝夕
云胡不謹顯親揚名俾尔牌識集保家声期于勿替尚

念前人留心譜系受天之慶逮及孫而
瞻八吴先生讀之而嘆曰純粹忠厚自總性流出油
然冲和之意真古人之詩也蓋其有本是以若此又
曰中山年少於吾二不敢以友命之也泰定甲子十
月十九日国子司業蜀郡虞集書

思親詩

予讀魯斋許文正公七月望日思親詩因
見其天理油然自胸襟流出不惑者聞之
必增其悲其與偏侍者繇此益不加敬自
惟兄弟往年當喪乱之餘不幸失怙惟慈
母鞠養成人真昊天罔極之恩也輒推廣
其意而述五言古詩一篇五十二句以𢊞
平居之懷納之書藏將示後人俾知所自
云尓庚戌歲二月望日中山居士趙由啓
識

一自先君逝行將四十春昔吳暮舊夢感慨試詩陳已
歎生我淺還思故国屯吳江悲血戰舅甥困車轔共此
艱危甚尤驚賊斂頻朔風吹厲号亦日照流塵既洒呼
天涙方為辟地民抗时并往昔感慨竟湮淪翁嫗傳梅
外倉皇問水濱諸孤皆弱毋大慟向秋旻越歲逢戊甲
歸鄉奔癸窅醉觴遲晝夜扶携猶躬家緒中微甚人
闇事一新技攜甚不自操守耕慈耜絡緯灯前薪
隣下訓由古勤保任門户我與辛文獻由先德扶持荷
化鈞宜華明晚歲荊樹儕卦冬省哥斟變蚁春蝉奉務
茵雖非登執要自不厭清貧努力尊天爵勤心報大倫
歸今期不忝化俗甚還淳信是吾家束傳芳待後人年

三思雨露歲三省松菊至天忘通天地長歌感鬼神珍藏
編韞匱大孝慕終身
南豐趙母立夫人曠志云歲丁丑仲爵公殁子濟六
歲濟四歲耳夫人出万死一生艱辛公而教養其子
以成其家濟既執德樂道濟又勤生致養能知濟之
志其女適范氏者孝敬亦不廢夫人身安心和孝孝
養者三十餘年而後終君子曰此非宜報其勤苦也
蓋其積德之盛所以感奮沖和者有非偶然矣集苟
脩有千載世外之交信其內行淳備故知其所以事
親者非止甘旨之奉溫凊之宜宴閑之樂而已夫人
讀書習禮亦未易以世人之女子悅之也德川吳先生
讀其述祖思親之詩而嘆曰直哉所發哀而不傷此
古之作者非常人所及也集竊感吳先生之知言故
書而識之俾示其子孫泰定元年歲在甲子十一月
巳酉国子司業蜀郡虞集書

○郭君彥　真定人

海東青

海東從鳥異鶻鶚金睛玉爪不凡材八月風高度海來
翰翮怒所雲陣開虞人設網心独苦獲之不敢觸毛羽
為言此鳥獻
天子年二進入明光裹韝使長懷万里嬰傷者還同殺
人罪君不見唐太宗魏公入奏久未去不知鐵鷂死袖
中小臣但願
聖皇脩德放此鳥自有鳳凰遠啣瑞圖飛下五雲表

入京五首

虎踞龍蟠十二門王侯第宅若雲屯百蠻入貢天威遠
四海朝元国勢尊曉日旌旗明禁路春風簫鼓沸名園
唐堯虞舜
今皇是未必江潭老屈原
蓬萊御氣抱晨暾萬国河山擁帝家金爵勢吞滄海日
玉樓光映赤城霞巨鰲復賽乘丹翩舞鳳飄颻翼翬華
遊空
至尊游幸慶六龍高駕五雲車
鳳凰城闕壓金湯龍虎旌旗護未央万国衣冠朝五座
百蠻歌舞進瑤觴花迎宮扇紅雲曉日照天袍瑞霧光
江海小臣無以報空將詩句美成康
大明宮闕勢岧嶤万歲聲高山動搖金殿九重明日月
玉樓十二插雲霄青絲馬上王孫貴丹轂車中越女嬌
自是鳳城春色好肯將心事許漁樵
寶輦龍車往復迴風暗九陌障黃埃鐵袍公子呼鷹出
茜帽倡官躍馬來雲外笙歌聲宛轉水邊樓閣勢崔嵬
少年自有看花興欲賦觀光愧不才

野寺晚景

寺對清溪水遶関冷然鐘鼓暮微聞樓臺無影日沉海
松檜有声風蕩山猿嘯石亭遊客散龍歸雲洞老僧閑
詩成一笑歸來晚獨棹扁舟趁月還

送泗州同知偰世南赴任

曼倩三刀驗之官正少年龍纓倚天劒虹繞載春船淮
泗名先播滁淮政可傳門閥多喜氣婁見出英賢
錦衣臨泗水仙境足吟哦煙樹連淮遠雲山入楚多濟
川功不小經世意如何會見沙堤上春風響玉珂

西山道院

幽居絕嶺洒深院鹿成群山色開窗得泉聲隔竹聞撥
㡬臨水樹風光渡溪雲客至渾無事談詩到夜分

宮詞

宮娃擁髻鬌垂䰀嬌面圓如白玉盤出入紅門能走馬
揚衣縹緲似乘鸞

年少宮官着綵衣麒麟宝帶束腰圍日斜醉出金門裏
騎得龍閑白馬歸

閑居春晚

深巷絕行人一鳥鳴高樹不知春色深花落夜來雨

早春湖上

柳芽黃弱不勝春沙暖泥香草色新鸂鶒双飛湖水闊
相思愁殺倚闌人

秋郊

路穿黃葉林馬蹴秋色裏白鳥何処來飛下野塘水

張鳥善　平徽人

李陵臺晚眺次吳真人韻

雲暗黃沙白鴈飛平原獨立崇臺思黯然地僻尚知秦塞遠
草青不是漢新年來衛步武賢王後反欲指生太史前
誰謂茂陵明似日重光惟照漢南天

秋興亭次韻

巫峽秋濤万里長蒹葭花楓葉亂蒼茫青山礙日無閑地
白鴈牽愁有夕陽神禹柏殘扶大氣長庚星隕肅南荒
已將今古同行客何必登臨憶侍郎

題史稿齋山水手卷

神仙中人采柏子五色玉立瑶池之謫傳風流歌舞歡
羊公懷觀登臨時只求醉酒雲煙飛身後名隨日月遷

安得飆車從上下蓬萊指點青參差

見鈞者

宇宙俱為客江湖独釣翁笛聲吹海月竿影倚秋風天
定行藏拙時清礼法通古今惟范蠡漫落二哉人同

送人游廬山

曾到匡廬境峰巒際碧空青松無路入一水与天通白
鹿眠晴晝清猿嘯晚風誰屋如可約吾亦訪雲中

次庐參書御講水韻二首

華清波色漾楊蒲不似藂二蛾綠弄影尺上林紅萬點
又從天上送春愁

堤頭春漲碧琉璃堤外春陰海子時同是玉泉山下水
可憐波浪大參差

○負怡然　閩中人

送陳文理還京師

十年不見老元龍觴酒蕭二帶湖風方里関河秋月白
九重宮闕曉雲紅功名有分皆身外聚散無憑似夢中
問我能來定何日移家今在五門東

訪源頭范君才

長憶源頭范隱君我來蹤跡不相聞抹鳩壘角啼清晝
山犬離迎臥白雲藥苗猶能資疾病舟青元不盡功勳
蘋波家主應逢念一路秋陽草樹熏

修琴

桐梓年深半裂開嶧陽道士独憐材細磨蛇腹秋風起
輕繫龍池夜雨來此日銘迹重注字當年焚下欲成灰
何時試鼓陽春曲頓拂空山小石臺

月中桂

雪風吹老樹婆娑影涵秀枝長漸多万古秋香懸宇宙一株晴影照山河西南嘴子無黃鶴天上看花有素娥折向人間還不識九重清露濕鳴珂

宝應寺塔

五色雲中現七層不知何代法門只扁來遠客長遊望老去閑僧已倦登金鐸無声風不起宝瓶有影日初升時聞梵唄盤空下知是檀那夜施燈

○楊信可　臨江人

和揭曼碩兼懷武昌名勝

親友日以疏江山日以深孤雲懷海嶠倦翮思長林終然念所知沿流動悲吟豈無後日期邈若隔千岑安得好風來泠然入中襟日与親友會微言自規箴

和盧子儀寄懷肅政上巴陵王侯

人生有知遇永懷不可忘俯視萬丈淵仰睇千仞岡青山何其高江水空自長忽憶石磯叟別我半載強昨者從湘中歲晏歸朔方孤舟渡淮水遺歌藏滄浪迢二天際雲青二陌上桑

次韻酬呂文孝

後會未可必前路轉多山鷓鴣發孤館蒼哽室猶閒俯視清溪流仰睇高鳥還念此別離情南山正孱顏

鹿角站阻風

風送洞庭沙維舟隱荻花水枯魚上罾秋老燕移家白暮長洲急天寒去路賒故鄉三十驛歸夢逐天涯

奉別存初郎中臨湘月下泛舟

西風吹老白蘋洲天上郎星月下遊過雁影沉湘水碧斷猿声入楚山秋歌翻白紵掎蘭泣夢落黃陵帝子愁

夜半鐘声天曉角猶疑身在鳳池頭

望池州作

黃芦瑟二草油二樓閣參差瞰碧流萬里長江秋色裏一帆斜日過池州

○鄧德良　南昌人

涉圃

林塘草樹接江干一日三回涉圃看白鳥不來綠地淺黃花微瘦竟秋乾隔溪烟火人家靜傍水樵蘇野氣寒柴戶反關生事了晚菘種罷雨漫二

晚眺

晚步從容出薜蘿吟詩聊當竹枝歌冬流漸縮溪船少臘雪不成山霧多官賦人歸荒嶺路野燒烟起夕陽坡江鄉盡處閩鄉近老盡塘蒲無雁過

送陳杏林赴潮州醫學教授

三千驛路上離船九品醫官半百年藥市得錢添月俸杏林收谷當公田壯書漸竟江鴻少南食初嘗海鱷鮮不用越巫驅瘴疠家二傳取衞生篇

寓舍春晚

柘陰初合丑初睡門掩春寒落蕊遲薄暮一樽還獨酌坐看微雨濕茶蘼

中秋憶家

千里星河一鏡圓杜陵兒女隔秋烟遥吟此夕柴門裏相對清樽說去年

早冬過蘇氏西岡別墅

紅葉青山載酒行山人新結野菴成西簷一樹梧桐好他日重來聽雨声

清景亭邊秀作堆竹声松影共徘徊野麋続导多秋矢
時見山禽引子來
○李宗列　　盱江人
題嶽麓禅林精舍
朝遊滴嘉審遂暢尋山嶺厓日破曹陰晨經龍幽巖年
深樹益繁像古閣重建夜來天地霜松色了无変宛然
嶢峰間岸岳復兹見山僧四五人屡訪期識面
和虞伯來月夜泛舟
夕霏已歸林綠波際遠天浮雲湯倒影相与渟清川發
此山水趣闊散心益便沿洄隨意遠落月照帰船
古隴頭吟
天冬讖水鳴二咽夜領銳兵從此發海風吹人眼欲枯
上□□着磧西月然笳蕭二箱滿天十里一堠烽火連

去年□度彈箏鋏今年復引月支泉從軍辛苦事征討
捋軍功大殘兵老
秋夕江上
水館螢飛入沉二夜未眠数星揺雨後孤月轉河邊章
太守愁候江山不記年忽聞吹急管况有估人船
代項氏愁弁序
燕山項氏其夫江南人行賈燕蘇聞聘項与居未㦲
夫死項時年二十奉柩回江南誓以夫餘貲養姑以
自終比至姑投適項励志子居以守夫祀余憫其事
而賦之
少无依倚老何堪白髪婆娑乱不禁夢裏尚思江北好
悔将夫骨葬江南
贈深上人

夙二隨緣到經年此託蹤不言郷国遠惟指對門峰
○王尚志　　臨川人
暹国廻使歌弁序
暹赤眉遺種天曆初嘗遣使入貢今
天子嗣位継進金字表章九尾龜一象孔雀鸚鵡各二
朝廷以馬十疋賜其国主授使者武略将軍順昌州
知州使者錢塘人江東羅徽作歌僕遂和之
江東先生遠扣門口誦暹国廻使歌高秋夜静客不寐
歌辞激烈声滂沱東南島夷三百六大者只数暹与倭
暹人云是赤眉種自昔奔竄來海阿
先皇在位歴五載風清孤屿无揚波方今
聖人溶德化継進遠貢朝　鸞和紫金為泥寫鳳表灵
龜□□□鳴□　彤庭懐遠何所賜黄驪白駱兼青騂

□□□錢塘客能以朔譯通南訛暹授将軍領州牧
拜舞两頰生微渦樓船帰指西洋路向国夜二瞻星河
金雞鳴曉火龍出三山宮闕光嵯峨鄱陽驛吏親為說
今年廻使重經過先生作歌既有父却念黎猺頻奮叱
田横乗傳嗟已矣祭福求仙胡尓訛豈如暹国效忠義
勳名万世同不磨僚音偏猺音洮訓歎
同鎮陽李先輩登臨川擬峴臺
楚客蕭條客復來巳无秋渚聽花開西風離野孤城出
落日西江白浪廻山似襄陽非故国地連呉會有高臺
南飛万里嗟回首添倒茂陵賈傳才
季丈初三夜見月
向晚西巒月令人生夜思山川相秘歲雲漢負秋期素
魄窺恒蒲良宵惜髮稀清輝可攬結脉二寸心知

送孔掾之盩厔

古縣青山裏溪橋春水流沙明殘雪在市散夕嵐收廨宇鄰仙洞更声雜戍樓憐君趨幰舍微祿暫淹留

登玲仙岩

仙岩酌酒赤花紅蒲泄金壽日上東洞底香風散靈氣遊人都在紫雲中

舒州張萬戶征西戰馬被箭數十猶載其主以馳每寒氣襲之則輒朴而能終惠養之

舒州營裏將軍馬曾向西征破賊來伏櫪金創秋氣重斷腸當日戰初迴

南園

茶舍春寒竹轉林啅野鶯花開過客稀搯底秋虫作寒扇雨晴黃蝶滿園飛

。徐一大逸　臨川人

擬古

皎二機上絲織為遊子衣遊子上湯風塵素衣化成緇風塵不可避四顧將何之豈不念鄉曰徒重翟子悲畾哉加紛濯河水清且漪

婷婷閨中女天質知自愛空懷頗深心日月苦行邁家貧意良勤遲二如有待未嫁庸何傷失身將重悔

嬈嬈自結髮伉儷情義深夫征日以久魚鴈成銷沈自憐鏡中貌衰白將暮二有衣為誰熏有花為誰簪顧影雖無侍秉心猶斷金青天懸明月照影不照心

君馬黃

君馬黃我馬白青絲聯絡黃金勒長安紫陌爭馳驅一日秋風各南北酌君酒君莫辭与君更作汗漫期神龍不可縶天駿不可羈乾坤浩蕩信所之人生行志當及時兩情繾綣將何為丈夫不作兒女悲

田家詞

犁田無牛秧易老養蠶未蠶桑已空二月新絲五月穀如何觧折今年窮

秋風詞

秋風一舸歸晚泊芙蓉渚折房遺所思的二中心苦

清明有感

萩水歡娛淺松楸感慨長西家白頭媼門外倚斜陽

山中初霽

夕雨客不來燕坐了長夕今日出東郊門外草二尺

。施性初　臨川人

古井

地脉深三丈寒北激石罌最宜探月色獨坐聽泉聲十許隣人汲殘餘秋草生元非投轄處未近交情

秋日田家

高二青櫟樹忽有鶉鴣鳴雨後晚田熟門前秋水生鄰家賽社去野犬吠人行泥潦相淹久明朝歸詩成

郊園宴集得荷字

脫帽長松下探幽到薜蘿妻禽翻岸條紫艾刺池荷人影追凉散蟬声入暮多當擕謝公妓載酒重經過

萬年亭坐雨

復此留三日秋陰二未晴晴雨懸沙樹白波落石泉清未可言轟寓聊甚遣性情草蟲雖落下時作不平鳴

喜涂宗道自金陵歸

雲樹相思久年二賦式微淮南芳草歇江上故人歸日

夕闕新酒天凉換裌衣從容亦自好無綬奥心違

李道傳留九江以詩見寄

水鄉城郭晚煙橫遙想思歸上庾樓潮落溢城魚作浪雨餘淮甸感先秋一樽濁酒懷親友數首新詩慰客愁我正山中招隱者秋風應棹木蘭舟

雨中同從弟宿田舍

鵲鴉相逐暮天陰破帽長江覓短吟千頃水田春布穀一天風雨夜同衾草堂宿雁投湖水煙暝歸牛入柏林明日東鄰挂雞黍故遲還不放我孤斟

○傅謙則　李止

東山有鴟梟

金衣翁營海頭鶻胡不啄此鴟梟自翱翔鉤爪鋒上彎胡不食此鴟梟肉東飛西飛止頭頂開口呼二無足

天何生此不祥鳥白日妖呼鬼夜哭羽毛似可羨孙節腸腥且苑㥄內酷月明風淡霜氣寒三綫高枝鳴鸞宿綢繆牖戶固根本一叫一鳴千百毒將軍只逐天邊鹿誰敢挾彈蒼江曲𩾃鉾為擊善良破家故藏此

皇元風雅卷之五

皇元風雅卷之六

後集

○熊勿軒　前進士

壬子雲谷春祀徽郡侯袁軒先生滅題雲谷書院道原堂又晦庵師友道義之祠七大字敬山中秋立扁簡諸同志二首

伊洛何年此道南道原堂上意誰參古文夫子遺經六建季文公精舍二落二此生徒苦志悠二吾道豈空談是邦賴有賢師帥扶植斯文首晦庵

廬峯山下義寧村重構新祠繼後先兩字孝忠存祖訓一原道義繼師傳高山屹二幾千仞喬木陰二四百年多闕故交不相棄年二秋菊薦寒泉

赫曦臺四景

薄暮明霞

赫曦薄暮最奇絕初到殘陽復西沒仙霞山外荷兔山五彩煙霞互明滅須臾群陰潑剝盡兩珈如麻聚開鋁真二渤海不可留空有殘霞半天赤

中宵皓月

赫曦日夕真奇絕最好中秋看明月疎身飛上第一峰不竟清空近天闕初疑海角酒空濛行到天心轉寥闊今宵端正照山河長留一声愁欲裂

中夜白雲

赫曦中夜真奇絕起視茫二大瀛渤風濤雪浪无際涯彼岸時看亂出洪妒巨魷如熱炊團形宇宙珠金石直凌倒景窺三光俯視塵寰始超越

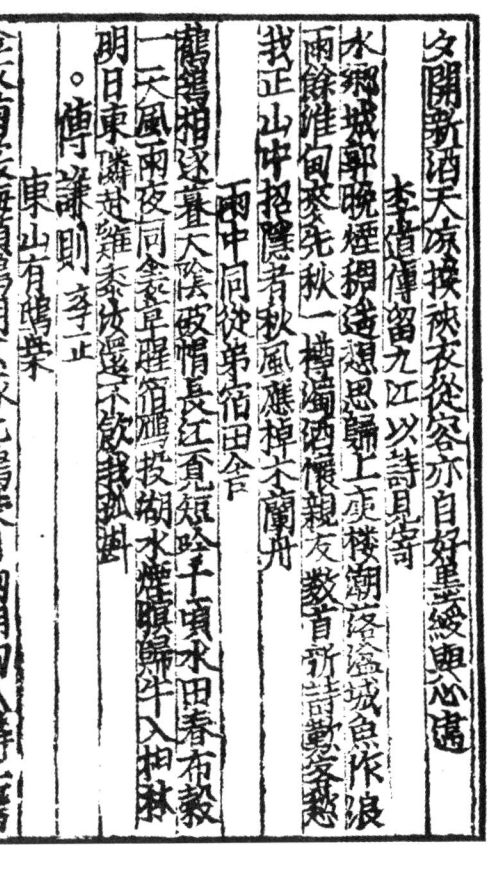

雞鳴出日

赫曦清旦真奇絶滚埋海門欄出日金戈鉄騎走千群
閃二万旌張天赤火輪飛上使人驚爍眼祥光成五色
扶桑浴久升何難認取真精凝大極

○羅　太瘦　前貢士

述懷

淮海歸來二十年結廬仍向舊山川既無酒債貧休恨
浪得文名老尚傳曉日輪蹄思柳外春風羯鼓在花前
如今靜聽瓶笙韻猶勝當年咽管絃

題鶴林宮

暑往寒來迭出閒有誰千載駐朱顏騎鯨客去天連水
跨鶴人歸月在山炉火頓消情慾境劍金須断利名關
煙莎隨分岩前綠猿鳥不驚春意閑

○雷機　儒学提挙　三山

題孫義方壽慶堂

九袠慈親四世俱不妨閉戶讀殘書義方自有傳家懿
壽慶因知積善餘萱草春風萊子袖桂花夜月鄭侯書
許公大筆高堂額從此弁鄉且故廬

○毛靜可　儒学教授

贈閻萊山書吏

吟身宇宙一攀龍三逕清風四牡同菽水有懷又鬢東
萊山入夢千年中布衣機契詩書澤治世集由畎畝忠
春在江南倚樓处雲霄万里見冥鴻

時秋積雨霽

醞釀豐年付老農挽回涼信報詩翁巫山久暗埋寒碧
湘水初明浴晩紅簾捲柳陰先得月簟橫梧影早臨風
天公快我披雲願万里乾坤一望中

○復齋陳以仁　三山人

拜西山真文忠公

仰止西山身千載祀不絶文章立雅纖青史施名節世
降風俗淳人心多詭誦遺像儼如生再拜懷先哲

次熊勿軒壽樹可字韻

一得清幽無不可有客過從但盡左書頭万卷胸次明
平日操存只在我吟詩得句餘吸嚼飲酒濡唇戒懶慵
此時要子乗雲翁一劍橫陳断心火

詠呂渭憲

為子藏階欲及時年光發前馳難追春風碧草憤為客
夜雨青灯燕話詩君欲兆名甘渭水誰能捕真上天池
講明經義開君塞逼薄雲高未有涯

○陳野雲

心為高意一以有新秋入遠戲斷崖雲氣合古樹雨声多方
車盛尊亭一盃还太和客來論得句客去自高歌

過衍山

袞二牛頭万嶺春橋虹欲訪武夷君青山野燒未藏石
紅壁若花不礙雲瀧潤虎蹄行处滑岩林鶯語暗中聞
東風一路无深浅処二海棠開半分

遊山寺

金碧樓臺古亦新空庭寂寂晝餘薰綠槐作陣不容月
碧岫无関徵住雲蓮社肯從元亮酒石門宜有謝公文
飛來不若伊蒲供靜看風幡何足云

夢覺

午夢將身追華雲藏雲欲訪臥雲人斉覺來偶識東風面

送我飛花一片春

无爭

晚透音痕二徑深竹根稚子竟潜身踈林自要添風月當是雲山不受春

擢選官詔

都尉能官爛羊胃將軍大諾不易酬功名自古幻兒嬉一揆三公亦塞意

幽境

環玕十方擁華屋門外寒泉曲々緑白鶴未歸山更幽劃然谷應敲棊局

過深山三家村

入山隨意去探勝欲窮源萬樹蘇陰兩三家盡積村落羨有風月外溪自乾坤莫問征徭事桃花應斷魂

登高晚歸再飲

携客登高晚未休振衣千仞聳颼々平山落日送千古破帽西風又一秋處士生涯籬菊在醉翁意緒水雲悠金樽未盡醇醪美明月隨人到小樓

友人同旅宿

偶作西州客同聽秋夜蛩月窺孤燭夢風約半城鐘聲店催長炊鄰家尚宿舂隔旬歸舊隱日出睡從容

梅花

暖透仁根太極枝々南枝北景催詩千林萬壑堅深凍兩葉三花春到時破々不知消作聖枝々元復理如斯雖仙相對花應笑總是三生姑射姿

山寺遊賞

孤刹遠林外投分半日涼磬声緣曲徑塔影透斜陽花

石禪房淨茶瓜客意長觸思十年夢揮汗度羊腸

曉行別客

倚涼度晨嶺浥露逐麋群松濕半身雨山懷兩腋雲一蝉秋意足匹馬客程分總是江南路逢梅不寄君

山庵四景

牕壓松陰日滿山鶯声和影過牕間落花風定遊絲墜一綫直尋香篆蘭

柱杖敲雲深入山枕琴時卧白雲間偶然忘慮逢衲到坐共榆陰相伴閑

秋宇新涼多在山清涼應不是人間桂花滿地虫声細人共一庵風月閑

南牕精舍北牕山對面梅花氷雪間開到梅花春色早四時忙迫境常閑

道院

瀑奔山自靜花落逕留香曳竹穿雲去採芝消日長

雨來

石嶽山逐急雨來踏青人去馬歸遲東林風應西林響雲共落花爭渡溪

冬至

今日平分一半冬々一陽初長陰六窮剥斷碩果萌坤底復見天根生震宮君子道如元酒淡野翁心與太初同牕前意思梅枝好莫折梅枝共養蒙

冬日新晴郊行

半月凝雲雜雨冥今朝雲捲見山城雪消籬落動春意蛮為梅花出晚晴野逕多岐隨馬去亂鴉落处偶詩成相逢茅屋何年老半菜灰前太古情

齋居

方丈虛齋自廓寥竹牕芦袖兩蕭蕭門閑白晝蛛絲度
風定綠陰禽語嬌嬾可天全成長物春添帶力不知堯
偶然還易便多事滴露研朱損藥苗

釣莖堂柱吉和韻

雲合雲從四七豪真鴻不受網羅包委身若使儕鳴鄧
亢節何由到許巢一足故人星宿泊片心清聖水無交
釣莖壇上高千古回首雲臺盡夢泡

登高

落葉飛衣兩鬢颼青鞋支滑上牛頭眼中吳楚殘行雁
足下烟雲万里秋好景不隨豪傑着黃花空帶古今愁
清風兩腋發高興欲呼双龍挾許舟

題石嶺山佑聖宮

閑觀石跡上崔嵬石跡峻然澹碧苔芳草乱雲天上去
落花流水世間來烟微百尺丹砂井雲領千春白玉臺
借問石泉風習習乘風歸去訪蓬萊

秋晚独立

晚來无事倚溪門擁地金黃落葉新谷應大声鳴兩岸
月推山影壓西隣一川万古黃昏景百歲殘時光露人
立到清宵十分処却將一醉見天真

過龍門

龍門深更阻消消路幽長山壁兩崖石溪磻九曲腸烟
雲先暮色花木發春光夕照稜稜外採山人正忙

隱士

無復風雲夢長吟太古歌草廬知事少花鳥得春多散
髮印芳綠開樽駐少駝北山謝通客衝不到盤阿

元夜觀灯

東風初動上元時綵結鰲山鬭巧奇萬国山河圓月影
九街灯火駐春輝釣天夢遶朱樓杳墮珥香消畫輦歸
誰洗紛華天下眼復觀純素訪稀韋

乞巧

天孫勞指苦无窮何事佳人乞更工一氣返純大巧拙
七襄无羨小東空竹牕欲曉蛛蛛兩葛袖鸞秋淡淡風
寫飛微吟聲老兀淘淘不識是洪濛

秋江

江樓倚秋色渺渺思无窮今古三千里悲歡幾轉蓬鴻
分空水碧鴉鬧曉楓紅暮夜貢文章宴幽靈借便風

遣興

年年春將暮无詩花鳥債月高山影縮虹斷雨声來何
者為佳士逢时是雋才海棠紅滿徑且共上歌臺

宴芳園

烟景媚芳園園更媚晴鶴限孤竹立鹿載落花行鼓
吹春心蕩弄聲絲溢氣平好天入良夜春在月華明

幽居

繞屋竹无數開門山有餘縱遊隨境去觀妙悉已居曉
汲先分鶴晨炊待送魚歸來彭澤令與味恐相如

○崔心月　浦城

龍山寓舍

春煙藏碧樹樹更撒鴉浮世雖為客安居即是家柔
風行柳絮淡月吹池蛙無以娛慈母離邊種菊花

西軒雪夜

枯葉雨声乾一年冬又殘舊風扶海立積雪護山寒出

事出郵抗人情艷瀨雖梅花偏有意開傍小闌干

冬日山居

一犬吠柴乘牛衣晒短籬梅花村巷酒風雪野橋詩屋
小雲分茬家貧鷺奈飢莫言相逕滑世路更崎嶇

○林德暘

漁笛

三弄知何処蒼茫起釣舟閑將千古意吹入一江秋
鴈斷殘侶寒風生別洲曲終和月卧無夢到涼州

○趙芝室

自遣

多病相如尚愛文心期老去共誰論十年灯火客塵仕
半世江湖書眼昏竹葉盃中消日月梅花枝上識乾坤
何時去作青山隱独跡太玄深閉門

○羅梅我

和劉草窗雪

人倚梅花畫損春烟如玉樹出瑶林雖无遠客衝雲訪
喜有幽人忍凍吟一夜溪山俄曉色十年宇宙此初心
刘郎情意憑誰寫莫遣梁園擅賞音

與林梅格

欲訪梅边信未通我心先在影香中不知標格今何似
但覺襟期昔已同幾度夢魂隨夜月一番消息占春風
幾煎山藥何妨醉後夜扁舟又欲東

雪

漫漫飛空滿空揚独倚高寒俯八荒方宇如銀冬暴富
三冬元月夜增光欲邀東郭推尋道要覓南枝只認香
說与朱門歌舞者还知窮有卧袁僵

○劉草窗

寄慎教諭

不把軒裳浣却清隔窗吹過讀書聲重知好客開門掃
留為工詩與轉精酒律只緣霜蝉破杖藜偏傍菊花行
清宵論到鐵时処自剔殘灯坐到明

訪謝雪田居山

童稚編籬補敗墻幽禽對語尽相忘雨搖窗竹圖書潤
風落瓶花筆硯香遠听泉声鳴却斷近栽松竹看來長
惟應夜讀成何事用得樵夫到草堂

○張奎公羽

和刘草窗待月

夜色沉沉冷似秋凝眸江迥為誰留鈎簾手酒延飛鏡
倚席裁詩看蒲樓彥柏少需牛渚會坡翁日伴羽仙遊

素娥笑指婆娑樹試問西河斷得不

晚眺

携筇領客共徜徉歷覽溪山盡日長滿鴈數行雲漠漠
落霞一段水茫茫帆收遠浦鳴山影簾捲荷花隔潤香
極目乾坤斜照外東田為海海為桑

○李子孟陽　建安

呈高琨璞治書

玉輝鹽廬留舟山名懸万里星斗突忠肝耿耿蟣如日
瞬波吟動生微瀾驊騮勤震發平雍京華表棠蘭金鑾
一日筆露沾芸香柏臺劍氣横秋霜龍圖治風雨路
凉吹瑤珮鳴鏘鏘扁欽種稍苔逕空畫晝明月軒當松
陶衡未許老耕隱鵝搜道飄然同天環文運開九重
良弼夢久等宸衷蒼生拭目望經濟八紘鼓舞融春風

盆竹

琅玕君子蟠虬龍岩峒独処懐春風鳳凰飛断片雲暁
怪石曲盆成天工斜煙露出抱危石巋然一見还聊脱
苔織滑皺移土深依稀露帶残陽温靄鬱柔綠依横玉枯
細葉曲雨枝相扶青二礙月折宗影卧浴槐碧濯清櫂
淡如孤山弄箱白横斜光零黄昏色古如処士冒雪闌
骸根盤伏留堅節固知盆已難以舒拨雲动直心自如
晴薰拂二吹菰蒲醉歌淇奥春巖畫琮聯繇籜落新韻
欲賦未就仍踌躇倚憑閒竹二不語但竟細香冒二生
詩書

寄西澗上人

撣二鴉秋蘭宗輕纔斑書臺戶一枝竹詩思两橋山白
鶴延翁老青钱过客閑雪晴楼有信挂月度雲開

○徐雪坡　樵川

齒粟短歌

姮娥夜墮玉杵臼白兎搗碎瓊瑶霜瓊瑶霜凝異香丁
字橋边授仙方孫家老人不識此口嚼白石情何狂驪
山君王惜顔色三十六宮鄰犀白漁陽鼙鼓動秋風一
旦春工菡何益君不見殷湯盤銘九字刻此粟至今傳
不得

題福善王廟

乾山疊二水湝二舟过温陵太守回躍馬不朝金殿去
騎鯨飛上碧天來字文墓岱終亡国高祖承休亦廢臺
惟有王心明日月冥塤擷藻正花開

○徐竹逸　樵川

御茶園

唐殿老臣誇荔子建溪從此亦留名山中昨夜東風煖

百十兒翁唱太平

○危希尹　浙江人

糊窓短歌

蛾眉影動半輪月巫峡山頭看晴雪只愁雲裏見紅梨花
一夜海風吹石裂波浮洞庭光玲瓏玉纖剪水描秋空
丈夫壮志在皎二俗子錦帳徒重二盤鴉学出人未識
影不搖紅灯照席二年刻楮正自矜乞巧何能逢七夕

十雪題詠

○李草窓

韓王堂雪　太祖出幸

鑾蹕无声輦路平玉龍窟裔至尊龍睡翻一揭風宇凛
坐暖重茵夜色深門外飛花天地暁炉邊定策帝王心
玉笙吹徹江南雨人擁羅衾正醉吟

○嚴春山　撫州人

韓王堂雪

帝星夜度紫微宮滕六先驅擁玉驄立更袍生風絮白
坐閒袒燄地炉紅宋家数百年天下晋䉵两三盃酒中
攜外有人方鼾睡夢回花月小楼東

○葉水村　龍泉人

伊川門雪　游楊侍立

尹饜大寒侍講帷先生瞑目坐如尸丈函立久已潜悟
天瑞積深渾不知白室盡生初見頃紅炉點化且休時
一家敎法清和異伯子春風更可師

○袁安道

袁安洛雪　高卧洛陽

世界瓊瑶別一般出門半歩即風寒飛花上下山河異

卧揖中間天地寬无過客未行逝少作千人態此時誰
立身大節當然耳豈意清高却得官

○陳應江

李翊淮雪襲平蔡柵

玉龍戰罷舞殘鱗常侍乘虛夜進兵攉馬疾騰乘殺氣
池鵝乱擊雜軍声文城風急嚴師律洄曲雲低壓賊營
士女迎門笑相語曉來春滿蔡州城

○王劍川

王猷溪雪訪戴安道

心事微茫剡曲流夜窗風定六花收山川一色天如畫
上下交光月在舟目醉自吟懷渺渺興来興去詠悠悠
歸歟柏樹堂前侍首問平安如昨不

○李蒙齋

李及知雪訪林和靖

溲溲長堤温粲漫使君未拍隱君關太宗誰信五馬出
湖濵催隨一鶴还林麓清光輩促覘梅花冷伴一翁閑
他時白集歸舟月別去先生不汗顏

○陳天齋

蘇武齧雪北海牧羊

海上羝閑十九年孤臣悚死不呼天忍將膝与羊俱跪
誓把心同節共堅衰鬢霜飛甘卧雪剛腸水透六發冰
當時不為求歸牧千古高飛更凜然

○鄭溥

鄭綮驢雪灞橋詩思

長憶飄然灞水涯此時此景客那知風前策蹇吟吟遠
橋外衝寒去去遲飛絮一鞭披對眼落梅双鬢染吟髭

思清如許寧无句定恐當年有逸詩

○孫平齋

孫康書雪夜映讀書

偷光不肯笑康衡千古先生以介名造物憐人共清白
夜爐无月亦光明恍疑黎杖吹煙照誰信銀河剪水成
他日鳥臺霜凜凜依然氣槩老書生

○劉南金

歐陽詩雪禁體題詩

盐絮紛紛語濫觴如何鵝鶩到駿黃比方明禁千餘字
條令昭垂六乙堂頌士筆才成束手坡翁戟鐵可爭光
采微只把桼桼詠刪後多安床上床

友人来自杭遊示洛南王十臺懷古詩讀之感慨不巳天江山故宮歌舞遺跡千載之上英雄游焉千載之下狐兔行焉俛仰變更孰能无情而詩人尤甚發為詠歌詞雖不同而意氣脗合若物之鳴以類而應余安得妄言哉余生好游嘗聞馬子長壯拾遺覽觀四方山川之勝以壯其文心切慕之異時浮江淮游沅湘上巴蜀過秦漢故都歷燕趙齊魯之墟所見如十臺尚多訪遺老詢故實条觴三酹之足以發一時之興洪宿昔之願歸而讀馬杜之詩文以證其所得焉耳

姑蘇　堂

百花洲上姑蘇臺吳王宴時花正開半空晝燭西子醉三更鐵甲東門來吳波渺渺吳山簇不見嬌鸞倚闌曲冊楓落月悲啼鳥碧草東風驚走鹿闔廬丘墓相連処癡恨夫差迷不悟斷指千年血未乾游魂夜哭臺前路

章華臺

靈王傾国崇臺宇按劍章華睨中土弁裳伏地走諸侯鍾鼓淩空震三楚驕矜不顧伍子謀落成乞与吳丘墟孤舟竟走江上路塊土獨桅山中愁十年伯氣終蕭瑟回首華容歸不得飢魂漂泊啼秋煙細腰却舞新王前

朝陽臺

神娥縹緲高唐上楚宮樓閣森相向丹楓蒼桂滿孤巖錦石清江簇連嶂行雲冥冥飛雨寒孤猿咽咽千花間翠旗龍駕杳何処斷魂殘夢愁空山微臣宋玉誇此賦當日襄王豈真遇千古秋風恨未平高泉飛落三巴遠

黃金臺

昭王銳志東青社築土縣金奉賢者四方劍佩集強燕千里強燕空駿馬郭君自峯先群蒙樂生獨步超凡曹酬恩一聖伯国恥建功並倚雲天高君臣意氣千年少落日荒墟沒秋草黃金買貴滿長安惆悵英雄布衣老

戲馬臺

項王戰馬從東來意氣蹴踏全秦摧入関不並沛公譽還鄉却上彭城臺重瞳按劍風雲擁万疋騰空煙霧起運去垓下泣名騅寒落江濱餘数騎寄奴千載心争雄登高把酒臨秋風詠移晉鼎非男子君看百戰東城死

歌風臺

沛宮置酒君王歸酒酣思慘風雲飛兒童環臺和聲節父老並酒座同沾衣一歌豐沛白日動再歌淮楚長波湧龍髯氣拂半空寒虎士心馳四方勇山河蕭瑟長陵荒野中怒響猶飛揚歌臺未傾風未息故鄉之恨那有極

望思臺

桐人氣迫前皇驪思子宮城歲華晚高臺有恨碧草新大野无蹤金貨遠一朝弄兵兒罪輕百年鍾愛天倫深戾園魂魄夜寂寂胡城風雨秋陰陰漢宮樓觀連天起方士熏香召仙鬼望思望思終不歸茂陵老淚如傾水

銅雀臺

半空高棟翔金雀王辰繐帷塵漠漠西陵老樹暝色寒建安殘妓春情薄曲終紅袖辞尊前登傾斷鬢飛人間分香淚君恨不滅秋風吹入桃花班漢家一片如膏土皆為奸雄截歌舞銷瓦曹瞞万古魂落日漳河咽寒雨

鳳凰臺

金陵王氣飛祥雲鳳凰臺上声和鳴鳳來春風花寞寞鳳去秋風荒草生嬌娥舞散高城暮青山迴隔丹丘路斜陽門巷語烏衣細雨汀洲飛白鷺江空天闊鳳影遙謫仙吟斷誰能招六朝宮闕煙蕭蕭月明夜半人吹簫

凌歊臺

太明天子游南国紅粉三千臺百尺歌鍾激浪楚日白簾櫳凝覩湘雲碧凌虛高宴金輿來侍臣押笑朱顏開臺城宮家銷花柳寄奴土墳生塵埃昏昏醉夢春風几不顧江東数千里酒罷歌闌帝業銷青山空映當塗水

秋懷

江南木葉飛江北百草黃花煙淡莽蒼悵望川途長宂鳥聚其群鳴鴈忽成行俛仰念時物寥居耿淒涼昔我

二三友敦好攻文章漂零轉相失尺素不得将人生四
方志企尔揚声光登山豈无車涉水亦有舫真誠諒不
隔离别庸何傷
怨〻意不懌獨步登高丘群山紛虬蟠前當大河流八
月章木凋万里風雲愁宊𣆀蕩白日孤鴻去悠〻鳴飛
不可極其下禹九州古來英雄士百戰横戈矛念我當
壯年弗获兹地游豈無干時略欲往詣見收君看天馬
駒失足羞蹇蹙干
我居雖廛中无营灣昏晨出門少朋徒入室誰与言揚
揚夸子短衣踞高軒馬時笑寔拙記識我所存寘心
玩群動大化争飛奔西風振槁木白露零吉孫榮悴俛
仰間物理豈待論易哉栖遲士毋為怨衡門

和黄滑卿客杭見寄

一從君客江城去詩思凄涼酒盞空天末〻〻溪紬雨
春深閉户落花風半生政恐才名誤万里誰怜意氣同
坐憶王孫詠招隱萋〻草色向人濃
書問蕭條已半年知君近賣過湖船江花日暮吹紅雪
店樹春晴起綠烟客裏光陰還如許人間岐路正茫然
離羣得以游從樂紙貴分推百万篇
翰林李士巴西彦天禄儒臣漢世雄一笑啼逆翁故老
並游方外亦清風吴天有象星辰聚碧馬成群眼已空
十載神交未相識卧淹幽谷恨羈窮

皇元風雅卷之六　終

後集

文鏡秘府論

提要

《文鏡秘府論》六卷，日本空海撰，日本東方文化叢書影印古鈔本。是書專論南朝至中唐詩歌，全書以天、地、東、南、西、北分卷。是書述及詩歌聲律、詞藻、典故、對偶等。空海俗姓佐伯，名空海，遍照金剛是其法號。是書有鈔本若干，除臺彎有一，餘均在日本，如京都醍醐寺藏有古鈔本四種。

文鏡秘府論　并序　天
金剛峯寺禪念沙門遍照金剛撰
夫大仙利物名教爲基君子濟時文章是本
也故能空中塵中開本有之字龜
上龍上演自然之文至如觀時變於三
曜察化成於九州金玉笙簧爛其文
而撫黔首郁乎煥乎燦其章以馭蒼

生然則一爲名始文則教源以名教爲
宗則文章爲紀綱之要也世間出世誰
能遺此乎故經說阿毗跋致菩薩必須
先解文章孔宣有言小子何莫學夫詩
詩可以興可以觀邇之事父遠之事君人
而不爲周南召南其猶正牆面而立也
是知文章之義大哉遠哉文以五音不奪五

綵得所立名章因事理俱明文
不昧樹號因文詮名唱名得義名義已顯
以覺未悟三教於是分鑣五乘於是並
轍於焉釋經妙而難入李篇玄而寡
和桑籍近而爭唱游夏得聞之日屈
宋作賦之時兩漢辭宗三國文伯體韻心
傳音律口授沈侯劉善之後王皎崔元

之前盛談四聲爭吐病犯黃卷溢篋緗
帙滿車貧而樂道者望絕訪寫童而好
學者取決無由貧道幼就表舅頗學藻
麗長入西秦粗聽餘論雖然志篤禪默
不屑此事爰有一多後生扣閑寂於文囿
撞詞華乎詩圃音響難默披卷函杖即
閱諸家格式等勘彼同異卷軸雖多要

樞則少名異義同繁穢尤甚余癖難療即事刀筆削其重複存其單號總有一十五種類謂聲譜調聲八種韻四聲論十七勢十四例六義十體八階六志二十九種對文三十種病累十種疾論文意論對屬等是也配卷軸於六合懸不朽於兩曜名曰文鏡秘府論庶緇素好事之人山野文會之士不尋千里蛇珠自得不煩旁搜雕龍可期

調四聲譜　調聲　用聲法式

八種韻　四聲論

調四聲譜

諸家調四聲譜具例如左

平上去入配四方

東方平聲　平伻病別　南方上聲　常上尚杓

西方去聲　去麩祛怯　北方入聲　壬衽任入

凡四字一紐或六字總歸一紐

皇晃璜　鑊　禾禍和　傍旁徬　薄　婆潑紴

光廣珖　郭　戈果過　荒恍侊

禾火貨

上三字下三字紐屬中央一字是故名總歸一紐

綺錯入四聲紐字配為雙聲疊韻如後

郎朗浪落　黎禮麗捩

剛岡鋼各　笄併計結

羊養恙藥　夷以異逸

鄉嚮向謔　奚󠄀蹊徯

良兩亮略　離邐詈栗

張長悵著　知倁智窒

凡四聲竪讀爲……讀……韻……
亂上四字即是雙聲若解此法即解反音法
反音法有二種一紐聲反音二雙反音一切
反音有此法也　聲
綺琴　良首　書林
欽伎　柳觴　深廬
釋曰竪讀二字互相反也傍讀轉氣爲
雙聲結角讀之疊韻曰綺琴去欽伎
互相反也綺欽琴伎兩雙聲欽琴綺伎二
疊韻上諧則氣類均調下正則宮商韻切
持綛奉處類同然
崔氏曰傍紐者
風小　月膾　精酉
表之　欣　琴　酒盈

紐反雙聲一首
正煙
天隱
右已前四字縱讀爲反語橫讀是雙聲錯
讀爲疊韻何者土烟天隱是反語天土烟
隱是雙聲天烟土隱是疊韻乃一天字
而得雙聲疊韻略舉一隅而示餘皆效

且用四十字詩廿字一管即生其意
通廿字一管生得六十七十百字詩廿
字一管即生其意語不用合帖須直道
天真宛媚爲上且須識一切題目義最要
立文多用其意須令左穿右穴不可拘檢
作語不得辛苦須整理其道格

高下隔之下降律調其言言之於字輕重清濁問之須識至如有輕重者有輕中重重中輕當韻之即見且庄字全輕霜字輕中重瘡字重中輕床字全重如清字全輕青字全濁詩上句第二字重中輕不可下句第二字同聲為不資上又聲一聲一管上句平聲下句上去入

上句上去入下句平聲次平聲又次之上去入次上去入次又平聲如此輕重相之直至於尾兩頭管上去入相近是詩律也

五言平頭正律勢尖頭

皇甫冉詩曰 五言

中司龍節貴上客虎符新地控吳襟帶才光漢縉紳泛舟應度臘入境便行春何處歌來暮長江建業人

又顧況歸山詩曰 五言

欲知愚谷好別與春還鶯暖初歸樹雲晴卻戀山石田耕種少野客性情閑也詩應見殘陽且掩關

又五言絕句詩曰

胡風迎馬首漢月送蛾眉久戍人將老長征馬不肥

又崔署試得明堂火珠詩曰

正位開重屋淩空出火珠夜來雙月滿曙後一星孤天淨光難滅雲生望欲無終朝聖明代國寶在名都

又陳閏罷官後卻歸舊居詩曰

不歸江畔久舊業已凋殘露草蟲絲溼

湖泚鳥跡乾，買山間窖吞，纔竹徐漁樕榆
必勞湖縣駈逐一官

啓梁調諭

張謂題故人別業詩曰　五言

平子歸田處，園林接汝濆。落花開戶入，啼
鳥隔窗聞。池淨流春水，山明斂霽雲。
遊仍不厭，無門夜尋君。

何遜傷徐主簿詩曰　五

世上逃群士，人間傲慢賢。果論嘗哦
誇運篤周旋

又曰

一旦辭東序，千秋送北邙。客簫雖有
樂，鐃管遂遂傷

又曰

操琴就阮籍，載酒覓揚雄。直荷濟輩
水斜柳飴吞

七言尖頭律

皇甫冉詩曰

閑看秋水心無染，高臥寒林手自栽。廬
阜直僧留偈別，茅山道士寄書來。
社日辭巢去，菊為重陽冒雨開。殘牌

何時繡獻納，臨岐終日自遲迴

又曰　自西鄰夫子野性貧居數畝半遷
溪雲帶雨來，茅洞山鶴將雛上藥欄。仙
籙滿床閑不厭，青荷在篋老羞看。更憐
童子宜春服，花裏尋師到杏壇。

九氏曰　聲有五聲，角徵宮商羽也。分於文
字四聲，平上去入也。宮商為平聲，徵為上

聲附為去聲用為入聲沈隱侯論云
欲使宮徵相變低昂殊節若前有浮聲
則後須切響一簡之內音韻盡殊兩句
之中輕重悉異妙達此旨始可言文固知調
聲之義其為大矣調聲之術其例有三一曰
換頭二曰護腰三曰相承
一換頭者若兢於蓬州野望詩云

飄颻宕渠域曠望蜀門隈水共三巴遠
山隨八陣開橋形疑漢接石勢似煙迴欲
下他鄉淚猿聲幾處催
此篇第一句頭兩字平次句頭兩字去
上入次句頭兩字去上入次句頭兩字
平次句頭兩字又平次句頭兩字去
上入次句頭兩字又去上入次句頭兩字

又平如此輪轉自初以終篇名為雙換
頭是最善也若不可得如此即如篇
首第二字是平下句第二字是用去
上入次句第二字又用去上入次句第
二字又用平如此輪轉終篇唯換第
二字其一字与下句第一字用平不妨
此亦名為換頭然不及雙換又不得

句頭第一字是去上入次句頭用去上
入則聲不調也可不慎歟
二護腰者腰謂五字之中第三字也護者
上句之腰不宜与下句之腰同聲然同去上
入則不可用平聲無妨也
庾信詩曰
誰言氣蓋代晨起帳中歌

氣是第三字上句之要也帳又第三字
是下句之腰此為不調宜護其腰慎勿
如此也

三相承者若上句五字之內去上入字則
多而平聲極少者則下句用三平承之用
三平之術向上向下二途其歸道一也
三平向上承者如謝康樂詩云
溪壑斂暝色雲霞收夕霏
上句惟有溪一字是平四字是去上入故
下句之上用雲霞收三平承之故曰上承也
四平向下承者如王中書詩云
待君竟不至秋鴈雙雙飛
上句惟有一字是平四去上入故下句
末雙雙飛三平承之故云平向下承也

詩章中用聲法式
凡上一字為一句下二字為一句
或上二字為一句下一字為一句　三言
上二字為一句下三字為一句　五言
上四字為一句下二字為一句　六言
上四字為一句下三字為一句　七言
三言一平聲　驚七曜詔八神驅金鸞
二平聲　排閶闔度天津跡上黔
四言一平聲
寶運惟顯世康禮博有頹睟儀棍棘愷
二平聲
凝金曉陵紫玉山抽丹羽林發頎惟輕薄
三平聲
高遊光風仁氣避闕皮卿不群

五言一平聲

九州不足步，同轄道存崙

二平聲

帝紀滿侠宮，渌水涌春波，而載斜臉斷髮膝

闕疰子永乾，問津所詠，哥珠未已，百行局所誤

三平聲

投毫對明燭，蘭生半上階，無論文濁錫㐫

命名羸反終，閲九州成水濱，衆澹来遊春

揚遠聲

四平聲

儒道推標縈非關心尚賢

五言二平聲

谷園吹鴻食，蛸賓沙頭白鶴，自衝波，消客游華

塵小將士来近，道側月，馳遠不傳，作勝詳林

莫言八挖沛星神獻

三平聲

容行感恩無恥，傳車向路，不乘奄忽縱横

無益洞口青松，起風，憂從中容，滄何不歸

栖高觀，不為時千所顧

四平聲

莲丹暫来嶺下，紫門，掩恒蕩蕩林

氣凝况，又流飄他方，南至榮悅憑恣

為貪生自適，身為灰土消爛

五平聲

蓬萊方丈相邁，人生幾何多憂，風起塵興願

登高臨河顧西

七言二平聲

將軍一去出潮海，猜是舊命向誰陳，甘下達

相去捲風嫁得作緘彈琴聲寒鴈一一度
逢之誰堪老感萬衷扇
三平聲
相抱長眠不顧起何有傾城蕩舟妾楚宮
美女舊名復嫪無雙獨立人二人拂鏡閨
珠幕都護府裏無相識從北雲氣晝昏々
自從將軍出細柳左校深閨行且宜卿音之
虎素八術
四平聲
秋鴻千百相伴至胃儵纖腰入金谷妾
靈符作衣燕山去塞三千里金門巧咲本如
神洛城秋風依竹進玉釵長袖共留賓惟
九族女子表云調河畔青々唯見早前胡歲
中々花一變

五平聲
高鳴遠峨連粉壁可憐春日桃花數付時
俱來堪見遊鴛鴦多情織擬雲歸沙幕
偏能轎還卷回扇匣中秋深入達之偏易字
將軍勒兵訶邊川勒言度燕御玄菟
六平聲
朝々愁向循思床桃花幽鬪無嫩衍春之
輿雲畫如羅
七種韻
凡詩有連韻疊韻轉韻疊連韻鄰韻重
字韻同音韻
一連之韻者第五字与第十字同音故曰連韻如
淋東云詩云
嶰谷管新抽淇園竹復脩作龍還葛水為鳥

句宗州

此上第五字是柚，第十字是脩，此為佳也

二疊韻者詩曰

看河水漠瀝望野草蒼黄露停君子樹霜宿女姓薑

此為美矣

三轉韻者詩曰

蘭生不當門別是閑田草夙被霜露欺紅榮已先老謬接瑤花枝結根君王池顧無馨香美叨沐清風吹餘芳若可佩卒歲長相隨

四疊連韻者第四第五与第九第十字同韻故曰疊連韻詩曰

羈客意盤桓流淚下蘭干雖對琴觴樂煩情仍未歡

此為美也

五擲韻者詩曰

不知羞不敢蜀但好去莫相慮孤客驚百愁生飯蔬簞食樂道忌飢巷陋不疲此之謂也

又曰 不知羞不肯留集灑城夜啼聲出長安遠上蘭指揚都越江湖念邯鄲飧但好去莫相慮

六重字韻者詩曰

望野草青青臨河水洽洽斜峯纜行舟曲浦浮積沫

此為善也

七同音韻者所謂同音而字別也詩曰

今朝是何夕良人誰難覯中心實怜愛夜寐

不安之帝
此上第五字還是庚此无妨也
四聲論
論曰經案陸士衡文賦云其爲物也多姿其爲
體也屢遷其會意也尚巧其遣言也貴妍
暨音聲之迭代若五色之相宣　又云豐約之
裁俯仰之形因宜適變曲有微情或言

拙而喻巧或理樸而辭輕或襲故而彌新或沿濁
而更清譬猶舞者赴節以投袂歌者應絃
而遣聲文賦作周流備於茲賦矣陸公才高價
重絶世孤出實辭人之龜鏡固難得文名焉
至於四聲條貫無聞焉尒古今之制蘅林寬
疑古今詩病利乃作者之師表丁度之文
詮衡別優劣編時韓者文人之苑囿其

代鑑巧切之韻作曲於朗陳未
馬騁口縱復一時之奮飛於荊楚揚驚於西蜀或
升堂擅美或入室稱奇可爭日月之光輝陵雲
之氣敬通平子分路揚鑣武仲孟堅同塗競
遠曹植王粲孔璋公幹之流潘岳左思士龍
景陽之輩詩騷之後晉宋已前杞梓相陸
良亦多矣莫不揚藻敷華文彩名翰

與錦肆爭華發響有共珠林合韻然下
詞高下未會當今脣吻之間何其滯歟
四聲者無響音不到無言不攝總括三才苞
籠萬象劉滔云雅復雷之疾響且鳥獸鳴
萬籟爭吹八音遞奏出口入耳觸身動物固
無能越也唯當欲聲之外言語道斷此所不
論袁蕃聞於終古獨見知於來代豈是悲夫雅

師曠調律京房改絃伯喈之出變音公明之
察鳥語至於此聲竟無先悟且詩書礼樂聖
人之遺旨探賾索隱亦未之前聞宋末以來始
有四聲之目沈氏乃著其譜論云起自周顒故
沈氏宋書謝靈運傳云五色相宣八音協暢玄
黃律呂各適物宜故使宮羽相變低昂舛節
前有浮聲則後有切響一簡之內音韻

盡殊兩句之中輕重悉異妙達此旨始可言文
至於先士茂制諷高歷賞子建函谷之作仲
宣霸岸之篇子荊零雨之章正長朔風之
句並直舉胸情非傍詩史正以音律調韻取
高前式劉滔亦云得者闇与理合失者莫識所
由唯知齟齬難安未悟安之有術若兩國有佳
人夜半不能寐豈用意所得此皆子頭所寄

云沈約謝朓王融以氣類相推文用宮商平
上去入為四聲世呼為永明體則蕭齊永
明元年即魏高祖孝文皇帝太和之六年
也昔永嘉之末天下分崩關河之地文章殄
滅魏昭成道武之世明元太武之時經營四方
所未遑也雖復網羅俊民獻納左右而文多古
質未之皆聲調耳及太和任運志在辭

化下俗俄和以後魏文苑　祖
天鏡鈍情學無以頡頏衛本書不合
遂韻高艷獨標衣冠作咸慕則風律調
殊度遂臣韓窣原言　騰練　離令
有　值至於雅言麗則之　綺文縟耳之美
陟　聞蜀得　而陳郡袁翻　內常
景校預焉　風及肅　文雅

孔子曰學者如牛毛成者麟角其歟
乎從此之後才子比肩聲韻抑揚文情婉麗
洛陽之下吟諷成群及徙宅鄴中辭人間出風
流弘雅泉湧雲奔動合宮商韻諧金石者蓋
以千數海內莫之比也郁哉焉嫚卒於斷為國乃
雍覺牖繩樞之士綺襦紈袴之童習俗已久漸以
成俗促促對賓談論聽訟斷決運筆吐辭皆

之於八異人劉勰著雕龍篇云音有飛沈響有
有雙疊雙聲隔字而每舛疊韻離句而必
必睽沈則響發如斷飛則聲颺不還並轆轤交
往逆鱗相比迂其際會則往蹇來連其為疾
病亦文家之吃也又云聲畫妍蚩寄在吟詠滋
味流於下句風力窮於和韻異音相從謂之和
同聲相應謂之韻韻氣一定則餘聲易遣和體

成故遺響難契八此以細知苦於
弘計其盛趣無以間但恨連章結句時
多澀阻所謂能言之者也未必能行者也頻以
鍾嶸之作詩評料簡次第議其工拙乃以謝
朓之詩末句多蹇降為中品侏儒一節可謂
有心哉　又云但使清濁同流口吻調和斯
之足矣至平上去入余病未能謂

口吻之為工不知調和之有術譬如刻木為鳶
搏風遠颺見其抑揚天路騫翥煙霞咸疑
羽翮之行然焉知王爾之巧思也四聲之體調和此
其效乎除四聲已外別求此道其猶之荊者而
北行適越雖遇牧馬童子何以解鍾生之迷或復
云余病未能觀公此病乃是膏肓之疾縱使
華佗集藥扁鵲投針恐魂從宗終難起也深

稍音睿有王元長者常謂余曰宮商與二
儀俱生往古詩人不知用之唯范曄謝公頗識
之今讀范侯讚論謝公賦表辭氣流靡
罕有掛礙斯蓋獨悟於一時為知聲之創首
也洛陽王斌撰五格四聲論文辭鄭重體例
繁多剖析推研忽不能別矣魏定州刺史甄
伯一代偉人以為沈氏四聲譜不依古典妄

穿鑿乃取沈君少時文詠犯聲處以詰難之
又云若計四聲為紐則天下眾聲無不入紐
萬聲萬紐不可止為四也經以為三王異禮五
帝殊樂質文代變損益隨時豈得膠柱調
瑟守株伺兔者也古人有言知其一不知其二謂
之一聲知以不知今謂之陸沈孔子溫故而
知新可以為師矣必也一隅一闕謂之一隅一上

永無窮滯之道甄公此論恐未成變通
且夫平上去入者四聲之總名也征整政隻
者四聲之實稱也然則名不離實實不遠名
名實相憑理自然矣故聲者逐物以立名紐
因聲轉注萬聲萬紐縱如來言但四聲者譬
之軌轍誰能行不由軌乎縱出涉九州不離四
海誰能入不由戶也四聲總括義在於此

數□□□士試□□□蕭衍不知四聲嘗
縱容謂中領軍朱异曰何者名為四聲
荅天子萬福即是四聲衍謂异天子壽
考豈不是四聲也以蕭主之博洽通識而
竟不能辨之時人咸美朱异之能言歎蕭主
之不悟故知心有通塞不可以一概論也今
尋公文詠辭理可觀但每觸籠網不能回

之方驟前說非聽然甄公論
神農重八卦无不純立象不象似於
作詩凡四聲之急則同諸四萬
象土鳥四聲所周群聲類
有五聲而凡四聲皆則四聲之中何傷之
聲也二經宮商角徵相應
聲者事則

矣作五言詩者善用四聲則諷詠而流靡
能達八體則陸離而華潔明各有所施不
相妨廢昔周孔所以不論四聲者正以春
為陽中德澤不偏即平聲之象夏草木
茂盛炎熾如火即上聲之象秋霜凝木落去
根離本即去聲之象冬天地閉藏萬物盡
收即入聲之象以其四時之中合有其

不制也之耳是以中庸云聖人有所不知匹
夫匹婦猶有所知焉斯之謂也魏秘書常景
為四聲讚曰龍圖寫象鳥跡摛光辭溢不徵
氣靡清商四聲發彩八體含章浮景玉苑
妙響金鏘雅章句短局而氣調清遠故知
變風俗下豈虛也哉齊僕射陽休之
文也有以音有楚夏韻有訛切

今古不同遂辨其尤相涉者五十六種科以四
聲名曰韻略制作之士咸取則焉後生晚學所
賴多矣齊太子舍人李節知音之士撰音譜
決疑其序云案周禮凡樂圜鐘為宮黃鍾為
角大蔟為徵沽洗為羽商不合律蓋與宮同
聲也五行則火土同位五音則宮商同律闇
與理合不其然乎呂靜之撰韻集分取無方

王微之製鴻寶詠聚少驗草上云入出於內
里克約取以宋聲之律呂相合韻謂宮商徵
羽角即四聲也羽讀如括羽之羽亦之和同以
拉群音无所不盡豈其藏理万古而未改於
先悟者乎經每見當此文人論四聲者衆矣
然其以五音亂偶多不能諧李氏忽以周禮
證明不合律与四聲相亂竝合亦然
同是謂鍾蔡以還斯人而已

天

頗有增淨盡文

文鏡秘府論　地

金剛峯寺禪念沙門遍照金剛撰

十七勢　十四例　十體　六義

八階　六志　九意

論體勢等

勢例

王氏論文云詩有學古今勢一十七種具列如後

第一直把入作勢　第二都商量入作勢

第三直樹一句第二句入作勢　第四直樹兩句第三句入作勢

第五直樹三句第四句入作勢　第六比興入作勢

第七謎比勢　第八下句拂上句勢

第九感興勢　第十含思落句勢

第十一相分明勢　第十二一句中分勢

第十三一句直比勢　第十四生殺迴薄勢

第十五理入景勢　第十六景入理勢

第十七心期落句勢

第一直把入作勢
直把入作勢者若賦得一物或自登山臨水有
閑情作或送別但以題目為定依所題目入
頭便直把是也皆有此例昌齡寄驩州詩
入頭便云
與君遠相知不道雲海深
又見譴至伊水詩云得罪由己招本性易然諾
又題上人房詩云　通經彼上人無迹任勤苦
又送別詩云　春江愁送君蕙草生氛氳
又送別詩云　河口餞南客進帆清江水
又如高適云　鄭侯應棲遑五十頭盡白
又如陸士衡云　顧侯體明德清風肅已邁
第二都商量入作勢
都商量入作勢者每詠一物或賦贈答寄人

皆以入頭兩句平商量其道理第三第四第五
句入作是也皆有其例昌齡上同州使君伯詩言
大賢本孤立有時起經綸伯父自天稟元功
載生人　是第三句入作　又上侍御七兄詩云
天人俟明略益稷分堯心利器必先舉非賢
安可任吾兄執嚴憲時佐能鉤深　此是第五作勢也
第三直樹一句第二句入作勢
直樹一句者題目外直樹一句景物當時者
第二句始言題目意是也
昌齡登城懷古詩入頭便云林藪寒蒼茫
登城遂懷古　又客舍秋霖呈席姨夫詩云
[illegible]桑亂秋雨空暗愁暮心　又孤煙曳長林
春水聊一望　又送鄢賁覲省江東寺云
風橋[illegible]海岸客帆歸富春　又宴[illegible]寺

空□□□□亭上納涼際 此是直樹一句第二句入作勢

第四直樹兩句第三句入作勢

直樹兩句第三句入作勢者亦題目外直樹

兩句景物第三句始入作題目意是也

昌齡留別詩云

桑林映陂水雨過宛城西留醉楚山別

暮凄〻 此是第三句入作勢也

第五直樹三句第四句入作勢

直樹三句第四句入作勢者亦有題目然

直樹景物三句然後即入其意亦有第四

第五句直樹景物後入其意然恐爛不佳

昌齡代扶風主人答云 殺氣凝不流風悲 此是第四句入作勢

日彩寒浮埃起四遠遊子彌不歡

〻旅次盩厔過韓七別業詩云 春〻烟〻

□林□□□□道豎決滞平原□清□□ 此是第五句入作勢

延佇故人家於□招我漁樵下

第六比興入作勢

比興入作勢者遇物如本立文之意便直樹

兩三句物然後以本意入作比興是也

昌齡贈李侍御詩云 青冥孤雲去終當

暮歸山志士杖苦節何時見龍顏

又云眇默客子魂倏鑠川上暉還雲慘知

暮九月仍未歸

遷客又相送風悲蟬更號 又崔曙詩云

夜臺一閉無時盡逝水東流何處還

又鮑照詩云 鹿鳴思深草蟬鳴隱高枝

心自有所疑傍人那得知

第七謎比勢

謎比勢者言今詞人不悟有作者意依古
勢有例
昌齡送李邕之秦詩云
別怨秦楚深江中秋雲起　言別怨與秦楚之深遠也別怨起自楚地
既別之後恐長不見或偶然而會以此不定如雲起上
騰於青冥從風飄蕩不可復歸其起也或偶然而歸爾　天長
夢無隔月映在寒水　雖天長其夢不隔夜中夢見疑
由相會有如別者覺乃各一方
互不相見如月影在水至曙
水月亦了不見矣

第八下句拂上句勢
下句拂上句者上句說意不快以下句勢拂之
令意通　古詩云　夜聞木葉落疑是洞庭秋
昌齡云　微雨隨雲收濛濛傍山去
又云　海鶴時獨飛永然滄洲意
第九感興勢
感興勢者人心至感必有應說物色萬象爽然

有如感會亦有其例　常建云
泠泠七弦遍萬木澄幽音能使江月白又令江
水深　又王維哭殷四詩云
泱漭寒郊外蕭條聞哭聲浮雲為蒼茫飛鳥不
能鳴
第十含思落句勢
含思落句勢者每至落句常須含思不得

令語盡思窮或深意堪愁不可具說即上
句為意語下句以一景物堪愁與深意相愜
便道仍須意出成感人始好
昌齡送別詩云　醉後不能語鄉山雨雰雰
又落句日夕辭靈藥空山松桂香
又墟落有懷縣長煙溪樹深
又李湛詩云　此心復何已新月清江長

第十一相分明勢

相分明勢者凡作語皆須令意出一覽其文至於景象恍然有如目擊若上句說事未出以下一句助之令分明出其意也如李湛詩云

雲歸石壁盡月照霜林清　崔曙詩云

田家收已盡蒼蒼唯白茅

第十二一句中分勢

一句中分勢者海淨月色真

第十三一句直比勢

一句直比勢者相思河水流

第十四生殺迴薄勢

生殺迴薄勢者前說意悲涼後以推命破之前說世路矜騎榮寵後以至空之理破之入道是也

第十五理入景勢

理入景勢者詩不可一向把理皆須入景語始清味理欲入景勢皆須引理語入地及居處所在便論之其景與理不相愜理通无味

昌齡詩云　時與醉林壑因之惰農桑槐煙稍含夜樓月深蒼茫

第十六景入理勢

景入理勢者詩一向言意則不清及无味一向言景亦无味事須景與意相兼始好凡景語入理語皆須相愜當收意緊不可正言景語勢收之便論理語无相管攝方今人皆不作意慎之　昌齡詩云　桑葉下

纒路鷗鷺鳥滄田物情每襲蘇吾道方瀰

第十七心期落句勢

心期落句勢者心有所期是也　昌齡詩云

青桂花未吐江中獨鳴琴　言青桂花吐之時朝得相見是既去

去即未相見所以江中獨鳴琴　又詩云　還舟望炎海楚葉下

秋水　言至秋方始還此　送友人之安南也

十四例

一重疊用事之例

二上句用事下句以事成之例

三立興以意成之例

四雙立興以意成之例

五上句古下句以即事偶之例

六上句意下句以意成之例

七上句體物下句以狀成之例

八上句體時下句以狀成之例

九上句用事下句以意成之例

十當句以物色成之例

十一立比成之例

十二覆意之例

十三疊語之例

十四雜實錯綜之例

一重疊用事之例

詩曰　淨宮連博望香刹對莱莖

二上句用事下句以事成之例

詩曰　子玉之敗屢增惟塵　上句出傳下句出詩也

三立興以意成之例

詩曰　營營青蠅止于樊愷悌君子無信讒言

又詩曰　明月照高樓流光正徘徊上有愁思
婦悲歎有餘哀
四雙立興以意成之例
詩曰　鼓鍾鏘〻淮水湯〻憂心且傷
又詩曰　青〻陵上柏磊〻澗中石人生天地間
忽如遠行客
五上句古下句以即事偶之例
詩曰　背關〻汾水遊兮見塵外鑣
六上句意下句以意成之例
詩曰　假樂君子顯〻令德宜民宜人受祿于天
七上句體物下句以狀成之例
詩曰　翔風吹飛雨蕭條江上來
八上句體時下句以狀成之例
詩曰　昏旦變氣候山水含清暉

九上句以事下句以意成之例
詩曰　雖無玄豹姿終隱南山霧
十當句以物色成之例
詩曰　明月照積雪朔風勁且哀
十一立比成之例
詩曰　餘霞散成綺澄江淨如練
十二覆意之例
詩曰　延州協心許楚老惜蘭芳解劍竟何
及撫墳徒自傷
十三疊語之例
詩曰　故人心尚尒故心人不見
又詩曰　既爲風所開還爲風所落
十四輕重錯謬之例
陳王之誄武帝遂稱尊靈永蟄孫楚之哀

人居乃亦奄然貴遲（子前王驃騎諫此篇 謀一例也見顏氏傳）今於古
律之上始末酷論以祛未悟則文章之道可得
而聞也
十體
一形似體　二質氣體　三情理體　四直置體
五雕藻體　六映帶體　七飛動體　八婉轉體
九清切體　十菁華體
一形似體
形似體者謂貌其形而得其似可以妙求難以
粗測者是詩云　風花無定影露竹有餘清
又曰　映浦樹疑浮入雲峰似滅　如此即形似之體也
二質氣體
質氣體者謂有質骨而作志氣者是詩曰
霧烽黯無色霜旗凍不翻雪覆白登道冰
塞黃河源　此是質氣之體
三情理體
情理體者謂抒情以入理者是詩曰
遊禽暮知返行人獨未歸　又曰
四鄰不相識自然成掩扉　此即情理之體也
四直置體
直置體者謂直書其事置之於句者是詩曰
馬何首荷葱翻楚河雞鳴　又曰
隱隱山分地滄滄海接天　此即是直置之體
五雕藻體
雕藻體者謂以凡事理而雕藻之成於妍
麗如絲綵之錯綜金鐵之砥鍊是詩曰
岸緑開河柳池紅照海榴　又曰
華志怯馳年韶顏慘驚節　此即是雕藻之體

六映帶體
映帶體者謂以事意相愜複而用之者是詩曰
露花疑濯錦泉月似沉珠（此意花似錦月似珠自昔通規矣然蜀有濯錦川漢有明珠浦故特以爲映帶）又曰侵雲蹀征騎帶月倚彫弓（雲騎与月弓是複用此映帶之類）又曰舒桃臨遠騎垂柳映連營
七飛動體
飛動體者謂詞若飛騰而動是詩曰
流波將月去湖水帶星來又曰月光隨浪動山影逐波流（此即是飛動之體）
八婉轉體
婉轉體者謂屈曲其詞婉轉成句是詩曰
歌前日照梁舞處塵生襪又曰
泛色松煙舉凝華菊露滋（此即婉轉之體）
九清切體

清切體者謂詞清而切者是詩曰
寒葭凝露色落葉動秋聲又曰
猿聲出峽斷月影落江寒（此即是清切之體）
十菁華體
菁華體者謂得其精而忘其麁者是詩曰
青田未矯翰丹穴欲乘鳳（鶴生青田鳳出丹穴）
此全不言鶴鳳只言青田即可知鶴指言丹穴即可知
鳳此即是文典之菁華
又曰曲沼疏秋蓋長林卷夏帷（曲沼池也……）
又曰積翠徹深潭舒丹明淺瀨（積翠即松舒丹即花……）
丹翠即可知煙霞之義況乎之儒情識不收於變通即坐其危險若承人者固未可与言
六義
一曰風　二曰賦　三曰比　四曰興　五曰雅　六曰頌
一曰風

繫一國之教謂之風關雎麟趾之化王者之風
也鵲巢騶虞之德諸侯之風也
王云天地之号令曰風上之化下猶風之靡草
行春令則和風生行秋令則寒風殺言君臣
不可輕其風也
二曰賦
皎云賦者布也匠事布文以寫情也王云賦者
錯雜万物謂之賦也
三曰比
皎云比者全取外象以興之西北有浮雲類是也
王云比者直比其身謂之比假如關關雎鳩之
類是也
四曰興
皎云興者立象於前後以人事諭之關雎之
類是也
王云興者指物及比其身說之為興蓋託諭謂之
興也
五曰雅
皎云正四方之風謂雅正有小大故有大小雅焉
王云雅者正也言其雅言典切為之雅也
六曰頌
皎云頌者讚也讚歎其功謂之頌也
王云頌者容也美盛德之形容以其成功告於
神明也
古人云頌者敷陳以賦而不華侈恭慎如銘
而異規誡以六義為本散乎情性有君臣諷
刺之道焉有父子兄弟朋友規正之義焉降
及游覽答贈之例各於一道全其雅正

八階 文筆式略同

一詠物階 二贈物階 三述志階 四寫心階

五返詶階 六讃毀階 七援寡階 八和詩階

第一詠物階

詩曰 雙眉學新緣二瞼例輕紅言模出浪身

字寫入花叢

灑塵成細點濺水作圓文白銀花裏散

明珠葉上分

釋曰 聞神嶺而賦金花觀仙蓬以歌玉葉

或思今而流異作感昔以抽毫此乃詠物

之階斯題即事之言是着

第二贈物階

詩曰 心貞如玉性志潔若金爲託贈同心葉

用附合歡支

又曰 合瞻刻絲羅守啼方達曙帶長垂

南巾代久亡人手寮

釋曰 作遺瓷盌之萊苐時贈滴瀝之輕

花假類玉以制文託如金而起詠雖復

表心著遂還以贈物爲名

第三述志階

詩曰 有鳥異孤鸞飛無群獨漂鶴戲至

鳳欲騁三台上

又曰 丈夫懷慷慨膽上湧波奔只將三尺劍

決擒一朱門

釋曰 鶯雀之爲易測鸞鳳之操難知

有如儔鳳銜蘆騰龍附雲上拍託以呈

抱明賢因而表志坦蕩之懷亢陳慷慨

之雄哉

第四寫心階
詩曰　竹亂遣舟車佇望談言者若偵信來
荷花子同琴々琴
又曰　桃花々未歇蓬衣々已香望々遙心術
悽々愁切腸
釋曰春光晚々託青鳥以通言夏日修々
歌紅綫而表意者也指明命相方事一時
寒鵑追雀々柳新如應々揮四撫既酒一
樽若是故以寫心為名

第五返訓階
詩曰　歲復歲炎光燼天燼氣烈
又曰　清階清淵瀉涼戶涼風入
釋曰此於々涼秋被凍歲暑九冬雪狀悽切々
春風光可號月二節各舉且兩時乎別
語既差橋故以訴為名

第六讚賢階
詩曰　施朱桃惡采點黛柳慚色
又曰　皓雪已藏蟬凝霜方疊歇
釋曰讚此綠萬元方毀彼羅紈取證既
近辱緹錦之速恥霜雪至如梁家青
娥漢女冬已但顏宋東施朱江妃故宜贊
色且白電又云康哀賦以爭所敢讚賢之
階是立

投
第七投宵階
詩曰　女羅本細草於華信不功懸高岀嶺
上挺樹入雲中　又曰　愁臨々臺鏡凝當全
樓禪釋々登巖眺遠陟嶺瞻高此乃從
彼敷榮身他代寄身復何愚寶寫鏡絕塵

遊馮如花之軟於龍濤屏浪乃蚰似月之蛾眉既濕有功且似託於信 又云亦任

第八和詩階

詩曰　花桃散散紅萠蘭精開紫客子情已多春望復如此

又曰　風光檉朧麦白華映林叢春情無以堪哢念何山河

釋曰萠蘭碧桂風舞茶山之飛於紫茶紅桃曰漾花中之艷色彼既所呈九腹此即後答三春兼疑秋情容署复枕漆墨之韓不異述懷之志皆同彼山宮高故稱相和王斌有言曰元山可以滅水有日必應生月夫訓稱答詩之法語復但令切著施散元襲

六志　筆札略同

一曰直言志　二曰比附志　三曰寄懷志　四曰起賦志　五曰貶毀志　六曰讚譽志

一曰直言志

直言志者謂的申物體指事而言不藉餘風別論其詠即假作屏風詩曰

緑葉霜中夏紅花雪裏春去鳥不移迹來

車輦動輪

釋曰畫樹長青不許經霜變色圖花赤亭應度身改容毫模之迹 料刺 未移蹤筆寫行輪何能進轍如斯起詠所例曰直不藉煩詞自然應 格占

二曰比附志

比附志者謂論體寫狀寄物方形意託斯間

言彼處所假以照以詩曰
情發上，別曲鷹邊斯佐行，別雲千過樹百種
垂露千似行啼
釋曰：元方叙意，寄怨於絃中，有意論
情附斷鴻於鷹側，上見似雲之樹，託愁
氣以合詞，下賭垂露，懸珠寄啼，行而舊
筆意在疑類，輸誠鮮於俗，形假論
月，侍於在類，豈在在言，所言之力
附
三曰寄懷志
寄懷志者，謂情含鬱抑，語帶諷諭，事側
高胸，詞褻誦，說即假作詠蘭詩曰
日月雅不照，馨香要自豐，有惡生於地
逃遁之

釋曰：據遣自表，寄於鳩地，略述馨
香有質，遣論逐吹，元由猶屈原多俟，離
騷之詠，勃興賈誼不中，伏鳥之歌，作如
斯之例，因号寄懷。
四曰起賦志
起賦志者，謂行行論古事，指列今詞，摸
秋之舊風，起筆札之新興，或指人為定，就
行以題篇，或事成韻，由下
衍申名，兄託志，流此之徒，皆名起賦
假作賦得鸞被 詞詩曰
隱見通榮辱，行藏備卷舒，避席詩曾子
起庭誨伯魚
釋曰：有道无道之說，備列前用之
事為傳後代，避席載孝經也

過於義斑論語如斯之例率得成言因
舊行新故名起賦者也

五貶毀志

貶毀志者謂指物實佳興文道惡他言你
是我說宜非文筆見貶言詞賛毀證善爲惡
爲以名字即假作田家詩曰
有意嫌千石無心羨九卿且悅丘園好何今

冠蓋生

釋曰千石崇高興言有嫌九卿位重所以
無心斯非冠蓋例悅丘園貶毀之情自然
隆着

六曰讚譽志

讚譽志者謂心你賤物言貴者不如意望
今古先賢之莫及詞褒筆歎安敢豈擬

珠語藏文琴飄勝氣年之聚小中出大短
爲生長校滯鼻徵方云讚譽用假作美
人詩　詩曰
宋臘何須說虞姬未足談頰態花飛愧眉
成月例輕
釋曰宋臘元雙播譽音於葉孔虞姬
走飛令譽於含章鮮花艶樹刺施茲
未如初月開雲信斷眉而莫及俱論
翁玄識此旋假名具陳方申指的

九意

一春意　二夏意　三秋意　四冬意　五山意
六水意　七雪意　八雨意　九風意

春意

雲生似蓋霧起如煙　垂松萬歲臥桷千年
霞出油綺鏤張天　紅桃繡苑碧柳縈田
風生艶白帶金研　窓中落粉琵上雪
朝雲蔽日夕雨傾天　三山列霧六澤浮煙
鴻歸塞北雁入幽邊　蜂歌樹裏蝶舞花前
悲嗟漢地泣望胡天　蔡娥鼓琴趙女調弦
離衿十載別袂三年　風飄絲　臉花

唯鍾伏趙跡鼓降燕　三山聳霧五岳含煙
平原賤潔下蔡芬芳　金池水綠玉苑花紅
燈前霞盛燭下須觴　鵬　鵷繡沼鶯入花叢
蜂翔蝶舞　花開故苑柳發新叢
同觀比翼共翫雙鶩　眉間不綠臉上花黃
琴宜袖短舞稱裙長　懸情憶去舉目思鄉
雲米鶴嶺霧　天開暫爨　雪金

風飄洞戶月照長簷　環釵照隙風動鉤鈿
蘭腰婀娜玉手纖長　纔啼栢車馬覓松罡
三危鳥翅九折羊腸　鳴鳩振羽春鷹
風飄菊藥日照牆薇　嬌同漢婦態若湘妃
朝悲鳳暮夜泣鸞帷　良人恫里賤女歔欷
娼人過漠蕩婦桑媒　亭榭夜泣洞戶朝悲
林花夕落　孤眠繡帳獨寝羅幃

顏同趙燕面似西施　裙飄風轉動霧
金山喜乳入谷心疑　鴛兒荷藤織女鳴機
尋山採薇豆野收薇　啼淹武服泣爛戎衣
紅桃似頰碧柳如眉　萍開舊沼燕發新泥
黃鶯今駕紫鶯相隨　丹桃燁燁綠竹猗猗
巖奠引詠視馬興詞　桃蹊遠爵菊浦酬邑
武兜妣闕同耀　竹梅　柳垂

旦男紛寵女姿　龍城鳥俯嵩臺

蓮情萱蘐寒恩相思　雲從浪覆日逆波款

東來廣額本自長眉　君心易改妾意難移

復之意

煙雲夕卷丈霧朝開　松凉入苑避暑登臺

臨池命客入水浮盃　風接翠柳戶焰芳梅

單妙夜前軒殺朝[?]　湯風下棒[?]讌[?]

尋風照灼逐水徘徊　浮低百隻泥去千枚

未覆東非赤白西類　飄風蟀起拂水蓬開

松含風響栢負霜衰　愁心匠却眼淚難裁

獨觴滿榼蔔酒盈盃　酬觴柔德獻雅金才

同酎鳳髓并乳龍脂　時登水殿或上風臺

三桃宜獻五柳堪酬　陞山我愛洛浦君求

揆來就治汶幕之流　蘭池避逢金谷同往

今宵月映繚夜衣[?]　胡城芝然清宵多愁

分桃入寵割袖為傳　臨池顧影就水梳頭

終輕七貴焉重五侯　蛾眉造態雲髻佯羞

江湖亂浦漢上迷江　天開龍門海放奧風

迄凉上苑避暑登營　觀冥濠上眺美蒙中

朓門耿耿弥帳忡忡　朝者列歡暮室豐隆

雨從去馬水逐泥牛　元輕列龍[?]謝蝴蜩[?]

金聲滿畫柔閑養文情　芳凉方[?]玉井朱樹[?]

奈庭奮猛漢室馳雄　光持寶劍欲鳥台[?]

平生好怒立性逞武　才非白馬名闕青牛

簾臂前花笑戶外鶯嬌　花園命駕綺殿相招

彈琴弱腕妙舞纖腰　興言曾唱發語弥沈

歌持越劍舞按吳刀　池塘寄意祈禱相像

燃燈晃夜龍燭明宵　開門迎路[?]

長安遠々白日 駛輪 迷築馬嵌山
終軍奔帛司馬題橋 心存驥尾意託鴻毛

秋意

火雲將闋水初劃明 錦霞朝晴碧霧雨清
晨看度鴈夜視飛螢 燈來若月火度如星
金風乍動數袖時輕 花敵玉菀白落金城
時諄漢 蘭芳剗異 泰宮根獨 侯堂楊

燈前滅影燭下流殺 龍門泣淚馬邑悲鳴
佩者綺帳流望花屏 能粧面皃巧畫蛾眉
能歌綬唱妙舞腰輕 蒲桃我酌竹葉君傾
落門遙影羅上簷蔽 桑中遣意漢側留情
退朋沉精今文劉靈 遲々壁玉眇々羅雲
鴻歸熠燿鶴度繽紛 虫鳴東閣蟬叫西園
風高寒色月燈凝闕 楚風索々越水潾々

花敵下紫木葉々京 龍☐今☐馬邑
三清滿樽九醞盈罇 蒲桃澆濟竹葉氛氳
鳴弦鴈塞佩劍龍門 心恐憤々眼淩々漢
心雖天地意綢乾坤 晨裕公子夕織王孫
山傍日晴嶺上雲昏 風驚樹動水激雷奔
歡謝三徑涉獵幽蹊 雲羅靄々平露淒々
蟬鳴飲露燕哺銜泥 登山雉嘆衣谷猿啼

推藏夜々悵望孤棲 山斜馬嘶溜出人迷
金風動壁桂月霄低 風飄曲澗豈長溪
无方同晴有意雲梯 三覆風一廿五百聲聲人
揮戈出塞校劍毛蹊 風飄綺袖日照金堤
衡門寂々白杖栖栖 朝聽潤雉晚集山雞
閑門出獻閑々翻翳 昏々綺帳寂々蘭閨
悲嬌鼓々流漣掉 珠星眇々壁月朧

颼紫栢日凋　新[illegible]來藂開

花飛小柳無葉空　秋天秋夜秋月秋逢

秋池秋鴈秋渚秋鴻　朝雲淡々夕雨朦々

往啼紫栢ヽ青松　時迎牧子作送田月

南池養鴈北澤咋鴻　歌迎白鶴舞送青龍

[illegible]栽白[illegible]蔣青莚　秋千愁ヽ聽古恨填胸

悲易長眼波難　本稱林[illegible]今謝芙蓉

燈暉幕靜月照人空　眉如翠黛頰類花紅

平歌八表吐唱三公　弓牢台景手制黄龍

僕傾鄧艾異霞老鍾　躊躇陌上樓争房籠

行如月度立若花叢

冬意

瓊梅落葉玉樹凋柯　氷開鴈沿凍結鴛河

龍城風冷馬思寒多　單帳寒鋪雞帳錦羅

雲凝五峙霧結三河　宮高頻動律呂音和

方迎趙舞曲宴燕娥　伴真怨步艾語嬌多

花仙妙舞月燭消歌　千門涉織万户紅齒

掎觴隱虫從酒鬼戲　松蹊万仞石木千岛

馳輦習轄縣馬摩珂　屢龍惆悵謁右守崖

豕憐是姿得寵由歌　一鬼悲少九祈悲多

龍泉下拭巨闕新磨　拈藤出草掛樹孕柴

寒雲夜凝蒼靄朝沒　淡雲氣蒼幽代霧縱

寒朝促風冷夜延更　寒雲冷心臨寒夜窓明

臨池月出照日花生　才非郭大智謝荀聘

逍遙獨步入洛孤行　眉間柳翠頰上花生

侄中遥見路上逢泡　西施越弟衆如風凉

胡加切響實做二鳥　征雲下準惠交和鶯

愁雲[illegible]地苦霧乾興　一羊[illegible]一越[illegible]侄難行

金臺歌火石須離鐘　龍門舊添荒苑風殘
龍門衣凍冤苑劍淀　園合白雲池結清冰
寒朝亘度寒夜難勝　雲含十嶺日照九層
埋蹤五命還響香三徵　平原宋鵲上苑涼鳥
悲看花燭泣望蘭燈　常年賀寵今日夫憤
金山忽倒玉嶺劍崩　玉山忽倒玉岫爭崩
悲逢郭太愧見孫燈　松間霧起洞上雲騰

開元常闕鉄吉令支　林霧樹
鴻寒寒鷹寒　窗風白霧張
重催雪入複慯霜侵　雕薪鏤火鳳幕金
東經孔馬山嶽峯　竿抽鳳響笛發龍吟
蒲排我的竹葉君　從時散誕日
慎必想起舊　君為桓安休松心
綠秋芳　傾劉香　带拍陶

長門步寫　行

山思

嶽峯碣岸螺嶂　春含朝猶憂鳥
林高日少風多　青春鳥弄未夏含歌
人守嶺鷹鳥叫山和　浮丘涉鶴王音任遊
時稱鳳謂龍　開雲霧如羅
能巧　朝開海

黄態西林篇東河　望之盼之
滿川開濤納海吞河　思蒙拓挂女
嶄巖峰崿嶃嵘嵯峨　腰前万却带千松
啓君惘默　千尋万仞
或藏棲鳳或隱游龍　奐鱗百疊鳥翅千叢
猿啼北岫雉鳴南峯　招河引濟納海吞江
時逢赤子散值黄公　飛出由昇

睢之隂而東　春林胭灼夏青
淩明巧更負居之蘿　陽柚雪白張放花紅
玄扉竟入白扉爭居　黃飴東趣赤豹西蹄
牲之貧命丗之残骸　巖棲穴駭岫尋蹊麇
詩肴麋鹿乍見駒騤　棖公鷺雎禪子鶴退
文麟重嗤豕豚　神能□而嫡氣蛇之
卩男槩絶　歌鳥　居

磊雎頑頑媳　鵝鵲古程豔
山鷄或□濯雉番藏　孤鴨　雁遊邑
四文成貅五德為章　聞乎眹眼見彈侏儷
能依寒暑之吾逐陰陽　衛蘆意迫刷羽神惶
枝棲為侶出籠成行

水意

潮　危發　千　里渾

都　洪　運激浩汗田奔
清波濟泗綠浦漫　泓澄沉濃派湃涇濤
蝘蜓或滿蜂水能鬥　雲從浪覆日逐波散
青揚眹浦深倚生涓　瀟清沸瀆含綠由渚
澄如碧玉般若瑠璃　朝肴白瀨暮覩玄黿
三眸竟紀眼奔馳　楚臣唱嫦合悲
禪琴今軌岸傾曲迦　湘逐

𤅢來此處　鯤鯨
鯱鮐比鯉鯽　鮆鱗春躍冬潦
未頭濟之賴尾洋之　聽琴踴躍逐餌從
時逢鰍子値文王　冠山跳孔吽舳剿

晴如冤數目似舊光

雪意

衆合秋月春。　飄風天際散漫斜

從風□□□吹瓊砂　□□□架夜似梅花
花生桂花粉落留家　香鴻入花□□歸花
歎人悃默漢使□□　同觀瑞鳥共眺仙□
寒添薄帳□是單家　平原□□落上苑花　□
隨風宛轉□吹徘徊　朝光玉殿夜照瓊□
歸林蜂□入苑鴻□　登絃曲□入調聲□
□娥扇至洛□□關　凝□似分涼□□□

□飛流□□□□□□　□□□□□□
依樓玉□入野銀□　□□戶燈□□塵前
零□入水沫□登山　還同碎玉不異銀□
光□栗麦□□□年　□芳入扇蛾紛登絃
林間皎潔月　□光□
雨意
□□□□□□□□　□□乱鳥入□□□龍

苑
□□□霄□□□□　夜　神女朝□海□
寶□住栢□嶺□松　滂沲入海□□□江
向雲草碧北□□紅　朝瞻白馬□龍玄龍
霞□桂棟□□蘭房　林風窈窕山石玄黄
不殊京縣還如洛陽　淋冷□邑□□金鄉
分遊洞澗□入枯源　滂沲汗□霞沿湯
□中□□水□□□　□□□□□□□

□辰獻□治西□□陽　能除□□□□□
雲開斗上月度星□　平原沛□下温湯　□
番人西恐姫容東傷　青牛道絶白馬雲□
流寒鳥吼樹浪龍驚　添桃葉淨灌李花明
波中月出浪裏雲□
風意
遊□漢□□□□　飄□□□□□海

從花一一轉　逐葉徘徊　殘燭滅入戶燈摧
從絃逐管合律應灰　過林響入拂樹屏哀
昇臺悵卷入戶簾開　歎能無不能則林顏
飄曰　去颯颯時來　無秋無像能重能輕
冬涼夏暖春青　八方異號四序殊名
飼禽已集右鷺番飛　偏從暈月好逐箕星
幌邑馬一遍酌雨數　吹人則文地

馬嘶蹄巧逞飛　猶指
傾林若贊倒葉凝　逢崖自卷入野申舒
杲沉洌洌上下徐徐　遙適苟燕參次茫茫
燈前舞鳥燭下吟鳥

文鏡秘府論　地

二交了

願主佛淨之本

一傳村信行下之本

文鏡秘府論　東

金剛峯寺禪念沙門遍照金剛撰

論對

或曰文詞妍麗良由對屬之能筆札雄通實
安施之巧若言不對語必徒申韻而不切煩
詞枉費元氏云易曰水流濕火就燥雲
從龍風從虎書曰滿招損謙受益此皆聖
作切對之例況乎庸才凡調而對而不求
切哉余覽沈陸王元等詩格式等出沒不
同今棄其同者撰其異者都有廿九種
具出如後其賦體對者合彼重字雙聲
韻三類与此一名疊韻雙聲各開一對略
之賦體或以重字屬聯綿對今者開合俱舉
存彼三名濫覽達大要嫌煩冗

廿九種對
一曰的名對 又名正名對 又名正對 二曰隔句對
三曰雙擬對 四曰聯綿對 五曰互成對 六曰異類對
七曰賦體對 八曰雙聲對 九曰疊韻對 十曰迴文對
十一曰意對 右十一種古人同出斯對 十二曰平對 十三曰奇對 十四曰同對
十五曰字對 十六曰聲對 十七曰側對 十八曰鄰近對 右六種對出元兢髓腦
十九曰交絡對 廿曰當句對 廿一曰含境對 廿二曰背體對

廿三曰偏對 廿四曰雙虛實對 廿五曰假對 廿六曰切側對 右八種對出 詩
廿七曰雙聲側對 廿八曰疊韻側對 廿九曰總不對對 右三種出崔氏唐朝新定詩格
第一的名對 又名正名對 又名正對 又名切對
的名對者正也凡作文章正正相對上句安天
下句安地上句安山下句安谷上句安東下句
安西上句安南下句安北上句安正下句安斜
上句安遠下句安近上句安傾下句安正如此之

類名爲的名對
初學作文章須作此對然後學餘對也或曰天
地日月好惡去來輕重浮沉長短進退方圓大
小明暗老少凡聖俯仰壯弱往還清濁南北東
西如此之類名正對 詩曰
東圃青梅發西園綠草開砌下花徐去
階前絮緩來

釋曰上二句中東西是其對圃園是其對
青綠是其對梅草是其對開發是其對
對下二句中階砌是其對前下是其對花
絮是其對徐緩是其對來去是其對如
此之對類名爲的名對又曰
千枝黃卷晝目晚白 寒化玉石相摧草合金
風斷鴈聲行雲懸近戍半月隱遙城

釋曰上有手披下有目送上黄下白上赤
下金故曰的名對　又曰
雲光鬢裏薄月影扇中新年華与妝面
共作一芳春
釋曰上有雲光下有月影落句雖無對則
結成上意而已自餘詩皆放此叙為正
又曰　送酒東南去迎琴西北來
釋曰迎送詞翻去來義背下言西北
上説東南故曰正名也　又曰
鮮花叢上動艷采花中出蝀桐睽蘭閣鑿
柳蓋荷池
釋曰持艷但鮮用花色采對桐蔭柳之相
識故曰的名　又曰
日月光天德山河壯帝居有麗名當名上

對安之名也　又曰　恒斂千金笑長垂雙玉
啼元號曰正對者若堯年舜日
堯舜皆古之聖君名相敵此為正對若上
句用聖君下句用賢臣上句用鳳下句還
用鸞皆為正對也　如上句用松桂下句還用
蓬蒿松桂是善木蓬蒿是惡草此非
正對也

第二隔句對
隔句對者第一句与第三句對第二句与第四
四句對如此之類名為隔句對　詩曰
昨夜越溪難含悲赴上蘭今朝逾嶺易抱笑
入長安
釋曰第一句昨日与第三句今朝對越溪与
逾嶺是對第二句含悲与第四句抱笑是

對々蘭与長安對並是事對不是字對如
此之類名為隔句對　又曰
相思復相憶夜々淚沾衣空悲亦空歎朝々君
未歸
釋曰兩相對於上空隔以沾衣之句朝々偕
於衣々趣以空歎之言從首至末對屬間
未故名隔句對　又曰
月映茱萸錦艷々桃花類風吹葡萄繡香
出雲母怡　又曰
翠々苑翠叢外單蜂拾蘂歸芳園芳叢裏
雙鸞歷花飛
釋曰夫艷起於々春生隔以映茱萸之錦々月錦
偎風繡　又聞諸雲母之怡與雙芳鸞亦
兩翠蜂叢外盡聞惑故々隔句　又曰

始見西南樓纖々如玉鉤末映東北墀娟々似
眉
第三雙擬對
雙擬對者一句之中所論假令第一字是
秋第三字亦是秋二秋擬第二字下句亦
然如此之類名為雙擬對詩曰
詩曰夏暑夏不衰秋陰秋未歸炎至炎難
涼消涼易追
釋曰第一句中兩夏字擬一暑字第二句
中兩秋字擬一陰字第三句中兩炎字
擬一至字第四句兩涼字擬一消字如
此之法名為雙擬對
又曰乍行乍理髮或笑或看衣
又曰結葉結花初飛々風飛葉始

釋曰既雙結居初亦兩飛帶末無書宜時
之句可題可怜之論准擬成對故以名之
而又所雙擬名
又曰可聞不可見能重復能輕
又曰議月眉欺月論花頰勝花
釋曰陳二月降以眉欺下說雙花爛諸頰
勝之雖再讀語必流來擬用雙之故生斯

号
又曰春樹春花秋池秋日琴命清琴酒逢佳
酒思君念君千處万處如此之類名雙擬對
第四聯綿對
聯綿對者不相絕也一句之中第二字第三字
是重字即名為聯綿對但上句如此下句亦然
詩曰

看山々已峻望水々乃清聽蟬々響急思鄉々
別情
釋曰一句之中第二字是山第三字亦是
山餘句皆然如此之類名為聯綿對
又曰嫩荷々似頰殘河々似帶初月々如眉
釋曰兩荷連讀故請諸上句之中雙月
義陳言之下句之腹一文并讀二字雙

来々意遊連々蒙宕号　又々
烟離々乃代雨絶々千年
釋曰情起多端理殊難分情恭悲沾逐
且諱也自无關賦聯寔乃偏用開格
又曰望曰々已晚懷人々不歸　又曰
霏々綴夕霧赫々吐晨曦軒々多秀氣奕々
有光儀　又曰

視日ゝ將晚望雲ゝ漸積　或曰
朝ゝ夜ゝ灼ゝ菁ゝ赫ゝ輝ゝ汪ゝ落ゝ索ゝ蕭
ゝ穆ゝ堂ゝ巍ゝ如ゝ此之類名連綿對
第五互成對
互成對者天與地對日與月對麟與鳳對金
與銀對臺與殿對樓與榭對兩字若上下句
安名的名對若兩字一處用之是名互相成也
詩曰
天地心間靜　日月眼中明　麟鳳千年貴　金銀
一代榮
釋曰第一句之中天地一處第二句中日月
一處第三句中麟鳳一處第四句中金銀
一處不在兩處用之名互成對　又曰
玉殿月翠鈿寶楊金銀鏤青蚨丹碧度雲驕
歷落飛
釋曰丹翠白旋金銀別對各逐而列而互相
成飛度二言並如斯例
又曰歲時傷道路親友念東西
第六異類對
異類對者上句安天下句安山上句安鳥下句
安花上句安風下句安樹如此之類名為異
類對非是的名對異同此類故言異類對
但解如此對並是大才籠羅天地文章卓
秀才無擁滯不問多少所作成篇但如此對
益詩有功　詩曰
天清白雲外　山峻紫微中　鳥飛隨去影　花落
逐搖風
釋曰上句安天下句安山天山非類雙句白雲

紫微之非叔躰，第三句安鳥，第四句安花。
鳥非獸躰，去獸接風，風之非獸躰，如此之類
名爲異類對。　又曰
鳳織池間字，虫穿葉上文。
釋曰：風與虫非類，附對是同。池葉殊流，而寄巧
歸一，或雙聲以酬疊韻，或雙擬而對迴
文，別致同詞，故云異類。　又曰
鯉躍排荷戲，鸞舞拂泥飛，琴之一彈花拂消
側黄鸝鶯度。
釋曰：鳥飛與躍，琴歌酒事，迹既異，至如
鳥飛樹動，與躍水浪，萍澗濤水，而成文，故
搖詭風而制語，談亦鯉爲對，例酒歌傳觴酒
爲二各相無，故異類題目，空中起事。　又曰
離堂思琴瑟，别路繞山川。

又如以早朝偶故人，非類是也。　元氏云：異對
者，若來禽去獸，殘月初霞，此來與去，初與
殘，其類不同，名爲異對。異對勝於同對。
第七賦躰對
賦躰對者，或句首重字，或句首疊韻，或句腹
疊韻，或句首雙聲，或句腹雙聲，如此之類，
名爲賦躰對，似賦之形躰，故名賦躰對。詩曰：
句首重字：裊裊樹驚風，麗麗雲蔽日，琳
夜蟀鳴朧朧，曉光發。
句腹重字：漢月朝朝暗，胡風夜夜寒。
句尾重字：月蔽雲曬曬，風驚樹裊裊。
句首疊韻：徘徊四顧望，悵恨獨心愁。
句腹疊韻：君赴燕然戍，妾坐逍遙樓。
句尾疊韻：疎雲雨滴瀝，薄霧樹朦朧。

句首雙聲　留連千里賓，獨待一年春

句腹雙聲　我陟崎嶇嶺，君行嶢崅山

句尾雙聲　妾意逐行雲，君身入暮門

釋曰：上句若有重字、雙聲、疊韻，下句亦然；上句偏安，下句不安，即為犯病也。但依此對，名為賦體對。　又曰：

團團月挂嶺，納納露沾衣。花承滴滴露，風垂裊裊衣。山風晚習習，水浪夕淫淫

釋曰：有鸞鳴噦噦，麻習紉紉，往往，處處，婀娜之名，擇波蕩苗之狀，模潮汐，蒼蔚焉荇菜而參差既出，起重言，亦復生疊字者

第八雙聲對

詩曰：秋露香佳菊，春風馥麗蘭。

釋曰：佳菊雙聲，係之上語之尾；麗蘭雙聲，諸下句之末。然朝非無白露，春日自有清風，氣側青諸及之，不得好花精酒之徒，妍月舞琴之輩，如此之類，俱曰雙聲。　又曰：

颼飀戚陰晄，朎潔寒流清。結交一顧重，盟諾下金輕。　又曰：

五章紛冉弱，三冬𥮴陰離。悵望一途阻，參差百慮迮。

釋曰：颼飀、朎潔，即是雙聲得對；疊韻冉弱、陰離，即是知雙聲自得成對。

又曰：洲渚遞縈映，樹石相因依。

或曰：奇琴，精酒，妍月，好花，素雪，丹燈，翻蘇，度蜂，黃槐，綠柳，意憶，心思，對德，會賢，悉棲，不如此之類，名雙聲對。

第九疊韻對

詩曰放暢千般意逍遥一個心漱流還枕石
步月復彈琴
釋曰放暢雙聲陳之上句之初逍遥疊韻
放諸下句之首雙道二文其音自疊文生
每字韻必重來騰遥徘徊綢繆春意例同
於此何籍煩論　又曰
徘徊窓月滿颼飂曉風清此時一樽酒無君徒
自盈　又曰
鬱律構丹巘稜層起青嶂鬱律稜層是叢
扎云排佪窈窕春意彷徨放暢之襟逍遥意
氣優遊陵勝放曠虛無顧思唯須臾如此
類名曰疊韻對
第十迴文對
詩曰情親由得意意得遂情親新情終會
故〻惡經新
釋曰雙情著於初九而親繼於十二又頭夒
新尾故還標上下之故新列字也文施已周
迴又更用重申文義目以名云
第十一意對
詩曰歲暮臨空房涼風起坐隅寢興日已寂
露至庭蕪　又曰
縈陽赤麾入室門何之曰暮行蹤歸牧兔
東榆時
釋曰歲暮涼風非是屬對寢興與白露雖
得相翻意相同文理无爽故曰意對耳
第十二平對
平對者若青山綠水此平常之對故曰平對也
他皆效此

第十三奇對

奇對者，若馬頰河、熊耳山，此馬、熊是獸名，頰、耳是形名，既非平常，是為奇對。他皆效此。又如漆沮、四塞，漆與四是數名。又兩字各是雙聲對。又如古人名，上句用曾參，下句用陳軫，參與軫者同是廿八宿名。若此者，出奇而取對，故謂之奇對。他皆效此。

十四同對

同對者，若大谷、廣陵，薄雲、輕霧，此大與廣、薄與輕，其類是同，故謂之同對。同類對者，雲霧、星月、花葉、風煙、霜雪、酒觴、東西、南北、青黃、赤白、丹素、朱紫、宵夜、朝旦、山岳、江河、臺殿、宮堂、車馬、途路。

第十五字對

字對者，若桂楫、荷戈，荷是負之義，以其字草名，故與桂為對。不用義對，但取字為對也。或曰：字對者，謂義別字對是。詩曰：山椒架寒霧，池篠韻涼飆。山椒即山頂也，池篠傍池竹也。此義別字對。

何用金扉敞，終醉石崇家。金扉、石家即是。

又曰：原風振平楚，野雪被長營。原、野為字對。

第十六聲對

聲對者，若曉路、秋霜，路是道路，與霜非對，以其與露同聲故。或曰：聲對者，謂字義別，聲作對是。詩曰：彤騶初驚路，白簡未含霜。路是途路，聲即與露同，故將以對霜。

又曰泛蟬韻高柳　蔦杜深松

蔦草屬飛聲鳥与鳥同故聲即与以　雙名字側對

第十七側對

元氏曰側對者若馮翊地名在右　龍首山名在西京也

此為馮字半邊有馬与龍為對翊字半邊有羽

羽与首為對此為側對　又如泉流赤峯

泉字其上有白与赤為對凡一字側耳即是側

對不必兩字皆須側對以前八種切對時人把

筆綴文者多矣而莫能識其徑路于公

藏之於篋笥不可棄於所未之學

或曰字側對者謂字義俱別形體半同是

詩曰

忘懷接英彥　申勸引桂酒

英与桂字義全別然形體半同是字側對

未同是

又如玉雞清五洛瑞雉昳三秦　玉雞与瑞雉亦是

又曰桓山分羽翼　荊樹折枝條

桓山与荊樹是如此之類名字側對是如

第十八隣近對

詩曰死生今忽異　歡娛竟不同

又曰寒雲輕重色　秋水去來波

上是義下是正名也此對大體似的名的名窄

隣近寬

第十九交絡對

賦詩曰出入三代五有餘載

或謂此中餘屬於載不偶出入古人但四字

四義皆成對故偏舉以例焉

第廿當句對

賦詩曰薰歇燼滅光沉響絶

第廿一含境對

詩曰悠遠長懷寂寥無聲

第廿二背體對

詩曰進德智所拙退耕力不任

第廿三偏對

詩曰蕭蕭馬鳴悠悠旆旌　諸非極對也

又曰古墓犁為田松柏摧為薪

又曰日月光太清列宿曜紫微

又曰亭皋木葉下隴首秋雲飛

全其文彩不求至切得非作者沈給事詩

之變通之意乎若謂今人不然沈給事

詩亦有其例　詩曰

得風遊雲鶴舊苑鳳城

此例多矣但天然語今雖虛亦對實如古

又以其不偏揚亦名聲類對

第廿四雙虛實對

詩曰故人雲雨散空山來往疎　此對當句義了不同互成

第廿五假對

詩曰不獻胸中策空歸海上山

或有人以推薦偏枯衣類是也

第廿六切側對

切側對者謂精異粗同是　詩曰

浮鐘霄響徹飛鏡曉光斜　浮鐘是鐘飛鏡是月謂語同是

第廿七雙聲側對

雙聲側對者謂字義別雙聲來對是

詩曰花明金谷樹葉映首山薇

金谷与首山字義別同雙聲對

又曰翠微分雉堞丹氣隱簷楹　翠微簷楹是雙聲側對
第廿八疊韻側對
疊韻側對者謂字義別聲名疊韻對是
詩曰平生披黼帳窈窕步花庭　平生窈窕是
又曰自得優遊趣寧知聖政隆
優遊與聖政義非正對字聲勢疊韻
凡為文章詩賦皆須屬對不得令有跛眇
跛者謂前大而後小或前小而後大是謂如
此之一例名為跛眇者謂前句物色後句人文
或前句語風空後句山水如此之例名為眇何
者風與空則無形而不見山水則有蹤而可尋
以有形對無色如此之例名為眇如景風心
色等可以對虛亦可以對實今江東文人作
詩頗有尾句不對如俠客倦艱辛夜出小平津
馬色迷關吏雞鳴起戍人露鮮花劍影
月照寶刀新問我將何去北海就孫賓
此即首尾不對之詩其有故不對者若之
第廿九總不對
如平生少年日分手易前期及爾同衰暮非
復別離時勿言一樽酒明日難共持夢中
不識路何以慰相思
此總不對之詩如此作者最為佳妙夫屬
對法非真風花竹木用事而已若雙聲
即雙聲對疊韻即疊韻對
筆札七種言句例
一曰一言句例　二曰二言句例　三曰三言句例
四曰四言句例　五曰五言句例　六曰六言句例
七曰七言句例

一曰一言句例　一言句者天地陰陽江河日月是也

二曰二言句例　二言句者天高地下露結雲浮是也

三曰三言句例　三言句者斟清酒拍肴琴尋佳

詩來音也

四曰四言句例　四言句者朝燦獸起夜泉

采徽也歌秦姫欲也

五曰五言句例

似臨龍歸白寒猶深於前是也

六曰六言句例　六言句者蒔桃花之似頬笑柳

葉之如眉校直黄而數嬉侶箏柱而欲

七曰七言句例　七言句例者秦琴奏於五三拍

酒傾乎一兩巵則貴於得趣不樂則更

待何為

八曰八言句例　八言句者吾家兮天一逃

因兮焉弥

九曰九言句例　九言句者蔣余薄德從促至心

竭筋力疲頓無意入長楊

十曰十言句例　十一言句例

文賦古沈雄排悦右捨冥衡鈎而出重淵之深

藻振翩猶翔鳥纓繳而墜曾雲之峻之下句

十一字是一

東

二之了

願者備淨書之

保持□□之本

文鏡秘府論　南

金剛峯寺禪念沙門遍照金剛撰

論文意

或曰：夫文字起於皇道，古人畫一之後方有也。先君傳之，不言而天下自理，不教而天下自然，此謂皇道。道合氣性，性合天理，於是萬物稟焉，蒼生理焉。堯行之，舜則之，淳樸之教，人不知焉。君也，後人知淺瀉，下人知之，所以畫八卦，垂淺教，令後人依焉。是知一生名，名生教，然後名教生焉。以名教為宗，則文章起於皇道，興乎國風耳。自古文章，起於無作，興於自然，感激而成，都無飾練，發言以當，應物便是。古詩云：「日出而作，日入而息，鑿井而飲，耕田而食，當何有於我哉也。」

其次虞書歌曰：「元首明哉，股肱良哉，庶事康哉。」句句便了。自此之後，則有毛詩，假物成焉。夫子演易，極思於繫詞，言句簡易，體是詩骨。夫子傳於游、夏，游、夏傳於荀卿、孟軻，方有四言、五言，効古而作。荀、孟傳於司馬遷，遷傳於賈誼。誼謫居長沙，遂不得志，風土既殊，遷逐怨上，屬物比興，少於風人。後有騷人之作，皆有怨刺，失於本宗。乃知司馬遷為北宗，賈生為南宗，從此分焉。漢魏有曹植、劉楨，皆氣高出於天縱，不傍經史，卓然為文。從此之後，遞相祖述，經綸百代，識人虛薄，屬文於花草，失其古焉。中有鮑照、謝康樂，縱逸相繼，成敗兼行。至晉、宋、齊、梁，皆悉頹毀。

凡作詩之體，意是格，聲是律，意高則格高，聲辨則律清，格律全，然後始有調。用意於古人之上，則天地之境，洞焉可觀。古文格高，一句見意，則股肱良哉是也。其次兩句見意，則關關雎鳩，在河之洲是也。其次古詩四句見意，則青青陵上栢，磊磊澗中石，人生天地間，忽如遠行客是也。

又劉公幹詩云：青青陵上松，飀飀谷中風。風弦一何盛，松枝一何勁。此詩從首至尾，唯論一事，以此不如古人也。

詩本志也，在心為志，發言為詩，情動於中而形於言，然後書之於紙也。高手作勢，一句更別起意，其次兩句起意，意如湧煙，從地昇天，向後漸漸高漸漸低，不可階上也。下手下句弱於上句，不看向背，不立意宗，皆不堪也。

文章皆不難，又不辛苦。如文選詩云：朝入譙郡界，左右望我軍。皆如此例，不難不辛苦也。

夫作文章，但多立意。令左穿右穴，苦心竭智，必須忘身，不可拘束。思若不來，即須放情却寬之，令境生，然後以境照之，思則便來，來即作文。如其境思不來，不可作也。

夫置意作詩，即須凝心，目擊其物，便以心擊之，深穿其境。如登高山絕頂，下臨萬象，如在掌中。以此見象，心中了見，當此即用。如無有不似，仍以律調之定，然後書之於紙，會其題目。山林日月風景為真，以歌詠之。猶如水中見日月，文章是景，物色是本，照之須了見其象也。

文章興作先動氣々生乎心々發乎言聞
於耳見於目錄於紙意須出万人之境望古
人於格下攢天海於方寸詩人用心當於此也
夫詩入頭即論其意々盡則肚寬々々則詩
得容預物色亂下至尾則却收前意々節
仍須有分付

夫用字有數般有輕有重々中輕有輕々
重有雖重濁可用者有輕清不可用者事
須細律之若用重字即以輕字拂之便快也
夫文章第一字與第五字須輕清聲即穩
也其中三字縱重濁亦無妨如高臺多悲
風亦是第五字須輕清若五字並輕則脫略無所
止泊處若五字並重則文章暗濁事須

輕重相間仍須以聲律之如明月照積雪則
月雪相撥及羅衣何飄颻則羅何相撥
亦不可不覺也
夫詩一句即須見其地居處如孟夏草木
長繞屋樹扶疏衆鳥欣有託吾亦愛吾廬
若空言物色則雖好而無味必須安立其
身詩頭皆須造意々須緊然後縱橫變

轉如相逢楚水寒送人必言其所矣
凡屬文之人常須作意凝心天海之外用思
元氣之前巧運言詞精練意魄所作詞句
莫用古語及今爛字舊意改他舊語移
頭換尾如此之人終不長進為無自性不能
專心苦思致見不成
凡詩兩句即須團却意句々必須有底蓋相

眠覺即起興發意生精神清爽了了
皆須身在意中若詩中無身即詩從何
有若不書身心何以為詩是故詩者書身
心之行李序當時之憤氣氣來不適心事
或不達或以刺上或以化下或以申心或以序
事皆為中心不決眾不我知由是言之方
識古人之本也

凡作詩之人皆自抄古今詩語精妙之處名
為隨身卷子以防苦思作文興若不來即須
看隨身卷子以發興也
詩有飽肚狹腹語急言生至極言終始未
一向耳若謝康樂語飽肚意多皆得停
泊任意縱橫鮑照言語逼迫無有縱逸
故名狹腹之語以此言之則鮑公不如謝也

詩有無頭尾之體凡詩頭或以物色為頭或
以身為頭或以身意為頭百般無定任意
以興來安穩即任為詩頭也
凡詩兩句即須團卻意句句必須有底
蓋相承翻覆而用四句之中皆須團意上
道必須斷其小大使人事不錯詩有上句言
物色下句更重拂之體如夜聞木葉落疑

是同庭秋曉見飢非風吹蒿草
其例也
詩有上句言意下句言狀上句言狀下句言
意如殘且變氣候山水含清蟬鳴空桑
林八月蕭關道是也
凡詩物色兼意下為好若有物色無意
興雖巧亦無處用之如竹聲先知秋此名

益也
凡高手言物及意皆不相倚傍如方塘
涵清源細柳夾道生又方塘涵白水中有
鳧与鴈又綠水溢金塘馬毛縮如蝟又池
塘生春草園柳變鳴禽又青青河畔草
鬱鬱澗底松是其例也
詩有天然物色以五綵比之而不及由是也
之假物不如真象假色不如天然如此之
皆為高手
中手倚傍者如餘霞散成綺澄江淨如
練此皆假物色比象力弱不堪也
詩有意好言真光今絶古即須書之於
紙不論對与不對但用意方便言語穏即
用之若語勢有對言復安穏益當為善

詩有傑起險作左穿右穴如古墓穿為田
松柏摧為薪馬毛縮如蝟角弓不可張鑿
井北陵隈百丈不及泉又去時三十万獨自
還長安不信沙場苦君看刀箭瘢此為例
也
詩有意闊心遠以小納大之體如裝手衣千
從嵩山看一[illegible]思[illegible]太山言其事不掘類
常此實高也相聯惣詩本得貫如鬼怎怒
物而來天籟万物作地籟万枚觸
詩有覧古者經古人之成敗詠之是也
詠史者讀史見古人成敗感而作之
雜詩者古人所作元有題目撥入文選之失
其題可古人不詳名曰雜詩
樂府者選其中清調令律唱入管絃所奏中

入之集衍衆性如塘上行怨詩行長歌行短
歌行之類是也
詠懷者有詠其懷抱之事為興是也
古意者非若其古意當何有今意言其
效古人意斯蓋未當擬古
寓言者偶然寄言是也
大詩有生氣迴讓易無一除小事一八事說能

頌蓋有之體為筆不可對不對作遊須對
夫語對者不可以虛無而對實家若用
草為色為對即虛無之類是也
大詩格律須如金石之聲諫欄長篇須到
宜似不用事而句句皆有典甚之以言之海
賦太然鵰鳥賦等皆直把無頭尾天台山
賦能擲聲有金石聲　孫公古鄰地不虛

此之謂也蕪城賦大才子有不足處一歎未
傷便已有自寬知道之意
詩有明月下山頭天河橫戍樓白雲千萬里滄
江朝夕流浦沙明如雪松風聽似秋不覺失
霞曙花鳥亂芳洲並是物色無安身處
知何事如此也
詩有寂寞興來作時顧內動一思魂歸來相

儀號金八言一我弱山河出長歎無比照一古
時之能也
詩有高臺多悲風朝日照北林見曹子建之
詩也
阮公詠懷詩曰中夜不能寐謂時闇也起坐彈鳴
琴言小人在位君子在野
薄帷鑒明月
野獲君循似也薄帷
中以自娛也
清風吹我襟
月以揭有其明
喻清風也
孤鴻號外野

飛鳥鳴林林　近小文也
凡作文必須看古人及當時高手用意處有
新奇調學之
詩貴銷題目中意盡然當所見景物與
意愜者相兼道若一向言意詩中不妙及
無味景語若多與意相兼不緊然理道亦
無味昏旦景色四時氣象皆以意排之令

次序令兼意說之為妙旦日出初河山林嶂
涯壁間宿霧及氣靄皆隨日色照著處
便開觸物皆發光色者因霧氣濕著處
被日照水光發至日午氣靄雖盡陽氣正
甚萬物蒙蔽卻不堪用至曉間氣靄未起
陽氣稍歇萬物澄淨遙目此乃堪用至於一
物皆成光色此時乃堪用思所說景物必須

好似四時者春夏秋冬氣色隨時生意取
用之意用之時必須安神淨慮目覩其物
即入於心心通其物物通即言言其狀須似
其景語須天海之內皆納於方寸至清曉
所覽遠近景物及幽所奇勝概皆須任意
自起意欲作文乘興便作若似煩即止無令
心倦常如此運之即興無休歇神終不疲

凡神不安令人不暢無興無興即任睡睡大養
神常須夜停燈任自覺不須強起強起即
惛迷所覽無益紙筆墨常須隨身興來
即錄若無紙筆羇旅之間意多草草舟行
之後即須安眠眠足之後固多清景江山
滿懷合而生興須屏絕事務專任情興因
此若有製作皆奇逸者興稍歇且如詩未

或待後有興或却好不得强傷神殺古文章
一々得隨他舊意終不長進皆須百般縱橫
變轉數出其頭腹々皆須令意上道却後
還收初意相逢楚水寒詩是也
凡詩立意皆傑起險作傍若無人不須怖懼
古詩云古墓犁爲田松柏摧爲薪及不信
慢吟君看刀箭藥是也

詩不得一向把々須縱々橫々而作不得轉
韻々即無力落句須令思常如未盡始好
如陳子昂詩落句云蜀門自茲始雲山谷
浩然是也
夫文章之體五言最難聲勢沉浮讀之不
美句多精巧理合陰陽包天地而羅萬物
籠日月而掩蒼生其中四時調於遞代八

節正於輪環五音五行和於生滅六律六呂
於寒暑
凡文章不得不對上句若安重字雙聲疊韻
下句亦然若上句偏安下句不安即名爲離支
上句用事下句不用事名爲缺偶故梁朝湘
東王詩評曰作詩不對本是吼文不名爲詩
凡作詩用字之法各有數般一敵體用字二

體用字三同體用字四直用字但解作
詩一切文章皆如此法若相聞書題碑文
墓誌敕書露布牋章表奏啟策檄銘誄
詔誥辭牒判一同此法今世間之人或識清
而不知濁或識濁而不知清若以清爲韻餘
盡須用清若以濁爲韻餘盡須濁若清濁
相和名爲落韻

凡文章體例不解清濁規矩造次不得制作
制作不依此法縱令合理所作千篇不堪施用
但比來潘郎縱解文章復不閑清濁縱解
清濁又解文章若解此法即是文章之士
若不用此法聲名難得故論語曰學而不思則罔
之此謂也若思而不學則危殆也又云思之者
德之深也

或曰夫詩有三四五六七言之別今可略而敘
之三言始於虞典元首之歌四言本出南
風流於夏世傳至韋孟其文始具六言散
在騷雅七言萌於漢五言之作召南行露
已有濫觴漢武帝時屢見全什非本李少卿
也少卿以傷子為宗文體未備意悲聲
切若偶中音響十九首之流也古詩以諷

興為宗直而不俗麗而不朽格高而詞溫語
近而意遠情浮於語偶象則發不以力制故
皆合於語而生自然建安三祖七子五言始
盛風裁爽朗莫之與京然終傷用氣使才違
於天真雖忌松容而露造跡正始中何晏
嵇阮之儔也嵇興高邈阮旨閑曠亦難為
等夷論其代則漸浮語其體也尤尚綺靡

古人云采縟於正始力柔於建安宋初文格
與晉相沿更憔悴矣
論人則康樂公秉獨善之資振頹靡之俗
沈建昌評自靈均已來一人而已此後江寧
侯溫而朗鮑參軍麗而氣多雜體從此殆
淺前古恨其縱捨聲律體貌猶少宣城
公情致蕭散詞澤義精至於雅句殊

往々驚絶何必部雖謂格弱而多清勁誠常

總未薦有庭對可嘉風氣波瀾去識遊

歟 柳惲王融之徒三公之則理而情

王則情而體柳則雅而高予知柳吳興名

爭於何格居何上中間諸子時有片言句絡

於古人而體不足齒或者隨流風雅泯絶八

病雙枯載發文意逐有古律之別 古詩三

等正偏

古体詩二三有正俗

須古詩有一不達其古致得屬音韻

狀其詞俾令處大之有所忌已在古人之

後意必執語舊但見詩皮淡而無味乎定矣

不如唯知音者知耳

律家之流拘而多忌失於自然吾常所病也

然不得已則削其俗巧與其一體々者兩下

同詩對當皆大通若國風雅頌之中非一

而作或有暗同不在此也其詩曰

天對衆菉不盈一掬 又詩曰采々卷耳

不盈傾筐與雖別而勢同若頌中不名

一體夫累對成章高手有互變之勢列

篇相望殊狀更多若句々同區篇々相繼

名爲貫魚之手非變之才也俗巧者由不

辨正氣釋俗而諧斷之過也 又詩曰

樹陰逢歇坐與澄泉洗心 又詩曰隆冬臨

勸溜就水更移床

何則夫境象不一虛實難明有可覩而不

可取景也可聞而不可見風也雖繫乎我

形而妙用無體心也義貫衆象而無定

質色也凡此等可以對虛亦可以對實

又曰至如渡頭浦口水面波心是俗對也上

句背下句緣上句愛下句拂下對也
水荊州語康而花瓶也句中多著映帶何浮葬語二三字
下剝節一見仙尉黃綬孰名也漢涓水漲
山舊河助俗名也若筒台剝俗字也俗者
二種一篇俚俗取例可知二古今相傳俗
詩婦無而作挾琴上高室之類是也
如詩句之中必有離顛之中

必有斷續　遊之之中必有波頭字
字之中必有悠哉
如遊寺詩鷲嶺鷄峯東林依岸詩居士
以謝公為首稱高僧以支公白既又兼其詞
整其調以小字錯一花字攏之瀑宮洞之藍
字采之乃古小溪花懸漫水里山若體裁
已成唯步此字促以圖文則何不可並來者

際有斷輪之妙哉知音之徒因當心
證調楚之語似說似識滑達皆為詩贅
篇入聊詠時或有之豈足為文章乎剖斗玉俗語之
餘讖東方不雅之亂始可識其文也又古九詩若雖以歉古為上
不以偶古為能之意於衆人之先啟詞於群
才之表獨創雖取使明日不棲究忠侍儔之
舉威前全章咸歸一句以古人祠銘二字三

必然乃前　蘆玉於一值一貫似歐剿
善一他人之眉目非之功也乎
時人騷竹則古冉之詠楊柳則古依依此五
衣俱之前何人曾道涉詩江淡且依依乾
絮不然以冉冉繫依依在楊常于秦之為
有以此且強作如想耳可云均為證文氣
於平淮一製體創詞自成獨致故廣心

者師[illegible]此所謂勢不同而無模擬之[illegible]
班固雖謂屈原露才揚己引累舍[illegible]若比君[illegible]
宏圖之事不[illegible]其文凖麗為[illegible]
[illegible]不況乎加被會思[illegible]綺里之高蹤於後之[illegible]
貞[illegible]騷古賢成由時文[illegible]雖寫全章非
[illegible]焉[illegible]詩胡馬依北風越鳥巢南枝
登嶠陵岸[illegible]背望[illegible]安敢[illegible]俛知[illegible]心賁公
[illegible]未東[illegible]倫[illegible]楚[illegible]之[illegible]一前

非用事也然古今人之所以不及古者病於儷
詞君言不然　古之時人既非劉氏　六經時有儷詞揚馬張
蔡之徒始盛雲從龍風從虎非儷耶但人
後於語先於意因於語語不依意偶對則對
偶散則散若力為之則見斧斤之跡故有
對不失渾成縱散不關造作此古手也
或曰詩不要苦苦思思則喪於天真此甚不然

固須繹慮於險中採奇於象外狀飛動之句
寫冥奧之思夫希世之珠必出驪龍之頷況通
幽含變之狀但貴成章以後有其易貌若不思
而得也行行重行行與君生別離此似易而難
到之例也且文章關其本性識高才劣者理
周而文窒才多識微者句佳而味少是知溺情
廢語則語朴情暗事語輕情則情[illegible]　[illegible]陵

[illegible]陶[illegible]以見賢人之志矣或可[illegible]於
至如具備空門證性有中道乎何者或雖有
能而[illegible]歟雖有力而意薄雖正而質雖直
而晦可以神會不可言得此所謂詩家之中道
一文[illegible]作詩人多稱[illegible]句閑意為上文此為下
如[illegible]之一水間脈脈不得語此何[illegible]長恩人之別
[illegible]條但以情句也如白雲抱幽石綠藤若清

露湿寒塘草月映清淮流物色帶[illegible]也
詩工創心以情為地以興為經然後清音韻
其風律麗句增其文采如揚林積翠之下
翹林幽花時時開發乃知斯文味益深矣
又有人評古詩不取其句但多其意而古
人難能予曰然有一體貞潤密而興深
長情復論　一曰太空松白

散不擁腔之天全之質也　詩
雖而不秀其擁腫之林易曰文明健豈
非兼文采哉古人云具體惟子建仲宣偏善
則太沖公幹乎子建得其雅外夜合其潤氏
先清景陽其靡麗綺繡兼遒跳當
齊梁之後正聲寖微人不逮古振頹彼者
賢於今論矣

製作之士祖述多門人心不同文體各較
而言之有博雅焉有清典焉有綺艷焉有
宏壯焉有要約焉有切至焉夫模範經誥
述功業淵乎不測洋哉有閑博雅之裁也敷
演情志宣照德音植義必明結言唯正清
典之致也體其淑姿因其壯觀文章交映光
彩傍發綺艷之則也魁張奇瑋闡耀

聲駭物宏壯之道也
斷辭趣理微而能顯少而斯洽要約之旨
也舒陳哀憤獻納約戒言唯折中情必曲盡
切至之功也至如稱博雅則頌論為其標
語清典則銘讚
居其極
陳綺艷則詩賦表其華
詩兼聲色賦敘物象言資綺靡而文極華艷

叙宏壯則詔檄振其響 詔陳王命檄叙軍容宏人則可以及遠壯
試 論要約則表啓擅其能 表以陳事啓以述心皆言之尊章須
於 如書之於言要於要
於理於物 言切至則箴誄得其實 箴誡於物誄述於言
凡斯六事文章之通義焉 故義必成動言重切至也
苟非其宜失之遠矣 博雅之失也緩 典
清典之失也輕 綺艷之失也淫 宏壯之失也誕 要
約之失也闌 切至之失也直 體大義

疏辭引聲滯緩之致焉 文體既大而義不周密故 辭雖引長而聲不通利故云滯也
理入於浮言失於淺輕之起焉 叙事為文須得其理之不甚會則覺其浮言以典而涉於
流俗則傷於輕淺 體貌違方逞欲過度淫以興焉 文雖繁艷猶須準其事類相當比擬叙述不得將體物之貌而遠於道理之以而過於制也
事傷於闊詭多詭異誕則成焉 宏壯者皆須準量事類所得施言不可過為迂闊 要須詭異也
開 情不申明事有遺漏闕
闌因見焉 謂論心意不能盡申叙 事理之有所闕焉也 體尚專直文好

指斥直乃行焉 謂其言無比附好相指斥也不經營事甚直
故詞人之作也先看文之大體隨而用心 謂上所陳章六種是其本體
遵其所宜防其所失 博雅清典綺艷宏壯要約切至等是所宜 緩輕淫誕闌直等是所失也
故能辭成鍊覈動合規矩而
近代作者好尚互舛苟見一塗守而不易至今
摛章綴翰罕有兼善豈才思之不足抑由體
制之未該也

凡作文之道構思為先亟將用心不可偏執
何者篇章之內事義甚弘雖一言或通
而眾理須會若得於此而失於彼合於初而
離於末雖言之麗固無所用之故將發思之
時先須惟諸事物合於此者既得所求然後
定其體分必使一篇之內文義得成 篇謂從始至終
使有文義可得 一章之間事理可結 章謂若文有什句
敷衍而成也

義取得連接而總其意一章使有事理可結成義通人用思方得為之大略
而論建其首則思下辭而可承陳其末則
尋上義不相犯舉其中則先後須相附依
此其大指也若文繁於韻者則患其韻
之少者若事不周圓功必疎闕与其終將
殆患不若易之於初然參會事情推校
聲理動成病累難悉安穩如其理無配

相亂三思不得則以改張則文人
材於機變以一言可取應斯變之場用
心於是寄曰若斯之非筆之所在之義也又
文思之來苦多紛雜應機之斷須定一途
若空倦品量不能捨心源其始切必斷
成然文無定方思容通變下一字之於
州得迴於後（若染在句末易之於句首前之可迴於後句也）

吟詠是以安之得所不逸則多不合矣助
心氣蔽通思時鈍利來不可遏去不可留
若也情性煩勞事由寂寞強自催逼徒
成辛苦不若韜翰屏筆以須後圖待心
慮更澄方事連緝非止作文之至術抑
亦養生之大方耳
凡製於文先布其位猶夫行陳之有次

階梯之有依也先看將作之文體有大小
（若作碑誌頌論賦檄等體法大啓表銘讚等體法小也）又看所為之
事理或多少（叙人事物類等事理有多者有少者）體大而
理多者定製宜弘體小而理少者置辭
必局須以此義用意準之隨所作文量
為定限（謂各准其文體事理量定其篇句多小也）既已定限次
乃分位位之所憑義別為科（雖三小事為文皆須次第陳敘）

與注令郎義以茂能其義夫亟知於衆義相
是而以等皆是是一際會也
因厥功乃就科別所説之義各相准望連接以成一文也故須
以心揆事以事謂人以心揆所為之事又以此事分配於將作之辭
總取一篇之理析成衆科之義謂以所為作篇之大理分爲科別小義
其爲用也有四術焉一者分理務謂分配其理科別須相准望皆使閑足得所不得令或有偏多偏少者也
二者叙事以次謂叙事理須以次不濁亂在前後進退而

三者義須相接謂上科末義後而收前及以理不前
言有能而引者三者欲一科末義
謂科別相連其下科首義連接也
四者勢必相依謂上科末須與下科首義連接也以下科末句字多少及聲勢高下讀之使快即是相依也其犯避等狀具聲病條内敘文體有非化而聲不使有讀之是悟即
理失周則繁約乖殊明多
伏段之不可妄載也
事非次則先後成亂理相參差義繁少則義物不得
義不相接則文體中絶科際會不相接故取均等事故文殊也故失先後之次也
勢不相依則諷讀爲阻兩科聲勢自相乖舛之君文體所絶也

以讀之以致阻難也若斯文章之所尤忌也故自於首句迄於終篇科位雖分文體終合理貴於圓
備言資於順序使上下符契先後彌縫上與下科意相應合如符契然科之先後皆相彌縫以合其理也
釋言者不覺其孤言皆符合不孤
尋理者不見其隙隙孔也理相彌合故無孤也
始其宏可文文之大者文體大者猶積小而申之
既依其大理可之然後文之小者在隨而合之不申明之使成繁然以

文惜前言依事四六而之在合其理使歸一
善申者雖繁不得而減言繁多皆相須成義不可減之
善合者雖約不可而增言雖簡少義足不可增之也
合而遺其理謂合之傷於疏略漏其正理也
疏穢之起每貴在於諮理不足越故文昔於義
必通理相稱惬故也若使申而越其義之乃處相
此實文人所宜用意或有作者

於茲通，而不全虧後之位，不定上下之倫，
胸懷便上翰墨，俱相聚合，無所附依，
寄致於混淆，辭次於除碎，斯人之筆，
其所裁矣。篇既違位而合位，只累句而
成，逃句無定方，或長或短，長有逾於十，如
陸機文賦云：沉辭怫悅，若游魚銜鉤而出
重淵之深，浮藻聯翩，若翰鳥纓繳而墜

曾雲之峻（上句十一字，下句亦然也）。短者於二，如王褒聖主
得賢臣頌云：翼乎若鴻毛之順風，沛乎若
巨鱗之縱壑（上句皆兩字也）。在於其內，固無待稱
矣（謂十字已下三字已上，文之常體，故不待稱也）。然句既有異，聲亦
互舛，句長聲彌緩，句短聲彌促，施於文筆，
須參用焉（雜文筆等，皆句字或長或短，須參用也；其若詩、讚、頌、銘，句字有限者，非也）。
就而品之，七言已去，傷於大緩，三言已還，

失於至促，唯可以閒其文勢，時時有之。至
於四言，最為平正，詞章之內，在用宜多，
凡所結言，必據之為述。至若隨之於文，
合帶而以相參，則五言六言，又其次也。
至如欲其安穩，須憑諷讀，事歸臨斷，
難用辭窮（言欲安施句字，須讀而驗之，在臨時斟之，不可預言者也）。
然今略而論，曰其於猶繁要，適於守

化。若易（謂三言五言六言等，體既頻繁，作變通相參用之）。假令一對
之語，四句而成（若皆四句合成一對），便須四言，
其平其餘二句，雜用五言六言等（謂一對語）
（謂二句用四言，餘二句或用五言六言是也）。若經一對兩對已後，
乃須全用四言（若一對四句並全用四言也）。既用
四言，又更施其雜體（還謂上下對內四言與五言等參用也）。
循環反覆，務歸通利，然宜於而閑

句常頻對有之一讀則非使餘相迴避則
文勢調矣　謂而以之此等惆成句者不可頻對體同　其七言三
言等須看體之將變勢之相宜隨而
用之令其抑揚得所然施諸文體手有
小同文之大者得容於句長　謂碑誌論檄賦誄等文體
大者得容六言已上為多　文之小者寧取於句促　謂表啓等文體法小卑使四言已下者也
而附體立辭勢宜之

網而惟之開發端緒寫其文勢則六言
七言之功也泛敘事由平調聲律四言
五言之能也體物寫狀抑揚情理三言
之要也雖文或變通不可專據　謂有似人意改變不然當依此等狀
敘其大柢實在於茲其八言
九言二言等時有所值可得施之其
然而章少不復委載也　或曰梁昭明

太子撰文選後相効著述者十有餘家
咸自盡善高聽之士或未全許且太同
至于天寶把筆者近千人除勢要及賄
賂中間灼然可上者五分無二豈得逢
詩輒纂往往盈帙蓋身後立節當無詭
隨其應銓簡不精玉石相混致令眾口
謗鑠為知音所痛夫文有神來氣來情

來有雅體鄙體俗體編紀者審鑒諸
體委詳所來方可定其優劣論其取捨
至如曹劉詩多直語少切對或五字並側或十
字俱平而逸價終存然挈瓶庸受之流
責古人不辨宮商詞句質素恥相師
範於是攻異端妄穿鑿理則不足言常
有餘都無興象但貴輕艷雖滿篋笥

河岳之自蕭代以還尤增矯飾武德初
微波尚在貞觀末標格漸高景雲
中頗通遠詞開元十五年後聲律風
骨始備矣寔由主上惡華好朴去偽
從真使海内詞場翕然尊古有周
風雅再闡今日璠不揆竊常好事嘗
願删略群才贊聖朝之美爰因退跡不

得遂宿心粵若王維昌齡儲光羲等
廿五人皆河岳英靈也此集便以河岳
英靈為號詩二百七十五首爲上下
卷起甲寅終癸巳論次于序品藻各
冠篇額如名不副實才不合道縱權
壓梁竇終無取焉

集論

昔伶倫造律蓋為文章之本也是以
氣因律而生節假律而明才得律而清
焉寧預於詞場不可不知音律焉如孔聖
刪詩非代議所及自漢魏至于晉宋高
唱者千餘人然觀其樂府猶時有小失齊
梁陳隋下品實繁專事拘忌彌損厥道
夫能文者匪謂四聲盡要流美八病咸須

避之縱不拈二未為深缺即羅衣何飄颻長
裾隨風還雅調仍在況其他句乎故詞有
剛柔調有高下但令詞與調合首末相稱
中間不敗便是知音而沈生雖怪曹王曾無
先覺隱侯去之更遠璠今所集頗異諸
家既閑新聲復曉古體文質半取風騷
兩挾言氣骨則建安為傳論宮商則太

愿不遠將來秀士無致深惑
或曰晚代銓文者多矣至如梁昭明太子蕭
統與劉孝綽等撰集文選自謂畢乎天地
懸諸日月然於取捨非无舛謬方因秀句且
以五言論之至如王中書霜氣下孟津及
遊禽暮知返前篇則使氣飛動後篇
則緣情宛密可謂五言之警策六義之
眉首弃而不紀未見其得及乎徐陵玉臺
僻而不雅丘遲抄集略而無當此乃詳擇
全文勒成一部者比夫秀句措意異焉似秀
句者抑有其例
皇朝學士褚亮貞觀中奉　勑與諸學士
撰古文章巧言語以為一卷至如王粲灞岸
陸機翫月潘岳悼亡徐幹室思並有巧句互
稱並作咸所不錄他皆效此諸如此類難
勝言借如謝吏部冬序羇懷褚乃選其
風草不留霜冰池共明月遺其寒燈耿
宵夢清鏡悲曉髮若悟此旨而言於文章
思寒燈耿宵夢令人中夜安寢不覺驚
魂若見清鏡悲曉髮每暑過之肅然不覺
霜雪入鬢而乃捨此取彼而不通之甚哉
褚公文章之士也雖未連衡兩謝實所相亞心
均二虞豈於此篇歇步千里良以箕畢殊
好風雨異宜者耳余以龍朔元年為周王
府參軍與文學劉禕之典籤范履冰書
閣已遠斯竟撰成此錄王家書既多缺秘
室集更難求所以遂歷十年未終兩卷
今剪芳林要覽討論諸集人欲天從果

評定之常与諸學士覽小謝詩見和宋
記室省中詮其秀句諸人咸以謝行樹澄
遠陰雲霞成異色為最余曰諸君之議
非也何則行樹澄遠陰雲霞成異色誠
為得矣於絶唱也夫夕望者莫不鎔想煙
霞鍊情林岫然後暢其清調發以綺詞府
行樹之遠陰瞰雲霞之異色中人已下偶可

得之但未若落日飛鳥還憂來不可止之
妙者也觀夫落日飛鳥還憂來不可止謂
惆心罕屬而舉目增思結意惟生而緣
情寄鳥落日低照即隨望斷暮禽還集
則憂共飛來美哉玄暉何思之若是也諸
君所言竊所未取於是咸服余所評余
於是以情緒為先其直置為本以物色留

後代之儔鑽為末助之以質氣潤之流華窮
之以形似開之以振躍或事理俱愜詞調
雙舉有一於此固或子遺詩歷十代人將
四百自古詩為始至上官儀為之刊定之辞
繕寫斯畢實欲傳之好事冀知音君子斯
之而已之矣或曰易曰觀乎天文以察時
變觀乎人文以化成天下詩序曰情發於

中聲成文而謂之音治世之音安以樂其政
和亂世之音怨以怒其政乖亡國之音哀以
思其人困故得失動天地感鬼神莫近於
詩先王以是經夫婦成孝敬厚人倫美教化
移風俗立則文章者所以經理邦國燭
暢幽遐達於神鬼之情交於上下之際功成作
樂非文不宣理定制禮非文不載其皇居而

於焉煨隨棄篇而俱隆雖玉翔屢變文質
更變五清濁之音是一宮高之調斯在昔
之才士爲文者多矣或澂觴姬漢或發源
青馬宋齊已降迄于梁隋世出鳳雛之
客代有驪龍之珠莫不言成繡緝家積纖
絢盈安石之閨兎羽蓬山之府自屈宋
已降揚班櫃塤詩合風騷之庤悽鏘雅頌

之曲長卿詞賦也蒼江波之錦安仁文藻之
暎河陽之花子建婉潤張衡清綺公幹氣
質景純宏麗陳琳書記道健文舉奏
議詳雅太沖繁博仲宣獨胥高謝承銘
之雅琛東陽之浩蕩平原綺思丁之
歎其豪廓吏部英才陟陵稱其絶世莫
其跽宣王也爭動八音或工於體物或善

於情理詠之則風流可想聽之則舒條
在顏足以景先賢軌儀來秀矣然近代詞
人爭超誕節殊流並流異轍同歸文非麗則
聽無宮羽聲高曲下空驚偶俗之冒條
混文疎徒夸悅目之美或奔放淺致或嘈
嘈野音可以諧豈難以聲取可以字得
雅以義奇謝言於新聲咸捨於古體其

會意也譬其遠理也疎以重濁爲氣
質以鄙直爲形似以冗長爲繁富以舍
誕爲情理激浪長堤之表揚鑣深埒之外
詞多流宕罕持風檢膚生末學者慕之
若夕鳥之赴茂林猿奇好異者篤之如秋
蛾之落炎焰奔激漸漾泥破波瀾浸
盛有年載矣且文之爲體也必當詞與旨

相叙文生聲相會詞義不暢則情旨不
宣文理不清則聲節不亮詩人因聲以
緝韻沿旨以制襞詞理亂之所由風雅之攸在
固不可以孤音絕唱寫流遁於胸憶弄微
情高混妍蚩於耳目變之者自當歸一
聲藻於文體小章於廣樂屈宋為澤
楚馬為湯阮藥為阮潘陸為鄧

琅玕於江寧之樹蕊花蘂於顏謝之囿何劉
偉其衡軸任沈程其粉黛然後為得也若
乃未不半古而論已過之妄動刀尺輕移律呂
脫略先輩迷謎後昆此明時所當變也
陸機曰余每觀才士之作竊有以得其用心夫其
放言遣辭良多變矣妍蚩好惡可得而言
每自屬文尤見其情恒患意不稱物文不

遠嘉蓋非知之難能之難也故作文賦以
述先士之盛藻因論作文之利害所由他日殆
可謂曲盡其妙至於操斧伐柯雖取則不遠
若夫隨手之變良難以辭逮蓋所能言者
具於此云佇中區以玄覽頤情志於典墳遵
四時以歎逝瞻萬物而思紛悲落葉於勁秋
喜柔條於芳春心懍懍以懷霜志眇眇而

臨雲詠世德之駿烈誦先民之清芬遊文章
之林府嘉麗藻之彬彬慨投篇而援筆聊
宣之乎斯文其始也皆收視反聽耽思傍訊
精騖八極心遊萬仞其致也情曈曨而彌鮮
物昭晰而互進傾群言之瀝液漱六藝之
芳潤浮天淵以安流濯下泉而潛浸於是
沉辭怫悅若游魚銜鉤而出重淵之深浮

藻聯翩若翰鳥纓繳而墜曾雲之峻收百
世之闕文采千載之遺韻謝朝華於已披
啓夕秀於未振觀古今於須臾撫四海
於一瞬然後選義案部考辭就班抱景
者咸叩懷響者必彈或因枝以振葉或沿波
而討源或本隱以之顯或求易而得難或
虎變而獸擾或龍見而鳥瀾或妥怡而

易施或鉏鋙而不安罄澄心以凝思眇衆慮
而爲言籠天地於形內挫萬物於筆端始
躑躅於燥吻終流離於濡翰理扶質以立幹
文垂條而結繁信情貌之不差故每變而
在顏思涉樂其必笑方言哀而已歎或操
觚以率爾或含毫而邈然伊茲事之可
樂固聖賢之所欽課虛無以責有叩寂

寞而求音函綿邈於尺素吐滂沛乎寸心
言恢之而彌廣思按之而愈深播芳蕤
之馥々發清條之森々粲風飛而猋豎鬱
雲起乎翰林體有萬殊物無一量紛紜揮霍
形難爲狀辭程才以效伎意司契而爲匠在有
無而僶俛當淺深而不讓雖離方而遁
員期窮形而盡相故夫誇目者尚奢愜

心者貴當言窮者無隘論達者唯曠
詩緣情而綺靡賦體物而瀏亮碑披文
以相質誄纏綿而悽愴銘博約而溫潤
箴頓挫而清壯頌優游以彬蔚論精
微而朗暢奏平徹以閑雅說煒曄而譎
誑雖區分之在茲亦禁邪而制放要辭達
而理舉故無取乎冗長其爲物也多姿其

為體也屢遷其會意也尚巧其遣言也貴
妍暨音聲之迭代若五色之相宣雖逝止之
無常固崎錡而難便苟達變而識次猶
開流以納泉如失機而後會恒操末以續顛
謬玄黃之秩叙故淟涊而不鮮或仰逼於
先條或俯侵於後章或辭害而理比或言順
而義妨離之則雙美合之則兩傷考殿

最於錙銖定去留於毫芒苟銓衡之所裁固
應繩其必當或文繁理富而意不指適
極無兩致盡不可益立片言以居要乃一
篇之警策雖眾辭之有條必待茲而
效績亮功多而累寡故取足而不易或藻
思綺合清麗千眠炳若縟繡悽若繁絃
必所擬之不殊乃闇合乎曩篇雖杼軸於

予懷怵他人之我先苟傷廉而愆義亦雖
愛而必捐或苕發穎豎離眾絕致形不可逐響
難為係塊孤立而特峙非常音之所緯心牢
落而無偶意徘徊而不能揥石韞玉而山
輝水懷珠而川媚彼榛楛之勿翦亦蒙榮
於集翠綴下里於白雪吾亦以濟夫所偉
或託言於短韻對窮迹而孤興俯寂寞

而無友仰寥廓而莫承譬偏絃之獨張
含清唱而靡應或寄辭於瘁音言徒靡
而弗華混妍蚩而成體累良質而為瑕象下
管之偏疾故雖應而不和或遺理以存異徒
尋虛以逐微言寡情而鮮愛辭浮漂而不
歸猶絃么而徽急故雖和而不悲或奔放以
諧合務嘈囋而妖冶徒悅目而

高而曲下寤防露與桑間又雖悲而不雅
或清虛以婉約每除煩而去濫闕大羹之遺
味同朱絃之清氾雖一唱而三歎固既
雅而不艷若夫豐約之裁俯仰之形因宜
適變曲有微情或言拙而喻巧或理樸而
辭輕或襲故而彌新或沿濁而更清或覽
之而必察或研之而後精譬猶舞者赴節

以投袂歌者應絃而遣聲是蓋輪扁所
不得言故亦非華說之所能精普辭條與
文律良余膺之所服練世情之常尤識前
脩之所淑雖濬發於巧心或受蚩於拙目彼瓊
敷與玉藻若中原之有菽同橐籥之罔窮
與天地乎並育雖紛藹於此世嗟不盈於予
掬患挈缾之屢空病昌言之難屬故踸踔於

短垣放庸音以足曲恆遺恨以終篇豈懷
盈而自足懼蒙塵於叩缶顧取笑乎鳴玉
若夫應感之會通塞之紀來不可遏去不
可止藏若景滅行猶響起方天機之駿利夫
何紛而不理思風發於胸臆言泉流於脣齒
紛葳蕤以馺遝唯毫素之所擬文徽徽以溢目
音泠泠而盈耳及其六情底滯志往神留

兀若枯木豁若涸流攬營魂以探賾頓精爽
而自求理翳翳而愈伏思乙乙其若抽是以
或竭情而多悔或率意而寡尤雖茲物之在
我非余力之所勠故時撫空懷而自惋吾
未識夫開塞之所由伊茲文之為用固眾
理之所因恢萬里使無閡通億載而為津
俯貽則於來葉仰觀象乎古人濟文武於

將隆宣風聲於不泯達無遠而不孫理無
微而不綸配霑潤於雲雨焉變化乎鬼神
被金石而德廣流管絃而日新

願傳瀋之年
傳行使行乎之

文鏡秘府論 西
金剛峯寺禪念沙門遍照金剛撰
論病 文二十八種病 文筆十病得失
夫文章之興與自然起宮商之律共二儀生
是故奎星主其文書日月煥乎其章天
籟自諧地籟冥韻葛天唱歌虞帝吟詠
曹王入室擅蕩之前遊夏昇堂學文之後
四紐未顯八病莫聞五音妙其調
六律精其響笙輕重於毫忽韻清濁於
錙銖故能九夏奏而陰陽和六樂陳而天
地順和人理通神明移風俗動鳥翔獸舞
自非雅詩雅樂誰能致此感通乎顒約已
降兢融以往聲譜之論鬱起病犯之名爭
興家製格式人談疾累一競文華空事

拘檢靈感沉秘雕弊寔繁竊疑正聲之已失為當時運之使然泊八體十病六犯三疾或文異義同或名通理隔卷軸滿机乍閱難辨遂使披卷者懷疑搜寫者多倦予今載刀之繁載筆之簡總有二十八病列之如左其名異意同者各注目下後之覽者一披總達

文二十八種病

一曰平頭　或一六之犯名水渾病二七之犯名火滅病

二曰上尾　或名土崩

三曰蜂腰

四曰鶴膝

五曰大韻　或名觸絕病

六曰小韻　或名傷音病

七曰傍紐　亦名大紐或名爽切病

八曰正紐　亦名小紐或名爽切病

九曰水渾

十曰火滅

九曰木枯

十曰金缺

十一曰闕偶

十二曰繁說　或名疣贅

十三曰齟齬　或名不調

十四曰叢聚　或名叢木

十五曰忌諱　或名歷忌之病

十六曰形迹　從同

十七曰傍突

十八曰翻語　從同

十九曰長擷腰　或名束

二十曰長解鐙　或名散

二十一曰支離

二十二曰相濫　從同

二十三曰落節

二十四曰雜亂

二十五曰文贅　或名涉俗

二十六曰相反

二十七曰相重

二十八曰駢拇

第一平頭

平頭詩者五言詩第一字不得与第六字同聲第二字不得与第七字同聲〻〻者不得同平上去入四聲犯者名為犯平頭〻〻詩曰芳時淑氣清提壺臺上傾　如此之類是其病也　又詩曰山方翻類矩波圓更若規樹表看猿

後桂枝低翠能馳　又詩曰
朝雲晦初景丹池隱㵎雪飄枝聚還散吹
揚凝且滅
釋曰上句第一二兩字是平聲則下句
第六七兩字不得更用平聲爲用同二句
之首即犯爲病餘三聲皆尒不可不避三
聲者謂上去入也

或曰此平頭如是近代咸例皆未精也若
之者上句第一字唯下句第一字同聲
爲病同上去入聲一字即病若上句第二
字与下句第二字同聲無問平上去入皆
是巨病此而或犯未曰知音今代文人李
乎上官儀皆所不能免也或曰沈氏云第一第
二字与第六第七同聲若能參差

之則可矣謂第一與第七第二與第六同聲
如秋月白雲之類即爲宴詩云
秋月照綠波白雲隱星漢此即於理無嫌也
四言七言及詩賦頌以第一句首字第二句
首字不得同聲不復拘以字數次第也
如曹植洛神賦云榮曜秋菊華茂春松
是也　銘誄之病一同此式乃疥癬微疾

不爲巨害
第二上尾　或名土崩病
上尾詩者五言詩中第五字不得与第十字
同聲名爲上尾詩曰西北有高樓上与浮雲
齊　如此之類是其病也
又曰可憐雙飛鳥俱來下建章一箇今依是
桋翩獨未翔

又曰蕩子別倡樓秋庭夜月華桂葉侵雲
長輕光逐漢斜　若人家代樓此則无妨
釋曰此即犯上尾病上句第五字是平
聲則下句第十字亦不得復用平聲如此病
比来無有免者此是詩之疣急避或云如
陸機
詩云
衰草蔓長河寒木入雲煙　河与煙平聲
此上尾齊梁已前時有犯者齊梁已来无
有犯者此為巨病若犯者文人以為未涉
文途者也唯連韻者非病也如青青河畔
草綿綿思遠道是也　下句有云鬱鬱園中柳也
或云其賦頌以第一句末不得与第二句末
同聲如張然明芙蓉賦云潜靈根於玄泉
擢英耀於清波是也蔡伯喈琴頌云青雀
西飛別鶴東翔飲馬長城楚曲明光是也
其銘誄等病亦不異此耳斯乃辭人痼疾
特須避之若不解此病未可与言文也
沈氏亦云上尾者文章之尤疾自開闢迄
今多慎不免悲夫若第五与第十故為同
韻者不拘此限即古詩云
四座且莫諠願聽歌一言此其常也
不為病累其手筆第一句末犯第二句末
最須避之如孔文舉与族弟書云同源派
流人易世疎越在異域情愛分隔是也
凡詩賦之體悉以第二句末与第四句末以為韻
端若諸雜筆不束以韻者其第二句末即不得
与第四句末同聲俗呼為隔句上尾必不得犯之

如魏文帝与吴質書云同乘共載北遊後
園輿輪徐動賓從無聲清風夜起悲笳微
吟是也
劉滔云下句之末文章之韻手筆之樞要在文
不可奪韻在筆不可奪聲且筆之兩句比文
之一句文事三句之内筆事六句之内第二第
四第六此六句之末不宜相犯此即是也

第三蜂腰
蜂腰詩者五言詩一句之中第二字不得与
第五字同聲言兩頭麤中央細似蜂腰也詩曰
青軒明月時紫殿秋風日曈曨引夕照晻映
容質
又曰聞君愛我求竊獨自雕飾
又曰徐步金門出言尋上苑春

釋曰凡一句五言之中而論蜂腰則初腰事
須急避之復是劇病若安聲體尋常詩
中無有免者或曰君与甘非為病獨与餝
是病所以然者如第二字与第五字同去上
入皆是病平聲非病也此病輕於上尾鶴
膝均於平頭重於四病清都師皆避之
以上下四病但須知之不必須避

劉氏云蜂腰者五言詩第二字不得與第五
言字同聲古詩云聞君愛我甘竊欲自雕飾
是也此是一句中之上尾 沈氏云五言之中分
為兩句上二下三凡至句末並須要殺即其
義也劉滔亦云為其同分句之末也其諸賦
頌皆須以情酌避之如阮瑀止欲賦云思在
體為素粉悲隨衣以消除所體与衣与

除同聲〻之也　又第二字与第四字同聲亦不
能善此雖世無的目而甚於蜂腰如魏文帝
樂府云冬節南食稻春日復北翔是也
劉滔又云四聲之中入聲最少餘聲有兩總歸
一入如征整政隻遮者柘隻是也平聲賒緩有
用處中多參彼三聲殆為太半且五言之內
非兩則三如班婕妤詩云常恐秋節至涼〻

奪炎熱此其常也亦得用一用四若四平聲無居
第四如〻〻詩云連城高且長是也用一〻多在第
二如古詩云九州不足步謂居其要也然用全句
平上可為上句取固無全用如古詩云迢〻牽
牛星亦並不用若古詩云脉〻不得語此則
不相廢也猶如丹素成章鹽梅致味宮羽調
音炎涼御節相參而和矣

第四鶴膝
鶴膝詩者五言詩第五字不得与第十五字同
聲言兩頭細中央麁似鶴膝也以其詩中央
有病詩曰撥棹金陵渚遵流背城闕浪蹙飛
船影山挂垂輪月　又曰
陟野看陽春登樓望初節綠池始沿常韻
未結

釋曰取其兩字間似鶴膝若上句第五
渚字是上聲則第三句末影字不得復
用上聲此即犯鶴膝故沈東陽著辞
曰若得其會者則脣吻流易失其要
者則喉舌蹇難事同暗撫失調之琴夜
行坎壈之地蜂腰鶴膝體有兩宗各互
不同王斌五字制鶴膝十五字制蜂腰

遊隨軌用
或曰如班姬詩云新裂齊紈素皎潔如霜雪裁
為合歡扇團團似明月素与扇同去聲是也
此是第三句者舉其大法耳但從首至末皆
須以次避之若第三句不得与第五相犯第五
句不得与第七句相犯犯法准前也
劉氏云鶴膝者五言詩第五字不得与第
十五字同聲即古詩云客從遠方來遺我
一書札上言長相思下言久離別是也皆須
次第避不得以四句為斷是以徐陵東南之秀所
作未曾犯聲横吹隴頭流水急行
雖入薊營侵酒泉路心交贈寶刀
小婦裁紈袴欲知別家久戎衣今已故亦是通
人之一弊諸賦頌一同五言之式如潘安仁

閑居賦云陪縱紫房水挂頳鯉或宴于林或
于汜即其病也其諸手筆亦一句末不得犯
第三句末其第三句末復不得犯第五句末
皆須鱗次避之溫邢諸公及江東才子作
筆多不避此聲故溫公為廣陽王碑序
云挺神姿仞樹令望頭磐筆奇与白
邢公為老人星表云定樣於庭宜夜於
鳥与醴泉代伯益之功甘露當
公為赤雀頌序云能短能長既成章於雲表
明爲亦祠氣於蓮上謝朓為鄱陽王讓去
表云匪高九重宰以卑聽既日著明三光
至感任昉為范雲讓吏部表云寒灰可煙枯
株復蔚鎩翮奮飛奔蹄且驟王融求試
號云浦先秋老不待貪及明時

劭劉孝綽謝散騎表云自天體變不已促
風之條暢應龍之跡諸公等並鴻才麗藻
北辞宗動靜應於風雲宮合於宮羽發情
使氣不在此聲從此之後宜為楷式其詩賦銘
誄言有定數韻無盈縮必不得犯且五言之
作最為機妙既恒充口實病累尤彰故不可
不事也自餘手筆或賒或促任意縱容不避

此聲平聲為心腹之病文今世作者
不得与第八句末同聲俗呼為踰發聲
諭開諭尾而頭發以其軒輕和不平故也若
不犯此病謂之庸屬聲即是不朽之流或曰
沈公文又謂鶴膝為蜂腰蜂腰為鶴膝疑
未然則就謂公為疑博弈蓋是多聞闕疑
慎言寡尤者歟第五大韻　病或名觸地

大韻詩者五言詩若以新為韻上九字中更不
得安人津隣身陳等字既同其韻名犯大韻
詩曰紫翩拂花樹黃鸝閑綠枝思君一歎息
啼淚應言垂　又曰遊魚牽細藻鳴禽哢
好音誰知遲暮節悲吟傷寸心
釋曰如此即犯大韻今就十字内論大
韻若前韻第十字是枝字則上第一字

不得用鸝字此為同類大須避之通二十
字中並不得安篇羅霞雀池知等類除
非故作疊韻此即不論
元氏曰此病不足累文如能避者彌佳若立字
要切於文調暢不可移者不須避之劉氏云
大韻者五言詩若以新為韻即一韻内不
得復用人津隣親等字若一句内犯者曹通

詩云：涇渭揚濁清，即涇清是也。十字內犯。

古詩云：良無磐石固，虛名復何益。即石益是也。

第六小韻 或名傷音病

小韻詩：除韻以外而有迭相犯者，名為犯小韻病也。

詩曰：搴簾出戶望，霜花朝瀁日。晨鶯傍飛，早燕排軒出。 又曰：夜中無與晤，獨寤撫躬歎。唯慚一片月，流彩照南端。

釋若：此即犯小韻。就前九字中而論韻。若第九字是瀁字，則上第五字不得復用望字等音，為同是韻之病。

元氏曰：此病輕於大韻，近代咸不以為累文。或云：凡小韻，居五字內急，九字內少緩。然此病雖非巨害，避為美。 劉氏曰：小韻者，五言詩十字中除本韻以外自相犯者。若已有梅，更不得復用開來才臺等字。五字內犯者，曹植詩云：皇佐揚天惠，即皇揚是也。十字內犯者，陸士衡擬古歌云：嘉樹生朝陽，凝霜封其條，即陽霜是也。若故為疊韻，兩字一處，於理得通，如飄颻、窈窕、徘徊、周流之等，不是病限。若相隔越，即不得耳。

第七傍紐 亦名大紐，或名爽切病

傍紐詩者，五言詩一句之中有月字，更不得安魚元阮願等之字，此即雙聲，雙聲即犯傍紐。傍紐亦曰：五字中犯最急，十字中犯稍寬。如此之類，是其病。

詩曰：魚遊見風月，獸走畏傷蹄。如此類者，是又犯傍紐病。 又曰：元生愛皓月，阮氏

韻清風申繁情無以賞韻不能同 又曰霽
蕭麗月波動乱疑寒涼風便入體蹇氣衛鑽
唐生
釋曰奚月是雙聲歎傷並雙聲此即犯大紐
所以是元阮願月為一紐今就十字中論小
紐五字中論大紐所以即是元阮願月為
紐並磁云若能迴轉即應言奇琴精酒

風表月外此即可得免紐之病也
或云傍紐者據傍聲來而相忤也然字從連
韻而紐聲相參若金錦禁急飲陰蔭邑是連
飲陰之與錦禁從傍而會是與相參韻紐之
云云金之飲與之也如云丈人且安坐梁塵將欲飛
丈與梁亦金飲之類是之也
沈氏所謂傍紐者一韻之內有隔字雙聲也

熊曰此病更輕於小韻文人無以為意者又若
不隔字而是雙聲非病也如清切從就之類是
也
劉氏曰傍紐者即雙聲是也譬如一韻中已有
任字即不得用忍衽袵蛭仁讓尒日之類沈氏
所謂風表月外琴精酒是也
劉滔亦云重字之有關關之疊韻之有窈窕雙
聲之有參差並興於風詩矣王玄謨問謝
莊何者為雙聲何者疊韻答云懸瓠為
雙聲碻磝為疊韻時人稱其辯捷如着
棆詩云壯哉帝王居佳麗殊百城即居佳殊
城是雙聲之病也凡安雙聲唯不得隔字若
踟蹰躑躅蕭瑟流連之輩兩字一處於理
即通不在病限沈氏謂此為小紐劉滔以雙聲亦

亡為小紐其傍紐者若五字中已有任字其
四字不得復用錦禁急飲蔭邑等字以其
一紐之中有金音等字與任同韻故也如王
斌之登治城樓詩云俯觀陋室宇宙六合譬
如四壁即譬与壁是也沈氏亦云以此條謂之大紐
如此負犯觸類而長可以情得韻紐四病皆
五字内之疵二病句中則非巨疾但勿令綢
對也
第八正紐亦名小紐或亦名爽切病
正紐者五言詩壬衽任入四字為一紐一句之
中以有壬字更不得安衽任入等字如此之類
名為犯正紐之病也　又曰撫琴起和曲疊
管洗鳴驅停軒未忽去白日小踟躕又曰心中
肝如割腹裂氣便難逢風迴無信早雁

成深 前音同紐深為不便
釋曰此即犯小紐之病也今就五字中
論即是下句第十九雙聲兩字是也
除非故作雙聲下句復雙聲對方得
免小紐之病也若為聯綿賦體類皆如
此也
或云正紐者謂正雙聲相犯其雙聲雖
一傍紐有殊從一字紐之得四聲是正若
若元阮願月是若元阮願硯等字來若
元阮願月是若從他字來會成雙聲
是傍也若元阮願月是正而有牛奐妍
硯等字來會元月等字成雙聲是也
如云我本漢家子來嫁單于庭家嫁是
一紐之内正名犯者也正名正雙聲名

犯正紐者也又一法凡入雙聲者皆名正
紐元氏云正紐者一韻之内有一字四聲
分為兩處是也如梁簡文帝詩云輕霞
落暮錦流火散秋金
金錦禁急是一字之正四聲今分為兩
處是犯正紐也元兢曰此病輕重傍紐相
類近代咸不以為累但知之而已劉氏曰正
紐正紐者凡四聲為一紐如任荏衽入
五言詩一韻中已有任字即九字中不
得復有荏衽入等字　古詩云曠野莽
茫茫即莽與茫是也凡諸文章筆皆
須避之犯此聲即齟齬不可讀耳
此犯大三病篇五字之又從有五之故是以之可
第九水渾病謂第一與第六之犯也假作春
詩曰

沿漢　迴水瀨榆莢滿枝錢　又曰
斜雲朝列陳迴蛾夜抱弦
釋曰沿文處一宜用平聲　池好　曲字在六
特質宮語　宜避　一為上言之首亦是下句
之初同違水渾以歎第一且除嘉既開示
文生制製作之家特宜監察三隅已叢一
用須求聊說十規以張群目
第十曰火滅病謂第二與第七之犯也即假作
閨怨詩曰
塵暗離後鏡帶永別前腰
又曰　怨心千過絕啼眼百迴斋
釋曰暗人處二宜用埋生之言眼字居七
物貴眸行之語離暗隱位命二南方周
之獻尤故云火滅　一本云離位命賊曰以名焉

第十一木枯病 謂第三与第八之犯也 即假作秋詩曰

金風晨泛菊，玉露宵沾蘭 一本霄 雙珠 又曰

玉輪夜進轍，金車晝滅途

釋曰霄爲第八言夜已精，夜處第三須霄乃妙，自餘優劣改變皆然，聊著二門，用開多趣。

第十二金缺病謂第四与第九之犯也 夫金氣應令秋，律於西上句勿終下句欲末曰寒命之故生斯号，即假作寒詩曰

歎炊陵晨送，冥燈徹霄燃 又曰

孤裘朝除冷，纐褥夜排寒

釋曰霄文處九，日夜便佳，除字在四，亦却爲妙，自餘致病例然，此規告往知來，自然悟。

第十三闕偶病謂八對皆无言靡亂闕由言匹偶，因以名焉。假作述懷詩曰

鳴琴四五弄，桂酒復盈盃 又曰

夜夜憐琴酒，優遊足暢情

釋曰上有四五之言，下无兩三之句，不對朝朝之字，空安夜夜之文，如此之徒，名爲闕偶。題斷一目，餘況皆然。

或曰詩上引事下須引事以對之，若一缺則對者是名缺偶 犯詩曰

蘇秦時刺股，勤學我便躭

釋曰上句蘇秦是其人名，下將勤學對之，是其缺偶不犯也 詩曰

刺股君稱麗，懸頭我亦能

釋曰上有刺股，下有懸頭，各爲一事，上下

相對故曰不犯

第十四 繁說病 謂一文再論繁詞寡義

或名相類 或名疣贅 即假對酒詩曰

清觴酒恒滿 綠酒會盈杯 又曰

滿酌余當進 旅亂我自傾

釋曰 清觴綠酒 本自靡殊 滿酌盈杯 何

能有別 余之与我 同是一身 一說足明

何須再陳 如斯之類 寡義繁文

之家 特宜詳察 詩曰

遠岫開翠霧 遥山卷青靄 此兩句字別理不

殊 是病 崔氏曰 從風似飛絮 照日類繁

英 拂巖如寫鏡 封林若耀瓊 此四句相

次 一體不異 似

類如若□□其詩

第十五 齟齬病者 一句之內除第一字及第

五字 其中三字有二字相連 同上去入是 若

犯上聲 其病重於鶴膝 此例文人以為秘密

莫肯傳授 上官儀云 犯上聲是斬刑 去入亦

絞刑 如曹子建詩云 公子敬愛客 敬与愛是

其中三字 其二字相連同去聲是也

元兢曰 平聲不成病 上去入是重病 [illegible]

也 故此病尤其若競崇文職去或齟齬而一言

因以此病名為齟齬之病焉 崔氏是名不調

不調者 謂五字內除第一第五字 於三字用上去

入聲相次者 平聲非病限 此是巨病 古今

才子多不曉 如晨風驚疊樹 曉月落危峯

月次落同入聲

如霧生極野碧 日下遠山紅 下次遠同上聲

如定欲開門更終悲塞上翁塞次上同去聲
第十六叢聚病者如上句有雲下句有霞
抑是常次句復有風下句復有雲霞風月
但是叢聚相次叢聚是為病也如劉鑠詩
云落日下遙林浮雲靄曾闕玉宇來清風羅
帳延秋月此上句有日下句有雲次句有風
次句有月即雲風月相次四句是叢聚

竟其依
同上十字已有鸞鳥對鳳下十字不可更有鵠
對鶴上十字已有桂對松下十字不宜更有
桐對柏但兄叢之之病此又悉之者解是者名
叢木病即如詩云庭栝桂林樹閑度以蒼梧
雲桴鳴宣難雜進歌近閭樵松樟樵楳
大逃病也

第十七忌諱病者其中意義有涉於國家之
忌是也如顧長康詩云山崩溟海竭魚鳥
依何山崩海竭於國非所宜言此忌諱病也
元兢曰此病或犯雖有周公之才不足觀也
如訟雨詩稱乱聲沂水詩云逆流此類皆
是一眼公名心避之如詩云何况雙飛
真率又既王龍飛

第十八形迹病者於其義相形嫌疑而成
子建詩云於武帝王居佳麗殊百城即如淫茂
詩人皆得云麗城亦云佳麗城若單用佳城
即如滕公佳城為形迹病也
元兢曰文中例極多不可輕下語也
崔云佳山佳城非為形迹煩擬不可用又如侵
天暴作与樹木等犯者為刑害他害勁此

第十九傍突病者句中意旨傍有所突觸始
周兗倫詩云二畝不足情三冬俄已畢二
涉其親寧可云不足情也
元兢曰此与忌諱同執筆者咸宜戒之不可輕
化也
第二十翻語病者言是佳詞反語則深累
是也如鮑明遠詩云鵜鳴關之起鼓早
息晨[illegible]言[illegible]伍詞反語則不和是十六
字也
崔氏云代鼓反語腐骨是其病
第二十一長擷腰病者每句第三字擷上
下兩字故曰擷腰若無解鐙相間則是長
擷腰病也如上官儀詩云曙色隨行漏早
吹入[illegible]旆文[illegible]葉影[illegible]桃花拂[illegible]
[illegible]春[illegible]青山籠雪花上[illegible]隨[illegible]入次[illegible]
縈次句佛次句舄次句籠皆單字擷其兩
[illegible]有解鐙者故曰長擷腰也此病或
名束
第二十二長解鐙病者第一第二字意相
連第三第四字意相連第五單一字成
意[illegible]解鐙不與擷腰相間是長解鐙[illegible]
也如上官儀詩云池牖風月清閑居遊客
情蘭泛樽中色松吟絃上聲池牖二字意
相連風月二字意相連清一字成四字之意
以下三句皆無有擷腰相間故曰長解鐙之病
元氏曰擷腰解鐙並非病文中自宜有之不間
則為病然解鐙須與擷腰相間則屬[illegible]其
體不可得句句相間但時然之近[illegible]入篇中有

此相乃為偶也耳歌指之為者不亦盡
善者乎此病亦名散
第二十三支離不化詩曰
春人對春酒　新樹間新花
化詩曰
人人皆偃息　惟我獨從戎
二十四相濫　或名繁說　謂一首詩中再度
兩事一對之內反覆重論文繁意疊故
名相濫犯詩曰
玉繩耿長漢金波麗碧空星光暗雲裏月
影碎簾中
釋曰玉繩者星名金波者月名上既論訖
下復陳之甚為相濫尤須慎之
若代大相濫者謂敘體進退遊游之泥卷陌

鐵木松桃山河水石猶謂如此之等名
曰相濫上句用山下句用河上句有形下今
安體上句木下句安條如此參差乃為善焉
若同字一處的是犯焉非關詩處或兩
足一處是
第二十五　落節凡詩詠春即取春之物色詠
秋即須秋之事情或詠今人或賦古帝至於
雜篇詠皆須得其深趣不可失義意假
令黃花末吐已詠芬芳青葉莫抽逆言
蓊鬱或專心詠月翻寄琴聲或意論秋
雜陳春事或無酒而言有酒無音而道有音
並是落節若是長篇託意不許限即假作詩
詩曰
吾鉤十八枝金波下思蟋蟀鸛歌滅賞落

枕唯今[illegible]風前[illegible]香[illegible]角[illegible]婦[illegible]侵[illegible]
姨婦空庭可拾霄
釋曰此詩本意詠月中間論花[illegible]烏[illegible]
讀風花似細勘月意有殊如此之類名
曰落節又詠春詩曰
何處不覓情愁來同可暫從荷黄堪[illegible]消
梅紅可[illegible]頭

釋曰[illegible]黄花酒宜在九月不合春日陳之
既在清朝翻言朗夜叅是落節
第二十六犯雜亂
凡詩發首誠難落句不易或有制者應作
詩頭勸為詩尾應可施後翻使居前故曰雜
亂假作憶友詩曰　思君不可見徒令年鬢秋
獨坐[illegible]暑道澀阻風塵[illegible]蕭[illegible]樵隱[illegible]

點重一[illegible]
釋曰鬼余一對合在句端思君一對合居
尚末然則篇帝之內義別為科[illegible]後
[illegible]卷文理俱暢混而不別故名雜亂
第二十七犯文贅　或名涉俗病
凡[illegible]詩一字文贅則衆巧皆除行[illegible]俗嬾
[illegible]大體[illegible]人作[illegible]或不[illegible]用近來被[illegible]

[illegible]小遂樹成多致紕繆雜理[illegible]亦而文不清新
或[illegible]事同而辭有利鈍即假作利詩曰
耀庭中度巷蟀傍窓吟條間垂白露菊上帶
黄金
釋曰此詩據理大體得通然庭中傍窓流
俗已甚黄金白露語質无佳凡比之流名
曰文贅

又詠秋詩曰
熠燿流寒火蟋蟀動秋音髮露如懸玉攢菊似
似金 此則无黌也
又曰 渭濱迎宰相官之宰相即是涉於流之
語是其病 又曰樹蔭逢歌馬更澤見洗巾
又 澤花遙勸酒就水更移樽 是則偕乃所以是也
第二十八日相反 謂詞理別異是也

八日晴和 風前野 侍 露 長
上既叙晴雲下句不宜霧 不理
第廿九曰相重
謂意義重疊是也或名枝指疊是也 曰
清渭濱飛鏃 夕塵 披張 日下
輪柳葉 行畫桃花騎轉 有
飛鏃下 桃花騎 相重 又曰

此指 翔歸鴻 知
第三十曰駢梅者所謂兩句中道花無暑名曰
中梅庾信詩云
雨花俱臨水 城 河此之謂也
文筆十病得失
平頭第一句上字第二句上 第一句 二
第一句 第二字 不得同聲

 詩 金 暉 夜月 乱朝霜
 今日良宴會 歡樂難
 得者聞金繩之 鈎玉鏡之 荷
 高巖与華 靈 与 俱
 五 為不便文筆未足為尤但是 齊
 非是臣宮
上尾第一 末字第 末字不得同聲 等

得者衆髮聯句鐘鏡具詞六言
失者西北有高樓筆與學五言
乘河[illegible]玄美戒律敏陰古序地炎刑四八飛
得者同字流泒芴世跡越在異情
愛分隔筆復有隔上尾第二句末字第四
句五字不得同聲
一云名設體末同聲[illegible]法保付[illegible]

蹉書失者同乘共載北迷從鳳輿輪後動
蜀從元聲又有蹉發聲第四句末字與八句
末字不得同聲得者夢中白夢生死大寤得
㐲所得菩提純浄教其本有死此涅槃六根
凡為性空般若
失者聚斂積寶非惠公所務就道善非史子
所談傷心陽馬非禄室所構安為衛基所實

家所營又諸手筆第二句末與第三句末不
聲雖是常式然必可同聲不應同韻
筆勝第一句中第二字第五字不得同是平
同聲詩得者惆悵崔亭伯
失者聞君愛我甘
筆得者剡是佳人四言　失者橪雖有處四言
得者雲漢自可登臨六言　體泒而有延擥六言

一八字氣之行于漢六言[illegible]
得者為高歡万仞樹虛空[illegible]三代[illegible]方七言
人者三仁殊途而同歸七言　得[illegible]七言
得者雪聲電艇者[illegible]天八言
失者[illegible]草古蘭者[illegible]八言
武玄平聲[illegible]在用取多爰彼三[illegible]為大半
蜂腰第一句末字與第二句末字不得同聲

澤者，朝聞含章地，雲落遠浮水，含冰照馬足，
雜雨練旗竿。
某者，汾幕飛恒續，天山積轉寒，无同
曲逝扇掩唇，魏客從遠方，來遺我一書札，
上言長相思，下言久離別。
亞下得者，空悃聆晴，鳥隱領袖，雨作時袖
岳川鎮地，津，鯨，頌何

其徳茅庭，衡暢陰賦，
某者，琁玉然羲，不為池隍，森林，信好文雅，
園林之儲，西郊不兩，流澄天睿，未庭郎勤
皇悄，如是皆次第擘之，一不得以四句為斷，若
詩，詩敗祀但聲中，女平處者，蓋辭體有方，
如古所短，能長所成，章於雲表，明吉朋，水有
然於，遠

韻一篇以上，不得同於韻字，如以前字為
句，復用陳親等字。
詩：首一違隨衡言，京附泰玉階平，
行者新裂霜純素，鮮潔如霜雪。
某得者，榛毒善之，莫聲起則大有聲百
代，歡其義，總萬乱壞，其至
某者，鳴鼓散，總笑不備無四溪

也，詣於高為凡，千集一載，同
詩曰：韻者皆是集之源，大塗河洗，灌
對，紀石邁三五，取不追退，戕八八之遐跡，
韻二句內，除大韻者，已有海字，不得復
用，字詩得者，切高，齋屋，右德，康則
照樂。
首昊天降豐澤，百卉挺葳蕤。

故疊韻兩字一處於理得通故諫
悵望南浦時徙倚北梁步　以筆俱詩亦如
筆得者西辭鄭邑南據江都
詩者西辭鄭邑東居洛都若故疊韻理通
亦余故除陵昧物詔五雲蹤一疑然宗所以
就靈六氣氲氳未知所以爲
四聲也正紐如
詩

旧丈字則不得作之有作　正也
則與詠岑莽
以蘊野莽范之所謂手筆以洞門之言也此
首則絹貼不可讀句得者稍甚噬之樓樏
不語
者有承越世道彼懼　信扨愛疑是
如詩一句中有異一字則不得皆宜

得者官報鶩可鳥長為滿一歲
失有壯武帝主居侯釄死石城
如此雙聲以得為如此故庾信詩云
明節莎淩區光笛斷脹哥
筆得者六郡豪家從來習五陵貴族作
慨惆乃先有晉熱之一應而以對皆以北面
答宗既亂府稍縱以服之爲贈

若故雙作者得　付　謂旨
鑒識上則天何所勸師　則歷然
如是此次第讎之不得以二句　為列
若五字內已有同字不得復用可字於詩
卑可過為病但去說不淨潔讀時有妨也今
言犯者唯論異字如其同字此不言同聲
如古文物以死聲明以義之大東而東

此善也……用聲用平聲韻
内亦兩則一此其常也……得用一兩四者四
……尤居第四若一平聲多在第二此
合其要也
唯如宮羽調音相參和
……頌詩第一第二第……四或至第……
……道同……韻……此……

……錢下……是之……武……
也文筆或有第四……第八句下復韻……
是丈夫借意盈紙向由筆……横動合規
……去制作之道唯筆与文之者……銘
……韻則詠等是也筆者詔策移檄章
奏啓等也而言之韻者為文非韻者為筆
……一會筆以四句而成文之韻者韻……

……諸……也……韻四句……
通故筆之四句比文之二句驗之……
也……即不同病……有異……文之……
……前假令文……言六言七言等亦……
字准勘其聲病是勝之矣
其蜂腰……五言内辨之……或小多則……
齊者也等有上尾……鶴膝……

……人……常……也其……
……表云傳冰與池非參……池与弥……
律是其上尾也在思三都賦序云……長者
莫非其……風……故傑……附其俗者与傑同
……傑句上尾者第二句末与第四句末同聲
如宛胎……也河清頌序……天……
……於太……者……贊……与今同聲

亦次聲[illegible]句不得与第[illegible]句同聲[illegible]此之六句故難[illegible]猶帶上

[illegible]第八句同聲也

[illegible]蕤　　[illegible]皆[illegible]四句末与第八句末同[illegible]也

如任孝恭書云肖鍾儀變楚樂於南音[illegible]

[illegible]於栢[illegible]中[illegible]遲[illegible]

[illegible]

[illegible]譜

而撥蕤文之末[illegible]會[illegible]

而試發故皆蕤者也若其[illegible]際有語[illegible]

句犯亦无損謂上四句[illegible]下四句初有既不穩

是所[illegible]所以[illegible]等語也此等之病並須避

[illegible]其鶴膝近代詞人或有犯者[illegible]犯多[illegible]

平閒如溫子昇寒陵山碑[illegible]穿漢[illegible]

原[illegible]戢言談[illegible]知其[illegible]經過[illegible]

[illegible]刑[illegible]碑序云

揚氏[illegible]懸兩都而後[illegible]後感旅[illegible]

[illegible]而方踐又魏[illegible]文宣溢議云　九[illegible]

[illegible]延定[illegible]賦[illegible]所甄[illegible]与[illegible]

鶴

膝也

文人劉善經云筆之鶴膝[illegible]他者[illegible]

體有方豈其然乎此可[illegible]一[illegible]以為

[illegible]其雙[illegible]疊龍[illegible]若

[illegible]

其[illegible]前[illegible]兩句[illegible]如任孝恭[illegible]

學非[illegible]雜合趙之連鶴[illegible]与夏階[illegible]

[illegible]積[illegible]借[illegible]而同韻是[illegible]也

[illegible]覺尤三家[illegible]謂誅[illegible]家[illegible]是[illegible]

聲也然[illegible]之不等義各[illegible]

[illegible]平[illegible]消[illegible]聲宜[illegible]

然[illegible]皆有[illegible]不於詩話論之集以四句[illegible]
共[illegible]兩[illegible]來並用平聲則言[illegible]
[illegible]
義用上[illegible]者則文體勤[illegible]成[illegible]
趣二作之以知之徐陵之寡侯[illegible]長之鴻都寔
欲賢[illegible]烈聖之風麟閣圖形[illegible]誠[illegible]
[illegible]重[illegible]今能[illegible]者如[illegible]

[illegible]首[illegible]上對第二三[illegible]未
[illegible]收[illegible]頌[illegible]蒼[illegible]天[illegible]第三句不[illegible]
[illegible]起輔[illegible]樣[illegible]靈圖之跡麟龍[illegible]天啓之朝翼[illegible]神
[illegible]乃有遊之[illegible]爲至人之大[illegible]上對第二句不
[illegible]二句未節第三[illegible]
[illegible]作[illegible]是也 條以[illegible]標名[illegible]以宏壯[illegible]
稱[illegible]千期文[illegible]其功[illegible]又名[illegible]句[illegible]附[illegible]之
[illegible]今[illegible]不可違[illegible]若[illegible]

[illegible]龍帯桐[illegible]則[illegible]是而共路[illegible]堂[illegible]
[illegible]矣[illegible]作者先在定聲[illegible]諧[illegible]韻[illegible]之病
[illegible]可[illegible]矣

一交了

[illegible]

文鏡秘府論　北

金剛峯寺禪念沙門遍照金剛撰

論對屬

凡為文章皆須對屬誠以事不孤立必有配匹而成至若上與下尊與卑有與無同與異去與來虛與實出與入是與非賢與愚悲與樂明與闇濁與清存與亡進與退如此等狀名為反對者事義各相反故以名焉除此以外並須以類對之一二三四數之類也東西南北方之類青赤玄黃色之類也風雲霜露氣之類也鳥獸草木物之類也耳目手足形之類也道德仁義行之類也唐虞夏商世之類也王侯公卿位之類也及於偶語重言雙聲疊韻事類甚衆不可備敘於文筆變化无恒體上下

相承據文便合若云圓清著象方濁成形七耀上臨五岳下鎮方圓清濁象形七耀五上下是其對或前後懸絕隔句始應若云軒轅握圖丹鳳巢閣唐堯秉曆赤龜躍淵軒轅唐堯握圖秉曆鳳龜巢閣躍淵是或反義並陳異體而屬若云乾坤位定君臣道生或質或文且升且降乾坤君臣質文升降反義而同句陳之乾坤君臣質文升降對是異體屬也或同類連用別事方成若云

莫[illegible]據[illegible]之莫萋萋[illegible]同類連對而別事相成也此是[illegible]佛[illegible]之[illegible]也此事屬辭不可違異故言於上者必會於下居於後者須應於前使句字恰同事義殷合若上句[illegible]言上有五字下還須五字上句第一字用白黑朱下句第一字[illegible]第三字用雲煙氣[illegible]上句第三字用風下句[illegible]輪轂[illegible]之輻[illegible]輪車之相須[illegible]若[illegible]

域外漢籍珍本文庫

寒雲▢際起悲風動林
在下句第四第五字是降 前複後▢若云日月揚▢一慶雲爛色 第四言 小林木
雨束是復 物文單語既非▢事便不▢敗文无定▢
煙雲
有變通若又專對不遂便復大成拘執可於
義之際會時時散之夫對屬▢▢皆並見
辭謂一二見即須以成辭假令云使娟翠竹▢▢▢自
句 紅荷光▢珠玉▢▢與二荷金風與玉▢▢暑
▢為對▢▢木 對者▢如▢▢不▢謂▢在
▢▢也 上句

萬以成義也假令叙世云自茲以降世有異人叙▢▢▢云
▢在方策可得言焉叙任官云我之居此將无異能
至之於君固有慙色叙瑞狀云▢之三府不▢▢▢▢
惡云魏魏蕩蕩難得名焉皆下句接上句以成義也
何則偶辭在於參事 凡為對屬寄偶其辭事若不雙辭便有闕故須參用始得成孤之也 若不取對則須就一義相
孤義不可別言故也 目以單言故不可用別▢ 在於
文章皆須對屬其不對者止得一處二處有之若
以不對為常則非復文章 若常不對則與俗之言无異 就如對屬
之間是須消息遠近比次若叙瑞云軒轅之世鳳

阿閣漢武之時麟遊雍畤 特軒轅對漢武世鳳▢麟也
大小必均若叙物云鶼離東海得水而游鵬翥
南溟因風而舉 將鶼對鵬此殊絕也 美醜當分若叙婦人
云毛嬙之美容類嫫母之至行 毛嬙嫫母良相妨也 強弱
須異若叙平賊云推鯨鯢如折朽除螻蟻若拾
遺 鯨鯢螻蟻力全枉也 苟求其類文即不於以意推之
皆可知也而有以日月對景將風偶吹特素

乖上合 雖作之異名義則同歸▢▢謂一
特須避之故援筆措辭必先知對比物各從其
類擬人必於其倫此之不明未可以論文矣

句端

屬事比辭皆有次第每事至科分
之別必立言以間之然後義勢可得相承
體目而倫貫也新進之徒或有未悟聊復商
略以類別之云爾觀夫惟夫原夫若夫▢八語閱之

情…者叵盛之自昔推
右並發端暑辭況叙事物也謂若陳造化
物象上古風跡及開闢大經叙況事理
所作狀量取之用之
凡觀夫惟夫原夫若夫蓋聞之夫竊惟㫖
語可就於大文餘則通用其義破…等
並同及稱見…等多見本法不一如…
其於是及有旦則斯則此乃誠乃
右並承上事勢申明其理也謂上已叙事
狀
次復重論之以明其理
洎於遠於至於及於既而已既微而洎逮及自屬
右並因事變易多限之異也謂若述世道
革易人事推移用之而為異也
乃知方知方驗將知固知斯乃䖍誠此固此實
誠知是知何則可以是故遂使遂令故能故使
可謂
右並取下言證成於上也謂上所叙義必
待此後語始得證成也或多析名理或比況
類不可妄就者
況乃況則矧夫矧唯何況豈若未若豈
右並承上義以及於下也謂若已叙…以
狀於上其轉…後更云況及豈…
之云之也
豈獨豈惟豈止寧唯寧獨寧止何獨何止豈…
旨…
右並引取彼物為此類謂若已叙此事又引
彼以證此相類者云豈惟彼如此也

假令假使假復假有縱令縱使縱有或令
或使或如雖令雖使雖復設令設使設有設復
右並言彼事不越此也謂若已叙前事假
令深遠高大則如此終不遠
雖然而但以正以直以只為
右並將後文於前也謂若叙前已訖
然乃有如此理也
豈令豈使何容豈容豈至其何有豈
可未容未應不容詎可詎令詎使而不而
豈在安在
右並叙事狀所求不宜然也謂若撥其事狀
殊不合然云豈令其至於此也
豈類詎似豈如未若
右並論此物勝於彼也謂叙此物已訖陳豈

若彼物微小之狀也
若乃尒乃尒其尒則夫其若其然其
右並覆叙前事體其狀若前已叙事次
更云若乃等體寫其狀理也
儻使儻若如其如使若其若也若使脫若脫
使脫復若其若若或若或可或當
右並論分測景或當尒也譬如論其某事
或儻如此如此
應須唯可只應只可只當合可必能必
必當必使會當
右並看世斟酌終歸狀也若云看上事形勢
應如此如此
方當方使方冀方令庶使庶當庶以冀當冀
夫令又所冀所望方欲便欲使當行

[illegible]是人[illegible]古[illegible]使

右並勢有可歟期於終也謂若叙其事成勢

方終當如此

豈謂豈知豈其誰知誰言何期何謂安知寧詎

寧知不謂不悟不期豈悟豈

右並事有變常異於始之謂若其事[illegible]必[illegible]

[illegible]彼今 忽如此 如此

如此如加復況復兼以復又以復重以且復仍

且猶復欲而尚尚或尚能尚欲猶仍且尚

右並更論後事以是前理也謂若叙前事

已訖云加以又如此又如此也

莫 莫不罔不不因弗无不咸欲咸將並欲皆欲盡

皆並咸

右並總論物狀也

[illegible]非[illegible]非夫若不如不曾非

右並判大其狀令至甚也若叙其至甚者云

何非如此古也

何[illegible]何能何可豈能豈任詎能詎使詎可任

能了能

右並自明前於論所致若古自非行如彼何

[illegible]此也

方慮方忍所忍將忍或欲或慮之忍惟[illegible]

右並預思來事異於今也若今人事 擎

慮於後或如此也

敢欲輒欲輕欲輕用輒用輕以敢以每 欲常欲

恒頻恒望

右並論志所欲行也

每有每見每實時從數復或[illegible]時或

右並云ゝ非常數有ゝ時而見也謂ゝ於ゝ升至其
時節每見其爭理也
則ゝゝ則皆則常何當不未嘗不未有不則
右並有所逢見便然也若逢見其事則必
如此也
可謂所謂誠是信是允所謂及右此從ゝ是
右天ゝ與亦 猶ゝ夫則 猶則是
右並要ゝ會所歸總上義也謂設其事可
謂如此可比如此也
誠願誠當可唯願若令若當若使必使
右並勸勵前事所當行也謂若謂其事[illegible]
誠願行如此也
自可自然自應自當此則斯則ゝ名然則
右並預論後事必應尒也謂若行如彼自

可類如此
帝德錄
伏犧亦曰宓戲太昊皇雄庖犧皇犧風
姓以木德王曰蒼精蒼牙生於雷澤日角
以龍紀官曰龍師而龍名狀有通靈出震
像日作易觀像察法畫八卦設十言推
三元以教民
農亦曰炎帝ゝゝ號大庭烈山農皇以火
德王曰炎 並炎精生於華陽感龍首神之
以代成戴玉理石耳以大紀官曰大師而大
名亦六龍以出地輔狀有教農作來耜嘗百
首ゝ軌度四海
皇帝亦曰軒轅有熊縉雲之官飯藏古皇
軒ゝ后軒皇以土德王曰黃 作黃神

黃精感□電繞樞以生於壽丘長於□□居於
軒轅之丘天庭日角四面狀有堤像□曆叶
律造書契摸鳥跡車乘宮室衣服文字使
使百靈若衣裳
少昊亦曰金天青陽以金德王感大星如虹
□華渚以生鳳皇適至以鳥紀官□□□如
□□顓頊亦曰高陽瑤光□以水德王□□

光如蜺降幽房以生形去併幹乎九黎之
亂定八風之音
唐堯亦曰陶唐伊祁伊堯唐堯唐后帝名
放勛感赤龍以生長於伊水居丹陵啓
鳥庭日角八眉八彩珠衡狀云欽明文思睿
哲允龔□魁讓登古則天就日望雲允被
平章百姓協和萬邦虞舜亦曰有虞大舜

有姚虞舜虞后名重華字都君感大虹始
生於姚墟長於媯水狀日濬哲文明登庸
納麓受終慎徽五典懷神珠秉石推哥琴
若拱彈五絃之琴哥南風之詩夏禹亦曰
有夏伯禹夏禹名文命字高密感流
星生於石紐耳參漏懷玉外狀有腓通任長
作貢盡力溝洫卑宮室

□湯亦□成湯商湯商王殷后名天乙字□
王感白氣□生兩肘七名受金□都於亳狀
有草令解網卅七征紂於鳴條竄於南巢
高宗亦曰武丁中宗殷□狀云中興周文王
亦曰文昌
武王亦曰武發並云有周蒼精文王邑於灃
□□於八山武王都於鎬狀云命惟□□肖之

武功虞代草命代罪漢曰天漢炎 金刀
高祖日劍邦感玉英始生鄷澤夢素靈哭
真河見蒼雲濁疊浮奇光狀玄黿戴天
祿提釰
右並是古帝王名狀至諸文歷叙先代處
於此斟酌改用之或可剗軒唐虞夏商
殷漢等国号即以歷革命祚葉首

等亂之隨其盛衰而叙
若叙盛之光啓之始唯新方熾之盛逾隆尅明
之衰逾速方訖方衰之恭若叙衰之造地陵
遲將季之運將盡之替已歇將亡告終等語
受命受終定業開基啓祚承天乘時生狀
之誕靈降神誕聖發祕効靈啓聖流祕亦
之載誕降生臨狀之登極踐極馭宇建国乘時

武德君臨乘乾出震
右若叙先代並得通用
叙述帝德軆制甚多虛用諸文動成混乱今
略舉之如右
裁先叙感受符受命承狀握運等二句於上後
以德從臨馭功業等義之
若之感降炎上赤帝赤熛之怒朱鳥翼軫翼

光白虹星虹樞電赤龍之英等精靈並見
正光握受膺胄黃河之象河之洛之下測之龜龍
馬龜鳳龜龍 龍玄龜玄精朱文録錯玄運
玉匣玉檢等圖録
文命亦雀玉遺書黃臭金鈎之書等命降玄
珪之受照華等
瞻之叶之年千載五朝五運等朋之啓三

靈丶戴真玉之形表蒼牙珠衡等狀龍房授紫
微北辰震極等。
位居大寶九五萬邦等
位尊並量其類以取對之可慓怒失馬翼
軫搖光樞電星虹及雷澤壽丘華渚華
陽石繩等降精降靈降神羨祕源祕紀
聖錄聖策河洛黃龍之龜龍馬玄龜玉

檢等。
授圖膺籙呈瑞玄珪降錫珠衡表狀亦可
云握天鏡金鏡玉鏡神珠懷玉斗秉石推
轄玉軑馭三龍之九斷等云之而以踐極踐
位馭世乘時臨民秉天察璇璣玉衡曆七
政秉玉燭以調時
亦可云天庭日角龍上豐下龍顏虎鼻八

彩重瞳珠衡玉理握褒履已握以懷已
亦可云挺著表資幹聖敬神武聖武欽
明濬哲文明恂齊等姿德及云神武天縱
聖敬日濟欽明文思允龍克讓聰明神武
合於光大及云龍飛虎變出震乘乾等語
作二句。
次可云得一通三居高望遠就日望雲則天

地握以懷已出震應籙雲行雨施日臨
月臨握機曆衡懷珠秉石膺疑後丞左
規右矩執契持衡觀像察法及云畫聖
神合元體極誕靈縱聖睿通知遠之列典
敘隨翼義顯山墳紀星曇月射日繳風
補維立柱又可云合吐陰陽經緯天地墳
紀之臨日月感會風雲鼓動雷電合德乾

坤亮明日月重紐地維更闢天象陶鑄生
靈彈壓山川織成宇宙万神協賛万物歸從
亦可云窂籠有象苞苍䒭控前祢綸連續彝
壓郭清光被朝宗明臨亦毒等云
天地乾坤二儀四海八荒八埏八極九域九垓
嶲九縣万国天下海外宇宙遐迩無耶勤有
万物等

亦可云利見大人光臨寶位下臨赤縣上
膺玄象秉玉甃撫懐珠馭查就日積明財
天為大等語
亦可云練五石以神天亦八柱以杲天柔四載
以數土落九日而正構穆通八風而調律呂
柔六龍以御天落九鳥而拯物正绝柱而恭
元亡物於天地二儀息横流群飛波瀾於四

海汀海揚光華於日月舞干鏚而定四表
運機衡以齊七政降寶令於岱山奠靈膏
於宛委懸明鏡以高臨根長策而遠馭
運七政以璣衡通八風於律呂
亦可云以至德光天下神功截海外等同類
軒轅之恂齊顓頊之静渕唐堯之欽明虞
舜之文明大知一周文聖敬志漢祖神武大度

感二義之至德應千祀之嘉會或可以感受
符命等㫖對之若云虹電流絞虹流華渚虹
下蜺貫晏乃降感精靈英靈虹流電繞雄光
下降等云
應誕聖登之期河洛龍躍樂河龜浮翠
渕龍躍龜浮玉檢來浮等受應受寶命集
録表明玉之運標受命之始

亦可云感亦標搖光翼軫等氣祉允叶乞應受
應等千齡五期三靈二儀受錄銷玉檢龜龍
等文圖光臨載璽撫臨等六四海八極万國
万物攸云武蒼水玉遺金簡之符命疎通允
平九土九域
亦可云天庭日角珠衡玉理等載表神儀玉檢
入總龜字龍圖等受膺寶命
亦可云玄龜出洛應聖之期赤雀入酆表惟新
之命
叙功業
若云補維立極斷鼇鍊石功德被於乾坤天地
二儀射日繳風殺豕斷蛇拯溺救焚功業施於四
海万物群生動植遐邇斷鼇鍊石二儀更安祭
木恒山九立迴定上射九日上齊七政孝星叶

日等云玄象乾象更明下尊百川疎山貢
水等蒼生坤儀以定
璇璣玉衡機衡等運而七政齊正天文銀編
金簡等推而九土百川定通地理干戚舞四
夷服像叉在宮自睹四門穆穆遐荒奉職無
勞兩階之舞弘文教天下雍熙定武功海外
有截朱干玉戚海外率賓萬斧敍衣天下
咸服八宏大定偃甲銷戈九有宅心同文共軌
允恭克讓四表以和保合大和万方咸說緜亙
定難行仁義止兵拔危履須崇聖賢之杖一
尉一候遐邇義風禮云樂云幽明同化此是並陣
句相對
亦可云舞干戚以懷遠運機衡以齊政斬脩
蛇對豕洛九日通八風正傾維安絶柱平

力分之亂竄三苗之罪正髙天之絶桂息滄
海之横波更槼四門重安八柱練石神天精
灰止水偃伯脩戈休牛放馬於華陽牧牛挑
塞及古開闢辰家織成宇宙

敘礼樂法

爲古改正刋殊徽号之愿章同律度之礼樂
諧律呂脩五礼正六樂諧六樂定八音及古亍

分四氣推列三元啓七政陳五紀定四時通
八風分九土慎徽五典弘宣八政叙以九疇敷
以五教風通地理叙人倫授民時
亦古令佰夔合樂伯夷典礼容成定曆伶倫
吹律皐陶典刑亞可論量立郊廟社稷明
堂以宗祀天地神明之靈及朝宗万国辟后
辟雝靈臺以頒政降衢室以問道界明堂

以議政闢闡大學公宮東序西膠虞庠序等
而以崇訓施化問道貴德尚齒起量麟閣
天祿弗觀等以崇儒弘文採五帝之英華
去三代之糟粕定八刑糾民考八風定八音任
九土作賦蒐以聲明紀以文物布之典刑納之
軌物或可古制定五礼之儀玉帛蹲頌之制
等以和邦国叙人倫与天地同節安上治民

定諧夔六樂八音金石絲竹音羽萶籥干戚絃
同和天地合鬼神移風易俗載定六律律呂
以測寒暑叶十二地東膠西庠夏宗節義樂
闕虎觀乃集墳典律呂古之以合陰陽礼樂
兼脩乃同天地璇璣玉衡等進而七政斯齊
金科玉條陳施而四民百姓元從南正授地司
天火膝凶膝和風訓若敬敷五教庚績唯

婥海苐範九疇彝倫攸叙使句芒要合先王
之德刑大龍黼黻得古人之象弁正佞更定
閏官同律音衡仍退樂曲九成六變更定譽
章五宅三居仍定曲刑道德仁義高視百王
文物皆明業過三代
叙政化恩德
六玄璣斗機以運行動共正而号令順叙
而生長隨秋冬而致罰開日月以照臨降雨
以灑潤均天地以載臨同陰陽以變化察乙象
以定時觀人文以成化則天地以行道依鬼神以
制義履時以象天養財以任地治四氣以教民道
八音以宣六氣律文而訓俗聲為律身為度尤
准繩右規矩保合大和尅明俊德謨九德叙九
德叙九疇張四維陳二柄與於仁義於禮成於樂

道之以德齊之以禮聖賢為杖仁義為翼
道德為城禮樂為國道德為櫓楯也塲禮義為
干櫓誠信為甲冑從文德止武功先德教後刑
罰以德不以威以寬不以猛不令而行不言而化
開三面垂仁揮五絃解慍日臨月臨雲行雨施鼓
之以雷電潤之以雲雨油然作雲霈然下雨溢
和氣以臨民扇薰風而養物灑玄澤以周流
降陽光以照普大道濟運之德宣發明
光等輝映照晰晉燭恩恩鴻因等以滋陽光
布濩汎濫湯衍浸洽和氣雲霈澤等同流亦論宣
仁澤化等以格者及覃通濟治加玄二儀四海
九縣八宏四表九域九垓八際天下海外及泉
草木昆虫行葦等語乎章百姓協和万邦光
被四表威震敵泣五典陳茲八政寄勝貨咸澄書

叙仁倫布之九疇張以四維彝倫攸敘敘之謝邪臣
鞨戈偃伯璽定武功作樂制礼載和文德五絃
發更起桀可三面已開還興湯祀五絃解慍
德被生民三面開羅仁沾禽獸自南自北德被
花英欲左欲右仁沾鳥獸隶鹹而舞見速夷殊俗
来賓揮絃彈琴而可知吾民欲慍與仁之礼俗
以崔清明法察令民斷无犯德之万邀並被仁

之之九朔俱陶王化
然可以上大道至德榮光湛恩本澤和元等被加
於四海八宏等謡為對叙天下安乎。
若玄二儀天地乾竹等文恭文物日月光華之人
神九協迴迩太康酌平叶賛内外穆禧万国咸
寧方邦協和百姓昭明黎民於變時雍庶績咸
熙品物咸亨兼遊餘尒内外平成天平地成

遠迩至下遍上淩四海无波珠眼皆乎河清
海晏河鏡河湛河漣海夷年和无叶雨節
風隨尉候无虞烽燧不驚朊刎明堂林甲
宣室載戢干戈載櫜弓矢孩馬華山之
陽放桃林之塞偃伯鞨戈休牛放馬焚光濫
二儀和元之行万里去澤浸六合百姓食於
高曾大飲於醴泉取於玉燭司祿倉富而

国安貞司命益年而民舞之可去客咸
世結繩而用葉国鷄犬相聞東户季子
路有鷹行道不拾遺来相餘糧宿於畝
首華胥以世民有含哺而熙鼓腹而遊
太古之時鳥鵲之巢可俯而窺虺蛇可蹈大
道之行天下為公不獨親其親不獨子其子
唐堯之時八十老人擊壌於路康衢井而歡耕

日出食日出而作日入而息帝有何力於我
我堯舜之時比屋可封封百姓皆以堯舜之
心爲心黄帝夢遊華胥之国三年而治龤
焉可量於對之
右並帝德功業其在諸文須叙述者可
於此參用之
文大者陳事宜多若八年須巡守

頌徼文封禪表之類辭須多若離表
等辭須步皆斟酌意義須叙之句數以
短皆在本注叙遠方歸向
東方在青丘林木扶桑蟠木步陽日域出日
南方有丹穴山丹徼炎洲風穴載日大鼠北
戶交戶
西方有泉西王皆陵積石流沙玄圃弱水麟

淵國瀧
北方有玄漠幽陵紫塞孤竹空峒玄闕龍庭金
微瀚海天山龍燭等並得玄地域那俗人表
外所亦玄夏帛所不記竪夫大章所不步遊周
穆王若士盧敖所不至遊窺也跡所不及穆轍
所不遊方老所不遊方志所未傳山經所不載
亦玄日月光景等所不照臨霜露所不沾

舟車所不通冠帶所不及鞮譯所不至
異俗名有交風厭火三首一目敞
羊牢匈頭飛鼻歃金鏤鐵面等国俗人
獬及玄七戎六蠻九夷八狄夫狄青羌烏夷犬
戎旋頭皮服編髮左衽等類群首長渠
等義息伏玄並欽慕兼被沐浴等皇風帶
德並化自皇自帝澤至化玄功至道大德

亦貢。亦慕義向化沐德浴恩仰德仰仁來。
慕道
亦狀亦和塞梯山航水泛海欽闕重譯便而
白風及臂肩風膝臂肯跡襄接踵來。王朝宗
獻款入謁來亦奉貢之獻狀亦獻琛奉貢寶
寶　貢ノカタ又財貨也
亦可亦委質董菓街納貢夷狄殊祥天庭來朝

帝闕
戚可引南方越常國使無別風淮雨江海不揚
鴻波重九譯來獻白雉及里俗求裘西方大月
氏國東風入律百旬不休青雲干呂連月不
散乘毛車度溺水貢神香猛狩東方肅慎
國獻楛矢弓弩西王母遣使乘白鹿獻玉環西
旅獻大獒叙瑞物感致

若亦天不愛道穆秘寶地不潛珍爰呈祥文鑑
孔明神聽無爽明神明靈上玄壽通肱乞臨叶
贊明命寶命休祉靈瑞珍荷靈應嘉先
瑞嘉臻嘉至昞著照見斯表壽瑞物
若亦日月揚光之華烟雲紛郁爛叙山川効靈
星雲動色河洛馮祉銀玉揚光草木效貞
鳥變色甘露流掌醴泉出地壁露見寸

把泉泄醴榮光出河景星出翼雨暘合
時五緯連珠卿雲五叙休徵四備澗
光含曜八風備通五雲郁郁
亦亦鳳皇巢河閣上進駃騠在囿黃龍負
圖出河亦龜呈字出洛白狼銜鈎入朝黃魚
化雀白鳥銜珠黃龍負玉赤鳥銜珪黃白麟
亦獸作青鸞白雀白雉南至馬西來

□□至□皇□□□□□□
亦玄河禹金繩山開玉遺黄鑼山玄□出地山
□靈東澤禹神馬金騰自出銀甕□斯滿
亦玄三苗金□類九芝畜秀蓂　朱柚華芝之芙□
秀表禾合類□不連理地出嘉禾届生藤草朱
草生効蓂□莆生厨蓂莢□柚破
紀玄慶雲五紋浮自帝建□□□□□陜朕千□

渚鄉雲暴映紋蘭非烟景星□□光浮醂
月紛紛都都雲紋映建青方赤玄星光□翼
祥風下至下應□璇璣黄雲上浮仍通竇斷五老
上入乍觀流星八伯進哥仍聘嘉元汾水竇斷
乍映黄雲河渚靈□仍浮使元
亦玄鳳皇已鳴□調律呂龍馬□躍載□□
□鳳皇□□閣□□雄雌及五紋星文麒麟

在郊行中□矩及一□求□五□□□
亦玄蚍頸鵠□九苞六象嬰聖抱信栖梧□□
□等之鳥奮飛向紫庭鳴鳥自院陷□□合
韶来巢阿閣甯身牛尾□□賄頂一□五
蹄含仁懐義歸和遊聖寺之符遊於鷄時
聲中鐘呂麟遊鷄時白質里蹄龍躍河□
朱文録錯龍躍河渚禹卷郤之苗之菡風

□院陷□雄雌之管□龍載車□出甲陵□□
在千飛銜書入户丹書入户□色鄴都□□□
□□從□渚□龍出水玉□斯呈向根入朝□
約以鳫鳥從赤日三足玄章□自青丘九尾斷
□馬從西□稍汗斯流雉向南甚泰章仍表河
□四□龍馬呈□渚東觀鳥臭禹社□頸鵲領
□院□　龍□馬向□浮□河□□　□朱□臣

紫芝延熹鳳麟龍水清青甲赤文
龜出表帝壇白帝黑文及白質黑蹄遊君側
西王母之使來獻玉環
亦玄武之神仍呈金簡河精下帶芝掘地扇
海若東遊呈侯天命玄録之錄更曳象河
赤螭之畜仍呈寶卷水使者更
白面長人仍呈河渚神之出白魚

露凝華於金掌瑞封延熹玄珪出地載表
成功草茂華平朱草生郊芝應至德
作扇下起清風芝英似冠仍浮黃芝泥出朱
載表河圖貫英生廷還戚帝曆銀編金簡開
自重山蘭葉芝泥浮於河渚白環入貢更自
西王玄珪告錫還從東海
具風春秋榮光昌茂嘉禾祥風等出

騰騏于帝進宮闕甘露醴泉流醴甘
滂流洋溢于林野玄珪白環紫玉金鈞玉環
璣玉金騰銀甕金車玉馬明珠大貝及玉檢
金繩銀編金蘭等玄獻眩變爛照章照耀
磊砢等相耀並眈暐丹看晧兆白狐玄狗白
雉朱鳳黃爽丹鳥白虎玄狐素麟丹羽等
照彰眩眩紛綸以至以見集於林苑景野葉

麟族

紫玉見等煙朕等正狗白
騶虞驊騮遊苑囿白麟朱鳳芝茅詠
奇識哥樂府樂章餘瑞對咸着
俱示史策等山車澤馬神馬騶虞等
之一角三五蹄雙觡等雜沓陸離來甍
亦郊野苑囿華乎歷數之英萸神芝
華紫丁失賓一莖壽三

頌等之時勳紛處茲蓮蕃
於沼庭原野此等並得之符瑞休祉貺
祥感悉負輸不絶俱爲之帝庭天庭王府
天闕王闕不絶史書並紀衆篇條史不絶書
府元歷月正一於云日月星辰風雲山川草
木羽毛鱗介山宗海若乞羣川獄云氣並
露會衆等瑞祥祉貺難紛綸等

貺膊等臻歡覽至而臻桐榆光呈形表
質等亦可在後總之靈符嘉瑞之休徵寶
命等並齊羅生並見符臻允歸及雜沓紛綸
等論
或可叙前瑞物二句即委輸王府庫藏緗着
於史策及云紛綸雜沓以臻至不可勝紀雜
沓記難得覼縷不可勝數

右並瑞應諸文須開處可於此叙之
文大者可作三對四對若太平巡狩及瑞頌封
禪書表等可准前状或連句隔句對并總叙
等語參用之小者或一句若瑞表等可用瑞物
之善者一句總述陳二事而對之論其衆多
之意

入鏡府論　北

願稽首之
俾

全唐詩逸

提要

《全唐詩逸》三卷，日本河世寧著，清道光三年（一八二三年）刊本。此書補全唐詩所逸，成書時間約相當我國乾隆時期。凡得詩人一百二十八人，其中八十二人不見於《全唐詩》，詩七十二首，句二百七十九條。河世寧，即市河寬齋。市河寬齋名世寧，字子静，號寬齋，俗稱小佑衛門。江户時代后期儒學家、漢詩人、書法家。

全唐詩逸序

大清康熙之朝全唐詩集成其人以千計其詩以萬計雖片章隻句散在諸書者採掇無遺也不謂盛且備乎殊不知尚逸而在吾日本亦不爲尠也當時遣唐之使留學之生與彼其墨客韻士肩相比臂相抵則其研唱嘉藻記其所口膽其所記裝以歸者蓋比比不已大江維時之千載佳句的的珠璣獲其片而逸其全雖則可惜哉其所以亡乎彼而存乎我不亦幸乎上毛河子靜有慨於此也著全唐詩逸三卷夫然後所謂滄海無遺珠者非耶大抵典籍之亡於彼而存於我者在佛書太多然不廣行世近世太宰氏所校古文孝經流入西華新安鮑廷博再刻而行之作序賞之今使斯書亦流而西則豈復不刮目而觀之哉子靜名世寧爲昌平學都講博雅尚志亦嘗著日本詩紀五十卷其有功於藝文不獨斯書云

天明八年戊申十月　　淡海竺常撰

全唐詩逸目

全唐詩逸卷上

日本上毛河世寧纂輯

男三亥校

明皇帝

送日本使 日本高僧傳云天平勝寶四年藤原清河爲遣唐大使至長安見元宗元宗曰聞彼國有賢君今觀使者趨揖有異乃號日本爲禮儀君子國命晁衡導清河等視府庫及三教殿又圖清河貌納於蕃藏中及歸賜詩

日下非殊俗天中嘉會朝念余懷義遠矜爾畏途遙漲海寬秋月歸帆駛夕飈因驚彼君子王化遠昭昭

賜新羅王 東國通鑑新羅紀唐天寶十五年遣使朝帝於蜀帝親製十韻詩手札賜王曰嘉新羅王歲脩朝貢克踐禮樂名義賜詩一首其詩曰

四維分景緯萬象含中樞玉帛遍天下梯杭歸上都緬懷阻青陸歲月勤黃圖漫漫窮地際蒼蒼連海隅興言名義國豈謂山河殊使去傳風教人來習典謨衣冠知奉禮忠信識尊儒誠矣天其鑒賢哉德不孤擁旄同作牧厚貺比生芻益重青青志風霜恆不渝

德宗皇帝

句 見大江維時千載佳句○家藏千載佳句二百年前謄本誤謬脫落甚多而無他本可比校今所分注且存其疑後效此

玉殿笙歌宜此夜更看明月照高樓 秋夜

楊師道

采蓮 見千載佳句

采蓮江浦覓同心日暮風生江水深莫言花重船應沒自解凌波不畏沈

上官儀

句 以下並見釋空海文鏡祕府論

曙色隨行漏早吹入繁笳旗文縈桂葉騎影拂桃華碧潭寫春照青山籠雪花 論云此六句犯長擷腰病

池牖風月清閒居遊客情蘭泛樽中色松吟絃上聲 此四句犯長解鐙病

張謂

句 以下並見千載佳句

天上姮娥遙解意偏教月向踏歌明 月夜看美人踏歌

共待山頭明月上照君行棹出長川 翫山月送百九

丁仙芝

句

雨鳴鴛瓦收炎氣風卷珠簾送曉涼陪岐王宅宴

殷遙

句

歸心靜對螢飛月遠夢長驚角滿樓夏晚懷歸

王維

句

自恨開遲還落早縱橫只是怨春風牡丹花

李頎

句

巴路千山秋水上江村獨樹夕陽時歸至舊任酬袁贊府見贈

王昌齡

旅次盩厔過韓士別業以下並見祕府論引王昌齡詩格

春煙桑柘林落日隱荒墅泱漭平原夕淸吟久延佇故人家於此招我漁樵所格云此第五句入作勢

上侍御士兄

天人俟明路益稷分堯心利器必先舉非賢安可任吾兄執嚴憲時佐能鈞深同上

上同州使君伯

大賢本孤立有時起絲綸伯父自天稟元功載生人此第三句入作勢

留別

桑林映陂水雨過宛城西留醉楚山別陰雲暮淒淒同上

贈李侍御

靑冥孤雲去終當暮歸山志士杖苦節何時見龍顏比興入作勢

又

渺然客子魂倏鑠川上暉還雲慘知暮九月仍未歸同上

送別

春江愁送君蕙草生氤氳醉後不能語鄉山雨雰雰含思落句勢

失題

時與醉林壑因之墮農桑槐煙漸含夜樓月深蒼茫理入景勢

又

桑葉下墟落鵾雞鳴渚田物情每衰極吾道方淵然景入理勢

句

與君遠相知不道雲海深寄驩洲　得罪由己招本性易
然諾見譴至伊水　黃葉亂秋雨空齋愁暮心客舍秋霖呈席姨夫
通經彼上人無迹任勤苦題上人房　楓橋延海岸客帆歸
富春送鄔貢觀省江東　寒江映村林亭上納高潔宴南亭　陵
藪寒蒼茫登城遂懷古登城懷古　孤煙曳長林春水聊一
望以下失題　河口餞南客進帆清江水　遷客又相送風
悲蟬更號　微雨隨雲收濛濛傷山去　海客時獨飛
永然滄洲意　日夕辨靈藥空山松桂香　墟落有懷
縣長煙溪樹邊　青桂花未吐江中獨鳴琴　還家望
炎海楚葉下秋水

劉長卿

句見千載佳句

春苔滿地無行處深映桃花獨閉門題張山人所居

崔曙

句見祕府論

夜臺一閉無時盡逝水東流何處還失題　田家收已盡
蒼蒼只白茅失題

李白

句見千載佳句

玉堦一夜留明月金殿三春滿落花端雪

張謂

題故人別業見祕府論

平子歸田處園林接汝濆落花開戶入啼鳥隔窗聞池
淨流春水山明斂霽雲晝遊仍不厭乘月夜尋君

李嘉祐

句見千載佳句

巴峽猿聲催客淚銅梁山翠入江樓江晚望陪楊園　千峰鳥
路含梅雨五月蟬聲送麥秋發青泥店至長余縣西涯山口

錢起

失題見祕府論　按下二句郎郭震塞上詩中語此以爲錢起詩未詳何據

胡風迎馬首漢月學蛾眉久戍人將老長征馬不肥

顧況

句以下至卷末二十九人竝見千載佳句

野人誤向人間老爲謝金華洞裏雲寄婺州趙使君　莫言歸
去無人伴自有中天月正明送朱拾遺

陳潤

句

兩岸楊花風作雪一池荷葉雨成珠（題山陰朱徵君隱居）　暮猿啼處三聲絕寒鴈歸時一葉秋（客舍石己山渡行）　一雙淚滴黃河水願得東流入漢宮（王昭君）

崔膺（一作應）

句

不隨暮雨蒼江去且向朝雲白雪歌（歌妓）　欲于北闕辭蒼海卻望東山愧白雲（別山居）

馮宿

句

九衢車馬傳佳句萬戶鶯花接勝遊（酬宣上人）

于鵠

句

曾讀列仙王母傳九天未勝此中遊（上陽宮）

楊巨源

句

鳴鞭秋色詩情遠拂匣寒花劍力多（和劉員外赴闕次潼關作）　鞯

通蓮闕秋光遍詩答蓬山晚思遥（永平里酬盧洪）　青門日暖塵光動紫陌花晴風色來（春日）　豔欺藤蔓鶯無限香壓荊花蝶不飛（紫薇）　內史舊山空日暮南朝古木向人秋（將赴嶺外留別）　夢中鄉信鶩秋鴈窗下林聲帶夜蟬（寓居）　獨向曉山知露溼遠臨秋水愛雲明（送王秀才）　新河柳色千株暗故國雲帆萬里歸（送楊松陵歸宋汴州）　一院綠錢童子拂千竿青玉主人栽（寄宣供奉）　露凝丹地初疑雨煙著紅樓半是霞（贈紅樓院宜供奉）　空門水定埃塵遠眞偈金書世界稀（題金字經供養口上人）

劉禹錫

句

煙波半落新沙地鳥雀羣飛欲雪天（初冬）　櫻桃帶雨胭脂溼楊柳當風綠綫低（題裴令公亭）　山似屛風江似簟叩舷來往月明中（泛舟）　晴日碧空雲腳斷一條如練挂山尖（瀑布泉）　飛文鬭疾敲銅器陪宴會歡吐錦茵（酬李校事）

周元範

奉和白舍人遊鏡湖夜歸

風前酒醒看山笑湖上詩成共客吟晝燭滿隄燒月色

澄江繞樹浸城陰

句

路出胥門深淺浪月殘吳苑兩三星 和白舍人泛湖早發洞庭詩

石橋路上千峯月山殿雲中半夜鐘 寄白舍人兼鶴林招隱二長老

王魯復

水樓

山銜落日溪光動岸轉回風檻影浮座內數聲來遠鶴

煙中一派辨孤舟

句

清泉遶屋澄心遠曙月銜山出定遲 贈僧惟勤

陸暢

句

滿手香傳金菊酒漏聲遙滴上陽宮 九日

鮑溶

句

徑草漸生長短綠庭花欲綻淺深紅 春日　夜瑟紘驚綠

流水暖松花放碧香煙 春日　窗閒夜學凝殘燭軒下朝

吟向暖風 春日貧居　幽客攜琴好歸去七絲閑和百泉聲

送友人歸山　野寺訪僧歸帶月芳林攜客醉眠花 贈東郊

張蕭遠

句

須臾滿寺泉聲合百尺飛簷挂玉繩 與善寺看雨　座客醉

來雲雨散一行高鳥萬山秋 宴　綺羅香裏春長在絲

管聲中水暗流 西山涯口宴韋賢大夫亭　何事不歸巫峽去故來

人世斷人腸 歌人　身居曉嶂紅霞外書讀秋窗紫竹閒

借山觀讀書　瀑布水高清漢冷莓苔橋滑碧煙虛 送道器上人遊

吳江　日月在天常照耀了無塵垢汙清光 禮道寬禪師

殷堯藩

句

雲收碧海連天水風動紅蕉滴露光 送韓協律勝起容府幕

施肩吾

句

空巖雨暴泉聲亂幽徑苔深鳥跡重 幽居

章孝標

送張孝廉歸吳

吳將勤苦見高科藝至春官不奈何想得江南諸父老

因君鞭韃子孫多

夜笛詞

皎潔西樓月未斜笛聲寥亮入東家頓令燈下裁衣婦誤翦同心一片依

題碧山寺塔

六時佛火明珠綴午後茶煙出翠微縈砌乳泉梳石髮滴松銀露洗䊵衣

翫月遇雲

無端玉葉連天起不放金波到曉流暗惜蚌胎沈海面仰思鵬翼破風頭

句

錢塘去國三千里一道風光任意看及第　珠呈夜浦螢無影鶻坐秋林鳥失行奉酬朱二十四見寄詩　昨日見君親下筆五花牋上黑龍飛觀草書　何人枉折教狼籍孤負春風長養情楊柳枝　梅花帶雪飛琴上柳色和煙入酒中早春初晴野宴　阮籍嘯場人步月子猷看處鳥棲煙竹詞　白練鳥迷山芍藥紅妝妓妒水林檎宴漁州　今日華山秋頂上聞天長叫在長空獨鶴謠　天風更送新聲出不放行雲過鳳樓梨園調　昨日天宮吹樂府六官絃管一時新贈盩屋陸少府　通傳勝事因風月打破愁腸是酒杯遊檀溪　玉輪姑蘇臺上煙花月寧負春風簫管聲送陸二十一及第歸　蕭灑竹房塵低月中天曉金鐸縱風上界秋登總持寺塔　言若浚川流巨海戒境外滿天雲月共清虛題靈初禪師院　金殿月中看擣藥玉樓風裏如秋月挂長空贈言樞法師　聽吹笙宿天柱觀

陳標

句

長把酒杯憑夜月每將詩思泥春風贈祝元膺　襄陽樂事經過盡峴首煙花倒瀉空敘舊　猶疑波底鮫人淚滴在衣裳半欲零露荷　春明門外襄陽路落日秋風送客歸送人歸襄陽

楊收

入洞庭望岳陽

飛鷗撇浪三千里暮草搖風一萬畦黛色淺深山遠近碧煙濃淡樹高低

許渾

句

蒹葭水暗螢知夜楊柳風高鴈送秋（常州留與楊給事）　露滴曉花疑錦繡風吹寒竹認笙簧（題歌者）

喻鳬

句

虹橫布水臺南雨鴈返爐峰頂北霞（送歐陽孝廉及第歸彭澤）　閑臥東風燈漸曉溪南花氣雨中來（溪居雨夜）　一別山陰詩酒客水風花片蔓蘭亭（寄山陰李處士）

祝元膺

句

卻覓終南山色看倚天橫展玉屏風（喜晴見山雪）　杜甫一生憐李白應緣孔聖道才難（書懷奉放諸從事）　終南山腳盤龍勢紫閣雲心望鶴歸（曲亭）

趙嘏

句

池上昔遊夫子鳳雲閒初起武侯龍（述懷上令狐相公）　亭分楚寺依依樹水應公臺夜夜琴（送李仲赴任）　鴝鵒舞酣八自醉琵琶聲緩客初來（與杜陵客同醉□氏莊）　高鳥過時秋色動征帆落處暮煙生（齊安晚秋）　夜吟孤枕潮聲近曉過千山雪氣寒（江夜歲暮）　望臘早花緣路見隨巖寒水隔林聞（成名年賀揚嚴別業聖將擢第）　宿處客塵隨夜靜坐中煙水向人閑（登華嚴寺）

崔澹（一作膽）

句

九重城裏春來早百尺樓頭日落遲（古意）

賈島

句

莫是上天宮裏唱歌聲飄下玉梁塵（鷺雪）

溫庭筠

句

沿澗水聲喧戶外卷簾山色入窗來（山居）　自有晚風推楚浪不勞春色染湘煙（次洞庭南）　卓氏壚前金綫柳隋家隄畔錦帆風（題池亭）　門外白雲何處雨一條清澗遶溪流（失題）

方干

句

巖溜噴空晴似雨林蘿礙日夏多寒（題報恩寺上方）

羅隱

句

庾樓宴罷三更月宏閣談時一座風（寄主客張員外）

羅虬

過友人故居

隄草裊空垂露眼渚蒲穿浪湊煙芽晴樓談罷山橫黛

夜局碁酣燭墜花

句

雪中放馬朝尋跡雲外聞鴻夜射聲（和扶風老人詩）龍鱗柳弱垂朝露鏖尾松高揮夜風（五華宮）猿隔亂雲啼暮嶺鴈和微雨下寒湖（江行）夜渡酒酣千頃月晝樓碁罷一窗山（郊卧）

杜荀鶴

句

千嶂雪消溪影綠幾家梅綻酒波清（酬湖州杜員外春至日見憶）

風拂亂燈山磬曙露沾仙杏石壇春（紫極宮上元齋次呈諸道流）

神穎（僧）

句

手邊雲起何時雨筆下波生不待風（山水屏）

全唐詩逸卷上

全唐詩逸卷中

日本上毛河世寧纂輯

池桐孫校

惠文太子

太子名範睿宗第四子好學工書愛儒士無貴賤爲盡禮與閻朝隱劉廷琦張諤鄭繇等善常飲酒賦詩相娛樂初王鄭改封衛俄降封巴陵從誅太平公主以功賜封岐甍冊書贈太子及謚

句 見千載佳句

渭水橋邊春已渡灞陵原上雨初晴 同李士懷長安

清冷池裏冰初合紅粉樓中月未圓 宴大哥宅

可惜韶年三日暮風光由繞碧燕觴 三月三日

晩日半銜西苑樹晴雲直卷上天風 洛河山亭初晴

離筵風日三晡晩歸路雲霞一道開 送植功還京

元兢

元兢龍朔中官周王府參軍著古今詩人秀句二卷及詩格一卷詩一首

蓬州野望 祕府論引元兢詩格

飄颻宕渠域曠望蜀門隈水共三巴遠山隨八陣開橋形疑漢接石勢似煙迴欲下他鄉淚猿聲幾處催

馬總

馬總字會元扶風人少孤貧好學性剛直不妄交遊貞元中姚南仲鎮滑臺辟爲從事坐事貶泉州別駕元和中遷檢校刑部尚書詩一首

贈日本僧空海離合詩 釋空海性靈集序云和尚昔在唐日作離合詩贈土僧惟上泉州別駕馬總一時大才也覽則驚怪因贈詩云

何乃萬里來可非衒其才增學助玄機土人如子稀

胡伯崇 號毘陵子

贈釋空海歌 又見性靈集序中

說四句演毘尼凡夫聽者盡歸依天假吾師多伎術就中草聖最狂逸

高鶴林 官都虞侯冠軍大將軍試太常卿上柱國

因使日本願謁鑒眞和尚既滅度不覲尊顏嗟而述懷 見鑒眞和尚傳按鑒眞示寂在天平寶字六年鶴林奉使未詳在何年

上方傳佛燈名僧號鑒眞懷藏通鄰國眞如轉付民早嫌居五濁寂滅離囂塵禪院從今古青松遶塔新斯法

留千載名記萬年春

朱千乘 延歷中空海歸自唐表上所齎書籍中有朱千乘詩集一卷

句 見千載佳句

錦纜扁舟花岸靜玉壺春酒管絃清 新移鏡中別業

清觀 台州國清寺僧

句 見智證大師傳大師乃釋圓珍也

叡山新月冷台嶠古風清 贈圓珍和尚

陳閏 以下二人並見秘府論蓋唐中葉人

罷官後卻歸舊居

不歸江畔久舊業已凋殘露草蟲絲溼湖泥鳥跡乾買山開客舍選竹作漁竿何必勞州縣驅馳効一官

李堪

句

此心復何已新月清江長 失題 雲歸石壁盡月照霜林清 失題

崔致遠

崔致遠高麗人賓貢及第高駢淮南從事藝文志有崔致遠四六一卷桂林筆耕二十卷

兗州留獻李員外 見千載佳句

芙蓉零落秋池雨楊柳蕭疏曉岸風神思只勞書卷上年光任過酒杯中

句

畫角聲中朝暮浪青山影裏古今人 登慈和山 東人詩話云崔文昌侯致遠入唐登第以文章著名題潤州慈和寺有畫角云云之句後雞林賈客入唐購詩有以此句書示者

煙低紫陌千行柳日暮朱樓一曲歌 長安 洛水波聲新草樹嵩山雲影舊樓臺 留贈洛中友人 雲布長天龍勢遠風高秋月雁行齊 送舍弟嚴府 風遞鶯聲喧座上日移花影倒林中 春日成名後酬進士田仁義見贈 芳園醉散花盈袖幽逕吟歸月在帷 極目遠山煙外暮傷心歸棹日邊遲 上江春懷

金立之

金立之新羅人憲德王七年從金昕入唐

句 見千載佳句

煙破樹頭驚宿鳥露凝苔上暗流螢 秋夜望月 山人見月寧思寢更掬寒泉滿手霜 峽山寺翫月 紺殿雨晴松色冷禪林風起竹聲餘 贈青龍寺僧 風過古殿香煙散月到前

林竹露清(宿豐德寺) 更有閑宵清淨境曲江澄月對心虛(贈僧) 寒露已催鴻北去火雲漸散月西流(秋夕) 園梅坼甲迎春笑庭草抽心待節芳(早春)

金可紀(一作記按章孝標有送金可紀歸新羅詩恐其人)

句(見千載佳句)

波衝亂石長如雨風激疎松鎮似秋(題遊仙寺)

莊翺(以下六十八人並見千載佳句履歷俱無考)

尋幽居不遇

滿庭花落迷行路遶院泉聲寫半山向暮此中回首去洞門深處鳥關關

句

天外夜深風漸遠高松長似水流聲(宿松門) 焚香暮入飜花殿淨手秋開貝葉經(贈惠雅上人) 野性本憐松下月幽情唯愛洞中春(欲歸山) 慇懃笑喻人閒事遙指庭花對夕陽(謁雷禪和尚)

陸翬

春日

鶯歸樹頂繁聲轉雁去天邊細影斜雨拂青青行處草煙含灼灼望中花

句

三尺寒光冰在手一張弓勢月當心(贈李都使) 巖下光陰生戶牖澗邊形勢入池臺(松) 孤帆影入江煙盡百舌聲流浦樹新(送胡八弟)

何元

看花

莫怪出門先驟馬暮年常怨看花遲可憐盡日春山下似雪如雲一萬枝

句

一望白雲千萬斷箏聲日暮出花林(聽箏) 門外夕陽寒映竹洞中秋水暗連山(過山居) 鐘聲半夜香山雨散入前林楓葉秋(宿多寶寺) 寺臨飛鳥青山遠徑轉幽蘿白日長(題白鶴寺) 黃昏入到鐘聲裏雲起龍池不見山(遊三覺寺上方) 客來惆悵僧禪後月出松門滿地霜(題衡禪師房) 朔風寒日笳聲急萬里遼城一段雲(詠軍前突騎) 滿山月色連溪下林葉蕭蕭一夜霜(月夜山居) 秦客訪花驚出洞庾公看月誤登樓(詠雪)

婁公衍

春夜宿雲際寺

境靜聞鐘聲易響庭高見月影難沈青山解隔塵中事
流水能清物外心

句

碧澗水流高殿影青蘿風散晚鐘聲遊碧澗寺　數片殘雲
歸洞口孤輪晴月挂山頭題咸中丞客廳

蘇替

聽琴

絃中恨起湘山遠指下情多楚峽流危檻曲終雲影曙
高樓風定燭光秋

路牛千

賞春

暖日當頭催展菜和風次第遣開花呼童遠取溪心水
待客來煎柳眼茶

句

蒼翠暗消三暑熱孤高能鎖四時煙松　綠楊近浦堪
垂釣翠竹當軒好韻琴題別業　百舌乍啼鶯學語分明

聽在指頭邊彈箏

賀蘭暹一作遂

句

玉貌自宜雙黛翠桃花獨笑一枝春贈所思妓女　秋水未
鳴遊女佩寒雲空滿望夫山寄所思佳人　黃閣暮蟲羅戶
牖紫庭春草遍階墀觀北城宮殿　綠耳半蔓湘浦竹驪文
亂點武陵花文馬　遼陽客路千峰引薊北鄉心片月知
宿羽宿仰戀闕庭　山雲渺渺川程遠木葉蕭蕭鴈過初客懷　回
鴈不傳鄉信去秋風偏向客衣寒贈朱功曹　千峰黛色因
晴出百谷泉聲欲暮寒望大寶山　黛色迴臨滄海上泉聲
遙落白雲中百丈山　喜遇近臣楊得意慙非詞客馬相
如贈朱功曹　秋近曉月鴻聲早日暵深山水氣寒喜到家

傅溫

句

霜墜中天衣覺冷月臨虛牖紙偏明冬夜宿僧院　春風暗
翦庭前樹夜雨偷穿石上苔山居　曲水兩行排鴈齒斜
橋一道蹈龍鱗溪橋　山深野客如禪客夜久松聲似雨
聲宿僧院　花疑漢女啼妝淚水似吳娃笑弄箏訪山居遇雨

曹戳

句

花映晝天當戸日樹搖晴暮上階煙供洞縣東亭

鷲飛沙鳥紛紛雪候信雲帆片片風過洞庭湖

鳳唱一拋琴瑟韻霓裳長謝綺羅春贈陀律師

秋澄上水無藏影春泛遊雲不繫心贈道者

老松不見千年鶴殘雪猶疑六月花商山行

陳素風

句

三行故柳藏鴉樹一帶長波灌竹泉觀承福園

千門竹影聯春色一段和光徹翠微寒食日遊行

西陵古木年年老南陌風光日日新寒食

百寶鏡輪金翡翠五雲絲網玉蜘蛛七夕

唐樞

句

窗竹閑陰秋水薄砌苔新色曉嵐鮮題法華院

不待江口移入座便開三峽水來聲贈琴僧

芳字八行清露重珠璣一片碧雲輕酬書問

溫達

句

三春種樹梅兼李十月看書雪替螢幽居

原公舊路唯三徑潘岳新年已二毛題潘岳六城南店是源贊善處

山底採薇雲不厭洞中栽樹鶴先知山中

盧條

句

三徑雨來煙草合一邱琴後濁醪傾早秋郎事

共話世情塵藹藹每嗟人事水潺潺逢友

崔行檢

句

紫籜紛成應漸密白雲岑起未全高雲夢亭追涼

慙愧交親問生事一溪雲鳥滿牀書郎事

陳上卿

句

門前蕭索青松老雲裏逍遥白鶴閑歸舊山

波瀾晴泛三春色桃李爭開兩岸芳和寧國呂護少府新開石渠

王幹

句

莫驚此地逢春早祗爲長安近日邊 長安春日

樊寔

句

仍憐一夜春風急開盡瑤池萬樹花 步虛詞

張殷衡

句

已被夭桃歡來醉麴塵絲樹恨何人 清明日

殷穆

句

蘇拂石溪流水淨風來雲寺過鐘微 題鄭士林亭

解叔祿

句

千花苑外韶芳暖一鳥山邊翠色寒 長安登望

石巖

句

炎氣擁爲衣上火汗光流出腹中湯 苦熱

張野八

句

銅街陌柳條條翠金谷園花片片燃 上巳寓洛中

備塡

句

明月開時山夜白暖泉流處草冬青 題水亭

虞搆

句

寒光乍退風猶切春色新行柳未知 元日

崔幢

句

寒氣乍凝空有露秋風不動水無波 八月十五夜

李淮 一作鉅

句

撩亂客心眠不得秋庭一夜月中行 聽彈沈湘怨

金雲卿

句

秋月夜閑聞紊曲金風吹落玉簫聲 秦樓仙

楊郁伯

句

簾前對酒閑無事待得分明似鏡時 待月

李伯良

句

風向銀燈花燼落月臨珠箔玉鉤垂 靜女怨

林逢

句

白玉飛泉千仞雪青松蔽日一林風 嚴大夫新開泉

長孫鎰

句

霜雲夢千巖雪鴈度吳江萬木秋 浙江逢楚老

戴寥

句

蛾遶燈輪千燄動鶴飛雲路一聲長 宿報恩寺

豆盧岑 一作峯

句

隔門借問人誰在一樹桃花笑不應 尋人不遇

沈寧

句

黃紙遠承新詔命青袍遥謝舊山峯 寄上洛陽劉明府

李許

句

澹蕩和風催去袖搖揚淑景照離樽 送舍弟

顧効古

句

孤舟發處沙鷗起明月落時江水寒 送王逸人歸海上

盧邕

句

杯浮綠酒邀君醉筆落紅牋寫我心 送江十二山人南遊

李潭

句

人過遠村秋日晚鳥飛平野暮天空 秋暮

鄭明

句

山頭落日催歸馬河畔垂楊纜醉船 寒食陪諸公宴坡中

王有初

句

頻醉管絃三月暮遠尋花柳五湖來贈在賀先輩

周存孺

句

指下黃金星未曙七條絃上夜烏啼彈臺

張牙

句

看看舞罷輕雲去應赴襄王夢裏期柘枝歌

鄭師冉

句

煙消門外青山近露重窗前綠竹低題戴孝廉別業

章嶰

句

聞說靜中偏愛竹自看疎密種秋煙贈宋山人

崔建

句

回風向曉平湖上引得荷花隔浦香夏日

朴昂

句

明主十徵何謝病煙霞不許作堯臣尋太乙山人路次雲際寺

鄧展

句

秋水漲來舟去速夜雲收盡月行遲汴水東歸詩

韋振

句

林外雪消山色靜窗前春淺竹聲泉奉酬見贈

漢皓

句

西風暮雨驚殘夢應是巫山寄恨來對雨

道彥

句

風起竹間螢影亂月明江上笛聲多秋夜旅泊　夜靜檻前調綠綺日高窗下戴烏紗貧居自遣　漁艇遠飄滄海上草堂深鎖白雲間途中偶題　柴門半掩潮光裏野徑斜分草色中湖上閒居

冀金

句

千里放心隨野鶴五湖乘興狎沙鷗 滄浪

子泰

句

風姿豔態應無比爛熳當春一樹芳 醉後寄上官媛

紹伯

句

遠聲歷歷風和水近色青青竹映松 題福昌館

郁回

句

破暗衣珠明有焰照窗心月淨無塵 題照上人院

季方

句

林閒縱有殘花在留到明朝不是春 三月晦

李侍御 以下失名

句

盡日不歸花路晚綠楊樓下醉如泥 楊柳枝詞　月上西陵

千里闊漁舟夜火隔沙明 浪淘沙詞

陸侍御

句

今年閏在春三月剩見金陵一月花 送淮南李中丞

盧秀才

句

長醉金陵前殿酒偏聞玉樹後庭花 殷淑妃

眞元 以下僧

句

精明合浦珠相似斷割昆吾劍不如 上李尚書

眞幹 眞一作直

句

鷙隼風高隨草去旌旗日晚傍山來 駕幸華清宮

久則

句

湖上青山今欲買白雲無主問何人 旅寓越中

去奢

句

騎驕春風離漢苑心懸秋月照吳關 德征詞

艮乂

句

千點暮山三楚盡一泓寒水九江斜題江州寶歷寺閣

宋休

句

借問夜來丹竈畔幾多風水落絲桐寄江山人

清閑

句

五色雲中鳴玉磬千花臺上禮金仙題浮槎寺

靈業

句

洞中仙草嚴冬綠江外靈山臘月青遊靈隱寺上方

大閑

句

霜落草逕寒風急鴈度秋林落葉頻代雷孝廉送經州李判官

奉蚌

句

綠蘿翦作三春柳紅錦裁成二月花思故鄉

全唐詩逸卷中

全唐詩逸卷下

日本上毛河世寧纂輯

下田衡校

無名氏

海陽泉 以下十三首得之藤原佐理眞蹟中佐理仕天曆安和朝時與五代宋初相接且味其聲調流暢通快必是唐中葉人所作

人誰無耽愛各亦有所偏於吾喜尚中不厭千萬泉誠知湟水曲遠在南海壖自從得海陽便欲終老焉怪石狀五岳旋迴枕深淵激繁似涌雲靜同冰鏡懸吾欲以海陽跨於河洛閒使彼雲林客來遊皆忘還

曲石島 第五第八句俱缺一字

爲愛水石奇不厭湖畔行每登曲石島則有遠興生敧差半湖 宛若龍象形又如瑯琊臺 盤枕滄溟醉入入島來將醉強爲醒扣船復搖棹學歌漁父聲呼我上酒船更深江海情

望遠亭 第五第十二句俱缺一字

泛湖勢水戲飲漱厭淸瀾來登望遠亭心目又不閑孤峯入座 高嶺橫前軒更復歡長風蕭寥窗戶閒外物能攪人吾將息其端歸來湖中館 戸聊自安

石上閣

水石引我去南湖復東壑不厭隨竹陰來登石上閣磴道通石門欹崖斷如鑿飛梁架峯頭天矯虹霓若下覗竹木杪仰見懸泉落水聲兼松吹音響參衆樂時時爲霧雨飄灑溼簾箔吾欲棄簪纓於茲守寂寞

同前 第三第十五句俱缺一字

石上搆層閣便以石爲柱千載 棟梁豈有傾危懼苔壁絶人蹤虹橋橫鳥路攀涉愜所懷幽奇未嘗遇迴然半空裏物象競相助雲外見孤峯林端懸瀑布引望無不通茲焉倍多趣徒 欲忘歸衣裳溼煙霧

海陽湖

吾派海陽泉以爲海陽湖千峯在水中狀類皆自殊有如三神山蒼蒼海上孤又似洲島中忽然見龍魚引船過石閒隨興得所如每有愜心處沈吟復躊躇吾恐天地閒怪異如此無

同前 缺第四句

閑遊愛湖廣湖廣叢怪石迴合萬里勢 繚

動若無底波澄涵雲碧鎔水復何如昆池吾不易茲境多所尚親鄰道與釋外望雖異門中閒不相隔開鑿盡天然智者留奇跡我願長此遊誰言一朝夕

盤石

海陽泉上山巉巉盡殊狀忽然有平石盤薄千峯上寒泉匝石流懸注幾千丈有時厭泉湖愛臨一長望意出天地間因爲逸民唱

同前 第四句缺二字 第十句缺四字

下山復上山山勢凌雲空有石圓且平疑是　功淸淺繞細泉陰森倚長松幀幀生青苔亭亭對遠峯朝來暮未歸愛

湖下溪 第三句缺三字 第五句缺一字

海陽湖下溪夾峯多異石數步　溶溶似雲白竹陰入　裏更覺溪已碧吾欲潄斯流長爲避時客

同前

湖水下爲溪溪小趣更幽窈窕林中迴淸冷石上流掩映成碧潭遊戲見白鷗岸傍古樹根往往疑潛虬野情隨所適世事何沈浮

夕陽洞

順山高幾許亭亭似人蹲左右自迴抱抱中有淸源異石匝階墀巉巉快四軒憑几見城邑一峯當石門自從得茲洞愛之忘朝昏吾欲老於此便爲海陽人誰爲高世者與我能修鄰

遊海門峽 第九句缺一字 篇末缺數句

沿流二十里始到海門山仰覩見兩崖有如萬蓋懸逐上幾千仞猶未窮絕顚上有外七家半巖得湖泉湖昏且來意其通海焉忽此見靈怪踟躕不能旋開襟當海風目送歸海船恨不到羅浮丹溪尋列仙遺恨常

句 以下並見千載佳句

月知溪靜尋常入雲愛山高且暮歸 懷舊　風吹帆席隨雲卷鳥壓花枝覆水低 送李端遊嶺中　匹馬路傍乘月別孤帆波上入雲飛 別　蹴踘場邊芳草短鞦韆樹下落花多 寒食書情郎事　看樹只愁花落盡聽鶯不覺馬行遲 途中郎事　攜樽藉草情無極對水看雲興有餘 諸公等江上初晴　文戰不曾眉得白酒醞長覺面先紅 宴樂　風裏一聲天上落世人皆向五雲看 詠鶴　仙花又別三千歲暮雨已迷

十二峯想王溪先生　滿枝帶露將何似曾見瑣樓素面啼白芍藥　翠葉偎風如翦彩紅花含露似啼妝薔薇　青蘿帶霧依松古綠竹含煙泛水光夏晚題東郊別業　書吏優遊山色裏琴堂閑冷水聲中贈臨安辛少府　鐘鳴月下長洲苑露溼殘花鳥亂啼春日過吳門　花攢屋上紅珠顆簷滿蘿根紫玉簪懷舊　花舞野塘鋪地錦鳥鳴江樹送春聲清明後喜晴

遊仙窟詩舊載詩七十八首猥褻淫靡幾乎傷雅今錄稍可采覽者一十九首

贈崔十孃　張文成

今朝忽見渠姿首不覺殷勤著心口令人頻作許叮嚀渠家太劇難求守端坐剩心驚愁來益不平看時未必相看死難時那許太難生沈吟處幽室相思轉成疾自恨往還疎誰肯交遊密夜夜空知心失眼朝朝無便投膠漆園裏花開不避人闌中面子翻羞出如今寸步阻天津伊處留心更覓新莫言長有千金面終歸變作一抄塵生前有日但為樂死後無春更著人祇可倘徉一生意何須負持百年身

又贈十孃

薰香四面合光色兩邊披錦障劃然卷羅帷垂半歛紅顏雜綵競無處不相宜豔色浮妝粉含香亂口脂鬢欺蟬鬢非成鬢眉笑蛾眉不是眉見許實娉婷何處不輕盈可憐嬌裏面可愛語中聲婀娜腰支細細許䁖䀹眼子長長聲巧兒舊來攜未得畫匠迎生模不成相看未相識傾城復傾國迎風帔子鬱金香照日裙裾石榴色口上珊瑚耐拾取頰裏芙蓉堪摘得聞名腹肚已猖狂見面精神更迷惑心肝恰欲摧踊躍不能裁徐行步步香風散欲語時時梅子開嚳疑織女留星去眉似姮娥送月來含嬌窈窕迎前出忍笑嫈嫇返卻回

詠崔五嫂

奇異妍雅貌特驚新眉間月出疑爭夜頰上花開似鬭春細腰偏愛轉笑臉特宜嚬真成物外奇稀物實是人間斷絕人自然能舉止可念無方比能令公子百重生巧使王孫千迴死黑雲裁兩鬢白雪分雙齒纖成錦繡騏驎兒判纈裙腰鸚鵡子觸處盡開懷何曾有不佳機關大雅妙行步絕嫵娃傍人一一丹羅襪侍婢三三綠綫鞵黃龍透入黃金釧白燕飛來白玉釵

詠雙樹

新華發兩樹分香遍一林迎風轉細影向日動輕陰戲蜂時隱見飛蝶遠追尋承聞欲探摘若箇動君心

同前答文成　崔十孃

暫遊雙樹下遥見兩枝芳向日俱翻影迎風竝散香戲蝶扶丹萼遊蜂入紫房人今總摘取各著一邊箱

詠花　張文成

風吹遍樹紫日照滿地丹若爲交暫折擎就掌中看

同前　崔十孃

映水俱知笑成蹊竟不言卽今無自在高下任渠攀

遊後園　張文成

昔時過小苑今朝戲後園兩歲梅花匝三春柳色繁水明魚影靜林翠鳥歌喧何須杏樹嶺卽是桃花源

同前　崔十孃

梅蹊命道士桃澗佇神仙舊魚成大劒新龜類小錢水湄唯見柳池曲且生蓮欲知賞心處桃花落眼前

同前　崔五嫂

極目遊芳苑相將對花林露淨山光出池鮮樹影沈落花時泛酒歌鳥或鳴琴是時日將夕攜樽就樹陰

代蜂子答十孃　張文成

觸處尋芳樹都盧少物華試從香處覓正値可憐花

別文成　崔十孃

別時終是別春心不値春羞見孤鸞影悲看一騎塵翠柳開眉色紅桃亂臉新此時君不在嬌鶯弄殺人

同前　崔五嫂

此時經一去誰知隔幾年雙鳧傷別緒獨鶴慘離絃怨起移酲後愁生落醉前若使人心密莫惜馬蹄穿

別十孃　張文成

忽然聞道別愁來不自禁眼下千行淚腸懸一寸心兩劒俄分匣雙鳧忽異林慇懃惜玉體勿使外人侵

揚州青銅鏡留與十孃

仙人好負局隱士屢潛觀映水菱花散臨風竹影寒月下時驚鵲池邊獨舞鸞若道人心變從渠照膽看

手中扇贈文成　崔十孃

合歡遊璧水同心侍華闕颭颭似朝風團團如夜月鸞姿侵霧起鶴影排空發希君掌中握勿使恩情歇

送張郎　香兒

丈夫存行跡慇懃爲數來莫作浮萍草逐浪不知廻

贈十孃　張文成

人去悠悠隔兩天未審迢迢度幾年縱使身遊萬里外終歸意在十孃邊

答文成　崔十孃

天涯地角知何處玉體紅顏難再遇但令翅羽爲人生會些高飛共君去

李嶠 雜詠詩百二十首全唐詩所載缺文頗多今照此邦所傳古本補書之以附此

原 舊缺臕臕二字下莓作苔

王粲銷憂日江淹起恨年帶川遥綺錯分隰迥阡眠臕臕横周甸莓莓闢晉田方知急難響長在鶺鴒篇

河 舊缺第八句生作來

河出崑崙中長波接漢空桃花生馬頰竹箭入龍宫德水千年變榮光五色通若披蘭葉檢還沐上皇風

檄 舊缺敷字通作至

羽檄本宣明由來敷木聲聯翩通漢國迢遞入燕營毛義持書去張儀韞璧行曹風雖覺愈陳草始知名

戈 舊缺彗字

富父舂喉日殷辛漂杵年曉霜含白刃落影駐琱鋋夕擯金門側朝提玉塞前願隨龍影度横陣彗雲邊

簫 舊缺下四句猿吟作人心

虞舜調清管王褒賦雅音參差横鳳翼搜索動猿吟霧鶴時來到仙人幸見尋爲聽楊柳曲行役幾傷心

素 舊缺濯手天津魚腸六字

濯手天津女纖腰洛浦妃魚腸遠方至鴈足上林飛妙奪鮫綃色光騰月扇輝非君下路去誰賞故人機

全唐詩逸卷下

全唐詩逸跋

全唐詩逸三册日本國河世寧所輯余得之海商舶中以贈鮑淥飲先生先生有知不足齋叢書之刻欲以此册附入焉未付梓而歸道山今其長君清溪能成父志屬余校讐余惟日本去中華僅三十六更其得被
國朝文命之數者久矣故其人皆耽著述就余所見如山井神鼎之七經孟子考文其師物茂卿之補遺茂卿自著有辨名二卷論語徵十卷林羅山有補羣書治要三卷天瀑山人有校刊佚存叢書五集頗淵博而有考據其詩集則熊版邦與其子熊版秀之南遊稠載錄戊亥遊囊西川瑚之蓬蒿詩集皆有斐然可觀之處茲又得此三册則日本之文學固非海外他邦所可並也夫全唐詩多至數萬篇必平時盡熟於胸中而後博覽羣書方知某人某篇某句爲捜羅未盡者乃摘錄而纂成之此豈易事哉然則河世寧之好學深思從可知矣余前撰吾妻鏡補一書凡日本著述多所采錄是書亦曾采入藝文志且幸清溪之能成父志使吾黨得見所未見之書誠大快事也遂識數語於其後

道光三年癸未立夏後十日吳江翁廣平海琛氏跋